THE
POWER OF BIRTHDAYS,
STARS, & NUMBERS

暢銷修訂版

誕生日大全
生日、星座、數字的力量

人格學參考指南專書：以最簡單的方式，迅速了解身邊的每一個人

莎菲・克勞馥、潔若汀・蘇利文合著
李紅紅、鄭崢合譯

晨星出版

～謝辭～

給在完成這本書的期間、全力支持以及忍耐我們的家人們：
我們的父母，Margaret and Michael Sullivan 及 Leon and Kristina Grushko，
以及 Melissa Crawford、Ricky Foulcer 及 Celo Foulcer

前言 004
占星學簡介 007
★太陽在占星學中的十二個角色 008
★十二星座代表的原型和角色 008
　・牡羊座 010
　・金牛座 011
　・雙子座 012
　・巨蟹座 013
　・獅子座 014
　・處女座 015
　・天秤座 016
　・天蠍座 017
　・射手座 018
　・摩羯座 019
　・水瓶座 020
　・雙魚座 021

十大行星 022
區間 028
次級推進 031
恆星簡介 033

數字命理學簡介 035
■ 如何計算生日總數 036
■ 九個基本數字 036
■ 如何計算個人年數字 042
■ 解析九個個人年數字 042
■ 每月三十一天的涵義 046

一年的366個誕生日
牡羊座（3.21~4.20） 063
金牛座（4.21~5.21） 127
雙子座（5.22~6.21） 191
巨蟹座（6.22~7.22） 255
獅子座（7.23~8.22） 319
處女座（8.23~9.22） 383
天秤座（9.23~10.22） 447
天蠍座（10.23~11.21） 509
射手座（11.221~12.21） 571
摩羯座（12.22~1.20） 633
水瓶座（1.21~2.19） 695
雙魚座（2.20~3.20） 757

恆星附錄 818
恆星詳細解析 822

前言

　　這是一本關於一年366天出生的人的完整人格分析。書中不僅運用簡單的太陽占星學，提供每個誕生日的獨特個性。更結合占星學、心理學、數字命理學和恆星等知識，得到每個誕生日的廣泛知識。由於每一天的宇宙影響力都不同，所以每個誕生日也各有差異。**誕生日的介紹分析不僅能提供關於自身和未來的參考資訊，更能進一步瞭解自己的能力和潛力，以及周圍人的性格和動機。例如朋友、戀人、家人和同事。**

　　占星學和數字命理學是發掘人類和宇宙關係的象徵性文字，它們表明了我們在宇宙這個宏觀世界中的位置。

　　人類從早期開始，就已經意識到自然的力量和周期。這些自然周期和宇宙律動對每個生命有機體都有影響。尤其恆星雖然位於太陽系之外，卻一直影響著我們，而且**自古以來恆星就是占星學的一部分。**所以在這本書中，我們將介紹366天，恆星影響的現代涵義。

　　占星學和數字命理學就是解釋這些影響的方法，說明這些周期如何影響我們的生活。**占星學包含天文學、符號學、心理學、物理學和幾何學等多方面，而數字命理學則體現出數字質與量二元性的理論。**這本書將集中所有有力的解釋方法，得出獨特的、每日的以及深入的誕生日分析。

　　本書使用二種太陽周期的計算方式。占星學中的年以3月21日（即牡羊座0°）為起點，而數字命理學的年則以西方曆法為基礎，從1月1日開始。結合這兩種太陽年體系能揭示占星學及數字命理學的所有觀點，為每個誕生日提供更深刻的心理學解釋。

　　正確的占星術是以時空的一點為基礎，因此每張占星圖都會不同。所以占星家需要準確的年日時和出生地來建立一張個人星盤（a horoscopic wheel）。但廣為流傳的占星學只涉及十二個基本星座，將一年畫分為十二個月分體系，以及考慮行星的影響，然而這只是占星學研究的初步。

　　太陽是太陽系的中心，包括地球在內的行星繞日公轉。地球作兩種運動，它繞地軸自轉的同時又逆時針公轉。地球的自轉產生了白晝和黑夜。從地球上

看，太陽是東升西落。**太陽以十二座的恆星為背景運行，產生了環繞地球的黃道。地軸不僅旋轉而且是傾斜的，北極點在一年不同時刻靠近或遠離太陽而產生了四種氣候變化，稱為四季。這些時間點通常稱為春分、秋分，夏至、冬至。占星學中一年的這四個畫分點稱為360º黃道帶的四個本位點。占星學的年以春季牡羊座 0º 為起點；夏至日是巨蟹座0º；秋季從天秤座0º 開始；冬至日是在摩羯座0º。**由於黃道帶被畫分為12個大小相同的弧形，黃道帶的四個本位星座之後是四個固定星座，即金牛座、獅子座、天蠍座和水瓶座。剩下的四個變動星座是雙子座、處女座、射手座和雙魚座。

將黃道帶畫分為十二星座，這些星座進一步細分，每一畫分區域都與其他影響力有關。每個星座畫分為三，稱為「區間」。每一個區間覆蓋黃道帶10º，每個星座的三個區間，對星座本身的特點起輔助和補充作用。每個區間都與另一個星座和行星有關。在這本書中，讀者不僅能找到自己出生的星座，還能找到出生區間。

當太陽每年返回到大約相同的角度時，占星家用一個人的生日來代表太陽的回歸。因此《誕生日大全》一書將黃道十二座各畫分成30º，包含數字命理學和恆星，結合了十二星座和占星術的基本技巧。

我們更在本書補充一個特殊章節，幫助讀者用數字命理學進一步分析自己的性格和未來。這個章節包括計算個人全盤數字和用個人年數字來預測未來。

★生日小檔案分析

每個誕生日每一天獨到的特徵，它大致提供了行星和數字命理構造以及太陽星座、度、區間的常識，區間通過另一個星座和行星的輔助作用，進一步使太陽星座個體化。

我們還能使用占星術預測未來，叫做次級推進（progression）。占星家用太陽的推進來表示一個人生命中的重要年分。這樣的**人生隨著太陽推進座位改變的人生轉捩點，一生約有三次。**

書中〈真實的自己〉這一部分，揭示了一個人潛在的優缺點。本書還提供建議每一個誕生日適合的職業，以及當天出生的著名人物。

在每個小檔案中，我們提供了一些關於誕生日的數字命理分析。每一天的數字，都有它的特點，而月分的命理學特徵，更進一步描述當月相關的特點。

雖然命理學的誕生日和月分在了解性格方面非常重要，但相對於個人全盤數字（personal holistic number），卻是次要的。個人全盤數字是影響人的一生及其性格。因此，想瞭解自己的性格，一個人不僅要知道自己的生日和月分的命理學（day and month numerology），還要知道個人的全盤數字，在本書的內容分析中將會詳細介紹。如果想知道關於自己每一年運勢的命理分析，那麼你需要計算個人年數字，而這在內容中也有分析介紹。

在誕生日的愛情和人際關係各有特點，包含特殊日子和不同人群，你們可能是因果關係、完美愛情關係、友情關係或是伴侶關係。雖然書中列舉某些特殊日子，但絕非定論，所以你也可能和書上未提及的人有重要關係。

每個誕生日檔案還涉及太陽366天軌道上分散的恆星，對於每個誕生日都有獨特而強大的影響。幾顆恆星可能同時影響誕生日，也可能當天太陽位置附近沒有足夠近而亮的恆星發揮相關的作用。本書列舉了所有對誕生日有太陽相關作用的恆星，讓你瞭解你的主星的影響。從818頁開始有恆星附錄的記載，你也能在此查找所有恆星的影響。如果更進一步研究占星學，你會發現即使恆星與你誕生日太陽的位置無關，一些恆星仍然與當天的行星位置有關。我們希望每一個人都能有更多瞭解，並深入鑽研恆星錯綜複雜的關係。

本書還用誕生日的命理特點，進一步解析每一日的特質，並附加關於月分數字的解釋，以及每個生日可能產生的愛情和人際關係，和你的特殊日和人物類型，他們和你可能是因果關係、理想的愛情關係、友情關係和伴侶關係。

總之，這本書結合了各種專門知識，希望在人格分析方面能為讀者提供詳盡有用的參考工具書。在綜合了多年研究、複雜的占星術和圖表解析經驗、以及成千上萬個人格分析案例的研究，但願我們能幫助讀者更深入地認識自己和他人的性格、能力和潛力。現在讓我們一起進入366天中的每一天。每天就如同每個人的新生一樣，是那麼獨特又充滿希望。

占星學簡介

　　從有文明開始，人類就已經開始藉由觀察天象，獲得更多人性和宇宙關係的知識。早期人類，對在地球上短暫的生存有很多不確定性，但卻能藉由對天象的重現，如日出日落，增強了人們的安定感。我們的祖先將這一點作爲區分天地的基礎。因此占星學是一門研究恆星、行星運動及地球上的各種事件之間，相互關係的學科。

　　作爲少數整體認知的現存哲學之一，占星學告訴我們宇宙萬物都是相互聯繫的，沒有事物可以孤立存在。一切事物都存在於宇宙不斷變化的動態關係中，我們也同樣生活在這個生命體系之中。我們影響這個體系，同時也受其影響。所有人都處在與他人相互影響的關係中。宇宙是複雜的周期和各種力量的相互作用，相反的力量使彼此運動，也使它們成爲更廣大體系中的一部分。而占星家認知到這種相互作用，並嘗試用象徵符號來理解。

　　所有有跡可循的脈動都以週期來區分。占星學觀察到這種周期、律動的存在。占星學包羅萬象，是主觀和客觀的統一體。就客觀來說，占星學通過行星的周期運動來計算時間，對於時間的涵義有著獨特的見解。而在主觀上，占星學則是利用深奧的象徵符號，通過研究背景來獲取知識。

　　占星學認爲大自然像曼陀羅一樣，呈現圓周運動。在這個360°的圓中，我們既以個體存在又生活於群體之中。每一度都是圓的獨立部分，但只有在所有度數合起來才能組成圓。**曼陀羅是萬物的象徵，是一種自足、完美的形式，沒有起點，沒有終點**。圓既代表宇宙，又代表人類個體，代表了宇宙的一切，所有生命活動都和這個圓有關。它的結構也表現在時間的周期上。通過研究占星學，我們可以揭開外部和內部世界的關係，獲得更多心理和精神方面的體認。

　　占星學的兩大重點是太陽和月亮，分別和日、夜的周期運動一致。在這基礎上，早期人類確立了日曆和月曆，並用小時、日、月和年來表示。在心理學中，太陽和月亮的象徵性結合被認爲是「神祕的婚姻」，代表了個體內對立面的統一。在東方哲學中，這種結合則用陰／陽原理來表示。

個人星座命盤能表現出他出生時行星相對於地球的準確位置。而簡單的個人星盤包括十大行星和十二星座。

★太陽在占星學中的十二個角色

一些人類共通的課題，如愛、恨、生、死、童年、為人父母和老年，當太陽穿過十二座，這些人類經歷的完整過程便可用天文星象週期圖來表示。**占星學認為我們生來就得加入這種生存的週期，如此才能在萬物的表演中參與一角**。用莎士比亞的話來說：「整個世界就是一個舞臺，所有人都是演員。」

在整體模式中，一切事物都與其他事物相互關聯。同樣的，占星學中十二星座深植了個體和全人類的靈魂，儘管個人出生在特定的星座，但為了與整體協調，他或她必須和其他十一個星座連動。我們都有十二星座的所有面，但太陽星座是我們生來學習扮演的主要角色。在心理學中，榮格稱這些普遍角色為「原型」。

人們通常認為他們只是扮演自己的角色，但通過認識自我，最終會發現個體只是世界的管道，藉由這些管道不同的展現時間和地點，宇宙才能集聚成形。占星學家丹·魯迪雅在他的《星座曼陀羅》（An Astrological Mandala）一書中說：「自我通過將上帝的意志集中在個人行為上從而變成水晶體。他什麼也不做，除非上帝想起他。他的生命變得神聖，因為這不僅是他的生命而且是伴隨並通過他整個生命有機體的所有行為。」

★十二星座代表的原型和角色

每一個星座都擔當並扮演某個特定原型的角色，彰顯它在萬物行為中的作用。下面是一些與每個星座相關的主要原型和角色：

牡羊座 3/21~4/20	金牛座 4/21~5/21	雙子座 5/22~6/21
領導者，熱心家，先驅，鬥士，鋌而走險的人，競爭者	實用主義者，感官享受者，愛好自然者，歌唱家，評論家	通信員，翻譯員，作家，演說家，說書者，教育家

巨蟹座 6/22~7/22	獅子座 7/23~8/22	處女座 8/23~9/22
母親，看護員，巫師，顧問，保護者	表演者，國王或女王，孩子，創意藝術家，情人，演員	分析員，完美主義者，研究員，服務員，金匠，批評家

天秤座 9/23~10/22	天蠍座 10/23~11/21	射手座 11/22~12/21
情人，外交官，夥伴，社交者，主人或女主人，權衡者，談判員	管理者，催眠師，魔術師，偵探，變革家	旅行家，哲學家，樂觀主義者，探索者，特立獨行者

摩羯座 12/22~1/20	水瓶座 1/21~2/19	雙魚座 2/20~3/20
父親，權威人士，工人，訓練員，傳統主義者	人道主義者，公正的觀察員，發明家，科學家，朋友，孤僻者，革命家，無政府主義者	幻想者，浪漫主義者，救世主，神祕主義者，醫療員，空想家，詩人

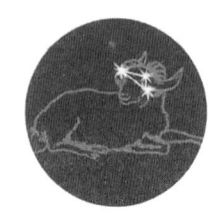

【牡羊座】

第一座：3/21～4/20
本位火象星座
主宰行星：火星
身體器官：頭部
關鍵字：精力充沛、充滿活力、具有領袖才能

　　牡羊座的人充滿活力，富有創新思維，屬於十二星座的第一座。火象星座的牡羊座精力充沛，富有熱情；他們由衷地認為世界等待著開發與征服。他們生性熱情、堅定且自信，總是有無數喜歡的計畫和活動促使他們前進。牡羊座是十二星座的開拓者和領導者，即使他們之中的沉默者也想祕密地成為某方面優秀的人。受火星主宰，牡羊座的人是行動派，不會只坐在一旁出意見。他們有積極、充滿活力的體魄，又有勇敢進取的精神，渴望走在任何行動的最前線。他們通常勇敢大膽，感情強烈，非常理想主義，對所愛之人十分忠誠。牡羊座的人喜歡與夥伴詳細討論他們喜歡的計畫，也同樣支持他們的夥伴。

　　由於牡羊座的人不善於忍耐，通常你會發現它們為人直爽、行動果斷、但缺乏心機和變通能力。此外，缺少忍耐力也使他們不夠寬容、易衝動，很可能因一時興起而衝動行事。但牡羊座的人往往能化解危機，因為他們有能力接受挑戰並勇敢面對困境。

　　牡羊座和多數人意見相左時，就算會為自己帶來麻煩，他們也拒絕妥協。但隨著他們逐漸成熟，他們多數開始學會謙虛，但在此之前會遇到很多困難。這個星座的男性喜歡充當俠士，而女性則強制專斷。

　　通常牡羊座的人易怒，渴望表達自己的想法，但他們也同樣容易寬恕和忘記。受腎上腺素刺激以及生性不耐瑣碎細節，這個星座的人通常在執行與企劃時動作迅速，效率也很高。不過牡羊座的人要避免天真、自我中心的本性或欺壓別人的傾向。

　　總體上說，牡羊座的人充滿創造力和靈感，對自己十分有信心，這通常表現為與生俱來的領導才能。所以他們能夠引導別人仿效。牡羊座的人拒絕被反駁，充滿活力，慷慨大方，奮鬥不息。

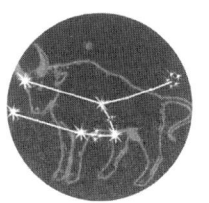

【金牛座】

第二座：4/21～5/21
固定土象星座
主宰行星：金星
身體器官：喉和頸部
關鍵字：有忍耐力、堅持不懈、好色

　　明智的金牛座內心堅定，是不輕言放棄的理智之人。他們有耐心和恆心，會在別人落後於一旁時繼續前進。他們的熱心、表面平靜和隨和的態度反映他們喜歡簡樸生活。

　　金牛座的人不喜歡衝動行事，他們會認真從容地做出決定，並優先考慮安全性和經濟性。受金星主宰金牛座的人通常很有魅力，注重感官享受，對異性很有吸引力。此外，金星的影響還使他們很愛美，喜歡藝術且觸覺敏銳。

　　金牛座是注重實際的土象星座，所以生活中的基本慰藉，比如食物和家庭，對他們來說很重要。他們通常擅長烹飪和品酒，喜歡娛樂。金牛座還是十二星座中的理財家，大多數的金牛會仔細規劃他們的財務。人們常批評金牛座唯利是圖，但金牛座的人則認為他們只是明智追求金錢的價值。他們善於評估一切事物，無論是金錢問題還是他們自身。

　　金牛座的人對喜歡的人很慷慨，但要避免過強的占有欲。他們是忠誠的朋友，常為了保持和睦而忍氣吞聲。但如果他們走向極端，就會變得非常固執。金牛座的人需要感覺踏實穩定，喜歡保持現狀。在變革和動盪時期，他們會難以適應新形勢。幸好他們能從對藝術和創作的熱愛，及在享受自然和音樂中尋得慰藉。

　　金牛座的人通常有著吸引人、從容的嗓音，通常會是優秀的歌手。儘管金牛座的人一般很健壯，但如果壓力過大，疾病會影響喉嚨。金牛座的人喜歡享受，但需要避免過度沉溺於享樂。

　　金牛座的人通常很實際，能持之以恆，會為了目標努力奮鬥。他們有著強烈的欲望想要建立堅實的基礎，容易受成功的青睞最終達到成功。

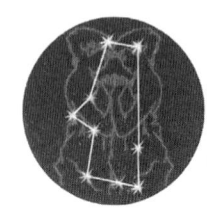

【雙子座】

第三座：5/22～6/21
變動風象星座
主宰行星：水星
身體器官：肺部、手臂和手
關鍵字：多才多藝、健談、聰慧

　　雙子座的人天生善於表達，對知識充滿渴望，是永遠的學生。風象星座的雙子座很聰明，他們總是在變化，試圖滿足自己的好奇心。他們能非常快速地掌握任何事物的要點，獲取廣泛的知識，並與他人分享。雙子座的人聰明、多才多藝、熱情，但需避免過於分散精力。雙子座通過心智訓練和教育能使思想更深刻。

　　受水星的影響，這個星座的人兼有雌雄兩性特徵，身材纖細、體態年輕。他們表情生動豐富，喜歡在表達自己觀點時做手勢。他們很健談，一聊就是幾小時，常為他們帶來巨額的電話費。雙子座的人外表顯得年輕，永遠被視為充滿好奇的小孩。

　　雙子座的人神經敏銳，很難專心於一件事或一個人。就像他們的象徵符號雙胞胎一樣，他們至少能同時做兩件事，並且靈活多變、多才多藝、適應力強。多變老練的雙子座不喜歡固定於一點，他們不怕麻煩，但也不想令人厭煩。雙子座的人複雜多變，看起來有多種人格及多變情緒。他們很聰慧，對充滿刺激的心理挑戰比世俗激情更感興趣。

　　雙子座的人陽光、友善，很容易與他人建立和睦的人際關係，也樂意與他人分享所掌握的多種資訊。他們擁有年輕魅力和敏銳才智，往往成為最令人愉快的朋友。雙子座的人風趣、有想法，一旦施展自己活潑機智的性格就會非常善於表達。

【巨蟹座】

第四座：6/22～7/22
本位水象星座
主宰行星：月亮
身體器官：胸部和腹部
關鍵字：敏感、富有同情心、有愛心

　　情感豐富、敏感的巨蟹座憑感覺行事。正如他們的守護星月亮，他們會隨著情緒的波動起伏經歷所有情感過程。巨蟹座既有潛入深海的力量，又有寂寞沙灘上一蟹獨處的脆弱。像蟹一樣，巨蟹座的人會用害羞或隱藏的保護殼來掩飾他們極度敏感和謹慎。但有時他們會選擇退出以便養精蓄銳，這也就不能算是缺點了。

　　巨蟹座的人富有同情心，心地善良，有強烈的照顧人的欲望，所以他們經常扮演父母、看護員或醫療員的角色。他們有著強烈的保護欲，會幫助他們所愛之人應付各種困難。所以家庭在他們對安全感的需求中顯得十分重要。巨蟹座的人很居家，通常是美食家和優秀的廚師。很多巨蟹座的人沒有一臺功能豐富的冰箱就會覺得不安全。

　　雖然巨蟹座的人情緒複雜多變，但他們生性充滿關愛，但需避免過度保護的關愛使人窒息。巨蟹座是水象星座，這個星座的人很害羞，多愁善感，喜歡緊握過去，成為貪婪的收藏家或囤積者。他們收集的東西無所不有，從家族祖傳物、古董到照片或信件中的回憶。他們很有理財的天賦，喜歡把錢存起來以防萬一。

　　巨蟹座的人有著複雜的性格。他們一方面看起來很堅強；另一方面卻又脆弱得像小孩。這個星座的人擅長用被動作為反抗的手段。

　　受月亮影響，巨蟹座具備天生直覺及通靈能力，也容易受傷。他們會用新穎優美的文字來表現自己豐富的想像力和敏銳的理解力。更重要的是，一旦認定某人值得信任，他們就會變得堅強、忠實並守護他。

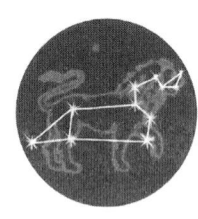

【獅子座】

第五座：7/23～8/22
固定火象星座
主宰行星：太陽
身體器官：心臟
關鍵字：充滿活力、自信、愛表現

　　熱心、體貼、大方的獅子座心胸寬大。他們善良大方的舉止源於他們渴望引人注目。他們喜歡表演，遇到欣賞自己的觀眾會十分開心。他們很容易能成為目光的焦點，同時他們也十分關心他人，能大方地支持他人的事業並慷慨給予贊許。

　　受太陽的主宰，獅子座的人有著可愛、孩子般的頑皮性格以及強烈的創造性與自我表現欲望。獅子座的人樂意看到自己居於領導地位而非從屬，他們經常為自己的虛榮和驕傲而苦惱。他們發現自己很難承認錯誤，而他人的奉承更使自己易於被利用。但獅子座的人很容易以他們陽光的性格、幽默感以及慷慨大方來彌補所有缺點。這些友善、愛交際的人是社交、聚會、看戲和度長假的理想夥伴。

　　獅子座的人有發光發熱的欲望，加上他們高貴威嚴的儀態，能成為權威人士，並展示出卓越的領導才能。獅子座的人天生具有領袖風範。有時他們擅自做出決定，就可能被指責為太專斷。總體來說，他們會為了完成責任而非常努力工作，成為優秀的管理者和領導者。獅子座的人如果不發揮與生俱來的潛力，就會變得懶惰沮喪。

　　獅子座的人以勇氣著稱，他們希望扮演強大能保護他人的角色，而非弱小、不能自保。儘管內向的獅子座會用謙虛來掩飾驕傲與卓越，但他們帝王般的高貴仍顯露無遺。獅子座的人認為其他人也像自己一樣有正義感，在與人發生爭論時也會小心維護自尊。獅子座的人希望得到別人的肯定，而且很在意自己給人的印象。

　　獅子座是固定火象星座，這個星座的人活潑熱情但有點固執。他們的創造力和戲劇感使他們非常浪漫。獅子座的人愛人，也喜歡被人愛。不管你在哪遇見他們，他們陽光的個性都會讓人留下強烈印象。

【處女座】 第六座：8/23～9/22
變動土象星座
主宰行星：水星
身體器官：腸
關鍵字：識別力強、效率高、喜歡服務他人

處女座的人分析能力強，效率高，有嚴格的職業道德。他們希望生活井然有序，做事講究方法。處女座的人為了改善現狀會反覆分析及改善。不幸的是，這種完美主義會導致他們喜歡批判周圍的人，導致自己的想法遭別人反對。另一方面，處女座的人不喜歡別人指出他們的缺點，因為他們非常瞭解自己，且給自己最多批判。這種能意識到自身缺點的能力使他們非常謙遜，他們會通過服務他人來實現自我價值。

受水星主宰，處女座的人很聰慧，頭腦清晰，辨別力強，加上土元素的影響，他們是很老練能幹的組織者，工作勤奮、注重細節。處女座的人很節儉，不會浪費錢，有時將開支限制得很緊，但他們對於需要幫助的人，在時間和金錢方面都很大方。不過他們希望他們幫助過的人也能有所回饋。處女座的人通常對愚蠢或粗俗的行為反感，他們邏輯思維強，總是本能地從雜亂中尋找規則。處女座的人會分析最微小的細節，但必須避免反覆分析同樣的細節而忽視了整體。

處女座的人有很高的標準，他們在某些方面很有辨別力且特別挑剔。他們很愛乾淨，注重營養，提倡運動和健康的生活方式。即便如此，有時他們過於緊張，會變得過度焦慮或神經質。這主要由於工作壓力過大，因為他們有很強的責任和義務感，總是超量工作。處女座的人一般會是很好的雇員，他們不喜歡雜亂無章，主張徹底及高效。

處女座的人可靠、真誠，生活講究方法，永遠是實際與理智的支持者。事實上，處女座的人會在你尚未請求幫助時就給予援助。

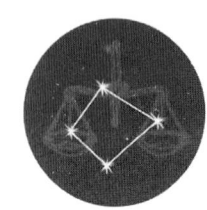

【天秤座】

第七座：9/23～10/22
本位風象星座
主宰行星：金星
身體器官：腎臟
關鍵字：追求平衡、愛交際、重視人際關係

　　天秤座是十二星座中擅長交際的人。為了保持和睦，他們會施展魅力，給你一個賞心悅目的微笑，並竭力保持公正、和平。天秤座的人很有愛心，禮貌大方高雅，希望自己討人喜歡。他們屬於風象星座，所以會給人態度輕鬆的感覺，他們很友善，聰慧，好交際。

　　天秤座的人受金星主宰，熱衷於人際關係，總能夠從他人的角度看待事物。這種平衡的原則使他們需要一名夥伴來作為自己的鏡子，讓他們更了解自己。天秤座待人公平，總是在做決定前仔細權衡一切。他們用驚人的邏輯和眼力來評價一切形勢和問題的利弊，讓他熟練掌握和解和談判的技巧。然而，這也可能導致他們優柔寡斷，不能達到最終目標。

　　對於天秤座來說，平衡非常重要。儘管他們非常希望和諧，但當他們的天平過於歪向一邊時，他們仍易處於困難時期。由於他們能自我反省且調整內心，他們會變得更加自立，這將緩解他們依賴他人的傾向。即使會引起爭論，天秤座的人還是需要學會堅持自己的信念。

　　受金星主宰，天秤座的人善交際，舉止文雅、愛美，喜歡奢侈品。他們通常有一個漂亮的家，生性擅長某種藝術表現形式。他們天生注重顏色，喜歡高雅和諧的周邊環境，否則就感到不快樂。這種對美的追求也能從他們的外表中看出來，因為他們總是盡力顯得有魅力。

　　天秤座的人是極好的主人，他們特別喜歡具有社交性質又充滿愛的活動，比如婚禮或朋友家庭小聚會。事實上，他們非常浪漫，總喜歡收到花束或巧克力作為禮物，這樣能滿足他們對美的追求以及對甜蜜事物的喜愛。你只要有一點關懷和愛心，就能進入天秤座的心。

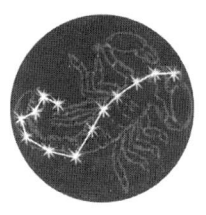

【天蠍座】

第八座：10/23～11/21
固定水象星座
主宰行星：冥王星
身體器官：生殖器官
關鍵字：勇於革新、神祕、力量

富有魅力的天蠍座是十二星座中情感最強烈的星座。無論他們做什麼總是充滿激情，沒有什麼事情會令蠍子缺乏熱情。他們是富有力量，意志堅強和極端的人。

天蠍座屬於水象星座，這個星座的人喜歡從更深的情感層次去探索人生。生活對於他們來說不是一門淺薄的語言，他們希望得到真實，尋求真理。他們善於接收潛意識訊息，就像與他們主宰星同名的冥王一樣。這使得他們能從心理上感知別人的內心想法和表面言語。他們像偵探或心理學家一樣，打聽你的一切但卻極少提及自己。這種神祕掩飾了他們的力量。天蠍座體會愈深，就愈受傷害，所以他們寧願掌控形勢。

天蠍座主要的人生信條就是創造性地運用意志力克服欲望。因為他們的星座與性欲的根源有關，所以他們情感強烈，會產生嫉妒或占有欲。此外他們是不懼死亡或革新這種強力的經歷。有時他們會克服一切只為證實他們的強烈情感。他們很真誠，即使這意味著失去一切；當然，在他們不害怕放手時，這會賦予他們巨大的力量。一旦決定做某事，他們的意志力是驚人的。他們屬於固定星座，有著不尋常的忍耐力，會堅持到底。

天蠍座好競爭，不喜歡失敗。一旦他們被打敗，不管等多久，都會等待時機，直到能證實你錯了或給予同等報復。另一方面，如果他們站在你這一邊，他們會十分忠實體貼，並且不惜一切地完全奉獻自己的力量。

天蠍座是象徵重生的星座。他們有潛力從聯繫自然的基本創造性力量中獲得巨大的能量。鳳凰浴火重生的象徵代表了他們重生的能力，再次從低處飛到高處，獲得新的認識和力量。對於天蠍座來說，不是全部，就是一無所有。他們不想活在膚淺的認識中。他們需要挑戰來激發自己的力量，使自己感到自身的存在。

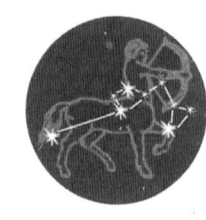

【射手座】

第九座：11/22～12/21
變動火象星座
主宰行星：木星
身體器官：臀部和大腿
關鍵字：誠實、勇於探索、理想主義

　　射手座生性自由，性格友善、獨立。他們不喜歡約束，是絕對的理想主義者，他們總是試圖拓展視野，改善自己的命運。他們生性積極隨和，熱愛真理、誠信和正義，這使得他們能達觀地看待生活。

　　射手座的人精力充沛，胸懷大志，視野開闊。這種胸懷大志的能力意味著他們會為未來的計畫而努力。他們喜歡探索，習慣在思想和現實世界穿梭。他們注重知識和智慧，為自己和他人尋找靈感，希望能用風趣幽默的言語或愉快的微笑來使人快樂。不過，他們常因為言語缺乏考慮而適得其反。射手座的人直率坦誠，想什麼說什麼，誠實得令人為其直言而咋舌。但從失言的錯誤中迅速恢復是射手座的一大魅力，所以當他們真心地向你保證他們並非有意惹惱你時，你只得原諒他們。

　　由於射手座需要不斷充實自己，他們會轉向更高層次的學習領域，喜歡探索諸如哲學、宗教、旅遊和法律等學科。部分射手座的人喜愛運動勝過知識，他們能從運動中獲得快樂。他們通常很幸運，喜歡某種形式的冒險遊戲，可能對賭博和投資感興趣。

　　無論射手座做什麼，他們喜歡做得氣派。他們希望得到生活中的美好事物，並常沉溺於最美好的事物之中，但他們應避免走向極端使自己變得貪婪或放縱。不過射手座的人幽默真誠，他們喜歡可以改變的自由，所以通常會留有選擇餘地。

　　射手座的人熱情、大方、情感外露，他們就像射手一樣把箭頭瞄準遠方。他們懂得如何讓自己快樂，並渴望冒險。

【摩羯座】

第十座：12/22～1/20
本位土象星座
主宰行星：土星
身體器官：膝、骨骼
關鍵字：有抱負、明辨是非、勤奮

　　摩羯座的人是絕對的現實主義者，深深懂得沒有付出就沒有收穫。他們有很強的責任感，能夠為實現自己的志向而耐心的等待。他們就像山羊一樣，即使花上一輩子的時間也要爬上山頂。

　　摩羯座的人努力、勤奮、有決心。他們需要目標，因為沒有明確的目標，他們會迷失方向。他們渴望用秩序和結構來使自己覺得完整，所以他們會寫每日計畫。受土星影響，安全感對他們來說很重要，生活態度謹慎而保守。他們非常敬重權威，欣賞年齡和經驗帶來的智慧。這也表現在他們的工作上，他們工作時非常認真負責。但他們也很固執、冷漠或精明，用嚴厲苛刻來謀取私利而非自我約束，而自律通常是他們的一大優點。

　　摩羯座土元素所具有的節儉實際的特質符合他們對地位、威信的渴望，使他能不浪費任何精力就能獲得權力地位。他們不輕浮，認真負責把家庭放在首位。但摩羯座的人很悲觀，覺得自己不夠優秀時，應避免消沉。當他們懷疑自己的能力時，他們會不經嘗試就放棄；但當他們獲得堅實基礎的安全感時，他們就會不屈不撓地向成功邁進。比起其他事物，摩羯座最需要的是積極樂觀的心態。

　　在他們有點害羞和內向的外表下，有著幽默感和內心磨練的執著。其他人若需要幫助，摩羯座的人永遠都是值得信賴和依靠的人。

【水瓶座】

第十一座：1/21～2/19
固定風象星座
主宰行星：天王星
身體器官：腳踝和小腿
關鍵字：公正、博愛、自立

水瓶座的人喜歡標新立異，不斷革新，能獨立自主。他們對人類社會的運行很感興趣，這對於他們來說是一種頭腦體操。他們總是作為旁觀者，客觀公正地看問題。這種行為意味著他們能夠從眾人的眼光出發思考問題，認識到人是整體中的單獨個體。這種人道主義的意識是水瓶座突出的特質，他們常為全人類或慈善事業的目標而努力工作，為這些高尚的目標奮鬥。水瓶座沒有疏離心理，所以他們很友好且樂於助人，即使是陌生人也能毫無距離。

水瓶座叛逆的特點源自他們的主宰行星天王星，天王星以賦予人預知的能力而著稱，而且使人非常渴望自由。水瓶座不喜歡服從命令，希望能為自己打算，以獨特方式行事。過於堅持追求某種方式會使水瓶座辦事適得其反。他們頑強反抗的性格和固定星座的特點使他們十分固執，幸好只要意見是客觀的，他們也樂意聽取他人意見。水瓶座未來的眼光使他們能無所畏懼地接受科學技術或新事物以及鼓舞人心的新發明。像天神烏拉諾斯一樣，水瓶座有電一般的特質，這是心理直覺的一種表現形式，因此他們突然明白某事時會高興地大叫。這種滑稽的特點使他們反覆無常、難以預測但也非常有創造力。

雖然每個水瓶座的人都是作為個體存在，但他們明白他們是集體的一部分，擁護人權和社會變革。即使不為世人所理解，但他們現在所做的必將為大家接受。

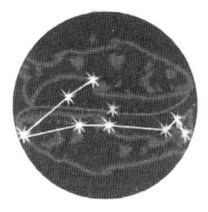

【雙魚座】

第十二座：2/20～3/20
變動水象星座
主宰行星：海王星
身體器官：腳
關鍵字：富有同情心、接受能力強、想像豐富

雙魚座的人天生情感豐富。敏感的雙魚總是受到外部環境的影響，但他們也能清楚意識到內心的想法。他們經常逃避到個人的理想世界享受他們豐富、驚人的想像力，但有時則是為了逃脫現實生活的殘酷。雙魚座的標誌是兩條反向而游的魚，表明他們極端的雙重人格。有時他們厭倦一切、無精打采，有時卻是高效、嚴格且非常用功。

雙魚座的人願意坦誠所有細微的情感，他們慷慨大方、富有同情心。由於缺乏堅定的原則，他們經常會為別人的需要忙得不可開交。因此，雙魚座的人應避免失去自我價值的判斷力或犧牲自己。大體上說，他們需要消除疑慮增加自信，有時他們太固執，不允許別人影響自己。雙魚座是十二星座中最無私的星座，他們非常有耐心，但一旦被惹怒也會變得十分好鬥。

雙魚座的人多愁善感、善良、性情溫和，易於接受新環境或他人想法。加上他們非凡的想像力，使他們在醫療、音樂、藝術、戲劇或攝影方面表現優秀，尤其是精神方面的事物。就像兩條魚反向而游，雙魚座的人情緒容易搖擺不定。有時非常積極樂觀，有時又會變得茫然或缺乏動力，容易放棄。此時他們必須避免逃避或變得消沉。雙魚座的人非常容易把期望和夢想定位於他人之上，最終理想只能破滅。

幸虧他們能運用天生的超能力深入所有人的意識中。他們是幻想者，雖然不能幫什麼忙，卻能用他們的幽默、魅力和同情心去鼓勵周圍的人。

十大行星

　　每一顆行星代表一種心理功能，與我們的人格某些方面是一致的。行星的位置及彼此的關係暗示著性格的特徵。占星學中包含太陽和月亮被稱爲「發光天體」的十大行星在內，構成了我們的太陽系。下面是每個行星的相關資訊。

【太陽】THE SUN

　　作爲太陽系的能量來源，太陽產生了光和生命，賦予生命力量。在占星學中，**太陽代表生命的能量來源，強有力地說明個性**。它意味著人類的核心，我們的本體意識以及自我。太陽的標誌是一個圓，中心有個點，象徵物質世界的中心。在神祕的象徵符號中，圓代表無限及永恆，而中間的點表示整體時空中的某一點。意志力、精力、力量和自我表現僅是太陽的部分屬性。太陽還代表抱負和自豪、意識和自信，象徵著父親或陽性。在神話故事裡，國王和英雄經常與太陽神或太陽有關，**太陽主宰獅子座**。

- 優點：充滿活力、有個性、富有創造力、精力旺盛、充滿靈感、意志堅強、富有靈感、有自知之明、自我、自尊
- 缺點：自私自利、以自我爲中心、驕傲、自大、專橫、控制欲強

【月亮】THE MOON

　　月亮反射太陽光，且因爲是地球唯一的衛星而顯得獨特。月亮的作用是接受能力強，但不理智。**月亮代表我們的情感需求和本能**，主管水元素，包括海洋、潮汐以及夜生活。

　　在神話中，伊西斯、伊斯塔爾、阿堤米絲和戴安娜都指月亮女神。在傳統文化中，月亮和女性有關，這和古希臘思想中的蓋婭一致。月亮通常與直覺和超能力有關，大量出現在民間傳說、詩歌和神話故事裡。它的神性主要通過女性、生育過程、懷孕、母親以及豐富的自然物產來表現。

在心理占星學中，月亮代表我們潛意識的反應和主觀體驗，也符合潛意識中滿足我們基本欲望的衝動。月亮反映我們各種焦慮，迫使我們流露感情。月亮還導致情感或情緒的起伏不定，**月亮主管巨蟹座。**

・優點：敏感細膩、體貼周到、接受力強、直覺敏銳、有超能力
・缺點：情緒多變、過於敏感、過於傷感

【水星】MERCOURY

在神話中，莫丘力是眾神的使者，他賦予人類語言和交流與學習的能力。在希臘，水星被稱作赫米斯，他賦予人類文字和語言。水星擅長修辭學和心理戰術，是人類思想意識發展到有點過於自私自利的能力的反映。

雖然水星常被描寫成一個年輕的小夥子，但它其實非男非女。它象徵著資訊交流的仲介。它代表智慧、理性的思考方式和較強的辨別力，通常和商業市場有關。

占星學上，**水星代表心理活動和理解交流的欲望，不論是採用言語、文字、教學還是其他心理表達的形式。水星主管雙子座和處女座。**

・優點：聰明、思維敏捷、善於表達、理智
・缺點：狡詐、智力不足或過剩、缺乏邏輯

【金星】VENUS

在神話中，金星是愛神和美神，是厄諾斯的母親。在希臘，她被稱作阿弗洛狄特。金星代表女性標準，具有協調並促使團結，並授予自然和藝術的鑑賞能力。

占星學上，**金星代表和他人聯繫的驅動力、愛意的表達和帶來愉悅的事物**。金星雖然可能有點太放縱或隨意，但很受人喜愛、富有魅力、很迷人。為了不惜一切地避免衝突，金星會試圖迷惑對方來緩和危機。

由於金星的作用是維護團結，所以魅力很重要，他們很注重外表、社交、浪漫愛情和異性。金星賦予人甜美的性格，對自然的欣賞力以及強烈的欲望。

金星也能「軟化」它接觸的一切事物，賦予人審美觀或高品味、天生的高雅以及藝術和音樂天賦。金星主管人的價值取向，也表露一個人對金錢和財產的態度以及自尊。**金星主管金牛座和天秤座。**

・優點：熱愛美和藝術、熱心、好交際、較強的價值觀、團結合作
・缺點：享樂主義、過度放縱、懶惰，奢侈

【火星】MARS

在神話中，火星是戰神。火星主管我們的生存本能，不論我們選擇戰鬥還是逃避。與金星對比，火星代表男性標準，充滿競爭力，專斷，有行動力，精力充沛更充滿動力。火星面對敵人時很勇敢，有較強戰鬥力，經常用來指代英雄人物。**占星學上，火星的特點和勇敢有關，表示英勇的精神。在現代生活，我們依靠火星的力量在事業上前進，實現理想和目標，或為自己的信念奮鬥。**

由於火星的作用涉及我們的生存意志，它和體內腎上腺素的釋放有關，具有靈敏的反應能力。這種能量如果釋放過多會使人決斷並充滿鬥志，但也可能使人脾氣暴躁。但如果沒有火星，我們就會失去活力、創造力或通過努力實現理想的動力。**火星主管牡羊座。**

・優點：果斷、勇敢、精力充沛、有行動力、充滿活力
・缺點：好勝、暴躁、舉止粗魯、易怒、不安分

【木星】JUPITER

木星是太陽系最大的行星。它以羅馬眾神之王（希臘神話中稱為宙斯）命名，在神話中與智慧、勝利和公正有關。為了符合龐大的體積，木星不斷膨脹變大。占星學上，**木星代表帶著樂觀自信的態度去超越目前已有範圍，並尋找更宏偉目標或更寬闊視野的能力。**

木星哲學地看待生活的渴望發掘內涵和更深層次的真理。渴望獲得更多知識激勵木星學習更多，和大學或精神導師有關。此外，木星作為真理之主，常與司法體系、法庭和法律法規有關。

木星常憑著心理、情感、精神方面的膨脹欲望獲得財富。木星激勵人們豐富閱歷，去遙遠的異地旅行。然而過度膨脹會導致貪婪、盲目樂觀、虛偽和過度膨脹的自我。木星如果相位佳，會是個很幽默大方的理想主義者，能運用信念和智慧實現自己的宏偉目標。**木星主管射手座。**

・優點：追求真理、慷慨大方、理想主義、樂觀、喜歡旅行、追求知識
・缺點：誇張、過度膨脹、盲目樂觀、貪婪

【土星】SATURN

在神話中，土星是古老時間之父、農神。在希臘羅馬時代，土星是主管社會規則的神，常以帶鐮刀的收割者出現，象徵種豆得豆的道理。土星象徵絕對的公正或因果規律。

占星學上，**土星的原型是一個智慧老人或教師。藉由承擔責任，接受實現自我的磨練，變得成熟理智**。土星會使人勤奮工作和歷經磨練，這些都是值得的，因為這是學習的唯一途徑。為了平衡木星的膨脹，土星起削減作用，能抑制過度膨脹並維護秩序。但土星的限定作用會導致消極、恐懼和過度嚴肅的心態。

土星希望有界限、形式和結構，它需要明顯的界限以便控制和保障安全。土星代表任何堅苦的事物，從我們的骨頭、牙齒到我們嚴厲對待自己。由於這個行星要求我們面對責任和義務，所以它帶來的經驗教訓會讓人不舒服。土星十分公正，你有多少付出就有多少收穫。土星不允許你不勞而獲。它能提供成功所需的決心和恆心。**土星主管摩羯座。**

・優點：遵守紀律和規則、注重權威、認真負責、明智、現實主義、
　　　　有耐心、堅持不懈
・缺點：消極、焦慮、過於拘謹

【天王星】URANUS

在古希臘，天王星的名字是天空或夜空。而在希臘神話中，則是撒頓（Saturn）的父親烏拉諾斯（Uranus）。廣闊無邊的天空象徵著我們對世界敞開心胸的能力。天王星藉由突破土星象徵的約束與安全，帶來性靈上的啟蒙與自由。這種自由能為我們生命中保留一絲空間以防不虞；或是即使在團體壓力之下，仍能很勇敢地表現出自己的與眾不同。

但如果這方面的性格太過強烈，反而會過於叛逆而帶來危險。

就占星學上來說，透由天王星的力量可以擴大我們的觀點至全世界，以及領略人類就是如兄弟姊妹般的大家族。**天王星代表我們很樂意為人權奮鬥，以及自由地表現自己。**

天王星掌管各種與電有關的能量：像是電視與廣播的電波、電磁場、雷射、電腦以及各種新興電子科技。總是展望未來，而且以象徵與抽象的方式來思考。天王星所表現出的是敏銳洞察力與創新創造力。這通常意味著他始終走在整個社會的最前端，能以代表個人特質的方式或是標新立異的時尚風格來表現自己。天王星掌管水瓶座。

・優點：自由、博愛、公正、客觀
・缺點：叛逆、怪癖、革命傾向、固執

【海王星】NEPTUNE

在神話中，波塞頓是海神，深不可測、神祕。就像海水能把岩石分解成沙子一樣，海王星也能緩慢巧妙地分解自我形成的障礙，讓我們經歷神祕的體驗。海面升起的薄霧就像包圍這顆行星周圍的迷霧，在那層物質中沒有固體只有虛幻和神祕。

占星學上，**海王星通過提升淨化情感世界來超越自身極限。它沒有界限，感覺與一切事物相互融合為一。**但這種與所有事物的統一會給人帶來模糊感。在海王星的影響下，這種對事物的極度敏感會使人十分同情人類所受的苦難。使人專心於創作性的工作，如藝術、音樂或戲劇。海王星會賦予藝術家對一切

事物的靈感和想像力。

在獲得較好的洞察力和想像力後，人們很容易幻想、吸毒、酗酒或自欺欺人，變得迷茫或困惑。如果海王星相位較好，人們會為了實現理想而保持美好的信念。**海王星主管雙魚座。**

・優點：敏感細膩、有遠見、富有同情心、充滿靈感、超越
・缺點：不切實際、自欺欺人、逃避現實、迷糊、模棱兩可

【冥王星】PLUTO

在神話中，普魯托是冥王，代表革新、死亡和重生。冥王星表示深刻的變革，他的能量強烈有力。在冥王星的影響下，我們擁有看穿或讀懂通過潛意識發出的信號的能力，尤其是肢體語言。這能夠積極用在像精神分析學的領域，但也可能被濫用來控制他人。

冥王星的發現伴隨著次原子粒子的發現和榮格潛意識理論的發表。不論是主宰陰暗的冥界人物、狂熱者和恐怖主義者，還是社會改良者，冥王星的力量都是極大的。

冥王星還能引起我們體內的強烈反應。它象徵著竭盡全力的反應。作為不斷改善自我所做努力的一部分，有時我們必須忘記過去，但不能掌控未來。**冥王星象徵著死亡和重生的力量**。在冥王星的影響下，我們樂於接受變化，並在合適的時候放開過去或遺棄的事物。冥王星教會我們每一個結束都是新的開始且生活仍得繼續下去。

這種認識能幫助我們完成整個變革過程。**冥王星主宰天蠍座。**

・優點：強大、勇於革新、思想深刻
・缺點：濫用精力、執拗、強制性

區間

　　一個區間占據360º黃道帶中的10º，每一個星座占30º，所以每個星座包含三個大小相等但意義不同的區間。黃道帶的30º相當於地球在宇宙中掃過30º的區域。當太陽穿過一個星座需一個星月時間（星座在天空中的位置與地球相對於太陽的位置正好相反），太陽依次穿過三個區間。太陽幾乎每十天就近入一個新的區間。除總體上受太陽星座影響，人們還受到與區間有關的行星和星座的影響。考慮到太陽星座和區間的共同作用，我們能詳細地理解個人誕生日知識。例如，生於第二區間的摩羯座既受太陽星座摩羯座影響，又受區間星座金牛座影響。古埃及人認為區間的意義和太陽星座的意義同等重要。

　　區間的作用是由包含它們星座的相關元素決定的。每一個星座都與四個基本元素中的一個有關。

・火元素主管：牡羊座、獅子座、射手座
　主宰星：火星、太陽、木星
・土元素主管：金牛座、處女座、摩羯座
　主宰星：金星、水星、土星
・風元素主管：雙子座、天秤座、水瓶座
　主宰星：水星、金星、天王星
・水元素主管：巨蟹座、天蠍座、雙魚座
　主宰星：月亮、冥王星、海王星

　　三個區間的順序與十二太陽星座的順序一致。每個太陽星座的三個區間都與太陽星座相關元素主管的三個星座有關。例如，你從上面可知，牡羊座是火象星座。所有牡羊座出生的人都與火元素有關。牡羊座的三個區間也與火元素主管的星座有關。牡羊座第一個區間對應牡羊座附近與火元素有關的最近太陽星座，即牡羊座本身。然後，在黃道帶上逆時針運動，下一個與火元素有關的

是獅子座。於是獅子座對應第二區間。順黃道帶繼續運動，我們看到與火元素相關的第三個星座，即射手座。因此，牡羊座的的第三區間對應射手座。其他太陽星座的區間以此類推。

再進一步，每個星座都與一個行星有關。就像每一個太陽星座都有一個主宰行星，每個區間也有。牡羊座的區間由火星主宰，而射手座的區間由木星主宰。在下面的圖表中，你能清楚地查找不同星座內的區間。

下面是一張關於太陽星座及其內部區間作用的圖表，以及每個區間對應的日期。

♈ 牡羊座、3月21日——4月20日
牡羊座—牡羊座　火星區間：3月20-21日至3月30日
牡羊座—獅子座　太陽區間：3月31日至4月9日
牡羊座—射手座　木星區間：4月10日至4月20-21日

♉ 金牛座、4月21日——5月21日
金牛座—金牛座　金星區間：4月20-21日至4月30日
金牛座—處女座　水星區間：5月1日至5月10日
金牛座—摩羯座　土星區間：5月11日至5月21日-22日

♊ 雙子座、5月22日——6月21日
雙子座—雙子座　水星區間：5月21-22日至5月31日
雙子座—天秤座　金星區間：6月1日至6月10日
雙子座—水瓶座　天王星區間：6月11日至6月21-22日

♋ 巨蟹座、6月22日——7月22日
巨蟹座—巨蟹座　月亮區間：6月21-22日至7月1日
巨蟹座—天蠍座　冥王星區間：7月2日至7月11日
巨蟹座—雙魚座　海王星區間：7月12日7月22-23日

♌ 獅子座、7月23日——8月22日
獅子座—獅子座　太陽區間：7月23-24日至8月2日
獅子座—射手座　木星區間：8月3日至8月12日
獅子座—牡羊座　火星區間：8月13日至8月22-23日

區間

處女座、8月23日—9月22日
處女座—處女座　水星區間：8月22-23日至9月2日

處女座—摩羯座　土星區間：9月3日至9月12日

處女座—金牛座　金星區間：9月13日至9月22-23日

天秤座、9月23日—10月22日
天秤座—天秤座　金星區間：9月22-23日至10月3日

天秤座—水瓶座　天王星區間：10月4日至10月13日

天秤座—雙子座　水星區間：10月14日至10月22-23日

天蠍座、10月23日—11月21日
天蠍座—天蠍座　冥王星區間：10月22-23日至11月2日

天蠍座—雙魚座　海王星區間：11月3日至11月12日

天蠍座—巨蟹座　月亮區間：11月13日至11月21-22日

射手座、11月22日—12月21日
射手座—射手座　木星區間：11月21-22日至12月2日

射手座—牡羊座　火星區間：12月3日至12月12日

射手座—獅子座　太陽區間：12月13日至12月21-22日

摩羯座、12月22日—1月20日
摩羯座—摩羯座　土星區間：12月21-22日至12月31日

摩羯座—金牛座　金星區間：1月1日至1月10日

摩羯座—處女座　水星區間：1月11日至1月20-21日

水瓶座、1月21日—2月19日
水瓶座—水瓶座　天王星區間：1月20-21日至1月30日

水瓶座—雙子座　水星區間：1月31日至2月9日

水瓶座—天秤座　金星區間：2月10日至2月19-20日

雙魚座、2月20日—3月20日
雙魚座—雙魚座　海王星區間：2月19-20日至3月1日

雙魚座—巨蟹座　月亮區間：3月2日至3月11日

雙魚座—天蠍座　冥王星區間：3月12日至3月20-21日

次級推進

在占星學中，次級推進被廣泛用於預測未來。次級推進最著名的方法是「用日換年」（a day for a year），象徵人生的緩慢過程。在這種象徵意義的解釋中，一日內的行星運動被看作推進星一年的運動。例如，出生後第24天的天體位置與一個人生命第24年一致。

太陽所在黃道帶座位與地球相對於太陽位置正好相反。當地球繞日公轉時，太陽穿過黃道帶30º區間內的各座位。在這本書中，我們將瞭解太陽在各黃道座的運動，並說明這對個體的影響。在用日替代年的次級推進理論中，太陽需大約30年而非30天的時間去穿過每一個黃道座。例如，如果你出生在兩個星座的交點上，在「用日換年」理論中你的推進太陽將在30歲生日時到達下一個交點。如果你出生在某個太陽星座的第15天，你的推進太陽將在15年後進入下一個太陽星座；而在你30歲生日時，它將到達下一個星座的中間位置。

如果出生在星座的末尾或開頭時，你的太陽在幾年內就會推移到下一個星座。在這種情況下，你可能發現自己更符合下一個星座而非你自己的太陽星座。下面是三個例子以及太陽推移的對應圖表，**轉捩點用X表示**。

例1：如果你出生在雙子座開頭，即5月23日，你的太陽28年內將穿過雙子座。大約在你29歲時，它將推移至巨蟹座。再過30年，太陽穿過巨蟹座，並在你59歲時移至獅子座。

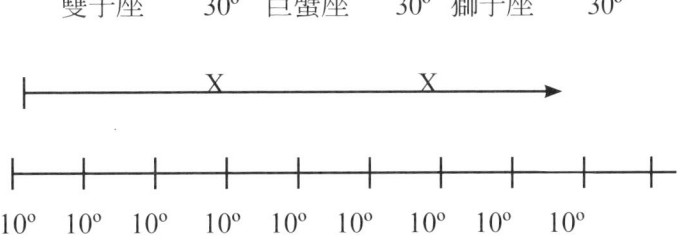

例2：如果你出生在處女座的中間位置，即9月7日，你的推進太陽將改變座位，在你15歲時推移至天秤座。再過30年，太陽穿過天秤座，在你約45歲時推移至天蠍座。75歲時，你的太陽座位再次改變，移至射手座。

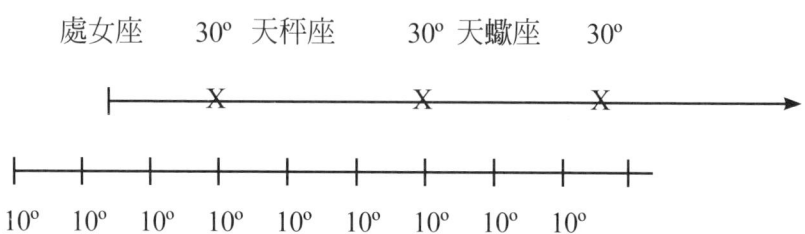

例3：如果你出生在射手座之末，在你小時候，太陽便推移至摩羯座。再過30年，太陽穿過摩羯座，在你31歲時推移至水瓶座。在你61歲時，你的太陽座位再次改變，移至雙魚座。

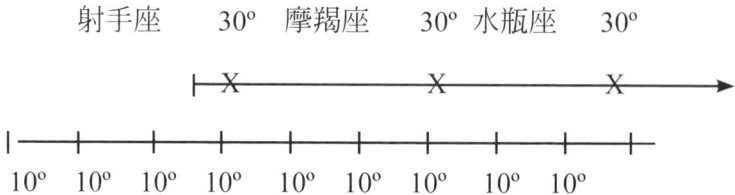

恆星簡介

　　恆星屬於大宇宙而非太陽系。恆星不像繞日公轉的行星，它們本身就相當於太陽；事實上，根據它們的等級，一些恆星遠比太陽大而亮。我們談論恆星時，常用「光年」來描述難以計算或理解的遙遠距離。由於這些恆星距離地球很遠，我們感覺它們是靜止的，因此稱其為「恆星」。恆星的影響跟它們的強度有關，它們的強度可以用亮度來計算。

　　雖然宇宙中有數以百萬顆恆星，但占星學只考慮相關的幾個，即那些位於黃道帶附近的恆星。

　　早在幾千年前，人們就已開始觀測恆星並探索它們與世界大事的關聯。恆星的命名在美索不達米亞和巴比倫時代就有所記載。在《吉爾迦美什時代》（Epoch of Gilgamesch）一書中人們提到了恆星、彗星、日月蝕和恆星在氣象中發揮重要作用。此外，埃及人也認為恆星有巨大作用。例如，埃及人懂得自然的力量並依賴尼羅河生存，他們以豐收儀式來慶祝農曆的夏至日，並將恆星天狼星的升起和尼羅河的洪災聯繫在一起。現在有充分的證據表明埃及人將吉薩的宏偉金字塔與獵戶座建在一條線上。雖然許多歷史學家仍然聲稱雄偉的金字塔是偉大法老的見證，但很多占星學新發現卻揭示了胡夫金字塔的設計與北極點周圍的恆星存在明顯關聯。

　　在耶穌降生的故事中，有一顆恆星指引三博士到達伯利恆的馬廄。早在西元前250年左右，希臘就已有恆星的相關記載。歷史上對恆星的觀測一直持續，融入了古人的天體學知識。恆星和生活各方面都有關，它們的涵義來源於相關星座的符號。例如，獅子座中最亮的 α 星軒轅十四（也叫獅心），象徵意志、力量和威信。這顆星是天空中最重要的恆星之一，和高貴榮譽有關。通常這顆星出現在國王、女王、統治者和高級政府官員的圖示中。這顆星還與公眾喜歡的人物有關，能賦予人聲望。

　　恆星的重要性源於宇宙中的一切物質都帶著電荷，且在它們周圍都有一個磁場。即使最微弱的放射物也能影響地球上的生命。這非常類似於現代混沌理

論中的「蝴蝶效應」,認為即使一隻蝴蝶的翅膀搧動空氣也能產生連鎖反應,之後將改變世界另一地區的天氣。由於恆星本質上與太陽相同,所以它們也有類似的力場。這些恆星的強度以等級或亮度來衡量。

　　恆星為人類潛意識和個體潛力或問題提供有趣的觀點。但這種意義必須結合完整的個人星盤來仔細分析;單獨恆星沒有意義,但它對行星的天體特徵有輔助作用。所以必須將恆星理解成對相關行星的增減作用。

　　我們在誕生日部分列舉了當天最具影響的恆星。其他恆星也會有影響,所以我們在書後添加了包含這些恆星知識的恆星附錄。

　　但請注意在這本書中並非每一天都有相關的恆星。我們只談論與太陽有關的恆星,所以如果某一天太陽附近沒有具主要影響的恆星,那麼這個誕生日就沒有恆星,但很有可能會有與當日行星位置有關的其他恆星。你可以藉助出生圖和本書的附錄去理解與你的行星相關的恆星對你的影響。我們鼓勵讀者瞭解自己的出生圖,而我們在本書中的恆星知識僅作為這塊複雜誘人領域的導言。

數字命理學簡介

　　數字擁有神聖的力量，不僅古文明和古希臘哲學家們如此深信，文藝復興時期的學者和當前很多數學家也是如此。

　　在薩伊，人們發現了西元前9000年至西元前7500年間，刻在許多骨頭上的計算符號和刻痕。這和月球運轉的紀錄完全一致，可說是最早的數學活動標誌之一。

　　數字命理學和星相學一樣歷史悠久，它源於美索不達米亞、猶太和古希臘文明。例如，在《舊約》中人們認為數字和文字相當於人類的預言、夢境和名字的潛在內涵。每一種文化都會使用數字來解釋宇宙和人性，並自成體系。最著名的數字命理學體系有畢達哥拉斯理論、猶太神祕哲學、易經和瑪雅理論。

　　很多古希臘哲學家對數字的奧祕十分感興趣。古希臘早期最傑出的思想家之一畢達哥拉斯曾說「數字是神聖的」，並說「一切事物都是數字」。他是宗教領袖、神祕主義者和純粹的數學家。不同於現代的數學家，他結合了神學和理性思考，為西方文化留下獨特的遺產，創建了數字記號的開端。他通過發現音樂和數字關係的重要性，建立了音符和數字間的和諧關係。他意識到數字可表示形狀，並首次將長方形、正方形、三角形描繪成一組點或數字。他的追隨者——畢達哥拉斯學派，是最早認為數學原理是一切存在物的基礎學派之一。在這些原理中數字是基本原型，它們高於一切，建立了自然和宇宙的秩序。

　　目前一些數學家很贊同這些觀點，並主張當人愈深入探索宇宙的運行方式，就愈會發現宇宙數學化。數字和數學準確強調了宇宙的運轉方式。

　　數字有三種基本形式。我們可以通過數學理論、哲學定義、數字記號來想像數字。二十世紀早期，榮格將數字解釋為轉換成意識規則的原型，並堅信數字是規則形成的工具。他認為數字既是定量的，同時又是定質的。確實如此，甚至連粒子物理學研究都表明，原子數量改變會導致肉眼都能明顯察覺的質變。

　　數字命理學跟占星學一樣，是一個符號體系，是我們用來深入瞭解自身和

生活目標的工具之一。數字具有兩面性，可以代表積極和消極兩方的力量。發掘數字的涵義可以幫助我們發現與形成個人的潛力，並在人生旅途引導我們前進。本書著重於解釋和生日有關的數字性質，透過下文你將會找到自己的生日總數。

■如何計算生日總數？

生日總數代表一個人出生的年、月、日數字的總和。經由這些數字的積極和消極屬性，可以瞭解一個人的生活目標或挑戰。一個人掌握了自己的生日總數，就能更加深入認識自我。計算生日總數很簡單，只需將所有數字加起來。例如：

1956年6月28日

（6/28/1956）= 6 + 2 + 8 + 1 + 9 + 5 + 6 = 37 = 3 + 7 = 10 = 1+ 0 = 1

那麼，你的生日總數是1，也可以看作37 / 1。

1961年10月20日

（10/20/1961）= 1 +0 + 2 + 1 + 9 + 6 +1 = 20 = 2 + 0 = 2

那麼，你的生日總數是2，也可以看作20 / 2。

■九個基本數字

九個基本數字的屬性對人們的性格有著積極或消極影響，關鍵在於人們如何處理生活中所面臨的挑戰。

【數字1】

數字1的影響是意識。它的積極屬性是自信、有創造力、獨特以及獨立自主。如果你的生日總數是1，這就表明你很有創造力，充滿活力，有抱負和驅動力。做為具有勇敢精神的先驅，你喜歡占據主導地位並表現自己的獨特性。在瞭解自我創造力和個性的過程中，你需要表達自己並學會獨立自主，這意味著你得在思想或行動方面與眾不同。偶爾你會覺得自己被切身環境所孤立，尤其當你有新穎觀點時。靈感是行動的關鍵，當你面對眾多選擇時，發展直覺將會

幫助你做出選擇。你頑強的意志力和決心迫使你選擇領導而不是被領導。在你的人生中，你可能會經歷某些事讓自己學會克服不安全感，無論這些不安全感來自情感、身體還是精神方面。對自己的行為負責也是你人生的一課。最佳狀態下，你是一個自信、自主的人，能積極地激勵其他人。讓自己變得寬容、仁慈、耐心，有助於你實現自己的目標，投資時間提高自己的技能，將會激勵你展現自己的創造力。

| 數字1的人的缺點： | 在缺乏自信和過於自信之間徘徊、非常苛刻、傲慢自大、自私、專斷。 |

【數字2】

數字2的影響是感官。它的積極屬性是善交際、良好的感受力以及平衡自己和他人需求的能力。數字2的人天生有魅力，能藉由和他人共同合作學習。如果你的生日總數是2，你會是一個體貼別人、善解人意、彬彬有禮且浪漫的人；同時你也處世老練、友善、好交際，熱衷人際關係。你直覺力和適應力強，會因為別人的鼓勵成功，也會受別人的奉承的影響。也許你需要學會如何區分與人合作、服務別人和屈從別人、犧牲自己的不同。如果你過於依賴將會削弱你的自信心，因此，你需要不斷地平衡付出和所獲。如果你生活貧困或易受傷害，別人將很容易利用你善良的天性。數字2的人需要學會反抗，但不是挑釁。學會說「不」，不要感到愧疚；接受別人幫助並從中受益，不要表現得很軟弱或沒用。對於數字2的人，肯定自己是正確的方法。你的成就在於達到內心和諧，確立明確目標並有所建樹。

| 數字2的人的挑戰： | 依賴性強、好動、不安分、過於敏感、易受挫、不易信任人、缺乏自尊心。 |

【數字3】

數字3的影響是表現力強或感情豐富。它的積極屬性是獨創的自我表達方式、生性敏感、富於想像及多才多藝。如果你的生日總數是3，這就表明你很熱情、愛開玩笑、善交際且友善。也許你會選擇通過文藝方面的努力來展示自己多才多藝的天賦。但做出選擇對你是一大困難。數字3的人喜歡和別人一起參與娛樂、社交和親密交談。你熱愛自由、感情豐富，需要表達生活中的歡樂。你善於總結知識，表達自己的想法。數字3的人通過保持積極樂觀的態度避免衝突。因為你受的教育通常和情感發展、表達自我有關，所以你可能需要更深入瞭解自己的情感並直接表達出來，而非控制當前形勢。數字3的人容易情緒驟變或產生嫉妒、仇恨等消極情緒。儘管你很機智幽默、善於言辭，但如果你很害羞或信心不足，也可能變得孤僻、拘束。分享以及學會愛和憐憫的快樂，讓你得到情感上的滿足。

數字3的人的缺點：過於焦慮、自我懷疑、喜歡分散精力、誇張、不夠寬容、沒有防備、優柔寡斷及不負責任。

【數字4】

數字4的影響是身體方面。它的積極屬性是實用性、管理能力和自律能力。如果你的生日總數是4，你是一個誠實、直爽、勤勞並且追求穩定的人。數字4的人有耐心，慎重，深知方法和準備是必要的。所以不論做什麼，都會有目標和實際方案。數字4的人善於形式，掌握了工業機械技能，具備一般的自助能力。熱衷於保險業，普遍對金融或商業感興趣。嚴謹、克制情感，但很忠誠，值得信賴。數字4的人頑固任性，所以應該學會靈活變通。抱負和耐力，幫助你在別人筋疲力盡時堅持下去。你應該學習，但是要量力而為。儘管你會保護你所關心的人，但你需要克服掌控形勢、專橫跋扈的毛病。一般認為數字4的人是開創者，事實上也沒錯，很多企業的創立者就是數字4的人。

數字4的人的缺點：獨斷、倔強、不可靠、不是太懶就是工作狂，沉緬於過去，無節制。

【數字5】

數字5的影響是直覺。數字5的積極屬性是聰明、反應快與行動果斷。數字5的人熱情且愛好自由。如果人生態度很積極，將是一個自律、專注、機警、精明的人。儘管數字5的人很有責任感，仍然渴望自由行動的權力。你多才多藝、積極進取、喜歡認識更多人與豐富自己的經歷。你熱愛自由，思想開明，很容易適應新環境或促進自己的思想進步。通常工作熟練、效率高，態度嚴肅，認真地快速學習和掌握形勢。旅行和改變環境是數字5的人的一種生活方式。你喜歡順應時代潮流前進，願意接受改革、適應新環境，不會墨守成規。如果數字5的人態度消極，他們會焦慮不安、沒有耐心、缺乏一貫性。如果沒有目標和毅力，數字5的人會在人生路途中漫無目的地徘徊尋找合適的職業，但切記靠運氣是不明智的。深刻的理解和全面的知識，有助你發揮強大的潛能。如果你能學會把敏捷的思維和強烈的直覺結合起來，將輕易以迅速的反應能力贏過他人。你機智勇敢，行俠仗義，具有冒險精神。

數字5的人的缺點：行為衝動、沒有目標、不負責任、沒有耐心、不夠體貼、精力分散、枯燥乏味、口無遮攔、殘忍無情。

【數字6】

數字6最明顯的特徵是情感豐富和合群。數字6的積極屬性是理想主義、創造力強、有人道精神、仁慈和洞察力敏銳。數字6的人敏感負責，在生活中很感性。你的反應直接，能真實反映周圍的環境和人們的舉止。你既居家又外放，喜歡融入團體。緊密的家庭關係說明你會是個能提供幫助、激勵人進步的好家長。因為你是一個值得信任的人和實際中肯的諮詢者，所以在遇到困難時，同

樣能得到朋友的援助。身為完美主義者，你追求創新或藝術。你擁有鑑賞風格、美、形式的高品味，喜歡裝飾周圍環境及美化家庭。如果你追求至善至美，你可能會使自己遠離平凡的現實生活。為了創造更美好的世界，你會堅持自己烏托邦式的理想，並努力維護自己的品德。但你最好避免過於挑剔批判。你需要通過學會平衡自己的感覺和思維來達到和諧與平靜；接受自己的缺點和失敗，將有助你包容這個世界及其局限性。數字6的人需要克服焦慮或失望。付出的愈多，收穫自然也愈多。

數字6的人的缺點：不滿足、自命不凡、缺乏同情、過於挑剔、專橫霸道與好管閒事。

【數字7】

數字7的影響是直覺和理性。數字7的積極屬性是誠實、講信用、有辨別力、注意細節、講究方法和聰明機智。數字7的人分析和思考能力強，工作專注，善於反省，具有追求完美和精確的能力。獨立的思考觀點表明你很獨立自主且獨斷專行。由於你喜歡自主決定，所以往往能從個人經驗中學習能達到最好的效果。如果你過於敏感、缺乏自信，將會變得孤單或孤僻。一旦你不能表達自己的想法，就會覺得被誤解。優秀的辨別和改善能力，說明你雖然容易吹毛求疵，但在改善現存體制方面仍很傑出。見識廣和謹慎的個性，代表你喜歡蒐集資訊且記憶力很好。你善於自我分析，追求更好的自我瞭解，對你來說沒有干擾的獨處時刻，通常是自我反省的重要時間；但千萬要避免變得孤僻。閱讀、寫作或靈性的興趣，通常是你靈感的來源，更能拓展你的視野。你希望獲得專業領域的理解，包括教育、學術領域或研究。數字7的人雖然直覺力強，但也會過於理性，從而導致在意細節。這進一步將導致缺乏信心、自我懷疑或感覺不安。雖然你重隱私、難以理解或有所隱瞞，但你好奇心強，經常問一些敏銳問題而不讓人明白你的心思。

數字7的人的缺點：易猜疑、不誠實、太隱密、疑心重、難以理解、過於挑剔、疏離、無情冷酷。

【數字8】

　　影響數字8的是情感和物質力量。數字8的積極屬性富有力量，說服力強。你有行動力和決心，工作努力，具有權威。生日數8隱含的力量表明這一類人有很強的價值觀、行政能力和正確的判斷力。數字8的人總是追求安全穩定。他們具有權威令人信服，渴望領導地位和物質成功，追求過人的成就，很有野心。通常你會因為自己的貢獻和堅持不懈，晉升至管理或領導職位。數字8的人天生有商業頭腦，發揮與生俱來的管理行政能力將使你受益匪淺。你得學會如何以公平公正的方式去行使你的權力和管理事務。如果你意識到自己身居要職，你可以為他人提供實用建議和保護。數字8的人在處理有關權力、耐心和寬容的事務時，需要學會容忍、理解以及在做決定時考慮到他人的缺點。數字8的人通過長遠計畫和長期投資來獲得安全感。通常你擁有足夠的權力來幫助自己和別人，但如果你真的能以這些力量改善你周圍的人，你將受益匪淺。

數字8的人的缺點：沒有耐心、不夠寬容、力求節約、工作過度、貪圖權力、專橫霸道、缺少計畫。

【數字9】

　　數字9最明顯的特徵是能融入群體。數字9的積極屬性是富有同情心，寬容、有耐心、正直、敏感、充滿人性。數字9的人通常具有吸引力和超凡魅力，敏銳的心靈，超自然能力且廣受歡迎。如果你的生日總數是9，你是一個慷慨大方、直覺準確、預知能力強的人。數字9的人充滿幻想，易受外界影響，有遠見，憑感覺來判斷生活。數字9的人有預知能力，所以你擁有內在智慧，認知能力強。儘管你很大方仁慈、充滿幻想，但你很可能在自己或他人沒有達到你的高期望時理想破滅、感情受挫。這將導致你情緒起伏不定或縱容自己逃避。作為數字9的人，你需要獲得內心滿足，避免氣餒或變得抑鬱。此外你還得學會理解、寬容、忍耐以及不受情感影響。你註定要為別人服務或為人類的進步做貢獻。由於你是個融入團體的人，你可能在旅行中或與不同生活經歷的人交往中有所收穫。你需要克服過於敏感的性格，保持心靈的平衡並避免不切實際的想

法；靈感與理想的結合、豐富的內心世界以及鮮明的理想，你在尋求精神道路的過程中感到最幸福。

數字9的人的缺點：自私、固執、不切實際、易受影響、自卑和焦慮。

■如何計算個人年數字？

計算個人的年數字，只要把你生日的月、日數加上想知道運勢的年分。例如，你的生日是1956年6月28日，且想知道你在1999年的運勢如何，你只需用1999代替你的出生年分。

例如：

用1999代替你的出生年分（1956）。

1999年6月28日 = 6 + 2 + 8 + 1 + 9 + 9 + 9 = 44 = 8

這種計算結果只在一年內有效，從1999年1月1日至1999年12月31日。

■解析九個個人年數字

個人年數字每九年一個輪迴，下面關鍵字闡述個人年數字的特徵。

【1年】

這是一切開始的時間。無論是擴展原有事業或開始個人的新計畫，這一年都會有巨大的斬獲。開始一個新方向難免冒險，且做出正確的選擇需要勇氣和自信，但請傾聽內心的聲音，別讓自己受到別人影響。

若改變只是空想，現在就是採取行動的時候。提高自身能力非常重要，這一年的關鍵在於你要獨立、積極、有抱負，否則，你可能會錯失個人年數字1所帶來的良機，任何退怯的想法都是不可能或不可取的。此外，謹防偷懶或缺乏信心實現夢想的想法。個人年數字1最有益的經驗是：**開創一種益於他人的新思想或發明。**

【2年】

這是增強人際關係、合作和耐心的一年。你可能會拓展社交圈，結交不同社會背景的人。如果學會做一個和事佬，將有助你提高建立長久人際關係或特殊夥伴關係的機率。你也可能遇見對你構成威脅的人，但千萬別氣餒，因為如果你能保持開放思想和正向積極的行事方式，這個人將會教導你有意義的東西。在這一年，你需要學會與人和睦相處，保持公正的態度和靈活的手段並且加強交流能力。總體而言，在這一年你可以憑藉自覺提升自己，通過與人相處將大大增加對自己的瞭解。個人年數字為2可以提供的經驗是：**保持良好的夥伴關係並發展出真誠的新合作關係**；它讓人保持自由或獨立，所以是助人自助的一年。

【3年】

這是用創新、幽默和關愛的方式來表現自己的一年。這也是值得慶祝的一年，你希望從生活中得到更多的樂趣。你的創造力將盡情表露，讓你更充分自由地表達自己的想法。這還是戀愛的一年，你令人愉快的樂觀態度，有助於滿足對愛情和快樂的渴望。你還可能拓展社交圈。不過要避免嫉妒、焦慮、猶豫不決和分散精力。數字3的年分還是創新和擴展的一年：生孩子、旅遊或為家中增添藝術、音樂和文化氣息，將使你的家更舒適。在這一年你渴望郊遊、看戲、參觀藝術展或朋友聚會和家庭娛樂。如果你想有創意地表現自己，這段時間非常適合你選擇一種你一直想嘗試的業餘愛好或創造性活動，比如業餘表演、繪畫、舞蹈、唱歌或寫作。你要有自信，敢於嘗試新事物並記得享受生活。個人年數字為3的最佳經驗是：**學會享受生活的樂趣並在心理上有所成長**。

【4年】

在第4年，良好的管理是關鍵。在這一年，良好的組織、有條理的安排、耐心和實踐，有助於你建立更堅固的基礎。在這一年你將獲得許多成果，而且將發現許多成功的機會。你需要養成務實的態度，這意味著你將會發生經濟困難或其他物質短缺的情況，尤其在資金管理不當時。但不論管理狀況如何，你都要檢閱一下你的財政、保險與法律事務，及時做出必要的調整使一切更簡單有效。

第四年非常適合做生意，建房和修房或遷居到一個更好的地方。不過你要避免在理財或保險方面做出不切實際的決定，以免自己後悔。這一年最大的困難是建立穩固的基礎，以及抑制無端的叛逆和懶惰；而最有益的經驗或許是能**實現你引以為豪的事情**。

【5年】

這是充滿變化的一年，不論是工作還是人際關係等各種狀況都將改變。旅行（短途或長途旅行）或變換工作，會增加你的積極性。你的直覺力強，對變化的需求也變得異常重要。你會去尋找新朋友和新體驗，希望有意想不到的事情和驚喜。

在第五年，學習適應變化是當務之急。練習保持冷靜，避免不耐煩、變化不定和厭倦等情緒。此外，你還得謹防衝動行事，以免讓自己後悔。這一年適合有目標、有決心地前進，因此為了避免陷入呆板的生活模式，你要變換你的形象或改變日常習慣。個人年數字為5最有益的經驗是能**掌握新的學習經驗、認識新朋友和新地點，並且瞭解自己能在短時間內收穫豐富**。

【6年】

這是擔負責任的一年，無論是在家內還是家外。由於數字6是個開放的數字，所以你需要增加對外部世界的興趣，而不僅限自己的個人空間。這一年還適合到新環境定居，家庭成員或使居家舒適漂亮，會是你的職責所在。為他人服務或為社團工作，會使這一年成為你體貼關愛他人的一年。如果你在這一年努力工作，將會得到有益的回報，因為機遇和意外的收穫將來自你對他人的幫助。找點時間陪伴朋友或最親近的人，因為他們在這一年可能需要你的幫助。第六年是**使你的生活和睦美好的一年，為你的家居生活更加改善與舒適**。

【7年】

這是提高自己、獲得新知識和發展心智的一年。獲得新的知識與學習，是你的首要任務。這意味著你需要評估目前的生活，反思你過去的努力和成就，並且制定長遠的計畫。這一年還非常適合在你原有的基礎上學習新技能或另外

學習新科目。新的機遇來自你的工作，藉由課程和訓練將提高你的地位或表現。你渴望更多獨處的時間，也或許因爲孤獨而尋找志同道合的新朋友。你讀過的某本書或文章可能會深深地影響你，或啓發你找到新目標。寫作、閱讀或參加益智的團體是你渴求的體驗。要避免自我封閉或對周圍的人太苛刻，因爲第七年很容易產生誤會。這一年最有益的經驗是：**獲得深入的理解力，並且以新的方式表達自己的看法。**

【8年】

這是做出決定、確定和實現過去七年努力的一年。如果你想有成果，這一年就不能只是空想，而必須努力前進，這一年很可能獲得擢升或加薪的機會，而其他過去設定的計畫或投資也將有最後的成果。這一年還是工作艱巨和責任加重的一年，所以要避免過於勞累。

因爲你渴望踏實、掌控生活或找到長期的安全感，你會想做長遠的投資，比如購買房子。這一年你還可能會有良好的商機，運氣也不錯。但是，學會理財是保證獲得豐厚報酬的根本。這一年的人**體貼別人，而且不用左右他人和在意個人收入**，就能得到必然的收穫。

【9年】

這是占星學中最重要、最崇高的一年。這是結束和終了的一年。新的循環還未開始，而舊的循環已經結束。數字9的基本規則就是獲得應有的成果。這一年是確定立場與拋棄不必要事物的好時機。你要避免沉緬過去；如果你已經超越某些形勢或人，這就是你告別這些事物並規劃未來的時候，尤其是在這一年的後半年。

數字9象徵圓滿，表示你將變得成熟，能夠理解生命的基本原理——死亡與重生、分別與重新開始循環。數字9代表生命生生不息的基本規律。個人年數字9，最有益的經驗是**富有同情心和寬容慷慨**。你的善舉不會沒有回報，對別人的幫助將使你成爲更優秀的人，讓你有勇氣繼續向前。

■每月三十一天的涵義

個人日數字指你出生的日期，這是無法改變的。

【第1天】

這天生日的你可能渴望獨占鰲頭和獨立自主。數字1的人很獨立，有創造力和勇氣且精力充沛。通常你必須建立自我定位，並培養自信心。你具備開拓精神，這一點將鼓勵你自主決定或獨自行動。這種主動的精神激勵你加強行政或領導方面的才能。你充滿熱情，富於創新、有遠見。但因為你渴望被讚美和討人喜歡，這將減弱你的自信，而且可能因為缺乏自信而變得喜歡依賴別人。出生在第一天的人需記住世界並非圍繞著你轉，你應該避免變得自私或專橫。通過開創新思想或各種令人驚歎的事業，你可能會成功。

- 優點：有領導能力、有創造力、不斷進步、堅強、積極向上、信念堅定、有競爭意識、獨立並善交際
- 缺點：專橫、嫉妒心強、自我、驕傲、叛逆、缺少約束、自私、軟弱、不安分、沒有耐心

【第2天】

你的生日暗示你很敏感而且渴望融入群體。你適應能力強，善解人意，喜歡團體活動並與人合作。你的接受能力強，易受外界影響。友善熱心，善於交際，手段靈活。你喜歡和睦相處和與人合作，所以你在家庭問題中充當調停者或和事佬。你希望取悅他人，可能反而變得依賴別人。但如果你能增加自信心，就可以避免輕易被別人的行為或批評所傷害。在愛情和友情關係中，要學會相信自己的直覺，並且要避免自己受人操弄。

- 優點：很好的夥伴、性情溫和、講究策略、接受能力強、直覺力強、體貼周到、注重和睦、容易相處、親善大使
- 缺點：多疑、缺乏自信、卑躬屈膝、膽小、過於敏感、自私、易受傷害、狡詐、不誠實

【第3天】

出生在第三天的人需要關愛、創新和情感表達。喜愛娛樂，生性隨和，是很好的伴侶，你喜歡參加社交活動和擁有多種興趣。多才多藝，渴望表現自己，促使你尋求多種體驗。但你很容易厭倦，可能會變得優柔寡斷或顯得膚淺。雖然第三天出生的人通常有藝術才能和魅力而且風趣幽默，但需要增強自尊，避免焦慮、嫉妒和其他不安情緒。人際關係和溫馨的氛圍對於你來說非常重要，因為它們能賦予你熱情和靈感。

- 優點：幽默、快樂、友善、多產、有創造力、有藝術才能、願望強烈、熱愛自由、善於表達
- 缺點：容易厭倦、虛榮、吹噓、揮霍無度、放縱自己、懶惰、虛偽、焦慮不安、優柔寡斷、對自己沒信心

【第4天】

生日在4號具有堅固結構和條理清楚的特點，這天生日的人需要穩定感，喜歡制定規則和秩序。精力充沛、有實踐能力和決心堅定，通過努力工作可以取得成功。4號出生的人對形式和結構特別有自己的見解，能夠建立實用的制度體系。具有安全意識，喜歡為自己和家庭建立穩定的基礎。忠實但不善於表達感情，而且認為行動勝於言語。務實的生活態度使你擁有很好的商業頭腦和獲得財富的能力。4號出生的人誠實、坦率、公正。不過要學習表達自己的想法，避免變得固執或呆板。4號出生的人可能遇到的困難包括：克服動盪、經濟困難或冷酷。

- 優點：有組織能力、能約束自己、穩重、勤奮、精益求精、有動手能力、務實、信任別人、態度嚴謹
- 缺點：破壞性強、不善交流、壓抑自己、頑固、懶惰、吝嗇、專橫、嚴厲

【第5天】

　　5號出生的人直覺敏銳，喜愛冒險，渴望自由。樂於探索或嘗試新事物，對生活充滿熱情，這意味著你在生活中收穫甚多。旅行、變化和一些意外，可能導致你經歷看法和信仰的真正改變。5號出生的人需要刺激的生活，然後你要培養責任感，避免反覆無常、耽溺和不穩定的傾向。出生在5號意味著你需要學會忍耐和注意細節；如果能避免衝動或冒險行事，就能獲得成功。出生在5號的人的天賦是懂得如何順應潮流和保持獨立。

- 優點：多才多藝、適應性強、不斷進步、直覺力強、有魅力、運氣好、勇敢、熱愛自由、敏捷、機智、好奇心強、神祕、好交際
- 缺點：不值得信賴、變化不定、拖泥帶水、反覆無常、不可靠、自大、任性固執

【第6天】

　　富有同情心、理想主義和體貼周到，是生日為6號的部分特點。這個數字的人是大家的朋友，這表明你是個負責、體貼而且樂於助人的理想主義者或人道主義者。

　　雖然你很世故並且注重事業，但更多時候你是顧家的，是個很好的家庭主婦或稱職的家長。緊繃的情緒和促進世界和平的欲望，會激勵你採取團體活動還是借助其他志願服務，為自己的信念而奮鬥。部分敏感的6號出生者渴望找到與眾不同的表現方式，經常會被娛樂、藝術界和設計行業所吸引。部分出生在6號的人，可能遇到的問題是需要增強自信心和對朋友、鄰人的同情心，學會更負責。你還需要克服好管閒事、焦慮不安、不滿和濫用同情心的傾向。

- 優點：心胸寬廣、廣結情誼、友善、仁慈、可靠、通情達理、富有同情心、有理想、注重家庭、人道主義、穩重、有藝術才能、追求和諧
- 缺點：焦躁、羞怯、缺乏理性、固執、直言不諱、不能和睦相處、追求完美、專制、缺乏責任感、自私、多疑、自我中心

【第7天】

7號出生的人分析能力強，思維縝密，追求完美、挑剔，自私。通常你喜歡自主決定，而且能從個人經驗中學會很多。你不斷追求更高的自我意識，喜歡收集資訊，可能對讀、寫或神靈感興趣。這種求知慾可能引導你進入學術界或不斷提高現有技能。7號出生的人，有時可能過於理性或拘於細節。而其他時候你會變得對批評過度敏感或覺得自己被人誤會。你具有高深莫測或神祕主義的特點，這使你會巧妙地提問而不讓別人知道你的目的。出生在7號的人得避免過於挑剔，固執己見，不願交流和冷漠。

- 優點：有教養、信任別人、細心、有理想、誠實、具有超能力、科學理性、善於思考
- 缺點：狡詐、不合群、神祕兮兮、多疑、思維混亂、孤立、冷漠

【第8天】

8號出生日具有的力量表現是強烈的價值觀念和準確的判斷力。數字8表示你渴望獲得巨大成就、擁有雄心壯志。這一天出生的人渴求控制他人，安全感和物質財富。8號出生的人，天生具有商業頭腦，如果能增強組織和行政能力將會受益匪淺。如果你努力工作，通常會被委以重任，不過，你得學會公平公正地使用權力。很多8號出生的人通常喜歡與正義、法律和秩序有關的工作，或者商務管理以及金融和銀行業的領導職位。強烈渴望安全感或穩定感，促使你制定長遠計畫和投資。很多8號出生的人還具有治療自己和他人的強大力量，如果他們懂得如何將這些力量用來為人類謀福利，他們將受益最多。

- 優點：有領導才能、細緻入微、勤勞、遵循傳統、有威信、能保護人、有治療的能力、有很好的價值取向
- 缺點：沒有耐心、不夠寬容、吝嗇、不安分、工作過度、追逐權力、專制、容易氣餒、缺少計畫、控制欲強

【第9天】

　　9號出生的人仁慈善良，富有同情心，多愁善感。有創造力而且心地好，常被認爲是聰明大方的人。你有良好的直覺和超自然能力，能接受一切事物，如果你能積極地運用這一點，引領你探索一條心靈之路。出生在9號的人常感覺生活早被安排好，自己沒有太多的發揮空間。你得加深對別人的理解、寬容、忍耐和學會無私。這個生日暗示你需要克服困難、敏感與情緒化。不過，這一天出生的人註定在生活中有所成就並爲人類有所貢獻。你可以從環球旅行和與不同生活閱歷的人交往中受益匪淺。你得避免不切實際的幻想或逃避現實的傾向。

- 優點：有理想、人道主義、富有創造力、敏感細膩、慷慨大方、有魅力、有詩歌天賦、慈善寬厚、樂善好施、客觀公正、運氣好、受人歡迎
- 缺點：易沮喪、緊張不安、猶豫不決、自私、不切實際、尖酸刻薄、易受人牽制、自卑、焦慮、孤僻

【第10天】

　　像1號出生的人一樣，10號出生的人會朝著成功奮鬥，但在實現目標前得克服許多障礙。強烈渴望樹立威望，這個生日表示你擁有革新精神、自信和雄心壯志。胸懷寬廣，經常心繫天下。精力充沛，勇於創新，即使自己的信念與別人不同也會堅持到底。有時你可能會覺得孤獨或不討人喜歡。你獨立工作的能力和開拓精神，時常激勵你遠行或獨自生活。由於缺乏自信、內心恐懼或希望得到讚美和認可，你會變得依賴他人。10號出生的人需要明白世界並非圍繞著你轉，應該避免自私和專橫。成功對於這天出生的人來說很重要，而且通常能找到成功之路。因爲追求高遠的事業及目標，所以有可能並不顧家。

- 優點：有領導才能、富於創新、不斷進步、堅強、樂觀積極、信念堅定、有競爭精神、獨立、好交際
- 缺點：專橫、好嫉妒、自我、驕傲、叛逆、缺乏約束、自私、軟弱、反覆無常、缺乏耐心

【第11天】

11號誕生日的影響，讓你覺得理想、靈感和革新十分重要。結合了謙虛和自信的特點，讓你在物質和精神方面都要學會自控。憑藉經驗你明白如何處理性格的這兩面，並且因為相信自己而減輕極端的態度。雖然你擁有直覺的力量，但你可能會分散精力，所以必須確定主要目標。你精力充沛，充滿活力，但須避免過於焦慮或不切實際。如果情況糟糕，11號出生的人會發現難以理解自己的感覺和想要的成就；如果情況良好，你會擁有過人的天資並造福他人。

- 優點：追求平衡、有重點、客觀公正、熱情、充滿靈感、注重精神信仰、有理想、直覺力強、聰慧、性格外向、勇於創新、有藝術天賦、樂於為人服務、有治療能力、人道主義、忠誠、有超自然能力
- 缺點：優越感過強、過於情緒化、不誠實、毫無目標、易受傷害、神經緊張、自私、立場不明確、專制、吝嗇

【第12天】

12號出生的人渴望樹立真正的威望。直覺力強，樂於助人，友善親切，擁有很好的推理能力。勇於革新，通情達理，敏感細膩，懂得如何運用策略和合作的方式來達到目標。雖然自我懷疑和多疑的性格會削減你隨和的性格和樂觀的態度，但在其他人看來你顯得很有自信。當你在表現自己的欲望和幫助別人的性格達到平衡時，你會發現情感得到滿足，個人能力也得到發揮。但你仍需要找到獨立的勇氣，並且加強自信心或學會不輕易被人挫敗。

- 優點：有創造力、有魅力、積極主動、能約束自己、宣揚自己或他人
- 缺點：與世隔絕、古怪、不願合作、過於敏感、缺乏自尊

【第13天】

13號出生的人敏感熱情，富有靈感。從數字上來看，你通常和雄心壯志、工作勤奮聯繫在一起，能夠通過新穎的自我表現方式獲得許多成就。但想把創造才能轉化為實際成果，就需要培養務實的態度。你富於創新和勇於革新的態度，將啟發你產生新穎而振奮人心的觀點，這在工作上能給人深刻印象。出生在13號的你真誠、浪漫、迷人、喜愛娛樂，能憑藉獻身事業的精神取得成功。你最大的財富就是強烈的情感、對自由的熱愛或情感上的自我表現。但是，如果能學會與人合作，你將有機會與人分享你的才華。和許多出生在這一天的人一樣，你希望去旅行或渴望在新環境中定居以便改善自己的生活。你們之中的理想主義者可能會選擇在娛樂界發展，尋找表現自己創新才能的方式。

・優點：有抱負、有創造力、熱愛自由、善於表現自己、積極主動
・缺點：行事衝動、優柔寡斷、專橫、無情、叛逆

【第14天】

聰慧的潛能、務實的態度和堅定的決心，是14號生日的部分特徵。通常你有強烈的欲望想要建立穩定的基礎並藉由努力工作達到成功。事實上，14號出生的你通常把工作放在首位，並以工作成績來評判自己和他人。雖然你渴望穩定，但數字14具有的不安分特點迫使你繼續前進並迎接新的挑戰，以便改變自己的命運。這種天生的不知足將激勵你，使你的生活發生巨大改變，尤其是在你不滿意自己的工作狀況或經濟地位時。很多這天出生的人，都能夠到達事業的頂峰。數字14潛在的特徵表明，如果你能發掘自己的創造才能並且學會表達自己的感受，你將受益匪淺。愛情對你來說是種考驗，儘管你的多才多藝、實用的良好判斷力和強烈的直覺力掩飾了你固執。你思維敏捷，對難題能快速做出反應而且喜歡解決難題。出生於14號的你愛好冒險或賭博，如果運氣好的話可能還有意外收穫。

- 優點：果斷、勤勞、運氣好、有創造力、務實、想像力豐富、勤奮
- 缺點：過於謹慎或過於衝動、變化不定、考慮不周、固執

【第15天】

15號誕生日暗示你多才多藝、慷慨大方與變化不定。你行動迅速、熱情、有魅力，最大的資本是強烈的直覺和結合理論與實踐的快速學習能力。在許多情況下，你可以在學習新技能的同時賺錢。你會運用自己的直覺，快速把握住機遇。15號出生的你擁有賺錢和得到他人幫助的本領。你通常無憂無慮而且熱情，願意接受出乎意料的事物。雖然你生性愛冒險，但仍然渴望擁有屬於自己的根或家庭。你充滿幹勁和雄心壯志，但有時也會變得固執或思維僵化，所以你必須避免墨守成規。如果你能將實踐所學創新思維，和克服不知足的傾向，那麼你將獲得更多的成功。

- 優點：積極主動、慷慨大方、負責、善良、樂於合作、有鑒別力、思想創新
- 缺點：愛搗亂、不知足、不負責、以自我為中心、害怕變化、沒有信仰、焦慮不安、優柔寡斷、追求物質享樂、濫用權力

【第16天】

16號誕生日暗示你野心勃勃，但很感性、體貼和友善。你非常渴望實現自我價值，闖蕩世界，這可能會促使你離家。你通常以自己的感覺來評判生活，對人和形勢有良好的洞察力。但16號出生的人在面對自己的欲望和對他人的責任相互衝突時，會感覺內心緊張不安。

16號出生的人可能對世界事務感興趣，也許會加入國際組織或新聞媒體。又或者加入慈善機構，為有意義的目標而工作。你們當中具有創造能力的人擁有創作的天賦，能突然得到靈感的啟發。數字16表示變化不定的潛在情緒，這通常表現為自我精神上的覺醒，尤其是在經歷動盪或變革時期後。出生在16號，你需要學會在過於自信和缺乏安全感之間達到平衡。雖然你們中的多數來自關係親密的

家庭，但仍然會選擇獨自生活或四處周遊。

- 優點：受過高等教育、對家庭負責、誠實正直、直覺力強、好交際、樂於合作、富有洞察力
- 缺點：焦慮不安、不知足、不負責、自我吹噓、固執己見、多疑、過於敏感、暴躁、自私、沒有同情心

【第17天】

17號出生的人通常很精明，性格內向，分析能力強。善於獨立思考，受過良好的教育或技能純熟，做事憑個人經驗。通常會為了增加專業技能而有創意地運用知識，並且能夠獲得財富或擁有像專家或研究員般的顯著地位。17號生日的人不喜歡與人交流，喜歡回顧過去，保持獨立，對確切的資料感興趣；常表現得嚴肅深沉，喜歡行事從容不迫。如果能敞開心胸，藉由增強與人交流的技能，你可以從別人那裡更加瞭解自己。但一旦確定了行動的目標，你會心意堅定，聽不進別人的建議。通常你的注意力和忍耐力持久，而且你能從經驗中學到很多。你愈克服多疑的性格，學習的速度就愈快。

- 優點：善於思考、有專業技能、有計畫、有商業頭腦、有賺錢的本領、能獨立思考、任勞任怨、嚴謹、有研究能力、有科學才能
- 缺點：冷漠、孤立、固執、粗心、情緒易變、過於敏感、心胸狹窄、挑剔、孤僻、焦慮不安、多疑

【第18天】

18號誕生日具有的部分特點是決心堅定、行事果斷、有雄心壯志。你充滿活力，渴望得到權力，需要不斷接受新挑戰。你能幹、勤奮、負責，能升至要職，喜歡法律法規或政府工作。或者，你良好的商業頭腦和組織能力會引導你進入商業界。18號出生的人善辯，挑剔或難以取悅；容易成為工作狂，需要學會偶爾休息或放鬆一下。18號出生的你會利用自己的力量安慰別人，提出正確

的建議，或幫助別人解決問題。但你得學會與人共處，以便分辨善用和濫用權力的區別。

- 優點：追求進步、行事果斷、直覺力強、勇敢、堅決、有安慰能力、效率高、善於進言
- 缺點：情緒失控、懶惰、缺乏條理、自私、無情、不能完成任務、不誠實

【第19天】

19號出生的人有創造力、陽光、有抱負、精力充沛、人道博愛、敏感、行事果斷、足智多謀。雖然眼光獨到，但你性格中愛幻想的一面使你富有同情心、理性主義而且敏感。渴望成為重要人物，這促使你吸引別人並想成為目光焦點。你有想建立個人聲望的強烈欲望，但想要做到這一點，你首先得克服來自同等地位人群的壓力，只要有了多次經歷，就能增強自信或領導能力。在其他人看來，你很有自信而且活潑機智，但你內心的緊張會引起情緒波動。雖然你很驕傲，渴望別人關注並感激你所做的努力，但你還是得明白世界並非圍繞著你轉。這表示你得克服自私或傲慢的傾向。此外你還得學會勇敢、有計畫安排以及克服對孤獨的恐懼。你具有創造力和號召力，覺得世界正等待你去探索，而且無論你是獨自一人或參與團體合作，都很有可能成功。

- 優點：充滿活力、專注、有創造力、有領導力、運氣好、追求進步、樂觀積極、信念堅定、有競爭力、獨立、好交際
- 缺點：以自我為中心、易沮喪、焦慮不安、害怕拒絕、情緒起伏不定、追求物質享樂、自我、沒有耐心

【第20天】

20號出生的你直覺力強，敏感，適應性強，通情達理，常把自己視為是團體的一部分。你喜歡團體活動，在團體中能與人合作、分享經驗或向他人學習。受周圍環境的影響，你還具有藝術或音樂才能。你迷人優雅，具有外交和

社交手腕，能輕鬆自如地在各種社交圈穿梭。但你需要增強自信或克服容易被他人行為或批評傷害的傾向。在人際關係和其他關係中，你必須避免自我犧牲，不信任人或過於依賴別人。你擅長營造適意舒適的氣氛，能擔當家庭問題的調停者或工作上的調解人，在這些事件中你經常能幫助別人。

· 優點：好夥伴、性情溫和、講究策略、接受能力強、直覺力強、考慮周到、注重和睦、容易相處、友好、親善大使
· 缺點：多疑、缺乏自信、卑躬屈膝、膽小、過於敏感、自私、易受傷害、不誠實

【第21天】

21號出生的人充滿活力，性格外向、好交際、興趣和人脈廣泛，而且通常很幸運；在別人眼中是友好合群的。你擁有高度的直覺力、創造力以及獨立精神。喜歡娛樂、有魅力、勇於創新，而且具備社交魅力。但也有可能害羞內向，需要讓自己變得果斷堅決，尤其是在處理親密的時候。在生活中，有很多好機會，能與他人一起走向成功。雖然這天出生的人，大多會依賴於合作或婚姻關係，但也希望以自己的才華或實力得到認可。數字21的人必須避免太自私或在別人的理想中尋求對自己的認同。若在人際關係上花費太多時間，將會變得與人互相依賴。

· 優點：充滿靈感、有創造力、喜歡團結、關係持久
· 缺點：依賴性強、神經緊張、過於感情用事、缺乏遠見、沮喪、害怕變化

【第22天】

22號出生的人驕傲、務實、服從約束，而且直覺高度敏銳。這是個很好的數字，既代表數字22，又代表數字4。你誠實勤奮，天生具有領導能力，個性充滿魅力，對人及其動機有深刻的理解。雖然你不願流露感情，但你經常表現得體貼而且關心、維護別人的幸福，卻也不會忽略自己務實或現實的立場。你很

有教養，開放，有很多朋友和仰慕者。最明顯的特徵是你具有實踐能力和行政能力。直率而冷靜的個性有助你獲得更高的管理職位。你們中有競爭意識的一些人借助他人的幫助和鼓勵，能順利獲得成功和好運。很多出生在這一天的人與兄弟姊妹關係緊密，能夠保護和幫助他們。

- 優點：思想開放、直覺力強、務實、講究實際、有動手能力、技能純熟、有建設能力、有組織能力、善於解決問題、有所建樹
- 缺點：致富心切、神經緊張、自卑、專橫、追求物質享樂、缺乏遠見、懶惰、自我、自我吹噓

【第23天】

　　23號誕生日具有的部分特點是直覺敏銳、感情細膩與富於創新。你多才多藝，感情強烈，思維敏捷，態度專業更充滿創新理念。受數字23的影響，你很容易掌握新事物，並喜歡從實踐中得出理論。你可能需要克服愛批評別人的傾向，避免變得自私。你喜歡旅行和冒險及結交新朋友；不安分的性格促使你嘗試各種體驗，你也都能夠隨遇而安。你友善親切，喜愛享樂，勇敢、有幹勁，渴望過著活躍的生活以便發揮自己的真正潛力。雖然你樂於助人，但若你行事猶豫不決和出爾反爾，就會顯得不負責任。部分出生在23號的人可能在找到幸福和最佳伴侶前，要經歷多次短暫的關係。

- 優點：忠實、負責、喜愛旅行、善於交流、直覺敏銳、有創造力、多才多藝、值得信賴、享有盛譽
- 缺點：自私、缺乏安全感、固執、不願讓步、愛找碴、好嫉妒、退縮、不安分

【第24天】

　　24號出生的人具有的部分特徵是能自覺、負責、有進取心。雖然你厭惡常規，但還是很勤奮，具有實踐能力和準確的判斷力。24號生日的你渴望安定和有常規。你對形式和結構很敏感，能輕易建立複雜卻有效的體系。你很誠實，

依賴性強，安全意識高，渴望朋友的關愛和支持，喜歡為自己和家人建立穩定的基礎。你忠實公正，但不願流露感情，並且堅信行動勝於言語。務實的生活態度使你有良好的商業頭腦和獲得財富的能力。24號出生的你得克服自我不安的時期和思想固執的傾向。學會相信自己的直覺並增強社交能力，才能約束自己。你必須避免破壞行為，別人會將你的破壞行為看作是殘忍無情或追求享樂的表現。24號出生的人要學會與不同生活閱歷的人相處，並且克服多疑的毛病，建立有安全感的家庭。

- 優點：精力充沛、充滿理想、有實踐技能、決心堅定、誠實、坦率、公正、大方、熱愛家庭、活躍
- 缺點：無情、追求物質享樂、吝嗇、厭惡常規、懶惰、不忠實、專制、固執、報復心強

【第25天】

你直覺力強，考慮周到，思維敏捷，精力充沛，渴望藉由各種經驗來表現自己。這些經驗包括新穎刺激的觀點、人物或地點。25號出生的你追求完美，這將使你努力工作並且成果頗多。但如果事情出乎意料，你應該更忍耐或寬容。感情細膩，富於創新和具有藝術才華只是你潛在的部分特點。你還需避免輕視自己，因為這將導致沮喪失望或錯誤的行為。數字25變化不定的特點，使你強烈渴望持久親密的個人關係、愛情和關愛。你直覺敏銳，警惕性高，在實踐中能比純粹學習理論獲得更多知識。準確的判斷力和注重細節的性格使你有所成就。你得改變多疑的性格，避免做出草率的決定。你懼怕變化的性格可能會令你神經緊張，情緒多變，而且好嫉妒。25號出生的人，擁有強大的精神力量；一旦精力集中，你就能比別人更快找到事實並得出結論。只要你相信自己的直覺並加強恆心和耐心，成功和幸福就會到來。

- 優點：直覺敏銳、追求完美、領悟力強、有創造力、善於交際
- 缺點：衝動、沒有耐心、不負責、過於感情用事、好嫉妒、神祕兮兮、挑剔、情緒易變、神經緊張

【第26天】

出生在26號暗示你追求巨大成就,有雄心壯志。你擁有務實的生活態度,行政能力和良好的商業頭腦。26號所隱含的力量表明你是個謹慎的人,有強烈的價值觀和準確的判斷力。26號的你很負責,而且有與生俱來的審美能力。你很顧家而且有強烈的父母本能,這說明你非常渴望建立穩定的基礎或找到真正的安定。但由於你很固執或缺乏信心,所以有時你可能會輕易放棄。不過,你能藉由控制自己和仔細規劃而獲得成功。你具有理想主義和人道主義的目標,這可能使你選擇與人、教育和社團服務有關的職業。你經常作為別人的靠山,樂於幫助需要幫助的朋友、家人和親戚。不過你需要避免追求物質享樂和左右事情發展及他人欲望的傾向。

・優點:有創造力、務實、體貼、負責、以家庭為自豪、熱情、勇敢
・缺點:固執、叛逆、冷漠、缺乏恆心、變化不定、專制

【第27天】

出生在27號表明藉由增強耐心和自控能力,你能大幅地提高思想深度。你直覺敏銳、分析能力強、堅強、有決心,善於觀察,注重細節。你愛幻想、敏感、點子多,有創造力,能夠以新穎獨特的想法和觀點引人注目。雖然有時你看起來很神祕、理智或冷靜,但其實你是藉以掩飾內心的不安。這些不安情緒包括衝動、猶豫不決、困惑或對即將到來的變化產生懷疑。你需要增強交流能力,才能克服不願表達內心感受的毛病。你成功的關鍵在於鼓勵,你可以變得心胸開闊,從而抑制情感失控或減輕因別人的話語而產生的煩惱。數字27的人有必要接受教育,只有具備適當的條件,你才能通過創作、研究或在大機構工作中取得成功。你天生多才多藝,想像力豐富,有很強的直覺力或超自然能力,有雄心壯志,點子多。但不安分的性格使你變化不定而且容易衝動,而且你需要學會把想法轉化為實際行動。雖然你充滿愛心、體貼周到,但有時你表現得過於敏感而且難以接近。你需要更客觀地看問題,這樣才能聽取別人的建

議，接受他們的批評或想法。

- 優點：多才多藝、想像力豐富、有創造力、堅定、勇敢、理解能力強、智力好、有精神信仰、勇於革新、心理素質好
- 缺點：難以相處、易怒、愛爭論、不安分、神經過敏、不信任人、過於感情用事、神經高度緊張、焦慮不安

【第28天】

你很獨立，愛幻想，不循常規，但務實堅決，我行我素。你的內心獨立和成為團體的一部分常相互矛盾衝突。像數字1的人一樣，你有抱負、直爽、有進取心。你積極主動，勇於接受生活的挑戰，可以憑藉熱情自然而然地激勵別人——即使他們不加入你，至少也會在各種狀況助你一臂之力。你的部分特點是信念堅定、足智多謀、判斷準確，具備積累知識並用來改善或解決問題的能力。28號出生的你有領導能力，可以信賴自己的常識、邏輯能力和清晰的思維。雖然你追求成功並野心勃勃，但是家庭和家庭生活對於你仍然非常重要。找到安定感和照顧最親近的人，有時對你是個挑戰。你很負責，但也會過於熱心、不耐煩或不夠寬容。你可能會得變得太專橫，固執己見或叛逆。

- 優點：富有同情心、追求進步、勇敢、有藝術才能、有創造力、充滿理想、有抱負、勤勞、家庭生活安定、意志堅定
- 缺點：愛幻想、缺乏同情、不現實、專橫、判斷力差、好鬥、不願合作、缺乏自信、依賴別人、驕傲

【第29天】

29號出生的人是充滿理想的夢想家，精力充沛，堅強，個性剛強，潛力驚人。你具有高度的直覺力，敏感而且感情豐富。富有同情心，通情達理，這不僅激勵你變得人道博愛，也鼓勵別人實現他們的願望和理想。事實上，靈感是

你成功的關鍵，沒有靈感你可能會失去目標。雖然你是個名副其實的夢想家，但你性格很極端，所以你得克服情緒變化不定。你可能一下子從友善熱心變得漠不關心；你還可能在積極和消極之間徘徊不定。雖然出生在29號的你有競爭意識而且野心勃勃，但你渴望討人喜歡而且在意別人對你的看法。但是，你得學會避免挑剔、多疑、害羞或孤僻，而且要多關心周圍的人。如果你相信自己內心的感受並能夠敞開心扉，就可以克服焦慮或自閉的傾向。運用你的創新思維去獲得某些特別的事物，你將可以激勵別人或為人服務。

- 優點：充滿靈感、追求平衡、渴望內心平靜、慷慨大方、容易成功、有創造力、直覺敏銳、神祕、有堅定的理想、心胸開闊、忠實
- 缺點：沒有重點、缺乏安全感、神經緊張、情緒易變、不易相處、極端、孤僻、過於敏感

【第30天】

30號出生的人大多有藝術才能和創造力，友善、好交際。你喜歡優裕的生活，愛交際，非常有魅力，忠實且友善。你情感豐富，充滿抱負，有創造潛力，樂意接受別人的觀點而且能以你獨特的風格闡述出來。你性情溫和，愛交際，品味高雅，注重形式和風格，能在和藝術、設計、音樂有關的任何工作中取得成功。驕傲並有抱負，加上好的機遇，你便可以登上自己事業的頂峰。出生在30號的你，擁有強烈的感情，需要戀愛或滿足感。在你追求幸福的過程中，要避免懶惰、自我放縱、不耐煩或好嫉妒，因為這些會使你情緒起伏不定。很多30號出生的人能夠得到認可或榮譽，尤其是那些音樂家、演員和藝人，但他們得為所愛之人付出一定的代價。

- 優點：喜愛娛樂、忠誠、友善、具備綜合能力、善於表達、有創造力、運氣好
- 缺點：懶惰、倔強、變化無常、沒有耐心、過度放縱、冷淡、優柔寡斷、好嫉妒

【第31天】

　　31號出生的人有堅強的意志力，決心堅定，注重表現自己；你能夠結合直覺力和實踐技能而做出正確的決定。你孜孜不倦，決心堅定，渴望改善物質條件；但你得學會接受生活的局限性，所以你需要建立穩定的基礎。如果你出生於31號，你擁有創新的思維，良好的秩序感，如果能從容行事並且遵循實用的行動計畫就能成功。31號出生的人運氣不錯，能夠成功地將業餘職業轉換成有利可圖的事業。但你得學會不被輕易打敗，而且要多關心別人。愛情和玩樂的時間對於你來說很重要，因為你很可能非常努力工作。不過，你得避免過於放縱或自私以及過於樂觀的傾向。31號出生稍脆弱的人會缺乏安全感，而且容易放棄理想或癡心妄想。

・優點：運氣好、有創造力、富於創新、有建設能力、堅持不懈、務實、口才好、負責
・缺點：缺乏安全感、沒有耐心、多疑、容易受挫、缺乏志向、自私、固執、追求物質享樂

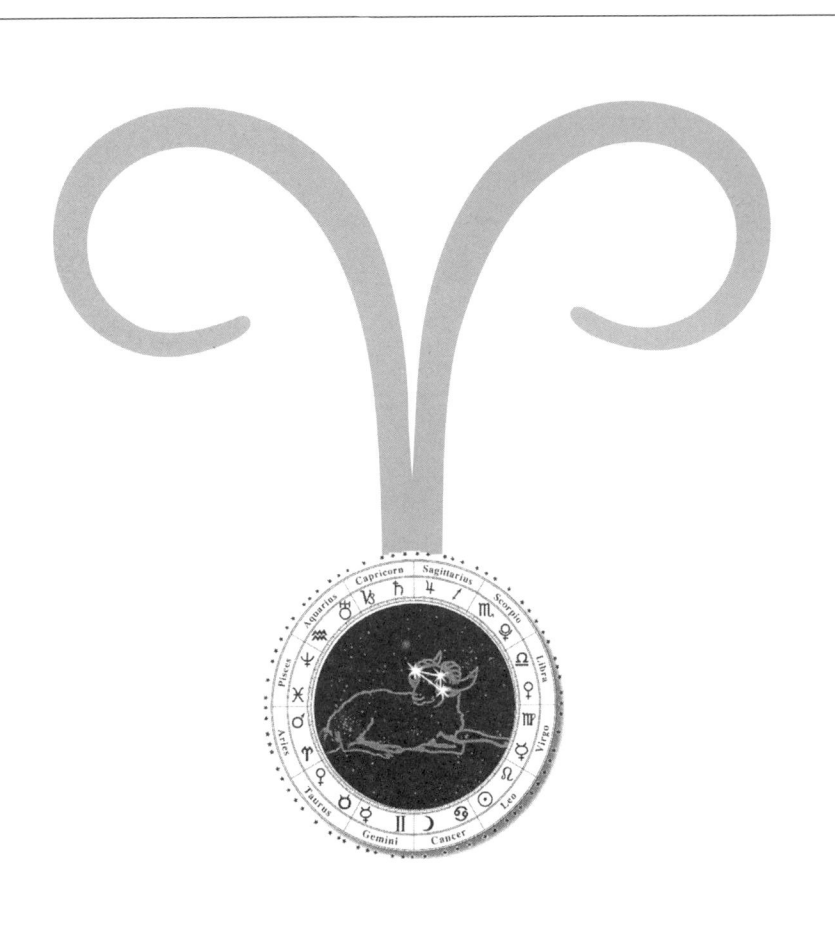

牡羊座
Aries

3.21〜4.20

太陽星座：牡羊和雙魚座交界
區間：牡羊座／火星
角度：雙魚29º30'～牡羊0º30'
類型：本位星座
元素：火
恆星：土司空

3月21日

ARIES

你是個堅定專斷但友善合作的人，擁有人際交往的天賦，說明你渴望成為團體的一部分。生在兩星座之間，你精力充沛，充滿活力，滿懷動力和壯志。有時出於改善生活的需要，讓你看起來匆忙焦躁。然而，性格中的理想面使你尋求與人分享和交流，你精彩的想法常使你與各行各業的人來往。

主宰行星火星的雙重影響賦予你克服困難的勇氣和能力，而敏銳的直覺和常識則助你馬上發覺商機。你有靈感，想像豐富，通常具有準確的判斷力並懂得如何以熱情來引人注目。但你固執的傾向，暗示當你在不能按自己的方式行事時，需要克服好爭論的毛病。雖然你有賺錢的天賦，但你得學習妥協的藝術。如果過於追求物質，即使在輝煌成功時，你仍會對經濟狀況感到不安。

作為一個有謀略的人，你懂得平衡渴望成功和博愛的傾向。在別人身上花費心血有時會帶來巨大的回報；但是你得分辨誰值得信任。你好交際，接觸的人很多，喜歡結合社交和職業生活，與其他勤勞自律的人建立工作夥伴關係。

30歲以後太陽推進至金牛座，你會更需求穩定感和財務安全。可能有一段時間你會專注於為自己和所愛之人建立穩定的基礎。這將持續到你60歲出頭，那時太陽推進至雙子座，你開始改變思考方式。這個轉捩點，讓你把重心放在新興趣、學習和交流之上。

■真實的自我

希望獲得別人的認可，促使你功成名就。只要結合自己的洞察力和直覺，你將擁有獲得物質財富的無限潛能。因為你知道每件事都不可能不勞而獲，而自己也樂於努力工作以取得成果。高尚的理想使你適合既能利於別人又能為自己帶來豐厚報酬的工作。

性格對立面讓你既渴望金錢、權力、地位，又希望平靜和安寧。兩者達到和諧的方式之一，是找到一個家作為逃離外在世界的憩息處。另一種方式是將你對權力的欲望化為療癒、藝術、音樂或其他創新形式的力量。但你得注意不能過度鬆懈，或因為缺乏成就而變得懶散或焦慮。

■工作和職業

在一對一互動基礎下，你具有極好的交際和處理人際關係的能力，你非常適合像談判員、顧問、公共關係專家、律師或代理人這類工作。只要你對自己的商品有信心，你還具有優越的銷售才能。在理想上，你擅長運用熱情和領導能力來開創事業，留給別人

做更平凡、常規的工作。或者，你將在創新領域表現你獨特的見解。不過，無論你選擇什麼工作，都可能需要運用自我的才能來處理人際關係。你與生俱來的行政和管理能力讓你晉升要職；你也可能在郵購或房地產業表現優秀。你可能更喜歡自主創業，但合作的關係會讓你受益更多。

這一天出生的名人包括演員提摩西達頓和馬修‧布羅德里克，羅西‧歐唐納，和作曲家巴哈。

■數字命理學

21號出生的你愛好娛樂，富有魅力，有創造力，充滿社交魅力，在別人面前總是表現得友善。你愛交際、友善、興趣廣泛、人脈廣、運氣好。你擁有高度的創造力和直覺力，有獨立精神；你也是個害羞內向的人，尤其需要在親密的人際關係中培養自信。雖然你依賴合作或婚姻關係，但你總希望能以自己的天賦及才能得到認可。受出生月3月的次要影響，說明你需要表達自己的情感，並說出你的真實感受。在宴客時，你是個富有魅力的主人，善良和通情達理的性格能助你擺平一切困難。你注重細節，但要避免太挑剔。

■愛情和人際關係

你渴望心理刺激，想過著活躍的社交生活，並擁有許多人脈。你喜歡聰明堅強的人，但你得避免捲入和伴侶比心機的遊戲中。在戀愛中，你很大方開朗，但要學會平衡個人和另一半的需求。

你生命中的特殊之人

如果你在尋找生命中的特殊之人，你可能從出生在以下日期的人中找到益友和最佳伴侶。

◎愛情和友誼：

1月3,23,31日、2月11,21,22日、3月9,19,28,31日、4月7,17,26,29日、5月5,15,24,27,29,31日、6月3,13,22,25,27,29日、7月1,11,20,23,25,27,29日、8月9,18,21,23,25,27日、9月7,16,19,21,23,25日、10月5,14,17,19,21,23日、11月3,12,15,17,19,21日、12月1,10,13,14,15,17,19日

◎幸運貴人：

1月4,10,21日、2月1,2,8,19日、3月6,17,30日、4月4,15,28日、5月2,13,26日、6月11,24日、7月9,22日、8月7,20日、9月5,18日、10月3,16,31日、11月1,14,29日、12月12,27日

◎強烈吸引你的人：

1月22,28日、2月20,26日、3月18,24日、4月16,22日、5月14,20日、6月12,18日、7月10,16日、8月8,14日、9月6,12,23,24,25日、10月4,10日、11月2,8日、12月6日

◎砥礪者：

1月11,20日、2月9,18日、3月7,16日、4月5,14日、5月3,12,30日、6月1,10,28日、7月8,26,31日、8月6,24,29日、9月4,22,27日、10月2,20,25日、11月18,23日、12月16,21日

◎靈魂伴侶：

1月26日、2月24日、3月22,30日、4月20,28日、5月18,26日、6月16,24日、7月14,22日、8月11,12,20日、9月10,18日、10月8,16日、11月6,14日、12月4,12日

優點：有靈感、迷人、創造力、喜好合作、長久關係
缺點：依賴、神經質、易失去情感控制、缺乏眼光、沮喪

太陽星座：牡羊座
區間：牡羊座 / 火星
角度：雙魚0°30´-牡羊1°30´
類型：本位星座
元素：火
恆星：土司空

3月22日

ARIES

牡羊座

這一天出生的人通常表現出強烈欲望，更充滿活力。作為牡羊座的人，你獨立自主、無所畏懼、勇敢、有強烈的直覺和冒險精神。想掌握主動權的特點使你能發掘新觀點或探索新方向。積極性是成功的關鍵，讓你能克服面臨的困難。主宰行星火星的影響，為你增添活力，助你超越平凡的生活。

你心胸開闊但好挑釁，在追求成功時能顯示出領導能力、理想主義和自信。不過，你得克服對不能達到你高期望的人過於直率或刻薄。你很有遠見且獨立，喜歡立大志，善於開創新事業或走在新計畫和思想的最前線。

雖然你對成功有著強烈的渴望，但得克服過於熱情或專斷。有時，你不安分的性格迫使你頻頻改變主意，或因缺乏活力或延遲而變得沮喪。避免將小事擴大，你將能學會沉著處理情感起伏及多變情緒。

性格中的理想面會激勵你為他人的利益努力工作。你擁有實踐技能，及迅速掌握形勢和優秀的決策能力，能以充滿想像和創新的觀點激勵別人。你天生博愛，能輕易激勵別人，這促使你發展出理解別人的良好第六感。

29歲以後，推進太陽移至金牛座，追求財富的決心會更加堅定，並因此渴望經濟穩定或想要接近自然。這將持續到59歲左右，那時太陽進入雙子座，這個轉捩點讓你對培養多方面興趣和專心學習倍感重要。

■真實的自我

在內心深處，你強烈渴望愛，如果時機合適，你更樂意回報。你樂觀積極時，這種能量就像無盡的資源流洩而出，用愛的力量來增強你天生的領導能力。受太多個人利益阻礙時，它也會使你變得過於敏感或愛掌控別人。這種能量若能好好被引導，不論在藝術、娛樂界還是在商業領域，將成為高度的創新能力。對於你來說人際關係很重要，能增加成功的機會。當你堅持自我原則而非懷疑自己的能力時，工作表現最優秀，所以你最好相信自己的直覺和智謀。通常你很活躍並勤奮工作，能以直率中肯的性情勝出，不會因此削減交際和合作技能。

■工作和職業

你具有勇氣、責任感和行政能力，能在商業領域找到工作，比如談判員、代理人或金融顧問。或者，你能在創意的世界展現出獨特的個性。受理想主義和實用主義結合的

驅使，你具有與生俱來的領導能力，能在新的開始或困難中不斷進步。在商業方面你有發掘商機的天賦。提高別人的能力可能比提高自己的更強；不過無論你選擇做什麼，你都能受益於本身極好的人際交往能力。

這一天出生的名人包括作曲家安德魯・洛伊・韋伯和斯蒂芬・桑德海姆，默劇演員馬歇・馬叟，奇科・馬克斯，歌手喬治・本森，體育評論員鮑伯・科斯塔斯，和演員威廉・沙特納和馬修・摩丁。

■數字命理學

22號是個很好的數字，除了代表其本身，又能作為數字4。你很誠實勤奮，具有天生領導能力及魅力，對人及其驅動力有深刻的理解。雖然你不喜歡流露感情，但你常顯露出對別人的關切和保護。你更為明顯的特點是具有實用技能和行政能力。你直率沉著的個性將助你升至更高的管理階層。你們之中好競爭的一些人，能憑藉他人的幫助和鼓勵取得成功和好運。3月分的次要影響說明你需要歷經磨難才能變得睿智和通情達理。你好反省，考慮周到，需要學會相信自己的直覺。雖然你希望具體分析每一種狀況，但你得克服多疑或挑剔的傾向。

■愛情和人際關係

你渴望不斷的變化，不滿足於任何現狀，表明你情感變化不定。這將導致你對自己真正想要的東西感到困惑。你需要一個能總是吸引你並能為你提供各種有趣觀點的人。你不喜歡受任何約束，所以你發現很難強迫自己安定下來。不過，你很熱情、迷人、友善，很容易吸引別人。如果你仔細挑選合適的朋友或夥伴，在愛情和人際關係方面可能就不會這麼衝動。

■你生命中的特殊之人

你可以從以下出生日期中的人找到情感上的滿足和生命中的特殊之人。

◎愛情和友誼：

1月14.15.24.31日、2月12.22.29日、3月10.20.27日、4月8.9.18.25日、5月6.16.23.30日、6月4.14.21.28.30日、7月2.12.19.26.28.30日、8月10.17.24.26.28、9月8.15.22.24.26日、10月6.13.20.22.24.30日、11月4.11.18.20.22.28日、12月2.9.16.18.20.26.29.30日

◎幸運貴人：

1月5.22.30日、2月3.20.28日、3月1.18.26日、4月16.24日、5月14.22日、6月12.20日、7月10.18.29日、8月8.16.27.31日、9月6.14.25.29日、10月4.12.23.27日、11月2.10.21.25日、12月9.19.23日

◎強烈吸引你的人：

1月12日、2月10日、3月8日、4月6日、5月4日、6月2日、9月24.25.26.27日

◎砥礪者：

1月16.21日、2月14.19日、3月12.17.30日、4月10.15.28日、5月8.13.26日、6月6.11.24日、7月4.9.22日、8月2.7.20日、9月5.18日、10月3.16日、11月1.14日、12月12日

◎靈魂伴侶：

1月25日、2月23日、3月21日、4月19日、5月17日、6月15日、7月13日、8月11日、9月9日、10月7日、11月5日、12月3.4.30日

優點：胸懷寬廣、有管理能力、直覺力強、實事求是、注重實際、有行動力、有建設性、有組織才能、懂得解決問題的技巧、有所成、實際

缺點：易為致富心切所累、焦慮不安、自卑、專橫、追求物質享受、缺乏遠見、懶惰、自我、自我吹捧、貪婪

太陽星座：牡羊座
區間：牡羊座／火星
角度：牡羊1°30´-2°30´
類型：本位星座
元素：火
恆星：土司空

3月23日

ARIES

　　充滿精神力量，聰明，判斷力良好，思想有深度是你的部分天性。作為牡羊座的人，你堅強更具備指揮能力。頭腦是你最大的財富，如果你能意識到知識和良好教育的力量，你將有很大的成就。你是個天生的領袖，能獨立自主，喜歡控制或開啓新思想。通常你能以獨特方式解決問題，給予他人實用的建議和解決方案。

　　了解你的人認為你是保守思想和激進思想的奇怪混合體，但他們決不會認為你很枯燥乏味。雖然你好爭論並常常鋒芒太露，但你須明白心理上的好鬥和難以相處，對你是沒有好處。

　　通常你能洞察別人的原則，了解他人的需求使你有能力分派工作或成為好雇主。但是你不願意忍受愚蠢的行為，有時不能容忍他人的錯誤，但偏偏你的缺點是你認為自己無所不知並因此很專橫。學會更仁慈寬容，你才能在人際交往和人際關係中增加成功機會。如果你忽視表現自我的強烈欲望，你容易變得情緒不定，在積極和消極之間徘徊，導致自我價值喪失。學會相信自己的直覺，能使你徹底發揮藝術創造或商業能力。

　　在27歲以前，你很活躍，富冒險精神。28歲以後，推進太陽移至金牛座，你對金融業務的興趣增加，並渴望物質保障，這將持續至58歲左右，屆時推進太陽進入雙子座，廣泛的新興趣和對各種層次交流的渴望將顯得重要。

■真實的自我

　　權力是你渴求和喜愛的東西，尤其當這種權力能做出友善的成果。你樂於努力工作，有時能顯示出你堅定的決心。同時你也能在時機合適時玩弄交際手腕，你需要運用天生的智慧來決定，這兩種手段中何種在任何情況下是最好的。

　　雖然你喜歡討論觀點並與人分享自己的看法，但你得學會妥協的技巧。這意味在你的控制欲影響下，你應該避免採取控制措施。有時你表面很憤世嫉俗或專橫霸道，但在你內心深處卻是個反對不公的正義之士，並積極想幫助你的同胞。你很認真盡責，但要確保不會過度勞累。

■工作和職業

　　你的領導能力、負責能力和勤奮工作將促使你在商業還是其他領域中有所提升。思維敏銳、想像力豐富使你渴望用言語表現自己，不論是書面還是口頭形式。因此，你發現自己對演說家、改革者、或教師這類的職業感興趣。或者，天生的表演欲會使你對一

些藝術或表演形式感興趣。無論你選擇什麼職業，你聰明的才智都會使某種教育成為實現你優異潛力的必要條件。

這一天出生的名人包括演員瓊·克勞馥，歌手恰克·卡恩和李克·奧卡塞克，占星家戴恩·魯迪雅，科學家沃納·馮·布朗恩，作家埃裡克·弗洛姆，導演黑澤明。

■數字命理學

你多才多藝，富熱情，思維敏捷，態度專業，充滿創新思維。你喜歡旅行，冒險和結識陌生人。23號不安分的特點促使你嘗試多種不同的體驗。你能適應任何環境。受數字23的影響，你能很容易地學會新東西，但你喜歡藉由實踐得出理論。你要克服批判別人的傾向，並改變自私的態度。受3月分的部分影響，你記憶力很好而且想像力活躍，你需要很多愛與關注。如果你懂得用充滿活力和創新的力量表達自己的感受，就能克服情感上的不安全感。你很友善，重視消遣，有勇氣和動力，渴望過著積極的生活以便能發揮你的真正潛力。成功和承擔大量責任對於你來說很重要。

■愛情和人際關係

你渴望安定的感情，這表明你希望自己周圍有朋友和所愛之人。你誠實直爽，非常樂意用你的關懷去保護別人，並能為所愛之人做任何事。雖然別人欣賞你的推理能力，但要避免表現得太傲慢。家庭和家庭生活對於你來說很重要，你會建立長期穩定的關係，以便找到情感上的寄託。性格中十分注重實際的一面，能助你獲得生活中的慰藉。你是個充滿熱情、有魅力的人，但須謹防這些激情使你失去自制力。

你生命中的特殊之人

你可能與出生在以下日期的人建立長期關係。

◎愛情和友誼：

1月11、13、15、17、25、27、28日、2月9、11、13、15、23日、3月7、9、11、13、21日、4月5、7、9、11、19日、5月3、5、7、9、17、31日、6月1、3、5、7、15、29日、7月1、3、5、27、29、31日、8月1、2、3、11、25、27、29日、9月1、9、23、25、27日、10月7、21、23、25日、11月5、19、21、23日、12月3、16、17、19、21、30日

◎幸運貴人：

1月1、5、20日、2月3、18日、3月1、16日、4月14日、5月12日、6月10日、7月8日、8月6日、9月4日、10月2日

◎強烈吸引你的人：

9月24、25、26、27日

◎砥礪者：

1月6、22、24日、2月4、20、22日、3月2、18、20日、4月16、18日、5月14、16日、6月12、14日、7月10、12日、8月8、10、31日、9月6、8、29日、10月4、6、27日、11月2、4、25、30日、12月2、23、28日

◎靈魂伴侶：

1月6、12日、2月4、10日、3月2、8日、4月6日、5月4日、6月2日

優點：忠實、負責、喜歡旅行、渴望交流、直覺力強、有創造力、多才多藝、值得信任、有聲望

缺點：自私、有不安全感、不肯妥協、愛找碴、枯燥乏味、退縮、偏心

太陽星座：牡羊座
區間：牡羊座 / 火星
角度：牡羊2°30´-3°30´
類型：本位星座
元素：火
恆星：土司空

3月24日

ARIES

這一天出生的人直覺力強，判斷力好，智力優秀。智慧和邏輯的結合可能會使你升至要職。作為牡羊座的人，你實事求是、行事果斷、富有魅力更引人注目。受主宰行星火星的雙重影響，你喜好競爭且有抱負。你天生的直覺和對內心想法的信賴，使你比別人略勝一籌。

自信、有天賦、誠實、直率是別人通常對你的評價。但你在不慷慨仁慈時就很容易變成固執的人，不願受他人的干涉。你不能容忍無知，並會為此變得不耐煩且心緒不寧。你渴望幫助別人和熱心待人，但要謹防自我犧牲和反應過度。

憑藉著決心的力量，你喜歡把思想轉化為行動，你天生的好奇心和追根究柢的性格激勵你開拓新的領域。你能在溝通中做出敏捷巧妙的回答，具有驚人的口才。你好交際，創造力強，可能在藝術行業、戲劇和幽默寫作方面施展長。

在26歲之前，你獨立膽大。在27歲以後，太陽進入金牛座，你的生活將強調物質財富、穩定和安全感。這種講究實際的態度將持續到57歲左右，那時太陽進入雙子座，將成為新的轉捩點，你可能發掘新觀點或學習新技能，同時強調寫、說和溝通的日益重要。

■真實的自我

雖然其他人認為你是非常聰慧的人，但你的生日表明在你堅定的外表下內心卻很敏感。這也說明為了表露內心深處的感受，你可能需要尋找一些獨特的自我表現方式。如果沒有個人、家庭或長輩的束縛，你可能會喜歡有時看起來無法實現的想法。但這不會使你決定放棄，因為實現夢想的過程要比最後結果更重要。

胸懷大志使你目光長遠，能看出問題並找到合適的目標。但要避免讓物質因素主導你的生活，你終將意識到金錢或地位不能從根本上使人滿足，而且有很多東西是金錢買不到的。這強調有必要堅持自己的生活選擇，這能加強你的價值觀和本體意識。

■工作和職業

你的博愛賦予你動力，在團體領導或政客、教師、顧問、或社會工作這些行業中表現優秀。其他適合的工作包括法律、銀行或牧師。或者，你新穎敏捷的言語表達方式，可能將你引向創作、影視製作、音樂或戲劇行業。但你性格中實際的一面使你可能對科學和商業感興趣。無論你從事什麼職業，你最大的滿足可能在於以某種形式的服務他

人。由於你具有很強的領導能力，你的非凡成就常將置於你所從事的職業最頂端。

這一天出生的名人包括演員史蒂夫‧麥奎因、凱莉‧李‧布洛克、拉斐爾前派畫家威廉‧莫里斯和心理學家威爾海姆‧萊希。

■數字命理學

認真盡責、有進取心是人們對24號出生的人的評價。雖然不循常規，但你勤奮，擁有實踐技能和準確的判斷力。你誠實可靠，安全意識高，渴望得到他人的愛和支持，喜歡為自己和家人建立穩定的基礎。實用的生活態度賦予你良好的商業頭腦和獲得物質財富的能力。出生在24號，你要克服固執或思想僵化的傾向。這天出生的人主要的問題在於克服多疑的傾向並建立安全的家。受3月分的部分影響，你富有同情心、心胸開闊，但要學會忍耐，避免心胸狹窄才能實現理想。你能用考慮周到和通情達理的性格來促進和睦與理解。

■愛情和人際關係

你內心熱愛冒險，充滿好奇，直覺力強但講求實際，能很好地理解別人。你很友善，愛交際，喜歡聰慧活躍、有壯志、多才多藝的人。雖然你知道要從生活中得到什麼，但你可能因猶豫不決而突然改變想法和心意。你可能會決定改變方向，卻令其他人困惑究竟是哪裡出錯了。你忠實，有愛心，但要避免濫用同情心或過度熱心，尤其是別人可能利用你的善良。學會忍耐並克服易厭倦的傾向，你才能為長期的人際關係建立穩當的基礎。

優點：	精力充沛、理想主義、有實用技能、決心堅定、誠實、坦率、公正、大方、顧家、活躍
缺點：	殘酷無情、追求物質、不安定、不循常規、懶惰、不忠實、專橫、固執、報復心強

■你生命中的特殊之人

為了找到生命中的特殊之人，你可能需要查看出生在以下日期的人。

◎愛情和友誼：
1月12.16.25日、2月10.14.23.24日、3月8.12.22.23.31日、4月6.10.13.20.29、5月4.8.18.27日、6月2.6.16.25.30日、7月4.14.23.28日、8月2.12.16.21.26.30日、9月10.19.24.28日、10月8.17.22.26日、11月6.15.20.24.30日、12月4.13.17.18.22.28日

◎幸運貴人：
1月2.13.22.24日、2月11.17.20.22日、3月9.15.18.20.28日、4月7.13.16.18.26、5月5.11.16.18.26日、6月3.9.12.14.22日、7月1.7.10.12.20日、8月5.8.10.18日、9月3.6.8.16日、10月1.4.6.14、11月2.4.12日、12月2.10

◎強烈吸引你的人：
1月25日、2月23日、3月21日、4月19日、5月17日、6月15日、7月13日、8月11日、9月9.26.27.28日、10月7日、11月5日、12月3日

◎砥礪者：
1月7.23日、2月5.21日、3月3.19.29日、4月1.17.27日、5月15.25日、6月13.23日、7月11.21.31日、8月9.19.29日、9月7.17.27.30日、11月3.13.23.26日、12月1.11.21.24日

◎靈魂伴侶：
1月17日、2月15日、3月13日、4月11.22日、5月9日、6月7日、7月5日、8月3日、9月1日、11月30日、12月6.28日

太陽星座：牡羊座
區間：牡羊座／火星
角度：牡羊3°30´-4°30´
類型：本位星座
元素：火
恆星：土司空

3月25日

ARIES

牡羊座

　　出生在這一天的人富有個人魅力、朝氣蓬勃、生性熱情。這讓你在迎接生活挑戰時仍抱持理想樂觀的態度。作為牡羊座的人，你勇敢直率，思想活躍，見解高明。但你太主動，可能會過度吹捧自己，變得過於熱情或不耐煩。有時這會導致你行事衝動或欠缺計畫就做出草率決定。

　　負責和審慎考慮的態度將是你成功的關鍵，一旦你能控制反覆無常或不安分的性格，就能發揮你的才華與機智。藉由接受教育和追求學習知識，你很容易展露出說、寫、研究安全工作、教學或演說方面的天分。

　　你強調個性，有獨特新穎的藝術或創作表現形式。你時常傾向追求時尚、不循常規或思想先進、追求獨特。雖然你好交際且友善，但你喜歡自由自在、與眾不同，很少屈服於同儕的壓力。然而，性格的不安分暗示你應避免浪費時間或表現叛逆以及忽視別人的感受。

　　在25歲之前，你熱情大膽，無憂無慮。在26歲左右，推進太陽移至金牛座，在接下來的30年中你更注重物質生活的穩定和經濟的安全感。56歲是另一個轉捩點，太陽進入雙子座，表明你可能會更想要拓展你的興趣並學習新的領域。

■真實的自我

　　強烈的自我表現欲和多才多藝的性格，助你滿足處在事業領先地位的欲望，而這事業能顯示你強烈的感受和觀點。但由於對安全的強烈渴望，你可能會太在意物質，要謹防浪費太多精力在追求金錢財富上。

　　內心感情豐富使得愛情、友情與親情在你人生中很重要。盡可能展現這點，就能使他人快樂並能證實你能助人的能力。保持金錢和情感需求的平衡，將使你善於運用令人愉快的幽默感來鼓勵別人。

■工作和職業

　　由於你善於在與人相處時表現風趣迷人，在演說、寫作、銷售、宣傳、公共關係、股市或政治方面有一定的天賦。強烈的理想和活力使你成為極好的宣傳者或為目標而奮鬥的人。獲得知識的傑出潛能，將使你成為學者或理論家。或者，憑藉年輕的外表和創新的天賦，你可能靠從事藝術、音樂或戲劇謀生。因為你樂意為目標而努力工作，加上聰明的頭腦、善於表現的天賦和領導能力，能使你在法律或管理方面表現優秀。開拓和

探索的特質激勵你愛冒險的天性。

這一天出生的名人包括歌手艾爾頓‧強和艾瑞莎‧弗蘭克林，樂團指揮托斯卡尼尼，導演大衛‧連，女性作家葛羅莉亞‧斯坦尼姆和演員莎拉‧潔西卡‧派克。

■數字命理學

25號出生的你擁有旺盛的精力；集中這些精力，你能觀察到事情真相並早於其他人得出結論。你直覺敏銳，考慮周到，思維敏捷，精力充沛，渴望在不同的體驗中表現自己，這包括新穎且鼓舞人心的想法、人或地點。但你在事情不如意時可能需要避免不耐煩或挑剔。你要學會相信自己的直覺且增強恆心和耐心，這樣成功和幸福才會降臨。受3月分的部分影響，你有高度的創造力和自信。雖然你很有抱負，但要盡可能地自主決定和獨立工作。內心敏感和藝術天賦是你潛在的部分特點。你直覺敏銳，警惕性高，能從實際運用而非單純理論中獲得更多知識。

■愛情和人際關係

你主動熱情，是個勇敢、有熱情、熱愛自由的人。雖然想要完美的愛情，但你喜歡保持獨立。有時你易動感情，沒有事先考慮清楚就陷入感情的困擾中。如果期望太高，就會常令自己失望，在你建立一份穩定的關係之前你得學會認真負責。你愛幻想的性格還說明你需要精神上的聯繫以便戰勝寂寞或墮落的心理。婚姻關係中的神祕氛圍，讓你可能會有祕密戀情。

■你生命中的特殊之人

你可能能從出生在以下日期的人中找到愛情與幸福。

◎愛情和友誼：
1月7.10.17.18.27日、2月5.8.15.25日、3月3.6.13.23日、4月1.4.11.21日、5月2.9.19日、6月7.17日、7月5.15.29.31日、8月3.4.13.27.29.31日、9月1.11.25.27.29日、10月9.23.25.27日、11月7.21.23.25日、12月5.15.19.21.23日

◎幸運貴人：
1月3.5.20.25.27日、2月1.3.18.23.25日、3月1.16.21.23日、4月14.19.21日、5月12.17.19日、6月10.15.17日、7月8.13.15日、8月6.11.13日、9月4.9.11日、10月2.7.9日、11月5.7日、12月3.5日

◎強烈吸引你的人：
1月13日、2月11日、3月9日、4月7日、5月5日、6月3日、7月1日、9月27.28.29日

◎砥礪者：
1月16.24日、2月14.22日、3月12.20日、4月10.18日、5月8.16.31日、6月6.14.29日、7月4.12.27日、8月2.10.25日、9月8.23日、10月6.21日、11月4.19日、12月2.17日

◎靈魂伴侶：
1月16日、2月14日、3月12日、4月10日、5月8日、6月6日、7月4.31日、8月2.15.29日、9月27日、10月25日、11月23日、12月7.21日

優點：直覺力強、追求完美、觀察敏銳、有創造力、善於人際交往
缺點：衝動、沒有耐心、不負責、過於多愁善感、好嫉妒、神祕、挑剔、情緒易變、緊張不安

太陽星座：牡羊座
區間：牡羊座 / 火星
角度：牡羊4°30´-5°30´
類型：本位星座
元素：火
恆星：土司空

3月26日

ARIES

出生在這天的人頭腦精明、有野心，決心堅定。作為牡羊座的人，你渴望多種體驗，透過加強自我約束，能避免精力分散，讓自己專注於重要目標上。

主宰行星火星的雙重影響給你取得眾多成就的潛力。但若缺乏靈感，你會感到不安沮喪，不能完成已經開始的計畫。除非找到能真正激發想像力的目標，你才能不斷尋找自己最終的目標。克服這個困難的方法是要學會自我控制和反省。

生活中真正的滿足，來自於努力後取得的成就，若你依賴別人，就很容易厭倦和不滿。成功來自你的勤奮和專注，洞察力和靈感使你能獨立思考，全面地看問題而注重細節。

你很有說服力，能鼓勵別人追隨你的遠大理想。有時你看起來很謙遜，你友善隨和的態度掩飾了你的強悍、強勢的本性。

你在早期可能受到一位男性的影響，通常是你的父親。在24歲之前，你積極活躍、喜愛冒險。25歲之後，推進太陽進入金牛座，你將渴望更多的物質保障和穩定。五十中旬開始，太陽進入雙子座，你轉而注重知識、教育和與人溝通。學會一門新技能可能改變你的一切。

■真實的自我

你性格中渴望誠實的一面，令你能坦然面對並克服別人不願面對的狀況。你希望你所完成的任何事物都有穩固的基礎，你樂於為實現目標而努力工作；能結合的常識、良好的社交能力觀察人們成功的方法。

積極表現自我和喜好與人交往是你生活的基本。你得謹防讓憂愁或優柔寡斷破壞你的快樂心情。你的工作是生活的重心，但要避免讓自己太忙碌，以致於沒有時間傾聽內心真正的聲音。記得要運用深層智慧，使自己富哲理地看待生活或幽默地對待社會問題。

■工作和職業

活力、機智和傑出的社交能力，使你在生活的各方面發揮潛力。你對自我表現的渴望和表演欲，促使你走向創作、藝術或娛樂領域。你還擅長教育、研究、科學、政治、哲學和公共關係方面的工作。因為你不樂於聽從指揮，所以要避免居於從屬地位。在商業方面，你喜歡在大企業工作，而且是解決問題的高手，組織管理能力可助你身居要

職。無論從事什麼職業，你都喜歡多樣、有變化，會投入極大的精力和熱情開創事業。

這一天出生的名人包括劇作家田納西‧威廉斯，作家皮埃爾‧布列茲，精神病學家維克多‧弗蘭克爾，詩人羅伯特‧弗斯特，作家艾瑞卡‧瓊，歌手戴安娜‧羅斯，演員馬丁‧肖特和詹姆斯‧凱恩。

■數字命理學

26號所暗含的力量表明你是個謹慎、有強烈價值觀和準確判斷力的人。你需要透過加強行政能力和商業頭腦，培養更務實的人生態度。出生在26號的人有責任感和與生俱來的審美觀。對家庭的熱愛和強烈的父母本能，讓你渴望建立穩固的基礎或找到真正的穩定感。你經常充當別人的靠山，樂於支援需要幫助的朋友或親人。不過需避免追求物質享樂和渴望控制形勢或別人。受3月分的部分影響，你很敏感且愛幻想。你是個仁慈並有高向理想的人道主義者。雖然靈感和他人能激勵你，但應讓你的直覺和內心的聲音引導你。

■愛情和人際關係

你顧家、樂於助人，是個可靠的夥伴。然而你很獨立，有雄心壯志，信念堅定，喜歡堅強、行事果斷、直率的人。雖然你在人際關係與一切事情開始時滿懷熱情，但若你發現你的夥伴不夠活躍、沒有遠大志向或不夠聰明，就很容易會失去興趣。你渴望找到勤勞或生來有權威感的朋友或愛人。受力量和智慧的激勵，你常常在尋找認真、誠懇的人。

■你生命中的特殊之人

如果你能克制過度控制自己，你可能能在出生在以下日期的人中找到一個忠實可靠的愛人或夥伴。

◎愛情和友誼：

1月1、14、19、28、31日、2月12、26、29日、3月10、24、27日、4月8、13、22、25日、5月6、20、23日、6月4、18、21日、7月2、16、19、30日、8月14、17、28、30日、9月12、15、26、28、30日、10月10、13、24、26、28日、11月8、11、22、24、26日、12月6、9、20、22、24日

◎幸運貴人：

1月26日、2月24日、3月22日、4月20日、5月18日、6月16日、7月14日、8月12日、9月10日、10月8日、11月6日、12月4日

◎強烈吸引你的人：

9月26、27、28、29日

◎砥礪者：

1月3、25日、2月1、23日、3月21日、4月19日、5月17日、6月15日、7月13日、8月11日、9月9日、10月7日、11月5日、12月3日

◎靈魂伴侶：

1月3、10日、2月1、8日、3月6日、4月4日、5月2日、8月16日、12月8日

優點：有創造力、講究實際、關心他人、負責、以家庭為自豪、熱情、勇敢

缺點：固執、叛逆、關係不穩定、缺乏熱情、缺乏堅持、缺少穩定感

太陽星座：牡羊座
區間：牡羊座／火星
角度：牡羊5°30´-6°30´
類型：本位星座
元素：火
恆星：無

3月27日
ARIES

這天出生的人情感豐富，充滿理想，有創造力、點子多，有藝術潛力。雖然你有敏銳的直覺和豐富的想像力，但卻容易受挫，常使自己心情沮喪。如果你能學會自制並且把困難當作學習過程，就能堅持到底。只要你能保持有建設性的想法，就能化劣勢轉為優勢。

受主宰行星火星的雙重影響，你的開創精神需要知識，而且只要得到一點鼓勵，你就願意充滿熱情地接受新的冒險。然而你得避免變得過於嚴肅或焦急，因為這些會導致你變化不定、情緒易變和不必要的焦慮。

你對所愛之人熱心大方，常試著用幽默來掩飾你的極度敏感。你擁有戲劇感和活躍的性格，希望從生活中獲得快樂，有時甚至會過於耽溺。學會保持平衡並增加內心的和諧，你將獲得令人驚歎的成果。你心胸開闊，愈仁慈憐憫，就愈樂觀成功。學會做一個實踐家，而非只是空想家。

23歲之前，你可能會去旅行或探索，興趣廣泛。24歲之後，太陽星座移至金牛座，你將渴望物質財富、安全和物質保障，還可能會透過某種形式接觸自然。從你50歲中旬開始，太陽移至雙子座，知識、教育和與人溝通在你的生活中日益重要。

■真實的自我

你渴望和睦安定，所以擁有一個你引以為傲和避難的家非常重要。你誠實坦率，強烈渴望表達自己的想法，你可能會替別人表達想法，支持弱勢團體。但要注意在背負強烈的責任感時，你可能失去自制力並開始干涉別人的生活。

當你積極樂觀時，非常慷慨大方，有著超凡的人際交往能力。但若太專橫從而掩蓋了原本的熱心，就會變得有害。保持客觀公正的態度並且維持信仰，你就能發揮這個誕生日的非凡潛力。

■工作和職業

你渴望表達自己的想法，所以你可能喜歡設計、寫作、音樂、藝術或戲劇這一類的工作。你對知識的熱愛或人道主義的性格，很可能引導你選擇像教學、寫作、科學、社會工作或看護工作。由於你喜歡激烈的辯論，所以你的競爭和溝通能力可以在像律師、改革家或政治家以及商人這些職業中有所發揮。你具有籌資的本領，這意味著慈善工作是發揮你組織和管理才能的極好選擇。

這一天出生的名人包括歌手莎拉·沃恩和瑪麗亞·凱莉，電影演員葛洛莉婭·史旺森，運動員蘭德爾·坎寧安，和演員邁克爾·約克。

■ **數字命理學**

出生在27號的人直覺和分析能力都很強，堅強，善於觀察，注重細節。雖然有時你看起來神祕、理智或冷靜，但你其實是在掩飾自己內心的不安。這些不安情緒包括猶豫不決或懷疑即將來臨的變化。你成功的關鍵是靈感，你要養成心胸寬廣的態度，才能抑制情感失控或太在乎別人的看法。受3月分的部分影響，你愛幻想而且敏感，思想豐富，有創新思維。你能夠將新穎的觀點或知識運用到團體事業，令他人印象深刻。你天生多才多藝，想像力豐富，直覺力強，但要避免衝動行事，以免引起內心不安。你還要學會把靈感轉變為實際的理念。

■ **愛情和人際關係**

雖然你充滿理想並能了解他人的感受和需求，但是也顯示出決心堅定、以自我中心的一面性格。不過你善於交際，朋友很多、人脈廣，有時你會受到強烈感情的影響，所以需要時間獨處、思考。雖然人際交往對於你很重要，但要避免依賴你的夥伴或被別人思想左右。如果你過於愛幻想或犧牲自己，就會覺得受挫，失去對他人的信任。你要謹防不耐煩或情緒波動，學會與人溝通，而非封閉自己。你需要一個能分享你的熱情、觀點和信仰的人（即志同道合的人）。

■ **你生命中的特殊之人**

尋找出生在以下日期的人，你的理想會更容易實現。

◎愛情和友誼：

1月1.5.15.26.29.30日、2月13.24.27.28日、3月11.22.25.26日、4月9.20.23.24日、5月7.18.21.22日、6月5.16.19.20日、7月3.14.17.18.31日、8月1.12.15.16.29.31日、9月10.13.14.27.29日、10月8.11.12.25.27日、11月6.9.10.23.25日、12月4.7.8.21.23.29日

◎幸運貴人：

1月1.2.10.14.27日、2月8.12.25日、3月6.10.23日、4月4.8.21日、5月2.6.19.30日、6月4.17.28日、7月2.15.26日、8月13.24日、9月11.22日、10月9.20日、11月7.18日、12月15.16日

◎強烈吸引你的人：

9月28.29.30日

◎砥礪者：

1月17.26日、2月15.24日、3月13.22日、4月11.20日、5月9.18日、6月7.16日、7月5.14日、8月3.12.30日、9月1.10.28日、10月8.26.29日、11月6.24.27日、12月4.22.25日

◎靈魂伴侶：

1月21日、2月19日、3月17日、4月15日、5月13日、6月11日、7月9.29日、8月7.27日、9月5.25日、10月3.23日、11月1.21日、12月9.19日

優點：	多才多藝、想像力豐富、有創造力、堅定、勇敢、理解能力強、心理素質好、注重精神、勇於革新、精力充沛
缺點：	好爭論、易怒或好爭論、不安分、神經緊張、不信任人、過於感情用事、焦慮不安

太陽星座：牡羊座
區間：牡羊座／火星
角度：牡羊5°30´-6°30´
類型：本位星座
元素：火
恆星：無

3月28日

ARIES

牡羊座

這天出生的人具有理性和意志力，這表示借助沉著和耐力能獲得成功。像其他典型的牡羊座人，你性格果斷，渴望付諸行動。

受主宰行星火星的雙重影響，你獨立率直，但在生氣時得避免坦率得殘酷無情及感情用事。營造和睦的環境對你有正面的影響，而增強溝通能力有助你避免許多誤解。

你能夠在各種智力活動表現突出，這種能力使你在辯論和討論中咄咄逼人，但除非被人所激，否則你並不喜歡精力浪費在斤斤計較和不必要的情緒上。不過你具有與生俱來的第六感，能輕而易舉地察覺別人的虛情假意，尤其是在他們玩權力鬥爭遊戲時。

雖然你有足夠的能力照顧自己，但當你覺得不被人欣賞或猶豫不決時，你得謹防自己成為別人攻擊的受害者。當你意識到知識的力量，也就意識到你的真實潛力。你有良好的結構感，能成為優秀的規畫者，為眾人建立可靠的體系。你的投資運很好，憑藉你的多種才能，物質生活不虞匱乏。

在22歲之前，你熱情自主但很固執。23歲之後，太陽移至金牛座，你渴望更多財富和經濟保障。這段時間你變得更務實、有條理，著重考慮安全因素。在你53歲左右，推進太陽進入雙子座，你將經歷一次人生轉折，這次轉折讓你把重心放在教育、溝通技巧和結交新朋友方面。

■真實的自我

憑藉天生的好運，你能夠毫不費力地對任何事情應付自如，但這可能就是你最大的問題。你意識到自己天生的聰穎，所以沒有耐心加強自己的知識。因此，出生在這天的人，格外需要約束自己和集中注意力，才能發揮自己驚人的精神力量。

你內心與愛有關的強烈情感，顯示「愛」在你生活中的重要性，並可能促使你經歷各種人生體驗。雖然你確實很活躍，但也渴望從塵世退出，將時間用於思考、寫作或尋找更深奧的人生解答。憑藉信念和靈感，你會在追求目標的過程中決心堅定地前進。

■工作和職業

不論從事何種職業，你將會發現自己的領導才能使你走向事業的最前端，因此你會喜歡開創新事業。你極好的結構和條理感，說明你是個優秀的戰略家。作為一個有智慧的人，你可能從事建築，攝影或電影製作。你天生擅長與人交往，這種能力運用在與公共事務有關的職業最恰當不過。你非常適合教育、健康社會工作或法律行業，在這些行

業你經常需要運用你的行政能力。你們中富有靈感的人，會在藝術、音樂和娛樂界找到獨特的自我表現方式。

這一天出生的名人包括演員德克・博加德，聖女大德蘭，作曲家穆索斯基，歌手演員雪麗爾・詹姆斯，和演員露西・勞立絲和戴安娜・薇絲特。

■數字命理學

你獨立、有想法，不循常規，但是務實且有決心，經常我行我素。28號出生的人在自立和成為群體的一部分之間徘徊矛盾。你總是主動投入行動和新的冒險，勇敢地接受生活的挑戰，憑藉你的熱情，你同時能激勵別人，即使他們不加入你的事業，也至少會在你的創業過程中支持你。你具有的特點還包括信念堅定、足智多謀、判斷力好、有常識。雖然你注重成就，但家庭對你來說同樣重要。找到安全感和照顧你最親近的人，有時對於你來說是件困難的事。你希望擁有井然有序的生活和務實的生活態度。適當的準備是達到良好表現的必要條件，制定計畫使你集中注意力並邁向成功。

■愛情和人際關係

你堅強獨立、勇敢直率，但也忠誠可靠。在人際交往中，找到一位能給你精神鼓勵並與志同道合的人很重要。如果你能學會公正並少爭論些，你的人際關係就更持久。如果你有類似的原則或加強基本的溝通能力，就能和異性建立溫柔體貼的關係。你喜歡聰明直爽的人，喜歡表現得坦率誠實，但你需要避免講話不合時宜或行事衝動以免日後後悔。不過你很忠誠、勤勞，能給予你所愛之人關愛和安全感。

■你生命中的特殊之人

為了得到精神鼓勵和安全感，你可能需要尋找出生在以下日期的人。

◎愛情和友誼：
1月10、13、20、21、30日、2月8、11、18、19、28日、3月6、9、16、26日、4月4、7、14、24日、5月2、5、12、22日、6月3、10、20、7月1、8、18日、8月6、16、30日、9月4、14、28、30日、10月2、12、26、28、30日、11月10、24、26、28日、12月8、22、24、26日

◎幸運貴人：
1月12、16、17、28日、2月10、14、15、26日、3月8、12、13、24日、4月6、10、11、22日、5月4、8、9、20、29日、6月2、6、7、18、27日、7月4、5、16、25日、8月2、3、14、23日、9月1、12、21日、10月10、19、11月8、17日、12月6、14日

◎強烈吸引你的人：
3月31日、4月29日、5月27日、6月25日、7月23日、8月21日、9月19、30日、10月1、17日、11月15日、12月17日

◎砥礪者：
1月6、18、22、27日、2月4、16、20、25日、3月2、14、18、23日、4月12、16、21日、5月10、14、19日、6月8、12、17日、7月6、10、15日、8月4、8、13日、9月2、6、11日、10月4、9日、11月2、7日、12月5日

◎靈魂伴侶：
3月28日、4月26日、5月24日、6月22日、7月20日、8月18日、9月16日、10月14日、11月12日、12月10日

優點：富有同情心、追求進步、勇敢、愛好藝術、有創造力、理想主義、有雄心壯志、勤勞、家庭生活安定、意志堅定

缺點：缺乏積極性、缺少同情心、不切實際、專橫、缺乏判斷力、好鬥、情緒不定、過度依賴別人、驕傲

太陽星座：牡羊座
區間：牡羊座／火星
角度：牡羊7°30´-8°30´
類型：本位星座
元素：火
恆星：壁宿一

3月29日

ARIES

牡羊座

　　這一天出生的人機靈精明而且有迅速進入狀況的能力，還有良好的第六感。雖然你消息靈通，但要避免過於挑別或固執己見。你內在的智慧，讓你常常看清事情的真相。
　　牡羊座的你堅定自信且競爭力強。但是多疑和天真的奇怪組合使別人不明白你到底在想什麼。有時你非常固執並拒絕他人建議，即使別人是為你著想。
　　受火星的影響，你渴望挑戰，即使在享受極大的自由時，也會努力工作。你很直率，喜歡與誠實率真、現實、謙遜的人為朋友。
　　你天生具有處理困境的能力，這使你不會感覺自己是命運的受害者。憑藉你的意志和決心，你可以獲得物質財富。但是要避免沮喪或擔心金錢問題，還要避免致富心切。
　　21歲之前你喜愛冒險和保持獨立。22歲太陽推進到金牛座後，你更渴望經濟保障和安全。這段時間你會變得更講究實際且有條不紊。52歲時，太陽進入雙子座，可能會出現重大改變，你會更渴望有新穎刺激的興趣和學習新技能，比如寫作。

■真實的自我

　　你具備戰勝困難的內在力量，憑藉堅定的決心，將能創造不少財富，但是金錢並不能完全滿足你，除非能找到表達自己內心細膩潛能的方法。你具備理解事物價值的天賦，為了在地利人和之時，更顯得強大有實效，運用你的辨別力相當重要。
　　由於你渴望有成果和有益於他人，所以隨著你逐漸成熟，工作在你的生活佔據主導地位。在適當的激勵下，你會為了把想法轉化成實際物質而願意努力工作，並發現自己在精力旺盛時工作表現更優秀。雖然你積極主動有精力和才幹，但是你必須避免多疑，要有信心並且相信自己的直覺。

■工作和職業

　　你精力充沛，能在商業、辯論、法律或研究工作中表現優秀。你可能擁有某種技術，這可能將你引向電腦或工程類的工作。憑藉你的領導才能和聰明的頭腦，你可能從事教育，或你希望運用才能來進行文字交流。出生這個生日暗示你可能在政府工作中位居要職，或是成為促成社會改革之人。你的分析能力會將引導你從事醫學和治療工作，或是與眾不同的知識的領域。
　　這一天出生的名人包括網球明星珍妮佛‧卡普雅蒂，歌手珀爾‧貝利，喜劇演員艾力克‧艾多爾。

■數字命理學

29號出生的人是理想主義的智者，充滿活力、有魄力、性格堅強，有非凡的潛力，直覺強烈，非常敏感，情緒易變。你充滿同情心和善解人意的性格激勵你成為人道主義者，並能鼓勵別人去實現他們的願望和夢想。雖然你有競爭力和志向，但是你渴望討人喜歡，在意別人對你的看法。如果你相信自己內心深處的感覺並敞開心扉，就能克服憂愁或自閉的傾向。受3月分的部分影響，你直覺力強，有很好的第六感和創造才能，你變化無常且精力充沛，喜歡做自己的事情並且不對任何人負責。你需要在日常生活中有約束和安定感，但是生活不能太刻板，雖然你多才多藝，想像力豐富，但也要注重現實面並考慮周到，需以更謹慎的態度避免言語不當。

■愛情和人際關係

保持積極樂觀和決心，能助你克服過於在意他人的傾向。你直覺敏銳、精明，有所保留。神祕，什麼都可以說，但對自己的真實感覺卻隻字不提。你的多疑表明你需要時間建立相互信任的長期關係。但是你充滿熱情且討人喜歡，如果你能保持冷靜，就能吸引異性。你喜歡白手起家或勤奮有志向的人，找到一個人可以信任並激勵你的人，會使你更加有自信，你同時也會是忠實的夥伴。

■你生命中的特殊之人

為了得到安全感、精神鼓勵和愛情，你可能需要尋找出生在以下日期的人。

◎愛情和友誼：
1月21、28、31日、2月19、26、29日、3月17、24、27日、4月15、22、25日、5月13、20、23日、6月11、18、21日、7月9、16、19日、8月7、14、17、31日、9月15日、10月3、10、13、27、29、31日、11月1、8、11、25、27、29日、12月6、9、23、25、27日

◎幸運貴人：
1月9、12、18、24、29日、2月7、10、16、22、27日、3月5、8、14、20、25日、4月3、6、12、18、23日、5月1、10、16、21、31日、6月2、8、14、19、29日、7月6、12、17、27日、8月4、10、15、25日、9月2、8、13、23日、10月6、11、21日、11月4、9、19日、12月2、7、17日

◎強烈吸引你的人：
1月3日、2月1日、4月30日、5月28日、6月26日、7月24日、8月22日、9月20日、10月1、2、3、18日、11月16日、12月14日

◎砥礪者：
1月7、8、19、28日、2月5、6、17、26日、3月3、4、15、24日、4月1、2、13、22日、5月11、20日、6月9、18日、7月7、16日、8月5、14日、9月3、12、10月1、10、11月8日、12月6日

◎靈魂伴侶：
1月3、19日、2月1、17日、3月15日、4月13日、5月11日、6月9日、7月7日、8月5日、9月3日、10月1日

優點：富有靈感、追求平衡、渴望內心平和、大方、成功、有創造力、直覺強、神祕、有實現願望的力量、心胸寬廣、忠實

缺點：注意力不集中、沒有安全感、神經緊張、情緒易邊、難以相處、極端、考慮不周、孤僻、過於敏感

太陽星座：牡羊座
區間：牡羊座／火星
角度：牡羊8°30´-9°30´
類型：本位星座
元素：火
恆星：壁宿一

3月30日

ARIES

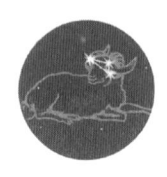

牡羊座

　　你有敏銳的直覺和洞察力，有充滿想法和計畫的創造性頭腦。但是雄心和懶惰的奇怪組合，卻磨損了你本應巨大的潛力。你的生日表示你是勤勞而有強烈責任感的人，但是對愛和情感的過分依賴，可能會妨礙你原本美好的前程。

　　受許多觀念和信仰的激勵，你老練穩重，多才多藝。但是你也能建立自己獨特的視角，讓人對你的個人風格訝異。你友善大方，熱心，喜歡分享你蒐集的知識，常參加學習方面的社團。你渴望學習，常參加能開發創造能力的活動，尤其是藝術或音樂。細心但神經緊張以及有吸引力，是別人對你的描述。你得克服不必要的擔憂，尤其是在你沒有達到別人的期望時。你要學會辦事有條不紊，不把瑣事留到最後一刻，也要避免自憐或沮喪。你喜歡因為自己的努力，而在生活中成長的智者。你友善隨和，喜歡在團體中位居要職或成為群體的一部分。如果覺得寂寞或情緒低落，你可能會逃避現實或變得過度放縱。為了達到思想上的平和和情感上的平衡，你可以嘗試著加強自我表現。

　　20歲之前，你很活躍但不成熟。21歲之後，推進太陽移到金牛座，你對獲得財富和物質保障的興趣漸增。追求經濟上的穩定會激勵你想要為自己建立穩定的基礎，這將持續至你年近50。那時太陽進入雙子座，這預示著在你51歲時會出現一次轉折。令你更渴望與人交流和交換看法。這段時間你會讓自己心境放鬆，並發掘新的感興趣的領域。

■真實的自我

　　雖然你天生有領導能力，但是你很清楚，如果沒有別人的合作什麼也做不了，幸虧你有處理一對一人際關係的能力和找到合適朋友的技巧。由於你擁有內在的權威感和堅定的決心，所以一旦你下定決心，就會成為一股不可忽視的力量，因此明確你的目標或方向是非常重要的。

　　有時你會在責任和享樂之間搖擺不定。這也表示你工作時積極，在家時卻很被動。你有必要保持某種心緒上的穩定，以便了解他人的感受，而不會在個人權力方面妥協太多。請務必在工作與人際關係取得平衡。

■工作和職業

　　雖然你對加強個人技能有些厭煩，但是你能從心理類職業獲得樂趣，這將致使你從事教學、演講、研究或寫作。你從容慷慨的魅力和對形狀與顏色方面的天賦，可能會使你從事室內設計、園藝、戲劇、音樂或藝術領域。你天生善於理解別人，你喜歡私人聯

繫或充當諮詢師方面的工作，比如醫療、人事、健康產業、宣傳、公共關係、銷售或商務。這個誕生日容易產生優秀的管理者和行政人員。

這一天出生的名人包括演員華倫·比提，畫家梵谷，精神病專家梅蘭妮·克萊因，音樂家艾力克萊普頓和崔西·查普曼，歌手席琳·狄翁。

■數字命理學

有創造力、親切友好、好交際是30號出生的人的部分特點。你喜歡優渥的生活，愛交際，有非凡的魅力，忠誠、親切。你有雄心壯志，多才多藝，有想法並能以自己獨特的風格闡述出來。你好交際，有品味，注重顏色和設計感，喜歡各種與藝術、設計和音樂有關的工作。在追求幸福時，要避免懶惰、過度放縱、不耐煩或好妒嫉，因為這些會導致你情緒不穩定。在30號出生的人中，有很多人能獲得認可或榮耀，尤其是音樂家、演員和藝人。受3月分的影響，你很熱情，有才華，記憶力好，具有引人注目的自我表達風格。通常性情溫和，但是偶爾也可能情緒多變而且蠻不講理。身為完美主義者，你希望每件事都完美無瑕；如果你覺得不高興或不滿意，你就會抱怨或挑剔。

■愛情和人際關係

你體貼友善，充滿熱情，是個有愛心和可愛的理想主義者。你渴望得到大量關愛，穩定感和安全感是你不能放棄的必備條件。你富有魅力、好交際，喜歡能激發你想像力的創造性職業。但你要在事情不如意時避免情緒不穩或過於刻薄。你喜歡振奮人心的人，他們能和你一樣熱愛知識或渴望新穎的自我表現方式。藉由別出心裁的發洩方式，你可以放鬆情緒並結交情趣相投的人。

■你生命中的特殊之人

從出生在以下日期的人中，你可能會得到情感上的滿足和找到生命中的特殊之人。

◎愛情和友誼：

1月8、18、22日、2月16、20日、3月14、18、28日、4月12、16、26日、5月10、14、24日、6月8、12、22日、7月6、10、20、29日、8月4、8、18、20、27、30日、9月2、6、16、25、28日、10月4、14、23、26、30日、11月2、12、21、24、28日、12月10、19、22、26、28日

◎幸運貴人：

1月6、10、25、30日、2月4、8、23、28日、3月2、6、21、26日、4月4、19、24日、5月2、17、22日、6月15、20、30日、7月13、18、28日、8月11、16、26日、9月9、14、24日、10月7、12、22日、11月5、10、20日、12月3、8、18日

◎強烈吸引你的人：

5月29日、6月27日、7月25日、8月23日、9月21日、10月1、2、3、4、19日、11月17日、12月15日

◎砥礪者：

1月13、29、31日、2月11、27、29日、3月9、25、27日、4月7、23、25日、5月5、21、23日、6月3、19、21日、7月1、17、19日、8月15、17日、9月13、15日、10月11、13日、11月9、11日、12月7、9日

◎靈魂伴侶：

1月6、25日、2月4、23日、3月2、21日、4月19日、5月17日、6月15日、7月13日、8月11、20日、9月9日、11月7日、12月5、12日

優點：	喜愛娛樂、忠誠、友善、具備各種能力、善於表達、有創造力、運氣好
缺點：	懶惰、固執、變化無常、沒有耐心、沒有安全感、冷淡、精力分散

太陽星座：牡羊座
區間：獅子座／太陽
角度：牡羊9°30´-10°30´
類型：本位星座
元素：火
恆星：壁宿一

3月31日
ARIES

牡羊座

直覺敏銳、警覺性高、行動迅速是人們對這天出生的人的部分描述。由於這些特點，你可能會情緒不穩或充滿好奇心和不斷變化。雖然你不停地尋找新體驗，但只要發現有價值的東西，你就會培養特殊興趣，成為這個領域的專家。

作為牡羊座的人，你生性活躍、果斷、勇敢；但謹防容易厭倦，這會導致你感覺不安。你要增強耐心，才能克服行事衝動。主宰你區間的獅子座，其次要作用為你增添了活力和自信，但要謹防過於自大。

性格中理想的一面，使你看問題是非分明，若缺少滿足感或太猜疑，你可能會變得困惑並浪費精力。另一方面，如果能主動和學習就能有效率集中自己的專注力及思想深度獲得解決問題的佳好技巧。

19歲之前，你愛冒險、不安定，20歲之後，推進太陽移至金牛座，你的洞察力會更好，也會更注意財富和安全感的獲得。這種對物質保障的渴望將持續至你五十出頭，那時你的推進太陽進入雙子座。這個轉捩點之後，你的生活節奏加快，更注重拓展興趣和學會新技能。

■真實的自我

你的外表不會顯示你內心的豐富情感，或希望得到別人的回饋，這些事情你很少主動開口說。你的情感有兩個對立面：一方面希望變化，另一方面卻又渴望為自己建立更堅固的基礎。當兩個對立面獲得平衡，將能賦予你靈活的工作能力，並確保你至少在感興趣的領域中，接受完整的自我教育。

在精神專注時，你幾乎一刻不得閒；但當你停下來將注意力和心思放在他人身上時，你很可能會為他們做任何事，甚至犧牲自我。天生的魅力和自發性使你具有獨特的表達方式，如果你能在某個關鍵時刻表現獨特，將能得到更多。

■工作和職業

你的機智和渴望精神的激勵的使你的生活多樣化、能快速掌握資訊。你天生的領導能力將使你在各種領域，尤其在商業界、哲學或政治舞臺。你得避免厭倦自己的事業，所以選擇環境不斷變化的職業很重要，比如從事公共事務或旅行。

這一天出生的名人有作曲家海頓，演員李察皮爾蒙，哲學家笛卡兒，電影導演大島渚，美國前副總統高爾，演員理查・張伯倫和克里斯多夫・華肯。

■ **數字命理學**

生日在31日表明你意志堅強、有決心，渴望表現自己。你能結合你的直覺和實用技能做出正確的決定。通常你精力充沛，有決心。出生在31號的你有創新思維和良好的秩序感，如果你能從容並照計畫行事，事業就會有成。你能成功地把業餘職業轉換成有利可圖的事業，但是你得避免過度放縱或自私以及盲目樂觀的傾向。3月分的次要影響使你有創造力與不錯的分析能力。你對文字的本能意識表明你有創作的天賦，但要避免過於敏感或憤世嫉俗。你需要大量的關愛或注意力，但要避免占有欲過強。你好反省和沉思，有時會看起來心不在焉或冷淡。

■ **愛情和人際關係**

你愛幻想，直覺力強，無論事情大小都有這種感知能力。你情感細膩而神祕，你喜歡保密你的私人關係。把每段關係當作學習過程以便保持自己的冒險精神。你的事業經常會影響私人的生活。你的人生課題就是要對過往釋懷。

■ **你生命中的特殊之人**

為了找到安全感、信任和愛情，你可能需要尋找出生在以下日期的人。

◎ **愛情和友誼：**

1月13、19、23、24日、2月11、17、21日、3月9、15、19、28、29、30日、4月7、13、17、26、27日、5月5、11、15、24、25、26日、6月3、9、13、22、23、24日、7月1、7、11、20、21、22日、8月5、9、10、18、19、20日、9月3、7、16、17、18日、10月1、5、14、15、16、29、31日、11月3、12、13、14、27、29日、12月1、2、10、11、12、25、27、29日

◎ **幸運貴人：**

1月7、15、20、31日、2月5、13、18、29日、3月3、11、16、27日、4月1、9、14、25日、5月7、12、23日、6月5、10、21日、7月3、8、19日、8月1、6、17、30日、9月4、15、28日、10月2、13、26日、11月11、24日、12月9、22日

◎ **強烈吸引你的人：**

10月1、2、3、4日

◎ **砥礪者：**

1月6、14、30日、2月4、12、28日、3月2、10、26日、4月8、24日、5月6、22日、6月4、20日、7月2、18日、8月16日、9月14日、10月12日、11月10日、12月8日

◎ **靈魂伴侶：**

4月30、5月28日、6月26日、7月23、24日、8月22、9月20日、10月18、30日、11月16、28日、12月13、14、26日

優點：	運氣好、有創造力、獨特新穎、有建設能力、有所建樹、拒絕放棄、講究實際、口才好、負責
缺點：	有不安全感、沒有耐心、多疑、易受挫、缺乏壯志、自私、固執

太陽星座：牡羊座
區間：獅子座／太陽
角度：牡羊10°30´-11°30´
類型：本位星座
元素：火
恆星：壁宿一

4月1日

ARIES

牡羊座

你獨立堅強，但敏感冷淡，是個務實、神祕的人，有著獨特的哲學觀。牡羊座的你熱情、有雄心，直覺力，領導力強。你內在的智慧表明你能從經驗中獲得很多知識，並且憑藉良好的教育增加成功的機會。

太陽星座的次要作用，促使你想強烈表現自己，你常打破常規只為了想獲得獨特新穎的事物。你對自由或罕見事物的熱愛使你樂於探索，旅行可能會是你喜愛的一種消遣。

當發現自己不能完全發揮真實才能時，可能導致你的理想和現實在你內心產生衝突，因此你需要克服沮喪導致的痛苦或嫉妒傾向。為了達到情感上的滿足，你需要找到真正的精神信仰或克服多疑的性格。但只要保持沉著、耐心和自信，就能實現最初的想法或夢想。

在18歲之前，你很勇敢獨立。19歲之後，推進太陽移至金牛座，你會更需要穩定和經濟保障。持續至你49歲那年，太陽進入雙子座。這個轉捩點會令你對新興趣、學習和溝通更重視。

■真實的自我

想認識自己的內在力量，你可以在必要時讓自己處於領導地位，並要求自己竭盡所能。當你得到機會時，要仔細考慮一下可能的結果，並約束自己以便能盡量發揮潛力。雖然有時你發現自己的上司能力沒有你好，你要學會調適自己的方式是掌控自己並使自己更獨立自主。

具備把事業和興趣結合起來的能力，是你性格的一部分，它賦予你一定的魅力。善於處理人際關係和活躍的性格，你要讓自己有更多時間去反省。在你自醒自覺的時候藝術、音樂、戲劇或其他神祕的領域，更能令你發揮所長。

■工作和職業

你的生日表明你具備行政和領導才能，這些才能會在你從事的管理、行政、軍事或政治領域表現出來。即使你有敏銳的商業頭腦，但具有創造力你喜歡能運用非凡想像力的工作，比如從事藝術、戲劇或音樂。你還具有良好的組織能力，所以你在處理他人的財政問題或在行銷上表現優秀。你強烈的人道主義或理想主義特點，將你引向公益事業或使你成為具有真知灼見的顧問或教師。

這一天出生的名人有演員艾爾麗‧麥古奧和戴比‧雷諾茲，心理學家馬斯洛，和作曲家拉赫曼尼諾夫。

■數字命理學

你的生日暗示你非常渴望成為最優秀並獨立的人。數字1的人傾向於有個性、革新精神和勇氣，以及充沛的精力。你渴望建立堅強的性格和變得果斷。你的開創精神將鼓勵你獨立的生活，積極主動的性格也會激勵你增強行政或領導能力。你充滿熱情、有新穎的觀點，能引導大家前進。出生在1號的人需要明白世界並不是圍繞你轉，你得避免以自我中心或專橫霸道。4月分的次要作用表明你講究實際且工作勤奮。你精力充沛，喜歡追根究柢，多才多藝，詼諧幽默，意志堅強，情緒高漲。但你可能需要克服剛愎自用、言行不當或過於自信的傾向。

■愛情和人際關係

你性格外向友好，獨立而實際，情感強烈，極度敏感。你心情平靜時，你會成為團體的生命和靈魂，並十分善交際。你喜歡有教養、聰明的人。如果是女性，要避免太健談或專制。你喜歡學習新事物，渴望得到精神鼓勵。如果你加入學習社團或其他教育活動，你會做得非常好。你富有魅力，機智詼諧，有著輕鬆快活的個性。

■你生命中的特殊之人

你從出生在以下日期的人中可能找到長期的關係和安定感。

◎愛情和友誼：

1月5、6、21、28、31日、2月19、26、29日、3月17、24、27日、4月15、22、25日、5月13、20、23、30日、6月11、18、21日、7月9、16、19日、8月7、14、17、31日、9月5、12、15、29日、10月3、10、13、27、29、31日、11月1、8、11、25、27、29日、12月6、9、23、25、27日

◎幸運貴人：

1月9、12、18、24、29日、2月7、10、16、22、27日、3月5、8、14、20、25日、4月3、6、12、18、23日、5月1、4、10、16、21、31日、6月2、8、14、19、29日、7月6、12、17、27日、8月4、10、15、25日、9月2、8、13、23日、10月6、11、21日、11月4、9、19日、12月2、7、17日

◎強烈吸引你的人：

1月3、2月1、10月4、5、6日

◎砥礪者：

1月7、8、19、28日、2月5、6、17、26日、3月3、4、15、24日、4月1、2、13、22日、5月11、20日、6月9、18日、7月7、16日、8月5、14日、9月3、12日、10月1、10、11月8、12月6日

◎靈魂伴侶：

1月3、19日、2月1、5、17日、3月15、4月13、5月11、6月9、7月7、8月5、9月3日、10月1日

優點：有領導能力、有創造力、積極進步、堅強、樂觀、信念堅定、有競爭力、獨立、愛交際

缺點：專橫、好嫉妒、自我、驕傲、叛逆、缺乏約束、自私、軟弱、變化不定、沒有耐心

太陽星座：牡羊座
區間：獅子座／太陽
角度：牡羊11°30´-12°30´
類型：本位星座
元素：火
恆星：壁宿一、壁宿二

4月2日

ARIES

牡羊座

你的生日表明你是個有開拓和進步精神的人。你不安分但有創造力，具有巧妙的力量能使自己在所從事的領域成功。你的主宰行星火星鼓勵你尋求積極快樂的生活。受區間星座獅子座的次要影響，你的想像力豐富、有創造力，渴望被人欣賞。

這個誕生日直覺力強、有魅力、渴望和睦與平靜。雖然你喜愛冒險，但更可能偏於內向或敏感，生性文雅，渴望適意環境中的安全感。這個誕生日公認具有能籍由自律來實現的巨大潛力。當你意識到自己的真正力量，將會有意志和決心去克服所有困難。但是，你得學會固執己見和堅持不懈兩者的分別。

你渴望人際交往，而太陽星座的次要影響賦予你創造天賦和出發去實現理想的欲望。通常你很友好、愛交際，有強烈的正義感和公平競爭意識。負責勤勞、態度認真是別人對你性格的評價。但在細心的外表下，你卻是很有志向的，十分渴望成功和進步。

在你早期很可能受到一位女強人的影響。18歲之後，推進太陽移至金牛座，你更需要穩定和經濟保障。這將持續至你48歲左右，推進太陽進入雙子座，這個轉捩點使溝通和發掘更多的智力活動，成為你重視的事。

■真實的自我

內在的觀察力和信任，使你對於事物有所理解，你有必要學會更深層次的獨立。這意味著你要不害怕放開你依賴的任何事物或人，你要直到後來才可能完全明白這個道理，但一旦明白這一點，你將獲得巨大的心靈自由和對更深奧事物也有更進一步的見解。尤其在人際關係中，只要提及獨立自主，你就很容易卻步。除了這點，你可以說是個全心全意、體貼和忠誠的朋友。

你還具有人道主義和慷慨大方的一面，這讓你很受人歡迎。你很容易了解別人的需求，是每個團體或合作專案的優秀夥伴。

■工作和職業

這個誕生日表明你在與人打交道的事業中會很成功，比如傳媒、公共關係、心理學、諮詢、聯絡或社會工作。你的優勢來自你懂得與人合作，你還有可能合夥經營。你的創造力會使你在表演和藝術以及探索、教育和為實現目標工作這些方面取得成功。有時，工作方面的困難會令你焦慮不安，但尋找新方法可以得到樂觀的結果。你要試著避免變得遲鈍或單調乏味。你很勤勞，天生有生意頭腦，不斷地追求生命中美好的事物。

這一天出生的名人包括演員亞歷克·吉尼斯，法國作家安徒生，畫家威廉·杭特，和喜劇演員唐娜·卡維。

■數字命理學

敏感並強烈渴望成為團體的一員是2號生日的特點。你適應力和理解力強，喜歡團體活動，並能與人合作。你試圖取悅你喜歡的人，但可能會過於依賴別人。不過你可以透過增加自信來克服易被他人行為和批評所傷的傾向。4月分的次要影響說明你需要基礎牢固的安全感。通常你喜歡完美無暇，喜歡支持他人或與人合作。你好交際，是個好主人，喜歡娛樂，以家庭為自豪。你容易讓人放心，但卻不常流露自己的情感。作為一個完美主義者，你通常很負責，但須避免不滿足或情緒低落。

■愛情和人際關係

你直覺敏銳，聰明，消息靈通，學習能力強。通常你喜歡閱讀，對知識的熱愛表明你想要真正的情感上的滿足，所以繼續深造或不斷學習新技能。你喜歡與有想法的人交往，他們能激發你的思維。你喜歡成功人士或需要一個聰明、有學識、有才智的搭檔。你的性格使你交遊甚廣和良好的社會關係。但你得避免在親密關係中有不信任或多疑的傾向。

■你生命中的特殊之人

為了找到安全感、精神鼓勵和愛情，你可能需要找到出生在以下日期的人。

◎愛情和友誼：

1月6.10.20.22.24.30日、2月4.18.20.22.28日、3月2.16.18.20.26.29日、4月14.16.18.24.27日、5月12.14.16.22.25日、6月10.12.14.20.23日、7月8.10.12.18.21.29日、8月6.8.10.16.19日、9月4.6.8.14.17日、10月2.4.6.12.15日、11月2.4.10.13日、12月2.8.11.19日

◎幸運貴人：

1月1.3.4.14日、2月1.2.12日、3月10.28日、4月8.26.30日、5月6.24.28日、6月4.22.26日、7月2.20.24日、8月18.22日、9月16.20日、10月14.18日、11月12.16日、12月10.14日

◎強烈吸引你的人：

1月11日、2月9日、3月7日、4月5日、5月3日、6月1日、10月5.6.7日

◎砥礪者：

1月3.5日、2月1.3日、3月1日、7月31日、8月29日、9月27.30日、10月25.28日、11月23.26.30日、12月21.24.28日

◎靈魂伴侶：

1月5.12日、2月3.6.10日、3月1.8日、4月6日、5月4日、6月2日

優點：很好的合作夥伴、性情溫和、言行得體、接受能力強、直覺敏銳、體貼、和睦、易於相處、親善大使

缺點：多疑、缺乏自信、低聲下氣、過於敏感、自私、易受傷害、狡詐

太陽星座：牡羊座
區間：獅子座／太陽
角度：牡羊12º30´-13º30´
類型：本位星座
元素：火
恆星：壁宿二

4月3日

ARIES

牡羊座

你的開創精神、多才多藝和對旅遊的熱愛，使你的生活不至於枯燥乏味或平淡無奇。你積極的態度和與人溝通的天賦，讓你令人信服。你渴望表現自己並希望有所變化，你的生日使你的生活必然充滿刺激和冒險。

火星使你熱情、沒有耐心、充滿活力。受區間星座獅子座的次要影響，暗示你可能在別人面前顯得堅定大膽。雖然你的道路上有很多困難，但你仍可以憑藉耐心、勤奮和堅定的決心獲得成功。你情感強烈，只要學會冷靜處事使心靈成長。你的事業常有變化，可能遇到一些挫折，但機遇會主動為你開創新和幸運的出路。

雖然你易於情緒波動，但你的決心讓你不會消沉太久。

你愛開玩笑、風趣，想像力豐富，是個有趣的夥伴，具有詼諧幽默的天賦。但你得避免易於厭倦的傾向。

年幼時，你很活躍、獨立、變化不定而且有時很衝動。你受到一位需要你幫助的男性親屬或朋友的影響。在你16、7歲之後，你變得更實際和經濟，因為此時推進太陽進入了金牛座。在你中年時，會經歷許多變化，而且從夥伴關係和合作關係中得到好處。你的熱情和積極使你的一些夢想在此時實現。從47歲開始，推進太陽進入雙子座，你將變得更小心謹慎，這可能導致你會產生一些新興趣。在你75歲時會有另一次轉折，推進太陽進入巨蟹座，你會變得更敏感和顧家。

■真實的自我

你最大的成功來自愛的力量。你強烈的內心感受需要轉化為實際形式，否則你很可能情緒失控。你具有喜劇表演的才能，這能使你演出相當有影響力的戲劇。

你有魅力，感情細膩，想像力豐富，但你仍然需要用生活中的某些固定形式來平衡這些特點。透過運用你非凡的遠見來想像美好的未來，然後定出計畫去實現這些可能結果，如此更能充分利用自己傑出的才能。專注地努力工作，你能夠真正意識到自己的潛力，並懂得利用這個誕生日的特點，獲得經濟保障。

■工作和職業

在事業方面，憑藉著強烈的說服力和引人注目的想法，你可以成為優秀的銷售員或宣傳員。這些才能配合自我表現的欲望，會使你從事戲劇、藝術、演說或政治工作。和旅行相關的職業，比如導遊、交通、或航空服務人員，能確保你獲得工作上的滿足感，

而你天生具有的同情心，可能引導你進入健康醫療行業。這一天出生的人要注意的是：保持冒險精神，避免工作單調乏味。

這一天出生的名人包括演員馬龍・白蘭度，亞力克・鮑德溫和艾迪・墨菲，野生動物研究員珍・古德，演員桃麗絲・黛，詩人喬治・赫伯特和音樂家韋恩・牛頓。

■數字命理學

出生於3號的人敏感，渴望創新和表達感情。你愛開玩笑，是個有趣的夥伴，喜歡融洽的社交活動，興趣廣泛。雖然多才多藝而且善於表達，渴望各種刺激的體驗，但卻容易厭倦，這會使你變得優柔寡斷或顯得膚淺。雖然出生於3號的你有藝術才能、魅力以及幽默感，但你得增強自尊心，避免有焦慮不安或情緒不穩定的傾向。受4月分的部分影響，你喜歡井然有序，具有卓越的分析能力，能憑藉自信使自己的觀點引人注意。有時你看起來冷淡或正陷入沉思，但一旦你想引起他人的注意，只需要隻言片語。

■愛情和人際關係

你的想像力豐富，有遠見，是個體貼、忠誠和全心奉獻的人。你對人際關係抱持浪漫理想的態度，尋求符合你高標準的夥伴。事實上，你太過於追求完美，以至於有時你會選擇柏拉圖式的關係，因為要找到能符合你高期望的人很難。你最好選擇一位有學識而且仁慈博愛的夥伴。你在戀愛時要避免崇拜你的愛人或捨己救人，尤其是在對方不需要援助時。雖然你顯得大膽，但你卻很難表現自己易受傷害的一面。如果想找到理想的伴侶，就要在親密的關係中增加你的溝通技能，別太急躁。

| 優點：幽默、快樂、友善、成果頗多、有創造力、有藝術才能、能如願以償、熱愛自由、善於表達 |
| 缺點：容易厭倦、虛榮、想像過於活躍、誇大其詞、不夠體貼、好吹噓、奢侈、放縱自己、懶惰、虛偽 |

■你生命中的特殊之人

通過了解出生在以下日期的人，你的理想可能更容易實現。

◎愛情和友誼：
1月1.6.7.20.21.23.31日、2月5.18.19.21.29日、3月3.17.19.27日、4月1.15.17.25日、5月13.15.23日、6月11.13.21日、7月9.11.19日、8月7.9.17日、9月5.7.15日、10月3.5.13日、11月1.3.11日、12月1.9日

◎幸運貴人：
1月5.16.18日、2月3.14.16日、3月1.12.14.29日、4月10.12.27日、5月8.10.25.29日、6月6.8.23.27日、7月4.6.21.25日、8月2.4.19.23日、9月2.17.21日、10月15.19日、11月13.17日、12月11.15.29日

◎強烈吸引你的人：
1月6.30日、2月4.28日、3月2.26日、4月24日、5月22日、6月20日、7月18日、8月16日、9月14日、10月5.6.12日、11月10日、12月8日

◎砥礪者：
1月4日、2月2日、5月29.31日、6月27.29.30日、7月25.27.28日、8月23.25.26.30日、9月21.23.24.28日、10月19.21.22.26日、11月17.19.20.24日、12月15.17.18.22日

◎靈魂伴侶：
1月23日、2月21日、3月19日、4月17日、5月15日、6月13日、7月11.31日、8月6.9.29日、9月7.27日、10月5.25日、11月3.23日、12月1.6.21日

太陽星座：牡羊座
區間：獅子座／太陽
角度：牡羊13º30´-14º30´
類型：本位星座
元素：火
恆星：壁宿二

4月4日

ARIES

牡羊座

工作努力，決心堅定，態度樂觀，有愚公移山的動力，你能憑藉你的學識給人留下深刻印象。通常你渴望得到安全感並試圖建立穩固的基礎。憑藉工作中的機遇和對事業的第六感，你能夠實現獲得成功的強烈欲望。這表明你很少會生活拮据，即使有也是暫時的。

雖然你有魅力、大方、善良而且能夠討人喜歡，但你得明白太直率或專橫會令人討厭。憑藉你的吸引力和個人魅力，你懂得如何讓自己快樂也讓別人開心；但你的價值觀不明確，這會導致你無節制。你需要抑制生活奢侈的傾向。或者，有時你會變得非常強硬，毫不顧別人的需求。

牡羊座的你充滿活力和野心，但也很務實。更多時候勇於探索的好奇心，會使你的生活充滿刺激和變化。受區間星座獅子座的部分影響，你原本堅定自信的性格更憑添了決心和活力。但要避免太固執或堅決，因為這可能會引起摧毀行為。

15歲之前，你勇敢叛逆。16歲之後，太陽移至金牛座，你將更渴望得到經濟保障、物質財富和安全感。這種情況將持續至你46歲左右，推進太陽進入雙子座之時。這個轉折使你培養新興趣、學習、與周圍人的溝通與關係變得日益重要。76歲時，推進太陽進入巨蟹座，你將變得更敏感和顧家。

■真實的自我

對於你來說，知識和技能就是力量。你尊敬那些心智優秀的人和像你一樣獨立思考的人。你渴望成功、野心壯志，能把握機會，具備解決問題的獨特技巧。

你需要對別人誠實坦率，能建設性地使用自己的意志力和分析能力取得成功。由於你天生好問，所以你的一生中會不斷發現新穎刺激的事物。你主要性格在於你會以高昂的熱情激勵別人，但要謹防失去自制力和變得貪婪或過度放縱。幸虧你運氣很好，這種運氣源於你坦誠活躍的態度，可以扭轉你人生中的任何不好的狀況。

■工作和職業

你能夠結合運用你的實踐和決策能力，善於組織安排大型的企劃，所以很適合從事管理執行之責或自主創業。很多企業家、生產商、籌辦者和建築師都是這一天出生。你也可能進入藝術領域，但如果得不到經濟報酬，你是不會感興趣的。身為以優秀的組織者，你具備良好的結構觀念，並且樂於工作。你也可能是個完美主義者，為自己的努力

為自豪，但要避免對別人期望太高。

這一天出生的名人包括藍調歌手馬迪·沃特斯，演員安東尼·柏金斯和小勞勃道尼，電影作曲家愛默·伯恩斯坦，和演員克莉絲汀·拉蒂。

■數字命理學

4號誕生日具有結構感和有條不紊的特點，你需要穩定感也喜歡建立秩序。你精力充沛，有實用的技能和堅定的決心，只要努力就能成功。你有危機意識，喜歡為自己和家人建立穩固的基礎。你務實的生活態度賦予你良好的生業頭腦和獲得財富的能力。4號出生的你誠實、坦率、公正；克服情緒不穩定或財務上的煩惱，是你要面對的課題。受4月分的部分影響，你好問、精力充沛而且喜歡過著活躍生活。你具有自我約束能力和頑強的意志力，這意味著你很獨立，而且熱衷權力，但你避免太專制。你不喜歡受約束，拒絕被人指揮。

■愛情和人際關係

你渴望成功，很有雄心，充滿活力，強烈渴望得到名望和認可。你喜歡和有專長的人或有一定家世背景的富人來往。金錢是你人際關係中的重要因素，你不喜歡浪費時間或沒有前途的人。你寬宏大量而且驕傲，品味高，喜歡有品質及美感的東西。不過你需要克服物質主義的傾向，並理解情感上的滿足不一定要依靠財富才能擁有。

優點：有組織能力、能約束自己、穩重、勤勞、精益求精、有動手實踐的能力、務實、信任別人、一絲不苟

缺點：不善交流、壓抑自己、強硬、懶惰、冷漠、愛拖延、吝嗇、專橫、隱藏情感、充滿怨恨、嚴厲

■你生命中的特殊之人

為了找到生命中的特殊之人，你可能需要尋找出生在以下日期的人。

◎愛情和友誼：

1月8、14、17、20、22、24日、2月6、15、18、20、22日、3月4、13、16、18、20日、4月2、11、14、16、18日、5月9、12、14、16日、6月7、10、12、14日、7月5、8、10、12、30日、8月3、6、8、10、28日、9月1、4、6、8、26日、10月2、4、6、24日、11月2、4、22日、12月2、20、21日

◎幸運貴人：

1月6、23日、2月4、21日、3月2、19、30日、4月17、28日、5月15、26、30日、6月13、24、28日、7月11、22、26日、8月9、20、24日、9月7、18、22日、10月5、16、20日、11月3、14、18日、12月1、12、16、30日

◎強烈吸引你的人：

1月7日、2月5日、3月3日、4月1日、10月7、8日

◎砥礪者：

1月5、26、29日、2月3、24、27日、3月1、22、25日、4月20、23日、5月18、21日、6月16、19、30日、7月14、17、28日、8月12、15、26、31日、9月10、13、24、29日、10月8、11、22、27日、11月6、9、20、25日、12月4、7、18、23日

◎靈魂伴侶：

1月30日、2月8、28日、3月26日、4月24日、5月22日、6月20日、7月18日、8月16日、9月14日、10月12、31日、11月10、29日、12月8、27日

太陽星座：牡羊座
區間：獅子座／太陽
角度：牡羊14º30´-15º30´
類型：本位星座
元素：火
恆星：壁宿二

4月5日

ARIES

你的誕生日表示你是個精力充沛、有說服能力和努力工作的人。多才多藝富有魅力，加上你主宰星火星具有的競爭精神，這些特點使你顯得大膽自信。受太陽星座的有利影響，你具有源源不斷的創造力和表現自己的強烈欲望。

雖然你看起來堅決果斷，但有時是爲了掩飾內心的猶豫或不安全感。但你能夠堅持不懈地實現自己的理想，以十足的決心戰勝困難。你不安分的特點使你不停改變。你堅強的性格意味著你天生適合居於領導職位，但要謹防過於專橫或刻薄。

只要你態度端正，你就有潛力去激勵別人，但要避免在無關緊要的瑣事上浪費精力，這會令你在精神上過分緊張。花點時間去恢復精力並注意身體健康。在晚年，你的各種人生經歷會給予你對世俗的理解力和智慧。外表對於你來說很重要，因爲你希望給人好印象。因爲對自己頗有自信，這使你敢於大膽直言。

年輕時你喜歡活躍的生活或戶外活動，也有很多朋友。15歲之後，推進太陽移至金牛座，你更渴望穩定和更多經濟保障。這種情況將持續至45歲左右，那時推進太陽進入雙子座。這個轉捩點令你更渴望知識、交流和學習新技能，而且很可能會有多次旅行和改變。75歲開始，推進太陽進入巨蟹座，你將變得更加敏感，家庭和家人是你生活中最重要的部分。

■真實的自我

生活中充滿了因禍得福，雖然你內心渴望和睦，但是你的生活與對金錢、物質因素和隨之而來的考驗的態度有關。只有正視你的多慮和恐懼情緒，才能眞正獲得自信和生活對你的恩賜。愛情、友誼和美麗是你擷手可得之物，但你還要重視責任感。如果你對自己的行爲負責，就會發現生活能給予你更多。

你還可能非常熱愛藝術、音樂和戲劇，如果你能夠克服不安分或不耐煩的傾向，就能將這種熱愛進一步發展下去。當這個特點能積極地被運用，它不僅給你的自我表達方式，還賦予你用青春魅力和吸引力取悅他人的能力。

■工作和職業

你具有積極進步和開拓的精神，渴望表現你的創造潛力，這將引導你從事開拓者或政治家的工作，或進入戲劇和電影行業。你還具有教育、科學、法律和哲學方面的研究天賦。你的說服能力和天生的領導能力，使你在商業、神學、文職或管理工作中表現突

出。如果選擇的事業無利可圖，你很可能會很快放棄。由於你能夠把握同世代人的共同夢想和渴望，所以你將可能以某種藝術形式使其表現出來。

這一天出生的名人包括演員史賓塞·屈賽和葛雷哥萊畢克，教育家布克·華盛頓，詩人阿爾吉儂·斯文本恩，演員貝蒂·戴維斯和鮑威爾將軍。

■數字命理學

5號出生的人直覺力強，喜愛冒險，渴望自由。你很熱情樂於探索或嘗試新事物，這意味著生活將會給你很多恩賜。旅行和改變的機會以及一些意外，可能導致你的觀點和信仰徹底改變。出生在5號的你渴望生活充滿刺激；但是，你也得加強責任感，避免捉摸不透、行事超過和變化無常。要想獲得成功，你就要避免倉促或冒險行事並且要學會忍耐。受4月分的部分影響，你渴望得到安全感但能自由地尋求自身的價值。你直覺力強而且情感細膩，總是想要用更寬廣的眼光與想法，以為自己保守的性格略做調合。要避免過於感情用事，要保持務實和現實的態度。

■愛情和人際關係

魅力是你與生具來的特點，所以你不難吸引仰慕者和朋友。也因為你能夠吸引各種類型的人，在交友時更要慎重。有時你善於表達自己的看法和感受，但偶爾也會感到孤單。你需要時間獨處，以便能思考一些問題或恢復活力。你喜歡活躍而且能激勵別人的人，所以和你的朋友參與某些智性的活動，對你特別有好處。你面臨的挑戰是保持人際關係的穩定與和諧。

優點：多才多藝、適應力強、積極進步、直覺敏銳、富有魅力、運氣好、勇敢、熱愛自由、敏捷、機智、好探究、神祕、善於交際

缺點：不切實際、變化不定、辦事拖延、反覆無常、不可靠、過於自信、剛愎自用

■你生命中的特殊之人

你和出生在以下日期的人相處運氣會更好。

◎愛情和友誼：

1月6.9.17.23.25.27日、2月7.21.23.25日、3月5.19.21.23.29日、4月3.17.19.21.27.30日、5月1.15.17.19.25.28日、6月13.15.17.23.26日、7月11.13.15.21.24日、8月9.11.13.19.22日、9月7.9.11.17.20日、10月5.7.9.15.18日、11月3.5.7.13.16日、12月1.3.5.11.14日

◎幸運貴人：

1月2.4.7日、2月2.5日、3月3日、4月1日、5月31日、6月29日、7月27.31日、8月25.29日、9月23.27日、10月21.25日、11月19.23日、12月17.21日

◎強烈吸引你的人：

1月8.14日、2月6.12日、3月4.10日、4月2.8日、5月6日、6月4日、7月2日、10月8.9日

◎砥礪者：

1月6.19.29日、2月4.17.27日、3月2.15.25日、4月13.23日、5月11.21日、6月9.19日、7月7.17日、8月5.15日、9月3.13.30日、10月1.11.28日、11月9.26日、12月7.24.29日

◎靈魂伴侶：

1月16.21日、2月9.14.19日、3月12.17日、4月10.15日、5月8.13日、6月6.11日、7月4.9日、8月2.7日、9月5日、10月3日、11月1日

太陽星座：牡羊座
區間：獅子座／太陽
角度：牡羊15°30´-16°30´
類型：本位星座
元素：火
恆星：壁宿二

4月6日

ARIES

牡羊座

這天出生的人勇敢有抱負，卻十分敏感迷人，是理想和現實主義的結合體。雖然你善於交際，所想的卻離不開如何在崇高的理想和固有的務實想法間找到平衡。因此你能利用機會盡你所能。

作為牡羊座的人，你有決心和開創精神，而且積極主動。雖然你十分獨立，但你更喜歡與人合作而非獨自工作。雖然有時某些人、事會導致你緊張不安，但你要避免變得過於敏感或自閉。透過與人合作和交往，你最終會意識到自己的擁有巨大的潛力，並能從團隊合作中得到經濟上的好處。

受太陽星座的部分影響，你具有創造力和對自由的熱愛。但是，如果你太活躍、難以控制或違背他人意願，也會給你帶來壓力。你得克服諸如情緒易變、缺乏耐心或固執任性這類傾向，以便真正能從團隊合作中得到好處。憑藉你的洞察力和直覺力，你會養成寬容的態度和客觀的判斷力，這將有助你了解別人及其動機。

14歲之後，推進太陽移至金牛座，你獲得經濟保障和物質財富的決心更堅定；你也可能希望更接近自然。這種狀況將持續至你44歲左右，那時推進太陽進入雙子座。這次轉折讓溝通和拓展興趣或學習新技能變得更加重要。74歲時，推進太陽移入巨蟹座，你將更清楚自己的情感需求和家庭的重要性。

■真實的自我

過著均衡自在的生活是你獲得幸福的關鍵。雖然你有很多工作經驗，但你要避免墨守成規，這點很重要。透過發展其他的興趣、愛好或去旅行，你可以拓展視野並發現其他機遇。由於你有豐富的想像力和創造能力，你人生其中之一的挑戰，就是要為這些遠大的理想付諸行動。

你具有高尚的心靈，這在你身居要職時表現得最為明顯；你工作認真負責，當你被允許按自己的方式自由工作時，會有最好效果。一旦你變得焦慮不安，應避免退縮並積極與別人共同解決問題。如果你能謹慎檢視困境的每一面，並且與人妥協而不是玩權力鬥爭遊戲，你將更有可能獲得樂觀的結果。雖然你表面善於交際，但內心卻是內向敏感，具有無形的內在力量。

■工作和職業

無論你從事什麼職業，都需要在積極活躍、勇於探索的務實態度和敏感細膩的性格之間找到平衡。與人合作或作為團體中的一員，才可能有最好的成就。這會引導你從事

諸如公共關係、外交、談判或駐外代表等工作。你也想參與有益於他人的活動，所以你喜歡從事慈善工作或與弱勢群體一起工作。無論你選擇什麼職業，你都能夠努力工作，並使你有所回報。你擁有從事買賣和金融，以及成為優秀代理人的天賦。如果你對大眾生活感興趣，你會在政治或公益事業中表現優秀。你的創造能力和非凡的洞察力可以體現在表演、攝影、寫作和藝術或娛樂界等方面。

這一天出生的名人包括魔術師哈利‧胡迪尼，藝術家拉斐爾，畫家安德列‧普列文，作家巴巴‧朗姆‧達斯，音樂家彼得‧托許，和藝術家古斯塔夫‧莫羅。

■數字命理學

富有同情心、愛幻想、體貼別人是6號誕生日具有的部分特質。數字6暗示你是個完美主義者或大眾好友，這表示你是個負責、體貼和樂於助人的人道主義者。出生在6號的你通常熱愛家庭而且是個稱職的家長。你們中比較敏感的人渴望獨特的表現形式，對娛樂界、藝術界和設計行業感興趣。你需要增加自信心，克服諸如愛管閒事、焦慮不安和濫用同情心的傾向。受4月分的部分影響，你是個有抱負而又愛幻想的人。你勇於創新，可以透過增強自信心和獨立意識來實現自己的抱負。通常你會對旅遊或國外工作感興趣。你要學會如何巧妙提意見和靈活變通，這有助你與人交往愜意。

■愛情和人際關係

在愛情方面，你喜好感官享受、大膽並浪漫、迷人，但在熱情之下，你比別人更想建立穩定的關係。一旦愛情關係的蜜月階段告一段落，你就會安定下來，過著平靜和睦的普通生活。但你得避免太過極端，而使彼此的關係變得枯燥乏味或單調。這可能導致你逐漸控制你所愛之人或對其動怒。幸虧你擁有親和力，它能將別人吸引到你身邊，也確保你會得到你需要的關愛。

■你生命中的特殊之人

和出生在以下日期的人在一起，你的運氣可能會更好。

◎愛情和友誼：

1月10、11、26、28日、2月8、9、24、26日、3月6、22、24、30日、4月4、20、22、28日、5月2、18、20、26、29日、6月16、18、24、27日、7月14、16、22、25日、8月12、14、20、23、30日、9月10、12、18、21、28日、10月8、10、16、19、26日、11月6、8、14、17、24日、12月4、6、12、15、22日

◎幸運貴人：

1月8日、2月6日、3月4、28日、4月2、26日、5月24日、6月22、30日、7月20、28、29日、8月18、26、27、30日、9月16、24、25、28日、10月14、22、23、26、29日、11月12、20、21、24、27日、12月10、18、19、22、25日

◎強烈吸引你的人：

1月15日、2月13日、3月11日、4月9日、5月7日、6月5日、7月3日、8月1日、10月9、10日

◎砥礪者：

1月7、9、30日、2月5、7、28日、3月3、5、26日、4月1、3、24日、5月1、22日、6月20、7月18日、8月16日、9月14日、10月12、29日、11月10、27日、12月8、25、30日

◎靈魂伴侶：

1月8、27日、2月6、10、25日、3月4、23日、4月2、21日、5月19日、6月17日、7月15日、8月13日、9月11日、10月9日、11月7日、12月5日

優點：	開明、廣結情誼、友好親切、富有同情心、可靠、通情達理、仁慈、充滿理想、熱愛家庭、穩重、有藝術才能、追求平衡
缺點：	不滿足、焦慮、羞怯、蠻不道理、固執、直言不諱、專制、缺乏責任感、自私、多疑、以自我中心

太陽星座：牡羊座
區間：獅子座／太陽
角度：牡羊16°30´-17°30´
類型：本位星座
元素：火
恆星：壁宿二

4月7日

ARIES

這個誕生日表明你具有極大的決心和高度敏銳的直覺。你個性活躍，喜歡新事物並經常參與開創新事業。這表明新的挑戰和重新開始能為你帶來徹底的改變，並彌補你的延誤或沮喪時期。加強內心的直覺或第六感，你能更深入地了解自己。

如果你擁有動力，你會專心努力工作，但主宰星火星的不安分的特點，仍使你無法靜下心來。如果你得到鼓勵，會非常熱情、有創造力，而且很理想主義；但你經常是神祕而且不善交流，這使其他人難以捉摸你的下一步。雖然你表面很大膽，但其實是在掩飾內心的害羞或敏感。通常你得學會放開過去，並且避免在感情問題上折磨自己，這樣才能真正有所進步並約束自己。你得學會區分內在力量、堅定決心和固執傲慢之間的差別，別人會將這種固執傲慢視作敵對與冷漠。

30歲之後，推進太陽移至金牛座，你會更需要安定感和物質保障，這種情況將持續至43歲左右，那時推進太陽進入雙子座。這個轉捩點會令你接觸許多新嗜好，並渴望各種不同的交流，包括學習新技能。在73歲時，推進太陽移至巨蟹座，你會更注重與家庭和情緒相關的問題。

■真實的自我

你將自己敏感和愛幻想的性格掩藏起來，這會使你能夠自省或自我分析。你追求完美，所以總是覺得別人無法達到你的高標準。你還要避免多疑或害怕孤獨、被遺棄。幸虧你有極強的直覺力，當直覺力加強時，你能確保性格中更靈性的一面，保護並幫助你戰勝任何逆境。

你思維敏銳，工作勤奮，有能了解他人性格的直覺力。使用這種心理技能與人交往可以使自己靈活變通並處之泰然，從而避免產生緊張和不耐煩的情緒。透過檢視自己的幽默感還是太過嚴肅，可以判斷你在人際關係中是否能善用這種心理技能。當你精力充沛時，會非常積極主動。體能鍛鍊也對你特別有好處，比如武術、運動或瑜珈。

■工作和職業

你的領導能力和勤奮能使你在各種工作領域獲得成功。你喜歡控制別人，而不是被別人控制，所以你可能在管理和執行中有所成果或偏愛自主創業。你能夠在緊急關頭保持鎮定，從而向其他人顯示你真正的力量並贏得他人的讚揚，所以你非常適合領導職位。當然別人也重視你的掌控能力和對新穎獨特的觀點。如果你進入戲劇或電影業，你

會成為一名優秀的演員、製片人或導演，而強烈的個體意識將表現在寫作、藝術和音樂方面。

這一天出生的名人包括導演法蘭西斯・科波拉，音樂家拉維・香卡，詩人威廉・華茲華斯，演員詹姆斯・加納，武術演員成龍。

■數字命理學

7號出生的人分析能力強，思維縝密，往往很挑剔而且只顧自己。你總是渴望多了解自己，喜歡收集資訊，可能對讀、寫或宗教感興趣。雖然你很精明，但你可能會多疑或過於理性變得只重細節。你很神祕冷淡，這意味著你有時會覺得被人誤解。受4月分的部分影響，你注重現實面，但直覺力和接受力強。因為你是個敏感、神經緊張和感情深刻的人，所以你需要學會享受快樂讓自己放鬆，避免在壓力下透支腦力。你神祕的性格使你能夠巧妙地提問，卻不會讓人察覺到你的真實想法。

■愛情和人際關係

在愛情方面，你不是太擅於表達或積極主動，也可能退縮並壓抑情感。你要學會平衡這兩個極端，要懂得接受人，而非只是期望別人達到你的標準。由於你具有極好的魅力能吸引朋友和仰慕者，所以必然過著活躍的社交生活，但的個人欲望和工作或責任之間可能會產生衝突。你渴望非常親密的關係，但得避免太在意個人利益，這會使其他人疏遠你。找到一個和你一樣友善勤勞的人，將是最好的選擇。

■你生命中的特殊之人

從出生在以下日期的人中，你可能會找到愛情和忠實的伴侶。

◎愛情和友誼：

1月11.20.21.25.27.29日、2月9.18.23.25.27日、3月7.16.21.23.25日、4月5.14.19.21.23日、5月3.12.17.19.21日、6月1.10.15.17.19日、7月8.13.15.17日、8月6.11.13.15日、9月4.9.11.13日、10月2.7.9.11日、11月5.7.9日、12月3.5.7日

◎幸運貴人：

1月9.26日、2月7.24日、3月5.22日、4月3.20日、5月1.18.29日、6月16.27日、7月14.25.29.30日、8月12.23.27.28.31日、9月10.21.25.26.29日、10月8.19.23.24.27日、11月6.17.21.22.25日、12月4.15.19.20.23日

◎強烈吸引你的人：

1月16日、2月14日、3月12日、4月10日、5月8日、6月6日、7月4日、8月2日、10月8.10.11.12日

◎砥礪者：

1月8.29.31日、2月6.27.29日、3月4.25.27.28日、4月2.23.25.26日、5月21.23.24日、6月19.21.22日、7月17.19.20日、8月15.17.18日、9月13.15.16日、10月11.13.14.30日、11月9.11.12.28日、12月7.9.10.26日

◎靈魂伴侶：

2月11日、5月5.30日、6月28日、7月26日、8月24日、9月22.30日、10月22.28日、11月18.26日、12月16.24日

優點：	有教養、信任別人、一絲不苟、充滿理想、誠實、有靈性、有科專業能力、理智、喜歡思考
缺點：	懷有敵意、孤獨、神祕兮兮、多疑、糊塗、狡詐、冷漠

太陽星座：牡羊座
區間：獅子座/太陽
角度：牡羊17º30´-18º30´
類型：本位星座
元素：火
恆星：無

4月8日

ARIES

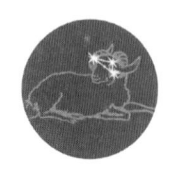

作為牡羊座的人，你獨立勇敢，渴望以新穎獨特的方式表現自我。你易於接受新思想、樂於體驗新事物。這天出生的人，很有可能有多項成就和獲得權力的慾望，憑藉好強的個性和務實的態度，向領導職位邁進。受太陽星座的部分影響，你無盡的精力，加上商業天賦，可以掌握主權並使計畫成功。

在試圖爬到頂端的過程中，你很負責勤奮。雖然建立有保障的未來對你很重要，但有時你也會自主決定做出重大調整。你需要約束自己，克服缺乏合理計畫就貿然行事的傾向。你得避免產生容易厭倦或沮喪的情緒，但你也可能化悲憤為力量，而得到出其不意的成果。表面上看來很傳統，但其實你思想是先進的，但你得經歷價值觀的蛻變，才能達到真正的精神領悟。

12歲之後推進太陽移至金牛座，你注重物質財富、安定感和安全感，這種實際的生活態度持續至42歲，那時太陽會進入雙子座。你的生活節奏將加快，你可能會發現新興趣、寫作和溝通變得很重要。72歲之後，你的推進太陽進入巨蟹座，你將更注重你的個人情感需求和關心他人和家人。

■真實的自我

你的聰慧有助於你發現多種表達的途徑，但如果想要一心多用，事情還是會很困難。你的內心比表面更為複雜，你很細心、有藝術才能而且非常聰明。你可能脾氣暴躁或沒有耐心，但會為了達到個人目而有所隱藏。

你不僅具有高度的創造力，還有不斷取得新成就的動力。你天生引人注目，但是不喜歡任人指揮，甚至發現難以接受他人的批評。你人緣好，善於交際，但會在熱心負責和漠不關心之間搖擺不定。在你表面的自信下，很容易懷疑自己並害怕做得不夠，所以得到熱心體貼的朋友或家人的精神支持是很重要的。

■工作和職業

你很勤奮，對權力的渴望會促使你取得領導地位。作為天生可以輕易看清人心的人，你喜歡諮詢或某些形式的治療工作，也可能將這種天賦用於事業上，尤其是像人事和廣告領域的工作。你善於組織，敢於樹立遠大理想，這對你所從事的各種職業都很有幫助。很多出生在今天的人喜歡與正義和法律相關的工作，或商務管理以及金融、銀行界的領導職位。另一方面你敏銳聰明的頭腦和引人注目的想法，可引導你在藝術、戲劇

或音樂方面找到某種表現形式。

這一天出生的名人包括歌手卡門・麥克蕾和朱利安・藍儂,演員瑪麗碧克馥。

■數字命理學

8號誕生日暗含著力量,表明你是個價值觀念強烈和判斷力準確的人。數字8表明你渴望有大成就而且具有雄心壯志,這個誕生日還說明你渴望獲得統治地位、安全感和物質財富。8號出生的你具有天生的商業頭腦,如果能增強組織和行政能力,你將受益匪淺。對安全感和穩定感的強烈渴望迫使你制定長遠的計畫和進行長期投資。受4月分的部分影響,你謹慎務實,願意承擔責任;你樂於助人、友好親切,多才多藝,風趣、機智。雖然你想像力豐富而且很有才華,但你得克制自己沒有恆心毅力的傾向。如果你樂意付出努力,就會被委以重任。不過你得學會公平公正地執行委派給你的權力。要謹防工作過度以免透支體力。

■愛情和人際關係

在愛情和友誼方面,你喜歡親切、好交際而且能充實自己的人。由於你很樂觀直爽,所以你希望周圍的人也能同樣誠實,儘管這種想法有時顯得十分天眞。你明白金錢就是力量,所以你尤其喜歡具有成功潛力的人。你熱愛知識,這表示你喜歡能給你精神鼓勵的人,或有助學習新知識或技能的團體。由於你很驕傲,所以你渴望得到別人的尊重,請務必避免權力爭奪遊戲,或對你所愛之人過於專制或挑剔。不過,幸虧你有個人魅力,善於交際,所以你從不缺朋友。

■你生命中的特殊之人

爲了得到愛情和鼓勵,你可能需要查找出生在以下日期的人。

◎愛情和友誼:

1月3、4、11、12、26、28、30日、2月2、9、10、24、26、28日、3月7、8、22、24、26日、4月5、6、20、22、24、30日、5月3、4、18、20、22、28、31日、6月1、2、16、18、20、26、29日、7月14、16、18、24、27日、8月6、12、14、16、22、25日、9月10、12、14、20、23月、10月8、10、12、18、21日、11月6、8、10、16、19日、12月4、6、8、14、17日

◎幸運貴人:

1月10、29日、2月1、8、27日、3月6、25日、4月4、23日、5月2、21日、6月4、19日、7月17、30日、8月15、28日、9月13、26日、10月11、24日、11月9、22日、12月7、20日

◎強烈吸引你的人:

1月11日、3月7日、4月5日、5月3日、6月1日、10月11、12、13日

◎砥礪者:

1月9日、2月7日、3月5、28日、4月3、26日、5月1、24日、6月22日、7月20日、8月18日、9月16日、10月14、30、31日、11月12、28、29日、12月10、26、27日

◎靈魂伴侶:

1月7日、2月5日、3月3日、4月1日、5月29日、6月27日、7月25日、8月23日、9月21日、10月19日、11月17日、12月15日

優點:有領導能力、細緻入微、勤勞、傳統保守、有威信、能保護別人、有治療能力、善於判斷價值觀念

缺點:沒有耐心、不夠寬容、吝嗇、不安分、嗜權、專制、易受挫、缺乏計畫

太陽星座：牡羊座
區間：獅子座／火星
角度：牡羊18°30´-19°30´
類型：本位星座
元素：火
恆星：無

4月9日

ARIES

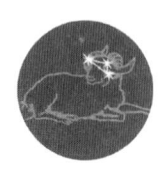

牡羊座

具有創造力、進取精神、內在力量和驕傲性格，是本日壽星的部分特徵。你接受能力強、敏感、直覺敏銳，但卻有活潑的性格和領導才能。你更喜歡成為團體的一分子，並能在團體中擔當重要角色。

牡羊座的你不僅能引人注目，而且還很勤奮、可靠、堅定，並以自己的工作自豪。這表明你對安全感的需求勝過其他因素。慷慨仁慈和善於判斷價值觀念，是別人對你的評價。過於擔心物質因素是你陷入的根源；而學會精打細算則是你得好好面對的課題。

你性格好強，不喜歡受人支配；雖然富有魅力，但得避免太過直率或言語刻薄。你充滿好奇心，思想有深度，這不僅表明你有從事科學研究的傾向，而且證明你看問題中肯、準確。你很勤奮而且辦事有條理，能夠組織、闡述並清楚地解釋你的想法或迅速解決問題。

在你17歲之後太陽移至金牛座，在接下來的30年，你更注重物質保障、地位和經濟安全。41歲左右時會有另一次轉折，太陽進入巨蟹座，你將更意識到自己的情感需求及家庭的重要性。

■真實的自我

優柔寡斷的性格和過於擔憂物質，會妨礙你發揮性格中豐富的創造力。全心發展你的創造力性格是件困難的事，這意味著你得犧牲某些物質享受。但這種犧牲很可能為你擺脫生活的重擔和挫折，並開始從事更多關懷事業的關鍵。

當你客觀公平時，你會把自己的事放在最後，成為公正的裁定者。這使你善於交際且具有公益精神，所以你經常借助團體來幫助別人。你非常有創造力，能使你成為所在行業中的專家；但要謹防抓住過時的形勢不放。多數時候，你都能慷慨付出自己的時間和精力；如果你信任一個人或計畫時，你願意比應盡義務投入更多。

■工作和職業

你精力充沛，充滿熱情，敢於進入新的領域。你具有開創精神、勇氣和領導才能，所以你的事業選擇很多。通常你在商業方面表現優異，喜歡開創自己的事業。或者，你具備某種推動改革的能力，這種能力會引導你成為工會這類組織的領導人。那些不為自由奮鬥的人，可能對教育或其他形式的公共或社會福利感興趣。很多慈善家、指揮、藝術家、畫家和音樂家以及藝術經紀人都這一天出生。你能夠在重要職位上表現出眾，而

且也能做到公平公正；這使你能夠成為優秀的管理者。

這一天出生的名人包括出版商休‧海夫納，法國詩人查理斯‧波特萊爾，演員兼歌手保羅‧羅伯森，和演員丹尼斯‧奎德。

■數字命理學

善良體貼和多愁善感與9號誕生日有關。你不僅寬容善良，而且慷慨大方。你的直覺和超自然能力使你對一切事物都有包容力，如果你能積極地利用此點，它會引領你一條精神之路。這個誕生日表明你渴望戰勝困難，並且有過於敏銳及情緒起伏不定的傾向。你能夠從環球旅行和與背景不同的人交往中獲益良多，但你得避免執著於不切實際的夢想或逃避現實。受4月分的部分影響，你注重現實面而且有良好的組織能力。倘若受到太多束縛，你會反抗或變得喜怒無常。你需要讓自己更靈活變通，減少驕傲，適應新形勢，學會放開過去。

■愛情和人際關係

你生性友好親切，渴望表現自己，這令你有很多朋友並過著活躍的社交生活。你獨特的生活態度，使你喜歡能激勵你創造天賦的人。雖然你非常體貼，但在人際關係中變化不定或優柔寡斷，有時會成為你焦慮或失望的根源，但這不會阻止你追求完美的人際關係，你更願意為所愛之人做出犧牲。藉由保持自身的創造力與跳脫困境，就能以堅強樂觀的態度處理好人際關係。

■你生命中的特殊之人

你可能會從出生在以下日期的人中找到一個可以理解你對愛的需求的人。

◎愛情和友誼：

1月13、14、21、29日、2月11、27、29日、3月9、25、27日、4月7、23、25日、5月5、21、23、29日、6月3、19、21、27、30日、7月1、17、19、25、28日、8月15、17、23、26日、9月13、15、21、24日、10月11、13、19、22、29日、11月9、11、17、20、27日、12月7、9、15、18、25日

◎幸運貴人：

1月11日、2月9日、3月7、31日、4月5、29日、5月3、27、31日、6月1、25、29日、7月23、27、31日、8月21、25、29、30日、9月19、23、27、28日、10月17、21、25、26日、11月15、19、23、24、30日、12月13、17、21、22、28日

◎強烈吸引你的人：

1月12日、2月10日、3月8日、4月6日、5月4日、6月2日、10月11、12、13、14日

◎砥礪者：

1月10日、2月8日、3月6、29日、4月4、27日、5月2、25日、6月23日、7月21日、8月19日、9月17日、10月15、31日、11月13、29、30日、12月11、27、28日

◎靈魂伴侶：

1月18、24日、2月16、22日、3月14、20日、4月12、18日、5月10、16日、6月8、14日、7月6、12日、8月1、4、10日、9月2、8日、10月6日、11月4日、12月2日

優點：充滿理想、人道主義、有創造力、敏感、慷慨、有魅力、有詩人的天賦、仁慈、樂善好施、客觀公正、運氣好、受人歡迎

缺點：易受挫、神經緊張、變化不定、自私、不切實際、刻薄、沒原則、易受牽制、自卑、充滿恐懼、焦慮不安、孤僻

太陽星座：牡羊座
區間：射手座／木星
角度：牡羊19º30´-20º30´
類型：本位星座
元素：火
恆星：天倉四

4月10日

ARIES

牡羊座

有雄心，才幹和朝氣是這個生日的特點。你活潑、迷人、風趣、熱心，但是對成功的渴望，卻是來自享樂主義和理想主義兩個相互矛盾因素的奇怪組合。牡羊座的你變化不定，喜愛冒險，希望生活充滿刺激和誘惑。憑藉你的熱情和個人魅力，能吸引很多朋友和仰慕者。但在追求成功之際，你可能衝動行事，須避免反覆無常或不負責的傾向。

雖然你思維敏捷，擁有獨特的藝術或創造性的表現形式，除非找到生活真正的目標，否則很容易分散精力。但在確定特定的目標前，你得避免被他人觀點所左右。

雖然你有決心、機智、風趣、思維敏銳，但也可能孩子氣或不願長大。學會負責能帶給你安定的生活；採用更成熟的觀點將增加你成功的機會。

從10歲起，太陽進入金牛座。你日益需要安全感，變得特別在意別人的關愛並高度關注現實生活面。這種情況將持續至你40歲左右，那時推進太陽進入雙子座，你將更需要新的興趣和與人溝通也可能學會新技能。從70歲開始，推進太陽進入巨蟹座，你變得更敏感，家庭和家人在你的生活中更顯重要。

■真實的自我

你聰明伶俐、風度翩翩、善於表達，所以有很多朋友、興趣和機遇。但你的動機和利益之間可能產生衝突。由於廣泛的興趣會將你引向不同的方向，所以有目標而且果斷地做出選擇，對你來說尤為重要。

雖然你非常獨立，但也很注重人際交往。這種對親密關係的需求表明你特別重視合作，不論是個人生活還是工作，一旦產生落差，你就會變得焦慮不安，所以你最好讓非凡的直覺力引導你獲得內心真正的快樂。你直覺力和創造力強，有極好的想法，更天生充滿熱情，這些特點將永遠是你人生中的一部分。

■工作和職業

你有領袖風範，組織能力和個人號召力。這表明你有潛力升至你所從事領域的最高職位。你在銷售、談判、宣傳、出版、廣告、法律或銀行工作中可能會成功。你的雄心壯志使你對執行與管理充滿興趣，也可能激勵你自主創業。不論你從事何種職業，你的交際手腕是你成功的重要因素。你渴望表現自己，有表演欲，這將致使你進入藝術或娛樂界。

這一天出生的名人包括記者約瑟夫・普利茲，著名醫學博士薩繆爾・哈尼曼，和演員奧瑪・夏瑞夫和史蒂芬・席格。

■數字命理學

和1號出生的人一樣，你會非常努力奮鬥並很可能成功。不過，為了實現你的目標，你需要增加耐心和毅力。即使信念不同於別人，你仍精力充沛，有創造力，堅持自己的信念。你的積極主動和開創精神，鼓勵你遠離家鄉或獨自生活。此外，你得明白世界並非為你轉動，你應避免自私和專橫。成功和成就對於你很重要，所以你會汲汲營營於攀上事業頂端。受4月分的部分影響，你雖變化不定且有進取精神。切記不要輕易放棄，要認真負責，在變化中尋找穩定感，避免墨守成規。

■愛情和人際關係

你充滿朝氣、活躍、天生富有魅力，所以不難吸引許多朋友和仰慕者；你熱情風趣在任何社交場合都是個有趣而令人愉快的夥伴。你喜愛冒險，勇敢膽大，過著積極的社交生活。請仔細挑選朋友，否則你可能會因草率行事而痛苦悔恨。通常這一天出生的人婚姻美滿，能從親密的夥伴關係中受益頗多。

■你生命中的特殊之人

你可能會和出生在以下日期的人建立持久穩定的關係。

◎愛情和友誼：

1月6、8、14、15、23、26、28日、2月4、10、12、13、21、24、26日、3月2、10、12、19、22、24日、4月8、14、17、20、22日、5月6、15、16、18、20日、6月4、13、16、18日、7月2、11、14、16、20日、8月1、9、12、14、22日、9月7、10、12、24日、10月5、8、10、26日、11月3、6、8、28日、12月1、4、6、30日

◎幸運貴人：

1月9、12日、2月7、10日、3月5、8日、4月3、6日、5月1、4日、6月2、30日、7月28日、8月26、30、31日、9月24、28、29日、10月22、26、27日、11月20、24、25日、12月18、22、23、29日

◎強烈吸引你的人：

10月12、13、14、15日

◎砥礪者：

1月11、13、29日、2月9、11日、3月7、9、30日、4月5、7、28日、5月3、5、26、31日、6月1、3、24、29日、7月1、22、27日、8月20、25日、9月18、23、30日、10月16、21、28日、11月14、19、26日、12月12、17、24日

◎靈魂伴侶：

1月12、29日、2月10、27日、3月8、25日、4月6、23日、5月4、21日、6月2、19日、7月17日、8月2、15日、9月13日、10月11日、11月9日、12月7日

優點：有領導才能、有創造力、積極進取、有魅力、積極樂觀、信念堅定、有競爭力、獨立、善於交際

缺點：專橫、好嫉妒、孤僻、自我、驕傲、有敵意緒、不受約束、自私、不安定、沒有耐心

太陽星座：牡羊座
區間：射手座／木星
角度：牡羊20°30´-21°30´
類型：本位星座
元素：火
恆星：天倉四

4月11日

ARIES

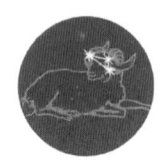

牡羊座

你有雄心壯志，追求成功，你出生在幸運的一天。這個生日會給你帶來財富和成就。但是為實現這一天所帶來的好運，你得學會約束自己和努力工作。作為牡羊座的人，你決心堅定、野心勃勃、直覺敏銳、有良好的價值辨別力。你被公認具有領導能力和實現想法計畫的潛力。受區間星座射手座的部分影響，你運氣好，積極樂觀，能很好地預測機遇。但是你需要避免不必要的冒險或草率從事投機活動。

物質財富和財產對於你來說很重要，有時你生活慣於奢侈所以需要避免過於注重物質，或為了尋求經濟保障而過於冷酷無情。另一方面，如果有變化不定之傾向，就會不斷轉移目標而浪費不少精力。

從9歲開始，推進太陽進入金牛座，渴望得到物質保障和經濟安全。在以後的30年，你希望為自己的目標建立堅固的基礎，並且形成實事求是的人生態度。在將近40歲時，人生重點再因太陽推進至雙子座而轉移。在這次轉折中，你不僅發現自己逐漸對人際關係產生興趣，而且意識到溝通的重要。69歲以後，推進太陽進入巨蟹座，情感問題和家庭將是你人生的重點。

■真實的自我

你很早就明白金錢就是力量，所以你十分有生意頭腦。你喜歡保持忙碌，所以生活總是很充實。由於你有極好的組織能力，所以會傳遞樂觀情緒鼓舞人心，從而使他們加入你的計畫。但是你要明白保持忙碌並不等同於不能停止，你要為自己多保留點空間。

內在的高貴和戲劇感，令人不只是承擔繁重乏味的工作，還要擔當有影響力的職位。你天生善於聯絡來自不同群體的人；在別人眼中你很有自信，有驚人的能力實現目標。你得避免自己不經意的自私行為，這種自私行為並非有意的，只因為你把精力都投入自己的事業中，以致於你忽略周圍的一些敏感的情緒，還好你極度的慷慨和友善足以彌補你的過失。

■工作和職業

你不喜歡服從命令，所以要懂得善於委派權力，如此才很有可能升至重要職位。你天生具有生意才能，能在必要時施展魅力，這將為你帶來許多利益回報，尤其是在像銷售和市場推廣，服務業和餐飲管理這類工作。你喜歡和大家一起工作，甚於自主創業。你全面思考問題的能力，使你可能喜歡像經理、企業家、行政人員、管理人員、政府官

員、公務員、法官、銀行家或牧師這樣的職業。你性格中無私的一面也可能使你喜歡教學或諮詢工作。很多慈善家和藝術贊助者都出生這一天。

這一天出生的名人包括設計師奧爾加・卡斯尼，政治家迪安・艾奇遜，和演員喬爾・格雷。

■數字命理學

11號誕生日有特別的影響力，表示了理想、靈感、變革的重要性。同時具有謙虛和自信的性格，使你面對物質和精神上都要控制自己的挑戰。你能從經驗中學會處理好性格中的這兩個對立面，並且藉由相信自己的感覺，使自己不至於太極端。通常你精力充沛，充滿活力，但是必須避免過於焦慮或不切實際。受4月分的部分影響，你很講究實際且考慮周到、性格體貼、善解人意。你只要把想法和實踐技能結合，就能創造出原創的概念。雖然你慷慨大方並樂於合作，但是有時會不耐煩而且衝動。要避免自我中心或製造混亂，應該在個人空間不受干擾的情況下，花些時間去思考並分析情況。要保持信念，但也別期望每件事都能立刻得到解決。

■愛情和人際關係

你的魅力不僅使你受人歡迎，而且提供許多社交和戀愛機會。你是忠實的朋友，願意為所愛的人慷慨地奉獻一切。你有可能變得情緒不穩或不滿，這表明你在日常生活中需要變化和刺激。由於你情感強烈而且充滿熱情，所以有時會被強烈的感情牽制，但千萬不要讓這些情況破壞長期利益。你有可能會發現自己對愛的強烈需求，和對物質保障的渴望之間存在衝突。你更願意和有目標、獨立的人來往，在情感和個人方面的要求，相對的不會那麼刻薄。

優點：保持平衡、專注、客觀、熱情、富有靈感、有靈性、充滿理想、直覺力強、聰慧、性格外向有創造力、有藝術才能、願為人服務、有治療能力、人道主義、忠實、有超自然能力

缺點：優越感過大、不誠實、毫無目標、易受傷害、神經高度緊張、條理不清楚、專制

■你生命中的特殊之人

為了得到愛情和友誼，你可能會從出生在以下日期的人中找到合適的人。

◎愛情和友誼：

1月6.15.16.29.31日、2月4.13.14.27.29日、3月2.11.25.27日、4月9.10.23.25日、5月7.21.23日、6月5.19.21日、7月3.17.19.30日、8月1.10.15.17.28日、9月13.15.26日、10月11.13.24日、11月9.11.22日、12月7.9.20日

◎幸運貴人：

1月13.15.19日、2月11.13.17日、3月9.11.15日、4月7.9.13日、5月5.7.11日、6月3.5.9日、7月1.3.7.29日、8月1.5.27.31日、9月3.25.29日、10月1.23.27日、11月21.25日、12月19.23日

◎強烈吸引你的人：

5月30日、6月28日、7月26日、8月24日、9月22日、10月13.14.15.20日、11月18日、12月16日

◎砥礪者：

1月12日、2月10日、3月8日、4月6日、5月4日、6月2日、8月31日、9月29日、10月27.29.30日、11月25.27.28日、12月23.25.26.30日

◎靈魂伴侶：

1月2.28日、2月26日、3月24日、4月22日、5月20日、6月18日、7月16日、8月14日、9月12日、10月10日、11月8日、12月6日

太陽星座：	牡羊座
區間：	射手座／木星
角度：	牡羊21º30´-22º30´
類型：	本位星座
元素：	火
恆星：	天倉四

4月12日

ARIES

你性格活潑主動，生活裡有很多活動。雖然你很理想主義、樂觀，但卻有強烈的物質至上的意識。作為牡羊座的人，你野心勃勃、喜愛冒險，但是善良大方。受區間星座射手座的部分影響，你很可能會去旅行並在異地有所成就。你會在物質上與精神上不斷地擴展，使自己有所激勵並保持興趣。

雖然你只要自我約束和努力工作就很容易賺到錢，但你的慷慨行為會導致金錢短缺。受生日的影響，你有時無比幸運，但有時卻失去強烈的直覺力和好運。

你聰明伶俐、心胸寬廣、客觀公正，能運用自己的想像力和個性逆轉形勢，也不會讓他人影響你的情緒。但聽取他人的意見對你是有益的，你需要避免魯莽或冒險行事。加強自我約束，小心翼翼地實現自我目標，這樣才能成功實現計畫。

在你8歲左右時，推進太陽移入金牛座，接下來的30年中，你更注重實際、物質保障、地位和經濟安全。你人生中的另一次重要轉變在38歲左右，那時推進太陽進入雙子座，這次轉折將激勵你拓寬興趣，把更多的注意力放在知識、學習和與周圍人交流上。68歲後，太陽進入巨蟹座，你把更多的關注放在個人情感需求以及關愛他人和家人上。

■真實的自我

你善於評估並有賺錢的本領。但在經濟狀況穩定前，可能要經歷一些波動變化。為了紓解經濟困難，你需要學會做預算或者長期投資。

你性格好強且不喜歡受人支配，所以你會在可以發揮重要作用的團體中表現優秀；充滿變化的工作能使你避免厭倦和不安。由於你有極好的頭腦，所以別害怕相信自己的能力，把握時機追求成果，但要避免不必要的冒險行為。你有絕佳的威信和領導才能，但是你得注意不要驕傲專制。只要你勤奮可靠，以工作為傲，並從責任中找到滿足感，就能贏得他人的信賴。

■工作和職業

你聰慧公正，因此你只要自律並下定決心，就能在你從事的事業中成功。你有指揮能力，希望能被授以重要職位或至少能自由地按自己的方式工作，比如教學、演講或者自己做老闆。這個生日還可能在娛樂界和藝術領域取得成功。你很聰明、慷慨、仁慈，所以你喜歡慈善、形象設計、醫療或科學等職業。因為你善於評估並務實，所以你可能從事銀行業，商業和證券交易。

這一天出生的名人包括電視明星大衛‧萊特曼，爵士樂鋼琴家賀比‧漢考克，演員兼歌手大衛‧凱西迪，原住民領袖鄧尼斯‧班克斯，和女演員克萊兒‧丹尼絲。

■ 數字命理學

你直覺力強、樂於助人、友好親切，擁有很好的推理能力。由於你想要樹立不同的典範，所以你勇於革新。生性善解人意而且敏銳，你懂得如何博得他人的好感和與人合作實現自己的目標。當你自我表現的欲望和樂於助人的天性達到平衡時，你不但能獲得情感上的滿足，更能找到自己的價值。不過你需要找到自主的勇氣和增強自信，學會不易被人挫敗。受4月分的部分影響，你勤勞又聰慧。雖然你慷慨友善，但是仍然需要有耐心和恆心或注重現實。在樂觀自信時，運用分析能力找到別出心裁的解決方法。你需要記下自己想法和觀點，弄清自己所處狀況，並且不畏困難堅持到底。如果你能不那麼桀傲不馴，更加認真負責，成功將指日可待。

■ 愛情和人際關係

你是個詼諧風趣的夥伴，所以不難吸引朋友和仰慕者。由於你思維敏捷，所以需要一名聰明且能鼓勵你的夥伴，因為他能給你同等回饋，並與你步調一致。雖然你通情達理且善良，偶爾也會變得沮喪或過於嚴肅，導致人際關係出現問題。但是你能憑藉交際天賦和內心的洞察力擺脫困境。如果能找到志同道合的夥伴，並且與他們幽默地交流，就將是無上的幸福。

■ 你生命中的特殊之人

從出生在以下日期的人中，你可能更容易找到生命中的特殊之人。

◎愛情和友誼：

1月6.16.25日、2月4.14日、3月2.12.28.30日、4月10.26.28日、5月8.24.26.30日、6月6.22.24.28日、7月4.20.22.26.31日、8月2.18.20.24.29日、9月16.18.22.27日、10月14.16.20.25日、11月12.14.18.23日、12月3.10.12.16.21日

◎幸運貴人：

1月9.14.16日、2月7.12.14日、3月5.10.12日、4月3.8.10日、5月1.6.8日、6月4.6日、7月2.4日、8月2日、9月30、10月28日、11月26.30日、12月24.28.29日

◎強烈吸引你的人：

1月21日、2月19日、3月17日、4月15日、5月13日、6月11日、7月9日、8月7日、9月5日、10月3.14.15.16、11月1日

◎砥礪者：

1月4.13.28日、2月2.11.26、3月9.24日、4月7.22日、5月5.20日、6月3.18日、7月1.16日、8月14日、9月12日、10月10.31日、11月8.29日、12月6.27日

◎靈魂伴侶：

1月15.22日、2月13.16.20日、3月11.18日、4月9.16日、5月7.14日、6月5.12日、7月3.10日、8月1.4.8日、9月6日、10月4日、11月2日

優點：有創造力、迷人、主動、服從約束、善於誇讚自己或別人
缺點：孤僻、標新立異、不願合作、過於敏感、缺乏自尊心

太陽星座	牡羊座
區間	射手座／木星
角度	牡羊22º30´-23º30´
類型	本位星座
元素	火
恆星	天倉四

4月13日

ARIES

這一天出生的人有決心、良好的生意頭腦以及強烈的價值觀。主宰行星火星賦予你意志力、活力、支配的性格，以及組織領導能力。

精力充沛的性格源自你對安全和權力的渴求，以及對物質財富和認可的欲望。教育是你成功的必備條件，不論是把知識傳遞給他人，還是學會如何實際有效地利用資訊。

試圖建立穩健的基礎，你得培養自我控制的能力，並克服過於專制或極度追求物質的享受；另一方面，如果你能投注所有心力在有價值的目標上，你將有能力取得空前的成就。

克服困難的能力，能使你不斷成長並獲得力量。但在爬至最高地位的過程中，你需要克制過於奢侈、叛逆或固執的傾向，或在不必要的事物上浪費錢。雖然你在別人眼中是個勤勞的人，但是應該避免對人太刻薄。

從7歲起，推進太陽進入金牛座，你更渴望物質安定和經濟保障。在接下來的30年中，你感覺到有必要為自己的目標建立穩固的基礎。在37歲以後，推進太陽進入雙子座，你渴望擁有更多知識和新興趣。67歲後推進太陽進入巨蟹座，你變得更敏感，家庭成了生活中的重心。

■真實的自我

只要發揮潛能完成艱難的工作，或找到靈感的啟發，你就能展現你的領導才能，但是不論是哪種情形，你都要依靠自制力。如果你不相信自己或懷疑自己的能力，就可能變得冷漠或孤僻。但若你能順心而為，你的能量將鼓舞自己和他人。

你有天生的智慧，這種智慧需要以實際的方式付諸實現。你性格中還有更深藏不露的部分，這種能量令你想獨處，懂得自我分析，並想接受某種教育。與之形成對比的是喜歡刺激，這種喜愛會激勵你求勝心切地想表現自己。

■工作和職業

你非常活躍、直爽、有條理，這確保你不會浪費時間而會直接朝你的目標前進。你喜愛權力、計畫和效率，擔當組織者、管理者、指導者或新企業的領導人對你來說是恰如其分。這一天出生的人特別喜歡商業、法律和政治。由於你不喜歡服從命令而且非常獨立，所以你更喜歡自己當老闆或授權給別人。無論如何，與人交流都將會是你工作中的重要部分。

這一天出生的名人包括美國總統湯瑪斯・傑佛遜，劇作家山謬爾・貝克特，世界西洋棋王加里・卡斯帕羅夫，歌手艾爾・格林，和演員喬納森・布蘭戴斯。

■數字命理學

13號出生的人情感細膩、熱情、有靈感。從數字角度看，你野心勃勃，工作勤奮，能夠透過獨特的自我表現形式獲得各種成就。如果你想把創造才能付諸實現，就要有務實的態度。你勇於革新的精神能啟發他人產生新穎刺激的觀點，使人對你留下深刻印象。13號出生的你真誠、浪漫、迷人、風趣，並且憑藉奉獻精神取得成功。受4月分的部分影響，你有準確的判斷力和強烈的個性。你足智多謀、勤奮、活躍，而且精力充沛。雖然你是個傳統主義者，而且有很好的商業能力和實踐的想法，並有自己的有個人人生哲學也能獨立思考。有時你對物質財富和權力的欲望，卻令你生命中的美好性格黯淡無光。

■愛情和人際關係

你非常愛交際，並且渴望受人歡迎，所以你應該拓展你的人際圈。你擁有創造天賦、表現自己的欲望，加上愛交際的性格，這對於拓展人際圈很有幫助。你是個踏實的朋友，能為所愛之人竭盡心力。雖然你對物質的獲得很有把握，卻難以確定自己的感覺或所愛之人。你的不安全感，嫉妒或優柔寡斷會給你親密人際關係帶來麻煩，除非你學會冷靜客觀和不為任何事煩惱。

■你生命中的特殊之人

◎愛情和友誼：

1月7.17.18.20日、2月5.15.18日、3月3.13.16.29.31日、4月1.11.12.14.27.29日、5月9.12.25.27日、6月7.8.10.23.25日、7月5.8.21.23日、8月3.4.6.19.21日、9月1.4.17.19日、10月2.15.17日、11月13.15.30日、12月11.13.28日

◎幸運貴人：

1月15.17.28日、2月13.15.26日、3月11.13.24日、4月9.11.22日、5月7.9.20日、6月5.7.18日、7月3.5.16日、8月1.3.14日、9月1.12日、10月10.29日、11月8.27日、12月6.25日

◎強烈吸引你的人：

1月5日、2月3日、3月1日、10月16.17.18日

◎砥礪者：

1月4.5.14日、2月2.3.12日、3月1.10日、4月8.30日、5月6.28日、6月4.26日、7月2.24日、8月22日、9月20日、10月18日、11月16日、12月14日

◎靈魂伴侶：

1月2日、3月29日、4月27日、5月25日、6月23日、7月21日、8月5.19日、9月17日、10月15日、11月13日、12月11日

優點：有雄心壯志、有創造力、熱愛自由、主動
缺點：衝動、優柔寡斷、專橫、冷漠無情、叛逆

太陽星座：牡羊座
區間：射手座 / 木星
角度：牡羊23°30´-24°30´
類型：本位星座
元素：火
恆星：無

4月14日

ARIES

牡羊座

你樂觀積極且充滿理想，但沒有耐心也靜不下來。你是一個精力充沛的牡羊座，擁有迷人的個性，對生活充滿熱情。受區間星座射手座的部分影響，你很直率，有雄心壯志，但得避免過於熱情或強迫他人的行為。雖然你有責任感、品格高尚，堅持公平公正，但卻容易用事業上的成績來評斷自己和他人。你渴望在人生中完成很多事，所以時常以高速前進迎接新的挑戰，堅定地希望改善自己的命運。

你性格中有兩個極端的對立面，一方面是有同情心、體貼的人，另一方面又顯得過於嚴肅或強硬，尤其是與金錢有關的問題。不過，你積極的態度、樂觀的思想，能使你事有所成。有時你會得到好運的青睞，但千萬不能將其視為理所當然或者只想憑運氣做事。

你可能靜不下心而且沒有耐性，導致忽略瑣碎的細節做事不夠嚴謹。你要學會行事謹慎細緻、有條不紊，這樣就能完成任務，避免因拖延和困難變得沮喪。

6歲起推進太陽移至金牛座，你更渴求物質保障以及經濟穩定。在接下來的30年中，你感覺到自己必須要實際並為成功建立穩定的基礎。這種影響將持續至36歲左右，推進太陽進入雙子座，從此你充滿新想法，而且更需要理解和交流。從你66歲起，推進太陽進入巨蟹座，你變得更敏感，而且家庭在生活中變得尤其重要。

■真實的自我

愛的表現對你來說是很重要。像其他人一樣，你需要關愛和認可，但如果你達不到別人的期望，你就不能得到這些。為了得到需要並應得的關愛和認可，你可能會接受考驗，不讓自己在事業上衝昏頭。由於你在生活中懂得珍惜自己和自己的感受，所以在感情上很獨立，但不會停止對他人的關愛和變得冷漠。這將致使你對別人十分慷慨，也不會隱藏自己的脆弱，並讓一切事情自然地發生而不加以控制。只要學會放手並讓生活順其自然，你很快就會得到回報以及你需要的任何事物。

■工作和職業

你散發魅力、善於交際，這有助你在所有與人打交道的工作中成功，尤其因為你擅長將事業和興趣相互結合。你喜歡新鮮感和自我表現的欲望，會使你在藝術、戲劇、音樂、或寫作方面有所發展。你天生有領導才能，希望獲得專職或自主創業，但你得注意自己不安分或缺乏耐心的性格，必須約束自己以便發揮潛能。你也很可能渴求自主工作

的自由，具有良好的商業頭腦和天生的熱情，所以應該特別喜歡開創新事業。

這一天出生的名人有男演員洛史泰格和約翰‧吉爾古德，作家埃利希‧馮‧丹尼肯，女演員茱莉‧克莉絲蒂，印度音樂家阿里阿卡巴汗，和鄉村歌手羅瑞塔‧琳。

■數字命理學

聰慧的潛能、務實、堅定的決心，是14號誕生日的部分特徵。雖然你需要穩定感，但數字14所暗含的不安定特徵，迫使你不斷前進或接受新的挑戰，堅定不移地希望改善自己的命運。你天生的不滿足感也可能激勵你在人生中做出多次改變，尤其是在你不滿意自己的工作狀況或經濟地位時。你能憑藉著自己的洞察力對問題快速作出反應，而且你也喜歡解決問題。受4月分的部分影響，你很活躍，喜歡追根究柢，精力充沛，擁有實踐和隨機應變的能力。由於你具有執行能力並能獨立工作，所以不喜歡受約束或服從命令。你很敏感且直覺敏銳，這表明你需要調節理想主義的天性和對物質財富的欲望。

■愛情和人際關係

人際關係既是你快樂源泉，也是令你不滿的根源，因為你會在體貼熱心和冷漠退縮之間徘徊。不過，你具有天生的魅力和社交能力，這表示你交遊廣闊，並對他們慷慨付出。你愛美和藝術，這鼓勵你表達自己的強烈感覺，以便保持自己的快樂和熱情，這有助你避免偶爾的壓抑情緒而變得沮喪或失望。避免為那些不值得你的忠誠和關愛的人犧牲自己。你還有可能會喜歡不同年齡層的夥伴。

■你生命中的特殊之人

為了找到你的特殊之人，你需要查看出生在以下日期的人。

◎愛情和友誼：

1月4,8,18,19,23日、2月2,6,16,17,21日、3月4,14,15,19,28,30日、4月2,12,13,17,26,28,30日、5月10,11,15,24,26,28日、6月8,9,13,22,24,26日、7月6,7,11,20,22,24,30日、8月4,5,9,18,20,22,28日、9月2,3,7,16,18,20,26日、10月1,5,14,16,18,24日、11月3,12,14,16,22日、12月1,10,12,14,20日

◎幸運貴人：

1月5,16,27日、2月3,14,25日、3月1,12,23日、4月10,21日、5月8,19日、6月6,17日、7月4,15日、8月2,13日、9月11日、10月9,30日、11月7,28日、12月5,26,30日

◎強烈吸引你的人：

1月17日、2月15日、3月13日、4月11日、5月9日、6月7日、7月5日、8月3日、9月1日、10月17,18,19日

◎砥礪者：

1月1,10,15日、2月8,13日、3月6,11日、4月4,9日、5月2,7日、6月5日、7月3,29日、8月1,27日、9月25日、10月23日、11月21日、12月19,29日

◎靈魂伴侶：

8月30日、9月28日、10月26日、11月24日、12月22日

優點：行事果斷、工作努力、運氣好、有創造力、務實、想像力豐富、勤奮

缺點：過於謹慎或衝動的矛盾個性、不安定、粗心大意、固執

太陽星座：牡羊座
區間：射手座／木星
角度：牡羊24º30´-25º30´
類型：本位星座
元素：火
恆星：右更二

4月15日

ARIES

你情感細膩、有魅力，同時兼具雄心和魄力，你的誕生日是積極和懶散的結合。作為牡羊座的人，你渴求成功，但若沒有適當的鼓勵，你可能容易受挫、陷入刻板的生活，或者隨波逐流，直到有人能激發你的想像力。

受木星的影響，你擁有機遇、好運以及直爽坦率的性格。若你想成功，一定要保持積極樂觀的態度。只有努力工作、堅持不懈並下定決心，目標才有可能實現。

你性格中充滿自信和同情心的一面，表示其他人會向你尋求支援和鼓勵。當你給人建議時，卻常發現自己很難做到。這暗示著你需要克服只會說教、固執以及過於驕傲的傾向。

你還具有組織能力與思路寬廣的潛能。因此，幸福和成功盡在你的掌控中，但需要加倍努力來實現心中的渴望。

從你大約5歲時起，推進太陽移至金牛座，接下來的30年你將更注重現實因素和經濟保障。35歲左右，推進太陽進入雙子座，生活重心轉移，你很可能積極拓展興趣，並將更多的關注放在知識、交流和精神探索上。這可能牽涉到參加新的學習課程與技能。在65歲之後推進太陽移至巨蟹座，你會更關切情感問題和家庭生活。

■真實的自我

在內心深處，你非常有創造力或直覺力。但得注意不讓易沮喪的性格削弱你的特質。你可能覺得有些失望，因為你常吸引那些依賴你卻不能幫助你的人。接受你內心的改變，才能改善或影響你的外在環境。

當你樂觀時，你會非常善於交際，並對人有濃厚的興趣。你的人緣可能很廣，朋友認為你心胸開闊且慷慨大方。為了避免陷入別人的劇本中，你需要強烈意識到自己的目標。儘管你的部分性格使你容易滿足於遵循一些非常簡單且可預見的常規，但你對生活中美好事物的強烈欲望，很可能激勵你作出更多努力。

■工作和職業

你聰明、直言，喜歡商業、銷售、代理或宣傳工作。不論在哪個領域，你都覺得需要開拓、探索並開創新事業。你心胸開闊、充滿哲理，這也可能使你想從事牧師、教學或法律工作。由於你擅長處理人際關係與支持弱勢群體，所以能為高尚的目標而奮鬥。你天生熱愛顏色、構成和協調感，這將有助於你在藝術、戲劇或音樂方面成功地表現自己。

這一天出生的名人包括藍調歌手貝西・史密斯，作家亨利・詹姆士，藝術家達文西，和女演員克勞迪亞・卡汀娜和艾瑪・湯普遜。

■數字命理學

15號誕生日表示你多才多藝而且熱情。通常你很機警，有魅力。你最大的財富是本身強烈的直覺，和結合理論與實踐的快速學習能力。通常你會利用直覺，在機遇來到時快速掌握它。你具有賺錢或得到他人幫助的天賦。雖然你天生愛冒險，但你需要有自己真實的基礎或家庭。受4月分的部分影響，你適應力強且講究實際。你的獨立和決心使你獲得想要的自由，但需要不斷保持樂觀和專注的態度。你透過關心別人來顯示力量，但要避免過於專橫。雖然你在別人面前表現得很自信，但內心的緊張和不安全感可能會導致情緒波動。不過你很自豪堅定，很希望別人關注並欣賞你的努力。

■愛情和人際關係

友好熱心、有自我意識，這表明你很討人喜歡。由於成功地處理人際關係是必然的，所以你只需要在你想要靠近的人中練習你的辨別力。其他人可能會依賴你，因為你具有安慰人心的能力。因此，你有必要確保自己的人際關係是建立在平等的基礎上。家庭在你整個人生意義重大，物質保障也是你在乎的問題。你對人際關係的期望很高，特別需要知道你自己被需要和被欣賞。

■你生命中的特殊之人

你通常會為你所愛之人付出很多，而你和出生在以下日期的人則更多時候是互惠互利的。

◎愛情和友誼：

1月5、9、18、19日、2月3、7、16、17、18日、3月1、5、14、15、31日、4月3、12、13、29日、5月1、10、11、27、29日、6月8、9、25、27日、7月6、7、23、25、31日、8月4、5、6、21、23、29、9月2、3、19、21、27、30日、10月1、17、19、25、28日、12月13、15、21、24日

◎幸運貴人：

1月1、6、17日、2月4、15日、3月2、13日、4月11日、5月9日、6月7日、7月5日、8月3日、9月1日、10月31日、11月29日、12月27日

◎強烈吸引你的人：

10月17、18、19、20日

◎砥礪者：

1月2、16日、2月14日、3月12日、4月10日、5月8日、6月6日、7月4日、8月2日、12月30日

◎靈魂伴侶：

1月11、31日、2月9、29日、3月7、27日、4月5、25日、5月3、23日、6月1、21日、7月19日、8月17日、9月15日、10月13日、11月11日、12月9日

優點：樂於相助、慷慨大方、負責、善良、合作、有鑑別力、有創新思維

缺點：愛搞亂、不安分、不負責、以自我中心、害怕改變、沒有信仰、愛擔憂、優柔寡斷、追求物質享受、錯用權力

太陽星座：牡羊座
區間：射手座／木星
角度：牡羊25°30´-26°30´
類型：本位星座
元素：火
恆星：右更二、宿命點

4月16日

ARIES

這個誕生日表示你喜愛變化並且生性好動。你性情溫和卻有志向，期望自己能做出一番事業。旅行是你生活的顯著特徵，尤其是與職位變動或與更好的工作前途有關時。或者，你可能只喜歡活躍而充滿熱情和變化的生活。

作為牡羊座的人，你很有自信、有抱負且勇敢。受區間行星木星的部分影響，你是追求進步而且積極進取的人。這種影響表明你期望能鼓勵他人。你有專注特定目標的能力，並且能集中所有注意力。你熱愛自由並渴望表現自己，所以就算感到沮喪也不會消沉太久。如果你能堅持不懈並下定決心，就能夠克服困難，變得更有自信。如果你能行事有條理並避免衝動，就能減輕經濟狀況的起伏波動。

你資訊靈通，善於交流，有著機警的頭腦，能運用直覺做出長遠的規畫。如果你能節儉些並考慮長期投資，就能獲利頗豐。

4歲後推進太陽移至金牛座。在接下來的30年，你更重視物質基礎穩固和經濟保障。在這期間你可能比較注重為自己的目標建立堅實的基礎，並鍛鍊自己的身體。34歲左右有一個轉捩點，那時太陽進入雙子座，這將使你更關注人際關係和溝通技能。這期間你希望學習一門新的課程，不論是為了事業還是自己的休閒娛樂。從64歲起，推進太陽進入巨蟹座，你變得更敏感，家庭成了生活的重心。

■真實的自我

在你內心深處，有時可能缺乏安全感，這是由於你不確定自己是否做出正確的選擇。不過，運用性格中深信「美好遠景」的能力，你可以恰當地處理一切事物也不再焦慮不安。你最好看重自己所有奇妙的想法，有創意的計畫和幽默感。

你學習能力強，而且善於把握獲利的機會，但卻缺乏耐心並且急於滿足自身的物質需求，你得避免揮霍無度或自我放縱。如果能把不安分感轉化為發展興趣的能量，就能受到激勵並且努力地工作，等著接受隨之而來的穩定報酬。

■工作和職業

你有雄心壯志，渴望變化，具有領導能力，所以若能擔任不受限制的要職是最好的。理想狀況下，你能同時運用你的實際想法和想像力，比如演員、作家、攝影師或建築師。你可能喜歡參與國際合作事務或傳媒界。你也可能加入慈善組織，為有價值的目標而奮鬥。你敢於在工作範圍內探索新領域，這將成為刺激你取得成就的力量。如果

你在某職位不能立時得到經濟報酬，你不太可能會繼續這份工作，你特別喜歡能旅行的工作，也或者，因為天生有行動力，會令你進入體育界。

和你同一天出生的人包括喜劇演員斯派克・米利甘和卓別林，音樂家亨利・曼西尼，作家金斯利・艾米斯，演員彼得・尤斯汀諾夫，和籃球運動員賈霸。

■數字命理學

16號誕生日表示你考慮周到、敏銳並且友好親切。雖然你的分析能力不錯，但時常是以自己的感覺來斷定生活和他人。作為數字16的人，你對自我表現的需求和對他人的責任衝突時，你會覺得內心緊張不安。你可能會對世界事務和政治感興趣。你們之中有創造力的人具備創作天賦，能突發靈感。你需要學會調整過於自信、懷疑和不安全感。受4月分部分影響，你很實際，工作勤奮；性格外向，以群體為重，對他人的感覺很能感同身受，助人且友好親切。雖然你接受且珍惜他人的觀點，但要避免受到你在意的人批評而格外容易洩氣。不要害怕改變，要學會靈活變通。

■愛情和人際關係

你能觀察敏銳了解他人，這使你在社交場合成為活躍有趣的夥伴。友誼對你很重要，你喜歡和能激勵你又能使你愉快的人為友。你很有想法，注重形象，而且在意別人的看法。通常你會很努力地維持人際關係，但要謹防不耐煩或好鬥的心理。你特別需要一位聰明並且能與你分享興趣的人。由於你還具有年輕愛玩的性格，所以有必要學會承擔責任。

優點：教養好、對家庭負責、誠實正直、直覺敏銳、愛交際、樂於合作、富有洞察力

缺點：憂心忡忡、不能滿足、不負責、固執己見、多疑、神經過敏、脾氣暴躁、自私、缺乏同情心

■你生命中的特殊之人

你可能發現和出生在以下日期的人建立的愛情和友誼更穩定。

◎愛情和友誼：

1月6.10.20.29日、2月4.8.18.27日、3月2.6.16.25.28.30日、4月4.14.23.26.28.30日、5月2.12.21.24.26.28.30日、6月10.19.22.24.26.28日、7月8.17.20.22.24.26日、8月6.7.15.18.20.22.24日、9月4.13.16.18.20.22日、10月2.11.14.16.18.20日、11月9.12.14.16.18日、12月7.10.12.14.16日

◎幸運貴人：

1月7.13.18.28日、2月5.11.16.26日、3月3.9.14.24日、4月1.7.12.22日、5月5.10.20日、6月3.8.18日、7月1.6.16日、8月4.14日、9月2.12.30日、10月10.28日、11月8.26.30日、12月6.24.28日

◎強烈吸引你的人：

1月25日、2月23日、3月21日、4月19日、5月17日、6月15日、7月13日、8月11日、9月9日、10月7.19.20.21日、11月5日、12月3日

◎砥礪者：

1月3.17日、2月1.15日、3月13日、4月11日、5月9.30日、6月7.28日、7月5.26.29日、8月3.24.27日、9月1.22.25日、10月20.23日、11月18.21日、12月16.19日

◎靈魂伴侶：

1月18日、2月16日、3月14日、4月12日、5月10.29日、6月8.27日、7月6.25日、8月4.23日、9月2.21日、10月19日、11月17日、12月15日

太陽星座：牡羊座
區間：射手座／木星
角度：牡羊26º30´-27º30´
類型：本位星座
元素：火
恆星：右更二、宿命點

4月17日

ARIES

牡羊座

　　你很實際，有遠見、有抱負、樂觀、積極行動。牡羊座的你擁有積極進取的動力，但在你追求成功的過程中，有時要克服多變和漫無目標的傾向。受區間星座射手座的部分影響，你有遠見做出正確的選擇，這為你帶來天生的好運和經濟保障。但若想真的因為這種超人的能力受益，你就要重視價值觀念和努力工作，養成負責的態度。你能憑藉著良好的領悟能力處理困境解決問題。雖然你能以決心和精力克服難關，但在完成任務後應該停下來休息一下。

　　你具有實踐力和強烈的直覺，並能夠專心致力於手頭的工作。你以工作為榮，是個完美主義者。但責任感和自制力能使你不會太注重報酬而成為過度關注經濟的人。你的效率和實際的態度表明你很直言坦率，但要避免自己變得粗魯和固執。

　　3歲時推進太陽移至金牛座，此後30年中你注重安全感。33歲時再次出現轉折，推進太陽移至雙子座，這將激勵你拓展興趣並且更注重知識、溝通和學習。30出頭開始，推進太陽移入巨蟹座，你將更注重情感需求和家庭生活。

■真實的自我

　　你性格很矛盾，一方面要求生活穩定、安全，最好都能如你所願；另一方面你又追求行動和變化避免生活枯燥乏味。在你生活狀況適意且順利時，你要謹防陷入呆板乏味的模式，因為你一旦安於規律的行為模式，就很難有更好的機遇。如果壓抑自己對刺激和新體驗的渴望，你會莫名地不安和不耐煩，導致你想要逃避現實。

　　你是個活躍的人，認為經驗重於書本上的理論。你情感細膩和洞察力敏銳，這使你有勇氣邁步向前。不要草率地追逐各種目標，傾聽自己內心的想法，你的生活將會更順利。

■工作和職業

　　你的生日表明你在貿易和商務方面有絕佳的發展機會。你個性實際，喜歡創建方法和規則，所以為自己遠大的目標制定計畫相當重要。在商業方面，你非常適合處理他人錢財、進口和出口、銀行業和法律、辦理國外業務和開發大型計畫等工作。你還具有靈活的手段和結構感。你有志氣，談判技巧也很好，能夠順利達成協議並獲得收益。你的生日暗示你對精確的資料感興趣，能夠獲得物質財富，或像擔任專家、研究員這樣顯著的職位。你也可能會選擇旅行和探險，或利用你的敏感和創造力在音樂和藝術方面表現自己。

這一天出生的名人包括前蘇聯總統赫魯雪夫，男演員威廉・荷頓，女演員奧利薇・荷西，銀行家約翰・摩根，和音樂家詹・漢默。

■數字命理學

你是個精明、能獨立思考的人，受益於良好的教育或熟練的技能。17號生日令你為了增加自己的專業技能，經常以獨特的方式運用你的知識。你性格內向，分析能力強，能擁有像專家、研究員這樣顯著的地位。你不喜歡與人交流，好反省，對精確的資料很感興趣，時常陷入沉思，喜歡行事從容不迫。你要增加溝通能力，這樣你才能從別人身上更了解自己。受4月分的部分影響，你很友好外向，有交際手腕。可以用你體貼關心的性格去消除任何誤會。雖然你喜歡獨立解決問題，但要學會和別人分享你的觀點或成為團隊的一員。你要避免貪婪或嫉妒的傾向。你渴望得到認可，這表示你樂於表現自己並能發揮創造精神。

■愛情和人際關係

你很熱情，愛交際，能以天生的魅力吸引別人。你情感強烈，可以付出許多的愛，所以若不能充分表現自己的感情，就會變得悶悶不樂。如果你受現狀過多約束或感到不滿，你生日所暗含的不安或不耐煩情緒就會一再出現。保持活潑的性格和冒險精神有助你獲得情感上的滿足。面對關係不穩定時，你願意努力保持和諧，而且不會輕易放棄。你的影響力和情感上的精力，能確保你能在任何關係中站穩腳跟，並得到你需要的關愛和仰慕。

■你生命中的特殊之人

你可能能出生在以下日期的人中找到真正匹配的人。

◎愛情和友誼：

1月7.11.22.24日、2月5.9.20日、3月3.7.18.31日、4月1.5.16.29日、5月3.14.27.29日、6月1.12.25.27日、7月10.23.25日、8月8.10.21.23.31日、9月6.19.21.29日、10月4.17.19.27.30日、11月2.15.17.25.28日、12月13.15.23.26日

◎幸運貴人：

1月8.14.19日、2月6.12.17日、3月4.10.15日、4月2.8.13日、5月6.11日、6月4.9日、7月2.7日、8月5日、9月3日、10月1.29日、11月27日、12月25.29日

◎強烈吸引你的人：

10月20.21.22日

◎砥礪者：

1月9.18.20日、2月7.16.18日、3月5.14.16日、4月3.12.14日、5月1.10.12日、6月8.10日、7月6.8.29日、8月4.6.27日、9月2.4.25日、10月2.23日、11月21日、12月19日

◎靈魂伴侶：

1月9日、2月7日、3月5日、4月3日、5月1日、10月30日、11月28日、12月26日

優點：考慮周到、有計畫、有良好的商業頭腦、有財運、獨立思考、勤奮、嚴謹、具備研究能力、有實事求是的精神能力
缺點：孤立、寂寞、固執、粗心、喜怒無常、過於敏感、心胸狹窄、挑剔、多疑

太陽星座：牡羊座
區間：射手座／木星
角度：牡羊27°30´-28°30´
類型：本位星座
元素：火
恆星：奎宿九、右更二、宿命點

4月18日

ARIES

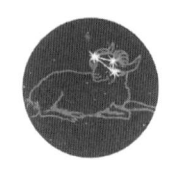

你認真嚴肅，有創造力且多才多藝，時常尋找方法表現自己。作為牡羊座的人，你決心堅定，有創造力，擁有魅力和外向的個性。受區間星座射手座的部分影響，你喜愛旅遊和探索或尋求不同的體驗，更擁有廣泛的興趣。但你得小心那些性格可能會令你分散精力、浪費時間。

你時常依賴自己的常識，具有觀察事物各面向的能力，但有時你會猶豫不決。還好你生來具有謀略，有強烈的直覺，在面對困難時能迅速找到新穎的解決方法。

你很勤奮、辦事有條理、細心，做事直截了當。你很可靠、精明、能隨機應變，這表明其他人很欣賞你的誠實正直和創造力。在面臨生活挑戰之時，你要謹防過於理想主義或冒險行事，有時事情是無法重新再來一次的。

早在你2歲時，推進太陽便移至金牛座，你在童年時很可能受到穩定性的強烈影響，而且注重物質保障。在你32歲左右推進太陽移至雙子座，生命出現另一次轉折。從此你渴望在生活各方面獲得更多知識和交流。62歲左右，推進太陽移至巨蟹座，你轉而關注你的情感需求和家庭。

■真實的自我

你性格中的重要部分是你不斷追求安全和關愛，並以許多方式表現出來。例如，當你的領導地位受到威脅，你很可能拖延緊張局勢直到感覺安全為止。或者，當你的所愛的人意志消沉，你會竭盡全力使他們振作起來。

如果生活過於平淡或者節奏不夠快，你就可能感到焦慮或緊張。但早晚都會以良好的才能和堅定的性格，為自己的生命付諸行動，這只是早晚的事。這些短暫平靜的時刻能助你找到內心的平靜，利用這些時間停下來思考，以便恢復活力重新開始。

■工作和職業

你有良好的頭腦和交流能力，這表示你具備獲得成功的傑出能力。你得避免過多的負擔或自我懷疑。當你樂觀時，會非常有創造力，並在努力的各個領域上有所表現。如果你在藝術領域耕耘，你會期望與人分享你新穎獨特的想法。你生性好交際並有著精明的商業才能，這將引導你選擇與這些特點相關的工作，比如銀行業、銷售或房地產。你有豁達開朗或人道主義的傾向，獻身如牧師、捐贈工作或慈善事業等，會令你感到滿足。旅行非常有助於你擴展自我探索的途徑。

這一天出生的名人包括女演員海莉・米爾斯，指揮列奧波爾德・斯托科夫斯基，慈善家杭丁頓・哈特福，希臘女王弗雷德里卡，和電視主持人康諾・歐布萊恩。

■數字命理學

決心堅定、行事果斷、有雄心壯志是18號生日的部分特質。你性格活躍，需要挑戰，喜歡保持忙碌，經常參與一些計畫。你能幹、勤奮、負責，能升至領導地位。或者，你強烈的商業感和組織能力會將你引向商業界。你可能會工作過度，所以你要學會偶爾休息或放鬆一下。18號出生的人，有運用自己的力量醫治別人的能力，能提供有效的建議，或解決他人的問題。受4月分的部分影響，你很能幹，恭順，想像力豐富。當懷疑自己時，要有信心並相信自己的直覺。有時你會變得情緒化，不要發脾氣或有自私的表現，要寬容諒解別人。你很率直，所以要三思而後行，避免太武斷。身居要職時，一定要誠實和公平公正。

■愛情和人際關係

你多才多藝，很有創意，很可能有許多朋友和熟人。令人愉快的魅力，使你能勝任各種與人打交道的活動，尤其是那些能表現自己的活動。如果在愛情問題上保持樂觀，就體貼主動；但如果太專心於自己的事情，就會顯得很冷漠。你有必要抽些時間思考並傾聽內心直覺的細膩情感，這有助你更接近自己心靈深處的崇高理想。這會增強你的信心，幫助你避免因擔心財政危機而在人際交往中表現得焦慮不安。

■你生命中的特殊之人

你和出生在以下日期的人更有可能陷入愛情。

◎愛情和友誼：

1月8、22、26日、2月6、20、21、24日、3月4、18、22日、4月2、16、20、30日、5月14、18、28、30日、6月12、16、26、28日、7月10、14、24、26日、8月8、9、12、22、24日、9月6、10、20、22、30日、10月4、8、18、20、28日、11月2、6、16、18、26日、12月4、14、16、24日

◎幸運貴人：

1月9、20日、2月7、18日、3月5、16、29日、4月3、14、27日、5月1、12、25日、6月10、23日、7月8、21日、8月6、19日、9月4、17日、10月2、15、30日、11月13、28日、12月11、26、30日

◎強烈吸引你的人：

1月27日、2月25日、3月23日、4月21日、5月19日、6月17日、7月15日、8月13日、9月11日、10月9、21、22、23日、11月7日、12月5日

◎砥礪者：

1月2、10、19日、2月8、17日、3月6、15日、4月4、13日、5月2、11日、6月9日、7月7、30日、8月5、28日、9月3、26日、10月1、24日、11月22日、12月20、30日

◎靈魂伴侶：

1月15日、2月13日、3月11日、4月9日、5月7日、6月5日、7月3日、8月1日、10月29日、11月27日、12月25日

優點：追求進步、行事果斷、直覺力強、勇敢、堅定、有醫治能力、能幹、善於進言

缺點：情緒易失控、懶惰、缺乏條理、自私、不能完成任務或計畫、不誠實

太陽星座：牡羊座
區間：射手座／木星
角度：牡羊28°30´-29°30´
類型：本位星座
元素：火
恆星：奎宿九、宿命點

4月19日

ARIES

牡羊座

你很有理想，友好親切，有進取的精神，卻耽溺物欲，經常尋找能為你帶來利益或高升的人際關係。作為牡羊座的人，你精力充沛、行事果斷、思維敏銳、有直覺力，這表明你觀察敏銳而且想像力豐富，處理事情經常是主動出擊。

你的生日表示你十分注重人際關係和夥伴關係，暗示著雖然你是個剛強而堅強的人，但你得學會妥協才能從他人的付出與智慧中受益。受區間星座射手座的部分影響，你樂觀積極而且足智多謀；你經常確切地表達出一些優秀的觀點，並可能因此帶來大量的經濟報酬。

你友好大方、有遠見，這將引導你尋找能使你融入團體的工作。如果你相信某個事物，你會變得很有能力和說服能力。你在商業方面有銷售和宣傳的天賦，能順利商定協議。

1歲時推進太陽就移至金牛座，在以後30年中你的人生注重安全性。在你31歲左右時出現一次轉折，推進太陽移至雙子座，這激勵你拓展興趣並且更重視知識、溝通和發掘新興趣。從你60出頭開始，推進太陽繼續移至巨蟹座，你將更注意自己的感覺並尋求更和睦的家庭生活。

■真實的自我

你內心渴望得到認可，這將促使你獲得物質成就，以保證自己不會被人輕視。你是理想主義和金錢的奇怪組合，具有獲取巨大成果的精力和決心，但可能會發現最大的滿足感來自於助人。你內心夢想著一片寧靜和諧的憩息地，所以你特別渴望穩固的家庭基礎，唯有穩定的家庭，才能開始實施你宏偉的計畫。增進音樂或藝術方面的才能，能使你有達到天人合一的感覺。

你有強烈的職業道德，明白「沒有白吃的午餐」，在訂定自己的下一個目標時，你會更加快樂。雖然你會無端地憂慮資金短缺，但理想主義的天性會令你完成一些有益他人的事情。

■工作和職業

你擁有開創事業的技能和熱情，這使你能進入許多領域。你有經商的才能，能出售你信賴的創意或產品，這使你在銷售之外還能提高自己和自己的標準。當你處於主管地位，能將一些瑣碎平常的工作分配給別人時，你會覺得最幸福。你具有處理人際關係的

技巧，意味著與人交往的相關工作，都是你理想的工作，這包括公共關係、諮詢或成為仲介或代理人。你還可能喜歡涉足房地產或執行某種商務談判溝通。雖然你喜歡成為老闆或自主創業，但你也能意識到與人合作的重要性。

這一天出生的名人包括喜劇演員達德利‧摩爾，設計師帕洛瑪‧畢卡索，精神學家古斯塔夫‧費希納，和女演員珍‧曼絲菲和艾許莉‧賈德‧

■數字命理學

陽光、有志向、仁慈博愛，是人們關於19號出生的人的描述。你行事果斷、足智多謀，有深刻的洞察力，但你作為夢想家的一面性格表明你富有同情心、愛幻想且有創造力。雖然你很敏感，但「想成為一號人物」的欲望，使你令人印象深刻，並能獲得中心地位。通常你有強烈的欲望想建立起個人的身分地位。為了實現這一點，你需要克服來自同儕的壓力。在他人看來，你很有自信、樂觀且足智多謀，但內心的緊張可能導致你情緒起伏不定。你擁有藝術天分和個人魅力，世界正等待你去探索、發掘。受4月分的部分影響，雖然你務實勤勞，但你得集中注意力，避免分散精力。有時由於你過於樂觀可能會草率行事；你要靈活變通和保持自信，才能顯示出你的領導能力。藉由運用實踐技能和想像力，可以將你的想法轉化為實際物質。

■愛情和人際關係

你充沛的精力令你過著忙碌的社交生活，而且興趣廣泛。你很可能會特別喜歡有權有能或身分地位高的人。但是，如果你不能按自己的方式行事，可能會陷入鬥智遊戲中或想左右別人。不過你對人很慷慨而且非常樂於助人，並有幸與各種生活閱歷的人為友，這能將一些友情轉化成有用的商業往來。

優點：精力充沛、專注、有創造力、有領導能力、運氣好、追求進步、樂觀、信念堅定、有競爭力、自立、好交際

缺點：以自我中心、易沮喪、憂心忡忡、害怕拒絕、情緒不穩、追求物質享受、自我、沒有耐心

■你生命中的特殊之人

為了得到愛情和精神鼓勵，你可能需要尋找出生在以下日期的人。

◎愛情和友誼：
1月3、23日、2月11、21、23日、3月9、19、28、31日、4月7、17、26、29日、5月5、15、24、27、29、31日、6月3、13、22、25、27、29日、7月1、11、20、23、25、27、29日、8月1、9、18、21、23、25、27、9月7、16、19、21、23、25、10月5、14、17、19、21、23、11月3、12、15、17、19、21、12月1、10、13、15、17、19日

◎幸運貴人：
1月3、4、10、21日、2月1、2、8、19、3月6、17、30日、4月4、15、28日、5月2、13、26日、6月11、24日、7月9、22日、8月7、20日、9月5、18日、10月3、16、31日、11月1、14、29日、12月12、27日

◎強烈吸引你的人：
1月22、28日、2月20、26日、3月18、24日、4月16、22日、5月14、20日、6月12、18日、7月10、16日、8月8、14日、9月6、12日、10月4、10、23、24日、11月2、8日、12月6日

◎砥礪者：
1月11、20日、2月9、18日、3月7、16日、4月5、14日、5月3、12、30日、6月1、10、28日、7月8、26、31日、8月6、24、29日、9月4、22、27日、10月2、20、25、11月18、23日、12月16、21日

◎靈魂伴侶：
1月26日、2月24日、3月22、30日、4月20、28日、5月18、26日、6月16、24日、7月14、22日、8月12、20日、9月10、18日、10月8、16日、11月6、14日、12月4、12日

太陽星座：牡羊與金牛座交界處
區間：射手座／木星
角度：牡羊29°30´-金牛0°30´
類型：本位星座
元素：火
恆星：奎宿九

4月20日

ARIES

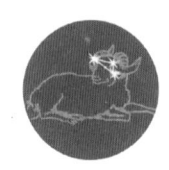

出生於牡羊座和金牛座之間，你既有牡羊座的幹勁或果斷，又有金牛座務實的決心。你野心勃勃但敏感，強烈渴望物質穩定和進步。這也暗示著你有必要平衡你天生的仁慈和太自我或權力主義的傾向。

你的生日表明你渴望成功和安全，也暗示了你想要得到他人的認可，所以你很友好寬容。你的個人魅力和直覺，有助你戰勝早期的挫折。這些特質總是幫助你快速準確地掌握形勢。

你友好外向，但對他人的批評很敏感。你要培養更理智的見解，才能避免易於被他人傷害。

你很現實理智，有天生的交際手腕，所以你喜歡能與他人合作的工作，你擅長把事業和娛樂相互結合，或推銷能帶來豐厚利益的觀點。

早年你可能會受到一位女性的強烈影響，通常是你的母親。30歲之前，你的推進太陽穿過金牛座，此時你注重物質基礎穩定、有地位和經濟上的保障。在你30出頭時出現一次轉折，推進太陽移至雙子座，激勵你拓展興趣，並且更注重知識、溝通和學習。60歲左右開始，太陽進入巨蟹座，突顯你對情感的需求和家庭的重要。

■真實的自我

你天生具有快速判斷他人和局勢的能力，這能幫助你搶先一步得到自己想要的東西。無論你運用這種能力來推銷自己的想法或與人交往，你都喜歡做出計畫。當與他人一起工作時，要避免使用權謀，以協定、變通或合作的方式，會讓事情進行更順利。

你內心深處擁有非常強烈的欲望，當這些欲望轉化為無私的愛和服務時，將是為他人謀福利的強大力量；但要避免讓這些好的巨大能量被金錢所誤。你具有表達內心意願的能力，所以知道自己想要什麼以及為什麼想要，是絕對必要的。

■工作和職業

你熱情勇敢、盡職盡責、有行政能力，可能會喜歡商業方面的工作，比如談判員、代理人或金融顧問。你在新的開端或挫折中不斷成長，能在商業中察覺機遇。憑藉你頑強、集中的意志力和決心，你擁有的能使一切付諸實行神奇的能力。你是理想和現實主義的強烈結合，受這個特點影響，你天生具有領導能力，尤其是身為管理者、執行者或企業家。天生強烈的戲劇感和創造力，將引導你至藝術界或娛樂圈。

這一天出生的名人包括男演員丹尼爾‧戴‧路易斯和雷恩‧歐尼爾，畫家米羅，歌手路瑟‧范德魯斯，和女演員潔西卡蘭芝。

■數字命理學

20號出生的人，直覺力強、情感細膩、適應性強、通情達理，常把自己視為大團體中的一員。你喜歡合作活動，並在其中與人交往、分享經驗或學習。你有魅力、和善，具有交際手腕，能輕鬆地穿梭在不同的社交圈。但你需要增強自信心，或克服易被他人的行為、批評傷害或過於依賴他人的傾向。你擅長營造和睦的氣氛。受4月分的部分影響，你注重現實層面，卻很體貼也樂於助人。相信你的預感，避免太過在意那些傷害你或你不信任的人。你是個完美主義者，所以，能明白自己已經盡力了是很重要的。你需要克服挑剔或不滿的傾向，而且要學會自主決定，而非盲從別人的看法。

■愛情和人際關係

你親切善良，很可能生活忙碌，喜歡與陌生人為友。但你可能會草率地建立人際關係，這表明你經常改變想法而且不確定長期的承諾。你喜歡變化，這令你在生活中體驗許多變化和刺激的事情，旅行以及冒險。由於你的雄心和決心，你需要一位和你一樣活躍而且勤奮的搭檔。雖然總體上你很熱心體貼，但有時會對所愛之人表現得自私和專制。你要學會忍耐和公正，心靈才會平和，情緒才能穩定。

優點：很好的夥伴、性情溫和、言行得體、接受能力強、直覺敏銳、體貼、和睦、易於相處、友好、親善大使

缺點：多疑、缺乏自信、膽小、過於敏感、反應過於激動、自私、不誠實

■你生命中的特殊之人

你可能更願意和出生在以下日期的人建立愛情和互相關愛的關係。

◎愛情和友誼：

1月14、24、31日、2月12、22、23、29日、3月10、20、27、4月8、18、25日、5月6、16、23、30日、6月4、14、15、21、28、30日、7月2、12、19、26、28、30日、8月10、11、17、24、26、28日、9月8、15、22、24、26日、10月6、13、20、22、24、30日、11月4、11、18、20、22、28日、12月2、9、16、18、20、26、29日

◎幸運貴人：

1月5、22、30日、2月3、20、28日、3月1、18、26日、4月16、24、5月14、22日、6月12、20、7月10、18、29日、8月8、16、27、31日、9月6、14、25、29日、10月4、12、23、27日、11月2、10、21、25日、12月9、19、23

◎強烈吸引你的人：

1月12日、2月10日、3月8日、4月6日、5月4日、6月2日、10月24、25日

◎砥礪者：

1月16、21日、2月14、19日、3月12、17、30日、4月10、15、28日、5月8、13、26日、6月6、11、24日、7月4、9、22日、8月2、7、20日、9月5、18日、10月3、16日、11月1、14日、12月12日

◎靈魂伴侶：

1月25日、2月23日、3月21日、4月19日、5月17日、6月15日、7月13日、8月11日、9月9日、10月7日、11月5日、12月3、30日

金牛座
Taurus

4.21～5.21

太陽星座：金牛和牡羊座交界
區間：金牛座／射手座
角度：金牛0°-1°30´
類型：固定星座
元素：土
恆星：奎宿九、鈹蒿增二

4月21日

TAURUS

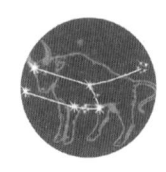

你的生日暗示你是一個聰慧、獨立、能幹又正直的人。你生性明智謹慎、富於創新、思想開放，喜歡勇敢大膽地開創先鋒。生於牡羊座之末金牛座之初的你同時收到這兩個星座的影響。令你有創造力，勇敢大膽，但比較感官，有藝術天賦。但這種雙重影響會使你更加頑固以及放縱自己。

你很聰明，教育可讓你更加發揮潛能。雖然你是實用主義者，但你仍然需要興趣來激發你對智性的好奇以及拓展你的知識。你喜歡情感真誠以及生活中的成就穩定，所以穩固的工作對你很重要，通常這會表現在你對家庭的觀念上，但對於事業或生活其他方面你也抱持一樣的看法。那會表現在一旦你覺得能自然地表現所能的情況下，你就能會運用自己的智慧掌控形勢。這天出生的女性有著男性的思維，但無論性別為何，都得盡力避免自己變得過於專斷。

30歲以前的你很可能比較在意生活穩定和經濟保障。30歲之後，當太陽落在雙子座，你會傾向關注明確的溝通以及新的興趣。這種情況將持續到你60出頭，太陽將移至巨蟹座時。此後你可能更加需要精神保障，家庭可能在你的生活中顯得更為重要。

■真實的自我

結合了內在力量和純熟的人際關係技巧，說明你不會樂意居於從屬地位。你藉由挑戰別人來運用你的權力：從反面來說，你會沉迷於權力的鬥爭遊戲；從正面來說，你會友好競爭。你喜歡與人交流，似乎有著依靠團體力量工作或合作的本能。你積極的態度會掩飾你內在的敏感和理想主義。

有時你為了責任對自己要求過高，努力工作直到實現目標才肯罷休，你明白為了實現長期計畫或目標需要強烈的耐心和毅力。你很勤勞，但一定要避免過度支配或功利。不過你有異常堅定的決心，即使剛開始對自己的工作並不很感興趣，也會支撐下去。

■工作和職業

當其他人意識到你的領導能力以及勤勞的工作態度，你自然就能升至領導職位。你的精神力量只要經由適當的學習，就能激發出更多的潛能。你敏銳的理解力和豐富的想像力，令你渴望以言語表達自己，無論是用說、寫、唱還是表演的方式。所以你也可能有興趣成為教師、法官、改革家或演員。如果你從商，在投資、股市、銷售、出版業、廣告業和房地產可能都會特別在行。

本日出生的名人有英國女王伊莉莎白二世、作家夏綠蒂‧百朗特、音樂家伊吉‧帕普、心理學家羅洛‧梅、影星安蒂‧麥克道威爾、安東尼‧昆和查爾斯‧葛洛丁。

■數字命理學

生日在21號的人通常精力充沛，性格外向。你性格友善、愛交際、人緣好，有廣泛的人際圈。21號出生的你愛開玩笑、有魅力、勇於創新；或者你也可能羞怯內向，尤其需要在親密的人際關係中增強自信心。雖然你可能喜歡合作或婚姻關係，卻也希望個人的才華能力能被認可。受4月分的影響，你是個實際、負責、體貼、有想像力、分析能力強的人。雖然你渴望他人陪伴，但通常卻想要一個寧靜的私人空間來思考自我。此外，你還有必要克服多疑的毛病，讓自己信任別人、真誠待人。相信自己的直覺，有助你變得更自信、自律。克服對失敗的恐懼，享受樂趣，嘗試新事物。避免草率下決定，學會接受批評。

■愛情和人際關係

你強烈需要情緒上的穩定，這表明在你渴望充滿挑戰的生活之際，同時也追求寧靜的家庭生活。你的說服力強，能盡力將所有關係保持同等地位。但你得注意太挑剔或傲慢會導致關係緊張並產生衝突。你喜歡在精神方面激勵別人，想要與你的搭檔分享共同的興趣。你擁有保護別人的天性。

■你生命中的特殊之人

為了建立愛情及穩定的關係，你需要注意生日在以下這些時間的人。

◎愛情和友誼：

1月8.11.13.15.17.25日、2月9.11.13.15.23.24日、3月7.9.11.13.21日、4月5.7.9.11.19日、5月3.5.7.9.17.31日、6月1.3.5.7.15.29日、7月1.3.5.27.29.31日、8月1.3.11.25.27.29日、9月1.9.23.25.27日、10月7.21.23.25日、11月5.19.21.23日、12月3.17.19.21.30日

◎幸運貴人：

1月1.5.20日、2月3.18日、3月1.16日、4月14日、5月12日、6月10日、7月8日、8月6日、9月4日、10月2日

◎強烈吸引你的人：

10月23.24.25日

◎砥礪者：

1月6.22.24日、2月4.20.22日、3月2.18.20日、4月16.18日、5月14.16日、6月12.14日、7月10.12日、8月8.10.31日、9月6.8.29日、10月4.6.27日、11月2.4.25.30日、12月2.23.28日

◎靈魂伴侶：

1月6.12日、2月4.10日、3月2.8日、4月6日、5月4日、6月2日

優點：	充滿靈感、富有創造力、熱愛群體、關係持久
缺點：	依賴別人、神經質、情緒易失控、缺乏遠見、精神沮喪、害怕改變

太陽星座：金牛座
區間：金牛座／金星
角度：金牛1º-2º
類型：固定星座
元素：土
恆星：奎宿九、鈀蒿增二、婁宿一

4月22日

TAURUS

這個誕生日表示你既聰明且好交際，是個自信、迷人又有天賦的人。你的領導能力來自肯定自己所知與能了解各類型人的能力。你思維敏捷、機智、善辯，擅長評論。你會勇敢地說出自己的想法而不考慮後果，你喜歡成為率直誠實的人。

受金牛座區間的雙重影響，你強烈追求感官享受，渴望付出和得到愛。你欣賞色彩、藝術和美，擁有強烈的創造才能並喜歡奢侈品，你得謹防過於沉溺物質享受。幸好你善於評估經濟問題和並能保有一定生活水準。

擁有宏偉的計畫和縱觀全局的能力，能使你成為優秀的組織者或不同團體的聯絡人。你對自己所愛之人很慷慨、諒解，但要避免變得過於固執或任性。你嚴格要求自己，認為行動勝於言語。你要自我約束才能取得非凡的成果。

28歲之前，你很可能在意關於「價值」的問題，不論是個人或金錢價值。29歲後，推進太陽移至雙子座，你很可能會重視教育和學習新技能，溝通在你的生活中將發揮重要的作用。這種情況將持續至將近60歲時，那時太陽移至巨蟹座。在這次轉折中，你將轉而關注你的感覺、精神和家庭的重要性。

■真實的自我

你是物質享樂主義和情感細膩的有趣結合，追求個人成就的滿足感。只要克服讓物欲控制你，你最終會意識到金錢或地位不是人間最終的目的。你要做的是拋棄既有的經驗，相信自我內心的信仰及直覺，最難的部分是做出正確的決定，讓自己能全心信任自己的創新過程。一旦你消除疑慮，就能自信堅定地前進，取得卓越的成績。你具有自我表達的能力，這有助你放鬆焦慮情緒並防止你過於敏感。此外還能使你興奮，鼓勵你快樂生活與不斷創新。

■工作和職業

性格中務實的一面可能使你對金融界感興趣，成為傑出的銀行家、經濟學家或股票經紀人。或者，你也可能成為優秀的財政顧問、會計師、談判員和商人。你喜歡擔任領導職位，極好的組織能力能確保你成為成功的政治家、經理或管理者。你也可能對科學感興趣；或者你對文字的敏感會使你從事教育、社會改革或法律工作。同樣出生在今天但更具創造力的人，可能會對各種設計感興趣，比如戲劇、音樂和建築園藝等。

出生於今天的名人包括男演員傑克‧尼克遜，哲學家康德，音樂家查理‧明格斯和

耶胡迪・曼紐因，科學家羅伯特・歐本海默，和電視製作人艾倫・斯班林。

■數字命理學

出生在22號的你務實、嚴格且直覺敏銳。這個數字很好，既能代表數字22，又能代表數字4。你誠實勤勞，有天生領導能力，個性很吸引人，能深入了解他人。雖然你不喜歡流露感情，但時常會對他人的幸福表示關心和憂慮，同時也不會忽視務實或現實的態度。受4月分的部分影響，你必須避免不必要的冒險；只要有耐心和條理，你就會變得能幹而富有建設性。在處理平常事物時，要學會運用你的直覺和遠見。你對神靈很感興趣，這有助你理解宇宙運行的規則，克制物質至上的傾向。只要有決心和勤奮，就能獲得更大的成就。

■愛情和人際關係

你渴望冒險，充滿熱情，喜愛變化，並渴望有志者相隨。你有魅力、好交際，有很多戀愛機會。但只要你的人際關係進展太慢，你就會覺得枯燥乏味。通常你喜歡有創造力的人，並和他們分享你的機智和幽默感。但在你的私人關係中，你要謹防犧牲太多或自我犧牲。

優點：	胸懷寬廣、有領導才能、直覺力強、務實、講究實際、有動手能力、有建設能力、有組織能力、現實、有解決問題的能力、有所成就
缺點：	易致富心切、神經緊張、自卑、專橫、追求物質享受、缺乏想像力、懶惰、自我、貪婪

■你生命中的特殊之人

為了得到安全．精神鼓勵和愛情，你可能需要尋找到出生在以下日期的人。

◎愛情和友誼：

1月4,12,16,25日、2月10,14,23,24日、3月8,12,22,31日、4月6,10,20,29日、5月4,8,18,27日、6月2,6,16,25,30日、7月4,14,23,28日、8月2,12,21,26,30日、9月10,11,19,24,28日、10月8,17,22,26日、11月6,15,20,24日、12月4,13,18,22,28日

◎幸運貴人：

1月2,13,22,24日、2月11,17,20,22日、3月9,15,18,20,28日、4月7,13,16,18,26日、5月5,11,16,18,26日、6月3,9,12,14,22日、7月1,7,10,12,20日、8月5,8,10,18日、9月3,6,8,16日、10月1,4,6,14日、11月2,4,12日、12月2,10日

◎強烈吸引你的人：

1月25日、2月23日、3月21日、4月19日、5月17日、6月15日、7月13日、8月11日、9月9日、10月7,25,26,27日、11月5日、12月3日

◎砥礪者：

1月7,23日、2月5,21日、3月3,19,29日、4月1,17,27日、5月15,25日、6月13,23日、7月11,21,31日、8月9,19,29日、9月7,17,27,30日、11月3,13,23,26日、12月1,11,21,24日

◎靈魂伴侶：

1月17日、2月15日、3月13日、4月11日、5月9日、6月7日、7月5日、8月3日、9月1日、11月30日、12月28日

太陽星座：金牛座
區間：金牛座／金星
角度：金牛2°-3°
類型：固定星座
元素：土
恆星：奎宿九、芻蒿增二、婁宿一

4月23日

TAURUS

熱心和引人注目的個性，是今日壽星的特點。你很聰慧，有與人溝通的天賦，好交際、風趣，想坦然面對自己的感覺。你的真性情令人不注意也難。做事很有影響力。

受區間星座金牛座的影響，你愛美、自然和藝術，強烈渴望表現自己。你在這方面很有天賦，如果能結合你的才能和創造力，成果將會十分耀眼。你厭惡被逼迫並且可能變得固執；不過，你能被引導，尤其是以愛之名。在人生中，物質保障是一大問題，你需要堅定穩固的東西可以依靠。你善於處理經濟問題，有能力為自己或他人獲得資產。

你很友好，能結交不同生活閱歷的人，能保持積極活躍的性格。但你得注意壓抑情緒或負擔過重導致的緊張或壓力。你很有說服能力，能夠順利而且不費力地組織、領導他人，但得避免不安分或不耐煩，這會使你突然變得非常固執己見。幸好你的進取精神不會令你消沉太久，而且你能運用自己的能力幫助自己和別人，並尋求新的方式拓展視野。

27歲之前，你很可能從非常實際且以安全為重的角度看待生活。在28歲之後推進太陽移至雙子座，你開始接受新思想甚至想重新學習。這種智性的影響將持續至六十出頭，推進太陽進入巨蟹座後。從此你轉而關注情感問題，尤其是與家庭有關的。

■真實的自我

你具有強烈的職業道德和獲得成功的欲望，但內心也很頑皮並渴望愛情與關愛。當你善用內心體貼的一面並有信心表現自己時，你的魅力能使很多人成為你的俘虜。這種能力暗示你很詼諧幽默、樂觀而且充滿熱情。雖然你有魅力而且心態年輕，但你得學會平衡你對娛樂的渴求和責任感。只要你對某些事情有興趣，就會將所有的時間投入其中，並以自己的理想和才能堅持下去。

在追求成功的巨大動力中存在一個小問題，就是你過於追求物質享受，這一特點可能會使你選擇安全的常規做法，而不是為自己帶來真正的挑戰。在金錢方面的任何憂慮都是不必要的，因為你有極好的賺錢能力。尤其當你想令別人有興趣並開心時，你的賺錢能力也將日益增加。

■工作和職業

不論從事什麼職業，你都願意努力工作實現目標；你天生是個很有商業頭腦的人。你具有魅力、曉人以理的態度和溝通能力，會令你在銷售、宣傳和談判工作中有所成

就。你也可能發現自己適合房地產、公共關係、法律或政治行業。你渴望不斷提高自己的思想水準，這會使你投身於學術界；或者，你會喜歡更富有創造性的工作，比如攝影、創作、藝術、音樂或戲劇。你願意為了自己堅信的事業而堅持奮鬥，這可能令你涉足改革工作。你還可以是優秀的經理、管理者或行政人員。

這一天出生的名人包括科學家馬克思·普朗克，歌手羅伊·奧比遜，畫家約瑟夫·特納，藝人／大使秀蘭·鄧波兒·布萊克，男演員李·梅傑斯，和作家弗拉基米爾·納博科夫。

■數字命理學

直覺力強、情感細膩、有創造力是23號生日具有的部分特點。你多才多藝，感情強烈，思維敏捷，態度專業，具有創新思維。受數字23的影響，你很容易學會新東西，尤其是在實踐中得出理論。你喜愛旅行、冒險和結識新朋友，不安分的性格使你嘗試各種不同的體驗，而你也能充分利用所有條件。你很友好，喜愛娛樂，勇敢積極，渴望過著活躍的生活好發揮自己真實的潛能。受4月分的部分影響，你喜歡擬計畫，藉由運用直覺和實踐能力，你經常能得到靈光一閃的想法或計畫。你需要集中注意力，這意味著你必須堅持自己的目標，這同時可以助你克服孤獨的感受。你很聰慧，有創造力，渴望自由地表達自己的想法。對他人表示同情和友好，能為你帶來意想不到的收穫。

■愛情和人際關係

你是個熱情的戀人，可以只為愛戀的此刻而活。但你有時太過理想化，對愛情設想太高，這意味著你需要精神上的溝通。如果你的期望不能實現，你會變得孤獨。你還有可能會有一些不尋常或祕密的關係。對他人的責任或對家人的義務，也可能會影響你的人際關係。不過，你仍是一個忠實有益的夥伴或朋友，能以富有魅力的個性吸引別人。

優點：	忠實、負責、喜愛旅行、善於交流、直覺力強、有創造力、多才多藝、值得信任、有聲望
缺點：	自私、有不安全感、固執、不願妥協、吹毛求疵、呆板乏味、退縮、有偏見

■你生命中的特殊之人

從出生以下日期的人中，你可能找到愛情和穩定的關係。

◎愛情和友誼：
1月2、7、10、17、27日、2月5、8、15、25日、3月3、6、13、23日、4月1、4、11、21日、5月2、9、19、6月7、17、7月5、15、29、31日、8月3、13、27、29、31日、9月1、11、25、27、29日、10月9、23、25、27日、11月7、21、23、25日、12月5、19、21、23日

◎幸運貴人：
1月3、5、20、25、27日、2月1、3、18、23、25日、3月1、16、21、23日、4月14、19、21日、5月12、17、19日、6月10、15、17日、7月8、13、15日、8月6、11、13日、9月4、9、11日、10月2、7、9日、11月5、7日、12月3、5日

◎強烈吸引你的人：
1月13日、2月11日、3月9日、4月7日、5月5日、6月3日、7月1日、10月26、27、28日

◎砥礪者：
1月16、24日、2月14、22日、3月12、20日、4月10、18日、5月8、16、31日、6月6、14、29日、7月4、12、27日、8月2、10、25日、9月8、23日、10月6、21日、11月4、19日、12月2、17日

◎靈魂伴侶：
1月16日、2月14日、3月12日、4月10日、5月8日、6月6日、7月4、31日、8月2、29日、9月27日、10月25日、11月23日、12月21日

太陽星座：金牛座
區間：金牛座／金星
角度：金牛3º-4º
類型：固定星座
元素：土
恆星：婁宿一

4月24日

TAURUS

你的生日表明你是個熱心、聰慧而且決心堅定的人，具有獨立精神和實現目標的力量。當你對某個事業感興趣時，就會變得熱情勤奮，並具備取得非凡成就的潛力。

受太陽星座金牛座的影響，你強烈渴望感官享受，熱愛自然、美和藝術。必要之時，你會展示自我魅力，顯得風趣又善交際。但如果不能按自己的方式行事，就容易變得任性或固執。

你思考問題能從全局著眼，而且具備執行能力，所以可以做為領導團體活動的領導者。雖然有時你會傲慢自大或固執己見，但在某些情況下卻缺乏自信。幸好你具備能果斷做出決定的能力和強烈的直覺，這有助你克服困難。你有魅力、渴望受人歡迎，這表明你希望引人注目。你很有說服能力，所以你只要增強自我約束就能充分發揮優秀的潛力。

26歲之前，你注重對關愛和物質保障的需求；但在你27歲左右，推進太陽移至雙子座，你可能會多方面培養自己，發現更多的興趣。從此學習和交流溝通對於你來說日益重要。57歲後的另一次轉折，太陽移至巨蟹座，你會變得更敏感並且認識到家庭的重要性。

■真實的自我

你天生明白知識就是力量，這一點激勵你不斷學習。你還具有基本務實的態度和良好的判斷力，所以願意為了實現宏偉的計畫而投身於必須的基礎工作。藉由堅持不懈持續實現目標，你可以發揮非凡的潛力。你具有優秀的社交能力，懂得如何組織，所以善於讓別人協助你取得成功。

雖然你好交際而且喜歡主動自由，但你的工作仍是你生活中最重要的一部分。傾聽直覺的呼喚是很重要的，它能幫助你克服任何對他人的失望。你渴望不斷擴展，但要謹防失去自制力而變得貪婪或物質至上。然而，你沒必要擔心錢的問題，因為你有一定的經濟保護能力，這能幫助你得到生活中的美好事物。

■工作和職業

你優秀的智力、戲劇天賦和人際交往能力，能使你在生活的不同領域中發揮潛力。如果從事商業，你會很有事業心，而且能夠保護下屬。你具有解決問題的天賦和極好的組織管理能力。寫作是你天生具備的能力，這可以用於創作或商業上。你喜歡公共生

活，可以參與政治、表演或娛樂活動。你喜歡變化，渴望絕對的獨立，這可能會使你選擇不必聽從命令的職位。雖然你很務實，今天出生的一部分人也可能喜歡哲學或玄學。

這一天出生的名人包括女演員莎莉·麥克琳，芭芭拉·史翠珊，和吉兒·愛爾蘭，和吉他手約翰·威廉斯。

■數字命理學

24號生日暗含的敏感，表明你追求平衡和協調。你還易於接受形式和結構，能輕易地建立複雜而有效的體系。你忠實公正，不習慣表露感情，並且認為行動勝於言語。24號生日的人的主要問題是要學會與不同生活閱歷的人來往，克服多疑的傾向，以及建立一個安全的家。受4月分的部分影響，你決心堅定、意志頑強、好追根究柢。你需要克服不耐煩、刻薄或專制的傾向。通常你明白走捷徑會導致走更多的彎路。如果你對自己的行為負責並且注重細節，你最終會節省時間。你希望得到認可，但你需要努力工作才能受到尊重和讚賞。要克服自我防衛，才能建立起自信心。

■愛情和人際關係

你受到一位長者的強烈影響，很可能是你父親，他深刻影響著你的處世態度。你渴望獨立和忙碌的生活，這表示你不確定你的人際關係。你可能需要找到一位天生有權威感而且你尊重和敬佩的搭檔。由於深受力量和智慧的啓發，你喜歡嚴肅勤奮的人。如果你能避免專橫或過於嚴肅，就會在你的人際關係中找到愛和幸福。

■你生命中的特殊之人

你從出生在以下日期的人中可能會找到忠實可靠的愛人或夥伴。

◎愛情和友誼：

1月1.4.9.14.28.31日、2月12.26.29日、3月10.24.27日、4月8.22.25日、5月6.20.23日、6月4.18.21日、7月2.16.19.30日、8月14.17.28.30日、9月12.15.26.28.30日、10月10.13.24.26.28日、11月8.11.22.24.26日、12月6.9.20.22.24日

◎幸運貴人：

1月26日、2月24日、3月22日、4月20日、5月18日、6月16日、7月14日、8月12日、9月10日、10月8日、11月6日、12月4日

◎強烈吸引你的人：

10月26.27.28.29日

◎砥礪者：

1月3.25日、2月1.23日、3月21日、4月19日、5月17日、6月15日、7月13日、8月11日、9月9日、10月7日、11月5日、12月3日

◎靈魂伴侶：

1月3.10日、2月1.8日、3月6日、4月4日、5月2日、9月14日

優點：精力充沛、充滿理想、務實、決心堅定、誠實、坦率、公正、慷慨、愛家、活躍、有幹勁

缺點：殘酷無情、支配欲強、追求物質享受、不穩重、厭惡常規、懶惰、不忠實、專制、固執

太陽星座：金牛座
區間：金牛座／金星
角度：金牛4°-5°
類型：固定星座
元素：土
恆星：婁宿三、婁宿一

4月25日

TAURUS

　　你的生日表明你的聰慧使你成為有見識的人。你注重實際卻很愛幻想，擁有良好的常識，渴望能夠坦率誠實。你心胸寬廣，是個思想自由的人，喜歡討論並獲得知識。但你得克服思想消極的傾向，避免吹毛求疵或固執己見。

　　受太陽星座金牛座的影響，你是個可靠的人，強烈渴望愛與關愛。你還可能非常節約，但對所愛之人仍是很慷慨。你愛美、藝術和音樂，具有藝術天賦和優美的嗓音。如果你能自我約束，這些才能都將轉化成表現自我的有力形式。

　　為了克服頑固的傾向，你有必要在新領域不斷挑戰自我，而非固守經驗。雖然通常你很樂觀，但在失敗時可能會覺得厭煩、沮喪或缺乏自尊。不過你善於組織，有奇特的想法，為了發揮你非凡的潛力，一定要把某些想法付諸實行。

　　26歲之後，推進太陽移至雙子座，你更渴望交流或交換看法。這段期間你能透過學習新事物提高自己的思想水準。在56歲之後，太陽進入巨蟹座，你將經歷一次重大轉變，渴望接近你所愛和關心的人；家庭結構可能會改變。

■真實的自我

　　人際和家庭關係對於你尤為重要，因為你追求和睦的環境，在這種環境中你才能感到安全。你擁有創造力，喜歡使你的家看起來舒適誘人，另外帶著奢華的感覺。和能激發智性的人為友，是你自我表現的另一種方法。繼續深造可為你的日常生活帶來靈感。

　　你很善良，常吸引那些需要你建議和幫助的人。由於你具有高度敏感的性格和處理人際關係的能力，你經常擔任指導者和顧問的角色。你在生活中有堅定的目標，能避免過於依賴別人。對你來說，如果別人達不到你的期望，依賴別人便會導致沮喪和失望。你是個樂於合作、喜歡公平競爭、有責任感的人，所以你希望別人也能和你一樣。

■工作和職業

　　你有創造天賦並且熱愛知識，你將在教育或藝術工作中取得成果。仁慈和憐憫則會引導你成為改革者、社會工作者或顧問。你有成為演說家的天賦，願意與人分享你的知識。你對商業感興趣，這可以透過很多途徑得以發揮，比如銀行業、股票經紀業務、買賣或房地產。或者，你的創造天賦令你心靈手巧，擅長從事設計工作。戲劇和音樂，尤其是歌唱，是你可能會感興趣的領域。你具有為事業籌資的能力，這意味著慈善工作是你發揮組織管理能力的極好選擇。

這一天出生的名人包括發明家古列爾莫・馬可尼，歌手艾拉・費茲傑羅，籃球運動員梅朵拉克・萊蒙，和演員艾爾・帕西諾。

■數字命理學

你直覺力強且考慮周到，敏捷而精力充沛，渴望透過不同的體驗來表現自己。25號誕生日使你渴望完美，這促使你努力工作並獲得許多成果。通常你本能意識強而且警惕性高，能夠從實際運用而非純粹理論中獲得更多知識。你具有良好的判斷力，注重細節，這確保你會成功。你得避免做出失常或魯莽的決定並減輕多疑的態度。生日在25號的你有充沛的精力；當這些精力集中起來時，能幫助你看清所有事實，並比任何人先得出結論。受4月分的部分影響，你需要學會忍耐和注重實際，以便發揮自己的創造力。跟著感覺走，學會集中注意力，但要克制過度焦慮或不切實際的傾向。你得少些懷疑，避免作出失常或魯莽的決定；學會三思而後行，你能藉助策略適應環境。

■愛情和人際關係

對於一個像你一樣敏感多情的人來說，人際關係十分重要。這一天出生的女性忠實負責，但要避免過於依賴她們的夥伴。你好交際，友好親切，喜歡說笑，詼諧幽默，是個不錯的伴侶。一些人際關係能促進或改變你，使你改變信仰和加深理解。你要學會交流感情，不要太內向或神祕兮兮。你需要積極的生活態度或一個理解你的人，因為你需要依靠鼓勵和關愛使自己不斷進步。

■你生命中的特殊之人

尋求心理上的激勵、尋找愛情、友誼等，你或許要從以下這些出生日期的人去尋找。

◎愛情和友誼：

1月1.5.10.15.26.29.30日、2月13.24.27.28日、3月11.22.25.26日、4月9.20.23.24日、5月7.18.21.22日、6月5.16.19.20日、7月3.14.17.18.31日、8月1.12.15.16.29.31日、9月10.13.14.27.29日、10月8.11.12.25.27日、11月6.9.10.23.25日、12月4.7.8.21.23.29日

◎幸運貴人：

1月1.2.10.27日、2月8.25日、3月6.23日、4月4.21日、5月2.19.30日、6月17.28日、7月15.26日、8月13.24日、9月11.22日、10月9.20日、11月7.18日、12月5.16日

◎強烈吸引你的人：

10月28.29.30日

◎砥礪者：

1月17.26日、2月15.24日、3月13.22日、4月11.20日、5月9.18日、6月7.16日、7月5.14日、8月3.12.30日、9月1.10.28日、10月8.26.29日、11月6.24.27日、12月4.22.25日

◎靈魂伴侶：

1月21日、2月19日、3月17日、4月15日、5月13日、6月11日、7月9.29日、8月7.27日、9月5.25日、10月3.23日、11月1.21日、12月19日

優點：直覺力強、追求完美、有洞察力、有創造力、善於交際
缺點：衝動、沒有耐心、不負責、過於多愁善感、好嫉妒、神祕兮兮、挑剔、情緒易變、神經緊張

太陽星座：金牛座
區間：金牛座 / 金星
角度：金牛5°-6°
類型：固定星座
元素：土
恆星：婁宿三

4月26日

TAURUS

這天生日的你很聰慧敏感，是個務實有遠見的人，具有獲得巨大成功的潛力。你喜歡各種精神動力，厭惡粗糙的事物，這暗示著你對周圍環境很敏感。你有幹勁和想像力，若能得到鼓勵並為目標而奮鬥，你的能力將得到最佳的發揮。

你的太陽落在金牛座的第一區間，你具有創造力，對於顏色、形式和聲音有自己深刻的欣賞角度與見解。你也愛自然、美和奢侈品，強烈渴望表現自己。因為你本身非常關心別人，所以同樣喜歡體貼的人。受區間主宰行星金星的部分影響，你有經營生意的天分，只要約束自己就能實現你的宏偉計畫和天生的好運。不過這也暗示著你可能會過於放縱自己。

雖然你很務實而且有良好的形式感，但你同時也有天生的超自然能力。你強烈的本能使你能覺察別人的動機，表明你深刻的認知能力，能使你具有普遍的理解能力和日益增長的同情心。

在25歲之後，推進太陽移至雙子座，你將更渴望表達自己的想法，並且和周圍其他人保持緊密聯繫。這種影響能激勵你學習或在精神上培養多種愛好，它將持續至你55歲左右，推進太陽進入巨蟹座時。這個轉捩點突出擁有一個安全的家庭和表達自己的感覺，對你將更為重要。它還表明你強烈渴望照顧人和被人照顧。

■真實的自我

你懂得知識的價值，並希望利用它建設未來，希望使自己成就非凡。這會使你覺得自己很樂觀、安全且符合自己強烈的價值觀。你在保持你驚人的頭腦充實並發揮自己的潛力時，會有逃避現實的可能。你情感細膩且想像力活躍豐富，可能有時你覺得太容易以致於找不到簡便的方法，或不能給他人期望的答案。在另一個極端，一旦你決定目標並加以實現，你的力量和決心會令人訝異不已。

你有卓越的組織能力，十分好交際，在團體活動中經常表現得亮眼。你喜歡位居首位，尤其是在學習方面。一旦對某個事物感興趣，你會學得很快，而且你可能會喜歡形而上學的事物。

■工作和職業

你具備實踐和組織能力，這意味著你能在製造業、銷售業或銀行業取得成功。如果你選擇經商，你將比較喜歡大規模的事業。天生具有創造力，這也可能使你從事寫作、

繪畫或音樂。你具有人際交往的天賦，透過教育和社會福利的途徑，能成功地處理公共事物。你有極好的結構或形式感，而且具有想像力，能從事像建築設計、攝影或影片製作這類職業。或者，你對心理學的獨到見解和天生的治療能力，使你選擇醫療或其他保健工作。

這一天出生的名人包括畫家尤金・德拉克洛瓦，哲學家路德維希・維根斯坦，演員卡洛・伯奈特，和音樂家杜安・埃迪。

■數字命理學

26號生日暗含的力量表明你是個謹慎的人，有著強烈的價值觀念和準確的判斷力。你熱愛家庭，有父母本能意識，所以你更需要建立穩固的基礎或找到眞正的安定感。你願意幫助向你求助的朋友、家人和親戚。不過你要避免有追求物質享樂的傾向和控制他人或局面的欲望。受4月分的部分影響，你需要更坦率地表達自己的想法。你需要加強你的天賦並予以實踐，但要避免過於挑剔、懶散或憤世嫉俗。如果你覺得困惑，你會變得暴躁、頑固或易厭煩。你還要學會樂觀與實際，以及從責任中抽空放鬆一下，避免變得消沉。

■愛情和人際關係

在你主要的合作關係中，找到一個與你志趣相投的夥伴是很重要的，你和他具有同樣的價値觀念和智力水準。那些能激發你智力而且了解自己的人，很可能與你建立最成功、持久且穩定的社會和感情關係。工作可能會因為你的社交手腕發揮作用，但你要避免捲入權力鬥爭的遊戲之中。你能掌握細微的情感變化，這使你能與異性建立愉快的關係。

■你生命中的特殊之人

你可能會發現你正在尋找的能激勵你的人就在出生於以下日期的人中。

◎愛情和友誼：

1月10、13、20、30、31日、2月8、11、18、28日、3月6、9、16、26日、4月4、7、14、24日、5月2、5、12、22日、6月3、10、20日、7月1、8、18日、8月6、16、30日、9月4、14、28、30日、10月2、12、26、28、30日、11月10、24、26、28日、12月8、22、24、26、29日

◎幸運貴人：

1月12、16、17、28日、2月10、14、15、26日、3月8、12、13、24日、4月6、10、11、22日、5月4、8、9、20、29日、6月2、6、7、18、27日、7月4、5、16、25日、8月2、3、14、23日、9月1、12、21日、10月10、19日、11月8、17日、12月6、15日

◎強烈吸引你的人：

3月31日、4月29日、5月27日、6月25日、7月23日、8月21日、9月19日、10月17、29、30、31日、11月15日、12月17日

◎砥礪者：

1月6、18、22、27日、2月4、16、20、25日、3月2、14、18、23日、4月12、16、21日、5月10、14、19日、6月8、12、17日、7月6、10、15日、8月4、8、13日、9月2、6、11日、10月4、9、11月2、7日、12月5日

◎靈魂伴侶：

3月28日、4月26日、5月24日、6月22日、7月20日、8月18日、9月16日、10月14日、11月12日、12月10日

優點：有創造力、務實、體貼、負責、以家庭為自豪、熱心、勇敢
缺點：頑固、叛逆、關係不穩定、缺乏熱情、缺乏恆心、不穩重

太陽星座：金牛座
區間：金牛座／金星
角度：金牛6°-7°
類型：固定星座
元素：土
恆星：婁宿三、王良四

4月27日

TAURUS

你的生日暗示你是個機智精明的金牛座人，決心堅定，有創新思維。你很獨立，善於觀察形勢，是多疑和天真的有趣結合。你富有朝氣，能以本身振奮人心而又充滿刺激的思想激勵旁人。你還具有堅定頑強和堅持不懈的性格，能夠在一件事情上堅持到底。

受太陽星座金牛座的雙重影響，你喜歡優渥的生活和奢侈的享受。如果你受到逼迫很有可能變得固執任性；但你體貼關懷的另一面可以平衡你的固執。你天生喜歡享受，這使你注重美、色彩和外表，能夠藉由各種藝術表現自己。想得到生活中最美好的事物，可能導致你過度放縱自己。

藉著運用才智，你可以盡力發揮潛力；透過訓練自己，你能夠克服消沉的心情。一旦你憂慮焦急，就會變得冷漠沮喪，所以要確定清楚的目標並保持樂觀。當你得到鼓勵，會變得熱情精明，能夠主動採取行動，把握當前的機會。

24歲時，推進太陽移至雙子座，你會更渴望溝通和交換看法。這期間，你將拓展自己的視野，學會新的技能或進行新的研究。在你54歲時，推進太陽進入雙子座，這次轉折令你在情感上更渴望穩定的工作基礎，同時也強調擁有一個安全的家以及要注重家族關係對你的重要性。

■真實的自我

不論在生活中遇到何種困難，你心裡明白自己有能力戰勝困難。固有的價值觀和取得物質成功的內在動力，會促使你不斷前進。你具備獲得經濟財富和成就的商業頭腦，但重點是你需要堅信自己的工作是有價值的。想發揮你自己的最大才能，就必須接受教育。

由於你思想頑固，所以你得記住在與人討論時不要太好爭辯。你喜歡無惡意的鬥智，樂於巧妙地提出挑釁的問題。雖然你好交際，但你也需要獨處的時間，以便能恢復精力和思考，獨處能夠增強你天生的直覺力，在你需要時給予幫助，而且有益你克服多疑的傾向。

■工作和職業

你充滿活力，喜歡討論，能夠在教育、法律或與研究有關的工作中表現優秀。你擁有精湛的技術，能操作電腦或各種機械。如果你是能與人分享知識的人，你就會喜歡從事變化和社會變革有關的工作。你擁有聰明的頭腦，這使你能在高等教育中受益；你

還具有組織能力。有可能在政府行政工作中獲得較高職位。或者，你也可能對心理學感興趣。你善於分析的能力，使你可能進入某些領域的醫療工作。

這一天出生的名人包括發明家撒母耳·摩斯，政治領袖斯科特·金，歌手席娜·伊絲頓，女性主義作家瑪麗·渥斯頓克雷福特，和女演員珊迪·丹妮絲。

■數字命理學

你直覺力強，好追根究柢，你的誕生日表示你若能加強耐心和自制力，就能大大培養你的思想深度。你通常很有魅力，決心堅定，注重細節。你愛幻想、敏感、思想豐富而且有創造力，能夠以你新穎的思想觀點讓人留下深刻印象。你要培養良好的溝通能力，這有助你克服不願表達內心感受的習慣。教育對27號出生的人很有好處，如果有合適的條件你可以在寫作、研究和大機構中大放異彩。受4月分的部分影響，你在生活中需要目標或約束。你充滿熱情，如果你能約束自己和安排好生活將受益匪淺。你天生多才多藝，想像力豐富，有強烈的直覺力或超能力。你有雄心壯志，主意多，但不安分的性格會使你難以安定且行事衝動；你可能需要學會把自己的想法轉化成實際的構想與行動。

■愛情和人際關係

你直覺敏銳，情感細膩，有進取精神，性格活躍，喜歡足智多謀的人。你精明獨立，喜歡察覺別人的動機，但只有克服多疑的傾向，才能敞開心扉表達內心感受。忠誠的女人可能對於你取得成功起重要作用。通常他們能協助你在工作環境中晉升，或把你介紹給對你有幫助的人。

■你生命中的特殊之人

為了保持你對持久關係的興趣，你可能需要尋找出生在以下日期的人。

◎愛情和友誼：

1月11.21.28.31日、2月19.26.29日、3月17.24.27日、4月15.22.25日、5月13.20.23日、6月11.18.21日、7月9.16.19日、8月7.14.17.31日、9月5.12.15.29日、10月3.10.13.27.29.31日、11月1.8.11.25.27.29日、12月6.9.23.25.27日

◎幸運貴人：

1月9.12.18.24.29日、2月7.10.16.22.27日、3月5.8.14.20.25日、4月3.6.12.18.23日、5月1.10.16.21.31日、6月2.8.14.19.29日、7月6.12.17.27日、8月4.10.15.25日、9月2.8.13.23日、10月6.11.21日、11月4.9.19日、12月2.7.17日

◎強烈吸引你的人：

1月3日、2月1日、10月30.31日、11月1.2日

◎砥礪者：

1月7.8.19.28日、2月5.6.17.26日、3月3.4.15.24日、4月1.2.13.22日、5月11.20日、6月9.18日、7月7.16日、8月5.14日、9月3.12日、10月1.10日、11月8日、12月6日

◎靈魂伴侶：

1月3.19日、2月1.17日、3月15日、4月13日、5月11日、6月9日、7月7日、8月5日、9月3日、10月1日

優點：	多才多藝、想像力豐富、有創造力、堅定、勇敢、理解力強、心理素質好、精神高尚、有革新精神、精力充沛
缺點：	難以相處、易怒、好爭論、不安分、神經過敏、不信任別人、緊張不安

太陽星座：金牛座
區間：金牛座／金星
角度：金牛7°-8°
類型：固定星座
元素：土
恆星：婁宿三、王良四

4月28日

TAURUS

　　心理力量、魅力和商業才能的有趣結合，使本日誕生的你與眾不同。你具備忍耐力和憑藉努力取得進步的能力，且具有實現理想的堅定態度。不過你過分追求優渥的生活，可能會令你變得自私，並使你在實現遠大理想的過程中分散精力。

　　受金牛座區間的金星影響，你注重美、顏色和聲音，並渴望表現獨具一格，你還有演說或唱歌的特殊天賦。你具有強烈的吸引力，渴望得到他人關愛，也樂於給人關愛，但得避免易於沮喪和過分放縱天生喜歡感官享受的性格。

　　為了避免敏感的理想主義和世俗的物質主義性格相互衝突，你有必要事前衡量形勢，運用敏銳的直覺去實踐，並建立努力工作的具體基礎。

　　在你23歲之後，推進太陽移至雙子座，你的生活節奏加快，你將更注重寫作、演說和交流。這種情況將持續至你53歲左右，推進太陽進入巨蟹座時，這個轉捩點將使感情關係、安全和家庭的日益重要。

■真實的自我

　　你具有引人注目的意識，堅定的決心和與人合作的能力，這表示你擁有領導能力。你天生具有將己身才能商業化和交往的能力，但你得避免無來由地過分擔憂資金短缺。

　　只要你願意投入必要的時間和精力，就能使自己的工作不受其他事物的影響。但在生活和人際關係之間找到折衷的方法是很重要的。雖然你明白與人妥協的道理，但要注意在過程中達到力量平衡，如果你過於強大，很可能變得專制；如果你太軟弱，就會懶散和逆來順受。不過你總是有能力依靠均衡的意願掌控任何形勢。

■工作和職業

　　你喜歡和心理相關的工作，這將使你從事教學或寫作。你能夠了解人性，這表示諮詢師、醫師或顧問這類職業也適合你。你具有欣賞形式和顏色的天賦，這促使你成為設計師或引導你從事戲劇、音樂或藝術。而你說服別人的能力和聰明的觀點，這會激勵你在廣告、傳媒或出版行業獲得成功。

　　這一天出生的名人包括作家哈波‧李，演員安‧瑪格麗特，歌手布洛森‧迪兒莉，演員里昂‧巴里摩和電視主持人傑伊‧里諾。

■數字命理學

和1號生日的人一樣，出生於28號的你有抱負，直爽而且有進取心。你總是渴望行動和新的冒險，能勇敢地迎接生活挑戰。憑著你的熱情可以很容易地鼓勵他人加入或支援你的冒險事業。雖然你勇於追求成就而且決心堅定，但家人和家庭生活對於你而言也很重要。有時要得到安定感和照顧你親近的人對你來說是件困難的事。受4月分的部分影響，你充滿熱情而且多才多藝。雖然你渴望得到穩定感和安全感，但卻很可能去旅遊或遠走他鄉。你期望在責任感和對自由的熱愛之間找到平衡，這表示學會自我約束有助於你堅定信念和果斷行事。你需要避免分散精力，你只有學會循序漸進才能實現自我的目標。你能夠綜合舊理念創造新結構，這有助於你發揮自己的直覺力。

■愛情和人際關係

你精力充沛，引人注目，渴望表現自己的愛心和創造力。雖然你很敏感而且喜歡浪漫，但需要學會約束自己並且避免占有欲過強與好嫉妒的傾向。你喜歡有創造力而且友善的人，但更喜歡能為你的生活帶來快樂的人。或者，在尋求知識的過程中，你可能會尋找和你志趣相投的人。

優點：富有同情心、追求進步、勇敢、有藝術才能、有創造力、有理想、有抱負、勤勞、追求安定的家庭生活、意志堅定
缺點：愛幻想、缺乏積極性、缺少同情心、願望不切實際、專橫、缺乏判斷力、好鬥、缺乏自信、過於依賴別人、過於驕傲

■你生命中的特殊之人

從出生在以下日期的人中，你可能會找到一個能理解你的敏感和對愛的需求的夥伴。

◎愛情和友誼：

1月8、12、18、22日、2月10、16、20日、3月8、14、18、28日、4月12、16、26日、5月10、14、24日、6月8、12、22日、7月6、10、20、29日、8月4、8、18、27、30日、9月2、6、16、25、28日、10月4、14、23、26、30日、11月2、12、21、24、28日、12月10、19、22、26、28日

◎幸運貴人：

1月6、10、25、30日、2月4、8、23、28日、3月2、6、21、26日、4月4、19、24日、5月2、17、22日、6月15、20、30日、7月13、18、28日、8月11、16、26日、9月9、14、24日、10月7、12、22日、11月5、10、20日、12月3、8、18日

◎強烈吸引你的人：

5月29日、6月27日、7月25日、8月23日、9月21日、10月19、31日、11月1、17日、12月15日

◎砥礪者：

1月13、29、31日、2月11、27、29日、3月9、25、27日、4月7、23、25日、5月5、21、23日、6月3、19、21日、7月1、17、19日、8月15、17日、9月13、15日、10月11、13日、11月9、11日、12月7、9日

◎靈魂伴侶：

1月6、25日、2月4、23日、3月2、21日、4月19日、5月17日、6月15日、7月13日、8月11日、9月9日、11月7日、12月5日

太陽星座：金牛座
區間：金牛座／金星
角度：金牛8º-9º
類型：固定星座
元素：土
恆星：婁宿三、王良四

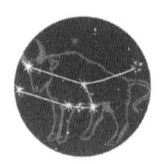

4月29日

TAURUS

你機智敏捷，這使你的頭腦永遠不會停止轉動。你直覺敏銳，能夠深入思考問題並對人迅速作出評判，而這些評判也往往是正確的。為了讓你的精力集中在某個有意義的事物上，你有必要發掘一種興趣並且致力其中。

受區間星座金牛座的影響，你愛美和藝術，喜歡與眾不同的自我表達方式。它還表示你天生注重感官享受，包括你可能重視物質享樂和安全意識。你天生有商業頭腦，對人際交往很感興趣，這有助你與各種生活閱歷的人來往。通常你對異國異鄉或結交陌生人感興趣，有機會很可能去國外工作。或者，為了避免枯燥乏味，你需要尋求新體驗，讓自己在賺錢的同時也學會很多東西。

為了避免悲觀消沉或憤世嫉俗，你必須樹立一個積極而又感覺唾手可得的目標。這可以激發你的進取精神，使你積極樂觀而且有幸運感。你思維敏捷，好奇心強，是個有趣的夥伴，非常風趣，具有獨特的幽默感。

在你22歲之後推進太陽移至雙子座，生活節奏加快，而且更注重寫作、演說和溝通交流。這種情況將持續至你52歲時，那時推進太陽進入巨蟹座，這個轉捩點使你在情感上的親密度和安全感日益重要。

■真實的自我

雖然內心的變化不定促使你尋求多彩多姿的生活，但一方面你也渴望秩序、自立和安全。你足智多謀，講究實際，能夠熟練地安排自己的生活和解決問題。當心意已定時，你會意志頑強而且固執，是股不容忽視的力量。

雖然你表面上很務實，但你內心也很渴求深刻、有意義的事物。這可能會致使你的人際關係很神祕，或使你對更深奧的事物感興趣。你情感細膩，具有敏銳的直覺或特異功能，這使你能夠透澈地了解別人。雖然你關愛體貼別人，但要避免情緒波動。當你樂觀積極時，往往能夠別出心裁地將自己的想法和技能用來實現自我的目標。

■工作和職業

你渴望得到精神鼓勵而且機智敏捷，這表明你能夠迅速消化資訊，這使你在工作方面提供了很多選擇。雖然多變化是你成功的關鍵，但要避免因為選擇太多而分散精力。你會對公共事務方面的工作感興趣，因為你能從與人際交往的相關活動中找到目標。具有藝術天賦的人能在寫作或新聞業、商業藝術、廣告業或時尚方面取得成功。你具備的

領導能力，使你在商業界或政治舞臺上獲得成功。從事表演或致身音樂界也是發揮你的想像力和才幹的極好方式。

這一天出生的名人包括演員蜜雪兒·菲佛和烏瑪·舒曼，音樂家或作曲家艾靈頓公爵，網球明星安德列·阿格西，指揮家托瑪斯·比徹姆爵士，傳媒業巨頭威廉·蘭道爾夫·赫斯特，和喜劇演員傑瑞·塞菲爾德。

■數字命理學

29號生日的你有著敏銳的直覺，敏感而且情感強烈。你生來富有同情心，通情達理，這能使你具有人道主義特點，又能鼓勵別人實現他們的願望和志向。身為名副其實的夢想家，你得注意性格中的極端面，避免情緒變化不定。出生在29號，渴望受人歡迎而且很在意別人對你的看法。受4月分的部分影響，你渴望穩定感和安全感。雖然你很理想主義並且很慷慨，但你更注重別人的需求而且能從中受益。如果情緒變化不定，會讓自己缺乏謀略或思緒混亂。一方面你有著崇高的理想和對自由的熱愛，另一方面又有藉著約束自己和努力工作的務實態度，在這兩者間找到平衡是你的期望。接受自己的缺點、腳踏實地，有助於你實現目標。

■愛情和人際關係

雖然你直爽機警，但私人關係保密到家。你得避免過於猜疑所愛之人，要學著把每一份關係都當作是一場學習。不過你是個很好的朋友和知己，風趣的舉止使你有很好的人緣。

■你生命中的特殊之人

為了找到長期的幸福和安全感，你可能要從尋找出生於以下日期的人開始。

◎愛情和友誼：
1月4,13,19,23日、2月11,17,21日、3月9,15,19,28,29,30日、4月7,13,17,26,27日、5月5,11,15,24,25,26日、6月3,9,13,22,23,24日、7月1,7,11,20,21,22日、8月5,9,18,19,20日、9月3,7,16,17,18日、10月1,5,14,15,16,29,31日、11月3,12,13,14,27,29日、12月1,10,11,12,25,27,29日

◎幸運貴人：
1月7,15,20,31日、2月5,13,18,29日、3月3,11,16,27日、4月1,9,14,25日、5月7,12,23日、6月5,10,21日、7月3,8,19日、8月1,6,17,30日、9月4,15,28日、10月2,13,26日、11月11,24日、12月9,22日

◎強烈吸引你的人：
11月1,2,3日

◎砥礪者：
1月6,14,30日、2月4,12,28日、3月2,10,26日、4月8,24日、5月6,22日、6月4,20日、7月2,18日、8月16日、9月14日、10月12日、11月10日、12月8日

◎靈魂伴侶：
4月30日、5月28日、6月26日、7月24日、8月22日、9月20日、10月18,30日、11月16,28日、12月14,26日

優點：富有靈感、追求平衡、心態平和、慷慨大方、有所成就、有創造力、直覺敏銳、神祕、有強烈的目標、善於處世、忠實

缺點：缺少重點、沒有安全感、神經緊張、情緒易變、難以取悅、性格極端、考慮不周、孤僻、過於敏感

太陽星座：金牛座
區間：金牛座 / 金星
角度：金牛9º-10º
類型：固定星座
元素：土
恆星：婁宿三

4月30日

TAURUS

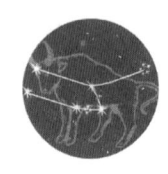

金牛座

你的誕生日表示你有敏銳實際的判斷力，是個直率、勤勞的人。你具有務實的態度和組織能力而且忠誠，時常渴望加入某種大型的創意活動。但你性格叛逆，可能會破壞你非常渴望的和諧氛圍。

受到區間星座金牛座的雙重影響，你很性感、魅力十足，渴望愛情和關愛。你愛美和奢侈品，但得謹防過度沉溺於各種形式的歡娛。星座的影響還使你熱愛藝術、音樂、戲劇以及自然。由於你具有內在的創新性格，所以你可能會以此發展出某種形式的自我表達方式。

你天生就善於交易或建立商務聯繫，這一點確保你能看準機會並享受積極進取的感覺。你天生就善於說服別人，機智敏捷，喜歡聰明或憑自己能力功成名就之人。無論你做什麼事，你都喜歡獨具風格而且誠實，喜歡自己拓展知識的感覺。當你充滿熱情又專注時，你就能將自己的想法轉化成實際的物質。

在21歲時，推進太陽移至雙子座，你可能會多方面培養自己的興趣與愛好。在這段時間，學習和交流對於你來說更顯重要。在你51歲之後會出現另一次轉折，推進太陽移至巨蟹座，情感聯繫和穩固的家庭基礎，成為你人生的重點。

■真實的自我

你內心細膩敏感，強烈需要一片安全寧靜的港灣，供你逃離塵世的喧囂繁忙。因此家庭在你的責任和義務中地位重要，是人生的基礎。雖然你渴望和平與寧靜，但卻很可能不斷尋求心理上的滿足感。你渴望獲得知識，這很可能促使你為了得到經濟報酬或是滿足性格中理想主義的一面，去發掘新的途徑和觀點。

即使你非常愛你的愛人，也很少會因為感情而神魂顛倒。但是你只要承擔責任，就會願意做出必要的犧牲。相反地，你貪玩的一面會也可能出人意料地完全顯露出來，別人會因為你的主動而吃驚不已。

■工作和職業

你的主意多，可以用來賺錢，是優秀的策畫者和組織者。你可能在教育、銷售、商業、宣傳或廣告行業中取得成功。如果你經商，會希望有獨自經營的空間，所以你更樂於自主創業。即便如此，你能夠計畫並實踐許多有意義又能獲利的方案，這將使你成為團隊中的重要成員。你很可能對哲學、心理學或宗教思想的學習特別感興趣。喜歡能

運用自己聰敏智慧的職業，比如銷售、資訊業或教育等相關職業。或者，你可能進入娛樂界或藝術行業。

這一天出生的名人包括歌手威利‧尼爾森，女演員吉兒‧克萊布格，荷蘭女王茱莉安娜，和女演員伊芙‧阿登。

■數字命理學

有創造力、友好親切、善於交際是人們對30號生日的人的相關評價。你注重風格和形式，能在任何與藝術、設計和音樂有關的工作中取得成功。你還渴望表現自己並且具有語言天賦，所以可能會在寫作、演說或歌唱方面表現優秀。你的感情強烈，所以非常需要戀愛或掌握牢固的知識基礎。在追求幸福的過程中，你要避免懶惰或過度放縱。受4月分的部分影響，你擁有精妙的想法，並需要一處穩定安全的地方緩和心情，儲備創造力。你常發現自己陷入沉思，或者受你看到或讀過事物的激勵，這使你能夠深入事物的實質而非只有表面。保持專注的態度，避免分散精力導致你心不在焉。雖然你性格外向，但卻會從內心去尋找答案。

■愛情和人際關係

雖然在某個階段中你或許會有些不尋常的關係，但你的辨別力使你不會迷失自我。你可能常把人際關係，視作為你帶來更多更明智的愛情知識的寶貴學習經歷。你渴望心理上的挑戰，這意味著你所表達的可能是自己的觀點而不是感覺。但一旦找到一個能積極鼓勵你的人，你就會是個忠誠而且樂於助人的好夥伴。

優點：喜愛娛樂、忠實、友善、具備綜合能力、善於表達、有創造力、運氣好

缺點：懶惰、固執、反覆無常、沒有耐心、沒有安全感、冷淡、可能會分散精力

■你生命中的特殊之人

為了找到安全感和愛情，你可能要從尋找出生於以下日期的人開始。

◎愛情和友誼：

1月3.4.14.20.24.25日、2月2.12.18.22日、3月10.16.20.29.30日、4月8.14.18.27.28日、5月6.12.16.25.26.31日、6月4.10.14.23.24.29日、7月2.8.12.21.22.27日、8月6.10.19.20.25日、9月4.8.9.17.18.23日、10月2.6.15.16.21.30日、11月4.13.14.19.28.30日、12月2.11.12.17.26.28.30日

◎幸運貴人：

1月4.8.21日、2月2.6.19日、3月4.17.28日、4月2.15.16日、5月13.24日、6月11.22日、7月9.20日、8月7.18.31日、9月5.16.29日、10月3.14.27日、11月1.12.25日、12月10.23日

◎強烈吸引你的人：

1月3日、2月1日、5月31日、6月29日、7月27日、8月25日、9月23日、10月21日、11月2.3.4.19日、12月17日

◎砥礪者：

1月7.10.15.31日、2月5.8.13.29日、3月3.6.11.27日、4月1.4.9.25日、5月2.7.23日、6月5.21日、7月3.19日、8月1.17日、9月15日、10月13日、11月11日、12月9日

◎靈魂伴侶：

3月31日、4月29日、5月27日、6月25日、7月23日、8月21日、9月19日、10月17.29日、11月15.27日、12月13.25日

太陽星座：金牛座
區間：處女座／水星
角度：金牛9°30´-11°
類型：固定星座
元素：土
恆星：無

5月1日

TAURUS

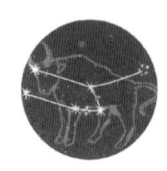

你的誕生日表明你是個精明、務實並且有創造力的人，渴望與人交往。你依賴變化，因為變化能為你帶來你想要的刺激。你富有魅力而且善於交際，渴望得到他人的認可，經常很受人歡迎。你喜愛美感和藝術，這可以做為一種表現你的細膩情感的寶貴形式。你喜愛藝術、音樂或戲劇，並可能以此做為自我的創意表現。

受到區間星座處女座的影響，你擁有敏捷的思維、辨別力和與日俱增的溝通能力，再與你的創新能力結合，你將會具有創作的才能。你區間星座的影響還表明你能夠努力工作並且渴望為他人服務，傾向於從事瑣碎的工作或研究。由於這種影響還使你具備賺錢和獲得物質財富的能力，所以它有助於你實現理想。

你具有務實、分析能力強、注重情感和情感細膩等優點，你的特有性格比其他人顯著，因此比多數人更容易達到顯赫地位。只是你得注意避免變得沮喪，或因過度放縱而分散實現崇高目標的注意力，也要避免過度追求優裕的生活。

年輕時你很敏感、多才多藝而且好交際。20歲之後，你的推進太陽移至雙子座，你會更渴望表達自己的想法並且更與周邊環境聯繫。這在某種程度上會鼓勵你學習或者在精神方面培養多種興趣。在你中年歷經多次變化後，很可能因為夥伴關係和合作關係有所收穫。在你50歲時會出現另一次轉折，那時推進太陽進入巨蟹座，情感上的穩定和家庭的安全感成了你的生活重心。

■真實的自我

你具有強烈的情感與付出並得到愛的能力，因此有必要找到一種表達感受的方式，而非尋求經濟利益的實現。如果你漫無目的，就有可能捲入他人的情感糾紛。你渴望有秩序和條理，這對你很有好處，因為制訂明確的生活計畫，才能充分利用你無窮的潛力。

唯有具備強烈的價值觀念，才能為自己的未來做些有意義的事。藉由勤奮努力能把內心優秀的好點子付諸實現，還會發現只要自己需要工作，就會有適時的機會。堅持不懈是你成功的關鍵，只要保持穩重就能控制你性格中想立即得到滿足的一面。

■工作和職業

你們中有創造和音樂才能的人喜歡寫作或唱歌，天生就有一副好嗓子和一雙靈敏的耳朵。你傾向於喜歡旅行或與有變化的工作。你直覺敏銳，情感細膩，對玄學、哲學

或宗教感興趣。你在事業方面很精明,能成為一名優秀的銷售員,成功地推銷觀點、人或產品。其他適合你的職業包括銀行業、房地產、園藝或開發新廚藝。你還可能進入娛樂界,而且具備在任何創造性職業中取勝出的潛力。

出生在這天的名人包括歌手茱蒂·柯林斯和麗塔·庫莉姬,演員葛蘭·福特,占星家威廉·莉麗,和作家泰瑞·索澤恩和約瑟夫·海勒。

■數字命理學

你的誕生日暗示你渴望獨占鰲頭和獨立自主。作為數字1的人,你與眾不同、富於創新、勇敢而且精力充沛。你具有開創精神,並激勵你自主決定或獨自生活。你充滿熱情和創新思維,時常走在別人前面。出生於1號的你可能還需要明白世界並非圍繞著你轉。受5月分的部分影響,你渴望保持平穩的節奏和明確的目標。約束自己能使你掌控自己的生活。由於你多才多藝又是個務實的戰略家,所以能把想法轉化為實際行動。你能察覺別人的需求並且從中受益,只要有責任感就能免於焦慮不安。強烈的直覺能夠引導並激勵你前進;一旦得到鼓勵,你就能看見新的可能和光明的未來。你要有耐心並且做力所能及的事。

■愛情和人際關係

在人際關係方面你很浪漫而且比較理想,你能從容不迫地尋找真正的夥伴。有時你會選擇建立柏拉圖式的關係,因為你很難找到能符合自高標準的關係。你最好選擇一個聰明熱情而且仁慈博愛的夥伴。一旦戀愛,你會愛得很深沉而且即使歷經挫折也能保持忠誠。你要學會靈活變通和客觀冷靜,如此才能避免沮喪與心灰意冷,並使自己的人際關係順利、幸福、更令人滿意。

優點:有領導能力、有創造力、追求進步、堅強、樂觀積極、信念堅定、有競爭意識、獨立自主、善於交際

缺點:過於專橫、好嫉妒、自我、有敵對情緒、缺少約束、自私、軟弱、不穩重、缺乏耐心

■你生命中的特殊之人

你可能有幸愛上出生在以下日期的人。

◎愛情和友誼:

1月1、7、8、21、23、31日、2月5、19、21、29日、3月3、4、17、19、27日、4月1、15、17、25日、5月13、15、23日、6月11、13、21日、7月9、11、19日、8月7、9、17日、9月5、7、15日、10月3、5、13日、11月1、3、11日、12月1、9日

◎幸運貴人:

1月5、16、18日、2月3、14、16日、3月1、12、14、29日、4月10、12、27日、5月8、10、25、29日、6月6、8、23、27日、7月4、6、21、25日、8月2、4、19、23日、9月2、17、21日、10月15、19日、11月13、17日、12月11、15、29日

◎強烈吸引你的人:

1月6、30日、2月4、28日、3月2、26日、4月24日、5月22日、6月20日、7月18日、8月16日、9月2、17、21日、10月12日、11月2、3、4、10日、12月8日

◎砥礪者:

1月4日、2月2日、5月29、31日、6月27、29、30日、7月25、27、28日、8月23、25、26、30日、9月21、23、24、28日、10月19、21、22、26日、11月17、19、20、24日、12月15、17、18、22日

◎靈魂伴侶:

1月23日、2月21日、3月19日、4月17日、5月15日、6月13日、7月11、31日、8月9、29日、9月7、27日、10月5、25日、11月3、23日、12月1、21日

太陽星座：金牛座
區間：處女座 / 水星
角度：金牛10°30´-12°
類型：固定星座
元素：土
恆星：天大將軍一

5月2日

TAURUS

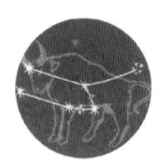

你的誕生日表明你是個講究實際、有決心又有創造力的人，能欣賞生活中各種美好的事物。你誠實直率，天生有交際手腕，在別人面前表現和善，能夠取得成功。

受落在處女座區間的太陽星座影響，你具有獲得物質財富的天賦。你接受力強、直覺敏銳、分析能力強並注重實際，而且頭腦靈活。你還特別喜歡說話和表達時言語準確，有評判能力和辨別力。

你有魅力又熱情，這使你在與人交往中總是很幸運。由於你還渴望關係和睦，所以會對周圍環境很敏感。喜歡用高雅品味和奢侈品來包裝自己，你的家也成為你日常生活的重要部分，你會盡力使它看起來漂亮舒適。你天生有創造才能，這使你在參與音樂、藝術、寫作或戲劇方面的活動中表現優秀。你熱愛自然，你可能從事園藝或參與戶外活動。

19歲時後推進太陽移至雙子座，你更渴望交流溝通和交換看法。在這段時間，你會舒展身心，對學習更感到興趣。49歲時你的推進太陽進入巨蟹座，你將更渴望接近別人並重新審視自己在家庭裡的地位。

■真實的自我

你很精明而且精神力量強大，你尊重經驗豐富和有學識的人。你的某些成就是靠自己的技能把理論付諸實踐，加上自己勤奮、好勝、有志氣與領導的天賦。你注重細節，勇於革新，極善於解決問題。天生好奇心強，這意味著你一直在尋求答案；此外，你想像力豐富，這意味著你很可能對玄學或宗教感興趣。

由於你本身很忠誠，所以在愛情和友誼中總是很有安全感；建立良好的人際關係有助於你獲得滿足感。雖然你經常直爽誠實。但一旦你不能面對真實的自己，你就會變得頑固或過度放縱，逃避事實真相。

■工作和職業

你講究實際，有進取精神，能夠在企業家、生產商、推銷員或建築師這些職業中獲得成功。通常你樂於努力工作以便滿足你對安全和奢華的欲望。你喜歡藝術但渴望得到經濟報酬，所以很可能在廣告和傳媒以及寫作和表演方面有所發展。你擁有隨和性格和執行能力，使你能成為優秀的管理者或善良寬容的雇主。你的樂觀的態度和熟練的技能，善於實際操作，喜歡建設新工程。你的好運和機遇來自你的工作態度，你的決心有

助你在所從事的領域獲得成功。

這一天出生的名人包括歌手平克勞斯貝，電影導演薩蒂亞吉特‧雷伊，小兒科專家本傑明‧斯波克，和比安卡-傑格。

■數字命理學

你的誕生日暗示你很敏感並強烈渴望融入團體。通常你適應力強，通情達理，喜歡合作性的活動。你喜歡和諧，渴望與人來往，這促使你在家庭事務中成為調解者或擔任和事佬。你試圖取悅別人，會令自己過於依賴別人。受5月分的部分影響，你渴望表達自己的感受並與人交流。你積極樂觀且行事果斷，這有助於你集中注意力和培養自信。一方面你內向冷淡或不信任別人，另一方面你天真地希望從他人身上收穫豐富但最後卻只能失望，因此你需要在兩者間找到平衡。你富於創新但理性，渴望深入了解，使自己對生活有更客觀的認識。

■愛情和人際關係

你有雄心壯志，渴望成功和聲望。經濟安全和金錢是你建立人際關係的重要因素，因此你喜歡有成就的人或有前途的人。由於你品味高雅、重視品質，所以希望別人也是如此。雖然通常你對所愛之人寬容慷慨，但有時也可能非常節儉。你要避免用物質標準來評判一切事物，要懂得靈活變通和通情達理，才能使自己獲得所需的欽佩和關愛。

■你生命中的特殊之人

你可能能夠從出生在以下日期的人中找到情感上的滿足和生命中的特殊之人。

◎愛情和友誼：

1月8、12、17、20、22、24日、2月6、15、18、20、22日、3月4、8、13、16、18、20日、4月2、11、14、16、18日、5月9、12、14、16日、6月7、10、12、14日、7月5、8、10、12、30日、8月3、6、8、10、28日、9月1、4、6、8、26日、10月2、4、6、24日、11月2、4、22日、12月2、20日

◎幸運貴人：

1月6、23日、2月4、21日、3月2、19、30日、4月17、28日、5月15、26、30日、6月13、24、28日、7月11、22、26日、8月9、20、24日、9月7、18、22日、10月5、16、20日、11月3、14、18日、12月1、12、16、30日

◎強烈吸引你的人：

1月7日、2月5日、3月3日、4月1日、11月3、4、5日

◎砥礪者：

1月5、26、29日、2月3、24、27日、3月1、22、25日、4月20、23日、5月18、21日、6月16、19、30日、7月14、17、28日、8月12、15、26、31日、9月10、13、24、29日、10月8、11、22、27日、11月6、9、20、25日、12月4、7、18、23日

◎靈魂伴侶：

1月30日、2月28日、3月26日、4月24日、5月22日、6月20日、7月18日、8月16日、9月14日、10月12、31日、11月10、29日、12月8、27日

優點：很好的夥伴、性情溫和、講究策略、接受力強、直覺敏銳、考慮周到、追求和睦、易於相處、親善大使

缺點：多疑、缺乏自信、卑躬屈膝、膽怯、過於敏感、自私、易受傷害、不誠實

太陽星座：金牛座
區間：處女座／水星
角度：金牛11°30´-13°
類型：固定星座
元素：土
恆星：天大將軍一、天囷一

5月3日

TAURUS

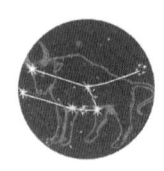

你的生日表明你是個有著非凡智慧和創造潛力的人。要注意別讓焦慮不安或猶豫不決的情緒，分散你實現目標的注意力。你友好親切而且善於交際，你的獨特魅力不僅將別人吸引到你身邊，而且確保你在人際關係中成功。

受落在處女座區間的太陽星座影響，你具有務實的性格和獲得物質財富的知識。你頭腦靈活，能快速掌握知識和觀點，而且還具有分析、從事瑣碎工作或交流的能力。你熱愛美和藝術，加上天生的敏銳度，能藉由某種形式的藝術、音樂或戲劇表現自我。如果你變得過於敏感或沮喪失望，不妨加強自己固有的才能來治療這種心理問題。

你能夠鼓勵別人並在你投入事業的努力中找到快樂。當你樂觀時，你會很勤奮，而且堅信自己的勞動會有收穫，這一點使你必然成功。你要保持客觀冷靜並學會接受有建設性的批評，如此才能輕易克服頑固或不滿的傾向。雖然你很務實，但天生就擁有神祕的潛力，若能發揮這種潛力，將有助你了解自己和周圍的環境。

你年幼時好交際、想像力豐富、多才多藝，熱愛戶外生活。18歲之後，推進太陽移至雙子座，在接下來的30年中，你會更渴望交流溝通和交換看法，在這段時間內你能舒展身心，學習新東西。48歲時，推進太陽進入巨蟹座，此次轉折令你更重視穩定的工作基礎，更迫切建立一個安全的家以及緊密的家族關係。

■真實的自我

你有良好的商業頭腦，樂意工作，能夠緩慢但平穩地積累物質財富。但你的心靈成長主要仰賴學會冷靜客觀的道理。你內心渴望和睦相處，並且願意為了人際關係間的和平做出犧牲。建立一個安定的家庭是你人生計畫中最基本的部分。

你總是有一種孩子般的活力，從你創新、貪玩或自責的性格能表現出來。有時你會因為對別人的期望太高而感到失望，你要注意收斂這樣的性格，接受更具挑戰的責任，你會發現生活將賦予你更多的回報。

■工作和職業

自我表現和精神鼓勵是你事業的基礎。女性在你事業進步過程中扮演重要的角色。你天生具有生意頭腦，可從事像商業、銀行業和房地產這類的職業。你工作努力頭腦又好，在科學研究或法律工作方面也有成就。又或者，你可能喜歡創造性的職業，包括寫作、室內設計、裝潢或買賣古董和工藝品。由於你是個理想主義者，所以只要得到鼓

勵，就會為目標而不惜一切地努力工作。你對自然的熱愛可能使你選擇從事農業或園藝。此外，你還善於處理公共事務。

這一天出生的名人包括演員瑪麗·阿斯特和珊曼莎·艾嘉，歌手皮特·西格，和拳擊手舒格·雷·羅賓森。

■數字命理學

你喜愛娛樂友好的社交活動，是一位有趣的夥伴。你強烈渴望表現自己，在樂觀時洋溢著快樂的神情。但你容易厭倦，這會導致你猶豫不決或使自己表現得膚淺。不過，你有藝術才能和魅力又有幽默感。你善於表達，這可以從你說話、寫作或歌唱中表現出來。你需要加強自尊心，避免焦慮和其他不安的情緒。受5月分的部分影響，你要懂得利用自己豐富的創造力。由於你既多才多藝又變化不定，所以更需要加強務實的態度以便保持穩重。真正付出努力並努力工作能夠表明你獲得成功的決心。即使面對困難和阻礙，你也要學會忍耐，才能使你掌控形勢。

■愛情和人際關係

雖然你好交際，但也會遇到想要退縮或獨處的時候，此時你需要在寧靜的環境或大自然中思考和歸納自己的想法。你喜歡有智慧並能與你共同從事智力活動或業餘愛好的人。由於迷人是你的重要特點，所以你不難吸引朋友和愛人，但你真正的勝利需要依靠你克服長期關係中的困難。

■你生命中的特殊之人

你可能能夠從出生在以下日期的人中找到穩定的關係。

◎愛情和友誼：

1月9、11、13、23、25、27日、2月7、21、23、25、3月5、19、21、23、29、4月3、17、19、21、27、30日、5月1、15、17、19、25、28日、6月13、15、17、23、26日、7月11、13、15、21、24日、8月9、11、13、19、22日、9月7、9、11、17、20日、10月5、7、9、15、18日、11月3、5、7、13、16日、12月1、3、5、11、14日

◎幸運貴人：

1月2、4、7日、2月2、5、3月3日、4月1日、5月31日、6月29、7月27、31日、8月25、29、9月23、27日、10月21、25日、11月19、23日、12月17、21日

◎強烈吸引你的人：

1月8、14日、2月6、12日、3月4、10日、4月2、8日、5月6日、6月4日、7月2日、11月4、5、6日

◎砥礪者：

1月6、19、29日、2月4、17、27日、3月2、15、25日、4月13、23日、5月11、21日、6月9、19、7月7、17日、8月5、15日、9月3、13、30日、10月1、11、28日、11月9、26日、12月7、24、29日

◎靈魂伴侶：

1月16、21日、2月14、19日、3月12、17日、4月10、15日、5月8、13日、6月6、11日、7月4、9日、8月2、7日、9月5日、10月3日、11月1日

優點：	幽默、幸福、友善、成果多、有創造力、有藝術才能、有能力實現願望、熱愛自由、善於表達
缺點：	想像過於豐富、誇張、易厭倦、虛榮、不體貼、好自誇、揮霍無度、放縱自己、懶惰、虛偽

太陽星座：金牛座
區間：處女座／水星
角度：金牛12°30´-14°
類型：固定星座
元素：土
恆星：天大將軍一、天囷一

5月4日

TAURUS

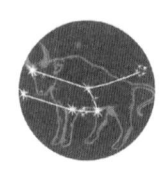

這一天出生的人是務實、魅力和敏感的有趣結合。工作和人際關係方面的合作是你成功的關鍵。你有抱負，勤奮，負責而且謹慎。

受落在金牛座處女座區間的太陽星座影響，你在工作中朝著高標準前進，喜歡為他人服務。這也表明你具有非常務實和腳踏實地的特點，你同時也尋求秩序和條理以便得到真正的安全感。

雖然你很獨立且不喜歡約束，但很能處理一對一的關係，這一點部分歸因於你與生俱來的對人性的理解力和敏銳的洞察力。雖然你對物質因素很感興趣，但渴望擁有更深刻的洞悉力，這種欲望在以後的生活中會致使你對更玄妙或神靈的事物感興趣。不過，有時你會表現得近乎自私的固執或著容易懷疑自己。你得避免用逃避現實和放縱自己，做為消除這些感覺的方式。幸運的是，你能夠運用豐富的想像力在塑造完美理想的景象，並藉此消除任何消極的情緒。

在你17歲時，推進太陽移至雙子座，你的生活節奏加快，你更注重寫作、演說和交流。這種情況將持續至47歲推進太陽進入巨蟹座時，這個轉折令你更重視情感上的親密、安全和家庭的聯繫。

■真實的自我

當接管一項你認為做得不好或低效率的工作時，你的領導才能就會很自然地表現出來。有時你會表現得太過專橫，但總體上你還是算是個能與他人合作的人。你的精神力量和掌握資訊的能力，表明你喜歡追求學識和自主決定。只有培養你的直覺力，才能將想法化為實際行動，並由此獲得巨大利益。

你強烈的責任感能得到別人的認可，有助於成功，但有時你得避免情緒易變、焦急或緊張，因為這會影響你的人際關係。你渴望處在一個和睦安穩的環境，因此家庭對你特別重要，能為你提供安全和保障。

■工作和職業

你具有買賣、金融和商業，以及成為優秀的代理人或談判員的天賦。又或者，你渴望參與有益於他人的活動，可能從事慈善工作、諮詢或為弱勢群體工作。如果你有志於公眾生活，你會在政治、政府部門、外交或公共關係中表現優秀。你的創造才能可以在表現在音樂、攝影和戲劇領域。部分這一天出生的人可能會喜歡體育活動。無論你從事

什麼工作，你都能努力付出並得到應有的回報。

這天出生的名人包括演員奧黛麗‧赫本，鄉村歌手藍迪‧崔維斯，和音樂家梅納‧佛格森。

■數字命理學

4號誕生日具有結構堅固和條理清晰的特點，這表示你渴望穩定，喜歡建立秩序，對形式和結構感敏感。你具有安全意識，喜歡為自己和家人建立穩定的基礎。務實的生活態度，表示你擁有良好的商業頭腦和獲得物質財富的能力。你雖然不易流露感情，但卻忠實、坦率而且公正。不過你得學會表達自己的感受。4號的壽星需要克服變化不定的情緒。受5月分的部分影響，你很熱情但情感細膩，渴望找到一個由靈感得到的想法或計畫來激勵自己。你的直覺敏銳，需要學會相信自己並好好運用直覺。雖然你想要自由的生活，卻能意識到有必要約束自己和保持穩重。

■愛情和人際關係

婚姻、穩定的關係和安定的家庭對你特別重要。你熱愛知識，渴望交流，這意味著你喜歡發掘新的觀點並在思想上創新。如果你感到厭倦，就得注意別讓事情變得呆板乏味或單調枯燥。和你的伴侶一起進行創造性的工作，有助你們共同表現自我與體驗或玩得開心。郊遊、聯誼或在家宴請朋友，會為你的生活帶來樂趣。

優點：有組織能力、能約束自己、穩重、工作努力、精益求精、有動手能力、務實、信任別人、嚴謹

缺點：破壞性強、不善於交流、壓抑自己、懶惰、無情、拖延、吝嗇、專橫、掩藏情感、不滿

■你生命中的特殊之人

你可能從出生在以下日期的人中找到能鼓勵你的夥伴和最佳伴侶。

◎愛情和友誼：

1月10.11.14.26.28日、2月8.24.26日、3月6.22.24.30日、4月4.20.22.28日、5月2.18.20.26.29日、6月16.18.24.27日、7月14.16.22.25日、8月12.14.20.23.30日、9月10.12.18.21.28日、10月8.10.16.19.26日、11月6.8.14.17.24日、12月4.6.12.15.22日

◎幸運貴人：

1月8日、2月6日、3月4.28日、4月2.26日、5月24日、6月22.30日、7月20.28.29日、8月18.26.27.30日、9月16.24.25.28日、10月14.22.23.26.29日、11月12.20.21.24.27日、12月10.18.19.22.25日

◎強烈吸引你的人：

1月15日、2月13日、3月11日、4月9日、5月7日、6月5日、7月3日、8月1日、11月5.6.7日

◎砥礪者：

1月7.9.30日、2月5.7.28日、3月3.5.26日、4月1.3.24日、5月1.22日、6月20日、7月18日、8月16日、9月14日、10月12.29日、11月10.27日、12月8.25.30日

◎靈魂伴侶：

1月8.27日、2月6.25日、3月4.23日、4月2.21日、5月19日、6月17日、7月15日、8月13日、9月11日、10月9日、11月7日、12月5日

太陽星座：金牛座
區間：處女座／水星
角度：金牛13°30´-15°
類型：固定星座
元素：土
恆星：天大將軍一、天囷一

5月5日

TAURUS

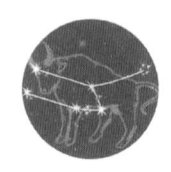

金牛座

　　這個誕生日代表意志力和決心。你渴望培養多種興趣和採取行動，但得克服內心的焦躁不安。你思維敏捷，能很快適應形勢，在感興趣的事業努力工作，會覺得最為幸福。受落在金牛座處女區間的太陽星座影響，你不僅具有實踐能力還具有評判能力，而且能把工作負責做好。此外，你具有分析力，希望做事有條不紊，或在某些方面有一技之長。固執或任性是發揮這個誕生日潛力的主要障礙之一。你不但需要物質保障，還渴望能對人及生活有深切的了解。這將使你能調查和深入本質，而非只見事物膚淺的表面。增強這種更直覺的性格有助於你克服自私自利、情緒易變或沮喪消沉的傾向，而且它還將大力幫助你發揮此誕生日所具有的巨大潛力。你積極主動，富有魅力，渴望忙碌，擁有成為領導者的必備條件。你目光長遠，講究實際，所以你的理想總是能得到保障，但它也會給你新的或刺激的體驗。

　　16歲左右，推進太陽移至雙子座，你可能會多方面培養自己並發掘更多興趣。在這段時間，各種形式的學習和交流會變得更重要。在你46歲之後人生出現另一次轉折，推進太陽進入巨蟹座，你可能變得更敏感並更注重家庭關係，穩定的家庭基礎對你而言更為重要。從76歲開始，推進太陽移至獅子座，你會變得更有力量與自信。

■真實的自我

　　在務實的外表下，其實你是個非常理想主義的人，這會導致周遭的人際關係都很難達到你的高標準。利用平時的幽默感使自己避免過於嚴肅非常重要，能使你看來穩重並給人機敏。你要相信自己的本能反應，以友好的方式激勵他人，如此才能拓展你力量所及的範圍，防止自己變得沮喪、畏懼或冷漠，對自己力量的信任，會使你更自信主動。

　　體內蘊含的強大力量，賦予你處理各種狀況的能力。這使你能夠謹慎合理地向別人提出新穎的觀點，令人對你獨特的理解力印象深刻。

■工作和職業

　　你能夠理解新思想並把握新形勢，這種能力能得到老闆或上司的認可和讚賞。你適應力強，懂得在緊要關頭保持鎮定，這意味著你能克服逆境。除了這些特點，你還樂於努力工作，這有助你加強領導能力。事實上，由於你喜歡處於主導地位而非服從別人，所以你最好能自主創業或者擔任管理者、主管之職。你善於解決問題，必要時你會變得強硬和專斷，特別適合為僵局帶來新的變革和做出改變。如果你喜歡戲劇或電影，你能

成為一名優秀的演員、製片人或導演。你對形式和風格敏感，可能會喜歡形象設計行業或成為一名設計師。另一種發揮你才能的方式是參與政府部門或政治，在那裡你能運用與生俱來的威信。

這一天出生的名人包括哲學家卡爾‧馬克思，歌手泰咪‧懷尼特，哲學家索倫‧齊格爾，和喜劇演員邁克爾‧佩林。

■數字命理學

直覺力強、生性愛冒險、渴望自由是5號誕生日的特點。旅行、改變的機會和一些意外的事情，會使你的觀念和信仰徹底改變。通常，出生在5號意味著你過著活躍的生活，需要學會忍耐和注重細節；你要避免衝動行事才能取得成功。數字5的人生來就懂得如何順應情勢和保持客觀獨立。受5月分的部分影響，你有抱負和決心，但有時會過於自負。你求勝心切，所以可能會錯過一些優美的風景。你意志力頑強而且精明，不喜歡受任何約束。你不滿於自己或別人和局限，這促使你做出改變並重新開始。如果你想要成功，就必須約束自己。

■愛情和人際關係

雖然你渴望愛情和關愛，而且體貼也樂善好施，但你渴望獨立和主動，這意味著你也熱愛自由。由於形勢變化不定，你可能會遇到愛情和工作或者責任和個人意願之間的矛盾。你渴望非常親密的關係，但有時你在表達強烈的感情時會顯得拘謹。不過，你能夠對伴侶付出，而且保有對他的影響力。只是你得注意避免變得過於自私自利，這將破壞你的人際關係。你適合與你一樣有著崇高理想和志向的人。

■你生命中的特殊之人

你可能能夠從出生在以下日期的人中找到忠實的愛人或夥伴。

◎愛情和友誼：

1月11、15、20、25、27、29日、2月9、18、23、25、27日、3月7、16、21、23、25日、4月5、14、19、21、23日、5月3、12、17、19、21日、6月1、10、15、17、19日、7月8、13、15、17日、8月1、6、11、13、15日、9月4、9、11、13日、10月2、7、9、11日、11月5、7、9日、12月3、5、7日

◎幸運貴人：

1月9、26日、2月7、24日、3月5、22日、4月3、20日、5月1、18、29日、6月16、27日、7月14、25、29、30日、8月12、23、27、28、31日、9月10、21、25、26、29日、10月8、19、23、24、27日、11月6、17、21、22、25日、12月4、15、19、20、23日

◎強烈吸引你的人：

1月16日、2月14日、3月12日、4月10日、5月8日、6月6、7月4日、8月2日、11月6、7、8日

◎砥礪者：

1月8、29、31日、2月6、27、29日、3月4、25、27、28日、4月2、23、25、26日、5月21、23、24日、6月19、21、22日、7月17、19、20日、8月15、17、18日、9月13、15、16日、10月11、13、14、30日、11月9、11、12、28日、12月7、9、10、26日

◎靈魂伴侶：

5月30日、6月28日、7月26日、8月24日、9月22、30日、10月20、28日、11月18、26日、12月16、24日

優點：多才多藝、適應力強、積極進取、直覺力強、富有魅力、運氣好、勇敢、熱愛自由、敏捷機智、好奇心強、神祕、有社交能力

缺點：不切實際、變化不定、拖拉、反覆無常、貪得無厭、自負

太陽星座：金牛座
區間：處女座／水星
角度：金牛14°30´-16°
類型：固定星座
元素：土
恆星：天大將軍一、天困一

5月6日

TAURUS

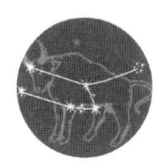

這個誕生日表明你比你表面看來更複雜難懂。在人生的戲劇中，你是個有天賦的演員，多才多藝又有自信，然而在內心深處焦慮不安並猶豫不決。你天生具有領導能力和交際能力，若能身居要職才得以竭盡發揮你卓越的能力。但問題在於你可能會沉溺於安逸的生活，而無法盡己所能。

受落在金牛座處女座區間影響，你具有極好的分析和批判能力，這有助於你實現目標。你還可能喜歡寫作及天生具有商業才能。你學習能力強，重視知識和自由，能接受新穎或先進的想法。

家庭和安全是你生活的重心，你會認真負責，但要注意避免關心過頭，干涉他人的生活並讓他人失去自主學習的機會。幸虧你極富魅力，能與人相處甚歡。你很可能有很多熟人，但你特別喜歡選擇那些有趣又能啓發你精神層面的人做朋友。你能夠從生活的美好事物中得到快樂，懂得如何享受快樂，但要謹防過度放縱自己。在你15歲之後，推進太陽移至雙子座，你的生活節奏加快，而且你更注重交流。接下來的30年中，你希望能拓展智力並透過交換看法與他人聯繫。45歲時推進太陽進入巨蟹座，這個轉捩點令你更重視感情上的親密、家庭和安全感。從你75歲開始，推進太陽移至獅子座，你的力量和自信都將全面提升。

■真實的自我

你的創造能力能使你結合智慧和洞察力，而且時常以十分巧妙和刺激的方式反映他人的性格。你對人性感興趣，這使你除了有商業和交際能力以外，還追求人道主義並希望做一些有意義的事。這包括為目標、自由或理想而奮鬥，如此可以防止你變化不定並給予你更多的滿足感。但在這個過程中你可能遇到的障礙包括懷疑自己的能力或猶豫不決。這種自我懷疑會導致你扮演次要角色，而非充分利用自己具有的能力。由於你容易被別人所啓發，所以能夠從你欽佩和尊敬的人的故事中得到動力。請記住：朝著自己的理想前進的同時，你的行動也會激勵別人，因此請多給別人鼓勵而不是令人反感的批評。

■工作和職業

你天生具有覺察人心能力，這有助任何你所從事的職業。你的洞察力使你在商業方面能與人相處融洽，並本能地察覺最後的利益，配合著你估計形勢的能力會更有所成，

所以你具備了在從事的領域中身居要職的必要條件。或者，你會將這些能力用於治療領域，並且在這個領域表現與生俱來的人道主義性格。你機智又有戲劇感，能從事與舞臺相關職業，因為你天生有一副好嗓子，所以你能成為優秀的歌手或政治家。在音樂或教育方面的工作，也能使你淋漓地發揮的才能。你有著強烈的獨立意識，不喜歡服從命令，所以你可能會自主創業。

這一天出生的名人包括演員或導演奧森·威爾斯，精神分析學創始人佛洛伊德，棒球明星威利·梅斯，和演員魯道夫·范倫鐵諾和喬治·克隆尼。

■數字命理學

富有同情心、愛幻想和體貼，是6號壽星具有的部分特點。通常你很顧家，是典型的家庭主婦和稱職的家長。你渴望世界和平且充滿熱情，這時常激勵你為自己的信仰奮鬥。你們之中更敏感的人渴望找到一種新穎的表現方式，往往會進入娛樂界或藝術和設計行業。誕生日在6號的某些人會遇到的問題可能有：增強自信與對朋友、鄰人的同情心以及學會更有責任感。受5月分的部分影響，你充滿熱情而且變化不定，但有責任感並且驕傲。你講究策略，善於交際，能夠以隨和的性格吸引別人。一方面你很有自信，另一方面你容易受影響而有點變化無常，總是在兩者間徘徊不定。受人道主義理想的激勵，你能在與人合作的關係中受益匪淺。

■愛情和人際關係

你喜歡那些願意改進自己的人，時常結合社交活動和學習，喜歡交流資訊，熱愛知識。你追求和睦，這成為你人際關係的基本成分。你喜歡那些能給予你精神啟迪或有教養的人。你是性格分明的人，要避免對所愛之人過於專制。

優點	心胸開闊、廣結情誼、友善、富有同情心、可靠、通情達理、仁慈、有理想、顧家、仁義博愛、穩重、有藝術才能、追求平衡
缺點	不滿、焦慮、羞怯、缺乏理智、頑固、說話太直接、過於追求完美、專制、缺少責任感、自私、憤世嫉俗

■你生命中的特殊之人

為了找到安全感、精神鼓勵和愛情，你可能需要從出生在以下日期的人中尋找夥伴。

◎愛情和友誼：

1月4、11、12、16、26、28、30日、2月2、9、10、24、26、28日、3月7、8、12、22、24、26日、4月5、6、20、22、24、30日、5月3、4、18、20、22、28、31日、6月1、2、16、18、20、26、29日、7月4、14、16、18、24、27日、8月12、14、16、22、25日、9月10、12、14、20、23日、10月8、10、12、18、21日、11月6、8、10、16、19日、12月4、6、8、14、17日

◎幸運貴人：

1月3、10、29日、2月1、8、27日、3月6、25日、4月4、23日、5月2、21日、6月4、19日、7月17、30日、8月15、28日、9月13、26日、10月11、24日、11月9、22日、12月7、20日

◎強烈吸引你的人：

1月11日、2月9日、3月7日、4月5日、5月3日、6月1日、11月7、8、9日

◎砥礪者：

1月9日、2月7日、3月5、28日、4月3、26日、5月1、24日、6月22日、7月20日、8月18日、9月16日、10月14、30、31日、11月12、28、29日、12月10、26、27日

◎靈魂伴侶：

1月7日、2月5日、3月3日、4月1日、5月29日、6月27日、7月25日、8月23日、9月21日、10月19日、11月17日、12月15日

太陽星座：金牛座
區間：處女座／水星
角度：金牛15º30´-17º
類型：固定星座
元素：土
恆星：天大將軍一

5月7日

TAURUS

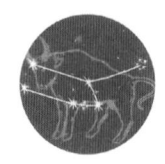

你的生日表明你精明務實而且性格強烈。你勤奮有意志力，自然能升至要職，但你得避免變得專斷。你在評估別人或實際情況時具有良好的判斷力，而且能夠為他人的權力而奮鬥。你喜歡保持忙碌、很有活力，能取得非凡的成就。

受落在金牛座處女區間的太陽星座影響，你喜歡有條不紊或以分析的態度處理生活中的大小事，頭腦靈活而且精神集中，這一點可以轉變為強大的說服力、寫作力和交流能力。你擁有務實的生活態度和中肯扼要的能力，所以也具備商業才能。你思想深刻，喜歡以哲學的視角進行觀察或善於解決問題。在你發揮潛能的過程中，可能遇到的障礙是退縮或變得頑固、傲慢和不善於交流。

你天生懂得如何獲得物質財富，具有組織和激勵人心的能力，能在各種情況下主動勝任領導職位。你既能約束自己，又有內在力量，擁有實現自己靈感的潛力。

在你14歲左右，推進太陽移至雙子座，你會因為找到新興趣而發生改變，此時學習和交流對於你來說格外重要。在你44歲之後將出現另一次轉折，推進太陽移至巨蟹座，此後你將重視感情關係、家庭和對他人需求的本能意識。74歲之後，推進太陽進入獅子座，你在表現自己時將更有自信。

■真實的自我

天生的魅力加上自我約束的能力，你很可能將對藝術、音樂和戲劇的熱愛，轉化為某種具體的表達方式。總體上你能將內在的創造力運用於生活，不論是做生意或運用在家居生活。然而，你可能會為金錢或工作方面感到憂心或猶豫，這會阻礙誕生日原本即賦予你的美好未來。這些焦慮或沮喪情緒，會使你在做出選擇時過度求穩，或在不好的環境中失志太久。人道主義和冷靜客觀的性格會激勵你到達更高的境界，並鼓勵你更快樂與勇敢。只是要注意：一旦覺得無所束縛，千萬不能讓自己過分沉溺生活的享受。

■工作和職業

在事業方面，你有很多選擇，能在領導職位上表現優秀，加上你的評估能力，你能在推銷和廣告行業取得成功。你因慷慨大方而聞名，能成為一位慈善家，支持你相信的人或思想。或者，你的創造力會引導你進入娛樂、藝術或音樂行業。通常你能夠結合自己對美及藝術的熱愛和商業，成為藝術經紀人、企劃人或館長。你有能力突破變革，所以你可能會喜歡像在工會這類組織中擔任領導職位。改革動力較小的人能對教育或其他

一些公共或社會福利感興趣。

這一天出生的名人包括歌手吉米·洛芬，演員賈利·古柏，詩人泰戈爾和羅伯特·勃朗寧，和作曲家布拉姆斯和柴可夫斯基。

■數字命理學

7號出生的人分析能力強、思維縝密，往往追求完美、過分挑剔而且只顧自己。你喜歡自主決定，時常能從個人經驗中獲益良多。你的求知欲會使你進入學術界或提高自身技能。偶爾你會變得對批評過於敏感，覺得被誤解。你很神祕，導致你能巧妙地提問而不顯露真正目的。受5月分的部分影響，你很聰慧，具備快速領悟思想的能力。你機智而且善於表達，是個有趣的夥伴。你有創造力但易受影響，喜歡享受，可能有許多業餘愛好。保持正直和合作關係是你成功的根本。你樂於助人，友好親切，能支持理想並鼓勵旁人。你傾向於操弄別人而非直言坦率，這意味著你有時很難表達真實的感受。

■愛情和人際關係

你渴望精神上的激勵、有創造力，意味著你喜歡來自不同生活背景的智者交往。雖然你很有許多興趣，但在人際關係方面的猶豫不決或變化不定，會導致你思緒混亂和焦慮不安。如果你不是很確定自己的真愛身在何處，你可能喜歡結交朋友。你要保持創造力而且不要總想著自己的生活，這樣才能及時地解決個人問題。

■你生命中的特殊之人

為了保持你對長期關係的興趣，你需要注意出生在以下日期的人。

◎愛情和友誼：

1月13、17、29日、2月11、27、29日、3月9、25、27日、4月7、23、25日、5月5、9、21、23、29日、6月3、19、21、27、30日、7月1、17、19、25、28日、8月15、17、23、26日、9月1、13、15、21、24日、10月11、13、19、22、29日、11月9、11、17、20、27日、12月7、9、15、18、25日

◎幸運貴人：

1月11日、2月9日、3月7、31日、4月5、29日、5月3、27、31日、6月1、25、29日、7月23、27、31日、8月21、25、29、30日、9月19、23、27、28日、10月17、21、25、26日、11月15、19、23、24、30日、12月13、17、21、22、28日

◎強烈吸引你的人：

1月12日、2月10日、3月8日、4月6日、5月4日、6月2日、11月8、9、10日

◎砥礪者：

1月10日、2月8日、3月6、29日、4月4、27日、5月2、25日、6月23日、7月21日、8月19日、9月17日、10月15、31日、11月13、29、30日、12月11、27、28日

◎靈魂伴侶：

1月18、24日、2月16、22日、3月14、20日、4月12、18日、5月10、16日、6月8、14日、7月6、12日、8月4、10日、9月2、8日、10月6日、11月4日、12月2日

優點：有教養、信任別人、非常細心、有理想、誠實、有超自然能力、具有科學的態度、理智、善於思考

缺點：隱瞞事實、不誠實、不友好、多疑、思維混亂、惡毒、冷漠

太陽星座：金牛座
區間：處女座／水星
角度：金牛16°30´-18°
類型：固定星座
元素：土
恆星：無

5月8日

TAURUS

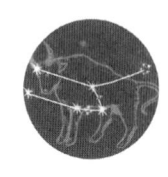

這天出生的人友善主動，是思維敏銳又富有個人魅力的人，是理想主義和物質主義的有趣結合。你渴望與人來往，熱心且好交際。在一生中你都保持著年輕的心態；這表明你性格中的一面特別具有吸引力。由於你還很有志向，人際交往能力對你爬至事業的巔峰十分有益。

受落在金牛座處女區間的太陽星座影響，你的表達能力和敏捷的思考能力與溝通能力會比較好，這種影響還使你具有評判分析的能力，為他人服務的欲望以及商業天賦，並為你提供獲得物質財富的知識。

你具有形象意識，知道自己在別人眼中的表現如何，想要表現強烈的個體觀念和風格。你希望超脫世俗，這表示你渴望神祕的體驗，或者你會走向另一個極端，變得困惑、逃避現實或想入非非。你總是誠實直率，極力主張自由。當這一點結合你務實的性格，會使你發揮自己已具備的成功潛力。

在你13歲時，推進太陽移至雙子座，你更渴望表達自己的觀點並與周圍的人多聯繫。這在某種程度上會激勵你學習或多方面發展自己的智能。這將持續至你43歲時，推進太陽進入巨蟹座。這個轉捩點令你更想深入了解與自己的情感，而家庭和家人更是不可或缺。在你73歲之後，推進太陽進入獅子座，你變得更自信堅強。

■真實的自我

由於你的誕生日所具備的聰明優雅的特點，使你可能有許多才能，為此你有必要建立明確的目標，避免一些猶豫不決或憂慮焦急的傾向。你對金錢或生活享樂的渴望，可能誘使你放棄某些理想，所以為了發揮你傑出的才能，你得確定自己的責任的範圍。你很幸運天生具有聰敏的頭腦和快速學習的能力，令你從不缺乏物質。

此外，教育和寫作還很可能在你進步的過程中發揮作用，也許是在你已經結束一項職業之後或是在晚年。不管用哪種方式，它都是一個加強你創造力和交流技能的極好途徑。

■工作和職業

賺錢本領配合上魅力，表明你有登上你所從事領域巔峰的潛力。你很可能在銷售、談判和宣傳行業成功。你也可能進入出版、廣告和傳媒行業，或從事法律和政治或銀行業務。你的領導能力和雄心壯志會使你居於執行和管理職位。你渴望表現自己，這會激

勵你創新並可能使你成為作家、詩人和演員。或者，你具有的藝術天賦也許會引導你進入音樂、娛樂和藝術界。你也可能在土地買賣和地產業中成功。

這一天出生的名人包括美國總統杜魯門，神祕主義者克里希那穆提，作家湯瑪斯·品瓊，和拳擊手索尼·李斯頓。

■數字命理學

8號生日暗含的力量是有強烈價值觀念和準確判斷力。數字8還表示渴望取得巨大成就，具有雄心壯志。這個誕生日因此還暗示你追求統治權、安全和物質財富。作為數字8的人，你有天生的商業頭腦，並且能夠靠著發揮自己的組織和行政能力獲得極大的好處。你得學會如何以公平公正的方式管理或分配你的權力。你渴望得到安全感或安定感，這驅使你制定長遠的計畫和投資。受5月分的部分影響，你充滿熱情而變化不定，意志堅強。你若能表達自己的感受和學會溝通，將能從中獲益，暢意人生。

■愛情和人際關係

你渴望穩定、安全和足以支持一定生活方式的經濟來源，這表明你對能在經濟上提供幫助的人感興趣，也能經常從朋友處得到支援。你很理想主義但也務實，你性格友善且好交際，渴望從忠實的夥伴那兒得到安全感。你溫柔體貼，對所愛之人很貼心浪漫，但為了你的幸福，你必須確保長期的經濟保障。你要仔細地挑選人際關係，否則一旦別人無法達到你的高期望，你將無法承受理想幻滅。

■你生命中的特殊之人

為了找到持久的幸福、安全感和體貼的伴侶，你需要查找出生在以下日期的人。

◎愛情和友誼：

1月6.8.14.18.23.26.28日、2月4.10.12.21.24.26日、3月10.12.14.19.22.24日、4月8.14.17.20.22日、5月6.15.16.18.20日、6月4.13.16.18日、7月2.11.14.16.20日、8月9.12.14.22日、9月2.7.10.12.24日、10月5.8.10.26日、11月3.6.8.28日、12月1.4.6.30日

◎幸運貴人：

1月9.12日、2月7.10日、3月5.8日、4月3.6日、5月1.4日、6月2.30日、7月28日、8月26.30.31日、9月24.28.29日、10月22.26.27日、11月20.24.25日、12月18.22.23.29日

◎強烈吸引你的人：

11月9.10.11.12日

◎砥礪者：

1月11.13.29日、2月9.11日、3月7.9.30日、4月5.7.28日、5月3.5.26.31日、6月1.3.24.29日、7月1.22.27日、8月20.25日、9月18.23.30日、10月16.21.28日、11月14.19.26日、12月12.17.24日

◎靈魂伴侶：

1月12.29日、2月10.27日、3月8.25日、4月6.23日、5月4.21日、6月2.19日、7月17日、8月15日、9月13日、10月11日、11月9日、12月7日

優點：有領導能力、細緻、勤勞、傳統、有威信、能保護他人、有治療能力、善於判斷價值觀念

缺點：沒有耐心、浪費、不夠寬容、吝嗇、變化不定、過度工作、專制、易受挫、缺少計畫、好苛責人、控制欲強

太陽星座：金牛座
區間：處女座／水星
角度：金牛17°30´-19°
類型：固定星座
元素：土
恆星：無

5月9日

TAURUS

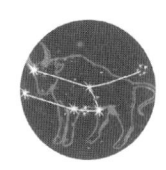

這天生出生的你好勝、有抱負、聰明而且具備必要的人際社交手腕，讓你得以快樂幸福。你精力充沛、充滿動力，會受到眼前可能的回報激勵，而且通常有自己的計畫或方案。你非常精明且善於評估人和形勢，你總是不斷尋求機會並且喜歡成就大事業。

受落在處女座區間的太陽星座影響，你思維敏捷，很有邏輯、分析能力或專才。務實的態度賦予你與生俱來的商業頭腦，也喜歡為他人服務。由於你的感官特質強烈，所以你很可能享受愛欲情色，但要慎防過於放縱。

你很獨立而且善於安排或組織，可能會負責各種專案企劃。慷慨樂觀使你受人喜愛且廣結善緣，但你得注意不要讓自己過於頑固。由於你具備所有成功的條件，所以你只需約束自己就能發揮你所具有的非凡潛力。

在你12歲時，推進太陽移至雙子座，你的生活節奏加快，更注重與他人的聯繫以及學習和交流。這將持續至42歲時，屆時你將經歷一次轉折，太陽進入巨蟹座，在接下來的30年，情感上的親密關係和安全感變得日益重要。在你72歲之後，你的太陽進入獅子座，你生活的重心將從家庭轉向創新和更多的自我表現。

■真實的自我

雖然在早年你就已經明白金錢就是力量，但你最終會意識到物質財富並不一定會帶來幸福。如果有決心而且勤勞，就能夠賺到錢，但你可能會發現滿足感是透過表現內在的理想而獲得的。你機智靈活，思維創新，經常走在時代的前端，更可能對社會變革感興趣。這些人道主義或仁慈博愛的展現，能突顯你位居領導職務時的傑出表現。由於你天生善於聯絡，所以你可能認識來自不同群體或不同生活閱歷的人，而且你能夠為他們提供有益或振奮人心的資訊。

■工作和職業

你富有進取心和雄心壯志，天生具有能讓你獲利的商業才能，不過自我約束的能力才是最重要的。你不容置疑的魅力使你在服務業中表現出色，而且你喜歡群體工作而不是獨自工作。憑藉樂觀的態度和宏偉的計畫，你能開創新局並居於領導地位。你不喜歡服從命令，這將促使你自主創業。在眾多才能中，你還具有行政和組織才能，這將使你在公務員、文職人員、法官或銀行家這類職位上得到晉升。如果你渴望名譽，你可能會成為演員或政治家，以期發掘你的創造才能。

這天出生的名人包括演員兼政治家葛蘭黛‧傑克遜、歌手比利‧喬，蘇格蘭作家詹姆斯‧巴里爵士，演員艾伯特‧芬尼和甘蒂絲‧柏根。

■數字命理學

仁慈善良、有同情心和情感細膩都與9號誕生日有關。你經常被認為很聰慧而且直覺敏銳，具有超自然能力，它賦予你對萬物普遍的接受能力。你不僅要學會客觀地看待問題，更要增強同情心、寬容和耐心。環球旅行和與不同生活閱歷的人來往會使你受益匪淺。要避免有不切實際的夢想或逃避現實。受5月分的影響，你很熱情、愛冒險，喜歡保持忙碌活躍。因為不喜歡聽從別人的命令，你可能更喜歡自主創業。透過努力工作和約束自己，你可以增強自己的創造力。由於你渴望自由和穩定，保持井然有序和實際可行的日常習慣對你有好處，但你要避免陷入貪圖安逸的泥淖中。

■愛情和人際關係

你有創造力而且充滿強烈的欲望，是個富有魅力且信念堅定的人。作為一個忠實的朋友，你對所愛之人十分慷慨。你好交際、喜歡調情，會贏得很多社交和戀愛機會。當你結識新人時，你會很主動並表現出你引人注目和充滿熱情的性格。不過，你可能需要考慮同伴的感受，避免鋒芒太露。當你受到啟發時，你會願意將一生奉獻給某個遠大的理想，並成為這項事業的中流砥柱。

■你生命中的特殊之人

為了找到生命中的特殊之人，你可能需要尋找出生在以下日期的人。

◎愛情和友誼：

1月6.15.19.29.31日、2月4.13.27.29日、3月2.11.25.27日、4月9.23.25日、5月7.21.23日、6月5.19.21日、7月3.17.19.30日、8月1.15.17.28日、9月13.15.26日、10月11.13.24日、11月9.11.22、12月7.9.20日

◎幸運貴人：

1月13.15.19日、2月11.13.17日、3月9.11.15日、4月7.9.13日、5月5.7.11日、6月3.5.9日、7月1.3.7.29日、8月1.5.27.31日、9月3.25.29、10月1.23.27日、11月21.25日、12月19.23日

◎強烈吸引你的人：

5月30日、6月28日、7月26日、8月24日、9月22日、10月20日、11月10.11.12.18日、12月16日

◎砥礪者：

1月12日、2月10日、3月8日、4月6日、5月4日、6月2日、8月31日、9月29日、10月27.29.30日、11月25.27.28日、12月23.25.26.30日

◎靈魂伴侶：

1月2.28日、2月26日、3月24日、4月22日、5月20日、6月18日、7月16日、8月14日、9月12日、10月10日、11月8日、12月6日

優點：充滿理想、人道主義、有創造力、情感細膩、慷慨大方、富有魅力、充滿詩意、仁慈寬厚、樂善好施、客觀公正、運氣好、受人喜愛

缺點：沮喪、神經緊張、變化不定、自私、不切實際、刻薄、容易被人牽制、自卑、憂心忡忡

太陽星座：金牛座
區間：處女座 / 水星
角度：金牛18°30´-20°
類型：固定星座
元素：土
恆星：無

5月10日

TAURUS

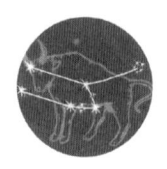

正如誕生日所表示，你務實獨立，是個有志向、善良且心胸開闊的人。你寧願保持忙碌，全身上下充滿活力，並且能夠快速做出決定。過於失望或沮喪，有時會削弱你的樂觀積極，讓自己擁有明確的目標或投入一份有意義的事業是很重要的。

受落在金牛座處女區間的太陽星座影響，你表達能力強且足智多謀又有智慧。這也表明你具有判斷能力或處理瑣碎、技術或研究工作的能力。這些特點的結合突出你注重實際的性格，顯示你有與生俱來的商業頭腦或分析財務狀況的能力。

你喜歡自主決定一切的自由，而且你不喜歡服從他人的命令。你能夠以你宏偉計畫和熱情激勵別人，這表示你有潛能足以管理極具冒險性的事情。但如果你變得任性固執，就會失去他人的欽佩並變得不可靠。幸虧你天生就有的幽默感，能防止你自怨自艾或過度消極。

在你11歲左右，推進太陽移至雙子座，你很可能遭遇某些改變並找到自己的興趣。在接下來的30年，學習和與他人聯繫對於你來說變得更為重要。在41歲推進太陽進入巨蟹座時，你的人生出現另一次轉折，你會更敏銳並更注重家庭和穩固的家庭基礎。在71歲之後，推進太陽進入獅子座，你在表達自己時會顯得更堅強自信。

■真實的自我

你的許多問題都與經濟金錢有關。你善於評估形勢，賦予你天生的權威感；但你同時也是個極端的人，一方面，你很理想主義、慷慨大方、大器並且勇敢；另一方面，你追求物質享樂、自私、而且過於注重安全感。你有必要在這些對立面找到平衡點。鼓勵自己做出實際可行的存儲計畫，避免過於揮霍的衝動。

當你客觀冷靜時，能從宏觀角度看待生活，並能秉持幫助別人的人道主義態度。你客觀的見解可以轉變為你的直覺，有助你尋求精神覺悟以及更世俗的關注。

■工作和職業

由於你非常獨立，喜歡發號施令而非服從命令，若能身居要位是最好的，如果是在團隊中，你最好能自由地按自己的方式行事。你喜歡實施方案、參與先進的思想或形象設計。但你性格中務實和重利的一面，可能會引導你進入銀行業、貿易或證券經紀行業。或者，你優秀的心理素質和透澈人心的技巧，可能會引導你從事教學、科學或某種形式的團隊工作。很多出生在今日的人都有與生俱來的治療能力，藉由醫療或某種保健

工作更能發揮這種能力。你具有極好的交際天賦,這在你從事的各種工作中都能發揮重大作用。

這一天出生的名人包括舞蹈家弗雷德‧阿斯泰爾,作詞家杜諾凡,漢學家理查‧衛禮賢,製片人大衛‧塞茨尼克,和歌手席德‧維瑟斯和U2主唱波諾。

■數字命理學

和那些出生在1號的人一樣,你有抱負並獨立。雖然在實現目標之前,你可能得戰勝一些困難,但憑藉堅定的決心你往往可以達到目標。你的開創精神時常驅策你去遠方旅行或獨立生活。出生在10號的你可能還要明白世界並非圍繞著你轉,應該避免專斷。受5月分的部分影響,你不僅熱情,直覺力也強。你充滿理想,能夠以自身的觀點計畫鼓勵別人。然而一旦你覺得被束縛,你就會變得叛逆並會製造混亂。你善於謀略,需要學會如何運用你的實踐技能和發揮你的想像力。你要避免作出草率的決定或行動前缺少合適的行動計畫。要在你的生活中營造和諧的氣氛,並在你的願望和實現願望的能力之間找到平衡點。

■愛情和人際關係

雖然你時常表面看起來很無情,但在內心卻很體貼熱心。你樂於和那些和你一樣喜歡某種智能活動的人成為夥伴。有時你會變得過於嚴肅,需要讓自己在看問題時更加客觀。你善於交流,能與大多數人和睦相處,而且能結交不同類型的人。但你潛在的不安全感會以好爭辯或過度放縱的消極方式表現出來。如果付出與收穫等值,合作關係會對你特別有益。

■你生命中的特殊之人

從出生在以下日期的人中,你可能會找到一個能激勵你的夥伴。

◎愛情和友誼:
1月6、16、20日、2月4、14日、3月2、12、28、30日、4月10、26、28日、5月8、24、26、30日、6月6、22、24、28日、7月4、20、22、26、31日、8月2、18、20、24、29日、9月4、16、18、22、27日、10月14、16、20、25日、11月12、14、18、23日、12月10、12、16、21日

◎幸運貴人:
1月9、14、16日、2月7、12、14日、3月5、10、12日、4月3、8、10、5月1、6、8日、6月4、6日、7月2、4日、8月2日、9月30、10月28、11月26、30日、12月24、28、29日

◎強烈吸引你的人:
1月21日、2月19日、3月17日、4月15日、5月13日、6月11日、7月9日、8月7日、9月5日、10月3日、11月1、11、12、13日

◎砥礪者:
1月4、13、28日、2月2、11、26日、3月9、24日、4月7、22日、5月5、20日、6月3、18日、7月1、16日、8月14日、9月12日、10月10、31日、11月8、29日、12月6、27日

◎靈魂伴侶:
1月15、22日、2月13、20日、3月11、18日、4月9、16日、5月7、14日、6月5、12日、7月3、10日、8月1、8日、9月6日、10月4日、11月2日

優點:有領導能力、有創造力、追求進步、堅強、樂觀、信念堅定、有競爭意識、獨立、好交際

缺點:專橫、好嫉妒、自我、過於驕傲、有敵意、缺少約束、自私、變化不定、沒有耐心

太陽星座：金牛座
區間：摩羯座／土星
角度：金牛19°30´-21°
類型：固定星座
元素：土
恆星：無

5月11日

TAURUS

你具有雄心壯志和堅定的決心、有意志力，能夠發揮固有的超級潛力。你很務實活躍而且成果頗多，你渴望拓展視野並建立安全穩定的未來。卓越的領導能力、良好的時間觀念和處理人際關係的能力，都是你成功的必備條件。雖然你有時會猶豫不決，但只要下定決心就會直接朝著目標前進，這使你完全不會浪費時間。

受區間星座摩羯座的影響，你是個工作努力而且認真負責的人。你天生善於理財，這表示必要時你會很慎重。由於你忠誠又可靠，所以能得到他人的尊敬，這對於你來說尤其重要，因為你很珍視名望。

雖然你在某種程度上具有保守的一面，但你也會出人意料地一反常規，產生一些稀奇古怪的想法。你很自信，能依賴你的直覺，但你得避免變得急躁或任性固執。如此將可能會減緩你通往成功的進度。

在10歲左右，推進太陽移至雙子座，你可能會發現新的興趣並且變得更善於交際。在接下來的30年，學習和掌握新技能是你生活的重點。40歲之後推進太陽進入巨蟹座，這次轉折強調你在情感上接近他人的需求，而且你的家庭也變得日益重要。在你70歲之後，你的推進太陽進入獅子座，你會變得更強大自信而且更善於交際。

■真實的自我

你內在的激情以及天生的商業頭腦，使你只要肯努力工作，就能獲得顯著地位。對知識的熱愛和敏銳思維，賦予你處理各種狀況的能力。在邁向成功的路上，你可能遭遇障礙，是你或許會因為過度使用清晰有條理的頭腦或變得非常多疑。你性格好強，並且不顧他人感受就發表自己的觀點，所以千萬別用自己強烈的情感去壓制別人。實現自我控制的一個途徑是相信自己的直覺，並且強化自己的意志力，去實現那些看起來遙不可及的目標，如此將有助你建立自信心並實現夢想。

■工作和職業

你喜歡權力、有條理與高效率，同時也具有情感方面的洞察力和細膩敏感，結合以上特點使你在任何領域都很優秀，無論是掌握物質財富或開業。你和藹可親的魅力有力地幫助你處理與他人的關係，並確保你在與人打交道的事業中成功。你可能更喜歡位居權勢地位或自主創業，因為你並不滿足於居於從屬地位。但由於你能意識到了與他人合作的重要性，所以在團隊中工作也會在保持獨立的問題上做出一些讓步。這個誕生日還

常常意味著你具有能用於商業的音樂、創造或戲劇天賦。

今天出生的名人包括藝術家達利，舞蹈家瑪莎·葛萊姆，作曲家歐文·伯林，和喜劇演員菲爾·西爾弗斯。

■數字命理學

數字11搖擺不定的特點，表明理想、靈感和創新對於你非常重要。你既謙虛又自信，無論是在物質上還是精神上都要學會自制。雖然你直覺力不錯，但你可能還是會分散精力，總是渴望找到可以專注的目標，你要更認真地背負起自己的責任。通常你是個備受爭議的人，喜歡變化，但必須避免變得過於焦慮不安或不切實際。受5月分的部分影響，你充滿熱情，精力充沛，但需要時間加強自己的思考能力。你是個真誠的好知己，懂得如何保守祕密。你需要在你的個人意願和對他人的責任之間取得平衡。你有洞察力、注重細節，但要避免挑剔或令人難以信任。

■愛情和人際關係

你情感細膩又有創造力，情感豐富，喜好交際。雖然你大多時候很自信，但在戀愛時會在感情處理上猶豫不決，尤其是當你陷入多重關係時。不過，你很忠實親切，而且也不會低估愛情的力量。你能做出巨大犧牲，但別為了不值得的夥伴而犧牲自己，並且要避免好嫉妒或占有欲太強。你熱愛藝術，欣賞美和音樂，這意味著你需要表達自己情感的途徑，並且喜歡和有創造力的人為友。

■你生命中的特殊之人

從出生在以下日期的人中，你可能會找到愛情、幸福和生命中的特殊之人。

◎愛情和友誼：

1月7、17、20、21日、2月5、15、18日、3月3、13、16、17、29、31日、4月1、11、14、27、29日、5月9、12、25、27日、6月7、10、23、25日、7月5、8、21、23日、8月3、6、19、21日、9月1、4、5、17、19日、10月2、15、17日、11月13、15、30日、12月11、13、28日

◎幸運貴人：

1月15、17、28日、2月13、15、26日、3月11、13、24日、4月9、11、22日、5月7、9、20日、6月5、7、18日、7月3、5、16日、8月1、3、14日、9月1、12日、10月10、29日、11月8、27日、12月6、25日

◎強烈吸引你的人：

1月5日、2月3日、4月1日、11月12、13、14日

◎砥礪者：

1月4、5、14日、2月2、3、12日、3月1、10日、4月8、30日、5月6、28日、6月4、26日、7月2、24日、8月22日、9月20日、10月18日、11月16日、12月14日

◎靈魂伴侶：

1月2日、3月29日、4月27日、5月25日、6月23日、7月21日、8月19日、9月17日、10月15日、11月13日、12月11日

優點：追求平衡、專注、客觀、熱情、富有靈感、注重精神、有理想、直覺敏銳、聰慧、性格外向、勇於創新、有藝術才能、樂於服務、有治療能力、人道主義、自信、有超自然能力

缺點：過強的優越感、不誠實、毫無目標、過於感情用事、可能容易受傷害、神經緊繃、自私、條理不清晰、殘酷、專制、吝嗇

太陽星座：金牛座	
區間：摩羯座／土星	
角度：金牛20°-21°30´	
類型：固定星座	
元素：土	
恆星：無	

5月12日

TAURUS

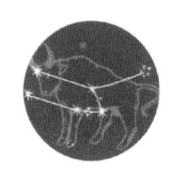

你的誕生日表明你是個勤奮、富有魅力，真誠又好交際的人。你不僅熱心主動，更堅強負責，這種性格有時會導致在你的工作和內心欲望之間產生矛盾。你有很多朋友，你本身是個恬淡物欲的人，對於你的朋友既忠實也誠懇。

受區間星座摩羯座的影響，你很負責且注重自己的名聲和地位。物質保障對於你很重要，所以你會制定長遠的計畫。這種實際影響還意味著你很專心並且能夠專注於明確的目標。你追求完美，一旦承擔了某項工作就會盡心盡力把它做好。你意志堅強、勤奮而且有強烈的自制力，但你得避免讓這種控制力變成固執。

你生日具有好交際的特點，這表明你喜歡與人分享並慷慨合群，是個可靠的盟友、能保護家人的優秀家長。因為你喜歡美的東西和奢侈品，品味也高，所以你的居家環境溫馨又漂亮。

9歲以後，推進太陽移至雙子座，你更渴望與周圍的人聯繫。在接下來的30年間，這種影響會激勵你學習或在某種程度上增強你的交流與溝通能力。這種情況將持續至39歲時，推進太陽進入巨蟹座。此次轉折使得你更在意家庭，也更關心自己和周遭的人。在69歲之後推進太陽進入獅子座，你的自信心和自我表達能力會為更強大。

■真實的自我

你開放的性格可以透過你對自然、藝術或音樂的熱愛表現出來，如果這種熱愛繼續發展，會將你提升至幾乎神祕的思想境界。當你能主動地將這種開闊的胸襟轉化為對所有人慷慨的關愛時，你就能夠無條件地接受或關愛別人，並表現出真摯的同情。你強烈的情感也可能因為消極的方式表現為失望、沮喪和不能放開過去的情緒。但在經歷挫敗後，你會懂得珍惜愛的力量。

你很可能成為別人傾訴的對象，作為他人的「參謀」，你能使人覺得被關心，也能幫助他人更客觀冷靜地看待他們所處的狀況。但如果你的態度過分消極，你就會有過於犧牲自己的危險，甚至陷入自憐。幸虧你擁有極為風趣又孩子氣的性格，能在出人意料的時刻顯示出來，使別人愉快。

■工作和職業

你的責任感為你贏得雇主的尊敬；如果你是自主創業，你的責任感將有助你實現自己的諾言。通常你在與人合作時工作效果更好，並且憑藉你天生的魅力，你能夠結合事

業和快樂。性格中固有的體貼一面，能引導你從事服務類的工作，比如諮詢或教學，而且你也可以是個關心並維護部屬的老闆。你善於治療，而且很可能對健康採取正向的態度而非過於負面。由於你有很好的商業頭腦，通常能夠將自己的才能轉化為物質報酬。你非常愛美、自然和形式，這將誘使你從事創造性的工作，比如藝術家、設計師、音樂家或園藝工人。今日出生的人還經常從事慈善工作。

這一天出生的名人包括演員凱薩琳‧赫本，拉斐爾前派畫家但丁‧羅塞蒂，棒球運動員和教練尤金‧貝拉，喜劇演員喬治‧卡林，和護士南丁格爾。

■數字命理學

你直覺強而且友好親切，具有很好的推理能力。12號誕生日意味著你渴望建立真誠的個性。你勇於創新而且情感細膩，懂得如何運用策略和合作的方法來達到你的目的和目標。儘管自我懷疑和多疑的性格，削減你平時隨和的個性和樂觀的態度，但在其他人眼中你仍然顯得很自信。當你渴望表現自己和幫助別人間達到平衡時，你會找到情感上的滿足和個人的滿足感。受5月分的部分影響，你實際的想法對你很有裨益。你渴望有條理和負責，這常常意味著你注重細節。你有抱負而且勤奮，能夠藉著觀察或加強現有能力學習。憑藉你的恆心、決心和勤奮，你能取得成功。你需要獨處的時間思考、整理思緒和恢復精力。

■愛情和人際關係

你很理想主義而且浪漫，希望建立認真的人際關係。你天生富有魅力，喜歡敏感或引人注目的人。通常你願意為所愛之人竭盡心力，但要謹防為不值得的人犧牲自己。你善良又通情達理的性格會吸引別人到你身邊，希望得到你的建議與安慰，然而一旦受到傷害，你可能會退縮也不願溝通。有時出生在今日的人會和各年齡層的人建立密切的關係。

■你生命中的特殊之人

從出生在以下日期的人中，你可能找到一個能理解你的敏感性格和對愛的需求的伴侶。

◎愛情和友誼：

1月4.8.18.19.22.23日、2月2.6.16.17.21日、3月4.14.15.19.28.30日、4月2.12.13.17.26.28.30日、5月10.11.15.24.26.28日、6月8.9.13.22.24.26日、7月6.7.10.11.20.22.24.30日、8月4.5.9.18.20.22.28日、9月2.3.6.7.16.18.20.26日、10月1.5.14.16.18.24日、11月3.12.14.16.22日、12月1.10.12.14.20日

◎幸運貴人：

1月5.16.27日、2月3.14.25日、3月1.12.23日、4月10.21日、5月8.19日、6月6.17日、7月4.15日、8月2.13日、9月11日、10月9.30日、11月7.28日、12月5.26.30日

◎強烈吸引你的人：

1月17日、2月15日、3月13日、4月11日、5月9日、6月7日、7月5日、8月3日、9月1日、11月13.14.15日

◎砥礪者：

1月1.10.15日、2月8.13日、3月6.11日、4月4.9日、5月2.7日、6月5日、7月3.29日、8月1.27日、9月25日、10月23日、11月21日、12月19.29日

◎靈魂伴侶：

8月30日、9月28日、10月26日、11月24日、12月22日

優點：有創造力、引人注目、主動、嚴格遵守紀律、善於宣傳自己或別人

缺點：與世隔絕、古怪、不願合作、過於敏感、缺少自尊

太陽星座：金牛座
區間：摩羯座/土星
角度：金牛21º-22º30´
類型：固定星座
元素：土
恆星：天苑四

5月13日

TAURUS

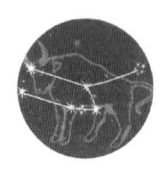

你的誕生日表示你天生有引人注目的熱情和處理人際關係的能力。你不但坦率誠實而且態度隨和，更是有禮貌、謙虛、能幹又有耐心的人。

受落在摩羯座區間的太陽星座影響，你很勤奮而且能點石成金；聰明謹慎，經常能做出明智長遠的投資。名聲對於你來說很重要，所以你經常讓自己顯得很有自尊，並因此具備強烈的責任感。只要你別把別人的困難當成是自己的，這種責任感一般是很有益的。

雖然你很務實，但時常想像過於跳脫而且太憑直覺作決定。你不會為了自己的需求而顯得特別好鬥，但你會為了弱勢群體或有意義的目標而努力奮鬥。你具有準確地常識和基本積極的態度，可以成為別人穩當的靠山。但有時你會對自己和別人感到不滿意，這會使你變得過於挑剔。或者，你體貼關心他人的性格會導致一旦有太多人依賴你，你會變得易怒或頑固。幸好你親切的態度能夠將這種狀況恢復至你想要的和睦環境。

在你8歲以後，推進太陽移至雙子座。在接下來的30年中，你更注重與你周圍的人聯繫。38歲時，推進太陽進入巨蟹座，這次轉折令你更注重自身的感受、家庭和家人。在68歲之後推進太陽進入獅子座，你會變得更強大和自信。

■真實的自我

與生俱來的審美觀，令你注重組成感和色彩。你的高雅和風格很可能會表現在你的家庭裝潢或你的外表上。你具有性情溫柔的魅力和處理人際關係的方法，但只有透過表現自己，才能真正找到自信。這種自信可能會受失望情緒和做出生活抉擇時的困惑而損害。你最好放棄阻礙你前進的狀況，而非沉緬於失望情緒。

一般說來，這個誕生日代表幸福、身體健康和經濟保障。你的家人和朋友在你的生活中顯得尤其重要。通常機遇來自意外而且不會以普通方式出現，然而你千萬別因此而忽視，因為這些機會能成為保障你未來的有利條件。

■工作和職業

你很聰明、可靠而且忠誠，這使你不論從事何種職業都會得到雇主的喜歡，即使你可能不是很有志向。在他人看來，你心胸開闊、有魅力而且善於交際，所以你能夠在需要處理人際關係的工作中表現傑出，比如銷售。你天生就有自己的理念這也可能導致你從事教育或法律。你生來就熱愛美與和諧，這使你能在藝術、戲劇或音樂方面成功地表

現自己，尤其是在與家庭管理有關的工作中，比如裝飾、烹飪或室內裝潢。你還很可能在與土地有關的工作中大放異彩，例如園藝和建築或地產投機買賣。

這一天出生的名人包括音樂家史提夫・汪達和吉爾・伊文斯，作家達芙妮・莫里哀，作曲家亞瑟・沙利文爵士，男演員哈維・凱托，女演員碧・雅瑟，和籃球運動員鄧尼斯・羅德曼。

■數字命理學

出生在13號的人情感細膩而且有靈感。從數字的角度來看，你往往和勤奮聯繫在一起，能夠憑藉決心和才能取得眾多成就。但如果你想把創造力理念轉化為實際成果，就需要約束自己，憑藉你願意付出的精神，就能取得成功。出生在13號的你有魅力，喜愛娛樂，好交際。如同許多13日壽星，你希望旅行或渴望在新環境定居，以便為自己提供更好的生活。受5月分的部分影響，你直覺力和接受力強，並且渴望物質保障。當你得到鼓勵時，就會變得主動而且願意努力工作。通常你很有說服力，能夠宣傳人道主義思想，並會為那些需要幫助和支援的人而工作。心胸開闊的性格和保持寬宏大量的態度將使你受益匪淺。

■愛情和人際關係

你充滿活力，對人際關係常常有很高的期望。通常你能吸引異性，但謹防在愛情生活中太過刻薄或感性。因為你很可能為所愛之人付出一切，所以更要慎選合適的伴侶。你個性富有魅力，能夠吸引不同生活閱歷的人，所以你有必要培養一定的鑑別力，尋找有益的良友，這些真正的朋友會在需要時幫助你，才能找到而非分散你實現目標時的注意力。

■你生命中的特殊之人

你可能從出生在以下日期的人中找到你生命中的特殊之人。

◎愛情和友誼：

1月5,9,18,19,23日、2月3,7,16,17日、3月1,5,14,15,19,31日、4月3,12,13,29日、5月1,10,11,27,29日、6月8,9,25,27日、7月6,7,23,25,31日、8月4,5,21,23,29日、9月2,3,7,19,21,27,30日、10月1,17,19,25,28日、12月13,15,21,24日

◎幸運貴人：

1月1,6,17日、2月4,15日、3月2,13日、4月11日、5月9日、6月7日、7月5日、8月3日、9月1日、10月31日、11月29日、12月27日

◎強烈吸引你的人：

11月13,14,15,16日

◎砥礪者：

1月2,16日、2月14日、3月12日、4月10日、5月8日、6月6日、7月4日、8月2日、12月30日

◎靈魂伴侶：

1月11,31日、2月9,29日、3月7,27日、4月5,25日、5月3,23日、6月1,21日、7月19日、8月17日、9月15日、10月13日、11月11日、12月9日

優點：有雄心壯志、有創造力、熱愛自由、善於表達自己、主動
缺點：行事衝動、猶豫不決、專橫、無情、叛逆

太陽星座：金牛座
區間：摩羯座／土星
角度：金牛22°-23°30´
類型：固定星座
元素：土
恆星：天苑四

5月14日

TAURUS

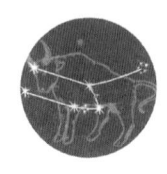

你的誕生日表明你是個務實且有遠見的人，思維敏捷，直覺力強。你追求變化，希望抑制內心的不安，渴望集中注意力和加強決心與自覺好突破極限。塑造一個好的形象對你很重要，你很可能選擇聰慧的人做為夥伴。

受落在摩羯座區間的太陽星座影響，你很勤勞並能在一些感興趣的事物中發現前進的動力。這天生日的人一般很務實，這表示你很專心而且有條理。你得謹防你的自制力成了無法溝通的固執。雖然物質保障、地位和名聲對你而言十分重要，但你仍會堅持自己的原則。

精神鼓勵是你生活的重要因素，你可能會為了拓展視野去旅行，甚至包括定居國外。但你得注意不能分散注意力或逃避某些現實，如此將導致你無法實現目標。你要專心一致，才不會辜負自己的潛能。

在你7歲之後，推進太陽移至雙子座。在接下來的30年，你注重交流、學習和交換看法。在你37歲時，推進太陽進入巨蟹座，這次轉折使家庭、家人和情感需求成為你生命的重心。67歲後，推進太陽進入獅子座，你會變得更有自信。

■真實的自我

你強烈的看法和非凡的精神潛力，可能會掩飾你情感上的細膩敏感，這也許會導致你擔憂或沮喪，尤其是關於財務上的起伏不定。當你養成超然的態度時，就能夠超越這種不安全感。你能迅速掌握知識和資訊的能力，有助你建立自信心。

你的觀點和豐富想像力相互結合成就你性格中富於創新和足智多謀的一面。你好交際，有幽默感，善於使人快樂，但你得避免放任自己。如果你猶豫不決，就很容易會把精力分散在瑣碎的事情上。不過，你還是能激勵自己努力工作，並接受能真正帶來好處的責任和義務。

■工作和職業

你很能幹，多才多藝、興趣廣泛，並且能發掘很多進入某一行業的途徑。你喜愛變化，所以有必要選擇一份不必遵循常規的工作。你擁有強烈的視覺感受力，而且非常注重影像，所以傳媒、繪圖或攝影這類工作很適合你。你一般很勤勞，善於人際交往，有可能在銷售或國外業務方面獲得成果。你能深入思考問題，運用思維能力的職業，比如研究、哲學或教育也很適合你。

這一天出生的名人包括音樂家大衛‧拜恩，電影導演喬治‧盧卡斯，華氏溫標制定者蓋布瑞爾‧華倫海特，和畫家湯瑪斯‧根茲巴羅。

■數字命理學

聰慧的潛力、務實的態度和堅定的決心是14號壽星部分特質。通常你強烈渴望建立穩定的基礎和藉由努力工作獲得成功。和很多出生在14日的人一樣，你往往能到達事業的巔峰。憑藉著敏銳洞察力，你能對問題快速做出反應，而且你喜歡解決問題。你喜歡冒險或賭博，運氣好的話可能會得到意外橫財。受5月分的部分影響，你充滿熱情和雄心壯志。通常很獨立而且適應力強，希望位居領導地位。你可能得在個人意願和無私憐憫的欲望之間找到平衡點。藉著發揮直覺並將其用於一些實際方案，你能以遠見激勵別人。雖然個性富有魅力而且能夠吸引人，但你仍要從內心去尋找力量。

■愛情和人際關係

雖然你總是變化不定，但愛情和友誼對你仍然很重要。你好交際，天生具有幽默感，而且能使人快樂，尤其是對所愛之人。你喜歡與既能激發思維又能使你快樂的人交往。你渴望找到與你情趣相投而且使你思想活躍的人。你無憂無慮，心態年輕，在最終安定下來之前你需要學會負責。

■你生命中的特殊之人

為了得到安全感、精神鼓勵和愛情，你可能需要尋找出生在以下日期的人。

◎愛情和友誼：

1月6、10、20、24、29日、2月4、8、18、27日、3月2、6、16、20、25、28、30日、4月4、14、23、26、28、30日、5月2、12、21、24、26、28、30日、6月10、19、22、24、26、28日、7月8、17、20、22、24、26日、8月6、15、18、20、22、24日、9月4、8、13、16、18、20、22日、10月2、11、14、16、18、20日、11月9、12、14、16、18日、12月7、10、12、14、16日

◎幸運貴人：

1月7、13、18、28日、2月5、11、16、26日、3月3、9、14、24日、4月1、7、12、22日、5月5、10、20、6月3、8、18日、7月1、6、16日、8月4、14日、9月2、12、30日、10月10、28日、11月8、26、30日、12月6、24、28日

◎強烈吸引你的人：

1月25日、2月23日、3月21日、4月19日、5月17日、6月15日、7月13日、8月11日、9月9日、10月7日、11月5、15、16、17日、12月3日

◎砥礪者：

1月3、17日、2月1、15日、3月13日、4月11日、5月9、30日、6月7、28日、7月5、26、29日、8月3、24、27日、9月1、22、25日、10月20、23日、11月18日、12月16、19日

◎靈魂伴侶：

1月18日、2月16日、3月14日、4月12日、5月10、29日、6月8、27日、7月6、25日、8月4、23日、9月2、21日、10月19日、11月17日、12月15日

優點：行事果斷、工作努力、運氣好、有創造力、務實、想像力豐富、勤奮

缺點：過於謹慎或過於衝動、不穩重、考慮不周、頑固

太陽星座：金牛座
區間：摩羯座／土星
角度：金牛23°-24°30´
類型：固定星座
元素：土
恆星：天苑四、大陵五

5月15日

TAURUS

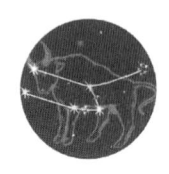

這個誕生日表示你是個務實敏感，而且想像力豐富的金牛座。你友善熱心，非常有價值觀念，表現穩重但出人意料的敏感。由於你需要安全感，你會發現你在生活中很注重藉著工作而得到經濟保障。你忠誠又可靠，常會以自己的工作為自豪，因為工作是你為發揮創新思維和責任感的途徑。

受落在摩羯座區間的太陽星座影響，你很勤奮又細心，喜歡有條不紊，天生具有常識。但有時你可能會猶豫不決或變得頑固，這會使你勤奮的優點大打折扣。

由於其他人對你也像你對他們那樣熱心體貼，所以你很可能有很多好朋友。你很敏感，不喜歡不和睦的環境。你可能需要一條與眾不同的途徑來實現你崇高的理想和對自然、藝術和音樂的熱愛。但在尋求快樂的過程中，你得謹防逃避現實或過度沉溺於物質生活的享受。

在你6歲時，推進太陽移至雙子座。在接下來的30年，你注重教育和交流。36歲後推進太陽進入巨蟹座，此次轉折令你更為重視情感安全、家庭和家人。在你66歲之後，推進太陽進入獅子座，你很可能變得更自信和外向。

■真實的自我

你的魅力能將你從很多的困境中幸運地拯救出來，並吸引人們成為你的友伴。你還擁有力量能以本能察覺他人的動機，只要相信自己的直覺，這種快速的內在力量將激勵你突破頑固的限制，有助於你取得更耀眼的成功。

雖然你會努力工作對家庭和家人負責，但你並不喜歡受約束而且有時會變化無常。這表明你需要保持活躍以便為你務實的態度注入活力。讓自己更有活力能防止你在人際關係和所處環境中顯得叛逆和不耐煩。

■工作和職業

你注重實際，洞察力強，能在任何領域獲得成功。雖然你不是特別有抱負，但你天生具有商業頭腦，渴望井然有序和交際能力，令你有從事可能處理他人錢財的職業，比如銀行業、法律或辦理國外業務。或者，你會選擇在家工作。雖然你很聰明，但更喜歡從經驗而非理論中學習。你具有的部分能力還包括動手創作的工作。你的誕生日表明你有很好的工作機會和強烈的責任感，但你得避免墨守成規。

這一天出生的名人包括演員詹姆斯‧梅森和皮爾斯‧布洛斯南，音樂家麥克‧歐菲

爾德，和科學家皮埃爾·居禮。

■ 數字命理學

通常你很敏捷熱情，性格富有魅力。你最大的財富是本身強烈的直覺力以及能結合理論與實踐的學習能力，所以大多時候，你既能學習新技能，又能賺錢。你能夠察覺機會，具有賺錢或得到他人幫助的能力。如果你能將你的實際的技能用於創新理念上並且克服變化不定或不滿的傾向，你事業上的成就會更好。受5月分的部分影響，你擁有常識，能快速理解思想與觀點。你經常希望按自己的方式行事並保有自我，但你得加強自己的耐心。雖然你生性愛冒險，但卻渴望找到一個真實的基礎或者自己的家。按常規和計畫行事有助於約束自己。

■ 愛情和人際關係

你具有強烈的情感，慷慨大方，能為別人付出。但這種力量如果沒有得到正確的引導，你將變得情緒不定和沮喪失望。由於你的感情關係很可能不如所願，所以你得注意避免捲入情感鬥爭遊戲或生悶氣。不過你富有魅力的個性，總是能吸引很多仰慕者和朋友。

■ 你生命中的特殊之人

從出生一下日期的人中，你可能會得到情感上的滿足和找到聲明中的特殊之人。

◎ 愛情和友誼：

1月7、11、22、25日、2月5、9、20日、3月3、7、18、21、31日、4月1、5、16、29日、5月3、14、27、29日、6月1、12、25、27日、7月10、23、25日、8月8、21、23、31日、9月6、9、19、21、29日、10月4、17、19、27、30日、11月2、15、17、25、28日、12月13、15、23、26日

◎ 幸運貴人：

1月8、14、19日、2月6、12、17日、3月4、10、15日、4月2、8、13日、5月6、11日、6月4、9日、7月2、7日、8月5日、9月3日、10月1、29日、11月27日、12月25、29日

◎ 強烈吸引你的人：

11月16、17、18日

◎ 砥礪者：

1月9、18、20日、2月7、16、18日、3月5、14、16日、4月3、12、14日、5月1、10、12日、6月8、10日、7月6、8、29日、8月4、6、27日、9月2、4、25日、10月2、23日、11月21日、12月19日

◎ 靈魂伴侶：

1月9日、2月7日、3月5日、4月3日、5月1日、10月30日、11月28日、12月26日

優點：主動、慷慨大方、負責、善良、樂於合作、有鑑賞、有創新理念

缺點：變化無常、不負責、以自我中心、害怕改變、沒有信心、焦慮不安、猶豫不決、追求物質享受、濫用權力

太陽星座：金牛座
區間：摩羯座 / 土星
角度：金牛24°-25°30´
類型：固定星座
元素：土
恆星：天苑四、大陵五

5月16日

TAURUS

金牛座

你的誕生日表明你聰明、好交際而且敢於創新。你看起來無憂無慮且容易相處，但在學習哲學事物之時，也有更嚴肅認真的一面。

通常你勤勞又頗具鑑別力，理智務實，但能包容新穎、與眾不同的創新觀點。所以你會是個時尚、風趣、機智、帶點冷面幽默性格的人。必要時你能看透假像或留給人猜測的未盡之言。由於你很獨立，所以自由對於你來說很重要，但你要避免變得任性或執拗，破壞了你天生的魅力。

受落在摩羯座區間的太陽星座影響，你能集中注意力而且有條不紊，渴望把工作做好。它賦予你精明的商業頭腦和強烈的雄心壯志，還可能引導你走向事業的巔峰。這種影響也可能令你節約或善於討價還價。

你對人際交往感興趣，並且天生具有人道主義特點，這表明你很容易融入各種社交圈，憑藉卓越的頭腦或創造能力，取得不凡的成就。

從你5歲左右開始，推進太陽移至雙子座，在接下來的30年你注重學習、新知與新技能和溝通。在你35歲時推進太陽移至巨蟹座，這會使你變得更敏感和顧家。在65歲之後，推進太陽進入獅子座，你會更注重領導能力、政治生活或享受。

■真實的自我

身為完美主義者，你會為了實現你的目標為你所愛之人做出很大的犧牲。你具有強烈的責任感和工作意識，為了取得成果你需要付諸實行。當這些特點結合內在的熱情和敏於評估人和局勢的特點時，你會發現自己很自然地得到領導地位。但你得謹防為了安全一味求穩，而不敢採取必要的冒險行動發揮自己的潛力。

給自己一點獨處的時間，探索內心深處，你能更了解自己的天性與本能。擁有和睦的家庭，在你追求內心寧靜的過程中尤其重要。你可能會因物質因素而焦慮不安或猶豫不決，只要增強信心或創造性地表現自己就能克服這點。當你覺得快樂滿足時，你能散發激勵他人的美好快樂心情。

■工作和職業

你富有創造力，敏銳機智並能夠努力工作，這表示你有可能會升至你所從事職業的頂端，前提是你不能分心。你的好奇心使你打破沙鍋問到底，而且具備不錯的分析能力。你有魅力又具備溝通交流能力，能在任何與人有關的事業中成功。你的生意觀念很

好，這表明你也極其可能選擇像談判、銀行業、或風險投資這類職業。你傾向冷靜達觀或人道主義，這如牧師、慈善工作等工作中可以得到表現。又或者，你渴望表現自己對美感和構成的見解，你即會以音樂、寫作或藝術做為表達的方式。

這一天出生的名人包括歌手珍娜‧傑克遜，爵士樂鼓手比利‧柯比漢，吉他手羅伯特‧費雷普，體操運動員奧爾加‧科爾布特，設計師克莉絲汀，網球運動員加布里艾拉‧薩巴蒂尼，以及演員朵莉‧史貝林和黛柏拉‧溫姬。

■數字命理學

出生在16號表明你很有抱負但也十分敏感。通常你顯得外向，善於交際，友好親切並考慮周到。你經常憑自己的感受來評判生活，而且擁有很好的洞察力和體貼的性格。出生在16號的人可能對世界事務感興趣，而且可能會加入國際組織。你們中富有創造力的人具有寫作的天賦，時常會有靈感的火花。你需要學會平衡過於自信和自我懷疑與不安。受5月分的部分影響，你直覺力和接受能力強。你好交際且多才多藝，人脈和興趣廣泛。你渴望創新，這表明你能夠結合創新理念和實用的技能，勇於創新。你喜歡給別人留下好印象，所以很注重外表。學會相信你內心的感受，克服優柔寡斷或焦慮不安的傾向。

■愛情和人際關係

通常你對人際關係的態度過於理想化。有時你需要獨處思考，也許會使你看起來退縮或冷淡。你很主動、忠實而且樂善好施，但你得避免過於極端而犧牲自己。你要保持樂觀與信心，如此才能避免變得多疑、好嫉妒或剛愎自用。

■你生命中的特殊之人

為了找到長期的幸福、安全感和愛情，你可能需要尋找出生在以下日期的人。

◎愛情和友誼：

1月8、13、22、26日、2月6、20、24日、3月4、18、22日、4月2、16、20、30日、5月5、14、18、28、30日、6月12、16、26、28日、7月10、14、24、26日、8月8、12、22、24日、9月6、10、20、22、30日、10月4、8、18、20、28日、11月2、6、16、18、26日、12月4、14、16、24日

◎幸運貴人：

1月9、20日、2月7、18日、3月5、16、29日、4月3、14、27日、5月1、12、25日、6月10、23日、7月8、21日、8月6、19、9月4、17日、10月2、15、30日、11月13、28日、12月11、26、30日

◎強烈吸引你的人：

1月27日、2月25日、3月23日、4月21日、5月19日、6月17日、7月15日、8月13日、9月11日、10月9日、11月7、17、18、19、12月5日

◎砥礪者：

1月2、10、19日、2月8、17日、3月6、15日、4月4、13日、5月2、11日、6月9日、7月7、30日、8月5、28日、9月3、26日、10月1、24日、11月22日、12月20、30日

◎靈魂伴侶：

1月15日、2月13日、3月11日、4月9日、5月7日、6月5日、7月3日、8月1日、10月29日、11月27日、12月25日

優點：有良好的教養、對家庭和家人負責、具有綜合能力、直覺敏銳、善於交際、樂於合作、富有洞察力

缺點：焦慮不安、不能滿足、不負責、自我吹捧、固執己見、多疑、挑剔、自私、缺乏同情

太陽星座：金牛座
區間：摩羯座／土星
角度：金牛25º-267º30´
類型：固定星座
元素：土
恆星：大陵五

5月17日

TAURUS

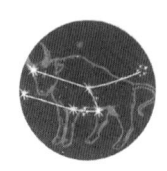

你有崇高的理想、堅定的決心和好交際的性格，這表明基本上你能在各方面表現優秀。當你樂觀積極時，你顯得魅力十足、非常熱情而且堅信自己的觀點。你的生日還表示你具有處理人際關係的天賦並且能使自己快樂。

即使你從來不缺錢用，但有時你仍會無端地害怕擁有的錢不夠。幸好你行事果斷而且堅持不懈，所以你不可能會守株待兔。你擁有雄心壯志，渴望獲得聲望和寬裕的生活，會驅使你在有不安全感時採取行動。

受落在摩羯座區間的太陽星座影響，你在有明確目標時能獲得更好的工作成果，並且非常專心於手頭上的任務。你具有極好的想法、優秀的決策技巧和為自己提供物質生活的能力。在為某個特定目標工作時，你能夠嚴格要求自己和他人，態度非常令人欽佩。你性格中的另一面是細膩情感和理想主義，你可能會在家人和朋友或值得同情的事物時表現出這一面性格。

在你4歲時推進太陽就移至雙子座，此後30年，你注重各種形式的交流和學習。這種情況將持續至34歲推進太陽進入巨蟹座之時。這次轉折讓你情感上的密切關係和安全感成為生活重心。在你60歲中旬時，推進太陽移至獅子座，此次轉折你將可能把重心放在與外界接觸，變得好交際而且很有威信。

■真實的自我

即使你的生活充滿計畫和實際行動，但內心仍尋求寧靜與和諧。這會激勵你培養音樂、藝術或各種創造才能，也或者會形成一股力量治療你周圍的人。你天生明白成功沒有不勞而獲的，這使你認真對待每一件事。你很驕傲並強烈渴望得到認可，這一點成為你前進的動力，而且也意味如果長期得不到讚賞，你就可能失落。

在你人生途中，你會日益累積社會聲望，並為你帶來安全感和經濟報酬。你非常樂意與所愛之人分享你的收穫，但你得注意避免擺架子或變得好嫉妒。你要多關注內心的精神需求，這有助於平衡你對快樂的渴望和想過更有意義生活的需求。

■工作和職業

雖然你喜歡自主或獨力創業，但你也明白與他人合作的重要性，所以你並不排斥與人合作或參與團體工作。你還可能特別善於銷售、宣傳某種想法或產品。你具備人際交往的技能和結識他人的能力，你的理想職業是從事與人際關係相關的工作，比如公共關

係、聯繫人和代理人。你擁有精明的商業頭腦和組織能力，這使你能在經濟顧問、談判員，或銀行家這類職業中取得成功。或者，教育、科學和音樂也對你有特別的意義。

這一天出生的名人包括歌手恩雅，演員鄧尼斯·霍珀，疫苗研究創始人愛德華·詹納，音樂家泰吉·瑪哈爾。

■數字命理學

出生在17號的你精明、內向而且十分理智。由於你經常以獨特地方式運用你的知識，所以能不斷增長自己的專業技能，並在某個領域有專家般的成就與地位。你性格孤僻、好反省而且客觀公正，對具體的資料非常感興趣，常常表現得嚴肅並考慮周到，喜歡從容行事。你能持久地集中注意力和忍耐力，能從經驗中學到不少。不過，只要懷疑愈少，你學得就愈快。受5月分的部分影響，你很務實勤奮，喜歡相信具體的資料。你天生具有商業頭腦和分析能力，這表明你可成為你從事領域中的專家。獲得知識和拓展視野有助於你增加自信。你要加強對他人的責任感或積極為團體服務。

■愛情和人際關係

通常你過著充實的社交生活，而且受人歡迎。你所有的人際關係對你都很重要，雖然你是個忠實的夥伴，但你更喜歡觀點堅定而且頭腦聰慧的強者。但你得注意避免捲入與合作者的權力紛爭，因為這會給你帶來不必要的壓力和焦慮。當你在人際關係中感覺安全時，你會非常樂於幫助所愛之人並且表現慷慨。信任是你建立親密人際關係的前提，而精神鼓勵則能展現最優秀的你。

優點：	考慮周到、有一技之長、善於規畫、有很好的商業頭腦、能賺錢、獨立思考、用心、力求準確、善於研究、有科研能力
缺點：	客觀公正、頑固、粗心、情緒多變、心胸狹窄、挑剔、焦慮不安、多慮

■你生命中的特殊之人

為了得到安全感、精神鼓勵和愛情，你需要尋找出生在以下日期的人。

◎愛情和友誼：

1月3、23、27日、2月11、21日、3月9、19、28、31日、4月7、17、21、26、29日、5月5、15、24、27、29、31日、6月3、13、22、25、27、29日、7月1、11、20、23、25、27、29日、8月9、18、21、23、25、27日、9月7、11、16、19、21、23、25日、10月5、14、17、19、21、23日、11月3、12、15、17、19、21日、12月1、10、13、15、17、19日

◎幸運貴人：

1月3、4、10、21日、2月1、2、8、19日、3月6、17、30日、4月4、15、28日、5月2、13、26日、6月11、24日、7月9、22日、8月7、20日、9月5、18日、10月3、16、31日、11月1、14、29日、12月12、27日

◎強烈吸引你的人：

1月22、28日、2月20、26日、3月18、24日、4月16、22日、5月14、20日、6月12、18日、7月10、16日、8月8、14日、9月6、12日、10月4、10日、11月2、8、18、19、20日、12月6日

◎砥礪者：

1月11、20日、2月9、18日、3月7、16日、4月5、14日、5月3、12、30日、6月1、10、28日、7月8、26、31日、8月6、24、29日、9月4、22、27日、10月2、20、25日、11月18、23日、12月16、21日

◎靈魂伴侶：

1月26日、2月24日、3月22、30日、4月20、28日、5月18、26日、6月16、24日、7月14、22日、8月12、20日、9月10、18日、10月8、16日、11月6、14日、12月4、12日

太陽星座：金牛座
區間：摩羯座／土星
角度：金牛26°-27°30´
類型：固定星座
元素：土
恆星：大陵五

5月18日

TAURUS

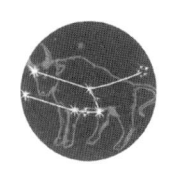

你友善的性格、領導能力和堅定的決心，使你生來就是個成功者。你務實，有很好的道德觀念，愛美和生活中的美好事物。你能迅速察覺機會，能成功地結合物質主義和強烈的理想主義。

受落在摩羯座區間的太陽星座影響，努力工作和承擔責任是你日常生活中的一部分，而物質因素和地位對於你來說很重要。你渴望得到同儕的尊重，當你投身於某個事業時，你會是個忠實、孜孜不倦的工作者，而且很可能奉獻自己的一切。

你是個理想主義者並且追求精神信仰或自覺意識，有很強烈的人道主義特徵。這種對人的興趣令你很有憐憫心，能理解他人的需求。你很敏感而且想像力活躍，這能在藝術、音樂或戲劇方面表現出來。你擁有強烈的求知欲，喜歡討論，善於組織，能快速掌握任何形勢，但你可能得謹防為此而頑強抵制他人。幸好你能以你慷慨無私的言行彌補這個缺點。

在你3歲左右，推進太陽就移至雙子座，接下來的30年，你注重兄弟或姊妹情誼、學習新技能或知識。在33歲時，推進太陽進入巨蟹座，你將經歷一次轉折，家庭和家庭基礎成了你人生的重點。在60歲出頭時，推進太陽移至獅子座，你的生活重心將從家庭轉向創新和更多的自我表現。

■真實的自我

你強烈的意志力能將自己的想法一一實現，所以明確你的動機和欲望特別重要。藉由發揮內心愛的力量，你會成為幫助別人的重要力量，並且將性格中對立的極端面逐漸融合平衡。過於敏感或你有可能專制。要減輕這些問題，你需要保持獨立，並善用你天生的能力與人合作和與交往。你是個務實且有遠見的人，為了實現宏偉的計畫，你需要不斷展望未來並且挑戰自己。這有助你克服內在的不安分或不耐煩，這些情緒會耗盡你的體力。

■工作和職業

受理想驅使，你會為了實現目標而努力工作。你決心堅定，能自然而然地位居領導地位，喜歡開創新事業，傾向於從事法律法規或政府工作。由於你極其善於宣傳人或推銷點子，所以你可能決定在市場銷售、代理人或談判員這些領域工作。你具有耐力、奉獻的精神和管理能力，所以你也可能經商，成為經濟顧問、經理、證券經紀人或企業

家。旅行特別有助你實現目標。你愛美的性格可能引導你從事與奢侈品、古董或設計相關的職業。你還具有為慈善事業籌資或買賣地產的能力。或者，你強烈的個人風格可以在創意領域得到滿足。

這一天出生的名人包括芭蕾明星瑪格·芳登，教皇約翰保祿二世，和歌手派瑞·柯莫和托亞·威爾科克斯。

■數字命理學

決心堅定、行事果斷和有雄心壯志是18號誕生日具有的特點。你精力充沛並且積極活躍，時常渴望得到權力，需要不斷的挑戰。有時你可能會很挑剔，難以取悅，或喜歡討論有爭議性的問題。18日的壽星，會運用自己的力量去幫助別人，給出正確的建議，或解決他人的問題。你良好的商業頭腦和組織能力會引導你進入商業界。受5月分的部分影響，你精力充沛，行事果斷，知道如何實踐想法。透過思考和分析，你會注重細節並且消除可能的誤會。如果你太過於倉促或半途而廢，就會耽誤進度。有時你太刻薄而且可能改變對他人的看法，這意味著你內心感到不滿。如果你不夠自信，就會變得內向並且不善交流或情緒多變。

■愛情和人際關係

雖然你有很多感興趣的東西，但你時常尋求一個與你志同道合的知己。你性格變化不定，這表示你有時會在責任和個人意願之間徘徊不定。你充滿雄心壯志和對安全的需求，結婚有時是目的而非愛情。你敬佩忠誠的人；但如果你懷疑自己，就變得不滿意並且情緒起伏不定。一方面，你很熱心慷慨；另一方面，你很冷漠而且過於嚴肅。不過，你只要保持誠實並學會忍耐和堅持不懈，就會找到幸福及情感上的平衡或穩定。

優點：積極進取、行事果斷、直覺力強、勇敢、堅定、有治療能力、效率高、善於提建議

缺點：情緒失控、懶惰、缺乏條理、自私、冷漠、不能完成任務、不誠實

■你生命中的特殊之人

從出生於以下日期的人中，你可能會找到能激勵別人的夥伴，而這正是你所需要的。

◎愛情和友誼：

1月14, 24, 28, 31日、2月12, 22, 26, 29日、3月10, 20, 24, 27日、4月8, 18, 25日、5月6, 16, 23, 30日、6月4, 14, 21, 28, 30日、7月2, 12, 19, 26, 28, 30日、8月10, 17, 24, 26, 28日、9月8, 12, 15, 22, 24, 26日、10月6, 13, 20, 22, 24, 30日、11月4, 11, 18, 20, 22, 28日、12月2, 9, 16, 18, 20, 26, 29日

◎幸運貴人：

1月5, 22, 30日、2月3, 20, 28日、3月1, 18, 26日、4月16, 24日、5月14, 22日、6月12, 20日、7月10, 18, 29日、8月8, 16, 27, 31日、9月6, 14, 25, 29日、10月4, 12, 23, 27日、11月2, 10, 21, 25日、12月9, 19, 23日

◎強烈吸引你的人：

1月12日、2月10日、3月8日、4月6日、5月4日、6月2日、11月19, 20, 21日

◎砥礪者：

1月16, 21日、2月14, 19日、3月12, 17, 30日、4月10, 15, 28日、5月8, 13, 26日、6月6, 11, 24日、7月4, 9, 22日、8月2, 7, 20日、9月5, 18日、10月3, 16日、11月1, 14日、12月12日

◎靈魂伴侶：

1月25日、2月23日、3月21日、4月19日、5月17日、6月15日、7月13日、8月11日、9月9日、10月7日、11月5日、12月3, 30日

太陽星座：金牛座
區間：摩羯座／土星
角度：金牛27°-28°30´
類型：固定星座
元素：土
恆星：昴宿六、大陵五

5月19日

TAURUS

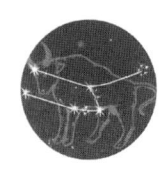

你的誕生日賦予你傑出的領導能力，此外你還具有優秀的精神力量和很好的洞察力。你細心謹慎，但也具備比他人更瘋狂或更獨立的性格，以致在別人眼中，你是自信又從容不迫。

受落在摩羯座區間的太陽星座影響，你在投身於某項事業時願意全力以赴，如果有著明確的目標你會更加成功。這種影響還表示你擁有強烈的雄心壯志和責任感能完成長遠計畫。雖然你很頑固，但你執著的力量和直覺力有助你邁向成功。

由於你天生對人感興趣，所以你會是個人道主義者，堅信需要自由和社會變革。你勇於創新，有著積極進步的生活態度，可以成為別人的代言人。這一天出生的人無論是男女都要謹防變得專橫。你愛討論和友好地開開玩笑，能夠振奮你的精神，是種不錯的消遣方式。不過，你可能得避免顯得自私或毫無同情心；要謹防過度沉溺於物質的享受。憑藉你的知識深度和優秀的判斷力，會對他人產生良性的影響。接受某種形式的教育，能將發揮最大程度的潛力。

當你2歲時，推進太陽移至雙子座，在接下來的30年，你注重學習、寫作、演說和交流溝通。這種情況將持續至你30歲推進太陽進入巨蟹座之時。這次轉折令你更重視情感上的親密關係、家人、家庭和生活的安全感。62歲之後，推進太陽移至獅子座，你很可能變得更有自信並且對政治或表現自己感興趣。

■真實的自我

你是天生領導者，非常清楚團隊合作的重要。為了避免出現依賴別人的狀況，你有必要運用你強烈的直覺，並在堅持自己的想法和接受別人的觀點間找到合適的平衡點。你具有說服別人的魅力，所以你經常能夠使別人明白你理想的重要性並得到他們的幫助。

你渴望誠實和公正，這會引導你在艱難的處境中抓住權力。態度強硬，這經常會顯得你似乎很專制，事實上，你只是渴望解決問題，而非放著不管。你的決心、力量和恆心最終會帶來成功。在你嚴肅的外表下，有著一顆充滿理想和樂於助人的心。

■工作和職業

你工作認真又負責，這表示你有成功的巨大潛力。你有著許多創新的想法，這可能會促使你從事教育、哲學或科學研究。你具有人道主義和可能追求精神信仰的性格，將

促使你進行社會改革或信仰宗教。你善於表達,所以能輕易透過言語、寫作或唱歌來表達自己。你擁有天生的治療力量,可能會選擇醫療或與健康有關的職業。

這一天出生的名人包括政治領袖麥爾坎·X,音樂家皮特·湯森和喬依·雷蒙,演員葛倫克蘿斯,和歌手葛麗絲·瓊斯。

■數字命理學

19號誕生日表示你行事果斷、足智多謀而且觀察深刻,但你性格中理想主義的一面,令你富有同情心並能給人留下深刻印象。你渴望成為重要人物,這是促使你吸引別人和獲得中心地位的推動力。在別人看來你有自信而且適應力強,但內心的不安會導致你情緒起伏。雖然你很自豪,但還是需要明白世界並非圍繞著你轉。受5月分的部分影響,你警覺性高且情緒變化不定。雖然你渴望和諧和寧靜,但你需要察覺他人的感受和需求。你富有創造力和想像力,發揮你的藝術才能將使你受益非淺。你要避免焦慮,學會放鬆並保持冷靜。只要你鼓勵別人而且保持耐心,就能克服挑剔的傾向。你可能得在自我中心和無私地為他人服務之間找到平衡。保持公正能表現你的勇氣和真正的自制力。

■愛情和人際關係

你很坦率直爽,在保護所愛之人時警覺性很高。和睦和寧靜的環境是必要條件,而且憑藉你隨和的性格你還能夠幫助那些情緒緊張的人。不過你得避免過於傲慢或變化不定,並要避免陷入呆板的生活。雖然你很善於交際,但家庭和家人仍然在你的人生中發揮重要作用。

■你生命中的特殊之人

你可能會與出生於以下日期的人建立持久穩定的關係。

◎愛情和友誼:

1月11、13、15、17、25、29日、2月9、11、13、15、23日、3月7、9、11、13、21、25日、4月5、7、9、11、19日、5月3、5、7、9、17、31日、6月1、3、5、7、15、29日、7月1、3、5、27、29、31日、8月1、3、11、25、27、29日、9月1、9、13、23、25、27日、10月7、21、23、25日、11月5、19、21、23、12月3、17、19、21、30日

◎幸運貴人:

1月1、5、20日、2月3、18日、3月1、16日、4月14日、5月12日、6月10日、7月8日、8月6日、9月4日、10月2日

◎強烈吸引你的人:

11月19、20、21、22日

◎砥礪者:

1月6、22、24日、2月4、20、22日、3月2、18、20日、4月16、18日、5月14、16日、6月12、14日、7月10、12日、8月8、10、31日、9月6、8、29日、10月4、6、27日、11月2、4、25、30日、12月2、23、28日

◎靈魂伴侶:

1月6、12日、2月4、10日、3月2、8日、4月6日、5月4日、6月2日、

優點:精力充沛、專著、有創造力、有領導能力、運氣好、積極進步、樂觀、信念堅定、有競爭意識、獨立、好交際

缺點:以自我中心、消沉、焦慮不安、害怕拒絕、情緒起伏不定、追求物質享受、自我、沒有耐心

太陽星座：金牛座
區間：摩羯座／土星
角度：金牛28°-29°30´
類型：固定星座
元素：土
恆星：昴宿六

5月20日

TAURUS

聰明的性格和個人智慧，使出生在今天的人很與眾不同。熱情和表現傑出的能力，使你成為天生的領導者，你善於處理人際關係，善良而且喜歡與人接觸。你很有天賦，在其他人看來你具有常識、魅力和自信。

受落在金牛座摩羯區間的太陽星座影響，聲望和自尊對於你很重要。你能保持尊嚴而且認真負責地努力工作。你天生善於理財，喜歡做預算並將財務或商業計畫安排得有條不紊。但生活中的奢華享受仍然會誘惑你，所以你很可能在美好的事物上花費大量時間與金錢，謹防過度放縱。

天生喜歡刺激感，使你喜歡結交聰明和善於溝通的人。由於你擅長表達，所以你可能喜歡激烈的辯論或機智巧妙的回答。你能快速掌握思想，希望誠實直爽，但得避免固執己見或頑固不化。

如果有時你的宏偉計畫失敗了，你還是會為自己感到難過，但這種情況不會持續太久，因為你有決心戰勝困難取得成功。

2歲左右，推進太陽移至雙子座。這表示你在小時候可能學習能力強並和兄弟姊妹關係密切。在你30歲之前，很可能會專注於學習和學習新技能。在你31歲時出現轉折，推進太陽進入巨蟹座，你會更重視家庭關係和家庭基礎。在你60歲出頭時，推進太陽移至獅子座，你的自信心將增強，你也容易變得更外向和愛表現自己。

■真實的自我

雖然你知道你能夠取得巨大成就，但你得避免過於追求物質享受或挑剔自己。你的創新精神使你總是尋求新穎刺激的方法，好充實自己的知識和拓展視野。由於你不滿足於既得之物，所以你很可能為了發掘內在所有潛能而至遠方旅行或增長見識。你還是個情感強烈的人，雖然你可能不會表現出來。但這種強烈的情感需要透過享受生活中的快樂表現出來，所以你不能用憂愁或焦慮的情緒來掩蓋。當你覺得快樂時，總能夠實現自己想要得到的所有目標。只是你得記住：在做出選擇時你要相信自己，才能使自己堅持遠大的理想。憑藉你的決心、靈感和慷慨，你能夠在生活中取得驚人的成就。

■工作和職業

你很聰慧渴望變化，所以你渴望不斷更新知識。因為你喜歡大事業或團體，不喜歡臣服於別人，所以你理想的職業是能自主創業或擁有一些控制權或威信。若你具有必

要的自我約束能力，你的商業天賦會使你獲得成功。你有必要選擇具有某種有心理挑戰性或富變化的工作，以免覺得枯燥乏味。你的直覺力可能會引導你走向科研、教育、形而上學或哲學領域。你具有多種才能和很好的藝術、音樂和戲劇鑑賞力，並引導你進入藝術、傳媒或娛樂界。你體貼的性格可能在諮詢、社會工作或為他人的權力而奮鬥的工作中得到發揮。

這一天出生的名人包括歌手雪兒和喬·庫克，古希臘哲學家蘇格拉底，演員吉米·史都華，和作家巴爾扎克。

■數字命理學

20號出生的你直覺敏銳、適應力強且通情達理。通常你喜歡與人合作，也能與人相互合作、分享經驗或向別人學習。你富有魅力且好交友，你具有交際手腕，能夠輕鬆自如地穿梭在不同的社交圈。但得避免自己易被他人的行為或批評傷害的傾向。在人際交往中你必須避免犧牲自己、不值得信賴或過於依賴別人。受5月分的部分影響，你接受能力強而且聰慧，渴望創新和表現自己。有時你很害羞，所以你需要學會清楚無誤地表達自己的感受。雖然你友善親切而且把自己看成團體的一員，但你需要獨處的時間用於享受寧靜和整理自己的思緒。你應該利用時間進修或學習新技能並且讓別人幫助你改變你的生活。你要相信自己的直覺並提高自己的思想水準。

■愛情和人際關係

你情感細膩，直覺力強，思維敏銳，渴望人際關係中充滿變化和精神鼓勵。雖然你好交際並喜歡結識各種人，但是你更喜歡與學識和觀點豐富的智者成為夥伴。因為你能獨自獲得眾多成就，所以在人際交往中你拒絕低人一等，並且將自己和別人放在同等地位。你親切忠實而且通情達理，關心你最親近的人。在戀愛時通常願意做出巨大犧牲。不過，出生在這天的人都有變化不定的特點，這意味著你經常改變主意或猶豫不決。

優點：很好的夥伴、性情溫和、講究策略、接受力強、直覺敏銳、體貼、追求和睦、容易相處、性格友好、親善大使

缺點：多疑、缺乏自信、膽小、過於敏感、過於感情用事、自私、可能容易受傷害、不誠實

■你生命中的特殊之人

你可能從出生於以下日期的人中能找到一個使人振奮的夥伴。

◎愛情和友誼：

1月12.16.25.30日、2月10.14.23.24日、3月8.12.22.26.31日、4月6.10.20.29日、5月4.8.18.27日、6月2.6.16.25.30日、7月4.14.23.28日、8月2.12.21.26.30日、9月10.14.19.24.28日、10月8.17.22.26日、11月6.15.20.24.30日、12月4.13.18.22.28日

◎幸運貴人：

1月2.13.22.24日、2月11.17.20.22日、3月9.15.18.20.28日、4月7.13.16.18.26日、5月5.11.16.18.26日、6月3.9.12.14.22日、7月1.7.10.12.20日、8月5.8.10.18日、9月3.6.8.16日、10月1.4.6.14日、11月2.4.12日、12月2.10日

◎強烈吸引你的人：

1月25日、2月23日、3月21日、4月19日、5月17日、6月15日、7月13日、8月11日、9月9日、10月7日、11月5.21.22.23日、12月3日

◎砥礪者：

1月7.23日、2月5.21日、3月3.19.29日、4月1.17.27日、5月15.25日、6月13.23日、7月11.21.31日、8月9.19.29日、9月7.17.27.30日、11月3.13.23.26日、12月1.11.21.24日

◎靈魂伴侶：

1月17日、2月15日、3月13日、4月11日、5月9日、6月7日、7月5日、8月3日、9月1日、11月30日、12月28日

太陽星座：金牛座和雙子座交界處
區間：摩羯座／土星
角度：金牛29°-雙子0°30´
類型：固定星座
元素：土
恆星：昴宿六

5月21日

TAURUS

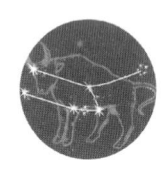

　　你勇敢聰明而且野心勃勃，你的生日表示你是個活躍而且極具個人魅力的人。由於出生在兩個星座的交點上，你既具有金牛座的感官物欲，又具有雙子座的聰慧。你最大的財富是處理人際關係的天賦和與生俱來的戲劇感。你掌握了大量資訊，熱愛思想和知識，善於以風趣的方式讓自己的觀點得到大家認同。你能夠與各種生活閱歷的人交朋友，有著強烈的個體和獨立意識。

　　受落在兩個星座交點上的太陽星座影響，你是個負責、忠實、勤勞的人，而且極度善於交流。你生來就擁有商業才能，並且有強烈的務實觀念，這使你能意識到家庭和生活安全感的問題。你的進取精神會激勵你將理想轉化為現實，並確保你的宏偉計畫會實現。但你得避免叛逆或固執的性格，成為與他人交流的阻礙。

　　你很機智、有創造力、直率，非常善於說服別人，並有組織能力。你喜歡奢侈品和享樂，這意味著你希望享受生活賦予的一切，但你可能會因為過度享樂而破壞自己的幸福。藉由約束自己，你能在生活的所有領域成果豐碩。

　　在人生的頭30年裡，推進太陽穿過雙子座。這意味著你在小時候很機警而且學習能力強。這段期間內你還增強了自我的心智和溝通能力。在你30歲出頭時，推進太陽移至巨蟹座，你很可能從注重洞察力轉向渴望情感、家庭和家人。從60歲開始，推進太陽移至獅子座，你變得更加自信而且更能夠表現自己，此外你可能更喜歡公共生活。

■真實的自我

　　強烈的物質主義性格，可能令你過於注重生活中的安全感，但你博大的胸懷和對他人的憐憫會彌補這個缺點。隨著成長你愈來愈熱衷於權力，而且會發現找到自我表現的途徑尤為重要。這將激勵你以寫作、戲劇、藝術或音樂等形式增強自己的天賦。此外，孩子般的頑皮性格，將有助你減輕他人帶來的壓力。

　　當你在乎別人時，你願意奉獻自己並接受那些不能給予你同等回報的人。憑藉著你的體貼關心和解決問題的能力，你能幫助他人，尤其是為你的家人處理問題。你會發現自己總無端地擔心經濟上的問題，其實你根本不用擔心，因為你總是付出多少就能得到多少，回報甚至更多。

■工作和職業

　　你很有才華而且很勤奮，具備能令你應對所有人際活動的個人魅力。你思維敏捷，

非常健談，能在寫作、新聞、教學、政治或法律方面運用語言天賦。你善於說服別人且具有商業才能，能在銷售、市場行銷或宣傳行業闖出一番成就。你的野心和對優渥生活的渴望很可能激勵你實現遠大的計畫，但接受教育將更能充分發揮你的非凡潛力。很多出生在這天的人會進入藝術、音樂或娛樂行業。

這一天出生的名人包括作家哈羅德‧羅賓斯，音樂家費茲‧華勒，藝術家阿爾佈雷特‧杜勒，和演員雷蒙德‧伯爾和羅伯特‧蒙哥馬利。

■數字命理學

21號的壽星通常顯得精力充沛和性格外向。你親切友好，愛交際，有很多社會關係和廣泛的人際圈。喜愛娛樂，富有魅力，而且有創造力；或者，你很害羞內向，渴望變得堅定果斷，尤其是在親密的人際關係中。雖然你可能需要依賴合作關係或婚姻關係，但你總希望以自己的才能和能力得到別人認可。受5月分的部分影響，你多才多藝而且熱情。能快速掌握思想，這使你能獲得新技能。你可能需要增強自己的商業意識並為自己建立穩固的基礎。你富有創造力而且講究實際，渴望以獨特的方式表達自己的看法和思想。雖然你在開始從事一項計畫時，總是充滿極大的熱情，但你要有信心讓這種熱情堅持到底。

■愛情和人際關係

你主動樂觀，勤勞又有洞察力，時常在渴望自由獨立和希望體貼夥伴的欲望中徘徊不定。你熱情友善，這意味著你喜歡社交而且受人歡迎。你可能會遇到特殊關係，這種關係符合你期望觀察自我內在的需求。試著別對他人抱持太高期望。你要現實一點，明白信心和信任最終會帶來成功。你要慢慢地仔細挑選朋友和愛人。

■你生命中的特殊之人

在你出生於以下日期的人中，你可能會很容易找到理想的愛情。

◎愛情和友誼：

1月7.10.17.21.27日、2月5.8.15.25.29日、3月3.6.13.23.27日、4月1.4.11.21日、5月2.9.19日、6月7.17日、7月5.15.29.31日、8月3.13.27.29.31日、9月1.11.15.25.27.29日、10月9.23.25.27、11月7.21.23.25日、12月5.19.21.23日

◎幸運貴人：

1月3.5.20.25.27日、2月1.3.18.23.25日、3月1.16.21.23、4月14.19.21日、5月12.17.19日、6月10.15.17日、7月8.13.15日、8月6.11.13日、9月4.9.11日、10月2.7.9日、11月5.7日、12月3.5日

◎強烈吸引你的人：

1月13日、2月11日、3月9日、4月7日、5月5日、6月3日、7月1日、11月22.23.24日

◎砥礪者：

1月16.24日、2月14.22日、3月12.20日、4月10.18日、5月8.16.31日、6月6.14.29日、7月4.12.27日、8月2.10.25日、9月8.23日、10月6.21日、11月4.19日、12月2.17日

◎靈魂伴侶：

1月16日、2月14日、3月12日、4月10日、5月8日、6月6日、7月4.31日、8月2.29日、9月27日、10月25日、11月23日、12月21日

```
優點：富有靈感、有創造力、熱愛團結、關係持久
缺點：依賴別人、神經緊張、情緒失控、缺乏遠見、失望、害怕改變
```

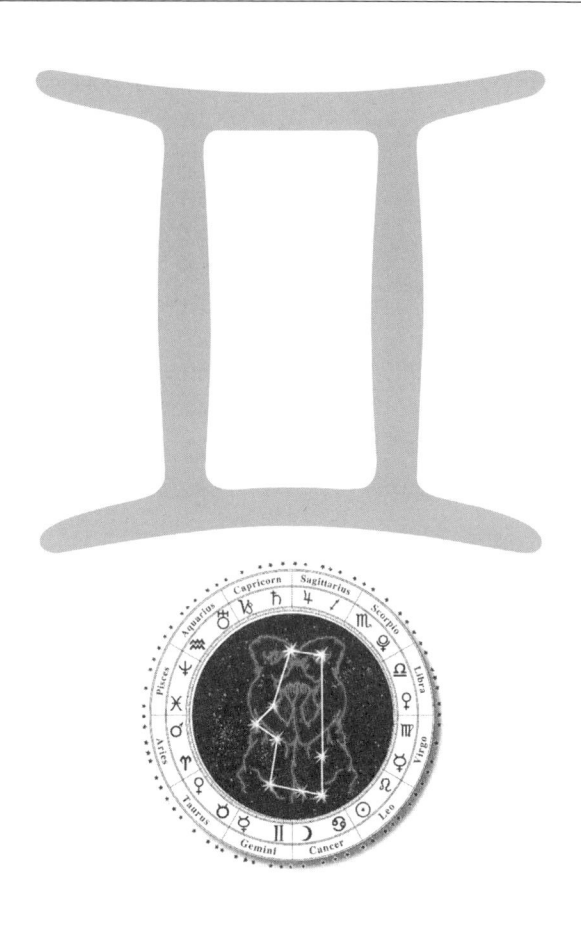

雙子座
Gemini

5.22～6.21

太陽星座：雙子和金牛座交界處
區間：雙子座／水星
角度：雙子0°-1°30´
類型：變動星座
元素：風
恆星：昴宿六

5月22日

GEMINI

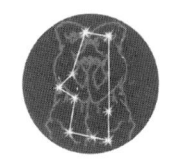

雙子座

你敏捷的理解力、雄心壯志和交際魅力突顯出誕生日所賦予你的巨大潛力。你很坦率直爽、心胸開闊、思想開明，擁有完善的常識。由於你還是個叛逆而且容易厭倦的人，所以要如何將你非凡的才能，轉化為振奮人心的計畫是個極大的課題。

當你投身於新計畫時，你具有必勝的熱情。由於你是個不會弄虛作假的人，所以找到合適的自我表達途徑，絕對是幸福的必要條件。

出生在金牛座和雙子座的交界處，你同時具有兩個主要區間行星：土星和水星的特殊優點——將自己的智力用於實際面並且渴望自己見多識廣。你能夠覺察別人的動機，這會使你能找到務實的方式，實踐自己的遠大計畫。

因為你能藉由勸說的魅力和樂觀的活力鼓勵別人，所以得到領導職位是自然而然的事。只是你可能需要避免固執、草率和過於健談或好爭論。當你將自信轉化為傲慢，而非加強驚人的洞察力和能力的能量之時，這些情況就很可能發生。

在早期，你可能受到一位男性的強烈影響，通常是你的父親。在你30歲之後，太陽星座推進至巨蟹座，家庭、家人和情感需求，成為你生活中重心。這種影響將持續至你60歲出頭推進太陽進入獅子座時，你會變得有威望和自信。

■真實的自我

你具有不認輸的內心力量，不甘心只能順從。這種性格賦予你能在生活中有所成就的潛力。當你同時具備決心、說服能力和極好的社交能力時，整個世界都是你大展宏圖之地。

有時你可能發現自己力有未逮，將導致內心變化不定。此時若能傾聽自己的心聲或相信自己內在的智慧，你會發現你的直覺遠比智慧的言語準確得多。由於你渴望擁有做出成績的自豪感，所以你要不斷更新知識和技能，使自己居於領導地位。

■工作和職業

你注重實際而且善於交流，能在銷售、寫作、宣傳或公共關係方面有所成就。你具有敏捷的思維和領導的能力，表示你會在商業方面成功，尤其是做為分析師或糾紛排解人。你也可能進入學術界，在研究或精神學方面找到一份合適的工作。你對智慧的熱愛會激勵你去探索玄學。你應該避免落入受人指揮的情況，因為你不喜歡別人告訴你該怎麼做。你天生的創造力和冒險精神還可能會激勵你進入娛樂界。由於你善於動手實踐而

且具有治療能力，所以你可能從事某種保健工作。

這一天出生的名人包括演員勞倫斯·奧利佛，作曲家華格納，作家柯南·道爾，和模特兒娜歐蜜·坎貝爾。

■數字命理學

這個誕生日數字很好，既代表數字22，又代表數字4。你誠實勤奮，天生具有領導能力，性格富有魅力，能深入了解別人及其動機。雖然你不輕易流露感情，但你時常表現出對他人福利的關心和維護，不過你也從不忽略自己務實或現實的立場。通常你很有教養且善於處世，有很多朋友和仰慕者。其中部分有競爭意識的人，能夠憑藉他人的幫助和鼓勵獲得成功和好運。許多在這天出生的人和自己的兄弟姊妹關係密切，並能保護和幫助他們。受5月分的部分影響，你直覺敏銳但經神緊張，具有創造力和想像力。你經常顯示自己的個人風格而不會讓人覺得古怪。你很現實，能夠從容、不慌亂地解決問題。但是，別對他人和局勢反應過度。在你人生中的中晚期，你會變得更有抱負。

■愛情和人際關係

你具有獨立的性格和強烈的直覺，這意味著你喜歡決心堅定或能約束自己的強者。你的誕生日經常和一位有威信的老者有所聯繫，他會對你的看法和信念產生強烈影響。你有必要找到一位勤奮或者敬重的夥伴。相反地，你會發現自己可能在無意間對自己的朋友和夥伴過分頤指氣使，但其實這並非你真正想要的結果。然而，唯有藉著加強自己的智慧和同情心，你才能達到內心的渴望。

■你生命中的特殊之人

如果你正在尋找伴侶，你可能會和出生在以下日期的人建立穩定的關係。

◎愛情和友誼：

1月1、8、14、28、31日、2月12、26、29日、3月10、24、27日、4月8、22、25、26日、5月6、20、23日、6月4、18、21日、7月2、16、19、30日、8月14、17、28、30日、9月12、15、16、26、28、30日、10月10、13、24、26、28日、11月8、11、22、24、26日、12月6、9、20、22、24日

◎幸運貴人：

1月26日、2月24日、3月22日、4月20日、5月18日、6月16日、7月14日、8月12日、9月10日、10月8日、11月6日、12月4日

◎強烈吸引你的人：

11月22、23、24日

◎砥礪者：

1月3、25日、2月1、23日、3月21日、4月19日、5月17日、6月15日、7月13日、8月11日、9月9日、10月7日、11月5日、12月3日

◎靈魂伴侶：

1月3、10日、2月1、8日、3月6日、4月4日、5月2日

優點：博學多才、有指揮能力、直覺敏銳、務實、講究實際、善於動手、技能熟練、有建設能力、善於組織、現實、善於解決問題、有所成就

缺點：致富心切、神經緊張、自卑、專橫、物質主義、缺乏遠見、懶惰、自我

太陽星座：雙子座
區間：雙子座/水星
角度：雙子1°-2°
類型：變動星座
元素：風
恆星：無

5月23日

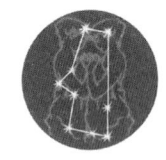

GEMINI

你友善聰慧，喜歡交流看法和分享知識；心態年輕，思維敏捷，這使你能快速理解思想觀點。雖然你多才多藝，但得謹防自己過於求快，反而情緒變化不定或不耐煩。受落在雙子座第一區間行星水星的影響，你對世界事務感興趣，喜歡不斷前進。整體說來，你的心態開闊、有同情心、見識廣博和真誠。你認為講真話和直率、誠信待人很重要。

有時，你會很容易焦慮不安，這會使你消沉或氣餒，此時你有必要超脫自己，不讓自己對平常發生的倒楣事過於敏感，要專心於實現樂觀的未來計畫。由於你仁慈寬厚和為他人著想的生活態度，常能幫助弱勢群體或並給他人建議。雖然你很節儉，但對自己關心的人極其慷慨。

你內心渴望和睦，所以家庭若能成為你安全感的來源對你而言尤其重要，你也會探索自己內心，透過深入接觸潛意識，清楚地了解自己的夢想。你需要聰明的人在你身邊，你可以從他們身上得到精神鼓勵，因為你興趣非常廣泛。你是聰明健談的人，能充滿熱情地討論你得意的話題。你還可能對哲學、宗教、文學、旅遊或法律特別感興趣。

在你29歲之後，太陽星座移至巨蟹座，你會變得更敏感和注重安全，而且非常重視家庭生活。太陽星座在59歲左右時推進至獅子座，你強烈渴望表現自己且行事果斷，這會致使你變得更愛交際和冒險。

■真實的自我

你內心具有引人注目的意識，這表示你非常渴望表現自己的創造力和表達自己的看法。這種需求若得不到滿足，就變得灰心或失望。你具有樂觀的生活態度或信仰，這確保你不會隨波逐並能使你專心。鍛鍊你的思維和能力是必須的；教育，不管是傳統教育還是自學，都會給你自信，盡力發揮自己的潛力，是你成功的關鍵。

你覺得坦率、負責和償還債務很重要，主要是因為你有強烈的公正意識並想讓你周圍的環境盡量和睦。只是你得謹防為了不想破壞現狀，而令自己了無新意，要隨時提高自己的能力，才能有所獲。

■工作和職業

你天生的商業頭腦和卓越的組織能力令你在各行各業都有發展。由於你具有對知識的熱愛和溝通的天賦，所以能在教學領域表現突出或從事語言學、自然科學或新聞工

作。你很可能善於動手，能成為創造和藝術工作中的佼佼者。或者，與國外事務或人際交往有關的工作，可以滿足你喜歡變化的要求，而使你不會覺得枯燥乏味。法律、諮詢或心理學，能夠為你提供發揮建議和資訊能力的途徑。出生在今天的人還可能在演藝界或音樂方面成功。

這一天出生的名人包括演員瓊‧考琳絲，催眠師麥斯麥，和演員道格拉斯‧費爾班克斯。

■數字命理學

直覺敏銳、情感細膩和富有創造力是出生在23號的人具有的特點。通常你多才多藝，充滿熱情，思維敏捷，態度專業更充滿創新理念。受數字23的影響，你很容易學會新事物，但你更喜歡從做中學。你喜愛旅行、冒險和結識陌生人，而且你會發現數字23所賦予你不安分的性格促使你嘗試各種不同的體驗，並盡量利用有利形勢。你友好親切、風趣、勇敢、又有幹勁，為了發揮你的真正的潛力，你需要在生活中積極活躍。受5月分的部分影響，你多才多藝，具有雄心壯志和變化無常的性格。你需要學會將注意力集中在某個特定目標，如此才能增強自信心和決心。透過工作和成就你能找自己的價值。藉由果敢地實現創意，你的夢想就能成真。你渴望得到認可，喜歡因付出的努力而得到別人讚揚。

■愛情和人際關係

家庭生活和找到伴侶或知己對你而言非常重要。但是，你得避免在人際關係中過於依賴別人。雖然你忠實溫柔，但婚姻關係不總是如意。你需要學會適應變化，藉著培養耐心、自我約束能力和客觀冷靜的態度，才能迎接生活的挑戰，並克服輕易放棄的傾向。如果你在早年找到你的真愛，你會安定下來而且更有滿足感，因為你不喜歡獨自一人。

■你生命中的特殊之人

從出生在以下日期的人中，你可能會得到滿足感和找到你的另一半。

◎愛情和友誼：

1月1.5.6.15.26.29.30日、2月13.24.27.28日、3月11.22.25.26.29日、4月9.20.23.24日、5月7.18.21.22日、6月5.16.19.20日、7月3.14.17.18.31日、8月1.12.15.16.29.31日、9月10.13.14.17.27.29日、10月8.11.12.25.27日、11月6.9.10.23.25日、12月4.7.8.21.23.29日

◎幸運貴人：

1月1.2.10.14.27日、2月8.12.25日、3月6.23日、4月4.8.21日、5月2.6.19.30日、6月4.17.28日、7月2.15.26日、8月13.24日、9月11.22日、10月9.20日、11月7.18日、12月5.16日

◎強烈吸引你的人：

11月24.25.26日

◎砥礪者：

1月17.26日、2月15.24日、3月13.22日、4月11.20日、5月9.18日、6月7.16日、7月5.14日、8月3.12.30日、9月1.10.28日、10月8.26.29日、11月6.24.27日、12月4.22.25日

◎靈魂伴侶：

1月21日、2月19日、3月17日、4月15日、5月13日、6月11日、7月9.29日、8月7.27日、9月5.25日、10月3.23日、11月1.21日、12月19日

優點：忠誠、負責、喜歡旅行、善於交流、直覺敏銳、有創造力、多才多藝、值得信任、有名望

缺點：自私、焦慮不安、固執、不願妥協、愛挑剔、退縮、有成見

太陽星座：雙子座
區間：雙子座／水星
角度：雙子2°-3°
類型：變動星座
元素：風
恆星：畢宿四

5月24日

GEMINI

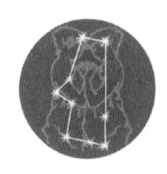

　　聰慧和敏感的特點表明這個誕生日相當特別。你多才多藝，好奇心強，情感豐富，能夠非常迅速地把握事情的要點。但這也暗示你很容易厭倦，所以你需要培養持之以恆的態度。不過，你天生的活力、才幹和敏銳的思考能力，會使你不斷研究新思想。受落在雙子座第一區間主宰星水星的雙重影響，你情感細膩，具有寫作或雄辯的才能。當你結合雄辯才能和非凡的想像力時，將能實現自己的各種願望。由於你具有喜歡試驗的性格，所以你會經由多種途徑尋找到合適的職業。你最需要做的事就是透過約束自己、接受教育和培養耐心，發揮潛在的才能。

　　你明白知識就是力量，這使你總是渴望學習。這個誕生日具有情感細膩的特點，暗示你會尋求知識。性格中直覺敏銳的一面，促使你對玄學或宗教感興趣，能成為你人際交往中的寶貴財富。你要避免以虛偽、專制、喜怒無常或逃避現實的方式，濫用自己細膩的情感。雙子座影響你的思考模式直到28歲時，那時太陽星座移至巨蟹座，這次轉折強調了情感問題的重要，尤其是與家庭以及在事業基礎有關的情感問題。這種影響將持續至58歲時，那時太陽星座移至獅子座，你將更有威信、力量和自信。

■真實的自我

　　你往往能夠憑直覺了解他人的動機並能夠迅速察覺虛情假意。由於心理能力是你的最大天賦，所以在任何情況下你都能迅速把握機會，也能將極好的想法用於商業上。因為你聰明機智，所以大可依靠這項天生的運氣，不過，這對你的責任感卻沒有多大幫助，所以培養負責的態度，對你最為受用。雖然你很可能過著活躍的社交生活，但別讓這種生活分散你的精力，成為邁入成功的障礙。

　　由於你性格豪爽，所以你會抱著必勝的信念去賭博或冒險。這種樂觀的態度在生活中有極大的幫助，特別是你能夠透過創造性的工作來表現自己，或獻身於某個理想。而且你也對環境非常敏感，所以讓家庭和工作場合中氣氛融洽是很重要的，否則你可能會覺得不滿，捲入與他人的心理較量遊戲中。

■工作和職業

　　憑藉極好的形式、結構意識和組織能力，你很可能在從事的領域位居主導。當你得到鼓勵和保持樂觀時，將擁有強烈的視覺觀念，有助於你從事與此相關的職業，比如藝術、設計、攝影或影片製作。你的交流能力和社會意識不僅會引導你從事教育或法律

方面的工作，而且表明你會在與人有關的工作中取得成就。或者，雖然你在不受拘束自由的情況下會有不錯的發展，但天生的商業頭腦也有助你在商業方面發展成功。你情感細膩而且具有心理觀察力，這能夠激發你天生的治療能力，引導你從事醫療或某種保健工作。憑藉你的衝勁和想法，你希望透過更有創造性的工作將靈感傳遞給別人，比如表演、指揮、寫作、唱歌或作曲等工作。

這一天出生的名人包括歌手兼作詞家鮑勃·狄倫，維多利亞女王，歌手佩蒂·拉貝爾，蘿珊·凱許。

■數字命理學

出生在24號的你厭惡常規，但你很勤奮，具有實踐能力和準確的判斷力。這個數字同時具有情感細膩的特點，表明你渴望建立穩定和秩序。雖然有時你不流露感情，但你很忠實公正，因為你認為行動勝於言語。你具有務實的生活態度。你擁有良好的商業頭腦和戰勝困難取得成功的能力，然而你得克服頑固或固執己見的傾向。受5月分的部分影響，你接受力強而且通情達理，具有心理洞察力。你追求真理，很理想具有見地，但多疑而且物質標準很高。當你得到鼓勵時，你會有發自內心的極大誠心和信念。你富有魅力，關心別人，喜歡成為大團體中的一員。因為你不喜歡獨處，所以社交可能占據了你大部分時間。相信自己的直覺，學會專注於實現你的目標。

■愛情和人際關係

找到一個情趣相投並和你有著相同價值觀念和理解能力的人，是你人際關係的首要任務。工作和家庭對於你來說很重要，在穩定的環境中人際關係也更持久。你最成功的社交和感情關係，是能與那些能在智力上激勵你的人為伍。你對別人及其動機感到好奇，這意味著有時你會令人生氣或好爭論。你喜歡與異性建立溫暖與體貼的關係。

優點：精力充沛、充滿理想、有實踐技能、決心堅定、誠實、坦率、公正、慷慨、熱愛家庭、活躍、積極
缺點：殘忍無情、物質主義、過於節儉、變化不定、厭惡常規、懶惰、不忠誠、專制頑固、報復心重

■你生命中的特殊之人

為了得到長期的幸福、安全感和和睦的環境，你可能需要尋找出生在以下日期的人。

◎愛情和友誼：
1月3,10,13,20,25,30日、2月8,11,18,28日、3月6,9,16,26日、4月4,7,14,24,28日、5月2,5,12,22日、6月3,10,20日、7月1,8,18日、8月6,16,30日、9月4,14,18,28,30日、10月2,12,26,28,30日、11月10,24,26,28日、12月8,22,24,26日

◎幸運貴人：
1月12,16,17,28日、2月10,14,15,26日、3月8,12,13,24日、4月6,10,11,22日、5月4,8,9,20,29日、6月2,6,7,18,27日、7月4,5,16,25日、8月2,3,14,23日、9月1,12,21日、10月10,19日、11月8,17日、12月6,14日

◎強烈吸引你的人：
3月31日、4月29日、5月27日、6月25日、7月23日、8月21日、9月19日、10月17日、11月15,25,26,27日、12月17日

◎砥礪者：
1月6,18,22,27日、2月4,16,20,25日、3月2,14,18,23日、4月12,16,21日、5月10,14,19日、6月8,12,17日、7月6,10,15日、8月4,8,13日、9月2,6,11日、10月4,9日、11月2,7日、12月5日

◎靈魂伴侶：
3月28日、4月26日、5月24日、6月22日、7月20日、8月18日、9月16日、10月14日、11月12日、12月10日

太陽星座：雙子座
區間：雙子座／水星
角度：雙子3°-4°
類型：變動星座
元素：風
恆星：畢宿四

5月25日

GEMINI

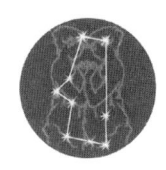

這個誕生日具備極好的潛力，而這種潛力是你成功的重要關鍵。你聰明敏銳，能很快地接受思想觀點，有創造力，勤奮。你需要獨立，能憑藉著意志力和決心主動地對形勢做出反應。但是，你可能會懷疑自己或失去信心，這會在你全力以赴時阻礙前進，並且否定所有美好的可能。

受區間星座雙子座的雙重影響，你希望自己見多識廣，喜歡各種心靈的饗宴。你具有創作或辯論的天賦，而且有必要開發你聰明的頭腦。你在樂觀時很敏捷機智，對智力挑戰的反應很好，不但為你提供靈感的火花和刺激，更使你覺得自己在生活中有所進步。你得避免變得急躁、固執或神經緊張。此外你精力旺盛，這有助於你實現目標並激勵他人採取積極的行動。

你受新鮮有趣的事物刺激，可能富有創新能力與分析力。你具有豐富的工作成果，如果你能將這一點和你人道主義的理想相結合，效果會更好。

在你27歲時，太陽星座推進至巨蟹座。你會尤其關注個人感情生活和所愛之人，即你的家人。你會更加注重建立自己的基礎或中心，這個基礎往往是你的家。太陽星座在你57歲時推進至獅子座，你非常渴望表現自己而且行事果斷，這會激勵你變得大膽合群。

■真實的自我

你非常善於創造財富，但只有金錢你並不會覺得滿足。你需要尋找方法開發智慧和增強並表現自己的洞察力。由於你天生具有對事物價值的判斷力，而你擁有的內在力量加強了你的韌性和決心，對人生成就有著積極的影響。

為了克服過於嚴肅的傾向，你需要找到發洩你貪玩性格和冒險精神的途徑。為了避免突然發脾氣或叛逆，你需要花時間思考與放鬆，或確保你的工作可以讓你表現自己的創造力。如果你相信某項志業，你會為了實現這個目標而努力不懈。

■工作和職業

你很聰慧而且口才好，喜歡辯論，偏愛能充分發揮溝通能力的職業，比如推銷員、律師或代理人。你還善於分析，擁有自己專業的技能，能用於與電腦、金屬、機械或各種工程相關的工作。你具有人道主義的特點，所以你可能會投身社會工作、精神學或治療工作。你能藉由接受教育來加強智慧，讓自己學習的知識更深入而非停留在表面，所

以你可能會學習研究哲學、玄學或更深奧的學科。這個誕生日還特別強調你具有創作或音樂潛力。

這一天出生的名人包括音樂家邁爾士·戴維斯，歌劇歌手貝芙麗·希爾斯，和作家拉爾夫·瓦爾多·愛默生。

■數字命理學

你很敏捷而且精力充沛，直覺力強，考慮周到，渴望透過各種體驗包括新鮮刺激的觀點、人或地點表現自己。你追求完美，這促使你努力工作並收穫豐富。但是，如果事情發展不如意，你需要增加耐心或減少挑剔。出生在25號的你具強烈的內心能量，如果你能集中善用這些能量，你就會察覺事情的真相，並先於別人得出結論。當你學會相信自己的直覺並增加自己的恆心和耐心時，成功和幸福就會來臨。受5月分的部分影響，你有抱負，均衡和諧，而且有自信。但是你會焦慮不安，這表示你不願安定下來，和缺乏一定的自信。雖然你很熱情，但會過於自信或焦慮。你要勇於創新和努力適應，避免過度擔心。你情感細膩，需要找到方法自然地表達自己的感情。

■愛情和人際關係

你有洞察力而且精明，沉默寡言且神祕，除了自己的真實感受，什麼都願意和人侃侃而談。由於你很多疑，所以建立一段相互信任的持久關係需要足夠的時間。不過，你很熱情可愛，再加上你的冷靜沉著，能吸引不少的異性。你喜歡勤奮的人，尤其是那些堅定、機敏而且勇於創新的人。一旦找到一個你信任而且能激勵人心的人，你就會成為一個忠實的伴侶。

■你生命中的特殊之人

為了得到安全感、精神鼓勵和愛情，你可能需要尋找出生在以下日期的人。

◎愛情和友誼：

1月2、21、28、31日、2月19、26、29日、3月17、24、27日、4月15、22、25、29日、5月13、20、23、27日、6月11、18、21日、7月9、16、19日、8月7、14、17、31日、9月5、12、15、19、29日、10月3、10、13、27、29、31日、11月1、8、11、25、27、29日、12月6、9、23、25、27日

◎幸運貴人：

1月9、12、18、24、29日、2月7、10、16、22、27日、3月5、8、14、20、25日、4月3、6、12、18、23日、5月1、10、16、21、31日、6月2、8、14、19、29日、7月6、12、17、27日、8月4、10、15、25日、9月2、8、13、23日、10月6、11、21日、11月4、9、19、12月2、7、17日

◎強烈吸引你的人：

1月3日、2月1日、11月26、27、28日

◎砥礪者：

1月7、8、19、28日、2月5、6、17、26日、3月3、4、15、24日、4月1、2、13、22日、5月11、20日、6月9、18日、7月7、16日、8月5、14日、9月3、12日、10月1、10、11月8日、12月6日

◎靈魂伴侶：

1月3、19日、2月1、17日、3月15日、4月13日、5月11日、6月9日、7月7日、8月5日、9月3日、10月1日

優點：直覺敏銳、追求完美、富有洞察力、有創新思維、善於與人打交道

缺點：衝動、沒有耐心、不負責、過於情緒化、好嫉妒、神祕兮兮、挑剔、喜怒無常、神經緊張

太陽星座：雙子座
區間：雙子座／水星
角度：雙子3°30´-5°
類型：變動星座
元素：風
恆星：畢宿四

5月26日

GEMINI

你不僅多才多藝，更富有洞察力和隨和的魅力。雖然你喜歡在做出承諾前熟悉情況，但是一旦做出承諾，你就會認真負責。在確定目標之時，你需要一位能鼓勵並給予你幫助的夥伴，這對你相當重要。

受雙子座第一區間的水星影響，你喜歡與人分享你的觀點和獨到的見解，對許多學科都充滿好奇心。你善於一語中的而且喜歡溝通，所以你有可能發展內在的寫作能力以及音樂或創造天賦。當能平衡你的想像力和現實的生活態度時，就能實現自己的夢想。

你的家是你安全感的源頭，而且你願意為所愛之人做出巨大犧牲。你喜歡安逸舒適，受此影響，你必須謹防漫無目的或者迫於壓力放棄。另一方面，一旦決定使用你的謀略和自我約束力，你就會堅定、勤奮而且不屈不撓。你最好堅持有規律地鍛鍊身體，防止懶惰或生氣。

在你26歲時太陽星座推進至巨蟹座，此後建立一個穩定的基礎或家庭在你的生活中變得更為重要。這次轉折還強調你的個人情感需求，這種情況將持續至56歲左右太陽星座進入獅子座之時。這次轉折將增強你的自信和力量，促使你在公共場合變得更有影響力。

■真實的自我

渴望得到認可會激勵你藉由接受教育增強自己的能力，對你的宏圖大志打下有利的基礎，並能增強你的自信。為了使你的才能商業化，制定一個行動方案是很重要的，與人合作能帶給你許多好處。別讓憂慮金錢的心情削弱你以往的決心。如果受到挫折也別輕言放棄，因為你很可能錯過一些絕佳的機會。

你具有引人注目的天賦和控制欲，這暗示你熱衷權力或勢力。如果你位居領導職位，你得學會保持公平無私，避免不公正或專制。只要你願意幫助別人，你就能利用天生的治療能力，安慰那些有心理壓力和焦慮不安的人。

■工作和職業

雖然你似乎不是很有志向，但你思維敏捷，使你很容易了解形勢，並在從事的各種職業之時皆能有利。你有必要約束自己，避免分散精力，只要你集中精力，你能在能充分利用你心理潛力的職業中取得成功，比如教學或寫作。如果你從事商業，健談的能力會有助於你從事銷售或客服。或者，你也可能喜歡藝術、戲劇或音樂方面的工作。你善

於動手做，所以你將這種能力用於創新和實踐。你內在的同情心和對人性的認識會令你從事顧問這類職業，並有助你為有意義的事業籌集資金。

這一天出生的名人包括音樂家史蒂薇·尼克斯，演員約翰·韋恩和詹姆斯·阿內斯，和歌手佩姬·李和小漢克·威廉斯。

■數字命理學

出生在26號的你具有務實的生活態度、管理能力和良好的商業頭腦。你負責，有與生俱來的審美觀，熱愛家庭，需要建立穩定的基礎或找到真正的安定感。你經常成為別人的靠山，願意幫助那些向你求助的朋友、家人或親戚。不過你要避免有物質主義傾向，和控制形勢或他人的慾望。受5月分的部分影響，你需要穩定和安全感。但是你應該學會放手，別去在意沒有價值的事物。你希望以獨特的方式表達想法和創新理念。要保持你的標準，負責但要靈活變通，將有助於你戰勝困難或克服焦慮情緒。你渴望受人歡迎，這暗示你有很多朋友。

■愛情和人際關係

你很理性主義且敏感，具有強烈的情感力量，浪漫、感情強烈。雖然你渴望愛情和關愛，但穩定和安全是你不會放棄的先決條件。你迷人、友善、好交際，喜歡能激發想像力的一切職業。但要避免在事情不如己願時變得過於情緒化、不安或刻薄。你喜歡聰慧而且能激勵你利用對組織的天賦實現目標的人。創新可以緩解你的緊張情緒，並吸引志趣相投的人到你身邊。

■你生命中的特殊之人

從出生在以下日期的人中，你可能會找到滿足感和你的另一半。

◎愛情和友誼：

1月8、18、22日、2月16、20日、3月14、18、28日、4月12、16、26日、5月10、14、24日、6月8、12、22日、7月6、10、20、29日、8月4、8、18、27、30日、9月2、6、16、20、25、28日、10月4、14、23、26、30日、11月2、12、21、24、28日、12月10、19、22、26、28日

◎幸運貴人：

1月6、10、25、30日、2月4、8、23、28日、3月2、6、21、26日、4月4、19、24日、5月2、17、22日、6月15、20、30日、7月13、18、28日、8月11、16、26日、9月9、14、24日、10月7、12、22日、11月5、10、20日、12月3、8、18日

◎強烈吸引你的人：

5月29日、6月27日、7月25日、8月23日、9月21日、10月19日、11月17、26、27、28日、12月15日

◎砥礪者：

1月13、29、31日、2月11、27、29日、3月9、25、27日、4月7、23、25日、5月5、21、23日、6月3、19、21日、7月1、17、19日、8月15、17日、9月13、15日、10月11、13日、11月9日、12月7、9日

◎靈魂伴侶：

1月6、26日、2月4、23日、3月2、21日、4月19日、5月17日、6月15日、7月13日、8月11日、9月9日、11月7日、12月5日

優點：有創造力、務實、體貼、負責、以家庭為自豪、熱情、勇敢
缺點：固執、叛逆、關係不穩定、冷淡、缺乏堅持、不穩重

太陽星座：雙子座
區間：雙子座／水星
角度：雙子4°30´-6°
類型：變動星座
元素：風
恆星：畢宿四、畢宿一

5月27日

GEMINI

你的誕生日暗示你很聰明、有風度，不斷追求新鮮刺激的事物，以便保持自己的腦筋活躍。與人交往和改變，促使你追求變化和進一步探索自己的內心。這令你有活力，甚至進行環球旅行。

因為你在雙子座的第一區間，所以你受到代表交流的水星的雙重影響。這表示你能快速掌握思想觀念，希望持續進步。水星會賦予你敏捷的思維，但也暗示你沒有耐心。你很善辯，需要學會傾聽而不是說話。你多才多藝，需要集中注意力和全觀並細膩地看問題，以便加強你巨大的心理潛力。但是當你對某個學科好奇時，你會運用你實用嚴格的邏輯去解決問題。雖然你具有深刻的思想，但要避免變得過於強硬，這會導致你固執、憤世嫉俗或難以溝通。或者，當你自信堅定時，你能夠直言而且往往一語中的。

你具有強烈的進取精神，很熱情、樂觀、喜歡冒險，能積極地賺錢和滿足你的物質需求。你希望把巨大的精神潛力和創造力用於寫作，或將你極佳的主意轉化為實際的物質。

在你25歲時，太陽星座推進至巨蟹座，與安全感、家庭有關的問題開始在你的生活中發揮更重要的作用。這種情況將持續至你55歲左右時，隨著太陽星座進入獅子座，你會得到威望、力量和不斷加強的社交能力。

■真實的自我

雖然你焦躁不安的特點，會妨礙你表達性格中的強烈愛意，你需要將任何容易厭倦的傾向轉化為獨特的自我表達方式。這會保證生活刺激而且節奏暢快，並防止你將過多的潛力浪費在瑣事上。你的直覺和超能力使你對人際交往有很好地認識，若能結合你的進取精神，成功指日可待。

除了在開朗的外表掩飾下的敏感特點，你還具有務實的態度，這有助於你堅持實事求是。你喜歡神祕的事物，可能會喜歡研究玄學，而且你對發掘未知領域感興趣。透過學習知識和加強人生哲學或信仰體系，將能確立內心的穩定感和安全感。你要學會專注，避免分散精力。

■工作和職業

如果工作太過一成不變，你會覺得厭煩，所以變化是你尋求職業的基本因素。你敏捷的頭腦使你能夠快速學習，所以你需要能給予你精神啟發的工作。你不安分的性格

和發掘生活的慾望，可能導致你在確定某個你感興趣的事物之前更換好幾次工作。這種影響暗示你可能在日後會為了重新選擇職業或為尋求知識和機遇而旅行。你的表達天賦和對他人的敏銳洞察力，有助你從事銷售、寫作、宣傳、表演或政治等事業。你在物質方面很精明，很可能在商業界成功。

這一天出生的名人包括舞蹈家伊莎朵拉‧鄧肯，演員克里斯多佛‧李和文森‧普萊斯，和政治家季辛吉。

■數字命理學

出生在27號的你愛幻想而且敏感。你直覺力和分析力強，思想豐富，有創新思維，能以新穎觀點給人留下深刻印象。雖然有時你看起來神祕、理性或公正，但其實你正在掩飾內心的緊張情緒。這可能包括衝動、猶豫不決或對即將到來的改變表示懷疑。在培養良好的溝通能力的過程中，你要克服不願表達內心感受的毛病。教育對於數字27的人來說很重要，藉著增加思想深度，你會變得更有耐心和自律。受5月分的部分影響，你多才多藝，想像力豐富，有很強的直覺力或超能力。你要學會注重細節，克服粗心的缺點。要釐清你的思路，三思而後行。

■愛情和人際關係

雖然你能清楚地坦白自己的想法，但是你也很敏感、神祕、喜歡觀察，很少談及自己的私人關係。這種影響暗示由於缺乏交流，你會覺得緊張或擔心自己的人際關係。你要從容行事並學會忍耐，就能把每一段關係都當作學習的經歷，並找到你喜歡和信任的人。重新開始在形成你的私人關係過程中發揮重要作用，而每個新機會和個人經驗教會你要放手過去。

■你生命中的特殊之人

為了得到安全感、信任和愛，你可能需要尋找出生在以下日期的人。

◎愛情和友誼：

1月4、13、19、23日、2月11、17、21日、3月9、15、19、28、29、30日、4月7、13、17、26、27日、5月5、11、15、24、25、26日、6月3、9、13、22、23、24、7月1、7、11、20、21、22日、8月5、9、18、19、20日、9月3、7、16、17、18日、10月1、5、14、15、16、29、31日、11月3、12、13、14、27、29日、12月1、10、11、12、25、27、29日

◎幸運貴人：

1月7、15、20、27、31日、2月5、13、18、29日、3月3、11、16、27日、4月1、9、14、25日、5月7、12、23日、6月5、10、21日、7月3、8、19日、8月1、6、17、30日、9月4、15、28日、10月2、13、26日、11月11、24日、12月9、22日

◎強烈吸引你的人：

11月28、29、30日

◎砥礪者：

1月6、14、30日、2月4、12、28日、3月2、10、26日、4月8、24日、5月6、22日、6月4、20日、7月2、18日、8月16日、9月14日、10月12日、11月10日、12月8日

◎靈魂伴侶：

4月30日、5月28日、6月26日、7月24日、8月22日、9月20日、10月18、30日、11月16、28日、12月14、26日

優點：多才多藝、想像力豐富、有創造力、堅決、勇敢、很好的理解力、能幹、追求精神層面、勇於創新、具有心理力量

缺點：難以相處、好爭吵、易怒、好爭論、焦躁不安、膽怯、不信任別人、過於情緒化、神經緊繃、緊張

太陽星座：雙子座
區間：雙子座／水星
角度：雙子5°30´-7°30´
類型：變動星座
元素：風
恆星：畢宿五、畢宿四、畢宿一

5月28日

GEMINI

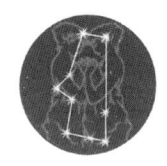

你有敏銳的智慧，很有理想，渴望獨立，但當你能保持繁忙和拓展知識時，你會覺得最快樂。你很誠實直率，精明，務實，能敏銳地把握形勢和他人動機。藉由培養這種洞察力並將它與你完備的常識相結合，你會成為他人的顧問。

無論是正規教育還是自學，教育對於你來說都是一件很重要的事，而且你很可能在以後的生活中繼續下去。你的太陽星座和區間主宰行星水星讓你保持年輕的能力和雙性特質。你善於表達，具有說服力，理解能力強；你可能在寫作或其他形式的交流中取得成功。雖然你是個足智多謀的人，但有時你太自私。

因為受到自己許多想法的激勵，所以你樂觀而且精力充沛，這使你能實現自己的夢想，在投機事業中進展順利。雖然你很理想主義，但是你需要加強耐心和寬容，尤其是在與比自己能力差的人相處之時。你具有打破傳統的特點，為非比尋常或大膽的計畫而奮鬥。你能夠從大局出發，天生具有領導能力。通常旅行有助滿足你的冒險精神並激勵你前進。在你24歲時，太陽星座推進至巨蟹座，建立穩定的基礎或家庭在你的生活中顯得更重要。它還強調你的個人情感需求，這種情況將持續至你54歲左右時，隨著太陽星座進入獅子座。你的自信心和創造力得到加強，促使你在公共場合更有影響力。

■真實的自我

你很活躍，消息靈通，但你真正想要的是思想的平靜。你追求內心的平靜，這會促使你在生活中發現許多獲得知識的途徑。即便如此，你仍然會發現最大的成就來自學會放慢速度並簡化生活。思考和學會專注有助你保持平靜，可以消除你內心的焦躁不安。雖然表面上你看起來自信能幹，在內心卻是極度敏感脆弱。為了調節性格中的這兩面，過著均衡的生活是很重要的。

合作關係在你的生活中發揮著重要作用，而且你能夠察覺合適的人。你逐漸明白珍貴的關係幾乎和物質財富無關，而是來自內心的智慧。你非常負責，所以特別注重無私奉獻的價值。

■工作和職業

你思維敏捷，頭腦精明，滿腦子想的都是賺錢。你很獨立，渴望能自由地按自己的方式工作，但也注重與人合作的優勢，促使你選擇合作或團體協作，對你來說格外具有成效。你是個善於規畫和組織的人，能在銷售、貿易、代理工作或宣傳方面發揮潛力。

或者，你更喜歡服務他人，會選擇法律或教育行業的工作。另一方面，無論是在個人方面還是商業方面，你都會成為資深顧問。你能夠清楚地表達自己的想法，熱愛知識或智慧，可能進入寫作、廣告或出版行業。你還很可能對哲學、心理學或宗教思想感興趣。一般說來，你更喜歡需要能運用你聰明頭腦的工作，但是你得避免拖延或興趣膚淺。

這一天出生的名人包括作家伊恩‧佛萊明、歌手葛蕾蒂絲奈和凱莉‧米洛，和音樂家約翰‧佛格堤。

■數字命理學

你很獨立，愛幻想，決心堅定，務實，經常以自己作為行為準則。像數字1的人一樣，你有抱負，直率，有進取的精神。但你一方面渴望獨立，另一面又想融入團體，使你內心存在不小的衝突。你樂於行動和參與新的冒險，能勇敢地迎接生活的挑戰，憑藉你的熱情你很容易激勵別人，就算他們不加入你的事業，至少也會支持你投入的事業。出生在28號的你有領導能力，需要依靠自己的常識、邏輯和清晰的思路。雖然你很負責，但要避免過於熱情、沒有耐心或不夠寬容。受5月分的部分影響，你很精明而且有強烈的直覺。多幫助別人和關注別人的需求對你也有好處，別孤立自己，要成為團體的一員或與人合作以便分享你的知識和專業技能，共同建設更美好的社會。

■愛情和人際關係

你很理想主義，獨立，很清楚自己想要從人際關係中得到什麼。焦躁不安或過度熱情會給你帶來麻煩，尤其在你不耐煩或認為能加速與他人關係時。你希望結交脫穎而出的人，這暗示你喜歡不同尋常的關係，比如結交外國人。不過，你會很快退出這種不合適的關係，並且由於你很實際，所以不太可能就此失去信心。你願意表達自己的觀點勝於自己的感受，但是一旦你找到了一位能正向激發你的人，你就會變得體貼、忠實而且樂於助人。

優點：	富有同情心、追求進步、勇敢、有藝術天賦、有創造力、理想主義、有抱負、勤奮、家庭生活安定、意志堅強
缺點：	愛幻想、缺乏動力、缺少同情心、不切實際、專橫、缺乏判斷力、過於依賴別人、驕傲

■你生命中的特殊之人

為了找到你的另一半，你可能需要尋找出生在以下日期的人。

◎愛情和友誼：

1月3、4、6、8、14、20、24日、2月1、2、12、18、22日、3月10、16、20、29、30日、4月8、14、18、27、28日、5月6、12、16、25、26、31日、6月4、10、14、23、24、29日、7月2、8、12、21、22、27日、8月6、10、19、20、25日、9月4、8、17、18、23日、10月2、6、15、16、21、30日、11月4、13、14、19、28、30日、12月2、11、12、17、26、28、30日

◎幸運貴人：

1月4、8、21日、2月1、2、6、19日、3月4、17、28日、4月2、15、16日、5月13、24日、6月11、22日、7月9、20日、8月7、18、31日、9月5、16、29日、10月3、14、27日、11月1、12、25日、12月10、23日

◎強烈吸引你的人：

1月3日、2月1日、5月31日、6月29日、7月27日、8月25日、9月23日、10月21日、11月19、28、29、30日、12月1、11、17日

◎砥礪者：

1月7、10、15、31日、2月5、8、13、29日、3月3、6、11、27日、4月1、4、9、25日、5月2、7、23日、6月5、21日、7月3、19日、8月1、17日、9月15日、10月13日、11月11日、12月9日

◎靈魂伴侶：

3月31日、4月29日、5月27日、6月25日、7月23日、8月21日、9月19日、10月17、29日、11月15、27日、12月13、25日

太陽星座：雙子座
區間：雙子座／水星
角度：雙子6°30´-8°
類型：變動星座
元素：風
恆星：畢宿五、畢宿一

5月29日

GEMINI

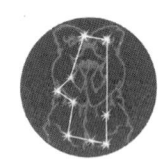

你的個性友善、隨和，更具有吸引人的魅力，這些特性常常能引起別人的興趣，並將是你最寶貴的財富。這個生日暗示你善於與人相處而且受人歡迎，你機智、觀察力敏銳。然而，天性中多疑和猶豫不決的一面，有可能被其他的特性所隱藏，使得其他的人未能發現你敏感的弱點。

受你的太陽星座和區間主宰行星水星的雙重影響，你具有交談能力，多才多藝和善於表現的性格。才華洋溢的你，會發現自己對許多不同的事物感興趣，但卻因此分散自己的注意力在不同的志向上。但是一旦你找到明確的目標，並能充分運用你的策畫能力和進取心之時，你也會變得非常的堅決和專心。這一天出生的人，只要做到生命中賦予你的自律和執著，就能夠激發出令人驚訝的潛能，但是有可能由於注意力太分散而半途而廢。你應該避免遭受誘惑而過度放縱自己，預防不必要的擔憂，或者過於分散精力。

當你樂觀的時候，會展現出對生命的熱愛，這會激發你在藝術上的興趣，尤其是創作方面。與生俱來的戲劇天分，使你經常把生活看成是個可以展現你的多重性格的舞臺。

在你23歲時，太陽星座推進至巨蟹座，你可能會變得更敏感與渴望安全感與注重家庭生活。太陽星座在你53歲左右時推進至獅子座，你會產生強烈的自我表現欲望和自信，這將激發你的社交能力或領導能力。

■真實的自我

你內心高貴和驕傲，天生具有商業意識。金錢是你人生中引起許多不確定性的重要因素，尤其是經歷工作和經濟環境的變動時。你可能會很成功並且奢華。你應該仔細預算，或者進行長期投資和儲蓄。

如果你感到受限，就應該尋找更好的機會接受挑戰，或去遠方旅行，這也表明變化和變革將激發與鼓舞你獲得成功。透過藉由加強自信，你能學會發揮自己的潛能，並克服常有的疑惑。依靠你強烈的直覺，你偶爾能獲得一筆意外之財。

■工作和職業

你的多才多藝，和對變化或精神鼓勵的需求，表明你應該避免從事按部就班的工作。你具有天生的魅力和社交意識，這使你在各個與人相關的工作中容易成功。你優秀的表達能力使你能成為一名作家或者演說家，也可能成為精於銷售的人。在商業方

面，你勇於創新，可能會成為一名成功的代理商，或者在旅遊業中有所作為。表演或者參政可以發揮你性格中富有戲劇感的一面。你有可能為了一個你感興趣的目標努力不懈。從事藝術或者音樂方面的工作，則可以發揮你的創造力。

這一天出生的名人包括前美國總統約翰・甘迺迪，喜劇演員巴伯・霍伯，歌手拉脫亞・傑克遜和瑪麗莎・伊瑟莉姬，和演員安娜特・班寧。

■數字命理學

作為數字29的人，你有著強烈的性格和非凡的潛力。你直覺敏銳，情感細膩但有點感情用事。靈感是你成功的關鍵，沒有靈感你會覺得缺乏目標。你是個名副其實的夢想家，這暗示你性格中極端的一面要注意避免情緒波動。如果你相信自己內心深處的感覺，並向他人敞開心扉，就能克服焦慮不安或自閉的傾向。你可以用你的創新思維獲得某種獨特的東西，藉以激勵和服務他人。受5月分的部分影響，你會從獨立思考中獲益。知識可以增加你的自信心和說服力。你注重細節，保留自己的想法，喜歡讓自己成為旁觀者。

■愛情和人際關係

你很敏感，愛幻想，是個有魅力而且浪漫的人，有一顆富有詩意的心。憑藉著友善的性格和創造才能，你很容易交到朋友和吸引別人。但是你的焦躁不安和緊張，會使你不確定與人交往的真正感覺。由於你很容易對事物失去興趣，所以有可能會同時對不同的人感興趣。雖然你能在你的愛情中做出極大的犧牲，但你也可能顯得冷漠或者變得過於嚴肅。然而，你對你所愛之人非常的慷慨，而且在樂觀時顯得十分風趣。你渴望找到一個敏感、善解人意、並對你的能力有信心的伴侶。

■你生命中的特殊之人

從出生在以下日期的人中，你可能會找到一個體貼忠誠的伴侶。

◎愛情和友誼：

1月21、25、30日、2月19、23日、3月17、21、30日、4月15、19、28、29日、5月13、17、26、27、31日、6月11、15、24、25、30日、7月9、13、22、23、28日、8月7、11、20、21、26、30日、9月5、9、18、19、23、24、28日、10月3、7、16、17、22、26、29日、11月1、5、14、15、20、24、27日、12月3、12、13、18、22、25、27、29日

◎幸運貴人：

1月5、13、16、22、28日、2月3、11、14、20、26日、3月1、9、12、18、24、29日、4月7、10、16、22、27日、5月5、8、14、20、25日、6月3、6、12、18、23日、7月1、4、10、16、21日、8月2、8、14、19日、9月6、12、17日、10月4、10、15日、11月2、8、13日、12月6、11日

◎強烈吸引你的人：

6月30日、7月28日、8月26日、9月24日、10月22日、11月20、28、29、30日、12月1、18日

◎砥礪者：

1月2、23、30日、2月21、28日、3月19、26、28日、4月17、24、26日、5月15、22、24日、6月13、20、22日、7月11、18、20日、8月16、18、19日、9月7、14、16日、10月5、12、14日、11月3、10、12日、12月1、8、10日

◎靈魂伴侶：

1月14、22日、2月12、20日、3月10、18日、4月8、16日、5月6、14日、6月4、12日、7月2、10日、8月8日、9月6日、10月4日、11月2日

優點：富有靈感、追求平衡、心態平和、慷慨、成功、有創造力、直覺敏銳、高深莫測、有遠大的夢想、老於世故、忠誠

缺點：不專注、不可靠、神經兮兮、易怒、難以相處、極端、不體貼、過於敏感

太陽星座：雙子座
區間：雙子座／水星
角度：雙子7°30´-9°
類型：變動星座
元素：風
恆星：畢宿五

5月30日
GEMINI

這個誕生日表明你是多才多藝，健談和善於交際的人，而且生性幽默。你善於表達，思維敏捷，能在社交場合大出鋒頭，而且特別注重個人關係。

你的太陽星座和區間主宰行星水星，賦予你精明、靈活的頭腦和善於利用機會的洞察力。你對知識的渴求和敏銳的智慧，使你能涉足許多不同的活動。然而你的高度敏感，可能會使自己過於焦躁不安，或者把精力分散到過多的興趣上。

憑藉機智，你能夠處理各種狀況，有耐性和決心獲得成功。只要堅持不懈，你就能克服萬難，並加強自己的實力。你能察覺他人的動機，是個天生的心理學家，能夠清晰表達意見，喜歡激烈的討論或辯論，但是要避免變得過於好鬥。利用交際手腕和理解能力，你其實能夠察覺自己有時對人對事太過分了，但是你能用慷慨與大方彌補這個缺點。

早年你可能受到一位男性的重要影響，比如你的父親或者父執輩。在你22歲的時候，太陽星座推進至巨蟹座，你開始對家庭生活或建立安全的基礎感興趣。這個轉捩點還強調你需要更多的關愛、理解和安全感。從你52歲之後，隨著你對自己能力更深入的了解，你的自信心將會大大提升。

■真實的自我

高貴和引人注目的個人特質，使成為熱心善良的人，你能愛人也能關懷他人。你是個高傲的人，留下好印象對於你來說很重要。雖然你對所愛之人相當慷慨，但如果你感覺到敵意，你會變得暴躁或易怒。

你渴望了解更深層和本質的東西，這將使你表現出性格中嚴肅和善於思考的一面。你直覺敏銳，所以你更要學會相信自己的本能，並尋找方法發掘內心潛藏的大智慧。你期望藉由經歷強烈的感覺與發揮偉大的創造力表現自己。如果這些能力得到發展，你不僅能擺脫沮喪情緒，還能達到高層次的創造力。

■工作和職業

你的表達才能和敏銳的智力使你能成為一位優秀的作家、教師、演說家或談判員。同樣的，憑藉社交技巧，你能成為一個傑出的代理商，推銷員或者運作公共關係。你是一個天生的精神學家，能在從事與人有關的工作中特別有收穫，比如諮詢、治療或者保健等。娛樂和藝術界也適合你表現獨特的自我表現方式和強烈戲劇感。或者，你的領導

能力、組織技巧和策畫能力能將你引入商業界，並藉由參與大型企劃及與他人分享知識來挑戰自己。

這一天出生的名人包括搖擺樂之王尼·固德曼，作家科妮莉亞·奧提斯·斯金納，鄉村樂手薇諾娜·賈德，和電影導演霍華·霍克斯。

■數字命理學

有創造力、友善和善於社交是30號出生的人的部分特點。你雄心壯志，有創造潛力，能接受別人的觀點，並以自己獨特的方式詳細表達出來。出生在30號的你喜歡優渥的生活，有非凡的魅力和外向的性格。由於你有著強烈的情感，戀愛或滿足感成為你的基本需要。在你追求快樂的過程中，應該避免懶惰或過度放縱，以及不耐煩或妒忌的傾向，而導致你情緒不穩定。在30號出生的人中，有的人會得到認可或者聲望，尤其是音樂家、演員和藝人。受5月分的部分影響，你需要培養更務實的態度。善用自己的智慧、見地和創造力，建立穩固的基礎。你要堅持到底完成任務，不要半途而廢。勤奮和合作將帶給你帶來豐碩的收穫。運用策略和交際手腕，你就能按照自己的方式行事。

■愛情和人際關係

你朝氣蓬勃而且開朗，不安分的一面使你保持對陌生的人和地點的興趣。你天生善於交遊而且有辨別力，所以你不難吸引朋友和仰慕者。你對樂趣和希望受賞識的需求，使你成為善於交際的人。面對愛情你經常很衝動，會經歷轟轟烈烈的愛情。但是你情緒容易波動起伏，這暗示你應該更成熟地看問題，克服人際關係中的困難。你喜歡能激發你的創造力，或幫助你了解內心想法的人。

■你生命中的特殊之人

為了得到愛情和持久的人際關係，你需要關注出生在以下日期的人。

◎愛情和友誼：

1月6、7、16、18、22、26日、2月4、14、20、24日、3月2、12、18、22日、4月10、16、20、30日、5月8、14、18、28日、6月6、12、16、26日、7月4、10、14、24、31日、8月2、4、8、12、22、29日、9月6、10、20、27日、10月4、8、18、25日、11月2、6、16、23、30日、12月4、14、18、21、28、30日

◎幸運貴人：

1月6、17、23、31日、2月4、15、21、29日、3月2、13、19、27、30日、4月11、17、25、28日、5月9、15、23、26日、6月7、13、21、24日、7月5、11、19、22日、8月3、9、17、20日、9月1、7、15、18、30日、10月5、13、16、21日、11月3、11、14、26日、12月1、9、12、24日

◎強烈吸引你的人：

11月29、30日、12月1、2日

◎砥礪者：

1月24日、2月22日、3月20、29日、4月18、27、29日、5月6、16、25、27、30日、6月14、22、25、28日、7月12、21、23、26日、8月10、19、21、24日、9月8、17、19、22日、10月6、15、17、20日、11月4、13、15、18日、12月2、11、13、16日

◎靈魂伴侶：

1月13日、2月11日、3月9日、4月7日、5月5日、6月3、30日、7月1、28日、8月26日、9月24日、10月22日、11月20日、12月18日

優點：風趣、忠誠、友善、善於表達、有創造力、運氣好
缺點：懶惰、頑固、古怪、沒有耐心、不可靠、冷淡、精力分散

太陽星座：雙子座
區間：雙子座／水星
角度：雙子8°30´-10°
類型：變動星座
元素：風
恆星：畢宿五

5月31日

GEMINI

你的生日表明了你意志堅強，迷人又聰明。你很理想主義又很務實，這有助你將許多的想法和理想付諸實現。你很幸運地擁有善於與人合作的天賦，所以往往是創始人或思想領袖。

受太陽星座和區間主宰行星水星的雙重影響，你具備敏捷靈活的頭腦，為了能發揮你傑出的智能潛力，接受教育對你來說特別重要，無論是正規教育還是自學。你天生有做老師的潛能，在實作或智能方面都經驗豐富，而且能以自己的知識啟發別人。除了思維創新，你還擁有創作能力、交際手段，以及對語言或文學的興趣。

雖然你是個理想主義者，但卻很有金錢觀，愛美、喜歡奢侈品，但是你可能需要提防過度自負或放縱自己的言行。使用你聰明的頭腦是你成功的重要因素，因此，在理想狀況下，你需要工作或培養其他興趣使你保持思考能力。因為你勤奮、迷人而且聰慧，所以只要磨練自己就能充分發揮卓越的潛力。

在你21歲時，太陽星座推進至巨蟹座，家庭和建立穩定的基礎變得非常重要。你還逐漸渴望人際間的親密關係和安全感。這種影響將持續至你51歲太陽星座推進至獅子座時，創造力、自信、威信和力量開始變得重要。

■真實的自我

雖然你看起來很獨立，但卻渴望建立密切的關係，這暗示如果沒有良好的合作關係，你甚至會覺得不完整。你是一個很好的朋友，經常願意為別人做出犧牲。雖然你能慷慨給予愛、時間和承諾，但卻期待彼此之間能有平等的給予關係。如果你為了追求穩定而一味妥協，就可能會覺得恐懼或依賴別人。

你內心的敏感和崇高的理想有可能被平靜所激發，而你卻經常覺得很難生活在喧囂或緊張之中。致力於某個理想、藝術或音樂能表現出你對愛的渴望，或者你會有神祕的經歷。由於你既有能力又通情達理，所以會有許多人自然而然地向你尋求幫助。

■工作和職業

你心態年輕，思維敏捷，有超常的記憶力，這暗示你幾乎能在任何行業做出寶貴貢獻。你熱愛真理，善於表達，可能會從事寫作、圖書管理或統計。你具有領導能力且熱愛知識，可能會從事教學，不管是課堂教學還是商業培訓。你喜歡與人際交往有關的職業和活動，可能會從事公共關係方面的工作，比如宣傳員。由於你富於創新，所也可能

成為藝術界的代理。

這一天出生的名人包括演員克林伊斯威特，詩人惠特曼，足球運動員喬‧納馬斯，作家諾曼‧文森‧皮爾，和演員布魯克‧雪德絲和莉亞‧湯普森。

■數字命理學

31號出生的人意志堅強，決心堅定，而且注重自我的表現。你經常能綜合你的直覺和實用技能做出正確的決定。31號出生的你經常擁有新穎的想法、良好的形式感，若你能從容行事且遵循實用的行動計畫，你就能在商業方面成功。這個誕生日還意味著好運和良機，而且你能成功地將業餘愛好轉化為有利可圖的事業。你是個勤奮工作的人，對你而言任何戀愛與娛樂的時間都不能浪費。受5月分的部分影響，你是勇敢的理想主義者。雖然你很隨和，卻有自己堅定的信念。你看起來很冷漠孤僻，但內心卻容易敏感緊張。持續保持耐心和專注力，有助你避免分散精力。別在事業上或學習過程中半途而廢。

■愛情和人際關係

你開朗、務實、穩重、愛發號施令而且迷人。通常你的社交技巧能使關係保持和睦。成功往往來自你的努力或勞動，而且你喜歡勤奮成功的人。你尋求知己，相信婚姻，並且對伴侶忠誠。偶爾，當你沒有得到自己想要的關注或關愛之時，要避免變得易怒或好嫉妒。

■你生命中的特殊之人

從出生在以下日期的人中，你可能會找到一個理解你的細膩情感和對愛的需求的伴侶。

◎愛情和友誼：

1月1、4、9、27、29日、2月2、25、27日、3月23、25日、4月21、23日、5月19、21、29日、6月17、19、27日、7月15、17、25日、8月13、15、23日、9月11、13、21日、10月9、11、19日、11月7、9、17日、12月5、7、15、19日

◎幸運貴人：

1月3、10、15、18日、2月1、8、13、16日、3月6、11、14、29、31日、4月4、9、12、27、29日、5月2、7、10、25、27日、6月5、8、23、25日、7月3、6、21、23日、8月1、4、19、21日、9月2、17、19日、10月15、17日、11月13、15日、12月11、13日

◎強烈吸引你的人：

4月30日、5月28日、6月26日、7月24日、8月22日、9月20日、10月18日、11月16日、12月1、2、3、14日

◎砥礪者：

1月9、14、16、25日、2月7、12、14、23日、3月5、10、12、21、28、30日、4月3、8、10、19、26、28日、5月1、6、8、17、24、26日、6月4、6、15、22、24日、7月2、4、13、20、22日、8月2、11、18、20日、9月9、16、18日、10月7、14、16日、11月5、12、14日、12月3、10、12日

◎靈魂伴侶：

12月29日

優點：幸運、有創造力、有創見、建設者、有所建樹、永不放棄、務實、健談、負責

缺點：不可靠、沒有耐心、多疑、容易氣餒、缺乏志向、自私、頑固

太陽星座：雙子座
區間：天秤座／金星
角度：雙子9°30´-11°
類型：變動星座
元素：風
恆星：畢宿五

6月1日

GEMINI

你的誕生日表明你思維敏捷，直覺力強，多才多藝而且心態年輕。你的主宰行星水星是眾神的使者，它賦予你優秀的溝通能力和敏銳的神經系統。受區間星座天秤座的部分影響，你具有魅力、說服力和吸引力，這會加強你的社交和藝術才能，而且表明你喜歡放電並且能夠引人注目。

你的個人魅力和喜好變化，為生活添加許多陌生的面孔和新體驗，以及結交外國人的可能性。雖然你擁有很多興趣和才能，但有時你非常專注和專心，能努力工作且相信付出就會有收穫，這使你最終能取得成功。保持客觀冷靜的態度和學會接受有建設性的批評，你能克服過於敏感或固執己見的傾向。如果你具備行動計畫，必定要努力完成而非半途而廢，這一點尤為重要。女性是你成功的貴人，也是事業的最佳幫手。

你天生具有洞察力和細膩的情感，能運用自己的想像力創作藝術、音樂或實踐不切實際的夢想。或者，你會增強超自然能力，在精神領域找到興趣。

你接受能力強，思維敏捷，能使你快速理解知識和觀點，但在20歲之後，太陽星座推進至巨蟹座，你將更注重安全感、家庭和家人。你想要為自己建立能拓展到其他領域的基礎。在你50歲時會出現另一次轉折，那時太陽星座進入獅子座，這使你更加堅強與有自信。

■真實的自我

雖然你渴望內心的和諧，但要經歷金錢和物質考驗。你會在自我懷疑和大膽冒險之間舉棋不定。你要正視自己內心的恐懼，才能找到真正的自信，和享受生活賦予你的一切。雖然你無憂無慮而且喜愛冒險，但隨著時間推移你會更注重責任感。如果你對自己的行為負責，並公平公正地處理問題，將會得到更多回報。

你的年輕心態，會展現在創新和頑皮的性格上。然而有時你會因為對他人的期望太高而失望，你得謹防為此過於逃避現實。你心理上的成熟是藉由學會獨立客觀，和本著服務他人與合作的精神，學會與人分享或合作來獲得。

■工作和職業

你原創的自我表現形式和敏捷思維，是事業的基礎。憑藉天生的溝通技巧，你有能力成為具有說服力的銷售員或宣傳員。同樣的，你還可能從事新聞、演說、寫作、音樂或戲劇等工作。你的誕生日意味著你可能對外國感興趣或至國外工作。由於你和你這

個世代的人群體潛意識頻率相通，所以希望藉由將自己的思想化身某種藝術形式，傳遞給大眾。但你的工作環境將會變化不定，這表明你的職業會變動。

這一天出生的名人包括演員瑪麗蓮・夢露，摩門領袖楊伯翰，樂團指揮尼爾森・瑞鐸，詩人約翰・梅斯菲爾德，和歌手艾拉妮絲・莫莉塞特。

■數字命理學

作為數字1的人，你非常與眾不同，勇於創新，勇敢而且精力充沛。你渴望樹立堅強的個性並行事果斷。你具有開創精神，這將激勵你獨自生活。這些使人主動的力量還會激勵你增強執行或領導的能力。你充滿熱情和創新理念，能夠引導別人前進。出生在1號的你還需要明白你並非世界的中心，並且要避免自我中心或專斷的傾向。受6月分的部分影響，你需要加強靈活變通和接受更多他人的需求。雖然你自力更生，但不應該忽視對家庭的責任。憑藉恆心和決心，你可以加強耐心和寬容。你意志堅定而且約束力強，能誠實或真誠地對待自己和他人。藉著學習和教育，你能在知識中找到安全感。

■愛情和人際關係

雖然你能夠吸引各種人，但在選擇朋友時需要張大眼睛。通常你善表達你的思想和感受，顯得冷漠孤僻。魅力是你主要的財富之一，它能使你吸引朋友與愛人。你可能不確定自己真正想要的東西，並且你面臨的艱鉅任務是保持和睦卻獨立的人際關係。因為你喜歡聰明的人，和朋友分享資訊和共同的興趣對你相當有幫助。

■你生命中的特殊之人

你和出生在以下日期的人在一起很可能運氣會更好。

◎愛情與友誼：

1月9、13、23、25、27日、2月7、21、23、25日、3月5、19、21、23、29日、4月3、17、19、21、27、30日、5月1、15、17、19、25、28日、6月13、15、17、23、26日、7月11、13、15、21、24日、8月9、11、13、19、22日、9月7、9、11、17、20日、10月5、7、9、15、18日、11月3、5、7、13、16日、12月1、3、5、11、14日

◎幸運貴人：

1月2、4、7日、2月2、5日、3月3日、4月1日、5月31日、6月29日、7月27、31日、8月25、29日、9月23、27日、10月21、25日、11月19、23日、12月17、21日

◎強烈吸引你的人：

1月8、14日、2月6、12日、3月4、10日、4月2、8日、5月6日、6月4日、7月2日、12月2、3、4日

◎砥礪者：

1月6、19、29日、2月4、17、27日、3月2、15、25日、4月13、23日、5月11、21日、6月9、19日、7月7、19日、8月5、15日、9月3、13、30日、10月1、11、28日、11月9、26日、12月7、24、29日

◎靈魂伴侶：

1月16、21日、2月14、19日、3月12、17日、4月10、15日、5月8、13日、6月6、11日、7月4、9日、8月2、7日、9月5日、10月3日、11月1日

優點：有領導能力、有創造力、追求進步、堅強、樂觀、信念堅定、有競爭力、獨立、善於交際

缺點：專橫、自我、過於驕傲、有敵對情緒、缺少約束、自私、軟弱、猶豫不決、沒有耐心

太陽星座：雙子座
區間：天秤座／金星
角度：雙子10°30´-12°
類型：變動星座
元素：風
恆星：畢宿五

6月2日

GEMINI

你的誕生日表明你是個勤奮、親切、受人歡迎而且有所成的人。雖然你很獨立，但憑藉魅力和洞察力，你將與人合作愉快或成為團隊中的一分子。由於你還具有卓越的組織能力，這特別有利於你結合事業和快樂。

受天秤座區間的部分影響，你有與生俱來的藝術才能並且愛美和奢華品；此外你還具有交際與談判手腕，這對你的人際關係大有幫助，不過，在你變得易怒、頑固和任性時，要避免尖銳批評，濫用你的語言天賦。你性格中固執叛逆的一面，與你本身出人意料的敏感和慈悲性格剛好相反。由於你喜歡掌控自我，所以很少向別人展示性格柔軟的一面。

雖然你具有常識和遠見去實現你的夢想，但要小心不要分散實現目標的注意力。這意味著懶惰或過於好交際可能會削減你的真實潛力。但是，當你得到鼓勵時，你願意盡己所能地努力工作，而你也有能力和決心去實現自己的目標。

19歲之後，太陽星座移至巨蟹座，與安全和家庭有關的問題在生活中顯得更為重要，這意味著你更容易察覺內心情感。這種情況將持續至49歲太陽星座移至獅子座之時，你將變得更有活力和自信，更加注重個人的自我表達。

■真實的自我

你很聰慧，能迅速評估別人和形勢，明白知識的力量。你高貴的心靈和耀眼感賦予你領導能力和自信。由於你非常能幹，所以當你開始懷疑自己和感到自卑時，你會覺得渾身不對勁。幸虧你直覺非常敏銳，能明白自己的缺點並能改進自己。因此，任何形式的教育都有益於你，有助於你實現目標並得到更多收穫。

你的責任感主要針對你的家庭和家人，他們在你的生活中舉足輕重。你要避免過著單調乏味的生活，別墨守成規或犧牲在各個生活領域發展的機會。雖然有時你看起來頑固或專橫，但你具有的人道主義性格，使你經常主動使用自己的技能和專業知識幫助別人。

■工作和職業

你對人敏銳的理解力和從容慷慨的魅力，使你能夠在銷售、宣傳和公共關係方面有所成果。如果你從事商業，可能投身那些幫助別人理財的工作。你人道主義的性格還可能引導你從事顧問和其他社會要職。你具有創新思維，這表示你可能從事科技產業。

或者，你的想像力和觀察力需要透過攝影、戲劇或音樂表現出來。與人合作或團隊工作對你特別有好處。

這一天出生的名人包括作家湯瑪斯・哈代，鼓手查理・沃茨，音樂家兼作家馬文・漢利許，演員強尼・維斯穆勒和史戴西・奇屈，作曲家愛德華・艾爾加，和演員莎莉・卡萊曼。

■ 數字命理學

2號誕生日暗示你情感細膩而且渴望成為團體中的一員。你的適應力和理解力強，喜歡合作活動，因為你能在這些活動中與人相互配合協助。你試圖取悅你喜歡的人，可能因此過於依賴別人。不過，藉由增強自信心，你可以克服容易被他人行為和批評所傷害的傾向。受6月分的部分影響，你需要對自己的行為更加負責，學會約束自己和努力工作以便掌控生活。透過節儉和學習理財，你能夠建立穩定的基礎並感到安全。寬容或體諒別人的缺點，令你能夠安慰別人。如果你能不顧困難堅持到底，就能有所成就。

■ 愛情和人際關係

雖然家庭是你生活中重要的一部分，但你得避免使關係變得平淡無奇。你直覺敏銳，對他人起伏很敏感，渴望和睦的環境，也就是說你要避免自己變得過於敏感或情緒多變。你的理解力和同情心，你能夠幫助和鼓勵那些你愛的人，而且通常你願意為維護和睦而做出讓步。和你的夥伴共同做一些創造性的工作，可以增進你們的關係。社交與使你的朋友愉快，通常會振奮你的精神。

■ 你生命中的特殊之人

為了找到長期的幸福、安全感和愛情，你可能需要尋找出生在以下日期的人。

◎愛情與友誼：

1月10、14、26、28日、2月8、12、24、26日、3月6、22、24、30日、4月4、20、22、28日、5月2、18、20、26、29日、6月16、18、24、27日、7月14、16、22、25日、8月12、14、20、23、30日、9月10、12、18、21、28日、10月8、10、16、19、26日、11月6、8、14、17、24日、12月4、6、12、15、22日

◎幸運貴人：

1月8日、2月6日、3月4、28日、4月2、26日、5月24日、6月22、30日、7月20、28、29日、8月18、26、27、30日、9月16、24、25、28日、10月14、22、23、26、29日、11月12、20、21、24、27日、12月10、18、19、22、25日

◎強烈吸引你的人：

1月15日、2月13日、3月11日、4月9日、5月7日、6月5日、7月3日、8月1日、12月3、4、5日

◎砥礪者：

1月7、9、30日、2月5、7、28日、3月3、5、26日、4月1、3、24日、5月1、22日、6月20日、7月18日、8月16日、9月14日、10月12、29日、11月10、27日、12月8、25、30日

◎靈魂伴侶：

1月8、27日、2月6、25日、3月4、23日、4月2、21日、5月19日、6月17日、7月15日、8月13日、9月11日、10月9日、11月7日、12月5日

優點：很好的夥伴、性情溫和、講究策略、接受力強、直覺敏銳、機敏、體貼、追求和睦、容易相處、親善大使

缺點：多疑、缺乏信心、膽小、過於敏感、感情用事、自私、容易受傷、狡詐虛偽

太陽星座：雙子座
區間：天秤座／金星
角度：雙子11°30´-13°
類型：變動星座
元素：風
恆星：參宿七

6月3日

GEMINI

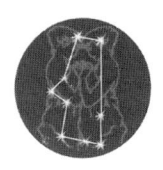

　　這個誕生日表明你思維敏銳，決心堅定，好交際，聰明，非常渴望表現自己。你情感細膩而且感受深刻，往往是個理想主義者。由於你特別喜歡開創新事業，所以有必要培養自己的創新思維或積極工作，以便發揮你的巨大潛力。

　　受雙子座第二區間主宰行星金星的強烈影響，社交關係對你而言十分重要。你富有創造力並有許多有趣的朋友，你對美、顏色和形式具有較高的感知能力。你性格中無憂無慮和機智敏捷的一面，表明你充滿熱情地尋求娛樂。金星的影響表示你可能變得虛榮、優柔寡斷或自我放縱。但是，當你精神狀態良好時，你可以為了成功結合社交、創造、革新、勤勞和堅持不懈等諸多能力。

　　你不僅有熟練的溝通技能，而且還具有深入了解自己的欲望。這種對智慧的追求暗示你經常尋求生活中更深奧問題的答案，最終引導你探索內心更深處或更神祕的領域。如果這些需求被忽視，將使你性格中好反思的一面變得過於複雜難懂，使自己過於嚴肅、易怒甚至消沉。相反地，你也可能極其有魅力和愛幻想，想像力豐富和充滿靈感。

　　在你18歲之後，太陽星座移至巨蟹座，在接下來的30年，你會變得更敏感和注重安全，並非常重視你的家庭生活與家人。當你48歲時，太陽星座移至獅子座，你非常渴望表現自己並行事果斷，這將激勵你變得更愛交際和冒險。

■真實的自我

　　你渴求能為你帶來深刻變化的挑戰，這不但能夠增強你戰勝困難的能力，更賦予你內在的力量。你具有分析能力和直覺力強的優點，這有助你迎接挑戰，但你得謹防嫉妒或害怕被遺棄。幸好你具有極好的黑色幽默感，這有助於紓解你人生中的各種困境。

　　你負責盡職，當你對某個方案或觀點真正感興趣時，你會努力地投入工作。由於你擁有對人性的洞察力，所以你很通情達理而且體貼別人。不過，你也渴望擁有自己的空間和時間，卻不會因此感到孤獨。但是，太孤僻會導致你神祕兮兮或情緒易變。當你增強信心並學會相信自己的直覺時，就能夠及時地處理事情。也能為你提供具有競爭力的優勢條件，助你完成全盤性的計畫。

■工作和職業

　　你熱愛學習但厭惡一成不變，這暗示你會想盡辦法尋求極具挑戰的職業。你有說服能力，這使你在通訊、銷售、寫作或出版行業能做出成績。其他人欣賞你面對新穎獨特

觀點時的態度，並且佩服你在緊急關頭保持冷靜和努力工作的能力。憑藉你獨立的態度和領導的能力，你能在商業和工業界表現卓越。為了找到一種新穎或藝術的表現方式，你可以考慮進入演藝圈，不論你是以表演或音樂，在舞台上展現自我。

這一天出生的名人包括演員托尼‧柯蒂斯，歌手寇帝士‧梅菲德，演員約瑟芬‧蓓克，和詩人亞倫‧金斯柏格。

■數字命理學

出生在3號的你很敏感而且渴望有創意地表達情感。你很風趣，是個有趣的夥伴，喜歡參與友好的社交活動和擁有多種興趣。雖然你多才多藝而且善於表達，渴望各種刺激的體驗，但容易厭倦的性格會致使你變得優柔寡斷或顯得很膚淺。雖然出生在3號的你通常富有藝術才能和魅力以及很好的幽默感，但你得增強自尊心，避免有焦慮不安和不安全感這類情緒。受6月分的部份影響，你很理想化，擁有自己的見解。你好奇心強，渴望發現更多生活的意義，這意味著你有必要提高精神境界。藉由表達你的同情和諒解，你可以學會實踐你的理想。思想交流能使你避免焦慮和多疑。

■愛情和人際關係

你非常善於交際，喜歡有朋友和熟人的陪伴，詼諧風趣而且忠實仁慈。雖然你熱心又體貼，但有時你的愛情和工作之間可能會發生衝突，唯有藉由尋找與你志同道合的伴侶，才能解決這個問題。你渴望心靈的默契相通，但如果你覺得拘束或不安全，將變得多疑或好嫉妒，而且只想著你自己感興趣的事物。

■你生命中的特殊之人

在你狀況良好時，你會非常主動順利，而且和出生在以下日期的人在一起，你崇高的理想會更容易實現。

◎愛情與友誼：

1月7、11、20、25、27、29日、2月9、18、23、25、27日、3月7、16、21、23、25日、4月5、14、19、21、23日、5月3、12、17、19、21日、6月1、10、15、17、19日、7月8、13、15、17日、8月6、11、13、15日、9月4、9、11、13日、10月2、7、9、11、17日、11月5、7、9日、12月3、5、7日

◎幸運貴人：

1月9、26日、2月7、24日、3月5、22日、4月3、20日、5月1、18、29日、6月16、27日、7月14、25、29、30日、8月12、23、27、28、31日、9月10、21、25、26、29日、10月8、19、23、24、27日、11月6、17、21、22、25日、12月4、15、19、20、23日

◎強烈吸引你的人：

1月16日、2月14日、3月12日、4月10日、5月8日、6月6日、7月4日、8月2日、12月4、5、6日

◎砥礪者：

1月8、29、31日、2月6、27、29日、3月4、25、27、28日、4月2、23、25、26日、5月21、23、24日、6月19、21、22日、7月17、19、20日、8月15、17、18日、9月13、15、16日、10月11、13、14、30日、11月9、11、12、28日、12月7、9、10、26日

◎靈魂伴侶：

5月30日、6月28日、7月26日、8月24日、9月22、30日、10月20、28日、11月18、26日、12月16、24日

優點：幽默、快樂、友善、成果頗多、有創造力、有藝術天賦、實現願望的能力、熱愛自由、善於表達

缺點：容易厭倦、虛榮、可能誇大其詞、不體貼、好自誇、奢侈、放縱自己、懶惰、虛偽、浪費

太陽星座：雙子座
區間：天秤座／金星
角度：雙子12º30´-14º
類型：變動星座
元素：風
恆星：參宿七

6月4日

GEMINI

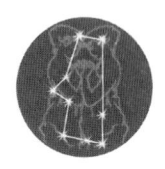

　　你是個聰明健談的人，有豐富的社交能力，能察覺人性，並且能夠與不同生活閱歷的人來往。你多才多藝，能夠在生活中的不同領域占據領導地位。但是，倘若你同時從事太多的事情並且過於分散精力，這個優點就會變成阻礙。

　　受雙子座第二區間的金星的進一步影響，你很熱心友善，愛美，喜歡創造性藝術。你從容的魅力使你直言不諱，也賦予你必要的交際手段。金星還強調你渴望受人歡迎，並且使你能吸引異性。

　　你有創造力和強烈的個性，會發現生活中的大部分滿足感，來自你想做點特別的事情並能如願以償。在你通往成功的途中你可能遇到的障礙，是你的不耐煩和緊張不安。你珍視知識，學習能力強，往往在實踐中將這種能力商業化。你心胸開闊，提倡自由，可能對社會事務和人權感興趣。

　　在17歲時太陽星座推進至巨蟹座，你會關注和睦的環境和安全穩固的家庭基礎，並有強烈的個人情感需求，這種情況將持續至47歲左右時，那時太陽星座推進至獅子座。這次轉折將增強你的自信和力量，促使你在公眾場合變得更有影響力。

■真實的自我

　　你有創造力，內心焦躁不安，好問，興趣廣泛，喜歡嘗試新思想。但是，你需要學會如何有意義地將能力轉化成具體物質，並且要讓自己學會專精，以便發揮你的真實潛力。也要避免焦慮不安和猶豫不決，因為它們會耗盡你的精力。雖然你表面看起來自信滿滿，但你渴望受人歡迎，這意味著你需要他人的讚揚。另一方面，如果你要求自己增強創新思維，你就能有所獲。

　　你不僅內心敏感，也有研究哲學或宗教的潛力，如果這一點得以發展，你就會對自己的能力和生活充滿信心。許多出生在今天的人，在別人手下工作時能力會降低，所以利用這種信心去實現你力所能及的目標是很重要的。用獨處的時間思考，對保持內心的平靜也有好處。此外你也不能低估愛情的力量。

■工作和職業

　　你有志向，決心堅定，憑藉天生的商業頭腦，你可以進入商業界。與生俱來的心理能力有助於你從事銷售、廣告或任何形式的治療工作。與人際交往有關的工作可以帶給你滿足感，尤其教學、演講或與人分享知識會給你帶來特別的回報。通常你能夠與

人合作並在團體環境中表現很好,但是,由於你不喜歡服從命令,所以你傾向自主創業。從事寫作和參與新聞業是發揮你創造力的極好途徑。也有可能,你天生引人注目的形象能表現在音樂、藝術、舞蹈或戲劇上。

這一天出生的名人包括演員丹尼斯‧維福和布魯斯‧鄧,演員羅莎琳‧羅素,歌手蜜雪爾‧菲力普,和電視人物露絲‧魏斯太摩博士。

■數字命理學

4號誕生日具有結構堅固和思緒井然的特點,這表示你需要安定感,想要建立秩序。你具有充沛的精力,實踐技能和堅定的決心,能透過努力工作取得成功。你有安全意識,喜歡為自己和家人建立穩定的基礎。你具有務實的生活態度,所以擁有優秀的商業才能和在生活中獲得物質財富的能力。數字4的人很誠實、坦率而且公正;可能遇到的問題包括必須克服情緒不穩定或經濟上的擔憂。受6月分的部分影響,你願意保護別人並關心別人。保持創新、有主見和自主決定對於你相當重要。你需要明白說服別人而非藉著強迫別人或專橫霸道得到想要的結果。因為你熱愛自由,所以要避免對別人過於挑剔,因為他們厭惡你的控制。

■愛情和人際關係

你渴望和平與和睦,喜歡聰慧、務實、樂觀且能給你提供精神鼓勵的人。你熱愛知識,這也意味著你喜歡能夠幫助你掌握新資訊或技能的團體。在人際關係中,你偏愛直率的人,而且經常利用社交手段保持現狀,並從中得到好處。因為你對提升自己很感興趣,所以經常與有雄心壯志並一直在改善自己的人來往。在追求幸福的過程中,你要避免對另一半過於挑剔或專橫。

■你生命中的特殊之人

為了得到安全感、精神鼓勵和愛情,你可能需要尋找出生在以下日期的人。

◎愛情與友誼:

1月4.11.12.21.26.28.30日、2月2.9.10.19.24.26.28日、3月7.8.22.24.26日、4月5.6.20.22.24.30日、5月3.4.18.20.22.28.31日、6月1.2.16.18.20.26.29日、7月14.16.18.24.27日、8月12.14.16.22.25日、9月10.12.14.20.23日、10月3.8.10.12.18.21日、11月6.8.10.16.19日、12月4.6.8.14.17日

◎幸運貴人:

1月3.10.29日、2月1.8.27日、3月6.25日、4月4.23日、5月2.21日、6月19日、7月17.30日、8月15.28日、9月13.26日、10月11.24日、11月9.22日、12月7.20日

◎強烈吸引你的人:

1月11日、2月9日、3月7日、4月5日、5月3日、6月1日、12月5.6.7.8日

◎砥礪者:

1月9日、2月7日、3月5.28日、4月3.26日、5月1.24日、6月22日、7月20日、8月18日、9月16日、10月14.30.31日、11月12.28.29日、12月10.26.27日

◎靈魂伴侶:

1月7日、2月5日、3月3日、4月1日、5月29日、6月27日、7月25日、8月23日、9月21日、10月19日、11月17日、12月15日

優點:有條理、能約束自己、穩重、勤奮、精益求精、善於自己動手做、務實、信任別人、嚴謹

缺點:破壞行為、不善於交流、壓抑自己、強硬、懶惰、無情、拖延、過於節約、專橫、感情不外露、心懷怨恨

太陽星座：雙子座
區間：天秤座 / 金星
角度：雙子13°30´-15°
類型：變動星座
元素：風
恆星：參宿七

6月5日

GEMINI

任性、堅強、堅定的性格，使你看起來獨立自主。你很引人注目卻很務實，能將事業和歡樂理想地相互結合。你也執著勤奮，只要你不過分關注物質利益，就能獲得成功。

受區間星座天秤座的影響，你很文雅而且好交際，愛美和喜好奢華品。這可以增強你的創造力，促使你對音樂、藝術或戲劇感興趣。但是，它也強調了金錢在整體計畫中的重要性，顯示你有極好的談判能力。你喜歡以坦誠直率的方式對待別人，但得避免專橫霸道或言語尖酸刻薄。

有時，你精力異常充沛而且極為勇敢，這會促使你對形勢反應快速並能掌握良機。你有聰明精確的頭腦，能夠深入思考，有專業技術或分析能力。你的獨立精神激勵你創新並尋找個人自由。但是，你得避免任性、脾氣暴躁、固執或變得消極和不願交流。幸虧你願意努力克服困難，不論問題是發自你本身或來自環境。

16歲時太陽星座推進至巨蟹座，安全感或家庭問題成為生活的重心。這次轉折還強調你渴望個人情感、安全感以及家人的關注。這種情況將持續至你46歲時，那時太陽星座推進至獅子座，你將變得更有自信和力量，這將促使你變得更外向和寬宏大量。

■真實的自我

你經常會有在金錢問題上焦慮不安或猶豫不決的考驗，但是你得明白物質保障的需求，不一定會比其他因素更重要。如果你很沮喪失望，你就會揮霍無度，藉以發洩這種情緒使自己快樂。但你要明白，真正的滿足感來自你慷慨、輕鬆愉快和客觀冷靜的性情。

表現對於你來說很重要，當你在生活中取得進步時，尤其在公共事務或你發揮重要作用的關係中，你會表現很優秀。這個誕生日內含的智慧表明如果你能將你不安分的性格轉化成積極進取的冒險精神，成功就會自然而然地來臨。

■工作和職業

精通專業知識是很重要的，因為你希望能把工作做好並以你的工作自豪。你具有領導天賦，加上不錯的管理能力，你能在商業界、廣告業或銷售行業取得成功。同樣地，憑藉你的口才，你可以在法律或通訊業取得成功。你能夠推行某種改革，所以你可能喜歡在工會和慈善機構這類機構中，擔當領導角色或成為為理想而奮鬥的人。或者，你可

以在館長或藝術主管這樣的職業中，綜合利用你的商業頭腦和藝術才能。要想表現你的創造力和內在引人注目的天賦，從事戲劇或音樂是很好的選擇。這個誕生日常表示你能在保健行業獲得成功。不論你選擇何種職業，極富變化的工作環境對你很重要，因為它可以給你靈感，也不會讓你失去興趣。

這一天出生的名人包括音樂家馬奇·馬克和勞瑞·安德森，廣播員比爾·莫耶斯，藝人斯波爾丁·格雷，和兒童作家理查·斯凱瑞。

■數字命理學

直覺力強、生性愛冒險和渴望自由，是5號誕生日具有的特點。你樂於探索或嘗試新鮮事物，加上你熱情的態度，意味著生活會給你很多恩賜。旅行、改變的機會和意外會使你經歷看法和信念的徹底轉變。出生在5號誕生日的你渴望生活充滿刺激，但是，你得培養負責的態度，避免出人意料、過分和不安分等傾向。數字5的人天生懂得如何順應潮流和保持獨立。受6月分的部分影響，你富有靈感而且很有理想，所以你需要保持專注。你要學會相信自己的直覺並富有哲理地看待生活。通常你總是樂於與人分享你的想法；你發自內心的言語充滿真摯感情和說服力。你要獨立自主並靈活多變，但得避免自私的動機和草率行事。

■愛情和人際關係

你友好且好交際，興趣廣泛，有著充實的社交生活。雖然你體貼大方，但是對親密關係的不確定或猶豫不決，會成為你焦慮失望的根源。你對所愛之人極其慷慨並能做出犧牲。你要避免對人過於熱情，然後卻又失去興趣或不確定自己的感覺。你要在人際關係中靈活變通而且確立自己的立場，如此才能建立持久的關係。你喜歡社交聚會，是個詼諧風趣的人。

優點：多才多藝、適應力強、追求進步、直覺力強、富有魅力、運氣好、勇敢、熱愛自由、敏捷機智、好奇心強、高深莫測、善於交際

缺點：不可靠、變化不定、拖延、反覆無常、不可靠、貪婪、過於自信、剛愎自用

■你生命中的特殊之人

從出生在以下日期的人中，你可能會找到一個能理解你的敏感和對愛的需求的人。

◎愛情與友誼：

1月13、22、29日、2月11、20、27、29日、3月9、25、27日、4月7、23、25日、5月5、21、23、29日、6月3、19、21、27、28日、7月1、17、19、25、28日、8月15、17、23、26日、9月13、15、21、24日、10月11、13、19、22、29日、11月9、11、17、20、27、12月7、9、15、18、25日

◎幸運貴人：

1月11日、2月9日、3月7、31日、4月5、29日、5月3、27、31日、6月1、25、29日、7月23、27、31日、8月21、25、29、30日、9月19、23、27、28日、10月4、17、21、25、26日、11月15、19、23、24、30日、12月13、17、21、22、28日

◎強烈吸引你的人：

1月12日、2月10日、3月8日、4月6日、5月4日、6月2日、12月5、6、7、8日

◎砥礪者：

1月10日、2月8日、3月6、29日、4月4、27日、5月2、25日、6月23日、7月21日、8月19日、9月17日、10月15、31日、11月13、29、30日、12月11、27、28日

◎靈魂伴侶：

1月18、24日、2月16、22日、3月14、20日、4月12、18日、5月10、16日、6月8、14日、7月6、12日、8月4、10日、9月2、8日、10月6日、11月4日、12月2日

太陽星座：雙子座
區間：天秤座／金星
角度：雙子14°-15°30´
類型：變動星座
元素：風
恆星：參宿七

6月6日

GEMINI

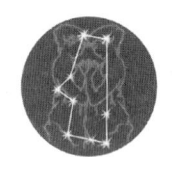

你有魅力而且風趣、熱心、樂觀並友善。你的誕生日具有的這些特點，表明你需要與人交往，充滿靈感，足智多謀。你天生優雅，是善於表達的健談者，有著強烈的個人意識。雖然你希望自己能維持好形象，但是真誠對於你來說更是重要，你喜歡坦率、誠實待人。

憑藉個人魅力和區間星座天秤座的影響，你對人際關係很感興趣，也有不錯的交際手腕。你掌握了談話的技巧，而且真誠地渴望平靜。你還能夠吸引別人，並將這一點作為自己的優勢。

你很理想主義而且渴望超脫世俗，這將賦予你對光、顏色、形式和聲音的高度洞察力。而且你天生了解這個世代的人的夢想和希望。你可能會將這些才能用於藝術或文學創新、神祕或宗教事物，或是造福他人。如果這些能力沒有得到發揮，就可能會浪費在逃避現實、幻想或追求時尚上。

你的童年通常是一段快樂的經歷，在你15歲時，太陽星座推進至巨蟹座，你會變得更敏感而且更注重安全。這次轉折強調你的家人、家庭和親密的私人生活。太陽星座在45歲時推進至獅子座，你日益渴望表現自己和位居領導地位，這會促使你變得更堅定自信，而且更多地強調公眾角色的重要。75歲時，太陽星座推進至處女座，你將不斷思考從而培養更善於分析的態度。

■真實的自我

雖然你很聰明而且善於表達，但是可能難以做出選擇或決定。因為各種不同的興趣會引導你朝不同的方向發展，所以有使命感是很重要。缺乏使命感，你就會在理想和獲得物質滿足感的欲望間搖擺不定。你性格中的一面可能特別喜歡金錢、奢侈品和懶散的生活方式，但對靈感的渴望會激勵你為實現理想而奮鬥。不論從事什麼職業，你都能得到許多機會，並且能夠瀟灑地走出最困難。你會一直保持心態年輕而且貪玩的特點直到晚年，它會確保你使人愉快，並被你所迷惑。這意味著只要接受責任和自我約束，你就能最大程度地發揮傑出的潛力。

■工作和職業

你的魅力和號召力很可能是你宣傳自己、產品或某項事業的寶貴財富。你有極好的社交和溝通能力，能在所有需要用到個人特長的職業以及教育、新聞、廣告或銷售行業

取得成功。你具有強烈的價值觀念，在法律或政治方面具有優勢。你天生勇於創新，能在戲劇或藝術領域表達你的情感。無論你選擇何種職業，你都會在任何與人相關的工作中得到一定的滿足。

這一天出生的名人包括網球運動員比約‧柏格，作家亞歷山大‧普希金，演員比利‧懷特勞，西班牙作家委拉斯格斯，和喜劇演員桑德拉‧伯恩哈德。

■數字命理學

富有同情心、理想主義和體貼是6號誕生日所具有的特點。數字6的人是個完美主義者或大眾朋友，往往是個負責、體貼和樂於助人的人。出生在6號的你很居家，是個稱職的家長。你們中更敏感的人需要尋找獨特的表現方式，藉以進入娛樂界或藝術和設計行業。你需要加強自信，克制愛管閒事、焦慮不安和濫用同情心的傾向。受6月分的部分影響，你對朋友和鄰人充滿仁慈憐憫，而且也很負責。當你遇到不同意見時，你需要增強自信或自尊。你受人歡迎，友好親切，渴望得到別人的認可。但是你要集中注意力，不要擔心別人的言語或行為。別害怕惹怒他人，要學會拒絕。

■愛情和人際關係

你熱情活潑，好交際，很容易交到朋友。但是你更喜歡勤奮可靠或那些可以給你安全感的人。你的魅力讓其他人願意幫助你。當你經濟穩定或能夠結合事業和歡樂時，你會覺得更有滿足感。風趣或商業夥伴的人，是你交朋友的前提。你的婚姻美滿，而且親密的合作關係會給你帶來好處。

■你生命中的特殊之人

為了得到安全感、精神鼓勵和愛情，你可能需要尋找出生在以下日期的人。

◎愛情與友誼：

1月6.8.14.23.26.28日、2月4.10.12.21.24.26日、3月2.10.12.19.22.24日、4月8.14.17.20.22日、5月6.15.16.18.20日、6月4.13.16.18日、7月2.11.14.16.20日、8月9.12.14.22日、9月7.10.12.24日、10月5.8.10.26日、11月3.6.8.28日、12月1.4.6.30日

◎幸運貴人：

1月9.12日、2月7.10日、3月5.8日、4月3.6日、5月1.4日、6月2.30日、7月28日、8月26.30.31日、9月24.28.29日、10月22.26.27日、11月20.24.25日、12月18.22.23.29日

◎強烈吸引你的人：

12月6.7.8.9日

◎砥礪者：

1月11.13.29日、2月9.11日、3月7.9.30日、4月5.7.28日、5月3.5.26.31日、6月1.3.24.29日、7月1.22.27日、8月20.25日、9月18.23.30日、10月16.21.28日、11月14.19.26日、12月12.17.24日

◎靈魂伴侶：

1月12.29日、2月10.27日、3月8.25日、4月6.23日、5月4.21日、6月2.19日、7月17日、8月15日、9月13日、10月11日、11月9日、12月7日

優點：成熟世故、友善、仁慈憐憫、可靠、通情達理、富有同情心、理想主義、顧家、人道主義、穩重、有藝術才能、保持平衡

缺點：不滿、焦慮不安、羞怯、固執、追求完美、專制、缺少責任感、自私、多疑、憤世嫉俗、以自我中心。

太陽星座：雙子座
區間：天秤座/金星
角度：雙子15º-16º30´
類型：變動星座
元素：風
恆星：參宿七

6月7日

GEMINI

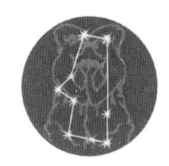

雙子座

　　你的誕生日表明你是個多才多藝，有志向而且追求成功的雙子座。你能夠迅速評判別人和形勢，能察覺機會，善於使自己的理想物質化。當某個大計畫或事業能帶來巨大報酬時，受到這種獎賞的刺激，你的工作效果會最佳，此外你不喜歡瑣碎的事情。慷慨大方是你最大的優點之一。

　　你是個富有魅力的健談者，能與各種人相處甚歡，並且有能力以自己的觀點影響他們。你常走在時代的前端，能早他人一步得知社會的變遷與脈動。憑藉你的敏銳智慧和足智多謀，你能將知識轉化為優勢。雖然賺錢是先決條件，但你逐漸明白金錢不一定會帶來幸福，而且要謹防在追求成功的過程中過於妥協。憑藉從大局思考問題的能力，你可以成為優秀的組織者，能夠將權力委託給別人。但你要避免分散精力或半途而廢。

　　受雙子座第二區間的金星影響，你在某種程度上很圓滑而且有創見。你天生具有的精細感或藝術鑑賞力，會激勵你的潛力，即使不能成就某項事業，也能作為業餘消遣。這種影響還表示你喜愛奢侈品和優越的生活，並促使你採取行動。

　　在你14歲時太陽星座推進至巨蟹座，你會更專注個人的情感生活和家人，你更注重對安全感的需求和生活的穩定基礎。太陽星座在你44歲時推進至獅子座，你的重心轉移至更多地自我表現上，並能果敢行事，這會促使你在公眾生活中變得更突出。在你74歲後，太陽星座推進至處女座，你將變得更善於分析、思考和務實。

■真實的自我

　　由於你是個天生的演員，所以能自然表現出自信。你很精明聰慧，有強烈的第六感，能快速判斷人和形勢。這會促使你在領導職位中發揮更好的作用，而非從事體力勞動。因為你具有好反思或更嚴肅的一面性格，所以你最大的回報是智能而不非物質。

　　雖然你能慷慨給予時間和金錢，但也有可能會變得過度自我膨脹或自我放縱。幸好你可以接受他人良善的批評。憑藉你強烈的意志力，你能說服別人並有能力影響別人。女性是你進步的過程中的良師益友。

■工作和職業

　　你有雄心壯志，友善，獨立，喜歡自主工作。教學、演講或寫作這類職業能為你提供足夠的自主工作空間。你善於總體規畫和委派權力，可以在商業或法律方面表現優秀。你多才多藝，所以你會發現難以找到重點和一技之長，因為你可以做的事太多了。

你具有職業智慧，能輕鬆地處理公共事務並具有極好的溝通能力，這些特點在銷售和市場行銷或出版行業是很好的條件。由於你天生的創造力，你可能喜歡藝術、戲劇或音樂。你與生俱來的商業頭腦，能夠使任何才能商業化，並且在運用你敏銳的思維時會得到更好的工作成績。

這一天出生的名人包括印象派畫家高更，歌手王子和湯姆·鍾斯，演員利亞姆·尼森和潔西嘉·坦迪。

■數字命理學

7號出生的人分析能力強而且考慮周到，往往很挑剔自私。你不斷尋求更多的自我意識，喜歡蒐集資訊，可能對閱讀、寫作或宗教感興趣。雖然你很精明，但可能會過於理性或注重細節。你很神祕，這意味著有時你會覺得被人誤解。受6月分的部分影響，你需要秩序和安定感，掌控自己的生活，並建立一個穩定的基礎。你希望享受生活的恩賜，但是要避免過度放縱。你要對自己的行為負責，並且要三思而後行。從失誤中吸取經驗能促使你採取更現實的態度。成功來自你的勤奮，以及加強你現有的技能和知識。記錄你的思想觀點有助你記住瑣碎的細節，並且使你務實、有創造力和有條理。

■愛情和人際關係

你總是不斷尋求情感上的滿足和刺激，你充滿熱情和強烈的欲望。因為你富有魅力，所以很容易吸引朋友和仰慕者。你喜歡樂觀而且能以新穎的觀點和機會激勵你的人。你熱愛自由，這表明你期待建立能給你足夠獨立空間的關係。你需要在愛情中從容行事，不要草率或衝動。

■你生命中的特殊之人

為了保持你對愛情的興趣，你需要尋找出生在以下日期的人。

◎愛情與友誼：

1月6、15、29、31日、2月4、13、27、29日、3月2、11、25、27、4月9、23、25日、5月7、21、23日、6月5、19、21日、7月3、17、19、30日、8月1、15、17、28日、9月13、15、26日、10月11、13、24日、11月9、11、22、12月7、9、20日

◎幸運貴人：

1月13、15、19日、2月11、13、17、3月9、11、15日、4月7、9、13日、5月5、7、11日、6月3、5、9日、7月1、3、7、29日、8月1、5、27、31日、9月3、25、29日、10月1、23、27日、11月21、25、12月19、23日

◎強烈吸引你的人：

5月30日、6月28日、7月26日、8月24日、9月22日、10月20日、11月18日、12月7、8、9、10、16日

◎砥礪者：

1月12日、2月10日、3月8日、4月6日、5月4日、6月2日、8月31日、9月29日、10月27、29、30日、11月25、27、28日、12月23、25、26、30日

◎靈魂伴侶：

1月2、28日、2月26日、3月24日、4月22日、5月20日、6月18日、7月16日、8月14日、9月12日、10月10日、11月8日、12月6日

優點：	有教養、信任別人、一絲不苟、理想主義、誠實、善於沉思、有超能力、科學、理性、善於思考
缺點：	有所隱瞞、不誠實、不友好、神祕兮兮、多疑、思維混亂、麻木不仁

太陽星座：雙子座
區間：天秤座／金星
角度：雙子16º-17º30´
類型：變動星座
元素：風
恆星：參宿七

6月8日

GEMINI

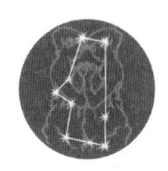

你的誕生日表示你是個聰慧，慷慨而且心胸開闊、善於溝通的人。你獨立自主，足智多謀，喜歡保持忙碌。有時你會變得非常充實，但卻精神緊張，盡量保持客觀，可以使你保持鎮定。還好，就算你覺得沮喪或失望，也不會消沉太久，因為你敏捷的反應能力，會使你很快地繼續採取行動。

受區間星座天秤座的影響，你有藝術天賦和創造力，在與人交往時極富魅力。你輕鬆活潑，能以巧妙的應答使人愉快，是個有趣的夥伴。這種影響還賦予你交際手腕和雄辯能力。如果能綜合你的預見和善於創新或分析的能力，就能產生新穎的想法。

有時，你是兩個對立面的奇怪神祕結合體，一方面，你很敏感和理想主義，另一方面，你又很注重實際。你要平衡你的洞察力和天生的幽默感，避免對人或環境的期望太高。你能自省，這使你能夠積極地進行自我分析並持續進步。

在你13歲時，太陽星座推進至巨蟹座，你會更專注於與家庭和感情生活有關的問題。在此後的30年，你會更注意家族問題。太陽星座在43歲時推進至獅子座，你更渴望表現自己和行動果斷，這將促使你變得更坦率，自信與合群。在73歲時，太陽星座推進至處女座，你開始變得更善於分析，務實而且有益於他人。

■真實的自我

你具有極好的評判能力，對金錢或物質問題有著本能意識。如果你能結合第六感和出乎意料的片面資訊，就可能會獲得好運。有時你的生活中會出現財政不穩定時期，你得解決如何不揮霍但又能生活得很好這個問題。與生俱來的威嚴會助你獲得要職，從而發揮你的組織能力。如果你能推行某種創新，情況將會更好。

但是，如果你變得消極，就會變得過於專制並且破壞彼此的關係。內在不安分的特點，會在每件事務中渴望有所變化，以期保持你的冒險精神。旅行是解決你眾多問題的極好途徑。

■工作和職業

你聰敏的頭腦總是不斷地發掘新的知識，你可以將這一點運用在物質和個人上，並轉變成自己的優勢。從事需要運用智能和極好的溝通能力的職業，比如科學家、律師、教師或作家，將帶給你成就感。或者，憑藉天生的商業頭腦，你可以在銀行業、財富、股票經紀或會計方面表現出眾。你的人道主義性格可以表現在治療工作或社會工作中。

你具有很好的結構感,可以從事建築工作。這個誕生日還表示你可能會在演藝界、藝術或音樂方面成功。

這一天出生的名人包括喜劇演員瓊・里弗斯,音樂家伯茲・史卡斯,畫家約翰・艾佛雷特・米萊,建築師弗蘭克・羅依德・賴特,占星家格蘭特・路易,和作曲家羅伯特・舒曼。

■數字命理學

8號誕生日具有的力量是有著強烈價值觀念和準確判斷力。數字8表示你可以獲得巨大成就而且有雄心壯志。這個誕生日還表示你渴望得到統治地位,安全感和物質財富。作為數字8的人,你天生具有經濟頭腦,增加組織和管理能力將使你受益匪淺。你非常渴望得到安全感或穩定感,這會促使你制定長期的計畫和投資。受6月分的部分影響,你忠誠體貼,只是有時你需要靈活變通,避免固執己見。你通情達理而且主動慷慨,不過你會過度放縱而且揮霍無度。因為你追求進步而且希望自由地表達自己的感受,所以你要避免單調的環境或過於強硬。藉由與人合作,你可以得到安全感和穩定感。

■愛情和人際關係

你是個名副其實的健談者,需要他人的陪伴,喜歡有個人風格。雖然你看起來冷漠無情,實際上卻很體貼仁慈。在與和你有著同樣智力活動的人來往時,你會覺得最開心。偶爾,你會變得過於嚴肅,而且你需要培養更客觀公正的態度。一旦你失去平日的圓滑,也會變得好爭論,並導致精神緊張和焦躁不安。不過,你很忠誠,體貼,是個樂於助人的朋友和伴侶。

■你生命中的特殊之人

為了得到長期的幸福,安全感和愛情,你需要查找出生在以下日期的人。

◎愛情與友誼:

1月6.16日、2月4.14日、3月2.12.28.30日、4月10.26.28日、5月8.24.26.30日、6月6.22.24.28日、7月4.20.22.26.31日、8月2.18.20.24.29日、9月16.18.22.27日、10月14.16.20.25日、11月12.14.18.23日、12月10.12.16.21日

◎幸運貴人:

1月9.14.16日、2月7.12.14日、3月5.10.12日、4月3.8.10日、5月1.6.8日、6月4.6日、7月2.4日、8月2日、9月30、10月28日、11月26.30日、12月24.28.29日

◎強烈吸引你的人:

1月21日、2月19日、3月17日、4月15日、5月13日、6月11日、7月9日、8月7日、9月5日、10月3日、11月1日、12月8.9.10.11日

◎砥礪者:

1月4.13.28日、2月2.11.26日、3月9.24日、4月7.22日、5月5.20日、6月3.18日、7月1.16日、8月14日、9月12日、10月10.31日、11月8.29日、12月6.27日

◎靈魂伴侶:

1月15.22日、2月13.20日、3月11.18日、4月9.16日、5月7.14日、6月5.12日、7月3.10日、8月1.8日、9月6日、10月4日、11月2日

優點:有領導能力、細緻深入、勤奮、遵循傳統、有威信、能保護別人、有治療能力、有很好的價值判斷力

缺點:沒有耐心、不夠寬容、吝嗇、不安分、過度勞累、專制、易受挫、缺乏計畫、濫用權力、控制欲強

太陽星座：雙子座
區間：天秤座 / 金星
角度：雙子17°-18°30´
類型：變動星座
元素：風
恆星：參宿七、參宿五、五車二

6月9日

GEMINI

你具有一定的意志力和決心，這意味著你有能力實現美好的前程。你渴望拓展物質和社會方面的成功，所以你有雄心壯志而且堅忍不拔。固執或叛逆是你獲得成就的障礙之一。你熱衷權力和名望，所以你會很負責而且喜歡下命令。為了避免過於專制，你需要培養耐心。

受區間星座天秤座的影響，你非常善於交際，而且風趣，很可能從女性朋友那兒得到幫助。這還表明你有極好的藝術感和獨特的鑑別力，熱愛音樂和舞蹈。除了金錢，金星還賦予你對人際關係的興趣，這會促使你為他人營造更好的環境。

如果你能約束自己，就能夠發揮所長，取得空前成就和戰勝困難的能力。你很執著，非常渴望自由，但是得避免否定自己的缺點，或陷入與權威人士的紛爭中。

在你12歲時，太陽星座推進至巨蟹座，關於安全、家庭和家族的問題在你的生活中顯得更突出。這種影響將持續至你42歲時，那時太陽星座推進至獅子座，你的力量、能力和自信將增強。在你72歲時，太陽星座推進至處女座，你會變得更善於分析、務實和思考。

■真實的自我

你內在的信念是你自信的重要因素，如果沒有信念，你就會退縮、不安或缺乏自尊。你很精明而且思維敏銳，能快速掌握資訊並運用成為自己的優勢。雖然有時你太過關注物質問題，但只要運用內在智慧或洞察力，就能克制冷漠或多疑的態度。如果你敢於主動公平且有競爭意識，就能讓自己和別人感覺你的能量與活力。

你喜歡製造事情，有與生俱來的控制欲，能夠非常專注而且有耐心。有時你樂於勤奮工作，喜歡有權勢和志向的人。其他人會認可你的能力，並樂於幫助你實現計畫。

■工作和職業

任何與人際交往有關的活動都是有意義的，你急欲表現自己，希望引人注目，所以你可能會進入藝術或娛樂界。你具有人道主義或慈善的性格，這些特點能表現在諮詢或支持社會事業的工作中。你具有組織和潛在的管理能力，能夠進入商業、銀行業和工業領域。你意志力頑強，決心堅定，可以高升至權勢地位。你喜歡完全自主，所以自主創業可能是個不錯的選擇。從事公職或法務相關職務，可使你興旺發達。你喜歡變化，善於表達，能在新聞業或政治領域確立穩固的地位。

這一天出生的名人包括演員強尼・戴普和邁克爾・J・福克斯，作曲家科爾・珀特，政治家羅伯特・麥克納馬拉，和醫生伊莉莎白・安德森。

■數字命理學

仁慈，考慮周到和多愁善感是9號誕生日具有的特點，你寬容善良，慷慨，開明。你具有直覺力和超自然能力，能夠接受一切事物，若能得到積極的引導，你將能找到一條精神道路。這個誕生日表明你需要克服困難而且可能會過於敏感，以及情緒起伏不定。環球旅行和與不同生活閱歷的人交往會使你受益匪淺，但是你需要避免不切實際的幻想或逃避現實。受6月分的部分影響，你很負責，能夠憑藉準確的判斷力、公正和公平達到平衡與和睦。你慷慨大方，樂於合作，體貼，具有人道主義的特點。你要避免破壞行為或復仇心重。嘗試了解他人的需求，避免自我中心或挑剔，以及強制別人接受你的觀點。你富有同情心而且愛護別人，最終將會有所收穫。

■愛情和人際關係

你喜歡有權勢和創造力的人，渴望愛情而且通情達理，這與你堅強自信的外表似乎有點出入。雖然你很勤奮，但是喜歡娛樂和與朋友或家人來往。你很有自己的想法，但卻忠實體貼。不過，你需要避免犧牲自己或喜怒無常。你們中有靈感的人，可以透過對藝術和音樂或財產的熱愛找到自我表現的方式。

■你生命中的特殊之人

從出生在以下日期的人中，你可能會找到能理解你的敏感和對愛的需求的人。

◎愛情與友誼：
1月7.17.20日、2月5.15.18日、3月3.13.16.29.31日、4月1.11.14.27.29日、5月9.12.25.27日、6月7.10.23.25日、7月5.8.21.23日、8月3.6.19.21日、9月1.4.17.19日、10月2.15.17日、11月13.15.30日、12月11.13.28日

◎幸運貴人：
1月15.17.28日、2月13.15.16日、3月11.13.24日、4月9.11.22日、5月7.9.20日、6月5.7.18日、7月3.5.16日、8月1.3.14日、9月1.12日、10月10.29日、11月8.27日、12月6.25日

◎強烈吸引你的人：
1月5日、2月3日、3月1日、12月9.10.11.12日

◎砥礪者：
1月4.5.14日、2月2.3.12日、3月1.10日、4月8.30日、5月6.28日、6月4.26日、7月2.24日、8月22日、9月20日、10月18日、11月16日、12月14日

◎靈魂伴侶：
1月2日、3月29日、4月27日、5月25日、6月23日、7月21日、8月19日、9月17日、10月15日、11月13日、12月11日

優點：理想主義、人道主義、有創造力、敏感、慷慨、有魅力、有詩人氣質、慈善、樂善好施、客觀公正、運氣好、受人歡迎

缺點：沮喪、神經緊張、孤立、沒有把握、自私、不切實際、易於受牽制、自卑、恐懼、焦慮不安

太陽星座：雙子座
區間：天秤座／金星
角度：雙子18°-19°30´
類型：變動星座
元素：風
恆星：參宿五、五車二

6月10日

GEMINI

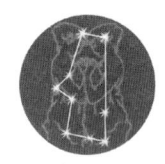

你的誕生日表明你有極好的智力，而且擁有獲得成功和物質財富的強大潛力。你很有說服力且對人際交往感興趣，而且你的工作態度認眞嚴謹。你希望獨立，能夠從經驗中學習，而且會有一技之長。

受雙子座第二區間主宰行星金星的影響，你富有魅力、有說服能力。一旦積極地運用這些特點，你將會產生許多新穎的想法，成爲健談的人。通常你善於交際，具有美感和藝術感。這會使你喜歡奢侈品，並且擅長與人合作。金星還強調金錢在你生活中的重要性，表明你願意努力奮鬥去獲得錢財。你遇到的困難將是如何平衡你工作的欲望，及強硬、有條理和負責的特點，還有你對快樂、愛情和對主動性的渴望。

當你試著發揮自己的潛力，和把不耐煩情緒轉化爲創新的行爲時，你會在與生活的挑戰過程中取得成就。學會保持樂觀和知足常樂，你就會意識到感恩是一種特別的品質，有助於你持續進步，而且能讓你的精力自由發揮出來。

在你17歲時，太陽星座推進至巨蟹座，關於情感安全、家庭和家族的問題開始在你生活中發揮更重要的作用。這種影響將持續至41歲太陽星座推進至獅子座之時，在此後的30年，你變得更有自信、有威信、有力量和更善於表現自己。在你71歲時，太陽星座推進至處女座，你會變得善於分析、追求完美和務實。

■眞實的自我

你內心的敏感沒有在外表顯現出來。你的情感豐富，這表示你非常渴望無條件的愛情和關愛。當你得到這種無私奉獻時，才會覺得自己被上天所眷顧的。你渴望極高的安全感，若你覺得被人遺忘或不受人喜愛，就會覺得恐懼和焦急，所以信任是你獲得幸福的關鍵。倘若你始終覺得恐懼或沮喪，生活將會患得患失。

表達自己的深厚感情對你而言非常重要。你不是獲得全部就是一無所有，並且，雖然你很寬容體貼，但一旦你覺得你擁有的已經足夠了，就不會再回頭眷顧。你要避免成爲別人希望你成爲的那種人，而是應該坦然面對自己。當你能完全敞開心胸，而且灑脫到不去考慮後果時，你就會非常慷慨而且得到你想要的一切事物。

■工作和職業

你擁有雄心壯志、良好的商業頭腦和領導能力，這將有助於你走向成功。綜合事業和快樂而且健談，你能成爲優秀的外交官或參與公共關係。同樣地，銷售、貿易或通訊

行業也能很好地發揮你的才能。總體來說，你更適合充滿變化的工作，因為你厭惡一成不變而且可能會厭倦。教育、新聞或服務行業對於你來說特別有意義，或者，你可以在娛樂界運用你引人注目的天賦。善於與人打交道也是你最大的財富之一。

這一天出生的名人包括歌手兼演員朱蒂‧嘉蘭，大亨羅伯特‧麥克斯維爾，音樂家嚎叫野狼，和菲利浦親王，愛丁堡公爵。

■數字命理學

像出生在1號的人，會為了取得成功而努力奮鬥。不過，在實現目標之前，你得克服一些困難。你精力充沛而且富於創新，堅持自己的信念，即使它們與別人的觀念不同。你做事主動，有開創精神，這會促使你遠行或獨自生活。你還需要明白世界並非圍繞著你轉，你應該避免自私或專斷。成功和成就對於出生於10號的人來說很重要，而且你往往能找到登上事業巔峰的途徑。受6月分的部分影響，你擁有堅定的信念。你善於觀察，注重細節，喜歡蒐集有用的資訊並用於實踐。如果你有心事，你就會心不在焉或焦躁不安。你不滿足於你的知識，研究玄學、宗教和哲學會使你受益匪淺。你能靈活變通，適應力強，能消除所有誤會。

■愛情和人際關係

你富有魅力，情感細膩，熱愛美和藝術，喜歡享受生活。你喜歡富有魅力的人，以你的樂觀和慷慨而吸引他人。你願意為愛而做出犧牲，不過你得避免自我犧牲。雖然你一直追求愛情關係，但是你需要對愛情抱持更現實的態度，盡量減少失望情緒。你通常盡力維護關係的穩定，但是也要學會獨特的自我表達方式。這包括藝術愛好，因為你喜歡音樂和戲劇。

■你生命中的特殊之人

從出生在以下日期的人中，你可以找到能理解你的敏感和對愛的需求的人。

◎愛情與友誼：

1月4、8、18、19、23日、2月2、6、16、17、21日、3月4、14、15、19、28、30日、4月2、12、13、17、26、28、30日、5月10、11、15、24、26、28日、6月8、9、13、22、24、26日、7月6、7、11、20、22、24、30日、8月4、5、9、18、20、22、28日、9月2、3、7、16、18、20、26日、10月1、5、14、16、18、24日、11月3、12、14、16、22日、12月1、10、12、14、20日

◎幸運貴人：

1月5、16、27日、2月3、14、25日、3月1、12、23日、4月10、21、5月8、19日、6月6、17、7月4、15日、8月2、13日、9月11、10月9、30日、11月7、28日、12月5、26、30日

◎強烈吸引你的人：

1月17日、2月15日、3月13日、4月11、5月9、6月7日、7月5、8月3、9月1日、12月10、11、12、13日

◎砥礪者：

1月1、10、15日、2月8、13、3月6、11日、4月4、9、5月2、7、6月5、7月3、29、8月1、27、9月25、10月23、11月21、12月19、29日

◎靈魂伴侶：

8月30日、9月28日、10月26日、11月24日、12月22日

優點：有領導能力、有創造力、追求進步、有魄力、樂觀、信念堅定、有競爭意識、獨立、合群

缺點：專橫、好嫉妒、自我、過於驕傲、有對立情緒、自私、軟弱、優柔寡斷、沒有耐心

太陽星座：	雙子座
區間：	射手座／天王星
角度：	雙子19º-21º30´
類型：	變動星座
元素：	風
恆星：	五車二、參宿五、丈人一、五車五

6月11日

GEMINI

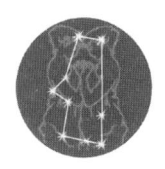

你的誕生日表明理想主義和實用主義，在你的生活中同等重要。你具有優秀的判斷力及推理能力，在外人面前顯得精明與敏感。你渴望誠實以對，你處事細膩又直率，很有分辨的常識。

受區間星座水瓶座的影響，你很獨立且多才多藝。這也意味著你友善、外向而且好交際。不過你性格中也存在古怪的一面。你興趣廣泛、頭腦聰明，這意味著你勇於創新且充滿靈感。你能很快地把握事情的重點，喜歡學習，有遠見。你得克制急躁的傾向，因為這會破壞你的魅力並使別人疏遠你。

雖然你富有魅力並能夠吸引各種人，但是你得避免隨波逐流或受他人束縛。你受到很多觀點的激勵，一旦確立某個具體目標，就會決心堅定而且做事有條不紊，有很強的使命感。你還具有天生直覺敏銳的優點，你擁有觀察人和形勢的第六感，是你人生的資產之一。

在你10歲時，太陽星座推進至巨蟹座，關於情感安全、家庭和家人的問題開始在你的生活中發揮重要的作用。這種情況將持續至你40歲時，太陽星座推進至獅子座，在此後的30年，你將變得自信，更善於表達自己與交際。當你70歲時，太陽星座推進至處女座，你將更能分析事物、務實和喜好思考。

■真實的自我

你情感細膩、想像力豐富、足智多謀，但是得避免焦慮不安。樹立信心很重要，在生活的各個領域表現自己，能加強你的自信心，特別是在音樂、藝術或文字行業。家是你安全的憩息之地，在那裡你可以找到平靜及安全感。雖然你渴望和諧，但要謹防在此過程中過於妥協退讓。

你內在的一個問題是你會在潛意識中覺得不滿。這種不滿情緒源於你對環境或他人的失望。透過面對這些不確定因素和解決這些問題，你可以做出有益於你保持客觀樂觀態度的決定。一旦你的焦慮情緒發洩出來，你就能一展長才，展現出你的創新精神並表現出生活的快樂。

■工作和職業

你聰明，多才多藝，具有極好的溝通能力，能夠適應各種職業。只是你要避免分散精力，因為你的才能過多，難以專心一意。然而一旦你對某項事業或目標感興趣，你

就會努力不懈地奮鬥。這一點有益於你從事商業、社會工作或政治。你還可能從事科學、法律、文職或成為牧師。或者，你天生具有交際能力，可以進入銷售或服務行業。你善於動手親做，可以將這種能力用於創新或實踐。藉由增強你固有的藝術才能和表達靈感的需求，你會喜歡電影、繪畫和音樂。

這一天出生的名人包括演員吉恩‧懷爾德，航海家雅克‧庫斯托，作曲家弗朗茨‧史特勞斯，作家班‧強生，運動員喬‧蒙大拿和畫家約翰‧康斯坦布林。

■數字命理學

總數11具有搖擺不定的特點，這意味著理想主義、靈感和創新對於你來說非常重要。你既謙虛又有自信，無論在物質和精神方面都要控制自己。憑藉經驗，你可以學會處理性格中的兩個對立面；透過相信自己的感受，能避免不那麼極端。通常你很充實而且充滿活力，但要避免過於焦慮不安或不切實際。受6月分的部分影響，你直覺敏銳，但需要專注於自己的目標。雖然你有雄心壯志，但為了實現理想，你必須更注重實際，慢慢打好基礎。你考慮周全，通情達理，能夠鼓勵別人。但是，要避免喜怒無常、過於敏感或急躁。為了將理想轉化為現實，你要不斷嘗試直到找出更好的方式。

■愛情和人際關係

你富有魅力，有能力吸引各種生活閱歷的人，正因如此你有必要培養一定的辨別力，因為你所吸引的人不是依賴你就是可能阻撓你實現目標。你對人際關係的期望很高，如果這些期望得不到滿足，你就會焦躁不安並對自己和他人覺得不滿意。你渴望被人賞識，這意味著你願意為所愛之人做出犧牲，但同時你也希望得到大量關愛，以及認可你的付出。你在人際關係方面總體而言是比較順利的。

優點：追求平衡、專注、客觀、熱情、充滿靈感、追求精神層面、理想主義、直覺力強、聰慧、外向、勇於創新、有藝術才能、有服務精神、有治療能力、人道主義、有超能力

缺點：優越感過強、不誠實、沒有目標、過於敏感、易受傷害、神經高度緊張、含糊不清、專制

■你生命中的特殊之人

從出生在以下日期的人中，你可能會建立持久穩定的關係。

◎愛情與友誼：

1月5、9、18、19日、2月3、7、16、17日、3月1、5、14、15、31日、4月3、12、13、29日、5月1、10、11、27、29日、6月8、9、25、27日、7月6、7、23、25、31日、8月4、5、21、23、29日、9月2、3、19、21、27、30日、10月1、17、19、25、28日、12月13、15、21、24日

◎幸運貴人：

1月1、6、17日、2月4、15、3月2、13日、4月11、5月9日、6月7日、7月5日、8月3日、9月1日、10月31日、11月29日、12月27日

◎強烈吸引你的人：

12月11、12、13、14日

◎砥礪者：

1月2、16日、2月14日、3月12日、4月10日、5月8日、6月6日、7月4日、8月2日、12月30日

◎靈魂伴侶：

1月11、31日、2月9、29日、3月7、27日、4月5、25日、5月3、23日、6月1、21日、7月19日、8月17日、9月15日、10月13日、11月11日、12月9日

太陽星座：	雙子座
區間：	水瓶座／天王星
角度：	雙子20º-21º30´
類型：	變動星座
元素：	風
恆星：	五車二、參宿五、丈人一、五車五、參宿二

6月12日

GEMINI

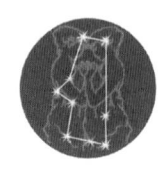

你的誕生日表明你思維敏捷而且直覺力強，有想像力，多才多藝。因爲內在的不安分，使你不斷前進尋找新鮮刺激的探索方式。因爲你能夠很快適應形勢，所以很容易厭倦而且厭惡常規。通常你喜歡敏銳智慧而且能給予你精神鼓勵的人。你很友善而且好交際，受人歡迎，注重自己在公衆面前的形象。

你很敏感，想像力豐富，需要保持專注和樹立積極的目標。如果缺乏耐心，你就會輕易放棄，所以你需要增強耐力，以便發揮你的巨大潛力。

受區間星座水瓶座的影響，你喜歡辯論，可能會有不同尋常的興趣愛好。這也意味著雖然你精明且足智多謀，但你會遇到理想主義性格和現實之間的矛盾。這個誕生日還暗示旅行會深深地影響你的生活，而且可能會在國外工作或生活。

在你9歲時，太陽星座推進至巨蟹座，你會更專注於家庭問題。在這次轉折中，你會更渴望得到愛、理解力和情感上的安全。在你39歲時，太陽星座推進至獅子座，你的自信心會增強而且你的能力會得到更多的認可。在你69歲時，太陽星座推進至處女座，你希望改善你的生活並且變得更善於分析、務實和思考。

■真實的自我

你不確定的經濟狀況，會導致不必要的焦慮或沮喪。在金錢問題上，由於你內在的不耐煩情緒，需要謹防謀取私利，應該逐漸建設美好未來。你可能會揮霍無度，這在此過程中不利於你。一旦你決定實現你的理想，你就會變得專注堅決。

你性格活躍，需要有目標和專注。這也有助於你發洩焦慮不安，或懷疑自己的信心或自尊的情緒。你在生活中非常有創新精神，這包括超越現在的困境並且採取更廣闊包容的態度。雖然你得爲他人做出犧牲，但從長遠看來這有助於你增強你潛在的同情心和人道主義性格。

■工作和職業

你思維敏銳，能輕鬆地表達想法，可以從事新聞、客服或銷售等行業。雖然你很勤奮而且有志向，但你喜歡變化，所以需要一份快速變化或不一成不變的工作。像旅行和導遊這類工作可能符合你的冒險精神；或者，你熱愛行動，從事與體育或休閒有關的職業能運用你的精力和幹勁。你具有強烈的視覺和結構意識，所以你可能喜歡攝影、製圖學或數學，也可能在商業界成爲務實的理想主義者。你可以在戲劇和音樂方面表現創造

力，或在治療方面憑藉直覺工作從而利用你的細膩情感。

這一天出生的名人包括銀行家大衛・洛克菲勒，安娜・弗蘭克，前美國總統喬治・布希，畫家埃貢・席勒，和音樂家奇克・柯瑞亞。

■數字命理學

出生在12號的人往往很主動友善。你希望建立真正的個性，所以你具有很好的推理和創新能力。你天生通情達理而且情感細膩，懂得如何依靠策略或合作來實現目標。當自我表達的欲望和樂於助人的天性達到平衡時，你就會得到情感上的滿足和個人價值的實現。不過你需要擁有獨立的勇氣並增強自信，或者學會不輕易被人挫敗。受6月分的部分影響，你需要清楚明白地表達自己的感受。為了避免誤會，你應該讓別人知道你的感受和想法。你要保持開明的態度並從全局著眼，這有助於你保持樂觀客觀的態度。你具有人道主義的態度而且關心別人，顯示出你真正的同情心。你要注意別人的言語但別放棄你的信念，這樣才能避免焦慮不安和猶豫不決的情緒。

■愛情和人際關係

你很聰慧，不安分，喜歡有創造力而且聰明的人。友誼對於你來說很重要，而且你喜歡交際或結交各種人，這意味著你很開明而且心態年輕。你天生是個表演家，這可以在有所愛之人陪伴時表現出來。透過教育和學習，你能結識許多情趣相投的人。雖然你喜歡享受，但是你要更成熟地看問題，如此才能和平和睦地與人相處。

■你生命中的特殊之人

為了找到生命中的特殊之人，你可能需要尋找出生在以下日期的人。

◎愛情與友誼：

1月6、10、20、29日、2月4、8、18、27日、3月2、6、16、25、28、30日、4月4、14、23、26、28、30日、5月2、12、21、24、26、28、30日、6月10、19、22、24、26、28日、7月8、17、20、22、24、26日、8月6、15、18、20、22、24日、9月4、13、16、18、20、22日、10月2、11、14、16、18、20日、11月9、12、14、16、18日、12月7、10、12、14、16日

◎幸運貴人：

1月7、13、18、28日、2月5、11、16、26日、3月3、9、14、24日、4月1、7、12、22日、5月5、10、20、日、6月3、8、18日、7月1、6、16日、8月4、14日、9月2、12、30日、10月10、28日、11月8、26、30日、12月6、24、28日

◎強烈吸引你的人：

1月25日、2月23日、3月21日、4月19日、5月17日、6月15日、7月13日、8月11日、9月9日、10月7日、11月5日、12月3、11、12、13、14日

◎砥礪者：

1月3、17日、2月1、15日、3月13日、4月11日、5月9、30日、6月7、28日、7月5、26、29日、8月3、24、27日、9月1、22、25日、10月20、23日、11月18、21日、12月16、19日

◎靈魂伴侶：

1月18日、2月16日、3月14日、4月12日、5月10、29日、6月8、27日、7月6、25日、8月4、23日、9月2、21日、10月19日、11月17日、12月15日

優點：有創造力、有吸引力、主動、有約束力、提高自己或別人
缺點：古怪、不願合作、過於敏感、缺乏自尊

太陽星座：雙子座
區間：射手座 / 天王星
角度：雙子21º-22º30´
類型：變動星座
元素：風
恆星：參宿五、丈人一、參宿三、五車五、獵戶座大星雲、參宿二

6月13日

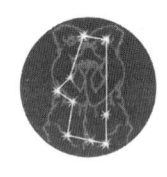

GEMINI

這一天出生的人聰明務實，是愛交際的理想主義者，有強烈的價值觀念。你很明智，忙著為自己建立堅固的基礎。在生活中你可能特別重視工作，並且透過勤奮的工作，確立穩定的地位。

受區間星座水瓶座的進一步影響，你有著極富創造力的頭腦，能夠很快地判斷他人的性格。這也意味著你善於表達，所以你需要找到方法表現你卓越的溝通能力。只是要謹防變得強硬或固執己見損壞你的魅力。

在執行任務時，你希望能把它做好，並且以自己的工作為傲。你一般很忠實，而且認真負責，但也會從冷靜變得和藹可親。你是個理想主義者，當你能夠用細膩情感助人時，你會覺得不能浪費這種細膩情感。由於你還非常有效率，所以這種強有力的綜合，暗示你是個富有同情心的實用主義者。

在你8歲時，太陽星座推進至巨蟹座，你會變得更敏感而且注重安全，並且非常注重家庭生活。太陽星座在38歲時推進至獅子座，你非常渴望表現自己和行事果斷，這將促使你變得更善於交際、坦率和更有威信。另一次轉折出現在68歲左右，那時太陽星座推進至處女座，你會更加善於分析、追求完美和務實的生活態度。

■真實的自我

你內心渴望變化，但這在表面上不是很明顯。你生性愛冒險，所以需要發掘新鮮刺激的事物。有時你會壓抑自己的情緒，這種冒險的欲望就會轉變成焦躁不安和不耐煩的情緒，或削弱你的自信。為此，你可能會覺得不滿意於自己的命運，並且藉著酗酒、吸毒、電視、幻想來逃避現實。

你仁慈善良，理解力強，能夠察覺他人的感受。崇高的理想使你渴望得到愛與關愛，你可以在藝術、宗教或治療領域找到獨創的表現方式。將這種更敏感的意識用於日常生活中，你會發現你的靈感來自積極的思維方式。但是，你要學會保持鎮定並且不受外界因素影響，如此才能保護自己脆弱的情感。

■工作和職業

你務實，友善，能夠幸運地得到很多工作機會。你善於表達，能從事像法律或教育這樣的工作。你渴望建立秩序，而且具有敏銳的智慧，所以你可能進入商業或工業界。在這些行業裡，你可以利用你的組織能力去取得卓越的表現。雇主會很欣賞你刻苦而且

可靠負責的表現。這一天出生的人善於動手親作，並且可以將他們的技能勇於創新或實踐。或者，你能敏銳地洞察人性，而且具有創造能力，所以可以選擇寫作、新聞或表演這類職業。

這一天出生的名人包括作家威·巴·葉芝，網球運動員唐·布吉，演員巴茲爾·拉思伯恩和馬爾科姆·麥克道爾，和喜劇演員蒂姆·艾倫。

■數字命理學

情感細膩、充滿熱情和富有靈感是13號誕生日具有的特點。從數字上來看，你有抱負，而且勤奮，能夠透過獨特的自我表現方式取得眾多成就。如果你想要將創造才能轉化為實際物品，你需要培養務實的態度。你具有勇於創新的精神，這會賦予你新穎刺激的觀點，並產生傑出的工作成績。出生在13號的你真誠，浪漫，迷人，風趣，而且憑藉獻身事業的精神，你可以取得成功。受6月分的部分影響，你有雄心壯志、恢復能力而且足智多謀，還有很好的推理能力。與他人合作或團體協作有助於你成功。如果你缺乏自信，你就會依賴別人。你行事果斷，喜歡以自己獨特的方式解決問題。你缺乏滿足感，所以會變化不定而且永不知足，但這也會促使你取得更多成就和繼續前進。

■愛情和人際關係

你很理想主義，感情強烈，慷慨，善良。在人際關係中，你很容易受情緒影響或變得不滿或焦躁不安。與此相反，你富有魅力，合群，好交際，朋友和仰慕者非常多。不過你得謹防被人利用或欺騙別人。你喜歡有權優勢而且有宏圖大志的人，而這些權勢人物能幫助你得到很大的好處。

■你生命中的特殊之人

從出生在以下日期的人中，你可能更容易找到一個志同道合的人。

◎愛情與友誼：
1月7、11、22日、2月5、9、20日、3月3、7、18、31日、4月1、5、16、29日、5月3、14、27、29日、6月1、12、25、27日、7月10、23、25日、8月8、21、23、31日、9月6、19、21、29日、10月4、17、19、27、30日、11月2、15、17、25、28日、12月13、15、23、26日

◎幸運貴人：
1月8、14、19日、2月6、12、17日、3月4、10、15日、4月2、8、13日、5月6、11日、6月4、9日、7月2、7日、8月5日、9月3日、10月1、29日、11月27日、12月25、29日

◎強烈吸引你的人：
12月13、14、15日

◎砥礪者：
1月9、18、20日、2月7、16、18日、3月5、14、16日、4月3、12、14日、5月1、10、12日、6月8、10日、7月6、8、29日、8月4、6、27日、9月2、4、25日、10月2、23日、11月21日、12月19日

◎靈魂伴侶：
1月9日、2月7日、3月5日、4月3日、5月1日、10月30日、11月28日、12月26日

優點：有志向、有創造力、熱愛自由、善於表現自己、主動
缺點：衝動、優柔寡斷、專制、無情、叛逆、自我

太陽星座：	雙子座
區間：	水瓶座／天王星
角度：	雙子22°-23°30´
類型：	變動星座
元素：	風
恆星：	五車二、丈人一、參宿三、五車五、參宿二、長沙

6月14日

GEMINI

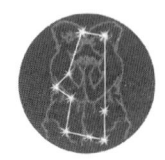

這個誕生日表示你是個令人愉快、精明且善於交流的人,對生活有著獨到的見解。雖然你看起來聰明友善,但也具有能助你解決問題的嚴肅面。你非常渴望表現自己,這會表現在社交、寫作或藝術領域。

受雙子座第三區間的天王星影響,你客觀獨特的思維方式,有時成為智慧的火花,有時又變成叛逆的表現。你的思想觀念總是走在時代的前端,儘管有時與社會格格不入。憑藉著敏捷和新穎的想法,你可以吸引別人,但你得謹防焦慮和猶豫等情緒,會減少了你的快樂。

你對很多稀奇古怪的事物感興趣,但別因此分散你的精力。一般而言,你非常坦率,但有時你得避免多疑和不善交流。在某一時期,你會對哲學或抽象的事物感興趣,由於你具備尖銳批判的能力,所以你能運用這種能力幫助而非壓制他人。你多才多藝的性格加上創新能力可用來激勵他人,並帶給你持久有益的成就感。

太陽星座在你7歲時推進至巨蟹座,安全感和家庭問題在你的生活中顯得更為重要。這次轉變還強調你重視情感需求、安全感和影響你最大的人。這種情況將持續至你37歲時,太陽星座推進至獅子座,你的力量、自信和才能得到提升。在你67歲時,太陽星座推進至處女座,你將變得更善於分析、追求完美和務實。

■真實的自我

你可靠負責,總是能給予他人幫助和建議,並提供你的專業知識和技術訣竅。你願意為了人類或符合你意願的事業,努力奮鬥並作出巨大犧牲。只是要謹防這股熱情可能會變得令人難以承受或使你消沉。最重要的是,你要增強敏銳的直覺並學會相信自己的本能意識。

此外,務實的性格表明你是個善於謀略的強大對手。你聰明而且善於表達,能夠以同理心和真摯的感情地表達自己的觀點,這種能力會促使你在現有能力的基礎上繼續進步和成長。如果你覺得難以決定時,只要以自己的榮譽為前提,並堅持最單純的方法,就能做出選擇。家庭和穩定的基礎對於你來說很重要,因為你需要和諧和內心的平靜。

■工作和職業

你聰慧而且善於表達,渴望變化並藉此產生靈感。即使從事相同的行業,也可能會改變或改善你的經營方式。憑藉你的創新理念和獨特的人生態度,你可能會喜歡寫作

或與交流相關的職業。你擁有精明的生意頭腦，能在商業界獲得成功，你也可能利用敏銳的思維做研究和解決問題。你好競爭，也可能因此進入體育界；或者，你非常渴望表現自己，並在音樂或戲劇方面成功。雖然你喜歡銷售和其他與人際交往有關的職業，但是你也可以做到思想分明且條理清楚，並因此對哲學感興趣。

這一天出生的名人包括革命家切‧格瓦拉，作家比徹‧斯托夫人，網球運動員施特菲‧格拉芙，歌手喬治男孩，和大亨唐納‧川普。

■數字命理學

有智能的潛力、注重實際和決心堅定，是14號誕生日的部分特點。你經常把工作放在首位，並易以成績判斷自己和他人。雖然你需要安定感，但數字14具有的不安分特點，會促使你為了持續改善自己的命運而前進或迎接新的挑戰。這種天生的不安分和永不滿足的特點，還可能激勵你大刀闊斧改變自己的生活，特別是在你不滿意自己的工作環境或經濟地位時。憑藉你的洞察力，你能夠對問題做出快速反應，而你也喜歡解決問題。受6月分的部分影響，相信自己的直覺並形成富有哲理的生活態度會使你受益匪淺。雖然你多才多藝的特點和強烈的直覺掩蓋了你的固執，但你要利用自己的社交能力去避免焦慮或不安的情緒。你渴望自己的貢獻和付出得到認可，所以你應該大膽地要求你應得的報酬。

■愛情和人際關係

你很體貼主動，願意為所愛盡心盡力。但你性格中也存在冷漠的一面。雖然你比表面看起來更敏感，然而你忠實又貼心，尋找穩定的關係，並會堅持對你所選擇的伴侶奉獻心力。保有自己的空間以便凝聚力量，是非常關鍵的。

■你生命中的特殊之人

從出生在以下日期的人中，你可以找到情感上的滿足和生命中的特殊之人。

◎愛情與友誼：

1月8.22.26日、2月6.20.24日、3月4.18.22日、4月2.16.20.30日、5月14.18.28.30日、6月12.16.26.28日、7月10.14.24.26日、8月12.22.24日、9月6.10.20.22.30日、10月4.8.18.20.28日、11月2.6.16.18.26日、12月4.14.16.24日

◎幸運貴人：

1月9.20日、2月7.18日、3月5.16.29日、4月3.14.27日、5月1.12.25日、6月10.23日、7月8.21日、8月6.19日、9月4.17日、10月2.15.30日、11月13.28日、12月11.26.30日

◎強烈吸引你的人：

1月27日、2月25日、3月23日、4月21日、5月19日、6月17日、7月15日、8月13日、9月11日、10月9日、11月7日、12月5.14.15.16日

◎砥礪者：

1月2.10.19日、2月8.17日、3月6.15日、4月4.13日、5月2.11日、6月9日、7月7.30日、8月5.28日、9月3.26日、10月1.24日、11月22日、12月20.30日

◎靈魂伴侶：

1月15日、2月13日、3月11日、4月9日、5月7日、6月5日、7月3日、8月1日、10月29日、11月27日、12月25日

優點：行事果斷、勤奮、運氣好、有創造力、務實、想像力豐富、勤勉

缺點：過於謹慎或過於衝動、不穩重、考慮不周、固執

太陽星座：	雙子座
區間：	水瓶座／天王星
角度：	雙子23º-24º30´
類型：	變動星座
元素：	風
恆星：	參宿三、五車五、參宿二、長沙

6月15日

GEMINI

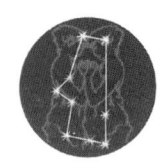

雙子座

你的誕生日表明你是個友善活躍的雙子座，思維敏捷，洞察力強。雖然你很獨立，但你也知道需要與人交集互動，並藉由與人交往的經驗，加強你的溝通技巧。新穎獨特的人特別吸引你，但你會希望和不同生活閱歷的人來往。你很有決心毅力，一旦朝著目標前進，你的力量將銳不可擋。

受雙子座第三區間的天王星影響，你的觀點很新穎。而且善於衡量別人。你還很精明，思想創新，可以透過藝術、音樂或戲劇表現自己，但是你還喜歡辯論一些備受爭議的話題或寫作。一方面，你很強硬，果斷而且幾近專制；而另一方面，你又很敏感，喜歡想像而且樂善好施。它們都是你性格中的一部分，所以保持兩方面的平衡很重要。你希望誠實直率，但如果金錢問題與你完美世界的構想衝突時，你就覺得不快樂。雖然你對所愛之人很慷慨，但你總是會沒來由地擔心錢不夠。不過，因為你天生善於計畫，所以總是能得到經濟保障。

在6歲時，太陽星座推進至巨蟹座，你會更注重所有的感情關係，尤其是和家人的關係與聯繫。這種情況持續至你36歲時，那時太陽星座推進至獅子座。這次轉折更強調你的個人表達方式和自信，並將促使你果斷或有效地利用你的領導能力。在你66歲時，太陽星座推進至處女座，你會變得更善於分析、思考和務實。

■真實的自我

你渴望物質保障、權力和名望，同時又很理想主義。你能有效調節自己的雄心壯志和對平靜滿足的渴望，一旦功成名就，你會出於善心樂意為人服務。你要避免懶惰或焦急，這會導致你行事偏頗。

你總是樂於和別人分享知識，並能為合作關係或團隊做出巨大貢獻。你具有強烈有益的內在力量，這種力量可以用來影響他人，所以明白真正的成就並非來自物質金錢，對你有非凡的意義。如果你信奉某個目標，你會奉獻所有，並利用你的說服能力去勸說別人。

■工作和職業

憑藉敏捷的思維和溝通的能力，你在與人際交往有關的職業中會取得成功。你善於處理個人關係，可能特別喜歡公共關係或代理這類工作。如果你相信某個產品或主意，就會充滿熱情而且能將其推銷或介紹出去，這有利於你從事銷售、宣傳或談判工作。憑

藉你的說服和表達能力，你可以從事法律或演講。這天出生的人可以成為顧問，不論是商業方面還是諮詢服務。或者，你渴望得到認可，從事戲劇、藝術或音樂可以滿足這種欲望。你執著的態度最終會為你帶來你想要的成功。

這一天出生的名人包括挪威作曲家愛德華・葛瑞格，鄉村歌手維隆・傑甯斯，演員吉姆・貝魯西，和演員科特妮・考克斯和海倫・杭特。

■數字命理學

多才多藝、充滿熱情和變化無常是15號誕生日具有的特點。你最大的資本是你強烈的直覺和透過理論聯繫實際快速學習的能力。通常你能利用直覺力快速察覺機會。出生在15號的你具有賺錢的本領，能得到他人的幫助和支持。你無憂無慮，果斷堅決，喜歡出其不意的事，喜歡冒險行事。受6月分的部分影響，你需要平衡你的需求和願望與對他人的責任。你務實能幹，能夠不帶過多感情地展現你的興趣。不過你希望自己的才能或努力能得到他人認可，你是個有志向而且勤奮的人。你要找到能盡情揮灑你的創造力或感受的方式，避免感覺受拘束。雖然你生性愛冒險，但你渴望找到一個根基或一個屬於自己的家。

■愛情和人際關係

你性格外向，善於交際，果斷直率，往往過著活躍的社交生活。你喜歡加入他人的談話和討論，或結交不同思想觀念的人。你喜歡藉稱讚別人磨鍊自己的機智，並堅定自己的觀點，所以每段人際關係都對你而言都很重要。你忠實體貼，會盡力信守諾言。你喜歡聰明的人，還喜歡激烈的辯論。但要避免捲入爭執或與夥伴鬥智。不過你對所愛之人很慷慨，是個忠實可靠的朋友。

優點：	主動、慷慨、負責、善良、樂於合作、有鑒別力、有創新理念
缺點：	變化不定、不負責、以自我中心、害怕改變、沒有信心、焦慮不安、猶豫不決、追求物質享受

■你生命中的特殊之人

為了得到安全感、精神鼓勵和愛情，你可能需要注意出生在以下日期的人。

◎愛情與友誼：

1月3.19.23日、2月11.21日、3月9.19.28.31日、4月7.17.26.29日、5月5.15.24.27.29.31日、6月3.13.22.25.27.29日、7月1.11.20.23.25.27.29日、8月9.18.21.23.25.27日、9月7.16.19.21.23.25日、10月1.5.14.17.19.21.23日、11月3.12.15.17.19.21日、12月1.10.13.15.17.19日

◎幸運貴人：

1月3.4.10.21日、2月1.2.8.19日、3月6.17.30日、4月4.15.28日、5月2.13.26日、6月11.24日、7月9.22日、8月7.20日、9月5.18日、10月3.16.31日、11月1.14.29日、12月12.27日

◎強烈吸引你的人：

1月22.28日、2月20.26日、3月18.24日、4月16.22日、5月14.20日、6月12.18日、7月10.16日、8月8.14日、9月6.12日、10月4.10日、11月2.8日、12月6.14.15.16.17日

◎砥礪者：

1月11.20日、2月9.18日、3月7.16日、4月5.14日、5月3.12.30日、6月1.10.28日、7月8.26.31日、8月6.24.29日、9月4.22.27日、10月2.20.25日、11月18.23日、12月16.21日

◎靈魂伴侶：

1月26日、2月24日、3月22.30日、4月20.28日、5月18.26日、6月16.24日、7月14.22日、8月12.20日、9月10.18日、10月8.16日、11月6.14日、12月4.12日

太陽星座：雙子座
區間：水瓶座／天王星
角度：雙子24º-25º
類型：變動星座
元素：風
恆星：五車五、長沙

6月16日

GEMINI

你很敏捷務實，你的誕生日表明你是個精明、獨立和堅強的人。你一方面敏感且有崇高的理想，另一方面卻很實際且渴望金錢和奢侈品，你會在這兩個對立面之間搖擺不定；你重視和高品質的生活，卻也能為了理想而犧牲。解決這個衝突的方法是找到你喜歡又能帶來經濟報酬的目標。

你對所愛之人極其慷慨熱心，有時候卻又十分專制霸道。你還需要避免不耐煩或不安分的傾向。如果你的觀點遭到反對，你會固執地堅持自己的原則，這大都是源自你內心的叛逆而非由於信念堅定。

在理想狀況下，你應該憑藉你的勇氣和志氣走在時代的尖端成為創始人。你天生好交際，能與人輕鬆相處，擅長把握機會。只要對自己有信心，就能憑藉認真的態度、創新的理念和直覺力取得成功。

在你5歲時，太陽星座推進至巨蟹座，家庭和安全感在生活中變得更加重要；情感需求也是要素之一。這種情況將持續至你35歲太陽星座推進至獅子座時。你的自信心和力量將會增強，你會變得更果斷和善於表現自己。當你65歲時，太陽星座推進至處女座，藉著自我反思，你將更能分析事理。

■真實的自我

強烈的感情促使你參與各種活動或工作。有時你過於不謹慎，導致只能在日後收拾殘局。你不斷評估自我價值和有利形勢，所以你手中總是握有籌碼，並能主導事情，或實現自己想做的事。你有熱情、意志力和決心，知道你自己所要的是什麼？

如果你欲望的力量可以轉化成無私的愛和對他人的幫助，它將會是一股不可忽視的有益力量。當你將這股力量使用於工作上時，你要避免用自己強烈的意願去壓制別人，但能夠解決任何金錢方面的問題。

■工作和職業

綜合你的社交手腕和決心，可使你積極活躍地與人合作。你是個精明而且善於調節糾紛的人，能夠重新開始或迎接挑戰，並在商業方面把握機會。

你善於說服別人而且充滿熱情，所以能推銷觀點、產品或人。你很勇敢忠誠，又具備執行力，能在商業方面謀求工作，比如談判員或經濟顧問。你天生具有溝通能力，在教學和演講也能發揮你的長才。同樣的，你對世界事務感興趣，可能會進入國際組織

或傳媒業。你也有可能會進入慈善機構，爲有意義的目標而奮鬥。你可以在創新領域表現自己的個性，所以你能成爲有創見的藝術家或作家。

這一天出生的名人包括戲劇演員斯坦·勞萊，神學家愛麗斯·貝利，作家埃裡克·西格爾，經濟學家兼作家亞當·史密斯，演員勞羅莉·梅特卡夫和瓊·范亞克，和說唱者圖派克·沙克。

■數字命理學

16號誕生日表明你考慮周到，情感細膩而且友好親切。雖然你分析能力強，但總是以自己的感受力來判斷生活和別人。作爲數字16的人，在面對表現自我需求和對他人的責任之間的衝突時，你會覺得內心緊張。出生在16號的你對世界事務感興趣，可能會進入國際機構或傳媒業。你們之中有創造力的人具有寫作天賦，充滿靈感。然而你需要學會平衡過於自信和懷疑自己的不安情緒。受6月分的部分影響，你需要安定的家庭生活和適意的環境。你很驕傲，渴望受人歡迎，所以十分在乎別人的想法或行爲。旅行和探索拓展的機會，可以開拓你的知識面。

■愛情和人際關係

你聰慧但不安分，需要不斷的精神鼓勵和新鮮刺激的體驗。強烈的感情促使你不斷尋找理想的愛情，即使你失敗了也不會消沉太久。你很務實，這意味著雖然你太過理想化而且容易陷入愛情，但你能夠區分現實和幻想的不同。你需要明白，即使彼此關係親密，卻仍需保持獨立和平等的自由。

■你生命中的特殊之人

爲了得到安全感，不論是感情上的還是經濟上的，你可能需要查找出生在以下日期的人。

◎愛情與友誼：

1月3、5、14、24、31日、2月12、22、29日、3月10、20、27日、4月8、18、25日、5月6、16、23、30日、6月1、14、16、21、28、30日、7月2、12、19、26、28、30日、8月10、17、24、26、28日、9月8、15、22、24、26日、10月6、13、20、22、24、30日、11月4、11、18、20、22、28日、12月2、9、16、18、20、26、29日

◎幸運貴人：

1月5、22、30日、2月3、20、28日、3月1、18、26日、4月16、24日、5月14、22日、6月12、20日、7月10、18、29日、8月8、16、27、31日、9月6、14、25、29日、10月4、12、23、27日、11月2、10、21、25日、12月9、19、23日

◎強烈吸引你的人：

1月12日、2月10日、3月8日、4月6日、5月4日、6月2日、12月16、17、18日

◎砥礪者：

1月16、21日、2月14、19日、3月12、17、30日、4月10、15、28日、5月8、13、26日、6月6、11、24日、7月4、9、22日、8月2、7、20日、9月5、18日、10月3、16日、11月1、14日、12月12日

◎靈魂伴侶：

1月25日、2月23日、3月21日、4月19日、5月17日、6月15日、7月13日、8月11日、9月9日、10月7日、11月5日、12月3、30日

優點：	接受高等教育、對家庭負責、有綜合能力、直覺力強、善於交際、樂於合作、富有洞察力
缺點：	焦慮不安、永不滿足、不負責、自我吹噓、固執己見、多疑、挑剔、急躁、自私、沒有同情心

太陽星座：雙子座
區間：水瓶座／天王星
角度：雙子25°-26°
類型：變動星座
元素：風
恆星：參宿二、長沙、勾陳一

6月17日

GEMINI

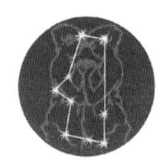

你的誕生日表明你是心智活躍的人，明白知識即是力量的道理，並利用它來趨利避害。你思想獨立，性格好強，喜歡控制一切。敏銳的洞察力，使你能夠迅速地評判他人和形勢。

受區間星座水瓶座的影響，你具有獨特的人生態度，並能保持客觀的看法。只是你得謹防有時過於客觀公正以至於顯得冷漠無情。你反應快，能很好地維護自己，甚至喜歡有點友好的辯論。你很負責而且善於組織，所以常被委以重任。這一天出生的人無論男女都得避免太專制。

你的直率和誠實增加了你的好運，而且在他人眼中，你是個天生有自信的人。你需要秩序和安全感，所以希望建立一個實際而且有經濟保障的基礎或家庭，讓自己能藉以逃避外在世界的繁忙。有時你看起來保守，有時卻異常地激進。你很可能利用耐心和策略來進行長期投資，並藉著努力工作和約束自己達到非凡成就。

從你4歲起，太陽星座推進至巨蟹座，感情關係、安全感、家庭的問題就成了你的生活的重心。這種情況持續至你36歲時，隨著太陽星座推進至獅子座，你變得更有力量、能力和自信。在你65歲左右，太陽星座推進至處女座，這次的人生轉折，將使你更有分析力、追求完美和注重實際。

■真實的自我

你是個勤奮而且能克服困難的人。你需要分享你的知識，並藉由與人接觸，最終學會評估自己的能力。你得學會公平公正地使用你的權力。最終你會發現，真正的力量來自深奧的知識。如果你能綜合內在直覺和決心，就能有所成就。

他人對你的行為舉止印象深刻，但你仍然需要別人的幫助。你比表面看來更為敏感。你有理想，並很有主見，你能夠為你覺得有價值的事物努力奮鬥。如果你能利用你的幽默感並保持客觀冷靜，就不難把工作做好。

■工作和職業

憑藉你敏銳的思維和領導能力，你會獲得許多工作機會。你很獨立，其他人也都很欣賞你的勤奮和責任感，所以你會高升至重要地位。或者，你很自立，喜歡自主創業。你特別適合需要腦力的工作，比如法律、翻譯、教學、科學、研究或寫作。你的組織能力和天生的溝通能力，是你從事商業的資本。你有人道精神，可能會成為在社會或是宗

教領域改革家，也或者你會從事保健工作。你渴望創新和表現自己，所以你會致力藝術、戲劇領域尤其是音樂的表現。

這一天出生的名人包括作曲家史坦溫斯基，歌手巴瑞‧曼尼洛，教會領袖約翰‧衛斯理，和演員迪恩‧馬丁。

■數字命理學

出生在17號的你很精明，性格內向，分析能力強。是個能獨立思考的人，接受良好的教育和擁有熟練的技能會使你受益匪淺。為了增強你的專業知識，以獨特的方式運用你的知識，能獲得物質財富或在某個領域地位崇高。你很孤僻，好反省，客觀冷靜，對具體的資料很感興趣，往往顯得嚴肅認真和考慮周全，喜歡從容行事。藉由增強你的溝通能力，你可以從別人那兒更了解自己。受6月分的部分影響，你需要在自力更生和過分依賴他人之間找到平衡點。如果你能意識到他人的需求並且對你的言行負責，你就會得到很多好處。你注重實際，樂於助人，能夠幫助和鼓勵別人。你要學會靈活變通和順應改變。

■愛情和人際關係

你很真誠浪漫，是個忠實可靠的夥伴，能保護你所愛之人。你非常渴望建立穩定的關係。這意味著你喜歡忠實而且誠實直率的人。不過，你要避免對你的伴侶過於傲慢或專橫，要學會忍耐和尊重別人的觀點。借助你本能的理解力、知識和細膩情感，能給別人很大幫助，尤其當你給予實際的幫助時。

■你生命中的特殊之人

為了尋找生命中的特殊之人，你可能需要查找出生在以下日期的人。

◎愛情與友誼：

1月11、13、15、17、22、25日、2月9、11、13、15、23日、3月7、9、11、13、21日、4月5、7、9、11、19日、5月3、5、7、9、17、31日、6月1、3、5、7、15、29日、7月1、3、5、27、29、31日、8月1、3、11、25、27、29日、9月1、9、23、25、27日、10月4、7、21、23、25日、11月5、19、21、23日、12月3、17、19、21、30日

◎幸運貴人：

1月1、5、20日、2月3、18日、3月1、16日、4月14日、5月12日、6月10日、7月8日、8月6日、9月4日、10月2日

◎強烈吸引你的人：

12月17、18、19日

◎砥礪者：

1月6、22、24日、2月4、20、22日、3月2、18、20日、4月16、18日、5月14、16日、6月12、14日、7月10、12日、8月8、10、31日、9月6、8、29日、10月4、6、27日、11月2、4、25、30日、12月2、23、28日

◎靈魂伴侶：

1月6、12日、2月4、10日、3月2、8日、4月6日、5月4日、6月2日

優點：考慮周到、有專長、善於規畫、有良好的商業頭腦、善於賺錢、獨立思考、刻苦、嚴謹、熟悉研究、態度科學

缺點：冷漠、孤僻、固執、冷淡、喜怒無常、敏感、心胸狹窄、挑剔、焦慮不安

太陽星座：雙子座
區間：水瓶座／天王星
角度：雙子26º-27º
類型：變動星座
元素：風
恆星：參宿四、勾陳一

6月18日

GEMINI

受這個誕生日的好運影響，大部分的今日壽星極其聰明，善於交際而且自信。你很有天賦，易於接受新的思想，慷慨大方而且樂觀積極。因為你有許多很棒的夢想，唯一你需要做的就是約束自己，實現那些你可達成的理想。你思維敏捷，機智果斷，率直又誠實。

受區間星座水瓶座的影響，你任性獨立，富有創新理念，常走在時代的尖端。你善於表達，能成為優秀的作家。你有點狂放不羈，所以你得謹防不耐煩、固執或易怒。然而肯定的是，在你的生命中，總是無止境地渴望學習。

你有魅力並引人注目，所以你渴望表現自己並且感覺生活是有趣的。你天生具有哲學思維，使你能全面觀察事物並傾向於人道主義。你的直覺力愈強，生活就愈容易做出選擇。你不喜歡別人的干涉，當你積極面對自己的目標與遠見之時，你就可能。

在32歲之前，你的生活中出現很多關於情感需求、安全感和家庭問題，你非常注重家庭生活。33歲左右太陽星座推進獅子座後，自我表達與表現的需求會促使你變得更自信、勇敢並且喜愛冒險。在你66歲時，太陽星座推進至處女座，你變得更務實、有分析力和追求完美。

■真實的自我

輕鬆與創造力的性格，使你總是能夠使人愉快，並為他人的生活帶來幸福。但如果你懷疑自己而為此猶豫不決，性格中感性與激勵人心的一面就會消失，尤其會對你的心理或物質層面造成影響。

如果你能運用自己聰明的頭腦，你在某些具體的方面可能會取得驚人的成果，但要注意自己別落入追求物質生活的陷阱之中。為了避免這種情況發生，你需要從事能擴展視野和學習的工作。幸好你強烈的使命感，使你對自己要求很高，加上你有宏圖大志，所以你不會因為生活中的困難而消沉太久。

■工作和職業

你直覺敏銳，富於創新，需要一份能拓展知識面的工作。你機智聰明，思維敏銳，善於表達，所以可以從事寫作、文學、法律、教育或傳媒業。或者，你可以成為大企業或政府機關的組織者，並在商業或製造業取得成功。如果你對改革有興趣，你也可能會從事能維護他人利益的職業，比如成為工會領袖或參與政治。同樣人道主義的本能，

會令你從事諮詢或社會工作。儘管你喜歡創造發明，但你很務實，並能借助科學或簡單的工業技術表達自己的直覺意識。從事音樂和戲劇能滿足你需要藉由藝術表現自我的需求。

這一天出生的名人包括披頭四的保羅・麥卡尼，演員伊莎貝拉・羅西尼和珍妮特・麥唐納，和歌手愛麗森・莫耶。

■數字命理學

決心堅定、行事果斷和有志向，是18號誕生具有的部分特點。你很活躍，渴望迎接挑戰，喜歡保持忙碌，往往會參與某些事業。你很能幹、勤奮、負責，可以成為領域中的權威人士。或者，你具有強烈的商業觀念和組織能力，可以進入商業界。你可能會過度勞累，所以要學習如何放鬆或不時地放慢速度。作為數字18的人，你能運用你的能力去治療別人，提供正確的建議，或幫助他人解決問題。受6月分的部分影響，你不要那麼刻薄，而應該更體貼仁慈些。你要表達自己的感情並學會溫柔體貼，別太關注自己，這樣對你很有好處。你可以利用你的影響力或威信去幫助那些更弱勢的人。你需要獨處的時間用來學習或增強自己的能力。你要避免讓物質因素主導你的生活。

■愛情和人際關係

你聰明機智，友好親切，令人愉快。你喜歡不斷變化，所以你喜歡和興趣不同的各種人打交道。但是，你有點不安分，這說明你容易喜新厭舊，需要尋找能帶給你刺激的人。旅行和新鮮的學習體驗是你喜歡的消遣方式。你也喜歡學習的過程，在這些過程中，你不僅學會新的技能，而且可以結交志趣相投的人。使自己快樂的最佳方式是與人共享發掘心智的樂趣。

優點：追求進步、行事果斷、直覺力強、勇敢、堅決、有治療能力、效率高、善於提建議

缺點：情緒失控、懶惰、缺乏條理、自私、冷酷無情、難以完成任務、不誠實

■你生命中的特殊之人

從出生在以下日期的人中，你可以找到一個鼓舞人心的夥伴。

◎愛情與友誼：

1月9.12.16.25日、2月10.14.23.24日、3月5.8.12.22.31日、4月3.6.10.20.29日、5月4.8.18.27日、6月2.6.16.25.30日、7月4.14.23.28日、8月2.12.21.26.30日、9月10.19.24.28日、10月8.17.22.26日、11月6.15.20.24.30日、12月4.13.18.22.28日

◎幸運貴人：

1月2.13.22.24日、2月11.17.20.22日、3月9.15.18.20.28日、4月7.13.16.18.26日、5月5.11.16.18.26日、6月3.8.12.14.22日、7月1.7.10.12.20日、8月5.8.10.18日、9月3.6.8.16日、10月1.4.6.14日、11月2.4.12日、12月2.10日

◎強烈吸引你的人：

1月25日、2月23日、3月21日、4月19日、5月17日、6月15日、7月13日、8月11日、9月9日、10月7日、11月5日、12月3.18.19.20日

◎砥礪者：

1月7.23日、2月5.21日、3月3.19.29日、4月1.17.27日、5月15.25日、6月13.23日、7月11.21.31日、8月9.19.29日、9月7.17.27日、11月3.13.23.26日、12月1.11.21.24日

◎靈魂伴侶：

1月17日、2月15日、3月13日、4月11日、5月9日、6月7日、7月5日、8月3日、11月30日、12月28日

太陽星座：雙子座
區間：水瓶座／天王星
角度：雙子27°-28°
類型：變動星座
元素：風
恆星：參宿四、勾陳一、五車三

6月19日

GEMINI

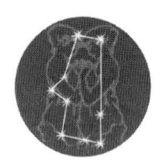

這天出生的你是個隨和、有魅力和受人歡迎的雙子座。你非常聰慧、知識豐富，而且有能力將知識傳遞給別人；無論是藉由言語或文字，你都能與人交流並表達自己的想法。

你總是不斷進步，樂於行動而且時常超負荷工作。你具有自由的進取精神，有宏圖大志，能夠為自己的信仰而奮鬥。你控制不住自己而且喜愛冒險，即使會讓你惹上麻煩你還是會大膽地說出你的想法；但你也還要學會做個傾聽者。

受區間星座水瓶座的影響，你不僅有創造力，而且還有準確的判斷力並且理性。因為你有時會變化無常並且草率做出決定，所以學會自我約束和加強自己的能力很重要。你的說服能力和組織能力有助於你走向成功。你有雄心壯志，對生活有獨到的見解，然而你有必要設定能帶給你情感和心理滿足的計畫或目標，而不只是得到經濟報酬的目標。

31歲之後，太陽星座推進至巨蟹座，關於安全感、家庭的問題會在你的生活中發揮重要的作用。32歲時，太陽星座推進至獅子座，你開始更大膽地表現自己也更具創造力。在你62歲時人生有另一次轉折，那時太陽星座推進至處女座，你會渴望生活更有條理，並為他人提供實際上的幫助。

■真實的自我

你具有心態年輕和風趣的特點，加上你的情感強烈，能以同情心、熱情和滑稽的幽默感振奮身旁的人。你詼諧機智的言語，能使大家輕鬆快樂。你的人道主義精神，會使你給別人建議並幫他們解決問題。

你的沮喪情緒主要來自於金錢或物質狀況，尤其你若長期固執於某個觀點或感受，就很容易沮喪。你具有強烈的物質保障意識，必須相信自己會受人眷顧，生活也會充裕無虞，如此才能樂觀前行。

■工作和職業

你有創造力、聰慧、多才多藝，能工作的範圍極廣。你可能會進入商業界，利用說服能力從事銷售、宣傳或談判工作。憑藉樂觀的態度和隨和的性格，你能在大企業成功並高升至管理職位。也或許你渴望表現自己，憑藉藝術天賦進入藝術和設計行業或廣告和傳媒業。你能夠表達自己的想法，所以你也可能會對商業中的教育或培訓感興趣。同

樣地，寫作、法律、學術和政治也都很適合你。你會為了目標而努力奮鬥，並能夠風趣地表達自己的觀點，你的這些特點，在演藝界非常受用。

這一天出生的名人包括演員凱薩琳・特納，歌手寶拉・阿布杜，作家沙爾曼・羅西迪，前溫莎公爵夫人華萊士・辛普森，和法國哲學家布萊士・帕斯卡。

■數字命理學

陽光、有志向和有人道主義是19號誕生日的特點。你行動果敢、足智多謀、見解深刻，性格中比較柔性的一面包括你富有同情心、理想主義和創造力。你很感性，但渴望成為重要人物的想法，會促使你引人注目並攀升至重要地位。你強烈渴望建立個人的聲望。為此，你首先需要克制來自同儕的影響。在其他人看來，你顯得自信、能變通而且足智多謀，但在內心你卻緊張不安，以至於情緒起伏不定。受6月分的部分影響，你需要藉由創新或啟發來控制自己的想像力和活躍的思維。你要有信心，和學習新技能的耐心，或者記下你的思想和理想。為了避免產生誤會，你需要心胸開闊或坦然面對自己的感受。你要培養更有內涵的人生見解，如此你就不會太在意物質世界。

■愛情和人際關係

你心態年輕、樂觀積極、善於交際並受人歡迎。在私人關係中，你直覺敏銳，情感細膩，然而也會有緊張不安且意志堅強的時候。雖然你反應快，但情緒易變，令你有時看起來很冷漠。你追求理想的愛情，如果期望太高就很容易失望。你有吸引力，當你找到理想的愛人時，你會是個忠實的朋友和體貼的伴侶。

■你生命中的特殊之人

你可能會從出生在以下日期的人中找到一個能理解你的敏感和需要關愛的人。

◎愛情與友誼：

1月7.9.10.17.27日、2月5.8.15.25日、3月3.6.13.23日、4月1.4.11.21日、5月2.9.19日、6月7.17日、7月5.15.29.31日、8月3.13.27.29.31日、9月1.11.25.27.29日、10月9.23.25.27日、11月7.21.23.25日、12月5.19.21.23日

◎幸運貴人：

1月3.5.20.25.27日、2月1.3.18.23.25日、3月1.16.21.23日、4月14.19.21日、5月12.17.19日、6月10.15.17日、7月8.13.15日、8月6.11.13日、9月4.9.11日、10月2.7.9日、11月5.7日、12月3.5日

◎強烈吸引你的人：

1月13日、2月11日、3月9日、4月7日、5月5日、6月3日、7月1日、12月18.19.20.21日

◎砥礪者：

1月16.24日、2月14.22日、3月12.20日、4月10.18日、5月8.16.31日、6月6.14.29日、7月4.12.27日、8月2.10.25日、9月8.23日、10月6.21日、11月4.19日、12月2.17日

◎靈魂伴侶：

1月16日、2月14日、3月12日、4月10日、5月8日、6月6日、7月4.31日、8月2.29日、9月27日、10月25日、11月23日、12月21日

優點：充滿活力、專注、有創造力、有領導能力、運氣好、追求進步、樂觀、信念堅定、有競爭意識、獨立、善於交際

缺點：以自我中心、消沉、焦慮不安、害怕拒絕、情緒起伏不定、追求物質享樂、沒有耐心

太陽星座：雙子座
區間：水瓶座 / 天王星
角度：雙子28º-29º
類型：變動星座
元素：風
恆星：參宿四、勾陳一、五車三

6月20日

GEMINI

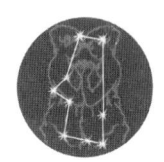

　　這一天出生的人直覺敏銳而且有創新理念。魅力和優良的人際關係，是你成功主要原因。你很熱心、友善而且善於交際，討人喜歡，懂得如何樂在其中和使人愉快。這有助於你成為眾人矚目的焦點，尤其是能握有主導權。但是你得約束自我，避免在太多事情上分散精力，使得自己無法充分發揮潛力。

　　受區間星座水瓶座的影響，你會有新穎的觀點。你思想聰敏卻很難有靜下來的時候；反應快，能輕易判斷他人和形勢。你得避免不耐煩或固執，因為你很有可能對自己美好的許諾，犯下不負責的過錯。

　　你胸有大志，總是想著如何賺錢或改善生活。你渴望創新，這意味著你有能自由表達的需求。天生的熱情是你主要的財富，但你得找到對你人生有價值的目標，真摯地信任這個觀點，並投身於企劃之中，如此才能有真正的成果。

　　在你30歲前，太陽星座推進至巨蟹座，你會特別關注與安全感和家庭有關的問題。31歲時，太陽星座推進至獅子座，你會變得更有創造力和自信；這會使你更有冒險的決心，社交能力也與日俱增。在60歲之後，太陽星座推進至處女座，你會變得更務實、有辨別力和有條理。

■真實的自我

　　你渴望了解別人及其動機，這意味著你常常以自己和他人的關係來衡量自己。為了融入人群，你得在極度熱情和冷漠孤僻之間保持平衡。幸運的是，你性格慷慨大方，而且內心渴望誠實，你會因此願意承認自己的缺點，並能因此謙虛學習而有所斬獲。

　　若你熱衷權力的個性能得到積極的引導，將會是你有所成就的重要因素。但是，你若濫用權力，就會變成專制的人。此外，如果你對某項事業感興趣，你會努力工作並發揮決心和奉獻精神。務實的特點和組織能力，加上人際交往能力，你能在實現自己的計畫過程中得到他人的幫助。

■工作和職業

　　你具有從容的魅力和組織能力，所以有潛力在許多與人互動的職業中獲得成功，不論是商業界還是公共事務。你可能會致力與溝通有關的領域，而有可能會是教育、公共關係和政治等行業。出版業、寫作、新聞和研究也是發揮你聰敏才智的極好途徑。你的創造才能可以用於劇場、音樂，或者成為作詞家。如果你富有才華，人們會賞識你能力

並幫助你成為焦點。

這一天出生的名人包括演員妮可基嫚，演員埃爾羅·弗林和馬丁·蘭道，歌手辛蒂羅波和萊昂納爾·里奇，海灘男孩成員布萊恩·威爾森，劇作家裡麗蓮·海爾曼，和作家凱薩琳·庫克森。

■數字命理學

出生在20號的你直覺敏銳，情感細膩，適應力強，通情達理，而且常把自己視為團體中的一員。你喜歡與人合作互動，和另人分享經驗或向他人學習。你魅力十足，善於交際，能夠輕鬆自如地穿梭在不同社交圈。但是，你需要加強自信，控制易受他人行為和批評傷害的傾向，並且要避免過於依賴別人。你善於營造愜意和睦的氛圍。受6月分的部分影響，你需要學習實用技能並要在理想主義和物質欲望間找到平衡點。你要避免挑剔自己和別人，或提出不合理的要求。決心和意志力是你成功的關鍵。你需要制定行動的計畫，不畏困難堅持到底。

■愛情和人際關係

分享與交流對於你來說很重要。你渴望與有權勢的人往來，這意味著你童年可能受到父親或某位長輩的強烈影響，而養成你人生的觀點和信仰。渴望了解自我主張力，這意味著你欣賞那些有獨特人生見解的人。雖然你想要獨立，但若遇到與眾不同的人，你可能會仿效他們。憑藉你的魅力和天生的威信，你能夠吸引那些信任你的人。在密切的關係中，你需要保持輕鬆樂觀，避免過於嚴肅、專橫或挑剔。你熱愛知識或智慧，這會拉近你和伴侶之間的距離。

■你生命中的特殊之人

在出生在以下日期的人中，你生命中理想的夥伴可能更容易找到。

◎愛情與友誼：

1月1.9.14.28.31日、2月7.12.26.29日、3月10.24.27日、4月8.22.55日、5月6.20.23日、6月4.18.21日、7月2.16.19.30日、8月14.17.28.30日、9月12.15.26.28.30日、10月10.13.24.26.28日、11月8.11.22.24.26日、12月6.9.20.22.24日

◎幸運貴人：

1月26日、2月24日、3月22日、4月20日、5月18日、6月16日、7月14日、8月12日、9月10日、10月8日、11月6日、12月4日

◎強烈吸引你的人：

12月19.20.21.22日

◎砥礪者：

1月3.25日、2月1.23日、3月21日、4月19日、5月17日、6月15日、7月13日、8月11日、9月9日、10月7日、11月5日、12月3日

◎靈魂伴侶：

1月3.10日、2月1.8日、3月6日、4月4日、5月2日、

優點：很好的夥伴、性情溫柔、講究策略、接受力強、直覺力強、體貼周到、追求和睦、易於相處、友善、親善大使

缺點：多疑、缺乏自信、軟弱、過於敏感、感情用事、自私、易受傷害、狡詐

太陽星座：雙子座和巨蟹座相交處
區間：水瓶座／天王星，巨蟹座／月亮
角度：雙子28°30´-巨蟹0°
類型：變動星座
元素：風
恆星：參宿四、勾陳一、五車三

6月21日

GEMINI

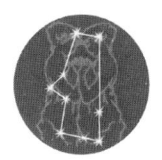

你的誕生日表示你是個思維敏捷、友好親切而且心胸開闊的人。你的思想創新且熱愛知識，興趣廣泛，但對世俗之事情有獨鐘。形象對你而言很重要，所以你很希望能給別人留下最好的印象。你坦誠待人，是個熱心慷慨的人。

受位於雙子座和巨蟹座交點上的太陽星座影響，你很幸運地擁有兩個區間主宰行星——水瓶座和巨蟹座，這兩個區間星座讓你的感性度與直覺力都很強；同時還賦予你創造力、聰明才智和想像力。你樂於探索新的思想理論，總是走在時代的前端並渴望自由獨立。你對家庭和家人的重視與求新求自主的欲望同樣強烈。但是，你得謹防在你尋求和睦、平靜與安全感時陷入常規。

你常會在追求快樂之時過分放縱，這表示你要避免分散精力。儘管你很負責也不希望欠人情債，你仍然要運用自制控制自己，發揮傑出的潛力。你要穩穩地掌握自己，定出明確的行動和自我提升的計畫，不要只是無知地空談你的宏圖。

在你30歲之前，你一直關注你的情感層面和家庭方面的問題。30歲時，太陽星座推進至獅子座，你開始變得獨立也更果斷自信。在60歲時人生有另一次轉折，太陽星座推進至處女座，你會採取更務實、有條理和服務他人的生活態度。

■真實的自我

雖然你積極樂觀，但有時的緊張不安會因為缺乏自信或不滿足，而轉變成消極情緒。培養樂觀的態度或保持信仰，可以促使你轉化強烈的情感反應。這種感情力量可藉由接受身體或精神上的創造力表現出來。

雖然你很善良而且樂於助人，但必須謹防干涉別人，你需要聽從他人的意見，避免誤會。鍛鍊或約束你極好的思考能力是很重要的，無論正規或非正規的教育，都是你成功的關鍵。教育能為你提供利用潛力的方法，並更專注於積極的目標上，而非持續失望的情緒。你要學會忍耐與寬容，這樣才能形成獨立開明的性格，到時你就能成為給予他人建議的人了。

■工作和職業

不論從事什麼職業，你都渴望表達自己的想法或獨特的想像力。你是個人道主義者，天生善於了解別人，可能會喜歡教育、諮詢或社會工作。或者，憑藉你的組織和管理能力，能在商業界做出成績。你熱愛知識，可能會喜歡哲學、法律、宗教或政治。你

具有創新或藝術才能，善於動手，可以在設計行業表現卓越，尤其是家庭用品的設計。你具有不錯的溝通技能，能透過寫作、文學或新聞業表現自己。

這一天出生的名人包括作家和哲學家沙特，英國威廉王子，美國藝術家羅克威爾‧肯特，廣告商莫里斯‧薩奇，吉他手奈爾斯‧洛夫格林，和演員珍‧拉塞爾，茱麗葉‧路易斯。

■數字命理學

充滿活力和性格外向，是21號壽星表現出的特點。你好交際、興趣廣泛、人脈廣而且通常運氣很好。你在其他人面前顯得友善合群；你直覺力強，有獨立精神，非常有創造力。出生在21號的人風趣迷人，具有社交魅力。或者，你會羞怯內向，尤其是在親密的人際關係中，需要更加果斷堅定。雖然你依賴合作或婚姻關係，但是你希望個人能力能得到認可。受6月分的部分影響，你是個洞察力和創造力很強的人。雖然你接受他人的觀點，但也必須學會自主決定。你表現出體貼仁慈的性格，卻也渴望藉由告訴別人你的思想或感覺，表現你的個性和感受。你要拓展視野，為自己設立更高的目標。

■愛情和人際關係

你富有社交魅力、樂於合作、喜愛娛樂、有創造力。你需要知己，所以密切的私人關係對你很重要，只是你得小心過度依賴他人。你需要避免用安全感來代替愛情和幸福並滿足於位居第二順位。你能藉由體貼慷慨的行為表現真實的感受，但是你需要學會保持客觀冷靜，這將有助你在愛情和人際關係之間找到平衡點。你的社交技巧會使你認識很多人，但在每段關係的發展初期，你需要保持堅定的立場。

■你生命中的特殊之人

從出生在這一天的人中，你可能會找到一個能理解你的敏感和需要關愛的人。

◎愛情與友誼：

1月1,15,24,26,29,30日、2月13,24,27,28日、3月11,22,25,26日、4月9,20,23,24日、5月7,18,21,22日、6月5,16,19,20日、7月3,14,17,18,31日、8月1,12,15,16,29,31日、9月10,13,14,27,29日、10月8,11,12,25,26,27日、11月6,9,10,23,25日、12月4,7,8,21,23,29日

◎幸運貴人：

1月1,2,10,27日、2月8,25日、3月6,23日、4月4,21日、5月2,19,30日、6月17,28日、7月15,26日、8月13,24日、9月11,22日、10月9,20日、11月7,18日、12月5,16日

◎強烈吸引你的人：

12月21,22,23日

◎砥礪者：

1月17,26日、2月15,24日、3月13,22日、4月11,20日、5月9,18日、6月7,16日、7月5,14日、8月3,12,30日、9月1,10,28日、10月8,26,29日、11月6,24,27日、12月4,22,25日

◎靈魂伴侶：

1月21日、2月19日、3月17日、4月15日、5月13日、6月11日、7月9,29日、8月7,27日、9月5,25日、10月3,23日、11月1,21日、12月19日

優點：富有靈感、有創造力、婚姻美滿、關係持久
缺點：依賴性強、情緒失控、缺乏遠見、害怕改變、神經緊張

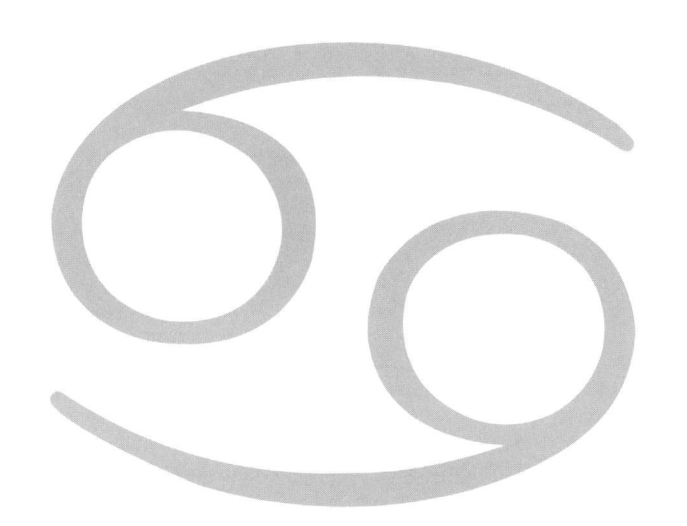

巨蟹座
Cancer

6.22～7.22

太陽星座：	巨蟹和雙子座相交處
區間：	巨蟹座／月亮
角度：	雙子29°30´-巨蟹1°
類型：	本位星座
元素：	水
恆星：	參宿四、勾陳一、五車三

6月22日

CANCER

這個生日的特殊位置使你受到雙子座和巨蟹座的雙重影響。你具有無人能比的心智和直覺力，而且憑藉天生的接受能力，你的學習能力強，無論從事何種領域都具有潛力。

你出生於巨蟹座的第一區間，受到月亮的雙重影響，具有敏銳的想像力和強烈的情感。大體上你興趣廣泛又多才多藝，總渴望獲得知識和精神鼓勵。如果你迎接挑戰，會在每個學習領域都有成就。你也希望藉著參與改革和改善他人的狀況運用你的聰明才智和實踐技能。

你很聰明體貼，有同情心，頭腦敏銳。雖然你很聰慧而且富有想像力，但是如果沒有妥當的安排或目標你很容易急躁、固執，或陷入令人精神緊張的權力鬥爭中。你會為此情緒易變或自我懷疑，尤其當你招架不住別人打擊你的自信心之時。

這個生日中更有靈性的人會喜歡表現自己和藝術，尤其在音樂和戲劇方面。你往往知道其他人想要或期待的事物，能依靠自己的洞察力和友善的性格輕鬆進入各種社交圈。

在你30歲時，太陽星座推進至獅子座，此後你將積極地獲得自信，並在從事的領域中表現熟練。如果你到中年時還沒有利用你天生的強大精力，你將再次獲得成功的機會。在你60歲時，太陽星座推進至處女座，你將會更務實，服務他人也成了你生活中重要的事。

■真實的自我

你渴望在你所信奉的事業中找到安全感，這種渴望有時會因為遇到不對的人而產生危機。雖然你看似自信，但其實並不確定自己掌握的是否真切。你很直率，同時希望他人也是如此。不過，你信念的力量只會使你顯得固執而不是執著。這警告你需要學會區分執著和頑固兩者的差別。如果你想要克制情緒上的不安，客觀理性地思考是一個解決的辦法。

你喜歡碰運氣或冒險，希望藉由投機來實現崇高的目標。雖然樹立宏圖大志對你很有好處，但是你還需要有新意地表現自己或致力於實現自己的理想。

■工作和職業

你的雄心壯志引領你進入商業界，並能依靠你的組織、管理天賦表現優秀。這也意

味著你能在製造業、銀行業、銷售或房地產行業中取得成功。或者，你的視覺和活躍的想像力會引導你進入像表演、藝術、攝影、音樂、電影製作或室內設計這類行業。你天生的人際交往能力可用於與公眾有關的工作，比如溝通、教育、健康、社會工作或法律。你特別的洞察力和同情心，會使你進入諮詢或治療行業，無論是醫療還是某種保健工作。

這一天出生的名人包括歌手克里斯‧克里斯朵夫，音樂家陶德‧朗德格恩，演員梅麗爾‧斯特里普和琳賽‧瓦格納，導演比利‧懷德，和作曲家普契尼。

■數字命理學

出生在22號的你是個驕傲，務實，直覺敏銳的人。你很誠實，勤奮，天生具有領導能力又有魅力，對人際的交往見地深刻。雖然你不願表達自己的感情，但你會關心和維護他人的福利。很多出生在這天的人與兄弟姊妹關係緊密，而且能夠給予他們保護和幫助。受6月分的部分影響，你有危機意識，希望創建和諧環境。你可靠負責、樂於助人，是個富有同情心的朋友。憑藉你內在的想像力和創造力，你會有一些過於理想的想法，但務實的一面，使你保持著實事求是的態度。勝利對於你來說十分重要，你可以開創新穎而且有益他人的思想。

■愛情和人際關係

你擁有豐富的情感和強烈的第六感，這意味著你需要找到能理解你的細膩情感和志趣相投的夥伴。雖然你能成為所愛之人的靠山，但是你很容易情緒波動。發展自己具有哲理的眼光和克制焦慮不安的傾向，有助於你情緒穩定。你最成功的社會和愛情關係，是和情趣相投或能激發你的智力之人所共同建立。

■你生命中的特殊之人

為了建立溫馨的關係，你可能需要尋找出生在以下日期的人。

◎愛情與友誼：

1月10.13.20.30日、2月8.11.18.28日、3月6.9.16.26日、4月4.7.14.24日、5月2.5.12.22日、6月3.10.20日、7月1.8.18日、8月6.16.30日、9月4.14.28.30日、10月2.12.26.28.30日、11月10.24.26.28日、12月8.22.24.26日

◎幸運貴人：

1月12.16.17.28日、2月10.14.15.26日、3月8.12.13.24日、4月6.10.11.22日、5月4.8.9.20.29日、6月2.6.7.18.27日、7月4.5.16.25日、8月2.3.14.23日、9月1.12.21日、10月10.19日、11月8.17日、12月6.15日

◎強烈吸引你的人：

3月31日、4月29日、5月27日、6月25日、7月23日、8月21日、9月19日、10月17日、11月15日、12月17.21.22.23.24日

◎砥礪者：

1月6.18.22.27日、2月4.16.20.25日、3月2.14.18.23日、4月12.16.21日、5月10.14.19日、6月8.12.17日、7月6.10.15日、8月4.8.13日、9月2.6.11日、10月4.9日、11月2.7日、12月5日

◎靈魂伴侶：

3月28日、4月26日、5月24日、6月22日、7月20日、8月18日、9月16日、10月14日、11月12日、12月10日

優點：博聞廣見、善於指揮、直覺敏銳、務實、講究實際、善於動手、技能嫻熟、有建設能力、善於組織、現實、善於解決問題、有所成就

缺點：致富心切、神經緊張、專橫、追求物質享受、缺乏遠見、懶惰、自我、自我吹噓

太陽星座	巨蟹座
區間	巨蟹座／月亮
角度	巨蟹0°30´-2°
類型	本位星座
元素	水
恆星	參宿四、五車三、鉞

6月23日

CANCER

你直覺力和接受力強,能夠快速掌握觀點,你的誕生日表明你是個聰明伶俐、精明的人。身為巨蟹座的人,你很敏感羞怯;但是你的巨大精神潛力,能激勵你為自己樹立高目標並取得成功。你體貼仁慈,樂於幫助周遭的人,並會把家庭視為你獲得安全感和幸福的最重要因素。

你警覺性高,所以喜歡充實自我而且消息靈通。雖然你相信自己的感覺,但你可能多疑,這暗示你得學會明白,內心的智慧才是你最大的財富。

受太陽星座和區間星座巨蟹座的雙重影響,若你能發揮你的超自然能力,你將因此受益匪淺。你要學習將強烈的情感轉化成積極的目標,如此才能克制沮喪和不安的情緒。

當你樂觀時,能夠主動地對形勢做出反應,憑藉意志力和決心,你會慫恿他人跟隨你的思想潮流。但你可能失去信心,變得退縮和易怒,這會使一切停滯不前,浪費你內在優秀的潛力。

在你29歲之前,你非常在意自己內心細膩的情感、家庭和家人。在你29歲時,太陽星座推進至獅子座,你可能更喜歡參與能使你變得堅強自信的公開場合。在你59歲時,太陽星座推進至處女座,你的人生重心將出現另一次的轉變,你很可能會變得更有條不紊和有效率。

■真實的自我

你天生能理解事物價值或賺錢,除了恆心和毅力,你還具有能使你成功的內在力量。這股力量賦予你戰勝所有困難的能力。有時你會拖拖拉拉並覺得自己無法繼續,然而你一旦堅信某個目標,會為了實現它而極其努力地工作。

在你內心深處有著頑皮有趣的特點,如果這一點能積極表現出來,就能對你產生積極影響,防止你變得過於嚴肅。但是,你要在固定時期給自己的空間和時間,以便了解自己性格中更敏銳的部分,並增強內在的洞察力。

■工作和職業

你敏感體貼,喜歡與弱勢群體一起工作,或從事像治療或社會改革這類職業。憑藉你聰明的頭腦,你還可以從事教育或將溝通能力用於寫作上。你很理性,喜歡與人分享知識的領域,比如研究、辯論或法律。如果專業技術也算是你的優點,你會喜歡電腦或

工程學。另一方面，你也可能對宗教或玄學感興趣。你在政府工作、從事餐飲業或零售業也可能會成功。

這一天出生的名人包括英國國王愛德華八世（溫莎公爵），精神學家和作家金賽，奇想樂隊音樂家雷·大衛斯，和法國的約瑟夫國王。

■數字命理學

直覺敏銳、情感細膩和具有創造力，是人們對23號出生的人的評價。你充滿熱情，思維敏捷，態度專業，充滿創新理念且多才多藝。你喜歡旅行、冒險和結識陌生人，數字23具有的不安分特點促使你嘗試多種不同體驗，因為你很快就能適應形勢。你友善風趣、勇敢、有幹勁，需要過著活躍的生活，以便發揮你的真實潛力。受6月分的部分影響，你很多情敏感，理想主義，並關心別人。憑藉強烈的直覺或超能力，你能感覺到別人的情感和想法。你希望安定安全，所以很顧家，是個稱職的父母。缺乏信心是你可能遇到的困難，此外還要避免過度依賴別人。

■愛情和人際關係

你很敏感，情感不定，直覺敏銳，渴望感覺安全，經常幫助和鼓勵別人。你喜歡有志向、意志堅強而且勤奮的人，因此你會尋找聰慧、自律和有創造力的人作為伴侶。雖然你需要花上一段時間才會投入長期的關係中，但只要你安定下來，你就會有堅定的信念而且非常忠實。

■你生命中的特殊之人

你和出生在以下日期的人更容易建立關係。

◎愛情與友誼：

1月21、28、31日、2月19、26、29日、3月17、24、27日、4月15、22、25日、5月13、20、23日、6月11、18、21日、7月9、16、19日、8月7、14、17、31日、9月5、12、15、29日、10月3、10、13、27、29、31日、11月1、8、11、25、27、29日、12月6、9、23、25、27日

◎幸運貴人：

1月9、12、18、24、29日、2月7、10、16、22、27日、3月5、8、14、20、25日、4月3、6、12、18、23日、5月1、10、16、21、31日、6月2、8、14、19、29日、7月6、12、17、27日、8月4、10、15、25日、9月2、8、13、23日、10月6、11、21日、11月4、9、19日、12月2、7、17日

◎強烈吸引你的人：

1月3日、2月1日、4月30日、5月28日、6月26日、7月24日、8月22日、9月20日、10月18日、11月16日、12月14、22、23、24、25日

◎砥礪者：

1月7、8、19、28日、2月5、6、17、26日、3月3、4、15、24日、4月1、2、13、22日、5月11、20日、6月9、18日、7月7、16日、8月5、14日、9月3、12日、10月1、10、11月8日、12月6日

◎靈魂伴侶：

1月3、19日、2月1、17日、3月15日、4月13日、5月11日、6月9日、7月7日、8月5日、9月3日、10月1日

優點：忠誠、負責、喜歡旅行、善於溝通、直覺敏銳、有創造力、多才多藝、值得信賴、有聲望

缺點：自私、不安、固執、不願妥協、愛找碴、枯燥乏味、退縮、有偏見

太陽星座：巨蟹座
區間：巨蟹座／月亮
角度：巨蟹1°30´-3°
類型：本位星座
元素：水
恆星：鉞

6月24日

CANCER

本日壽星雖然性格內向，但你很隨和親切，態度保守，這意味著你是個很好的調解人。你寧願使用圓滑的手段而非直接對立關係，處理人際關係。

受月亮的雙重影響，考慮家庭和家人占據了你很多時間。在追求家庭舒適的安全感之餘，你卻沒有意識到自己的真實潛力。

你的誕生日意味著你需要和睦和平靜，這不是缺點，反而是你睿智的表現。你清晰的視覺感和天生的務實態度使你非常善於策畫。你很勤奮盡職，能集中注意力承擔困難工作。負責和強烈的責任感是你最大的特點，而生活的進步來自你的努力和毅力。如果你得到鼓勵，你願意長期工作而不要求立即回報。

雖然你具有非凡的洞察力，但你常在雄心壯志和懶惰之間搖擺不定，會威脅到你原本非凡的潛力。所以能聰明地調整兩者間的重量，才能擁有平衡的人生。

在28歲之前，與家庭、安全或家人有關的問題，在你的生活中發揮更大的作用。但是在太陽星座推進至獅子座之後，隨著力量、創造力和自信心的加強，你也會變得勇敢。58歲時，太陽星座推進至處女座，你變得更有辨別力和有效率，而且很可能對健康問題或服務他人更感興趣。

■真實的自我

雖然家庭和家人很重要，但你熱衷權力，辦事有條不紊和決心堅定。你明白單獨工作效果不佳，所以在生活中會經常與人合作。有時你很難擺脫常規的束縛，但只要下定決心而且目標明確，你就會極其勤奮並發揮長才使其更有商業效能。

不要讓焦慮不安，尤其是金錢方面的擔憂，損壞你戰勝困難的能力，因為這些焦慮都是不必要的。一旦你覺得焦慮不安，就會拒絕面對事實，而非立刻著手處理。因此制定能促使你前進，並幫助你取得所想所需的計畫是絕對必要的。

■工作和職業

像諮詢或為有意義的事業籌資等職業，能表現出你體貼的一面。你喜歡追求精神層面的充實，教學、演說、研究或寫作事業可以滿足你的需求。你具有從容的魅力和對形式、顏色的天賦，可以放眼戲劇、音樂或藝術領域。你天生善於理解別人，喜歡與人有關或顧問類的工作，比如醫師或職員。你在商業方面同樣表現優秀，尤其是在銷售、宣傳和公共關係的執行上。這個誕生日經常出現優秀的管理者和執行者；並同時給你機會

在各種與家庭有關的工作中表現優異。

這一天出生的名人包括拳擊手傑克・登蒲賽，政治家貝拉・阿布朱格，和飛行員艾米莉亞・埃爾哈特。

■數字命理學

24號誕生日的人情感細膩，渴望建立和諧和秩序。你很誠實、可靠、注重安全，需要夥伴的愛與支援，希望為自己和家人建立穩定的基礎。務實的生活態度，賦予你很好的商業頭腦和獲得物質財富的能力。出生在24號的你得克服不穩定時期，和固執己見的傾向。受6月分的部分影響，你認真負責。雖然以事業為主，卻也是個極好的家管和稱職的家長。你很善良而且有理想，決心堅定，樂於助人，關心別人。雖然你厭惡一成不變，但仍渴望安定和放心。你還需要克服由於焦慮不安和濫用同情心所引起的不滿傾向。

■愛情和人際關係

你直覺力強，充滿熱情，這表明你很引人注目。你的誕生日與父母本性有關，這意味著你是個稱職的父母和體貼的伴侶。這個誕生日還與情感力量有關，這暗示你需要避免過於敏感和傷感。不過你很好客、迷人、友善，與家人關係緊密。你渴望表現自己，這暗示你可能會喜歡有創造力和引人注目的人。

■你生命中的特殊之人

為了找到生命中的特殊之人，你可能需要查找出生在以下日期的人。

◎愛情與友誼：

1月18.22.28日、2月16.20.26日、3月14.18.28日、4月12.16.26日、5月10.14.24日、6月8.12.22日、7月6.10.20.29日、8月4.8.18.27.30日、9月2.6.16.25.28日、10月4.14.23.26.30日、11月2.12.21.24.28日、12月10.19.22.26.28日

◎幸運貴人：

1月6.10.25.30日、2月4.8.23.28日、3月2.6.21.26日、4月4.19.24日、5月2.17.22日、6月15.20.30日、7月13.18.28日、8月11.16.26日、9月4.14.24日、10月7.12.22日、11月5.10.20日、12月3.8.18日

◎強烈吸引你的人：

5月29日、6月27日、7月25日、8月23日、9月21日、10月19日、11月17日、12月14.23.24.25日

◎砥礪者：

1月13.29.31日、2月11.27.29日、3月9.25.27日、4月7.23.25日、5月5.21.23日、6月3.19.21日、7月1.17.19日、8月15.17日、9月13.15日、10月11.13日、11月9.11日、12月7.9日

◎靈魂伴侶：

1月6.25日、2月4.23日、3月2.21日、4月19日、5月17日、6月15日、7月13日、8月11日、9月9日、11月7日、12月5日

優點：精力充沛、理想主義、有實踐技能、決心堅定、誠實、慷慨、熱愛家庭、活躍

缺點：追求物質享受、過於節約、厭惡常規、懶惰、專制、固執、心懷怨恨

太陽星座：巨蟹座
區間：巨蟹座／月亮
角度：巨蟹2°30´-4°
類型：本位星座
元素：水
恆星：鉞、井宿一

6月25日

CANCER

這個誕生日表示你具有強烈的本能意識、聰明的頭腦和對變化的渴望。巨蟹座的你很敏感，想像力豐富，體貼；但是你警覺的頭腦和強烈的直覺會促使你冒險。因為你好奇心強而且思維敏捷，所以是個有趣的夥伴，尤其當你能利用自己獨特的幽默感去取悅別人時。也因為你很聰慧，所以你無法忍受愚蠢的言行，有時更表現得毫無耐心。

受月亮的雙重影響，你直覺敏銳而且情感細膩，渴望新體驗和新奇的事物，可能對外國和外國人感興趣。相對的，這種影響可能也意味著你多變，而且得加強自我約束力。

為了獲得成功，你必須找到能真正發揮想像力的事物，一個能保持你的興趣並幫助你成為專家的事物。如果你不能接受心理的挑戰，就有可能會分散精力或缺乏滿足感。相反地，如果你培養耐心和責任感並承擔責任，你很快就會發現你不僅有自覺力還有深刻的思想，理性並能有條理分析。

在你27歲時，太陽星座推進至獅子座，此後你的多愁善感將不那麼嚴重。你在生活的表現會更加坦率而且自信。在你57歲時，太陽星座推進至處女座，你會在你的生活技能中添加更多的耐心和準確度，你也能採取更務實的生活態度。

■真實的自我

你務實熱情，能用自己的觀點激勵別人。你不易滿足而且容易厭倦，所以渴望生活中充滿變化，所以你可能和許多人相處並經歷多種友情及人際關係。你大多數時候很友善，但有時會對自己的情感需求保密。

你有自己的人生哲學，能使你在面對困難時保持樂觀。你固有的常識和直率態度，使你在其他人不能看清問題的情況下，簡化問題並靠直覺解決問題。當你積極樂觀時，能從大局著眼並喜歡冒險。你性格中謹慎的一面，使這些冒險行為是有其目的，而非衝動為之。

■工作和職業

敏捷的智慧和對精神刺激的渴望，使你的生活必然存在變化，並促使你快速掌握各種形勢的實際情況。你需要表現自己的個性、敏銳和豐富的想像力，所以你能成為成功的作家或記者、建築師、藝術家或音樂家。你直覺力強，渴望探索，你也很有可能會進入宗教或更神祕的領域。在你選擇職業時，你得避免厭倦，選擇一份富有變化、有行動

力的職業很重要，比如旅行，餐飲業或公共事務等。

這一天出生的名人包括作家喬治・羅威爾，西班牙建築師安高第，歌手喬治・麥可和卡莉・賽門，和藝術家彼得・布雷克。

■數字命理學

你直覺力強而且有警覺性，判斷力優秀並注重細節。通常你在實作中學到更多。但是如果事情的發展狀況不如意，你需要更有耐心或知足。情感細膩和有藝術才能是你潛在的特點。只要你能集中自己旺盛的精力，就能看清真相，並先於別人得出結論。受6月分的部分影響，你負責，有進取精神、實踐能力和準確的判斷力。你喜歡提升自己，進步的關鍵是自我分析。你需要學會更坦然清晰地表達自我感受和控制自己的害羞或不安。

■愛情和人際關係

你好交際，迷人，交遊廣闊。雖然你情感深刻，卻不願表達自己的感受，所以態度可能比較冷淡。你比較理想主義，有時你更喜歡柏拉圖式的友情而非深刻的感情關係。偶爾，你會同時和很多人交往，而且在兩個愛人之間難以取捨。一旦你找到合適的人，你會很忠誠而且樂於給予支持。

■你生命中的特殊之人

你和出生在以下日期的人更容易建立關係。

◎愛情與友誼：

1月13、19、23日、2月11、17、21日、3月9、15、19、28、29、30日、4月7、13、17、26、27日、5月5、11、15、24、25、26日、6月3、9、13、22、23、24日、7月1、7、11、20、21、22日、8月5、9、18、19、20日、9月3、7、16、17、18日、10月1、5、14、15、16、29、31日、11月3、12、13、14、27、29日、12月1、10、11、12、25、27、29日

◎幸運貴人：

1月7、15、20、31日、2月5、13、18、29日、3月3、11、16、27日、4月1、9、14、25日、5月7、12、23日、6月5、10、21日、7月3、8、19日、8月1、6、17、30日、9月4、15、28日、10月2、13、26日、11月11、24日、12月9、22日

◎強烈吸引你的人：

12月23、24、25、26日

◎砥礪者：

1月6、14、30日、2月4、12日、3月2、10、26日、4月8、24日、5月6、22日、6月4、20日、7月2、18日、8月16日、9月14日、10月12日、11月10日、12月8日

◎靈魂伴侶：

4月30日、5月28日、6月26日、7月24日、8月22日、9月20日、10月18、30日、11月16、28日、12月14、26日

優點：直覺敏銳、追求完美、富有洞察力、有創新思維、善於與人打交道

缺點：衝動、沒有耐心、不負責、過於多情、好嫉妒、神祕兮兮、挑剔、喜怒無常、神經緊張

太陽星座：巨蟹座
區間：巨蟹座／月亮
角度：巨蟹3°30´-5°
類型：本位星座
元素：水
恆星：鉞、井宿一

6月26日

CANCER

你直覺力強，生活態度務實，這表示你很敏感體貼，卻渴望能在生活中得到更多。受到主宰行星月亮的雙重影響，安全感對你很重要。你是個樂觀而且善於組織的人，喜歡以某種有意義的方式運用你的知識。

家庭生活對於每個巨蟹座來說都很重要，你喜歡充當好家長和負責的家庭成員。憑藉理解力和常識，你能成為身邊朋友的顧問。你熱愛知識，教育對於你來說很重要，有助建立事業穩定的基礎。即使未接受傳統的學習，也會在以後自學。

你渴望表達自己的想法和人生哲學，使你在自己喜歡話題的討論中與人發生紛爭。你天生有優秀的交易或談判方面的理解力，使在你對感興趣事物時，懂得運用關係和交際手腕。當你精神充實時你會覺得開心。你享受旅行和了解其他文化習俗的過程，而非浪費精力去追求瑣碎的愉悅。

在20歲中旬時，你會遇到與情緒、感知、家庭有關的問題。在26歲時，太陽星座推進至獅子座，你將有足夠勇氣以樂觀自信的方式表露自己的才能和技藝。在56歲時，太陽星座推進至處女座，實際因素變得更重要，而且你的效率、能力和組織能力會得到提高。

■真實的自我

表面上你似乎自信能幹，但內心卻很敏感而且需要安全感。由於你變化不定，你希望持續前進，直到你學會思考時才可能找到幸福。唯有你性格中平靜的一面融入你好動活潑的性情中時，才可能讓你的行動力有效率並令人深刻。

你很理想主義，渴望和睦，可能喜歡音樂、藝術或其他形式的創造性職業。你渴望平靜，所以會為了與自己心願相近的事業而奮鬥；也或者，你的心情會反應在對家庭的眷戀之中。然而你希望擴展視野的心願，會使你想要旅行或冒險。

■工作和職業

你豐富的想像力和敏捷的思維，讓你有很多有經濟利益的點子。你對食物感興趣，這暗示你可以從事與餐飲相關的職業。你善於規畫和組織，可能會表現在銷售、貿易、宣傳、廣告、體育或政治方面。你對哲學、心理學或宗教思想特別感興趣。教學、演說、政治和經濟，也是你發揮聰明才智的極好途徑。在商業方面，你需要足夠的自主管理空間，而且更喜歡自主創業。你具有規畫和實現有意義方案的能力，能使你成為各種

事業中的重要成員。

這一天出生的名人包括作家賽珍珠和科林・威爾遜，和演員彼得・洛和克里斯・歐唐納。

■數字命理學

26號誕生日表明你是個謹慎的人，有強烈的價值觀和準確的判斷力。你具有務實的生活態度，管理能力和不錯的商業頭腦。26號出生的你有責任感，天生具有審美觀。如果你很固執或缺乏信心，就可能容易放棄。受6月分的部分影響，雖然你有時體貼負責，但容易變得挑剔和過於焦慮。你經常成為朋友、家人和親戚的靠山，你願意幫助那些需要你幫助的人。不過你得避免表現太膚淺，以至於最後被所有人討厭。

■愛情和人際關係

你充滿深情，善於交際，可能有不少朋友，常和其他家庭成員保持密切的聯繫。雖然在生命的某個階段你有可能會被一些不尋常的關係吸引，但你的辨別力，令你很少會真正陷入愛情之中。一旦你找到能積極鼓勵你的人，你會非常忠誠而且能給予保護。你喜歡坦誠對待你的夥伴，並且提供實質的幫助。

優點：有創造力、務實、體貼、負責、以家庭為自豪、熱情、勇敢
缺點：固執、叛逆、不安、冷淡、缺乏恆心、不穩定

■你生命中的特殊之人

你更可能與出生在以下日期的人建立特殊的關係。

◎愛情與友誼：

1月3、4、14、20、24日、2月2、12、18、22日、3月10、16、20、29、30日、4月8、14、18、27、28日、5月6、12、16、25、26、31日、6月4、10、14、23、24、29日、7月2、8、12、21、22、27日、8月6、10、19、20、25日、9月4、8、17、18、23日、10月2、6、15、16、21、30日、11月4、13、14、19、28日、12月2、11、12、17、26、28、30日

◎幸運貴人：

1月4、8、21日、2月2、6、19日、3月4、17、28日、4月2、15、16日、5月13、24日、6月11、22日、7月9、20日、8月7、18、31日、9月5、16、29日、10月3、14、27日、11月1、12、25日、12月10、23日

◎強烈吸引你的人：

1月3日、2月1日、5月31日、6月29日、7月27日、8月25日、9月23日、10月21日、11月19日、12月17、25、26、27、28日

◎砥礪者：

1月7、10、15、31日、2月5、8、13、29日、3月3、6、11、27日、4月1、4、9、25日、5月2、7、23日、6月5、21日、7月3、19日、8月1、17日、9月15日、10月13日、11月11日、12月9日

◎靈魂伴侶：

3月31日、4月29日、5月27日、6月25日、7月23日、8月21日、9月19日、10月17、29日、11月15、27日、12月13、25日

太陽星座：巨蟹座
區間：巨蟹座／月亮
角度：巨蟹4°30´-6°
類型：本位星座
元素：水
恆星：井宿一

6月27日

CANCER

你的想像力豐富而且敏感，是個直覺敏銳的巨蟹座。你通常很聰明，友善，多才多藝；但可能會受挫於情感上的起伏，因此減弱你的巨大潛力。

你是個體貼寬容的人，能夠對你所愛之人投以極大的同情。受區間星座巨蟹座的部分影響，你的超自然能力將增加一倍。但是，你還需要避免焦慮不安或變得壓抑和優柔寡斷。

當你覺得情緒不安時，你在其他人眼中是過於喜怒無常的，有點多話或精力分散。但在你樂觀時，是個有趣的夥伴，非常幽默。

多才多藝、善於交際、有才華這些特點能幫助你有很多發展方式，但是它也可能會成為困惑你的原因，因為你會想同時做很多事情。雖然你有創造能力並有許多點子，但一定要學會只專注於一個目標上。另一方面，如果你很實際又果斷，成功的機會將唾手可得。

不論是透過寫作、表演，設計還是裝飾，你需要學會表達自己的情緒和心情。你善於交際，友好親切，喜愛娛樂，渴望生活中的快樂。

雖然你看起來很自信，但真正發自內心的自信要到25歲才開始出現，那時太陽星座推進至獅子座，你的力量和創造力將加強，展現出更多社交技巧。在你55歲時，太陽星座推進至處女座，你變得更加實際、有分析力以及有辨別力。

■真實的自我

旅行或改變很可能在你的生活中發揮著重要作用，因為你需要找到激勵自己和富有挑戰的經驗。別害怕冒險，某些冒險可以轉變成極好的機會。你可能會有極其成功之時，但要有經濟狀況可能發生變卦的心理準備。雖然你很慷慨卻也很奢華，所以你需要避免過度放縱自己。

你很驕傲高貴，需要有理想來幫助你樹立信心和掃除煩惱。你是個很好的心理學家，善於評估別人，能快速掌握別人的優點和缺點。你迷人機智，能夠以自己的理念和想像力吸引別人。

■工作和職業

你的誕生日表明你是稱職的家長或家管，不論從事何種職業，你都喜歡創新。你有極好的人際關係技能，這使你能夠在教學、諮詢、銷售或商業方面有所成。你渴望一份

充滿變化和刺激的職業，這意味著你應該避免單調的工作。如果你做生意，你的態度是樂觀的，能成為不錯的代理人或房地產商。雖然你性格中愛表現的一面可能促使你從政，但你的誕生日賦予的創造力會使你也能在音樂、表演或寫作方面成功。

這一天出生的名人包括盲眼教育學家海倫·凱勒，政治家羅斯·斐洛特，改革者愛瑪·高德曼，愛爾蘭評論家查爾斯·帕奈爾，以及女星伊莎貝·艾珍妮。

■數字命理學

你直覺敏銳，分析力強，27號誕生日表示增強你的耐心和自制力，使你的思想更有深度。你決心堅定而且善於觀察、注重細節。雖然有時你看來神祕、理性且公正，但其實你正在掩飾內心的不安。為了加強溝通能力，你需要克服不願表達內心感受的毛病。受6月分的部分影響，你不斷追求平衡與和睦。由於你強烈的直覺和感受，有時會與你的思想觀念衝突，你會變得焦慮不安。雖然你充滿深情而且體貼周到，但有時卻因為過於敏感而且難以接近。你要培養更客觀的態度，這樣你才會願意聽從別人想法並接受批評。

■愛情和人際關係

你很迷人，友善，熱心體貼，是個忠誠的夥伴和充滿愛心的父母。家庭和家庭生活對於你來說很重要。你願意為所愛之人做出犧牲，這意味著你很會保護他人。你具有慷慨的性格和創造才能，這暗示你需要找到某種方式表現你的眾多才能。雖然你很容易交到朋友和吸引別人，但是情緒不穩定，有可能會影響你的人際關係。

■你生命中的特殊之人

你更可能與出生在以下日期的人建立特殊的關係。

◎愛情與友誼：

1月21、25日、2月19、23日、3月17、21、30日、4月15、19、28、29日、5月13、17、26、27日、6月11、15、24、25、30日、7月9、13、22、23、28日、8月7、11、20、21、26、30日、9月5、9、18、19、24、28日、10月3、7、16、17、22、26、29日、11月1、5、14、15、20、24、27日、12月3、12、13、18、22、25、27、29日

◎幸運貴人：

1月5、13、16、22、28日、2月3、11、14、20、26日、3月1、9、12、18、24、29日、4月7、10、16、22、27日、5月5、8、14、20、25日、6月3、6、12、18、23日、7月1、4、10、16、21日、8月2、8、14、19日、9月6、12、17日、10月4、10、15日、11月2、8、13日、12月6、11日

◎強烈吸引你的人：

6月30日、7月28日、8月26日、9月24日、10月22日、11月20日、12月18、26、27、28、29日

◎砥礪者：

1月2、23、30日、2月21、28日、3月19、26、28日、4月17、24、26日、5月15、22、24日、6月13、20、22日、7月11、18、20日、8月16、18、19日、9月7、14、16日、10月5、12、14日、11月3、10、12日、12月1、8、10日

◎靈魂伴侶：

1月14、22日、2月12、20日、3月10、18日、4月8、16日、5月6、14日、6月4、12日、7月2、10日、8月8日、9月6日、10月4、11月2日

優點：多才多藝、想像力豐富、有創造力、果斷堅決、勇敢、能幹、追去精神層面、勇於創新、有精神動力

缺點：難以相處、好爭吵、易怒、好爭論、不信任別人、精神緊繃、緊張

太陽星座：巨蟹座
區間：巨蟹座／月亮
角度：巨蟹5°30´-6°30´
類型：本位星座
元素：水
恆星：井宿三、井宿一

6月28日

CANCER

你的誕生日表示你是有理想但重視實際，精明而且直覺力強的人，你思維敏銳，天生有幽默感。敏銳的推理能力，使你能夠快速掌握思想並清晰地表達出來，這表示你具有言語和溝通的天賦。巨蟹座的你感情真摯而且易受影響，渴望安定、強烈的家庭關係和家人的慰藉。你驕傲、自信和果斷的外表下往往掩藏著一顆敏感的心，儘管你擁有體貼的性格與強烈的母性或父性，但受月亮的影響，情緒卻常波動起伏。不斷充實自己是解決疲累、不耐煩情緒的方法。你堅定的信念和天生能快速評估人和形勢的能力，加上進取精神，成功對你並非難事。

你善於交際，常常結識來自不同背景的人，並憑藉人際關係興盛發達。不過，你要避免過於挑釁或專制，這會讓你失去從合作機會中得到的很多好處。你要學會平衡合作與對獨立自主的渴望，這會使你得到更大的滿足感與安慰。

受你落在巨蟹座第一區間月亮的強烈影響，你在童年和幼年時期受到雙重影響。這種影響意味著雖然你在早年很羞怯敏感，但仍渴望處於中心地位受人重視。在你24歲時，太陽星座推進至獅子座，你需要增強創造力、力量和自信。隨著太陽星座在54歲時推進處女座，你不再那麼專制，而且考慮更周到，分析力更強並渴望井然有序的生活。

■真實的自我

憑藉你堅定的決心和開創新事業的能力，你能表現出自傲活躍的個性。你態度直率，有什麼說什麼；但你需要學會有時該保持沉默。若情況良好時，你可以成為顧問和令人敬佩的權威人物。

一方面，你追求深度的思想，態度嚴肅，很有安全意識，善於思考和思慮周全。但另一方面，你愛譏諷的小聰明，靈敏的反應，會表現出搶眼的一面，使你成為團隊的生命和靈魂。你渴望知識而且精明，喜歡激烈的爭論，但要避免變得過於好鬥或尖酸刻薄。

在內心深處，當你身陷人生最谷底時，你得學會自己爬起來克服萬難，你堅忍不拔的精神和自我覺醒相互結合時，就是你破繭重生之日。

■工作和職業

你天生是個心理學家，可能會喜歡與人群接觸有關的職業，比如諮詢、職員、宣傳或公共關係。你的聰明智慧，可能使你喜歡像教學或演說、新聞、健康和溝通類的

工作。你想表現自己、引人注目,所以你可能進入藝術和娛樂界。你渴望創新,所以你會喜歡像室內設計或美食評論家這類職業。或者,憑藉你的領導、組織和策畫能力,你會從商,並在面臨業界挑戰之時樂在其中。

這一天出生的名人包括電影導演梅爾‧布魯克斯,哲學家盧梭,演員約翰‧庫薩克,畫家彼得‧保羅‧魯本斯,和女星凱西‧貝茲。

■數字命理學

你獨立、有理想、不循常規、務實、堅定,以自己為行為準則。你會遇到渴望獨立和成為團體一員兩相衝突的時刻。像數字1的人一樣,你有抱負,直率,而且有進取精神。你的其他特點還包括足智多謀、判斷準確,能夠積累知識並用它來緩解或解決問題。出生在28號的你有常識而且思維清晰。雖然你渴望成功而且有雄心壯志,但家庭生活對你非常重要。受6月分的部分影響,你有魅力,信念堅定。然而在有決心及使命感的同時,你也有多疑的一面。實現理想的關鍵在於表現你慷慨大方的性格,以及結合事業和志趣的天賦。你的足智多謀,加上不錯的管理能力,將助你高升權勢地位。

■愛情和人際關係

你很友善、機智、迷人,不難吸引到一批仰慕者。你需要娛樂休閒和受人賞識,所以你天生好交際,但你有可能會變得過於敏感或者沉緬過去,這將為你的人際關係帶來麻煩。找到一個和你一樣喜歡開發智力的人,有助你建立一段理想的人關係。

■你生命中的特殊之人

你可能會和出生在以下日期的人建立持久的關係。

◎愛情與友誼:

1月6,16,22,26日、2月4,14,20,24日、3月2,12,18,22日、4月10,16,20,30日、5月8,14,18,28日、6月6,12,16,26日、7月4,10,14,24,31日、8月2,8,12,22,29日、9月6,10,20,27日、10月4,8,18,25日、11月2,6,16,23,30日、12月4,14,21,28,30日

◎幸運貴人:

1月6,17,23,31日、2月4,15,21,29日、3月2,13,19,27,30日、4月11,17,25,28日、5月9,15,23,26日、6月7,13,21,24日、7月5,11,19,22日、8月3,9,17,20日、9月1,7,15,18,30日、10月5,13,16,28日、11月3,11,14,26日、12月1,9,12,24日

◎強烈吸引你的人:

12月26,27,28日

◎砥礪者:

1月24日、2月22日、3月20,29日、4月18,27,29日、5月6,16,25,27,30日、6月14,22,25,28日、7月12,21,23,26日、8月10,19,21,24日、9月8,17,19,22日、10月6,15,17,20日、11月4,13,15,18日、12月2,11,13,16日

◎靈魂伴侶:

1月13日、2月11日、3月9日、4月7日、5月5日、6月3,30日、7月1,28日、8月26日、9月24日、10月22日、11月20日、12月18日

優點:	富有同情心、追求進步、勇敢、有藝術才能、有創造力、理想主義、有抱負、勤奮、自立、意志堅強
缺點:	愛幻想、缺乏動力、缺乏同情心、不實際、專橫、草率做出判斷、好鬥、缺乏信心、過於依賴別人、驕傲

太陽星座：巨蟹座
區間：巨蟹座／月亮
角度：巨蟹6°-7°30´
類型：本位星座
元素：水
恆星：井宿三

6月29日

CANCER

富有靈感、情感細膩、熱愛知識，是你個人魅力的一部分。巨蟹座的你有想法，敏感卻活潑好動。你好問的精神會促使你變得勇敢和身體力行。你反應快，能夠察覺到好的想法。你追求進步，勇於革新，對社會和教育改革感興趣，能不斷尋求新穎刺激的觀點。

你富有魅力，有藝術才能，本質高尚，無憂無慮。不過，當生活缺乏精神鼓勵時，你容易在瑣事上分散精力。雖然你是個理想主義者，但熱愛生活中美好的事物，這暗示金錢在你的生活中，是個重要因素。但由於你有才能，消息也很靈通，所以你往往能找到增加收入的方法。

憑藉著你的藝術才能和對知識的熱愛，你可以蒐集資訊，增強溝通技能和表現出創作的天賦。你易於相處，處事圓滑，儘管你心情不好時會顯得冷漠或興致缺缺，但你仍是個親切又能鼓舞人心的夥伴。

你很敏感，幼年時會顯得有點內向，但在23歲後，太陽星座推進至獅子座，你將增強自己的權力、創造力和自信心。53歲時，太陽星座推進至處女座，你會利用你的威信，為他人提供有益且實際的幫助。

■真實的自我

雖然你表面看起來聰明獨立，但內心最在乎的事，還是能與所愛之人關係密切。你的理想和對愛的渴望，會使你尋求完美的關係，或透過藝術、音樂或神祕體驗表現出來。你的人生課題之一是在學會接受的同時，也能確切表達自己的感受，如此才能塑造一個各方面均衡的你。

你精力充沛，引人注目，能夠以智慧和寬容吸引別人。你會給別人實用的建議或以他人的角度思考。你能保護關心的人，並在維護他們時表現很勇敢。你看起來很獨立，但你明白自己是離不開群體的。

■工作和職業

你敏感聰慧，記憶力強，有領導能力，能在各個領域做出傑出的貢獻。你喜歡與人群相關的職業和活動，能夠在教師、教練、宣傳員、或成為代理人或公共關係這類工作中表現優秀。你天生具有宣傳或為某個目標而奮鬥的能力。發揮你的想像力和睿智，可以從事科學、醫學、某種治療工作或商業。你也可以在美學或各種與家庭有關的職業中

取得成功。你渴望獨特的表達方式，可能會從事寫作、音樂或藝術相關職業。

這天出生的名人包括作家安東・德・聖艾修伯里，外科醫生威廉・詹姆士・梅奧，和時尚設計師克勞德・蒙塔那。

■數字命理學

出生在29號的人是精力充沛，有魄力的理想主義者，具有強烈的性格和非凡的潛力。靈感是你成功的關鍵，失去靈感，你就會沒有目標。你是個名副其實的空想家，要避免時而友好熱心時而又漠不關心的個性，或者時而樂觀時而消極的對立面。你善於觀察，但得學會不挑剔或多疑，並要多關心周圍的人。受6月分的部分影響，你很負責，直覺敏銳，而且接受力強。雖然你有很強的理性觀點，卻經常以自己的感受來判斷形勢。一旦你形成了正確的價值觀念並學會為自己著想，你就不會太依賴別人。

■愛情和人際關係

你的智慧和社交能力，使你很容易吸引別人。你變化不定而且好嫉妒，這表示你需要以更客觀、實際的眼光，看待人際關係。一旦你找到了心目中的愛情，會願意有所犧牲並且幫助你的伴侶，不論對方想要什麼。憑藉你圓滑的手段，你能維持關係和睦；而你也是個好客、慷慨的人。你特別喜歡勤奮、事業有成之人。

■你生命中的特殊之人

你可能會很幸運地在出生在以下日期的人中找到一個夥伴。

◎愛情與友誼：

1月1、4、27、29日、2月2、25、27日、3月23、25日、4月21、23日、5月19、21、29日、6月17、19、27日、7月15、17、25日、8月13、15、23日、9月11、13、21日、10月9、11、19日、11月7、9、17日、12月5、7、15日

◎幸運貴人：

1月3、10、15、18日、2月1、8、13、16日、3月6、11、14、29、31日、4月4、9、12、27、29日、5月2、7、10、25、27日、6月5、8、23、25日、7月3、6、21、23日、8月1、4、19、21日、9月2、17、19日、10月15、17日、11月13、15日、12月11、13日

◎強烈吸引你的人：

4月30日、5月28日、6月26日、7月24日、8月22日、9月20日、10月18日、11月16日、12月14、28、29、30日

◎砥礪者：

1月9、14、16、25日、2月7、12、14、23日、3月5、10、12、21、28、30日、4月3、8、10、19、26、28日、5月1、6、8、17、24、26日、6月4、6、15、22、24日、7月2、4、13、20、22日、8月2、11、18、20日、9月9、16、18日、10月7、14、16日、11月5、12、14日、12月3、10、12日

◎靈魂伴侶：

12月29日

優點：有靈感、追求平衡、渴望內心平靜、慷慨大方、成功、有創造力、直覺敏銳、有同情心、世故

缺點：不專注、不安、容易緊張、喜怒無常、極端、考慮不周

太陽星座：巨蟹座
區間：巨蟹座／月亮
角度：巨蟹7°-8°30´
類型：本位星座
元素：水
恆星：井宿三

6月30日

CANCER

從你的生日判斷，你最大的力量就是情感力量。這種活躍的力量特別需要自我表達的方式。巨蟹座的你想像力豐富、直覺敏銳、慷慨大方。你樂意為所愛之人做任何事情，是個稱職的家長、教師和朋友。但是這種活躍的力量也意味著你得學會自制和避免專制、易怒和沮喪的傾向。

你渴望得到關愛和讚美，所以你會參與公共生活；藉由你的創造才能和引人注目的觀念，不久就能表現出眾。許多在這天出生的人常常能達到權勢地位，並且有自尊又傲氣。

你勇敢直率，希望事情清楚明白。你情感強烈、有奉獻精神，只要信任某個人或事物，你就願意妥協犧牲並努力工作。然而你得確保自己的情感投資是值得的。

在你22歲時，太陽星座推進至獅子座，你會遇到更多用到你強烈性格的機會。無論工作或社交，你都得變得更穩重和自信。在你50歲出頭時，太陽星座推進至處女座，你將變得更實際，也更有辨別力和條理。

■真實的自我

因為你具有遠大的理想和崇高的志向，所以得學會忍耐和堅持。辛勤工作和進度緩慢有時會折損你活躍的個性。所幸憑著你的說服力和幽默感，你能順利擺脫困境。你是個感性的人，情感強烈，體貼，非常想要保護你所愛的人。

你迷人，渴望建立密切的關係和更進一步的接觸，你能藉由自發之舉來表現自己。不過，你得避免情緒衝動或過於自私。你很了解人心，必要時你會圓滑公正，並能良好地運用洞察力幫助別人。

■工作和職業

你強烈的情感和振奮人心的能力，使你無論從事何種行業都能位居主導地位。你天生有魅力、領導和溝通能力，所以你喜歡教學，演說家或寫作這類職業。此外你天生具有人道主義、同情心和直覺力，所以你可能從事諮詢、團體或慈善工作。你的心理素質與你極度敏感的特點相呼應，你可能會選擇在商場、科學或娛樂界運用這種能力。

這一天出生的名人包括演員蘇珊・海華德，歌手萊娜・霍恩，拳擊手邁克・泰森，法國作家喬治・杜哈明，和爵士樂鼓手鮑迪・瑞奇。

■數字命理學

你友好熱心，好交際，有非凡的魅力和忠誠。出生在30號的你具有強烈的感情，需要以獨特的方式表現出來。戀愛和滿足感是你基本的需求，但在追求幸福的過程中，你要避免過度放縱或缺乏耐心。你很驕傲，有宏圖大志，而且有很好的機會，能助你登上事業巔峰。你品味高雅，注重風格和形式，能夠在與藝術、設計和音樂有關的活動中成功。很多出生在30號的人會得到世人認可或聲望，尤其是音樂家、演員和藝人。受6月分的部分影響，你很理想化而且敏感，經常以自己的感受來判斷生活。你能接受他人的觀點，並以自己與眾不同的風格增加這些觀點的內涵。有時你會覺得沮喪，所以你要學會行事果斷堅決；學會欣賞自己所為之時，避免對自己感到不滿。

■愛情和人際關係

愛的力量是你最大的財富，你浪漫的天性、熱情的性情和慷慨大方的特點，能輕易吸引他人。雖然你願意為所愛之人做出犧牲，但你得避免感情用事。你要學會不期待回報的付出，藉著對他人的同情心，你能做到自我克制。

■你生命中的特殊之人

你和出生在以下日期的人更有可能建立良好的愛情關係和友誼。

◎愛情與友誼：

1月2、28日、2月26日、3月24日、4月22日、5月20、29、30日、6月18、27、28日、7月16、25、26日、8月14、23、24日、9月12、21、22日、10月10、19、20、29、31日、11月8、17、18、27、29日、12月6、15、16、25、27日

◎幸運貴人：

1月2、10、13、16日、2月8、11、14日、3月6、9、12日、4月4、7、10日、5月2、5、8日、6月3、6日、7月1、4、30日、8月2、28、30日、9月26、28日、10月24、26日、11月22、24日、12月20、22、30日

◎強烈吸引你的人：

10月31日、11月29日、12月27、29、30、31日

◎砥礪者：

1月3、9、10日、2月1、7、8日、3月5、6、31日、4月3、4、29日、5月1、2、27日、6月25日、7月23日、8月2、21、31日、9月19、29日、10月17、27日、11月15、25日、12月13、23日

◎靈魂伴侶：

1月5日、2月3日、3月1日、5月30日、6月28日、7月26日、8月24日、9月22日、10月20日、11月18日、12月16日

| 優點：風趣、忠實、友善、善於表達、有創造力、慷慨 |
| 缺點：懶惰、固執、古怪、沒有耐心、感覺不安、冷淡、精力分散 |

太陽星座：巨蟹座
區間：巨蟹座／月亮
角度：巨蟹9º-10º
類型：本位星座
元素：水
恆星：井宿三

7月1日

CANCER

你具有極強的決心、細膩的情感和洞察力，這表明雖然你害羞靦腆，但是在溫柔的笑容下卻掩藏著不屈不撓的性格。巨蟹座的你易受影響，直覺力強，勤奮。你體貼，能保護別人，是稱職的家長和忠誠的夥伴，不過，有時你會因矛盾的情緒而喜怒無常或愛發號施令，這表示你應該避免消沉或自我折磨的傾向。不過，你沉著堅定的性格會賦予你戰勝巨大困難的動力。藉著開創新事業和思想而重新開始，是你性格的優勢。

受區間星座巨蟹座的部分影響，雖然你有目標而且獨立，但你需要隱私並渴望平靜的生活。你的社交能力也不錯，但卻會試圖掩飾自己的某些行為，厭惡別人的干涉。

具有領導能力也有旺盛的活力，這意味著你通常不會拖泥帶水。你要提升你天生的洞察力，才能體悟從生活經驗中得來的智慧的價值。如果你受到約束，就會變得很叛逆，堅持自己的立場。你是個理想主義者，一旦得到激勵就會成為一股不可忽視的力量。

在你21歲時，太陽星座推進至獅子座，那時會出現很多培養你能力、創造力和表達能力的機會，你的自信心也會增加，直到你51歲左右，太陽星座推進至處女座，你會變得更務實與理性，並不吝嗇助人。

■真實的自我

擅長建立私人或親密關係是你成功的關鍵。你溝通能力良好，避免多疑和好嫉妒，才能擁有很多好友。學會獨立不僅能大幅度提升你的自信心，也才能戰勝孤獨或被遺忘的恐懼心理。

你的領導力和吃苦耐勞的能力，能使你在各種領域中領先他人。你是個完美主義者，很理想化，思想浪漫，強烈渴望得到愛和關懷。由於你對自己和別人要求很高，所以有時這些崇高的期望會難以實現。如果你能訂立出有意義的目標，就能善用自己崇高的理想、敏銳的洞察力和同情心來幫助別人。

■工作和職業

你天生了解普羅大眾的心態，因此能在與人相關的職業中有所成就。你喜歡控制別人，而非被人控制，所以能勝任管理和行政職位或更喜歡自主創業。你富有同情心、直覺力強，但在必要時會很堅強威嚴──這在政治方面是極好的性格組合。當然，也有人欣賞你的管理能力和對新穎觀點的態度。如果你從事戲劇或電影，你會成為優秀的演員

和導演；或憑藉你分明的個性和想像力，你可以從事藝術、音樂或舞蹈。而你內心的人道主義性格，使你想要從事看護或為兒童工作。

這一天出生的名人包括戴安娜王妃，運動員卡爾·路易斯，演員丹·艾克羅伊德和查理斯·勞頓，歌手狄波拉·哈利，演員帕米拉·安德森·李，萊斯利·卡倫，和奧麗薇基·德·哈威蘭，舞蹈編劇崔拉·夏普，和化妝品大亨雅詩·蘭黛。

■數字命理學

作為數字1的人，你很有個性、勇於革新、勇敢而且精力充沛。你渴望樹立強烈的個人威望，並加強自信或令人肯定。開創精神會促使你能自主決定或獨自生活。你充滿熱情並有創新理念，經常是個先驅。出生在1號的你需要明白世界並非圍繞著你轉，所以要避免以自我中心或有專斷的傾向。受7月分的部分影響，你極為敏感，直覺力強，具有內在的智慧。你需要學會相信自己的直覺並增強信心和理解力。你是個有強烈價值觀念和準確判斷力的人，渴望擁有巨大成就。你充滿抱負，有在心靈上療癒他人的能力，這意味著你能為改善人類狀況而奮鬥。

■愛情和人際關係

你渴望安全感和經濟保障，這種欲望主導你選擇朋友的條件。你對你關心的人很仁慈而且樂於幫助他們，但你喜歡位居主導地位，並會自作決定掌控一切。你只喜歡和少數親密的朋友往來，忠誠和信任在朋友關係中發揮重要作用。家庭生活和你所需背負的責任，有時會與你渴望自由和獨立的個人意願產生衝突。

■你生命中的特殊之人

從出生在以下日期的人中，你可能更容易找到理想的伴侶。

◎愛情與友誼：

1月11,20,25,27,29日、2月9,18,23,25,27日、3月7,16,21,23,25日、4月5,14,19,21,23日、5月3,12,17,19,21日、6月1,10,15,17,19日、7月8,13,15,17,18日、8月6,11,13,15日、9月4,9,11,13日、10月2,7,9,11日、11月5,7,9日、12月3,5,7日

◎幸運貴人：

1月9,26日、2月7,24日、3月5,22日、4月3,20日、5月1,18,29日、6月16,27日、7月14,25,29,30日、8月12,23,27,28,31日、9月10,21,25,26,29日、10月8,19,23,24,27日、11月6,17,21,22,25日、12月4,15,19,20,23日

◎強烈吸引你的人：

1月1,2,16日、2月14日、3月12日、4月10日、5月8日、6月6日、7月4日、8月2日、12月30,31日

◎砥礪者：

1月8,29,31日、2月6,27,29日、3月4,25,27,28日、4月2,23,25,26日、5月21,23,24日、6月19,21,22日、7月17,19,20,日、8月15,17,18日、9月13,15,16日、10月11,13,14,30日、11月9,11,12,28日、12月7,9,10,26日

◎靈魂伴侶：

5月30日、6月28日、7月26日、8月24日、9月22,30日、10月20,28日、11月18,26日、12月16,24日

優點：	有領導能力、有創造力、追求進步、堅強、樂觀、信念堅定、有競爭意識、獨立、合群
缺點：	專橫、好嫉妒、自我、過於驕傲、自私、軟弱、猶豫不決、沒有耐心

太陽星座：巨蟹座
區間：天蠍座/冥王星
角度：巨蟹9°45´-11°
類型：本位星座
元素：水
恆星：井宿三

7月2日

CANCER

雖然你的誕生日具有精力充沛、喜歡發號施令的性格特點，但你是理想主義、體貼又內向的人。受區間星座天蠍座的部分影響，你天生果斷堅定，而且感情強烈。你往往具有藝術天賦和超自然能力，渴望找到表現自我和創造力的途徑。

你表面看來友善謙遜，富有魅力，經常吸引別人到你身邊，因此從人際交往和合作關係中獲得好處。你天生是個心理學家，希望了解他人的動機，而且你很隨和，誠實，直率。雖然你是個有趣、忠誠並喜歡社交聚會的朋友，但在你溫和的笑容後面，你巧妙地掩藏著對物質享受的期望和天生的商業頭腦。

渴望享受生活中美好事物的欲望，是你人生邁步向前的動力。不過，內在的不滿和愛幻想或容易厭倦的傾向，可能會削減你的真實潛力。你要避免永不安定地改變自己的興趣，或依賴他人的眼光而決定自己的價值。只要你能明白愛的力量遠勝過物質和金錢，你就會受到啟發並且有充實的心靈。

在你20歲時，太陽星座推進至獅子座，你會變得更活躍、樂觀和自信。這種影響將持續30年，有助你獲得權位。在50歲太陽星座推進至處女座時，你會變得更有辨別力，希望自己能貢一己之力為他人服務。

■真實的自我

你有洞察力、思維敏銳、機智、善於交往，能很好地與人相處。但由於你非常多才多藝，所以你得明白做事的優先順序。雖然你很聰慧，但若對自己沒有信心，就無法充分發揮你的才能。你要學會專注目標，如此才能避免焦慮不安和猶豫不決，並取得更大的成功。

你對身邊的事物和人都感興趣，這意味著你很受人歡迎，適應力強而且好交際。你渴望與人分享樂趣，所以你總是很慷慨，而且很難拒絕別人的要求。你經常試著以自己的交際手腕和魅力來維護和平。

■工作和職業

你在事業上的專才、人際交往技巧、領導能力和價值觀，都有助你獲得要職。你不喜歡服從命令，尤其適合管理或執行或自主創業。

你的商業才能，讓你在房地產、傳媒或廣告業表現尤其突出。你能洞悉人心，天生充滿同情心，會喜歡治療、諮詢或復健工作。你善於組織，敢於想像，這有助於你從事

任何職業。或者，憑藉你敏銳的頭腦和引人注目的氣質，你會選擇寫作、藝術、戲劇或音樂，做為自我表現的方式。

這一天出生的名人包括作家卡夫卡和赫塞，喜劇演員丹·布朗，和模特兒傑瑞·霍爾。

■數字命理學

情感細膩和渴望融入群體，是2號生日的特點。你適應力強、通情達理，喜歡合作的活動，並在其中與他人互相交流。你很容易受環境的影響，但你具備友善熱心的性格、優秀的社交能力和靈活變通的態度。然而，在試圖取悅他人時，可能會變得依賴別人，所以你要增強自信心，才能克服易被他人言行傷害的傾向。受7月分的部分影響，你觀察敏銳、善於思考，往往是個完美主義者，挑剔而且自私，但有時你可能會過於理性或迷失在細節中。你要學會相信自己的直覺並增加自信心，如此才能虛心接受他人的建言，並避免覺得自己被人誤解。

■愛情和人際關係

你希望能與忠實、聰慧，能給你精神支持的伴侶過簡單的生活。你喜歡聰明而有自知之明的人，並希望藉此提升自己。你具有結合事業和興趣的天賦，能結交有助於你的朋友。因為你的慷慨，朋友總會在你有需要之時前來相助。

■你生命中的特殊之人

為了得到愛情和友誼，你可能需要從出生在以下日期的人中找到合適的人。

◎愛情與友誼：

1月4、11、12、26、28、30日、2月2、9、10、24、26、28日、3月7、8、22、24、26日、4月5、6、20、22、24、30日、5月2、3、4、18、20、22、28、31日、6月1、2、16、18、20、26、29日、7月14、16、18、24、27日、8月12、14、16、22、25日、9月10、12、14、20、23日、10月8、10、12、18、21日、11月6、8、10、16、19日、12月4、6、8、14、17日

◎幸運貴人：

1月3、10、29日、2月1、8、27日、3月6、25日、4月4、23日、5月2、21日、6月19、7月17、30日、8月15、28日、9月13、26日、10月11、24日、11月9、22日、12月7、20日

◎強烈吸引你的人：

1月1、2、3、11日、2月9日、3月7日、4月5日、5月3日、6月1日、12月31日

◎砥礪者：

1月9日、2月7日、3月5、28日、4月3、26日、5月1、24日、6月22日、7月20日、8月18日、9月16日、10月14、30、31日、11月12、28、29日、12月10、26、27日

◎靈魂伴侶：

1月7日、2月5日、3月3日、4月1日、5月29日、6月4、27日、7月25日、8月23日、9月21日、10月19日、11月17日、12月15日

優點：很好的合作夥伴、性情溫和、講究策略、接受力強、直覺敏銳、體貼周到、追求和睦、易於相處、親善大使

缺點：多疑、缺乏自信、膽小、過於敏感、感情用事、易受傷害

太陽星座：巨蟹座
區間：天蠍座／冥王星
角度：巨蟹10°45´-12°
類型：本位星座
元素：水
恆星：天狼星

7月3日

CANCER

　　你的想像力豐富、富於創新並有實踐力，是個有安全意識和感情強烈的巨蟹座。受區間星座天蠍座的部分影響，你是個感情強烈的人道主義者，理想和前途是你人生的要素。然而強烈的物質觀念使你能腳踏實地，而非只是空談。

　　你善於觀察，有很好的眼光，能快速將你的興趣和創造力付諸實踐並因此穫利。你的組織能力和直覺力，讓你具備良好的判斷力和實事求是的精神。但由於你渴望優渥的生活，所以你得避免過度放縱或揮霍無度。

　　慷慨、驕傲、敏感但挑剔且無所不知，這就是別人對你的評價。這表示你會壓抑自己的情感並掩藏自己的真實感受和不安情緒。然而你活潑友善的性格和表達能力，使你非常有說服力。

　　19歲時，太陽星座推進至獅子座，你會變得不那麼害羞或小心翼翼。獅子座的影響有助你獲得自信，並加強你在所從事領域的工作能力。在你49歲時，太陽星座推進至處女座，你會更加務實而且更有辨別力，為他人服務成為生活中的重點。

■真實的自我

　　雖然你善於表達又有創造力，但最大的缺點是會分心在過多的興趣上。這意味著你會猶豫不決和焦慮不安，尤其是金錢問題，可能會削減你的內在潛力。雖然你很幸運，但應該避免投機或致富心切，只要有決心並持之以恆，就一定能成功。通常你很有愛心，並能慷慨奉獻自己的時間和精力。

　　你成功的潛力來自卓越的智力和從大局觀察事物的能力。當你得到鼓勵時，你有組織大型活動和為有意義的目標而奮鬥的能力，你的努力終將讓你受人肯定。

■工作和職業

　　你身居要位時會成為眾人矚目的對象，並且因為你公平公正的態度，使你成為優秀的管理者。你願意服務他人，而且能催生某種改革，能在工會、父母或慈善工作這類組織中擔當領導職位。也有某些壽星可能對教育或公眾或社會利益感興趣。由於你的內在對金錢和價值觀很有概念，你可能會從事商業並有所成就，尤其當你的創造力得以發揮之時，比如成為古董商、廚師、餐廳工作人員、藝術經紀人或管理者。若你渴望展現自己的性情和創造力，進入藝術或娛樂界也是很好的選擇。

　　這天出生的名人演員有湯姆・克魯斯，導演肯・魯塞爾，和劇作家湯姆・斯托帕。

■數字命理學

　　渴望得到愛，有創造力和情感細膩，是3號誕生日具有的特點。你很隨和，是個有趣的夥伴，積極參與友好的社交活動，興趣廣泛。你多才多藝而且渴望表現自己，所以你會不斷尋找各種體驗。但你行事容易厭倦，因此可能變得猶豫不決或同時做太多的工作。儘管出生在3號的你熱情迷人而且幽默，但你得增加自尊心，避免焦慮和其他不安的情緒。私人關係和充滿愛的氛圍對於你非常重要，這是你希望和靈感的來源。受7月分的部分影響，雖然你的直覺力和分析力強，但有時你很多疑。你善於表達，並且能夠巧妙地提問，而不讓別人察覺你的真實目的。

■愛情和人際關係

　　你喜歡有創造力和善於溝通的人，當你能夠與他人輕鬆相處時，你就會找到友誼和愛情。你慷慨驕傲，喜歡表現得自信聰明。由於興趣廣泛，所以你會經歷各種關係。如果你覺得不安，大多是經濟上的擔憂和來自於人際關係的壓力。有時，你會不安分而且難以安定，這意味著你渴望變化；但只要你安定下來，就會十分忠誠體貼。

■你生命中的特殊之人

為了找到理想的伴侶，你可能需要查找出生在以下日期的人。

◎愛情與友誼：

1月13、29日、2月11、27、29日、3月9、25、27日、4月7、23、25日、5月5、21、23、29日、6月3、19、21、27、30日、7月1、17、19、25、28日、8月15、17、23、26日、9月13、15、21、24、10月11、13、19、22、29日、11月9、11、17、20、27、12月7、9、15、18、25日

◎幸運貴人：

1月11、2月9日、3月7日、4月5、29日、5月3、27、31日、6月1、25、29日、7月23、27、31日、8月21、25、29、30日、9月19、23、27、28日、10月17、21、25、26日、11月15、19、23、24日、12月13、17、21、22、28日

◎強烈吸引你的人：

1月1、2、3、4、12日、2月10日、3月8日、4月6日、5月4日、6月2日、12月31日

◎砥礪者：

1月10日、2月8日、3月6、29日、4月4、27日、5月2、25日、6月23日、7月21日、8月19、9月17、10月15、31日、11月13、29、30日、12月11、27、28日

◎靈魂伴侶：

1月18、24日、2月16、22日、3月14、20日、4月12、18日、5月10、16日、6月8、14日、7月6、12日、8月4、10日、9月2、8日、10月6日、11月4日、12月2日

優點：幽默、幸福、友善、成果豐富、有創造力、有藝術才能、能實現願望、熱愛自由、善於表達

缺點：容易厭倦、自負、想像力過於豐富、誇張、沒有愛心、好吹噓、放縱自己、懶惰、虛偽

太陽星座：巨蟹座
區間：冥王星
角度：巨蟹11º30´-13º
類型：本位星座
元素：水
恆星：天狼星、老人星

7月4日

CANCER

你的誕生日往往與成功和決心緊密聯繫。和其他巨蟹座的人一樣，你性格內向、情感細膩、堅忍不拔，有志向。一旦有了真正值得的目標，你願意全力以赴，取得成功和名望。

富有魅力和心態年輕是你天生具有的部分特點。雖然你情緒高昂、機智、風趣，但性格中認真的一面，會促使你立下志向並有所成就。你是物質主義和理想主義的奇特組合，為了得到豐富的成果，你需要確定自己的目標，並在付出的過程中成為負責和成熟的人。

你生性主動，熱愛自由更充滿熱情；你適應力強，擅長社交，注重形象，希望自己能擁有亮麗的外表、喜好裝扮，因此常把錢花在衣服和奢侈品上。你也期望自己生活快樂多變，金錢使用無虞。雖然你想要獨立，但是合作會給你帶來好處和成功。你是個負責任的人，並經常為團隊做出極大的貢獻。

在你18歲之前，你關注家庭、家人和安全。18歲時，太陽星座推進至獅子座，你開始融入群體並變得堅強和自信。在你48歲時，隨著太陽星座推進至處女座，你的生活重心會出現另一次重大改變，你的態度更加實際，而且很可能變得更善於分析、善於觀察和有條理。

■真實的自我

在你的動機和利益之間存在衝突，往往會導致你內心緊張。雖然你有創造力而且技巧純熟，若沒有努力和決心，就算有才能也無法得到發揮。學會做出正確的選擇和決定，是你必須面對及克服的主要困難。天生具備的敏銳直覺和洞察力，能使你聆聽內心深處的聲音，使你受益良多。

如果你能意識到自己的不足，就會了解知識和接受教育是通往成功之路的不二法門。你興趣不少，所以需要加強辨別力並學會專注某個特定目標。

■工作和職業

在事業方面，任何與人交往的活動都會帶給你最大的滿足。你有個人魅力、領導能力和組織能力，這表示你具有登上所從事行業巔峰的潛力。你很可能在銷售、談判或宣傳方面取得成功。另一方面，出版、法律、銀行業或政治方面的工作也很適合你。你還可能從事與家庭用品、食品或看護有關的工作。渴望展現引人注目的熱情，將引導你進

入藝術和娛樂界。保持獨立和雄心壯志會激勵你自主創業。

這一天出生的名人包括演員珍娜・露露布麗和作家霍桑。

■數字命理學

你有充沛的精力，實用的技能和強烈的決心，所以只要努力就一定會成功。出生在4號的你對結構和構成感很有概念，能夠創建實用的體系。你注重安全感，希望為自己和家人建立穩定的基礎。你務實的生活態度，賦予你良好的商業頭腦和獲得財富的能力。作為數字4的人，你很誠實、坦率、公正。不過，你得學會靈活變通，避免固執己見或缺乏應變能力。受7月分的部分影響，你很有自己的理想而且直覺力強，有靈感和創新理念。你既謙虛又自信，要在兩者間取得平衡點，並且要避免易於受他人批評傷害的傾向。這種追求的過程，還暗示你要考慮自己的感受和想法。

■愛情和人際關係

你心態年輕、友好親切、善於交際還有許多興趣。雖然你認識不少人，也很容易交到朋友，但你似乎傾向和有進取精神而且決心堅定的成功人士為友。藉由和朋友交往你還能得到許多好機會；旅行也是你眾多的愛好之一。你還可以從婚姻和合作關係中得到好處，在金錢無虞的狀況下，你會非常美滿幸福。不過，你要仔細選擇可以交往的人，否則幸福的人際關係可能如過眼雲煙。

■你生命中的特殊之人

通過尋找出生在以下日期的人，你可以提高找到合適伴侶的機會。

◎愛情與友誼：

1月6.8.14.23.26.28日、2月4.10.12.21.26日、3月2.10.12.19.22.24日、4月8.14.17.20.22日、5月6.15.16.18.20日、6月4.13.16.18日、7月2.11.14.16.20日、8月9.12.14.22日、9月7.10.12.24日、10月5.8.10.26日、11月3.6.8.28日、12月1.4.6.30日

◎幸運貴人：

1月9.12日、2月7.10日、3月5.8日、4月3.6日、5月1.4日、6月2.30日、7月28日、8月26.30.31日、9月24.28.29日、10月22.26.27日、11月20.24.25日、12月18.22.23.29日

◎強烈吸引你的人：

1月1.2.3.4.5日

◎砥礪者：

1月11.13.29日、2月9.11日、3月7.9.30日、4月5.7.28日、5月3.5.26.31日、6月1.3.24.29日、7月1.22.27日、8月20.25日、9月18.23.30日、10月16.21.28日、11月14.19.26日、12月12.17.24日

◎靈魂伴侶：

1月12.29日、2月10.27日、3月8.25日、4月6.23日、5月4.21日、6月2.19日、7月17日、8月15日、9月13日、10月11日、11月9日、12月7日

優點：能約束自己、穩重、勤奮、有條理、精益求精、善於動手、務實、信任別人、嚴謹

缺點：不穩定、破壞行為、不善交流、壓抑自己、強硬、懶惰、無情、過於節約、專橫、心懷怨恨、嚴厲

太陽星座：巨蟹座
區間：巨蟹座／天蠍座, 月亮／火星
角度：巨蟹12°45´-14°
類型：本位星座
元素：水
恆星：天狼星、老人星

7月5日

CANCER

你積極樂觀，喜愛冒險而且多才多藝，你的誕生日表明你是個直覺力強的巨蟹座，非常渴望成功。雖然你想像力豐富而且有實踐能力，但若沒有耐心和恆心，再好的想法也只是空想。

你具有極好的生意頭腦，是個精明的投資者。受區間星座巨蟹座的影響，你總是尋找方法改變自己的生活；但這也暗示你有過度利用人或事的現實傾向。你常常認為金錢就是力量，雖然沒有錢的確有許多不能，但太過在乎物質利益，會令你錯失領略生命的真諦。

即使你很自律而且勤奮，但你的品味奢華，所以報酬與回饋對你很重要。你是個務實的理想主義者，很有領導能力又有遠見，憑藉這些性格上的優勢，你往往可以將自己的才能商業化，贏得利益。你有遠大的理想，無論從事什麼行業，都希望能把事情做得轟轟烈烈。但這種拓展的需求，表明你內心不安或不滿意於現狀，這會促使你繼續前進。

在你17歲之後，太陽星座推進至獅子座，你的權力欲、創造力和自信心增強，而且你也喜歡冒險。在你47歲時，太陽星座推進至處女座，你會變得更有辨別力和效率；你會對健康問題感到興趣，並希望能服務別人。

■真實的自我

你精神飽滿但情感細膩，有快速評估環境的洞察力和知識。你內心高貴並擁有自豪感，這意味著你不喜歡卑微或缺乏心智挑戰的任務和工作。事實上，促使你得到別人認可和成功的因素，就是你具有的卓越心理素質。

雖然你看起來很有自信，但只有藉由教育和學習，你才會發掘自己最真實的潛力。你慷慨善良，樂於助人，關心別人。你能夠理解智慧的價值，而且可以將你的才能用於人道主義事業上。你有很好的組織能力，渴望保持忙碌，所以你的生活往往豐富多彩而且令人滿意。

■工作和職業

天生的商業才幹、精明的金錢觀念和必要時呈現魅力的能力，會帶給你很多經濟報酬。你更喜歡與社交相關的職業。你不喜歡服從命令，所以位居要職會是你努力的目標。你多才多藝，可以勝任像推銷員、宣傳員或飯店老闆這類工作。同樣地，你還可能

成為成功的企業家、管理者、會計師或銀行家。或者，由於你的哲學感知力，你可能會成為神職人員或研究玄學。因為你知人善任而且公正無私，所以你可能會從事教學、諮詢或利於他人的工作。7月5日壽星中具有創造力的人，很可能成為作家、演員、電影製片人或音樂家。

這一天出生的名人包括電影導演尚‧考克多，音樂家羅比‧羅伯森和霍尼‧路易斯，前法國總統喬治‧龐畢杜。

■數字命理學

你願意探索或嘗試新鮮事物，加上熱情的處事態度，能在生活中得到許多恩賜。旅行和變化，以及一些意外會使你的觀點和信仰發生徹底地改變。出生在5號的你渴望生活充滿刺激。不過，你要加強自己的責任心，避免出人意料和焦躁不安的傾向。數字5的人天生懂得如何順應潮流和保持獨立。受7月分的影響，你很好問聰敏，而且講究實際。通常你很相信自己的直覺，並喜歡自主決定。你任性而且自信，渴望經濟保障。有能力蒐集實用的資訊，並付諸實踐。

■愛情和人際關係

你情感細膩，直覺敏銳，充滿熱情，想以令人印象深刻的方式表達自己的感受。你友善而且有社交力，覺得受人歡迎很重要，對所愛之人很忠誠慷慨。但是，你希望得到生活中最美好的事物，這暗示你會變得過分放縱，尤其是在嘗試以物質彌補不滿情緒時。你偏愛與成功、有權勢、有魅力與影響力的人來往，特別是與那些有助你成功的人為友。

■你生命中的特殊之人

為了得到愛情和友誼，你可能需要尋找出生在以下日期的人。

◎愛情與友誼：

1月6、15、29、31日、2月4、13、27、29日、3月2、11、25、27、4月9、23、25日、5月7、21、33日、6月5、19、21日、7月3、17、19、30日、8月1、15、17、28日、9月13、15、26日、10月11、13、24日、11月9、11、22、12月7、9、20日

◎幸運貴人：

1月13、15、19日、2月11、13、17、3月9、11、15日、4月7、9、13、5月5、7、11日、6月3、5、9、7月1、3、7、29日、8月1、5、27、31日、9月3、25、29、10月1、23、27日、11月21、25、12月19、25日

◎強烈吸引你的人：

1月2、3、4、5、6日、5月30日、6月28日、7月26日、8月24日、9月22日、10月20日、11月18日、12月16日

◎砥礪者：

1月12日、2月10日、3月8日、4月6日、5月4日、6月2日、8月31日、9月29日、10月27、29、30日、11月25、27、28日、12月23、25、26、30日

◎靈魂伴侶：

1月2、28日、2月26日、3月24日、4月22日、5月20日、6月18日、7月16日、8月14日、9月12日、10月10日、11月8日、12月6日

優點：多才多藝、適應力強、追求進步、直覺力強、富有魅力、運氣好、勇敢、熱愛自由、敏捷機智、好奇心強、高深莫測、善於交際

缺點：不可信賴、變化無常、反覆無常、不可靠、過於自信、任性

太陽星座：巨蟹座
區間：天蠍座/冥王星,月亮/火星
角度：巨蟹13º30´-15º30´
類型：本位星座
元素：水
恆星：天狼星、老人星

7月6日

CANCER

這天出生的人，慷慨大方、仁慈博愛、思想開明是其特徵。你生性快樂，熱愛自由，引人注目，備受歡迎。但是否能成功取決於你如何看待自己。巨蟹座的你很敏感，充滿理想、直覺敏銳、幽默、諷刺力強。但是有時會太過嚴肅或興奮，需要學會保持超然的態度。

受巨蟹座的影響，你是個極端的人。若能嘗試改變自己急躁放縱的性格，就能大幅度地減輕失望和不確定感。這說明你有能力培養和諧的生活態度從而避免挫折和失望。

採取負責的態度並學會珍惜機會，將激發你發掘自己真正的潛力。雖然你比較大而化之，在熱情的驅使下，你可能會忽略細微但很重要的細節。這說明只要你細緻深入或有條不紊，將大大提高成功的希望。

16歲時，太陽星座推進至獅子座，從此敏感將不再成為你的煩惱，你的生活態度將變得更大膽和有自信。46歲時，你的太陽星座推進至處女座，你會更關注身體健康，變得嚴謹而有辨別力。

■真實的自我

儘管自我價值觀良好，但即時享樂的態度，或對物質條件的不滿足感，可能會令你不安。當環境死氣沉沉，沒有進步的空間時，你會希望旅行，尋找新契機。

自傲、引人注目，你很在意外表並希望塑造出令人喜歡的形象。雖然你有賺錢的本事，但你的慷慨大方和仁慈憐憫使你花錢的速度比賺錢還快。學會理財是你邁向成功的第一步。然而你天生就是個優秀的企業家或鬥士，你將擁有很多令人羨慕的機會，冥冥之中自有安排。

■工作和職業

你是多愁善感和眼光聰慧的有趣結合體，憑藉磨練和決心，你能在自己選擇的事業上獲得成功。你具備領導能力，希望被授以要職或者至少有按自己方式工作的自由，比方說教學、演講或自主創業。身為優秀的評估者，你會發現你天性中講究實用的一面會把你吸引到房地產、金融、商業或股票市場這行。這一天出生的人也可能在演藝界和藝術方面成功。或者，你博愛的個性會把你吸引到慈善工作、形象設計、醫療業務或公益活動等職業。

在這一天出生的名人有達賴喇嘛，畫家弗里達·卡洛，演員席維斯·史特龍，珍妮

特‧利,前總統夫人南茜‧雷根和音樂家比爾‧海利。

■數字命理學

出生在6號的人有同情心,有理想,關心別人。你是個預言家或人道主義者,負責、充滿愛心並支持別人。雖然你很世俗且以事業為重,但你也很居家且是個盡職盡責的家長。你內心的敏感需要找到獨特的表達方式,所以你會對娛樂、藝術界和設計行業感興趣。一些6號出生壽星的缺點是需要增加自信或提升威望。受7月分的影響,你想要擁有自己獨特的風格或獨立自主以及自主創新。你是個完美主義者,因此你很挑剔;但千萬別固執己見或難以溝通。如果你對批判過於敏感,你可能會覺得被誤解。

■愛情和人際關係

你很容易吸引那些能給予你精神鼓勵的人,經常接觸挑戰智力的活動。你機智敏捷,很有幽默感,是天生的演員和幽默家。雖然你很友善且愛交際,但是一旦潛在的不安全因素出現,你往往會以爭辯的態度去解決問題。這一點會導致你和親密的人關係出現問題。還好你的溝通能力會稍微緩和這種局勢。

■你生命中的特殊之人

從出生在以下日期的人中,你可能更容易找到生命中的特殊之人。

◎愛情與友誼:
1月6.16日、2月4.14日、3月2.12.28.30日、4月10.26.28日、5月8.24.26.30日、6月6.22.27.28日、7月4.20.22.26.31日、8月2.18.20.24.29日、9月16.18.22.27日、10月14.16.20.25日、11月12.14.18.23日、12月10.12.16.21日

◎幸運貴人:
1月9.14.16日、2月7.12.14日、3月5.10.12日、4月3.8.10、5月1.6.8日、6月4.6、7月2.4日、8月2日、9月30、10月28日、11月26.30日、12月24.28.29日

◎強烈吸引你的人:
1月3.4.5.6.7.21日、2月19日、3月17日、4月15日、5月13日、6月11日、7月9日、8月7日、9月5日、10月3日、11月1日

◎砥礪者:
1月4.13.28日、2月2.11.26日、3月9.24日、4月7.22日、5月5.20日、6月3.18日、7月1.16日、8月14日、9月12日、10月10.31日、11月8.29日、12月6.27日

◎靈魂伴侶:
1月15.22日、2月13.20日、3月11.18日、4月9.16日、5月7.14日、6月5.12日、7月3.10日、8月1.8日、9月6日、10月4日、11月2日

優點:處世老練、廣結情誼、友善、富有同情心、可信賴、善解人意、體諒別人、充滿想像、顧家、博愛、鎮定、有藝術才能、有條不紊

缺點:不安分、焦慮、羞怯、固執、直言不諱、不和睦、缺乏責任心、易猜疑、憤世嫉俗、以自我中心

太陽星座：巨蟹座
區間：天蠍座／冥王星
角度：巨蟹14°30´-16°30´
類型：本位星座
元素：水
恆星：天狼星、老人星

7月7日

CANCER

巨蟹座

　　意志堅強，有決心毅力和成果豐富是這個誕生日具有的部分特點。巨蟹座的你直覺敏銳、想像力豐富，但由於你的價值觀念和物質主義傾向，使得經濟保障成為你行事的考量。

　　受區間星座天蠍座的影響，你希望自己有影響力，熱衷權力或喜歡位居主導，但你得避免過於專制。你勤奮有魄力，組織能力良好，具有良好的商業頭腦和務實的態度。儘管你觀念保守，道德觀也高，但你仍希望在物質和社交方面取得成功。

　　你很有自己的個性，不喜歡服從命令；懂得維護自己的道德標準和行為準則，但你要避免過於固執己見。學會與人合作能令你有所收穫，憑藉著培養社交能力，還能加強你的說服力。

　　15歲時，太陽星座推進至獅子座，此後的30年，你的生活態度將變得更自信。在你45歲時，太陽星座推進至處女座，你的生活重心會有所轉變，你的分析力和辨別力會變得更好。在你75歲時，太陽星座推進至天秤座，你希望自己所處的環境更和睦美好。

■真實的自我

　　你是個精明且善於觀察的人，能迅速掌握資訊也能注重細節。所以能將你的才能轉化為本錢，並做出明智的投資。直覺力、智慧和知識是你的天賦，但要發揮你傑出的潛力，還需要能約束自己。你直覺敏銳，但有時也會不信任別人或可能懷疑自己。你喜歡與他人鬥智，這能使你敏捷的頭腦隨時都有反應並保持清醒。

　　你很驕傲而且內心有種尊貴感，這意味著你不喜歡失敗。但偶爾你也會過於任性，此時就需要增強耐心或聽從他人建議。你天生積極主動，這將激勵你充滿鬥志，而且有助於你在創造性領域有所成就。

■工作和職業

　　你直覺敏銳，思維敏銳，勤奮，具有到達你所從事領域巔峰的潛力。你目標明確而且辦事有條不紊，所以你不會浪費時間，總是直接朝著目標前進。你喜歡權力、有條理而且高效率，所以能在商業方面取得成功，尤其是成為管理者、業務主管或指導者。你還很可能在銷售、談判或出版行業取得成就。同樣地，你可以在廣告、法律或銀行業表現出眾。或者，因為你渴望表現自己而且喜歡引人注目，所以可能進入藝術或娛樂界。你不喜歡服從他人命令而且非常獨立，自主創業或派遣任務給他人，會是你喜歡的工作

模式。

這一天出生的名人包括設計師皮爾·卡登，音樂家林格·史塔爾，電影演員謝利·杜瓦爾，畫家馬爾克·夏卡爾，和作曲家馬勒。

■數字命理學

出生在7號的你分析力強，考慮周到；非常喜歡自主決定，並往往能從個人經驗中學習。你不斷追尋內在的自我，喜歡蒐集資訊，有可能對閱讀、寫作或宗教感興趣。有時你會對他人的批評過於敏感，並且覺得被人誤解。你可能態度神祕，在問問題時經常拐彎抹角。受7月分的部分影響，你有個性又自傲。雖然你很務實、勤奮而且獨立，但你可能對事情缺乏耐心而且容易厭倦。一方面，你會受人牽制並且易受他人影響；但有時，你能獨立思考可是卻多疑。你會在兩者間徘徊不定。你渴望成功和金錢，這種欲望會促使你學習新技能。藉由增強溝通能力，你能清楚地表達自己的想法。

■愛情和人際關係

雖然你很友善而且善於交際，但是在人際關係方面卻顯得優柔寡斷。你很容易吸引異性，所以得謹防在愛情生活中變得過於刻薄或多情。你願意將一切事物給你所愛之人，所以你更要仔細挑選合適的伴侶。如果你覺得焦慮不安，音樂將是你鎮定心神的良藥。

■你生命中的特殊之人

從出生在以下日期的人中，你更容易找到合適的伴侶。

◎愛情與友誼：

1月7.17.20日、2月5.15.18日、3月3.13.16.29.31日、4月1.11.14.27.29日、5月9.12.25.27日、6月7.10.23.25日、7月5.8.21.23日、8月3.6.19.21日、9月1.4.17.19日、10月2.15.17日、11月13.15.30日、12月11.13.28日

◎幸運貴人：

1月15.17.28日、2月13.15.26日、3月11.13.24日、4月9.11.22日、5月7.9.20日、6月5.7.18日、7月3.5.16日、8月1.3.14日、9月1.12日、10月10.29日、11月8.27日、12月6.25日

◎強烈吸引你的人：

1月4.5.6.7.8日、2月3日、3月1日

◎砥礪者：

1月4.5.14日、2月2.3.12日、3月1.10日、4月8.30日、5月6.28日、6月4.26日、7月2.24日、8月22日、9月20日、10月18日、11月16日、12月14日

◎靈魂伴侶：

1月2日、3月29日、4月27日、5月25日、6月23日、7月21日、8月19日、9月17日、10月15日、11月13日、12月11日

優點：信任別人、一絲不苟、理想主義、誠實、有超能力、科學、理性、善於思考

缺點：有所隱瞞、不誠實、不友好、神祕兮兮、多疑、思維混亂、過於無情

太陽星座：巨蟹座
區間：天蠍座 / 冥王星
角度：巨蟹15º30´-17º
類型：本位星座
元素：水
恆星：天狼星、老人星

7月8日

CANCER

　　你有理想與魅力，注重實際並且技巧嫻熟，你的誕生日表明你是個接受力強而且勤奮的人。通常你的溫文和防衛的性格會掩蓋你內心的不安和野心。巨蟹座的你很感性仁慈，對於他人的困難總是能感同身受。你希望保護你關心的人，但是要避免為了他人而犧牲自己。

　　受區間星座天蠍座的部分影響，你擇善固執具有強大的內在力量，能使你度過危機。你執著、有魄力、有組織能力，具有良好的商業頭腦和務實的態度。雖然你熱衷權力或喜歡位居主導地位，但性格中善良負責的一面使你非常體貼。

　　你的誕生日具有物質主義的特點，這說明經濟保障是你做決定時考慮的重要因素。你觀念保守而且有很好的道德品質，能在物質和社交方面有所成果。然而你熱切地想表達自己的情感，將促使你發揮自己的創造才能。

　　14歲之前，多愁善感和重視安全感問題深深地影響著你。在你14歲時，太陽星座推進至獅子座，你將能更有自信地展現自己的才能和技巧。在你44歲時太陽星座推進至處女座，現實的因素變得更重要，你的效率、能力和組織能力能得到提升。74歲時，太陽星座推進至天秤座，你的生活重心將再次改變，和睦、平衡和人際關係變得重要。

■真實的自我

　　因為你懂得在生活中重視自己的感覺，並能意識到自己的感覺和他人的需求一樣重要，你的自信心會因此增強。這可以防止你因他人或環境而覺得失望或沮喪，因為你可以保持獨立，不必承受他人的期望。

　　雖然你好交際、主動，有崇高的理想和品德，但你的個性可能會比較極端。這暗示你很容易有時輕鬆愉快、慷慨大方而且積極主動，而有時卻變得挑剔嚴肅。藉由找到物質和精神之間的平衡點，並且不再需要依賴別人的讚揚而活，你就會找到內心中愛的力量，幫助你戰勝所有的困難。

■工作和職業

　　天生的社交能力有助於你在所有與人來往的職業中有出色的表現，你特別擅長將事業與樂趣合而為一。你引人注目，渴望表現自己，所以你可能喜歡藝術、戲劇或音樂方面的工作。你擁有不錯的生意頭腦，渴望能自由地按自己的方式工作。你很勤奮，能夠升至權要地位，也或許你希望能自行創業。你天生體貼仁慈，能在諸如教學、諮詢或兒

童工作中表現傑出。或者，你還可能喜歡造福大眾的工作。

這一天出生的名人包括女星安潔莉卡‧休斯頓，工業家約翰‧D‧洛克菲勒，喜劇演員馬蒂‧費爾德曼，占星家艾倫‧李奧，演員凱文‧貝肯，和作家瑪麗安‧威廉森。

■數字命理學

數字8表示你具有雄心壯志，渴望獲得偉大成就。這個誕生日還表示你希望得到統治權、安全感和物質財富。作為數字8的人，天生具有商業頭腦，若能增強你的組織和行政能力會使你受益匪淺。如果能夠吃苦耐勞，你通常會被委以重任。不過，你得學會公平公正地管理和分配你的權力。你非常渴望得到安全感或安定感，這會促使你規畫長遠的計畫和投資。受7月分的部分影響，你敏捷熱情，富有魅力。你最大財富是你的直覺力，以及能將理論與實際快速聯繫的學習能力。你有志向但情緒變化不定，直覺力強，能夠察覺到機遇，但如果缺少計畫，你會失去興趣甚至放棄機會。

■愛情和人際關係

你體貼無私，對你喜愛和仰慕的人來說，你是個盡職盡責的夥伴和朋友。你渴望安定，這意味著你願意為愛做出犧牲。你往往會和來自不同年齡層或背景的人建立穩定的關係。你渴望受人歡迎，這表示你有很多朋友而且和其他家庭成員關係密切。

■你生命中的特殊之人

如果你想尋找理想的伴侶，從出生在以下日期的人中，你找到的機會會更大。

◎愛情與友誼：

1月4、8、18、19、23日、2月2、6、16、17、21日、3月4、14、15、19、28、30日、4月2、12、13、17、26、28、30日、5月10、11、15、24、26、28日、6月8、9、13、22、24、26日、7月6、7、11、20、22、24、30日、8月4、5、9、18、20、22、28日、9月2、3、7、16、18、20、26日、10月1、5、14、16、18、24日、11月3、12、14、16、22日、12月1、10、12、14、20日

◎幸運貴人：

1月5、16、27日、2月3、14、25日、3月1、12、23日、4月10、21日、5月8、19日、6月6、17日、7月4、15日、8月2、13日、9月11日、10月9、30日、11月7、28日、12月5、26、30日

◎強烈吸引你的人：

1月5、6、7、8、9、17日、2月15日、3月13日、4月11日、5月9日、6月7日、7月5日、8月3日、9月1日

◎砥礪者：

1月1、10、15日、2月8、13日、3月6、11日、4月4、9日、5月2、7日、6月5日、7月3、29日、8月1、27日、9月25日、10月23日、11月21日、12月19、29日

◎靈魂伴侶：

8月30日、9月28日、10月26日、11月24日、12月22日

優點：有領導能力、細緻深入、勤奮、傳統、能保護別人、有治療能力、善於判斷價值觀念

缺點：沒有耐心、浪費、不夠寬容、過度勞累、專制、容易受挫、缺少計畫、控制欲強

太陽星座：巨蟹座
區間：天蠍座／冥王星
角度：巨蟹16º30´-17º30´
類型：本位星座
元素：水
恆星：老人星、天樽二

7月9日

CANCER

　　你有自信又有社交力，具備人際交往的天賦，很容易交到朋友。雖然你很外向，但你的生日表明你是個心思細膩而且感情豐富的人。你具有洞察力、直覺力和強烈的正義感，希望表達自己的想法，而且往往堅持自己的信念。當你為了自己的理想和為他人利益奮鬥時，你仁慈的性格表露無遺。

　　因為你堅定果斷而且渴望和睦的環境，所以你不會破壞良好的現狀。無論和家人或和朋友在一起，為了取悅他們，有時你被迫得做出重大犧牲。

　　只要能無怨無悔，你就會發現自己的善舉會得到倍數的回報。但別讓自己做個「沒有聲音的人」，過分壓抑自己反而會導致情緒爆發。在生活中建立穩定的基礎，即使你在尚未了解自己的能力時就想賺錢，也要知道一步一腳印的重要。

　　你具有豐富的想像力，你要將自己的思想轉化成有意義的事，而非讓它們成為焦慮不安的情緒。在你最佳狀態下，你風趣可愛、慷慨大方、善於交際，有很好的幽默感。

　　在你13歲時，太陽星座推進至獅子座，你開始變得果敢而且更有自信地展示自己的才能和技巧。43歲時，太陽星座推進至處女座，你的生活重心將有所轉移，令你變得更具辨別力，務實而且追求完美。在你73歲時，太陽星座推進至天秤座，夥伴關係和其他人際關係，在生活中變得更加重要。

■真實的自我

　　你的疑心或沮喪情緒會使你無法專心在自己積極的目標上，但是藉由忍耐，你就會堅定自己的意志，如此才不會受環境控制而是控制環境。藉由挑戰自己達到更好的狀況，你會取得令自己驚訝的成就。

　　你的敏感和想像力使你能設身處地為人著想，並因此有著理解人性的非凡才能。但是，為了獲得你想要的能力和目標，你還需要以獨特的形式自我表現。你富於創新而且直覺力強，能夠找到許多發揮才能的途徑。

■工作和職業

　　你具有處理人際關係的天賦和天生為人著想的能力，所以適合公共事務。你對人性、公益活動和社會狀況感興趣，所以可能從事治療工作、法律、社會工作或諮詢。這個誕生日表示你還可能在銷售和宣傳方面成功。你敢於直言，能成為演說家；你善於表達，可能會希望成為作家。或者，你的想像力能藉由商業或藝術類職業表現出來，比如

戲劇、藝術、設計或出版行業。勇於創新的一面會使你特別喜歡與居家有關的工作，比如室內設計。

這一天出生的名人包括演員湯姆‧漢克斯和理查‧朗德利，藝術家大衛‧霍克尼，作家芭芭拉‧卡特蘭德。

■數字命理學

仁慈、有同情心和多愁善感都是9號誕生日的特點，你具有較強的直覺力和第六感，所以對任何事物都有包容力；如果這一點能得到積極引導，將會激勵你去尋求一條精神之路。出生在9號的你往往覺得生活已經為你安排好一切，所以你沒有太多自主的空間。你得增強理解力、寬容和耐心，並且學會更無私。你要學會相信自己的直覺，避免對自己的命運不滿。成功來自堅持不懈和樂觀的態度。受7月分的部分影響，你很內向，考慮周到，敏感而且渴望獲得滿足感。身為人道主義者，有時在面對表達自己的需求和對他人的責任之間的衝突時，你會覺得內心緊張。你需要學會平衡自己過於自信和多疑不安。

■愛情和人際關係

你是個忠實可靠的朋友，並且憑藉天生的魅力，你會受許多朋友的喜歡。你對人際關係抱有很高的期望，而且你經常為所愛之人付出，但是你本身也需要愛和賞識。你能夠吸引各種生活閱歷的人，所以你有必要培養一定的辨別力。雖然人際交往和婚姻對於你來說很重要，但是獲得物質保障才是你的先決條件。

■你生命中的特殊之人

為了得到愛情和幸福，你需要在出生於以下日期的人中尋找一個伴侶。

◎愛情與友誼：

1月5.9.18.19日、2月3.7.16.17日、3月1.5.14.15.31日、4月3.12.13.29日、5月1.10.11.27.29日、6月8.9.25.27日、7月6.7.23.25.31日、8月4.5.21.23.29日、9月2.3.19.21.27.30日、10月1.17.19.25.28日、12月13.15.21.24日

◎幸運貴人：

1月1.6.17日、2月4.15日、3月2.13日、4月11日、5月9日、6月7日、7月5日、8月3日、9月1日、10月31日、11月29日、12月27日

◎強烈吸引你的人：

1月6.7.8.9日

◎砥礪者：

1月2.16日、2月14日、3月12日、4月10日、5月8日、6月6日、7月4日、8月2日、12月30日

◎靈魂伴侶：

1月11.31日、2月9.29日、3月7.27日、4月5.25日、5月3.23日、6月1.21日、7月19日、8月17日、9月15日、10月13日、11月11日、12月9日

優點：理想主義、有創造力、敏感、慷慨、有魅力、有詩人的特質、慈善、樂善好施、客觀、運氣好、受人歡迎

缺點：沮喪、神經緊張、孤立、沒有把握、自私、不切實際、容易受牽制、焦慮不安、孤僻

太陽星座：巨蟹座
區間：天蠍座 / 冥王星
角度：巨蟹17º30´-18º30´
類型：本位星座
元素：水
恆星：老人星、天樽二、北河二

7月10日

CANCER

你有志向，變化無常，喜歡思考，性格內向，是個活躍的巨蟹座。生活有很多等待你發現的事物，因為你希望在安定下來之前，經歷各種人生體驗。

動力和恆心是你成功的關鍵。受區間星座天蠍座的部分影響，你充滿決心和幹勁，而且在你尋求更美好的前途時，你很可能拋開過去並完全重新開始。這種內在的不安分特點表明你會保持活躍與變化，避免生活單調乏味。不過，為了安全起見，長遠的計畫或投資可以帶來內心的平靜。

你有個性，聰明，能在經驗中快速學習。你多才多藝，情感細膩，你的直覺準確，有助於你發掘新的可能性。你很自信而且熱愛自由，往往會有國外旅行和工作的機會。保持開明和樂觀，你終會明白，就算第一次失敗，只要努力永遠有機會。

在你12歲時，太陽星座推進至獅子座，你的力量和創造力會增強，將使你在與人交往中更有自信。42歲時，太陽星座推進至處女座，你變得更加務實且更有分析能力，並且在你所有的關係中變得更有條理和辨別力。72歲時太陽星座推進至天秤座時，你的思考觀點改變，你將變得更關注與他人的關係。你還可能尋求更多的和睦和平衡，或增強藝術與文學方面的潛在興趣。

■真實的自我

你多才多藝，適應力及學習能力強，但有時會缺乏信心或懷疑自己的能力。這些都是多想的，因為你具有高度的創新精神並擁有以寬廣客觀的方式看待生活的能力。你性格之中比較人道主義的一面，使你能夠回顧身邊的問題，並得出更普遍的看法。

你得明白責任感會給你帶來可靠的回報，所以你需要投身真正感興趣的事業。如果你不確定經濟狀況，就會有不必要的焦慮或沮喪，而造成你能成功的優勢。你應該避免走捷徑，一步步地建設安全和無憂無慮的未來。

■工作和職業

天生具有的社交能力，是你能成功的優勢。雖然你非常愛家與戀家，但你渴望變化，所以你可能從事不必遵循常規的工作。在理想狀況下，如果你能同時運用自己的實踐力和想像力，就能成為演員、攝影師、藝術家或音樂家，並取得更好的成果。但你的職業經濟報酬若不高，你就不會堅持太久。你可能特別喜歡需要旅行的工作。不然，你可能會喜歡諮詢或治療行業，在這些行業中你會憑直覺辦事。你渴望有行動力，所以你

還可以進入體育界。

這一天出生的名人包括作家普魯斯特，畫家惠斯特，畢沙羅和基里訶，宗教改革家家約翰・喀爾文。

■數字命理學

出生在10號的你非常渴望樹立個人威望並取得成功。你勇於創新，自信又有抱負。你精力充沛而且有創造力，能夠堅持自己的信念，即使這些信念不同於別人。你的開創精神會激勵你遠行或獨自生活。出生在10號的你需要明白世界並非圍繞著你轉，你應該避免自私和專橫。成功和成就很重要，而且你能找到通往事業巔峰的途徑。因為這牽涉到的是大事業，所以你可能不太顧家。受7月分的部分影響，你很好問而且考慮周到。你喜歡自主決定，討厭別人的干涉。你能從個人經驗中學到許多，而且你會發現採取負責成熟的態度才是成功的關鍵。

■愛情和人際關係

你很敏感、友善、聰慧，需要能給予精神鼓勵的人陪伴。你喜歡有魄力並能了解自己的想法，或獨立有抱負的人。有時你比較內向，而且喜歡有聰明的表現。你善於觀察、領悟力也好，但是如果你想維持關係，得避免過於挑剔。

優點：有領導能力、有創造力、追求進步、有魄力、樂觀、信念堅定、有競爭意識、獨立、善於交際

缺點：專橫、好嫉妒、自我、過於驕傲、有對立情緒、缺少約束、自私、軟弱、優柔寡斷、沒有耐心

■你生命中的特殊之人

如果你正在尋找合適的伴侶，你可能會和出生在以下日期的人建立更穩定的愛情和友誼。

◎愛情與友誼：

1月6、10、20、29日、2月4、8、18、27日、3月2、6、16、25、28、30日、4月14、23、26、28、30日、5月2、12、21、24、26、28、30日、6月10、19、22、24、26、28日、7月8、17、20、22、24、26日、8月6、15、18、20、22、24日、9月4、13、16、18、20、22日、10月2、11、14、16、18、20日、11月9、12、14、16、18日、12月7、10、12、14、16日

◎幸運貴人：

1月7、13、18、28日、2月5、11、16、26日、3月3、9、14、24日、4月1、7、12、22日、5月5、10、20日、6月3、8、18日、7月1、6、16日、8月4、14日、9月2、12、30日、10月10、28日、11月8、26、30日、12月6、24、28日

◎強烈吸引你的人：

1月7、8、9、10、25日、2月23日、3月21日、4月19日、5月17日、6月15日、7月13日、8月11日、9月9日、10月7日、11月5日、12月3日

◎砥礪者：

1月3、17日、2月1、15日、3月13日、4月11日、5月9、30日、6月7、28日、7月5、26、29日、8月3、24、27日、9月1、22、25日、10月20、23日、11月18、21日、12月16、19日

◎靈魂伴侶：

1月18日、2月16日、3月14日、4月12日、5月10、29日、6月8、27日、7月6、25日、8月4、23日、9月2、21日、10月19日、11月17日、12月15日

太陽星座：	巨蟹座
區間：	天蠍座／冥王星
角度：	巨蟹18°30´-19°30´
類型：	本位星座
元素：	水
恆星：	北河二、天樽二、五諸侯三

7月11日

CANCER

實踐技能、成果豐碩和渴望安全是這個誕生日具有的特點。巨蟹座的你敏感、想像力豐富、有魄力、決心堅定。你接受能力強，對形式和結構具有獨到見解，能綜合運用你的實用技巧和藝術才能。你能夠建立一個有效率的體系，發揮天生的技術、組織和商業能力。

受區間星座天蠍座的部分影響，雖然你很明智務實，但你必須學會相信自己的強烈直覺或第一印象，並要意識到自己的強大潛力。你效率高並具有實事求是的態度，這暗示你很直率。不過，你得克制不耐煩或固執的傾向。

你財運不錯，就算財務上有所欠缺，困難往往也是暫時的。雖然你的經濟前景可觀，但你非常注重工作，這暗示憑藉著恆心和專注，你能善用很多有利的機會。

你有能力把工作做好，並以自己的工作自豪；而且你是個完美主義者，比較節約，有強烈的責任感，許多事情都取決於你的自制力。

在你11歲之後的30年，太陽星座落在獅子座。受此影響，你的自信心和創造力逐漸提高。在你41歲時，太陽星座推進至處女座，你會變得更有耐心和分析力，會為他人提供有益實質的服務。在你71歲時太陽星座推進至天秤座，受此影響，你會更注重你的人際關係並對和睦和美更感興趣。

■真實的自我

雖然保持穩定是你的主要目標之一，但你內心的不安會促使你尋找新的希望和機會。你可能對許多事不滿，藉著增強耐心或找到內心的和諧，你將能克服這些問題。如果你意識不到自己對行動和冒險的渴望，就可能會逃避現實。

你可能在遭受不順後能找到新的機會，可能包含改變住所或去新地方旅行。因為你追求完美而且多才多藝，並能運用你的技能在任何你從事的領域做出優秀的成果。你可以憑藉強烈的直覺判斷事物，並成功地將運用在日常生活中。

■工作和職業

因為你的想像力豐富而且講究實際，所以你需要制定實現理想的計畫。在商業方面，你非常適合在銀行業、法律或國外業務方面為他人理財。同樣地，你可以在銷售行業成功，尤其是處理家庭用品。你對人際交往感興趣，所以你能勝任宣傳和公共關係方面的工作。你還善於動手實踐，這種靈巧的特點可以用於手工藝、木工業或廚藝上。你

注重形象，感性，而且有創造力，你更喜歡藝術、設計、音樂或戲劇方面的工作。這個誕生日通常還表示你在事業上會有很好的機遇。

這一天出生的名人包括演員尤伯連納，女演員瑟拉・沃德，前美國總統約翰・昆西・亞當斯，和時尚設計師喬治・亞曼尼。

■數字命理學

數字11具有獨特的搖擺不定的特點，這意味著理想、靈感和創新對於你來說非常重要。雖然你直覺力強，但你可能會分散精力，你需要找到一個能專心的目標。通常你很有才華又充滿活力，但是要避免變得過於焦慮不安或不切實際。你既謙虛又有自信，所以你也要在物質和精神之間找到平衡。受7月分的部分影響，你雖然內向，但卻有決心毅力與抱負。你得加強對人的體諒、寬容和耐心並學會更無私。你渴望得到權力和認可，但需要加強自己分析能力。

■愛情和人際關係

你很浪漫，敏感，能付出很多愛。如果你強烈的感情找不到積極的發洩途徑，就會變得情緒波動。你很理想主義而且想像力豐富，對愛情有很高的期望，希望能找到稱職的伴侶。你一旦受到束縛，誕生日具有的焦躁不安特點就會表現出來，所以保持活躍的生活態度，是你獲得幸福和滿足感的先決條件。

■你生命中的特殊之人

從出生在以下日期的人中。你可能更容易找到你的真愛。

◎愛情與友誼：
1月7、11、22日、2月5、9、20日、3月3、7、18、31日、4月1、5、16、29日、5月2、14、27、29日、6月1、12、25、27日、7月10、23、25日、8月8、21、23、31日、9月6、19、21、29日、10月4、17、19、27、30日、11月2、15、17、25、28日、12月13、15、23、26日

◎幸運貴人：
1月8、14、19日、2月6、12、17日、3月4、10、15日、4月2、8、13日、5月6、11日、6月4、9日、7月2、7日、8月5、9、3日、10月1、29日、11月27日、12月25、29日

◎強烈吸引你的人：
1月8、9、10、11日

◎砥礪者：
1月9、18、20日、2月7、16、18日、3月5、14、16日、4月3、12、14日、5月1、10、12日、6月8、10日、7月6、8、29日、8月4、6、27日、9月2、4、25日、10月2、23日、11月21日、12月19日

◎靈魂伴侶：
1月9日、2月7日、3月5日、4月3日、5月1日、10月30日、11月28日、12月26日

優點：追求平衡、專注、客觀、熱情、富有靈感、追求精神層面、理想主義、聰慧、外向、勇於創新、有藝術才能、人道主義、有超能力

缺點：過多的優越感、毫無目標、過於多情、易受傷害、神經高度緊張、自私、缺乏條理、專制

太陽星座：巨蟹座
區間：雙魚座／海王星
角度：巨蟹19º30´-20º30´
類型：本位星座
元素：水
恆星：北河二、天樽二、五諸侯三

7月12日

CANCER

有創造力、進取精神、實用技能和本能的洞察力，這些都是這個誕生日具有的特點。身爲巨蟹座的人，你想像力豐富並有理想，同時具備天生的商業頭腦和表達獨特新穎觀點的能力，這意味著你是個思想客觀的人。但是這種客觀性會受到你優柔寡斷或出人意料的性格威脅。

受區間星座雙魚座的部分影響，你接受力強，而且你很容易吸收周圍環境的影響。這種影響還意味著你情緒易變，因此需要一個和睦的環境。

你經常因爲金錢問題而擔心和焦慮，這令你無法找到有效解決問題的方法，然而你的靈感和明智的態度，往往使你在需要創新的情況下占有優勢。

你是個完美主義者，細緻深入及專注的態度，使你能快速想到點子和方法，並且憑藉你的社交技巧，你總是令人覺得輕鬆愉快和友善。

樂觀的人生態度是你幸福的基本。你要避免消沉，將注意力集中在手頭上的事物，而非慌張倉促，導致精力分散。

在你10歲時，太陽星座推進至獅子座，你的力量、創造力和自我表達能力會因此提升。直到你40歲時，太陽星座推進至處女座，你將變得更務實而且更有識別力。在你70歲時，太陽星座推進至天秤座，你會更著重人際關係的經營以及生命的和睦與平衡。

■眞實的自我

你的很多事業都是圍繞著家庭和家庭責任展開的。這種家庭意識能追溯到對地球的關心，畢竟你是名副其實的人道主義者。你的感覺敏銳強烈，能從混沌中理出頭緒。有時你覺得目標難以實現，但基本上你有取得傑出成就的獻身精神和能力。

表面上你看起來自信能幹，但內心深處其實極其敏感脆弱。你渴望內心平靜，你可能會藉由研究玄學或宗教獲得內心平靜。或者，你非常有創造力，渴望表現自己的情感。你具有高尚的道德，樂於助人並能爲了自己信奉的事業而奮鬥。

■工作和職業

你具有勇於創新的生活態度，這可以體現在寫作或藝術方面；而你天生的社交力，也能表現在商業方面。你精明的經商能力，使你可以從事銀行業或房地產。你聰明的頭腦和溝通技能，更顯示你有成功的潛力；但切記要避免精力分散或太過多疑。你富有哲理和人道主義的性格，能令你在像牧師或慈善工作或慈善家此類事業中獲得滿足。如果

你一直待在同一個行業,你就會尋找變化或改善工作方式。

這一天出生的名人包括演員和製片人比爾・寇斯比,藝術家阿梅迪奧・莫迪里阿尼,和發明家兼理論家巴克明斯特・富勒。

■數字命理學

12號誕生日意味著你渴望建立真正的個性。通常你直覺力強,樂於助人,友好親切,具有很強的推理能力。你勇於革新,通情達理,情感細膩,還懂得運用策略和合作來實現自己的目標。在其他人看來,你很有自信,儘管自我懷疑和多疑的特點,會破壞你隨和的性格和樂觀的態度。當你在自我表達和樂於助人的天性之間達到平衡時,你不但能得到情感上的滿足,更能實現個人價值。受7月分的部分影響,你聰慧而且有創新思維。雖然有時你會猶豫不決和多變,但你喜歡自己做決定。你充滿熱情和創新理念,需要增強執行能力,勇敢地領導他人朝新目標邁進。

■愛情和人際關係

你很理想主義,情感細膩,有直覺力,即使你渴望安全感和愛情,會導致你忽視自己的直覺而陷入一些不好的經驗,但有時你的直覺仍然很準確。如果你發現一些合作關係不合適,就要避免為了不值得的人犧牲自己。你要保持主動獨立,如此才能增強內在能力並建立滿意的愛情關係。

■你生命中的特殊之人

和出生在以下日期的人在一起,你戀愛的機會會增加。

◎愛情與友誼:

1月8,22,26日、2月6,20,24日、3月4,18,22日、4月2,16,20,30日、5月14,18,28,30日、6月12,16,26,28日、7月10,14,24,26日、8月8,12,22,24日、9月6,10,20,22,30日、10月4,8,18,20,28日、11月2,6,16,18,26日、12月4,14,16,24日

◎幸運貴人:

1月9,20日、2月7,18日、3月5,16,29日、4月3,14,27日、5月1,12,25日、6月10,23日、7月8,21日、8月6,19日、9月4,17日、10月2,15,30日、11月13,28日、12月11,26,30日

◎強烈吸引你的人:

1月9,10,11,12,27日、2月25日、3月23日、4月21日、5月19日、6月17日、7月15日、8月13日、9月11日、10月9日、11月7日、12月5日

◎砥礪者:

1月2,10,19日、2月8,17日、3月6,15日、4月4,13日、5月2,11日、6月9日、7月7,30日、8月5,28日、9月3,26日、10月1,24日、11月22日、12月20,30日

◎靈魂伴侶:

1月15日、2月13日、3月11日、4月9日、5月7日、6月5日、7月3日、8月1日、10月29日、11月27日、12月25日

優點:有創造力、有魅力、主動、能約束自己、能推銷自己或別人
缺點:內向、自私、古怪、不願合作、過於敏感、害羞、缺乏自尊

太陽星座：巨蟹座
區間：雙魚座／海王星
角度：巨蟹20°30´-21°30´
類型：本位星座
元素：水
恆星：北河三、五諸侯三、北河二

7月13日

CANCER

你接受力和直覺力強，信念根深蒂固，能洞察他人的性格，是個具有強烈的社交愛好和傑出觀點的巨蟹座。你強烈的情感需得到要某種抒發。你喜歡在經濟面上冒險，這表示你可能會在與人合作和交往中得到好處並獲得成功。

受區間星座雙魚座的部分影響，你的情感更為細膩，而且你想像力豐富且喜歡幻想。你很容易接納你周圍的環境，但情緒在高昂和消沉之間搖擺不定，會使你心有不安，這意味著你需要保持平衡與安定感。

你對自己愛護和尊敬的人極其慷慨，你可能會擔心錢的問題，這就說明了你為什麼有時看起來追求物質享樂或自私。但你需要私人的聯繫，這表示藉由學會分享與交流，你能以你理想主義和友好親切的性格鼓勵別人。

你思維活躍而且具有人際交往的天賦，這表示你喜歡接受心理挑戰，並能因為新的機會和接觸而興旺發達。這也意味著你可以在銷售行業表現突出。但是，你要避免在你不順利時，有好爭論的傾向。

在你9歲時，太陽星座推進至獅子座，你會變得更活躍、樂觀和自信。這令你在人生早期就有社交能力的優勢。在你39歲時，太陽星座推進至處女座，此後的30年，你會變得更有條理和辨別力並渴望服務他人。在你69歲時，太陽星座推進至天秤座，你的生活重心將再次改變。人際關係將在你的生活中發揮更重要的作用，而你對藝術和美的渴望也會加強。

■真實的自我

強烈的內在力量促使你實施計畫或創造新的成功機會。當這種成功的力量結合你崇高的理想時，你會更樂觀地看待生活。你有可能因此成為領導者，並在結合努力與合作之後獲得真正的成功。

你內心渴望和睦，安定的家庭對你格外有特殊意義，因為家庭是你遠離外部世界的避難所。或者，你可能會增強音樂或創新能力。只是你要謹防在你試圖保持平靜時，會成為焦慮情緒或懶惰行為的受害者。當你樂觀時，表現出來的活潑性格，可以促使你與人分享你的幽默感。

■工作和職業

你的社交手腕和與人打交道的能力，使你非常適合與交際有關的職業。包括公共關

係、銷售領域或顧問、媒人及代理人這類職業。你具有經商的傾向，而且能販售點子或產品，所以你具備成功的巨大潛力。你還可能對食物配料、家庭事務、園藝或房地產方面的談判感興趣。雖然你想成爲雇主或自主創業，但你還是能意識到與人合作的重要性。你具有強烈的理想主義性格，可能喜歡教育、宗教或鼓舞大眾的工作。

這一天出生的名人包括歷史學家肯尼斯・克拉克，演員哈里遜・福特和派翠克・史都華，和喜劇演員兼演員切奇・馬林。

■數字命理學

從數字上來看，你有抱負、勤奮，可以透過獨特的自我表現方式取得眾多成就。你具有勇於創新的精神，這會賦予你新穎刺激的觀點，並擁有傑出的工作成績。出生在13號的你眞誠、浪漫、迷人、風趣，憑藉你獻身事業的精神，你可以取得成功。你很容易受周圍環境的影響，與人合作時會比獨自工作做得更好。雖然你很友善而且樂於合作，但你需要信任別人和保持忠誠。受7月分的部分影響，你很理性，善於思考而且自私。但有時你會變得對別人的批評特別敏感而且會覺得被人誤解。你直覺敏銳，渴望從容不迫地思考或做出自己的判斷。因爲你很注重安定，你需要明白安全感是可以透過個人經驗獲得。

■愛情和人際關係

你信念堅定，固執己見，這意味著你決心堅定而且行事果斷，有主見。不過，你需要親密的關係和諒解，以及能給你精神鼓勵的人。你非常善於觀察，所以很少有什麼事物能逃過你的眼睛；當你覺得事情不對勁時，你希望能面對實際情況並且弄清楚狀況。你具有嚴格的原則，能堅定自己的立場，而且你很欣賞有權勢和獨立的人。

優點：有抱負、富於創新、熱愛自由、善於表現自己、主動
缺點：衝動、猶豫不決、專橫、無情、叛逆

■你生命中的特殊之人

從出生在以下日期的人中，你更容易找到你的眞愛。

◎愛情與友誼：

1月3.23日、2月11.21日、3月9.19.28.31日、4月7.17.26.29日、5月5.15.24.27.29.31日、6月3.13.22.25.27.29日、7月1.11.20.23.25.27.29日、8月9.18.21.23.25.27日、9月7.16.19.21.23.25日、10月5.14.17.19.21.23日、11月3.12.15.17.19.21日、12月1.10.13.15.17.19日

◎幸運貴人：

1月3.4.10.21日、2月1.2.8.19日、3月6.17.30日、4月4.15.28日、5月2.13.26日、6月11.24日、7月9.22日、8月7.20日、9月5.18日、10月3.16.31日、11月1.14.29日、12月12.27日

◎強烈吸引你的人：

1月10.11.12.13.22.28日、2月20.26日、3月18.24日、4月16.22日、5月14.20日、6月12.18日、7月10.16日、8月8.14日、9月6.12日、10月4.10日、11月2.8日、12月6日

◎砥礪者：

1月11.20日、2月9.18日、3月7.16日、4月5.14日、5月3.12.30日、6月1.10.28日、7月8.26.31日、8月6.24.29日、9月4.22.27日、10月2.20.25日、11月18.23日、12月16.21日

◎靈魂伴侶：

1月26日、2月24日、3月22.30日、4月20.28日、5月18.26日、6月16.24日、7月14.22日、8月12.20日、9月10.18日、10月8.16日、11月6.14日、12月4.12日

太陽星座：巨蟹座
區間：雙魚座
角度：巨蟹21°-22°
類型：本位星座
元素：水
恆星：北河三、北河二

7月14日

CANCER

　　你的誕生日表明你是個意志堅定，頭腦發達而性情溫柔的人。你具有敏銳的智慧和極好的社交能力，天生有領導能力與自信。你比表面看來更敏感，是實用主義和理想主義的有趣結合體，有獲得非凡成就的潛力。

　　受區間星座雙魚座的部分影響，你想像力豐富而且具有強烈的第六感。你具有精明的金錢觀念和快速掌握形勢的能力，這意味著你能找到進步的機會。多追求精神上的幸福而少貪圖物質方面的快樂，你會覺得更安全和滿足。

　　一個漂亮奢華的家對於你十分重要，你花的每一分錢都希望能有其價值。你有遠見和組織能力，具有支援你遠大計畫的潛力。獲得成果這需要他人的協助，所以你得避免為了小事而極力反對別人。

　　在你8歲時，太陽星座推進至獅子座，你變得不那麼害羞或小心翼翼。獅子座的影響將持續30年，幫助你建立自信並令你在從事的領域中表現優秀。在你38歲時，太陽星座推進至處女座，你將變得更有條理和有辨別力，並且希望盡己所能服務他人。68歲時，太陽星座推進至天秤座，你的重心將轉移至人際交往和渴望和睦與平衡。

■真實的自我

　　你很迷人並具有強烈的情感和欲望，這些都是你開創新事業或參與事業的主要動力。為了成功，你需要持之以恆並受直覺的引導。你很活躍並且精力充沛，具有使事情成真的幹勁和熱情。運用社交手腕和合作技巧，而非想掌握權勢，是獲得成果的要訣。

　　你很幸運有與人交心的天賦，並有結合事業與興趣的能力。因為你很識貨並且有機遇，所以能以商業的角度看待每件事。你也是大家的好朋友，能夠慷慨且無限地付出時間、精力和愛。當你運用樂觀的意志去實現目標時，你的力量不容小覷。

■工作和職業

　　憑藉卓越的生意頭腦，你可能從事商業，比如談判員、代理人或經濟顧問等職務。一旦你下定決心，就擁有獲得成功需要的意志力和領導能力，成為管理者、執行人員、指揮者或企業家都是很適宜的角色。你是理想主義和實際主義的綜合體，因此天生具有為政治或目標而奮鬥的能力。或者，你引人注目的態度和創造能力，使你可能喜歡藝術、娛樂或兒童工作。你人道主義的性格，會使你會特別喜歡教育和實現具備某種社會價值的事物。

這一天出生名人包括電影導演英格瑪・伯格曼,作詞家伍迪・古斯瑞,畫家古斯塔夫・克林姆,作家艾文・史東,和前美國總統傑拉德・福特。

■數字命理學

聰明、務實和決心堅定是14號誕生日具有的特點。你渴望穩定堅實的基礎,能夠付出努力並有所成就。事實上,14號出生的你常把工作放在首位,並且以事業上的成就作為判斷自己和他人的標準。雖然你渴望安定感,但14號誕生日具有的不安分特點,會促使你繼續前進並勇於迎接新的挑戰以便改善自己的命運。受7月分的部分影響,你有洞察力、創造力而且有抱負。你獨立而且自我,喜歡依賴於自己的判斷力或自主決定。你要學會信任他人和保持心胸開闊,這有助你更加了解自己與周遭環境。

■愛情和人際關係

你隨便就能與人建立關係,這暗示你有可能改變主意而且不能肯定是否能維持長期的關係。然而你感性體貼,樂於幫助你喜歡和敬佩的人。你喜歡過著活躍的生活,希望能在最終安定下來之前經歷各種關係。你理想的伴侶應該是體貼、靈活並一直能吸引你的人。

■你生命中的特殊之人

從出生在以下日期的人中,你可能更容易找到你的真愛。

◎愛情與友誼:

1月14、24、31日、2月12、22、29日、3月10、20、27日、4月8、18、25日、5月6、16、23、30日、6月4、14、21、28、30日、7月2、12、19、26、28、30日、8月10、17、24、26、28日、9月8、15、22、24、26日、10月6、13、20、22、24、30日、11月4、11、18、20、22、28日、12月2、9、16、18、20、26、29日

◎幸運貴人:

1月5、22、30日、2月3、20、28日、3月1、18、26日、4月16、24、5月14、22日、6月12、20、7月10、18、29日、8月8、16、27、31日、9月6、14、25、29日、10月4、12、23、27日、11月2、10、21、25日、12月9、19、23日

◎強烈吸引你的人:

1月11、12、13、14日、2月10日、3月8日、4月6日、5月4日、6月2日

◎砥礪者:

1月16、21日、2月14、19日、3月12、17、30日、4月10、15、28日、5月8、13、26日、6月6、11、24日、7月4、9、22日、8月2、7、20日、9月5、18日、10月3、16日、11月1、14日、12月12日

◎靈魂伴侶:

1月25日、2月23日、3月21日、4月19日、5月17日、6月15日、7月13日、8月11日、9月9日、10月7日、11月5日、12月3、30日

優點:行事果斷、勤奮、運氣好、有創造力、務實、想像力豐富、刻苦

缺點:過於謹慎或過於衝動、不穩重、考慮不周、固執

太陽星座：巨蟹座
區間：雙魚座／海王星
角度：巨蟹22°-23°
類型：本位星座
元素：水
恆星：北河三、北河二

7月15日

CANCER

推理能力強、直覺力犀利和威風凜凜的性格通常與這個誕生日有關。巨蟹座的你直覺靈敏又感性，有很好的洞察力卻很理性。聰明才智是你最大的財富，為了充分利用你的潛力，你得明白知識的力量。

受區間星座雙魚座的影響，你想像力豐富而且具有超自然能力。你積極主動有目標，思維清晰，思想成熟，願意吃苦耐勞。

你的誕生日表示你是保守主義和理想主義的有趣結合體，這意味著你會在自負或不安和自我懷疑之間搖擺不定。你生性務實，有時卻激進，但是你得避免遭遇困難而變得自相矛盾。然而憑藉耐心和恆心你可以忍受巨大的困難，而勤奮不懈可以使你獲得成功。

你學識廣博而且消息靈通，你喜歡自主決定和位居主導地位。這一天出生的女性傾向理性思考而非感性思維。由於其他人很快就能意識到你的能力，所以你往往能獲得權勢地位。

在你7歲時，太陽星座推進至獅子座，此後30年，你會變得更自信而且善於表現自己。從你37歲時你的人生會出現另一次轉折，那時太陽星座推進至處女座，你的目標更切合實際和現實，而你的耐心和效率都會增強。在你67歲時，你的太陽星座推進至天秤座，這次轉折使人際關係和拓展社交圈，成為你生活的重心。

■真實的自我

你內在的野心及獲得巨大成功的欲望，會表現在生活的各方面。你的動力來自真摯的熱情；一旦你得到鼓勵，你的決心就會十分堅定。你肯吃苦耐勞，這有助你取得成功。你願意承擔責任和幫助別人，卻不希望別人對你的行為視若無睹。這意味著如果你覺得別人做得太過分，你就會與之對抗並且刁難對方。

雖然具有交際手腕和談判技巧是你性格中的一部分，但你得學會信任別人並且調節你的私人關係。你明白合作的重要性，所以你喜歡與人分享你的知識。除此之外，你還會用自己的洞察力與權力完成工作。

■工作和職業

你感性，有領導能力，負責，這些都是你能成功的潛力。憑著非凡的頭腦，你還可能喜歡像教學或演講、新聞或保健類的工作。或者，你天生能引人注目，所以你可能從

事某種形式的藝術或娛樂。你豐富的想像力可以在說、寫、唱或表演中表現出來。無論你從事什麼職業，教育都能激發你的潛力。你通情達理，有同情心，所以你可能從事諮詢或某種形式的看護工作。

這一天出生的名人包括歌手琳達·朗絲黛，荷蘭畫家林布蘭，小說家艾瑞絲·梅鐸。

■數字命理學

多才多藝、慷慨大方和善變是15號生日的特點。通常你很敏捷熱情、有魅力。你最大的財富是本身強烈的直覺力，以及結合理論與實際的學習能力。偶爾你在學習新技能的同時也會獲得金錢報酬。你經常利用自己的直覺力迅速察覺到機會。出生在15號的你有賺錢的本領和得到他人幫助和支援的能力。雖然你喜歡冒險，但是你渴望有自己的根基或建立一個自己屬於自己的家。受7月分的部分影響，你很理性、好問而且務實。你能夠快速評判人和形勢；但你很多疑，還會在自信堅定和自我懷疑、缺乏信心之間搖擺不定。你直覺敏銳，所以你需要聆聽自己內心的聲音。

■愛情和人際關係

你通情達理，直覺敏銳，誠實，而且直率。堅強的性格使你盡心保護你的家人或者你關心的人。如果你信任某人，你會不惜一切的幫助和鼓勵他們。但是你傾向於掌控形勢，這暗示你會變得傲慢或專制。所以你最好在給別人建議後退出，讓他們自己做決定。

■你生命中的特殊之人

你可能從出生在以下日期的人中更容易找到你理想的伴侶。

◎愛情與友誼：

1月11、13、15、17、25日、2月9、11、13、15、23日、3月7、9、11、13、21日、4月5、7、9、11、19日、5月3、5、7、9、17、31日、6月1、3、5、7、15、29日、7月1、3、5、27、29、31日、8月1、3、11、25、27、29日、9月1、9、23、25、27日、10月7、21、23、25日、11月5、19、21、23日、12月3、17、19、21、30日

◎幸運貴人：

1月1、5、20日、2月3、18日、3月1、16日、4月14日、5月12日、6月10日、7月8日、8月6日、9月4日、10月2日

◎強烈吸引你的人：

1月12、13、14、15日

◎砥礪者：

1月6、22、24日、2月4、20、22日、3月2、18、20日、4月16、18日、5月14、16日、6月12、14日、7月10、12日、8月8、10、31日、9月6、8、29日、10月4、6、27日、11月2、4、25、30日、12月2、23、28日

◎靈魂伴侶：

1月6、12日、2月4、10日、3月2、8日、4月6日、5月4日、6月2日

優點：主動、慷慨、負責、善良、樂於合作、有鑑別力、有創新理念

缺點：不安分、不負責、以自我中心、沒有信心、焦慮不安、優柔寡斷、濫用權力

太陽星座：巨蟹座
區間：雙魚座／海王星
角度：巨蟹23º-24º
類型：本位星座
元素：水
恆星：北河三、南河三

7月16日

CANCER

你接受力強，聰穎，有常識和直覺力，是個自信的巨蟹座。你能快速學會新事物，務實而果斷，能夠綜合運用內在的智慧和良好的判斷力。若你掌握的知識紮實，加上你的領導能力，高升至權勢地位或成為領導者應該不是問題。

受區間星座雙魚座的影響，你有強烈的第六感。你接受力強而且對聲音和震動很敏感，所以音樂格外能使你沉澱心靈。你很有天賦，才情十足，能選擇自己喜歡的職業。

你友善體貼，喜歡娛樂或社交。雖然你很熱心，但有時卻不喜歡別人干涉，並且你會因為固執而顯得不耐煩和不夠寬容。

你渴望拓展自己，能有所反省，這意味著你對自己的要求很高。你的成功將來自教育和深造或社會、道德或宗教方面的追求。如果你能約束自己並克制不安情緒，你的發展將有無限可能。

6歲時，你的太陽星座推進至獅子座，你變得比較不害羞或小心翼翼。在此後30年，受獅子座影響，你能夠在所從事領域中獲得自信和表現能力。36歲開始，太陽星座推進至處女座，你將變得更務實和有辨別力，為他人服務成為你生活中的重心。在你66歲時太陽星座推進至天秤座，你的人生出現另一次轉折，保持內心平靜、人際關係和拓展社交圈，成為你最想做的事。

■真實的自我

你感性的內心，既希望創新，又渴望獲得物質財富。你能寬恕錯誤，而你對渴望金錢的動機包括給予別人幫助和保護自己及你所愛之人。你得謹防因焦慮不安或猶豫不決而浪費精力，尤其在處理親密關係之時。

你有很好的社交能力，渴望服務他人，你會發現你對物質財富的渴望，可以令你積極地利用你的潛力與掌握的資訊。如果你保持精神充實而且能創新，你就不會有時間去想一切不該擔心的事。

■工作和職業

因為你擁有強烈的領導能力，所以你最大的成就是走在你所從事領域尖端。你性格中體貼或人道主義的一面，能使你成為優秀的教師、顧問或社會工作者，或從事維護他人利益的工作，包括加入團體或參與政治。其他適合你的職業還有法律、哲學或宗教性質的工作。你有務實的一面，所以也可能從事商業或銀行業。或者，憑藉你的創造力和

敏捷的表達能力，能在寫作、音樂或戲劇方面有自己的成就。

這一天出生的名人包括演員兼舞蹈家琴吉‧羅傑斯，演員芭芭拉‧史坦維克，和作家安妮塔‧布魯克納。

■數字命理學

16號誕生日暗示你有志向，情感豐富，體貼友善。你經常以自己的感受來判斷生活，並能深入觀察別人。身為數字16的人，當你的自我表現的欲望和對他人的責任發生衝突時，你會覺得內心緊張。你們中有創造力的人具有創作的天賦，充滿靈感。雖然你們中的很多人來自關係和睦的家庭，但你們會選擇獨自生活或遠行。受7月分的部分影響，你很理性而且思維敏捷。由於你的直覺力強，所以可以預知別人想說的話或想做的事，你也能善用這一點，使它成為自己的優勢。你喜歡學習新技能也能廣納新知。你天生具有很強的記憶力，而且聰明警覺，只是有時你難免會覺得被人誤解或難以表達自己的感受。

■愛情和人際關係

你情感細膩，直覺敏銳，聰慧，希望身邊的人聰明有趣，並能為你帶來變化和樂趣。你性格體貼仁慈，這意味著別人在需要時，可以向你尋求建議和幫助。你關注改革和社會問題，你能成為群體的核心並在公眾場合嶄露頭角。你可能會厭倦和焦躁不安，這暗示在私人關係中你需要安慰和關愛，以及共同的興趣。

■你生命中的特殊之人

從出生在以下日期的人中，你更可能找到能使你保持好奇心和思維活躍的人。

◎愛情與友誼：

1月12、16、25日、2月10、14、23、24日、3月8、12、22、31日、4月6、10、20、29日、5月4、8、18、27日、6月2、6、16、25、30日、7月4、14、23、28日、8月2、12、21、26、30日、9月10、19、24、28日、10月8、17、22、26、11月6、15、20、24、30日、12月4、13、18、22、28日

◎幸運貴人：

1月2、13、22、24日、2月11、17、20、22日、3月9、15、18、20、28日、4月7、13、16、18、26日、5月5、11、16、18、26日、6月3、9、12、14、22日、7月1、7、10、12、20日、8月5、8、10、18日、9月3、6、8、16日、10月1、4、6、14日、11月2、4、12日、12月2、10日

◎強烈吸引你的人：

1月13、14、15、16、25日、2月23日、3月21日、4月19日、5月17日、6月15日、7月13日、8月11日、9月9日、10月7日、11月5日、12月3日

◎砥礪者：

1月7、23日、2月5、21日、3月3、19、29日、4月1、17、27日、5月15、25日、6月13、23日、7月11、21、31日、8月9、19、29日、9月7、17、27日、11月3、13、23、26日、12月1、11、21、24日

◎靈魂伴侶：

1月17日、2月15日、3月13日、4月11日、5月9日、6月7日、7月5日、8月3日、9月1日、11月30日、12月28日

優點：可能受較高的教育、對家庭負責、有綜合能力、直覺力強、善於交際、樂於合作、富有洞察力

缺點：焦慮不安、永不滿足、不負責、固執己見、多疑、自私、急躁、挑剔

太陽星座：巨蟹座
區間：雙魚座／海王星
角度：巨蟹24º-25º
類型：本位星座
元素：水
恆星：北河三、南河三

7月17日

CANCER

你有理想、熱情、態度樂觀、聰明、思維敏銳、渴求知識。巨蟹座的你敏感羞怯卻也很獨立，渴望有所成就。你天生有魅力而且主動熱情，這暗示你舉止優雅、有個性而且充滿活力。

受區間星座雙魚座的影響，你感性、想像力豐富而且直覺力強。是個理想主義者而且接受力強，能設身處地為他人著想。你見多識廣而且多才多藝，如果你態度樂觀並能堅定信念，就會有說服別人的能力。

你聰穎自信，能快速做出決定。有時你可能會顯得自負或任性，因此你會衝動行事或顯得不負責任。避免讓自己情緒激動，因為這會使你看起來與人格格不入而非有個性。

你希望過著積極的生活，具有進取精神，這表明你能憑著自己的恆心和耐心實現理想。你渴望變得成熟，教育正是你取得成功的基本因素。

從你5歲至34歲，太陽星座落在獅子座，你的自信心和社交技巧逐漸增強。35歲時太陽星座推進至處女座，你的生活會更加注重現實面，而且你會變得更有條理。在你65歲時，太陽星座推進至天秤座，社會關係、人際關係或加強自己對藝術和美的鑑賞力，變得更加重要。

■真實的自我

因為你有智慧而且觀點強而有力，所以能有機會發表自己的見解對你很重要。當這些觀點有一個理想化的目標時，你的使命感將激起你的奮鬥精神。你寬容大量又有同情心，但你得在付出奉獻與追求自我幸福間找到平衡點。

你有魅力與吸引力。你同時具備兩性的特點，非常獨立而又感性。你具有物質至上的特點，表示經濟的安全感在你的生活中很重要。只是你要謹防為了物質生活而放棄自己的理想。

■工作和職業

你多才多藝，能以新穎風趣的方式表達自己的觀點。你有學識淵博的潛力，這不但使你博學，也同樣能使你在法律和管理方面一展長才。你具有言語和文字表達的天賦，這可以體現在訓練、教學或寫作這類職業中。你還擁有銷售、演講或宣傳的能力。憑藉著嚴格的原則性和領導能力，你能成為極好的發言人、政治家或為某個目標而奮鬥。或

者，憑藉引人注目的天賦，你能以藝術、音樂或戲劇謀生。憑藉你聰明的頭腦和為目標努力奮鬥的潛力，你比別人有更多的成功機會。

這一天出生的名人包括演員大衛・赫索霍夫，吉米・卡格尼，和唐納・蘇德蘭，和歌手黛安・卡洛和菲比・絲諾。

■數字命理學

出生在17號的你很聰穎，性格內向，天生具有分析能力。你重視隱私、好反省，獨立且相信個人經驗。你對具體的資料很感興趣，常常顯得認真而且深思，喜歡從容行事。你能夠長期保持專注和耐力，而且能從經驗中受益頗多。不過，你猜疑愈少，就能學得愈快。受7月分的影響，雖然你有自己的想法，但你希望能了解別人的意見。你能以獨特的方式運用你的知識，會因此發展自己的專長，並獲得成功。你要對自己的行為負責，如此才能盡量減少焦慮和不滿情緒。你比自己認為的還要敏感，甚至有時覺得難以表達自己的想法。你要學會區分接受建議和認為別人只是干涉或挑剔的想法。

■愛情和人際關係

你情感細膩，考慮周到，善於獨立思考，情願自己獨立解決問題。一方面你熱心和熱情，而另一方面又很冷淡。你渴望和伴侶建立特別的聯繫，因為你理想中的愛情要求太高。雖然你很親切而且善於交際，但如果你覺得不安，就會有孤獨或被人遺忘的恐懼心理，如何克服這些問題，是你的人生課題。當你確立了長期的關係，你就會很忠誠、體貼並能保護對方。

■你生命中的特殊之人

為了找到真正的幸福，你可能需要尋找出生在以下日期的人。

◎愛情與友誼：

1月7、10、17、27日、2月5、8、15、25日、3月3、6、13、23日、4月1、4、11、21日、5月2、9、19日、6月7、17日、7月5、15、29、31日、8月3、13、27、29、31日、9月1、11、25、27、29日、10月9、23、25、27、11月7、21、23、25日、12月5、19、21、23日

◎幸運貴人：

1月3、5、20、25、27日、2月1、3、18、23、25日、3月1、16、21、23、4月14、19、21、5月12、17、19、6月10、15、17日、7月8、13、15、8月6、11、13、9月4、9、11、10月2、7、9、11月5、7、12月3、5日

◎強烈吸引你的人：

1月14、15、16、17日、2月11日、3月9日、4月7日、5月5日、6月3日、7月1日

◎砥礪者：

1月16、24日、2月14、22日、3月12、20日、4月10、18日、5月8、16、31日、6月6、14、29日、7月4、12、27日、8月2、10、25日、9月8、23日、10月6、21日、11月4、19日、12月2、17日

◎靈魂伴侶：

1月16日、2月14日、3月12日、4月10日、5月8日、6月6日、7月4、31日、8月2、29日、9月27日、10月25日、11月23日、12月21日

優點：考慮周到、有一技之長、善於規畫、有商業頭腦、善於獨立思考、刻苦、嚴謹、長於研究、態度科學

缺點：固執、考慮不周、喜怒無常、武斷、挑剔、焦慮不安、多疑

| 太陽星座：巨蟹座
| 區間：雙魚座／海王星
| 角度：巨蟹25°-26°
| 類型：本位星座
| 元素：水
| 恆星：南河三

7月18日

CANCER

　　你的誕生日所擁有的能力，表示你是個考慮周到而且聰穎的知識探索者。你有志向和堅定信念，很有活力與幹勁。你行事果斷，有魅力、直覺敏銳，觀點獨特和推理能力優秀。

　　受區間星座雙魚座的影響，你有遠見，並準備好為實現自己的夢想而努力。想像力豐富卻很實際，勇於接受心智挑戰，但是在你試圖檢驗自己的智慧和智力時，你會變得好爭論、固執或冒失。

　　你思維敏捷、興趣廣泛，所以顯得多才多藝並充滿熱情。你能著眼於大局並願意努力工作，這意味著你能找到自己的地位並且擔當大事業。為了增加成功的機會，接受教育是你建立堅實基礎的首要因素。

　　雖然你自律、有教養，但是你真正的安慰卻來自情感上的滿足。即使你以才智擊敗別人也得不到好處；唯有心胸開闊、謙恭有禮而且仁慈寬厚，才能受到他人的愛與關愛。

　　早在你4歲時，太陽星座就推進至獅子座。在你的能力、創造力和自信心增強的同時，你也能變得勇敢。大約34歲時太陽推進至處女座，你會變得更有辨別力、有條不紊和高效率。在你64歲時會出現另一次轉折，太陽星座推進至天秤座，你會更加重視人際關係、愛、美與和諧。

■真實的自我

　　天生敏銳的直覺力賦予你察覺別人的第六感，所以你大可相信自己的直覺。有時這會使你顯得非常狡猾而且足智多謀，並能將情勢轉為對自己有利。或者，你能藉著從事慈善工作或援助別人，來顯現自己慷慨謙恭的性格。

　　你幾乎天生就有財運，身體狀況也很好。這種好運甚至使你得到滿意的工作機會。因為你的困難很少與經濟有關，所以你的挑戰在於精神上的追求與成長。

■工作和職業

　　天生的領導力、超人的智慧和傑出的社交能力，使你在各種職業中有所表現。你能在教育、研究、科學、公共關係、哲學和政治方面表現優秀。你不喜歡聽命行事，所以自主工作對你較有幫助。如果從商，優異的組織才能和顧全大局的能力，會使你善於解決問題。你渴望表現自我、受人矚目，有可能會從事寫作或進入藝術和娛樂界。不論你

從事何種職業，你都喜歡多樣化，而且能充滿熱情和自發地開始實施計畫。你渴望以某種方式幫助大眾，這種欲望尤其在你晚年時會得到加強。

這一天出生的名人包括政治家納爾遜‧曼德拉，太空人約翰‧葛蘭，和大亨理查‧布蘭森。

■數字命理學

決心堅定和行事果斷是18號誕生日具有的特點。你很能幹、勤奮、負責，能成為權威人士。你具有很好的商業頭腦和組織能力，可能會從商。作為數字18的人，你會利用自己的能力去治療別人，給予合理的建議或幫助別人解決問題。但是，你得藉由與人相處，學會使用權力和濫用權力的區別。受7月分的部分影響，你很聰穎而且直覺敏銳，有辨別力。你熱情，有魅力與抱負，情緒變化不定。你最大的財富是強烈的直覺，和將創新思維和實踐技能結合的能力。你能快速察覺可能出現的事物和狀況，所以你懂得利用形勢。

■愛情和人際關係

你與家人關係緊密，早期受某位長輩的影響，暗示著你渴望獨立。你尋找一位勤奮、聰明和有吸引力的伴侶。你直覺強但總有疑慮，你會變得過於多疑，需要學會信任和尊敬別人，否則會對你的伴侶專制，其實這並非你所希望的。天生的魅力會吸引他人的眼光，這使你在交際方面會成功。

■你生命中的特殊之人

從出生在以下日期的人中，你可能會更容易找到生命中的特殊之人。

◎愛情與友誼：

1月1、14、28、31日、2月12、26、29日、3月10、24、27日、4月8、22、25日、5月6、20、23日、6月4、18、21日、7月2、16、19、30日、8月14、17、28、30日、9月12、15、26、28、30日、10月10、13、24、26、28日、11月8、11、22、24、26日、12月6、9、20、22、24日

◎幸運貴人：

1月26日、2月24日、3月22日、4月20日、5月18日、6月16日、7月14日、8月12日、9月10日、10月8日、11月6日、12月4日

◎強烈吸引你的人：

1月15、16、17、18日

◎砥礪者：

1月3、25日、2月1、23日、3月21日、4月19日、5月17日、6月15日、7月13日、8月11日、9月9日、10月7日、11月5日、12月3日

◎靈魂伴侶：

1月3、10日、2月1、8日、3月6日、4月4日、5月2日

優點：追求進步、行事果斷、直覺力強、勇敢、堅決果斷、有治療
　　　能力、效率高、善於提建議
缺點：情緒失控、懶惰、缺乏條理、自私、不能完成任務、不誠實

太陽星座：巨蟹座
區間：雙魚座／海王星
角度：巨蟹26°-27°
類型：本位星座
元素：水
恆星：南河三

7月19日

CANCER

充滿理想和慷慨大方是這個誕生日的特點，並因此賦予你仁慈寬容和溫柔的心。巨蟹座的你感性而且直覺敏銳。雖然你有很多不錯的想法，但是焦慮不安的情緒會削減你的決心和自尊。這表示保持樂觀的思想和豐富的想像力，是你保持內心平靜的關鍵。

受區間星座雙魚座的影響，你敏感並有強烈的第六感。因為你對顏色和聲音感受力強，所以你擁有藝術方面的才華，或覺得音樂可以安撫你的心。

把每件事都當成一次學習，就能克制沮喪和不耐煩的傾向。只有心胸寬闊與寬容忍耐，你才能意識到自己的無限潛力。

你迷人、友善而且喜愛冒險，渴望建立親密的關係，過著積極的社交生活。因為你需要接受啟發去發掘你內在的潛力，所以教育或自學是可取的方式。這表示你豐富的感情和精神創造力，需要引導或找到表現的方式。

在你3歲之前，你比較害羞敏感，太陽星座推進至獅子座後30年，你的能量和自信心會大增。33歲時，太陽星座推進至處女座，你將變得更有耐心，技術也會更純熟。在你63歲時，太陽星座推進至天秤座，此次轉折強調你的社交和私人關係，以及增強對美和和諧的熱愛。

■真實的自我

你的成功依賴於愛與鼓勵，被人賞識會使你決心更努力。你公正負責，能負起自己該負的責任；而且你也會明白付出何種努力就有何種收穫。鍛鍊你的智慧和能力，你能更專心並充分利用極好的潛力。

如果找不到發洩強烈感情的途徑，你可能會變得沮喪消沉。你要保持獨立客觀的立場，學會在生活中放手並迎接新的機遇。你天生是個好顧問，但是要避免過於體貼反而對別人造成負擔，你需要讓別人自主決定。你忠誠體貼，能保護那些你關心的人。你引人注目而且敢創新，能以想主義和充滿熱情的態度激勵別人。

■工作和職業

你喜歡與人打交道，熱愛知識，所以很可能從事教師、顧問、社會工作或看護等工作。你渴望表達自己的想法，所以也會投身如設計、寫作、音樂、藝術、詩歌、故事創作或戲劇等領域。你善於表達，能夠維護自己的觀點，在律師、改革家或政治家等職業中表現從容。憑藉著組織和管理能力，你還能在商業上表現傑出。你天生具有人道主義

和富含哲理的特點，可能喜歡宗教或為有意義的事業籌資。

這一天出生的名人包括法國畫家竇加，轉輪手槍發明者塞謬爾‧柯爾特，網球明星伊利耶‧納斯塔塞，和演員安東尼‧艾德華。

■數字命理學

有創造力、陽光、活躍、人道主義和感性是19號誕生日具有的特點。你行事果斷，足智多謀，見解深刻，但同時也具有仁慈、有理想和敏感這樣有夢想的一面。你渴望成為大人物，這會使你給人留下深刻影響並占據中心地位。你非常渴望樹立個人威望。因此你首先需要克服來自同儕的壓力。只有透過多次體驗，你才能增強自信或領導能力。在其他人看來，你顯得很自信、愉快和足智多謀，但你會覺得內心緊張以至於情緒起伏不定。受7月分的部分影響，你善於分析，考慮周到而且直覺力強。你天生具有商業頭腦，若能增強你的組織管理能力將使你受益匪淺。

■愛情和人際關係

你渴望安全感，會選擇和可靠的人建立親密的關係。雖然人際關係對於你來說很重要，但是你可能會過於依賴你的夥伴或愛人。你善於交際而且受人喜歡，所以你喜歡有他人的陪伴，而非獨自一人。你很體貼慷慨，能為所愛之人做出犧牲。

■你生命中的特殊之人

從出生在以下日期的人中，你可能會找到真愛。

◎愛情與友誼：

1月1.15.26.29.30日、2月13.24.27.28日、3月11.22.25.26日、4月9.20.23.24日、5月7.18.21.22日、6月5.16.19.20日、7月3.14.17.18.31日、8月1.12.15.16.29.31日、9月10.13.14.27.29、10月8.11.12.25.27、11月6.9.10.23.25日、12月4.7.8.21.23.29日

◎幸運貴人：

1月1.2.10.27日、2月8.25日、3月6.23日、4月4.21日、5月2.19.30日、6月17.28日、7月15.26日、8月13.24日、9月11.22日、10月9.20日、11月7.18日、12月5.16日

◎強烈吸引你的人：

1月16.17.18.19日

◎砥礪者：

1月17.26日、2月15.24日、3月13.22日、4月11.20日、5月9.18日、6月7.16日、7月5.14日、8月3.12.30日、9月1.10.28日、10月8.26.29日、11月6.24.27日、12月4.22.25日

◎靈魂伴侶：

1月21日、2月19日、3月17日、4月15日、5月13日、6月11日、7月9.29日、8月7.27日、9月5.25日、10月3.23日、11月1.21日、12月19日

優點：充滿活力、專注、有創造力、有領導能力、運氣好、追求進步、樂觀、信念堅定、有競爭意識、獨立、合群

缺點：以自我中心、消沉、焦慮、害怕拒絕、情緒波動、追求物質享樂、自我、沒有耐心

太陽星座：巨蟹座
區間：水瓶座／海王星
角度：巨蟹27°-28°
類型：本位星座
元素：水
恆星：南河三

7月20日

CANCER

　　親切的笑容和迷人的個性，掩飾了你多才多藝又充滿幹勁的性格。巨蟹座的你充有理想，直覺敏銳，決心堅定而且頭腦發達。

　　受區間星座雙魚座的影響，你想像力豐富，有遠見和實現理想的志氣。有靈感而且注重實際，喜歡接受心智的挑戰，但是在你試圖了解、測試自己的智慧和智力時，可能變得喜怒無常或固執。

　　你成功的關鍵取決於能力和知識，你愈勤學，就愈學有專精。你有必要藉著確立價值觀和信念，做為內心平靜穩定的基礎。只要你在學識上穩紮穩打就可以成功。你生性追求和諧而且敏感，這暗示你易受周圍環境的影響，只要環境積極樂觀，你就會有好的表現；反之，環境若不和睦，會激起你內心不好的部分。不和睦會使你的情況非常糟糕，當你發現自己正處於對立局面時，你可能會陷入權力爭奪的遊戲或紛爭。不過，圓滑的交際手段會使你受益匪淺，藉著你具有說服力的思維和語言，可以使人改變主意。

　　從2歲至32歲，你的太陽星座在獅子座，你有許多機會用到性格中善於交際和引人注目的一面。不論在工作還是社交活動，你都變得更加穩重和自信。在你32歲時生活重心改變，太陽星座推進至處女座，你可能更有條理、注重實際和講求效率。在你62歲時太陽星座推進至天秤座，社交生活、人際關係成為生活的重心，你更有可能發揮藝術或文學方面的潛能。

■真實的自我

　　你渴望加強自己的能力和傳遞你慧心獨具的知識，但你得努力發揮自己的潛力，夢想才可能成真。你具有領導能力而且能在任何狀況下把握機遇，具有從大處著想的能力。你有樂觀的生活態度與強大的獨特創作力。專心一意善用自己的天賦實現夢想，你就能成就一番獨特的事業。

　　你喜歡有才智的人，因為他們會鼓勵你並與你一起不斷尋求知識。你希望接受更高水準的教育，或者你會喜歡神祕的事物，因為你很可能在潛意識中喜歡思想啟蒙的過程。這並不影響你實際的商業意識，靈敏的生意頭腦能將你的才能商業化。

■工作和職業

　　融合你的智慧和細膩情感，你能在與人際交往有關的事業中取勝；你能勝任以下職業：諮詢、教育、法律或社會改革。你的決心、抱負和優秀的組織能力，有助你在商

業界取得眾多成就。你對兒童工作或家庭中的食物或用品有著特別的興趣。或者，你具備視覺能力和組織意識，能使你從事攝影或電影製作工作。同樣的，你渴望展現出更具創造力的自己，所以可能會進入藝術、音樂、戲劇或娛樂行業。你直覺敏銳，天生具有療癒力，所以你可能從事醫療或某種保健行業。

這一天出生的名人包括音樂家卡洛斯・桑塔那，探索家愛德華・希拉蕊爵士，和演員黛安娜・雷格和娜妲麗・華。

■數字命理學

出生在20號的你直覺敏銳，情感細膩，常把自己視為團體中的一員。你喜歡團隊活動，並在活動中與人合作、分享經驗或向他人學習。你有魅力，善於交際，具備社交能力，能輕鬆自如地穿梭在不同的社交圈。但你得增強你的自信心，或克制易被他人行為和批評傷害的傾向。在人際關係和其他關係中，你必須避免犧牲自己。受7月分的部分影響，你聰穎、有洞察力而且善於思考。你天生多才多藝、想像力豐富，有強烈的直覺或超能力，富於創新，觀點豐富。你很理想主義，追求平衡與和睦，會受到某些思想觀點和他人的啟發。有時你會猶豫不決，需要離開人群單獨思考。

■愛情和人際關係

你常認為安定和安全的家庭，是建立良好愛情生活的基本因素。通常你喜歡那些觀點和原則與你相近的人。在你主要的人際關係中，你最好和志趣相投而且智力水準相當的人交往。你喜歡聰明直率的人，渴望得到精神鼓勵，能夠從別人身上學到很多東西。

■你生命中的特殊之人

你可能會和出生在以下日期的人建立溫馨的關係。

◎愛情與友誼：
1月10、13、20、30日、2月8、11、18、28日、3月6、9、16、26日、4月4、7、14、24日、5月2、5、12、22日、6月3、10、20、日、7月1、8、18日、8月6、16、30日、9月4、14、28、30日、10月2、12、26、28、30日、11月10、24、26、28日、12月8、22、24、26日

◎幸運貴人：
1月12、16、17、28日、2月10、14、15、26日、3月8、12、13、24日、4月6、10、11、22日、5月4、8、9、20、29日、6月2、6、7、18、27日、7月4、5、16、25日、8月2、3、14、23日、9月1、12、21日、10月10、19日、11月8、17、12月6、14日

◎強烈吸引你的人：
1月17、18、19、20日、3月31日、4月29日、5月27日、6月25日、7月23日、8月21日、9月19日、10月17日、11月15日、12月17日

◎砥礪者：
1月6、18、22、27日、2月4、16、20、25日、3月2、14、18、23日、4月12、16、21日、5月10、14、19日、6月8、12、17日、7月6、10、15日、8月4、8、13日、9月2、6、11日、10月4、9日、11月2、7日、12月5日

◎靈魂伴侶：
3月28日、4月26日、5月24日、6月22日、7月20日、8月18日、9月16日、10月14日、11月12日、12月10日

優點：很好的夥伴關係、性情溫和、講究策略、接受力強、直覺敏銳、體貼周到、追求和睦、易於相處、友好、親善大使
缺點：多疑、缺乏自信、軟弱、過於敏感、自私、易於受傷、狡詐

太陽星座：巨蟹座
區間：雙魚座／海王星
角度：巨蟹28º-29º
類型：本位星座
元素：水
恆星：南河三、柳宿增十

7月21日

CANCER

　　接受力和直覺力強，有雄心壯志且足智多謀，這個誕生日表明你是個有創造力而且敏銳的人。你好奇心強而且能理解他人的動機，這表明你能夠迅速評估人和形勢。巨蟹座的你敏感、頭腦精明，有很好的精神潛力。不過，有時你會覺得焦慮不安或多疑，這暗示你需要學會相信自己的直覺。因為你希望精神充實和博學廣知，所以教育或自學有助你增強你的智慧和自信。

　　受區間星座雙魚座的影響，你想像力豐富且具有超自然能力。你很主動、渴望成功、思想成熟有分析技能。只要你得到鼓勵，就會全力以赴並能處理任何狀況。培養責任感和堅持自己的信念，你就能跳脫宿命的限制。

　　你在保守和前衛之間搖擺不定，這暗示你的個性和創造力需要某種表達方式。但是如果你缺乏精神鼓勵，你可能緊張不安並且變得好爭吵或固執。

　　因為你的太陽星座在你1歲時就推進至獅子座，所以你很早就有加強自己力量、創造力和表達能力的機會。30歲時，你的生活重心將轉向更務實和理性的態度，你渴望有序的生活。在你60歲時會出現另一轉折，那時太陽星座推進至天秤座。這突顯了人際關係、社交和對美與和諧的熱愛，在你心中有很大的分量。

■真實的自我

　　你有時很活潑並有孩子般的特點，喜歡競爭或有創意的挑戰。你喜歡友好的智力之爭，並且樂於問一些敏銳刺激的問題。你喜愛在生活中找樂子，但個性會使你逃脫責任，但只要你相信某個計畫，你會變得熱情而且努力工作以便實現自己的理想。雖然你善於交際，但是你需要時間獨處以便恢復你的精力並給你時間思考。

　　你決心堅定而且天生就能理解事物的價值，這有助於你獲得財富，但如果要獲得完全的滿足感，你還有必要平衡你的這些能力和你洞察力。透過聆聽和相信你內心本能的呼喚而非順從你的理性思維，你更有可能獲得成功。你具有強烈的內心力量，能在困難時期幫助你。

■工作和職業

　　豐富的想像力和過人的智慧，能令你從事如教學、科學、社會工作或護理類的工作。你熱愛知識，渴望表達自己獨特的個人觀點，所以還可能特別喜歡寫作、設計、音樂、藝術或戲劇類的工作。你的分析能力或專業技術，對於你的事業相當有幫助。因為

你喜歡激烈的辯論，所以你的鬥爭和社交手腕在政治、宣傳、銷售或交易方面占有優勢。你能夠為事業籌集資金，這意味著從事慈善工作也是發揮你的組織管理能力的極好途徑。

這一天出生的名人包括作海明威，演員羅賓·威廉斯，小提琴手艾撒克·史坦，音樂家凱特·史蒂文斯，和作家兼導演喬納森·米勒。

■數字命理學

精力充沛和性格外向是21號壽星的特點。你好交際，興趣廣泛，接觸面廣，一般來說運氣很好。在其他人面前你顯得友好而且合群，有強大的創造力和直覺力，具有獨立精神。出生在21號的你風趣，迷人，有創造力和社交魅力。或者，你很害羞內向，需要更果斷堅定，特別是在親密的人際關係中。受7月分的部分影響，你很聰穎，務實，有很強的第六感。但有時，你需要學會相信別人，並克服過於多疑的傾向。你很外向，渴望與他人互動，但需要保持你的創造力和獨立性。雖然你很感性，但也很有創造力、勇敢，並且精力充沛。

■愛情和人際關係

你很友善而且內向，喜歡有創造力、獨立和勤奮而且了解自己想法的人。在親密的人際關係中，你需要從一開始就表現得果斷堅定；但你也需要避免不必要的擔心。你很精明自立，希望能了解別人的動機。但當你能夠敞開你的心扉表達自己的感受時，才能促進人際關係的發展。在你的人生中，女性給予你很多幫助，而且對你產生深刻的影響。

■你生命中的特殊之人

為了保持你對建立長期關係的興趣，你可能尋找出生在以下日期的人。

◎愛情與友誼：
1月21、28、31日、2月19、26、29日、3月17、24、27日、4月15、22、25日、5月13、20、23日、6月11、18、21日、7月9、16、19日、8月7、14、17、31日、9月5、12、15、29日、10月3、10、13、27、29、31日、11月1、8、11、25、27、29日、12月6、9、23、25、27日

◎幸運貴人：
1月9、12、18、24、29日、2月7、10、16、22、27日、3月5、8、14、20、25日、4月3、6、12、18、23日、5月1、10、16、21、31日、6月2、8、14、19、29日、7月6、12、17、27日、8月4、10、15、25日、9月2、8、13、23日、10月6、11、21日、11月4、9、19日、12月2、7、17日

◎強烈吸引你的人：
1月3、18、19、20、21日、2月1、4月30、5月28、6月26、7月24、8月22、9月20、10月18、11月16日、12月14日

◎砥礪者：
1月7、8、19、28日、2月5、6、17、26日、3月3、4、15、24日、4月1、2、13、22日、5月11、20日、6月9、18日、7月7、16、8月5、14日、9月3、12日、10月1、10、11月8、12月6日

◎靈魂伴侶：
1月3、19、2月1、17日、3月15日、4月13、5月11、6月9、7月7、8月5、9月3日、10月1日

優點：充滿靈感、有創造力、熱愛團結、關係持久、善於表達
缺點：依賴性強、神經緊張、情緒失控、缺乏遠見、沮喪、害怕改變

太陽星座：巨蟹座
區間：雙魚座
角度：巨蟹29°-獅子0°
類型：本位星座
元素：水
恆星：柳宿增十

7月22日

CANCER

因為你的誕生日位於巨蟹座和獅子座的交點上，所以你雖然感性果斷，有雄心壯志。通常你善於交際，你和藹可親的性格散發出迷人的魅力，並為你贏得朋友和影響他人。你有魄力又直率，你能因為自己的執著而有進步。

你聰明而且體貼周到，天生善於謀略，能夠融合運用你非凡的洞察力和對夢想的實踐能力。如果你找到了一種能擄獲你的想像力的興趣，請聽從你心裡的想法，別讓焦慮和擔憂破壞你巨大的潛力。

你想像豐富，有競爭意識，擁有很多能賺錢的點子；但由於你多才多藝而且興趣廣泛，所以需要釐清條理以便充分發揮你的能力。對知識的渴望促使你在你所從事領域有豐富的學識，而同時你的口頭說服能力會給你帶來一定的名望。在追求理想的過程中，你要避免變得過於嚴肅，這可能導致你感受不必要的壓力。

在你29歲之前，太陽星座在獅子座。這段時間著重強調你的創造力和社交能力。30歲之後，你的太陽星座推進至處女座，你變得更有分析能力、講究方法而且更有條理。這種更實用的完美主義性格將在你60歲時發生改變，那時太陽星座推進至天秤座，你會更注重私人關係和渴望和諧。

■真實的自我

安全感來自有目標感或做好未來的規畫。因此，你需要在追求理想、成就與懶散的生活態度之間找到平衡點。你具有良好的商業頭腦和賺錢的本領，所以你應該避免過於擔心金錢。雖然你非常獨立，但在與人合作的過程中，你能表現更好，你懂得團隊合作的價值。你有社交技巧，而且能將你的才能商業化，並能因此獲得經濟保障。

你果斷堅定，能夠憑藉你自己堅強的意志力徹底改變。當這一點得到積極利用時，就會成為一股改善自己的力量，但是為此你有必要在處理人際關係時保持公平公正。你希望得到認可，而且你以自己的努力為傲。你是個天生的完美主義者，願意為了實現自己的目標而努力奮鬥。

■工作和職業

藉由你能言善道的能力，你可以成為極好的推銷員、外交官或代理人。你熱愛知識，這表示你可能會從事教育事業和成為教師或演說家。而你對藝術的熱愛可能會激勵你在戲劇、電影、寫作、時尚、室內設計或音樂方面謀求職業。你具備烹飪手藝，你可

能會成為廚師，在廚房裡將自己的創造力和對事物的熱愛相互結合。另一方面，你具有實踐力，所以你可能成為工程師或技術人員。因為你生性體貼仁慈，所以你也能從事像諮詢師、顧問或兒童看護類的工作，你也可能更進一步為了某些有意義的事業籌資。

這一天出生的名人包括演員泰倫斯・史坦普和丹尼・葛洛佛，甘迺迪家族的蘿絲・甘迺迪，政治家鮑伯・多爾，和設計師奧斯卡・德拉倫塔。

■數字命理學

出生在22號的你是個驕傲、務實、自律並且直覺敏銳的人。這是個總數字，既代表數字22，也代表數字4。你很誠實勤奮，天生具有領導能力與魅力，對人際交往有深刻的認識。雖然你不擅長表露感情，但總是能維護與關心他人的福利。但你不會失去自己的準則或務實的立場。受7月分的影響，你敏感、聰慧、熱愛知識，有強烈的第六感。你容易受所處環境影響，需要發掘創新的方法和找到情感表達方式。你很隨和，喜歡社交活動，興趣廣泛，如果能專注於某個特定的目標，你將得到很多好處。你既謙虛又自信，你必須在為了目標努力與散漫想走捷徑之間，找到平衡點。

■愛情和人際關係

當你與朋友和夥伴交往時，魅力是你最大的資本。由於你喜歡引人注目，你的愛情生活應會豐富多彩。情感強烈是你突出的特點，表達你的強烈感情對你會有好處。但是，為了使彼此的關係持久，你最好避免過於情緒化或專制。你一旦安定下來，就會是個忠實體貼的朋友和夥伴。但你得平衡工作和人際關係之間的衝突。

■你生命中的特殊之人

你可能會贏得很多人的青睞，但是和出生在以下日期的人相處會更順利。

◎愛情與友誼：
1月18.22日、2月16.20日、3月14.18.28日、4月12.16.26日、5月10.14.24日、6月8.12.22日、7月6.10.20.29日、8月4.8.18.27.30日、9月2.6.16.25.28日、10月4.14.23.26.30日、11月2.12.21.24.28日、12月10.19.22.26.28日

◎幸運貴人：
1月6.10.25.30日、2月4.8.23.28日、3月2.6.21.26日、4月4.19.24日、5月2.17.22日、6月15.20.30日、7月13.18.28日、8月11.16.26日、9月9.14.24日、10月7.12.22日、11月5.10.20日、12月3.8.18日

◎強烈吸引你的人：
1月19.20.21.22日、5月29日、6月27日、7月25日、8月23日、9月21日、10月19日、11月17日、12月15日

◎砥礪者：
1月13.29.31日、2月11.27.29日、3月9.25.27日、4月7.23.25日、5月5.21.23日、6月3.19.21日、7月1.17.19日、8月15.17日、9月13.15日、10月11.13日、11月9.11日、12月7.9日

◎靈魂伴侶：
1月6.25日、2月4.23日、3月2.21日、4月19日、5月17日、6月15日、7月13日、8月11日、9月9日、11月7日、12月5日

優點：博聞廣見、善於指揮、直覺敏銳、務實、講究實際、善於動手、技能嫻熟、有建設能力、善於組織、現實、善於解決問題、有所成就

缺點：致富心切、神經緊張、專橫、追求物質享樂、缺乏遠見、懶惰，自我

獅子座
Leo

7.23〜8.22

太陽星座：獅子座和巨蟹座相交處
區間：獅子／太陽
角度：巨蟹29°30´-獅子1°
類型：固定星座
元素：火
恆星：無

7月23日

LEO

　　進取精神、聰穎、感性和變化不定是你的誕生日的部分特點。因為你出生在獅子座和巨蟹座的交點上，所以同時受太陽和月亮的影響。不過，獅子座的太陽占絕對優勢，而受太陽的影響，高貴、驕傲、創造力和急欲表現自己是你性格中的基本要素。你從幼年時期開始就很有自己的主見，而且你不斷尋求新的興趣、愛好和體驗。你喜愛冒險的性格令你不受拘束，而且你喜歡領先別人。

　　你最大的財富是你敏銳的思維能力，但有時你似乎太過於激進。你富於創新的內在潛力，非常適合學習新技能和改善現狀。無論你做什麼，你的創造力和足智多謀都會使情況改變。憑藉強烈的直覺和獨特的幽默感，你會顯得詼諧風趣。

　　你最大的缺點就是缺乏耐心，只有增強忍耐力，你才能避免行事衝動。當你發現了某種值得去做而且感興趣的事物時，憑著敏捷的智慧和多才多藝，你可以培養特定的工作長才。如果你能提高你的專注力和忍耐力，你會變得更務實思想更也會更成熟。

　　若想要利用你誕生日賦予的巨大潛能，你需要以理性和邏輯的態度面對事情。這將使你更勤奮和有條理，思考謹慎並深入細節。此外你天生有能力直驅問題核心，並迅速解決問題。

　　在13歲時，太陽星座推進至處女座。此後的30年，你很可能會受到這個星座務實、有辨別力、挑剔和追求完美的特點影響。在60歲時，太陽星座推進至天秤座，你的人生將出現一次轉折，人際關係、創造力與和諧成為你最重視的事。

■真實的自我

　　你有想法而且樂觀，對生活充滿極大的熱情，在你試圖成就大事的過程中，你喜歡冒險一搏。雖然你內心注重實際，但你得明白如果沒有耐心、合理的計畫和遠見，你的理想只能是空中樓閣。不過你仍是幸運的，多變的環境會帶給你很多不凡的幸福。

　　愛情和友誼對你都很重要，但你可能會在愛情中受到的教訓。你性格中變化不定的一面暗示雖然你內心敏感多情，有時你卻不確定自己的感受。這會導致你容易厭倦或分散精力。儘管你有點驕傲並喜歡別人的恭維，但樂於助人表示你是個有同情心的人。

■工作和職業

　　你的學習能力強，能在各種不同的工作中都能有所成就。不論你從事何種職業，你的雄心壯志和希望得到別人認可的心態，能使你升至事業的巔峰。性格中多才多藝的一

面暗示你可能喜歡需要旅行或充滿變化的工作。你很好動，可能會經歷各種不同的體驗或工作，並找到一份符合你喜愛冒險性格的工作。你在商業界或任何管理職位中都會特別成功。由於你熱愛自由又有進取精神，所以你還可能希望獨立以及自主創業。

這一天出生的名人包括作家雷蒙德‧錢德勒，演員邁克爾‧懷丁，神智學家馬克斯‧韓德爾，和演員伍迪‧哈里遜。

■數字命理學

情感細膩和敢於創新是23號誕生日具有的特點。通常你多才多藝，思維敏捷，態度專業，充滿創新理念。受數字23的影響，你能輕鬆地掌握新東西，但是你喜歡親身體驗，而非只是認同理論。你喜歡旅行、冒險和結識陌生人，數字23所具有的不安分特點，迫使你嘗試多種不同的體驗，而且你能掌握形勢。受7月分的部分影響，雖然有時你會懷疑自己，但你仍會保持堅定的決心。你多才多藝而且聰穎，需要透過精神追求來表達自己。你能投注大量時間於需要細心研究或獨立完成的工作。雖然你看起來考慮周到而且小心謹慎，但你想像力豐富、非常感性而且反應敏捷。

■愛情和人際關係

你善於交際，充滿熱情，喜歡想像力豐富而且能夠以智慧和知識鼓勵你的人。你敏感而且直覺力強，這表示你能識人、體貼並樂於助人。你機智驕傲，希望在社交圈發光發熱，但你需要隱私，這表明如果有人介入你的私生活，你會覺得不舒服。永不滿足的特點促使你尋求新鮮刺激的體驗，這包括短暫的關係或祕密的戀情。

■你生命中的特殊之人

為了保持你對長期關係的興趣，你需要尋找出生在以下日期的人。

◎愛情與友誼：

1月13、19、23日、2月11、17、21日、3月9、15、19、28、29、30日、4月7、13、17、26、27日、5月5、11、15、24、25、26日、6月3、9、13、22、23、24日、7月1、7、11、20、21、22日、8月5、9、18、19、20日、9月3、7、16、17、18日、10月1、5、14、15、16、29、31日、11月3、12、13、14、27、29日、12月1、10、11、12、25、27、29日

◎幸運貴人：

1月15、20、31日、2月5、13、18、29日、3月3、11、16、27日、4月1、9、14、25日、5月7、12、23日、6月5、10、21日、7月3、8、19日、8月1、6、17、30日、9月4、15、28日、10月2、13、26日、11月11、24日、12月9、22日

◎強烈吸引你的人：

1月19、20、21、22日

◎砥礪者：

1月6、14、30日、2月4、12、28日、3月2、10、26日、4月8、24日、5月6、22日、6月4、20日、7月2、18日、8月16日、9月14日、10月12日、11月10日、12月8日

◎靈魂伴侶：

4月30日、5月28日、6月26日、7月24日、8月22日、9月20日、10月18、30日、11月16、28日、12月14、26日

優點：忠實、負責、喜歡旅行、善於交際、直覺力強、有創造力、多才多藝、值得信賴、享有聲望

缺點：自私、不安、固執、不願妥協、愛找碴、退縮、有偏見

太陽星座：獅子座
區間：獅子座／太陽
角度：獅子1°-2°
類型：固定星座
元素：火
恆星：無

7月24日

LEO

你有志向、務實、負責，擁有一顆仁慈勇敢的心，是個理想主義的獅子座。你思想樂觀，有組織和規畫能力，善用己身廣博的知識。你有安全意識，希望建立穩定的基礎。通常你的幸福來自於保持活力或工作，而非浪費精力追求瞬時的歡娛。

因為你特別喜歡聰明或風趣的人，你們會以分享興趣或追求知識、智慧，做為相處的基礎。教育是你進步的重要因素，不論是在你人生的哪個階段，就算是自學某個科目、興趣，也會令你有不同的啟發。藉由運用你完備的常識和發掘直覺力，你能成為周圍人的顧問。

你想像力豐富而且有賺錢的觀念，非常理解現行的趨勢，喜歡在賺錢的同時創新。但在你渴望成功的同時，要學會互相讓步和掌握談判的技巧，避免過於挑剔、固執或好鬥。

在你29歲時，太陽星座推進至處女座，此後的30年，你會更重視你工作、實際效率和自己產出的成果。你在為他人服務和盡心完成工作中獲得更多的滿足感。另一次轉折出現在59歲太陽星座推進至天秤座之時，這次轉折促使你更圓滑、更注重人際關係、平衡和和睦的環境。

■真實的自我

你多才多藝，不僅興趣廣泛，而且希望藉著開發新觀點使自己見多識廣。這可以防止你變得厭煩或靜不下來。你充滿理想，需要在為信仰而奮鬥和接受命運安排之間找到平衡。當你確立自己的人生哲學，就能了解如何接受自己的極限。

除非你學會沉澱和思考，否則很難進步，但想得到內心的平靜卻要靠自己相當的努力。在追求完美的過程中，反思是一種特別有用的方法。家庭是你尋求安全感的庇護所。你經常尋求內在的學識或智慧，以期得到內心的愛或平靜。對智慧的追求將是你人生永遠的課題，你更能在研究玄學或宗教時得到更強的能量。

■工作和職業

你的自豪感和強烈的責任感促使你想要做好工作。你很足智多謀擅長從事管理、行政或領導工作。你善於組織和企劃，能在商業方面表現傑出，尤其是在合夥工作時。你在宣傳或廣告行業同樣表現優秀。你聰明的頭腦會可能會使你喜歡教育、哲學、宗教或心理學。你天生吸引眾人目光，作為演員、作家或政治家等職業，能讓你這種強大的天

賦找到舞台。

這一天出生的名人包括法國作家大仲馬，潔兒達‧費茲傑羅（作家史考特‧費茲傑羅的妻子），和電視演員琳達‧卡特。

■數字命理學

出生在24號的你討厭受束縛，但你很勤奮並有實踐能力和準確的判斷力。24號的壽星通常情感細膩，這意味著你渴望建立安定和秩序。雖然有時你不露感情，但是你忠實公正而且認為行動勝過言語。你具有務實的生活態度，以及擁有很好的商業頭腦和戰勝困難的能力。作為數字24的人，你得克制固執己見的傾向。受7月分的部分影響，你喜歡在做出決定前仔細觀察。因為你對結構敏感而且能輕鬆地建立有效的體系，你的創造力和實踐能力能為你帶來很大的幫助。

■愛情和人際關係

你直覺敏銳而且精明，喜歡不尋常的關係或能激勵你獲得更廣博知識的人。雖然對你而言家庭和家人很重要，但你強烈渴望自由和獨立，這暗示你內心潛在的不安分和對成功的渴望，可能會與你長期待在同一個地方的傾向相抵觸。你往往喜歡那些懂得比你多的人。你在表現自己時會給人深刻印象，而你也一直保持年輕和有趣的性格。

優點：幹勁十足、充滿理想、有實踐技能、決心堅定、誠實、坦率、公正、慷慨、愛家、活躍、精力旺盛
缺點：追求物資享受、過於節約、不穩重、無情、厭惡常規、懶惰、不忠實、反覆無常、固執

■你生命中的特殊之人

從出生在以下日期的人中，你會找到合適的伴侶。

◎愛情與友誼：
1月3、4、14、20、24日、2月2、12、18、22日、3月10、16、20、29、30日、4月8、14、18、27、28日、5月6、12、16、25、26、31日、6月4、10、14、23、24、29日、7月2、8、12、21、22、27日、8月6、10、19、20、25日、9月4、8、17、18、23日、10月2、6、15、16、21、30日、11月4、13、14、19、28、30日、12月2、11、12、17、26、28、30日

◎幸運貴人：
1月4、8、21日、2月2、6、19日、3月4、7、28日、4月2、15、16日、5月13、24日、6月11、22日、7月9、20日、8月7、18、31日、9月5、16、29日、10月3、14、27日、11月1、12、25日、12月10、23日

◎強烈吸引你的人：
1月3、21、22、23日、2月1、5月31日、6月29日、7月27日、8月25日、9月23日、10月21日、11月19日、12月17日

◎砥礪者：
1月7、10、15、31日、2月5、8、13、29日、3月3、6、11、27日、4月1、4、9、25日、5月2、7、23日、6月5、21日、7月3、19日、8月1、17日、9月15日、10月13日、11月11日、12月9日

◎靈魂伴侶：
3月31日、4月29日、5月27日、6月25日、7月23日、8月21日、9月19日、10月17日、11月15、27日、12月13、25日

太陽星座：獅子座
區間：獅子座／太陽
角度：獅子1°45´-3°
類型：固定星座
元素：火
恆星：無

7月25日
LEO

你富於創新、喜愛娛樂、風趣，能夠將己身才能商業化，是個充滿魅力、幹勁和熱情的獅子座。你的誕生日表明你在擁有精神活力和輕鬆愉快的態度的同時，也具有更深刻和更透徹的反思性格，這種性格有待發展。

受主宰行星太陽的部分影響，你很高貴而且能夠表達生活中的快樂。你多才多藝、慷慨大方、好奇心強，有許多興趣愛好。而你善於交際，有時會因為想要的東西太多以致於分散精力。不過，你技能熟練而且有藝術才能，若能以創意為前提開發事業，成功潛力將是無限。雖然你很聰明，但是若對自己真正想做的事感到困惑，就會使自己感到焦慮和猶豫不決。如果你得到鼓勵，你會樂於加強自己的忍耐力和恆心，使可能實現的夢想成真。

你的開拓和進取精神以及強烈的生存本能使你善於謀略，並且如果你願意為長遠的目標而努力而不要短視近利，就能奉獻並有所表現。你要學會相信自己的直覺，避免變得情緒不安或好嫉妒。

在28歲時，太陽星座推進至處女座。此後的30年中，你的分析能力會日益進步，並受到處女座務實高效的特點所影響。另一次轉折出現在58歲太陽星座推進至天秤座時，這次轉折促使你多與人合作、更圓融而且更注重合作關係與和睦。

■真實的自我

加強自信心，你可以學會依賴內在的才能和無所懷疑。因為你聰明敏銳，所以你具有快速評估人和事情的能力。這種心理能力可以純粹用於獲得財富，或給他人一些智慧和經驗作為回報。你需要鼓勵和推動你前進的考驗，但你會發現自己能夠以意想不到的方式幫助別人。

你有可能不安分或不耐煩，所以需要以積極的方式釋放並集中自己的精力，這些積極的方式包括鍛鍊、旅行或探索。雖然你敢衝敢闖並能發現更多商機，但要謹防錢賺得快花得也快。

■工作和職業

你天生引人注目而且有創造力，能將這些才能用於各種職業以及娛樂界。雖然你看起來很自信，但切記要充實自己的能力，才能克服在工作領域中的不確定及懷疑。天生富有魅力而且有社交技巧，能使你在任何與人有關的職業，包括政治或團隊工作中取

得成功。你特別善於表達，能成為優秀的作家、演說家或銷售員。你渴望充滿變化的職業，這暗示你應該避免單調的工作。如果你從商，你會積極創新，並對你感興趣的事業全力以赴。而你的創造力可以成功地體現在藝術或音樂行業。

這一天出生的名人包括藝術家麥克斯菲爾德·派黎思，畫家湯瑪斯艾金斯，超級名模伊曼，演員艾絲塔·葛蒂，和布萊德·藍佛。

■數字命理學

數字25的人直覺力強、考慮周到，思維敏捷而且精力充沛，渴望藉由各種不同的經驗表現自己。這些經驗包括新穎刺激的觀點、人或地點。你追求完美，這將促使你努力工作並且成果豐富。但若事情不能如願，你需要更多的耐心或寬容力。作為數字25的人，你具有強大的精神力量，當你精力集中時，能察覺所有事實並先於別人得出結論。學會相信直覺並加強恆心與耐心，成功和幸福就會來臨。受7月分的部分影響，雖然有時你很神祕而且害怕表露自己的感受，但是你一直尋求表現自己的方式。通常你直覺力強而且警惕性高，能透過實際運用和理論兩種方式獲得技能和知識。

■愛情和人際關係

你有魅力、引人注目，有創造力與感性的特點，使你很容易交到朋友和影響別人。通常你很有自信，有理想，樂善好施並體貼別人。雖然你願意為自己所愛之人做出犧牲，但有時你會顯得自私或退縮。你得慎選自己所愛之人，一旦你找到理想的伴侶，你就會是個忠誠、體貼和稱職的夥伴。

優點：直覺敏銳、追求完美、洞察力強、有創新思維、善於交際
缺點：衝動、沒有耐心、不負責、過於多情、好嫉妒、神祕兮兮、命運多舛、挑剔、情緒易變

■你生命中的特殊之人

從出生在以下日期的人中，你更有可能找到你的另一半。

◎愛情與友誼：
1月21.25日、2月19.23日、3月17.21.30日、4月15.19.28.29日、5月13.17.26.27日、6月11.15.24.25.30日、7月9.13.22.23.28日、8月7.11.20.21.26.30日、9月5.9.18.19.24.28日、10月3.7.16.17.22.26.29日、11月1.5.14.15.20.24.27日、12月3.12.13.18.22.25.27.29日

◎幸運貴人：
1月5.13.16.22.28日、2月3.11.14.20.26日、3月1.9.12.18.24.29日、4月7.10.16.22.27日、5月5.8.14.20.25日、6月3.6.12.18.23日、7月1.4.10.16.21日、8月2.8.14.19日、9月6.12.17日、10月4.10.15日、11月2.8.13日、12月6.11日

◎強烈吸引你的人：
1月21.22.23.24.25日、6月30日、7月28日、8月26日、9月24日、10月22日、11月20日、12月18日

◎砥礪者：
1月2.23.30日、2月21.28日、3月19.26.28日、4月17.24.26日、5月15.22.24日、6月13.20.22日、7月11.18.20日、8月16.18.19日、9月7.14.16日、10月5.12.14日、11月3.10.12日、12月1.8.10日

◎靈魂伴侶：
1月14.22日、2月12.20日、3月10.18日、4月8.16日、5月6.14日、6月4.12日、7月2.10日、8月8日、9月6日、10月4日、11月2日

太陽星座：獅子座
區間：獅子座／太陽
角度：獅子2°45´-3°30´
類型：固定星座
元素：火
恆星：無

7月26日
LEO

你考慮周到、令人愉快、很有志向，顯得自信而且迷人慷慨。獅子座的你莊重高貴，有著敏銳的智慧。這表示你是個很好的心理學家，能夠理解他人及其動機，有能力使人察覺自己的特別與重要性。

受主宰星太陽的雙重影響，你很驕傲，但是你得學會區分高貴和傲慢。因為你希望得到很好的待遇和恭維，所以你難以接受他人的批評。透過建立和睦平衡的人際關係，你可以更容易表達自己的思想觀點。

雖然你很堅強、執著而且具有突破和忍耐的能力，但是要避免態度過於強硬固執和不耐煩。如果你能保持鎮定，你就能夠以風趣和符合邏輯的方式呈現出新穎的觀點，並說服別人從你的角度去看問題。這有助你有益地運用自己的觀點。

敏銳的思維和快速思考的能力，意味著你是個果斷的健談者，喜歡直接了當且清楚無誤。雖然你很嚴謹，但你最好避免在你需要釋放沮喪情緒時挖苦別人。

你天生的活力和引人注目的欲望，可能會使你喜歡運動、遊戲和社交活動。在你27歲時，太陽星座推進至處女座，你會逐漸渴望實用的秩序、分析能力和生活中的有條不紊。在57歲時太陽星座推進至天秤座，你的人生會出現另一次轉折，從此你渴望更積極維持密切的私人關係，而你考慮的方向可能從實際面轉向表現美感的一面。

■真實的自我

你願意為了實現自己的目標努力工作，希望自己能成為活動的領導人。但你固執任性，有時因為太過為所欲為而忽視內心深處的感受。有時，驚人的洞察力會表現在你極好的幽默感上，你不只是開玩笑，內心更具備成熟的智慧。

你渴望開創新事業，尤其是與人際交往有關的事業。你善於交際，需要從與人有啓發性的交談之中，不斷持續自己的動力。有時你熱心關切他人的事務，你很善良、體貼有禮。但如果你過於執著，你就會顯得固執而且惹上麻煩。

■工作和職業

你天生有自信與熱情，加上你對別人有強大的影響力，這意味著你是個理想的領導者。你能言善道的天賦加上精明的頭腦，將使你成為極好的宣傳員、談判員、代理人或銷售員。相同地，你也能成為優秀的作家或演說家。你是天生的優秀心理學家，會喜歡像諮詢或公共關係這類職業。如果你從事商業，你的組織能力和謀略技巧會促使你成就

一番大事業。或者，你也可能想要成為娛樂或藝術界的導演。雖然你很獨立，但與人合作會得到更多好處。

這一天出生的名人包括瑞士心理學家兼作家榮格，劇作家蕭伯納，歌手米克‧賈格，小說家阿道司‧赫胥黎，電影導演史丹利、庫伯力克和布萊克‧艾德華，和科學家拉夫洛克。

■數字命理學

26號出生的你擁有務實的生活態度、管理能力和良好的商業頭腦。你通常很負責，有審美觀念，熱愛家庭，渴望建立穩定的基礎或找到真正的安定感。你時常成為別人的靠山，願意幫助那些需要幫助的朋友、家人和親戚。不過你需要避免物質主義傾向，和控制形勢或別人的欲望。受7月分的部分影響，你得在你的需求和對他人的義務之間找到平衡點。你是個完美主義者，注重細節，希望建立美和和諧。你的誕生日暗含的理想主義特點和力量表示你是個謹慎的人，價值觀強烈和判斷力準確。

■愛情和人際關係

朝氣蓬勃和貪玩的特點，使你很吸引人但缺乏責任感。你善於交際而且風趣，所以你不難交到朋友，而且你是個極佳的主人。你喜歡與所愛之人分享，既熱心又迷人。儘管你覺得到處玩玩很不錯，但你更喜歡與一個能理解你需求和欲望的人實行更長遠的承諾。

■你生命中的特殊之人

從出生在以下日期的人中你可以找到一個鼓舞人心的伴侶。

◎愛情與友誼：

1月6、16、22、26日、2月4、14、20、24日、3月2、12、18、22日、4月10、16、20、30日、5月8、14、18、28日、6月6、12、16、26日、7月4、10、14、24、31日、8月2、8、12、22、29日、9月6、10、20、27日、10月4、8、18、25日、11月2、6、16、23、30日、12月4、14、21、28、30日

◎幸運貴人：

1月6、17、23、31日、2月4、15、21、29日、3月2、13、19、27、30日、4月11、17、15、28日、5月9、15、23、26日、6月7、13、21、24日、7月5、11、19、22日、8月3、9、17、20日、9月1、7、15、18、30日、10月5、13、16、28日、11月3、11、14、26日、12月1、9、12、24日

◎強烈吸引你的人：

1月22、23、24、25、26日

◎砥礪者：

1月24日、2月22日、3月20、29日、4月18、27、29日、5月6、16、25、27、30日、6月14、22、25、28日、7月12、21、23、26日、8月10、19、21、24日、9月8、17、19、22日、10月6、15、17、20日、11月4、13、15、18日、12月2、11、13、16日

◎靈魂伴侶：

1月13日、2月11日、3月9日、4月7日、5月5日、6月3、30日、7月1、28日、8月26日、9月24日、10月22日、11月20日、12月18日

優點：有創造力、講究實際、體貼、負責、以家庭為自豪、熱情、勇敢

缺點：固執、叛逆、關係不穩定、冷淡、缺乏恆心

太陽星座：獅子座
區間：獅子座／太陽
角度：獅子3°45´-5°
類型：固定星座
元素：火
恆星：無

7月27日

LEO

你友好親切而且通情達理，具有第六感，是個接受力強而且性格堅強的人。你富於創新，渴求知識與探索，天生想像力豐富而且好奇心強，期望用思想和言語或發掘新觀點來表達自己。

你有決心而且追求進步，尋求精神刺激並能隨時有好的想法。你能迅速掌握資訊，很少會錯過了解最新消息的機會，而且你還往往是個書籍、雜誌或電腦技術的收藏家。

受區間星座獅子座的部分影響，你具有活躍的性格，有魅力和漂亮的外表。你很友善，喜歡親密的交談和私人聯繫。不過你性格很極端，需要學會平衡你慷慨大方和過於敏感固執的傾向。

因為你好交際而且言語有威力，所以你希望從大局去處理公共事務，而且你善於交際和處理公共關係。當你得到鼓勵時，無論你做什麼，你都會在開始時滿懷熱情，但不一定有充分的準備。這種傾向可能令你容易厭倦或灰心，也暗示興趣太多會分散你原本專注的思維。

你直覺力強而且務實，是個成果豐富的理想主義者，憑藉著你熱情的性格、學識和豐富的想像力，你能提出令人印象深刻的新穎想法。但是你需要學會如何將極好的觀點轉化為實際構想。

在26歲時太陽星座推進至處女座，你開始變得不那麼專制，因為你的注意力轉向變得更有分析力、務實和思考。隨著責任增加，你發現自己希望把工作做得更完美而且更有效。在56歲時，太陽星座推進至天秤座，你的生活重心發生轉移，你會變得更隨和、適應力強和圓滑。

■真實的自我

雖然你有雄心壯志，但是你發現最大的快樂來自與他人的分享。因為你既獨立又有依賴感，所以你需要平衡感情上的這兩個極端，並建立密切深入的關係，讓自己所有的關係建立在平等和互相包容的基礎上。

你很熱心、體貼而且高度理想主義，這將使你藉由藝術、音樂還是宗教形式獲得高度的靈感。這種崇高境界與世俗的性格有時會導致內心緊張不安。你要主動付出而非期待人們同等回饋，這樣才能避免讓自己失望。

■工作和職業

憑藉你敏捷的智慧、非凡的記憶力和領導才能，你可以在各種工作中做出寶貴的貢獻。你喜歡與人有關的工作和活動，可能會成為優秀的推銷員、教練、宣傳員、代理人，或從事公共關係。同樣地，你還能成為優秀的作家、教師或管理者。如果你從商，會希望自己成為領導，所以你需要自主創業或位居管理職位。你願意分享自己的專業知識，成為律師或顧問是不錯的選擇，而且你可能覺得自己在為某個目標奮鬥。或者，你也會喜歡符合你對顏色、美、形式或音樂熱愛的職業。

這一天出生的名人包括鄉村音樂家芭比‧珍翠，歌手兼演員瑪琳‧麥高文，和詩人貝洛克。

■數字命理學

27號誕生日表示你愛幻想而且感性。你直覺力和分析力強，思想豐富而且新穎，能夠以獨特的思維給人留下深刻印象。雖然有時你看起來很神祕、過於理性或孤僻，但事實上你正在掩飾內心的不安。在強化優秀的社交能力過程中，你要避免不願表達內心感受。教育對於數字27的人很重要，透過增強思想深度，你會變得更有耐心和自制力。受7月分的部分影響，你有魅力、擁有豐富的想像力和強烈的直覺。你很有魄力、決心和觀察力，極其注重細節。培養樂觀的態度和學會聽取他人意見，你能克制多疑的傾向。有時忽略他人沒有建樹的建議並從個人經驗中學習，能獲得對人生智慧的深刻理解。

■愛情和人際關係

你精力充沛而且充滿魄力，但想法卻不簡單。你友善且好交際，但實際上喜歡與少數朋友建立親密的關係，但陽光的性格卻能吸引很多人。你有抱負而且主動，喜歡勤奮並且白手起家的人。為了得到幸福和長久的關係，你需要克制占有欲或喜怒無常的傾向。不過，在人際關係中，你常常是迷人、忠誠而且樂於助人。

■你生命中的特殊之人

從出生在以下日期的人中，你找到愛人的機會更大。

◎愛情與友誼：

1月1、4、27、29日、2月2、25、27日、3月23、25日、4月21、23日、5月19、21、29日、6月17、19、27日、7月15、17、25日、8月13、15、23日、9月11、13、21日、10月9、11、19日、11月7、9、17日、12月5、7、15日

◎幸運貴人：

1月3、10、15、18日、2月1、8、13、16日、3月6、11、14、29、31日、4月4、9、12、27、29日、5月2、7、10、25、27日、6月5、8、23、25日、7月3、6、21、23日、8月1、4、19、21日、9月2、17、19日、10月15、17日、11月13、15日、12月11、13日

◎強烈吸引你的人：

1月23、24、25、26、27日、4月30日、5月28日、6月26日、7月24日、8月22日、9月20日、10月18日、11月16日、12月14日

◎砥礪者：

1月9、14、16、25日、2月7、12、14、23日、3月5、10、12、21、28、30日、4月3、8、10、19、26、28日、5月1、6、8、17、24、26日、6月4、6、15、22、24日、7月2、4、13、20、22日、8月2、11、18、20日、9月9、16、18日、10月7、14、16日、11月5、12、14日、12月3、10、12日

◎靈魂伴侶：

12月29日

優點：	多才多藝、想像力豐富、有創造力、堅定、勇敢、善於理解、心理能力強、追求精神層面、勇於創新、有精神動力
缺點：	難以相處、好爭吵、易怒、好爭論、不安分、神經緊張、不信任別人、過於多情

太陽星座：獅子座
區間：獅子座 / 太陽
角度：獅子4°45´-5°30´
類型：固定星座
元素：火
恆星：無

7月28日
LEO

獅子座

你的誕生日賦予你充滿活力的性格，使你成為迷人、善良、慷慨而且天生具有領導能力的人。憑藉你強烈的抱負、勇氣、感性和敏捷的反應能力，你可能獲得傑出的成就。

受區間星座獅子座的部分影響，你的自信形象很受人喜歡。雖然你工作很勤奮，但繁忙的社交生活也是你日常生活的重要部分。只是你要確保這種生活沒有摧毀你的自我約束能力，也能使自己充分利用本身優異的才能。

你世故但有教養，希望得到顯赫地位和奢侈品，而且你對美感也有很好的鑑賞力。你需要以獨特的方式表達自己的靈感，並在戲劇、藝術、音樂和娛樂界尋求認可。你善於交際而且風趣，如果你願意，會是個社交高手。

雖然你是個堅強、驕傲而且高貴的人，但有時也會表現出人意料的謙虛。不過你要克制因感情一成不變和受到束縛，而覺得不耐煩或專制的傾向。你有野心並想極力表現，所以你要避免過分工作或玩樂，因為這最終會為你的健康帶來負擔。憑藉著努力工作、謀略和規畫的潛力，你可以取得成功。

你從小就喜歡社交活動並受人重視，你會因此培養自己的領導能力。在你25歲時，太陽星座推進至處女座，你會變得更有辨別力、務實、注意自己的時間和精力。你可能會尋求更有效的管理方法，尤其在工作方面。在你55歲之後的30年，你的太陽星座推進至天秤座。這次轉折強調你的人際關係的重要性，而且會給你的生活帶來和諧與平衡。你可能在這個階段對寫作、藝術、音樂或治療感興趣。

■真實的自我

雖然你散發出魅力、智慧和創造力，並且具備使人愉快的能力，但有時你可能變得過於嚴肅或自私，而且覺得你的努力得不到欣賞，你會因此變得好爭論或自我放縱。為了表現你真正的人道主義和仁慈性格，你需要將這些沮喪情緒轉變成慷慨客觀的性格，如此才能受人歡迎並得到賞識。

你不僅直覺力強和有很好的幽默感，還需要得到所愛之人的認可。你不喜歡孤獨，很可能會為了和平、家庭和家人做出讓步。要謹防對感官享受的喜愛，會使你會失去表現自我潛力的動力。

■工作和職業

你天生引人注目並有領導能力，可以令你在戲劇方面成為優秀的演員或導演。你獨立自主又有領導能力，自然而然地會得到自己想要的成果。你能將自己的才華商業化，並且建立有益的人際關係。你具有魅力和社交能力，很可能會在與人有關的活動中成功。你的溝通技能可以用於寫作、演說、出版或銷售行業。若你能約束自己過於愛競爭的性格，你還可以在商業方面取得成功。此外，你人道主義的特點可能引導你從事社會變革、保健和慈善工作。這個誕生日還代表音樂才能。

這天出生的名人包括前總統夫人賈桂琳・甘迺迪，兒童作家碧翠絲・波特，藝術家馬塞爾・杜象，和音樂家邁克・布隆菲爾德。

■數字命理學

你獨立自主，有理想，決心堅定，態度務實，總是以自己作為標準。和數字1的人一樣，你有志向，直率而且有進取精神。這個誕生日還意味著你內心存在著想要獨立和成為團體一員的矛盾。你樂於採取行動和開創新事業，能勇敢地迎接生活的挑戰、而你的熱情能輕鬆地鼓勵別人加入或支持你的事業。出生於28號的你有領導力，並且依賴於自己的常識、邏輯和清晰的思維能力。你很負責，但也可能會過於熱情、不耐煩或不夠寬容。受7月分的部分影響，你需要學會相信內心的感受，克服和權力、物質相關的問題。如果你多疑又不信任別人，將錯失與人分享你創造才能的機會。

■愛情和人際關係

浪漫和慷慨大方的性格，很容易吸引他人。儘管你願為所愛之人做任何事，但要謹防過於專橫。由於你情感強烈，所以可能會經歷刻骨銘心的愛情或是一見鍾情。為了實現你的目標，你必須在自由自主與愛情及工作間找到平衡點。

■你生命中的特殊之人

你和出生在以下日期的人更有可能建立良好的愛情和友情關係。

◎愛情與友誼：
1月2.28日、2月26日、3月24日、4月22日、5月20.29.30日、6月18.27.28日、7月16.25.26日、8月14.23.24日、9月12.21.22日、10月10.19.20.29.31日、11月8.17.18.27.29日、12月6.15.16.25.27日

◎幸運貴人：
1月2.10.13.16日、2月8.11.14日、3月6.9.12日、4月4.7.10日、5月2.5.8日、6月3.6日、7月1.4.30日、8月2.28.30日、9月26.28日、10月24.26日、11月22.24日、12月20.22.30日

◎強烈吸引你的人：
1月24.25.26.27.28日、10月31日、11月29日、12月27日

◎砥礪者：
1月3.9.10日、2月1.7.8日、3月5.6.31日、4月3.4.29日、5月1.2.27日、6月25日、7月23日、8月2.21.31日、9月19.29日、10月17.27日、11月15.25日、12月13.23日

◎靈魂伴侶：
1月5日、2月3日、3月1日、5月30日、6月28日、7月26日、8月24日、9月22日、10月20日、11月18日、12月16日

優點：富有同情心、追求進步、勇敢、有藝術才能、有創造力、充滿理想、有雄心壯志、勤奮、家庭生活安定、意志力頑強

缺點：愛幻想、缺少動力、缺乏同情心、不切實際、專橫、缺乏判斷力、好鬥、缺乏信心、過於依賴別人、驕傲

太陽星座：獅子座
區間：獅子座／太陽
角度：獅子座5°30´-6°30´
類型：固定星座
元素：火
恆星：鬼星團（積屍氣）

7月29日

LEO

情感和想像力豐富是這個誕生日的特點。你引人注目，有才華，性格迷人，是有決心的獅子座，能夠憑藉靈感和鼓勵成就很高的境界。

受區間星座獅子座的影響，你很驕傲而且需要認可，表現得自信堅定。因為你憑自己的感受判斷一切事物，所以你需要找到自我表現的方式或發揮你藝術或創造才能的途徑。你的感情起伏很大，憑藉你考慮周全和熱心的特點，你能贏得他人的敬佩。你若不能按自己的方式行事，就會變得專制或胡鬧，而且可能感情用事。

你情感細膩，有很好的商業頭腦和強烈的物質意識，你也有堅定的性格和責任感。只要你對某件事物特別感興趣，就會有決心與毅力堅持到底，加上你強烈的預感和熱情，你可以激勵別人；但是，你有必要保持謙遜和平，更要腳踏實地行事。

在24歲時，太陽星座推進至處女座，你會變得不那麼專制，因為你開始致力於分析、務實和思考層面。責任感成了生活重心，你希望把工作做得更完美有效率。在你54歲之後，太陽星座推進至天秤座，你會變得更輕鬆、圓滑和有創造力，而且人際關係在你的生活中會發揮更重要的作用。

■真實的自我

你具有遠大的理想，為了實現理想，你必須有明確的目標，並要有強烈的自我約束力和專注力。你的主要問題來自於你消極的思想或對別人期望太高，這會導致你沮喪或失望，並因此引發不滿情緒。你具有奮發向上、東山再起的潛力，找到能發揮你細膩的想像力和創新的精神方式是很重要的。有目標地努力工作，會使你自己的能力受到他人認可。

■工作和職業

你天生就有權力欲望，不喜歡低人一等，如果能無私地為某個目標或理想而奮鬥，你會表現最好。因此從事政治、慈善工作或社會改革方面的工作是不錯的選擇。你十分引人注目，在演藝界會得到很好的發揮，你也能透過教學或寫作與人分享你的知識。你的敏感和視覺有助於你成為一名成功的電影導演或攝影師。同樣地，你能夠使藝術或美的事物商業化，也能運用你的社交能力將你的事業和興趣相互結合。

這一天出生的名人包括政治家達格·哈馬舍爾德，女星克拉拉·鮑，和電影導演比爾·佛塞斯。

■數字命理學

作為數字29的人，你具有強烈的個性和非凡的潛力。你直覺敏銳，感性多情。靈感是你成功的關鍵，沒有靈感你會覺得毫無目標。你是個夢想家，要避免性格極端面引起的情緒起伏不定。如果你相信自己內心深處的感覺並敞開心扉，就能克制焦慮不安或自閉的傾向。要是能用你的創新思維去行事、奉獻，更能激勵或服務他人。受7月分的影響，誠實和同情心是你真正的力量所在，你能因此營造愛與和睦的氛圍。你有魅力和魄力，如果你希望身居領導職位，負責的態度、公正和多種能力，會使你獲得他人的尊敬和忠誠。

■愛情和人際關係

你喜歡有權勢和影響力的人，你浪漫而且引人注目。你的情緒常會影響你的人際關係。你感情強烈，敏感體貼，仁慈善良，善於表達。忠誠和奉獻對於你來說非常重要，但你要避免專橫和刻薄的傾向。藉著負責和付出，會得到他人的尊敬和讚揚。

■你生命中的特殊之人

從出生在以下日期的人中，你找到另一半的可能性更大。

◎愛情與友誼：

1月3, 22, 25, 29, 30日、2月1, 20, 23, 27, 28日、3月18, 21, 25, 26日、4月16, 19, 23, 24, 28日、5月14, 17, 21, 22, 26, 31日、6月12, 15, 19, 20, 24, 29日、7月10, 13, 18, 22日、8月8, 11, 15, 16, 20, 27, 29, 30日、9月6, 9, 13, 14, 18, 23, 27, 28日、10月4, 7, 11, 12, 16, 21, 25, 26日、11月2, 5, 9, 10, 14, 19, 23, 24日、12月3, 7, 8, 12, 17, 21, 22日

◎幸運貴人：

1月17日、2月15日、3月13日、4月11日、5月9, 29日、6月7, 27日、7月5, 25日、8月3, 23日、9月1, 21日、10月19, 29日、11月17, 27, 30日、12月15, 25, 28日

◎強烈吸引你的人：

1月25, 26, 27, 28, 29日、5月31日、6月29日、7月27日、8月25, 30日、9月23, 28日、10月21, 26日、11月19, 24日、12月17, 22日

◎砥礪者：

1月20, 23日、2月18, 21日、3月16, 19日、4月14, 17日、5月12, 15日、6月10, 13日、7月8, 11日、8月6, 9日、9月4, 7日、10月2, 5日、11月2日、12月1日

◎靈魂伴侶：

1月4, 31日、2月2, 29日、3月27日、4月25日、5月23日、6月21日、7月19日、8月17日、9月15日、10月13日、11月11日、12月9日

優點：富有靈感、追求平衡、心態平和、慷慨大方、成功、有創造力、直覺力強、神祕、理想堅定、善於處世、誠實

缺點：不夠專心、不安、神經緊張、自私、自負、情緒多變、難以相處、極端、考慮不周、過於敏感

太陽星座：獅子座
區間：獅子座／太陽
角度：獅子6°30´-8°
類型：固定星座
元素：火
恆星：鬼宿三、鬼宿四、鬼星團
　　　（積屍氣）

7月30日

LEO

你的誕生日表明你富於創新、有大志、感情強烈、性格迷人。你心態年輕、善於交際，喜歡身邊有人陪伴。雖然你有點理想主意，但你也了解物質因素的重要，並且有不錯的商業頭腦。

受區間星座獅子座的影響，你喜歡逗人開心，也喜歡地位顯赫。你驕傲而且引人注目，散發出自信的光彩和王者的風範。你能夠從人群中脫穎而出、熱心而友善。但是，你得謹防太過自我而變得傲慢或喜怒無常。

你尋求獨特的方式表現自己，比如寫作、戲劇、藝術或音樂。你自信勇敢，樂於冒險，舉止慷慨。在你渴望奢華時，得謹防過於放縱或揮霍無度。不過，雖然你自信從容，卻也非常風趣，是個極好的朋友。

在你23歲時，太陽星座推進至處女座，在你的日常生活中逐漸需要實用的秩序。喜歡分析事物和尋找改善生活的方法，使你的生活更健康或更有條理，這種情況將持續至你53歲，太陽星座推進至天秤座之時。這次轉折突出與人合作、尋求融洽關係、創造力與生活和睦的重要性。

■真實的自我

你的敏銳度會愈來愈好，心胸開闊而且有同情心。你會幫助有困難的人，成為很好的聽眾或顧問。你創新而且風趣，有振奮他人情緒的天賦。你內心的高貴賦予你天生的優雅，並使你能擺脫舊思想的束縛。

偶爾，你會因而想的太多而不知所措或變得頹廢，這種過度的感受還會導致你掩藏自己的敏感或逃避現實。如果你專注於自我的需求，你會變得自負或過於自私，並忘記自己崇高的理想。但是，當你顯現出獅子座特點時，你將不再焦慮不安或覺得不幸，而且會對你身邊的人表現出愛和溫暖。

■工作和職業

你天生的權威感和社交能力，使你成為最好的領導者，或從事能給你足夠自由按自己的方式行事的工作。天生的交際手腕會使你選擇像公共關係或客戶服務這類職業，而你的社交技能會助你在宣傳或出版行業成功。你特別擅長與社交有關的職業，比如俱樂部或餐館，並且因為你喜歡娛樂，你也可能進入演藝圈或音樂界。這個誕生日還表示你喜歡大型製造業。

這一天出生的名人包括歌手凱特・布希，汽車製造商亨利・福特，演員阿諾・史瓦辛格，作家艾蜜莉・勃朗特，英國運動員戴利・湯普森，雕刻家亨利・莫爾，導演彼得・波丹諾維茲。

■數字命理學

創新、友好親切和善於交際，是30號誕生日具有的部分特點。你有雄心壯志和創造潛力，能接受他人觀點並以自己獨特的方式闡釋出來。出生在30號的你喜歡優渥的生活，而且具有非凡的魅力和外向性格。因為你情感強烈，所以戀愛或滿足感對你而言是必須的。在你追求幸福的過程中，你要避免懶惰、過度放縱、不耐煩或好嫉妒，因為這些行為會導致你情緒不穩定。在出生於30號的人中，有很多人可以得到認可或名望，尤其是音樂家、演員和藝人。受7月分的部分影響，雖然你看起來很自信，但你也會很害羞或神祕並且隱藏自己的想法。你有創意，直覺力強，擁有許多才藝，會使你自己受益匪淺。只有避免焦慮不安和缺乏信任，才能釋放內心的感受。如果你很多疑，可能會錯過加強自己內在才能的機會。

■愛情和人際關係

你熱心風趣，過著積極的社交生活。你對愛情的強烈渴望會使你經歷各種浪漫的關係，不過其中一些關係只會帶來麻煩而沒有太多意義。因為你內心充滿理想，所以你需要保持客觀公正。保持輕鬆愉快的心情，能使你避免過於嚴肅或失望。你對所有人都充滿關愛，並且對那些你珍視的人極其慷慨。

■你生命中的特殊之人

為了找到理想的伴侶，你需要尋找出生在以下日期的人。

◎愛情與友誼：

1月5、10、18、19、26、30日、2月3、8、16、17、24、28、3月1、6、14、15、22、26日、4月4、12、13、20、24日、5月2、10、11、18、22日、6月8、9、16、20、30日、7月6、7、14、18、28日、8月4、5、12、16、26、30日、9月2、3、10、14、28日、10月1、8、12、22、26日、11月6、10、20、24日、12月4、8、18、22、30日

◎幸運貴人：

1月13日、2月11日、3月9日、4月7、5月5日、6月3、30日、7月1、28日、8月26日、9月24日、10月22、11月20日、12月18日

◎強烈吸引你的人：

1月26、27、28、29

◎砥礪者：

1月14、24日、2月12、22、3月10、20日、4月8、18日、5月6、16日、6月4、14日、7月2、12日、8月10日、9月8日、10月6日、11月4日、12月2日

◎靈魂伴侶：

7月30日、8月28日、9月26日、10月24日、11月22日、12月20日

優點：風趣、忠實、友善、反應能力好、善於表達、有創造力、運氣好

缺點：懶惰、固執、古怪、沒有耐心、不安、冷淡、精力分散

太陽星座：獅子座	
區間：獅子座／太陽	
角度：獅子7°30´-8°30´	
類型：固定星座	
元素：火	
恆星：鬼宿三、鬼宿四、鬼星團（積屍氣）	

7月31日

LEO

你的誕生日具有熱心和友善的特點，加上你迷人活躍的性格，使你的特點更有能量。你很獨立，有抱負，能夠從全局著眼及具有敏捷的智慧，為了實現目標願意努力工作。因為你的直覺敏銳、第六感也會跟著靈驗。你很慷慨大方，所以你的錢來得快去得也快。因為你善於交際而且關愛他人，所以你非常受人歡迎。

受區間星座獅子座的影響，你天生的領導能力有可能影響其他人。作為一個善於交際的人，你非常適合與人際交往有關的事務或加入團體組織。因為你喜歡財富和奢華品，為了追求物質生活，你會有將遠大的理想成真的精神。然而你的自我認同感太強烈，所以要謹防固執己見或自負。

雖然你很驕傲、引人注目和理想主義，但你也非常注重實際。作為一個有遠見的人，你喜歡宣導一種你認為有趣的事業或信仰。有時，你會過於敏感和脆弱，要避免自己的心情太過極端。幸運的是，你很體貼寬容，而且有奮鬥精神。

在22歲時，太陽星座推進至處女座，此後的30年，秩序、實際問題的解決，和時間精力的分配逐漸顯得重要。你的另一次轉折發生在你52歲時，那時太陽星座推進至天秤座，這次轉折激勵你拓寬社交圈，並注重人際關係和獨特的技巧。

■真實的自我

受智慧的啟發，你尊重有學識和洞察力的人。你本身是個探索者，會盡量尋求智慧，這種探索包括能拓寬你的視野和社交生活的重要旅行。一般你很誠實坦率，經常表達自己的想法，不過你喜歡行動勝過言語。如果你變得不安分或不耐煩，就會不顧後果衝動行事。

由於你極度敏感而且渴望得到愛，所以當你為崇高的理想或人道主義事業而努力工作時，特別容易得到情感上的滿足。你心態年輕，有時會讓你如孩子般的天真，但也暗示你可能會顯得不成熟。然而憑藉使他人愉快、振奮他人精神的能力，能同時帶給你自己快樂。

■工作和職業

與他人一起獲得成功，是你從事的任何職業的必然結果。你有雄心壯志和組織領導能力，所以能成為成功的管理者，或者從事自由無拘束的工作。你尤其善於法律、教育或公益社團方面的工作。你受人矚目的氣質有助於你在表演或政治方面表現傑出。由於

你天生的人道主義精神，你還可以幫助其他人，比如從事看護工作、成為醫生或從事慈善工作。如果你從商，有可能會在大企業工作。這個誕生日還容易產生作家、玄學家或藝術家。

這一天出生的名人包括演員卓別林，作家兼電視節目主持人強納森‧丁伯白，和演員衛斯理‧史奈普。

■數字命理學

31號誕生日表示意志力堅強、決心堅定而且注重自我表現。你經常歸納自己的直覺和實踐力去做出正確的決定。出生在31號的人，你具有創新理念、很好的形式感，如果能從容不迫地按實用的計畫行事，就能取得成功。這一誕生日還代表好運和機遇，所以你可以成功地將業餘愛好轉變成有利可圖的事業。因為你工作勤奮，因此常忽略戀愛和娛樂的時間。受7月分的部分影響，你情感細膩而且考慮周到，人際關係對你而言非常重要，而你也喜歡他人的陪伴。學會保持平衡和避免情緒波動，能防止感情脆弱或易受傷害。

■愛情和人際關係

憑著魅力和散發出的溫暖，你非常容易吸引別人，無論是在人群中還是單獨一個人。你善於交際，懂得待客之道，非常同情遇到困難的人。你喜歡堅強堅定的人，但你得謹防與合作者進行權力爭奪的遊戲。雖然這一天出生的人變化無常，但女性會比較願意努力維持人際關係的和睦。

優點：	運氣好、有創造力、富於創新、有建設能力、有建設性、從不放棄、講究實際、健談、負責
缺點：	感覺不安、沒有耐心、多疑、易受挫、缺乏志向、自私、頑固

■你生命中的特殊之人

從出生在以下日期的人中，你找到幸福和愛人的機會更大。

◎愛情與友誼：

1月2、3、6、9、11、21、27、31日、2月1、4、7、9、25、29日、3月2、5、7、17、23、27日、4月3、5、15、21、25日、5月1、3、13、19、23、30日、6月1、11、17、21、28日、7月9、15、19、26、29日、8月7、13、17、24、27日、9月5、11、15、22、25日、10月3、9、13、20、23日、11月1、7、11、18、21、30日、12月5、9、16、19、28日

◎幸運貴人：

1月11、16、30日、2月9、24、28日、3月7、22、26日、4月5、20、24日、5月3、18、22、31日、6月1、16、20、29日、7月14、18、27日、8月12、16、25日、9月10、14、23日、10月8、12、21、29日、11月6、10、19、27日、12月4、8、17、25日

◎強烈吸引你的人：

1月26、27、28、29、30日

◎砥礪者：

1月15日、2月13日、3月11日、4月9日、5月7、30日、6月5、28日、7月3、26日、8月1、24日、9月22日、10月20、30日、11月18、28日、12月16、26日

◎靈魂伴侶：

1月9、29日、2月7、27日、3月5、25日、4月3、23日、5月1、21日、6月19日、7月17日、8月15日、9月13日、10月11日、11月9日、12月7日

太陽星座：獅子座
區間：獅子座／太陽
角度：獅子8°30´-9°30´
類型：固定星座
元素：火
恆星：鬼宿三、鬼宿四、鬼星團（積屍氣）

8月1日

LEO

　　有領導能力、雄心壯志和引人注目是你誕生日具有的特點。獅子座的你有創造力、強烈的直覺力和強有力的態度。雖然你的性格喜愛冒險，但強烈的務實態度和對安全的需求，暗示你是個物質主義者。這表示即使你有當理想和幻想，擔心金錢問題或缺錢還是會使你腳踏實地。總體來說，你是個善良的人，情感強烈、有同情心與領導能力。

　　受區間星座獅子座的影響，你驕傲威嚴，能夠藉助天生的管理能力影響其他人。你觀察力和洞察力敏銳，有很好的道德觀念而且足智多謀。你學習能力強，能很快將自己的興趣和創造力轉變為成功的商業企業。藉由發揮你的才能，你自己的決心和組織能力會給別人留下深刻的印象。

　　慷慨、正直並且自信，但要求刻薄而且神經緊張是他人對你的評價。這表示由於情緒上的不安全感，你有時會掩飾自己的真實感受。你忠實、勤奮且可靠，而且以自己的工作為傲。你能以強有力的言語壓制眾人，但尖銳的口才和過於專制的傾向反而使人無法心服口服。

　　當你21歲左右時，太陽星座推進至處女座，此後的30年，秩序、效率、工作和健康顯得逐漸重要，你也可能更重視實際面。你的另一次轉折發生在你51歲左右，那時太陽星座推進至天秤座，此次轉折將促使你更能與人合作，變得圓滑而且更注重創造力和合作關係。

■真實的自我

　　你得注意避免自己的情緒沮喪或易怒，這可能導致你的經濟狀況產生不必要的焦慮或猶豫感。你能夠保持獨立公正，以客觀的角度看待你所處狀況，你也有能力處理任何狀況。

　　你很勇敢、獨立、勇於創新而且反應快，能為自己或他人的自由而奮鬥。你不僅頭腦聰明，而且直率；喜愛冒險的性格使你尋找新鮮刺激的體驗。你是個好強的人，創意豐富，而你也能投身實際行動。

■工作和職業

　　你決心堅定，意志力頑強，容易在事業中創新，除非你為了保險起見不充分發揮自己的卓越潛力。憑藉天生的執行和領導能力，你應該位居管理職位或具有在某種程度獨立工作的自由。你聰明的頭腦、優秀的技術或分析能力，能使你在各方面表現突出，特

別是科學、寫作和表演。你非常有創造力,能激勵你進入藝術或音樂界,並能因自己精確的眼光,使其商業化。你有能力推動某種改革的能力,可能有助你進入與社會良知有關的機構。

這一天出生的名人包括音樂家傑利・賈西亞,時尚設計師聖羅蘭,演員唐德・路易斯,和作家赫爾曼・梅爾維爾。

■數字命理學

你的生日暗示你渴望出類拔萃和獨立自主。作為數字1的人,你更希望自己能與眾不同、積極創新和勇敢而且精力充沛。你的開創精神會鼓勵你獨自生活。這些使人主動的因素還會激勵你增強管理或領導能力。你充滿熱情和創新理念,能夠為他人指明前進的方向。出生在1號的你還可能需要懂得世界並非圍繞著你轉;要避免自我中心或專斷。受8月分的部分影響,你喜歡位處權勢地位,並且渴望得到權力和財富。如果你能保持慷慨和公平公正,你就能獲得他人的尊重。為了實現你的目標,要利用你感性、正直和迷人的個性,增強你仁慈善良的性格。

■愛情和人際關係

你很與眾不同而且充滿活力,喜歡結識有不同生活閱歷的人。你善於交際,喜歡別人的陪伴,尤其是那些有創新思維而且鼓勵你表現自己的人。雖然你非常忠誠而且樂於幫助你愛的人,但你在人際關係中仍不免多疑或猶豫不決。為了避免失望,你要以輕鬆的角度面對內心低潮並記住你應該是快樂的。

■你生命中的特殊之人

從出生在以下日期的人中,你可能會找到滿足感和你的另一半。

◎愛情與友誼:

1月4、13、14、29日、2月11、27、29、3月9、15、25、27日、4月7、23、25日、5月5、21、23、29日、6月13、19、21、27、30日、7月1、17、19、25、28日、8月15、17、23、26日、9月13、15、21、24日、10月11、13、19、22、29日、11月9、11、17、20、27日、12月7、9、15、18、25日

◎幸運貴人:

1月11日、2月9日、3月7、31日、4月5、29日、5月3、27、31日、6月1、25、29日、7月23、27、31日、8月21、25、29、30日、9月19、23、27、28日、10月17、21、25、26日、11月15、19、23、24日、12月13、17、21、22、28日

◎強烈吸引你的人:

1月12、30、31日、2月1、10日、3月8日、4月6日、5月4日、6月2日

◎砥礪者:

1月10日、2月8日、3月6、29日、4月4、27日、5月2、25日、6月23日、7月21日、8月19日、9月17日、10月15、31日、11月13、29、30日、12月11、27、28日

◎靈魂伴侶:

1月18、24日、2月16、22日、3月14、20日、4月12、18日、5月10、16日、6月8、14日、7月6、12日、8月4、10日、9月2、8日、10月6日、11月4日、12月2日

優點:有領導能力、有創造力、追求進步、強有力、樂觀、信念堅定、有競爭意識、獨立、善於交際

缺點:專橫、好嫉妒、自我、過於驕傲、有獨立情緒、自私、猶豫不決、沒有耐心

太陽星座：獅子座
區間：獅子座／太陽
角度：獅子9°-10°30´
類型：固定星座
元素：火
恆星：無

8月2日

LEO

你渴望成功或追求財富的強烈欲望，使你本身具備的魅力、熱情與歡樂感相形失色。獅子座的你驕傲但朝氣蓬勃，偶爾孩子氣，情緒也常常保持高昂。雖然你有決心和才幹，但你在某種程度的天真與漫不經心，可能成為你成功的障礙。

受區間星座獅子座的影響，你喜歡宴請朋友而且熱衷氣派。你有魅力與自信，而且有王者之風。你性格陽光主動，有權威感和創造力。你樂意受人稱讚，渴望得到讚美和敬佩。你要避免結交只會阿諛奉承的酒肉朋友。你情緒高昂而且很理想主義，但有志向而且務實，所以你是物質與樂觀主義的有趣結合。

雖然你生性主動，但對自由的熱愛賦予你與眾不同的個性。與他人合作努力，往往使你有更多收穫，而你負責的態度也會引人注意。在追求理想的過程中，你的個人魅力、才華洋溢和受人歡迎是成功的要素，而且憑藉你的適應力、機智和風趣，你會贏得眾人的青睞。

從你20歲開始，太陽星座推進至處女座，你將追求更實用的規則、分析和生活效率。在此後的30年中，你會覺得有必要多關注健康或反省。在你50歲出頭時會出現另一次轉折，那時太陽星座推進至天秤座，從此你希望能多參與親密的人際關係，而且可能從務實轉向追求新穎的生活。

■真實的自我

你天生具有好強的性格、優秀的才智和快速學習的能力。偶爾擔心或困惑的情緒會導致你易怒或逃避現實。不過這種時刻不會持續得太久，因為你開朗、瀟灑、善於表達的特點和廣泛的興趣，很可能激發你對專注創新與新的機會。

你獨特的生活態度使你喜歡與眾不同，常常走在時代的前端。你和任何人都很容易成為朋友，而且能結交不同生活閱歷的人。自由和獨立對於你來說十分重要，而你也喜歡坦然面對自己的感受。你注重形象，可以積極地利用這一點來宣傳自己。你易於接受周圍環境並受其影響，你具有友善熱情的性格，而且善於交際和成熟世故。

■工作和職業

你天生具有獨特的生活態度，所以能在藝術或戲劇方面找到表達情感的方式，尤其是成為演員或劇作家。你天生的魅力在宣傳、銷售或談判工作中特別有用。你善於交際，所以能成為優秀的作家，或在教育、廣告或出版行業成功。所有需要社交關係的職

業，比如公共關係、傳媒業或諮詢工作，也是發揮你才能的極好途徑。你非常獨立，渴望按自己的方式自由工作或希望自主創業。你也能在商業、銀行業或法律行業表現優秀。

這一天出生的名人包括演員彼德‧奧圖，作家詹姆斯‧鮑德溫，心理學家易拉‧普羅高夫，和演員瑪娜‧洛伊。

■數字命理學

2號誕生日暗示你很敏感而且渴望融入團體。你適應力強而且通情達理，喜歡合作性的活動，並與他人相互幫忙。你試圖取悅你喜歡的人，但可能因此過於依賴別人。然而只要加強自信心，你可以克制易受他人行為和批評傷害的傾向。受8月分的影響，你有志向和決心，具備實踐和管理能力。只要你別太挑剔或刻薄地追求完美，就能避免過於熱衷於權力和控制力。你需要在過度熱心和退縮畏怯之間找到平衡點。如果你沒有安全感，就會覺得難以實施你的個人計畫。反之，如果你發現一種新穎的藝術形式或獨特的表達方式，你就能投入實現你的夢想。

■愛情和人際關係

你風趣，善於交際，是極好又有趣的夥伴。雖然你體貼溫柔，但你得慎選朋友，保持長久的人際關係。你和所愛之人在一起很浪漫，並能夠表露出你的真實感受，但除了幸福感外，你也要顧慮現實的經濟狀況。你的魅力會你引起異性的關注並陷入愛河，但你在戀愛的同時也渴望自由。

優點：很好的夥伴、性情溫和、講究策略、接受力強、直覺敏銳、體貼周到、追求和睦、易於相處、親善大使

缺點：多疑、缺乏信心、逆來順受、過於敏感、情緒易變、自私、易受傷害、不誠實

■你生命中的特殊之人

為了建立持久的愛情和友情，你需要尋找出生在以下日期的人。

◎愛情與友誼：

1月6,8,10,14,23,26,28日、2月4,10,12,21,24,26日、3月2,10,12,19,22,24日、4月8,14,17,20,22日、5月6,15,16,18,20日、6月4,13,16,18日、7月2,11,14,16,20日、8月9,12,14,22日、9月7,10,12,24日、10月5,8,10,26日、11月3,6,8,28日、12月1,4,6,30日

◎幸運貴人：

1月9,12日、2月7,10日、3月5,8日、4月3,6日、5月1,4日、6月2,30日、7月28日、8月26,30,31日、9月24,28,29日、10月22,26,27日、11月20,24,25日、12月18,22,23,29日

◎強烈吸引你的人：

1月28,29,30,31日、2月1,2日

◎砥礪者：

1月11,13,29日、2月9,11日、3月7,9,30日、4月5,7,日、5月3,5,26,31日、6月1,3,24,29日、7月1,22,27日、8月20,25日、9月18,23,30日、10月16,21,28日、11月14,19,26日、12月12,17,24日

◎靈魂伴侶：

1月11,12,29日、2月9,10,27日、3月7,8,25日、4月5,6,23日、5月3,4,21日、6月1,2,19日、7月17日、8月15日、9月13日、10月11日、11月9日、12月7日、

太陽星座：獅子座
區間：射手座／木星
角度：獅子10°-11°30´
類型：固定星座
元素：火
恆星：無

8月3日

LEO

你追求成功，有抱負而且勇敢，是個幸運樂觀的商人，具有優秀的商業才能和宏偉的目標。你的生日表明你是個喜愛冒險、才華洋溢而且渴望成功的獅子座。不過，如果沒有啓發、獨特的自我表達方式和耐心，你的許多理想都很難實現。

雖然你具有卓越的商業頭腦，是個精明的投資者或投機商，但是受區間星座射手座的影響，你必須克制過於樂觀或不切實際的傾向。你通常認為金錢能帶給你任何想要的東西，但如果你只看到物質利益，將會錯過體驗人生眞諦的機會。

身為務實的現實主義者，你具備預見和領導能力，往往能透過毛遂自薦而經商成功。不論你從事何種行業，你的野心都很大。這種拓展的欲望表示你內心的不安，或對現狀的不滿，但總是鼓勵你繼續前進。

在你追求金錢的過程中，通常得到很多女性的幫助。儘管你能約束自己而且勤奮，但你的生活奢侈，並會因為可以得到自己想要的東西而感到優越。

從你19歲開始，太陽星座推進至處女座，你不再那麼專制，但分析能力、實作能力與思考能力都將更加提升。你會花得多時間為自己所做的事負責，同時覺得有必要把工作做得完美並提高工作效率。在你49歲時，太陽星座推進至天秤座，你生活的重心轉移至拓展社交圈上。你還有可能會增強潛在的藝術或文學才能。

■眞實的自我

憑藉聰明才智和創新思維，你總是走在時代的前端。你的創新理念和高貴感，讓你在身居領導地位時表現突出。你是精明的鑑定家，能迅速評判他人和形勢。由於你具有極好的組織潛力，所以能夠說服別人參加你的計畫。你具有良好的洞察力與說服力，因而使人印象深刻，並且能爭取別人支持你的觀點的支持。通常你能爲別人盡心盡力，所以在幫助別人時會表現得很好。

你叛逆的特點來自你對自由的嚮往。憑藉你的智慧，你能夠不費力氣地順利通過任何狀況，但你有可能走上岔路。為了發揮你的眞實才能，你必須戰勝困難，堅持到底以激發出眞實的潛力。

■工作和職業

你的雄心壯志和迷人的性格，做什麼事都會有不錯的表現。你不喜歡服從他人的命令，這使你爭取擔當管理職位。你非常適合成為演員、導演或編劇。或者，你可能會選

擇進入需要運用社交能力的商業界，在商業方面你很適合從事銷售、宣傳或談判工作。憑藉著樂觀態度和宏偉計畫，你喜歡開創新事業並扮演領導角色。你善於分配權力，這使你可以成為優秀的管理者，或成為適任的老闆。

這一天出生的名人包括演員馬丁・辛，歌手東尼・班尼特，電影導演約翰・蘭迪斯，和時尚設計師安妮・克萊因。

■數字命理學

出生在3號的你感性而且需要獨特的情感表達方式。你是幽默風趣的夥伴，興趣廣泛喜歡和睦的社交活動。雖然你多才多藝，善於表達，並且渴望各種刺激的體驗，但也很容易厭倦，使你變得優柔寡斷或顯得膚淺。雖然數字3的人往往具有藝術才華和魅力以及很好的幽默感，但你得增強自信，避免焦慮不安。受8月分的部分影響，你能夠在實際中運用你的創造力和想像力。雖然你有才華而且天生善於投機取巧，但你可能會不安分並想同時做很多事情。你要專注在一些新計畫上，這樣才能學會約束自己並取得成功。

■愛情和人際關係

你的激情和強烈欲望，使得愛情生活對你十分重要。你是個慷慨的朋友和愛人，儘管有時顯得過於專制，但仍然非常討人喜歡。迷人的魅力為你提供了許多社交和浪漫的機會。雖然你很忠誠，但你也可能會遇到愛的渴望及物質需求間的衝突。你渴望自由，這意味著你無論何種關係，你都希望能擁有私人的空間。

■你生命中的特殊之人

為了愛情和友情，你只需要從出生在以下日期的人中找到合適的人。

◎愛情與友誼：

1月6、10、15、29、31日、2月4、8、13、27、29日、3月2、11、25、27日、4月4、9、23、25日、5月7、21、23日、6月5、19、21日、7月3、17、19、30日、8月1、15、17、28日、9月13、15、26日、10月11、13、24日、11月9、11、22、12月7、9、20日

◎幸運貴人：

1月13、15、19日、2月11、13、17日、3月9、11、15日、4月7、9、13日、5月5、7、11日、6月3、5、9日、7月1、3、7、29日、8月1、15、27、31日、9月3、25、29日、10月1、23、27日、11月22、25日、12月19、23日

◎強烈吸引你的人：

1月31日、2月1、2、5月30日、6月28日、7月26日、8月24日、9月22日、10月20日、11月18日、12月16日

◎砥礪者：

1月12日、2月10日、3月8日、4月6日、5月4日、6月2日、8月31日、9月29日、10月27、29、30日、11月25、27、28日、12月23、25、26、30日

◎靈魂伴侶：

1月2、28日、2月26日、3月24日、4月22日、5月20日、6月18日、7月16日、8月14日、9月12日、10月10日、11月8日、12月6日

優點：追求和睦、快樂、友善、成果豐富、有創造力、有藝術才能、有實現願望的能力、熱愛自由、善於表達

缺點：容易厭煩、虛榮、想像力過於豐富、誇張、愛吹噓、奢侈、放縱自己、懶惰、虛偽、揮霍無度

太陽星座：獅子座
區間：射手座/木星
角度：獅子11°-12°30´
類型：固定星座
元素：火
恆星：帝星

8月4日

LEO

你很寬宏大量且心胸開闊，雖然對物質的欲望會限制你的人道主義性格，但你仍具有洞察事物的能力。獅子座的你具有創造力和高尚的品德、實踐力和成功的潛力。你友好親切而且使人愉快，所以總能引人注目並討人喜歡。這也表示你的領導潛力很強，不喜歡低人一等。

區間星座射手座的影響使你急欲拓展自己，加上樂觀的態度，會使你勇敢地冒險。當你因為未知的事物而恐懼時，這種影響不僅不利於你，而且會壓制你取得空前成就的能力。客觀公正和平衡的生活態度可以使你避免許多沮喪和失望情緒。

採取負責的態度可以激勵你發掘自己的真實潛力，並成為你所從事領域的主導者。雖然你喜歡做大事，但可能會因熱情過頭而忽略了重要的細節。學習更細心、有條理，就能增加你成功的機會。

從童年開始，你就對社交活動和占據中心地位感興趣。在你18歲時，太陽星座推進至處女座，在接下來的30年，你變得更盡職盡責、考慮周全、內向而且有辨別力。你喜歡在工作上提高效率。在你48歲時，太陽星座推進至天秤座，這次轉折使你更重視社交與合作關係。你的創造能力更能因此加強，你可能在音樂、藝術或文學方面發掘自己的興趣及潛力。

■真實的自我

你朝氣蓬勃，能保持快樂和放鬆，擁有自己獨特的幽默感。你聰明和愛諷刺的智慧，來自你天生的心理能力和快速評價他人的能力。你不惜一切地渴望得到物質保障，這可能導致你的理想和欲望之間產生矛盾。透過生活中的各種冒險、變化和旅遊，你可以把內心的不安分轉化為新目標並加以實現。

透過學會管理財富和預算開支，你可以避免有時富裕、慷慨甚至奢侈，有時卻因為缺乏資金而覺得不安，這有助你克服對經濟狀況波動的恐懼。

■工作和職業

因為你非常獨立而且喜歡照自己的方式做事，所以位居領導職更能令你有所發揮。從事教學、演說、戲劇或自主創業，你的成功機率會更高。你善於評估，性格中務實的一面將引導你進入房地產、銀行業或股票市場；而你的人道主義性格，則能在治療工作或社交、團隊工作中得以表現。

這一天出生的名人包括英國王太后，詩人雪萊，棒球運動員羅傑‧克萊門斯，和美國中距離賽跑名將瑪麗‧史蘭尼。

■ 數字命理學

4號誕生日具有結構穩固和條理清楚的特點，這表示你渴望穩定並喜歡建立秩序。由於你天生精力充沛、有實踐力和決心，所以你只要肯努力工作就能成功。你有危機意識，希望為自己和家人建立穩定的基礎。務實的生活態度賦予你卓越的商業頭腦和在生活中獲得物質財富的能力。作為數字4的人，你往往很誠實、坦率而且公正。數字4的人可能遇到的問題是要克制內心起伏或經濟方面的焦慮。受8月分的部分影響，你的理財方式對你的生活有極大影響，所以你要學會務實節儉。你喜歡思想創新，並且經常領導和鼓勵別人。通常你有很好的推演能力，並且善於規畫或設計。

■ 愛情和人際關係

雖然你熱心體貼，但有時壓抑情感會使你看起來冷漠孤僻。即使你不一定會表達自己的感受，但合作關係在你的生活中仍然非常重要。你喜歡能給予你精神鼓勵，或和你有相同興趣的伴侶。雖然你是個很好的夥伴，但如果你太過固執，人際關係就會出現爭吵、裂痕。幸虧這種情況不會持續太久，因為你很寬容體貼，是個很好的朋友，也是個能保護家人的人。

■ 你生命中的特殊之人

從出生在以下日期的人中，你更容易找到合適的伴侶。

◎ 愛情與友誼：

1月6, 7, 16日、2月4, 5, 14日、3月2, 12, 28, 30日、4月10, 26, 28日、5月8, 24, 26, 30日、6月6, 22, 24, 28日、7月4, 20, 22, 26, 31日、8月2, 18, 20, 24, 29日、9月16, 18, 22, 27日、10月14, 16, 20, 25、11月12, 14, 18, 23日、12月10, 12, 16, 21日

◎ 幸運貴人：

1月9, 14, 16日、2月7, 12, 14日、3月5, 10, 12日、4月3, 8, 10日、5月1, 6, 8日、6月4, 6日、7月2, 4日、8月2日、9月30日、10月28日、11月26, 30日、12月24, 28, 29日

◎ 強烈吸引你的人：

1月21日、2月19日、3月17日、4月15日、5月13日、6月11日、7月9日、8月7日、9月5日、10月3日、11月1日

◎ 砥礪者：

1月4, 13, 28日、2月2, 11, 26日、3月9, 24日、4月7, 22日、5月5, 20日、6月3, 18日、7月1, 16日、8月14日、9月12日、10月10, 31日、11月8, 29日、12月6, 27日

◎ 靈魂伴侶：

1月15, 22日、2月13, 20日、3月11, 18日、4月9, 16日、5月7, 14日、6月5, 12日、7月3, 10日、8月1, 8日、9月6日、10月4日、11月2日

優點：有條理、能約束自己、穩重、勤奮、有條理、精益求精、心靈手巧、務實、信賴別人、嚴謹

缺點：不善交流、強硬、懶惰、無情、拖拉、專橫、感情不外露、心懷怨恨、嚴厲

太陽星座：獅子座
區間：射手座／木星
角度：獅子12º-13º30´
類型：固定星座
元素：火
恆星：帝星、柳宿增三

8月5日

LEO

多才多藝、有創造力、意志頑強和決心堅定是你的誕生日具有的部分特點。身為獅子座的人，你很勇敢、有志向與尊嚴，但是你強烈的自豪感和物質主義傾向，使得經濟保障成為你整個人生計畫中的重要因素。

受區間星座射手座的部分影響，你希望成果豐碩，並具有良好的道德觀念。但你要避免過於浮躁或固執的傾向。你很勤奮，而且具有實用的商業頭腦和優秀的組織能力。由於你性格好強，所以你得謹防過於任性或孤芳自賞。

雖然你思想保守而且渴望在物質和社會地位上得到提升，但是你也希望展現自我的性情。由於你是個不喜歡服從命令的人，因此你時常建立自己的道德標準和行為規範，但你必須避免過於固執己見。女性對你特別有幫助，而學會與人合作則可以讓你有所回報。

在17歲時，太陽星座推進至處女座，你更渴望在日常生活中建立實用的秩序。你會更喜歡實際地分析事物，並尋找改善生活的方法，這種情況將持續至你47歲時，那時太陽星座推進至天秤座。這次轉折則讓人際關係、創造力與和諧倍感重要。

■真實的自我

務實的決心、對知識的熱愛和敏銳的頭腦，使你能夠處理任何狀況。在成功的途中，你遇到的障礙是自己的多疑。在你對自己或追求成功的能力失去信心時，你會變得冷漠或孤僻。讓自己表現得勇敢主動，可使自己更活躍和強大。

雖然有時你非常關心物質問題，但是透過運用你的內在智慧或洞察力，你可以戰勝生活中的困難。你的個性剛烈，能夠表達自己的觀點或表明立場，但要避免使用權術去達到自己的目的。只有相信自己的直覺，你才能樹立信心並實現你所期待的目標。

■工作和職業

你有企圖心、良好的生意頭腦和領導能力，這些都有助於你獲得成功。你熱衷於權力、組織和效率，但是你也具有感情上的洞察力和細膩。無論是掌管物質財富乃至開創新的境界，結合這些領域都對你有幫助。你很注重形象，非常想進入戲劇或娛樂行業。因為你不願意低人一等，你喜歡居於權勢地位或自主創業。憑藉你的力量和決心，你往往能在商業方面表現傑出，尤其是銷售方面；或者有可能成為優秀的律師。

出生在今天的名人包括籃球運動員派翠克‧尤恩，太空人尼爾‧阿姆斯壯，電影導演約翰‧休斯頓，和演員郎妮‧安德森。

■數字命理學

強烈的直覺、喜愛冒險的性格和對自由的熱愛都是5號誕生日的特點。你樂意發掘或嘗試新事物，而且態度熱情，為此你能領略生活帶給你的恩賜。旅行、變化的機會以及一些意想不到的事情，會導致你觀念和信仰徹底發生改變。作為數字5的人，你渴望生活充滿刺激；但是你得增強責任感，避免出現出人意料和過分變化無常。如能不衝動行事加上培養耐心，你可以獲得成功。數字5的人天生懂得如何順應潮流和保持獨立。受8月分的影響，你有企圖心和敏銳活躍的頭腦。成功和成就對於你來說很重要，也正因為你既勤奮又有優秀的管理能力，所以能升至權勢地位。

■愛情和人際關係

你喜歡旅行和結識陌生人。即使你熱心且善於交際，但是在親密的關係上卻顯得不安猶豫不決。這個問題可以藉著使自己保持忙碌和不斷創新來解決，如此一來你將沒有時間去懷疑或擔心。音樂或獨特的技能可以振奮你的精神。你能夠以樂觀和大方吸引別人，但得謹防對你所愛之人過於專橫霸道。

■你生命中的特殊之人

你和出生在這些日期的人在一起更有可能得到真愛和幸福。

◎愛情與友誼：
1月1.7.17.18.20日、2月5.15.18日、3月3.13.16.29.31日、4月1.11.14.27.29日、5月9.12.25.27日、6月7.10.23.25日、7月5.8.21.23日、8月3.6.19.21日、9月1.4.17.19日、10月2.15.17日、11月13.15.30日、12月11.13.28日

◎幸運貴人：
1月15.17.28日、2月13.15.26日、3月11.13.24日、4月9.11.22日、5月7.9.20日、6月5.7.18日、7月3.5.16日、8月1.3.14日、9月1.12日、10月10.29日、11月8.27日、12月6.25日

◎強烈吸引你的人：
1月5日、2月1.2.3.4日、3月1日

◎砥礪者：
1月4.5.14日、2月2.3.12日、3月1.10日、4月8.30日、5月6.28日、6月4.26日、7月2.24日、8月22日、9月20日、10月18日、11月16日、12月14日

◎靈魂伴侶：
1月2日、3月29日、4月27日、5月25日、6月23日、7月21日、8月19日、9月17日、10月15日、11月13日、12月11日

優點：多才多藝、適應力強、追求進步、直覺力強、富有魅力、運氣好、勇敢、熱愛自由、敏捷機智、好奇心強、神祕、善於交際

缺點：不可靠、變化無常、拖拉、反覆無常、過於自信、不受約束

太陽星座：獅子座
區間：射手座／木星
角度：獅子13°-14°30´
類型：固定星座
元素：火
恆星：柳宿增三、天樞

8月6日

LEO

你的誕生日暗示在善於交際和理想主義下，你具有將自己的才華商業化的實踐力。獅子座的你迷人、浪漫且主動，具有創造才能，色彩和風格的概念尤其高人一等。你性格中存在對立面，一方面是個嚴格遵循原則的人，尤其是與金錢有關的問題；另一方面，你是個體貼仁慈的人。

受區間主宰行星木星的影響，你有目標，充滿活力而且直率坦誠。你很挑剔，並能因此令你避免焦慮不安。若你能受到啟發，也願意付出必要的努力，靈感是你幹勁和成功的關鍵。不過，你要避免太過強硬和不夠主動，這會導致你對自己、缺乏信心或無法令人由衷欣賞你。

你迷人的性格、對生活的熱情和樂觀的心情，能令你有所成就。有時你會有不錯的好運；但千萬別視為理所當然並認為一切靠運氣。

在你16歲左右，太陽星座推進至處女座，在接下來的30年，你會很注重秩序、現實問題以及時間精力的分配。在你46歲時太陽星座推進至天秤座，此次轉折激勵你拓展自我的社交圈、人際關係並發展在音樂、藝術或文學方面的潛在天賦。在你76歲時，太陽星座推進至天蠍座，你將更深入了解自己內心情感。

■真實的自我

雖然你外表看來堅強，但內心卻很敏感，這反映了你性格中的極端面。當你消極或內心複雜時，你強烈的情感會表現為失望或孤獨。但當你樂觀時，博愛精神會在內心油然而生，你無私並樂意為他人服務而不求太多回報。在維持心靈和諧與要求太高之間找到平衡點非常重要，藉由這個過程，你會發現對自己的評價，以及希望別人如何對你。你渴望愛與被愛，而且對他人的反應很敏感。你愛美和奢侈品，喜歡與人分享。

■工作和職業

憑藉你的魅力和價值觀念，你擅長將事業與快樂相互結合。人們對你的責任感和努力工作的能力很滿意。你是個聯繫人與人之間關係的社交好手，你最大的資本就是與人打交道。你適合大企業、銷售、製造和銀行業，或者你更偏愛自主創業。你很有天賦，往往會被吸引到戲劇或娛樂界。如果你能利用仁慈憐憫的性格，你會喜歡從事幼兒看護、諮詢、治療或公益的慈善工作。或者，你對美、自然和形式的極度熱愛，會引導你去從事創造性的職業，比如藝術家或設計師。

這一天出生的名人包括詩人丁尼生，女演員露西・波兒，男演員勞伯・米契，家霍華德・霍奇金，與科學家亞歷山大・弗萊明。

■數字命理學

富有同情心、充滿理想和體貼的性格是6號誕生日具有的特點。這個數字既代表你是個完美主義者或大眾朋友，也表示你往往是個負責、體貼和樂於助人的人道主義者。出生在6號的你很顧家，是個稱職的家長。你們中較敏感的人渴望找到獨特的表現形式，並因此進入娛樂界、藝術和設計行業。你需要增加自信心，避免好管閒事、焦慮不安和濫用同情心。8月分對你的影響是你能很快感受到變化，所以能小心謹慎並善於判斷價值觀念。雖然你很務實節約，同時也很理想主義且無憂無慮。相信自己的直覺並了解自己，能與他人互動良好。

■愛情和人際關係

你風趣體貼，可靠而且善良。你像孩子般貪玩，所以很可能一直保持著年輕心態。你天生富有魅力而且善於交際，能吸引朋友和仰慕者。在重要的關係中，你很浪漫、很理想化而且忠實，但是你得避免犧牲自己或占有慾過強。你是個忠實、熱情、有愛心而且體貼的伴侶。

■你生命中的特殊之人

你和出生在以下日期的人更有可能建立持久的關係。

◎愛情與友誼：

1月4、8、918、19、23日、2月2、6、7、16、17、21日、3月4、14、15、19、28、30日、4月2、12、13、17、26、28、30日、5月10、11、15、24、26、28日、6月8、9、13、22、24、26日、7月6、7、11、20、22、24、30日、8月4、5、9、18、20、22、28日、9月2、3、7、16、18、20、26日、10月1、5、14、16、18、24日、11月3、12、14、16、22日、12月1、10、12、14、20日

◎幸運貴人：

1月5、16、27日、2月3、14、25日、3月1、12、23日、4月10、21日、5月8、19日、6月6、17日、7月4、15日、8月2、13日、9月11日、10月9、30日、11月7、28日、12月5、26、30日

◎強烈吸引你的人：

1月17日、2月2、3、4、5、15日、3月13日、4月11日、5月9日、6月7日、7月5日、8月3日、9月1日

◎砥礪者：

1月1、10、15日、2月8、13日、3月6、11日、4月4、9日、5月2、7日、6月5日、7月3、29日、8月1、27日、9月25日、10月23日、11月21日、12月19、29日

◎靈魂伴侶：

8月30日、9月28日、10月26日、11月24日、12月22日

優點：成熟世故、廣結情誼、友善、仁慈憐憫、可靠、通情達理、富有同情心、充滿理想、顧家、人道主義、穩重、有藝術才能、保持平衡

缺點：不滿足、焦慮、羞怯、不可理喻、固執、不和睦、專制、自私、多疑、憤世嫉俗、以自我中心

太陽星座：獅子座
區間：射手座/木星
角度：獅子14°-15°30´
類型：固定星座
元素：火
恆星：柳宿增三、天樞

8月7日

LEO

你很有理想、勤奮而且迷人，雖然性格內向，但極富魅力且具有完備的常識。這個誕生日表明你是個有藝術或創造才能的獅子座，心地善良而且有責任感。

受區間星座射手座的部分影響，你坦率誠實和扶貧濟弱，但於此同時，因為你的自以為是或態度傲慢，你的人際關係也可能出現問題。

樂觀和遠大的理想是你進步的動力，你的心智也是很活躍並積極的。但你需要培養更務實的態度，避免盲目樂觀或自暴自棄。你的其他特點還有能從全局思考問題和說服別人的能力。

你要在積極和懶惰之間找到平衡。你渴望成功和興旺發達，但如果沒有合適的支持，你可能容易氣餒或漫無目的地隨波逐流，直到遇到某個能激發你想像力的人或事。只要培養耐心與恆心並保持樂觀，你必將實現目標並取得豐厚的報酬。

在你15歲時，太陽星座推進至處女座，你更需要在日復一日的生活中建立實用的規則。你更重視分析事物和尋找重建和改善生活的方法，這種情況將持續至你45歲太陽星座推進至天秤座之時。此次轉折突顯了人際關係、創造力和和睦的重要性。在你75歲時，太陽星座推進至天蠍座，個人權力和轉變成了此次轉折的重點。

■真實的自我

因為你很自信而且仁慈，所以別人經常向你尋求幫助和鼓勵。你能夠提出很好的建議，但有些建議卻不是很務實。你有創造力和直覺力，而且渴望表現自己，這不僅有助你樹立信心，而且可以發洩對自己或他人失望的情緒。你慷慨熱心，真誠關心別人，一旦確定目標，你就會有十分的決心。

你得避免失去動力或頑固。這可能會使你停滯不前或毫無進步，更無法發揮你所有的潛力。你是人道主義和渴望享受生活的有趣結合，這種心態會激勵你實現遠大的理想。

■工作和職業

由於你友善迷人而且敢於直言不諱，所以你在需要交際手段的工作中能有傑出表現，比如銷售、代理或宣傳。你卓越的頭腦和優秀的組織能力，也可能促使你進入商業界，發揮自己的長才。戲劇和娛樂界也是你可能成功並能充分利用你表演天賦的領域。或者，對真理的追求和富有哲理的人生態度，可能會引導你從事法律、成為代理人或研

究玄學。因為你天生善於與人打交道並樂於幫助弱勢群體，所以為有意義的目標而奮鬥也是你能投身的工作目標。

這一天出生的名人包括作家司馬遼太郎，占星家艾倫・李奧，爵士音樂家羅蘭・科克，電影導演尼可拉斯・雷，古生物學家路易士・李基。

■數字命理學

數字7的人分析能力強而且考慮周到，但往往也挑剔自私。你不斷追求自我了解，喜歡收集資訊，可能對閱讀、寫作或宗教感興趣。雖然你很精明，但可能會過於理性或過於注重細節。你可能很神祕，這意味著你有時會覺得受人誤解。受8月分的影響，你有大志和很好的商業頭腦。你需要學會如何理財經濟才能穩定無虞。你渴望享受優渥的生活，這暗示你會為了自己的欲望而努力，否則只會隨波逐流或墨守成規。你願意為了成功而努力工作，並經常可以得到機會，而你若去國外旅行，可能會碰上好運。

■愛情和人際關係

你直覺敏銳而且善於思考，並且能夠表現出愛心和熱情的性格，非常受人歡迎。而你天生的寬容力，還可能吸引一些浪費你時間精力的人，所以有必要慎選人際關係。你具有崇高理想，使你願意付出奉獻，但如果其他人不能像你一樣慷慨付出，你就會覺得失望。

■你生命中的特殊之人

你和出生在以下日期的人在一起更有可能得到愛情、摯愛和幸福。

◎愛情與友誼：

1月5、9、10、18、19日、2月3、7、8、16、17日、3月1、5、6、14、15、31日、4月3、12、13、29日、5月1、10、11、27、29日、6月8、9、25、27日、7月6、7、23、25、31日、8月4、5、21、23、29、9月2、3、19、21、27、30日、10月1、17、19、25、28日、12月13、15、21、24日

◎幸運貴人：

1月1、6、17日、2月4、15日、3月2、13日、4月11日、5月9日、6月7日、7月5日、8月3日、9月1日、10月31日、11月29日、12月27日

◎強烈吸引你的人：

2月2、3、4、5、6日

◎砥礪者：

1月2、16日、2月14日、3月12日、4月10日、5月8日、6月6日、7月4日、8月2日、12月30日

◎靈魂伴侶：

1月11、31日、2月9、29日、3月7、27日、4月5、25日、5月3、23日、6月1、21日、7月19日、8月17日、9月15日、10月13日、11月11日、12月9日

優點：有教養、信任別人、一絲不苟、充滿理想、誠實、有超能力、科學、理性、善於思考

缺點：有所隱瞞、狡詐、不夠友好、神祕兮兮、多疑、為細節所困、嘮叨、冷漠、無情、對批評很敏感

太陽星座：獅子座
區間：射手座／木星
角度：獅子15º-16º
類型：固定星座
元素：火
恆星：天樞、柳宿增三

8月8日

LEO

活力和不安分特點，暗示生活會給予你許多恩賜。獅子座的你既有創造力又有雄心壯志，而且渴望取得成功和認可。

受區間星座射手座的部分影響，你的樂觀、熱情和堅持不懈，能大幅改變你的命運和生活方式。你勤奮務實，是個憑直覺快速思考的實用主義者。雖然你的生日表示你的人生成果豐富，但你得避免過於熱情或沒耐心。

變化是你生活中的調劑，所以不論你做什麼，平淡單調的生活都不適合你。結識陌生人、旅行和多方面興趣能激勵你，並促使你經歷更多的冒險與生活的挑戰。不過，你在晚年時會非常渴望安定，所以學會負責和進行長遠的投資，是確保你安全感的絕佳方式。然而你內心理想主義和物質主義會造成你的矛盾，這表明不知把握和沒有重點可能是你最大的缺點。仔細地規畫你的事業，將能避免你因壓力而輕言放棄。

在你14歲時，太陽星座推進至處女座，在接下來的30年，秩序、實踐力及有計畫分配你的時間及精力，對你更為重要。在你44歲時會出現另一次轉折，太陽星座推進至天秤座，此次轉折強調你對平衡與和諧的渴望，而你對合作關係和人際關係也會有更進一步的認識。在你74歲時，太陽星座推進至天蠍座，這次轉折突出你對個人權力和生活中的情感有更多的需求。

■真實的自我

你的生活大多是進步飛快而穩定，但其中可能較無動力的時期，可能導致你沮喪失望和缺乏自信。為了避免產生停滯不前的感覺，你有必要培養客觀超然的態度並保持樂觀。如果你能意識到這些時期只是暫時的，你就能長遠地看問題，避免變得過於嚴肅。

你創新的理念，能激發你的想像力和智慧，並激勵你運用你的原創新穎的觀點。這種新穎的觀點有助你享受生活、玩得更開心及抑制焦慮不安和猶豫不決。

■工作和職業

雖然你很勤奮，但由於你喜歡變化，所以你在不必遵循常規的活動或工作中會覺得更快樂。你可能對戲劇或娛樂行業感興趣，但如果經濟報酬不夠，你很難堅持下去。你不喜歡低人一等，所以你會希望自主創業或身居管理要職。你具有想像力和強烈的洞察力，能在任何與形象設計有關的行業中取得成功。與旅行有關的工作，也非常適合你喜愛冒險的性格。

這一天出生的名人包括演員達斯汀‧霍夫曼和凱斯‧卡洛汀，歌手康妮‧史蒂芬斯，藝術家安迪‧沃荷，演員艾絲特‧威廉姆斯，和一級方程賽車駕駛員曼塞爾。

■數字命理學

8號誕生日代表你是個有著具有強烈價值觀念和準確判斷力的人。數字8表示你渴望取得巨大成就，很有野心，而且你渴望統治權、安全感和物質財富。作為數字8的你有商業頭腦，若能增強組織和管理能力更能使你受益匪淺。你渴望得到安全感和安定感，這促使你制定長遠的計畫和投資。此外，你的性格還受到8月分的影響。憑藉著敏銳的洞察力，你善於評判別人和形勢。你工作效率很高，而且願意努力工作和承擔責任。但是，你得學會如何公平公正地管理或分配自己的權力。由於驕傲是失敗的前兆，所以你要避免變得過於自信和自負。

■愛情和人際關係

因為你喜歡堅強、有信念和目標的人。友誼對於你來說很重要，你喜歡結交那些既能激發你的腦力又能使你開心的人。你天生是個風趣的人，這種風趣在有愛人陪伴時更能表現出來。你經常努力維持和睦的人際關係，但如果你侷促不安，就會變得喜歡爭吵。學會忍耐他人有助於消除困難。

■你生命中的特殊之人

為了保持年輕和得到幸福和愛情，你需要尋找出生在以下日期的人。

◎愛情與友誼：

1月6.10.20.21.29日、2月4.8.18.19.27日、3月2.6.16.25.28.30日、4月4.14.23.26.28.30日、5月2.12.21.24.26.28.30日、6月10.19.22.24.26.28日、7月8.17.20.22.24.26日、8月6.15.18.20.22.24日、9月4.13.16.18.20.22日、10月2.11.14.16.18.20日、11月9.12.14.16.18日、12月7.10.12.14.16日

◎幸運貴人：

1月7.13.18.28日、2月5.11.16.26日、3月3.9.14.24日、4月1.7.12.22日、5月5.10.20日、6月3.8.18日、7月1.6.16日、8月4.14日、9月2.12.30日、10月10.28日、11月8.26.30日、12月6.24.28日

◎強烈吸引你的人：

1月25日、2月4.5.6.23日、3月21日、4月19日、5月17日、6月15日、7月13日、8月11日、9月9日、10月7日、11月5日、12月3日

◎砥礪者：

1月3.17日、2月1.15日、3月13日、4月11日、5月9.30日、6月7.28日、7月5.26.29日、8月3.24.27日、9月1.22.25日、10月20.23日、11月18.21日、12月16.19日

◎靈魂伴侶：

1月18日、2月16日、3月14日、4月12日、5月10.29日、6月8.27日、7月6.25日、8月4.23日、9月2.21日、10月19日、11月17日、12月15日

優點：有領導能力、細緻深入、勤奮、有威信、有保護的欲望、有治療能力、善於判斷價值觀念

缺點：沒有耐心、浪費、不夠寬容、過度工作、專制、易受挫、缺少計畫

太陽星座：獅子座
區間：射手座／木星
角度：獅子16°-17°
類型：固定星座
元素：火
恆星：天樞

8月9日

LEO

直覺敏銳、想像力豐富和講究實際是與你的誕生日有關的特點。獅子的你雖然感性，但你往往自信、迷人而且慷慨。

受區間星座射手座的影響，只要能結合自己的靈感和勤勞的性格，你就能得到經濟上的有利保障。這表示你很少會有經濟上的問題，但為了真正受益於上天給你的恩賜，你得非常注重價值觀和培養負責的態度。

你好交際、友善、合群，而且關心他人福利，生命中有很多幫助你、鼓勵你的貴人。你們之中也有了不起的人道主義者，會將自己的時間和精力奉獻給有益的事業和慈善機構。

雖然你能有決心並專注於手頭的工作，但你時常會有新的想法而且興趣廣泛。你以自己的工作為傲，並有點完美主義，你要謹防太強烈的責任感使你過度在意物質生活。

自童年開始，你就喜歡社交活動並想成為大家的焦點。從你13歲後的30年，太陽星座移至處女座，你會變得更加認真負責和有識別力，也能更積極地改善自己的工作環境。在43歲時太陽星座推進至天秤座。這次轉折突顯你對社會關係和合作關係的重視。你的創造能力得到加強，你也可能會發展你在音樂、藝術或文學方面的興趣。在你73歲時，太陽星座推進至天蠍座，這次轉折會使你深入了解自己的情緒的改變以及自身的蛻變。

■真實的自我

只要你相信自己的直覺，你就具有察覺他人目的本能。你的感性和敏銳的洞察力，引領你聆聽內心的聲音，並因此帶給你積極前進的力量。

雖然你想要得到物質保障，但只要你求新求變的渴望被抑制，你就會覺得不安或不耐煩。這種不滿情緒會導致你採取某種形式的逃避現實，並使問題更加嚴重。為了學習與擺脫你內心的束縛，你需要不斷探索自己的內心世界。

■工作和職業

你有雄心壯志、講究實際而且善於交際，使你常常能獲得不錯的工作機會。不論你做什麼都希望能做到最好，而且你注重結構、方法和條理。憑藉你的談判技巧，你往往能達到令人滿意的協定並獲得相對的經濟報酬。在商業方面，你尤其擅長銷售、製造行業以及各種與人往來的事情。或者，你可能藉著自己的想像力與才華進入娛樂圈，並得

到不錯的成果。你潛在的人道主義或宗教特點，也可能誘使你從事某種公益事業。

這一天出生的名人包括歌手惠妮・休斯頓，詩人約翰・德萊敦，演員梅蘭妮・葛莉芬，歌手兼作詞家喬・傑克森，英國國王亨利五世，和兒童心理學家皮亞傑。

■數字命理學

仁慈善良、考慮周到和多愁善感都是9號誕生日的特點。你不僅寬容善良，也很慷慨大方。你的直覺力和超能力表明你能接受一切事物，而你的能力若能得到積極的引導，它們會激勵你尋求一條精神之路。這個誕生日還暗示你需要克服過於敏感及情緒不穩。環球旅行和與不同生活閱歷的人打交道對你很有好處，但你得避免有不切實際的幻想或逃避現實。受8月分的部分影響，你意志力頑強，渴望得到權力和影響力。雖然你是個心胸開闊的理想主義者，但你也有物質主義的傾向。受獲得財富和成功的欲望驅使，你會努力工作並有很多不錯的機會。

■愛情和人際關係

你的社交性、迷人的性格和魅力，常為你吸引許多朋友和仰慕者。表達自己內心的感受，你就能表現出強烈的愛心。如果你壓抑自己的情緒，你可能會鬱鬱寡歡或捲入權力爭奪的遊戲。不過一般而言你願意盡力保持和睦的人際關係，而且不輕言放棄。

■你生命中的特殊之人

從出生在以下日期的人中，你可以找到滿足感和你的另一半。

◎愛情與友誼：

1月7、11、21、22日、2月5、9、19、20日、3月3、7、18、31日、4月1、5、16、29日、5月3、14、27、29日、6月1、12、25、27日、7月10、23、25日、8月8、21、23、31日、9月6、19、21、29日、10月4、17、19、27、30日、11月2、15、17、25、28日、12月13、15、23、26日

◎幸運貴人：

1月8、14、19日、2月6、12、17日、3月4、10、15日、4月2、8、13日、5月6、11日、6月4、9日、7月2、7日、8月5日、9月3日、10月1、29日、11月27日、12月25、29日

◎強烈吸引你的人：

2月5、6、7、8日

◎砥礪者：

1月9、18、20日、2月7、16、18日、3月5、14、16日、4月3、12、14日、5月1、10、12日、6月8、10日、7月6、8、29日、8月4、6、27日、9月2、4、25日、10月2、23日、11月21日、12月19日

◎靈魂伴侶：

1月9日、2月7日、3月5日、4月3日、5月1日、10月30日、11月28日、12月26日

優點：有理想、仁慈博愛、有創造力、情感細膩、慷慨大方、富有魅力、有詩人氣質、慈善、樂善好施、客觀公正、運氣好、討人喜歡

缺點：沮喪、無條理、缺乏信心、自私、不切實際、焦慮不安

太陽星座：獅子座
區間：射手座／木星
角度：獅子17°-18°
類型：固定星座
元素：火
恆星：天樞、天璇

8月10日

LEO

獅子座

　　你的生日表示你直覺力強而且勇於創新，是個有抱負的人，擁有強大潛力和領導能力。獅子座的你有創造力並十分有天賦，能保持獨立和獨特的態度，渴望表現自己。

　　受區間星座射手座的影響，你喜歡旅行和探索各種體驗。你多才多藝而且興趣廣泛，正因為如此你得避免分散精力。你要學會專心、不浪費時間，如此才能實現內心的願望。

　　你具備真正的表演能力，這使你擁有獲得空前成就的潛力。有啟發性的想法和客觀的思考方式，有助你抑制沮喪失望、猶豫不決或焦慮不安的情緒。然而在你充滿熱情地迎接生活的挑戰時，要避免冒險行事，不能認為重新開始就可以解決過去所有的問題。

　　雖然你依賴自己主觀的知識，但你能夠看見事物的多方面，這種能力有時會造成懷疑和困惑。不過，你天生善於計畫，具有洞察力和強烈的直覺，所以在面臨困難時會很快做出有新意的決定。你工作勤奮且講究方法，態度務實和性情開朗，這表示你這個人坦率而且中肯。

　　大約在你12歲時，太陽星座推進至處女座，在接下來的30年，秩序、工作和效率以及解決實際問題等事對你格外重要。在你42歲時，太陽星座推進至天秤座。這次轉折會激勵你與人更進一步合作、講究策略和關注人際關係。在你72歲時，太陽星座推進至天蠍座，這次轉折突顯出個人權力和變化問題的重要。

■真實的自我

　　當你能用勇於創新的精神取代物質保障的需求時，你才能開始理解什麼是真實的自己。你害怕失去既得之物，所以在做選擇時可能會比較保守，你也因此失去改變自我的機會。你要明白，真正的成功，是能做真正使你快樂的事情，如此你才能抑制內心的不安全感。

　　你渴望平靜與和諧，有可能藉由藝術的形式表現出來，或表現在你對家庭和家人的關愛中。你有強烈的責任感，並且渴望表現自己。你充滿理想，而且有獻身事業的精神，尤其在你支持符合你心意的目標時，更是義無反顧。

■工作和職業

　　你具有創造力、智慧和努力工作的能力，這表示你具有達到你所從事職業巔峰的潛力。你引人注目的天賦，使你在表演、寫作或政治上都能綻放光芒。而你天生的商業頭

腦，使你有推銷和生產商品的才能。你的事業常常很順利，但無論你從事什麼職業，你都希望能在工作中有所成長。而你富有哲理或人道主義的性格，有可能使你在牧師和慈善事業這類工作中得到滿足。

這一天出生的名人包括美國總統胡佛，歌手艾迪·費雪，演員瑙瑪·希拉，諾貝爾物理學獎得主沃爾夫岡·保羅，演員珍妮·懷特，爵士樂歌手帕蒂·奧斯丁，和演員羅珊娜·艾圭特。

■數字命理學

出生在10號的人，經常努力爭取偉大的成就。不過，你在實現目標之前需要克服很多困難。你精力充沛，富於創新並堅持自己的信念。你很主動而且有開創精神，這促使你遠走他鄉或獨自生活。你還要明白你不是世界的中心，應該避免變得自私和專斷。成功和成就對於10號出生的人都很重要，而且往往可以找到成就事業的途徑。受8月分的影響，你有影響力，而且有堅定的信念和獨立的精神。你勇於創新、有自信與雄心。你多才多藝使你試圖取得眾多成就，卻有可能使你分散精力。

■愛情和人際關係

你欣賞有眾多成就的人。你追求一種很高尚而且理想的愛情，以至於身邊的人都很難達到你的高期望。你可能有時體貼主動，有時卻和冷漠退縮，所以平衡自己感性的特點是很重要的。天生友善的性格使你有很多朋友，而你好客的特點暗示你將是個很好的主人。

■你生命中的特殊之人

尋找出生在以下日期的人可以提高你得到愛情和幸福的機會。

◎愛情與友誼：

1月8.22.23.26日、2月6.20.24、3月4.18.22日、4月2.16.17.20.30日、5月14.18.28.30日、6月12.16.26.28日、7月10.14.24.26日、8月8.12.22.24日、9月6.10.20.22.30日、10月4.8.18.20.28日、11月2.6.16.18.26日、12月4.14.16.24

◎幸運貴人：

1月9.20日、2月7.18日、3月5.16.29日、4月3.14.27日、5月1.12.25日、6月10.23日、7月8.21日、8月6.19日、9月4.17日、10月2.15.30日、11月13.28日、12月11.26.30日

◎強烈吸引你的人：

1月27日、2月7.8.9.25日、3月23日、4月21日、5月19日、6月17日、7月15日、8月13日、9月11日、10月9日、11月7日、12月5日

◎砥礪者：

1月2.10.19日、2月8.17日、3月6.15日、4月4.13日、5月2.11日、6月9日、7月7.30日、8月5.28日、9月3.26日、10月1.24日、11月22日、12月20.30日

◎靈魂伴侶：

1月15日、2月13日、3月11日、4月9日、5月7日、6月5日、7月3日、8月1日、10月29日、11月27日、12月25日

優點：有領導能力、有創造力、追求進步、有魄力、樂觀、自信堅定、有競爭意識、獨立、善於交際

缺點：專橫、好嫉妒、自我、過於驕傲、有對立情緒、缺少約束、自私、猶豫不決、沒有耐心

太陽星座：獅子座
區間：射手座／木星
角度：獅子18º-19º
類型：固定星座
元素：火
恆星：天璇

8月11日

LEO

獅子座

有行動力、富有靈感和勇於創新是這個誕生日的特點。你具有開創精神，是理想主義和渴望金錢地位的有趣結合。獅子座的你有魅力及活力，並且由於你友好親切和善於交際的性格，常被人覺得你很樂天。

受區間星座射手座的影響，你既愛幻想卻又務實，具有將夢想轉化為現實的遠見和智慧。而你堅決果斷的態度是你能夠戰勝困難和逆境的要素，受木星的影響，你有許多能帶來經濟利益的絕妙想法。

你的生日表示你非常注重人際關係和合作關係，這暗示著雖然你很有決心而且能專心致志，但為了有所回饋，你需要學會妥協。你友好親切，有進取心，喜歡物質享受，渴望建立能帶給你收穫和進步的夥伴關係。但困頓或過分在意金錢，會影響你原本美好的前程，所以你必須避免變得物質主義或殘酷無情。

從你11歲後的未來30年，太陽星座都在處女座推移前進，為此你會保持務實的生活態度，並希望有效率地分配時間和精力。41歲時你的生活出現一次轉折，那時太陽星座推進至天秤座，你會更希望有更親密的個人關係，而且你考慮的因素也可能會從實際因素轉向更美感的因素。在你71歲時，太陽星座推進至天蠍座，你將經歷新的情感變化週期。

■真實的自我

你強烈渴望得到認可，這表示無論在物質或情感上，你都希望出人頭地。你有能力獲得巨大成就，所以有必要利用這種能力得到情感或物質上的滿足，而你會發現最大的滿足感來自於幫助別人。

你內心和諧並渴望平靜知足的生活，而你的家正是你遠離現實世界的安全憩息地。這種和諧可能還可以激發你正待開發的音樂、藝術或創作才能。你風趣且好交際，懂得放鬆自己和享受生活。只是你要謹防為了保持和平而一味妥協。你要加強內在的第六感，這是能利用自己內在潛力的關鍵。

■工作和職業

你友善大方，有理想主義傾向，並因此導致你選擇需要與人交往的工作。如果你堅信某個目標，就會十分強勢或有說服力。只要你願意，就能做好公益事業。在商業方面，你具有銷售和宣傳的天賦，能夠成功地建立合作關係並達成貿易協議。同樣，

你還能成為優秀的代理人或商業顧問。你意志力和決心堅定，具備獲得成就的充足精力，而且你有優秀的領導能力，儘管如此，你更喜歡與人合作。你還非常適合從事娛樂行業、寫作或音樂。

這一天出生的名人包括演員阿琳·達爾，摔跤手霍爾克·霍根，童書作家艾妮·布萊頓和艾利斯·海利，和音樂家菲爾·歐克斯。

■數字命理學

數字11具有雙重涵義，這意味著理想、靈感和革新對你非常重要。謙虛與自信結合的個性，使你在物質上和精神上都要控制自己。憑藉經驗你懂得如何處理你性格中的這兩端，你要相信自己的感覺，並避免走極端。通常你精力充沛，但必須避免過於焦慮或不切實際。受8月分的影響，你不僅有決心和志向，還具有預見能力和管理能力。當你啟動創造力時，你會變得樂觀、勤奮和熱情；不過，你必須學會有始有終，不要半途而廢。你常常因為金錢和權力得不到保障而感到恐懼，所以你需要避免傲慢或工於心計。為了發揮你真實的潛力，你要知道如何去表現自己獨特的才能。

■愛情和人際關係

你能夠表達自己的創新理念，這使你喜歡有藝術才能的人。你很熱情友善，善於交際。在你的個人關係中，你特別喜歡有能力而聰明的人，不過你得謹防與所愛之人發生爭執。你對所愛之人極其慷慨，能成為十分忠誠的朋友或愛人。通常你願意盡力維持長久的關係，但你也需要保有個人自由。

優點：專注、客觀公正、熱情、富有靈感、崇尚精神層面、直覺力強、聰慧、外向、勇於革新、有藝術才能、樂於服務他人、有治療能力、仁慈博愛、有超自然能力

缺點：自命不凡、毫無目標、過於感情用事、易受傷害、神經緊張、自私、條理不清晰

■你生命中的特殊之人

為了得到安全感，精神鼓勵和愛情，你需要查找出生在以下日期的人。

◎愛情與友誼：

1月3、5、23日、2月3、11、21日、3月9、19、28、31日、4月7、17、26、29日、5月5、15、24、27、29、31日、6月3、13、22、25、27、29日、7月1、11、20、23、25、27、29日、8月9、18、21、23、25、27日、9月7、16、19、21、23、25日、10月5、14、17、19、21、23日、11月3、12、15、17、19、21日、12月1、10、13、15、17、19日

◎幸運貴人：

1月3、4、10、21日、2月1、2、8、19日、3月6、17、30日、4月4、15、28日、5月2、13、26日、6月11、24日、7月9、22日、8月7、20日、9月5、18日、10月3、16、31日、11月1、14、29日、12月12、27日

◎強烈吸引你的人：

1月22、28日、2月8、9、10、20、26日、3月18、24日、4月16、22日、5月14、20日、6月12、18日、7月10、16日、8月8、14日、9月6、12日、10月4、10日、11月2、8日、12月6日

◎砥礪者：

1月11、20日、2月9、18日、3月7、16日、4月5、14日、5月3、12、30日、6月1、10、28日、7月8、26、31日、8月6、24、29日、9月4、22、27日、10月2、20、25日、11月18、23日、12月16、21日

◎靈魂伴侶：

1月26日、2月24日、3月22、30日、4月20、28日、5月18、26日、6月16、24日、7月14、22日、8月12、20日、9月10、18日、10月8、16日、11月6、14日、12月4、12日

太陽星座：獅子座
區間：射手座／木星
角度：獅子19º-20º
類型：固定星座
元素：火
恆星：天璇、氐宿一

8月12日

LEO

你具有雄心壯志、創造力、強烈的直覺力和活力，你的生日表示你是個果斷而且樂觀的人。獅子座的你很有魄力和決心，具有精力充沛和行事果斷的性格，為此你常能按自己的方式行事。你態度坦率和反應靈敏，這表示你能夠快速評判他人和形勢。只要保持客觀公正的態度，你就能抑制情緒的起伏不定。

你渴望得到成功和安全感，這暗示你希望受人稱讚，所以你顯得友好親切且善於交際。你的個人魅力有助於你戰勝早期的挫折，而你的直覺力也能適時幫助你。

受區間主宰行星木星的影響，你勇敢活躍，渴望得到他人認可。由於你情感細膩但可能倔強；渴望穩定，卻又想進步，所以你需要平衡這些矛盾的對立面。這暗示你雖然很仁慈且通情達理，但同時你也可能專制霸道。

你很驕傲威嚴，但對於他人的批評很敏感。你需要更理性地看問題，避免受他人傷害。由於你一本正經的態度和交際手腕，你喜歡與人合作並將事業和樂趣相互結合。

童年時期，你就很善於交際而且很友善。從你10歲後的未來30年，太陽星座都在處女座推移前進。這表示你變得更加務實和有識別力，效率也得到提高。在你40歲時，太陽星座推進至天秤座，這突顯了人際關係的重要，而你的生活也會增添更多美的、和諧與平衡。你會因此參加一些像寫作、藝術、音樂或治療技巧這類的活動。在70歲時，太陽星座推進至天蠍座，你將渴望深刻的變化和個人權力。

■真實的自我

由於你是個能理想成真的人，所以你很重視意志力，並成為你生命中一股不可忽視的力量。你不想讓恐懼占據你的心理，因為你很有可能專注眼前的目標。當你內心的力量得到積極引導時，就會成為一股振奮人心的精神力量。

由於你喜歡保持活躍而且有所堅持，所以你經常運用你的戰略技巧、精力和幹勁去克服前進途中的障礙。當你得到鼓勵和相信自己的直覺時，你的表現最好。由於你信念堅定，總是堅持自己的原則，即使你是錯的你也可能不肯認錯。這表明為了更客觀公正，你需要掌握協商和妥協的技巧。

■工作和職業

你不僅有志向、決心，還具有天生的領導能力與說服力，尤其是在你宣傳的主張與經濟利益時。你寬宏大量且善良，善於與人打交道，能夠看準時機。不論在教育、商業

還是娛樂界，你都希望有按自己獨特方式行事。你不喜歡服從命令，這將促使你謀求管理職位或自主創業，無論如何你總是能夠達成良好的協定，或使你的才能商業化。

這一天出生的名人包括電影導演西席地密爾，吉他手馬克‧諾珀弗利，神學者博拉瓦茨基夫人，和演員喬治‧漢密爾頓。

■數字命理學

你的直覺敏銳、樂於助人、友好親切，有很好的推演能力。由於你希望表現自己的真性情，所以你經常創新。你不僅天生通情達理而且情感細膩，還懂得如何運用策略和合作的方法來實現自己的目標。當你在表現自己的需求和天生樂於助人的傾向之間達到平衡時，你會得到情感上的滿足和成就感。不過你需要找到獨立自主的勇氣和增強自信，或學會不輕易被人挫敗。受8月分的部分影響，你是個有大志和決心堅定的人，有著強烈的直覺力。你不僅具有務實的態度和管理能力，還有活力和外向的性格。在生活中，你有許多進步的機會，你很希望獲得成功或成為眾人矚目的焦點。

■愛情和人際關係

你很可能過著積極的社交生活，因為你很風趣而且喜歡結識陌生人。在私人關係中你強烈的感情會使你在強烈浪漫的理想和非常實際的現實之間徘徊不定。你內心很浪漫，喜歡追求別人，但一旦關係確定你又容易改變心意。由於你渴望獨立，所以你得選擇一位能給你自由的人。你以自己家人為傲，並能做任何事去維護他們的利益。

■你生命中的特殊之人

為了找到你的另一半，你可能要查找出生在以下日期的人。

◎愛情與友誼：

1月14、15、22、24、26、31日、2月12、22、29日、3月10、20、27日、4月8、18、25日、5月6、16、23、30日、6月4、14、21、28、30日、7月2、12、19、26、28、30日、8月10、17、24、26、28日、9月8、15、22、24、26日、10月6、13、20、22、24、30日、11月4、11、18、20、22、28日、12月2、9、16、18、20、26、29日

◎幸運貴人：

1月5、22、30日、2月3、20、28日、3月1、18、26日、4月16、24日、5月14、22日、6月12、20日、7月10、18、29日、8月8、16、27、31日、9月6、14、25、29日、10月4、12、23、27日、11月2、10、21、25日、12月9、19、23日

◎強烈吸引你的人：

1月12日、2月9、10、11日、3月8日、4月6日、5月4日、6月2日

◎砥礪者：

1月16、21日、2月14、19日、3月12、17、30日、4月10、15、28日、5月8、13、26日、6月6、11、24日、7月4、9、22日、8月2、7、20日、9月5、18日、10月3、16日、11月1、14日、12月12日

◎靈魂伴侶：

1月25日、2月23日、3月21日、4月19日、5月17日、6月15日、7月13日、8月11日、9月9日、10月7日、11月5日、12月3、30日

優點：有創造力、迷人、主動、有約束力、提升自己或別人
缺點：孤僻、古怪、不願與人合作、過度敏感、缺乏自尊

太陽星座：獅子座
區間：射手座／木星
角度：獅子20°-21°
類型：固定星座
元素：火
恆星：天璇、氐宿一

8月13日

LEO

你的生日表示你獨立而且有創造力，具備領導或指揮能力，是個聰慧、精明而務實的人。獅子座的你很威嚴、勇敢，有股令人不容忽視的力量。只要理性地思考，你就能意識到自己所掌握的知識力量。

你行動果斷並擁有實用的常識，你也有自我約束的特質。只要發揮自己的精神力量，並在你所從事領域樹立地位就能成功。面對問題你會有獨特的觀點，並能給予他人實用的建議和解決方案。這天出生的女性想法比較專制，並想控制局面。

受區間星座射手座的影響，更突顯你好發號施令的性格和擴展的欲望，這暗示你很固執挑剔。那些非常了解你的人，認為你是保守與激進主義的奇怪結合體，但你從不令人覺得枯燥乏味。你消息靈通，喜歡和人爭論，你往往能在辯論中嶄露頭角，但你常會因此變得專制，你要明白好鬥或毫不妥協，並不一定會給你想要的結果。

從你9歲之後未來30年，太陽星座都在處女座推移前進。這會使你更渴望得到實際的生活秩序和保障。在你39歲時生命出現一次轉折，太陽星座推進至天秤座，從此你的私人關係對你更為重要，你會變得更加友善與合作。在你69歲時，太陽星座推進至天蠍座，你更渴望情感上的蛻變。

■真實的自我

你渴望工作和成就，這使得你承擔了大量責任而且不喜歡浪費時間。雖然你很敏感脆弱，但你不喜歡在別人面前表現出來以免被人控制。表面上你看起來驕傲並有點鑽牛角尖，但在內心你能體貼他人並且願意為正義而奮鬥。

你對於成功的執著和決心是令人欽佩，但是你得避免控制欲太強。不過為了取得最好的結果，你要明白分享和與人合作的重要性。你善於組織，而且如果你負擔過重，你懂得如何將責任適當委託分配給別人。雖然你樂於合作，但你也會和身邊的人開善意的玩笑，這表明你在保持幽默感的同時，也渴望出類拔萃。

■工作和職業

憑藉敏銳的才智、恆心和努力工作，你將能在所從事的事業中升至權勢地位。你的管理能力和天生的交際能力是你經商的寶貴財富。你還特別適合腦力工作，比如法律、科學或教學。你非常渴望表現自己，所以你可能從事寫作或進入娛樂界，也可能進入出版或廣告行業。與生俱來的人道主義特點，將能使你成為社會、宗教或政治方面的改革

家。

這一天出生的名人包括導演希區考克，音樂家丹‧佛格柏，革命性領導人卡斯楚，和火箭隊隊員博比‧克拉克。

■數字命理學

情感細膩、充滿熱情和有靈感，往往和13號誕生日有所聯繫。從數字上來看，你是個有志向而且勤勞的人，能夠透過獨特的自我表現方式取得眾多成就。如果你想要將創造才能轉變成物質回饋，你需要培養務實的態度。你的革新態度會激勵你產生新穎觀點，而這些觀點往往產生令人印象深刻的工作成績。出生在13號的你真誠、浪漫、迷人而且風趣，你獻身事業的精神使你能夠取得成功。受8月分的部分影響，你很強勢，喜歡控制別人。你要學會將注意力集中在某個目標並堅持不懈，如此你才能登上你事業的巔峰。或者，由於你具有極好的實踐和管理能力，你也可以升至權勢地位。學會與人合作能夠為你提供機會，並能使他人受益你的巨大才能。

■愛情和人際關係

你充滿活力，觀點強烈，喜歡和你一樣聰明的人。你聰明迷人。所以不難結交到朋友和夥伴。在人際交往中你坦誠直爽，渴望與別人建立某種穩定的關係。你對自己身邊的人很體貼，而且願意為所愛之人做任何事情。

■你生命中的特殊之人

和出生在以下日期的人在一起，你可以找到真愛和安全感。

◎愛情與友誼：

1月11.13.15.17.25.26日、2月9.11.13.15.23日、3月7.9.11.13.21日、4月5.7.9.11.19日、5月3.5.7.9.17.31日、6月1.3.5.7.15.17.29日、7月1.3.5.27.29.31日、8月1.3.11.25.27.29日、9月1.9.23.25.27日、10月7.21.23.25日、11月5.19.21.23日、12月3.17.19.21.30日

◎幸運貴人：

1月1.5.20日、2月3.18日、3月1.16日、4月14日、5月12日、6月10日、7月8日、8月6日、9月4日、10月2日

◎強烈吸引你的人：

2月9.10.11.12日

◎砥礪者：

1月6.22.24日、2月4.20.22日、3月2.18.20日、4月16.18日、5月14.16日、6月12.14日、7月10.12日、8月8.10.31日、9月6.8.29日、10月4.6.27日、11月2.4.25.30日、12月2.23.28日

◎靈魂伴侶：

1月6.12日、2月4.10日、3月2.8日、4月6日、5月4日、6月2日

優點：有志向、有創造力、熱愛自由、善於表達自己、主動
缺點：衝動、優柔寡斷、專橫、無情、叛逆

太陽星座：獅子座
區間：牡羊座／火星
角度：獅子21°-22°
類型：固定星座
元素：火
恆星：天璇、氐宿一

8月14日

LEO

　　你務實勤奮，你的生日更暗示你具有成功和發達的準確判斷力和創新思維。獅子座的你有天賦並善於交際，是個有魅力而且引人注目的人。你不但知識紮實和直覺敏銳，更易於適應環境，並且在活躍與努力產出之的時覺得最幸福。

　　受區間主宰行星火星的部分影響，你活力充沛並能達到成果。不過，為了發揮你的真實潛力，你需要抑制情緒不穩或過於敏感。

　　勤奮、誠實和直率是他人對你的評價。雖然你通常慷慨仁慈，但你不能容忍愚昧的行為，更會因此表現得很不耐煩。你是個獨立思考的人，你不喜歡他人的干涉，這會使你顯得固執的特點。

　　結合你的洞察力和邏輯推理能力，可使你獲得權要地位；此外憑藉你令人難忘的演說能力與合宜的表現。相信自己、接受自己，你可以超越別人。你的果斷力和決心，能將想法一一實踐，而你的好奇心會激勵你發掘更多新事物。

　　在你8歲左右時，你的太陽星座推進至處女座，在此後的30年，實踐、秩序和分配時間與精力對你而言十分重要。在你38歲時太陽星座推進至天秤座，這次轉折不僅激勵你發揮你在音樂、藝術或文學方面的任何潛能，而且更強調人際關係的重要。在你68歲時，太陽星座推進至天蠍座，這次轉折強調情感上的蛻變和個人權力的重要性。

■真實的自我

　　你對自己的要求很高，希望成就一番大事業。只是你要記住光只有金錢或商業成就，不大可能帶給你精神上的幸福。你對他人負責，並能以自己樂觀的思想與行動振奮他們的精神。你充滿熱情的性格，渴望得到解放和使人愉快，所以你非常適合成為不同社會群體的聯絡人。

　　為了證實你的自信，你渴望成功。你可能要不斷挑戰自己，才能使自己戰勝困難，並誇耀自己在克服困難的過程中所表現出的自信。一旦情況有利於你，你能發揮最大潛力，達成自己的目標。

■工作和職業

　　你天生引人注目並有敏銳的思維，只要你約束自己，就能走在事業的最前線。你得謹防內心的不安妨礙你發揮自己的能力。你需要變化，如果工作缺少足夠的變化，你可能會厭倦。憑藉天生的商業頭腦和組織能力，你可以在商業、銀行業或法律行業成功，

或者你能在寫作、音樂或戲劇方面，運用你引人注目的天賦。性格中體貼或人道主義的一面，促使你成為優秀的教師、顧問或社會工作者，或從事代人發表心聲的工作，比如團隊的領導者或政治家。又或者，你能進入體育界，並因此實現目標引導你至事業巔峰。

這一天出生的名人包括演員史蒂夫·馬丁，動畫製作人拉森，作家丹妮爾·斯蒂，音樂家大衛·克羅斯比，歌手莎拉·布萊曼，和籃球運動員魔術強森。

■數字命理學

智能的潛力、重實際和決心堅定是14號生日的特點。事實上，數字14號的人，時常把工作放在首位，而且以事業成就作為判斷自己和他人的標準。雖然你需要安定感，但數字14具有的不安分特點，促使你為了改善自己的命運而跨步前進或迎接新的挑戰。這種內在的不安和永不滿足的情緒，能促你大幅地改變自己的生活，尤其是在你對自己的工作環境或經濟地位不滿意時。憑藉你的洞察力，你可以迅速看到問題癥結並立即解決它。受8月分的部分影響，只要努力工作就能發揮自己的能力和實現自己的願望。你通常很講究實際，而且渴望興旺發達。你解決問題的方法新穎獨特，令人印象深刻。

■愛情和人際關係

憑藉創造力及智慧，你能結合事業和樂趣。你友好親切而且善於交際，有許多戀愛和浪漫的機會。你尤其喜歡那些活躍並能給你精神鼓勵的人，而你也需要能欣賞你的機智和幽默感的人。由於你富有同情心而且通情達理，朋友可能會向你尋求幫助和建議。

優點：行動果斷、勤奮、運氣好、有創造力、務實、想像力豐富、勤勞

缺點：過於謹慎或過於衝動、考慮不周、頑固

■你生命中的特殊之人

為了找到能使你一直感興趣和欣賞你的細膩情感的那個伴侶或愛人，你可能需要查找出生在以下日期的人。

◎愛情與友誼：

1月9.12.16.25日、2月7.10.14.23.24日、3月8.12.22.31日、4月3.6.10.20.21.29日、5月4.8.18.27日、6月2.6.16.25.30日、7月4.14.23.28日、8月2.12.21.26.30日、9月10.19.24.28日、10月8.17.22.26日、11月6.15.20.24.30日、12月4.5.13.22.28日

◎幸運貴人：

1月2.13.22.24日、2月11.17.20.22日、3月9.15.18.20.28日、4月7.13.16.18.26日、5月5.11.16.18.26日、6月3.9.12.14.22日、7月1.7.10.12.20日、8月5.8.10.18日、9月3.6.8.16日、10月1.4.6.14日、11月2.4.12日、12月2.10日

◎強烈吸引你的人：

1月25日、2月11.12.13.23日、3月21日、4月19日、5月17日、6月15日、7月13日、8月11日、9月9日、10月7日、11月5日、12月3日

◎砥礪者：

1月7.23日、2月5.21日、3月3.19.29、4月1.17.27日、5月15.25日、6月13.23日、7月11.21.31日、8月9.19.29日、9月7.17.27.30日、11月3.13.23.26日、12月1.11.21.24日

◎靈魂伴侶：

1月17日、2月15日、3月13日、4月11日、5月9日、6月7日、7月5日、8月3日、9月1日、11月30日、12月28日、

太陽星座：獅子座
區間：牡羊座／火星
角度：獅子21°45´-23°
類型：固定星座
元素：火
恆星：氐宿一

8月15日

LEO

　　熱情、聰明都是你生日的特點，因此你能夠快速掌握資訊。經由累積知識，你會更堅定有自信。獅子座的你很隨和、討人喜歡，而且充滿朝氣。你足智多謀，所以你能將活力和不安分性格用於創造性職業。

　　你有理想而且驕傲，信念堅定，具有以言語和文字表達的天賦。這有助你培養寫作能力、教學或演說技巧。你信賴自己的判斷力，也喜歡身體力行，只要你妥善結合這兩點，你成功的潛力將因此提高。

　　受區間星座牡羊座的部分影響，你有抱負、充滿活力和幹勁。如果你負責並且多思考問題，你會更容易成功。一旦你精通自己的行業技術，你會在別人面前顯出你是多麼有天賦和聰明。你常常不按牌理出牌或思想前衛，具有與眾不同的興趣與愛好。雖然你好交際而且友善，但你也喜歡無憂無慮和與眾不同，並且你很少屈服同儕的壓力。

　　太陽星座在你7歲時就推進至處女座，在往後30年中，你會重視生活的秩序和效率。這種情況將持續至你37歲，太陽星座推進至天秤座時。這個轉捩點會激勵你發揮你在音樂、藝術或文學方面的潛能，同時也突顯了人際關係的重要性。67歲時太陽星座推進至天蠍座，你的生活會有更具深度的改變、個人能量與蛻變。

■真實的自我

　　你魅力十足的內在特點，使你表現體貼積極，並能找到自我表現的方式。你堅定的信仰和服務他人的欲望，使你想領導某個有益於他人的團體或組織。只是你得謹防為了得到物質保障，而放棄自己的理想。

　　你的性格同時結合兩性的特點，既獨立、有決心，又感性、有同情心。為了使你的身心靈平衡健康，就有必要使這些特點保持平衡。你擁有意志力、決心和光耀眼的個性，是個堅強的人，有取得成就的卓越潛能。

■工作和職業

　　有效地結合你的魅力和商業頭腦，有助你取得成功，尤其是在銷售、市場行銷和宣傳行業。你總是引人注目，對知識的熱愛，能使你在戲劇或演說方面表現突出。你能以有趣的方式表達你的想法，這對你的演出、演講或寫作很有幫助。你會為了某個目標而奮鬥不懈，所以你可能會喜歡律師或發言人這類職業，如果你對改革感興趣，你也可能爭取發言人的職務，比如團隊的領導或政治家。而你的人道主義本能將促使你從事諮詢

或社會工作。不論你從事何種行業，你都希望以自己的方式自由行事，所以有可能會自主創業。

這一天出生的名人包括拿破崙，安娜公主，音樂家奧斯卡·彼特森，廚藝專家朱麗亞·柴爾德，瑜珈大師室利·阿羅頻多。

■數字命理學

多才多藝、熱情和變化不定是15號誕生日的特點。通常你很敏捷而且性格吸引人。你最大的財富是強烈的直覺力，能運用實際理論並快速學習。在很多情況下，你在學習新技能的同時也能夠賺錢。你經常利用你的直覺力，迅速辨別身邊的機遇。作為數字15的人，你具有賺錢或得到他人幫助和支持的本事。你無憂無慮，堅定果敢，喜歡出人意料的事情和賭博。雖然你生性愛冒險，但你渴望找到自己的根或一個能安慰自己的家。受8月分的影響，你有雄心壯志和堅定的決心且充滿活力。憑藉著預知能力、組織技能和商業才幹，你能進行長遠的投資，並使自己的事業繁榮成功。

■愛情和人際關係

你善於交際而且熱心，雖然你也渴望個人自由，但在人際關係中仍舊樂善好施。你能表達豐富的情感，無論是敏感體貼或強烈的激情。你有理想，這也暗示你尋求一個能鼓勵你並與你志同道合的伴侶。對他人的責任很可能影響你的人際關係。然而你的魅力會為你吸引許多朋友，更令你有不少浪漫的機會，而你自然受人歡迎。

■你生命中的特殊之人

為了找到使你開心和保持心態年輕的合適伴侶，你可能需要查找出生在以下日期的人。

◎愛情與友誼：

1月2,7,10,15,17,27日、2月5,8,15,25日、3月3,6,13,23日、4月1,4,11,21日、5月2,9,19日、6月7,17日、7月5,15,29,31日、8月3,13,27,29,31日、9月1,11,25,27,29日、10月9,23,25,27日、11月7,21,23,25日、12月5,19,21,23日

◎幸運貴人：

1月3,5,20,25,27日、2月1,3,18,23,25日、3月1,16,21,23日、4月14,19,21日、5月12,17,19日、6月10,15,17日、7月8,13,15日、8月6,11,13日、9月4,9,11,28日、10月2,7,9,26日、11月5,7,24日、12月3,5日

◎強烈吸引你的人：

1月13日、2月11,12,13日、3月9日、4月7日、5月5日、6月3日、7月1日

◎砥礪者：

1月16,24日、2月14,22日、3月12,20日、4月10,18日、5月8,16,31日、6月6,14,29日、7月4,12,27日、8月2,10,25日、9月8,23日、10月6,21日、11月4,19日、12月2,17日

◎靈魂伴侶：

1月16日、2月14日、3月12日、4月10日、5月8日、6月6日、7月4,31日、8月2,29日、9月27日、10月25日、11月23日、12月21日

優點：主動、慷慨、負責、善良、樂於合作、有鑑別力、創新思考
缺點：愛搗亂、不負責、自我中心、害怕改變、喪失信心、優柔寡斷、物質至上

太陽星座：獅子座
區間：牡羊座／火星
角度：獅子22°45´-24°
類型：固定星座
元素：火
恆星：無

8月16日

LEO

獅子座

你富有魅力、友好親切，頭腦聰明而且直覺力強，你經常隱藏自己的洞察力和敏銳的感知能力。雖然你看起來客觀公正而且考慮周到，但其實敏感且愛幻想。作為獅子座的人，你自信堅定、富有洞察力，這使你能夠快速準確地理解別人的觀點。你務實直率的態度不僅讓你有獨立的觀點，更使你具備說服他人的口才。

受區間主宰行星火星的影響，你活力充沛且心理潛能強。這種影響促使你更喜歡冒險和更勇敢，勇於探索內心深處。不過它也表示你具有變化不定的特點和魯莽的性情。你需要避免焦慮不安或過於衝動。藉由培養自我約束能力來，讓自己做事有始有終，從而避免變得容易厭倦。

你渴望得到他人的讚揚或迫切想出人頭地，這意味著你喜歡拋頭露面。雖然你常常顯得嚴肅，但是一旦你找到真正能激勵你、令你感興趣的事物，你會變得很熱情主動。學會相信自己敏銳的直覺，克制變得專制或刻薄的傾向。

6歲時太陽星座推進至處女座，在此後30年，保持務實態度和為自己建立有序有效的生活體制相當重要，尤其是在工作環境中。36歲時，太陽星座推進至天秤座，你將經歷一次轉折，你會開始更關注人際關係和加強任何藝術、戲劇或文學方面的天賦。在你66歲時，太陽星座推進至天蠍座，你將注重個人權力、渴望改變或重新開始，為此你的覺悟力將更為增加。

■真實的自我

你渴望了解別人的動機，而你的人際社交手腕是你成功的主因，因此，你的許多成就仰賴於人際關係的和諧。你需要在極大的熱情和冷漠孤僻之間取得平衡。如果你令他人失望，很容易就意志消沉。不過，當你積極樂觀時，你會非常慷慨勤奮，具有取得非凡成就的潛力。

你天生務實，所以你會發現自己適合成為別人的顧問，並且在謙虛仁慈時成為最優秀的人。因為你財運不錯，所以金錢問題總會很快自動消失。保持樂觀的態度並發揮你強大的直覺力，你就能創造奇蹟。

■工作和職業

你的人際社交手腕和聰明才智，使你能在不同的生活領域發揮潛力，熱情是你成功的關鍵，也是偽裝不出來的。在商業方面，你天生喜歡做大事業或傳媒業，善於解決問

題。你的組織和管理能力有助你升至顯著職位。你引人注目的天賦加上堅定的決心，還能使你在演藝界成功。不論你從事何種職業，你都應該避免居於下屬地位，你不喜歡服從命令。因為你擁有奮鬥的精神，並且希望為有意義的事業而奮鬥。

這天出生的名人包括歌手與演員瑪丹娜，時尚設計師凱薩琳·漢那特，演員提姆西·荷頓，阿拉伯的勞倫斯，和弗蘭克和凱茜·李·吉福德。

■數字命理學

16號生日使你考慮周到，情感細膩，而且友好親切。雖然你分析能力強，但你往往只以個人感受來評判生活和人。作為數字16的人，你在面對自我欲望和對他人的責任衝突時，你會覺得內心緊張不安。你可能對國際事務感興趣，而且可能進入國際組織或新聞業。這一天出生的人，具備創新能力與寫作天賦並充滿靈感的火花。出生在16號的你需要學會在過於自信和毫無把握之間達到平衡。受8月分的影響，雖然有時你顯得冷漠或孤僻，但你很務實，並且有很好的道德觀念。你希望居於權勢地位，但切記要學會公平公正的領導。你世故且驕傲，能憑藉決心和信心取得成功。

■愛情和人際關係

你需要找到一名有志向且天生聰明的夥伴，一位你能依靠的人。你喜歡有創造力、成功、有表演能力的人，這意味著你喜歡有魅力和成熟的人。交流思想或觀點對於你來說非常重要，因為你尊重知識而且喜歡分享知識。不過你得避免對夥伴展現自以為是的一面。

■你生命中的特殊之人

為了找到情趣相投的合適伴侶，你需要尋找出生在以下日期的人。

◎愛情與友誼：

1月1、8、14、28、31日、2月6、12、26、29、3月10、24、27日、4月2、8、22、25日、5月6、20、23日、6月4、18、21日、7月2、16、19、30日、8月14、17、28、30日、9月12、15、26、30日、10月10、13、24、26、28日、11月8、11、22、24、26日、12月6、9、20、22、24日

◎幸運貴人：

1月26日、2月24日、3月22日、4月20日、5月18日、6月16日、7月14日、8月12日、9月10日、10月8日、11月6日、12月4日

◎強烈吸引你的人：

2月10、11、12、13、14日

◎砥礪者：

1月3、25日、2月1、23日、3月21日、4月19日、5月17日、6月15日、7月13日、8月11日、9月9日、10月7日、11月5日、12月3日

◎靈魂伴侶：

1月3、10日、2月1、8日、3月6日、4月4日、5月2日

優點：有學識、對家庭和家人負責、正直誠實、直覺力強、善於交際、樂於合作、見解深刻

缺點：焦慮不安、永不滿足、自我吹噓、固執己見、多疑、挑剔、易怒、沒有同情心

太陽星座：獅子座
區間：牡羊座／火星
角度：獅子23°45´-25°
類型：固定星座
元素：火
恆星：無

8月17日

LEO

你善於交際、友好親切，是個有創造力而且精明、直覺敏銳的獅子座。你能迅速進入狀況，掌握對自己有利的局面。你是個思想自由的人道主義者，有著強烈的價值觀。自我約束會給你帶來莫大的好處，接受良好的教育和找到能鼓舞你的事物很重要。

受區間星座牡羊座的部分影響，你渴望表達自己豐富的思想觀點，這暗示你隨時都要保持思維活躍並能有豐碩的成果。不過，這也表示你具有變化不定的特點，而且在樂觀創新和焦急消沉之間徘徊不定。你要避免挑剔和對自己要求太刻薄。你需要學會堅持到底及培養耐心，避免過於衝動行事。

雖然你忠實體貼，但你太過於固執己見或魯莽衝動。為了贏得別人的欣賞，你需要顯示出體貼的性格而非不滿情緒。儘管你慷慨主動，但情感上的壓抑會損害你的樂觀。你渴望參加刺激並得到情感滿足的活動，在這些活動中你能夠表現得引人注目。

太陽星座在5歲時就推進至處女座。之後30年，你會重視如何使生活更有效率。在你35歲時，人生出現轉折，太陽星座推進至天秤座，這段時間你會重視自己的社會關係和合作關係。你的創造才能加強，而且你可能會培養對音樂、藝術或文學的興趣。在你60歲中旬時，太陽星座推進至天蠍座，你期望能了解生活的深層涵義、獲得更深的感情和迎接更多的挑戰。

■真實的自我

你驕傲的外表，看不出你內心的感性。人道主義性格和希望引人注意，使你渴望表達自己的想法和創造力。憑藉你在人際交往方面的興趣，你能成為他人的顧問，也有助於自己避免個人的不滿情緒。你會保障家庭和家人的安全，有強烈的責任意識。學習正確的價值觀念，你可以在奢侈和節約之間找出平衡。

保持客觀公正的立場和堅持樂觀的信念，可以在你生活中出現奇蹟，也有助於你克服沮喪或受挫情緒。為了避免沉溺於舒適的現狀，你有必要說服自己不斷迎接新的挑戰。你尊重知識並且經常尋找提高自己和改善環境的方法。

■工作和職業

你天生令人注目的潛力和志向，能幫助你在戲劇或娛樂界獲得不錯的成績，或幫助你在商業或政治方面有所成就。你是很好的心理學家，喜歡與人合作，能成為諮詢師或商業顧問。由於你善於組織或管理，你能成為你所從事領域的領導者。你的社交手腕和

對知識的熱愛，可能引導你從事寫作、法律或教育。或者，你的敏銳度和社會道德觀，可能促使你從事治療工作或為某個目標而工作。

這一天出生的名人包括演員羅伯特‧德尼祿和西恩‧潘，歌手貝琳達‧卡萊爾，演員米‧威斯特和莫琳‧奧哈拉，英國桂冠詩人泰德‧休斯。

■數字命理學

出生在17號的你精明，性格內向，善於分析。你能獨立思考，接受良好的教育或專精技能對你很有好處。你會以獨特的方式運用你的知識，增強專業技能，而且能夠獲得財富，或擁有如專家或研究員的顯著地位。你很孤僻、好反省而且公正，對具體的資料很感興趣，經常表現得嚴肅認真和考慮周到，而且喜歡從容行事。加強你的社交能力，你能從別人身上更了解自己。受8月分的部分影響，你決心堅定而且有良好的價值觀，但要避免完美主義性格和強硬的態度妨礙你進步。正因你希望獲得權勢和財富，所以更要努力工作、培養準確的判斷力，並有意義地使用你的精力。

■愛情和人際關係

你忠實體貼，是個盡職盡責的夥伴。你友好親切而且善於交際，往往有很多朋友和熟識。人際關係在你的生活中發揮重要作用，而且你很體諒別人的需求。雖然你對自己的夥伴忠誠而且樂意提供幫助，但你要避免過於依賴別人或專制。有創意的人會對你的生活產生積極的影響。

■你生命中的特殊之人

為了尋找那個能你變得美好的另一半，你可以參考出生在以下日期的人。

◎愛情與友誼：

1月1.9.15.26.29.30日、2月7.13.24.27.28日、3月11.22.25.26日、4月3.9.20.23.24日、5月7.18.21.22日、6月5.16.19.20日、7月3.14.17.18.31日、8月1.12.15.16.29.31日、9月10.13.14.27.29日、10月8.11.12.25.27日、11月6.9.10.23.25日、12月4.7.8.21.23.29日

◎幸運貴人：

1月1.2.10.27日、2月8.25日、3月6.23日、4月4.21日、5月2.19.30日、6月17.28日、7月15.26日、8月13.24日、9月11.22日、10月9.20日、11月7.18日、12月5.16日

◎強烈吸引你的人：

2月11.12.13.14.15日

◎砥礪者：

1月17.26日、2月15.24日、3月13.22日、4月11.20日、5月9.18日、6月7.16日、7月5.14日、8月3.12.30日、9月1.10日、10月8.26.29日、11月6.24.27日、12月4.22.25日

◎靈魂伴侶：

1月21日、2月19日、3月17日、4月15日、5月13日、6月11日、7月9.29日、8月7.27日、9月5.25日、10月3.23日、11月1.21日、12月19日

優點：	考慮周到、有專長、善於規畫、有商業頭腦、善於賺錢、獨立思考、刻苦、嚴謹、研究方法熟練、科學態度
缺點：	無情、孤僻、固執、冷漠、情緒易變、敏感、心胸狹窄、挑剔

太陽星座：獅子座
區間：牡羊座 / 火星
角度：獅子24°45´-26°
類型：固定星座
元素：火
恆星：無

8月18日

LEO

你有豐富的靈感和想像力，思考活潑而且好問，是個有巨大潛力的獅子座。雖然你驕傲威嚴，渴望成功，但你需要有動力和決心去實現自己的目標。由於你追求不同的體驗並喜歡冒險，所以你可能有許多計畫和想法。

受區間星座牡羊座的影響，為你原本的性格更增添勇敢。你的進取精神使你總是不停地採取行動。你不喜歡服從別人的命令，喜歡自主決定，通常你渴望位居領導地位或能獨立工作。憑藉你的組織觀念，你能夠組織和管理計畫。

你思維敏捷而且聰敏理智，非常熱愛知識並渴望表達自己的思想見解。你天生有超自然能力，所以你能察覺別人的動機和識破虛情假意。由於你對周圍環境很敏感，所以更需要一個有利的環境，如此才不會受到緊張與爭執的氣氛所影響。

太陽星座在你4歲時就推進至處女座，往後的30年，考量現實生活與渴望有秩序的生活是你生活的重點。在你34歲時，人生將出現轉折，太陽星座進入天秤座，此次轉折使你更在意人際關係並激勵你發展任何音樂、文學或藝術方面的興趣。在你64歲之後，太陽星座進入天蠍座，你將尋求更多生活奧義，與生命的蛻變。

■真實的自我

只要你保持現實的態度並避免幻想或逃避現實，就能發揮巨大的精神潛力。你情感細膩和想像力生動，所以偶爾採取簡單的選擇也是不錯的。你所具備的知識和理解力會引導你進行精神或抽象方面的思考，而且你天生友善且健談。由於你喜歡與人討論，所以你有能力處理好與改革或革新運動中的群體關係。

你喜歡擁有力量，尤其是知識的力量，所以你尊敬那些比你更有見識的人。但你得避免捲入與人較量的遊戲，或因過於自我意識而變得專制。不過，你有能力以自己的理想、決心和遠見去鼓勵別人。

■工作和職業

你渴望成為眾人矚目的中心，能夠在表演事業中取得成功，成為演員、舞蹈家或導演。你的雄心壯志，將驅使你從政、接觸法律或商業，而你也希望自己能在這些職業中位居領導職位。你不喜歡服從命令，這會促使你自主創業。你有實踐力和組織才能，這意味著你能在製造業、商業或銀行業有成就。你善於與人接洽，在公共事務中能表現傑出，尤其是在教育和社會福利方面。或者，你的細膩情感、獨特的心理洞察力和天生的

療癒能力，將引導你從事醫療或某種保健職業。

這一天出生的名人包括演員派翠克·史威茲、勞伯·瑞福和馬丁·馬爾，導演羅曼·波蘭斯基，和演員雪莉·溫特斯。

■數字命理學

決心堅定、行事果斷和有雄心是和18號誕生日有關的特點。你性格活躍，渴望挑戰，喜歡讓自己保持忙碌與經營某種大事業。你能幹勤奮又負責，所以能升至權勢地位。你卓越的商業頭腦和組織能力也會促使你進入商業界。你會過度工作，所以要學會放鬆並時不時地放慢速度。作為數字18的人，你有力量去治癒別人的傷口、給予正確的建議或解決別人的問題。受8月分的影響，你不但思維敏捷而且對人和形勢有著強烈的直覺。雖然你變化不定，但你工作效率高且能堅定地執行計畫。你希望受人肯定，經常在理想和物欲間徘徊不定。

■愛情和人際關係

你驕傲而且引人注目，性格迷人，能將別人吸引到你身邊。在人際關係中誠實和直率對於你而言很重要。你很敏感並十分體貼溫柔，但你不能逃避現實，無論是過分放縱還是置之不理。你熱心並能給出正確的建議，是許多人求助的對向。在你主要的人際關係中，找到一個能給予你精神鼓勵並且志同道合的人是很重要的。

■你生命中的特殊之人

和出生在以下日期的人在一起，你可能會找到情感上的滿足和你的另一半。

◎愛情與友誼：

1月10、13、20、25、30日、2月8、11、18、28日、3月6、9、16、26、30日、4月4、7、14、24、30日、5月2、5、12、22日、6月3、10、20、7月1、8、18日、8月6、16、20、30日、9月4、14、28、30、10月2、12、26、28、30日、11月10、24、26、28、12月8、22、24、26日

◎幸運貴人：

1月12、16、17、28日、2月10、14、15、26日、3月8、12、13、24日、4月6、10、11、12日、5月4、8、9、20、29日、6月2、6、7、18、27日、7月4、5、16、25日、8月2、3、14、23日、9月1、12、21、10月10、19、11月8、17、12月6、15

◎強烈吸引你的人：

2月14、15、16日、3月31、4月29、5月27、6月25、7月23、8月21、9月19日、10月17、11月15、12月17

◎砥礪者：

1月6、18、22、27日、2月4、16、20、25日、3月2、14、18、23日、4月12、16、21日、5月10、14、19日、6月8、12、17日、7月6、10、15日、8月4、8、13日、9月2、6、11日、10月4、9日、11月2、7日、12月5日

◎靈魂伴侶：

3月28日、4月26日、5月24日、6月22日、7月20日、8月18日、9月16日、10月14日、11月12日、12月10日

優點：追求進步、行事果斷、直覺敏銳、勇敢、態度堅決、有治療能力、效率高、善於提建議

缺點：情緒失控、懶惰、缺乏條理、自私、麻木不仁、難以完成任務或計畫、不誠實

太陽星座：獅子座
區間：牡羊座／火星
角度：獅子25°45´-27°
類型：固定星座
元素：火
恆星：星宿一、軒轅十一、軒轅十三

8月19日

LEO

　　你活潑開朗，善於交際，渴望出人頭地和引人注目。獅子座的你既驕傲又自信，想法創新並且渴望表現自己。

　　受區間星座牡羊座的影響，不僅你原本精力旺盛的性格得到加強，而且你也會非常有自信。你會在各種情況下追求中心地位，而且往往能領導眾人。受火星的影響，你進取而且積極主動，喜歡思考，但應避免致富心切的想法。由於你喜歡自由行事，所以你可能要減少專制或過於自我。

　　雖然你能快速掌握形勢，但是你需要避免反應過度、變得氣餒或過於擔心金錢問題。你聰明機靈，具備良好的心理潛力，喜歡讓自己保持充實和消息靈通。你是憤世嫉俗和天真無邪的結合體，這表示你必須再多用點腦筋並培養直覺力。不管你在生活中遇到多大的困難，但在內心深處你總是明白自己具有戰勝逆境的能力。

　　早在你3歲時，太陽星座就已經進入處女座，往後的30年，為自己建立一個實用有序的計畫變得十分重要。服務人群與小心謹慎，也成為你的行事目標。當太陽星座在33歲時推進至天秤座時，你的人際關係開始顯得更重要，你將會增加新的交際手段、社交或創造能力。在你63歲太陽星座推進至天蠍座時，你會渴望感情變得更深刻、強烈和轉變。

■真實的自我

　　受知識和智慧的啟發，你要保持樂觀和增加耐心和寬容力，有助你活躍的頭腦充實和有建設性。你思維敏捷，行事果斷，能夠向別人展示新穎的觀點，並以自己的思考模式影響別人。你是個很能衡量情勢的人，會為了實現你堅信的計畫而努力工作。

　　堅強的意志力和決心有助你取得物質成功，但完全的成就感來自於你得學會聆聽內心深處的智慧之聲。

■工作和職業

　　你志向遠大，但外在表現卻很友善自信。你心智力充沛，這有利你與人辯論，也助你在法律或政治方面的成就。類似的，你還可能喜歡從事銷售工作或成為代理人。你的分析能力，有利你擁有工作上的專業技術。你十分引人注目，這會引導你進入戲劇或娛樂行業。但無論你從事什麼職業，你都希望處於主管或指揮地位，你也可能會自主創業。

這一天出生的名人包括比爾‧克林頓總統，時尚設計師可可‧香奈爾，攝影師鄔斯賓斯基，大亨馬爾科姆‧福布斯，發明家奧維爾萊特，鼓手金吉‧貝克，和演員吉兒‧聖約翰。

■數字命理學

性格陽光，有志向和人道主義，是19號壽星的特點。你行事果斷，足智多謀，但性格中也有較夢幻的一面像富有同情心、有理想和創造力等。雖然你很敏感，但你對成為重要人物的欲望，會促使你引人注目並占據中心地位。你通常渴望樹立個人威信。為此，你需要克服同儕壓力。在其他人看來你很有自信、適應力強而且足智多謀，但是你內心的不安感，可能導致你情緒起伏不定。你具有藝術才能和魅力，覺得世界正等待你去發掘。受8月分的影響，你有耐力和活力。你很精明而且有決心，能夠成為權威者或有權勢的人。

■愛情和人際關係

你有自信而且主動，是個通情達理和考慮周到的人。你好交際，能夠吸引別人，這意味著你總是能擁有朋友和仰慕者。你很容易對勤奮並能激發人智力的人感興趣。你直覺敏銳，能察覺別人的想法或感受；但你需要時間發展和建立一段相互信任的持久關係。一旦你立下承諾，將會是個慷慨熱心的夥伴。

優點：充滿活力、專注、有創造力、有領導能力、運氣好、追求進步、樂觀積極、信念堅定、有競爭意識、獨立自主、善於交際

缺點：以自我中心、壓抑自己、焦慮不安、害怕拒絕、情緒不穩、追求物質享受、自我、沒有耐心

■你生命中的特殊之人

你和出生在下日期的人更有可能建立認真的關係。

◎愛情與友誼：

1月11、21、28、31日、2月9、19、26、29日、3月17、24、27日、4月5、15、22、25日、5月13、20、23日、6月1、11、18、21日、7月9、16、19日、8月7、14、17、31日、9月5、12、15、29日、10月3、10、13、27、29、31日、11月1、8、11、25、27、29日、12月6、9、23、25、27日

◎幸運貴人：

1月9、12、18、24、29日、2月7、10、16、22、27日、3月5、8、14、20、25日、4月3、6、12、18、23日、5月1、10、16、21、31日、6月2、8、14、19、29日、7月6、12、17、27日、8月4、10、15、25日、9月2、8、13、23日、10月6、11、21日、11月4、9、19日、12月2、7、17日

◎強烈吸引你的人：

1月3日、2月1、15、16、17、4月30日、5月28、6月26日7月24、8月22、9月20、10月18、11月16、12月14日

◎砥礪者：

1月7、8、19、28日、2月5、6、17、26日、3月4、3、15、24日、4月1、2、13、22日、5月11、20、6月9、18日、7月7、16、8月5、14日、9月3、12日、10月1、10、11月8、12月6日

◎靈魂伴侶：

1月3、19日、2月1、17日、3月15日、4月13日、5月11日、6月9、7月7、8月5、9月3日、10月1日

太陽星座：	獅子座
區間：	牡羊座／火星
角度：	獅子26º45´-28º
類型：	固定星座
元素：	火
恆星：	星宿一、軒轅十一、軒轅十三

8月20日

LEO

你友好親切，魅力十足，雄心壯志，天性傲然，是個能憑藉社交天賦營造和睦氛圍的人。你直覺敏銳且講究實際，能結合自己的理想和非凡的感知能力，但是你需要動力，因為你很容易鬆懈和沉溺於物質享受。

值得慶幸的是，受區間星座牡羊座的部分影響，當你確立目標後，就會充滿活力和幹勁，尤其是在追求威望和金錢之時。這也暗示為了取得重要職位或成功，你願意努力工作。

雖然你洞察力強而且有責任感，但有時你會擔心自己做得不夠好，而且你渴望自己的努力得到認可。不過，你懂得如何將工作和樂趣相互結合並使他人覺得自在。由於你懂得事物的價值，所以能憑藉決心和恆心戰勝困難。

你熱愛知識而且明白知識會增強你的能力，這意味著你喜歡分享自己的觀點和資訊。你天生引人注目，往往能以獨到的見解鼓勵別人。有時你理想主義和物質主義的性格會產生衝突，此時你就要沉澱心靈，尋找自己的人生方向。

在你31歲之前，太陽星座在處女座，務實和日常生活與條理在此時顯得很重要，而你也會為了改善周遭，不斷思考分析。隨著太陽星座在你32歲時進入天秤座，你的人生將出現轉折，人際關係、創造力和生命的平衡會顯得更重要。在你62歲時，太陽星座進入天蠍座，你的注意力將轉向更深的內心層次與蛻變，以獲得更多個人的力量。

■真實的自我

你決心堅定而且渴望處於統治地位，這意味著你熱衷權力。如果能積極利用這一點，將有助你積極地邁向成功，但是你得避免變得殘酷或專制。你很勤奮而且天生具有商業頭腦，能將才能用於商業上。雖然你很獨立，但是你明白與他人合作的重要性。

有時你很堅決、刻苦和講究方法，而在其他時候你覺得缺少目標和精力，所以在工作和生活娛樂之間取得平衡是很重要的。偶爾你會焦慮不安，但任何對於經濟問題的擔心其實都是沒必要的。你具有忍耐力和天生的療癒力，即使事情變得非常糟糕，你也有能力戰勝困難。

■工作和職業

你聰明堅定，能在充分利用心智潛力的事業中成功。你引人注目的並且渴望表現自己，你會因此從事寫作或進入娛樂圈。聰明的頭腦，使你適合教學、傳媒和出版行業。

在商業方面，你善於管理別人，這意味著你非常獨立而且適合自主創業。你天生善於交際，所以你還可能喜歡政治或與公共關係相關工作。

這一天出生的名人包括音樂家以撒・海耶斯，歌手羅伯特・普蘭特和金・瑞夫斯，電視記者宗毓華。

■數字命理學

數字20的人，直覺敏銳，情感細膩，適應力強，通情達理，而且常視自己為團體中的一分子。你喜歡合作，並能與人相互配合、分享經驗或向別人學習。你有魅力又善於交際，不僅具有社交能力更能輕鬆自如地穿梭在不同的社交圈。但是，你需要增加自信或克服易受他人言行和批評的傷害或者過於依賴他人。你善於營造愜意和諧的氛圍。受8月分的影響，你注重實際而且有決心。你有抱負，直爽，有進取精神。你性格活潑而且精力充沛，能夠勇敢地迎接生活的挑戰。

■愛情和人際關係

你聰明而且考慮周到，是個通情達理和鼓舞人心的夥伴。雖然你在愛情中充滿熱情，但是你渴望保持平靜和建立和睦。但你得謹防在此過程中妥協退讓和犧牲自己。也可能你變得過於專制，因此其中拿捏格外重要。不過，你願意慷慨給予你的愛和關愛，藉助你極好的社交能力，你既迷人又引人注目。

■你生命中的特殊之人

從出生在以下日期的人中，你可能會找到一個能理解你的敏感和對愛的需求的伴侶。

◎愛情與友誼：

1月8.12.18.22日、2月16.20日、3月14.18.28日、4月6.12.16日、5月10.14.24日、6月2.8.12.22日、7月6.10.20.29日、8月4.8.18.27.30日、9月2.6.16.25.28日、10月4.14.23.26.30日、11月2.12.21.24.28日、12月10.19.22.26.28日

◎幸運貴人：

1月6.10.25.30日、2月4.8.23.28日、3月2.6.21.26日、4月4.19.24日、5月2.17.22日、6月15.20.30日、7月13.18.28日、8月11.16.26日、9月9.14.24日、10月7.12.22日、11月5.10.20日、12月3.8.18日

◎強烈吸引你的人：

2月16.17.18日、5月29日、6月27日、7月25日、8月23日、9月21日、10月19日、11月17日、12月15日

◎砥礪者：

1月13.29.31日、2月11.27.29日、3月9.25.27日、4月7.23.25日、5月5.21.23日、6月3.19.21日、7月1.17.19日、8月15.17日、9月13.15日、10月11.13日、11月9.11日、12月7.9日

◎靈魂伴侶：

1月6.25日、2月4.23日、3月2.21日、4月19日、5月17日、6月15日、7月13日、8月11日、9月9日、10月7日、11月5日、12月3日

優點：很好的夥伴、性情溫和、講究策略、接受力強、直覺敏銳、體貼周到、追求和諧、易於相處、友善、親善大使

缺點：多疑、缺乏信心、阿諛奉承、膽怯、過於敏感、自私、狡詐

| 太陽星座：獅子座 |
| 區間：牡羊座 / 火星 |
| 角度：獅子27º30´-28º30´ |
| 類型：固定星座 |
| 元素：火 |
| 恆星：軒轅十四、星宿一、軒轅十一、軒轅十三 |

8月21日

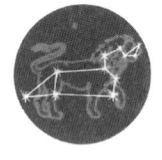

LEO

　　成功和敏於行動，你是個活潑、才華洋溢的獅子座，擁有大志和強烈的直覺。通常你很驕傲，思維敏捷，好奇心強並堅決按自己的方式行事。你的樂觀態度和進取精神，促使你過充實生活。這種熱情還意味著你渴望以新穎獨特的方式來表現自己的個性。

　　受區間星座牡羊座的影響，你的性格充滿活力和動力，但也暗示你會衝動行事或容易厭倦。你可能需要避免衝動或沒有事先計畫好就貿然行事。你誕生日有強大的潛力，這暗示你要找到積極的方法，抒解自己不滿的情緒。

　　你需要不斷得到精神鼓勵，能夠以智慧和機智使人開心。你有說服力並引人注目，所以你往往能迷惑別人，做自己想做的事。你不能容忍愚蠢的行為，但有時你也表現得太過直率、自私或傲慢。雖然你多才多藝而且喜歡保持活力，但是你需要從發展某種特定技能中得到收穫，透過教育和學習，你能獲得巨大優勢。

　　在你生命開始時，太陽星座就推進至處女座，往後的30年，你很容易受這個星座務實、挑剔和追求完美的特點影響。在你31歲時太陽星座移至天秤座。你將更注重人際關係，你的創造力會有所增強，而你可能會發展自己在音樂、藝術或文學方面的興趣。當你61歲時，太陽星座進入天蠍座，個人權力和轉變成為你的課題，這種影響還能深化你的意識和感覺。

■真實的自我

　　雖然細膩的情感使你直覺敏銳，但有時它也會使你反行其道。你一方面渴望新穎刺激的事物，而另一方面卻渴望安全和穩定感。這兩者若沒有得到正確的引導，就會變得沒有定性或容易逃避現實。你要不斷為自己擬定實用的計畫，避免變得憤世嫉俗或桀驁不馴。你對理想的追求和對真理的渴望促使你成為慷慨大方而且富有同情心的人道主義者。

　　你不但坦率誠實，而且希望別人也是如此。雖然你忠實體貼，但你得避免挖苦別人。旅行和深造為你喜歡冒險、了解自己的性格提供了極好的途徑。你有魅力又主動，所以能發揮潛在的藝術或創造才能。

■工作和職業

　　由於你能快速消化各種感興趣的學科知識，你也許需要多變的生活，讓自己不斷迎接新挑戰。你非凡的才智將引導你從事教育、寫作或出版工作。在理想狀況下，你應該

選擇一份需要利用你社交能力的工作，而且如果這份工作是在國外或需要變化，那麼它會更適合你。你想表現自己的欲望，會使你進入藝術、音樂或娛樂界，此外，體育也是一個滿足你行動需求的極好途徑。

這一天出生的名人包括瑪格麗特公主，爵士樂鋼琴家貝西伯爵，插圖畫家奧布里‧比爾茲利，歌手肯尼‧羅傑斯，和籃球運動員威爾特‧張伯倫。

■數字命理學

充滿活力和性格外向，經常是出生在21號的人的特點。你好交際，興趣廣泛，人脈很廣，一般來說運氣很好。通常在別人面前你顯得友善合群。你直覺敏銳，有獨立精神與創造力。你也可能很羞怯內向，渴望行事果斷，尤其是在親密的關係中。在生活中你擁有很多機會並能與別人一起成功。雖然你需要依賴合作或婚姻關係，但是你一直希望以自己的才能得到他人肯定。受8月分的影響，你情緒易變，直覺力和意志力強烈。通常你能擔當重大責任而且充滿活力，但是你必須避免焦慮不安或不切實際。雖然你學習能力強而且易於適應新環境，但是你也可能變得強硬和任性。

■愛情和人際關係

你詼諧風趣，性格陽光，友好親切，善於交際，喜歡過著積極的社交生活。你是個極好的主人和激勵別人的夥伴。你喜歡獨立的成功人士，在人際交往中你渴望自由和自立。你一方面顯得活躍體貼，但另一方面卻顯得神祕、多疑，儘管你一定保護家人或你關心的人，但要小心自己多變的性情影響你的人際關係。

■你生命中的特殊之人

你和出生在以下日期的人更容易建立穩定的關係。

◎愛情與友誼：

1月4、13、19、23日、2月2、11、17、21日、3月9、15、19、28、29、30日、4月7、13、17、26、27、5月5、11、15、24、25、26、6月3、9、13、22、23、24、7月1、7、11、20、21、22日、8月5、9、18、19、20日、9月3、7、16、17、18日、10月1、5、14、15、16、29、31日、11月3、12、13、14、27、29、12月1、10、11、12、25、27、29日

◎幸運貴人：

1月7、15、20、31日、2月5、13、18、29日、3月3、11、16、27日、4月1、9、14、25日、5月7、12、23、6月5、10、21、7月3、8、19日、8月1、6、17、30日、9月4、15、28日、10月2、13、26、11月11、24、12月9、22日

◎強烈吸引你的人：

2月16、17、18、19日

◎砥礪者：

1月6、9、14、30日、2月4、7、12、28日、3月2、5、10、26日、4月3、8、24日、5月1、6、22日、6月4、20日、7月2、18日、8月16、9月14日、10月12、11月10、12月8日

◎靈魂伴侶：

4月30日、5月28日、6月26日、7月24日、8月22日、9月20日、10月18、30日、11月16、28日、12月14、26日

優點：富有靈感、有創造力、熱愛團結、關係持久
缺點：依賴別人、神經緊張、缺乏遠見、沮喪失望、憂心忡忡

太陽星座：獅子座和處女座相交處
區間：牡羊座／火星,水星
角度：獅子28º30´-29º30´
類型：固定星座
元素：火
恆星：軒轅十四、星宿一、軒轅十一、軒轅十三、天璣

8月22日

LEO

獅子座

出生於獅子座和處女座交點上，你是個有著創新思維和務實態度的人。你經常顯示出非凡的決斷能力和對事業的熱愛。你有抱負、自豪、幽默，懂得如何充分利用自己掌握的知識。由於你能夠專注於某個特定計畫而且行動迅速果斷，是個能幹和思想確定的組織者。

受區間主宰星座牡羊座的影響，你喜歡活躍的生活。你勇敢、活潑，經常表現得前衛而且果斷。你富有想法，並且樂於實現你的想法與計畫。雖然你往往在事業中有成並且在別人面前表現保守，但你需要抑制變化無常或缺乏耐心的傾向。要避免頑固，你需要學會平衡你對獨立或自由的需求和某種程度的叛逆性格，尤其是在權力問題上。

你覺得工作使你快樂，而非浪費精力去尋求樂趣，你需要精神上的滿足，才不至於覺得厭倦。你喜歡拓展自己的知識，所以教育對你很有好處，你能透過深造或自學來取得成功。你是人道主義者，能夠以極大的熱情為某個目標或思想而奮鬥。

在你1歲時，太陽星座推進至處女座，接下來的30年，你很可能受處女座的影響，重視規則和體系。30歲之時，太陽進入天秤座，人際關係變得更為重要，你的創造力將會加強，並可能發掘你潛在的音樂、藝術、或文學方面的興趣。60歲時太陽星座推進至天蠍座，這次轉折強調你對個人權力和轉變的重要。而且你的覺悟能力更會因為太陽星座的推進而加強。

■真實的自我

你面臨的一些困難可能牽涉到犧牲、自私和謙遜。你擁有強烈的責任感，而且明白和睦的環境能造就內心的平靜。這可能涉及到家庭責任或成為別人的保護者或顧問。你態度強硬，會為某個目標而奮鬥。

憑藉著你的愛心和對他人的寬容，你能戰勝很多困難。但是你得避免挑剔、專制或好管閒事。學會專注和保持平靜，你可以抑制情緒不穩定。或者，你可能將任何不滿情緒轉變為尋求知識或旅行。雖然你注重務實，但感情細膩，這種敏感的心理在實現你崇高的理想時將得到滿足。

■工作和職業

你具備領導能力，善於安排規畫和組織。如果你從商，你可能更想自主創業；雖然你很獨立，但合作或團隊協力對你更有成效。你足智多謀而且善於與人交往，所以你極

有可能在商業方做出成績，尤其在銷售、宣傳或廣告行業。你喜歡能運用你聰明頭腦的職業，比如教育、寫作或法律。你有天賦而且引人注目，所以在娛樂或音樂界表現都將很傑出。

這一天出生的名人包括作曲家德布西，音樂家約翰·李·胡克，演員瓦萊利·哈珀，作家雷·布萊伯利和桃樂西·派克。

■數字命理學

作為數字22的人，你驕傲、務實而且直覺敏銳。數字22是個總數字，既代表數字22，又代表數字4。你誠實勤奮，天生有領導能力與魅力，對別人及其動機有深刻的理解。雖然你不輕易流露感情，但你經常關心和維護他人的福利，不過你不會忽視自己務實或現實的立場。你通常有教養而且懂得進退應對，所以你有很多朋友和仰慕者。你們之中有競爭意識的人能憑藉他人的幫助和鼓勵取得成功和好運。許多這一天出生的人與兄弟姊妹關係緊密，能夠保護和支援他們。受8月分的部分影響，你是個可靠而且有效率的人，具有完備的常識。由於你富有洞察力和想像力，所以你喜歡解決問題，而且有時能夠運用簡單的方法解決困難的問題，並因此令人大為驚訝。

■愛情和人際關係

你友好親切和領導氣質會吸引很多人到你身邊並且增加你的社交活動。在親密的私人關係中，你有時會覺得難以表達愛，而且你會喜歡與眾不同的人。你堅強獨立，對你喜歡的人很熱心關切。你需要一名聰慧的夥伴，這個夥伴不會受你控制，同時又能使你滿足年輕和貪玩的心態。

優點	多才多藝、有指揮能力、直覺敏銳、務實、注重實際、敏捷、技能嫻熟、有建設能力、善於組織、現實主義者、善於解決問題、有所成就
缺點	致富心切、神經緊張、專橫、物質至上、缺乏遠見、懶惰、自我吹噓

■你生命中的特殊之人

你和出生在以下日期的人更容易建立幸福和愛情關係。

◎愛情與友誼：

1月3、4、14、20、24、25日、2月2、12、14、15、16、18、22日、3月10、16、20、29、30日、4月8、14、18、27、28日、5月6、12、16、25、26、31日、6月4、10、14、23、24、29日、7月2、8、12、21、22、27日、8月6、10、19、20、25日、9月4、8、17、18、23日、10月2、6、15、16、21、30日、11月4、13、14、19、28、30日、12月2、11、12、17、26、28、30日

◎幸運貴人：

1月4、8、21日、2月2、6、19日、3月4、17、28日、4月2、15、16、5月13、24日、6月11、22、7月9、20日、8月7、18、31日、9月5、16、29日、10月3、14、27日、11月1、12、25日、12月10、23日

◎強烈吸引你的人：

1月3日、2月1日、5月31日、6月29日、7月27日、8月25日、9月23日、10月21日、11月19日、12月17日

◎砥礪者：

1月7、10、15、31日、2月5、8、13、29日、3月3、6、11、27日、4月1、4、9、25日、5月2、7、23日、6月5、21日、7月3、19日、8月1、17日、9月15日、10月13日、11月11日、12月9日

◎靈魂伴侶：

3月31日、4月29日、5月27日、6月25日、7月23日、8月21日、9月19日、10月17、29日、11月15、27日、12月13、25日

處女座
Virgo

8.23～9.22

太陽星座：處女座和獅子座相交處
區間：處女座／水星
角度：獅子座29°30´-處女座0°30´
類型：變動星座
元素：土
恆星：軒轅十四、天璣

8月23日

VIRGO

　　出生於兩個星座交接期的你，既有獅子座的友善、熱心以及社交本領，也有處女座的敏銳和智慧；兼備冒險和實幹的你能夠勝任困難和具有挑戰的任務，一旦下定決心，你就會勇往直前；敏銳的洞察力，加上自我表達的渴望，使你成為眾人的焦點；但焦躁、猶疑的傾向，會成為你成功的最大阻礙。

　　隨著區間主導星座處女座的影響持續增強，你變得更加精明實際，對知識的渴望也隨著增強；表達能力強的你在做出決定之前，對各個環節深思熟慮，不過切勿過於執著或對自己及他人吹毛求疵；而天生清楚溝通能力是你成功的獨特資產。

　　30歲之後，太陽落在天秤座，他人的需求及人際關係問題逐漸成為你關注的焦點。藉由藝術和創造方面的探索，你可以進一步增強和諧的渴望，這種情況會持續到60歲，太陽推進到天蠍座之時，你會更加關注心靈層面的挖掘，變得更加感性。

■真實的自我

　　與生俱來的高貴氣質和榮譽感，使你不願讓別人看到自己失敗，你對乏味的事情缺乏堅持，因此尋求充滿刺激和挑戰的任務；然而你要小心謹慎而非一意孤行，你能洞悉人心，這種能力幫助你迅速升上權威地位，因為人們看重你的意見。

　　金錢問題是你不安定的主因；你的事業總能取得成功，但財務狀況卻不太穩定，積蓄以及有計畫的消費才是明智之舉。旅行和變化是你人生的重要元素，因此不必介意打破常規、追求機遇的行為，大多數時候，你要具備堅定的信念和自信，天生對商業的敏感是你成功的最大保障。

■工作和職業

　　多方面的天賦能夠保證你在許多行業取得成功，不過應避免從事單調的工作；憑藉出色的溝通和社交能力，你能勝任如教學、行銷、寫作、出版或娛樂等相關職業。力求準確的性格也使你能夠從事工程、自然科學以及精細的藝術工作；看重實效的你也會對金融、地產以及投資等行業產生興趣。不論你的選擇是什麼，你都是個力求盡善盡美的完美主義者。

　　與你同天出生的人有男演員瑞凡・費尼克斯和吉恩・凱利，音樂人凱思・莫恩，歌手平・克勞斯貝，酒店大亨霍華德・詹森，女演員雪麗・隆吉恩和芭芭拉・伊登，新聞記者亨利・普林格爾，法國國王路易十六，以及詩人愛德格・李・馬斯特斯。

■數字命理學

　　洞察力敏銳、感情細膩、富有創造性,是一般人對23日出生的人慣有的評價。這一天出生的你多才多藝、感情強烈、思維敏捷,處事具有專業態度,總能有新奇想法;受誕生日數字的影響,你對新事物一學就會,並熱衷實踐勝過理論,你喜歡旅行、冒險和結交朋友;不安於現狀的你樂於嘗試新事物,能充分利用任何所處環境。待人友善,幽默感十足,勇氣和進取心使你不斷追求積極動感的生活,使你的潛能得到最大發揮。出生在8月的潛在影響使你性格強烈,有野心,如果處於受信任的位子,你必須要學會公平公正;儘管做人實際,但反覆無常的個性,極易讓你對平淡生活產生厭倦。

■愛情和人際關係

　　你的冒險精神和表現在多方面的天賦使你樂於結交不同類型的朋友,不安和焦慮又使你對人際關係的處理感到無所適從,處於熱戀中的你易於理想化,甘願犧牲自我,不過通常只有三分鐘熱度,過後會變得斤斤計較或逐漸歸於冷淡及乏味,你渴望伴侶有同情心並能充分肯定你的能力。

優點:忠誠、同情心、責任感、喜愛旅行、溝通能力強、洞察力敏銳

缺點:自私、缺乏安全感、固執己見、刻薄、孤僻、有偏見

■你生命中的特殊之人

從生日為以下日期的人當中你可能會找到可以依靠的伴侶。

◎愛情和友誼:

1月11.21.25日、2月9.19.23日、3月17.21.30日、4月5.15.19.28.29日、5月13.17.26.27日、6月11.15.24.25.30日、7月9.13.22.23.28日、8月7.11.20.21.26.30日、9月5.9.18.19.24.28日、10月3.7.16.17.22.26.29日、11月1.5.14.15.20.24.27日、12月3.12.13.18.22.25.27.29日

◎幸運貴人:

1月5.13.16.22.28日、2月3.11.14.20.26日、3月1.9.12.18.24.29日、4月7.10.16.22.27日、5月5.8.14.20.25日、6月3.6.12.18.23日、7月1.4.10.16.21日、8月2.8.14.19日、9月6.12.17日、10月4.10.15日、11月2.8.13日、12月6.11日

◎強烈吸引你的人:

2月19.20.21日、6月30日、7月28日、8月26日、9月24日、10月22日、11月20日、12月18日

◎砥礪者:

1月2.23.30日、2月21.28日、3月19.26.28日、4月17.24.26日、5月15.22.24日、6月13.20.22日、7月11.18.20日、8月16.18.19日、9月7.14.16日、10月5.12.14日、11月3.10.12日、12月1.8.10日

◎靈魂伴侶:

1月14.22日、2月12.20日、3月10.18日、4月8.16日、5月6.14日、6月4.12日、7月2.10日、8月8日、9月6日、10月4日、11月2日

太陽星座：	處女座
區間：	處女座／水星
角度：	處女座0°30´-1°30´
類型：	變動星座
元素：	土
恆星：	軒轅十四、天璣

8月24日

VIRGO

你思想有深度，安靜，自信，擁有洞察他人心靈的能力；一般來說，你追求準確直接，能以有邏輯的方式提出你的觀點，並使人信服，處事理性且勤懇的你能夠應付各種困難局面，你的毅力和意志力能贏得他人的尊重和仰慕。

隨著區間主導星座處女座的影響持續增強，你具有快速、強勢的溝通能力和卓越不凡的智慧，這種影響會使你的洞察力愈來愈好，而你也會更加勤奮，進而在所從事領域大顯身手；你對人生持理性分析的態度，格外關注細節、規則和秩序，只是要避免太過挑剔，否則會在不必要的顧慮中浪費時間。

新奇和刺激的經歷可以豐富有創造力的你，人道主義精神會使你投身於自由和進步的改革事業。勇氣能令你在面對困境時毫無畏懼並堅持到底，讓你經歷艱苦但終能取得成功，不過你必須克服感情用事、脾氣暴躁以及爭強好勝的性格。鍛鍊身體能有效舒緩你過度緊張疲憊的心靈。

從29歲開始，太陽星座到達天秤座，你逐漸看重私人及事業上的夥伴關係，之後30年的週期你開始對美感以及人際關係的和諧更加敏感，渴望發掘你所擁有的創意潛力。另一轉捩點出現於59歲，太陽推進到天蠍座，此時你開始思考人生深層意義，把更多精力放在創造變化上。

■真實的自我

強烈的內心力量會導致你游走在極度的不自信與強烈優越感兩個極端；你應當培養積極的思考方式，相信敏銳的直覺和領悟力，克服焦慮和懷疑。值得慶幸的是，你的幽默感使你避免被自己或他人的言語傷害，緩解了可能引起的精神緊張。你的遠大理想、充沛的精力，以及潛在的領導才能使你能夠充分發揮潛能。

你十分感性，人際關係對你來說極為重要，要在過分依賴他人及過於獨立間找到平衡，否則你將會在樂觀和沮喪間搖擺不定，因此，最重要的是要和他人有良好的溝通。

■工作和職業

教職與銷售能滿足你與他人分享所學知識的渴望；你的領導能力和組織才能，以及企劃的能力可以使你在商界遊刃有餘。對細節的關注和全面性的把握可使你成為優秀的研究員、科學家、財務分析師或會計師。你是一位勤奮實幹的理想主義者，因此適合從事服務性或照顧老人的職業。你同樣會對與諮商、健康以及溝通相關的職業感興趣，因

為這可以使你的愛心獲得滿足。你是天生的心理學家,能從事與人相關的職業;在資產或房地產相關領域,你同樣能夠表現出眾。

與你同天出生的名人有超模克勞迪亞‧雪佛,中國領袖鄧小平,畫家喬治‧斯坦布斯,作家豪爾赫‧路易士‧博爾赫斯和A‧S‧拜亞特,以及棒球運動員小里普肯。

■數字命理學

出生於24日的人大多感情細膩,追求平衡和諧之美,形象和結構的敏感度很強,能輕鬆建構複雜而有效的系統;你做事認真公正,但不善表現,堅信行動勝過一切言語。這一天出生的人應嘗試與各階層的人交往,並避免多疑。出生在8月的影響使你思想活躍,行事小心謹慎,有責任心。不過要抑制你的破壞欲,因為這可能使你被誤解為冥頑不靈;學會保持輕鬆心態,並充分表達自己的感受,你將因此克服過分嚴肅的傾向;對人生務實的態度使你頗具商業頭腦,有能力獲得豐富的物質生活。

■愛情和人際關係

年輕的心態使你對新朋友和新環境感到新鮮。愛情和友誼對你很重要,心情的陰晴不定是你處理人際關係的重大障礙;追求樂趣的你是社交高手,建立在心靈相通基礎上的關係通常比較持久。你可能會對那些激發創造力和能分享你幽默感的人著迷不已。

■你生命中的特殊之人

為了建立愛情及穩定的關係,你需要注意生日為以下這些時間的人。

◎愛情和友誼:

1月6.16.22.26.27日、2月4.14.20.24日、3月2.12.18.22.23日、4月10.16.20.30日、5月8.14.18.28日、6月6.12.16.26日、7月4.10.14.24.31日、8月2.8.12.22.29日、9月6.10.20.27日、10月4.8.18.25日、11月2.6.16.23.24.30日、12月4.14.21.22.28.30日

◎幸運貴人:

1月6.17.23.31日、2月4.15.21.29日、3月2.13.19.27.30日、4月11.17.25.28日、5月9.15.23.26日、6月7.13.21.24日、7月5.11.19.22日、8月3.9.17.20日、9月1.7.15.18.30日、10月5.13.16.28日、11月3.11.14.26日、12月1.9.12.24日

◎強烈吸引你的人:

2月18.19.20.21日

◎砥礪者:

1月24日、2月22日、3月20.29日、4月18.27.29日、5月6.16.25.27.30日、6月14.22.25.28日、7月12.21.23.26日、8月10.19.21.24日、9月8.17.19.22日、10月6.15.17.20日、11月4.13.15.18日、12月2.11.13.16日

◎靈魂伴侶:

1月13日、2月11日、3月9日、4月7日、5月5日、6月3.30日、7月1.28日、8月26日、9月24日、10月22日、11月20日、12月18日

優點:有活力、充滿理想、腳踏實地、決心堅定、誠實、直率、公正、慷慨、顧家、活躍

缺點:物質主義者、吝嗇、冷酷、難以捉摸、懶散、不可靠、反覆無常、控制欲強、固執

太陽星座	處女座
區間	處女座／水星
角度	處女座1°30´-2°30´
類型	變動星座
元素	土
恆星	軒轅十四、天璣

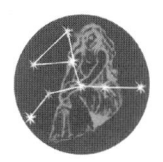

8月25日

VIRGO

受誕生日的影響，你思維敏捷、有創造性，能夠不斷發現新鮮事，使你的心智隨時受到刺激與啟發。你意志堅強、講求實效，想像力豐富且敏感，具備將理想化為現實的潛力。

受區間主導星座處女座的影響，你知識淵博，思想先進，執著於掌控全局並注重細節。而你判斷力強，做事講求方法，期望對現有制度進行改革。

你在思想的表達上受水星影響顯著：力求準確、決策果斷。語言天賦使你善於寫作，並助你成為所從事領域的專才，不過要克服過度挑剔和大驚小怪的性格。

儘管你常常表現得不安，但你對工作具有強烈的自信，會全力以赴圓滿完成，這種與生俱來的熱情能使你勝任傳道授業工作；你野心勃勃，欲望強烈、主導欲強，注意別將意志強加於他人。

具備展現個人魅力以及必要時施展外交手腕的能力，能讓你在輕鬆愉快的氣氛中說服他人。這一天出生的女人十分獨立，熱衷開闢新的事業空間，這一天出生的人大都享受緊湊繁忙的生活方式。

從兒童時期你就表現出能實際分析問題的傾向，並因此理解和改善所處環境；28歲時太陽落在天秤座，在接下來的30多年時間裡，你將愈發體會到社會關係和人際交往的重要性。創造力增強，會對音樂、藝術和文學產生興趣；到了58歲太陽推進到天蠍座，你來到人生的另一轉捩點，這時對變化的渴望，以及對深刻的自我意識和個人力量的需求將變得更加強烈。

■真實的自我

儘管你聰敏過人，但內心懷有更高理想。感情細膩的你比較容易受到傷害，尤其是在處理人際關係上，因此在獨立和依賴他人之間，你要尋求一種平衡。你是一個貼心的朋友，對所愛的人可以毫無保留，即使你認為贈與和回饋才會使愛變得完整。儘管保持著樂觀態度，但當他人無法達到你心目中的標準時，你會灰心失望。沮喪時切勿情緒失控或產生消極避世心裡。對愛的渴望可以藉由服務他人，以及藝術、音樂、文學或思想方面的經歷，找到有效的發洩途徑，對不和諧因素高度敏感的你渴求和諧的環境。

■工作和職業

對於知識永無止境的探索精神使你熱衷學術，類似培訓機構或教師行業正合你意；

你渴望與他人分享所學的專業知識，也可以從事律師和顧問工作，努力不懈找尋事實真相；天生對細節的洞悉使你能夠勝任研究員、科學家、技師或化學家的工作；對數學和工程領域能夠應付自如，也適合從事動手能力強的技術工作；勤懇的工作態度加上對金錢議題的興趣，商業領域也是不錯的選擇，在這裡你可以充分享受依照自我方式行事的自由。另一方面，這一天出生的人大都具有音樂和美術方面的天賦，對語言的興趣可以吸引你從事寫作。天生的外交手腕，使你傾向於擔當發起人或代理人的角色。

與你同天出生的名人有：作曲家雷昂納德‧伯恩斯坦，演員肖恩‧康納利和梅爾‧費拉，作家馬丁‧埃米斯和弗雷德里克‧福賽思，歌手兼歌曲創作者艾維斯‧卡斯提洛。

■數字命理學

洞察力敏銳，思想豐富，行事果斷，充滿活力的你，渴望擁有不同的人生經歷來充分展現自我。誕生日25日的人，追求完美的特質使你工作努力且富有成果；你直覺敏銳，實踐可以讓你獲得更多知識，良好的判斷力結合對細節的敏銳觀察是你成功的保證，但你應盡量避免一時興起的決定，克服懷疑的態度；這一天出生的你具有的睿智使你頗具遠見，並能更快對局勢做出判斷。出生月8月的影響使你大膽革新，講求實效，具有商業頭腦；有意識地培養你的組織和管理才能，能夠使你獲益匪淺，對安全感和成就感的渴望促使你制定長遠的規畫和投資方案。

■愛情和人際關係

你的自信和現實使你更加迷人，同時平和的性格和自我調節能力確保了與他人相處時的和諧；擁有壯志的你欣賞勤奮工作的態度，熱衷結交朋友，對友情十分忠誠；儘管做事很投入，有奉獻精神，但注意不要太過挑剔，你的個人魅力使你能夠不斷攏聚人氣。

優點：洞察力敏銳、追求完美、看問題深入、有創造力、善於處理人際關係
缺點：衝動、缺乏耐心、不負責任、感情用事、妒忌、不坦率、挑剔、喜怒無常、焦慮

■你生命中的特殊之人

在生日為以下日期的人當中，你或許可以找到理解你的敏感和滿足你對愛的渴望的伴侶。

◎愛情和友誼：

1月1、4、27、28、29日、2月2、25、27日、3月23、25日、4月21、23日、5月19、20、21、29日、6月17、19、27、7月15、17、25日、8月13、15、23日、9月11、13、21日、10月9、11、19日、11月7、9、17日、12月5、7、15日

◎幸運貴人：

1月3、10、15、18日、2月1、8、13、16日、3月6、11、14、29、31日、4月4、9、12、27、29日、5月2、7、10、25、27日、6月5、8、23、25日、7月3、6、21、23日、8月1、4、19、21日、9月2、17、19日、10月15、17日、11月13、15日、12月11、13日

◎強烈吸引你的人：

2月20、21、22、23日、4月30日、5月28日、6月26日、7月24日、8月22日、9月20日、10月18日、11月16日、12月14日

◎砥礪者：

1月9、14、16、25日、2月7、12、14、23日、3月5、10、12、21、28、30日、4月3、8、10、19、26、28日、5月1、6、8、17、24、26日、6月4、6、15、22、24日、7月2、4、13、20、22日、8月2、11、18、20日、9月9、16日、10月7、14、16日、11月5、12、14日、12月3、10、12日

◎靈魂伴侶：

12月29日

太陽星座：處女座
區間：處女座／水星
角度：處女座2°30´-3°30´
類型：變動星座
元素：土
恆星：軒轅十四

8月26日

VIRGO

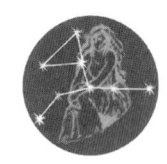

此生日所代表的特質為：天生的領導才能、自信的姿態、慷慨的氣度。你心地善良，待人熱情，社交能力強，朋友在你生命中扮演重要的地位。你的同情心，加上強烈的正義感使你對弱勢群體產生保護欲。堅持原則不妥協，但自我約束力不強，可能成為你獲得成功的障礙。

受區間主導星座處女座的影響，你處事實際，傾慕智者，詳細分析細節之後做出判斷；但注意不要鑽牛角尖使自己變得過於焦慮或吹毛求疵；作為優秀的組織者，你強烈渴望秩序和統一，高效率的生活能夠使你產生幸福感。

關注人本，理解他人，懷有仁慈之心，更彰顯了你的個人魅力；你生性驕傲且敏感，十分在意家庭及家族。你的心胸寬闊，態度隨和，極易和各種年齡和背景的人交往。你嚮往奢華和美好生活，好在商業頭腦能滿足你對物質的欲望。

年輕時的你受父親或是祖父影響極深，到了37歲，太陽落在天秤座，開始了另一個30年的週期，這一時期，你處事更加老練，對於平衡和諧的渴望增強，藝術的天賦和創造力被激發。另一個轉捩點出現在57歲，太陽星座推進到天蠍座，這時的你感官敏銳，渴望生活中出現更多變化。

■真實的自我

外表驕傲自信的你有不為人察覺脆弱的一面，你時常過於嚴肅、任性、自私，並且感覺自己的努力沒有獲得認可，這段時間，你會萌發挫折感，喜歡鑽牛角尖。熱心慷慨的你甘願為所愛的人做任何事，不過還需學會平衡情感。

仁慈博愛的本性能使你贏得他人的喜愛和尊敬，靈活駕馭的幽默感可以充分展示你獨到見解和聰明才智，當離題太遠時，突然間閃現的機智可以幫你順利過關。

■工作和職業

你的組織能力和天生敏銳的商業嗅覺，能使你在任何職業中展現出自我價值：對商業和行政領域比較感興趣。同樣的，溝通和社交能力可以使你勝任教育、寫作、法律相關職業；分析能力和對細節的關注，使你對科學、工程、研究和製造也同樣有興趣。另一方面，你對人本關注和駕馭文字的能力，使你同樣適合銷售和演藝工作。富有同情心的你可以透過顧問、慈善募款獲得內心的滿足。直覺和理性的組合使你能夠從事康健職業。

和你同天出生的名人包括：演員麥考利・克金，作家克里斯托夫・伊塞伍德和紀堯姆・阿波利奈爾，音樂人布藍佛・馬沙利斯。

■數字命理學

生日數字26所具備的能量使你處事謹慎、自我價值感強烈、判斷全面。對家庭的牽掛和家長的責任感使你渴望穩固的經濟基礎和安定的生活環境。在別人眼中，你樂於助人，朋友、家人有需要你一定會全力支援，不過要防範物質主義的傾向以及對他人和環境的控制欲。受出生月8月的影響，你渴望成就事業，有進取心，儘管工作賣力，有責任心，但要試著避免將不屬於分內的工作攬在身上。天生的商業頭腦和實用的技能，能夠使你就理財提出建議；對安全感和成就感的需要，促使你做長遠的規畫和投資。

■愛情和人際關係

奉獻和善良的本性使你容易接近。你富有理想，強烈渴望愛和他人的欣賞。要避免控制他人或過分忍讓。熱情的你很容易墜入愛河，不過要達到你的既定目標，就得在獨立和在愛情和事業中尋求合作之間找到平衡點。

■你生命中的特殊之人

留意以下誕生日有助於你在愛情和友誼方面收穫成功。

◎愛情和友誼：

1月2.28日、2月26日、3月24日、4月22日、5月20.29.30日、6月18.27.28日、7月16.25.26日、8月14.23.24日、9月12.21.22日、10月10.19.20.29.31日、11月8.17.18.27.29日、12月6.15.16.25.27日

◎幸運貴人：

1月2.10.13.16日、2月8.11.14日、3月6.9.12日、4月4.7.10日、5月2.5.8日、6月3.6日、7月1.4.30日、8月2.28.30日、9月26.28日、10月24.26日、11月22.24日、12月20.22.30日

◎強烈吸引你的人：

2月23.24.25.26日、10月31日、11月29日、12月27日

◎砥礪者：

1月3.9.10日、2月1.7.8日、3月5.6.31日、4月3.4.29日、5月1.2.27日、6月25日、7月23日、8月2.21.31日、9月19.29日、10月17.27日、11月15.25日、12月13.23日

◎靈魂伴侶：

1月5日、2月3日、3月1日、5月30日、6月28日、7月26日、8月24日、9月22日、10月20日、11月18日、12月16日

優點：創造力強、處事實際、關愛他人、細心周到、理想主義、誠實、有責任感、顧家、榮譽感強烈、有活力、勇敢

缺點：固執、叛逆、狡黠、不友善、懶散、缺乏毅力、反覆無常

太陽星座：處女座
區間：處女座/水星
角度：處女座3°30´-4°30´
類型：變動星座
元素：土
恆星：無

8月27日
VIRGO

你富有魅力，意志堅定，具備天生領導才能；生於這一天的你處事實際、眼光獨到，憑藉自我約束力和勤奮，一旦目標明確你會堅持到底；情感表達豐富，富有同情心但權威、強勢。

受區間主導星座處女座的影響，交流對你的生活至關重要，智慧加上目標明確，你能迅速掌握局面，發現缺失，洞悉複雜問題。過於刻薄的要求以及缺乏方法和條理可能使你偏離方向，變得吹毛求疵。

積極的引導加上豐富的個人感情，可以保持你的高人氣，尤其是在你展示個人魅力時；當對方動作太慢時不要表現出煩躁，要克服對現狀的不滿足感。

洞察力敏銳，處事實際，天資聰穎，渴望靈感的迸發，能夠勝任服務工作。富於幻想，為人大方的你有著強烈的使命感，充滿機智，風趣幽默，許多這一天出生的男性，性格中會表現陰柔的一面。

25歲時你的太陽落在處女座，此時的你關注精神層面，洞察力增強。到了26歲，太陽推進到天秤座，對夥伴和友情的渴望增強，平衡感、和諧感以及對美的感知也會增強，在文學和創造性方面的潛能有望得到發揮。56歲時你的太陽落在天蠍座，這對你來說是一個轉折，代表著情感和精神方面有新的活力注入，共同投資的重要性得到突顯。

■真實的自我

有進取心，工作努力，以成功為目標的你，藉由不斷提升自我，能釋放以前的憂慮和挫折感，召喚自我約束力，從而發掘優良潛力；經歷了失意和放棄之後，轉而在意他人看法，而不是執著於自己的目標。

你對於人生抱持普世原則，能夠為自己仁愛、精神性以及豐富的想像力找到宣洩空間，人生感到更加充實。你願意為他人犧牲，但這種舉動若是發自內心而非別有目的，你的慷慨和善良會因此獲得數倍的回報。

■工作和職業

當為一項事業和一個理想奉獻時，你的工作狀態達到最佳，這會使你選擇政治、慈善或康復職業。你樂於和他人分享所學知識，因而能成為優秀的教師和作家。對顏色和聲音的鑑賞力使你能夠從事美術和音樂工作，涉足藝術品、古董、手工業和設計行業的商業活動，同樣可以讓你獲得成功；結構感知能力幫助你從事與數學和建築有關的職

業；儘管講求效率，洞悉全局，但培養遠見對於進入商界的你同樣重要，尤其是廣告或出版業。另一方面，你侃侃而談的本領可以使你勝任銷售和娛樂方面的工作。你的仁慈之心使你適宜健康、諮商以及公共服務行業

與你同天出生的名人包括：德蕾莎修女，美國總統林登‧詹森，哲學家黑格爾，藝術家曼‧雷，以及政治家阿拉法特。

■數字命理學

生日數字27代表著你洞察力敏銳，喜好鑽研，思想有深度，培養耐心和自我控制將使你更有見地。通常有力量，意志堅定，觀察細緻，注意細節。富於幻想，敏感，思想豐富，新奇創意和觀點能給他人留下深刻印象；培養良好的溝通技能使你對內心感受的表達更加自然。對於這一天出生的人來說，接受教育會使你獲益良多，良好的資質加上寫作和研究方面的天賦以及豐富的經歷，成功將指日可待。受出生月8月的影響，你思想活躍，看問題深刻，表達強烈情感的需要使你活躍外向。透過培養超然的洞察力，你能夠聽取並充分考慮他人的意見和批評。

■愛情和人際關係

活躍且敏感，感情強烈的你，傾心於具有創造力的人，因為他們懂得如何用語言和思想表達自我。你生性浪漫，充滿熱情要注意不要陷入不理智的關係中。做為易相處且忠誠的朋友，你慷慨豪爽，隨時準備給予對方支持；對權勢和地位懷有渴望，忠誠於伴侶，但時常需要對方能夠對你和他人表達豐富和強烈的感情。

■你生命中的特殊之人

留意一下誕生日爲以下日期的人，邂逅你命中註定之人的機會將大大增加。

◎愛情和友誼：

1月3.16.22.25.29.30日、2月1.14.20.23.27.28日、3月18.21.25.26日、4月16.19.23.24.28日、5月8.14.17.21.22.26.31日、6月12.15.19.20.24.29日、7月10.13.18.22日、8月8.11.15.16.20.27.29.30日、9月6.9.13.14.18.23.27.28日、10月4.7.11.12.16.21.25.26日、11月2.5.9.10.14.19.23.24日、12月3.7.8.12.17.21.22日

◎幸運貴人：

1月17日、2月15日、3月13日、4月11日、5月9.29日、6月7.27日、7月5.25日、8月3.23日、9月1.21日、10月19.29日、11月17.27.30日、12月15.25.28日

◎強烈吸引你的人：

2月23.24.25日、5月31日、6月29日、7月27日、8月25.30日、9月23.28日、10月21.26日、11月19.24日、12月17.22日

◎砥礪者：

1月20.23日、2月18.21日、3月16.19日、4月14.17日、5月12.15日、6月10.13日、7月8.11日、8月6.9日、9月4.7日、10月2.5日、11月2日、12月1日

◎靈魂伴侶：

1月4.31日、2月2.29日、3月27日、4月25日、5月23日、6月21日、7月19日、8月17日、9月15日、10月13日、11月11日、12月9日

優點：領導能力、把握全局、工作勤奮、傳統、權威、保護欲、治癒的力量、對價值的準確判斷

缺點：偏執、焦躁不安、工作過度、征服欲、易灰心、缺少計畫、控制欲

太陽星座：處女座
區間：處女座 / 水星
角度：處女座4°30´-5°30´
類型：變動星座
元素：土
恆星：無

8月28日
VIRGO

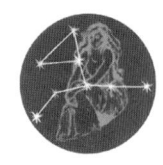

外向、熱情、待人友善，你的誕生日顯示你有一顆年輕的心；強烈的自我認同使你勇往直前並獲得他人的欣賞。對人慷慨慷慨使你成為理解他人的傾聽者。注意不成熟和自我中心，會讓你的個人魅力打折扣。

受區間主導星座處女座的影響，你聰敏，處事實際，天生具有敏銳的商業嗅覺。小心謹慎、注重細節的你要克服疑慮。你說話不喜歡轉彎抹角，看重知識和專業技能。

玩世不恭，浪漫的你集理想與實用主義於一身，儘管有時比較散漫，一旦下定決心就會為了實現目標，不惜做出巨大犧牲。喜愛充滿冒險，追求高品質的生活，喜歡主動結交朋友，有你的相伴心情會比較輕鬆愉悅。你具有合作精神，樂於助人，經常會給予別人精神上的支援。你的心態比較放鬆，若能自我約束將使你潛能得到更好的發揮。

25歲時太陽落在天秤座，之後30年，不論於公於私都開始注重人際關係；這一時期對美和和諧的感知力增強，期望激發任何創造性的潛能。另一個轉捩點出現於55歲，此時太陽推進到天蠍座，激發你探尋人生深意，渴望新的變化。

■真實的自我

你待人熱情、追求和諧、品質高尚、信念堅定，生活中的變化可以帶給你新鮮和刺激，但會導致你的魯莽和急於求成；期待生活充滿樂趣的你，自然不會對自己要求太嚴格，這可能會使你喪失目標、迷失方向。

敏感，感情細膩的你不要過於執著，以免受到傷害或產生自暴自棄的想法，要學會排解你強烈的感情；傾聽內心能夠幫助你靈活表達自我，以及合理利用你的強大情感力量。你為人慷慨，有同情心，樂於奉獻他人。

■工作和職業

對商業的敏銳嗅覺能幫助你在任何事業中取得成功，但與人相處的工作對你更有吸引力。溝通能力使你適合從事寫作、教育以及行銷等職業。活潑開朗的你也適合商業或與音樂相關的職業，天生的外交手腕使你在客戶服務以及公共關係部門應付自如，你的社交手腕可以幫助你在推銷和出版行業取得成功。擁有出眾的審美能力的你也會幻想成為藝術家、設計家、企劃，甚至是居家布置好手。

與你同天出生的名人包括：男演員查理斯‧博耶，本‧吉桀拉和大衛‧索爾，以及哲學家兼作家歌德。

■數字命理學

誕生日數字爲1的人有野心，爲人爽快，勤奮，隨時準備踏上征途迎接新的挑戰。你的激情很容易感染他人，即使不與你同行至少會助你一臂之力；儘管你執著成功不易動搖，但家庭對你同樣重要。太過尋求安穩和畏首畏尾是你成功的障礙。出生月8月的影響使你直覺敏銳，思維活躍。一旦責任在身，你一定尋求高效的解決辦法，但極易失去耐心。活潑好動、不安分的你要學會放鬆，對形勢的敏銳判斷，使你能夠迅速的解決問題，但要避免過於激動、一時興起缺少計畫的行爲。

■愛情和人際關係

渴望個人的自由空間和成就，但對愛的強烈需要容易讓你陷入感情漩渦。你樂善好施，關愛他人，但同他人交往時極易理想化或追求完美，因而往往無法達到你的期望。慷慨、有魅力、待人友善的本性使你比較容易交到朋友，但有時你的付出並不能獲得回報。一旦找到心目中另一半，你將表現出無微不至和強烈的責任感。

■你生命中的特殊之人

尋找你的理想伴侶先從生日爲以下日期的人開始吧。

◎愛情和友誼：

1月4、5、10、18、19、26、30日、2月2、3、8、16、17、24、28日、3月1、6、14、15、22、26日、4月4、12、13、20、24日、5月2、10、11、18、22日、6月8、9、16、20、30日、7月6、7、14、18、28日、8月4、5、12、16、26、30日、9月2、3、10、14、28日、10月1、8、12、22、26日、11月6、10、20、24、12月4、8、18、22、30日

◎幸運貴人：

1月13日、2月11日、3月9日、4月7日、5月5日、6月3、30日、7月1、28日、8月26日、9月24日、10月22日、11月20日、12月18日

◎強烈吸引你的人：

2月23、24、25、26日

◎砥礪者：

1月14、24日、2月12、22日、3月10、20日、4月8、18日、5月6、16日、6月4、14日、7月2、12日、8月10日、9月8日、10月6日、11月4日、12月2日

◎靈魂伴侶：

7月30日、8月28日、9月26日、10月24日、11月22日、12月20日

優點：積極、有闖勁、藝術氣質、有創造力、有同情心、進取心強、工作勤奮、家庭觀念強、意志堅定

缺點：不切實際、缺乏活力、流於幻想、喜歡發號施令、判斷力弱、咄咄逼人、缺乏自信、太過依賴他人、驕傲

太陽星座：處女座
區間：處女座/水星
角度：處女座5°30´-6°30´
類型：變動星座
元素：土
恆星：玉衡

8月29日

VIRGO

　　你的誕生日表明你富有魅力、熱情、野心勃勃、才智非凡、積極進取；獨立且對成功十分執著。你志向遠大，但要注意避免受感情因素的影響而行事極端。

　　受主導星座處女座的影響，你眼光犀利，講求實效，追求完美；注意細節，追求精益求精，不過切忌鑽牛角尖，這將導致你產生焦慮。好在強烈的求知欲會使你的思想專注不至於變得神經質。

　　你愛好交際，為人慷慨，與人交往表現出色。旅行可以開闊心胸，使你結識新朋友。良好的組織能力和冒險精神是你賺錢的資本；自我約束力則可以更佳地激發個人潛能。

　　活潑開朗、富有魅力的你有時會缺乏安全感，性格變得孤僻，這時試著找尋遺失已久的感覺和昔日美好的憧憬，將有助你重拾富熱情和創造性的自我。

　　從兒童時期你就比較實際，能透徹對分析形勢以改善處境。24歲之後，你的太陽星座落在天秤座，友誼和親情在你心目中變得更加重要，創造力增強，在音樂、美術和文學等方面的興趣有望得到發展；54歲左右開始，你的人生來到另一個十字路口，此時太陽移至天蠍座，生活迫切期望變化，感悟加深，變得內斂，個人修為提升。

■真實的自我

　　隨著知識的不斷充實，你在寫作和話語表達上表現極高的天賦，你的思想能給他人靈感。睿智的你有時會受內心不安的影響，獨闢蹊徑給生活增添一些漣漪。敏感而有想像力的你強烈渴望自由，但要注意一味沉浸於自我編織的美好幻想之中，會使你失去將夢想轉變為現實的動力。

　　一旦專注於某項工作你會變得鬥志滿滿，因而一定要找到你的興趣所在，而你也一定會付出十分的努力。浮躁的情緒會使你三心二意，做事不經大腦，缺少周密的計畫。處於最佳狀態下你積極樂觀、拚搏進取，實現你的偉大目標指日可待。

■工作和職業

　　抱負心和領導能力讓你能夠在管理部門或自我創業中揮灑自如，你十分需要在工作中保持較多自我發揮的空間，為了避免平淡乏味，你可以選擇比較靈活的工作。你的人際交往能力對你從事任何職業都很有幫助，情感上的包容和機敏智慧，使你能夠勝任護理或是幫助他人的工作。天分極高的你也適合從事教育、法律、寫作或政治相關的職

業。另一方面，你的現實和進取心也能使你在商業和製造業大顯身手。想像力和創造力，加上機遇青睞，在音樂或娛樂行業你的前途不可限量。

與你同天出生的名人包括：歌手麥克・傑克遜，女演員英格麗・褒曼，男演員伊里亞德・古爾德和傑生・普里斯特利，歌手黛娜・華盛頓，爵士樂作曲家查理・派克，法國畫家安格爾，電影導演理查・阿滕伯勒，新聞主播彼得・詹寧斯，以及舞蹈動作設計者馬克・莫里斯。

■數字命理學

誕生日數字是29的你洞察力敏銳，敏感，感情豐富；你的同情心和寬容使你心中充滿仁愛，能鼓勵身邊的人努力實現理想和抱負。你是不折不扣的幻想家，要小心性格中的極端面導致情緒多變，這一天出生的你取悅人的性格，使你十分在意別人對你的看法。出生月8月的影響使你意志堅強，志向遠大。自我表達的渴望暗示你充滿理想，尋求感情依託。儘管時常表現得進取開朗，其實你是個理想主義者，同情他人、感情細膩。對名望的渴望促使你表現欲強烈、享受他人的關注；追求獨特氣質的你，有著強烈的自我認同感。

■愛情和人際關係

富有魅力，受人關注，情感豐富，熱情開朗的你總能吸引權貴的注意，但不要對試圖挑戰同伴的地位。出生於這天的女性勤奮努力，追求物質生活的舒適、家庭的和諧、以及事業的平穩順利。愛交際的你總喜歡呼朋喚友來家一聚，過於高調的你不願得罪人，常在擇友方面感到難以抉擇。

■你生命中的特殊之人

留意一下誕生日為以下日期的人，你獲得幸福和愛的機會將會大大增加。

◎愛情和友誼：

1月2、3、6、9、10、11、21、27、31日、2月1、4、7、8、9、25、29日、3月2、5、6、7、17、23、27日、4月3、4、5、15、21、25日、5月1、3、13、19、23、30日、6月1、11、17、21、28日、7月9、15、19、26、29日、8月7、13、17、24、27日、9月5、11、15、22、25日、10月3、9、13、20、23日、11月1、7、11、18、21、30日、12月5、9、16、19、28日

◎幸運貴人：

1月11、16、30日、2月9、24、28日、3月7、22、26日、4月5、20、24日、5月3、18、22、31日、6月1、16、20、29日、7月14、18、27日、8月12、16、25日、9月10、14、23日、10月8、12、21、29日、11月6、10、19、27日、12月4、8、17、25日

◎強烈吸引你的人：

2月24、25、26、27日

◎砥礪者：

1月15日、2月13日、3月11日、4月9日、5月7、30日、6月5、28日、7月3、26日、8月1、24日、9月22日、10月20、30日、11月18、28日、12月16、26日

◎靈魂伴侶：

1月9、29日、2月7、27日、3月5、25日、4月3、23日、5月1、21日、6月19日、7月17日、8月15日、9月13日、10月11日、11月9日、12月7日

優點：靈感豐富、協調能力強、氣質神祕、極具創造力、理想遠大、關注細節、忠誠

缺點：浮躁、反覆無常、執拗、走極端、不顧及他人感受、孤僻、過度敏感

太陽星座：處女座
區間：處女座 / 水星
角度：處女座6°至7°30´
類型：變動星座
元素：土
恆星：玉衡

8月30日

VIRGO

　　你的表達力強、工作勤奮、有愛心、關注人本、思想獨特、讓人信服。心地善良的你雖然外表冷酷自制，偶爾也會展現柔情的一面。

　　受區間主導星座處女座的影響，你心思細密有深度，細微細節也逃不過你的注意，強烈的求知慾和自我改善的願望，使你不斷自我歷練，處事更加從容自如。你看問題實際，注意力集中，對待工作勤奮且有始有終，不過盡善盡美的性格會讓你變得對自己和他人要求過高。

　　你愛好交際，魅力四射，為他人帶來許多歡樂，對人生態度積極，同時又是一個理想主義者。有時你會變得過於嚴肅、自我封閉、感情壓抑、焦慮或對生活產生悲觀情緒。你也可能會遭遇責任感與內心渴望之間的衝突，學會自我排解以及正確引導自己的感情，你能夠獲得更多的愉悅。

　　前期你比較關注形勢並做出判斷，以便更佳地把握和改善處境，到了23歲，太陽落在天秤座，之後30年你關注的焦點逐漸轉向私人或公事方面的人際關係；這一時期對美以及和諧的感悟加深，渴望發掘創造性的潛能。另一個人生轉振點出現在53歲，太陽推進到天蠍座之時，你的重心逐漸轉向尋求過度和更新以及探尋人生的情感價值所在。

■真實的自我

　　隨著在生活和家庭中一直被壓抑的愛逐漸萌芽，喜愛情緒的自然流露對你變得更加重要。多疑的你需要學會堅定信念，認清誰是值得信賴。培養自信能使你更加關注自我需要。對你來說，如何正確評價自我，以及如何得到他人的正確評價至關重要。

　　金錢固然重要，但你希望能夠靠自己勤奮獲得。放開你敏銳直覺去感知、放手一搏的最佳時期，然後一切都能順其自然，切勿被框架束縛手腳。過度敏感的你需要定期整理一下心境，這樣能夠使你迸發更多靈感。

■工作和職業

　　理性，甚至過於冷靜的思維使你傾向於從事研究、自然科學、健康或是醫學工作；同樣，你的智商和社交手腕使你能夠勝任教育以及寫作工作。你性格中仁愛的因素，可以讓你在護理以及社會改革的工作中獲得滿足；對人本的關注可使你成為優秀的顧問；對知識的渴求以及現實的態度，能使你迅速適應職業環境並成為專家，對你進入商界也很有幫助。另一方面，你天生的創造力和對美的追求，有望讓你成為音樂家、演員，以

及娛樂行業一員；同樣，對大自然的嚮往的你也會憧憬類似園藝師這樣的職業。

與你同天出生的名人包括：作家瑪麗‧雪萊，物理學家恩內斯特‧盧瑟福，男演員雷蒙德‧馬西和蒂莫西‧博頓斯，棒球運動員泰德‧威廉斯，以及投資家華倫‧巴菲特。

■數字命理學

誕生日數字為30的人具有藝術氣質和創造力，待人友善，愛好交際。這一天出生的你嚮往美好人生，性格外向，魅力四射，忠於感情。身邊朋友環繞的你品味高雅，眼光獨到，從事與美術、設計以及音樂有關的工作能讓你獲得成功；此外，自我表達的渴望，加上天生對文字的駕馭能力使你在寫作、演講以及唱歌方面表現不俗；你的感情強烈，渴望愛，期望提出的要求總是能夠獲得滿足。追求幸福的你要克服懶惰和過分任性。許多這一天出生的人都能獲得重視和名氣，尤其是身為音樂家，演員或是娛樂工作者。出生月8月的影響使你工作勤奮，充滿理想，意志力強，抱負遠大。自然流露的真實情感使你緊緊把握一閃而過的靈感，並用以自己特有的、富熱情的方式表現出來。

■愛情和人際關係

你感情豐富、天性浪漫，但渴望變化和冒險的性格會使你缺乏耐心、浮躁。你為人慷慨，有奉獻精神，但總是表現得冷酷和孤僻。短暫的休息或是一次快樂的旅行，會使你擺脫對生活的厭倦感。敏感的你會不斷改變自我以迎合對方，因此保持相對獨立以及對生活充滿熱情對你也很重要。

| 優點：有情趣、忠誠、友善、有談話技巧、有創造力、運氣好 |
| 缺點：懶惰、固執、行為怪異、浮躁、缺乏安全感、冷漠、注意力不集中 |

■你生命中的特殊之人

要建立愛情及穩定的關係，你需要注意生日在以下這些時間的人。

◎愛情和友誼：

1月2,9,11,12,22,25日、2月7,10,20,23,26日、3月5,7,8,18,21日、4月3,5,6,16,19日、5月1,4,14,17,20,24,29日、6月2,12,15,27日、7月10,13,16,20,25,30日、8月9,15,24,26日、9月7,13,22,24日、10月4,7,10,14,19,24,28,29日、11月2,5,8,12,17,22,26,27、12月3,6,10,15,20,24,25日

◎幸運貴人：

1月12,23,29日、2月10,21,27日、3月22,26日、4月6,17,23日、5月4,15,21日、6月2,13,19,28,30日、7月11,17,26,28日、8月9,15,24,26日、9月7,13,22,24日、10月5,11,20,22日、11月3,9,18,20,30日、12月1,7,16,18,28日

◎強烈吸引你的人：

2月25,26,27,28日、7月29日、8月27日、9月25日、10月23日、11月21日、12月19日

◎砥礪者：

1月1,4,26,30日、2月2,24,28日、3月22,26日、4月20,24日、5月18,22,31日、6月16,20,29日、7月14,18,27日、8月12,16,25,30日、9月10,14,23,28日、10月8,12,21,26日、11月6,10,19,24日、12月4,8,17,22日

◎靈魂伴侶：

1月20日、2月18日、3月16日、4月14日、5月12日、6月10日、7月8日、8月6日、9月4日、10月2日

太陽星座：處女座
區間：處女座/水星
角度：處女座7°30-8°30´
類型：變動星座
元素：土
恆星：玉衡

8月31日

VIRGO

　　生於這一天的你思維嚴密，想像豐富，感情強烈，是個能夠付諸實踐的理想主義者。個人魅力、交際技能、加之堅定的決心使你能兼顧工作及娛樂。

　　受水星的雙重影響，你目標明確，對環境適應能力強，關注細節。表達清晰，行事小心的你，傾向於用演繹法分析問題然後做出決定；不斷的改進和揚棄使你變得更加出色。你需要注意的是不要變得憤世嫉俗或是自我陶醉。

　　對美的鑑賞力強，追求奢華，上天很可能賦予你甜美的聲音。強烈的愛、強勢的性格、激情以及慷慨使他人對你印象深刻，並為你傾倒。你有時比較固執、沉默寡言、情緒起伏不定，性格上有許多方面都讓人難以捉摸。

　　眼界開闊，天生具有敏銳的商業感，能夠準確估計自我，對金錢相關問題表現出濃厚的興趣。此外，你的內心世界也很豐富，喜愛編織華美夢境。

　　超越平凡和擺脫世俗生活的渴望，使你可能對玄學、神祕或宗教問題產生興趣。對於專注的工作會沉迷其中無法自拔，要注意不要讓自己過度勞累。

　　22歲開始你的太陽進入天秤座，這一週期會持續30年，從這時開始你逐漸意識到人際關係以及友情的重要性；創造力以及對和諧的感知力增強，對音樂、美術以及文學的潛在興趣可能被發掘。到了52歲，人生出現又一次轉折，此時的太陽星座推進到天蠍座，這增強你對感情新氣象的渴望，並且變得更加自立、克制。

■真實的自我

　　你最大的潛能會在渴望表現自我以及鼓舞他人之時發揮；誠實的天性和遠大理想能幫助激發潛能。合理引導潛能可以幫助你克服困難，而一旦這一行為受阻，你會變得冷酷、喪失信心。但只要回到正常軌道上，你會再次展現出迷人的氣質和開朗性格。

　　這一天出生的你感情外露，這在追逐權利的遊戲中是一大忌，特別當你對周圍的人已經完全失望時；你的理想和現實之間可能出現強烈反差。對他人以及所處環境有一顆包容之心是你成功的關鍵；對他人的關注加上熱情和社交能力，你可以為自己和他人帶來和諧和歡樂。

■工作和職業

　　與人交往的能力以及對未來局勢發展的準確把握，可以幫助你勝任銷售及傳媒工作。商界同樣對你充滿誘惑，你可以成為業務主管、企業家或是慈善家。你理性的思

維使你對科學研究、編輯或教育的工作產生興趣。你創造性的表達力有望透過寫作、音樂、美術或是娛樂等方面獲得充分展現。這一天出生的人大多聰明靈巧、準確、實際，適合會計，或是有關資產和管理的工作。另一方面，你的理想主義和敏感，使你適合慈善或者護理、醫藥方面的工作。

與你同天出生的名人包括演員李察・吉爾和詹姆斯・柯本，教育家瑪麗亞・蒙特梭利，歌手兼歌曲創作者範・莫里森，小提琴家伊紮克・帕爾曼，以及作曲家保羅・溫特。

■數字命理學

誕生日為31日的人通常意志堅強、信念堅定、強烈渴望自我表達。你做事不知疲倦且目標明確，希望獲得物質上的滿足，不過你必須學會適可而止，建立穩固的經濟基礎為將來謀畫；好運和財氣從不曾遠離你，即使興趣愛好也能轉化為賺錢的工具；即便你很勤奮，但對你來說興趣才是關鍵。切忌自私以及過度樂觀。出生在8月的你有抱負，看問題實際，智商高，管理能力強，強烈渴望成功。尋求情感的滿足的你一定要學會不因對物質的追求蒙蔽雙眼，你需要傾聽心靈，更加直接和清楚地表達自己的感情。

■愛情和人際關係

開朗迷人的性格可使你在感情方面永遠處於上風；儘管你外向，喜愛四處結交朋友，一旦心有所屬，你會對伴侶十分忠誠，千方百計使這段關係持久穩定。通常你會選擇思想相近的人作為結婚對象，需要對方給予你安全感和支援。在異國他鄉的奇妙邂逅能使你獲得穩固的友誼。克服精神上的緊張和焦慮感，你可以達到深層的平衡與和諧。

■你生命中的特殊之人

留意以下誕生日期你可以更容易地找到理想的夥伴和伴侶

◎愛情和友誼：

1月8、11、23、29日、2月6、9、27、3月4、7、19、25、29日、4月2、5、23、27日、5月3、21、25日、6月1、19、23日、7月17、21日、8月15、19、29日、9月13、17、27日、10月11、15、25、29、30日、11月9、13、23、27、28日、12月7、11、21、25、26日

◎幸運貴人：

1月13、30日、2月11、28日、3月9、26日、4月7、24、30日、5月5、22、28日、6月3、20、26日、7月1、18、24、29日、8月16、22、25日、9月14、20、25日、10月12、18、23日、11月10、16、21日、12月8、14、19日

◎強烈吸引你的人：

2月27、28、29日、10月30日、11月28日、12月26日

◎砥礪者：

1月5、19日、2月3、17日、3月1、15日、4月13日、5月11日、6月9、30日、7月7、28、30日、8月5、26、28日、9月3、24、26日、10月1、22、24日、11月20、22日、12月18、20日

◎靈魂伴侶：

1月7日、2月5日、3月3日、4月4日、9月30日、10月28日、11月26日、12月24日

優點：運氣好、有創造力、特立獨行、有魄力、遠見卓識、鍥而不捨、處事實際、有談話技巧、負責任

缺點：缺乏安全感、沒有耐心、多疑、容易喪失信心、缺乏進取心、自私、固執

太陽星座：處女座
區間：處女座/水星
角度：處女座8°-9°25´
類型：變動星座
元素：土
恆星：玉衡

9月1日

VIRGO

這一天出生的你獨立，渴求成功，需要將改革的思想付諸各種形式的實踐；你進取心強，志向遠大，天生具有商業頭腦，並懂得利用自己的能力創造財富；對人和環境的判斷迅速，有創造力，敢於嘗試，能夠迅速抓住機遇；你一向以精明幹練示人，這是你邁向成功的重要因素。

處女座既是你的守護星座又是區間主導星座，受其雙重影響，你擁有超凡智慧和對知識的強烈渴求，這種影響也會加重你的焦慮，因此你需要定期的休息讓情緒平穩。不論是口頭上還是書面形式的交流你都能應付自如，準確的思維使你表達清晰。要求嚴格、追求精確的辦事態度，有時會令你對自己或他人太過刻薄。

你有能力達到物質生活豐富，需要做的只是培養自我約束力，避免做事拖泥帶水。通常來說，你對待工作勤奮認真，天生是個優秀的策畫人和決策者；儘管看問題比較實際，成功的可能性較大時你會選擇放手一搏，做事期待高回報。

21歲之後，太陽進入天秤座，對友誼和與他人溝通的渴望增強，對和諧、平衡的感悟加深，自我不斷提升，可能會對文學、藝術或是創造性領域產生興趣。這一階段會一直持續到51歲當太陽到達天蠍座，這一變化會使你慢慢轉向尋求對精神層面的思辨以及對個人能力的評斷。

■真實的自我

高貴的本性使你天生具有優越感，在波瀾不驚之中彰顯不俗，看問題實際但對生活有所憧憬。你需要給予別人關懷，樹立明確的目標，否則會被對物質的欲望束縛。有時你謙卑的態度出人意料，但有時你又會變得自負、強勢。獨到的思想可能超越了你所處的時代，渴望自我表達的自由空間；一旦形勢看好，你一定會大幹一場，並感染周圍的人也投身其中。

你天生的協調能力能將不同領域和階層的人凝聚在你的周圍；有著獨特的生活哲學，大多數時候樂觀積極、幽默感十足。擁有高瞻遠矚的大局觀；富有領導才能，直覺準確，愈仰賴你的直覺，就愈能更好地掌控形勢。

■工作和職業

你的組織能力、成就大事業的渴望以及布署能力，會讓你在商業領域有不俗表現，例如成為業務主管、經理人或者自我創業。同樣的能力使你也能勝任管理者、製片、政

治家的工作。與他人溝通的能力使你適合教育、寫作、銷售或通訊行業。爭強好勝，辦事周到，力求做到最好的態度，能使你成為所從事領域中的專才，也可能會對研究領域產生興趣。對權力的欲望以及具備的魄力，使你適合靈活機動的領域如軍事或藝術。好好利用你敏銳的直覺和創造力，不斷優化提升你的潛能，這是你成功的保證。需要注意的是無論從事什麼職業都要盡可能的保持獨立性。

與你同天出生的名人包括：女演員莉莉・湯姆琳，拳擊手洛基・馬西亞諾，歌手葛洛麗亞・伊斯特芬和Bee Gees主唱兼吉他手巴里・吉布。

■數字命理學

你的生日決定了你爭強好勝和獨立的性格。誕生日數字是1的你很自我，思想進步，勇氣十足，精力充沛；表現出的進取心可以幫助你堅持己見或是另闢蹊徑；滿懷熱情，想法獨特的你經常擔任領路人的角色。生日數字是1還意味著你需要懂得這個地球不是圍著你轉。出生月9月的影響代表著你洞察力敏銳，感情細膩，易受周圍環境的影響，善於接納他人意見。你心胸寬廣，有同情心，追求公平和公正。對他人你會表現出自信和堅強，但內心的緊張會引起情緒上的波動。你果斷有謀略，看問題深入，另一方面卻有同情心，富於幻想。

■愛情和人際關係

欲望強烈、感情豐富的你渴望與他人交流，個人魅力使你擁有很多朋友和崇拜者。你通常青睞樂觀的人，因為他們會啟發你的靈感，為你創造機會。對自由的熱愛說明你喜歡朋友之間保持足夠的空間而不至於喪失自我。你會將心思花在追逐愛的感覺，因而不會太快做出承諾。

■你生命中的特殊之人

對愛情運勢好奇的你不妨關注身邊誕生日為以下日期的人。

◎愛情和友誼：
1月6、10、15、29、31日、2月4、13、27、29日、3月2、11、25、27日、4月9、23、25、30日、5月7、21、23、28日、6月5、19、21日、7月3、17、19、30日、8月1、15、17、28日、9月13、15、26日、10月11、13、24日、11月9、11、22日、12月7、9、20日

◎幸運貴人：
1月13、15、19日、2月11、13、17日、3月9、11、15日、4月7、9、13日、5月5、7、11日、6月3、5、9日、7月1、3、7、29日、8月1、5、27、31日、9月3、25、29日、10月1、23、27日、11月21、25日、12月19、23日

◎強烈吸引你的人：
2月28、29日、3月1、5月30日、6月28、7月26、8月24、9月22、10月20、11月18、12月16日

◎砥礪者：
1月12日、2月10日、3月8日、4月6日、5月4日、6月2日、8月31日、9月29日、10月27、29、30日、11月25、27、28日、12月23、25、26、30日

◎靈魂伴侶：
1月2、28日、2月26日、3月24日、4月22日、5月20日、6月18日、7月16日、8月14日、9月12日、10月10日、11月8日、12月6日

優點：領導能力、創造力、思想先進、剛強、樂觀、雄辯、有競爭意識、獨立、好交際。

缺點：傲慢、妒忌、自我中心、咄咄逼人、缺乏自制力、軟弱、反覆無常、缺乏耐心

太陽星座：處女座
區間：處女座／水星
角度：處女座9º-10º
類型：變動星座
元素：土
恆星：玉衡、太微右垣五

9月2日

VIRGO

這一天出生的你處事實際，感情細膩，天資聰穎，待人和善，深思熟慮；滿懷熱情、個性獨立的你所提出的觀點和建議能帶給人意外驚喜。不過不要讓你的挫折感和沮喪情緒影響了你的計畫。

受區間主導星座處女座的影響，你看問題透徹，做事勤奮，講求方法，吃苦耐勞。天分極高的你有著強烈的求知欲，知識淵博；做事謹慎的你要避免多疑、愛鑽牛角尖的性格以免產生焦慮。

你天生豁達，很會揣測人心，但總是走極端，有時仁慈慷慨，有時又緊張兮兮、有強迫症傾向。看問題實際，隨機應變的你喜歡積極而非安逸的生活。

創造性思維使你反應迅速，這使你在團隊合作中很有影響力。注重外在的你希望給他人留下好印象。喜歡熱鬧，心地善良，有幽默感，這些特點使你成為眾人的焦點。

從兒童時期你就學會察言觀色以改善處境。到了24歲太陽落在天秤座，在這30年的人生階段中，你將注意力逐漸轉向友誼以及與他人交往方面，對平衡和和諧的感悟加深，渴望挖掘創造性的潛能。另一個人生階段開始於50歲，此時太陽推進到天蠍座，你轉而開始思索人生的意義，渴望生活出現變化。

■真實的自我

許多時候你會經歷理想與物質主義之間的衝突，天生鑑賞力強的你對金錢問題直覺敏銳，深思熟慮後不妨放手一搏；追求刺激，想要做到生活舒適但既不鋪張也不吝嗇對你似乎很難。財務的不穩定，會促使你對資產做出長期的規畫。

隨著你的自信心的增強以及不斷的自我肯定，機遇會對你更加垂青；試著走出局限你的狹小空間，你會活的更加輕鬆。旅行、新的探索、體育項目和鍛鍊對你十分有益，將幫助你舒緩內心的焦躁，激發你的進取心。

■工作和職業

變化的元素會使你對工作的興趣提高，善於同他人交往，團隊意識強的你適合從事傳媒、顧問以及處理公共關係的工作。講求實效的性格可以使你在金融、證券或會計領域發揮所長。你具備的洞察力以及嚴謹的態度，能使你對教育、寫作或自然科學產生興趣。你的辨別力加上仁慈以及奉獻他人的渴望，使你適合康健性或幫助他人的工作。這一天出生的你能夠在展示自我的職業，如音樂、體育方面中獲得成功。

與你同天出生的名人包括網球運動員吉米・康納斯、音樂家拉斯・康威、男演員基努・李維、教師/太空人克麗斯塔・麥考利夫。

■數字命理學

敏感且團隊意識強烈的你是這一天出生的特質。你適應和理解能力強，喜歡合作性的工作。對和諧的追求以及同他人溝通的期許，使你在家庭中充當調解人和維護和平的角色。過於委曲求全會使你喪失獨立性。出生月9月的影響使你感知能力強，想像力豐富，富有同情心。通常你性格獨立、心胸開闊、民主，只是免不了會有定見。你懷有仁愛之心，追求公平和公正，你的高瞻遠矚使你對生活既有憧憬又很實際。避免過於草率或感情用事，以及偏激的行為；你需要學會同他人交流你思想和情感。

■愛情和人際關係

你喜好交際的性格使你需要一群能夠暢所欲言的朋友，你可以同他們分享你的才華和理想。你有時心猿意馬但是個熱心，潛藏的危機感會破壞你原本隨和的性格，使你變得好爭辯，這更增加了你的緊張和焦慮感。待人真誠，關愛他人，能夠給予朋友和夥伴支持。

■你生命中的特殊之人

留意以下誕生日期，你可以更容易地找到理想的夥伴和伴侶。

◎愛情和友誼：

1月2.6.16.19日、2月4.14日、3月2.12.28.30日、4月10.26.28日、5月8.11.24.26.30日、6月6.22.24.28日、7月4.20.22.26.31日、8月2.18.20.24.29日、9月16.18.22.27日、10月14.16.20.25日、11月12.14.18.23日、12月10.12.16.21日

◎幸運貴人：

1月9.14.16日、2月7.12.14日、3月5.10.12日、4月3.8.10日、5月1.6.8日、6月4.6日、7月2.4日、8月2日、9月30日、10月28日、11月26.30日、12月24.28.29日

◎強烈吸引你的人：

1月21日、2月19.29日、3月1.2.17日、4月15日、5月13日、6月11日、7月9日、8月7日、9月5日、10月3日、11月1日

◎砥礪者：

1月4.13.28日、2月2.11.26日、3月9.24日、4月7.22日、5月5.20日、6月3.18、7月1.16日、8月14日、9月12日、10月10.13日、11月8.29日、12月6.27日

◎靈魂伴侶：

1月15.22日、2月13.20日3月11.18日、4月9.16日、5月14日、6月5.12日、7月3.10日、8月1.8日、9月6日、10月4日、11月2日

優點：考慮周密、有合作精神、有風度、行事靈活、接受能力強、洞察力敏銳、性格平和、好相處、親善

缺點：多疑、缺乏自信、過於謙卑、神經質、自私、容易受傷、狡滑

太陽星座：處女座
區間：摩羯座／土星
角度：處女座10º-11º
類型：變動星座
元素：土
恆星：玉衡、太微右垣五

9月3日

VIRGO

你的誕生日代表你處事實際，友善，有主見且目標堅定；性格隨和的你喜愛交際，是一個不錯的朋友。你的擴張欲強烈，渴望不斷改善自我，要達到成功你需要有明確的目標。你的誕生日還代表超凡的創造力以及克服困難的潛力，具備建功立業的能力。

受區間主導星座摩羯座的影響，你注意力集中，有包容和適應性、判斷力強。現實而又勤奮的你做事講究方法，是個優秀的組織者。你具備商業頭腦，做事直截了當，目更清晰，追求精準。你值得信賴，心思縝密，但要注意吹毛求疵以及過於保守的傾向。

你志向遠大，積極進取，做事富有成果，但容易產生宿命論的悲觀情緒。堅韌有耐力，但要避免沒有意義的工作。生性驕傲的你有時必須學會放下身段。如果神經過於緊張，你會變得暴躁易怒或產生挫折感。幸運的是，你天分極高，思維機敏，是團隊中的靈魂人物。這一天出生的人能夠藉由美術、音樂或文學來滿足自我表達的渴望。

從兒童時期你就學會審時度勢以改善處境。19歲之後，太陽落在天秤座，之後的30年你將逐漸領會社會關係以及夥伴的重要性。創造力增強，在音樂、美術以及文學方面的潛能有望得到發揮。到了49歲太陽推進到天蠍座，人生出現重要轉折，對生活的變化以及個人力量的渴望逐漸增強。

■真實的自我

你外表的沉穩自信掩飾了內心的敏感，對物質方面比較在意，直覺的培養可以幫助你克服懷疑的態度。你需要定期的修正和放鬆，但注意不要因此自我封閉。情緒低落時你會變得冷漠、固執，渴望控制環境的欲望會使你變得咄咄逼人。一旦獲得靈感你會勇往直前、果斷、富有競爭意識，能夠用以輕鬆而具有創造性的方式表達深刻見地。

你的睿智外顯為權威性，敏銳的思維加上對知識的熱愛，使你具備應付各種環境的能力。剛強的個性和自制力，能夠給予他人以支持並幫助自己達成夢想。

■工作和職業

你追逐權利、制度化和高效率的處事方式，在商業領域適合承擔如組織者，經理人或主管工作。對文字的駕馭能力使你在法律、寫作、教育以及政治領域有天賦。天生的溝通能力使你的工作更加順利，隨和的性格能使你在與人際相關的工作中取得成功。有毅力、能吃苦的態度使你適合研究、自然科學或是技術性工作。獨立的你不喜歡墨守成規，善於自我決策或是支配他人。直率、實事求是和謹慎可使你的人生大道更加順暢。

與你同天出生的名人包括演員查理·辛，藍調音樂家孟菲斯·斯利姆，男演員艾倫·拉德，物理學家卡爾·安德森，以及作家勞倫·艾斯利。

■數字命理學

誕生日數字3代表著對愛和創造力的渴望。追求樂趣、容易相處的你喜歡結交朋友，懷有強烈的自我表達渴望，在性格中的積極因素主導下，你的生活充滿歡樂。容易產生厭倦感，這會導致你優柔寡斷，無助感增強；具備藝術潛能，富有魅力，有幽默感。在交談，寫作以及唱歌方面都能顯示出語言的天分。自尊的需要可能導致你焦慮或情感缺乏上安全感。出生月9月的影響使你思維嚴密，洞察力敏銳；只有突破自我，積極面對各種挑戰方能使你達到內心的平和與和諧。你具有遠見但要學會敞開心扉，自由表達感情。

■愛情和人際關係

開朗的性格使你能夠結識許多朋友。勤奮的你也很有情趣，比較外向。給予他人支持，自信心強，但不善於表達內心對愛的渴望。青睞有權力及具有創造力的人，但不要因此喪失自我。性格獨立的你對於愛情感到茫然，一旦確定目標你會對表現得忠貞、體貼入微。

■你生命中的特殊之人

在生日為以下日期的人當中，你或許可以找到理解你的敏感和滿足你對愛的渴望的伴侶。

◎愛情和友誼：

1月1、7、17、20、21日、2月5、15、18日、3月3、13、16、29、31日、4月1、11、14、27、29日、5月9、12、13、25、27日、6月7、10、23、25日、7月5、8、21、23日、8月3、6、19、21日、9月1、4、17、19、10月2、15、17、23日、11月13、15、30日、12月11、13、19、28日

◎幸運貴人：

1月15、17、28日、2月13、15、26日、3月11、13、24日、4月9、11、22日、5月7、9、20日、6月5、7、18日、7月3、5、16日、8月1、3、14日、9月1、12、10月10、29日、11月8、27日、12月6、25日

◎強烈吸引你的人：

1月5日、2月3日、3月1、2、3日

◎砥礪者：

1月4、5、14日、2月2、3、12日、3月1、10日、4月8、30日、5月6、28日、6月4、26日、7月2、24日、8月22日、9月20、10月18、11月16日、12月14日

◎靈魂伴侶：

1月2日、3月29日、4月27日、5月25日、6月23日、7月21日、8月19日、9月17日、10月15日、11月13日、12月11日

優點：風趣、樂觀、友善、富有成果、創造力、藝術氣質、善於交談、美好憧憬、愛好自由

缺點：容易厭倦、虛榮、浮誇、賣弄、奢侈、自我放縱、懶惰、虛偽

太陽星座：處女座
區間：摩羯座／土星
角度：處女座11°-12°
類型：變動星座
元素：土
恆星：太微右垣五

9月4日

VIRGO

你是處事精明和充滿理想的有趣融合。這一天出生的你工作勤奮，令人信賴。你是個現實主義者，關注人本，對朋友忠誠。受區間主導星座摩羯座的影響，你深思熟慮、判斷準確，敏銳的洞察力，能使你不放過任何細節，但也會使你對自己和他人要求過高。辦事可靠，有始有終能夠使你的工作成果顯著，但你可能要面對責任與愛之間的衝突。

對和諧渴望的你擁有對美以及奢華事物的欣賞力，加以引導能使你在美術或創造性領域有所建樹。你是長遠目標的規畫者，錢對你固然重要，但你更期望透過勤奮獲得物質的滿足。對家庭有承擔，渴望穩定和被他人欣賞。

儘管你有魅力、責任感強、善於處理人際關係，但你對情感過於壓抑。性格中的極端因素使你心思細密、仁慈善良，但另一方面卻使你看待問題過於嚴肅刻薄。

18歲之後，太陽星座到達天秤座，之後30年你對友誼以及人際關係的需要增加；對和諧以及美的感知增強，在文學、美術以及創造方面的潛能被發掘，這一階段一直持續到48歲，太陽星座推進到天蠍座，這一人生轉折使你逐漸傾向於感情和思想上力量的更新，與他人投資以及商業活動頻繁。78歲時太陽星座進入射手座，個人感悟以及對真理的追求達到新的高度。

■真實的自我

你要學會情感既不過於執著，也不冷酷孤僻，這樣才能不受拘束地自由發揮潛能。內心十分敏感的你需要學會表達好感；早年的你可能需要努力而達到某人的期望，這段經歷使你不堪愛的重荷，隨著自我評價能力的提高，你逐漸變得自信，不願妥協自己遷就他人。一旦性格受消極因素主導，你強烈的感情會表現為沮喪、挫折感、沉醉往日無法自拔；當積極因素占據主導，你會變得合群且充滿愛心。博大的胸懷使你懷有強烈的同情心和敏感的感情，更增加了你服務他人的渴望。

■工作和職業

對工作和娛樂協調能力強的你是一位出色的外交家。內心柔軟善良的你適合從事服務，如顧問或教育工作。你的機敏以及交際能力使你同樣適合銷售、商業以及交流工作。對商業嗅覺敏銳，能將潛能轉化為財富。掌握技巧、處事實際的你也可勝任製造業、工程、研究或資產評估工作。一般來說，你比較適合靈活多變的工作，不喜歡被規

則約束，容易產生厭倦感。做事踏實，追求實效的你也適合從事康復性質職業的。

與你同天出生的名人包括製造業大亨亨利‧福特II，作家理查‧賴特，占星家兼作家麗茲‧葛林，傳奇大盜傑西‧詹姆斯，以及建築師丹尼爾‧伯恩罕。

■數字命理學

生日數字4代表的強健體魄以及有條不紊的性格使你渴望穩定，崇尚秩序。這一天出生的你對形象事物感知能力強，追求安全感的意識使你渴望為家庭和自己建立穩固的經濟基礎。對生活的現實態度使你商業的敏感度高，物質方面可以獲得成功。為人可靠但不善表達，誠實、坦率、公正的你要學會如何表達自我感情。誕生日數字4還暗示你可能會遭遇不穩定。出生月9月的影響代表你接受能力強，比較理性。因為對周圍環境的敏感，你需要定時地轉換環境；內向的你心胸豁達，充滿仁愛，追求公平和公正。

■愛情和人際關係

充滿理想，感情細膩，富有魅力的你能夠輕易俘虜對方的心。生性浪漫，體貼對方，對待人際關係嚴肅負責。不過，不被他人欣賞時切忌心思太重、自怨自艾。一旦喪失了權利與獨立的平衡，人際關係對你而言喜憂參半，你會一時熱情開朗，一時冷酷執拗。表達自我的渴望如果加以引導，能為你帶來快樂和滿足感；對你在意的人你表現得慷慨，並時時關注對方的需要。

■你生命中的特殊之人

在生日為以下日期的人當中，你或許可以找到理解你的敏感和滿足你對愛的渴望的伴侶。

◎愛情和友誼：

1月4、8、9、13、18、19、23日、2月2、6、16、17、21日、3月4、9、14、15、19、28、30日、4月2、12、13、17、26、28、30日、5月1、5、10、11、15、24、26、28日、6月8、9、13、22、24、26日、7月6、7、11、20、22、24、30日、8月4、5、9、18、20、22、28日、9月2、3、7、16、18、20、26日、10月1、5、14、16、18、24日、11月3、12、14、16、22日、12月1、10、12、14、20日

◎幸運貴人：

1月5、16、27日、2月3、14、25日、3月1、12、23日、4月10、21日、5月8、19日、6月6、17日、7月4、15日、8月2、13、9月11日、10月9、30日、11月7、28日、12月5、26、30日

◎強烈吸引你的人：

1月17日、2月15日、3月1、2、3、4、13日、4月11日、5月9日、6月7日、7月5日、8月3日、9月1日

◎砥礪者：

1月1、10、15日、2月8、13日、3月6、11日、4月4、9日、5月2、7日、6月5日、7月3、29日、8月1、27日、9月25日、10月23日、11月21日、12月19、29日

◎靈魂伴侶：

8月30日、9月28日、10月26日、11月24日、12月22日

優點：有條理、自律、堅強、勤奮、手巧、現實、可靠、精確
缺點：不善交流、壓抑自我、刻板、懶惰、感情遲鈍、做事拖泥帶水、太過精打細算、專橫、記仇、刻薄

太陽星座：處女座
區間：摩羯座／土星
角度：處女座12º-13º25´
類型：變動星座
元素：土
恆星：太微右垣五

9月5日

VIRGO

　　果斷、謹慎、有魅力的你為人坦率，心胸豁達，心地善良，考慮問題全面；外表客氣謙虛的你，心理期望很高，是優秀的組織者。態度親切友善，渴望不斷提高改善自我，但要小心不滿足感會破壞你高昂的鬥志。

　　受區間主導星座摩羯座的影響，你比較現實，勤奮，悟性高；性格獨立，能力強，能理性分析，事業的成功能為你帶來滿足感。追求完美的你不要執著於瑣碎小事而變得過於挑剔，這會使你性格暴躁，最終使你追求和諧的夢想破滅。

　　你的誕生日代表你經濟基礎穩固，身體健康，追求自由以及生活的變化；你喜愛旅行，同時也渴望穩定的家庭。不安分的性格既可以使你達成遠大的理想，也會削弱你的目標感；放任性格發展的你會變得愛插手他人的事務；你廣泛的興趣會使你受益匪淺，前提是你必須專注，只要鍥而不捨的你就獲取成功。

　　早年的你處事實際，審時度勢以改善處境。17歲之後，太陽到達天秤座，此時開始關注人際交往，渴望受關注、被欣賞。47歲之後，個人力量增強，此時太陽推進到天蠍座，各項事業均在掌控之中，你也會變得更加自信。到了77歲人生進入又一個轉折，此時的太陽星座落在射手座，為你注入新的能量，你對待人生的態度也會更加積極豁達。

■真實的自我

　　對你來說建立自信很重要，在各種場合表達自我的經歷能幫助你增強自信。富有創造力、直覺敏銳的你有時會產生挫敗感。生活中總是能夠給予他人建設性的意見，受人喜愛，但這種能力往往不能幫助自己，偶爾會覺得不知該何去何從；不過你要讓身邊的人懂得從失敗中汲取經驗，而非每次無助時就只會找你。

　　性格中的積極因素會使你心胸寬闊，隨性、開朗，對他人熱心；此時你做出的決定使你有所專注但不會太過執著。

■工作和職業

　　天生敏銳的商業嗅覺能使你的潛能利益化。你需要新鮮元素以保持對工作的興趣，因此不能被常規束縛這一點對你十分重要。做事講究技巧的你適合自然科學，管理以及電腦相關的行業。溝通的天賦可以幫助你勝任法律、寫作工作，也能使你成為優秀的評論家。同時，善於與人相處的天性使你適合推銷或銷售工作。從事與土地有關的工作你也可獲得成功，例如景觀園藝、建築或是城市規畫。天生的思辨和悟性，使你對神職以

及教育工作感興趣。同時誕生日賦予你的潛能使你能夠成為演員、作曲家或歌曲創作者。

與你同天出生的名人包括作家亞瑟·柯斯勒，作曲家約翰·凱奇，女演員拉蔻兒·薇芝，喜劇演員鮑伯·紐哈特，歌手佛萊迪·摩克瑞，法國國王路易十四，導演維爾納·赫佐格，以及漫畫家凱西·蓋斯威特。

■數字命理學

誕生日數字5代表強烈的直覺、冒險的天性以及對自由的渴望。不在計畫中的旅行以及尋求變化的機遇，可能使你的人生觀或信念發生改變。誕生日數字5也意味著你對生活態度積極，渴望具備耐心以及對細節的觀察力。避免草率或過於畏首畏尾，你就能夠獲得成功。順應時勢、心態平和是誕生日數字5賦予你的特質。出生月9月表明你理智、敏感。充滿仁愛的的你追求公平與公正；具有遠見卓識，超然脫俗，但看問題比較實際。具備商業敏感性的你也必須為成功付出努力，切忌魯莽以及追逐權力的行為。

■愛情和人際關係

與人交往的潛能使你隨時隨地都能交到朋友，但你也需要具備一定的辨別力。慷慨又體貼人的你很討人喜歡；熾烈感情加以積極引導，能使你在愛情和人際關係方面得到豐收。對家庭的責任感強，對待朋友忠誠。

■你生命中的特殊之人

為了建立愛情及穩定的關係，你需要注意生日在以下這些時間的人

◎愛情和友誼：

1月3、5、9、10、18、19日、2月3、7、16、17日、3月1、5、6、14、15、31日、4月3、12、13、29日、5月1、10、11、27、29日、6月8、9、25、27日、7月6、7、23、25、31日、8月4、5、21、23、29日、9月2、3、19、21、27、30日、10月1、17、19、25、28日、12月13、15、21、24日

◎幸運貴人：

1月1、6、17日、2月4、15日、3月2、13日、4月11日、5月9日、6月7日、7月5日、8月3日、9月1日、10月31日、11月29日、12月27日

◎強烈吸引你的人：

3月3、4、5、6日

◎砥礪者：

1月2、16日、2月14日、3月12日、4月10日、5月8日、6月6日、7月4日、8月2日、12月30日

◎靈魂伴侶：

1月11、31日、2月9、29日、3月7、27日、4月5、25日、5月3、23日、6月1、21日、7月19日、8月17日、9月15日、10月13日、11月11日、12月9日

優點：多才多藝、適應能力強、思想進步、有魅力、積極進取、追求自由、機智敏捷、好奇心強、神祕主義、愛交際

缺點：不可靠、反覆無常、優柔寡斷、缺乏堅持、自負、剛愎自用

太陽星座：處女座
區間：摩羯座／土星
角度：處女座13°-14°
類型：變動星座
元素：土
恆星：太微右垣五

9月6日

VIRGO

受誕生日影響，你充滿理想但會為之付出努力，新鮮和刺激可以幫助你擺脫乏味和厭倦。喜歡旅行和冒險的你也需要安全感和舒適的家，喜歡受人關注，希望給他人留下好印象。

受區間主導星座摩羯座的影響，勤懇工作和堅忍不拔可以培養你的決心。隨性豁達，判斷力強，悟性高，直覺強烈；你可以服務身邊的人，給予他人建議。工作對你很重要，但注意不要過度勞累，缺乏耐心會使你不滿於現狀。

因為有可能遭遇財政上的不穩定，因此建議你培養節約意識，考慮長期投資，這將使你克服對金錢的擔憂。你多才多藝、適應能力強，一旦有了明確的目標，你一定會全心投入；看問題實際以及對形勢的高度敏感，能幫助你達成偉大目標。

16歲之後，太陽進入天秤座，對朋友以及建立面對面交流的渴望增強，自我提升的需要以及對美的感悟增強，在文學、美術以及創造方面的潛能得到開發。這一階段一直持續到46歲，之後太陽推進到天蠍座，這一轉折突顯出人生轉變的重要性以及自我能力的評價。到了76歲，太陽到達射手座，對積極的人生態度以及誠信的渴望增強。

■真實的自我

不安分的天性若能有所專注會使你富有靈感，機會接踵而至使你獲得長期的滿足感。有時你會產生自我懷疑和不安全感，其實來自於你對所作決定的不自信；不要過於執著，對自己的宏偉計畫要有信心，這樣會使你有比較輕鬆的心態，處事也更加靈活。

仁愛之心使你關注與人本，看問題深入。你愛好交際，富有創意，充分的自我表達可使你獲得滿足感，你的直覺通常準確，這能夠幫助你對他人快速做出判斷。活潑的你機智幽默，給他人留下很深的印象；熱愛自由的你可能有機會到異國旅行或工作。

■工作和職業

勤奮的你不喜歡束縛太多的工作，理性分析的能力以及吃苦耐勞的精神可使你勝任研究、自然科學或心理學工作。視覺感知敏銳，對形象事物十分敏感，適合從事廣告、媒體、繪圖或攝影工作。從商的你需要新鮮和變化，對於回報不迅速的工作可能無法長期投入。類似旅遊、體育或休閒的職業可以讓你的充沛體力以及幹勁得到充分發揮；這一天出生的人也適合從事健康或醫藥工作。

與你同天出生的名人包括：科學家約翰・道爾頓，作曲家／製片比利・羅斯，社會

改革家簡·亞當斯，甘迺迪家族家長約瑟夫·甘迺迪，法國將軍馬貴斯·拉法葉。

■數字命理學

　　誕生日數字6賦予你同情心、幻想力以及體貼他人的性格。對家庭關注的你是持家有道的稱職家長；對和諧的渴望以及強烈的感情使你信念十分執著。性格中的敏感因素渴望找到富有創意的表達，會因此對美術以及設計產生興趣。誕生日數字6的你要樹立自信，對朋友和鄰居懷有同情心，要學會承擔責任。出生月9月賦予你敏銳的洞察力和細膩的感情，你的仁慈和理解力使你富有遠見，能給予他人關懷和支持。具有先見之明的你既能保持脫俗氣質，看問題又比較實際。

■愛情和人際關係

　　友善外向的你會對有內涵而又風趣的人著迷。對知識的渴望使你不斷提升自我並時刻保持年輕的狀態，這種心態可能會伴隨你一生並幫助你獲得成功。天性不羈的你有時必須面對應承擔的責任。與伴侶的短暫分離，會幫助你迅速找回激情和冒險精神。

■你生命中的特殊之人

渴望生命中特殊之人的你不妨關注身邊誕生日為以下日期的人。

◎愛情和友誼：

1月6、10、20、21、26、29日、2月4、8、18、27日、3月2、6、16、25、28、30日、4月4、14、23、26、28、30日、5月2、12、13、18、21、24、26、28、30日、6月10、19、22、24、26、28日、7月8、17、20、22、24、26日、8月6、15、18、20、22、24日、9月4、13、16、18、20、22日、10月2、11、14、16、18、20日、11月9、12、14、16、18日、12月7、10、12、14、16日

◎幸運貴人：

1月7、13、18、28日、2月5、11、16、26日、3月3、9、14、24日、4月1、7、12、22日、5月5、10、20日、6月3、8、18日、7月1、6、16日、8月4、14日、9月2、12、30日、10月10、28日、11月8、26、30日、12月6、24、28日

◎強烈吸引你的人：

1月25日、2月23日、3月3、4、5、6、21日、4月19日、5月17日、6月15日、7月13日、8月11日、9月9日、10月7日、11月5日、12月3日

◎砥礪者：

1月3、17日、2月1、15日、3月13、4月11日、5月9、30日、6月7、28日、7月5、26、29日、8月3、24、27日、9月1、22、25日、10月20、23日、11月18、21日、12月16、19日

◎靈魂伴侶：

1月18日、2月16日、3月14日、4月12、5月10、29日、6月8、27日、7月6、25日、8月4、23日、9月2、21日、10月19日、11月17日、12月15日

優點：親切、博愛、友善、有同情心、可依賴、善解人意、富有理想、沉穩、有藝術潛能、協調能力強

缺點：不滿足、焦慮、害羞、不講道理、固執、說話欠缺考慮、強勢、缺乏責任感、自私、多疑、自我中心

太陽星座：處女座
區間：摩羯座／土星
角度：處女座14°-15°
類型：變動星座
元素：土
恆星：無

9月7日

VIRGO

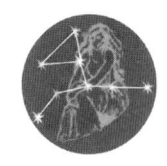

你的生日代表你處事實際、聰明、敏感，渴望生活建立嚴格秩序；工作對你很重要，也會為你提供經濟上的保障。想像力豐富的你對價值的感知力強，努力和專注，可以使你的期待變為現實。

受區間主導星座摩羯座影響的持續增強，你做事講求方法且勤奮，判斷力強，對所做工作的自豪感使你帶有完美主義的傾向。對職責和控制的重視，使你具有責任感、講究技巧；但過分壓抑的感情會讓你變得刻薄，情緒陰晴不定、固執。

有理想、敏感的你有服務他人的願望，另一方面你也精打細算，這兩者的緊密結合使你成為充滿熱情的現實主義者。你需要留給自己思索、休息的空間，好緩解可能產生的精神緊張。實用的技能、強烈的直覺以及對目標的鍥而不捨，是這一天出生的你的特質。

大約15歲左右，太陽星座到達天秤座，之後30年在工作和生活上逐漸開始關注社會交際以及人際關係。這一時期對平衡與和諧的感知力增強，發掘創造性潛能的渴望愈發強烈。另一個轉折出現在45歲太陽落在天蠍座之時，你將積極探索人生的意義，並對生活中的變化投以更多注意力。到了75歲，太陽星座到達射手座，對人生有更寬廣想法，以及對真理和理想的追求。

■真實的自我

勤勞且成果顯著的你內心有不安分因素，這會促使你追求生活中的不同經歷，更加野心勃勃；如果這種潛力被壓抑，你會產生不滿足感繼而有逃避現實的傾向。不過好在天生的魅力能幫助你擺脫困境、聚攏人氣。

一方面你渴望生活的穩定、安全和能夠掌握；另一方面你不喜歡安逸，厭倦平庸。過於順從和舒適的生活會消磨你的鬥志，機會絕不會青睞在生活和工作上循規蹈矩的你；你需要培養耐心，勇敢面對挑戰以尋求內心的和諧。

■工作和職業

處事實際，洞察力敏銳的你能勝任許多職務，從科學研究、商業到富有創意的工作。你喜歡創造解決問題的方法，有始有終，要注意你的計畫不能太過天馬行空。對秩序和才智的渴望，使你對商業和工業領域感興趣，並藉此充分發揮組織能力。上司很欣賞你工作勤奮、為人可靠以及責任心。你的交往和分析能力，使你對教育和寫作頗有興

趣；性格中豐富的想像力使你能在藝術、戲劇以及音樂方面得到發揮。

與你同天出生的名人包括：英國女王伊莉莎白一世，歌手克雷西·海德和葛羅莉亞·蓋娜，音樂人桑尼·羅林斯和巴迪·霍利，電影導演伊萊亞·凱贊，男演員彼特·勞福德，藝術家梅西奶奶，銀行家J．P．摩根，法國博物學家康特·布封。

■數字命理學

善於分析、考慮周到，誕生日數字7代表你追求完美，眼光犀利並自我陶醉。喜歡自己拿主意的你，藉親身經歷可以學到很多東西。對學習的渴望會使你醉心學術，或不斷提升自我。有時你會對他人的批評過於敏感，感到不被理解。你的神祕氣質會讓你著迷於一些晦澀的問題，別人很難猜到你內心真正的想法。出生月9月代表你處事精明，理解力強，判斷準確，易受環境的影響，因此很會捕捉身邊人的情緒變化。心胸寬廣，有同情心，追求平衡、公平、公正。你的遠見可以幫助你洞悉全局，但不要耽於幻想。

■愛情和人際關係

你的實際和實事求是的處事態度，時常掩飾你感情的細膩。多去了解他人的感受，對你處理人際關係有所幫助；不過過分壓抑感情會使你被情緒左右或變得性格孤僻；時常關懷對方的需求和興趣，能使你的愛情有所收穫。愛交際的你富有魅力，為他人效勞能夠彰顯你的無微不至。

■你生命中的特殊之人

在誕生日為以下日期的人群當中，你會比較容易找到那個與你分享理想的的人。

◎愛情和友誼：
1月7,11,12,22日、2月5,9,20日、3月3,7,8,18,31日、4月1,5,16,29日、5月3,4,14,27,29日、6月1,12,25,27日、7月10,23,25日、8月8,21,23,31日、9月6,19,21,29日、10月4,17,19,27,30日、11月2,15,17,25,28日、12月13,15,23,26日

◎幸運貴人：
1月8,14,19日、2月6,12,17日、3月4,10,15日、4月2,8,13日、5月6,11日、6月4,9日、7月2,7日、8月5日、9月3日、10月1日、11月27日、12月25,29日

◎強烈吸引你的人：
3月5,6,7,8日

◎砥礪者：
1月9,18,20日、2月7,16,18日、3月5,14,16日、4月3,12,14日、5月1,10,12日、6月8,10日、7月6,8,29日、8月4,6,27日、9月2,4,25日、10月2,23日、11月21日、12月19日

◎靈魂伴侶：
1月9日、2月7日、3月5日、4月3日、5月1日、10月30日、11月28日、12月26日

優點：有涵養、可信賴、謹慎、充滿理想、誠實、有心理感知力、科學精神、理性、深思熟慮

缺點：不坦率、做作、多疑、難以捉摸不透、三心二意、冷漠

太陽星座：處女座
區間：摩羯座／土星
角度：處女座15º-16º
類型：變動星座
元素：土
恆星：開陽

9月8日

VIRGO

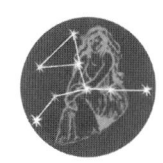

受誕生日的影響，你富有創造力，看問題實際，性格隨和。有抱負的你天生具有商業頭腦、眼光獨到。一貫表現開朗友善的你也有著嚴肅的一面；強烈想表達自我使你樂於社交，並能在寫作和藝術方面發揮潛力；對生活目標明確，但有時被焦慮和猶豫不決所困擾，尤其是關於財務的問題。

受區間主導星座摩羯座影響的持續增強，你分析問題謹慎，工作勤奮，有責任心；追求準確的你希望做好工作，並有很強的自豪感。你的智慧可以幫助你解決問題，但要避免吹毛求疵。處事精明的你在談判中總是能夠處於上風。

敏銳的直覺幫助你做出正確判斷，但要避免刻薄和情緒反覆無常。對生活的深層探索，可以藉由你的心理技能、感悟力或黑色幽默的氣質展現出來。

從兒童時期你就會察言觀色改善處境，14歲開始太陽進入天秤座，之後30年你逐漸意識到社會關係以及友情的重要性。創造性增強，可能對音樂、藝術或文學方面的興趣增強。到了44歲，太陽推進到天蠍座，人生出現又一轉折，對力量、張力以及變化的渴望增強。74歲時太陽落在射手座，激發了你拓展生命視野的渴望，尤其是在教育、旅遊或宗教領域。

■真實的自我

你聰明、表達能力強，能熱情且真誠地展示自己的構想。對價值的敏銳直覺，能幫助你追求和諧統一。對物質層面的安全感需求，會和自我表達的需求產生衝突；幸運的是，你的智商和責任感，會使你成為實力強勁的對手和優秀的決策者。

對不和諧以及不快極度敏感的你，喜歡周圍環境的和諧。而你的內心若無法獲得平靜，就會變得話語尖刻、咄咄逼人。不過對愛與和諧的追求可以激發你在美術、音樂方面的潛能以及幫助他人的渴望。

■工作和職業

對商業的敏感度能夠幫助你生意成功。你的睿智也可以應用於研究和科學。講求實效的精神在任何你感興趣的職業中都能有所發揮。你獨到的思想和無拘無束的性格，使你對寫作及與交流相關的職業感興趣。明智、善於表達的你適合從事娛樂或政治相關的工作。尋求變化的你需要常常改變工作環境，即使沒有轉行的打算，你也期望有新的思想，改變自己的行事方式。

與你同天出生的名人包括：喜劇演員彼得・塞勒斯和希德・凱撒，「獅心王」理查一世，歌手佩茜・克萊恩，作曲家安東甯・德弗瑞克。

■數字命理學

誕生日數字8代表對價值的敏銳直覺和全面判斷。數字8還暗示你對個人成就的渴望以及強烈的抱負。生於這一天的人也表現出控制欲，渴望安全感和物質。生於這一天的你天生有商業頭腦，你的組織和管理方面的天賦會使你獲益匪淺。你需要學會公平公正地分配和行使權利。對安全感的需要以及對成就的渴望，促使你做出長遠的規畫和投資。出生於9月代表你處事實際，洞察力敏銳，直覺強烈，能夠準確、創造性的運用知識，加上想像力可以使你見地深刻，做事富有成果。

■愛情和人際關係

聰明、有創意、愛交際的你，能夠吸引眾多朋友和崇拜者。感情表達自由的你，有時表現得柔順敏感，有時則漫不經心。尋求與夥伴建立一種特殊、精神層面的聯繫，一旦對方達不到要求你會變得挑剔難滿足。金錢也會影響你在人際關係問題方面的決斷。你的迷人魅力讓你在社交場合無往不利。

■你生命中的特殊之人

留意以下誕生日尋找你生命中的那個特殊之人。

◎愛情和友誼：

1月4、8、22、23、26日、2月6、20、24日、3月4、18、22日、4月2、16、20、30日、5月14、15、18、28、30日、6月12、16、26、28日、7月10、14、24、26日、8月8、12、22、24日、9月6、10、20、22、30日、10月4、8、18、20、28日、11月2、6、16、18、26日、12月4、14、16、24日

◎幸運貴人：

1月9、20日、2月7、18日、3月5、16、29日、4月3、14、27日、5月1、12、25日、6月10、23日、7月8、21日、8月6、19日、9月4、17日、10月2、15、30日、11月13、28日、12月11、26、30日

◎強烈吸引你的人：

1月27、2月25日、3月6、7、8、9、23日、4月21日、5月19日、6月17日、7月15日、8月13日、9月11日、10月9日、11月7日、12月5日

◎砥礪者：

1月2、10、19日、2月8、17日、3月6、15日、4月4、13日、5月2、11日、6月9日、7月7、30日、8月5、28日、9月3、26日、10月1、24日、11月22日、12月20日

◎靈魂伴侶：

1月15日、2月13日、3月11日、4月9日、5月7日、6月5日、7月3日、8月1日、10月29日、11月27日、12月25日

優點：領導才能、考慮全面、勤奮、權威、有保護欲、治癒的力量、對價值的準確評估

缺點：缺乏耐心、揮霍、心胸狹隘、吝嗇、不安分、征服欲、易喪失信心、缺少計畫、控制欲

太陽星座：處女座
區間：摩羯座／土星
角度：處女座16º-17º
類型：變動星座
元素：土
恆星：開陽

9月9日

VIRGO

你性格隨和，處事實際、精明，受誕生日的影響你充滿理想，但不流於空泛；熱衷與人交往，是優秀的決策者和計畫人，注意力集中，不受外界干擾；外向、善良的你有慈愛之心，感情豐富。意志堅定、富有活力，工作勤奮，有達成偉大計畫的潛能。

受區間主導星座摩羯座的影響，你實際、追求準確、表達清晰；自律且具備良好溝通技能。對知識的渴求加上極強的分析能力和堅忍不拔的性格，能使你成為優秀的研究員或調查員。

你需要平衡性格中的兩面，一方面的你堅強、固執、要求刻薄，另一方面的你為人慷慨、敏感特別是對你喜歡的人。

積極熱烈的想像力加上對真理的理想化追求，會讓你對超自然或宗教問題產生興趣。雖然你實際且樂觀，但經常會對自己的財務產生莫名的恐懼，即使現階段一切正常。

到了13歲，太陽推進到天秤座，這使你更加需要人際交往和朋友；對和諧和平衡的感知深化，在文學、美術或創造性領域可能有所成就。這一階段持續到43歲太陽到達天蠍座。此次轉折使你期待精神到達新的高度，合夥投資以及公司商業活動頻繁。73歲時的另一次轉折，太陽進入射手座，這時的你渴望藉由旅行和思想層面的探索，拓展新的空間，對待生活變得達觀。

■真實的自我

對物質、權利以及名望方面強烈渴望安全感，你個人的理想崇高，對自我的肯定是做事的最佳動力，它會促使你向更高目標邁進。體力充沛、目標明確，幫助他人能使你心理獲得最大滿足。意志力、熱情以及信念能幫助你創造奇蹟。

人生動盪起伏，失意與成功相伴左右；了解你心靈的渴望，能夠使你在快樂和追求生命深意兩者之間找到平衡。你很幸運地能夠保持年輕和熱情的狀態，這將幫助你達成遠大目標。

■工作和職業

天生的外交手腕和與人交往的能力，能幫助你勝任交際工作；一旦認準一件事、一個人或一個想法，堅定的信念和極大的熱情能使你如願償，這樣的性格很適合從事公共關係、仲介以及談判工作。體力充沛幹勁十足的你比較傾向自我創業，但與他人合作成

果會更好；極強的分析力和社交手腕，幫助你勝任研究和寫作工作。理想的狀況是你能擔任要職，並給予他人合理建議。活躍的想像力可以讓你在藝術、戲劇以及音樂領域有所建樹。

　　與你同天出生的名人包括歌手奧提斯‧雷丁，作家托爾斯泰和帕韋澤，男演員休葛蘭和邁克‧基頓，音樂人及導演戴夫‧史都爾特，插畫家亞瑟‧拉克漢。

■數字命理學

　　誕生日數字9代表你仁慈、富有同情心，感情細膩。你天資聰穎，直覺敏銳，接受能力強。這一天出生的你總感覺人生已被他人規畫，命運無法自我掌控。你要學會不感情用事，理解他人，容忍以及有耐心。環球旅行以及和不同階層的人接觸的經歷可能使你獲益匪淺。要避免不切實際的幻想以及逃避心態。出生月9月的影響更增強了你的洞察力和接受能力。對環境敏感的你需要學會給予他人關懷。你也需要正視生活中的無奈，因為從來就沒有什麼絕對的公平和完美。你的遠見和第六感能夠使你做出明智決定。

■愛情和人際關係

　　交流的需要使你社交圈廣泛；愛交朋友又自信的你總是對充滿智慧的人著迷。透過結交新朋友而進一步拓展業務空間是你的天賦。傾向思想深邃的人，但不要和夥伴耍心機。對你愛的人表現得慷慨與支持，你也因此有許多死黨。你是個體貼的伴侶，但注意不要喪失自我的獨立性。

優點：充滿理想、仁愛、有創造力、敏感、慷慨、有魅力、感性、慈善、奉獻、公正、運氣好、有人緣
缺點：挫折感、緊張、不自信、自私、不切實際、容易被誘導、自卑、恐懼、焦慮、孤僻

■你生命中的特殊之人

尋求安全感、思維的活躍以及愛的你需要留意一下誕生日為以下日期的人。

◎愛情和友誼：
1月3、23、24日、2月11、21日、3月9、19、28、31日、4月7、17、26、29日、5月5、15、16、24、27、29、31日、6月3、13、22、25、27、29日、7月1、11、20、23、25、27、29日、8月9、18、21、23、25、27日、9月7、16、19、21、23、25日、10月5、14、17、19、21、23日、11月3、12、15、17、19、21日、12月1、10、13、15、17、19日

◎幸運貴人：
1月3、4、10、21日、2月1、2、8、19日、3月6、17、30日、4月4、15、28日、5月2、13、26日、6月11、24日、7月9、22日、8月7、20日、9月5、18日、10月3、16、31日、11月1、14、29日、12月12、27日

◎強烈吸引你的人：
1月22、28日、2月20、26日、3月6、7、8、9、18、24日、4月16、22日、5月14、20日、6月12、18日、7月10、16日、8月8、14日、9月6、12日、10月4、10日、11月2、8日、12月6日

◎砥礪者：
1月11、20日、2月9、18日、3月7、16日、4月5、14日、5月3、12、30日、6月1、10、28日、7月8、26、31日、8月6、24、29日、9月4、22、27日、10月2、20、25日、11月18、23日、12月16、21日

◎靈魂伴侶：
1月26日、2月24日、3月22、30日、4月20、28日、5月18、26日、6月16、24日、7月14、22日、8月12、20日、9月10、18日、10月8、16日、11月6、14日、12月4、12日

太陽星座：處女座
區間：摩羯座／土星
角度：處女座17°-18°
類型：變動星座
元素：土
恆星：開陽

9月10日

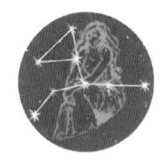

VIRGO

你意志堅定，志向遠大，個性剛強，辦事幹練。機敏加上天生的社交手腕，使你迅速地發現機會；遠大的理想和隨和的性格使你能夠出色的完成任務。

受區間主導星座摩羯座的影響，你看問題實際、工作勤奮；謹慎的性格和敏銳的洞察力使你表現得嚴肅，做事有始有終。爲人可靠、不辭辛苦的你能夠心無旁鶩、全身心地投入工作。

個性獨立，工作有效率，天生具有權威感和管理才能，價值觀很好，並欣賞生活中的美好事物。對名望和奢華事物的追求是你奮鬥的動力，但要注意奢侈的傾向。爲所愛的人可以一擲千金，但對待錢財的態度謹慎。

對自由強烈渴望的你有時會有焦躁感，充滿對他人的控制欲望。如果這種傾向受阻，你會轉而表現出執拗的一面；工作處於舉足輕重的位置的你，能夠憑藉勇氣和能力運籌帷幄，成功擔任開拓者的角色。你的理想主義以及自我意識可以表現爲對人本的強烈關注，這種傾向使你善解人意，更激發了你的同情心。

12歲開始，太陽運行至天秤座，這使你逐漸關注人際關係，強烈渴望被人注意和欣賞，你學習如何運用外交手腕，並在對和諧和創意的追求中獲得樂趣。到了42歲你的個人力量開始增強，此時太陽進入天蠍座，你將變得更加自立、處變不驚。到了72歲太陽落在射手座，此時你期望透過旅行、新的投資以及教育拓展視野。

■真實的自我

內心的渴望和感情會使你對所處環境產生懷疑，這種強烈的感情可藉由對他人無私的愛加以疏導，更是你和他人生活中的積極元素。你對他人的需要十分敏感，能藉由協調使自己的需要被滿足。強大意志力和能力能夠幫助你實踐自己的願望。時常檢視自我動機、了解自我的眞實需要，這對你來說至關重要。

對宏偉事物的追求和渴望使你決心堅定、幹勁十足。與他人溝通和交往的能力若能朝積極面前進，能夠使你改善自己以及你周圍人的生活環境。

■工作和職業

集理想主義和實幹精神於一身的你天生具備領導才能，尤其適合擔任經理人或企業家的角色。分析力強的你能夠成爲一名優秀的技師。口才和熱情使你能夠向他人推銷自己的想法、產品以及舉薦他人。有勇氣、做事專注的你，期望在商業領域一展身手，從

事談判員或商業顧問工作。你的溝通技能和創造力使你適合教育、藝術、戲劇或音樂等領域的工作，體育也是你發揮你的熱情和體力的理想職業。

與你同天出生的名人有：女演員埃米‧歐文，時尚設計師卡爾‧拉格菲爾德，歌手喬斯‧費里士安諾，古生物學家斯蒂芬‧傑‧古爾德，詩人希爾達‧杜麗特爾，棒球運動員羅傑‧馬利斯。

■數字命理學

誕生日數字10代表你有抱負，性格獨立。達成目標之前你會遇到重重困難，但有著堅定信念的你一定能夠獲得成功；你的進取精神會激勵你向更高目標不斷邁進，一路披荊斬棘。誕生日數字10的你，需要清楚地球不是圍著你旋轉，避免過於自我。出生月9月的影響使你富有創造力，洞察力敏銳，感性；接受能力強並有遠見的你能夠順應形勢；你想為事情做出清晰的定義，並盡責完成；而你活力充沛的性格及創意，也使你自豪。在他人面前表現出自信、有活力、機智，但內心的緊張會導致情感的失控。

■愛情和人際關係

理想主義和現實精神都影響著你的人際關係；滿懷深情有時會演變為強烈的感情宣洩，進而導致情緒失控。喜歡刺激和冒險的你，需要對方時常給你新鮮感，同時必須要是個可靠的人。你能夠時刻給予對方支持，但要注意親密的關係同樣需要個人的空間。

優點：領導能力、創造力、思想進步、堅強、樂觀、有說服力、競爭意識、獨立、合群

缺點：強勢、妒忌、自我中心、驕傲、心胸狹隘、缺乏自製、自私、懦弱、反覆無常、缺乏耐心

■你生命中的特殊之人

尋求經濟和感情的安全感的你需要留意一下誕生日為以下日期的人：

◎愛情和友誼：

1月3.6.14.24.31日、2月1.12.22.29日、3月2.10.20.27日、4月8.18.25日、5月6.16.23.30日、6月4.14.21.28.30日、7月2.12.19.26.28.30日、8月10.17.24.26.28日、9月8.15.22.24.26日、10月6.13.20.22.24.30日、11月4.11.18.20.22.28日、12月2.9.16.18.20.26.29日

◎幸運貴人：

1月5.22.30日、2月3.20.28日、3月1.18.26日、4月16.24、5月14.22日、6月12.20、7月10.18.29日、8月8.16.27.31日、9月6.14.25.29日、10月4.12.23.27日、11月2.10.21.25日、12月9.19.23日

◎強烈吸引你的人：

1月12日、2月10日、3月8.9.10日、4月6日、5月4日、6月2日

◎砥礪者：

1月16.21日、2月14.19日、3月12.17.30日、4月10.15.28日、5月8.13.26日、6月6.11.24日、7月4.9.22日、8月2.7.20日、9月5.18日、10月3.16日、11月1.14日、12月12日

◎靈魂伴侶：

1月25日、2月23日、3月21日、4月19日、5月17日、6月15日、7月13日、8月11日、9月9日、10月7日、11月5日、12月3.30日

太陽星座：處女座
區間：摩羯座／土星
角度：處女座17°45´-19°
類型：變動星座
元素：開陽

9月11日

VIRGO

處女座

智力方面潛力巨大，感情細膩是誕生日賦予你的特質。表達清晰，工作勤奮的你獨立、沉穩。你充分認識知識的力量能使己身知識成為你的優勢。你所面臨的問題是無法充分發揮自己巨大的潛能。謹慎細緻的你有時做事也會不按牌理出牌，在他人面前你表現得自信滿滿。

受區間主導星座摩羯座的影響，你的思想深邃，注意細節。分析能力使你注意力集中，具備成為優秀的心理學家和作家的潛能。目標明確的你有時會對自己過於刻薄；不論是正式途徑的學習還是興趣的引導，都幫助你發掘潛能。

誕生日賦予你的領導才能，與你天生具備的洞察力完美配合；這一天出生的人，不論男女都很細心，但有時你會表現得專橫、缺乏耐心；你對他人的思想以及所求了然於心，能夠合理分配工作。學著信任自己的直覺，能幫助你應對挑戰，激發潛在的創造力，以及商業敏感度。

11歲之後，太陽到達天秤座，此時的你更加關注人際關係，強烈渴望與他人的聯繫、逐漸增強自我提升的願望以及對美感的追求，在文學、美術以及創造性領域的造詣提高。41歲之後個人能力增強，此時太陽推進到天蠍座，使你變得更加自信、處變不驚。到了71歲，太陽落在射手座，此時的你期望旅行或拓展心靈視野。

■真實的自我

受到鼓舞的你會展現堅定的意志去實現目標，並清楚團隊合作的重要性。人們經常會低估你的能力和毅力，對你的理解比較膚淺。同樣不被人了解的是你的演技很好，能夠掩飾自己的敏感和對未知的恐懼。要使自己更圓滑、有自信，學會相信自己的能力並發掘潛能。

詼諧機智的你談笑間看似不經意，實則刻意炫耀才學，但注意不要做得太超過，反而令人覺得做作。調節自己的工作量，可以幫助你緩解壓力。是個理想主義者，會與不公做鬥爭，表現博愛的胸襟。

■工作和職業

不喜歡循規蹈矩的你適合擔當領導角色或者自我創業。你的機敏和組織能力，使你能夠勝任管理者或律師工作。處事實際的態度和分析力，使你適合分析家、商業顧問以及統計員工作。你還比較傾向經濟學家、研究員、科學家或是技師工作。這一天出生的

人也適合成為教師和作家。你有責任心、工作勤奮他人會因此賞識你的協助及能力。

與你同天出生的名人包括：作家D‧H‧勞倫斯，歐亨利以及潔西嘉‧米特福德，電影導演布萊恩‧德帕爾瑪，女演員海迪‧拉瑪，作曲家阿爾沃‧派特。

■數字命理學

受誕生日數字11的強烈召喚，你十分看重理想、激情以及變革。自卑與自信情緒並存，你會因此受激勵，努力獲得物質和精神方面自我掌控。儘管你具有敏銳的洞察力，你的精力不能集中，因而需要找到一個你能專注的目標。感情強烈、享受充沛活力的你，要提防情緒過度緊張以及不切實際的想法。出生月9月的影響使你直覺敏銳，感情細膩，接受力強，具有仁愛之心，關心他人。保持客觀的態度，運用外交手腕，可以使你建立與他人穩固的關係。你想成為有用的人，並會因此協助他人，但要避免自己對人對事太過嚴苛。而你的遠見能夠使你做出明智決定。

■愛情和人際關係

聰明、觀察力強，你對愛人和朋友忠誠，可以信賴；你真誠和無微不至，需要穩固而坦誠的關係。儘管你具備改善環境的能力，但仍然要學會辨別關懷別人與專橫、挑剔間的不同。而你也有能力以協調的方式達到自己的目標。

■你生命中的特殊之人

渴望尋找心目中的那個人的你不妨留意以下誕生日期：

◎愛情和友誼：

1月11、13、15、17、25日、2月9、11、13、15、23日、3月7、9、11、13、21日、4月5、7、9、11、19日、5月3、5、7、9、17、31日、6月1、3、5、7、15、29日、7月1、3、5、27、29、31日、8月1、3、11、25、27、29日、9月1、9、23、25、27日、10月7、21、23、25日、11月5、19、21、23日、12月3、17、19、21、30日

◎幸運貴人：

1月1、5、20日、2月3、18日、3月1、16日、4月14日、5月12日、6月10日、7月8日、8月6日、9月4日、10月2日

◎強烈吸引你的人：

3月8、9、10、11、12日

◎砥礪者：

1月6、22、24日、2月4、20、22日、3月2、18、20日、4月16、18日、5月14、16日、6月12、14日、7月10、12日、8月8、10、31日、9月6、8、29日、10月4、6、27日、11月2、4、25、30日、12月2、23、28日

◎靈魂伴侶：

1月6、12日、2月4、10日、3月2、8日、4月6日、5月4日、6月2日

優點：平衡感強、專注、客觀、有熱情、充滿活力、淡泊、富有理想、洞察力敏銳、治癒力、仁愛、直覺準確

缺點：優越感、不誠實、缺乏目標、感情用事、容易受傷、過度緊張、自私、表達含糊、專橫、刻薄

太陽星座：處女座
區間：摩羯座／土星
角度：處女座18°45´-20°
類型：變動星座
元素：土
恆星：無

9月12日

VIRGO

你的生日代表你天資聰穎、待人友善、社交能力強、自信心十足。思維敏捷的你話語風趣，善於辯論，回答巧妙，善於評價他人。不計後果勇於表達自我看法，誠實、直接，你天分高，接受力強，為人慷慨、樂觀的你，只需培養自我約束力就能充分發揮潛能得到。

受區間主導星座摩羯座影響的持續增加，你變得專注、執著。維護尊嚴，工作努力的你嚴肅對待肩負的責任；隨著影響的增強，你對財富有進一步認識，聲望和自尊對你更加重要。看法實際，有辯才，言辭犀利，你是一個優秀的評論家。不過你要注意避免精神緊張，這會導致你焦躁和憤世嫉俗。

10歲之後，你的太陽到達天秤座，受關注和欣賞的渴望增強，透過人際交往自我認識加深，這將一直持續到40歲太陽推進到天蠍座之時。這一轉折暗示你對生活轉變的渴望，以及評價自我力量和控制力的渴望增強。到了70歲太陽落在射手座，你會更想拓展自己的生活，追求達觀的處事方式。

■真實的自我

你的演技很好，外表的自信掩飾了內心的敏感和創造性表達的渴望。你雄心壯志，自我要求高，渴望獲得物質成功。對你來說正確的選擇是關鍵，不過也要避免因為情感上的焦慮和猶疑不決，而導致你的熱情減退，尤其是在處理人際關係的上。你對超自然和精神層面的問題感興趣，培養直覺以及傾聽內心的聲音能使你有所收穫。

如果計畫頻繁失敗，你有可能會產生自我懷疑而變得一蹶不振，不過這種狀態不會持續很長，很快地你就會重整旗鼓，克服重重困難取得最終勝利。創造方面的潛能幫你找到釋放熱情和專注的新領域，更開拓了你的視野。

■工作和職業

極強的分析能力能使你在研究、自然科學或是心理學領域獲得成功。敏銳的思維以及駕馭文字的能力，能使你勝任寫作、教育以及傳媒工作；在法律或出版領域你也能取得成功，而你處事實際的態度，令你對經濟領域產生興趣，你可以成為優秀的銀行家、經濟學家或是股票經紀人，同樣你也可以擔任商業顧問、會計、交易人或談判員並有不錯的表現。另一方面，體貼和仁慈會使你成為出色的社會福利工作者，或為他人仗義執言的工作，如社會團體領導或政治家。哲學以及宗教相關的工作，你也會產生興趣；在

發揮創造力領域遊刃有餘，能成為設計師或歌手。

與你同天出生的名人包括：運動員傑西・歐文斯，女演員琳達・格蕾，男演員毛利斯・薛佛利，歌手貝瑞・懷特和瑪麗亞・馬爾道，探險家亨利・哈德遜，記者H・L・曼肯。

■數字命理學

洞察力敏銳，待人友善，邏輯嚴密，渴望與眾不同，是誕生日數字12賦予你的特質。你有創新精神且敏感，懂得運用策略以及合作來達成目標。在他人面前表現得自信，但自我懷疑會使你變得不再隨意、樂觀。當自我價值的實現以及為他人效勞的願望兩者達成平衡時，你會獲得心靈的平靜和個人的滿足。出生月9月的影響使你充滿機智，洞察力敏銳，感情細膩。天分、創造力和想像力，使你迫切渴望找到自我表現的途徑。避免太過急進，或目標太多，因而分散了精力。思想溝通幫助你宣洩情感，讓他人對你有更深的了解。你的遠見使你有靈性、不在乎世俗眼光，但對待生活的態度很現實。

■愛情和人際關係

隨和聰敏，你經常表現有活力、機智；不滿足感使你對事物很快失去新鮮感，尋求能使你的思想變得活躍的人。在愛情中只要獲得尊重和重視，就會對對方忠貞，給予對方支援。探索的渴望使你在嘗試新事物和旅行中獲得快樂。另外你也熱衷追求新知、提升技能，結交能引導你思考的人。具備交友的本領和吸引對方的氣質。

■你生命中的特殊之人

在誕生日為以下日期的人當中你或許能找到讓你心動不已的那個。

◎愛情和友誼：

1月12、16、25、29日、2月10、14、23、24日、3月8、12、22、25、31日、4月6、10、20、23、29日、5月4、8、18、27日、6月2、6、16、25、30日、7月4、14、23、28日、8月2、12、21、26、30日、9月10、19、24、28日、10月8、17、22、26日、11月6、15、20、24、30日、12月4、13、18、22、28日

◎幸運貴人：

1月2、13、22、24日、2月11、17、20、22日、3月9、15、18、20、28日、4月7、13、16、18、26日、5月5、11、16、18、26日、6月3、9、12、14、22日、7月1、7、10、12、20日、8月5、8、10、18日、9月3、6、8、16日、10月1、4、6、14日、11月2、4、12日、12月2、10日

◎強烈吸引你的人：

1月25日、2月23日、3月9、10、11、12、21日、4月19日、5月17日、6月15日、7月13日、8月11日、9月9日、10月7日、11月5日、12月3日

◎砥礪者：

1月7、23日、2月5、21日、3月3、19、29日、4月1、17、27日、5月15、25日、6月13、23日、7月11、21、31日、8月9、19、29日、9月7、17、27、30日、11月3、13、23、26日、12月1、11、21、24日

◎靈魂伴侶：

1月17日、2月15日、3月13日、4月11、22日、5月9日、6月7日、7月5日、8月3日、11月30日、12月28日

優點：創造性強、有魅力、開創精神、有原則性、信念堅定、自信
缺點：不合群、行為怪異、難以合作、過於敏感、缺乏自我認同

太陽星座：處女座
區間：金牛座/金星
角度：處女座19º45´-20º45´
類型：變動星座
元素：土
恆星：五帝座一

9月13日

VIRGO

你的誕生日表明你個性獨立、思維敏捷，看問題實際。愛好交際、有個性的你熱衷結交各個階層的人。有時會產生焦慮和激動的情緒，喜歡直接真實地表達自我。勤奮進取，但注意不要壓抑感情的表達，或過於執著而導致壓力過大。

受區間主導星座金牛座的影響，你富有魅力，說服力強。思考有獨創性，幽默感十足。你還可能具有令人愉悅的聲音和婉轉的表達技巧。審美力使你對奢華和舒適擁有極高品味。對知識的追求使你擁有對語言和文字的駕馭能力，也提升了對商業的敏感性。

有效率且熱情的你必須避免過度工作，導致過度熱心或缺乏耐心。你忠誠可靠，工作勤奮，但要學會自我約束，培養技能以激發潛能。一旦執著於某事，你會充滿期待、躍躍欲試，但在奮鬥的過程中要避免專橫。這一天出生的人有著充沛的活力以及剛柔並濟的性格。

童年時期的你做事實際。9歲時太陽運行至天秤座，之後30年你更重視人際關係，渴望友誼和受人關注，這一階段對和諧與平衡的認識加深，希望發揮創造潛能。另一階段開始於你即將進入不惑之時，此時太陽到達天蠍座，促使你探索生命的深層意義，渴望出現新氣象。69歲時太陽落在射手座，促使你追求視野的拓展。

■真實的自我

你的迷人氣質來自於隨和體貼的性格，對愛的強烈表達，可以使你在幫助他人時得到意外驚喜，並找到自我表達的途徑。當你受到鼓舞你能夠發揮潛能，使人們愉快而信服地接受你的思想。

你對待人生的挑戰經常樂觀積極、充滿理想，但有時會產生懷疑感。在商業活動中要謹慎運用天賦和創造力，因為物質的安全感對你很重要。需要找到心靈的寄託，否則即使你的財務狀況良好，也會對金錢問題產生莫名的擔憂。

■工作和職業

你的說服力和組織能力，使你適合從事行銷、銷售、公共關係以及政治領域的工作。機智和對知識的渴求使你對教育、寫作以及法律領域感興趣。崇高的理想和熱情使你為理想而奮鬥。天生的商業頭腦幫助你在商業、房地產、會計以及證券交易領域獲得成功。不喜歡處於從屬地位的你適合擔當經理人、管理者或是從事創業。另一方面，體育能夠使你的精力和熱情得到充分發揮。追求自我表達使你適合在戲劇或是藝術領域工

作。

與你同天出生的名人包括女演員賈桂琳・比塞特和克勞黛・考爾白,歌手梅爾・托美,作家羅爾德・達爾和J・B・普里斯特利,以及生物學家沃爾特・李德。

■數字命理學

誕生日數字13代表感情細膩,待人友善。工作勤奮的你,能夠憑藉堅定的信念和天賦獲得成功。想要將創造性的潛能轉化為實際價值,你需要培養現實的態度。專注於自己的事業,能為你帶來豐厚的回報。這一天出生的你富有魅力、風趣、愛好交際。許多這一天出生的人都期待新環境,並能開始更好的生活。出生月9月的影響使你的感知能力強,有同情心。受環境的影響,你需要培養決斷力,控制生活的軌道。你還需要克服焦躁、自我懷疑以及不安的傾向。你最常顯示的人格特質是:豁達、仁愛、頭腦清醒,追求公正和實效。

■愛情和人際關係

愛好交際,待人友善,你在人際關係中要麼表現得冷靜執著,要麼表現得感情熾烈。直率的你有時會表現得神祕兮兮、孤僻;尋找理想真愛的你,一旦期望過高則容易失望。有時會出現感情的不坦誠和不穩定,但總體來說你對對方體貼忠誠。你最崇拜聰明風趣的人。

■你生命中的特殊之人

你是否一直期待這個人的出現:理解你的細膩情感,關注你對愛的需要,那麼關注身邊誕生日為以下日期的人。

◎愛情和友誼:

1月2、7、10、17、27日、2月5、8、15、25日、3月3、6、13、23日、4月1、14、11、21日、5月2、9、19日、6月7、17日、7月5、15、29、31日、8月3、13、27、29、31日、9月1、11、25、27、29日、10月9、23、25、27、30日、11月7、21、23、25、28日、12月5、19、21、23、26日

◎幸運貴人:

1月3、5、20、25、27日、2月1、3、18、23、25日、3月1、16、21、23日、4月14、19、21日、5月12、17、19日、6月10、15、17日、7月8、13、15日、8月6、11、13日、9月4、9、11日、10月2、7、9日、11月5、7日、12月3、5日

◎強烈吸引你的人:

1月13日、2月11日、3月9、10、11、12、13日、4月7日、5月5日、6月3日、7月1日

◎砥礪者:

1月16、24日、2月14、22日、3月12、20日、4月10、18日、5月8、16、31日、6月6、14、29日、7月4、12、27日、8月2、10、25日、9月8、23日、10月6、21日、11月4、19日、12月2、17日

◎靈魂伴侶:

1月16日、2月14日、3月12日、4月10日、5月8日、6月6日、7月4、31日、8月2、29日、9月27日、10月25日、11月23日、12月21日

優點:有抱負、創造性強、愛好自由、自我表達能力強、有開創精神

缺點:衝動、猶疑不決、專橫、冷漠、叛逆

太陽星座：處女座
區間：金牛座／金星
角度：處女座20º45´-21º45´
類型：變動星座
元素：土
恆星：五帝座一

9月14日

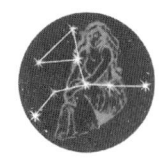

VIRGO

你的誕生日表明你天資聰穎，志向遠大，說服力強。個性獨立、自信的你，追求知識和智慧；一旦認定某事，你會表現出極大的熱情並最終獲得成功。

受區間主導星座金牛座影響的持續增強，你具備良好的溝通能力，表述清晰，富有魅力。你會注意到各個細節，是個優秀的評論家。你要注意缺乏耐心，或與他人交往中專橫的傾向；金星的影響使你具有天生的商業敏感度，也使你對生活品味高雅。

個性獨立的你進取心強，經常挑戰自我以使潛能的發揮最大化，從而擺脫厭倦感。你時常表現得傲慢、不夠虛心，但有時又極度缺乏自信。幸運的是你的友善和愛好交際，能使你很快找回樂觀的自我。多才多藝，不知疲倦的你能透過旅行和教育，對人生有更深的領悟。有說服力的你只要培養自我約束力，就能把握住機會。

8歲開始太陽到達天秤座，此時你開始關注人際交往，強烈渴望被關注和被欣賞；經過30多年的學習你處事更加老練，與人交往更加講究策略。48歲開始，太陽推進到天蠍座，個人力量增強，此時你變得更加自信、處變不驚。到了68歲太陽落在射手座，你更重視真理、教育、旅行的人生層面，渴望拓展個人空間。

■真實的自我

你時而熱心、慷慨、對他人關懷、態度謙遜；時而好爭辯、控制欲強、固執。要平衡性格中的極端因素，你需要傾聽來自心靈的聲音，理性和直覺兩者缺一不可。要做到這一點並不難，因為你天生具有揣摩他人需要的第六感。

懂得知識的重要，對體系的感知力強，取得偉大成就或是智慧超群的人是你崇拜的對象；你的社交和組織能力，使你善於利用他人的力量幫助你取得全面的勝利。幸好誠實是你本性中重要的一部分，你能正視自身缺點並最終克服困難，並藉此加深自我認識。

■工作和職業

你具備良好的管理能力和處理問題的能力。容易掌握寫作技能並創造性地運用於所從事的工作上。不喜歡受人擺布的你，傾向手握權柄或自我創業。對你來說職業的靈活性十分重要，能夠能讓你到處旅行的工作更加理想。天生的分析能力會使你對研究、科學、心理學或教育領域感興趣。進入商業領域的你，如果從事與人交往的工作，成功的機率將會更大。不管你對職業的選擇是什麼，你都會充滿熱情，因為你對自己不感興趣

的工作根本不屑一顧。

與你同天出生的名人包括女權主義者凱特‧米利特，女演員佐伊‧考德威爾，男演員傑克‧霍金斯，節育思想的先驅瑪格麗特‧桑格。

■數字命理學

誕生日數字14賦予你潛藏的智慧，精明的處事態度和堅定的決心。強烈渴望穩固的經濟基礎，以及透過勤奮努力獲得成功。同許多這一天出生的人一樣，你時常能夠達到事業的巔峰。你的洞察力和對問題的迅速反應，使你十分享受解決問題的過程。誕生日數字14還表明你喜愛冒險和投機，而且總是運氣很好。出生月9月影響使你具有極強的決斷力和敏感度；要學會相信直覺，避免草率和物質主義傾向。儘管工作勤奮，但冒險的性格和對自由的渴望，會使你追求新鮮事物。充滿熱情的態度會讓你感到生活充實。不在計畫中的旅行和獲得改變的機會，會讓你的觀點和信念發生轉變。

■愛情和人際關係

你崇拜那些對生活充滿新奇想法的人，但也渴望擁有一位約束力強、工作踏實的伴侶；你的魅力和自信，使你讓那些對你極度信任的人著迷不已。渴望靈活有彈性的友誼，避免專橫和挑剔。對知識和智慧的崇尚，引導你慢慢接近理想中的伴侶。性格獨立的你，希望在所有的人際關係中保有自由空間。

■你生命中的特殊之人

看看身邊有沒有誕生日為以下日期的人，有他們的陪伴你能夠更容易得實現理想。

◎愛情和友誼：

1月1、13、14、28、31日、2月12、26、29日、3月10、24、27日、4月8、22、25日、5月5、6、20、23日、6月4、18、21日、7月2、16、19、30日、8月14、17、28、30日、9月12、15、26、28、30日、10月10、13、24、26、28日、11月8、11、22、24、26日、12月6、9、20、22、24日

◎幸運貴人：

1月26日、2月24日、3月22日、4月20日、5月18日、6月16日、7月14日、8月12日、9月10日、10月8日、11月6日、12月4日

◎強烈吸引你的人：

3月12、13、14、15、16日

◎砥礪者：

1月3、25日、2月1、23日、3月21日、4月19日、5月17日、6月15日、7月13日、8月11日、9月9日、10月7日、11月5日、12月3日

◎靈魂伴侶：

1月3、10日、2月1、8日、3月6日、4月4日、5月2日

優點：行動果斷、工作勤奮、幸運、創造力強、務實、想像豐富、勤奮

缺點：過於謹慎或過於衝動、反覆無常、欠斟酌、固執

太陽星座：處女座
區間：金牛座 / 金星
角度：處女座 21°45´-22°45´
類型：變動星座
元素：土
恆星：五帝座一

9月15日

VIRGO

這一天出生的你聰明、友善、值得信賴，志向遠大。對知識的崇尚讓你對許多領域都感興趣，但容易被世俗之事分散精力。注重外在形象的你，希望受到喜歡的人的關注。說話直接、中肯的你心地善良、慷慨。生性樂觀的你，偶爾也會出現消極的想法。

受區間主導星座金牛座影響的持續增強，你穩重可靠，強烈渴望被愛、被欣賞。對美以及形象事物的感知力強，喜歡美術、自然以及生活中的美好事物。表達清晰，考慮全面，具有交流天賦，但要避免出現挑剔和焦躁情緒；物質生活方面可能十分節儉，甚至是吝嗇，但對所愛的人卻十分大方。

你隨時準備發表個人看法，但有時可能會受到壓制繼而產生挫敗感，表現拘謹、不自然。太過敏感會導致焦慮，取悅於人的渴望也會讓你的精神壓力過大。在積極性格的主導下，你會表現主動，渴望為他人效勞。

7歲之後太陽到達天秤座，渴望親密的朋友關係，及受到眾人對美及和諧的認知加深，創造方面的潛能得到發展。這一階段將持續到37歲，太陽推進到天蠍座之時，這一轉折會讓你逐漸關注獲得感情和精神層面的新生力量，並注意經濟上的狀況及與人合作事業的關係。到了67歲，太陽落在射手座，促使你更加期望擴展自己的人生。

■真實的自我

平和、積極的心態以及達觀的處事態度，能夠幫助你疏導強烈的感情，避免不滿情緒的出現。情感細膩的你十分看重家庭關係並致力經營，能使你獲得安全感與內心期待的平靜和安詳。

你很有責任感，決不能虧欠他人，你需要不斷挑戰自我，面對新環境，而不是思想保守、一成不變。渴望結識能夠鼓舞你的人，這樣的想法會讓你找到自我表達的途徑。樂於幫助他人，總是能夠給他人正確的建議，但最好不要過度干預對方的事務，要讓他人學會從失敗中汲取經驗。

■工作和職業

天資聰穎、分析力強的你適合從事自然科學、研究或醫藥相關的工作。你也能勝任教育、法律或政治領域的工作。交際能力幫助你在寫作或生意方面獲得成功。秩序感、對稱感和平衡感使你能對諸如建築師、設計師、美術家或數學家的職業應付自如。你是天生的建議者和分析家，也能從事心理學以及金融領域的職業。另一方面，仁愛之心會

引導你投身政治改革或慈善工作。

與你同天出生的名人包括：作家阿嘉莎・克莉絲蒂和詹姆斯・費尼莫爾・庫柏，電影導演奧利佛・史東和尚・雷諾，男演員湯米李瓊斯，美國前總統和首席大法官威廉・霍華德・塔夫脫，女高音歌唱家傑西・諾曼。

■數字命理學

思維敏捷、充滿熱情、富有個人魅力。你最大的優勢在於強烈的直覺以及融合理論與實踐的能力。你會藉由不同經歷掌握新的技能；機會到來時能夠憑藉洞察力牢牢把握。誕生日數字15，代表你的財運極佳，常常有貴人相助。創意加上技能，能助你取得事業的節節勝利，但要克服焦躁和不滿情緒。出生於9月的影響使你謹慎、敏感。務實的態度以及同情心，助你建立更和諧愜意的人生。你的遠見卓識能夠讓你小心謹慎、腳踏實地。

■愛情和人際關係

你很看重親密的人際關係，但要避免對過分依賴朋友。你看問題實際、樂於助人、有創意，具有社交魅力。你討厭孤獨，渴望遇到知己，因此不要用物質方面的安全感，取代對愛和幸福感的需要。對人體貼、慷慨的你要讓自己有一顆平常心，避免讓自己變得過於挑剔。學會向對方傾訴感情，這能使你們的關係更進一步。

■你生命中的特殊之人

在生日為以下日期的人當中，你或許可以找到理解你的敏感和滿足你對愛的渴望的伴侶。

◎愛情和友誼：

1月1.5,15,26,29,30日、2月3.13.24.27.28日、3月11,22.25.26日、4月9.20.23.24日、5月7.18.21.22日、6月5.16,19,20日、7月3.14.17.18.31日、8月1,12,15,16,29.31日、9月10,13,14,27,29日、10月8,11,12,25.27日、11月6.9.10.23.25日、12月4.7.8.21.23.29日

◎幸運貴人：

1月1,2,10,27日、2月8,25日、3月6,23日、4月2,21日、5月2,19,30日、6月17,28日、7月15,26日、8月13,24日、9月11,22日、10月9,20日、11月7.18日、12月5.16日

◎強烈吸引你的人：

3月13.14.15.16日

◎砥礪者：

1月17,26日、2月15,24日、3月13,22日、4月11,20日、5月9.18日、6月7.16日、7月5,14日、8月3,12,30日、9月1,10,28日、10月8,26,29日、11月6,24,27日、12月4.22.25日

◎靈魂伴侶：

1月21日、2月19日、3月17日、4月15日、5月13日、6月11日、7月9,29日、8月7,27日、9月5,25日、10月3,23日、11月1,21日、12月19日

優點：積極、慷慨、責任心、善良、合作精神、品味、創意
缺點：破壞性、焦躁、不負責任、自我中心、保守、缺少信念、焦慮、猶疑

太陽星座：處女座
區間：金牛座 / 金星
角度：處女座22°45´-23°45´
類型：變動星座
元素：土
恆星：五帝座一、獵戶座漩渦星雲

9月16日

VIRGO

　　這一天出生的你聰明、獨立，友善、敏感。洞察力強、能夠察言觀色，智力的潛能明顯優於眾人；不過要實現雄心壯志還需要自我約束。

　　受區間主導星座金牛座影響的持續增強，你富有魅力，欣賞生活中的美好事物，十分渴望愛和欣賞。你擁有高超的溝通技能、令人愉悅的聲音以及清晰的表達力。金星的影響表明你在商業方面的天賦極高，能夠做出正確的投資，財運較好。對細節的協調把握，使你在理論和實踐方面都有幫助。

　　一生不斷追求知識使你充滿智慧，並在特殊的培訓和學習方面，展露極高的天分。但你要注意不要陷入鉤心鬥角的鬥智遊戲中。

　　你的感知力強、有幹勁、充滿想像力，若生活夠積極，你能夠充分發揮這些有利因素將極易獲得成功。不喜歡逆境的你適合積極的環境，不和諧的外在因素對你的影響很大。你充滿夢想，因此要引導其在創造性方面發展，但要避免陷入幻想而忽視現實。

　　6歲開始太陽到達天秤座，一直到36歲的這段時期，你注意人際交往，渴望受到關注、被他人欣賞。36歲之後個人力量開始增強，此時太陽推進天蠍座，你處事更加自信、自制。到了66歲太陽到達射手座，你會變得更為樂觀，人生充滿哲理，渴望藉由旅遊和教育開闊視野。

■真實的自我

　　對個人能力的渴望強烈，關注個人能力的提升。性格強烈但要避免對他人的控制欲，遇到困難時容易出現逃避的傾向。性格中敏感細膩的一面，有利於和他人交往，也能使你對神祕主義和精神寄託產生興趣。

　　你喜歡結識思維敏捷、風趣的人，他們的積極樂觀能夠給你鼓舞。在智商方面表現超常的你，一旦對某事產生興趣會十分賣力。感染他人或給他人啓示，能夠使你獲得巨大的滿足感。

■工作和職業

　　務實的態度加上組織天賦，使你能夠在生意方面獲得成功。同時，敏銳判斷，使你對自然科學、數學以及電腦領域產生興趣。你具備交際技能、處事純熟，也傾向教育或法律職業，以及與人交往的工作。在心理學、飲食方面的特殊潛能，以及天生的療癒力，可使你勝任醫藥或是替代醫學職業。不過憑著幹勁和深刻思想，你能藉著更有創

意的方式傳授他人知識。你也適合從事慈善工作或有價值的事業。

與你同天出生的名人包括藍調音樂家比・比・金，女演員蘿倫・貝寇，魔術師大衛・考伯菲，女喜劇演員蘇珊・拉特納，男演員彼德・佛克，生物學家阿爾伯特・山特吉爾吉，帆船運動員鄧尼斯・康納，心理學家卡倫・霍妮，以及棒球運動員奧利爾・郝西斯。

■數字命理學

誕生日數字16代表你有遠大抱負，感情細膩。外向、喜愛交際的你待人友善、思想深刻。你能憑藉自己的感覺、良好的洞察力以及體貼的性格，對生活做出判斷。誕生日數字16的人關心世界局勢，可以進入跨國性的公司。創造性的潛能，能幫助你在些寫作方面獲得許多靈感。這一天出生的你需要學會平衡性格中的兩個極端：自負和懷疑以及不安全感。出生月9月代表你專注、謹慎；雖然感情影響對你較大，但你的包容性、相容性和可塑性強，直覺強烈。渴望不同經歷拓展視野和人生，暗示你傾向變動、有冒險精神。

■愛情和人際關係

你充滿理想、體貼，你是忠實的朋友和可靠的伴侶。你交友的首要條件是能與你分享理想和感受。尋找能鼓舞你並幫助你樹立自信的朋友和伴侶。你喜歡追根究柢，試圖揣摩他人的心思。一旦墜入愛河你會表現得熱情、和善、細心周到。

■你生命中的特殊之人

渴望獲得一生幸福、安全感和和諧環境的你要注意身邊誕生日爲以下日期的人。

◎愛情和友誼：

1月3、10、13、20、21、30日、2月1、8、11、18、28日、3月6、9、16、26日、4月4、7、14、24日、5月2、5、12、22日、6月3、10、20、7月1、8、18日、8月6、16、30日、9月4、14、28、30日、10月2、12、26、28、30日、11月10、24、26、28日、12月8、22、24、26日

◎幸運貴人：

1月12、16、17、28日、2月10、14、15、26日、3月8、12、13、24日、4月6、10、11、22日、5月4、8、9、20、29日、6月2、6、7、18、27日、7月4、5、16、25日、8月2、3、14、23日、9月1、12、21、10月10、19日、11月8、17、12月6、15日

◎強烈吸引你的人：

3月12、13、14、15、31日、4月29、5月27日、6月25日、7月23日、8月21日、9月19日、10月17日、11月15日、12月17日

◎砥礪者：

1月6、18、22、27日、2月4、16、20、25日、3月2、14、18、23日、4月12、16、21日、5月10、14、19日、6月8、12、17日、7月6、10、15日、8月4、8、13日、9月2、6、11日、10月4、9日、11月2、7日、12月5日

◎靈魂伴侶：

3月28日、4月26日、5月24日、6月22日、7月20日、8月18日、9月16日、10月14日、11月12日、12月10日

優點：負責、正直、洞察力、愛交際、合作精神、有遠見
缺點：焦慮、不易滿足、不負責、自誇、固執己見、懷疑、大驚小怪、暴躁、自私、沒有同情心

太陽星座：處女座
區間：金牛座／金星
角度：處女座23°45´-24°45´
類型：變動星座
元素：土
恆星：翼宿七、獵戶座漩渦星雲

9月17日

VIRGO

受誕生日的影響，你聰明機敏、接受能力強，具有良好的溝通技能。獨立睿智的你喜歡探索鑽研。一旦下定決心，你會表現得十分積極、把握機會。不過懷疑的本質，可能導致你的自信不足和焦慮。

受區間主導星座金牛座的影響，你富有魅力，對文字的駕馭能力強。愛好交際，感性的你對美、色彩以及形態的感知能力強。在達成目標的過程中，會受到某位女性的幫助。務實、細致的你關注細節，能夠成為你所從事領域中的專家。

你可能會找到新的、更感興趣的發展方向，在創造性、分析以及技術方面的潛力強大。你反應迅速，同時具備從事長期艱鉅工作的耐心。渴望激情，內心的不安分，刺激你尋求多變，試圖透過旅行和教育尋求不同的生活感悟。但變化會導致前路的不確定，對財務狀況沒有根據的恐懼，會導致你在兩個極端左右搖擺，要麼吝嗇小氣，要麼揮霍無度。在新舊環境變換中找到平衡可以幫助你擺脫厭倦，並能時刻保持活力和熱情。

5歲開始太陽推進至天秤座，這個週期會持續30年，你將更加關注社交生活，重視工作及生活方面的私人情誼。另一個轉捩點出現在35歲，此時太陽推進到天蠍座，對生活深層意義的深入思索，將更加注意自己能力的蛻變。到了65歲太陽落在射手座，對新的理念和哲學看法的渴望加強，期望四處遊歷嘗試不同的生活方式。

■真實的自我

對價值的感知力強，財運較好；不過隨著心智的更加成熟，你會發現金錢不能滿足你的所有需求。新的感悟閃現，不過需要更多時間、空間深入的思索，與追求新生力量。一旦下定決心你會為實現理想而積極努力。

渴望證明自我價值，隨著年齡的增加，工作在你心目中的地位更加重要並堅信所從事的工作很有價值。思想固執的你喜歡爭辯，但別因此表現得咄咄逼人。

■工作和職業

對細節的關注和謹慎的性格，使你勝任自然科學以及研究工作。務實的態度和判斷力，使你適合擔任經濟學家、金融分析師以及會計的工作。交際能力可以使你成為成功的作家、評論家以及演講家，或是在新聞界或傳媒界大顯身手。思維的活躍對你從事法律工作很有幫助，但你更喜歡低調地從事幕後工作。技能方面的潛力，可以使你從事電腦或工程工作。醫藥和康復行業，能夠滿足你希望與他人分享所學知識的渴望。

與你同天出生的名人包括女演員安妮‧班克羅福特，歌手漢克‧威廉姆斯，水手法蘭西斯‧奇賈斯特，作家肯‧克西和威廉‧卡洛斯‧威廉斯，男演員羅迪‧麥克都瓦。

■數字命理學

誕生日數字17代表你處事精明，性格靦腆，考慮周到。聰明才智可以幫助你在所專注的領域獲得巨大的成功以及顯赫的地位。你喜歡保留個人空間，內省、淡泊的你對事實和人外在形象比較感興趣，在他人面前表現得嚴肅、深謀遠慮。注意力持久、有毅力，在實踐中收穫巨大。不過要盡量克服自己懷疑的性格，這將使你學習更快。出生月9月代表你務實、接受能力強。知識豐富、獨立思考的你能夠根據親身體驗做出判斷並做出最終決定。你的遠見卓識可以幫助你超越世俗，同時具備商業頭腦，得到金錢方面的安全感，但要注意導致物質主義的傾向。

■愛情和人際關係

直覺敏銳、聰明機敏、性格內向，不願流露個人感情和思想。高度的感知力，使你時常處於情緒不安。喜歡與有抱負、性格堅定、勤奮的人為伍。渴望建立在信任基礎上的愛情，以及營造和諧平靜的環境。

優點：深思熟慮、專業知識強、計畫周密、具有商業頭腦、有財運、吃苦耐勞、力求準確，科學精神
缺點：注意不集中、固執、粗心、情緒多變、敏感、挑剔、焦慮、懷疑

■你生命中的特殊之人

尋求安全感、靈感和愛的你需要留意一下誕生日為以下日期的人。

◎愛情和友誼：

1月21、22、28、31日、2月19、26、29日、3月17、24、27日、4月15、16、22、25日、5月13、20、23日、6月11、18、21日、7月9、16、19日、8月7、14、17、31日、9月5、12、15、29日、10月3、10、13、27、29、31日、11月1、8、11、25、27、29日、12月6、9、23、25、27日

◎幸運貴人：

1月9、12、18、24、29日、2月7、10、16、22、27日、3月5、8、14、20、25日、4月3、6、12、18、23日、5月1、10、16、21、31日、6月2、8、14、19、29日、7月6、12、17、27日、8月4、10、15、25日、9月2、8、13、23日、10月6、11、21日、11月4、9、19日、12月2、7、17日

◎強烈吸引你的人：

1月3日、2月1日、3月13、14、15、16日

◎砥礪者：

1月7、8、19、28日、2月5、6、17、26日、3月3、4、15、24日、4月1、2、13、22日、5月11、20日、6月9、18日、7月7、16日、8月5、14日、9月3、12、10月1、10、11月8日、12月6日

◎靈魂伴侶：

1月3、19日、2月1、17日、3月15、4月13日、5月11日、6月9日、7月7日、8月5日、9月3日、10月1日

太陽星座：	處女座
區間：	金牛座 / 金星
角度：	處女座24º45´-25º45´
類型：	變動星座
元素：	土
恆星：	翼宿七、獵戶座漩渦星雲、太微右垣一、瑤光

9月18日

VIRGO

這一天出生的你務實，接受能力強，分析全面，想像力豐富。堅定、有目標、對感興趣的事物專注、幹勁十足，但有時會產生惰性，變得懶散。

受區間主導星座金牛座的影響，你渴望被愛、被欣賞。追求和平、和諧的環境以及生活的舒適感，家庭能使你產生生活上的安全感。對細節觀察細微的你考慮周到，但要避免鑽牛角尖、吹毛求疵或是疑神疑鬼。崇尚知識，樂於傳道授業。

儘管你時常產生焦慮感，但清晰的思維和務實精神，使你成為優秀的戰略家，再加上有強烈的直覺相助，你可以取得不俗的成績。開始行動時應先對周邊環境有所認識，而一旦做出承諾你必然會努力實現。

4歲開始太陽到達天秤座，受其影響你表現得性格溫順，與人相處融洽，這也暗示人際關係以及交際能力在你心目中的地位。到了34歲太陽進入天蠍座，這時你對變化、深刻感悟以及個人力量的渴望更加強烈。64歲時太陽星座移至射手座，你變得更富有冒險精神，渴望藉由旅行和更高層次的教育，獲得更多體會。可能邂逅來自異國的人，或獲得到異國遊歷的經歷。

■真實的自我

身為完美主義者，你要避免對自己過於刻薄。你經常擔心達不到自己的預期。不過你的意志力強大而你的決心能幫助你克服一切困難阻礙。工作中擁有很大權力的你，必須學會公平和客觀，避免對他人的不公以及控制欲。

目標明確的你表現得積極進取，但也十分清楚與他人合作的重要性。幸運的是你具備與他人交往的技能，並總能夠讓人心悅誠服，但要避免對金錢不必要的擔憂。與他人合作更能帶給你利益，並能共同分享成果。

■工作和職業

你的深思熟慮以及追求完美的性格，能讓你成為研究員、資料員、經濟家或會計。與他人的共同努力能幫助你取得事業成功，你個人也比較傾向團隊合作或建立業務方面的夥伴關係。憑藉組織才能你也能勝任管理方面的工作，如經理人、管理人或業務主管，以及法律或執法工作。心理學、演講以及寫作等職業能讓你的判斷更加敏銳。你也可勝任出版、廣告以及傳媒工作。另一方面，康復性的行業同樣適合你。而你為公益事業籌集資金的能力很強。

與你同天出生的名人包括：女演員葛麗泰·嘉寶，作家山謬爾·詹森，男演員傑克·沃登，歌手法蘭基·艾瓦隆和吉米·羅傑斯，天文學家沃爾特·科克，以及物理學家愛德溫·麥克米倫。

■數字命理學

誕生日數字18代表決心、自信以及野心。富有活力和積極的態度，使你充滿對權力和挑戰的渴望。時常表現得挑剔，難以取悅，關注受爭議的問題。這一天出生的你能夠運用個人的力量幫助他人，給予明智的建議或是解決他人的困難。同時你具有的商業敏銳度和組織能力，能使你在商界大展身手。出生月9月的你具有優秀的決策能力，渴望創造和獨立性。你的洞察力使你富有遠見、理智。你的仁慈、同情心以及細膩感情，能使你變得善解人意、寬容和有耐心。

■愛情和人際關係

有魅力，待人和善的你喜歡社交。渴望愛和欣賞，但穩定和安全感是你人際交往的首要條件。你鍾情能夠給你鼓勵、興趣與思想和你一致的人並與他們分享你的內心世界。你有同情心，生性浪漫、敏感，需要避免太過感情用事，不安全感以及要求刻薄。

■你生命中的特殊之人

留意以下誕生日尋找你生命中的那個特殊之人。

◎愛情和友誼：

1月8.18.22日、2月6.16.20日、3月14.18.28日、4月12.16.26日、5月10.14.24日、6月8.12.22日、7月6.10.20.29日、8月4.8.18.27.30日、9月2.6.16.25.28日、10月4.14.23.26.30日、11月2.12.21.24.28日、12月10.19.22.26.28日

◎強烈吸引你的人：

1月6.10.25.30日、2月4.8.23.28日、3月2.6.21.26日、4月4.19.24日、5月2.17.22日、6月15.20.30日、7月13.18.28日、8月11.16.26日、9月9.14.24日、10月7.12.22日、11月5.10.20日、12月3.8.18日

◎強烈吸引你的人：

3月13.14.15.16.17日、5月29日、6月27日、7月25日、8月23日、9月21日、10月19日、11月17日、12月15日

◎砥礪者：

1月13.29.31日、2月11.27.29日、3月9.25.27日、4月7.23.25日、5月5.21.23日、6月3.19.21日、7月1.17.19日、8月15.17日、9月13.15日、10月11.13日、11月9.11日、12月7.9日

◎靈魂伴侶：

1月6.25日、2月4.23日、3月2.21日、4月19日、5月17日、6月15日、7月13日、8月11日、9月9日、11月7日、12月5日

優點：思想先進、自信、直覺敏銳、勇氣十足、堅毅、有效率、善諫

缺點：感情衝動、懶惰、缺少秩序感、自私、不能有始有終、容易誤解

| 太陽星座：處女座 |
| 區間：金牛座／金星 |
| 角度：處女座25°45´-26°30´ |
| 類型：變動星座 |
| 元素：土 |
| 恆星：瑤光、翼宿七、太微右垣一、弧矢六 |

9月19日

VIRGO

受誕生日的影響，你思想深邃、機敏、直覺敏銳、務實、在多方面表現出天賦。你對程式化的事物極易厭倦，尋求多變和冒險，勇於接受新的挑戰。神經質、內心的不安分以及缺乏耐心，都可能成為成就事業的阻礙。

受區間主導星座金牛座的影響，你富有個人魅力，創造力強。天生具有商業敏感，熱愛美好生活，對藝術和美的鑑賞力強。能掌握局勢環境，並能找到解決問題的途徑，思想有深度的你能夠把握全局，順利解決問題。

你的睿智幫助你迅速地認清局勢，表達坦率直接。你有時表現得執拗、憤世嫉俗、不願交流，一旦激情被點燃，你會表現得樂觀，對潛在財富具有敏銳的嗅覺。能夠時時關心，了解對方的情緒，是一個貼心的朋友。

從兒童時期到32歲，太陽落在天秤座，渴望受到關注和欣賞。33歲人生出現轉折，太陽推進到天蠍座，暗示你開始關注個人力量的增長，變得更加自信、沉穩，增加與人合作的機會。63歲之後，太陽運行到射手座，你開始以豁達的眼光地看待生活，尋求更多的自由空間和冒險，這些願望可能會訴諸教育或出國旅行。

■真實的自我

你可能比表現出來的更加敏感，需要為強烈的感情尋找發洩的途徑，否則很可能會陷入焦慮或優柔寡斷，尤其在物質方面的決定。一方面你渴望不斷的改變和多樣性，喜愛旅行，另一方面又追求生活的安全感和物質上的保障。這些矛盾的性格若能得到協調，能讓你的工作更加富有成果。不斷開拓創新、富有挑戰的事業領域，也許是行之有效的途徑。

你富有創造性、渴望成功，也可能陷入逃避，一旦出現這種傾向，可藉由培養同情心以及仁愛精神加以克服，因為富於幻想的你，骨子裡有為他人服務的渴望。

■工作和職業

選擇職業時你要注意克服厭倦感，因此你傾向選擇工作環境不斷改變的職業，例如公眾服務或旅遊業。你的敏捷思維和分析力，可以幫助你對資訊進行迅速選擇和處理，這一潛能使你適合從事如寫作、教學以及自然科學領域的工作。你的不安分性格和體驗生活的渴望，使你傾向不斷更換職業或從事靈活性較大的職業。

與你同天出生的名人包括：女演員兼模特崔姬，作家威廉・高汀，披四士樂隊經理

人布萊恩‧伊普斯坦，演員傑瑞米‧艾恩斯，歌手「媽媽」凱絲‧艾略特，設計師贊德拉‧羅茲。

■數字命理學

誕生日數字19代表你性格開朗、抱負遠大、充滿活力、富有理想、感情豐富。果斷、隨機應變、富有遠見，另一方面表現出強烈的同情心和敏感。對成功的渴望激勵你不斷進取，成為眾人注目的中心。你在他人面前表現得自信和積極，但內心的緊張感可能導致情緒的波動。天性驕傲的你不要表現得過於自我，畢竟地球不是圍著你轉。受出生月9月的影響，你的悟性高，具有人道主義精神，關注他人幸福。要求過高會使你變得對自己和他人吹毛求疵、過於嚴肅。儘管幹勁十足，但時常出現的自我懷疑以及不安全感，會影響你的積極性。

■愛情和人際關係

你思維敏捷、感情細膩、接受能力強，對安全感以及穩定的需求，是你人際關係中的重要元素。時間的檢驗以及對耐心的培養，使你找到給予愛和信任的對象，這也暗示著盲目建立的關係，會導致你感情的緊張、焦慮以及懷疑。渴望在新的環境中大顯身手，對你的生活影響很大。新機會的到來使你學會放下過去，重拾信心。

■你生命中的特殊之人

尋找愛、信任以及安全感不妨留意一下誕生日為以下日期的人

◎愛情和友誼：

1月4、13、19、23、24日、2月2、11、17、21、22日、3月9、15、19、28、29、30日、4月7、13、17、26、27日、5月5、11、15、24、25、26日、6月3、9、13、22、23、24日、7月1、7、11、20、21、22日、8月5、9、18、19、20日、9月3、7、16、17、18日、10月1、5、14、15、16、29、31日、11月3、12、13、14、27、29日、12月1、10、11、12、25、27、29日

◎幸運貴人：

1月7、15、20、31日、2月5、13、18、29日、3月3、11、16、27日、4月1、9、14、25日、5月7、12、23日、6月5、10、21日、7月3、8、19日、8月1、6、17、30日、9月4、15、28日、10月2、13、26日、11月11、24日、12月9、22日

◎強烈吸引你的人：

3月15、16、17、18日

◎砥礪者：

1月6、14、30日、2月4、12、28日、3月2、10、26日、4月8、24日、5月6、22日、6月4、20日、7月2、18日、8月16日、9月14日、10月12日、11月10日、12月8日

◎靈魂伴侶：

4月30日、5月28日、6月26日、7月24日、8月22日、9月20日、10月18、30日、11月16、28日、12月14、26日

優點：富有活力、注意集中、有創造性、具有領導才能、思想先進、樂觀、口才好、有競爭意識、性格獨立、合群

缺點：自我中心、沮喪、焦慮、害怕被拒絕、物質主義、自大、缺乏耐心

太陽星座：處女座
區間：金牛座／金星
角度：處女座26°45´-27°30´
類型：變動星座
元素：土
恆星：瑤光、太微右垣一、弧矢六

9月20日

VIRGO

處女座

你的誕生日代表你精明、務實，能夠迅速發現機會，愛好學習。聰明和敏感的你渴望發揮創造性的，具有進取心。你樂觀坦白、誠實，不過要學會耐心和容忍。

受區間主導星座金牛座影響的持續增強，你富有魅力，具備談話技巧，對美具有鑑賞力。對細節的關注使你考慮周到，對形象事物的感知力強。表達清晰、說服力強，你具有很強的接受能力。藉助文字或其他形式的交流，對你的成功作用巨大。你具有對商業的敏銳嗅覺和極強的感知力，但要避免過分挑剔。

務實但同時充滿想法，依賴直覺，能把握潛在機會。口才便給的你喜歡機智帶給你的巨大滿足。青睞聰明且事業成功人士，同這些人的交往對你有很大的影響，並能不斷提升你的個人能力。旅行可為你注入新的活力，使你更有進取心。

從兒童時期一直到31歲，太陽落在天秤座，你渴望受到關注和欣賞，十分看重人際關係。到32歲人生出現轉折，太陽推進到天蠍座，之後的30年將更關注個人力量的提升，你變得更加自立並能體會內心的層面。到了62歲，太陽到達射手座，渴望開拓視野，主要訴諸旅行和心靈的體會，處事更加達觀。

■真實的自我

你內心渴望平靜，但也時刻尋求精神上的刺激。學會保持注意力和沉思的習慣，能夠幫助你更加沉穩，並抑制內心的焦躁情緒。儘管你表面看來自信、能力強，但內心世界敏感細膩，容易受到傷害。極易受外界影響的你渴望為心靈找到停駐的港灣，因此對家庭責任感很強，而家庭也帶給你更多的安全感。若期望生命更加和諧，你要避免缺乏上進心。有責任感的你要清楚無私的代價，懂得如何做出取捨。你可以致力於關懷人類的事業，或者為獲得心靈的安寧而努力。

■工作和職業

運用與人交往的能力，能使你獲得事業上的滿足感。你的無限創意可以幫助你創造價值。你所具備的周密的策畫和組織能力，能夠幫助你在銷售、公共關係、推銷以及廣告方面獲得成功。分析和處理資訊的能力，使你能夠勝任如資料管理，研究或教育工作。擁有敏銳商業嗅覺的你，似乎更傾向能發揮創造潛能的職業，如寫作、戲劇或藝術。在與同事相處或團隊合作中你表現出色；你的理想主義，使你適合社會改革、心理學或公共事業機構。

與你同天出生的名人包括：女演員蘇菲亞・羅蘭，作家和社會活動家厄普頓・辛克萊，音樂家傑裡・羅爾・莫頓以及精神學家喬伊絲・布拉澤斯。

■數字命理學

誕生日數字20代表你洞察力敏銳，適應力強，善解人意。透過與人交流，分享經歷以及相互學習，你能獲得巨大滿足。有個人魅力，為人和善，你的外交手腕能夠使你輕鬆地融入各種社交圈子，但注意不要對周圍人的行為以及評論太過敏感。在人際交往中要避免過分遷就他人、不信任或是表現得過分依賴。受出生於9月的影響，你富於幻想，性格開朗、有拚勁，受周圍環境影響大，善於接受他人建議。你善於營造和諧的環境。相信內心直覺，可以幫助你克服焦慮。學會運用你的創造性思考，你能得到特殊的效果，並感染和服務你身邊的人。

■愛情和人際關係

有智慧，思想有深度，處事理智，與人交往時你十分清楚自己的需求。但在不正常的關係中或與個性獨特的人相處時，容易喪失自我。講求實際的你不會輕易陷入愛情，並能從合適的關係中及時抽身。你思維敏捷，因此需要能夠使你保持興趣和思想活躍的另一半。

優點：	善於合作、和善、有策略、洞察力敏銳、深思熟慮、易相處、和藹親切
缺點：	多疑、缺乏自信、恭順、過於敏感、情緒化、自私、容易受傷

■你生命中的特殊之人

渴望尋找生命中特殊之人的你應該關注身邊誕生日為以下日期的人。

◎愛情和友誼：

1月3、4、14、20、24、25日、2月1、2、12、18、22日、3月10、16、20、29、30日、4月8、14、18、27、28日、5月6、12、16、25、26、31日、6月4、10、14、23、24、29日、7月2、8、12、21、22、27日、8月6、10、19、20、25日、9月4、8、17、18、23日、10月2、6、15、16、21、30日、11月4、13、14、19、28、30日、12月2、11、12、17、26、28、30日

◎幸運貴人：

1月4、8、21日、2月1、2、6、19日、3月4、17、28日、4月2、15、16日、5月13、24日、6月11、22日、7月9、20日、8月7、18、31日、9月5、16、29日、10月3、14、27日、11月1、12、25日、12月10、23日

◎強烈吸引你的人：

1月3日、2月1日、3月16、17、18、19日、5月31日、6月29日、7月27日、8月25日、9月23日、10月21日、11月19日、12月11、17日

◎砥礪者：

1月7、10、15、31日、2月5、8、13、29日、3月3、6、11、27日、4月1、4、9、25日、5月2、7、23日、6月5、21日、7月3、19日、8月1、17日、9月15日、10月13日、11月11日、12月9日

◎靈魂伴侶：

3月31日、4月29日、5月27日、6月25日、7月23日、8月21日、9月19日、10月17、29日、11月15、27日、12月13、25日

太陽星座：處女座
區間：金牛座／金星
角度：處女座27°45´-28°45´
類型：變動星座
元素：土
恆星：瑤光、太微右垣一、弧矢六

9月21日

VIRGO

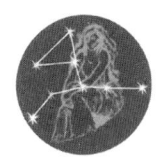

處女座

這一天出生的你性格獨立，待人和善，擁有巨大的創造潛能，喜愛交際。自我表達的需要，使你具有良好的文字駕馭能力。要注意不要被過多興趣分散精力，或是將精力浪費於焦慮和猶豫不決。

受區間主導星座金牛座影響的持續增強，你渴望被愛和被欣賞。務實、表達能力強的你，對知識懷有強烈的渴望，富有迷人的氣質。對美和形象事物的鑑賞力使你具有品味和對藝術、自然以及生活中美好事物的欣賞能力。儘管你具備良好的交際技能，也能注意細節，但要避免在瑣事上過於執著，這會導致你過分挑剔和焦慮。幸運的是，這一天出生的你具有天生的商業頭腦，因此在事業上有不錯的表現。

有時你會表現得熱情、樂觀，有時又表現得冷淡、易怒，特別是當你處於毫無目標的彷徨狀態。儘管擁有敏銳的直覺，你需要克服在精神層面的多疑。你的聰明才智會使你在不斷探索的過程中找到新的發揮空間。

童年時期，太陽位於天秤座，此時的你渴望被欣賞，31歲之前比較關注人際關係。之後太陽運行到天蠍座，此一變化使你的個人力量增強，變現得更加自信、自制。61歲之後，太陽落在射手座，你處事更加明智，對自由的渴望增強，更具冒險精神。

■真實的自我

儘管對價值的感知能力強，你還需要克服時常出現的懷疑，因為這會讓你的自信心受損。了解自己的直覺力能使你信念堅定，加深對自我能力的認識。勤奮和驕傲的天性，使你不能面對失敗。對機會的遲疑，會使你潛能的發揮受到阻礙。極易產生倦怠的你需要不斷尋求新的挑戰，使你重新燃起激情。毅力和堅持使你最終能達成目標。

你在多方面表現出天賦，並且通常能獲得成功。但你有時會過分衝動，如果能充分考慮到性格中的此一因素，你經濟不穩定的狀況將能得到控制。渴望改變以及擺脫現實的衝動使你不斷探索，並藉由不同的途徑獲得更大的滿足感，例如能夠開闊視野、為你提供新的機會的旅行和工作。

■工作和職業

工作是你人生的重點，發揮巨大潛能的渴望比他人更為強烈。在文字方面展現的超凡天賦，能夠幫助你勝任作家或銷售員的工作。代理人、律師、演員或政治家的工作，同樣能夠令你成功。你的生日暗示了你強大的創造潛能，因而音樂以及歌唱能滿足你自

我表達的需求。另一方面，你天生的商業敏感能幫助你在商界嶄露頭角，你的創造力也會有所表現。要避免從事單調乏味的職業，與人交往的能力使你在工作中的表現更佳。渴望幫助他人的你也適合顧問以及教學工作。

與你同天出生的名人包括：作家史蒂芬・金和H・G・威爾斯，歌手及作曲家萊昂納多・科恩，作家及記者雪麗・康蘭，男演員比爾・莫瑞和賴瑞・哈格曼，以及作曲家古斯塔夫・霍爾斯特。

■數字命理學

個人數字21代表著充滿熱情、外向的性格。友善、合群的你社交廣闊，各行各業都有相識。這一天出生的你風趣、魅力十足、富有創意。另一方面，你也表現出矜持和害羞，需要增強自信，特別是與關係親密的人相處時。對合作關係以及婚姻表現出依賴，同時渴望自己的能力和天賦得到對方的認同。出生月9月表明你機智、明辨、仁慈，接受能力強。理智的你想像力也很豐富，渴望找到自我宣洩的途徑。要避免優柔寡斷，以及過於在意他人決定；豁達、有仁愛之心的你追求公平公正。要克制魯莽和分散精力的行為。洞察力能使你極具遠見。

■愛情和人際關係

你天生機智、風趣、喜愛熱鬧。和善、大方、容易與人相處，你比較容易交到朋友或是吸引對方。你敏感、富有理想，具有迷人和浪漫的氣質，但不容易滿足以及神經質會讓你表現得過於挑剔、猶疑不決，人際關係極易受感情因素影響而變得反覆無常。你在愛情中富有犧牲精神，有時也會表現得冷淡、不體諒人。你心目中的伴侶應該情感細膩、善解人意、能充分肯定你的個人能力。

優點：激情、創造力、合作意識、念舊
缺點：孤立、焦慮、情緒化、目光短淺、不易滿足、抗拒改變

■你生命中的特殊之人

從生日為以下日期的人當中，你或許能到可以依靠的伴侶。

◎愛情和友誼：

1月11.21.25日、2月9.19.23日、3月17.21.30日、4月15.19.28.29日、5月3.13.17.26.27日、6月11.15.24.25.30日、7月9.13.22.23.28日、8月7.11.20.21.26.30、9月5.9.18.19.24.28日、10月3.7.16.17.22.26.29、11月1.5.14.15.20.24.27日、12月3.12.13.18.22.25.27.29日

◎幸運貴人：

1月5.13.16.22.28日、2月3.11.14.20.26日、3月1.9.12.18.24.29日、4月7.10.16.22.27日、5月5.8.14.20.25日、6月3.6.12.18.23日、7月1.4.10.16.21日、8月2.8.14.19日、9月6.12.17日、10月4.10.15日、11月2.8.13日、12月6.11日

◎強烈吸引你的人：

3月17.18.19.20日、6月30日、7月28日、8月26日、9月24日、10月22日、11月20日、12月18日

◎砥礪者：

1月2.23.30日、2月21.28日、3月19.26.28日、4月17.24.26日、5月15.22.24日、6月13.20.22日、7月11.18.20日、8月16.18.19日、9月7.14.16日、10月5.12.14日、11月3.10.12日、12月1.8.10日

◎靈魂伴侶：

1月14.22日、2月12.20日、3月10.18日、4月8.16日、5月6.14日、6月4.12日、7月2.10日、8月8日、9月6日、10月4日、11月2日

太陽星座：處女座與天秤座的交界
區間：金牛座／金星
角度：處女座28º45´-29º45´
類型：變動星座
元素：土
恆星：瑤光

9月22日

VIRGO

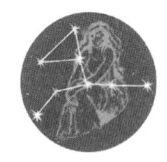

處於處女座和天秤座的臨界，這一天出生的你十分幸運兼具處女座的敏銳和天秤座的社交能力。務實的你有毅力，深思熟慮，眼光準確，有競爭意識，善於交談和辯論，但要避免強辯以及刻薄的傾向。必要時能夠運用社交手腕，並十分清楚團隊合作的重要性。

受區間主導星座金牛座影響的持續增強，你表達清晰、處事精明，天生具有商業頭腦。很可能具有令人愉悅的聲音、富有個人魅力，對美和華麗事物的鑑賞力強。感知能力強，做事專注的你要小心過於挑剔。對知識的渴求以及機敏智慧，使你在許多活動中揮灑自如，在與朋友交談中妙語如珠、幽默中暗藏智慧。

注重外表的你渴望給他人留下好印象，在追求理想或幫助他人時，內心也能獲得極大滿足。直覺敏銳的你要學會相信自己的自覺。

剛出生時太陽位於天秤座，因此從小表現得聰明伶俐，惹人疼愛，非常需要和諧的環境；30歲之前的這段人生，你表現出對人際關係的強烈關注。30歲之後，太陽推進至天蠍座，此時的你感情方面更加獨立、自制、不再怯懦。從60歲開始，太陽星座運行至射手座，使你更加渴望冒險，處事練達，對旅行、國外的風土人情以及教育顯示出興趣。

■真實的自我

對被愛和被欣賞的反應強烈，熱心、慷慨的你是一位很好的朋友。驕傲的性格使你在權威受到挑戰時會變得固執、情緒多變、暴躁易怒、神經緊張。你的包容力常常保護自己過於敏感的性格。一旦下定決心你會變得堅定、勇往直前，這一持續的力量能幫助你獲得巨大的成功。

對問題的深度思考以及對表面掩蓋下真相的渴望，使你成為一名優秀心理學家，並激勵你揣摩他人的動機。只要不會導致多疑，這一特質可以使你處事更加豁達。你的遠見對事業有所幫助，並能夠使你影響周圍的人。

■工作和職業

你所具備的分析力和評斷能力，使你能夠成為優秀的編輯、作家、教師或是科學家。與人交往的技能使你能夠勝任代理人、銷售員、推銷員或公關工作。另外，你的領導才能、組織能力以及部署協調能力，使你能夠在商界占據一席之地。並成為優秀的

談判專家，不斷開拓事業並獲得新的挑戰。對結構感知力強的你，能成為優秀的建築師或設計師；仁愛的性格使你對社會改革或治療行業感興趣，因為這些職業可以使你與他人分享你的所學。

與你同天出生的名人包括作家菲伊·威爾登，奧運馬術冠軍馬克·菲力浦斯；音樂人瓊·傑特，科學家邁克·法拉第，以及棒球教練湯米·拉索達。

■數字命理學

誕生日數字22代表你務實、自律以及敏銳的直覺。這一靈活性較強的數字，可以呈現出誕生日數字22和4具有的特質。這一天出生的你誠實、勤奮，具有領導才能以及個人魅力、善解人意。你不會張揚你的體貼或對他人幸福的關注。你具有奉獻精神，但你追求實效和現實的態度卻十分堅定。出生月9月的影響使你志向遠大、感知力強、處事謹慎。你能感受他人情緒，他人感理解他人並給予他人關懷；你精力充沛、富有熱情，能藉由勤奮工作和堅定的意志獲得成功。你的預見和直覺使你決策英明，有創意的自我表達助你成就事業。不過要注意培養實際的眼光和節約意識。

■愛情和人際關係

有主見的你十分看重人際關係；愛情和友誼對你很重要，你會動用外交手腕維持關係的和諧。性格外向、驕傲的你表現強勢，喜歡發號施令，但也十分迷人。尋求理想伴侶的你信賴持久的關係，對對方十分忠貞。當被人關注和欣賞的需求無法得到滿足時，要防止自己產生不安全感和妒忌心。

■你生命中的特殊之人

留意以下誕生日期，你就能找到理解你的細膩感情和對愛的需要的理想伴侶。

◎愛情和友誼：

1月6、16、22、26日、2月4、14、20、24日、3月2、12、18、22日、4月10、16、20、30日、5月8、14、18、28日、6月6、12、16、26日、7月4、10、14、24、31日、8月2、8、12、22、29日、9月6、10、20、27日、10月4、8、18、25日、11月2、6、16、23、30日、12月4、14、21、28、30日

◎幸運貴人：

1月6、17、23、31日、2月4、15、21、29日、3月2、13、19、27、30日、4月11、17、25、28日、5月9、15、23、26日、6月7、13、21、24日、7月5、11、19、22日、8月3、9、17、20日、9月1、7、15、18、30日、10月5、13、16、28日、11月3、11、14、26日、12月1、9、12、24日

◎強烈吸引你的人：

3月18、19、20、21日

◎砥礪者：

1月24日、2月22日、3月20、29日、4月18、27、29日、5月6、16、25、27、30日、6月14、22、25、28日、7月12、21、23、26日、8月10、19、21、24日、9月8、17、19、22日、10月6、15、17、20日、11月4、13、15、18日、12月2、11、13、16日

◎靈魂伴侶：

1月13日、2月11日、3月9日、4月7日、5月5日、6月3、30日、7月1、28日、8月26日、9月24日、10月22日、11月20日、12月18日。

優點：多才多藝、領導才能、直覺敏銳、務實、實際、靈巧、開創精神、組織能力、善於解決問題、有毅力

缺點：急功近利、神經質、專橫、物質主義、目光短淺、懶惰、自大、控制欲強、自誇

天秤座
Libra

9.23〜10.22

太陽星座：天秤座與處女座相交處
區間：天秤座 / 金星
角度：處女座29°30´-天秤座0°30´
類型：本位星座
元素：風
恆星：無

9月23日

LIBRA

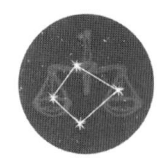

受誕生日的影響你天資聰穎、感情細膩、富有魅力、直率。受處女座和天秤座的雙重影響，你具備了兩者的優良品質；一方面你務實、目光敏銳、具備藝術氣質。不過懷疑的性格使你完美主義的傾向容易走向極端。無論如何，你愛鑽研的性格、領導才能以及豐富的感情，能夠幫助你達到事業的巔峰。

受區間主導星座天秤座的影響持續增強，你和善的個性和令人愉悅的聲音十分吸引人。富有遠見、渴望知識，期望不斷地開拓事業領域以保持熱情。你看似淡泊，但實際上野心勃勃、意志堅決，堅定的信念使你鍥而不捨，最終達成自己的目標。良好的社交技巧加上自我約束力和堅定的決心，使你這個能付諸實踐的理想主義者，有能力讓自己的野心變為現實。

你思想有深度，理解能力強，具備天生的交際才能。儘管充滿理想，但對金錢問題十分敏感，欣賞美和奢華的事物，但要防範奢侈和虛榮。你的才智對事業成功的幫助很大，渴望工作以及所從事的活動，能夠幫助你保持興趣。

29歲之前，你十分關注金錢、創造性以及人際關係的和諧。30歲開始太陽進入天蠍座，此時你會將更多的注意力轉向情感的變化和人生的轉變，增加共同投資或為他人理財的行為。另一轉捩點出現在60歲，此時太陽到達射手座，暗示你對冒險和自由的渴望增強，渴望尋求更多受教育和旅行的機會。

■真實的自我

表現得自視甚高的你，實際上對夥伴或是人際關係十分敏感。細心周到，你具備社交手腕，是一位貼心且給予對方精神支援的的好伴侶。感情若無法和諧平衡，你很可能會變得情緒多變、冷漠或對任何事都提不起興趣。渴望朋友的你在與人的交往中會保持獨立性；這意味著人際關係若要獲得快樂，你的伴侶需要有公平意識，並能平衡給予和索取之間的關係。

你富有同情心、個人能力強，幫助和支持他人更能使你受到大家的歡迎。愛情以及美術、音樂和心靈層面的自我表達，能夠幫助你找尋心目中的完美畫面。當細膩情感受到壓抑時，你會變得怯懦或充滿敵意。態度若能積極正面，能使你在團隊合作中與他人相處融洽並富有成果。

■工作和職業

你處事靈活，交際能力強，熱衷與人打交道，能夠成為優秀的推銷員或公關。迷人的魅力和令人信服的話語，使你能夠擔任發言人的角色。你對資訊的敏感度強，適合從事教育、新聞或寫作工作。適應能力強和開創精神，能使你不斷產生新的創意，改造舊理念。一旦對人或事有了信念，你會充分發揮口才並使人信任。另一方面，對音樂的熱愛，會使你對娛樂界產生興趣。

與你同天出生的名人包括：音樂人布魯斯・斯普林斯丁、雷・查理斯和約翰・考垂恩，歌手胡利歐・伊格萊西亞斯，男演員米基・魯尼，以及作家華特・李普曼。

■數字命理學

直覺敏銳、感情細膩、創造力強是誕生日數字23賦予你的特質。你多才多藝、充滿熱情、思維敏捷、具備職業目光和非常創造力。這一天出生的你能迅速掌握知識，堅持實踐勝過紙上談兵。喜愛旅遊、冒險以及結交新朋友，天性中的不安分因素，促使你嘗試不同的經歷。能夠充分利用環境；性格隨和、風趣，有勇氣和進取心。渴望生活充滿挑戰以發掘潛能。出生於9月使你具備洞察力和想像力。在多方面表現出天賦、態度務實的你，需要培養秩序感和耐心。你容易產生厭倦，要注意缺乏恆心；只要有始有終將能成果豐碩。

■愛情和人際關係

你的個人魅力使你很容易地交到朋友和夥伴。屬於慢熱型的你，在人際關係上有很長的持久性。你的浪漫性格和對感情穩定的渴望，使你對伴侶十分忠誠。這一天出生的女性，也會努力維持關係的和諧，即使幻想破滅也會堅持到底。這一天出生的男性很有耐心，但對完美的愛情仍然懷有太大的憧憬。

■你生命中的特殊之人

對以下誕生日的關注可以幫助你更接近你生命中的特殊之人：

◎愛情和友誼：

1月4, 27, 28, 29日、2月2, 25, 27日、3月23, 25日、4月21, 23日、5月19, 21, 29日、6月17, 19, 27日、7月15, 17, 25日、8月13, 15, 23日、9月11, 13, 21日、10月9, 11, 19日、11月7, 9, 17日、12月5, 7, 15日

◎幸運貴人：

1月3, 10, 15, 18日、2月1, 8, 13, 16日、3月6, 11, 14, 29, 31日、4月4, 9, 12, 27, 29日、5月2, 7, 10, 25, 27日、6月5, 8, 23, 25日、7月3, 6, 21, 23日、8月1, 4, 19, 21日、9月2, 17, 19日、10月15, 17日、11月13, 15日、12月11, 13日

◎強烈吸引你的人：

3月19, 20, 21, 22日、4月30日、5月28日、6月26日、7月24日、8月22日、9月20日、10月18日、11月16日、12月14日

◎砥礪者：

1月9, 14, 16, 25日、2月7, 12, 14, 23日、3月5, 10, 12, 21, 28, 30日、4月3, 8, 10, 19, 26, 28日、5月1, 6, 8, 17, 24, 26日、6月4, 6, 15, 22, 24日、7月2, 4, 13, 20, 22日、8月2, 11, 18, 20日、9月9, 16, 18日、10月7, 14, 16日、11月5, 12, 14日、12月3, 10, 12日

◎靈魂伴侶：

12月29日

優點：忠誠、有責任心、善於交際、直覺敏銳、富有創造力、多才多藝、值得信賴、名望

缺點：自私、缺乏安全感、固執、強硬、挑剔、遲鈍、孤僻、有偏見

| 太陽星座：天秤座 |
| 區間：天秤座／金星 |
| 角度：天秤座0°30´-1°30´ |
| 類型：本位星座 |
| 元素：風 |
| 恆星：無 |

9月24日

LIBRA

這一天出生的你待人友善、富有同情心、善良、愛交際、有強烈的正義感；看重家庭，能夠應付複雜環境；慷慨、浪漫，具有個人魅力和領導才能；清楚如何在社交中運用自己的影響力，能夠同來自不同階層的人相處融洽。

受區間主導星座天秤座影響的持續增強，你渴望奢華和美麗的環境；不斷產生的創意可以幫助發掘藝術和創造方面的潛能；不過要培養耐心和自我約束力使自己的潛能得到充分發揮。

隨著年齡的增長，境遇得到改善，對他人的依賴性減弱；面對困難時要堅定信念；具備良好組織能力和交際技能的你能夠擔當愉悅和款待他人的角色；對幸福和安逸的追求可以幫你很快地適應輕鬆的生活模式；不過，骨子裡具有反叛精神、渴望有所行動的你決不甘於平庸。

28歲以前的你比較關注社會關係以及為自己創造和諧、奢華的生活環境；29歲觀念開始變化，此時太陽到達天蠍座，情感上渴望變化，探索人生深層意義；另一轉折出現在59歲，此時太陽落在射手座，你變得更富有冒險精神，教育以及出國旅行的經歷使身心對生活的感悟進一步加深，結識不同文化背景的人可以幫助你進一步開拓視野。

■真實的自我

性格中的積極因素占據主導的你表現得淡定、對生活充滿希望，風趣幽默；一旦情緒低落，失敗感和失望情緒會影響你與他人的相處，你會變得控制欲強烈，人們會覺得你難以取悅；當這種情況出現，你需要平復自己的強烈感情，不要太過自視，但要保持責任心，這樣你就能重新找回熱情、豁達和善良。

你潛在的力量能夠影響他人，特別是作為藝術家、政治家、演員或精神領袖的你；比較崇拜能夠使你保持旺盛活力的人，或是與你同樣思維敏捷的人；觀察細緻，對人的判斷準確使你能夠把握人的本性並使你的社交活動富有成效。

■工作和職業

富有創造力、充滿理想的你能夠全身心地投入事業並激勵他人；生性豁達、實際能力強、富有個人魅力和競爭意識使你能夠領導眾人，特別是組織大型活動或社交聚會；具有外交手腕和迷人性格的你能夠輕鬆聚集人氣；善於處理關係、有仁愛之心的你適合從事慈善募集等公益活動；遷就人的性格使你能夠成為優秀的調解員；責任心強、工作

努力的你對法律和社會改革感興趣；尋求強烈感情的表達的你可能在寫作、設計、喜劇、音樂或是藝術領域有所建樹。

與你同天出生的名人包括作家費茲傑羅，歌手安東尼·紐利，布偶藝術家吉姆·漢森，以及攝影師和音樂人琳達·麥卡尼。

■數字命理學

誕生日數字是24的你不喜歡枯燥和公式化，不過工作勤奮，有務實精神和全局判斷力；這一天出生的你感情細膩，渴望穩定和秩序；追求忠誠、公平，儘管有時不善表達，但你堅信實際行動勝過一切言語；注重實效的生活態度幫助你培養良好的商業敏感度以及克服困難取得成功的能力；誕生日數字24暗示你需要克服執拗和思維定勢。受出生月9月的影響，你想像力豐富，為人慷慨，感情深沉；富有理想，生性浪漫的你對感情和友誼很投入，家庭對你也很重要，可以為你所愛的人做出犧牲；創造性的自我表達可以幫助你獲得心理的滿足，否則你會遭遇感情的壓抑和產生失落感。

■愛情和人際關係

性格迷人，愛交際的你很容易與人相處；愛和穩定的關係對你極為重要，特別渴望溫暖、安全的家；你經常會做出犧牲以維持家庭的安寧和和諧；不過固執的傾向使你一旦執著於某事就會變得比較偏執；你對朋友忠誠，熱心、寬容，能夠帶給他人歡樂；重感情的你能夠時刻給予伴侶支持。

■你生命中的特殊之人

你要尋找的特殊之人就在誕生日為以下日期的人群當中：

◎愛情和友誼：

1月2、5、28日、2月3、26日、3月1、24日、4月22日、5月20、29、30日、6月18、27、28日、7月16、25、26日、8月14、23、24日、9月12、21、22日、10月10、19、20、29、31日、11月8、17、18、27、29日、12月6、15、16、25、27日

◎幸運貴人：

1月2、10、13、16日、2月8、11、14日、3月6、9、12日、4月4、7、10日、5月2、5、8日、6月3、6日、7月1、4、30日、8月2、28、30日、9月26、28日、10月24、26日、11月22、24日、12月20、22、30日

◎強烈吸引你的人：

3月21、22、23日、10月31、11月29、12月27日

◎砥礪者：

1月3、9、10日、2月1、7、8日、3月5、6、31日、4月3、4、29日、5月1、2、27日、6月25、7月23、8月2、21、31日、9月19、29日、10月17、27日、11月15、25日、12月13、23日

◎靈魂伴侶：

1月5日、2月3日、3月1日、5月30日、6月28日、7月26日、8月24日、9月22日、10月20日、11月18日、12月16日

優點：富有理想、務實、信心堅定、誠實、坦率、慷慨、顧家、有活力

缺點：物質主義、不穩定、不喜歡循規蹈矩、懶惰、不忠實、強勢、固執

太陽星座：天秤座
區間：天秤座／金星
角度：天秤座1°30´-2°30´
類型：本位星座
元素：風
恆星：無

9月25日

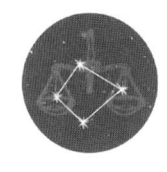

LIBRA

受誕生日的影響，你富有魅力，敏感、精明，熱心；富有理想、慷慨的你交際面廣，對規則和責任十分敏感；感情關注較廣可以使你不會顯得那麼強硬，並表現出關懷和同情心。

受區間主導星座天秤座影響的持續增強，你渴望被愛、被欣賞；良好的社交能力幫助你在與人相處方面取得成功，特別是在你充分發揮個人個人魅力時；組織能力強的你能夠準確評估他人並各盡其用；敏銳的思維使你風趣幽默；渴望自我表達以及創造力的發揮使你能夠在美術、音樂、戲劇領域有所成就，至少對這些領域具備優秀的鑑賞力；對個人財務狀況十分關注，你天生敏銳的商業頭腦可以使你的潛能利益化。

你充滿理想，同時清楚事業對你的重要性，喜歡忙碌的狀態；敏銳的洞察力和活躍的思維使你渴望刺激，希望為他人服務；追求完美的你對自己和他人的要求嚴格，表現得專橫、充滿懷疑，如果合理引導，你強烈的感情能夠成為你取得非凡成功的保證。

27歲之前，你比較關注社交能力、創造性天賦以及致富的機遇；28歲開始，你的太陽進入天蠍座，轉而關注情感的變化，對權利和改變懷有渴望；另一轉折出現在58歲，此時太陽到達射手座，暗示你可能變得更有闖勁和直率，渴望開闊視野，尋求更多的刺激和自由空間。

■真實的自我

對意志力和工作熱情的培養可以使你變得更加自律，有望使自己的潛能得到充分發揮；對成功渴望的你能夠不斷改善自己的環境；感情細膩、追求樂趣，不過要避免自我放縱或逃避主義的傾向。

樂觀、友善、富有想像力、感情熾烈，在人群中總是顯得與眾不同；不過過於嚴肅、挫折和失望會使你變得不容易滿足或情緒化；對全局的把握能幫助你處理困難、變得寬容；隨著同他人的交往以及對直覺的感知你的自信心逐漸增強。

■工作和職業

富有想像力和藝術氣質的你喜歡充分表達自我，與人合作；開朗的你喜歡結交有影響力的人，對政治、傳媒、廣告以及出版領域感興趣；藝術上的天賦、對細節的洞察力、良好的品味可以幫助你鑑別品質和工藝；富有創造天賦的你欣賞美的事物，對人文科學、藏品、古董以及美術品興趣濃厚。另一方面，你強烈的感情可以在康復性行業、

護理以及關懷他人的工作中得到宣洩；聰明、有思想的你喜歡與他人分享你的所學，適合成為老師或講師，特別是在文學、戲劇、美術或音樂方面。

與你同天出生的名人包括：作曲家蕭士塔高維契，鋼琴家顧爾德，男演員威爾‧史密斯、邁克‧道格拉斯、克里斯多夫‧李維和馬克‧漢彌爾頓，畫家馬克‧羅斯科，作家威廉‧福克納，以及籃球運動員斯柯蒂‧皮朋。

■數字命理學

思維敏捷，充滿活力，直覺敏銳，思想深邃是誕生日數字25賦予你的特質，你渴望透過不同的經歷表達自我，這些經歷可以包括突然萌發的、令人激動的念頭，遇到的人和去過的不同地方；對完美的追求可以促使你工作勤奮，富有成果；不過，當事情不按計畫發展時，要克制浮躁和挑剔。誕生日數字為25的你思想活躍，一旦集中注意就能夠洞悉全局並快速地做出決斷；相信直覺、堅持和耐心能夠幫助你獲得成功和幸福。受出生月9月的影響，你敏感、富有想像力，對人判斷準確，要相信直覺而不是自我懷疑；一貫表現隨和、開朗的你有時會反應過度，過於衝動和情緒化。

■愛情和人際關係

你的強大感情和迷人性格使你能夠聚集人氣；生性浪漫、情感化的你自我放縱、猶疑不決的傾向會使你對人際關係產生懷疑；良好的判斷力使你處於十分有利的地位，結交與你同樣機智、熱心和有愛心的人；對顯示出力量和決心的人格外著迷；一旦全身心投入你會對伴侶和朋友格外忠誠。

■你生命中的特殊之人

你要尋找的特殊之人就在出生於以下日期的人群當中：

◎愛情和友誼：

1月3、8、22、25、29、30日、2月1、6、20、23、27、28日、3月18、21、25、26日、4月2、16、19、23、24、28日、5月14、17、21、22、26、31日、6月12、15、19、20、24、29日、7月10、13、18、22日、8月8、11、15、16、20、27、29、30日、9月6、9、13、14、18、23、27、28日、10月4、7、11、12、16、21、25、26日、11月2、5、9、10、14、19、23、24日、12月3、7、8、12、17、21、22日

◎幸運貴人：

1月17日、2月15日、3月13日、4月11日、5月9、29日、6月7、27日、7月5、25日、8月3、23日、9月1、21日、10月19、29日、11月17、27、30日、12月15、25、28日

◎強烈吸引你的人：

3月21、22、23、24日、5月31日、6月29日、7月27日、8月25、30日、9月23、28日、10月21、26日、11月19、24日、12月17、22日

◎砥礪者：

1月20、23日、2月18、21日、3月16、19日、4月14、17日、5月12、15日、6月10、13日、7月8、11日、8月6、9日、9月4、7日、10月2、5日、11月2日、12月1日

◎靈魂伴侶：

1月4、31日、2月2、29日、3月27日、4月25日、5月23日、6月21日、7月19日、8月17日、9月15日、10月13日、11月11日、12月9日

優點：洞察力敏銳、追求完美、接受力強、有創造潛能、善於處理人際關係

缺點：衝動、浮躁、妒忌、不坦率、環境不穩定、挑剔、情緒多變、焦慮

太陽星座：天秤座
區間：天秤座／金星
角度：天秤座2°30´-3°30´
類型：本位星座
元素：風
恆星：太微左垣一

9月26日

LIBRA

有個人魅力、熱心的你喜歡社交、待人友善，舉止優雅，思維敏捷，意志堅定；感情細膩、浪漫，強烈的感情是你靈感的源泉，不過，如果別人達不到你的高要求，你可能產生挫折感。

受區間主導星座天秤座影響的持續增強；處於美麗環境中的你對顏色和幸福感的感知能力很強；有藝術潛能，對形象感知敏銳的你，渴望魅力的展現以及個人風格的彰顯，希望給他人留下好印象；具有高雅的氣質和外交手腕，能夠活躍氣氛；愛好交際的你憑藉隨和的性格可以吸引他人，但要避免過於強勢、專斷。

風趣幽默的你具有創造性天賦，寫作、美術、戲劇以及音樂可以幫助你培養耐心和毅力；但不要讓潛能使你變得放縱自我或投機取巧；關注人本，能夠給予他人支持，對他人或團隊帶來積極的影響；要獲得成功必須培養自制力。

26歲之前的你更多地關注創造力的培養，渴望人際關係的平衡；從27歲開始，你的太陽進入天蠍座，這一變化暗示你渴望感情的宣洩和變化，這使你變得更加果斷、專注；另一轉捩點出現在57歲，太陽推進到射手座，此時的你更具有冒險精神和渴望自由，對新的事物產生興趣，開始新的學習階段；此外你有機會到國外旅行或是結識不同文化背景的人。

■真實的自我

你性格開朗、驕傲、氣質高貴，但不經常的表現出極度的敏感和脆弱；培養直覺和淡定的處事態度可以幫助你敏銳地覺察周邊環境以趨利避害，同時也避免了過於情緒化的傾向；富有同情心、善解人意，能夠提出建設性的意見；試著平衡性格的兩方面因素，一方面慷慨、富有同情心，一方面懦弱、逃避責任。

熱心、嚮往歡樂生活的你保持年輕的心態。善良、寬宏大量的你喜歡有人陪伴以及和諧的人際關係；一旦找到了你的興趣所在，你會十分投入和勤奮，你會驚喜地發現帶給人幸福能使你獲益匪淺。

■工作和職業

儘管你具有商業頭腦，但幻想的天性和自我表達的渴望使你更傾向於創造性和合作性的職業；愛好交際和隨和的性格使你頗具魅力，適合從事公關或客戶服務工作；從事銷售的你要對所推銷的產品充滿信心，否則就不具有說服力；能夠將社交手段融入工

作的你可以選擇在賓館、俱樂部以及酒吧工作並獲得極大的樂趣；另外，你也可以從事教育，尤其是電影和戲劇、文學或音樂方面；如果有幸擁有一副好嗓子，你也可能成為一名非常有潛能的歌手或音樂人。

與你同天出生的名人包括：作曲家喬治·格什溫，作家艾略特，女權主義者伊蒂絲·艾博特，歌手奧莉薇亞·紐頓強和布萊恩·費裡，科學家伊凡·巴普洛夫，以及哲學家海德格。

■數字命理學

誕生日數字26賦予你對人生務實的態度、管理才能以及天生的商業頭腦；非常有責任感，審美感強，熱愛家庭，渴望建立穩固的經濟基礎和穩定感；給予朋友和家人支援，而他人在你需要時也會給你支持；你需要避免物質主義的傾向以及對環境和他人的控制欲。出生於9月的影響使你富有想像力、洞察力敏銳；一旦點燃鬥志，你會創造性地運用所學知識；儘管喜歡舒適安逸的生活，但你的理想會使你專注、富有犧牲精神；如果能夠表新得自律、有同情心，你的善良和對他人的愛最終會獲得回報。

■愛情和人際關係

待人友善，富有魅力的你外向、社交廣泛，有許多朋友和崇拜者；能夠調動氣氛，是全場的焦點人物；你的獨立、理想主義以及對愛的強烈需求會使你陷入無結果的感情糾葛中，因此對待愛情應持謹慎態度；對待愛人十分慷慨，利他和仁愛之心使你對待愛情比較達觀。

■你生命中的特殊之人

留意以下誕生日期，你將有可能邂逅忠誠，可靠的人生伴侶和朋友

◎愛情和友誼：

1月5.9.10.18.19.26.30日、2月3.8.16.17.24.28日、3月1.6.14.15.22.26日、4月4.12.13.20.24日、5月1.2.10.11.18.22日、6月8.9.16.20.30、7月6.7.14.18.28日、8月4.5.12.16.26.30日、9月2.3.10.14.28日、10月1.8.12.22.26日、11月6.10.20.24日、12月4.8.18.22.30日

◎幸運貴人：

1月13日、2月11日、3月9日、4月7日、5月5日、6月3.30日、7月1.28日、8月26日、9月24日、10月22日、11月20日、12月18日

◎強烈吸引你的人：

3月22.23.24.25日

◎砥礪者：

1月14.24日、2月12.22日、3月10.20日、4月8.18日、5月6.16日、6月4.14日、7月2.12日、8月10日、9月8日、10月6日、11月4日、12月2日

◎靈魂伴侶：

7月30日、8月28日、9月26日、10月24日、11月22日、12月20日

優點：創造性、體貼、有責任心、對家庭感到自豪、激情、有勇氣
缺點：固執、叛逆、友誼不持久、缺乏進取心、沒有毅力、反覆無常

| 太陽星座：天秤座
| 區間：天秤座 / 金星
| 角度：天秤座3°30´-4°30´
| 類型：本位星座
| 元素：風
| 恆星：太微左垣一

9月27日

LIBRA

　　你的生日代表你心地善良、性格迷人、富有進取心；誠實、直接的你樂於與他人分享，是個貼心的伴侶；野心幫助你尋求機會，遠大目標可以保持你的熱情；不過要學會控制強烈的感情，避免走極端或表現得衝動。

　　受區間主導星座天秤座影響的持續增強，喜歡奢華和美的事物，對顏色、外形以及聲音的感知力強；希望給他人留下良好的印象，你表現得迷人，對外表十分在意；待人友好、有禮貌，與人關係融洽，運用天生的外交手腕能帶給他人輕鬆和愉悅；你的聰明才智、組織能力以及冒險精神使你具備創造財富的能力，充滿理想、脫俗的你如果能將聚財的能力同處世哲學以及社會改革相聯繫會給你帶來更大的效益；缺乏自我約束力以及猶疑不決會妨礙你潛能的發揮。

　　一貫樂觀的你有時會表現得固執，這會使你與你在意的人關係疏遠；不過創造力的發揮以及人際交往的能力會使你迸發活力和奮鬥精神。

　　25歲之前，你關注社交能力、創造力的開發，渴望物質方面成功的機遇；從26歲開始，太陽到達天蠍座，此時轉而關注情感的變化；另一轉捩點出現在56歲，此時太陽推進到射手座，暗示你可能變得更加樂觀，擴張欲增強，渴望透過人際交往、宗教、教育以及旅行尋求新的刺激。

■真實的自我

　　你保持純真的心，渴望潛能為他人帶來歡樂，這一天真的心態有時會使你表現得不成熟，所以你要正視自己的責任；渴望行動和變化通常表現為對現狀的不滿以及浮躁，但如果正確引導這一傾向可以促使你追求和開拓新的、富有挑戰的領域；旅行也可以幫助你開拓視野，滿足你對自由的渴望。

　　崇尚智慧的你對那些睿智、內省的人十分尊重；感情細膩、富有想像力、懷有美好憧憬的你要鍛鍊意志以使自己的潛能得到最大發揮；為了避免浮躁情緒，你可以不斷充實知識和技能，向更宏偉的目標邁進。

■工作和職業

　　你的決心堅定，喜歡發號施令，更適合行政和管理工作；渴望自由表達的你傾向獨立工作或是能夠讓你自由發揮的工作；你的想像力和創造性使你能夠在娛樂界獲得巨大成功；你的機智和口才使懷有仁愛之心的你能成功地推行社會改革，或是在教育、法

律、自然科學、寫作以及政治領域大顯身手；所從事工作必須要靈活多變以避免產生單調感。富有同情心、善解人意、能夠給他人鼓舞，你也適合給予他人關懷或幫助人的工作。

與你同天出生的名人包括：歌手兼歌曲創作者米特·洛夫，法國國王路易十三，漫畫家喬治·克魯克香克，男演員威廉·康拉德，美國革命家薩姆·亞當斯，棒球運動員邁克·施密特，以及導演亞瑟·佩恩。

■數字命理學

誕生日數字27代表你富有理想、敏感、洞察力、分析力以及充滿創意的頭腦能給人留下很深的印象；儘管有時表現得淡泊、難以捉摸，但實際上是為了掩飾內心的緊張；培養良好的社交能力可以幫助你克服表達深層感情的障礙；誕生日數字是27的你十分重視教育，深刻的領悟使你變得更加耐心和自律。出生月9月使你具有迷人的氣質、接受能力以及仁愛之心；豁達、有同情心的你有時會產生情感上的失敗感、感情波動或是陷入逃避主義、自怨自艾；培養你的包容和忍耐，學會更加理性，這對你幫助很大；感情上缺乏安全感時要克制固執和好爭辯的傾向。

■愛情和人際關係

你的個人魅力給他人留下深刻持久的印象；隨和和熱心使人與你相處時感到很自然；你樂意扮演款待人的角色，喜歡熱鬧，有許多朋友；性格直率，渴望被愛、被欣賞，你渴望找到一位能夠回報你的愛和善良的伴侶；對有權勢和決心堅定的人十分著迷，但要避免對對方過於依賴；能夠平衡工作和娛樂之間的關係。

■你生命中的特殊之人

尋求愛和欣賞的你不妨關注一下誕生日為以下日期的人

◎愛情和友誼：

1月2、3、6、9、10、11、21、27、31日、2月1、4、7、8、9、25、29日、3月2、5、7、17、23、27日、4月3、5、15、21、25日、5月1、2、3、13、19、23、30日、6月1、11、17、21、28日、7月9、15、19、26、29日、8月7、13、17、24、27日、9月5、11、15、22、25日、10月3、9、13、20、23日、11月1、7、11、18、21、30日、12月5、9、16、19、28日

◎幸運貴人：

1月11、16、30日、2月9、24、28日、3月7、22、26日、4月5、20、24日、5月3、18、22、31日、6月1、16、20、29日、7月14、18、27日、8月12、16、25日、9月10、14、23日、10月8、12、21、29日、11月6、10、19、27日、12月4、8、17、25日

◎強烈吸引你的人：

3月23、24、25、26、27日

◎砥礪者：

1月15日、2月13日、3月11日、4月9日、5月7、30日、6月5、28日、7月3、26日、8月1、24日、9月22日、10月20、30日、11月18、28日、12月16、26日

◎靈魂伴侶：

1月9、29日、2月7、27日、3月5、25日、4月3、23日、5月1、21日、6月19日、7月17日、8月15日、9月13日、10月11日、11月9日、12月7日

優點：	多才多藝、充滿想像、有創造力、信念堅定、勇敢、理解力強、智商高、脫俗、有開創精神、心智成熟
缺點：	不隨和、心胸狹隘、好爭辯、不安分、焦慮、多疑、高度緊張

太陽星座：天秤座
區間：天秤座 / 金星
角度：天秤座4°30´-5°30´
類型：本位星座
元素：風
恆星：太微左垣一

9月28日

LIBRA

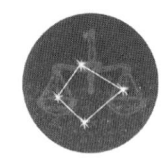

　　你性格迷人，和善，工作勤奮，悟性高；富有同情心、體貼人的你感情深沉，同時為人精明、實際；有說服力、機敏、明辨是非，關注人本，有仁愛之心和為理想奮鬥的勇氣。

　　受區間主導星座天秤座影響的持續增強，你十分在意別人對你表現出的喜歡和欣賞；具有高雅的氣質和社交能力、知人善用，使你在與他人交往獲得成功；對美的感知和藝術潛能使你試圖透過音樂、美術和戲劇找到感情的宣洩，滿足對改造周圍環境使其更具有美感和風格、更加奢華的渴望。

　　對經濟狀況十分關注的你天生具有商業頭腦，工作勤奮，能夠利用潛能創造價值；不過你需要學會平衡工作和娛樂，從而讓生活不是那麼緊張和有壓力感；讓你的直覺把握最佳時刻的到來，然後積極努力，在這種狀態下的你相對那個被規範束縛的你，表現會更加出色。

　　24歲之前，你比較關注金錢、創造力以及建立人及關係和諧；從25歲開始，你的太陽推進到天蠍座，對情感的變化、個人能力以及人生轉變的渴望增強，這時的你更加果斷和專注；另一個轉捩點出現在55歲，此時太陽到達射手座，你會變得更富有冒險精神，渴望自由、處事練達，渴望透過學習和感受異族風土人情以獲得更多的靈感。

■真實的自我

　　對在意的人十分豁達，博愛、富有同情心；敏感的你需要定期獨處、內省或是短暫的休整以獲得更多的靈感。

　　有時會表現對他人的關注和極強的責任感，有時會經歷職責和欲望的矛盾糾纏，這會導致你變得多疑、孤僻；淡然的態度能使你變得平和，要相信生活能夠適時地滿足你的渴望。你同樣需要愛和欣賞，但之前可能因為達不到他人的期望而使這種需求遭到壓抑；自我意識的提升和感情的表達會使你不再為獲得肯定而無原則得遷就他人，因而表現得更加自信。

■工作和職業

　　富有進取心和想像力，目標遠大，創意非凡；敏感、充滿理想的你強勢但迷人；具有仁愛之心，專注、勤奮；尋求平衡和和諧的你公平、正義，敢於為蒙冤之人伸張正義；同時，富有說服力和創意的你適合從事廣告、傳媒以及出版工作；如果你有藝術潛

能和同情心，還可以在創造性領域發揮所長，如音樂或戲劇。

與你同天出生的名人包括：女演員碧姬・芭杜，電視節目主持人艾德・蘇利文，男演員馬塞洛・馬斯楚安尼和彼得・芬奇，義大利畫家米開朗基羅・達，以及導演約翰・塞爾斯。

■數字命理學

這一天出生的你性格獨立，充滿理想，信心堅定，態度務實，自我約束力強；和誕生日數字是1的人相似，你有野心、直接、進取；誕生日數字28還暗示你一方面渴望獨立，一方面渴望成為團隊一員的矛盾心理；充滿幹勁和冒險精神的你積極面對生活中的挑戰，你的熱情極易感染人，使他們即使不能與你並肩作戰至少會助你一臂之力；誕生日數字28還賦予你領導才能；具有常識的你看問題透徹；你具有責任感，但要避免出現過於熱情，浮躁以及偏執的情緒。出生月9月表明你富有想像力、洞察力敏銳、預感強烈；培養創造力或是對能夠充分展示自我的職業的追求能使你獲益；儘管渴望被欣賞和成為團隊的一員，但要避免過度遷就他人。

■愛情和人際關係

你的迷人和隨和可以幫助你聚集人氣；充滿感情、體貼他人、感知力強，對所愛的人十分慷慨，儘管情緒的波動會使你的行為比較唐突；對他人十分敏感，會不斷改變以適應對方的需要，不過要學會保持獨立性，人際關係中渴望變化和新鮮感避免你產生厭倦感或變得墨守陳規，要為自己的休息、旅行和尋找樂趣留下時間；渴望能與你分享理想的生活伴侶。

■你生命中的特殊之人

留意一下誕生日為以下日期的人能幫助你找到生命中的特殊之人。

◎愛情和友誼：

1月2.9.11.12.22.25日、2月7.10.20.23.26日、3月5.8.18.21日、4月3.6.16.19日、5月1.3.4.14.17.20.24.29日、6月1.2.12.15.27日、7月10.13.16.20.25.30日、8月9.15.24.26日、9月7.22.24日、10月4.7.10.14.19.24.28.29日、11月2.5.8.12.17.22.26.27日、12月3.6.10.15.20.24.25日

◎幸運貴人：

1月12.23.29日、2月10.21.27日、3月22.26日、4月6.17.23日、5月4.15.21日、6月2.13.19.28.30日、7月11.17.26.28日、8月9.15.24.26日、9月7.13.22.24日、10月5.11.20.22日、11月3.9.18.20.30日、12月1.7.16.18.28日

◎強烈吸引你的人：

3月24.25.26.27日、7月29日、8月27日、9月25日、10月23日、11月21日、12月19日

◎砥礪者：

1月1.4.26.30日、2月2.24.28日、3月22.26日、4月20.24日、5月18.22.31日、6月16.20.29日、7月14.18.27日、8月12.16.25.30日、9月10.14.23.28日、10月8.12.21.26日、11月6.10.19.24日、12月4.8.17.22日

◎靈魂伴侶：

1月20日、2月18日、3月16日、4月14日、5月12日、6月10日、7月8日、8月6日、9月4日、10月2日

優點：同情心、遠見、進取心、藝術潛能、美好憧憬、遠大抱負、情分、家庭生活穩定、意志強大

缺點：空想、動力不足、沒有愛心、不切實際、缺乏判斷力、咄咄逼人、不自信、太過依賴他人、驕傲

太陽星座：天秤座
區間：天秤座／金星
角度：天秤座5°30´-6°30´
類型：本位星座
元素：風
恆星：太微左垣一

9月29日

LIBRA

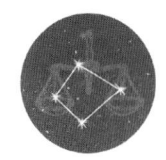

你的誕生日表明你浪漫、富有理想，但強大的感情力量使你的性格堅強、意志堅定；你活潑的性格和天生的職業敏銳觸覺使你能夠很好得處理工作和娛樂的關係；風趣你的給能夠給他人留下熱情和慷慨的印象。

受區間主導星座—天蠍座影響的持續增強，你喜歡奢華、和諧的環境；對美、顏色和聲音的感知力強，具有藝術潛能和創造力，有望在歌唱、音樂、美術或戲劇方面有所成就；追求品味的你外表迷人，渴望給他人留下好印象；氣質優雅、待人友善，具有外交手腕，是優秀的談判專家；有致富的能力，但缺乏自律和自我放縱會阻礙你潛能的發揮。

尋求和諧人際關係的你十分重視對愛的表達；天秤座的你有時會遭遇心靈天平的失衡，感情豐富、性格開朗的你有時也會變得情緒多變、執拗，尤其是當他人和環境無法達到你的要求時，感情方面的緊張會使你傾向高壓政策。

23歲以前主要關注社交能力和創造財富能力的增強，對人際關係比較重視；24歲開始，你的太陽進入天蠍座，此後30年，你的注意力逐漸轉向情感的變化和人生的轉變；另一個轉捩點出現在54歲，此時太陽落在射手座，暗示你更加富有冒險精神、樂於接受更大的挑戰，或是透過進一步的學習和異國旅行來開拓視野。

■真實的自我

富有理想的你能夠給予他人鼓勵和靈感；為你的創造力和人際交往的渴望找到發揮的途徑，這對激發你的熱情和進取心十分重要。

平時表現樂觀的你會由於情緒的波動而疏遠你在意的人，這時的你表現得孤僻、冷漠，對生活重新樹立信心會使你的需求獲得滿足，並使豐富的感情獲得宣洩；充滿活力、情感細膩的你傾向心靈療傷的力量或精神層面的追求；另一方面，你的同情心和善解人意能使你幫助周圍的人獲得更好的生活。

■工作和職業

充滿理想，性格開朗、堅強；愛好交際、友善的你能夠將商業的才能同樂趣相結合；獲得情感的滿足的需要表明你渴望潛能的發揮而非滿足於單調的工作，比較適合為崇高的理想和事業而奮鬥；同時，你可能對公關、政治或社會改革的工作感興趣；渴望發掘創造力的你在電影界能夠獲得巨大成功；感情豐富的你適合演員和娛樂業的工作，

因爲你可以所教所寫與他人分享你的所學。

與你同天出生的名人包括電影導演米開朗基羅・安東尼奧尼和斯坦利・克雷默，女演員安妮塔・艾克伯格，畫家雅科波・丁托列托，歌手傑瑞・李・路易士，英國海軍將領納爾遜，以及波蘭政治家華勒沙。

■數字命理學

誕生日數字是29的你有著剛強的性格和超凡的天賦；你洞察力敏銳、敏感、感情豐富；靈感是你獲取成功的重要元素，缺少靈感的你可能會喪失目標；你是一個不折不扣的幻想家，要小心性格中的極端方面導致情緒的多變；相信你的感覺，向他人敞開心扉，要克服焦慮的情緒或恃才放曠的傾向；你的創意能夠給他人靈感或幫助他人；出生於9月暗示你關注他人幸福；慷慨、善良的你對自己和他人的要求很高，因而你的遠大理想可能使你產生失望和挫折感；學會讓步和正視人生的不完美可以幫助重新獲得滿足感。

■愛情和人際關係

待人友善、熱心的你會發現社交聚會爲你提供使自己成爲明星的機會；富有同情心、浪漫的你喜歡花、細膩情感以及婉約的詩歌，能夠爲你提供穩定和安全感的關係才能持久；人際交往有可能會打破你的美好憧憬，因此要謹慎交友，避免捲入權利紛爭或產生自怨自艾的情緒；你的個人魅力爲你贏得許多朋友和崇拜者，你強烈的感情和慷慨性格給他人幫助很大。

■你生命中的特殊之人

留意一下誕生日爲以下誕生日期的人、你會找到生命特殊的他/她並獲得情感上的滿足。

◎愛情和友誼：

1月8.11.12.29日、2月6.9.27日、3月4.7.25.29日、4月2.5.23.27日、5月3.4.21.25日、6月1.2.19.23日、7月17.21日、8月15.19.29日、9月13.17.27日、10月11.15.25.29.30日、11月9.13.23.27.28日、12月7.11.21.25.26日

◎幸運貴人：

1月13.30日、2月11.28日、3月9.26日、4月7.24.30日、5月5.22.28日、6月3.20.26日、7月1.18.24.29日、8月16.22.25日、9月14.20.25日、10月12.18.23日、11月10.16.21日、12月8.14.19日

◎強烈吸引你的人：

3月25.26.27.28日、10月30日、11月28日、12月26日

◎砥礪者：

1月5.19日、2月3.17日、3月1.15日、4月13日、5月11日、6月9.30日、7月7.28.30日、8月5.26.28日、9月3.24.26日、10月1.22.24日、11月20.22日、12月18.20日

◎靈魂伴侶：

9月30日、10月28日、11月26日、12月24日

優點：靈感、平衡能力、內心平靜、慷慨、成功、創造力、洞察力、神祕性、理想遠大、善於處世、信念堅定

缺點：注意力不集中、缺乏安全感、焦慮、情緒多變、難相處、極端、不為他人考慮、孤僻、過於敏感

太陽星座：天秤座
區間：天秤座／金星
角度：天秤座6°30´-7°30´
類型：本位星座
元素：風
恆星：無

9月30日
LIBRA

你富有想像力及分析能力，感情細膩、對生活的見解獨到，是理想主義和懷疑主義的有趣組合；你的情感脆弱，且當他人達不到你過高的要求時，容易產生失敗感；你的思維富有創造性，而且性格迷人。

受區間主導星座天秤座影響的增強，你渴望被愛、被欣賞；自我表達的渴望使你得以在美術、寫作、音樂或戲劇方面發揮創造力，至少能在這些方面成為優秀的鑑賞家；氣質高雅的你擁有大方的舉止和動聽的聲音。

你的思想前衛、求知欲強，對待工作樂在其中的態度使你的思維活躍；具有評論及判斷力和專業技能；但要注意避免多疑和焦慮的情緒，這有可能改變你對生活積極樂觀的態度。

由於你的情感較敏感，你的前半生會比較辛苦，不過這會開啓你性格中的直覺性和神祕性的一面，轉而使你的後半生獲益。

22歲之前，你比較注重人際關係的和諧、開發創造性潛能和社會技能，以及尋求獲得物質成功的機會；23歲開始，太陽星座進入天蠍座，此後30年逐漸重視情感的宣洩、變化以及人生的轉變；另一個轉折出現在53歲，太陽星座推進到射手座，表示你渴望擴展視野，並透過交流、宗教、教育以及旅行尋求人生的感悟。

■真實的自我

你內心的強烈情感需要找到適當的宣洩途徑，否則你會變得情緒化；因為你具有對愛的敏銳感知，並願意用愛照亮他人生活，這使你魅力十足；信念堅定的你能用幹勁、熱心和慷慨感染周遭的人；你的協調能力、堅持和商業頭腦能幫助你實現許多夢想。

對知識的渴望激勵你追求能夠帶給你心靈感悟的工作和人；你需要保持忙碌的狀態，不斷挑戰自我來達成崇高的理想，這能使你避免過於嚴肅或過於自我陶醉；另一方面，你容易感到孤獨並自我放縱，因而需要經常性的獨處和內省。

■工作和職業

合群、友善的你適合創造性思維或是與公眾打交道的職業；充滿理想、忠實可靠的你喜歡相互合作的團隊工作；在很多方面都表現出天分的你傾向輕鬆、愉悅的工作氛圍；渴望成功的你必須要付出辛勤努力從而獲得他人的矚目；你天生處事老練，喜歡公共關係或服務客戶的工作，你的人際交往手腕能幫助你在推銷和出版領域取得成功；追

求樂趣的你可以將社交融入工作，因而適合在俱樂部、酒店工作，對於展示性的職業以及音樂也會產生興趣。

與你同天出生的名人包括歌手約翰尼·馬蒂斯、女演員安吉·迪金遜和黛博拉·寇爾、作家杜魯門·卡波特和W·S·默溫，以及男演員雷蒙德·馬西。

■數字命理學

富有創造力、待人友善、社交能力強是誕生日數字30賦予你的特質；野心勃勃、有創造天賦的你能夠抓住閃現的靈感，並以自己的風格對其不斷充實；這一天出生的你欣賞美好生活，極具個人魅力，性格外向，擁有強烈的情感，渴望愛和滿足感；在追求幸福的過程中要克服懶惰或自我放縱，以及浮躁和妒忌；許多這一天出生的人都能獲得重視和名氣，尤其是音樂家、演員或是從事娛樂工作的人。出生於9月的你充滿想像力、洞察力敏銳；愛幻想的你只有更加實際地看待問題才能達成願望；如果你能更堅持、勤奮、勇敢地追尋夢想，你會更具責任感，不要逃避現實否則你的目標和渴望最終都會流於空想。

■愛情和人際關係

感性、充滿理想的你渴望新鮮感以擺脫對現實的厭倦和焦躁感；愛情會帶給你生活上很大的改變，因此要學會適應而不是悲觀失望；你會幫助朋友擺脫困境，因而結交朋友一定要謹慎以免後悔和受傷害；你十分在意他人對你表示出的喜愛和欣賞，也要學會用寬容、公正的心對待他人。

■你生命中的特殊之人

想要找到心儀伴侶的你，不妨注意一下誕生日為以下日期的人。

◎愛情和友誼：

1月9、13、30日、2月7、11、28日、3月5、26、30日、4月3、24、28日、5月1、22、26日、6月3、20、24日、7月18、22、31日、8月16、20、29、30日、9月14、18、27、28日、10月12、16、25、26、31日、11月10、14、23、24、29日、12月8、12、21、22、27日

◎幸運貴人：

1月15、22、31日、2月13、20、29、3月11、18、27日、4月9、16、25日、5月7、14、23、30日、6月5、12、21、28日、7月3、10、19、26、30日、8月1、8、17、24、28日、9月6、15、22、26日、10月4、13、20、24日、11月2、11、18、22日、12月9、16、20日

◎強烈吸引你的人：

1月11日、2月9日、3月7、26、27、28、29日、4月5日、5月3日、6月1日、10月31日、11月29日、12月27日

◎砥礪者：

1月5、8、16、21日、2月3、6、14、19日、3月1、4、12、17日、4月2、10、15日、5月8、13日、6月6、11日、7月4、9、29日、8月2、7、27日、9月5、25日、10月3、23日、11月1、21日、12月19日

◎靈魂伴侶：

1月13日、2月11日、3月9日、4月7日、5月5日、6月3日、7月1日、8月31日、9月29日、10月27日、11月25日、12月23日

優點：風趣、忠誠、友善、綜合能力強、文字駕馭能力強、富有創造力、運氣好

缺點：懶惰、固執、反覆無常、浮躁、脾氣暴躁、缺乏安全感、冷漠、注意力不集中

太陽星座：天秤座
區間：天秤座／金星
角度：天秤座7°30´-8°30´
類型：本位星座
元素：風
恆星：太微左垣四

10月1日

LIBRA

天秤座

　　這一天出生的你獨立、堅強、活潑，具有天秤座特有的迷人氣質和圓融個性；野心勃勃的你恨不得能立刻改善所處環境；外表和善的你具有堅定的意志，並具備商業敏感度以及組織能力，憑藉毅力和自我約束力，你一定能夠獲取成功。

　　受區間主導星座天秤座的影響，你期待被愛和被欣賞；個人魅力和社交手腕讓你與他人的相處更為順利和成功；藝術的潛能會使你在音樂、繪畫或戲劇方面有所成就，你也渴望被美、風格獨特或奢華的事物所包圍。

　　好強的性格促使你對安全感、力量、物質上的成功以及認同感懷有渴望；心志高遠的你喜歡追求權威；有驕傲、專橫、以自我中心的傾向，不善採納他人意見，有時必須學會接受逆耳忠言。

　　天資聰穎、機敏、睿智的你做事積極且有成果，不過要避免浮躁和固執的情緒；鼓起幹勁的你能夠憑藉天賦、活力和能力，出色地完成充滿挑戰性的工作。

　　21歲之前，你主要將注意力放在人際關係、社交能力的培養以及財富的創造上；22歲開始，太陽星座進入天蠍座，之後的30年會將更多注意力轉向個人力量以及人生的轉變；另一個轉捩點出現在52歲，此時太陽星座推進到射手座，你渴望在生活中有更多的冒險，希望透過學習和旅行經驗開闊視野，有更多機會接觸來自不同文化背景的人或到國外旅行。

■真實的自我

　　你具有敏捷、正確的直覺；處事淡泊，充滿智慧；超強的自制力顯示出你天生的領導才能，長期居於人下會使你覺得潛能得不到充分發揮；情感豐富、創造力強的你對目標十分堅持，因此對你來說，最重要的是確立遠大的理想。

　　事業上的阻礙可能來自多疑和焦慮產生過大的壓力，這會使你自我孤立，因此你要堅定信念，充分利用你的創造力；有競爭意識和進取心的你聰慧、積極，能夠發揮自我潛力並鼓舞他人；但性格中的黑暗面會表現出孤僻和自我禁錮。

■工作和職業

　　洞察力敏銳、充滿創意、社交能力強的你可以將樂趣融入工作之中；你享受與他人共同完成工作的過程，但更傾向處於領導角色而非聽從他人號令、亦步亦趨；你的外交手腕和管理才能可以使你勝任管理者的位子，如經理人、組織者或監督者；同時你也可

以選擇自我創業；十分清楚他人需要的你適合從事公共服務行業如金融顧問或律師；對美和藝術的鑑賞力使你適合從事藝術代理在畫廊工作；對神祕學感興趣的你也可以投身神智學、哲學或占星術的研究。

與你同天出生的名人包括女演員兼歌手茱莉・安德魯斯、美國總統卡特、男演員沃爾特・馬修和理查・哈里斯、神智學家安妮・貝贊特、占星家馬克・艾德蒙・瓊斯。

■數字命理學

誕生日數字是1的你十分自我、思想進步、勇氣十足、精力充沛，強烈渴望獲得名望和培養自信心。表現出進取心能幫助你堅持己見或另闢蹊徑。自發性的力量促使你發掘管理和領導方面的才能。滿懷熱情、想法獨特的你經常會引領眾人；生日數字1還意味著你需要了解地球不是為你而轉，你要克服自我中心或獨裁的缺點。受出生月10月的影響，你的洞察力敏銳，喜歡用富有創意的想法詮釋自我。富有冒險精神、目標堅定的你有時也會發現要表達內心微妙的情感是件很困難的事。情感豐富、野心勃勃的你自我意識十分強烈，記得要學會，成功來自於與他人合作的觀念。

■愛情和人際關係

性格開朗、富有魅力的你渴望擁有許多朋友並受到他人關注。你對所愛的人十分忠誠並能做出巨大的犧牲；不過要改善過於控制他人或太以自我中心的缺點；愛情對你很重要，不過你時常陷入對人際關係的懷疑和焦慮；對藝術和美的熱愛與欣賞表示你需要情感的宣洩，並渴望與富有創造力的人相伴。

■你生命中的特殊之人

留意以下誕生日期，你就能找到理解你的細膩感情和對愛的需要的理想伴侶。

◎愛情和友誼：
1月1、7、17、20、30日、2月5、15、18、28日、3月3、13、16、29、31日、4月1、11、14、27、29日、5月9、12、22、25、27日、6月7、10、23、25日、7月5、8、21、23日、8月3、6、19、21日、9月1、4、17、19日、10月2、15、17、11月13、15、30日、12月11、13、28日

◎幸運貴人：
1月15、17、28日、2月13、15、26、3月11、13、24日、4月9、11、22、5月7、9、20日、6月5、7、18日、7月3、5、16日、8月1、3、14日、9月1、12日、10月10、29日、11月8、27日、12月6、25日

◎強烈吸引你的人：
1月5日、2月3日、3月1、27、28、29、30日

◎砥礪者：
1月4、5、14日、2月2、3、12日、3月1、10日、4月8、30日、5月6、28日、6月4、26日、7月2、24日、8月22日、9月20日、10月18日、11月16日、12月14日

◎靈魂伴侶：
1月2日、3月29日、4月27日、5月25日、6月23日、7月21日、8月19日、9月17日、10月15日、11月13日、12月11日

優點：領導能力、創造力、思想進步、剛強、樂觀、雄辯、有競爭意識、獨立、好交際。

缺點：傲慢、妒忌、自我中心、驕傲、咄咄逼人、缺乏自制力、自私、軟弱、猶疑不決、缺乏耐心

太陽星座：天秤座
區間：天秤座 / 金星
角度：天秤座8°30´-9°30´
類型：本位星座
元素：風
恆星：太微左垣四、太微左垣二

10月2日

LIBRA

這一天出生的你喜好交際、氣質迷人、工作勤奮，是富有說服力的人道主義者，並擁有對美和藝術的鑑賞力；儘管愛幻想，但精明的處事態度使你具有將理想化為現實的能力。

受區間主導星座天秤座的影響持續增強，你具有天生的外交手腕和讓他人放鬆的能力；人們通常會著迷於你的熱情、優雅氣質以及與他人協調合作的能力；你是個可信賴的朋友和稱職的家長，會細心呵護每一位家庭成員。

你喜愛欣賞美的事物、品味高雅、十分在意外在形象，渴望在他人心中留下好印象；對顏色、聲音的感知力強，你的潛在藝術天賦能在歌唱、音樂、美術或戲劇方面得到發展；對環境十分敏感的你渴望擁有溫暖、愜意的家。

你的理想主義和浪漫主義情結使你投身意義深遠的事業，並不計回報地投入時間和金錢；你十分在意物質方面的安全感，喜歡做長遠規畫，一旦擁有目標，你會變得勇往直前，並希望透過辛勤努力獲得豐富物質；你要在工作和責任以及對愛和娛樂的渴望之間尋求一個平衡點。

20歲之前，你會把注意力放在業務以及個人的人際關係；21歲開始，太陽星座會進入天蠍座，因此你對情感的變化以及生活充實感的渴望將會逐漸增強，這會使你變得更加果斷和專注；另一個轉捩點則出現在51歲，此時太陽星座落在射手座，你將更加富有冒險精神和進取心，渴望透過旅行和哲學學習獲得更多的人生體悟。

■真實的自我

你的情感表現含蓄；同情心加上強烈的情感使你十分關心他人，表現出博愛胸懷。當你能宏觀地對人和局勢進行分析時，你會表現「上天自有安排，何必自尋煩惱」的豁達人生觀，這樣的信念使你不會產生想要控制一切的欲望，或變得嚴肅、不近人情及產生失敗感。

和善、體貼的你有時也會鑽牛角尖；一旦熱情被點燃，你會變得積極、風趣、充滿關懷，具有兒童般的純真心態；你具備淡泊的處世哲學以及堅定的奮鬥信念，不過可能會變得過於自我犧牲或陷入自憐或自我放縱；若你能在物質和精神兩者之間取得平衡，你將能獲得極大滿足，幫助你克服困難並實現夢想。

■工作和職業

富有創造力和抱負的你洞察力敏銳、性格迷人，傾向選擇與他人合作的工作，適合從事與公眾打交道的職業；你也會對傳媒或公共關係領域產生興趣，或成為社會福利工作者或談判員；聰明、充滿理想的你適合教師、心理學家或顧問等職業；具有藝術潛能和創意使你適合從事藝術家或設計師的工作；如果對藝術領域不感興趣，憑藉優雅氣質和隨和性格，你也能從事外向型的工作或是將工作融入社交和旅行之中；能與不同的人合作的能力使你能夠勝任銷售或推銷工作，或是為追求公正而成為調解員或仲裁人。

與你同天出生的名人包括印度領袖聖雄甘地、喜劇演員格羅克‧馬克思、設計師唐娜‧卡倫、作家格林和華勒斯‧史蒂文斯，以及歌手兼歌曲創作者史汀。

■數字命理學

感性且團隊意識強烈是誕生日數字2賦予你的特質。你的適應及理解能力強，喜歡合作性工作，從而累積與人際交往的經驗；你會試圖取悅喜歡的人，但是這會使你過於依賴他人；培養自信能幫助你克服容易被他人的批評和行為中傷的脆弱性格。出生於10月的你充滿理想和創意，具有說服力和個人魅力；一旦你認定了一件事，你往往能成功說服他人加入你的事業；缺乏安全感的你會變得焦慮、對自己的需要和渴望失去自信繼而失去方向感；接受能力強，易受外界影響，需要透過創造性地追求來表現自我，樂於與他人合作來達成自己的目標。

■愛情和人際關係

合群、友善的你不乏朋友和崇拜者；天性浪漫使你十分在意對愛的表達，不論是具體的還是廣泛的；對所愛的人可以做出很大的犧牲；不過要避免因為出於責任感而造成的刻板，這會使你感到無法被他人欣賞；因為受伴侶的影響很大，因此在做出選擇之前要格外謹慎；你通常對聰明、有創造力的人較為著迷。

優點：	有合作精神、有風度、行事靈活、接受能力強、洞察力敏銳、考慮周到、性格平和、好相處、親善
缺點：	多疑、缺乏自信、過於謙卑、神經質、自私、情緒化、容易受傷

■你生命中的特殊之人

留意以下誕生日期、你就能找到理解你的細膩感情和對愛的需要的理想伴侶。

◎愛情和友誼：

1月4.8.9.17.18.19.23日、2月2.6.16.17.21日、3月4.14.15.19.28.30日、4月2.12.13.17.26.28.30日、5月1.10.11.15.24.26.28日、6月7.8.9.13.22.24.26日、7月6.7.11.20.22.24.30日、8月4.5.9.18.20.22.28日、9月2.3.7.16.18.20.26日、10月1.5.14.16.18.24日、11月3.12.14.16.22日、12月1.10.12.14.20日

◎幸運貴人：

1月5.16.27日、2月3.14.25日、3月1.12.23日、4月10.21、5月8.19日、6月6.17、7月4.15日、8月2.13日、9月11日、10月9.30日、11月7.28日、12月5.26.30日

◎強烈吸引你的人：

1月17日、2月15日、3月13.28.29.30.31日、4月11日、5月9日、6月7日、7月5日、8月3日、9月1日

◎砥礪者：

1月1.10.15日、2月8.13日、3月6.11日、4月4.9日、5月2.7日、6月5日、7月3.29日、8月1.27日、9月25日、10月23日、11月21日、12月19.29日

◎靈魂伴侶：

8月30日、9月28日、10月26日、11月24日、12月22日

太陽星座：天秤座
區間：天秤座／金星
角度：天秤座9°30´-10°30´
類型：本位星座
元素：風
恆星：太微左垣四、太微左垣二

10月3日

LIBRA

　　這一天出生的你富有創造力、心地善良、具有領袖氣質、樂觀、想像力豐富、思維活躍；組織才能與勾勒宏偉藍圖的能力，加上自我表達的渴望能夠幫助你實現心中的理想。

　　受區間主導星座天秤座的影響持續增強，你會追求奢華、和諧的環境；迷人的氣質以及優雅的社交能力使你在人際交往中無往不利；愛好交際的你喜歡擔任招待賓客的主人角色；充滿魅力的你能夠吸引他人目光，並且希望營造完美的個人形象；對美、顏色、聲音的鑑賞力強，天生的藝術潛能讓你在歌唱、音樂、美術或戲劇領域得到發揮；進取心和惰性的交替出現可能會影響你發揮潛能，也會使你貪圖安逸而不思進取；幸好追求美好生活的強烈渴望會促使你不斷努力。

　　你對個人需要的渴望不是很強烈，但願意為蒙冤之人伸張正義，或是為偉大的事業奉獻自我；靈感時常閃現，一旦確立了目標就會表現得堅定，頗具組織能力；但有時會表現出脾氣暴躁或固執。總體來說你是容易相處的人，心胸豁達，且富有幽默感。

　　19歲以前，你的注意力主要集中在人際關係、社交能力的培養和財富的創造；20歲開始，太陽星座到達天蠍座，轉而關注個人力量、變化以及人生的轉變；另一轉捩點出現在50歲，此時太陽星座落在射手座，之後的30年，你期待人生中出現更多挑戰，並透過學習和旅行開拓視野，因此你將有更多機會接觸來自不同文化背景的人，或到國外旅行。

■真實的自我

　　富有創造力、想像力和敏銳洞察力的你需要藉由自我表達來增強個人力量；時常出現的焦慮、自我懷疑或猶豫不決會阻礙你在多方面發揮潛能；要對自己的目標十分明確，避免因為周遭人和環境的影響而喪失方向；憑藉廣闊的胸襟和普世原則，你將能夠不因環境阻礙而限制了自我發展。

　　你愛好交際，能夠設身處地為他人著想，真正關心他人疾苦；遺憾的是，你身邊的一些人總使你感到失望或產生失敗感，因此要培養淡然和冷靜態度；保持樂觀積極的處事態度，能使你將幸福感與身體健康以及物質方面的安全感聯繫在一起，後者因為誕生日的緣故比較容易獲得。

■工作和職業

你充滿活力、多才多藝、氣質迷人、善於推銷自己的想法，只要愈勤奮，你就能獲得愈好的結果和愈多的回報；投身商界的你能勝任銷售員的工作；富有創造力、天分高的你可以透過準確洞察力掌握公眾的需求；追求公平公正的你適合踐行法律和政治，或是為弱勢團體仗義執言；能激起求知渴望的你能夠成為優秀的教師或牧師；愛好社交、待人友善的你能夠將娛樂融入在工作之中，適合在酒店、咖啡店或是俱樂部工作；如果對音樂或藝術感興趣，你可能會在表演藝術、舞臺劇，或電影、音樂方面有所發展。

與你同天出生的名人包括音樂人琳賽・白金漢、禮儀專家艾蜜麗・波斯特、神祕學家保羅・福斯特・凱斯、女演員愛蓮諾拉・杜絲、演藝人員查比・切克、作曲家史蒂夫・雷奇，以及作家戈爾・維達爾和湯瑪斯・沃爾夫。

■數字命理學

誕生日數字為3的你感性、渴望創造力和自我表達；富有情趣的你是一個好伴侶。喜愛社交活動、興趣廣泛。富有表現力、渴望與眾不同與能激勵人心的生活經驗，但容易厭倦的個性會使你變得猶豫不決，或過度分散注意力；出生在這一天的你具有藝術氣質、性格迷人、富有幽默感，但需要培養自我認同感，避免焦慮。出生月10月的你洞察力敏銳、性格獨立；儘管天分高、有創意，但貪圖安逸以及情感上缺乏安全感的你需要學會自我控制；你經常在他人有困難時及時給予幫助；具有個人魅力和睿智的你要相信你的內心感受並學習具有耐心。

■愛情和人際關係

你愛好社交且友善，是派對中的焦點。具有強烈的正義感，常常支持並鼓勵所愛的人們。你永遠記得曾經對你釋出善意的人。因為你總是無私的付出，所以要避免他人太過依賴你，尤其是你愛的人。你擁有彼此信賴的夥伴，而且因為你天然的魅力，所以很多人都聽說過你。

優點：幽默、樂觀、友善、富有成果、具創造力、藝術氣質、擁有理想、愛好自由、文字駕馭能力強

缺點：容易厭倦、虛榮、空想、浮誇、不體諒、賣弄、奢侈、自我放縱、懶惰、虛偽、浪費

■你生命中的特殊之人

尋求安全感、靈感和愛的你需要注意誕生日為以下日期的人。

◎愛情和友誼：

1月5.9.10.18.19日、2月3.7.8.16.17日、3月1.5.14.15.31日、4月3.4.12.13.29日、5月1.10.11.27.29日、6月8.9.25.27日、7月6.7.23.25.31日、8月4.5.21.23.29日、9月2.3.19.21.27.30日、10月1.17.19.25.28日、12月13.15.21.24日

◎幸運貴人：

1月1.6.17日、2月4.15日、3月2.13日、4月11日、5月9日、6月7日、7月5日、8月3日、9月1日、10月31日、11月29日、12月27日

◎強烈吸引你的人：

3月28.30.31日、4月1.2日

◎砥礪者：

1月2.16日、2月14日、3月12日、4月10日、5月8日、6月6日、7月4日、8月2日、12月30日

◎靈魂伴侶：

1月11.31日、2月9.29日、3月7.27日、4月5.25日、5月3.23日、6月1.21日、7月19日、8月17日、9月15日、10月13日、11月11日、12月9日

太陽星座：天秤座
區間：水瓶座／天王星
角度：天秤座10°30´-11°30´
類型：本位星座
元素：風
恆星：太微左垣四、太微左垣二

10月4日

LIBRA

你的誕生日代表你富有想像力、創造力、感情細膩，並具有天秤座的冒險精神；你誠實、直率，天生具有外交手腕，對人際關係的敏感度很高；你待人友善，喜好交際，具有優雅氣質，在意個人形象；在許多方面表現出天賦，喜歡尋求新的、激勵人心的經歷；但要避免缺乏耐心和不安的傾向。

受區間主導星座水瓶座的影響持續增強，你富有創造力、思想有深度；對人際交往的議題比較感興趣；心胸豁達，喜愛辯論；對美和奢華的事物具有鑑賞力；你的創造性潛能能在寫作、音樂、藝術或戲劇方面有所發展；你具有對目標的專注力，一旦下定決心就表現出堅定意志。

旅行是你生活中的重要元素，但你需要讓自己有安全感和舒適感的家；理想和物質主義之間的矛盾會讓你變得反覆無常、優柔寡斷，當你面臨巨大挑戰時容易失去做事方針。

19歲時，太陽星座會到達天蠍座，之後的30年你會渴望感情的變化以及尋求生活的充實感和轉變；另一轉折出現在49歲，此時太陽星座推進至射手座，你會更具冒險精神、處事更加圓融，這會促使你產生學習的渴望，以及希望開拓視野，或是對國外的風土人情感到興趣。

■真實的自我

感性、充滿創意、富有遠見、能夠充分表達獨特的見解和想法，能夠幫助你克服經濟不穩定時產生的焦慮以及做決策時缺乏的安全感。自我表達的需要以及對自由的熱愛讓你即便有了沮喪，情緒，也不會持續太久。

聰明的你學習任何事物都很迅速，但要抱持平常心以避免產生失望和挫折感；性格中的仁慈面可以將你對特定事物的關注轉化為大愛；儘管在生活上你喜歡追求奢侈，但你對機會的敏感可以幫助你在物質方面獲得巨大回報，從而迅速建立穩固的經濟基礎。

■工作和職業

有進取心、能幹、多才多藝的你對很多事物都感興趣；在選擇職業前你會嘗試不同經驗；喜歡變化的你要選擇能為你提供足夠發展空間和靈活多變的職業，避免陷入僵化；對形象感知敏銳的你適合從事媒體、繪圖、設計或攝影工作；勤奮的工作態度與出色的社交手腕，加上藝術方面的潛能讓你適合經常需要到國外出差的工作；思想有深度

的你也適合能使智慧得到最大發揮的職業，如研究、哲學或教育。

與你同天出生的名人包括男演員巴斯特‧基頓和查爾頓‧赫斯頓、女演員蘇珊‧沙蘭登、畫家米勒、設計師特倫斯‧科蘭、歌手帕提‧拉貝爾、作家阿爾溫‧托夫勒，以及方濟會創始人聖佛朗西斯科。

■數字命理學

誕生日數字4所代表的強健體魄以及有條不紊的性格使你渴望穩定，崇尚秩序；這一天出生的你被賦予充沛的體力、實際的技能以及堅定的決心，你能靠著勤奮努力獲得成功；追求安全感的意識促使你爲家庭和自己建立穩固的經濟基礎；對生活現實的態度使你具有敏銳的商業嗅覺，在物質方面將不虞匱乏；誕生日數字是4的人通常誠實、坦率、公正；但這一天出生的你要克服情緒上的不穩定以及經濟上的缺乏安全感。受出生月10月的影響，你具有野心、性格獨立、直覺強烈、有探索精神；思想進步、適應能力強、渴望嘗試不同的經歷，這包括因公務或純粹的旅行；機敏、有活力的你樂於嘗試新事物，雖然有時會表現得反覆無常，缺乏毅力和責任感。

■愛情和人際關係

充滿魅力、風趣幽默的你擁有眾多崇拜者；天秤座的你愛好交際，十分重視友誼和愛情；你的敏捷思維、對人的細緻觀察以及天生的幽默感能使你成爲一位讓人輕鬆愉悅的伴侶；你理想中的伴侶應該充滿智慧，並能夠分享你的興趣愛好；你通常表現得含蓄，不輕易表達內心的眞實感受。

優點：有條理、自律、堅強、勤奮、手藝佳、實際、可靠、精確
缺點：不善溝通、壓抑自我、刻板、懶惰、感情遲鈍、做事拖泥帶水、太過精打細算、專橫、壓抑感情、記仇、刻薄

■你生命中的特殊之人

你是否渴望找到滿足你表達自我需要並給予你鼓舞的伴侶，那麼不妨留意一下生日爲以下日期的人。

◎愛情和友誼：
1月2、6、10、20、25、29日、2月4、8、18、27日、3月2、6、16、25、28、30日、4月4、14、23、26、28、30日、5月2、12、21、24、26、28、30日、6月10、15、19、22、24、26、28日、7月8、17、20、22、24、26日、8月6、15、18、20、22、24日、9月4、13、16、18、20、10月2、11、14、16、18、20日、11月9、12、14、16、18日、12月7、10、12、14、16日

◎幸運貴人：
1月7、13、18、28日、2月5、11、16、26日、3月3、9、14、24日、4月1、7、12、22日、5月5、10、20日、6月3、8、18日、7月1、6、16日、8月4、14日、9月2、12、30日、10月10、28日、11月8、26、30日、12月6、24、28日

◎強烈吸引你的人：
1月25日、2月23日、3月21、30、31日、4月1、2、19日、5月17、6月15、7月13、8月11、9月9、10月7、11月5、12月3日

◎砥礪者：
1月3、17日、2月1、15日、3月13、4月11、5月9、30日、6月7、28日、7月5、26、29日、8月3、24、27日、9月1、22、25日、10月20、23日、11月18、21日、12月16、19日

◎靈魂伴侶：
1月18日、2月16日、3月14日、4月12、5月10、29日、6月8、27日、7月6、25日、8月4、23日、9月2、21日、10月19日、11月17日、12月15日

太陽星座：天秤座
區間：水瓶座／天王星
角度：天秤座11°30´-12°45´
類型：本位星座
元素：風
恆星：軫宿三

10月5日

LIBRA

這一天出生的你是感性和精明的綜合體，你的氣質迷人、善於與他人相處；天生的熱情拉近你與他人想處時的距離。非常重視人際關係的你必須找到感興趣的職業和活動，否則你會得不到滿足感。

受區間主導星座水瓶座的影響持續增強，你富有創意，且對現實有所指導，並且喜歡與人切磋交流；心胸寬廣的你，尤其關心人本和自由的議題；天生具有外交手腕以及與他人合作的能力；對藝術的興趣能夠在音樂、繪畫或戲劇方面得到發揮，並渴望被美、風格獨特或奢華的事物所包圍。

你懂得把握機會，善於積累財富，掌握談判技巧；在多方面表現出天賦的你懂得將興趣融入工作；在工作上的自我要求很高；天分高的你也了解勤奮工作、價值觀以及責任感對你獲得成功的重要性。

17歲之前的你主要把注意力放在人際關係的處理以及社會意識的培養上；18歲開始，太陽星座進入天蠍座，之後的30年你會轉而關注情感的變化以及新力量的產生；另一轉折出現在48歲，此時太陽推進到射手座，你開始渴望生活中出現更多的挑戰，並希望透過學習、感悟以及旅行來開拓視界；78歲之後，太陽星座落在摩羯座，你開始將注意力轉向尋求穩定及安全感。

■真實的自我

追求實效的你內心感情細膩，關心理想化的事業，能在慈善事業或宗教活動中擔任領導者角色；你的敏銳直覺能讓你在理性思考之前對整個局勢有大致的把握；發掘並利用你的直覺可以讓你預見問題，並幫助你處理問題。

你對新的工作和理念總是表現出強烈的熱情，喜歡尋求新鮮元素以避免產生厭倦感或陷入僵化；旅遊能帶給你更多成功的機會；如果你無法找到新鮮感，你會變得不安分、浮躁，或透過逃避以及沉溺安逸來獲得心靈的滿足。

■工作和職業

充滿智慧和創造力的你渴望變化，適合從事能夠帶給你刺激和新鮮感的職業；善於交際與求新求變的你能夠勝任處理公共關係的工作；天分高、充滿理想的你適合從事娛樂或音樂相關的職業；你也可以投身社會改革或從事人道關懷的工作；你的人生充滿輝煌，但也有在低潮徘徊失落的經歷；為了獲得安全感和穩定的生活，你要善於積蓄，為

人生做長遠的規畫。

　　與你同天出生的名人包括音樂人鮑伯・蓋朵夫和史蒂夫・米勒，捷克總統哈維爾，太空人理查・高登、電影業先驅路易士・盧米埃，女演員葛萊妮絲・鐘斯，以及賽車手麥克・安德蒂。

■數字命理學

　　誕生日數字5代表強烈的直覺、冒險的天性以及對自由的渴望；因為渴望探索和嘗試新事物以及積極熱情的態度，你的生活豐富而充實；計畫之外的旅行以及尋求變化的機遇可能改變你的人生觀或信念；這一天出生的你需要嘗試感受這個世界的絢麗多姿，不過也必須培養責任感，避免不可預知的悲觀、極端或焦躁情緒；誕生日數字5賦予你順應時勢以及淡然的處世原則。出生月10月的你雄心壯志、意志堅定；具有魅力、容易相處、能夠吸引機會、交友廣闊；具有創造力、在多方面表現出天賦的你能夠扭轉對自己不利的情勢，但要避免過於挑剔以及不易滿足的性格。

■愛情和人際關係

　　你的天生氣質和魅力能吸引眾人目光；愛交際、喜歡熱鬧的你不乏許多朋友和追求者；你的愛熾烈且深沉；有可能在感情問題上遭遇徹底失望，因而盡量避免感情的過於執著或自怨自艾；你最欣賞那些野心勃勃、個人能力強的人，有望得到這些有影響力的大人物的幫助。

■**你生命中的特殊之人**

渴望找到合適伴侶的你不妨注意一下以下誕生日期

◎愛情和友誼：

1月7、11、12、22日、2月5、9、10、20日、3月3、7、18、31日、4月1、5、16、29日、5月3、14、27、29日、6月1、2、12、25、27日、7月10、23、25日、8月8、21、23、31日、9月6、19、21、29日、10月4、17、19、27、30日、11月2、15、17、25、28日、12月13、15、23、26日

◎幸運貴人：

1月8、14、19日、2月6、12、17日、3月4、10、15日、4月2、8、13日、5月6、11日、6月4、9日、7月2、7日、8月5日、9月3、10月1、29日、11月27日、12月25、29日

◎強烈吸引你的人：

4月1、2、3、4、5日

◎砥礪者：

1月9、18、20日、2月7、16、18日、3月5、14、16日、4月3、12、14日、5月1、10、12日、6月8、10日、7月6、8、29日、8月4、6、27日、9月2、4、25日、10月2、23日、11月21日、12月19日

◎靈魂伴侶：

1月9日、2月7日、3月5日、4月3日、5月1日、10月30日、11月28日、12月26日

優點：多才多藝、適應能力強、思想進步、直覺強烈、有魅力、幸運、積極進取、追求自由、機智敏捷、好奇心強、神祕主義、愛交際

缺點：不可靠、反覆無常、優柔寡斷、缺乏毅力、自負、剛愎自用

太陽星座：天秤座
區間：水瓶座/天王星
角度：天秤座12º30´-13º30´
類型：本位星座
元素：風
恆星：軫宿三

10月6日
LIBRA

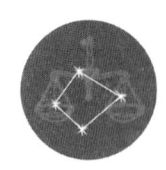

這一天出生的你性格開朗、待人友善、容易相處，擁有天秤座的機智和創造力；行事老練但直爽、關懷人類、氣質優雅、能力過人；對待財務問題天生精明，重視安全感也喜歡奢華生活。

受區間主導星座水瓶座影響的持續增強，你的性格強烈，對前衛藝術感興趣；優雅脫俗的你個性獨立、渴望自由；儘管有時比較挑剔，但多數時間都很隨和，社交表現尤其出色；焦慮將影響你情緒穩定的因素，尤其是金錢方面。

自我表達的強烈渴望以及對美、顏色以及聲音的鑑賞力能使你在寫作、音樂、美術或戲劇方面發揮潛能。儘管你有時表現出猶豫不決，但一旦確立目標後就會表現出不達目的不罷休的執著。

17歲開始，太陽星座進入天蠍座，此時的你開始關注情感上的充實、個人力量的增強以及人生的轉變；另一轉捩點出現在47歲，此時太陽星座進入射手座，受這一影響，你將表現得更加崇尚自由，更富有冒險精神，此時，你與國外的人或地的聯繫將愈趨緊密，體悟或學習幫助你擴大視野；75歲開始太陽星座進入摩羯座，你開始將注意力轉向關於安全感與實際性的問題。

■真實的自我

你可靠、真誠、有責任感，十分重視家庭；領悟力強的你擁有解決問題的能力，能為他人提供明智的建議；但你幫助他人的方式，千萬不要過於強勢或過於悲觀；你願意為所愛的人做出巨大犧牲，但容易被感情因素影響；渴望追求內心平靜和和諧的你有時需要放慢腳步。

你能夠對價值做出迅速判斷，內心世界豐富，天生具有領袖氣質；商業頭腦的你要避免對安全感過度敏感，或是被物質利益蒙蔽了心靈。

■工作和職業

你富有創造力、能在多方面展示出天賦、充滿智慧、天生具有商業頭腦、能夠將創意轉化為財富，適合自我創業；但不論你的選擇是什麼，你總是不斷尋求改善工作環境；直覺敏銳、待人友善的你能夠營造和諧安詳的環境；對公共事物的興趣以及寫作能力使你傾向選擇美術、戲劇、寫作或音樂相關的職業；你的商業頭腦使你在推銷和製造方面表現出眾；同時，達觀、仁愛的處世方式能使你在教育和政治領域獲得滿足。

與你同天出生的名人包括女演員布莉特・艾克拉諾和卡洛爾・隆巴德、科學家及工程師喬治・威斯汀豪斯、探險家托爾・海爾達爾、歌手珍妮・林德，以及建築師勒・柯布西耶。

■數字命理學

富有同情心、懷有理想、關懷他人是誕生日數字6賦予你的特質；數字6代表你追求完美、交友廣泛、有責任感、願意給予他人愛和關懷；這一天出生的你很顧家，是稱職的家長；性格中的敏感因素需要找到富有創意的表達方式，因此你會對美術以及設計產生興趣；你需要建立更強的自信心，避免過於執著、焦慮以及氾濫的同情心。出生月10月的你洞察力敏銳、有創意，同時追求完美；儘管渴望平靜及和諧，但多疑以及對欺騙的恐懼導致的自我懷疑和焦慮卻會使你對感情歸屬感到茫然；如果對自己和他人缺乏信任，你會變得難以取悅。

■愛情和人際關係

待人友善、充滿魅力的你能夠適應任何外在環境；對伴侶充滿愛意，對子女能夠給予支持；你通常活力十足、忠誠並具有奉獻精神，但太過關注自我反而使你表現得冷漠、不近人情；如果目標定得過高會很難以實現；容易相處、喜歡熱鬧的個性使你交到許多朋友，並使你成為貼心的東道主；富有創造力和想像力的你總是表現得充滿機智、風趣幽默。

■你生命中的特殊之人

渴望找到理想伴侶的你不妨注意一下誕生日為以下日期的人。

◎愛情和友誼：

1月4,8,13,22,26日、2月2,6,20,24日、3月4,18,22日、4月2,16,20,30日、5月14,18,28,30日、6月3,12,16,26,28日、7月10,14,24,26日、8月8,12,22,24日、9月6,10,20,22,30日、10月4,8,18,20,28日、11月2,6,16,18,26日、12月4,14,16,24日

◎幸運貴人：

1月9,20日、2月7,18日、3月5,16,29日、4月3,14,27日、5月1,12,25日、6月10,23日、7月8,21日、8月6,19日、9月4,17日、10月2,15,30日、11月13,28日、12月11,26,30日

◎強烈吸引你的人：

1月27日、2月25日、3月23日、4月2,3,4,5,21日、5月19日、6月17日、7月15日、8月13日、9月11日、10月9日、11月7日、12月5日

◎砥礪者：

1月2,10,19日、2月8,17日、3月6,15日、4月4,13日、5月2,11日、6月9日、7月7,30日、8月5,28日、9月3,26日、10月1,24日、11月22日、12月20,30日

◎靈魂伴侶：

1月15日、2月13日、3月11日、4月9日、5月7日、6月5日、7月3日、8月1日、10月29日、11月27日、12月25日

優點：親切、博愛、友善、有同情心、可依賴、善解人意、有理想、顧家、仁愛、沉穩、藝術氣質

缺點：不滿足、焦慮、害羞、不講道理、不合群、強勢、缺乏責任感、自私、多疑、憤世嫉俗、自我中心

| 太陽星座：天秤座 |
| 區間：水瓶座／天王星 |
| 角度：天秤座13°30´-14°30´ |
| 類型：本位星座 |
| 元素：風 |
| 恆星：軫宿三 |

10月7日

LIBRA

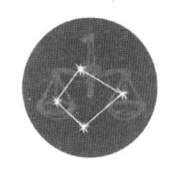

受誕生日的影響，你待人和善、思想敏銳，具備天秤座的誠實和人際交往的天賦；你處事積極，總是充滿計畫和謀略；一旦目標明確，你的意志力和專注力令人佩服；有進取心，會追求物質方面的安逸，能在人際交往中獲得利益和成功。

受區間主導星座水瓶座的影響增強，你富有創意，對人性的理解透徹；創造的潛能和塑造事物的興趣使你在美術、音樂、玄學或宗教領域有所建樹；心胸開闊、開明的你堅持原則，追求公正。

這一天出生的你十分重視人際及夥伴關係，能夠很好地與他人合作；雖然在金錢方面會出現危機感，但天生的處事原則和善於推銷的才能使你的經濟狀況還能算得上穩定；一旦專注於某項工作或思想，你會表現出極大的熱情、吃苦耐勞的精神和堅定的決心；性格中仁善的一面使你感情細膩、充滿理想，能在幫助家人、朋友或慈善事業中獲得滿足。

15歲之前，你的主要注意力集中於培養社會意識；16歲開始，太陽星座進入天蠍座，此後30年開始關注情感的變化、個人力量以及新契機的出現；另一人生轉折在46歲，此時太陽星座推進到射手座，這一變化使你更加樂觀和富有理想，渴望更多的冒險，並希望透過學習和旅行尋求更多自我表達的途徑；76歲時太陽星座落在摩羯座，你會將更多的注意力轉向責任、實際的目標以及對人生現實的展望。

■真實的自我

對名望和地位的追求是你的最大動力，再加上懷有遠大理想，你能夠發現成功的新機會，並成為群體中尋求發展的推動力，這將使你克服惰性或優柔寡斷；受到激勵的你有著堅定的信念，相信只要付出，最終會有所回報。

你對你所愛的和崇拜的人十分慷慨，但金錢方面的危機感使你表現得有些重視物質；不過你的充沛體力和意志力可以保證你在物質生活上的富足，最終你會發現最大的滿足感是來自於幫助他人；你的抱負和進取心，加上你對協調人際以及合作關係的認識加深，你終將獲得成功。

■工作和職業

洞察力敏銳、有理想、喜歡與他人合作，但喜歡自己做決定；傾向保持獨立或為他人服務的意願會使你適合從事代理人、銷售員或推銷員的工作；能夠準確表達思想和感

覺的你在寫作方面極具天賦；教育職業能使你對人生充滿價值感；商業的敏感性和組織能力使你能夠在如金融諮商、顧問或談判員等職業取得成功；好交際、協調能力強的你能在人際交往相關的職業中發揮所長。

與你同天出生的名人包括精神病學家R·D·萊因、歌手唐妮·布蕾斯頓和約翰·麥倫坎、電視評論員克里夫·詹姆斯、南非大主教迪司蒙·圖圖、大提琴家馬友友，以及物理學家尼爾斯·波爾。

■數字命理學

善於分析、富有思想、判斷準確、容易自我陶醉是誕生日數字7賦予你的特質；渴望增強自我意識；喜歡收集資訊，對讀、寫以及精神性事物感興趣；精明的你可能會過於理性或是對細節過分執著而迷失方向；你的神祕氣質時常使你覺得不被人理解。出生於10月的你具有抱負、性格獨立、處事能力強；追求完美，能夠將才能與直覺相結合發揮最大能力；知識豐富、風趣幽默，善於理解每個人的性格，顯示出你擁有敏銳的洞察力和細膩的感情；儘管需要獨處的時間，但你善於與人相處的天賦以及友善的性格使你更傾向有朋友陪伴而不是孤單一人；充滿創意的你要更加積極地讓自己的實用技能能到實踐的檢驗；懷有仁善之心的你可以以撫慰的力量鼓舞他人並使自己獲得滿足。

■愛情和人際關係

你會被有權力和智慧的人吸引，但雖然你看重友情，但交友的道路並不順遂；對愛的人十分熱情、慷慨，但有時會表現得孤僻，自我中心；氣質迷人的你很容易吸引他人的目光，但渴望心靈挑戰的你要避免陷入與他人的意志力爭鬥；聰明的你渴望志趣相投之人的鼓勵，對朋友和愛人十分忠誠。

優點：有涵養、可信賴、謹慎、充滿理想、誠實、善解人意、具科學精神、理性、深思熟慮
缺點：不坦率、寡言、不友好、多疑、難以捉摸、冷漠

■你生命中的特殊之人

尋求安全感、靈感和愛的你需要留意一下誕生日為以下日期的人。

◎愛情和友誼：

1月3、5、23日、2月1、11、21日、3月9、19、28、31日、4月7、17、26、29、30日、5月5、15、24、27、28、29、31日、6月2、13、22、25、27、29日、7月1、11、20、23、25、27、29日、8月9、18、21、23、25、27日、9月7、16、19、21、23、25日、10月5、14、17、19、21、23日、11月3、12、15、17、19、21日、12月1、10、13、15、17、19日

◎幸運貴人：

1月3、4、10、21日、2月1、2、8、19日、3月6、17、30日、4月4、15、28日、5月2、13、26日、6月11、24日、7月9、22日、8月7、20日、9月5、18日、10月3、16、31日、11月1、14、29日、12月12、27日

◎強烈吸引你的人：

1月22、28日、2月20、26日、3月18、24日、4月2、3、4、5、6、16、22日、5月14、20日、6月12、18日、7月10、16日、8月8、14日、9月6、12日、10月4、10日、11月2、8日、12月6日

◎砥礪者：

1月11、20日、2月9、18日、3月7、16日、4月5、14日、5月3、12、30日、6月1、10、28日、7月8、26、31日、8月6、24、29日、9月4、22、27日、10月2、20、25日、11月18、23日、12月16、21日

◎靈魂伴侶：

1月26日、2月24日、3月22、30日、4月20、28日、5月18、26日、6月16、24日、7月14、22日、8月12、20日、9月10、18日、10月8、16日、11月6、14日、12月4、12日

| 太陽星座：天秤座 |
| 區間：水瓶座／天王星 |
| 角度：天秤座14º30´-15º30´ |
| 類型：本位星座 |
| 元素：風 |
| 恆星：軫宿三 |

10月8日

LIBRA

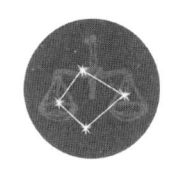

你的外表迷人、和善，內心充滿野心以及對名望的渴望使你性格強烈、進取心十足；你極具魅力、意志堅定、有天生的領導才能，能在工作之中獲得樂趣；能夠快速判斷形勢，為人誠實、直率；積極向上、追求成功的你總是能夠想出絕佳的創意，並樂於與他人分享，這是你獲得成功的重要因素。

受區間主導星座水瓶座影響的持續增強，你富有創造力，工作有成果，能夠洞察人們的心理；心胸豁達的你善於與人交往、崇尚自由；你的性格獨立，能在與他人合作的團隊中發揮天生的外交手腕；但是當他人無法達到你的極高期望時，你會表現得專橫、獨裁。

你的幻想力和對藝術的鑑賞力使你對寫作、音樂、繪畫或戲劇方面感興趣，並且渴望被美、富有風格或奢華的環境包圍；不過要注意對美好事物的過於執著會使你放縱自我或過於沉溺在物質方面的成就感。

15歲時，太陽星座到達天蠍座，之後的30年主要關注於情感的變化、人生的新契機；另一個轉捩點出現在45歲，此時太陽星座進入射手座，表示對自由的渴望增強，並期望擴大視野，迎接更多挑戰，這一時期與國外的聯繫會增多；75歲開始，太陽星座落在摩羯座，你將會開始嚴肅地思索自己的職責和現實問題。

■真實的自我

你能夠實際看待問題，信任自己強大的直覺，一旦有了熱情，你的工作狀態會達到巔峰；你需要不斷的冒險和變化避免產生厭倦感，因此喜歡旅行或站在潮流與思想前端；你一方面對金錢、權力和地位的渴望強烈，一方面又愛幻想，感情細膩、具仁愛之心，因此你需要在兩者之間找到平衡。

寬容、善良、慷慨，你的意志力加上強烈的情感促使你願意幫助他人；目標高遠、憧憬美好未來，但要有獨立實踐的魄力，你需要有放手一搏的勇氣或總攬全局的謀略；善於抓住機遇的潛能會使你做出明智的投資；你的想像力、說服力以及卓越的談判技巧能幫助你取得非凡的成就。

■工作和職業

富有活力、勤奮的你渴望成就，是充滿想像力的實幹家，能在商界獲得成功，你也能選擇追求藝術使自己的創造性潛能得到發揮；你的迷人性格和熾烈感情使你富有同情

心，對社會改革充滿憧憬，從事政治的你能夠獲得滿足感；你也能憑藉卓越的談判技能，在大公司勝任部門主管的職位；而追求公正和誠信的你有可能投身政治，成為律師或庭審人員；另一方面，對美和藝術的熱愛使你樂於在博物館或藝術館工作，或成為古董經紀人；如果對某人或某種思想產生了信念，你可能會從事代理人或推銷員的工作。

與你同天出生的名人包括政治家傑西·傑克森、男演員保羅·霍根、女演員雪歌妮薇佛、喜劇男演員切維·切斯，以及阿根廷獨裁總統胡安·佩隆。

■數字命理學

誕生日數字8代表擁有對價值的敏銳直覺和全面判斷力；數字8還表示你對個人成就的渴望以及強烈的抱負；生於這一天的人也表現出控制欲，對安全感和物質的渴望；你天生具有商業頭腦，組織和管理方面的天賦會使你獲益匪淺；對安全感的需要以及對成就的渴望促使你做出長遠的規畫和投資。受出生月10月的影響，你的洞察力敏銳、充滿活力，對夠了解自我能力，並且相信自己的直覺和智慧，這能使你運用創造力獲取物質上的成功，並表現出剛強的性格；你的崇高理想以及與他人交往的能力能使你將自己的想法變為獲利的事業；由你發起的新專案能夠引導改革潮流，並改進現有的體制和制度。

■愛情和人際關係

待人友善、迷人、合群、自信、直率的你社會生活很豐富；因為你極為重視安全感，所以你選擇的結婚對象未必會是以愛情為考量；你的抱負和決心促使你尋求一位能夠靠著自己能力獲得成功的伴侶；容易變心的你需要培養耐心，避免產生厭倦感，只要全心投入旅行或嘗試不同以往的經歷就有助於你培養這一性格。

優點：具領導才能、考慮周到、勤奮、傳統、權威、有保護欲、治癒的力量、對價值的準確評估

缺點：缺乏耐心、揮霍、心胸狹隘、吝嗇、不安分、過度勞累、覬覦權力、征服欲、易喪失信心、缺少計畫

■你生命中的特殊之人

為了建立愛情及穩定的關係，你需要注意生日是以下這些日期的人。

◎愛情和友誼：

1月6、14、24、31日、2月4、12、22、29日、3月2、10、20、27日、4月8、18、25日、5月6、16、23、30日、6月4、14、21、28、30日、7月2、12、19、26、28、30日、8月10、17、24、26、28日、9月8、15、22、24、26日、10月6、13、20、22、24、30日、11月4、11、18、20、22、28日、12月2、9、16、18、20、26、29日

◎幸運貴人：

1月5、22、30日、2月3、20、28日、3月1、18、26日、4月16、24日、5月14、22日、6月12、20日、7月10、18、29日、8月8、16、27、31日、9月6、14、25、29日、10月4、12、23、27日、11月2、10、21、25日、12月9、19、23日

◎強烈吸引你的人：

1月12日、2月10日、3月8日、4月4、5、6、7日、5月4日、6月2日

◎砥礪者：

1月16、21日、2月14、19日、3月12、17、30日、4月10、15、28日、5月8、13、26日、6月6、11、24日、7月4、9、22日、8月2、7、20日、9月5、18日、10月3、16日、11月1、14日、12月12日

◎靈魂伴侶：

1月25日、2月23日、3月21日、4月19日、5月17日、6月15日、7月13日、8月11日、9月9日、10月7日、11月5日、12月3、30日

太陽星座：天秤座
區間：水瓶座 / 天王星
角度：天秤座15°30´-16°30´
類型：本位星座
元素：風
恆星：招搖

10月9日

LIBRA

你是獨立、智慧、堅強的人，你的生日彰顯天秤座的誠實和坦率，具備天生自信；誕生日賦予你的領導才能與你超凡的領悟能力相得益彰；富有創造力、觀察力強的你充分認識到知識的力量，不過有時產生的情感緊張感導致你不容易滿足，並使你一貫的自信心受損。

受區間主導星座水瓶座影響的持續增強，你富有創意，對人性的理解深刻；這一天出生的女人擁有掌控局勢的能力；你是改革運動的潛在推動者，喜歡追求新奇事物，走在潮流前端；思想開明、胸襟廣闊，能夠堅持原則，追求公正和公平；不過你決不能容忍愚蠢的行為，有時會表現得專橫與充滿控制欲。

你的遠見以及自我表達的渴望使你對寫作、美術、音樂或關於玄學及哲學的問題十分感興趣；天生是個實用主義者，但有時也會表現得激進、不循常理；不要因為懼怕困難而變得立場不堅定；只要學著更有同情心、包容他人的錯誤，與他人打交道的成功機會將大大增加。

14歲開始，太陽星座進入天蠍座，之後30年的人生主要關注於生活的變化以及個人動力的轉變；另一個轉捩點出現在44歲，此時太陽星座進入射手座，對人生的感悟加深，希望擴大視野，透過學習、捕捉靈感以及旅行來尋求生活的不同可能；74歲時太陽星座落在摩羯座，你的重心將轉向尋求現實的安全感。

■真實的自我

反應迅速的你能夠堅持自己的立場，同時渴望出於善意的競爭和爭辯；學會信任自己的直覺，能夠使你勇於面對諸如發掘藝術或商業方面天賦的挑戰；喜歡萬物皆在掌握之中，但有時行為會變得乖僻、愛發脾氣，或是表現得時而過度自信，時而自我懷疑，令人捉摸不透；不過你具備的自我調節能力能幫助你戰勝逆境，最終取得成功。

對目標十分堅持，因為你的勤奮、努力，發揮毅力以及不可動搖的決心，有助你達成長遠的目標；不過，你仍需要培養自我約束力才能使自我潛能得到最大發揮；具有人道精神的你內心感受強烈，又具備與人交往的能力，能把遠大的理想變為現實。

■工作和職業

睿智、洞察力敏銳、富有想像力的你在職業方面有很大的選擇空間；關注社會改革的你適合運用智慧的職業如法律、教育、科學研究以及寫作；敏捷思維和領導能力使你

富有謀略和管理能力，這是你進軍商界的有利資本；對創造力的渴望以及天生的人際交往能力使你透過對高雅藝術、設計、戲劇以及表演藝術，尤其是音樂方面的追求獲得自我表達的滿足；懷有仁愛之心的你也可能傾向在健康部門工作。

與你同天出生的名人包括歌手兼歌曲創作者約翰藍儂及其兒子尚恩藍儂，以及傑克遜·布朗、音樂人約翰·恩特威斯爾、導演雅克·塔蒂、作家賽萬提斯，以及作曲家聖桑。

■數字命理學

誕生日數字9賦予你仁慈、同情心以及細膩的情感；寬容、善良的你表現得慷慨、開明；敏銳的直覺以及心靈力量使你有包容天下的胸懷，只要加以正確引導會促使你在精神領域不斷深入探索；這一天出生的你需要克服挑戰，因為你會因為情感的波動而導致過度敏感；環遊世界以及與各個階層的人群接觸對你的幫助很大，因為這能使你不會過度沉迷於不切實際的空想或陷入逃避狀態。受出生月10月的影響，你表現既得自立又對他人充滿同情心，而你對生活積極樂觀的態度和決心也能夠鼓舞身邊的人；如果有幸被賦予某方面的天賦，你只要排除萬難、堅持到底，就會取得超凡的成就；想要他人給予你支援和建議時，記得不要表現得過於固執己見或強勢。

■愛情和人際關係

你的魅力和智慧能吸引許多朋友和崇拜者；做事坦率、直接的你待人真誠；你一貫表現浪漫、忠誠有時會因為你的專橫和缺乏耐心，因此和所愛的人疏遠；你能夠給予他人實際的幫助和建議；你理想中的伴侶應該是能使你的思維保持活躍，而且品行誠實、直率，同時你還需要對方能夠理解你在自信和自我懷疑之間搖擺不定的性格。

■你生命中的特殊之人

渴望尋找永久的幸福和安全感的你不妨注意誕生日為以下日期的人。

◎愛情和友誼：

1月7、11、13、15、16、17、25日、2月9、11、13、14、15、23日、3月7、9、11、12、13、21日、4月5、7、9、11、19日、5月3、5、7、9、17、31日、6月1、3、5、6、7、15、29日、7月1、3、5、27、29、31日、8月1、3、11、25、27、29日、9月1、9、23、25、27日、10月7、21、23、25日、11月5、19、21、23日、12月3、17、19、21、30日

◎幸運貴人：

1月1、5、20日、2月3、18日、3月1、16日、4月14日、5月12日、6月10日、7月8日、8月6日、9月4日、10月2日

◎強烈吸引你的人：

4月5、6、7、8日

◎砥礪者：

1月6、22、24日、2月4、20、22日、3月2、18、20日、4月16、18日、5月14、16日、6月12、14日、7月10、12日、8月8、10、31日、9月6、8、29日、10月4、6、27日、11月2、4、25、30日、12月2、23、28日

◎靈魂伴侶：

1月6、12日、2月4、10日、3月2、8日、4月6日、5月4日、6月2日

優點：充滿理想、有創造力、感情細膩、慷慨、有魅力、感性、慈善、奉獻、公正、運氣好、有人緣

缺點：挫折感、緊張、目光狹隘、缺乏自信、自私、不切實際、憤世嫉俗、不道德、容易被誘導、焦慮、孤僻

太陽星座：天秤座
區間：水瓶座／天王星
角度：天秤座16°30´-17°30´
類型：本位星座
元素：風
恆星：招搖

10月10日

LIBRA

這天出生的你，擁有敏銳的思維與觀察力，是有遠大抱負的理想主義者；你具有天秤座的迷人氣質、合群，能夠與各種類型的人相處；慷慨善良的你對他人具有奉獻精神，但要避免過分縱容；對顏色、美術以及美具有鑑賞力，創造力強，喜歡追求奢華。

受區間主導星座水瓶座的影響持續增強，你渴望引領潮流或新思想，個性強烈；氣質優雅的你性格強烈、極有主見；你有競爭意識，雖然有時比較刻薄，不過總體來說極好相處；迷人的外在讓你在社交領域游刃有餘；固執以及排斥他人建議的傾向會使你的情緒產生波動。

你待人友善、談吐風趣、喜愛娛樂和交際活動；渴望自由和變化，旅行是你生活中的重要元素；缺乏耐心可能會阻礙你發揮潛能，不過你對生活的樂觀態度可以幫助你走出任何失望及挫折帶來的陰影。

從13歲開始，太陽星座進入天蠍座，主要關注於細膩的情感、個人力量以及人生的新契機；另一轉折出現在43歲，此時太陽星座位於射手座，你的身心都會變得豁達、輕鬆，也更富有冒險精神；73歲時太陽星座則落在摩羯座，此時的你會將更多注意力集中於穩定的生活以及目標的實現。

■真實的自我

你對知識渴望、目標高遠、創意層出不窮，這會為你帶來物質的回報，不過要避免物質方面的問題占據了你全部的注意力；幸好你能體認生活中有許多事物是金錢無法買到的；只要堅定信念、信任直覺，你就能獲得成功。

富有創造力、感情細膩的你需要找到自我表達的方式以釋放內心的感受，例如用掌握的資訊來創造機會；感情豐富的你風趣幽默，這是你克服懷疑和猶疑情緒的一劑良藥。

■工作和職業

你的個人能力強、擁有多種天賦、目標遠大，是充滿仁愛的理想主義者；掌控局勢和領導他人的能力使你更願意給予而不是索取；你的組織才能和對成就的渴望使你傾向富有挑戰的職業，因為這可以豐富你的知識；思維敏捷的你在文字方面展現了天分，能夠勝任寫作、文學、法律或教育方面的工作；同時，你的管理才能可以幫助你在大公司或商界游刃有餘；有魅力、愛交際的你可能對公眾性工作如成為社團領袖或政治家感興

趣；喜歡成為救世主角色的你喜歡從事幫助他人的公益事業；你在藝術方面渴望展示自我的需要使你以音樂或戲劇為媒介走進藝術殿堂，或投身娛樂界。

與你同天出生的名人包括劇作家哈樂德・品特、音樂人兼歌手大衛・李・羅斯、作曲家威爾第、鋼琴家賽羅尼斯・蒙克、畫家讓安東尼・華托、女演員桃樂絲・蘭莫爾，以及男演員本・維林。

■數字命理學

與誕生日數字1的人相似，你有強烈的進取心以及對成就的渴望；不過在達成目標前你必須克服重重阻礙；活力充沛、富有創意的你能夠堅定自己的信念，儘管這使你顯得與世俗格格不入；因為你的進取精神，所以你能不畏困難地向更高目標不斷邁進；誕生日數字是10的人十分看重成功和成就，並且會不斷創造輝煌的事業。出生月10月的你很勤奮；能夠依靠智慧判斷情勢，但直覺有時會支配了你的行為；待人友善的你憑藉口才和外交手腕能夠影響周圍的人使之與你的想法一致；但你要懂得謙虛，並克服自私和過於情緒化的缺點。

■愛情和人際關係

待人友善、聰明、富有魅力的你不乏朋友和夥伴；不過內心的不安分因子經常使你產生厭倦感，讓你無法清楚自己的真實感受，但如果你能找到一位充滿智慧、積極的伴侶，使你的思維保持活躍，這種情況就能夠有所改善；從事新工作、遊歷新地方或是學習新知識能夠使你獲得快感，因為這能使你結交志同道合的人；協調能力強的你喜歡能夠接觸不同類型人群的社交場合。

優點：具領導能力、有創造力、思想進步、堅強、樂觀、有說服力、競爭意識、獨立、合群

缺點：強勢、妒忌、自我中心、驕傲、心胸狹隘、缺乏資質、自私、反覆無常、缺乏耐心

■你生命中的特殊之人

尋求安全感、靈感和愛的你需要注意誕生日為以下日期的人。

◎愛情和友誼：

1月4、9、12、16、25日、2月10、14、23、24日、3月8、12、22、31日、4月6、10、20、29日、5月4、8、18、27日、6月2、6、16、25、30日、7月4、14、23、28日、8月2、12、21、26、30日、9月10、19、24、28日、10月8、17、22、26、11月6、15、20、24、30日、12月4、13、18、22、28日

◎幸運貴人：

1月2、13、22、24日、2月11、17、20、22日、3月9、15、18、20、28日、4月7、13、16、18、26日、5月5、11、16、18、26日、6月3、9、12、14、22日、7月1、7、10、12、20日、8月5、8、10、18日、9月3、6、8、16日、10月1、4、6、14日、11月2、4、12日、12月2、10日

◎強烈吸引你的人：

1月25日、2月23日、3月21日、4月5、6、7、8、9、19日、5月17日、6月15日、7月13日、8月11日、9月9日、10月7日、11月5日、12月3日

◎砥礪者：

1月7、23日、2月5、21日、3月3、19、29日、4月1、17、27日、5月15、25日、6月13、23日、7月11、21、31日、8月9、19、29日、9月7、17、27、30日、11月3、13、23、26日、12月1、11、21、24日

◎靈魂伴侶：

1月17日、2月15日、3月13日、4月11日、5月9日、6月7日、7月5日、8月3日、9月1日、11月30日、12月28日

太陽星座：天秤座
區間：水瓶座／天王星
角度：天秤座17°30´-18°30´
類型：本位星座
元素：風
恆星：招搖

10月11日

LIBRA

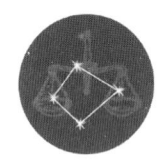

　　你充滿著智慧，擁有與生俱來的溝通能力，是個有活力、熱情和魅力的人；充滿理想的你會以實際行動實踐理想；你的天性樂觀，永遠保持年輕的心態；你需要培養責任感和自我約束力才能發揮最大的潛能。

　　受區間主導星座水瓶座影響的持續增強，你富有創意、性格獨立；進取心加上對自由的渴望使你目標遠大，能夠為自己的信念奮鬥；你還具有迷人的氣質和天生的心理學技巧，能夠與各個階層的人相處融洽；你的說服力和組織才能能夠幫助你取得成功。

　　受天秤座的影響較深，你熱愛美、自然以及藝術，並且渴望表現自我；許多在這一天出生的人都具備獨立和感性的雙重性格；想要改善生活的想法賦予你高雅的品味和對奢華、舒適的追求；隨著知識的增加，你的自信心和自我認同感會不斷增強；領導天賦以及天生圓融的處世態度使你能夠與他人愉快地合作；但不要承擔太多而導致壓力緊張，與人相處應該坦誠布公，不要過於強勢。

　　12歲開始，太陽星座推進到天蠍座，感情表達變得強烈，注意力主要集中在情感的變化以及對個人力量的渴望；另一個轉捩點出現在42歲，此時太陽星座到達射手座，你渴望透過學習、結交朋友或旅行開拓視野，擁有更大的自由空間和更多的靈感；72歲時太陽星座落在摩羯座，此時的你傾向於擁有實際和現實的處世態度。

■真實的自我

　　心中強烈的愛和感情的表達使你具有迷人的氣質，能夠吸引他人的目光，這也表示你渴望與眾不同、被愛和被欣賞；一旦激起自我表現的欲望，你會表現得機智、愛出風頭，你總是充滿熱情，樂意幫助身邊的人以及實現自己的理想；渴望成就的你要避免出現專橫或極端情緒。

　　你善於處理關於金錢的問題，為自己和他人爭取利益；在人生的規畫中，物質方面的安全感對你而言相當重要，因為穩固的物質基礎讓你感到有所依靠；不過你要避免過於保守，適時地迎接挑戰；儘管對未知充滿恐懼，但只要培養耐心和毅力，從長遠來看你的財務狀況不會出現太大的波動。

■工作和職業

　　你充滿智慧、洞察力敏銳、在多方面展示出天賦、充滿理想，因此你選擇職業的空間會比較大；你可能對經商感興趣，在銷售、推銷或談判領域，你的口才可以得到充分

發揮；你能夠以愉快的方式向他人介紹你的想法，因而適合教育或職業培訓工作；同樣的，你還可能對寫作、法律、公共服務或是政治領域感興趣；做為有進取心的理想主義者，你渴望表達自我以及發揮藝術潛能，這會促使你選擇與藝術、設計、廣告以及媒體相關工作。

與你同天出生的名人包括男演員盧克・佩里、音樂人阿特・布雷基和達利爾・豪、基督教青年會創始人喬治・威廉斯爵士、舞蹈動作設計者謝龍・羅賓斯。

■數字命理學

受誕生日數字11的影響，你十分看重理想、熱情以及變革；自卑與自信情緒的並存會激勵你努力獲得自我掌控能力，不論是物質還是精神上的；增加經歷可使你學會協調性格中的不同面向；信任自己的感覺能使你避免出現極端的態度；感情強烈、享受充沛活力的你要提防過度緊張的情緒以及不切實際的想法。出生月10月的你聰明、多才多藝；智慧、友善的你渴望彰顯個性並得到朋友的認可；如果對你出努力的回報沒有絕對的把握，你會開始缺乏耐心，並嘗試新的領域；你在許多方面都很有天分，而且富有理想、興趣廣泛的你能夠帶給對方激情和樂趣；想要成功，你需要把所有的注意力放在目標之上，處事要客觀、冷靜；天資聰穎、愛好自由的你能夠在發掘創造性潛能的過程中獲益巨大。

■愛情和人際關係

生性浪漫、充滿理想的你渴望一段穩定的關係，但又同時想要追求自由和獨立；你的魅力和智慧讓你身邊不乏朋友和崇拜者；不過你時而感情強烈，富有同情心，有時卻又渴望自由和獨立，這種反覆無常的性格會阻礙你尋找到合適的伴侶；擇友要謹慎，避免做出錯誤的抉擇，一旦投入感情，你會努力地維持關係的穩定和持久。

優點：平衡感強、專注、客觀、熱情、充滿活力、充滿理想、睿智、外向、創造力強、藝術氣質、仁愛、直覺敏銳

缺點：優越感、缺乏目標、感情用事、容易受傷、過度緊張、自私、表達不清、專橫

■你生命中的特殊之人

你是否在尋找能帶給你幸福的另一半，那麼注意一下身邊是否有與以下誕生日期相同的人

◎愛情和友誼：

1月2、7、17、19、27日、2月5、8、15、25日、3月3、6、13、23日、4月1、4、11、21日、5月2、9、19日、6月7、17日、7月5、15、29、31日、8月3、13、27、29、31日、9月1、11、25、27、29日、10月9、23、25、27日、11月7、21、23、25日、12月5、19、21、23日

◎幸運貴人：

1月3、5、20、25、27日、2月1、3、18、23、25日、3月1、16、21、23日、4月14、19、21日、5月12、17、19日、6月10、15、17日、7月8、13、15日、8月6、11、13日、9月4、9、11日、10月2、7、9日、11月5、7日、12月3、5日

◎強烈吸引你的人：

1月13日、2月11日、3月9日、4月6、7、8、9日、5月5日、6月3日、7月1日

◎砥礪者：

1月16、24日、2月14、22日、3月12、20日、4月10、18日、5月8、16、31日、6月6、14、29日、7月4、12、27日、8月2、10、25日、9月8、23日、10月6、21日、11月4、19日、12月2、17日

◎靈魂伴侶：

1月16日、2月14日、3月12日、4月10日、5月8日、6月6日、7月4、31日、8月2、29日、9月27日、10月25日、11月23日、12月21日

太陽星座：天秤座
區間：水瓶座／天王星
角度：天秤座18°30´-19°30´
類型：本位星座
元素：風
恆星：招搖

10月12日

LIBRA

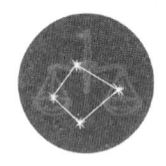

這一天出生的你思維敏捷、待人友善、喜好交際；充滿活力、勤奮的你一旦對一項工作產生興趣，就會表現出創造力和領導才能；人緣好是你獲得成功的重要因素；崇尚知識的你要獲得真正的滿足感需要學會自我控制。

受區間主導星座水瓶座影響的持續增強，你的創造性和層出不窮的創意使你的工作有成效，並給予你經濟上的回報；對潮流和新理念的感知敏銳，喜歡表達自我想法；你個性獨立、圓融，能夠與團隊中的其他成員相處融洽；氣質優雅、性格隨和，不過有時會表現得強勢、刻薄或固執。

充滿智慧、喜歡追求自由的你天生古道熱腸，十分樂於幫助他人；你的精明使你決策果斷，幫助你輕鬆認清形勢；自我認同感強烈、信念堅定的你有時會產生焦慮感或莫名地喪失信心，不過對成功的信念能夠幫助你克服所有困難。

11歲開始，太陽星座進入天蠍座，此時你的注意力集中於情感的變化、個人力量以及人生的轉變；41歲時當太陽星座進入射手座，你想要獲得更多領悟的渴望將更加強烈，此時的你有更多的機會到國外或與國外的人接觸，對新的領域產生興趣；71歲時太陽星座到達摩羯座，你看待問題將更加務實、專注，行事也更加直接。

■真實的自我

敏銳的直覺是你的最大資本，你能夠傾聽來自心靈深處的聲音並了解自己真實的渴望和想法；只要運用智慧，你就能找到更加達觀、自然的解決問題之道；創造性的潛能滿足了你渴望自我表達的需要，這是你人生的重要部分，並能夠幫助你發掘音樂、美術以及戲劇方面的天賦。

你的成功主要源自於你能將不凡的靈感融入實際情況，以及重視在達到遠大的目標之前需打下的基礎；為人慷慨，知道如何自我愉悅，但要避免過度放縱；你內心對誠信的渴望若能戰勝你的控制欲，將對你有所幫助；燃起鬥志的你會表現得十分積極，並能夠鼓勵身邊的人。

■工作和職業

講求實效、洞察力敏銳的你喜歡將創意付諸實踐，並向他人展示你超凡的能力；在眾多職業中，你最適合心理學家、顧問、外交官、律師的工作；隨和的性格和組織才能使你在與人交往的活動中能獲得成功，不論是商業領域還是公關部門；表達清晰、喜好

交際的你可能會對記者、寫作、學術、出版領域產生興趣；創造方面的潛能激發了你的豐富想像力；從事演員、音樂人或譜曲的你一旦獲得肯定，一定會成為世人的焦點。

與你同天出生的名人包括男高音歌唱家帕華洛帝、喜劇演員迪克・格里高利、神祕學家阿萊斯特・克勞利、女演員蘇珊・安東。

■數字命理學

誕生日數字為12的人通常洞察力敏銳、待人友善；渴望與眾不同的你擁有良好的邏輯思維和創新力量；善解人意、感情細膩的你能善用策略以及與他人合作達成目標；實現自我價值以及為他人效勞的願望之間達成平衡時，將獲得心靈的平靜和個人的滿足；不過你需要足夠的勇氣堅持立場，培養自信心，不要因為外界的影響而動搖自信心。出生月10月的你性格堅強、充滿智慧、渴望秩序和穩定；信念堅定、充滿活力的你喜歡與他人合作，前提是保持相對的獨立性；你天生具有商業頭腦，容易受環境或人的影響產生過激反應，導致情緒波動；表達自我感情以及運用外交手腕能使你變得圓融，克服固執或叛逆的性格。

■愛情和人際關係

充滿智慧的你渴望你的另一半能激起你的談話欲，並能夠分享你的想法；在親密的友誼中你需要保持積極、樂觀的心態，避免出現暴躁、專橫和挑剔的情緒；你工作勤奮、喜歡結交強勢人群，一方面渴望獨立，一方面渴望親密關係的你會表現出搖擺不定的態度；自我意識強的你崇拜有原則、生活獨具風格的人。

■你生命中的特殊之人

當誕生日為以下日期的人中，你會找到那個賦予你靈感的特殊之人。

◎愛情和友誼：

1月1.14.28.31日、2月12.26.29日、3月10.24.27日、4月8.22.25日、5月6.20.23日、6月4.18.21日、7月2.16.19.30日、8月14.17.28.30日、9月12.15.26.28.30日、10月10.13.24.26.28日、11月8.11.22.24.26日、12月6.9.20.22.24日

◎幸運貴人：

1月26日、2月24日、3月22日、4月20日、5月18日、6月16日、7月14日、8月12日、9月10日、10月8日、11月6日、12月4日

◎強烈吸引你的人：

4月7.8.9.10.11日

◎砥礪者：

1月3.25日、2月1.23日、3月21日、4月19日、5月17日、6月15日、7月13日、8月11日、9月9日、10月7日、11月5日、12月3日

◎靈魂伴侶：

1月3.10日、2月1.8日、3月6日、4月4日、5月2日

優點：創造性強、有魅力、有開創精神、有原則性、推銷自我或他人的能力

缺點：內向、自私、行為怪異、不合群、過於敏感、缺乏自我認同、矜持

太陽星座：天秤座
區間：水瓶座／天王星
角度：天秤座19°30´-20°30´
類型：本位星座
元素：風
恆星：無

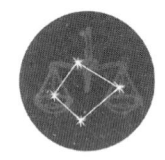

10月13日

LIBRA

你是務實、有魅力、勤奮、思想豐富的人；你的接受能力強能夠充分利用環境中的有利因素；有抱負、機智的你喜歡辯論和探索知識；儘管有責任心，你仍需要自我約束力才可以駕馭超凡的潛力。

受區間主導星座水瓶座影響的持續增強，你的意志堅定、思想獨立；志向遠大的你對許多學科都有興趣，尤其特別關注時局；富有進取心、崇尚自由的你會為了理想而奮鬥。

天生具有外交手腕的你善於處理人際關係，是一位能帶來成功的合作夥伴，不過，你要注意過於強勢的傾向；價值感知力強、良好的組織能力和口才能夠助你取得成功；學習以及積極的處世哲學能夠幫助你發揮最大的潛能，並幫助你克服浮躁、失敗感或脾氣暴躁的缺點，使你的思維保持活躍並富有成果。

10歲開始，太陽星座位於天蠍座，之後的30年你逐漸開始關注變化、個人力量以及奮鬥目標的轉變；40歲時人生出現轉折，太陽星座推進到射手座，對人生的感悟加深，你變得更加樂觀和熱愛自由，渴望透過學習、旅行或發掘新的興趣擴來大視野；70歲之後，太陽星座進入摩羯座，此時的你更加務實、謹慎和專注。

■真實的自我

有主見、感情豐富、不甘平庸的你喜歡處於領導地位；如果表達自我創意和想法的需要遭到壓抑，你會變得時而悲觀沮喪，時而傲慢自大；你的外表掩飾了內心的敏感和豐富的想像力，這些力量如果能夠往正確方向引導，會讓你擁有極富直覺的洞見。

勤儉的你十分享受討價還價的過程，但對你在意的人往往表現得十分大方；你待人誠實、直接、做事有承擔；一方面事業心強，一方面和諧和舒適的家對你有無法抗拒的吸引力，尋找兩者的平衡點以達成內心的平靜，這將為你帶來許多驚喜。

■工作和職業

你富有創造力、知識豐富、思維活躍、機智、渴望自由的表達；如果你長時間在思想上受制於人，你會表現得好爭辯、咄咄逼人；喜好交際、合群的你享受與人合作的過程，適合從事公共事業；對商業感興趣，但仁善的性格使你傾向選擇學術或教育工作；想要讓藝術方面的潛能得到發揮，你不妨嘗試商業演出、文學或寫作，演說家和律師的職業也很適合你；體貼、富有同情心的性格使你適合社會福利工作、顧問或心理學家的

職業。

　　與你同天出生的名人包括英國前首相柴契爾夫人、歌手兼歌曲創作者保羅・賽蒙、喜劇演員列尼・布魯斯、音樂人法老・桑德斯和阿特・泰特姆、男演員尤維・蒙頓。

■數字命理學

　　誕生日數字3代表你的感情細膩、活力十足、待人友善；勤奮、有抱負，能夠透過創造性的工作獲得成功；若你能培養現實的態度，你將能把潛能中的創造能力轉化為實際收入；你的創新精神能夠使你捕捉許多新奇的靈感並付諸實踐，吸引眾人矚目；這一天出生的你真誠、浪漫、迷人、有情趣，專注能使你獲得物質生活的富足；受出生月10月的影響，你充滿活力、務實、多才多藝；性格獨立好強的你具備領導才能，渴望自由；儘管在他人面前表現得從容、自信，內心的緊張和不安感會導致你猶疑不定或產生莫名的焦慮；學會耐心和克制內心的焦躁，你可以避免精神的過度分散。

■愛情和人際關係

　　你十分重視人際關係，習慣有人陪伴，不過要保持某種程度的獨立性，不能過度依賴而喪失了自我；生性浪漫的你有時會壓抑真實情感的表達；只要表達出內心的真實感受，你們的關係就會更緊密；一旦做出選擇，你會對伴侶忠誠並給予支持。

■你生命中的特殊之人

渴望尋找永久的幸福、安全感和和諧環境的你不妨留意一下誕生日為以下日期的人。

◎愛情和友誼：

1月1,15,26,29,30日、2月13,24,27,28日、3月11,22,25,26日、4月9,20,23,24日、5月7,18,21,22日、6月5,16,19,20日、7月3,14,17,18,31日、8月1,12,15,16,29,31日、9月10,13,14,27,29日、10月8,11,12,25,27日、11月6,9,10,23,25日、12月4,7,8,21,23,29日

◎幸運貴人：

1月1,2,10,27日、2月8,25日、3月6,23日、4月4,21日、5月2,19,30日、6月17,28日、7月15,26日、8月13,24日、9月11,22日、10月9,20日、11月7,18日、12月5,16日

◎強烈吸引你的人：

4月9,10,11,12日

◎砥礪者：

1月17,26日、2月15,24日、3月13,22日、4月11,20日、5月9,18日、6月7,16日、7月5,14日、8月3,12,30日、9月1,10,28日、10月8,26,29日、11月6,24,27日、12月4,22,25日

◎靈魂伴侶：

1月21日、2月19日、3月17日、4月15日、5月13日、6月11日、7月9,29日、8月7,27日、9月5,25日、10月3,23日、11月1,21日、12月19日

優點：有抱負、創造性強、愛好自由、自我表達能力佳、有開創精神
缺點：衝動、猶豫不決、專橫、冷漠、叛逆

太陽星座：天秤座
區間：雙子座 / 水星
角度：天秤座20°30´-21°30´
類型：本位星座
元素：風
恆星：角宿一、海山二

10月14日

LIBRA

你的性格迷人，待人友善，內心敏感但堅強，強烈渴望愛和友誼；充滿活力的你主動替自己創造許多機會和變化，並充分享受這種積極的生活；不喜歡不和諧和枯燥的你對周圍的環境十分敏感，渴望被美和和諧的環境包圍。

受區間主導星座雙子座影響的持續增強，你極具表現力和探索精神、對環境的適應能力強、多才多藝；你的表達能力強，聲音令人愉悅，頗具說服力，是個很好的談話對象；不過有時你會因爲貪圖安逸而逃避困難，並爲了取悅他人而說出違心的話；你喜好交際，個性隨和，對人際關係感興趣，與人交往十分圓融；嚮往奢華和優質生活的你要防止過於圓滑世故或自我放縱。

對顏色和聲音的鑑賞力強，具有藝術潛能的你可望在音樂、美術或戲劇領域得到發揮；你也能利用天生的商業頭腦在投資方面做出明智決定；你的睿智使你十分熱衷於捕捉新的靈感並不斷檢驗你的判斷力；儘管有時會猶豫不決，但只要下定決心，你就會表現出不可阻擋的決心和意志力。

9歲開始，太陽星座進入天蠍座，你會開始渴望增強個人力量以及人生的轉變；到了39歲，太陽星座到達射手座，此時你對人生的感悟較深，希望透過新經歷、學習哲學和宗教、結識來自不同國家的人或到國外旅行來擴大視野；69歲之後，太陽星座落在摩羯座，此時的你能實際地看待問題，處世也較爲明達。

■真實的自我

你的極度感性以及豐富的想像力使你時而富有遠見，時而陷入幻想；敏銳的直覺使你對神祕主義或超自然等問題感興趣，這是你與他人交往時的有利資本，不過要注意避免讓自己太過於極端，幸好幸運的你總是能夠順利過關；而你的智商在得到完全開發後則將有更顯著的成就。

■工作和職業

接受能力強、性格迷人、富有遠見的你不乏許多創意的點子能夠助你在風格或形象設計，以及美術方面取得成功；喜歡探尋事實真相、對社會問題十分關注的你能夠勝任記者、攝影師、演員以及電影製作人的工作；你的交際能力和社會意識促使你對教育產生興趣；洞察力敏銳、內心細膩的你表現得高雅脫俗，能夠清楚知道他人內心的渴望，這些特質能夠幫助你擔任牧師或從事替代醫學；善於與他人相處的你也能或從事需要與

人溝通的職業。

與你同天出生的名人包括設計師羅夫・羅蘭、詩人E・E・康明斯、貴格會領袖威廉・佩恩、美國前總統德艾森豪、歌手克利夫・理查、男演員羅傑・摩爾，以及女演員莉蓮・吉什。

■數字命理學

你在智商方面的潛能巨大；追求實效、決心堅定是誕生日數字14賦予你的特質；這一天出生的你總是把工作放在首位，並會透過成就的大小來衡量自己和他人的價值；你一方面渴望穩定，一方面又不斷前進並急切地迎接新的挑戰以證明自己的能力；躁動和不滿足的心理會使你渴望人生出現更多的變化，特別是當你對目前工作環境和經濟狀況感到不滿時；你的領悟力使你能夠迅速回應問題並十分享受解決問題的過程。出生於10月使你洞察力敏銳、充滿理想、待人友善；懂得退讓並適應不同環境的能力能使你營造和諧安寧的氣氛；但有時你又會表現得過於固執，讓感情出現緊張；如果不那麼執著於事業，你能對家庭投入更多的時間和精力。

■愛情和人際關係

待人友善的你能與各個階層的人相處融洽；喜歡聰明、直爽的人，希望尋求能使你的思維保持活躍的人；你的內心細膩，能夠感覺到感情的微妙變化，對朋友體貼愛護；內心的不安分因子使你極易產生厭倦，或沉迷於心理能力的較量；不過當你一旦找到感情的寄託，你會表現得熱情、溫柔、忠誠。

■你生命中的特殊之人

尋求安全感、靈感和愛的你需要注意誕生日為以下日期的人。

◎愛情和友誼：

1月3.10.13.20.30日、2月1.8.11.18.28日、3月6.9.16.26日、4月4.7.14.24日、5月2.5.12.22日、6月3.10.20日、7月1.8.18日、8月6.16.30日、9月4.14.28.30日、10月2.12.26.28.30日、11月10.24.26.28日、12月8.22.24.26日

◎幸運貴人：

1月12.16.17.28日、2月10.14.15.26日、3月8.12.13.24日、4月6.10.11.22日、5月4.8.9.20.29日、6月2.6.7.18.27日、7月4.5.16.25日、8月2.3.14.23日、9月1.12.21日、10月10.19日、11月8.17日、12月6.15日

◎強烈吸引你的人：

3月31日、4月9.10.11.12.29日、5月27日、6月25日、7月23日、8月21日、9月19日、10月17日、11月15日、12月17日

◎砥礪者：

1月6.18.22.27日、2月4.16.20.25日、3月2.14.18.23日、4月12.16.21日、5月10.14.19日、6月8.12.17日、7月6.10.15日、8月4.8.13日、9月2.6.11日、10月4.9日、11月2.7日、12月5日

◎靈魂伴侶：

3月28日、4月26日、5月24日、6月22日、7月20日、8月18日、9月16日、10月14日、11月12日、12月10日

優點：果斷、工作勤奮、幸運、有創造力、務實、想像力豐富、勤奮

缺點：過於謹慎或過於衝動、考慮不周、固執

太陽星座：天秤座
區間：雙子座／水星
角度：天秤座21°30´-22°30´
類型：本位星座
元素：風
恆星：角宿一、海山二

10月15日

LIBRA

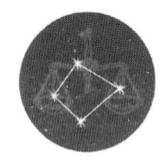

　　你的性格迷人、對環境判斷迅速、富有創意，具有天秤座熱衷交際、善於與人相處的特質；對美、顏色和聲音的鑑賞力強，渴望藝術潛能得到充分的發揮和表現；你聰明、機敏，希望追求積極的生活方式，並不斷探索知識；你雖然多疑但具有孩童般的純真本性；學會利用敏銳的直覺，能使你處事果斷並抓住稍縱即逝的機會；追求高品質生活的你要注意不要因為奢侈和世故阻礙了你的發展。

　　受區間主導星座雙子座影響的持續增強；你的表達能力和好奇心都很強；對富有創意的交流和教育感興趣，在寫作方面的天分很高；你的機智以及令人愉悅的聲音使你能夠獲得公眾的傾聽和青睞；多才多藝、適應能力強的你能夠與人談論任何話題，並且能夠取悅他人；你需要不斷發掘智商方面的潛力，豐富自我思想。

　　為人隨和、喜歡追求和諧生活，但要避免有時會出現易怒、固執，以及緊張的情緒；瑜伽、武術以及體育運動能夠幫助你釋放壓力，平靜焦躁的內心。

　　從8歲開始，太陽星座進入天蠍座，之後的30年你逐漸開始關注情感的變化以及個人力量的增長；到了38歲，太陽星座運行至射手座，此時的你感悟較深，渴望更多的冒險、對出國旅行感興趣；到了68歲，太陽星座進入摩羯座，你的個性變得更加務實、審慎、明智。

■真實的自我

　　你具有對人的分析判斷力，也善於處理人際關係，是個天生的心理學家；你對人性的準確掌握以及遠見卓識，激發你對幫助他人以及追求智慧的渴望；你總是表現得情緒高漲、富有幽默感；但性格中嚴肅的一面使你需要經常獨處與內省以釋放壓力；你具備多方面的潛力，但需要培養信心才能以獲得更大的成就。

　　心靈力量強大、十分渴望成就，一旦你燃起鬥志就會勇往直前，努力實現自己的理想和目標；對價值的判斷力能夠幫助你獲得財富和地位，但你必須十分清楚內心的真正需要；良性競爭能夠使你的工作更有成效。

■工作和職業

　　你是充滿智慧、待人友善，並渴望挑戰的人，你的內心思想十分活躍；熱情和社交手腕使你能夠在推銷、出版和教育領域取得成功；對藝術的熱愛表現出你的創意和細膩的感情，以及在寫作和音樂方面的極高天分；你可以充分利用決心、口才和社交能力勝

任律師、推銷員或代理人工作；分析力和機械方面的天賦使你適合從事電腦以及工程相關的工作；敏銳的思維可幫助你在哲學、玄學或比較晦澀的學科領域有所建樹；仁愛之心會使你對社會福利工作、心理學以及復健類職業產生興趣。

與你同天出生的名人包括哲學家尼采、作家王爾德和P·G·伍德豪斯、詩人維吉爾、棒球運動員吉姆·帕姆、經濟學家約翰·肯尼斯·加爾布雷思，以及女演員兼導演彭妮·馬歇爾。

■ **數字命理學**

多才多藝、充滿熱情和內心的不安分是誕生日數字15賦予你的特質；你最大的優勢在於擁有強烈的直覺以及融合理論與實踐的能力；機會到來時你總是能夠憑藉敏銳的洞察力牢牢把握住；誕生日數字15代表著你的財運極佳，常常有貴人相助；你總是無憂無慮、堅毅果敢，並能夠應對突發情況，具有放手一搏的魄力。出生於10月的你洞察力敏銳，富有理想，你要相信直覺而不是過於理性或顧慮；你能夠從閱讀和傳聞中累積資訊，有所感悟。在教育、文學以及精神性領域的發展能夠使你獲益；對理想的信心和細緻的觀察力能夠使你透過寫作來表達自己。

■ **愛情和人際關係**

實幹、崇尚進取的你希望尋求能夠跟上你的熱情步伐的伴侶；天生的魅力使你身邊不乏仰慕者；多疑的性格顯示你選擇人生伴侶時十分謹慎；你十分熱衷於社交和聚會，因為這能發揮你對人的判斷力；這一天出生的男人的性格剛強，對獨立的女人比較著迷，不過總體來說，他們對女性都很有風度；一旦決定投入感情，會十分專情，能夠給予對方支持和鼓勵。

■ **你生命中的特殊之人**

你要尋找的特殊之人就在誕生日為以下日期的人當中。

◎ **愛情和友誼：**

1月11、21、28、31日、2月9、19、26、29日、3月17、24、27、31日、4月15、22、25日、5月13、20、23、27日、6月1、11、18、21日、7月9、16、19日、8月7、14、17、31日、9月5、12、15、29日、10月3、10、13、17、27、29、31日、11月1、8、11、25、27、29日、12月6、9、23、25、27日

◎ **幸運貴人：**

1月9、12、18、24、29日、2月7、10、16、22、27日、3月5、8、14、20、25日、4月3、6、12、18、23日、5月1、10、16、21、31日、6月2、8、14、19、29日、7月6、12、17、27日、8月4、10、15、25日、9月2、8、13、23日、10月6、11、21日、11月4、9、19、12月2、7、17日

◎ **強烈吸引你的人：**

1月3日、2月1日、4月10、11、12、13、30日、5月28、6月26、7月24日、8月22日、9月20日、10月18、11月16日、12月14日

◎ **砥礪者：**

1月7、8、19、28日、2月5、6、17、26日、3月3、4、15、24日、4月1、2、13、22日、5月11、20、6月9、18、7月7、16、8月5、14、9月3、12日、10月1、10、11月8、12月6日

◎ **靈魂伴侶：**

1月3、19日、2月1、17日、3月15、4月13、5月11、6月9、7月7、8月5、9月3、10月1日

優點：積極、慷慨、有責任心、善良、合群、有品味、有創意
缺點：破壞性、焦躁、不負責任、不幫助他人、自我中心、缺少信念、焦慮、猶疑、濫用權力

太陽星座：	天秤座
區間：	雙子座／水星
角度：	天秤座22°30´-23°30´
類型：	本位星座
元素：	風
恆星：	大角星、角宿一、海山二

10月16日

LIBRA

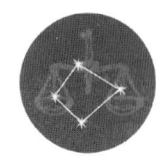

　　你具有天秤座的迷人魅力、細膩感情和勤奮的做事態度；你的意志堅定、洞察力敏銳、有商業頭腦，一旦有了明確目標或對某件事產生興趣，你會十分專注；不過有時候你會表現得猶豫不決，有惰性、不果斷，這會阻礙你發揮潛力。

　　受區間主導星座雙子座影響的持續增強，你具有探索精神和超強的領悟能力，而且口才極佳；對人際關係感興趣的你處世圓融；追求奢華和優質生活的你要注意過於城府或自我放縱；你富有創意和計畫，會為了達到目標堅毅不拔。

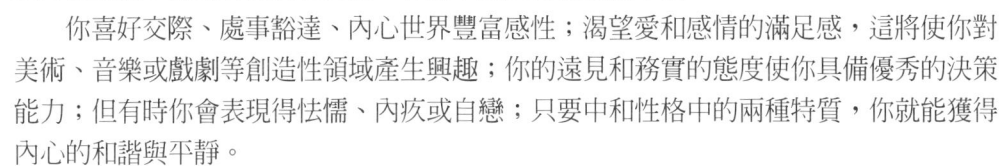

　　你喜好交際、處事豁達、內心世界豐富感性；渴望愛和感情的滿足感，這將使你對美術、音樂或戲劇等創造性領域產生興趣；你的遠見和務實的態度使你具備優秀的決策能力；但有時你會表現得怯懦、內疚或自戀；只要中和性格中的兩種特質，你就能獲得內心的和諧與平靜。

　　7歲開始，太陽星座進入天蠍座，此時你會將更多的關注放在細膩的情感和個人力量上；37歲時太陽星座到達射手座，此時的你對人生感悟加深，渴望旅行、學習和冒險；67歲之後，太陽星座落在摩羯座，此時的你變得處世謹慎、實際、思想豐富。

■真實的自我

　　樂於與他人合作、天生的外交手腕和交際能力使你人緣極佳；善於利用潛能創造財富的你，有時會為了財務問題而產生不必要的焦慮；如商人般精明的你也要時常想著如何維持安逸舒適的家庭。

　　你喜歡擁有權力時的滿足感，不過要注意公平和公正性；在沒有認真調查之前絕不會妄下結論；樹立明確的目標可以成為你努力的動力，並使你更有計畫性及毅力；這一天出生的你具備堅定的決心以及克服重重困難的意志力。

■工作和職業

　　你富有理想和遠見，能夠化解紛爭，心懷仁善並能感染給周圍的人，而且懂得適時做出讓步，努力證明你的真誠和執著；對人性的清楚認識以及對知識的熱愛使你熱衷於學術，能夠成為優秀的教師或演講者；同時，敏感而富有創造力的你對舞臺劇、音樂以及藝術方面也很有興趣；你也可以成為一名作家或投身娛樂界成為戲劇家；對商業感興趣的你可以從事廣告、電視或出版等行業；富有公益精神、愛好交際的你也可以選擇服務身邊的人，為慈善事業籌集資金。

與你同天出生的名人有戲劇家尤金·奧尼爾、作家君特·格拉斯、女演員安琪拉·蘭斯伯里和蘇珊妮·桑瑪、詞典編纂家諾亞·韋伯斯特。

■數字命理學
誕生日數字16賦予你豐富的思想、細膩的情感和友善的性格；分析力強的你善於透過自我感知對生活和他人做出判斷；這一天出生的你內心較容易緊張，一方面來自自我表達的需要，一方面是來自對他人的責任感；誕生日數字是16的人非常關心世界局勢，可以進入跨國性的公司；大多數在這一天出生的人都富有創造力，也能善用靈感；這一天出生的你需要學會平衡性格中自負和懷疑以及不安感兩個極端。出生於10月的你具有雄心壯志和領導才能；渴望穩定和安全感的你會為了維持現狀而做出妥協；感性、富有創造力的你需要找到發揮創意、展現個性的途徑；和你關係親近的人，你會表現出信任和關懷，也不會吝嗇給予鼓勵和支持。

■愛情和人際關係
你富有創造力、感情豐富，渴望被愛與被欣賞，對所愛之人極具奉獻精神；你的情緒變化較大，時而敏感、充滿同情心，但又時而專橫、強勢；富有魅力的你極易被對方的創造力和熾烈感情所吸引，進而產生惺惺相惜的感情；你的求知欲促使你尋求比你更睿智、思想更有深度的人。

■你生命中的特殊之人
尋求愛、認同感和幸福的你不妨留意一下誕生日為以下日期的人。

◎愛情和友誼：
1月8.18.22日、2月16.20日、3月14.18.28.31日、4月2.12.16.26日、5月10.14.24日、6月8.12.22日、7月6.10.20.29日、8月4.8.18.27.30日、9月2.6.16.25.28日、10月4.14.23.26.30日、11月2.12.21.24.28日、12月10.19.22.26.28日

◎幸運貴人：
1月6.10.25.30日、2月4.8.23.28日、3月2.6.21.26日、4月4.19.24日、5月2.17.22日、6月15.20.30日、7月13.18.28日、8月11.16.26日、9月9.14.24日、10月7.12.22日、11月5.10.20日、12月3.8.18日

◎強烈吸引你的人：
4月11.12.13.14日、5月29日、6月27日、7月25日、8月23日、9月21日、10月19日、11月17日、12月15日

◎砥礪者：
1月13.29.31日、2月11.27.29日、3月9.25.27日、4月7.23.25日、5月5.21.23日、6月3.19.21日、7月1.17.19日、8月15.17日、9月13.15日、10月11.13日、11月9.11日、12月7.9日

◎靈魂伴侶：
1月6.25日、2月4.23日、3月2.21日、4月19日、5月17日、6月15日、7月13日、8月11日、9月9日、10月7日、11月5日、12月3日

優點：財富和運氣、主導地位、驕傲和尊嚴、宗教中的顯赫地位、崇尚知識、忠誠
缺點：勢利、粗心、有心機、狡黠

太陽星座：天秤座
區間：雙子座／水星
角度：天秤座23°30´-24°30´
類型：本位星座
元素：風
恆星：大角星、角宿一、海山二

10月17日

LIBRA

多才多藝、愛好交際的你能夠吸引眾人的目光，並讓生活充滿熱情和變化；受誕生日的影響，你的思維敏捷，渴望追求更高的精神層次並保持思維的活躍性；魅力迷人、談吐風趣的你有時也會缺乏自信或失去耐心，這會使你迷失方向。

受區間主導星座雙子座的影響，你的思維富有邏輯性、表達清晰、善於處理問題；處世圓融、具備直擊要害的睿智和出眾的交際能力；克服固執、世故以及不坦誠能夠保持你的魅力；對藝術的敏銳感知促使你渴望透過音樂、繪畫或戲劇表達自我，以及滿足你被美、富有風格和奢侈的生活包圍的渴望。

你富有表現力、適應能力強，只要有足夠的注意力和觀察力，就能充分發揮智商方面的潛能；直覺敏銳、富有進取心的你如果能心懷高遠，發揮敏銳的洞察力而非盲目樂觀或優柔寡斷必然發揮更加出色；積極的態度和好運時刻伴隨你並在旅行或出國工作時有所體現；追求優質、奢華生活的你要避免逃避和揮霍無度。

6歲開始，太陽星座進入天蠍座，之後30年，你對情感的力量以及生活的轉變將有更多的關注；到了36歲，太陽星座移至射手座，此時的你渴望冒險、追求自由，視野將更加開闊；66歲之後，太陽星座進入摩羯座，此時的你更加審慎、務實，思想更加豐富。

■真實的自我

一方面你極為衝動、情緒化，另一方面你則表現得謹慎，渴望長期的安全感；若你在一開始就嘗到失敗的滋味，你需要更多的專注力才能達成夢想；積極的心態以及堅忍的耐心和忍耐力，再加上你的熱情和活力，成功只不過是時間問題。

你的心思細膩、洞察力敏銳，對知識淵博、充滿智慧的人十分崇敬；對真理和正直的潛在渴望形成你的處世哲學；真誠待人、光明磊落的性格能為你贏得你一直追求的尊重；對愛情理想化的追求以及自我表達的需要促使你從事寫作創作或運用感情力量造福他人。

■工作和職業

積極尋求生活變化和思想活躍的你適合靈活、充滿挑戰的工作；從事旅遊或進出口業務能夠滿足你到處遊歷的渴望；天資聰穎、富有主見的你只要是對於有興趣的事物，都能表現得十分出色；雖然你的學習能力強，但是你需要培養細心和耐心；你具備出眾

的溝通技能，適合從事新聞媒體工作；同時你也會對學術研究或演講、培訓領域感興趣；愛交際的你也適合進入公家機關或社會服務部門貢獻心力；具備判斷力以及處理問題能力的你，能夠從事心理學工作或成為顧問。

與你同天出生的名人包括女演員麗塔・海華絲、劇作家亞瑟・米勒、記者吉米・布雷斯林、作家納丹尼爾・韋斯特，以及男演員蒙哥馬利・克里夫特。

■數字命理學

誕生日數字17代表你處事精明、性格靦腆、分析能力強；你具備獨立思考的能力，能夠從教育及技能的培養中獲益；聰明才智可幫助你在所專注的領域獲得巨大的成功以及顯赫的地位；喜歡擁有隱私，對事實比較執著，會關心他人，但在他人面前會表現得嚴肅、深謀遠慮；透過培養社交手腕，你能發現自身更多於眾不同之處。出生於10月的你具有雄心壯志、富有理想、性格迷人；聰明、直覺強烈、注意細節，能清楚認知所面臨的問題；具備判斷力及自信，但缺乏耐心，過度熱情的性格有可能成為你的罩門。

■愛情和人際關係

你會渴望充滿新鮮感的人際關係；對強勢、有魄力和遠見的人十分著迷，並有機會結識許多這種類型的人；你對合作夥伴不太坦率，應當以誠相待以避免產生不良影響；受感情因素影響你有時表現得渴望穩定和安全感，有時又表現得焦躁、反覆無常，尋求感情方面的新鮮感。

■你生命中的特殊之人

你是否渴望既穩定又有激情的感情，那麼不妨尋找誕生日為以下日期的人。

◎愛情和友誼：
1月4、13、19、23、24日、2月11、17、21日、3月9、15、19、28、29、30日、4月7、13、17、26、27日、5月5、11、15、24、25、26、27日、6月3、9、13、22、23、24日、7月1、7、11、20、21、22日、8月5、9、18、19、20日、9月3、7、16、17、18日、10月1、5、14、15、16、29、31日、11月3、12、13、14、27、29日、12月1、10、11、12、25、27、29日

◎幸運貴人：
1月7、15、20、31日、2月5、13、18、29日、3月3、11、16、27日、4月1、9、14、25日、5月7、12、23日、6月5、10、21日、7月3、8、19日、8月1、6、17、30日、9月4、15、28日、10月2、13、26日、11月11、24日、12月9、22日

◎強烈吸引你的人：
4月13、14、15、16日

◎砥礪者：
1月6、14、30日、2月4、12、28日、3月2、10、26日、4月8、24日、5月6、22日、6月4、20日、7月2、18日、8月16日、9月14日、10月12日、11月10日、12月8日

◎靈魂伴侶：
4月30日、5月28日、6月26日、7月24日、8月22日、9月20日、10月18、30日、11月16、28日、12月14、26日

優點：	深思熟慮、專業知識強、計畫周密、具有商業頭腦、有財運、有主見、力求準確、講求策略、具科學精神
缺點：	注意力不集中、固執、粗心、情緒化、敏感、心胸狹隘、挑剔、焦慮

太陽星座	天秤座
區間	雙子座／水星
角度	天秤座24°30´-25°30´
類型	本位星座
元素	風
恆星	大角星、角宿一

10月18日
LIBRA

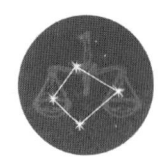

在這一天出生的你態度積極、富有創造力和進取心；一旦產生興趣就會全力以赴，需要更高的挑戰才不會產生厭倦感；你的計畫周詳、態度務實，渴望豐富知識並能將其付諸實踐。

受區間主導星座雙子座的影響，你的適應能力強、多才多藝、富有表現力；你的為人直率、誠實，處世圓融、善於交際；處理問題的能力很強，能夠洞悉他人需要，這是成為優秀的調解員和建議者的必備條件；能夠與他人交流思想和處世哲學，並時常就感興趣的問題展開爭辯；富有理想的你需要培養耐心和毅力，特別是當對方的反應遲緩時。

你的藝術潛能有望透過音樂、繪畫、寫作以及戲劇得到發揮；具備敏捷的思維和洞察力，天資聰穎、風趣幽默，天生具有商業頭腦；自信心強，享受機智帶給你的滿足感，青睞聰明和成功的事業人士；樂觀對待人生，一旦傾注熱情和專注就會努力將夢想實現。要克服挑剔、反叛以及固執的態度，因為這將阻礙潛能發揮。

5歲開始太陽星座進入天蠍座，對變化、個人力量以及人生的轉變會投入較多的關注；35歲時太陽進入射手座，促使你渴望冒險、自由以及視野的開闊，此時的你十分重視教育，不管是自學還是正式深造；65歲以後，太陽星座進入摩羯座，此時你會更加務實、審慎、富有思想。

■真實的自我

對顏色和聲音富有鑑賞力，渴望被美、富有風格以及奢華的事物包圍，但要避免自我放縱以及享樂的傾向；透過培養專注力、增長見聞，加上積極的態度和魄力，你總能保持旺盛的鬥志；你一方面渴望內心的平靜、一方面需要不斷學習和探索，時常遊走於兩種想法之間，直到你懂得掌握生活節奏，建議你盡量將生活簡單化，時常傾聽內心的聲音。

敏感的你十分清楚自己對他人，特別是對家庭應當承擔的責任；善良、謹慎的你能夠為他人提供很好的建議；可惜你善意的初衷可能會被他人誤解為多管閒事，只要學會適時的放手，在他人眼中，你會變得更加可靠，也更加從容。

■工作和職業

洞察力敏銳、富有想像力的你擁有層出不窮的創意能為你帶來財富；組織才能和決

心能使成為一位掌握全局的優秀策畫者；你渴望掌控局勢以及領導他人，或是主宰自我，但為人友善，熱衷交際，具有個人魅力；一旦對某事產生信心（包括對自己），你會表現得能言善辯，可望成為一名成功的銷售員或推銷員；天分高、有抱負的你希望以創造性的方式表達自我，並使自己與眾不同；充滿智慧、具備判斷力和實用技能的你對社會改革和教育也比較感興趣。

與你同天出生的名人包括男演員尚克勞范達美、女演員梅麗娜‧梅爾庫、網球冠軍瑪蒂娜‧納芙拉蒂諾娃、歌手兼歌曲創作者查克‧貝里、男演員喬治C‧史考特、歌手及女演員蘿特‧萊雅、哲學家亨利‧柏格森，以及劇作家溫蒂‧瓦瑟斯坦。

■數字命理學

誕生日數字18代表決心、自信以及野心；你的處事態度積極，渴望挑戰，喜歡忙碌的狀態，並不斷向富有冒險性的事業邁進；個人能力強、勤奮、有責任心的你能夠承擔領導者角色；天生的商業頭腦和組織才能使你能在商界一展所長，不要過度勞累，學會自我調節，放慢生活的節奏；這一天出生的你能夠運用個人的力量撫慰他人心靈，並提供明智的建議或是解決他人的困難；受出生月10月的影響，你渴望成就、為人友善、愛好交際，即使與外在環境格格不入，也會堅持自我立場；你的性格剛強、充滿智慧，能夠透過極佳的口才和個人魅力影響他人，但要避免自私和獨裁。

■愛情和人際關係

你十分重視人際關係，雖然你對感情的表達含蓄；你對在乎的人充滿保護欲；熱衷結識勤奮、有個性或來自異國的人，渴望思維的活躍和內心的平和；富有魅力，待人友善的你愛好交際，談吐風趣幽默；一旦投入感情，你會非常忠誠，並給予對方支持。

優點：	思想進步、自信、直覺敏銳、勇氣十足、堅毅、治癒的力量、有效率、善諫
缺點：	感情衝動、懶惰、缺少秩序感、自私、冷酷、不能善始善終、欺騙

■你生命中的特殊之人

希望尋求愛和安全感的你不妨注意一下誕生日為以下日期的人。

◎愛情和友誼：

1月4、14、20、24、25日、2月2、12、15、18、22、23日、3月10、16、20、29、30日、4月8、14、18、27、28日、5月6、12、16、25、26、31日、6月4、7、10、14、23、24、29日、7月2、8、12、21、22、27日、8月6、10、19、20、25日、9月4、8、17、18、23日、10月2、6、15、16、21、30日、11月4、13、14、19、28、30日、12月2、11、12、17、26、28、30日

◎幸運貴人：

1月4、8、21日、2月2、6、19日、3月4、17、28日、4月2、15、16日、5月13、24日、6月11、22日、7月9、20日、8月7、18、31日、9月5、16、29日、10月3、14、27日、11月1、12、25日、12月10、23日

◎強烈吸引你的人：

1月3日、2月1日、4月13、14、15、16日、5月31日、6月29日、7月27日、8月25日、9月23日、10月21日、11月19日、12月17日

◎砥礪者：

1月7、10、15、31日、2月5、13、29日、3月3、6、11、27日、4月1、4、9、25日、5月2、7、23日、6月5、21日、7月3、19日、8月1、17日、9月15日、10月13日、11月11日、12月9日

◎靈魂伴侶：

3月31日、4月29日、5月27日、6月25日、7月23日、8月21日、9月19日、10月17日、11月15、27日、12月13、25日

太陽星座：天秤座
區間：雙子座 / 水星
角度：天秤座25°30´-26°30´
類型：本位星座
元素：風
恆星：大角星

10月19日

LIBRA

受誕生日的影響，你具有天秤座特有的創造力、樂觀個性以及敏捷的思維；待人友善、愛好交際、充滿想像力、自信，這些性格使你表現得出眾迷人；你的適應能力強、多才多藝，但廣泛的興趣會分散你的精力或使你猶疑不決。

受區間主導星座雙子座的影響，你的表達能力強，是一位很好的談話對象；極佳的口才加上開朗活潑的個性，使你十分善於與人交往或影響周圍的人；隨和的你重視人際關係、容易相處；但是性格中的多疑因子會導致你產生焦慮，並使你壓抑感情來保護內心的脆弱。

受創意藝術所吸引，且強烈需求表達自我，喜歡讓自己圍繞在美的事物中，或可能會發展出內在的藝術或文學天份。喜愛風格、精品以及美好的生活方式，但最好防範過度交際與任何方式的過度縱容，很幸運地，你的惻隱之心為你帶來得天獨厚的優雅，讓你能很容易和其他人打成一片。這種優雅經發展後，將帶給你人道關懷與領袖魅力。但要注意，社交生活並不能取代你該負的責任。

四歲以後，當太陽移至天蠍宮，經驗成長會著重於情緒變化、個人權力以及新生，這種轉變將讓你更具冒險精神、也更熱愛自由，可能會希望旅行、或追求更高等教育。在64歲後，當太陽進入摩羯宮，擁有實際觀點的你，會更為理性、更明智、也更有洞察力。

■真實的自我

生性驕傲、有表現欲的你喜歡處於領導者的地位；你對價值的感知能力強，能夠迅速把握機會或對他人做出評判；天生具有商業頭腦，加上進取精神能夠幫助你取得成功；但是如果失去了信念，你就會缺乏安全感或情緒化，進而對物質生活和地位產生過多依賴。

內心的不安分使你極易產生厭倦感，需要尋找能夠保持活力的新挑戰，並努力堅持下去；內心理想和平庸現實之間的矛盾使你感到煎熬，生活中的變化和新鮮感會使你重新散發活力；旅行是你人生中的重要部分，特別是當你感到鬱悶、壓抑之時；美好的前程就在眼前，不要再前瞻後顧，要拿出放手一搏的魄力。

■工作和職業

在許多方面展現出天賦、多才多藝的你渴望充滿繽紛色彩和激情的生活，而對新環境適應迅速代表你的學習能力很強；雄辯和迷人魅力將使你在談話和寫作中成為眾人

矚目的焦點，這也表示你能夠勝任推銷員和促銷工作；你的心思細膩，對公眾需求敏感，能夠在推銷、企業廣告以及政治領域獨樹一幟、引領潮流；與人交往的能力使你適合進入大型企業；高雅的氣質和細心的性格能使你達到極高的藝術造詣，尤其是在貴金屬和珠寶加工領域；渴望與他人分享所學的你能成為優秀的教師，尤其對在藝術和戲劇科目，或選擇成為顧問或是鼓勵他人的工作。

與你同天出生的名人包括歌手兼歌曲創作家彼得·托許、作家約翰·勒卡雷、電影業先驅奧古斯特·盧米埃，以及男演員約翰·利特高。

■數字命理學

雄心壯志、懷有仁愛之心是誕生日數字19賦予你的特質；你果斷、隨機應變、富有遠見，同時富有同情心和細膩感情；儘管你的內心敏感，但對成功的渴望能激勵你不斷進取，充滿表現欲並時刻成為眾人的焦點；強烈渴望與眾不同的你，要能夠承受來自世俗的壓力；雖然在他人面前表現得自信、積極、充滿機智，但你內心的緊張感可能導致感情的不穩定。受出生月10月的影響，你總是表現得自立、有主見、富有個人魅力，能夠清晰地表達內心的感情，給他人靈感上的啟發；渴望和諧和平衡的你容易出現情緒上的波動，總是在自信和自我懷疑之間搖擺不定；喜歡眾人簇擁和受人關注的感覺表示你是害怕孤獨的人。

■愛情和人際關係

友善、親切的你總是能輕易地交到朋友或吸引他人目光；迷人的外表為你贏得許多異性崇拜者，但如果放縱情緒的多變，你的愛情可能會充滿危機；你富有同情心、體貼他人，能夠為所愛的人做出犧牲；你與人交往時表現得十分慷慨，散發的迷人氣質極易令人產生親近感，不過要注意奢侈和嫉妒的傾向。

優點：有活力、注意力集中、有創造性、具有領導才能、幸運、思想進步、樂觀、口才好、有競爭意識、獨立、合群
缺點：自我中心、沮喪、焦慮、害怕被拒絕、不穩定、物質主義、自大、缺乏耐心

■你生命中的特殊之人

尋求真愛、渴望一個體貼、溫柔的伴侶的你不妨注意身邊誕生日為以下日期的人。

◎愛情和友誼：
1月21.25日、2月19.23日、3月17.21.30日、4月15.19.28.29日、5月13.17.26.27日、6月11.15.24.25.30日、7月9.13.22.23.28日、8月7.11.20.21.26.30日、9月5.9.18.19.24.28日、10月3.7.16.17.22.26.29日、11月1.5.14.15.20.24.27日、12月3.12.13.18.22.25.27.29日

◎幸運貴人：
1月5.13.16.22.28日、2月3.11.14.20.26日、3月1.9.12.18.24.29日、4月7.10.16.22.27日、5月5.8.14.20.25日、6月3.6.12.18.23日、7月1.4.10.16.21日、8月2.8.14.19日、9月6.12.17日、10月4.10.15日、11月2.8.13日、12月6.11

◎強烈吸引你的人：
4月14.15.16.17.18日、6月30日、7月28日、8月26日、9月24日、10月22日、11月20日、12月18日

◎砥礪者：
1月2.23.30日、2月21.28日、3月19.26.28日、4月17.24.26日、5月15.22.24日、6月13.20.22日、7月11.18.20日、8月16.18.19日、9月7.14.16日、10月5.12.14日、11月3.10.12日、12月1.8.10日

◎靈魂伴侶：
1月14.22日、2月12.20日、3月10.18日、4月8.16日、5月6.14日、6月4.12日、7月2.10日、8月8日、9月6日、10月4日、11月2日

太陽星座	天秤座
區間	雙子座／水星
角度	天秤座26°30´-27°30´
類型	本位星座
元素	風
恆星	大角星

10月20日
LIBRA

你的思維敏捷、說服力強，具備了天秤座的迷人氣質和優秀的人際交往能力；你渴望與眾不同，注重自己的外在形象，對見解獨到的人感興趣；你的表達能力強、對人的行為舉止觀察細微，是社交場合的寵兒；對美術、音樂以及創造性事物有很強鑑賞力，渴望被美、風格獨特或奢華的事物包圍。

受區間主導星座雙子座的影響，你的反應迅速，駕馭文字或語言的能力強；你也是名優秀的演說家，享受與他人辯論的過程，充分展現了能力；你的直率性格一覽無遺，但要小心你的風趣和犀利言辭不要變成為挖苦和嘲諷。

合作以及與他人建立夥伴關係對你的幫助很大，尤其是私下建立的友誼，更能使你獲益良多；你的咄咄逼人和強勢的性格會破壞人際關係的和諧和平靜；目標明確的你會表現得堅定，富有創新精神，不過要注意調節緊繃的情緒，不要因此變得脾氣暴躁、精神緊張。

童年時期，你的太陽位於天蠍座，使你重視對感情的變化以及個人力量；到了33歲，太陽星座到達射手座，此時你渴望擴大視野，所以會四處遊歷；重視學習的你能在哲學、心理學以及法律的學習中獲益良多；接觸國外風土人情的機會也會增多；63歲之後，太陽星座到達摩羯座，此時的你表現得更審慎、實際、處事明達。

■真實的自我

具有堅強意志的你如果能夠全心全意地投入、勤奮努力，將會無往不利；頻繁的社交活動雖然能幫助你放鬆身心，但也可能變成分散你的精力、阻礙你成功的絆腳石，可以說是利弊兼有之；不論是社交活動還是工作，你都表現得熱情、關懷他人，這會促使你渴望參加慈善或公益活動。

能夠洞悉他人動機的你可以掌握主動權；太過嚴肅的你在他人眼中看來固執且難以捉摸；保持獨立性，不斷拓展事業，你的目標會更加明朗，決心也更加堅定；感情豐富、富有領導才能的你能夠有效利用潛力並從中獲利。

■工作和職業

你的接受能力強、洞察力敏銳，享受與他人的交流，駕馭文字的能力強，在寫作方面極有天分；精明且友善的你，具備成為優秀調解員和談判員的潛能，也能夠勝任代理人和銷售員的工作，或社會福利以及推銷工作；如果你的創造天賦得到好的發揮，將能

夠從事教師或演講人的工作，或進入出版業成為作家或記者；你具有良好的外交手腕，性格隨和，與人私交甚好，是天生的心理學家，適合從事顧問、治療以及健康工作；渴望自我表達以及強烈的表現欲使你適合娛樂或藝術事業；同時，你的領導和組織才能以及運籌帷幄的能力會使你適合從商，這樣你就有機會與他人合作或接受更大的挑戰。

與你同天出生的名人包括男演員貝拉‧路高西、歌手湯姆‧佩帝、法國詩人阿爾‧蘭波、建築師克里斯多夫雷恩爵士、音樂家傑利‧羅爾‧莫頓，以及棒球運動員米奇‧曼特爾和凱斯‧赫爾南德斯。

■數字命理學

誕生日數字20代表你洞察力敏銳、適應力強、善解人意、有強烈的歸屬感；透過在合作中與人交流、分享經歷以及相互學習的過程可以幫助你獲得巨大滿足；有個人魅力，為人和善，你的外交手腕使你能輕鬆地融入任何社交圈，但注意不要對周圍人的行為以及評論太過敏感或是過分依賴他人。出生月10月表示雖然你比較自信，但能夠保持相對的獨立性，對愛和親近感的渴望促使你想要與他人分享你的想法和情感；有情趣、為人慷慨，渴望從所愛的人那裡獲得認同和欣賞；如果能夠在逆境中保持果敢和積極的態度，你就能夠用創造力和個人魅力感染周圍的人並且克服困難；自我表達的強烈渴望表示你天資聰穎、興趣廣泛。

■愛情和人際關係

你十分重視人際關係，但要保持地位的獨立；渴望有人陪伴，排斥長時間的孤獨；你的迷人魅力、外交手腕以及極佳的口才能夠幫助你找到許多朋友和情人；儘管十分渴望和諧，但有時你的感情表達方式比較極端，使人無法接受；氣質優雅、喜好設計、風趣幽默的你能夠成功地擔任款待他人的主人角色。

■你生命中的特殊之人

渴望富足生活、尋求穩定感情的你需要留意身邊誕生日為以下日期的人。

◎愛情和友誼：

1月6、16、22、26日、2月4、14、20、24日、3月2、12、18、22日、4月10、16、20、30日、5月8、14、18、28日、6月6、12、16、26日、7月4、10、14、24、31日、8月2、8、12、22、29日、9月6、10、20、27日、10月4、8、18、25日、11月2、6、16、23、30日、12月4、14、21、28、30日

◎幸運貴人：

1月6、17、23、31日、2月4、15、21、29日、3月2、13、19、27、30日、4月11、17、25、28日、5月9、15、23、26日、6月7、13、21、24日、7月5、11、19、22日、8月3、9、17、20日、9月1、7、15、18、30日、10月5、13、16、28日、11月3、11、14、26日、12月1、9、12、24日

◎強烈吸引你的人：

4月14、15、16、17、18、19日

◎砥礪者：

1月24日、2月22日、3月20、29日、4月18、27、29日、5月6、16、25、27、30日、6月14、22、25、28日、7月12、21、23、26日、8月10、19、21、24日、9月8、17、19、22日、10月6、15、17、20日、11月4、13、15、18日、12月2、11、13、16日

◎靈魂伴侶：

1月13日、2月11日、3月9日、4月7日、5月5日、6月3、30日、7月1、28日、8月26日、9月24日、10月22日、11月20日、12月18日

優點：善於合作、和善、有策略、接受能力強、洞察力敏銳、深思熟慮、易相處、和藹親切

缺點：多疑、缺乏自信、恭順、懦弱、過於敏感、自私、容易受傷

太陽星座：天秤座
區間：雙子座 / 水星
角度：天秤座27°30´-28°30´
類型：本位星座
元素：風
恆星：無

10月21日

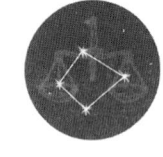

LIBRA

這一天出生的你天資聰穎、魅力迷人；前瞻的思想和探索精神使你的思維永遠保持活躍；你是富於理想的實踐家，能夠充分利用洞察力，注重實效；愛好交際、富有魅力，善於與人相處。

受區間主導星座雙子座的影響，你的適應能力很強、多才多藝、交際能力佳；容易緊張以及內心細膩的你需要保護極為敏感的心思；你的表達能力清晰、具備社交才能、行事圓融；同時渴望不斷學習新知，並用知識點燃他人的熱情，因此你天生具備教師的潛質；事實上，任何形式的學習都能幫助你發揮最大潛能。

你對藝術的感知能力強，渴望透過音樂、繪畫或戲劇來滿足自我表達的需要，同時你也希望被美、富有風格以及奢華的事物包圍；你的文雅氣質表現為活潑的個性，雖然有時會比較固執；當你對感興趣的話題進行辯論，或是運用自己的才能處理問題時，才能夠使你完全專注，並使創造力得到充分發揮；缺乏激情的你容易在瑣碎、無關痛癢的事物上浪費心力；雖然具備雄心壯志、懷有強烈渴望、具備領導才能，但有時表現得專橫。

出生時太陽星座位於天蠍座，之後的30年，你會將注意力集中在個人能力以及人生的新契機上；32歲開始，太陽星座推進到射手座，此時的你表現得更富有冒險精神，渴望學習和旅行，因此接觸國外風土人情的機會也增多了；62歲之後，太陽星座進入摩羯座，此時的你務實、審慎，思想也更有深度。

■真實的自我

直率但對他人的需要十分敏感，是個優秀的調解員和建議者；外表獨立，但實際上容易被夥伴或身邊的人影響；有時懼怕孤獨，同時也要注意避免人際關係上過度依賴或產生的不安感；你的公平意識使你對所愛的人表現得慷慨、關心，但同時給予對方自由的空間。

感性的你極富想像力，這些潛能使你在藝術、音樂領域有所建樹，這也能使你專注於撫慰他人及實現自己的理想；你是一名可靠的朋友和體貼的伴侶，但如果對方沒有做出回應，你會變得逃避或表現得情緒化；善於與人合作，不管是團隊工作或雙人合作，這對你的心靈成長有很大的幫助。

■工作和職業

你有雄心壯志、積極進取、崇尚知識，具備成為培訓員和教師的潛能；待人友善、氣質迷人、性格隨和的你喜歡與他人共同工作，因此適合公共關係或推銷工作；你在多方面都表現出天賦，但目前面臨的問題則是會影響你達成目標的進度；在音樂和藝術方面擁有天賦，在戲劇和演講方面的才能過人，適合在戲劇和電影方面一展所長；此外，你在寫作，尤其是小說、幽默以及戲劇創作方面的天賦過人，你的才智、想像力以及創意在此能夠得到淋漓發揮；一旦對某一事業產生信念，你能夠充分展示雄辯口才；可靠、投入的你在合作工作中表現出色，也希望能夠得到同事的欣賞。

與你同天出生的名人包括諾貝爾獎創立人諾貝爾、作家薩繆爾‧柯勒律治和烏舒拉‧勒‧古因、女演員凱莉‧費雪、音樂人迪茲‧吉列斯皮，以及棒球運動員懷特‧福特。

■數字命理學

誕生日數字21代表性格充滿熱情、外向；友善、合群的你社交廣泛，認識各行各業的人；不僅外向、興趣廣泛，運氣也較好；對他人表現得熱情、友善；你的洞察力敏銳、具有獨立精神，富有創造力，眼光獨到；這一天出生的你有情趣、個性迷人，但與關係親密的人相處時卻表現得很內向，因為你渴望在對方面前建立自信；對合作關係以及婚姻表現出依賴性，同時又渴望自己的能力和天賦能得到對方的認同。出生於10月代表你富有野心、能力過人，具有探索精神，在多方面表現出潛能；洞察力敏銳，渴望透過勤奮工作和自我約束力使潛能完全發揮，進而獲利；你的能力與創意使你能夠成就大事業，你也能因此享受拓展事業的過程。

■愛情和人際關係

富有魅力、待人友善的你身邊不乏朋友和崇拜者；你渴望結交工作勤奮、事業成功的人；要學會保持適度獨立和樂於奉獻，在人際交往中堅持公平，要克服嫉妒心理，因為這會破壞你體貼、溫柔的個人形象；你堅信理想的伴侶是建立在真誠基礎上的人際關係，一旦付出感情，你會對對方十分忠誠。

優點：熱情、有創造力、有合作意識、念舊
缺點：孤立、焦慮、情緒化、目光短淺、失望、抗拒改變

■你生命中的特殊之人

注意以下誕生日期，你就能找到理解你的細膩感情和對愛的需要的理想伴侶。

◎愛情和友誼：
1月1、4、27、29日、2月2、25、27日、3月23、25日、4月21、23日、5月19、21、29日、6月17、19、27日、7月15、17、25日、8月13、15、23日、9月11、13、21日、10月9、11、19日、11月7、9、17日、12月5、7、15日

◎幸運貴人：
1月3、10、15、18日、2月1、8、13、16日、3月6、11、14、29、31日、4月4、9、12、27、29日、5月2、7、10、25、27日、6月5、8、23、25日、7月3、6、21、23日、8月1、4、19、21日、9月2、17、19日、10月15、17日、11月13、15日、12月11、13日

◎強烈吸引你的人：
4月16、17、18、19、20、30日、5月28日、6月26日、7月24日、8月22日、9月20日、10月18日、11月16日、12月14日

◎砥礪者：
1月9、14、16、25日、2月7、12、14、23日、3月5、10、12、21、28、30日、4月3、8、10、19、26、28日、5月1、6、8、17、24、26日、6月4、6、15、22、24日、7月2、4、13、20、22日、8月2、11、18、20日、9月9、16、18日、10月7、14、16日、11月5、12、14日、12月3、10、12日

◎靈魂伴侶：
12月29日

太陽星座：天秤座
區間：雙子座 / 水星
角度：天秤座28°30´-29°30´
類型：本位星座
元素：風
恆星：無

10月22日

LIBRA

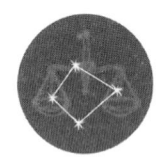

　　富有魅力、氣質迷人、具有領導才能是你的誕生日賦予你的特質；你處世圓融，具備良好的社交能力，懂得如何獲得影響力並發揮自我優勢；有強烈正義感、睿智的你能夠承受任何壓力，但是你有可能會因為優柔寡斷或貪圖安逸而犧牲了崇高的理想。

　　受區間主導星座雙子座的影響，你的表達能力和交際能力比較強；天生口才極佳，對人性的認識深刻，愛好交際、性格隨和；開朗活潑的你在交往中顯得迷人、風趣；你只需培養自我約束力，就能讓潛能得到最大的發揮。

　　對家庭十分在意，追求舒適的你渴望高品質、奢華的生活；對藝術和美的事物感興趣，渴望自我表達的你會對寫作、繪畫或音樂產生興趣，但絲毫不妨礙天生的商業頭腦讓你在商業領域一展身手；有時儼然裁斷人或外交家的你能夠為困境帶來和諧和安寧，但有時你表現得專橫、心胸狹窄，這會破壞你淡泊的心境。

　　生命之初太陽星座位於天蠍座，之後的30年你對個人力量和人生的轉變有了更多的關注；到了31歲，太陽進入射手座，此時的你表現得更樂觀、富有冒險精神，並渴望學習和旅行，因此與國外風土人情接觸的機會也較多；61歲之後，太陽星座落在摩羯座，此時的你表現得更加務實、富有思想，也更加專注於你的目標。

■真實的自我

　　為人慷慨、善良，心胸豁達的你能夠與任何階層的人建立親密關係；但是你有時會陷入挫敗感和悲觀失望中，這會使你變得刻薄、好爭辯；你有時也會表現得自私，但你陽光的心態以及機敏的幽默感總能幫你擺脫窘境，化解潛在危機。

　　外表自信的你，受到虛榮心的影響絕不在他人面前暴露內心的恐懼；你需要尋找並專注於生活中有意義的事物，讓你精神有所寄託，變得更加睿智；強烈且細膩的感情與你的直覺緊密聯繫，這時你應該選擇相信直覺；強大的心靈力量可以撫慰人心，並激發創造力。

■工作和職業

　　優雅、充滿活力、具備實際技能、待人親切、善於相處；你的個人魅力和創造力讓你適合從事人際關係、政治、人道主義工作或進入跨國性的公司；在多方面展現才能、充滿表現欲的你能選擇任何感興趣的職業，不管是美術、室內設計、寫作、音樂或戲劇；迷人、慷慨，諳熟社交技巧的你，能夠勝任調解員、談判員或外交家工作；另一方

面，你的誠實和理想主義使你對律師、庭審人員或法官的職業產生興趣；你的口才和百折不撓的精神也使你適合勝任組織社會活動，或為慈善公益事業募集資金。

與你同天出生的名人包括心理學家和作家提摩西・利里、女演員莎拉・伯恩哈特和凱薩琳・丹妮芙、作家桃莉絲・萊辛、男演員傑夫・戈德布拉姆和德瑞克・賈各比，以及作曲家李斯特。

■數字命理學

誕生日數字22靈活性強，兼具誕生日數字22和4的特質；這一天出生的你誠實、勤奮，具有領導才能以及個人魅力，並且善解人意；體貼的你願意關心他人的幸福，同時具有奉獻精神，不過追求實效和現實的態度堅定；有修養但不脫離世俗，因而有許多朋友和崇拜者；出生於這一天的人競爭意識強，能夠獲得他人的幫助和鼓勵，並在最終獲得成功和財富；這一天出生的人和兄弟姊妹之間的關係親密，時常給予他們鼓勵和幫助。出生月10月的影響代表著你有抱負、充滿理想；思維敏捷、洞察力敏銳的你需要學會信任直覺；你深沉的情感和自我表達的需求使你性格外向、極易受外界影響；壓力和困境能夠突顯你的毅力和恆心；為人豁達、充滿熱情的你有時會表現得自私、傲慢。

■愛情和人際關係

你生性浪漫、豁達，人們通常會被你的親切所吸引；感情豐富的你可能有很多心動的經驗，你排斥孤獨，願意為了和諧和家庭做出妥協；儘管愛幻想，但追求感官享受的你不會讓自己陷入烏托邦式的空想；風趣、熱情的你能夠成功擔任款待他人的主人角色。

■你生命中的特殊之人

注意一下誕生日為以下日期的人、你的理想伴侶就在其中、他／她會為你帶來好運並幫助你實現愛的渴望。

◎愛情和友誼：

1月2.28日、2月12.26日、3月24日、4月22日、5月20.29.30日、6月4.18.27.28日、7月16.25.26日、8月14.23.24日、9月12.21.22日、10月10.19.20.29.31日、11月8.17.18.27.29日、12月6.15.16.25.27日

◎幸運貴人：

1月2.10.13.16日、2月8.11.14日、3月6.9.12日、4月4.7.10日、5月2.5.8日、6月3.6日、7月1.4.30日、8月2.28.30日、9月26.28日、10月24.26日、11月22.24日、12月20.22.30日

◎強烈吸引你的人：

4月18.19.20.21日、10月31日、11月29日、12月27日

◎砥礪者：

1月3.9.10日、2月1.7.8日、3月5.6.31日、4月3.4.29日、5月1.2.27日、6月25日、7月23日、8月2.21.31日、9月19.29日、10月17.27日、11月15.25日、12月13.23日

◎靈魂伴侶：

1月5日、2月3日、3月1日、5月30日、6月28日、7月26日、8月24日、9月22日、10月20日、11月18日、12月16日

優點：多才多藝、具領導才能、務實、靈巧、講求技巧、具開創精神、具組織能力、處事圓融、實際、善於處理問題、有毅力

缺點：急功近利、神經質、專橫、物質主義、目光短淺、懶惰、自大、控制欲強、自誇

天蠍座
Scorpio

10.23～11.21

太陽星座：天蠍座和天秤座界線
區間：天蠍座／冥王星
角度：天秤座29°30´-天蠍座0°30´
類型：固定星座
元素：水
恆星：無

10月23日

SCORPIO

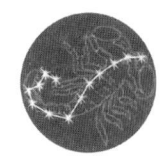

出生於天秤座和天蠍座交接期的你意志堅定、接受能力強、機警；感性、有進取心，會依感覺對事物做出判斷；豐富的感情使你有時表現出堅持與強大意志，有時又表現得溫順、迷人；你工作勤奮、協調能力強，會尋求不同的與人交流方式；儘管天生熱情，但講求實務的性格說明了你具備化解危機的能力。

受區間主導星座天蠍座的影響，你擁有強大的心靈；充滿理想、善解人意的你性格柔順、對周圍的感知力強；做事直截了當，說話從不拐彎抹角，這一作風表明了你的勇敢和堅持；一旦受到挑戰，你會以果敢、堅毅的形象示人；當感受到危機存在時，你會表現出十分的頑強。

一旦發現感興趣的事物，你會表現出雄心壯志，試圖掌握所有相關資訊；儘管你時常表現得衝動、躍躍欲試，其實你的內心十分細膩，而且待人善良、慷慨；你通常表現得無所不知，求知欲以及自我表達的渴望表明你需要不斷充實知識。

29歲之前，你主要關注內心的敏感以及個人力量；30歲之後，太陽星座推進到射手座，此時你對自由的渴望增強，期望透過旅行、學習或人生的感悟擴大視野；60歲之後，太陽星座進入摩羯座，此時的你會更加務實、不逾矩、安全意識更強。

■真實的自我

你的想像力十分豐富、感情外放，但有時會經歷挫折和失望，導致你失去耐心或產生不滿；培養積極的思考方式會幫助你在面對困難時更加釋然，同時能引領你的自制能力，進而幫助你發揮潛能；你通常表現得友善、敏感、有度量，對生活的淡然態度使你變得更加豁達和有同情心。

因為你懷有改善現有處境的渴望，因此你能夠醞釀機會而獲得成功；你具有野心和競爭意識而且思維敏捷，並會努力工作以達成目標；如果你試圖逃避人生應當承擔的責任，那麼你就很難滿足想要創造永恆價值的強烈渴望。

■工作和職業

你擁有人際交往的強大能力；如果你的偉大使命感和領導潛能完全發揮，你會在事業中無往不利，尤其是在法律、教育以及商業領域上；性格外向、表達能力強的你傾向於能發揮創造力的職業，如藝術或娛樂工作；同時責任感和細膩、體貼的性格使你適合幫助他人的工作，如公共服務、醫藥或是療養機構；富有想像力和懷有美好憧憬的你，

也能在電影和廣告領域得到發揮。

與你同天出生的名人包括電視節目主持人強尼‧卡森、作曲家艾伯特‧羅爾青、巴西足球運動員貝利、作家羅伯特‧西摩爾‧布里奇和邁克‧克萊頓，以及足球運動員道格‧佛呂帝。

■數字命理學

感情細膩、富有創造力是誕生日數字23賦予你的兩大特質；你多才多藝、充滿熱情、思維敏捷，你也具備職業眼光和創意；這一天出生的你總能迅速掌握新知識，偏愛實踐勝於理論；喜愛旅遊、冒險以及結交新朋友，天性中的不安分因素促使你喜歡嘗試不同的經歷並幫助你充分地利用環境；出生在10月的你擁有強大的心靈、深邃的思想及忠厚性格，這些特質使你能夠勇敢面對及克服困難；自立和堅強的意志使你喜歡萬事皆在掌握之中；儘管你善於隱藏感情，但率性的你在發表看法時十分坦率中肯；儘管表現無畏，但要注意你的批評有可能冒犯他人。

■愛情和人際關係

感情細膩且豐富的你是一位不拘世俗眼光、追求浪漫的理想主義者；受到性格堅強的人吸引時你絕不會刻意掩飾強烈的愛意；你與朋友的友誼有時會因為你的情緒化和過度的物慾而受到影響；有著強烈情感的你勇氣十足、富有同情心、感情外放；你十分看重感情的完全投入和忠誠，但要避免過於強勢。

優點：忠誠、有責任心、喜愛旅行、善於交際、直覺敏銳、名望、富有創造力、多才多藝、值得信賴
缺點：自私、缺乏安全感、固執、挑剔、遲鈍、孤僻、有偏見

■你生命中的特殊之人

注意一下誕生日為以下日期的人、你會找到生命中特殊的他／她，並獲得情感上的滿足。

◎愛情和人際關係：

1月3.19.22.25.29.30日、2月1.17.20.23.27.28日、3月18.21.25.26日、4月16.19.23.24.28日、5月14.17.21.22.26.31日、6月9.12.15.19.20.24.29日、7月10.13.18.22日、8月8.11.15.16.20.27.29.30日、9月6.9.13.14.18.23.27.28日、10月4.7.11.12.16.21.25.26日、11月2.5.9.10.14.19.23.24日、12月3.7.8.12.17.21.22日

◎幸運貴人：

1月17日、2月15日、3月13日、4月11日、5月9.29日、6月7.27日、7月5.25日、8月3.23日、9月1.21日、10月19.29日、11月17.27.30日、12月15.25.28日

◎強烈吸引你的人：

4月19.20.21.22日、5月1日、6月29日、7月27日、8月25.30日、9月23.28日、10月21.26日、11月19.24日、12月17.22日

◎砥礪者：

1月20.23日、2月18.21日、3月16.19日、4月14.17日、5月12.15日、6月10.13日、7月8.11日、8月6.9日、9月4.7日、10月2.5日、11月2日、12月1日

◎靈魂伴侶：

1月4.31日、2月2.29日、3月27日、4月25日、5月23日、6月21日、7月19日、8月17日、9月15日、10月13日、11月11日、12月9日

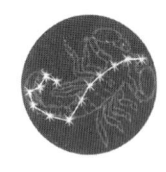

太陽星座：天蠍座
區間：天蠍座/冥王星
角度：天蠍座0°30´-1°30´
類型：固定星座
元素：水
恆星：無

10月24日
SCORPIO

　　活力充沛、富有創造力的你內心高貴、熱愛生活中的美好事物；追求刺激的你若受到某種思想的鼓舞或找到值得奮鬥的事業，就會變得勤奮、踏實。

　　受區間主導星座—天蠍座的影響，你意志堅強、大膽、果敢；坦率直接的處事方式說明了你無所畏懼、堅持不懈，而理解他人的能力也顯出了你的同情心和善解人意。你富有創造力、熱情、善於交際；你優雅、迷人，極易受到他人青睞，會尋求具有藝術性自我表達的方式。

　　感情細膩的你容易察覺他人的情緒變化；為人慷慨的你渴望被人欣賞，是一名真誠的朋友和伴侶；你善於與他人合作，對團隊的幫助很大，但一旦陷入消極或失去感情支柱，你會表現出不滿或自怨自艾；透過對自制力的培養，你會發現責任感和耐心使你獲得更多回報。

　　28歲之前，你的注意力主要集中於細膩的感情和個人的變化；29歲時，太陽星座推進到射手座，你會開始尋求更大的自由空間以及更廣闊的前景，這促使你樂於承擔更多責任，並透過對真理的探索、進修或旅行提高悟性；另一個轉捩點出現在59歲，此時太陽星座位於摩羯座，你對生活的態度會更加嚴肅、實際，自我約束性也更強。

■真實的自我

　　你是天生的演員並擁有超凡的社交能力，能在不暴露真實自我的情況下洞悉他人的潛在動機，這能保護你極度敏感的內心並能使你掌控一切；你為人慷慨、充滿感情，喜歡有人陪伴，也渴望和諧的人際關係；人們欣賞你的理解力，而你也很樂於為他人提出建議；但要學會超然事外，不要因為氾濫的同情心使自己蒙受損失。

　　驕傲、有智慧的你需要不斷的挑戰讓自己處於興奮狀態；不過急功近利或過度享樂都會使自制力降低，而這是你能否成就一番事業的關鍵；要學會相信你的敏銳直覺，這將使你清楚自己的影響力到底有多大，並幫助你適時放手避免受傷；永遠的活力會使你時時刻刻體會到生活的樂趣。

■工作和職業

　　十足的魅力、天生的商業頭腦加上人際交往的能力使你適合從事公共關係、銷售或出版工作；你也能勝任社交頻繁的商業工作，如經銷或代理；富有創造力和情趣的你也對藝術、表演以及音樂產業產生興趣；能夠體諒他人難處的你可以勝任諮商或從事護

理或復健性工作；你的職業敏感度會幫助你在任何行業獲得成功，但你比較傾向能自由發揮的工作。

與你同天出生的名人包括音樂人比爾・懷曼、自然學家和微生物學家安東尼・范・列文虎克、女演員黛姆・西比・桑戴克、足球運動員Y・A・提特爾，以及男演員F・默里・亞伯拉罕和凱文・克萊恩。

■數字命理學

誕生日數字是24的你不喜歡墨守成規，不過你工作勤奮、務實，能做整體性的判斷；這一天出生的你感情細膩，渴望穩定和秩序；忠誠、公平的你不善表達，但堅信實際行動勝過一切；注重實務的生活態度幫助你培養良好的商業敏感度以及克服困難的能力；誕生日數字24表示你需要克服執拗和成見。受出生月10月的影響，你充滿理想、性格獨立、感情熾烈；頑強、忠誠的你在他人有困難時會給予幫助；自立、有勇氣的你喜歡自己下決定；輸贏固然重要，但要避免自我中心或獨裁；你有時會表現得逃避、不坦率，但一旦發表看法，一定能直擊要害、不留情面。

■愛情和人際關係

極為敏感的你有著強烈的情感和對愛的渴望，這將促使你尋求各種浪漫的經歷；和善、風趣的你十分熱衷社交活動；雖然你很豁達、充滿理想，但你對人際關係的態度過於嚴肅；為了避免不必要的傷心，盡量避免讓你的感情左右理智；培養責任感和適應力，你就能獲得他人的尊重和崇拜。

■你生命中的特殊之人

感性、忠誠、溫柔的你是否在尋找一位能夠理解你的細膩感情和對愛的需要的伴侶，那麼請注意一下誕生日為以下日期的人。

◎愛情和友誼：

1月5、9、10、18、19、26、30、31日、2月3、8、16、17、24、28日、3月1、5、6、14、15、22、26日、4月3、4、12、13、20、24日、5月2、10、11、18、22日、6月8、9、16、20、30日、7月6、14、18、28日、8月4、5、12、16、26、30日、9月2、3、10、14、30日、10月1、8、12、22、26日、11月6、10、20、24日、12月4、8、18、22、30日

◎幸運貴人：

1月13日、2月11日、3月9日、4月7日、5月5日、6月3、30日、7月1、28日、8月26日、9月24日、10月22日、11月20日、12月18日

◎強烈吸引你的人：

4月20、21、22、23日

◎砥礪者：

1月14、24日、2月12、22日、3月10、20日、4月8、18日、5月6、16日、6月4、14日、7月2、12日、8月10日、9月8日、10月6日、11月4日、12月2日

◎靈魂伴侶：

7月30日、8月28日、9月26日、10月24日、11月22日、12月20日

優點：體力充沛、充滿理想、實用技能、信心堅定、誠實、坦率、公平、慷慨、愛家、有活力

缺點：物質主義、吝嗇、不穩定、無情、不喜歡循規蹈矩、懶惰、不忠實、強勢、固執、記仇、妒忌

太陽星座：天蠍座
區間：天蠍座 / 冥王星
角度：天蠍座1°30´-2°30´
類型：固定星座
元素：水
恆星：無

10月25日

SCORPIO

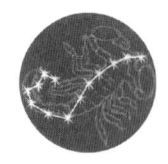

出生在這天的你具有個人魅力、性格外向、感情強烈、有野心、決心堅定、對生活的期望很高；充滿熱情和進取心的你富有想像力、心懷高遠；你的直覺敏銳、具有分析力、興趣廣泛、喜歡冒險和投機；性格衝動的你需要培養自制力和注意力，這是你獲取成功的必要條件。

受區間主導星座天蠍座的影響，你對成就的渴望促使你尋求不同的自我表現方式；感性的你崇拜權力，渴望運用智慧超越他人；克服困難的能力讓你能夠隨時保持高昂的鬥志，一旦有需要，你會毫不猶豫選擇重新開始。

睿智和犀利言辭會讓周圍的人對你折服，但你的敏銳洞察力也暗示了你能夠同情和理解他人；感性的你會尋求藝術性的自我表達；高雅、迷人的你極易受到他人青睞，具備與人交往的技巧。

27歲之前，你的注意力主要集中於個人深沉的情感和力量；28歲開始，太陽星座進入射手座，你的樂觀性格和對自由的渴望將逐漸突顯，此時的你會藉由感悟、學習或旅行擴大視野；到了58歲，太陽星座落在摩羯座，你會更加務實，並具有更明達的處世哲學，而安全意識更強。

■真實的自我

自我意識強烈、性格獨立、有進取心，你的野心促使你為了達成目標而努力，如此也保證你的偉大計畫能順利實現；充滿智慧和個人魅力的你具有說服力，能夠輕鬆地與各個階層的人交往；學習能力強的你總是不斷追求新的思想和知識，並善於讓他人愉快地接受你的想法。

你內心的不安分可能轉變為創新的動力，但也可能導致你產生焦躁和不滿；積極投身於你所感興趣的工作上可避免產生厭倦感，並使你永遠保持理想和冒險精神；而旅行對你而言是拓寬視野的重要途徑。

■工作和職業

你的機敏和雄心壯志能使你在所專注的領域取得成就；你的個人魅力使人著迷，因而適合與人打交道的職業；敏銳的思維幫助你在科學或教育領域取得成功，但你可能更傾向於能發揮創造力的職業，如藝術、戲劇或音樂；同時，你的野心、組織和領導才能使你能勝任管理、法律或商務工作；喜歡多一點自由空間的你且傾向於自行創業。

與你同天出生的名人包括畫家畢卡索、小提琴家五島綠、籃球教練鮑比‧奈特、作曲史特勞斯和比才，以及作家哈洛德‧布羅基。

■數字命理學

你思維敏捷、充滿活力、洞察力敏銳、思想有深度。出生在25日的你渴望透過不同的經歷展現自我，這些經歷可以是新奇的，也可以令人激動的人或地方；對完美的追求促使你勤奮工作並富有成果；不過，當事情沒有按計畫發展時，你要克制焦躁和挑剔的情緒。誕生日數字為25的你思想活躍，一旦集中注意力就能夠洞悉全局，並比他人更快地做出決斷；相信直覺、培養堅持和耐心，成功和幸福就會與你不期而遇。出生於10月使你性格獨立、有個人魅力，渴望強大的內心力量，享受掌控一切的感覺；決心堅定、有遠見的你目標遠大、渴望尋求挑戰和克服困難的機會；倔強、頑強的你擁有安慰他人的力量，十分忠誠、永不放棄。

■愛情和人際關係

外向、積極的你喜歡結交性格堅強、有智慧、勤奮的朋友，因為他們樂於接受挑戰、具有權威；你的魅力和感性使他人與你相處時感到安全和與眾不同；愛好交際、勤奮的你喜歡追求樂趣，並會將歡樂融入工作；受到性格中豁達因素的影響，你會對他人充滿友好和善意；有責任感、務實的你崇尚秩序，也懂得計畫未來。

■你生命中的特殊之人

尋求穩定和特別關係的你，要注意誕生日為以下日期的人。

◎愛情和友誼：

1月2.3.6.9.10.11.17.21.27.31日、2月1.4.7.9.25.29日、3月2.5.7.13.17.23.27日、4月3.5.15.21.25日、5月1.3.13.19.23.30日、6月1.11.17.21.28日、7月5.9.15.19.26.29日、8月7.13.17.24.27日、9月5.11.15.22.25日、10月3.9.13.20.23、11月1.7.11.18.21.30日、12月5.9.16.19.28日

◎幸運貴人：

1月11.16.30日、2月9.24.28日、3月7.22.26日、4月5.20.24日、5月3.18.22.31日、6月1.16.20.29日、7月14.18.27日、8月12.16.25日、9月10.14.23日、10月8.12.21.29日、11月6.10.19.27日、12月4.8.17.25日

◎強烈吸引你的人：

4月22.23.24.25日

◎砥礪者：

1月15日、2月13日、3月11日、4月9日、5月7.30日、6月5.28日、7月3.26日、8月1.24日、9月22日、10月20.30日、11月18.28日、12月16.26日

◎靈魂伴侶：

1月9.29日、2月7.27日、3月5.25日、4月3.23日、5月1.21日、6月19日、7月17日、8月15日、9月13日、10月11日、11月9日、12月7日

優點：洞察力力敏銳、追求完美、接受力強、有創造力、善於處理人際關係

缺點：衝動、浮躁、感情用事、妒忌、不坦率、環境不穩定、挑剔、情緒化

太陽星座：天蠍座
區間：天蠍座／冥王星
角度：天蠍座2°30´-3°30´
類型：固定星座
元素：水
恆星：七公七

10月26日
SCORPIO

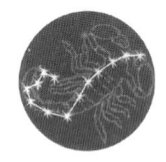

這一天出生的你富有理想和野心、感性且渴望擁有強烈的感情；迷人、想像力豐富的你，會尋求強烈感情發洩和興趣愛好；心懷浪漫的你可能做事衝動，但本性中的務實因子使你處事精明，具有強烈的安全意識。

受到冥王星的雙重影響，你感情細膩、十分有魅力，同時堅定、有勇氣和鬥志；強大的意志力，使你能夠時刻保持熱情以衝破重重阻礙。你通常比較合群但性格靦腆，即使內心波瀾起伏，表面看來卻淡定自若；你要注意的是執拗的性格有可能使你受到傷害。

你十分關注個人財務問題，天生的商業頭腦以及勤懇態度能將你的潛能轉化為財富；學會平衡工作和娛樂，你的生活才不會過於枯燥或充滿壓力；如果你能夠相信直覺然後自由發揮，而不是瞻前顧後、畏首畏尾，你就能表現得更加出色。

26歲之前，你主要關注於敏銳感情以及個人力量的感知；27歲開始，你的太陽星座進入射手座，此時的你渴望生命中充滿更多的冒險，同時希望追求真理、靈感和自由，因此你將變得更加樂觀，渴望獲得更深的感悟，你會透過旅行或透過接觸國外的風土人情，滿足自己的渴望；到了57歲，太陽星座落在摩羯座，你可能對達成目標更有決心，同時也更能自制及務實。

■真實的自我

你既寬宏大量又精打細算，對你來說，最重要的是保持崇高理想與現實之間的平衡感；追求奢侈和高品味，對力量、博愛以及同情心的追會使你避免挫折和失望情緒。

你對在意的人十分慷慨，也具有吃苦的精神，並能堅持本分；紀律和自制能使你的潛能得到最大發揮，但不要對自己過於刻薄；培養信心和自發性能幫助你克服固執、自閉以及懷疑；敏感的你需要定期獨處以達到內省及捕捉內心的敏銳直覺。

■工作和職業

敏捷思維和交際能力能夠幫助你在任何工作中獲得成功，不過你可能對大型專案、法律或是政治更感興趣；天生的行政能力和敏銳的商業頭腦使勤奮的你能夠獲得他人的認同和尊敬；求知欲以及實際的態度使你能成為領域中的權威人士；分析力和技巧天賦使你能夠從事科學、健康或醫學的職業。同時你的創造力和對美的熱愛使你渴望成為音樂家、演員或娛樂工作者；仁愛之心使你在護理工作、慈善活動以及社會改革工作中得

到滿足。

與你同天出生的名人包括前第一夫人希拉蕊、男演員鮑伯·霍斯金斯、女演員賈桂琳·史密斯、歌手瑪哈麗亞·傑克遜，以及法國總統密特朗。

■數字命理學

誕生日數字26賦予你對人生務實的態度、管理才能以及天生的商業頭腦；你非常有責任感、具有審美觀、熱愛家庭、渴望建立穩固的經濟基礎以及獲得穩定感；你會在親朋好友需要幫助時伸出援手；你需要避免物質主義的傾向以及對環境和他人的控制欲。受出生月10月的影響，你十分專一；待人有禮，勇氣十足，感情力量也很強大；對於勤奮、堅強的你，勝負很重要，而敢於嘗試新思想同樣能使你獲得成功；為人慷慨、善良，能夠鼓舞他人；身為完美和理想主義者的你不要因為過度敏感而使自信受挫或疏遠他人。

■愛情和人際關係

你的感情細膩，但渴望被愛、被欣賞，尋找變化和能使你的思維保持活躍的伴侶，因為你排斥缺乏熱情的愛情；旅遊或與朋友暫時逃離常規的束縛，會使你放鬆神經並從勞累中解脫，不過新環境和生活中出乎意料的狀況會增加你的不確定感；如果對新關係一開始就過於緊張，沒多久你就會失去信心和興趣；培養耐心將更多的注意力放在人際關係上，你會因此而受益。

■你生命中的特殊之人

渴望愛和穩定關係的你要注意誕生日為以下日期的人。

◎愛情和友誼：

1月2,9,12,22,25日、2月7,10,20,23,26日、3月5,8,18,21日、4月3,6,16,19日、5月1,4,14,17,20,24,29日、6月2,12,15,27日、7月10,13,16,20,25,30日、8月9,15,24,26日、9月7,13,22,24日、10月4,7,10,14,19,24,28,29日、11月2,5,8,12,17,22,26,27日、12月3,6,10,15,20,24,25日

◎幸運貴人：

1月12,23,29日、2月10,21,27日、3月22,26日、4月6,17,23日、5月4,15,21日、6月2,13,19,28,30日、7月11,17,26,28日、8月9,15,24,26日、9月7,13,22,24日、10月5,11,20,22日、11月3,9,18,20,30日、12月1,7,16,18,28日

◎強烈吸引你的人：

4月22,23,24,25日、7月29日、8月27日、9月25日、10月23日、11月21日、12月19日

◎砥礪者：

1月1,4,26,30日、2月2,24,28日、3月22,26日、4月20,24日、5月18,22,31日、6月16,20,29日、7月14,18,27日、8月12,16,25,30日、9月10,14,23,28日、10月8,12,21,26日、11月6,10,19,24日、12月4,8,17,22日

◎靈魂伴侶：

1月20日、2月18日、3月16日、4月14日、5月12日、6月10日、7月8日、8月6日、9月4日、10月2日

優點：具創造性、務實、體貼、有責任心、對家庭有自豪感、熱忱、有勇氣

缺點：固執、叛逆、友誼不持久、缺乏進取心、沒有毅力

太陽星座：	天蠍座
區間：	天蠍座／冥王星
角度：	天蠍座3°30´-4°30´
類型：	固定星座
元素：	水
恆星：	七公七

10月27日

SCORPIO

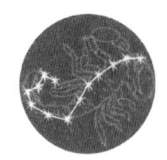

你的誕生日代表著你富有想像力、洞察力敏銳、感情強烈；決心、個人魅力以及具有遠見的奇特組合使你能將樂趣融入工作中；情感容易出現波動的你應當清楚認識這一力量並加以正確運用；只要找到創造性的自我表達方式就能緩解你的緊張情緒。

受冥王星的雙重影響，你富有魅力和勇氣、鬥志高昂；你內心的強大意志力使你能夠時刻保持熱情以衝破重重阻礙；你待人友善、性格醞腆，即使內心情緒波瀾起伏，表面看來仍堅定自若；你要注意的是偏執有可能使你受到傷害。

你的熱情、活力以及慷慨的胸懷使你變得更加迷人，能在他人心中留下深刻印象；有時你表現得孤傲冷漠、有時表現得善良且充滿同情心，這讓他人覺得你難以捉摸，原因就在於你的性格是由許多相對立元素所組成。

25歲之前，你的主要注意力集中在培養對個人力量的感知，以及如何控制深沉的情感；26歲之後，太陽星座進入射手座，此時的你變得更加樂觀，渴望冒險和機遇，這會促使你把握不斷出現的機會、旅行或學習；56歲之後，太陽星座進入摩羯座，你看待人生的態度將更加明達、實際，而渴望秩序也能使你的潛能得到發揮。

■真實的自我

愛好交際、待人友善的你在鼓舞他人的同時也讓自己變得充滿活力；你潛在的創造力若得到正確指引，將能達到理想狀態；積極的你對他人具有極大的影響力；如果強烈的情感受到壓抑，容易變得情緒化或孤僻；讓你的同情心和個人力量轉向對他人的關懷，能夠使自己和他人獲得和諧和幸福。

充滿理想的你如果能夠找到奮鬥的事業，就會積極地面對生活的挑戰；你的生日暗示了你的變動力量，但不要將這一力量用於權術上，尤其是當你對他人失望時；你必須學會結合洞察力與信念才能不斷獲得新的力量，這會使你產生勝利感並最終實現夢想。

■工作和職業

天生的交際能力以及對潮流的敏感度能使你勝任推銷、銷售以及傳媒工作；除了對公眾有清楚的認識，還具備管理才能的你能夠在商界嶄露頭角；金錢意識強烈的你能夠成為企業家或慈善家；你的創造性表現欲可以使你在音樂、藝術以及娛樂界有所為；這天出生的你在寫作和教育方面也表現出天賦和興趣。

與你同天出生的名人包括歌手賽門・勒邦、小提琴家帕格尼尼、美國總統羅斯福、作家狄龍・湯瑪斯和席爾亞・普拉絲，以及喜劇演員約翰・克里斯。

■數字命理學

誕生日數字27代表你富有理想、感性；洞察力、分析力以及充滿創意的頭腦讓人留下很深的印象；儘管仍有時表現得不坦誠、理智、置身事外，但這實際上是為了掩飾內心的緊張；培養良好的社交能力可以幫助你克服表達深層情感時的障礙；誕生日數字是27的你十分重視教育，讓思想更有深度能夠讓你變得更有耐心和自律。受出生月10月的影響，你的見解獨到、感情表達強烈；你的驕傲、決心以及強烈的道德感說明了你能夠信守承諾；你極為忠誠，能夠撫慰和幫助他人度過困難；渴望感情充實的你如果能對一項事業產生信念，你會變得十分勤奮並有成效。

■愛情和人際關係

你充滿理想，是值得信賴的對象，但在親密關係中卻表現出極強的占有欲和嫉妒心，尤其是當你感到不安時；你有責任心，崇拜勤奮、奉獻、忠誠的人；你是個感情細膩、心地善良的朋友，會給予他人幫助並十分關心他人，但不要被他人的問題占據了你的心靈；你應當學會保持冷靜和淡然的態度，才能避免不必要的傷害。

優點：多才多藝、充滿理像、有創造力、信念堅定、勇敢、理解力強、超越世俗、創新、信念強大

缺點：不隨和、好爭辯、心胸狹隘、不安分、焦慮、不信任、情緒化、緊張

■你生命中的特殊之人

渴望尋找理想伴侶的你需要不妨注意誕生日為以下日期的人。

◎愛情和友誼：

1月8,11,12,29日、2月6,9,27日、3月4,7,25,29日、4月2,5,23,27日、5月3,21,25,30日、6月1,19,23日、7月17,21日、8月15,19,29日、9月13,17,27日、10月11,15,20,25,29,30日、11月9,13,23,27,28日、12月7,11,21,25,26日

◎幸運貴人：

1月13,30日、2月11,28日、3月9,26日、4月7,24,30日、5月5,22,28日、6月3,20,26日、7月1,18,24,29日、8月16,22,25日、9月14,20,25日、10月12,18,23日、11月10,16,21日、12月8,14,19日

◎強烈吸引你的人：

4月23,24,25,26日、10月30日、11月28日、12月26日

◎砥礪者：

1月5,19日、2月3,17日、3月1,15日、4月13日、5月11日、6月9,30日、7月7,28,30日、8月5,26,28日、9月3,24,26日、10月1,22,24日、11月20,22日、12月18,20日

◎靈魂伴侶：

1月7日、2月5日、3月3日、4月1日、9月30日、10月28日、11月26日、12月24日

太陽星座：天蠍座
區間：天蠍座／冥王星
角度：天蠍座4°30´-5°30´
類型：固定星座
元素：水
恆星：七公七

10月28日

SCORPIO

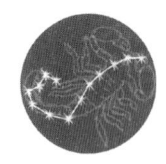

渴望實現崇高理想的你是個有影響力、同時有著細膩情感的人；富有主見和魄力的你只要對自己的能力有信心、百折不撓，就一定能有所成就；富有創造力及想像力的你能夠透過心靈溝通和智慧向他人傳遞你的思想；憑著決心和堅持你能達到別人無法企及的成就。

受區間主導星座天蠍座的影響，你擁有力量能衝破重重阻礙、最終心態歸於平靜；雖然有時比較脆弱，但你有不屈不撓的精神和充沛活力，只要能控制情緒，你就能保持心態平和。

儘管憑藉個人力量就能獲得成功，但與他人的合作以及相互交流會讓你獲益甚大；具有人道精神的你有強烈的道德感和遠大抱負，不過要避免將個人意志強加到別人身上；你可以為所愛的人做出犧牲，但不要刻意博取同情；你應當學會如何調整同情心使自己做出讓步，但要有超然於事外的胸襟。

24歲之前，你重視細膩的情感以及個人變化的需要；從25歲開始，太陽星座進入射手座，此時的你強烈渴望自由以及透過旅行、學習和個人感悟開拓眼界；到了55歲，太陽星座推進到摩羯座，人生將會出現變化，你會變得更加實際、注重實效以達成目標。

■真實的自我

你內心懷有的強烈、起伏不定的情感從不輕易流露，這種力量促使你不斷開創新事業，如果妥善運用，可讓你避免陷入情緒化或悲觀；渴望洞察人心和事實真相的你會探索更深層、玄妙的存在問題。

洞察力敏銳的你會逐漸感受到愛的力量，這能成為你人際交往的動力；你迷人魅力能幫你取得全面的勝利，並轉化為熱情鼓舞他人；你對金錢十分感興趣，但你認為愛的表達以及崇高理想的實現更加重要。

■工作和職業

分析力強、洞察力敏銳的你傾向從事能夠發揮創造性思維的職業，例如哲學、科學、心理學或玄學等領域的研究；操作方面的潛能使你對電腦或工程相關的工作產生興趣；你的聰明才智和溝通能力會使你成為成功的作家、演講家或教師；你具有領導才能，但充分肯定團隊合作以及搭檔的重要性；人道精神會促使你為了人類幸福而工作。

與你同天出生的人包括女演員茱莉亞羅勃茲及珍・亞歷山大、微軟創辦人比爾蓋茲、醫藥研究者約那斯・索爾克、探險家詹姆斯・庫克、廚師奧古斯特・艾斯科菲爾、運動員布魯斯・詹納，以及畫家法蘭西斯・培根。

■數字命理學

這一天出生的你性格獨立、注重實效、自我約束力強；與誕生日數字是1的人相似，你有野心、直接、積極進取；誕生日數字28的你有著一方面渴望獨立、一方面渴望成為團隊一員的矛盾心理；充滿幹勁和冒險精神的你總能積極面對生活中的挑戰，你的熱情極易感染他人使他們即使不能與你並肩作戰也會助你一臂之力；誕生日數字28還賦予你領導才能，以及可依靠的常識、邏輯和清晰的思路；你能夠承擔責任，但要避免過於熱情、浮躁以及氣量狹小。出生月數字10表示你充滿理想、感性、有強烈預感；有著強大決心和意志的你能夠在合作過程中受益，學會堅定信念並注意策略及懂得適時讓步，這樣你可以收穫更多。

■愛情和人際關係

你渴望活力和變化，所以有廣泛的興趣；雖然你充滿理想、對愛的信念堅定，但不安定和缺乏耐性的性格會為你的親密關係帶來緊張；不過，因為你的責任感和專注，你能夠為所愛的人做出巨大犧牲；如果陷入不尋常的人際關係或環境，你就必須學會適應這種複雜性。

優點：	有同情心、思想進步、有魄力、藝術氣質、有創造力、充滿理想、抱負遠大、勤奮、家庭穩定、意志強大
缺點：	空想、缺乏動力、缺乏同情心、不切實際、專橫、缺乏判斷力、咄咄逼人、不自信、太過依賴他人、驕傲

■你生命中的特殊之人

渴望持久幸福、安全感以及家一般舒適環境的你需要注意誕生日為以下日期的人。

◎愛情和友誼：

1月9,20,30日、2月7,18,28日、3月5,16,26,30日、4月3,24,28日、5月1,22,26日、6月20,24日、7月8,18,22,31日、8月16,20,29,30日、9月14,18,27,28日、10月12,16,25,26,31日、11月10,14,23,24,29日、12月8,12,21,22,27日

◎幸運貴人：

1月15,22,31日、2月13,20,29日、3月11,18,27日、4月9,16,25日、5月7,14,23,30日、6月5,12,21,28日、7月3,10,19,26,30日、8月1,8,17,24,28日、9月6,15,22,26日、10月4,13,20,24日、11月2,11,18,22日、12月9,16,20日

◎強烈吸引你的人：

1月11日、2月9日、3月7日、4月5,24,25,26,27日、5月3日、6月1日、10月31日、11月29日、12月27日

◎砥礪者：

1月5,8,16,21日、2月3,6,14,19日、3月1,4,12,17日、4月2,10,15日、5月8,13日、6月6,11日、7月4,9,29日、8月2,7,27日、9月5,25日、10月3,23日、11月1,21日、12月19日

◎靈魂伴侶：

1月13日、2月11日、3月9日、4月7日、5月5日、6月3日、7月1日、8月31日、9月29日、10月27日、11月25日、12月23日

太陽星座：天蠍座
區間：天蠍座／冥王星
角度：天蠍座5°30´-6°30´
類型：固定星座
元素：水
恆星：七公七

10月29日

SCORPIO

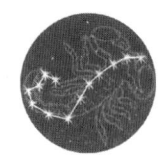

這一天出生的你充滿理想、見解獨到、富有靈感、熱心、直覺強烈；為人慷慨、喜歡交際的你因為性格隨和因此朋友多、人緣好；在多方面表現出天賦和創造力的你能夠令他人留下深刻的印象。

受區間主導星座天蠍座的影響，你的遠見和強烈的感知力使你成為天生的調查員或幫助你探索生命的神祕；機警、富有判斷力的你也經常會被你的細緻觀察力弄得精神疲憊；洞察力和強大的意志能幫你度過困境；富有人道精神的你善良、有同情心，但容易情緒化或煩躁。

當你體認同情心和愛的力量時，你就能夠創造和諧並達到內心的安靜與平衡；你渴望愛和舒適，但骨子裡有著不安分的因子和冒險精神；你一方面渴望自由和視野的開闊，但需要情感上的安全感，一方面你又無法適應離群索居的生活；儘管是出於好意，但太驕傲的態度容易讓他人把你的好意當成是好管閒事；你對家庭表現得忠誠並給予支持，有著很強的自豪感。

23歲之前，你的注意力集中在個人力量的培養以及如何控制強烈的感情；24歲開始，太陽星座進入射手座，此時的你表現樂觀並逐漸表現出冒險精神，這促使你會把握許多機會、旅行或學習機會；54歲之後，太陽星座落在摩羯座，此時你將變得更加實際，能夠有條不紊地實現自己的目標。

■真實的自我

對真理、知識以及權力的渴望增強你的創造性思維以及解決問題的能力，並促使你探索研究哲學和玄學領域；你的想法積極，如果有一套完整的計畫，你的奮鬥會更加有成果；精明、現實的你善於將所學知識運用於實踐，但要注意精力的分散。

創新的思想使你帶有些許天才特質；自我表達的強烈需求在社交以及創造方面有所體現，但你也會出現焦慮和猶疑不決，尤其是在物質方面，因此保持局勢的明朗對你而言是最重要的；你的敏捷思維會受到他人青睞，但要注意合理運用你的評論能力。

■工作和職業

天生具備調查員潛力的你不論是對人或環境，都喜歡往事件的核心做深入探索，這意味著你可能會對哲學、自然科學或玄學產生興趣；渴望和諧的你也會對音樂或復健性工作產生興趣；雖然性格中某些因素會使你傾向坐享其成，但你的責任感則會督促你不

斷奮鬥；你在團隊工作中善於與人合作，這將使你獲益甚大；投身商界的你如果能夠發揮人際交往的能力，相信表現會更加出色；體貼的性格以及人道精神會使你傾向從事慈善機構或諮商工作

與你同天出生的名人包括女演員維諾娜瑞德和凱特·傑克遜、男演員理查·德萊弗斯、歌手梅爾巴·摩爾和克里歐·蓮恩、作家詹姆斯·鮑斯威爾，以及天文學家艾德蒙·哈雷。

■數字命理學

誕生日數字是29的你有著剛強的性格和超凡的天賦；你的洞察力敏銳、敏感、感情豐富；靈感是你獲取成功的重要條件，缺少靈感的你可能會喪失目標；你是個不折不扣的幻想家，要小心性格中的極端導致情緒多變；相信你的感覺，試著向他人敞開心扉，你就能克服焦慮並使你的內心變得堅強；你的創意能夠給予他人靈感或幫助他人；出生於10月表示儘管你爭強好勝、性格獨立，但與他人合作會使你獲益；你雄心壯志、志向遠大，但要堅定信念、立足實際；思想積極、充滿熱情的你能夠表現得適應力強、思想進步、富有勇氣和力量。

■愛情和人際關係

你溫柔、富有犧牲精神，但有時對想要呵護的人表現得過於緊張；有魅力、充滿理想、心地善良、多愁善感，樂於幫助不幸的人；體貼他人，但在經濟方面渴望安全感，因此你傾向結交富有、有權勢的人；保持內心的平和可以幫助你創造和諧，並使他人充滿安全感和被愛的感覺。

■你生命中的特殊之人

注意以下誕生日期，你就能找到了解你的細膩感情和對愛的需要的理想伴侶。

◎愛情和友誼：

1月10.12.15.25.28日、2月10.13.23.26日、3月8.10.11.21.24.31日、4月6.9.19.22.29日、5月4.7.17.20.27日、6月2.5.15.18.25日、7月2.3.13.16.23日、8月1.11.14.21.31日、9月9.12.19.29日、10月7.10.17.27日、11月5.8.15.25日、12月3.6.13.23日

◎幸運貴人：

1月12.23.26日、2月10.21.24日、3月8.19.22.28日、4月6.17.20.26日、5月4.15.18.24日、6月2.13.16.22日、7月11.14.20.31日、8月9.12.18.29日、9月7.10.16.27日、10月5.8.14.25日、11月3.6.12.23日、12月1.4.10.21日

◎強烈吸引你的人：

4月25.26.27.28日、10月30日、12月28日

◎砥礪者：

1月17.18.21日、2月15.16.19日、3月13.14.17.29日、4月11.12.15.27日、5月9.10.13.25日、6月7.8.11.23日、7月5.6.9.21.30日、8月3.4.7.19.28日、9月1.2.5.17.26日、10月3.15.24日、11月1.13.22日、12月11.20日

◎靈魂伴侶：

1月24日、2月22日、3月20日、4月18.30日、5月16.28日、6月14.26日、7月12.24日、8月10.22日、9月8.20日、10月6.18日、11月4.16日、12月2.14日

優點：	靈感、平衡能力、內心平靜、慷慨、成功、有創造力、有洞察力、神祕氣質、理想遠大、善於處世、信念堅定
缺點：	注意力不集中、缺乏安全感、焦慮、自私、虛榮、情緒化、難相處、極端、孤僻、神經質

太陽星座：天蠍座
區間：天蠍座／冥王星
角度：天蠍座6°30´-7°30´
類型：固定星座
元素：水
恆星：亢宿四

10月30日

SCORPIO

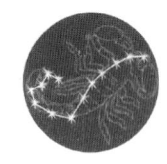

　　這一天出生的你富有魅力、友善、內心不安分、敏感、多才多藝、適應能力強；渴望豐富、多變的生活，因而你嚮往不同的經歷和新的冒險；對個人自由空間的需要暗示著你可能很難維持長久的滿足感，而且你的態度會隨著情緒變化；富有創造力和獨特性格的你能夠以充滿戲劇性的方式傳遞你的想法。

　　受區間主導星座天蠍座的影響，你的意志強大；充滿理想、感情細膩的你雖表現得溫柔但卻不大方；你的坦率和犀利的評論使你成為優秀的諷刺家，不過你要注意你的批評在帶來趣味的同時也會導致傷害；受到挑戰的你在對手面前會表現得果敢、有魄力；感受到威脅存在時，你會展現出頑強的一面。

　　他人眼中的你富有熱情，渴望感情圓滿的你不喜歡被束縛；為了尋求感情上的滿足感，你會傾向旅行進而你發現改變環境能幫助你放鬆心情並保持樂觀；工作似乎和你自由的思想有所衝突，但培養你忠誠、本分和感情上的責任感，最終你會有所回報。

　　22歲之前，你主要把注意力放在細膩的情感和個人力量的變化；23歲時，太陽星座進入射手座，此時的你轉而渴望讓視野更加開闊以及樂觀的生活態度，這可能使你傾向培養心靈成長、進修或旅行；53歲以後，太陽星座落在摩羯座，此時的你表現得堅持、投入和具有現實主義態度。

■真實的自我

　　理想遠大的你如果有幫助他人的機會，就會覺得沒有白白浪費敏銳的感覺；你也頗有商業頭腦，擁有這兩種特質的你是一位充滿同情心的實用主義者；不過如果對他人失望或內心過於焦躁，你的細膩情感會使你不敢面對挑戰或發揮創造性的潛能，最終選擇逃避。

　　極具進取心的你充滿熱情、樂觀、富有冒險精神，能夠用靈活的方法獲得物質上的滿足；你渴望創造潛能在寫作方面會有所發揮，幫助你把美好願望變為現實；直覺敏銳、思想有深度的你對他人判斷迅速且通常很準確；思維敏捷、好奇心強、很有幽默感，是一位能夠帶給對方歡樂的伴侶。

■工作和職業

　　不管你對職業的選擇考量是什麼，最重要的是要富有靈活性和變化，才能使你不會產生厭倦；雖說家庭對你很重要，但你很渴望能夠時常出差的工作；你的個人魅力對你

與公眾的交往幫助很大；一般情況下，你的進取心愈強，就會愈享受自己的工作；駕馭文字和人際交往的能力使你對寫作、傳播媒體以及政治領域十分感興趣；這一天出生的你還有可能在戲劇或電影方面取得成功。

與你同天出生的名人包括電影導演路易斯・馬勒、歌手和歌曲創作者葛瑞斯・斯利克、探險家哥倫布、男演員亨利・溫克勒，以及作家埃茲拉・龐德和保羅・瓦萊里。

■數字命理學

富有創造力、待人友善、社交能力強是誕生日數字30賦予你的特質；雄心壯志、有創造天賦的你能夠抓住稍縱即逝的靈感，並以自己的風格加以充實；這一天出生的你欣賞美好生活、極具個人魅力、性格外向；你也擁有強烈的情感，渴望愛和滿足感；在追求幸福的過程中，你要克服懶惰、自我放縱、缺乏耐心或妒忌，因為這會導致你的感情不穩定；許多這一天出生的人都能獲得重視和名氣，尤其是身為音樂家、演員或是娛樂工作者的你。出生月10月表示你渴望行動和激勵，自立和堅定的決心能夠幫助你獲得理想的結果；性格中的自發性，使你能有所發展；堅定和專注使你能將看似不切實際的夢想變為現實。

■愛情和人際關係

你待人友善，但有時表現得不夠大方，並且希望感情能在你的控制之中；崇拜有創造力、專注、勤奮的人；你總是對自己的感覺表現得猶疑，你需要為持久的人際關係投入更多的時間；你渴望自由，因此當你在關係中感到厭倦或受到束縛時，你會千方百計地想要逃離；多變的環境會使你的心態得到調整；而感情的不安分表示你在找到理想伴侶之前，會經歷幾段短暫的感情；你的熱心使你在社交活動中永遠處於優勢。

■你生命中的特殊之人

注意誕生日為以下日期的人，你就有機會找到能使你保持活力和敏捷思維的伴侶。

◎愛情和友誼：
1月6、11、14、15日、2月4、9、12日、3月2、7、10、11、28日、4月5、8、26、30日、5月3、6、24、28日、6月1、4、22、26日、7月2、3、20、24日、8月18、22日、9月16、20、30日、10月14、18、28日、11月12、16、26日、12月10、14、24日

◎幸運貴人：
1月20、24日、2月18、22日、3月16、20、29日、4月14、18、27日、5月12、16、25日、6月10、14、23、29日、7月8、12、21日、8月6、10、19、25、30日、9月4、8、17、23、28日、10月2、6、15、21、26日、11月4、13、19、24日、12月2、11、17、22日

◎強烈吸引你的人：
4月26、27、28、29日、8月31日、9月29日、10月27日、11月25日、12月23日

◎砥礪者：
1月22、23、27日、2月20、21、25日、3月18、19、23日、4月16、17、21日、5月14、15、19日、6月12、13、17日、7月10、11、15、31日、8月8、9、13、29日、9月6、7、11、27日、10月4、5、9、25日、11月2、3、7、23日、12月1、5、21日

◎靈魂伴侶：
1月23日、2月21日、3月19日、4月17、29日、5月15、27日、6月13、25日、7月11、23日、8月9、21日、9月7、19日、10月5、17日、11月3、15日、12月1、13日

優點：有情趣、忠誠、友善、綜合能力強、文字駕馭能力強、富有創造力、運氣好

缺點：懶惰、固執、乖僻、浮躁、脾氣暴躁、缺乏安全感、冷漠、注意力不集中

太陽星座：天蠍座
區間：天蠍座 / 冥王星
角度：天蠍座7°30´-8°30´
類型：固定星座
元素：水
恆星：亢宿四

10月31日

SCORPIO

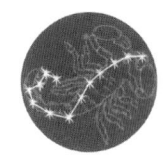

　　這一天出生的你意志堅定、工作有成果、務實、觀點不易被改變；感情強烈的你只要能夠保持樂觀、充分展示個人魅力，就能夠揮灑自如；安全意識強烈、有野心的你責任心強，但要避免過於熱心地攬下所有責任。

　　受區間主導星座天蠍座的影響，你的意志強大；行事幹練和富有常識的你是個優秀的戰略家，能將自己的想法傳遞給他人；富有創造力和理想、聰明的你十分重視自我表達；得失心不要太重，否則焦慮會阻礙你發揮超凡的潛能，讓你變得懶惰、喪失激情。

　　你渴望穩固的經濟基礎，在他人眼中你蘊含著無限價值；做事投入的你樂於幫助他人，特別是受到一項事業或思想鼓舞時；懷有憧憬、感情細膩的你有強烈的正義感，你的真誠也表示你會忠於感覺；當受到威脅或被欺騙時，熱心的你會變得鐵石心腸；受到挑戰的你在對手面前會表現得果敢、有魄力；受到恐嚇或缺乏安全感時你則會展現出頑強的一面。

　　21歲之前，你主要關注在生活中的感情變化；22歲開始，你的太陽星座進入射手座，此時的你對自由的渴望增強，並渴望透過進修、對生活的感悟或接觸國外風土民情開闊視野，52歲時，太陽星座推進到摩羯座，你會變得更加嚴肅、自律、安全意識更加強烈。

■真實的自我

　　外表隨和的你富有野心和吃苦精神；一旦受到激勵或專注於某項事業，你會變得堅韌不拔；務實的你會尋求安全感，如果能提前對目標做出規畫，相信你能表現得更加出色；準確的第六感（特別是在物質方面的）賦予你敏銳的感知價值能力以及迅速理解他人意圖的能力；你也能很快地發現機會，只要下定決心，你就能成為優秀的組織者；擁有強烈欲望的你，要避免在任何方面需索無度，因為這會消耗你的精力。

　　坦率、誠實的你思維敏捷、判斷力強，若能夠學會自我約束，就可以克服所有困難；你在事業上獲得成功的機率很大，在財務方面不會出現大的問題；如果你試圖逃避人生應當承擔的責任，你就很難滿足創造永恆價值的強烈渴望。

■工作和職業

　　能力強、勤奮的你適合能讓你的熱心得到滿足並發揮實幹精神的工作；對社會改革懷有期望的你尤其適合教育、諮商或慈善工作；渴望充實思想的你會對心理學、哲學、

醫藥以及宗教信仰的形成產生興趣；你注重實效的態度以及創造價值的渴望會使你傾向於建築工作；你是一名稱職的家長、優秀的組織者，能夠從成果中獲得滿足；自我表達的需要使你傾向從事寫作、文學或表演職業；不管你的選擇是什麼，你的真摯感情、智慧和組織能力都可以幫助你獲得成功。

與你同天出生的名人包括畫家楊‧維梅爾、男演員邁克‧蘭登、電視新聞主播丹‧拉瑟、民謠歌手湯姆‧帕克斯頓、作家濟慈、電視新聞主播珍‧保利，以及中華民國前總統蔣介石。

■數字命理學

誕生日數字為31日的人通常意志堅強、信念堅定，並且有自我表達的強烈渴望；你能夠結合敏銳的直覺與實際技能做出明智的決定；這一天出生的你見解獨到、對形象事物感知力強，如果你能全心投入在務實的基礎上，相信你能在事業上成功；勤奮的你也十分渴望留點時間在愛情及其他享樂上；出生於10月的影響代表你自立以及不安分，渴望生活充滿變化和激情；這山望著那山高的心理會使你意志不夠堅定，你應當確立目標然後堅持不懈地努力；你的生日也預示著新的機遇和好運，連你的興趣都可能會變成賺錢的工具。

■愛情和人際關係

富有魅力、待人友善、顧全大局、好客是你的特質；你渴望有人陪伴，討厭孤獨的感覺；如果能夠克服與人分享時的恐懼，你會發現原來友誼和合作會帶給你如此多的好處；明斷、有洞察力的你善於發現他人的潛力；當你學會發掘自己生活中的快樂時，你就能克服對他人的過度依賴。

■你生命中的特殊之人

誕生日為以下日期的人當中，你能夠找到忠誠及可以依賴的伴侶和愛人。

◎愛情和人際關係：

1月7、12、15、16、23日、2月5、10、13日、3月3、8、11、12、19、29日、4月1、6、9、27日、5月4、7、25、29日、6月2、5、23、27日、7月3、11、21、25日、8月1、19、23日、9月17、21日、10月15、19、29日、11月13、17、27日、12月11、15、18、25日

◎幸運貴人：

1月21、25日、2月19、23日、3月17、21、30日、4月15、19、28日、5月13、17、26日、6月11、15、24、30日、7月9、13、22、28日、8月7、11、20、26、31日、9月5、9、18、24、29日、10月3、7、16、22、29日、11月1、5、14、20、25日、12月3、12、18、23日

◎強烈吸引你的人：

4月27、28、29、30日

◎砥礪者：

1月5、8、28日、2月3、6、26日、3月1、4、24日、4月2、22日、5月20日、6月18日、7月16日、8月14、30日、9月12、28、30日、10月10、26、28日、11月8、24、26日、12月6、22、24日

◎靈魂伴侶：

1月4、10日、2月2、8日、3月6日、4月4日、5月2日

優點：	運氣好、有創造力、特立獨行、有開創精神、有建設性、不服輸、實際、有談話技巧、負責
缺點：	缺乏安全感、缺乏耐心、多疑、容易喪失信心、缺乏進取心、自私，固執

太陽星座：天蠍座	
區間：天蠍座／冥王星	
角度：天蠍座8°30´-9°30´	
類型：固定星座	
元素：水	
恆星：亢宿四	

11月1日

SCORPIO

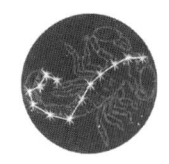

這一天出生的你性格獨立、想像力豐富、渴望自由；富有魅力、善於與人相處的你很容易交到朋友，生活積極有活力；外表合群的你有著敏感的內心和強烈的感情，你要學會與人分享，不能過於自我。

你的遠見、強烈的正義感、信念和敏捷的思維讓你在說話時坦白直接；你喜歡掌控一切的感覺，但在為他人爭取權利時，你會表現得充滿理想、善解人意，顯示出博愛的胸懷。

受區間主導星座天蠍座的影響，你有耐力、決心堅定；富有探索精神的你誠實、喜歡揭露真相，儘管有時真相並不美好；受到威脅或感到壓力時，你會展露出果敢和魄力，以及頑強不屈的精神。

對優質生活的渴望促使你積極獲得成功；當你受到某一理想或事業的鼓舞和感召時，你將表現出領導眾人的能力；學會放寬心胸、培養責任感和替他人著想，你能贏得他人的尊重和支持；你處事直接的態度和犀利的言辭反映出你的無畏和剛強，同時你還富有同情心和細膩的情感。

21歲之後，太陽星座進入射手座，此時的你變得更加樂觀、更加渴望冒險與開拓視野，這會促使你把握許多機會並透過旅行和進修加深對生活的感悟；51歲之後，太陽星座落在摩羯座，你會變得更加實際，而且做事有條不紊、勤奮以實現自己的目標。

■真實的自我

你的仁慈和無私使你經常支持弱勢團體並給予他人幫助和建議；有時你會產生挫折感和失望情緒，不過培養耐心和堅持以及樂觀的心態能夠保證你獲得成功；你的靈活思維能使你很快地接受新思想，教育和獲取知識能夠幫助你建立自信。

富有創造力、洞察力敏銳的你在社交和藝術方面表現出色，渴望自我表達；你的個人魅力、說服力以及智慧使你從眾人中脫穎而出，很有發言權；你可能會對哲學、宗教以及玄學產生興趣，因為這些學科能幫助你避免產生消極的想法；處事實際但仍懷有美好理想的你需要不斷嘗試新的挑戰以建立目標、消除惰性並使自我潛能得到最大發揮。

■工作和職業

你的表達能力與組織才能使你能夠勝任商業、科學或法律領域的工作；同時渴望位居領先地位的你也會傾向投身體育事業；商業方面的天賦使你適合銷售、推銷、金融或

房地產工作；渴望更廣闊、更深入拓展空間的你喜歡可以到處旅行或的工作；富有創造力和想像力的你會對寫作、表演、音樂或藝術產生興趣；與公眾溝通的能力會促使你選擇心理學、教育或社會工作為造福他人貢獻力量；而你的同情心和預見性會使你對諮商或復健性工作產生興趣，不論是醫藥還是健康療法。

與你同天出生的名人包括棒球運動員費南多・瓦勒佐拉、作家史蒂芬・克萊恩、高爾夫球運動員蓋瑞・普萊爾、批評家愛德華・賽德，以及音樂人賴爾・勞夫特。

■數字命理學

你對「第一名」的位置懷有強烈渴望、性格獨立；誕生日數字是1的你有創新精神、勇氣十足、精力充沛，強烈渴望建立聲望和樹立自信；你的開創精神有助你闖出一片天地；自發性的力量會促使你發掘管理和領導方面的才能；滿懷熱情、見解獨到的你能夠擔任領導者；生日數字是1還意味著你需要懂得謙虛，並克服自我中心或獨裁的傾向。出生於11月的你充滿理想、創意無限；你富有情趣，儘管有時比較固執，但談吐風趣、興趣廣泛；要成就事業你需要足夠的創新精神；你要學會專注於目標，避免分散注意力。

■愛情和人際關係

富有個人魅力的你很容易交到朋友，而且善於與人相處；你極受異性歡迎，因此在擇偶時，你往往很難下定決心決定對象；對人際關係期望很高的你希望找到能夠支持你多方面興趣的人，但你要克服妒忌、占有欲以及多疑的個性；而敏感的你通常不願傷害他人感情。

■你生命中的特殊之人

渴望尋求愛和幸福的你，需要注意誕生日為以下日期的人。

◎愛情和友誼：

1月3、5、9、10、18、19日、2月1、3、7、16、17日、3月1、5、6、14、15、31日、4月3、12、13、29日、5月1、10、11、27、29日、6月8、9、25、27日、7月6、7、23、25、31日、8月4、5、21、23、29日、9月2、3、19、21、27、30日、10月1、17、19、25、28日、12月13、15、21、24日

◎幸運貴人：

1月1、6、17日、2月4、15日、3月2、13日、4月11日、5月9日、6月7日、7月5日、8月3日、9月1日、10月31日、11月29日、12月27日

◎強烈吸引你的人：

1月6、7、8日、4月29、30日、5月1日

◎砥礪者：

1月2、16日、2月14日、3月12日、4月10日、5月8日、6月6日、7月4日、8月2日、12月30日

◎靈魂伴侶：

1月11、31日、2月9、29日、3月7、27日、4月5、25日、5月3、23日、6月1、21日、7月19日、8月17日、9月15日、10月13日、11月11日、12月9日

優點：	有領導能力、有創造力、思想進步、剛強、樂觀、雄辯、有競爭意識、獨立、合群
缺點：	傲慢、妒忌、自我中心、驕傲、咄咄逼人、缺乏自制力、自私、反覆無常、缺乏耐心

太陽星座：天蠍座
區間：天蠍座／冥王星
角度：天蠍座9º30´-10º30´
類型：固定星座
元素：水
恆星：南十字二

11月2日

SCORPIO

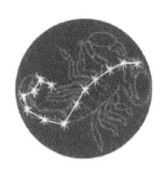

　　這一天出生的你敏感、不安分、個性活潑、渴望變化；在你眼裡，生活是五彩繽紛的，因而你會嘗試不同的經歷，最後才會安定下來；內心的不安分因子使你極易厭倦單調的環境和生活，多樣性和變化會使你的思維保持活躍。

　　如果你對目前的經濟狀況感到不滿足，你會尋求更好的出路，而新開端也意味著你必須放下過去以及放眼未來；如果你想要獲得心靈的平靜和安全感，最好的辦法就是考慮長遠的計畫和投資。

　　友善、合群的你渴望參與各種類型的社交場合；受區間主導星座天蠍座的影響，你一方面性格頑強、有著充足的體力、堅定的決心和強大的動力，但另一方面性格溫柔的你會比較脆弱，如果這些極端個性不能受到很好的控制，你的人際關係可能因此受到影響。

　　你是個理想主義者，有時多變的情緒和刻薄會與你的好意和努力產生衝突；學習能力強、聰明的你學得快、善解人意；只要保持豁達和樂觀，以及拋棄不安全感，你就會明白再接再厲的道理所在。

　　20歲之後，太陽星座推進到射手座，此時的你學習和渴望更寬廣的視野，也表現得更加積極樂觀，這一轉變源自你心靈的旅行的機會增多，並且你也渴望尋求真理和明達的處世態度；到了50歲，太陽星座落在摩羯座，此時的你對秩序、體系的重要性有更深的認識，更具有現實主義精神以達成自我目標。

■真實的自我

　　大方、豁達的你充滿智慧、喜歡忙碌的狀態；儘管重視物質生活，但金錢上的安全感是你奮鬥的動力；人道精神使你對關懷人類有著濃厚興趣；保持平和的心態你可以避免挫折和失望。

　　喜好交際、富有創意的你在表現自我時顯得格外幸福；通常你的直覺準確並能夠快速地對人做出判斷；但在無法肯定自己的判斷時，你的內心會產生自我懷疑；不過，善於與人相處的你能夠用機智和敏銳的觀察力為同伴帶來許多歡樂。

■工作和職業

　　工作勤奮、富有野心、喜歡追求變化的你適合多變的工作；你的智慧和商業頭腦能使你在金融、銷售或法律領域取得成功；天生具有外交手腕的你也能夠勝任媒體、公共

關係或仲裁工作；同時，你的敏感、想像力以及美好憧憬會在音樂、戲劇或攝影工作中得到滿足；理想主義者和具備心理學家特質的你也會傾向於治療工作或為某項事業而奮鬥；而與體育、休閒相關的工作會使你的體力和幹勁得到充分發揮。

與你同天出生的名人包括男演員波特·蘭凱斯特、作家雪兒·海蒂以及阿加可汗三世，女演員史蒂芬妮·鮑爾斯、音樂人凱斯·愛默生、歌手兼歌曲創作者K·D·朗，以及評論家派翠克·布坎南。

■ 數字命理學

敏感且團隊意識強烈是誕生日數字2賦予你的特質。你的適應能力和理解能力強，喜歡合作性的工作從而積累與人交往的經驗；你會試圖取悅你喜歡的人，不過這可能會使你變得過於依賴他人；培養自信能幫助你克服容易被他人的批評和行為刺傷的脆弱性格。出生月11表示你具有自我表現能力，而你的崇高理想能夠鼓舞他人；思想創新以及對社會改革感興趣的你渴望在社會團體中位居要職；堅持、務實的你最終能夠達成目標，但要避免承擔過多責任或是一味地犧牲自我。

■ 愛情和人際關係

富有想像力、聰明的你渴望身邊有一些能夠啟發你的靈感、給你鼓勵的人；情感表現含蓄的你有時在表達真實情感時顯得過於靦腆；不過，愛好交際、風趣的你有許多朋友，你也能給同伴帶來許多歡樂；你十分看重親密的人際關係，因此在這方面你會投入很多精力。

優點：有合作精神、有風度、行事靈活、接受能力強、洞察力敏銳、考慮周到、性格平和、好相處、親善

缺點：多疑、缺乏自信、過於謙卑、神經質、自私、容易受傷、情緒化、欺騙

■ 你生命中的特殊之人

在尋求理想伴侶的你能夠從誕生日為以下日期的人當中獲得愛情和友誼的穩定感。

◎ 愛情和友誼：

1月2、6、10、20、26、29日、2月4、8、18、24、27日、3月2、6、16、25、28、30日、4月14、23、26、28、30日、5月2、12、21、24、26、28、30日、6月10、19、22、24、26、28日、7月8、14、17、20、22、24、26日、8月6、15、18、20、22日、9月4、13、16、18、20、22日、10月2、11、14、16、18、20日、11月9、12、14、16、18日、12月7、10、12、14、16日

◎ 幸運貴人：

1月7、13、18、28日、2月5、11、16、26日、3月3、9、14、24日、4月1、7、12、22日、5月5、10、20日、6月3、8、18日、7月1、6、16日、8月4、14日、9月2、12、30日、10月10、28日、11月8、26、30日、12月6、24、28日

◎ 強烈吸引你的人：

1月25日、2月23日、3月21日、4月19、30日、5月12、17日、6月15日、7月13日、8月11日、9月9日、10月7日、11月5日、12月3日

◎ 砥礪者：

1月3、17日、2月1、15日、3月13日、4月11日、5月9、30日、6月7、28日、7月5、26、29日、8月3、24、27日、9月1、22、25日、10月20、23日、11月18、21日、12月16、19日

◎ 靈魂伴侶：

1月18日、2月16日、3月14日、4月12日、5月10、29日、6月8、27日、7月6、25日、8月4、23日、9月2、21日、10月19日、11月17日、12月15日

太陽星座：天蠍座
區間：雙魚座／海王星
角度：天蠍座10°30´-11°30´
類型：固定星座
元素：水
恆星：南十字二

11月3日

SCORPIO

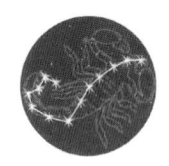

這一天出生的你看待生活的態度務實，同時具有細膩感情及豐富的想像力；你的決心堅定，並強烈渴望自我表達，能夠結合實用技能與創造力；待人友善、愛好交際的你喜歡有人陪伴，而且談吐風趣。

受區間主導星座雙魚座的影響，你會表現得較為敏感，只要相信你的直覺和第一印象就可以使你克服懷疑和猶豫；受海王星的影響，你懷有美好憧憬、有洞察力、接受能力強；忠誠、充滿柔情的你要避免固執。

身為完美主義者的你天資聰穎、充滿理想，對工作充滿自豪感，無論做什麼事都想表現得與眾不同；盡量克制你的焦慮和感情上出現的危機感，會使你表現得更出色並獲得滿足感；想要他人接受你的觀點時應充分發揮你的機智和辯才，而不是表現得氣量狹小、言辭刻薄。

你的經濟狀況比較理想，即使財務上出現危機，時間通常很短暫；財運好的你會在工作上充分努力，你的毅力和奮鬥精神能使你把握許多在近在眼前的機會。

19歲之後，太陽星座進入射手座，此時的你表現得更加樂觀，也渴望更高遠的眼界，因此你會尋求真理或傾向旅行和學習；49歲之後，太陽星座落在摩羯座，此時的你更加務實，並會有條不紊地為實現理想而奮鬥。

■真實的自我

外表堅定、內心焦躁的你需要培養耐心，並盡量避開擾亂你平靜心態的因素；務實地看待生活但渴望冒險和變化，這會引導你尋求心靈和情感的新境界；情感壓抑的你容易產生不滿、陷入幻想或自我放縱，以逃避現實。

你的熱心和仁慈使你能夠敏銳地捕捉他人的情感變化；崇高的理想使你渴望被愛、被欣賞，因此你可望在藝術或在精神層面找到宣洩方式。對個人自由的渴望會使你表現得反覆無常、情緒起伏較大，幸好你的個人魅力和敏銳的感知力為你加分不少，並成為你成就非凡事業的關鍵。

■工作和職業

只要能付出必要的努力，機會將會與你不期而遇，並幫助你成就偉大事業或獲得龐大的商業利潤；野心和談判技巧能夠幫助你有重大進展以及做出明智的投資選擇，但你要避免墨守成規；注重實際的態度使你適合創造規則和方法，因此對你來說，最重要的

是要制定未來進行的計畫。創造力和對文字的駕馭能力使你渴望發揮寫作方面的潛能；投身商業的你適合從事大型專案或為他人理財；你的敏感和創造力還可轉化成治癒他人的力量和自我表現的方式。

與你同天出生的名人包括電視節目主持人羅西尼、男演員查理斯·布朗森，《時尚》雜誌主編安娜·溫圖爾，以及作家安德列·馬爾羅。

■數字命理學

誕生日數字是3的你敏感、渴望創造力和感情的表達；富有情趣的你是個好伴侶，喜愛社交活動的你興趣廣泛；多才多藝、富有表現力的你渴望與眾不同以及刺激的經歷，而容易厭倦的傾向會使你變得猶豫不決或分散了你的注意力；這一天出生的你通常具有藝術潛力、性格迷人，而且充滿幽默感，但你需要培養自我認同感，才能避免焦慮以及在感情上缺乏安全感。出生月數字11表示你充滿熱情、富有靈感；敏感、有想像力的你具有敏銳的直覺和接受能力；你注重實效，但感情容易出現波動，因而需要明確的目標；你能夠在服務他人或創造方面發揮創意。如果猶疑不決或缺乏安全感，你會陷入自我放縱或因為興趣過多而分散注意力。

■愛情和人際關係

你的外表看似踏實，但內心其實充滿理想、富有浪漫情懷、感情強烈且細膩；你會努力經營人際關係使其穩定，必要時會施展天生的外交手腕；強烈的感情受到壓抑時，你會表現出情緒不穩或對伴侶過度依賴；你對愛的人一方面表現得投入、體貼，一方面又表現得冷淡、木訥；愛好交際的你需要有人陪伴。

■你生命中的特殊之人

在誕生日為以下日期的人當中，你能找到理解你對愛和變化的渴望的伴侶。

◎愛情和友誼：
1月7、11、12、22日、2月5、9、20日、3月3、7、8、18、31日、4月1、5、16、29日、5月3、4、14、27、29日、6月1、12、25、27日、7月10、23、25日、8月8、21、23、31日、9月6、19、21、29日、10月4、17、19、27、30日、11月2、15、17、25、28日、12月13、15、23、26日

◎幸運貴人：
1月8、14、19日、2月6、12、17日、3月4、10、15日、4月2、8、13日、5月6、11日、6月4、9日、7月2、7日、8月5日、9月3日、10月1、29日、11月27日、12月25、29日

◎強烈吸引你的人：
5月1、2、3、4日

◎砥礪者：
1月9、18、20日、2月7、16、18日、3月5、14、16日、4月3、12、14日、5月1、10、12日、6月8、10日、7月6、8、29日、8月4、6、27日、9月2、4、25日、10月2、23日、11月21日、12月19日

◎靈魂伴侶：
1月9日、2月7日、3月5日、4月3日、5月1日、10月30日、11月28日、12月26日

優點：幽默、樂觀、友善、富有成果、有創造力、藝術氣質、愛好自由、文字駕馭能力強

缺點：容易厭倦、虛榮、空想、浮誇、賣弄、奢侈、自我放縱、懶惰、虛偽、浪費

太陽星座：天蠍座
區間：雙魚座／海王星
角度：天蠍座11°30´-12°30´
類型：固定星座
元素：水
恆星：南十字二、貫索四

11月4日

SCORPIO

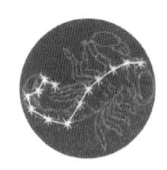

這一天出生的你充滿靈感和理想、渴望創造力和魄力，而且態度務實、腳踏實地；你果斷、有遠見、決心堅定、多才多藝，具有天生的商業頭腦；對他人的問題你能夠輕鬆地找到解決辦法；你的思維敏捷、有悟性、見解獨到，提出的觀點不僅新奇、簡潔且具有實用價值。

區間主導星座雙魚座賦予你較強的接受能力，因此你能適應任何環境；你還具備豐富的想像力，雖然有時會陷入猶疑不決和誤解之中；對生活的積極態度會使你獲得幸福感；只要避免悲觀情緒，你就能更加專注，不會因為焦慮而分散注意力。

你天生具有讓經濟條件穩固的能力，但對金錢的焦慮和不安會妨礙你解決問題的能力；你的創意、對前景的美好憧憬以及交際能力會使你在創造上揮灑自如；你是個完美主義者，只要掌握全局和關注細節就能使你迅速找到解決問題之道。

18歲之後，太陽到達射手座，此時的你對自由的渴望增強，對待生活的態度也變得樂觀積極，你會透過對真理的追求、感悟的加深、學習或旅行來幫助你開闊眼界；到了48歲，太陽星座推進到摩羯座，此時的你表現得更加堅持、專注、務實；74歲之後，太陽星座落在水瓶座，你開始將注意力放在個體獨立性、友誼和群體意識上。

■真實的自我

你的內心情感細膩，強烈渴望和諧、安全感以及被欣賞，這也表示家庭在你心目中的地位很重要；過度的關懷會使你看來充滿控制欲，他人幾乎都得按照你的方式行事；你的愛和欣賞會使你表現出寬恕之心並使你克服任何困難；理想主義者的你一旦決定為一項事業或理想奮鬥，就會表現得非常堅定與投入。

你的感情表達方式強烈，對價值有極強的感知力，讓你在人群中顯得與眾不同；天生對商業的敏銳感知使你能夠操縱局勢向有利於自己的方向發展，但前提是要避免過於物質主義，防止對安全感的渴望使你喪失魄力；氣質優雅、迷人的你除了具備領導意識和悟性，你還需要培養必要的自我約束力，這樣才能使你獲得非凡成就。

■工作和職業

創意和特立獨行的行事風格使你傾向於寫作或與溝通有關的職業；敏銳的商業頭腦能使你叱吒商界或憑藉機敏的思維在研究、自然科學或醫學領域有所作為；你的悟性使你對哲學、宗教或玄學產生興趣；善於洞察人性你能在任何需要運用心理學技巧的職業

中一展所長；總之，不論你選擇什麼職業，你所具有的創意會使你不斷渴望改善工作方式。

與你同天出生的名人包括男演員羅夫・麥奇歐和亞特・卡尼、新聞主播華特・克朗凱、電影演員威爾・羅傑斯、攝影師羅伯特・梅普索普，以及女演員蘿麗塔・史威特。

■數字命理學

誕生日數字4所代表的強健體魄以及有條不紊的性格使你渴望穩定、崇尚秩序；這一天出生的你被賦予充沛的體力、實用技能以及堅定的決心，因此你能透過勤奮努力獲得成功；安全意識使你渴望為家庭和自己建立穩固的經濟基礎；務實的生活態度使你具有敏銳的商業頭腦以及在物質上成功的能力；誕生日數字是4的人通常誠實、坦率、公正；但你要克服不穩定以及經濟上缺乏安全感；忠誠的性格使你在與他人合作的過程中獲益良多。出生於11月使你的洞察力敏銳、富有創造力，同時渴望擁有自制力；充滿理想、性格隨和的你渴望和諧和平衡；不滿足和不安定情緒的出現會使你變得叛逆，而讓精彩的創意最後都流於空想；敢於承擔責任你將能夠獲得持久的穩定。

■愛情和人際關係

充滿理想、誠實的你在選擇對象時要特別謹慎，否則你會陷入失望；感情上總是表現得不夠大方，這說明了你在表達真實感情方面有障礙，因而有時會表現得冷漠、不近人情；只要對他人坦誠相待並保持自信，你就能自然地表現你的真實感情，如此一來，你和伴侶之間的關係也能更進一步；富有創造性的生活方式幫助你在人際交往中獲得成功並能與各個階層的人相處融洽。

■你生命中的特殊之人

渴望長久幸福和安全感的你需要注意誕生日為以下日期的人。

◎愛情和友誼：

1月4、8、13、22、26日、2月6、20、24日、3月4、13、18、22日、4月2、16、20、30日、5月14、18、28、30日、6月12、16、26、28日、7月5、10、14、24、26日、8月8、12、22、24日、9月6、10、20、22、30日、10月4、8、18、20、28日、11月2、6、16、18、26日、12月4、14、16、24日

◎幸運貴人：

1月9、20日、2月7、18日、3月5、16、29日、4月3、14、27日、5月1、12、25日、6月10、23日、7月8、21日、8月6、19日、9月4、17日、10月2、15、30日、11月13、28日、12月11、26日

◎強烈吸引你的人：

1月27、2月25、3月23日、4月21、5月1、2、3、4、5、19日、6月17、7月15日、8月13、9月11、10月9、11月7、12月5日

◎砥礪者：

1月2、10、19日、2月8、17日、3月6、15、4月4、13、5月2、11、6月9、7月7、30、8月5、28、9月3、26日、10月1、24、11月22、12月20、30日

◎靈魂伴侶：

1月15日、2月13、3月11日、4月9、5月7、6月5日、7月3、8月1、10月29日、11月27、12月25日

優點：有條理、自律、堅強、勤奮、手藝佳、實際、可靠、精確

缺點：不穩定、破壞行為、不善交流、壓抑自我、刻板、懶惰、感情遲鈍、做事拖泥帶水、太過精打細算、專橫、掩飾感情、記仇、刻薄

太陽星座：天蠍座	
區間：雙魚座／海王星	
角度：天蠍座12º30´-13º30´	
類型：固定星座	
元素：水	
恆星：南十字二、貫索四	

11月5日

SCORPIO

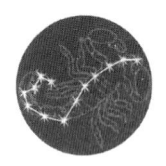

充滿智慧、接受能力強的你具有天蠍座的敏銳，感情深刻、意志強大；富有探索精神和判斷力的你會用知識壯大力量；雖然你的外表沉靜、謙和，但你的內心時常會產生緊張感，而言辭犀利你有時因為過於直接而傷害他人；決心堅定、堅持不懈的你能言善辯、態度堅決，但有時會被誤解為固執。

區間主導星座雙魚座賜予你敏感的內心，這表示你能清楚認識問題；能夠立刻專注於某件事的能力，使你能夠成為特殊研究領域中的專才，並且具有特別的興趣；富有想像力、感知力強的你善於與周圍環境保持一致；你也可能出現情感的極端化和情緒的波動，只要透過營造平衡、和諧的環境，你就能夠達到內心平衡。

你是天生交際高手，擅長與人交往的活動，新的機會和人際關係能為你帶來成功；敏捷的思維使你樂於接受智力方面的挑戰；爭辯的性格暗示你會因為渴望得不到滿足而會變得咄咄逼人；對成功的渴望以及涉足商業投資的可能暗示你可能會因為與他人合作或為他人工作而受益。

17歲以後，太陽星座推進到射手座，此時的你變得更加樂觀，這促使你對生活有更多的感悟，並將把握不斷出現的機會或出去旅行；同時，內心對自由的渴望促使你對真理、哲學以及人生意義產生強烈興趣；47歲之後，太陽星座運行到摩羯座，你做事會更加有條不紊、勤奮、務實，對目標和人生的期望有更清晰的認識；77歲以後，太陽星座落在水瓶座，你開始將更多的注意力轉向友誼、自由和獨立性。

■真實的自我

你會遊走在崇高的理想、有深度的思想與對金錢、名望的渴望這兩種極端的特質之間；一旦確立目標，你會表現出強大的意志和決心，你的力量和堅決令人印象深刻；天生戰略家的你擁有充沛的體力和毅力以達到超凡的成就，你也會發現利用專注和毅力為他人謀取幸福時，你會獲得更大的快樂。

你的悟性極高，但在野心和惰性之間的搖擺不定會阻礙你發揮強大潛能；不過，你的注意力、對認同感的渴望以及樂於接受挑戰的性格，會使你表現得勤奮、專注；對和諧的強烈渴望使你的品味出眾，在美術和音樂方面表現出天賦，或表現得多才多藝。

■工作和職業

天生的外交手腕和與人交際的能力使你能夠勝任談判或仲裁工作，例如公共關係部

門、聯絡或代理工作以及商業宣傳；你尤其擅長推銷理念或產品；一旦投入工作，你會勇往直前，商業頭腦和組織才能會幫助你在任何職業中獲得成功；儘管你更喜歡為自己工作，但你要清楚合作的重要性；對認同感的需要會使你想要充分展示自己的能力。

與你同天出生的名人包括歌手布萊恩‧亞當斯、劇作家和演員山姆‧夏普德、女演員費雯麗和塔圖‧歐尼爾、歌手兼歌曲創作者亞特‧葛芬柯。

■數字命理學

誕生日數字5代表你擁有強烈的直覺、冒險的天性以及對自由的渴望；因為你渴望探索和嘗試新事物並且有積極熱情的態度，因此你的生活豐富而充實；計畫之外的旅行以及會帶來變化的機遇會使你的人生觀或信念發生改變；這一天出生的你需要嘗試體驗這個世界的絢麗多姿，不過你必須培養責任感，才可以避免不可預知的悲觀、放縱以及焦躁情緒；誕生日數字5賦予你順應時勢以及淡然的處世原則。受出生於11月的影響，你洞察力敏銳、直覺靈敏；充滿智慧、行事直接的你會敞開心扉與他人交換想法；你懂得包容、感情細膩，但詼諧的觀點卻會與你的懷疑精神發展成憤世嫉俗的態度。

■愛情和人際關係

你敏感、感情強烈、好奇心強、信念堅定、約束力強；崇拜有權利、性格獨立的人，你需要性格強烈的伴侶給予你堅定的支持，同時他也能不屈服於你的強勢性格；待人友善、愛好交際的你喜歡靠自己的力量闖天下、嘗試新挑戰；你會選擇與聰明的人為伴刺激自己的智力。

優點：多才多藝、適應能力強、思想進步、直覺強烈、有魅力、幸運、積極進取、追求自由、機智敏捷、好奇心強、神祕主義、愛交際

缺點：不可靠、反覆無常、優柔寡斷、自負、剛愎自用

■你生命中的特殊之人

注意誕生日為以下日期的人，使你更加接近最適合你的伴侶。

◎愛情和友誼：

1月2.3.23日、2月11.21日、3月9.19.28.31日、4月7.17.26.29日、5月5.15.24.27.28.29.31日、6月3.13.22.25.26.27.29日、7月1.11.20.23.25.27.29日、8月9.18.21.23.25.27日、9月7.16.19.21.23.25日、10月5.14.17.19.21.23日、11月3.12.15.17.19.21日、12月1.10.13.15.17.19日

◎幸運貴人：

1月3.4.10.21日、2月1.2.8.19日、3月6.17.30日、4月4.15.28日、5月2.13.26日、6月11.24日、7月9.22日、8月7.20日、9月5.18日、10月3.16.31日、11月1.14.29日、12月12.27日

◎強烈吸引你的人：

1月22.28日、2月20.26日、3月18.24日、4月16.22日、5月3.4.5.6.14.20日、6月12.18日、7月10.16日、8月8.14日、9月6.12日、10月4.10日、11月2.8日、12月6日

◎砥礪者：

1月11.20日、2月9.18日、3月7.16日、4月5.14日、5月3.12.20日、6月1.10.28日、7月8.26.31日、8月6.24.29日、9月4.22.27日、10月2.20.25日、11月18.23日、12月16.21日

◎靈魂伴侶：

1月26日、2月24日、3月22.30日、4月20.28日、5月18.26日、6月16.24日、7月14.22日、8月12.20日、9月10.18日、10月8.16日、11月6.14日、12月4.12日

太陽星座：天蠍座
區間：雙魚座 / 海王星
角度：天蠍座13º30´-14º30´
類型：固定星座
元素：水
恆星：南十字二、貫索四、軒轅九

11月6日

SCORPIO

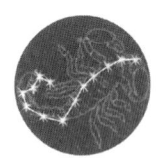

　　這一天出生的你，雖然上進心強、有野心卻很有魅力、合群的你你是隻有洞察力與理想的蠍子。對於成就感的需求，及付諸行動的渴求，成了你最大的動力。有時所處的環境會使你彷徨、產生不安或猶疑不決，但好運會使你擺脫困境，即便當前狀況往往是你一手造成的。

　　區間主導星座雙魚座賦予你敏銳直覺，能讓你把握局勢並適應周圍環境；想像豐富、感知靈敏的你一旦觸發靈感就會變得富有創造力，不斷美化未來的美好藍圖；營造外在環境的平衡與和諧，可以幫助你獲得內心的平靜。

　　出現新創意時你會變得十分興奮，渴望走在潮流的前端；富有創造力和實用技能，有能力向他人展示你的美妙構想，表明你具有獨特的思維；完美主義者的你能夠透過靈感和積極的觀察，發掘你在發明創造和戲劇方面的巨大天賦。

　　16歲之後，太陽推進到射手座，此時的你會變得更加積極、富有前瞻性，這會促使你接受更高層次的學習、旅行，或使你變得更富冒險精神並善於把握機會；渴望透過哲學、宗教或對真理的追尋探索靈魂；46歲之後太陽進入摩羯座，此時的你處世更加實際、有條理，強烈渴望秩序和穩定；76歲之後太陽落在水瓶座，你會將更多的注意力放在友情、自由與自主以及人道關懷上。

■真實的自我

　　拜天生幸運預感所賜，你總能得到使你獲得更多優勢的良好關係，尋求與他人的合作能幫助你獲得或擴大成就感；由於你十分重視友誼和夥伴關係，性格強烈的你必須要學會讓步，並從相互禮讓中獲得回報；直覺的洞見和迅速掌控局勢的能力，使你隨時能擷取眼前機會，機運往往不求自來。

　　你對所愛的人誠實、極度慷慨，但主宰欲和自暴自棄的傾向，卻會使你們的關係變糟；對感情懷有強烈的渴望的你，要學會靈活的處世態度和接受他人批評，這樣你就能夠更加自在地表達內心深處強烈與無私的愛。

■工作和職業

　　你具有腳踏實地的態度和天生的外交手腕，熱衷與他人合作；擅長將興趣融入工作，或提出創造利益的想法；性格獨立的你天生具有領導才能，不喜歡受他人差遣，這會促使你追求管理職位或傾向自行創業。你很有行動力，具備找出問題的能力，不斷

面對新的嘗試和挑戰能增強個人實力；勇氣十足、口才極佳的你，一旦下定決心會表現得十分專注和富有熱情；音樂和寫作非常吸引你，不論你將它們當成正職或只是消遣。

與你同天出生的名人包括電影導演邁克·尼可拉斯、女演員莎莉·菲爾德、電視節目主持人梅爾文·布拉格、籃球運動創始人詹姆斯·奈史密斯、樂隊靈魂人物雷·康尼夫，新聞主播瑪麗亞·瑞芙，以及作曲家約翰·蘇薩。

■數字命理學

富有同情心、充滿理想、關懷他人，是誕生日數字6賦予你的特質；數字6代表你追求完美，交友廣泛，具有人道主義精神的你責任感強、給予他人愛和支持；這一天出生的你顧家，是稱職的家長；性格中的敏感因素，需要找到富有創意的表達方式，因此你會對娛樂或美術和設計產生興趣；你需要建立更強的自信心，避免多管閒事、焦慮以及濫用同情心。出生月數字11令你感情強烈、性格強烈；儘管懷有崇高的理想，但你需要堅定的信念、耐心以及毅力最終才能達到目標；富有創新精神和想像力的你傾向為未來制定計畫並渴望獲得物質上的安全感；對事物有所不滿時，你需要避免過於刻薄或企圖控制他人。

■愛情和人際關係

你明顯的性格加上熱心和魅力，使你受他人青睞；企圖心強的你也具有善解人意和給予他人鼓勵的一面，渴望為所愛的人做任何事。如你缺乏耐心或在交往進度過於迅速可能會讓你在後來感到後悔。重視物質是你發展關係的要素，因為對你而言，安全感是很重要的。

優點：容易接近、博愛、友善、有同情心、可依賴、善解人意、充滿同情心、富有理想、顧家、仁愛、沉穩、藝術氣質、身心平衡

缺點：不滿足、焦慮、害羞、不講道理、固執、口無遮攔、不合群、太過追求完美、強勢、缺乏責任感、自私、多疑、憤世嫉俗、自我中心

■你生命中的特殊之人

尋求持久幸福和安全感的你，需要留意一下誕生日為以下日期的人。

◎愛情和友誼：

1月14、15、24、31日、2月12、22、29日、3月10、11、20、27日、4月8、18、25日、5月6、16、23、30日、6月4、14、21、28、30日、7月2、3、12、19、26、28、30日、8月10、17、24、26、28日、9月8、15、22、24、26日、10月6、13、20、22、24、30日、11月4、11、18、20、22、28日、12月2、9、16、18、20、26、29日

◎幸運貴人：

1月5、22、30日、2月3、20、28日、3月1、18、26日、4月16、24日、5月14、22日、6月12、20日、7月10、18、29日、8月8、16、27、31日、9月6、14、25、29日、10月4、12、23、27日、11月2、10、21、25日、12月9、19、23日

◎強烈吸引你的人：

1月12日、2月10日、3月8日、4月6日、5月3、4、5、6日、6月2日

◎砥礪者：

1月16、21日、2月14、19日、3月12、17、30日、4月10、15、28日、5月8、13、26日、6月6、11、24日、7月4、9、22日、8月2、7、20日、9月5、18日、10月3、16日、11月1、14日、12月12日

◎靈魂伴侶：

1月25日、2月23日、3月21日、4月19日、5月17日、6月15日、7月13日、8月11日、9月9日、10月7日、11月5日、12月3、30日

| 太陽星座：天蠍座
| 區間：雙魚座／海王星
| 角度：天蠍座14º30´-15º30´
| 類型：固定星座
| 元素：水
| 恆星：南十字二、貫索四、軒轅九

11月7日

SCORPIO

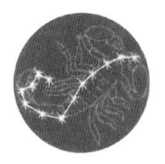

　　性格獨立、充滿智慧的你具有天蠍座特有的洞察力，以及分析和累積資訊的能力；機智、聰明的你知道知識和教育的力量，悟性高、明辨，渴望透過辯論使自己更加睿智；你喜歡掌控一切的感覺，會在他人面前表現出居高臨下的權威姿態。

　　區間主導星座雙魚座使你富有想像力，能夠深入發掘任何領域的興趣；想像力豐富、直覺敏銳的你一旦激發了靈感，就會表現得侃侃而談、富有創造力；有著美好憧憬和卓越遠見的你能夠輕鬆地評估局勢。

　　謹慎和熱忱的結合表示你會時而表現得過於自信，又時而表現得自我懷疑；天生務實的你有時也會產生一些大膽的想法，但這種性格不應成為你逃避困難的藉口；人們總是很快地給予你肯定，因而你晉升得較快；耐心和意志力能幫助你面對挑戰，加上你也肯付出努力，因此最終會取得成功。

　　15歲之後，太陽進入射手座，此時的你表現得更加樂觀，加上對生活中的誠信和美好憧憬的需求增強，這段時期你將傾向透過學習、旅行來開拓視野；45歲時，太陽星座進入摩羯座，你會變得更加務實，能夠有條不紊以實現自我目標，同時強烈渴望秩序感；75歲之後，太陽星座落在水瓶座，這會使你開始重視朋友、個人獨立性以及人道主義的重要性。

■真實的自我

　　堅定、魅力迷人，卻又頑強，你具有對立的個性特質；機敏、智慧的你具有人道精神，能使你輕鬆認清他人本質；有責任心、工作勤奮的你內心充滿理想、渴望與不公對抗；對權力、金錢或名望的渴望能激勵你最終攀上勝利的巔峰。

　　性格獨立的你十分清楚與他人分享和合作能使你獲得最理想的結果；你需要學會憑藉強大的直覺保持天秤的兩端平衡，一端是堅持自我想法，一端是接受他人建議；競爭中的樂趣可幫助你保持幽默感。

■工作和職業

　　你的聰明才智和領導能力使你的職業選擇性很多，你能在任何領域中取得成功；性格獨立的你具有勤奮工作的態度和責任感，所以更能受到他人認可，你也將因此得到升遷機會；你的機敏、社交能力以及求知欲會使你對成為作家、教育家或研究工作產生興趣；儘管你處世內省、明達，但你也善於逢場做戲或參加政治活動；你不喜歡受他人支

配，因此傾向自我創業。

與你同天出生的名人包括歌手兼歌曲創作者瓊尼·米歇爾、福音傳道者比利·葛拉漢，科學家瑪麗·居禮、歌手瓊安·薩瑟蘭和強尼·里弗斯，行為學家康拉德·勞倫茲，以及托洛斯基。

■數字命理學

誕生日數字7的你善於分析，富有思想及批判力，且經常陷入自我陶醉；因為你希望擁有更強的自我意識，因此你喜歡收集資訊，對讀、寫以及有啟發性的事物感興趣；精明的你可能會因為過於理性或是對細節過分執著而迷失方向；你的神祕氣質通常使你覺得不被人理解；具有好奇心的你喜歡探尋事實真相。出生月11月表示你洞察力敏銳，而且具有判斷力；充滿智慧、思想有深度的你應當接受直覺和判斷力的指引，這樣你就能成就偉大事業；忠誠、信念堅定的你銳意改革，你關懷人類的信念會帶給周圍人希望。

■愛情和人際關係

你渴望能夠給予你充分獨立和個人空間的伴侶；思想豐富、洞察力敏銳的你對他人坦誠；你也具有聰明才智，而且性格剛強，容易引人注目；一旦愛上某人，你會給予對方支持，是非常值得信賴的人；體貼但有控制欲的你，時常會變得專橫；一旦做出承諾，你一定會承擔責任並十分專情。

■你生命中的特殊之人

注意誕生日為以下日期的人可以讓你更快地找到理想伴侶。

◎愛情和友誼：

1月11、13、15、17、25日、2月9、11、13、15、23日、3月7、9、11、13、21、29日、4月5、7、9、11、19日、5月3、5、7、9、17、31、6月1、3、5、7、15、23、29、7月1、3、5、21、27、29、31、8月1、3、11、25、27、29、9月1、9、23、25、27日、10月7、21、23、25日、11月5、19、21、23、12月3、17、19、21、30日

◎幸運貴人：

1月1、5、20日、2月3、18日、3月1、16日、4月14、5月12日、6月10、7月8日、8月6日、9月4日、10月2日

◎強烈吸引你的人：

5月5、6、7、8日

◎砥礪者：

1月6、22、24日、2月4、20、22日、3月2、18、20日、4月16、18、5月14、16日、6月12、14、7月10、12日、8月8、10、31日、9月6、8、29日、10月4、6、27日、11月2、4、25、30日、12月2、23、28日

◎靈魂伴侶：

1月6、12日、2月4、10日、3月2、8日、4月6日、5月4日、6月2日

優點：有涵養、可信賴、謹慎、充滿理想、誠實、脫俗、有學習精神、理性、深思熟慮

缺點：不坦率、欺騙、不友好，不大方、多疑、捉摸不透、嘮叨、不專注、冷漠

太陽星座：天蠍座
區間：雙魚座／海王星
角度：天蠍座15°30´-16°30´
類型：固定星座
元素：水
恆星：軒轅九

11月8日

SCORPIO

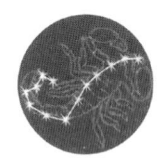

有個性、充滿智慧的你具有天蠍座的敏感和威嚴；有野心、性格強烈、勇氣十足、對理想十分專注的你對愛人溫柔、慷慨；觀察力、洞察力以及求知欲使你能夠快速洞悉全局並產生十分新奇的想法；你所具備的遠見和管理能力使你能夠站在潮流前端。

受區間主導星座雙魚座的影響，你富有想像力和天賦，而且第六感靈敏；你能夠自由地表達自我並很幸運地能夠選擇喜歡的職業；做事專注、決心堅定的你要避免情緒起伏不定，以及空想或逃避的傾向。

渴望成長以及縱覽全局的能力表示你具有遠大志向；具有自信和探索精神的你不喜歡他人給你過多干預，而固執是你不安分和缺乏耐心的表現；你的成功來自於高等教育或是來自對社會、道德或宗教方面的抱負；如果你能夠培養耐心、毅力和自我約束力來克服感情方面的不安感，那麼你做任何事都可以無往不利。

14歲到33歲這段時期，太陽星座落在射手座，你將尋求自由、遠大的目標以及拓展空間的機會，此時你的探索欲表現得最為強烈，可能會對旅行或宗教、哲學以及生命意義問題產生興趣；44歲時，太陽推進到摩羯座，此時的你開始變得更加實際、自律，而且目標明確；74歲之後，太陽進入水瓶座，你會將更多注意力放在友誼、自我獨立性以及社會活動上。

■真實的自我

為了充分發揮你的機智，以及滿足自我表達和社交方面的需要，你需要克服感情關係的不確定感和猶豫不決的態度；舉棋不定會影響你培養縝密的思維培養；充分發揮你在文字方面的天賦，以及創造性的潛能，你就會感受到生活愉悅。

以成功為目標的你計畫周密；性格獨立、社交協調能力強的你能夠負責各種專案；精明的你能夠迅速對人和環境做出判斷，你會偏好大型專案並不斷尋求機遇；你的善良、慷慨以及樂觀的態度拉近了你與他人的關係，並使你的運氣變得極佳，進而提高你的生活水準。

■工作和職業

你偏愛領導者的角色；你的組織能力保證你在商業領域取得成功，尤其適合擔任經理或管理人的職務；你的探索精神使你對自然科學和心理學產生興趣；你人道精神以及對文字的敏感度促使你選擇教師、諮商或律師工作，或者是可以維護他人權益的工作，

這包括社會改革、社會團體或政治；天生的表現力使你在娛樂界獲得滿足感；除此之外，你或許會對哲學、宗教或玄學的相關工作感興趣。

與你同天出生的名人包括歌手邦妮·瑞特和李奇·李·瓊斯、男演員亞蘭·德倫、作家瑪格麗特·米歇爾、精神學家赫爾曼·羅夏、心臟外科醫生巴納德、以及女演員凱薩琳·赫本。

■數字命理學

　　誕生日數字8代表著你具有良好的價值觀及全面的判斷力；你有強烈的個人成就的渴望以及抱負；生於這一天的人也表現出控制欲，對安全感和物質有所渴望；生於這一天的你天生具有商業頭腦，只要發揮組織和管理方面的天賦，就會使你獲益匪淺；對安全感以及成就的強烈渴望促使你會做出長遠的規畫和投資。受出生月11月的影響，你充滿智慧，可以將你的靈感變為現實；因為你工作富有成果、做事專注，因此你可以擔負重任，只要努力奮鬥就能實現目標；你有獲得影響力較大的職位的能力，但要避免固執和控制欲；為了發揮你的潛能，你需要能夠獨立思考並對自己有信心，不過要注意過於執著或緊張的情緒。

■愛情和人際關係

　　充滿智慧、洞察力敏銳的你喜歡與聰明、風趣的人為伴，因為他們能夠使你的思維保持活躍；你友善又富有同情心，因此他人喜歡向你尋求建議和支持；充滿理想、雄心壯志的你可以為自己和他人擔負重任；你的外表堅毅、剛強，但敏感的內心使你時常煩躁和在感情上缺乏安全感；你出色的社交能力使你周圍有許多朋友和崇拜者。

優點：具領導才能、考慮周全、勤奮、權威、有保護欲、有治癒的力量、對價值的判斷準確

缺點：缺乏耐心、心胸狹隘、過度勞累、控制欲、易喪失信心、缺少計畫、行事專斷

■你生命中的特殊之人

在尋求安全感、依賴和欣賞的你要注意誕生日為以下日期的人。

◎愛情和友誼：

1月4、12、16、25日、2月10、14、23、24日、3月8、12、22、31日、4月6、10、20、29日、5月4、8、18、27日、6月2、6、16、25、29、30日、7月4、14、23、28日、8月2、12、21、26、30日、9月10、19、24、28日、10月8、17、22、26日、11月6、15、20、24、30日、12月4、13、18、22、28日

◎幸運貴人：

1月2、13、22、24日、2月11、17、20、22日、3月9、15、18、20、28日、4月7、13、16、18、26日、5月5、11、16、18、26日、6月3、9、12、14、22日、7月1、7、10、12、20日、8月5、8、10、18日、9月3、6、8、16日、10月1、4、6、14日、11月2、4、12日、12月2、10日

◎強烈吸引你的人：

1月25日、2月23日、3月1日、4月19日、5月5、6、7、8、17日、6月15日、7月13日、8月11日、9月9日、10月7日、11月5日、12月3日

◎砥礪者：

1月7、23日、2月5、21日、3月3、19、29日、4月1、17、27日、5月15、25日、6月13、23日、7月11、21、31日、8月9、19、29日、9月7、17、27、30日、11月3、13、23、26日、12月1、11、21、24日

◎靈魂伴侶：

1月17日、2月15日、3月13日、4月11日、5月9日、6月7日、7月5日、8月3日、9月1日、11月30日、12月28日

太陽星座：天蠍座
區間：雙魚座／海王星
角度：天蠍座16°30´-17°30´
類型：固定星座
元素：水
恆星：軒轅九

11月9日

SCORPIO

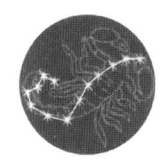

這一天出生的你具有天蠍座的敏感、表達力和幹勁，及充滿智慧、熱愛知識的特質；進取心強、洞察力敏銳的你富有活力，喜歡積極的生活，通常表現得富熱忱和表現欲；不過，有時你需要警惕不成熟的行為，勇於承擔責任的你才能夠展現出你富有創造性和自律的一面。

受區間主導星座雙魚座的影響，你易受外在環境影響、富有想像力、預感強烈；充滿理想、接受能力強的你具有說服力、信念堅定；迷人、喜好交際的你喜歡有人陪伴，特別是在社交聚會場合中表現得風趣幽默的人；不過，你要避免在反覆無常的人身上浪費精力。

意志力和決斷力能使你制定計畫並運籌帷幄，不過，你時常表現得自負、傲慢或衝動，過分激動其實只是顯得你性格古怪而非具有個性；信任和合作能助你獲得成功；學會自我控制活躍的思維能夠幫助你實現夢想，並讓理想變為現實。

13歲到42歲這段時期，太陽位於射手座，此時的你渴望開闊視野，而且懂得把握機會，並表現得更加樂觀，你還可能對哲學思辨、學習以及旅行產生興趣。43歲時你的太陽星座推進到摩羯座，此時的你開始變得更加勤奮、務實和堅持，並渴望生活中具有秩序；73歲之後，你的太陽星座進入水瓶座，此時你開始更加關注在新思想、友誼和人的本性的探索。

■真實的自我

你幹勁十足、迷人、風趣、熱心，物質與理想主義的有趣結合使你產生出對成功的渴望；有野心，但遊戲人生的態度可能會伴隨你一生，但這也使你散發令他人為之著迷的氣質；友善、熱情的你會發現與人相處的能力有助你達到事業巔峰。

性格獨立、以成功為目標的你態度積極、目標高遠，但你必須警惕情緒化或極端傾向；敏感的你要避免在思想上反覆無常；富有活力、迷人的你有時也會表現出內心的恐懼或拜金傾向，但只要發揮你的直覺和美好憧憬，你又會恢復原來的積極自我。

■工作和職業

你擁有很強的領導才能，也強烈渴望在所選擇的職業中獲得卓越成就；具備出色學習潛力的你適合從事研究或勝任法律、心理學或醫藥方面的工作；天生的口語和書面表達能力能幫助你在教學、演講或寫作方面取得成績；天生的商業頭腦使你對商界或能發

揮遊說本領的工作感興趣，如銷售、推銷和談判；你極強的原則性能使你成為優秀的政治家、發言人；具備演員潛力的你對表現性的工作也會產生興趣。

與你同天出生的名人包括作家屠格涅夫、作家和太空人卡爾‧薩根、女演員海蒂‧拉瑪和凱倫‧朵翠斯、高爾夫球運動員湯姆‧韋斯科夫，以及棒球經理威帝‧赫澤格。

■數字命理學

誕生日數字9賦予你仁慈、縝密思維和細膩感情；寬容、善良的你表現得慷慨、開明；敏銳的直覺以及心靈的力量使你在許多方面具有極強的接受能力，加以正確引導會使你獲得精神感悟；你的誕生日表示你需要克服挑戰，以及因為過度敏感而導致情感波動；環遊世界以及與各個階層人群的接觸對你的幫助很大，但要避免不切實際的空想以及逃避傾向。受出生月11月的影響，你充滿智慧、洞察力敏銳，具有某種通靈能力；富有想像力、接受能力強的你能夠洞悉他人情感；充滿理想、為人慷慨的你有時表現得不坦率，甚至會隱藏怨恨的情感；情感過於緊張的你要學會淡然和樂觀的處世態度；運用你的外交手腕消除隔閡，就能避免出現敵對情緒。

■愛情和人際關係

充滿智慧、感情細膩的你是一名富有思想的理想主義者；處於正常情緒的你能發揮活力和熱忱，但充滿懷疑和不信任時你會變得孤僻、冷漠；對愛懷有很高期望的你需要與信任的伴侶建立特殊的聯繫；友善、愛好交際的你需要克服孤獨感；對人性的準確把握能幫助你克服困難，並使你變得更加有魅力。

■你生命中的特殊之人

尋找真正幸福的你只要注意一下誕生日為以下日期的人，就能夠覺得能夠給予你鼓勵的伴侶。

◎愛情和友誼：

1月7.10.17.27日、2月5.8.15.25日、3月3.6.13.23日、4月1.4.11.21日、5月2.9.19日、6月7.17日、7月5.15.29.31日、8月3.13.27.29.31日、9月1.11.25.27.29日、10月9.23.25.27日、11月7.21.23.25日、12月5.19.21.23日

◎幸運貴人：

1月3.5.20.25.27日、2月1.3.18.23.25日、3月1.16.21.23日、4月14.19.21日、5月12.17.19日、6月10.15.17日、7月8.13.15日、8月6.11.13日、9月4.9.11日、10月2.7.9日、11月5.7日、12月3.5日

◎強烈吸引你的人：

1月13日、2月11日、3月9日、4月7日、5月5.6.7.8.9日、6月3日、7月1日

◎砥礪者：

1月16.24日、2月14.22日、3月12.20日、4月10.18日、5月8.16.31日、6月6.14.29日、7月4.12.27日、8月2.10.25日、9月8.23日、10月6.21日、11月4.19日、12月2.17日

◎靈魂伴侶：

1月16日、2月14日、3月12日、4月10日、5月8日、6月6日、7月4.31日、8月2.29日、9月27日、10月25日、11月23日、12月21日

優點：充滿理想、仁愛、有創造力、感情細膩、慷慨、有魅力、感性、慈善、奉獻、公正、運氣好、有人緣

缺點：挫折感、緊張、自私、不切實際、憤世嫉俗、容易被誘導、自卑、恐懼、焦慮、孤僻

太陽星座：天蠍座	
區間：雙魚座／海王星	
角度：天蠍座17°30´-18°30´	
類型：固定星座	
元素：水	
恆星：無	

11月10日

SCORPIO

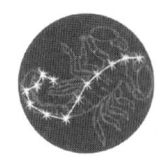

這天出生的你富有創造力、洞察力敏銳、極具個人魅力，具有天蠍座特有的獨立、自信和說服力；熱愛自由的你，成功來自於積極發揮意志力和天賦；你的勇氣十足、富有創意，偏好難度較大的工作以實現你的雄心壯志。

受區間主導星座雙魚座的影響，你具有想像力和接受力，口才好，也懷有美好憧憬；你渴望智商方面的挑戰，但在檢驗智慧的同時，要避免咄咄逼人和強辯。

良好的教育為你增加成功的機率；思維敏捷、興趣廣泛的你表現出多才多藝和熱情，旅行和學習可使你獲益甚大；渴求知識的你思想豐富、充滿智慧，能夠形成獨立的思想和極強的推理能力。

你的自制力強、熱愛學習，但其實你奮鬥的真正動力是來自於追求情感的滿足和成就感；如果你企圖透過意志控制別人，並無法讓你得到好處，而寬容、和善和同情心會為你贏得他人的喜愛和欣賞。

12歲到41歲之間，你的太陽位於射手座，此時的你表現得豁達、誠實，擁有積極樂觀的人生理想；你對知識的渴望使你嚮往自由和冒險，你將選擇旅行和學習來滿足自己；42歲時，太陽星座運行到摩羯座，你開始變得更加務實、自律，目標也更明確；從72歲開始，太陽星座落在水瓶座，你會將更多的注意力轉向友誼和人類本性的探索。

■真實的自我

外表堅強的你其實內心敏感、感情強烈，這表示你可能會產生自我懷疑；為人慷慨和富有同情心的你會克制自己在感情方面過多的控制欲；愈信任自己的直覺，取得成功的可能性就會愈大，不過，要避免焦慮和過於頻繁的社交活動；態度積極的你渴望做到最好從而產生自尊心和謙虛的態度。

富有活力和創造力的你眼光犀利、反應敏捷，強大的鬥志和勇氣使你能夠勇敢面對逆境；渴望領導和行使權力的你野心勃勃、決心堅定；有魅力、為人慷慨、善良、人氣很高的你要小心避免過於直接和專橫否則你將失去人心；儘管你的個性有些玩世不恭，但只要培養毅力和責任心，你就能夠完全發揮潛力，無往不利。

■工作和職業

你豐富的知識、進取心和出色的社交能力能使你在生活的許多方面發揮潛能；探索精神使你傾向學術研究、心理學或調查工作；你也能在教育和哲學領域表現出色；投身

商界的你具備優秀的解決問題能力，適合在大型企業中發展；不喜歡受人支配的你在工作中需要充分的個人空間，憑藉優秀的組織和管理能力，你能夠取得顯赫地位；自我表達的強烈以及對表現的熱愛使你傾向從事寫作和娛樂演藝界的工作；出生在這天的你也能夠成為出色的醫生或派駐異地的工作。

與你同天出生的名人包括演員理查・伯頓，克勞德・雷恩斯和羅伊・雪德爾、廚師羅伯特・卡里爾、歌曲創作者提姆・萊斯、英國畫家威廉・霍加斯，雕塑家雅各・艾伯斯坦，以及作家凡克爾・琳賽。

■數字命理學

與誕生日數字是1的人相似，你會為了成就而努力奮鬥；不過，你必須克服重重阻礙才能達成目標；體力充沛、富有創意的你總能夠堅定自己的信念，儘管這使你顯得與世俗格格不入；做事積極主動、富有開創精神的你，能夠一路劈荊斬棘向更高的目標不斷邁進；但要懂得謙虛，避免自私和獨裁。出生月11月的你多才多藝、見解獨到、在多方面表現出天賦；有堅定的信念和自我控制的管理表示你的悟性很高；你風趣、機智，但性格懶散，因此需要明確的方向和目標；你總是顯得嘮叨並且過於直接和武斷，而且討厭單調乏味；野心勃勃的你要避免高估自我能力或陷入自我陶醉。

■愛情和人際關係

性格強烈的你崇拜獨立且知識淵博的人；談吐風趣的你身邊總是圍繞著朋友和崇拜者；你欣賞的伴侶必須意志堅強、聰明且具有讓你引以為傲的能力；雖然你的外表充滿自信，但你內心會對自我產生懷疑，有時表現得猶豫或多疑，此時的你需要學會信任和正直；儘管你富有創造力，在人際關係中總能給人驚喜，但要注意要求太嚴苛和固執的傾向。

■你生命中的特殊之人

注意誕生日為以下日期的人能使你找到生命中特殊之人的機率大增。

◎愛情和友誼：

1月1、14、19、28、31日、2月12、26、29日、3月10、15、24、27日、4月8、22、25日、5月6、20、23日、6月4、18、21日、7月2、7、16、19、30日、8月14、17、28、30日、9月12、15、26、28、30日、10月10、13、24、26、28、11月8、11、22、24、26日、12月6、9、20、22、24日

◎幸運貴人：

1月26日、2月24日、3月22日、4月20日、5月18日、6月16日、7月14日、8月12日、9月10日、10月8日、11月6日、12月4日

◎強烈吸引你的人：

5月8、9、10、11日

◎砥礪者：

1月3、25日、2月1、23日、3月21日、4月19日、5月17日、6月15日、7月13日、8月11日、9月9日、10月7日、11月5日、12月3日

◎靈魂伴侶：

1月3、10日、2月1、8日、3月6日、4月4日、5月2日

優點：具領導能力、創造力、思想進步、堅強、樂觀、信念堅定、競爭意識、獨立、合群

缺點：專橫、妒忌、自我中心、驕傲、心胸狹隘、缺乏自制力、自私、軟弱、反覆無常、缺乏耐心

太陽星座：天蠍座	
區間：雙魚座／海王星	
角度：天蠍座18°30´-19°30´	
類型：固定星座	
元素：水	
恆星：天倉一	

11月11日

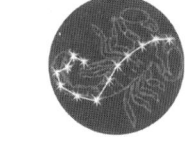

SCORPIO

這一天出生的你敏感、充滿理想，具有天蠍座的充沛體力和巨大的智慧潛能，但你需要專注目標、約束自我；多才多藝、富有想像力的你渴望表達創造力和情感的力量；冷靜和堅持是你取得成功的關鍵，當你專注於某一領域，你就能獲得他人的認可。

受區間主導星座雙魚座的影響，你具有很強的接受能力和洞察力，心靈力量和第六感也很強大；經常出現奇思妙想的你會因為焦慮而破壞了信念和自我認同，為了改善這種情況，你需要培養務實的態度、沉著和想像力；對變化和節奏感很有感覺的你，可以透過音樂發揮你的創造力。

心胸開闊、寬容的你能夠發掘自己的無限可能；富有冒險精神、渴望個人自由的你與他人分享和合作會使你收穫更多；將做任何事看成是學習，學會傾聽內心的聲音，你就能夠更好地運用你的推斷力和直覺。

11歲到40歲這段時期，太陽星座位於射手座，強調對樂觀的需要，渴望透過學習、旅行或對真理的追求擴大視野；41歲開始，太陽星座推進到摩羯座，此時的你變得更加務實、堅持不懈；71歲之後，太陽星座落在水瓶座，此時的你會將注意力轉向新的思想、自由以及友情。

■真實的自我

對戲劇具有敏銳感覺的你能夠自然地流露各種情感，時而強硬、專橫、堅定，時而敏感、小心翼翼、充滿同情心；為人慷慨、充滿理想、熱心的你具有強烈的使命感和責任感；直覺與思維同樣敏銳的你渴望靈感，擅長為他人服務的工作；自我表達的需要以及創造力會使你在美術、音樂或戲劇方面有所成就，至少能成為優秀的鑑賞家。

對責任的明確認識讓你不願意虧欠別人，但有時你對自己或他人都過於刻薄，這會使你陷入沮喪和挫折感；積極的處世態度或意義深遠的事業能夠使你保持健康的心態，同時使你的能力得以發揮。

■工作和職業

你能夠設身處地為他人著想，是優秀的心理學家和建議者；天生的商業頭腦以及良好的組織能力對你從事任何職業都有所幫助；對知識的熱愛和交際手腕使你能夠勝任教師、自然科學或寫作工作；自學的方式能夠讓你發揮最大潛能；從事與公眾以及國外相關的工作能夠滿足你多樣性的需求，避免產生厭倦感；為他人服務或實現自我價值的渴

望使你能夠腳踏實地實現理想並獲得情感上的滿足。

　　與你同天出生的名人包括女演員黛咪‧摩爾、喬治‧巴頓將軍、作家馮內果和卡洛斯‧富安蒂斯，喜劇演員喬納森‧溫特斯、以及男演員李奧納多‧狄卡皮歐。

■數字命理學

　　受誕生日數字11的強烈影響，理想、靈感以及改變在你生命中占有十分重要的地位；自卑與自信的並存會激勵你努力學會物質還是精神上的自我掌控；豐富的人生經歷可以使你學會協調性格中的不同特質，信任自己則能使你避免出現極端的態度；感情強烈、充滿活力的你，要提防過度緊張的情緒以及不切實際的想法。受出生月11月的影響，你的感情細膩且具有心靈的力量；你對外在環境的適應能力強，但你應該避開敵對的環境，因為這會使你產生消極的信念；平和的心態、堅定的決心以及集中注意力能使你高瞻遠矚；渴望自由空間的你能夠任意發揮潛能，但不要過於沉迷自我，應當學會與他人合作；想像力加上天賦和實際解決問題的能力能夠使你取得非凡成就。

■愛情和人際關係

　　你是個充滿理想極需安全感的人，友誼是你獲得幸福的主要來源；忠誠、溫柔的你能夠自由表達情感，但要避免過於嚴肅或產生不安感；愛好交際且人緣好的你喜歡有他人陪伴，討厭凡事都靠得自己的感覺；你能夠給予他人支持，並且願意為所愛的人犧牲奉獻，但要避免過度依賴對方；幸好你的迷人魅力和與人交往的能力，能夠拉近與你與他人之間的關係，並提高你的社會地位。

■你生命中的特殊之人

注意誕生日為以下日期的人可以幫助你找到持久的友誼和穩定

◎愛情和友誼：

1月1、5、15、26、29、30日、2月13、24、27、28日、3月5、11、22、25、26日、4月9、20、23、24日、5月7、18、21、22日、6月5、16、19、20日、7月3、14、17、18、31日、8月1、12、15、16、29、31日、9月10、13、14、27、29日、10月8、11、12、25、27日、11月6、9、10、23、25日、12月4、7、8、21、23、29日

◎幸運貴人：

1月1、2、10、27日、2月8、25日、3月6、23日、4月4、21日、5月2、19、30日、6月17、28日、7月15、26日、8月13、24日、9月11、22日、10月9、20日、11月7、18日、12月5、16日

◎強烈吸引你的人：

5月9、10、11、12日

◎砥礪者：

1月17、26日、2月15、24日、3月13、22日、4月11、20日、5月9、18日、6月7、16日、7月5、14日、8月3、12、30日、9月1、10、28日、10月8、26、29日、11月6、24、27日、12月4、22、25日

◎靈魂伴侶：

1月21日、2月19日、3月17日、4月15日、5月13日、6月11日、7月9、29日、8月7、27日、9月5、25日、10月3、23日、11月1、21日、12月19日

優點：專注、客觀、熱忱、充滿活力、脫俗、洞察力敏銳、睿智、外向、創造力強、藝術氣質、服務他人的意願、治癒的力量、人道精神、心靈的力量

缺點：優越感、不誠實、缺乏目標、感情用事、容易受傷、過度緊張、自私、表達含糊、吝嗇

太陽星座：天蠍座
區間：雙魚座 / 海王星
角度：天蠍座19°30´-20°30´
類型：固定星座
元素：水
恆星：天倉一

11月12日

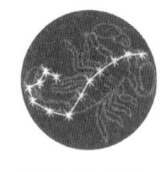

SCORPIO

待人友善、交際能力強的你具備多方面的潛能和人際交往的天賦；你時常表現得冷酷，但其實你的內心敏感、情感強烈；充滿理想的你會尋求真理並傾向揭露問題本質；你的魅力常常更勝你的活力和智慧，但只要你一旦學會如何表達思想，你能夠用獨到的見解和深沉的情感感染他人。

受區間主導星座雙魚座的影響，你富有想像力、具備心靈力量以及強烈的情感；你十分享受智商方面的挑戰和考驗，但無所謂的態度反而讓你感到迷惑。

對所學知識極有自信的你能夠獲得成功，但隨著知識的累積，你得會更加專注於某一領域；崇尚和諧的你需要內心的寧靜，建立了穩固基礎並懷有積極信念的你能夠創造協調的環境；一旦發現身處衝突之中，你會陷入權力的追逐中，變得不滿、咄咄逼人；口才和社交方面的訓練能幫助你說服他人，你也將因此獲益。

10歲到39歲的這段時期，太陽位於射手座，此時的你渴望冒險和自由，以及透過視野的擴展加深對人生的感悟，學習、旅行或對真理的探索都是有效的方式；40歲時，太陽星座推進到摩羯座，此時的你開始變得更加堅定、自律，對待生活的態度也更加務實，對秩序感的需要也增強；70歲時，太陽星座進入水瓶座，此時你開始將注意力轉向友誼、獨立性以及慈善事業上。

■真實的自我

洞察力敏銳、預感強烈的你會發現自律以及專注是你能否發揮潛力的最大關鍵；你總是能不需付出太多努力就達成目標，但這也會阻礙你巨大潛力的開發。你清楚知識就是力量的道理，你總有滿滿的求知欲，同時也在一定程度上保持了如孩童般的天真。

你的誕生日代表著狡黠和智慧，因此你對探尋他人的動機和祕密懷有濃厚興趣，也對睿智的人著迷；雖然你具有聰明才智，但缺乏耐心會使你很難有所建樹，特別要注意避免敏感而導致的各種偏差行為，如空想、酗酒或吸毒。

■工作和職業

在他人面前表現得積極、迷人的你能夠以輕鬆的方式傳遞個人思想；具備決策能力和人際交往能力的你適合商務、推銷或銷售工作；不願受人支配的你喜歡擔任管理者角色，也會傾向自我創業；強烈的表現欲使你適合從事演員、導演和政治家的工作；另一方面，你的機智和溝通技巧使你對寫作、法律、教育或醫療職業產生興趣。

與你同天出生的名人包括摩納哥王妃葛瑞絲、歌手兼歌曲創作者尼爾‧楊、作曲家鮑羅定。

■數字命理學

誕生日數字12代表你洞察力敏銳、喜歡幫助他人、友善、推斷力強；渴望與眾不同的你極富改革精神；善解人意、感情細膩的你十分善於運用策略以及與他人合作達成目標；當自我表達的需要，以及幫助他人的願望達成平衡時，你會獲得心靈的平靜和個人的滿足；不過，你需要足夠的勇氣去堅持立場、培養自信心，不要因爲外在的影響而輕易失去信心；受出生月11月的影響，儘管你能夠表達自我，但卻時常表現得固執己見和過於直接；直覺和多才多藝的你興趣廣泛，但缺乏毅力和決心，反而白白浪費了你的潛能；洞察力敏銳的你善於判斷人性，並且能夠發現事實眞相。

■愛情和人際關係

渴望權力和認同的你需要安全感和對人生的掌控感；充滿理想但踏實的你有時會表現得固執，但這也表示你能夠堅定信念並嚴格堅持個人準則；與他人交往時要學會讓步而不是試圖控制同伴或提出無理要求；敏感的你需要安靜和諧的環境使你的思想保持活躍；一旦投入一段關係之中，你會對伴侶表現出忠誠、同情心和柔情。

■你生命中的特殊之人

在尋找可以激發你的靈感的人際交往的你，可以注意一下誕生日為以下日期的人。

◎愛情和友誼：

1月10.13.20.21.30日、2月8.11.18.28日、3月6.9.16.17.26日、4月4.7.14.24日、5月2.5.12.22日、6月3.10.20日、7月1.8.9.18日、8月6.16.30日、9月4.14.28.30日、10月2.12.26.28.30日、11月10.24.26.28日、12月8.22.24.26日

◎幸運貴人：

1月12.16.17.28日、2月10.14.15.26日、3月8.12.13.24日、4月6.10.11.22日、5月4.8.9.20.29日、6月2.6.7.18.27日、7月4.5.16.25日、8月2.3.14.23日、9月1.12.21日、10月10.19日、11月8.17日、12月6.15日

◎強烈吸引你的人：

3月31日、4月29日、5月9.10.11.12.27日、6月25日、7月23日、8月21日、9月19日、10月17日、11月15日、12月17日

◎砥礪者：

1月6.18.22.27日、2月4.16.20.25日、3月2.14.18.23日、4月12.16.21日、5月10.14.19日、6月8.12.17日、7月6.10.15日、8月4.8.13日、9月2.6.11日、10月4.9日、11月2.7日、12月5日

◎靈魂伴侶：

3月28日、4月26日、5月24日、6月22日、7月20日、8月18日、9月16日、10月14日、11月12日、12月10日

優點：創造性、有魅力、開創精神、有原則性、推銷自我或他人的能力

缺點：孤僻、行為怪異、不合群、過於敏感、缺乏自我認同感

太陽星座：天蠍座
區間：巨蟹座／月亮
角度：天蠍座20°30´-21°30´
類型：固定星座
元素：水
恆星：天市右垣七

11月13日

SCORPIO

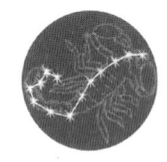

這一天出生的你富有創造力、見解獨到、務實、能力強、思維敏捷、直覺敏銳；充滿熱忱、接受能力強、懷有好奇心和細緻觀察力的你喜歡探究他人動機，並能夠迅速對人和環境做出判斷；性格獨立、具有堅強毅力的你思想極有深度，並且能夠發揮洞察力和分析力。

區間主導星座巨蟹座賦予你想像力和心靈的力量；當你受到鼓舞時，你會表現出極強的適應力並能夠應對各種環境；精明、意識強烈的你有時會表現出懷疑和猶豫的態度，這將使你產生焦慮和不信任感；你希望找到讓你專注的目標並渴望充實自我，教育以及自學能夠幫助你開發智力並建立自信心。

你在保守和前衛之間的搖擺不定，表示你需要能夠保持思維活躍的活動，才能顯示出個性使創造力；具有野心的你會以勤奮努力達成目標；積極的人生觀會使你在通向成功的道路更加平坦。

9歲到38歲這段時間，太陽星座位於射手座，此時的你充滿理想及渴望開拓視野，這段時期樂觀的你能夠把握機會；工作、學習以及旅行可以讓你視野變得開闊，你也期望透過對真理的探索使自己更加明理。39歲開始，太陽星座推進到摩羯座，此時的你開始表現得更加自律、堅定，對待生活的態度也更加現實；69歲以後，太陽星座落在水瓶座，你開始將注意力轉向友誼和人道事業上。

■真實的自我

富有野心、決心堅定的你渴望權力和物質方面的成功；處理經濟問題的能力以及強烈的求生本能使你累積財富並充分利用環境中的有利因素；你對待目標的態度明確、直接，因此你不會浪費時間；具有賺錢天賦的你要培養自制力並克服控制欲、魯莽以及過於物欲的傾向；強大的動力和勤奮工作的能力是你成功和取得非凡成就的關鍵因素。

目光敏銳、反應敏捷的你具有迷人魅力；思想獨立的你在面臨挑戰時極具創造力，但不要太過懶惰以免阻礙你發揮潛能；充滿活力和自在的心態會陪伴你一生，但在尋求成就的過程中你需要責任心並時時尋求智慧的挑戰；出現懷疑或憤世嫉俗情緒時，你需要堅定的信心來激發你的進取心和活力；良性競爭能夠使你的發揮更加出色。

■工作和職業

對價值的理解能力使你的工作富有成效，這對你選擇的任何職業都有所幫助，特別

是在商業領域；當你對某項工作信心或受到鼓舞時，你會十分努力地實現自我目標；你在寫作和教學方面也具有天賦；機智聰明的你擅長辯論和法律；而優秀的分析能力使你對心理學或學術研究產生興趣；在操作方面的潛力使你對機械以及電腦相關工作產生興趣；醫藥或治療職業能夠滿足你與他人分享知識的渴望。

與你同天出生的名人包括作家羅伯特・路易士・史蒂文森、占星家和統計學家蜜雪兒・高莉林、女演員琳達・克莉斯蒂安和琥碧・戈柏。

■數字命理學

誕生日數字13代表你的感情細膩、活力十足、富有靈感；勤奮、有抱負的你能夠透過創造性的表達獲得成功；你需要培養務實的態度，才能將你的創造性潛能轉化成實際價值；你獨特、創新的處事方法能夠激發新的、令人激動的思想並使之付諸實踐、吸引眾人矚目；這一天出生的你真誠、浪漫、迷人、有情趣，而你的專注和耐心能夠使你獲得物質生活的富足。出生月11月表示你機敏、洞察力敏銳；儘管你的創意無限，但自我懷疑可能會破壞你的自信和決心；充滿理想、思想豐富的你需要樹立信念才能將你指引到正確方向；多疑性格會導致不信任和在感情上的不安感；展現你的仁愛會幫助你實現遠大的目標。

■愛情和人際關係

你會對所愛的人表現出奉獻精神和柔情，但不夠大方的行為表示你不願坦露內心的真實感情，因而有時會產生孤獨感；陷入愛河的你需要時間來培養對伴侶的信任；你通常對決心堅定、工作勤奮、有抱負的人著迷；容易產生焦慮和懷疑的你需要避免怨恨和報復情緒；如果你能找到值得你信賴，並能激發靈感的伴侶，你就會表現得十分忠誠和信任。

■你生命中的特殊之人

尋求安全感、靈感和愛的你不妨注意一下誕生日為以下日期的人。

◎愛情和友誼：

1月21,22,28,31日、2月19,20,26,29日、3月17,24,27日、4月15,22,25日、5月13,20,23日、6月11,18,21日、7月9,10,14,19日、8月14,17,31日、9月5,12,15,29日、10月3,10,13,27,29,31日、11月1,8,11,25,27,29日、12月6,9,23,25,27日

◎幸運貴人：

1月9,12,18,24,29日、2月7,10,16,22,27日、3月5,8,14,20,25日、4月3,6,12,18,23日、5月1,10,16,21,31日、6月2,8,14,19,29日、7月6,12,17,27日、8月4,10,15,25日、9月2,8,13,23日、10月6,11,21日、11月4,9,19日、12月2,7,17日

◎強烈吸引你的人：

5月11,12,13,14日

◎砥礪者：

1月7,8,28日、2月5,6,26日、3月3,4,24日、4月1,2,22日、5月20日、6月18日、7月16日、8月14日、9月12日、10月10日、11月8日、12月6日

◎靈魂伴侶：

1月3,19日、2月1,17日、3月15日、4月13日、5月11日、6月9日、7月7日、8月5日、9月3日、10月1日

優點：有抱負、創造力強、愛好自由、自我表達能力強、有開創精神

缺點：衝動、猶疑不決、專橫、冷漠、叛逆

太陽星座：天蠍座
區間：巨蟹座／月亮
角度：天蠍座21°30´-22°30´
類型：固定星座
元素：水
恆星：馬腹一、天市右垣七

11月14日

SCORPIO

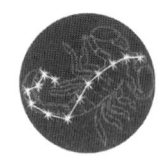

　　這一天出生的你安靜、堅毅、直率，你的堅持力量能使你勇往直前；沉穩、和善的你善於交際，這形成一種迷人氣質為你贏得朋友並影響他人。

　　受區間主導星座巨蟹座的影響，你的接受能力強、判斷明確，具有強大的心靈力量以及深沉、熾烈的情感；你的友善時常掩蓋了你喜歡鑽研和考驗智慧的力量；敏感、謹慎的你是一位具有實踐性的戰略家，創新思想和決心可使你夢想成真。

　　你同時具有野心與惰性，因此雖然你聰明、專業知識豐富，但依然需要培養自制力從而使自己更加專注於目標；你的思想和獨到見解能給他人靈感，但不要讓好奇心和廣泛的興趣分散了你的注意力，或讓焦慮不安的情緒阻礙了你發展潛力；對資訊的渴望促使你掌握豐富的從業知識，多才多藝、競爭意識強的你能夠運用你的創意創造財富；在實現抱負的征途上，你要避免過於嚴肅，因為這會導致你產生不必要的緊張情緒。

　　8歲到37歲這段時期，太陽位於射手座，此時的你變得較樂觀，並且渴望受到肯定，以及在生活中有更多發展和理想，你會把握更多的機會，也能夠獲得學習機會並接觸國外風土人情；38歲開始，太陽星座推進到摩羯座，此時你開始變得更加務實、堅持，對生活的安全意識也更強烈，會尋求更多的秩序感；68歲時，太陽星座落在水瓶座，此時你會將較多的注意力轉向新思想和友誼。

■真實的自我

　　性格豐富、自尊心強的你能夠將感知的力量與強大的決心達到事業的巔峰，因此你需要明確的目標以及方向感，一旦下定決心，你會表現得非常堅決，但是不要變得太過固執；只要你有足夠的自制力，你就能避免在工作中發生錯誤。

　　天生具有領導能力的你也十分清楚團隊工作以及相互合作的重要性；你具有天生的協調能力並能夠讓天賦為你創造價值；不過，你時常陷入工作和人情的兩難；你要為他人著想，但又不能過分委屈自己，因此你必須找到兩者之間的平衡。

■工作和職業

　　你的組織能力使你適合經商或從事權威性工作，如經理人、管理人或執行長；你思維敏捷，同時也享受智慧帶來的愉悅，這使你傾向從事寫作、教學或資訊技術工作；對人性的理解力使你適合諮詢師、治療師或心理學家的工作；親切感，以及天生對形狀和顏色的感知力以及感染力會使你對戲劇、音樂以及藝術領域產生興趣；與他人合作能對

你的事業產生巨大幫助。

與你同天出生的名人包括英國王子查爾斯、作曲家阿隆‧柯普蘭、印度前總理尼赫魯、女富豪芭芭拉‧赫頓、畫家莫內、女演員路易士‧布魯克斯。

■數字命理學

聰明、務實的態度和堅定的決心是誕生日數字14賦予你的特質；這一天出生的你總是把工作放在首位，並透過成就大小衡量自己和他人的價值；你一方面渴望穩定，一方面內心的不安分又促使你不斷進取、急切地迎接新挑戰以證明自己的能力；躁動和時常出現的不滿足感使你渴望人生出現更多的變化，特別是當你對目前工作環境和經濟狀況感到不滿時；你的悟性使你能夠迅速針對問題做出回應並與他人分享解決問題的過程。出生在11月表示你智慧、充滿理想、洞察力敏銳；當你將直覺、實際技能和想像力相結合時，就能夠產生極富創意的想法；克服多疑和固執，增加信任感和靈活度，這能使你意識到保持開明和寬廣胸懷的好處。

■愛情和人際關係

敏感、富有同情心的你感情豐富，通常你慷慨、喜好社交、談吐風趣，你渴望被愛和欣賞，而穩定的關係和安全感是你人際交往的前提；你著迷於感情豐富、有智慧的人，因為他們能夠激發你的創造力和表現力；一旦關係確立，對你來說最重要的是平衡在讓步與保持獨立性之間的關係。

■你生命中的特殊之人

注意以下誕生日期、你就能找到理解你的細膩感情和對愛的需要的理想伴侶。

◎愛情和友誼：

1月8、12、18、22日、2月16、20日、3月8、14、18、28日、4月12、16、26日、5月10、14、24日、6月8、12、22日、7月6、10、20、29日、8月4、8、18、27、30日、9月2、6、16、25、28日、10月4、14、23、26、27、30日、11月2、12、21、24、28日、12月10、19、22、26、28日

◎幸運貴人：

1月6、10、25、30日、2月4、8、23、28日、3月2、6、21、26日、4月4、19、24日、5月2、17、22日、6月15、20、30日、7月13、18、28日、8月11、16、26日、9月9、14、24日、10月7、12、22、31日、11月5、10、20日、12月3、8、18日

◎強烈吸引你的人：

5月12、13、14、15、29日、6月27、7月25、8月23、9月21、10月19、11月17日、12月15日

◎砥礪者：

1月13、29、31日、2月11、27、29日、3月9、25、27日、4月7、23、25日、5月5、21、23日、6月3、19、21日、7月1、17、19、8月15、17日、9月13、15日、10月11、13日、11月9、11、12月7、9日

◎靈魂伴侶：

1月6、25日、2月4、23日、3月2、21日、4月19、5月17日、6月15、7月13、8月11、9月9、11月7、12月5日

優點：果斷、工作勤奮、幸運、有創造力、務實、想像力豐富、勤奮

缺點：過於謹慎或衝動、不穩定、考慮不周、固執

太陽星座：天蠍座
區間：巨蟹座／月亮
角度：天蠍座22°30´-23°30´
類型：固定星座
元素：水
恆星：馬腹一、天市右垣七

11月15日

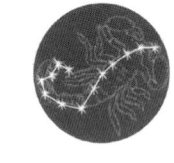

SCORPIO

這天出生的你有抱負、智慧、積極進取，具有天蠍座的活躍和不安分；儘管你最大的資本是敏捷、銳利的思維，但你經常將注意力放在太多地方，以至於最終無法找到讓你感興趣或產生成就感的領域；你的創造潛力能夠使你很快地學習新知識並鞏固既有知識；不管做任何事，你的投入以及天賦都能夠為你開創新局。

受區間主導星座巨蟹座的影響，你多才多藝、富有想像力、直覺敏銳、感情強烈；你的幽默感使你表現的機智風趣；因為你喜歡智商方面的挑戰或與他人比賽智力，因而有時會被人誤解。

儘管你具有直擊重點以及迅速解決問題的能力，但要避免缺乏自信；培養堅持的態度能夠幫助你克服行事魯莽，這也能使你變得更加勤奮，以及在處理問題時更有效果。

7歲到36歲時，太陽星座位於射手座，此時的你關注發展和機遇，你會表現得樂觀，也更把握機會，這時你渴望旅行和學習；37歲以後，太陽星座推進到摩羯座，此時你開始變得更加自律、堅定，對待生活的態度也加務實；目標也更加明確，並更加渴望秩序；67歲以後，太陽星座落在水瓶座，此時你會開始更關注友情、獨立性以及人道慈善事業。

■真實的自我

你總是極力掩飾內心的敏感以保護自己不受傷害；你時常對自己的感覺不確定或對生活產生不滿足感；你必須保持冒險精神才能避免產生厭倦感；旅行、變化以及精神方面的探索能夠幫助你找到許多新的、令人激動的經歷。

敏銳的直覺使你具備超凡的洞察力；你很重視對人和環境的第一印象，而你的第一印象通常很正確，因此你要信任自己的直覺進而讓這一潛能得到發揮；相信直覺可以使你獲得更深的感悟並且避免自我放縱的逃避行為，你應該為遠大理想放手一搏，你通常都能幸運地占盡天時地利。

■工作和職業

不管你對工作的選擇條件是什麼，學習能力很強的你需要各種挑戰來保持思維的活躍；你具備與各個階層的人溝通的能力，並能夠使你們的交往產生實質性的結果，這對你做的事幫助很大；你具有野心，渴望獲得重視，這將促使你攀登事業的巔峰；能夠發揮你機敏智慧的職業包括了商業、法律或政治；你的表現力能發揮在舞臺上或寫作方

面；對自由的熱愛以及不安分的性格使你傾向嘗試各種不同經歷，以便最終能夠找到讓你發揮積極精神的職業；許多這一天出生的人都選擇自我創業。

與你同天出生的名人包括藝術家喬治亞‧歐其芙、歌手佩杜拉‧克拉克、天文學家赫胥爾、指揮家丹尼爾‧巴倫波伊、納粹陸軍元帥隆美爾、實業家安德魯‧卡內基、作家J‧G‧巴拉德。

■數字命理學

多才多藝、充滿熱忱和內心的不安分是誕生日數字15賦予你的特質；你通常果斷、具有個人魅力；你最大的優勢在於擁有強烈的直覺，能融合理論與實務產生出極強的能力；多數時候你都能一面學習新技術，並一面利用其創造價值；當機會到來時你總能夠憑藉洞察力牢牢地把握；誕生日數字15代表你的財運極佳，常常有貴人相助；富有冒險精神的你也需要可以依靠的穩固基礎和安穩的家。受到出生月11月的影響，儘管你內心存在懷疑，但仍具有剛強的性格、堅定的決心和強大的意志；與生俱來的判斷力能夠幫助你克服不穩定時期的恐懼；只要堅定決心並注意靈活性，這樣你就能夠面對意外並使局勢朝向有利的方向發展。

■愛情和人際關係

雖然你的洞察力敏銳、敏感，但多疑的態度有時顯得你缺乏自信或模稜兩可，加上你也不喜歡向他人表達想法；你需要靈感和變化，否則你極易產生厭倦感；對安全感和穩定的需要是人際交往中的重要因素；學習耐心及虛心接受他人意見，並培養識別力，你終能發現誰是值得你愛，以及能夠信賴的人；不要讓自我放棄破壞了你們的關係；態度積極的你對所愛的人慷慨、富有奉獻精神。

■你生命中的特殊之人

為了建立愛情及穩定的關係，你需要注意生日為以下這些日期的人。

◎愛情和友誼：

1月13、19、23、24日、2月22、26日、3月9、15、19、28、29、30日、4月7、13、17、26、27日、5月5、11、15、24、25、26日、6月3、9、13、22、23、24日、7月1、7、11、20、21、22日、8月5、9、18、19、20日、9月3、7、16、17、18、10月1、5、14、15、16、29、31日、11月3、12、13、14、27、29日、12月1、10、11、12、25、27、29日

◎幸運貴人：

1月7、15、20、31日、2月5、13、18、29日、3月3、11、16、27日、4月1、9、14、25日、5月7、12、23日、6月5、10、21日、7月3、8、19日、8月1、6、17、30日、9月4、15、28日、10月2、13、26日、11月11、24日、12月9、22日

◎強烈吸引你的人：

5月13、14、15、16日

◎砥礪者：

1月6、14、30日、2月4、12、28日、3月2、10、26日、4月8、24日、5月6、22日、6月4、20日、7月2、18日、8月16日、9月14日、10月12日、11月10日、12月8日

◎靈魂伴侶：

4月30日、5月28日、6月26日、7月24日、8月22日、9月20日、10月18、30日、11月16、28、30日、12月14、26、28日

優點：積極、慷慨、有責任心、善良、有合作精神、鑑賞力佳、有創意

缺點：干擾性、不負責任、自我中心、缺乏信念，猶豫、物質主義、濫用權力

太陽星座：天蠍座
區間：巨蟹座／月亮
角度：天蠍座23°30´-24°30´
類型：固定星座
元素：水
恆星：馬腹一、天市右垣七

11月16日

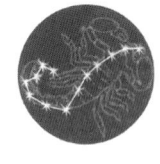

SCORPIO

洞察力敏銳、思想有深度、務實的你具備天蠍座的組織和策畫能力；受理性思維主導，你喜歡利用鑽研精神使所學的知識得到很好發揮；完美主義者的你具有智商方面的潛力，喜歡解決問題，在研究和學習領域能夠獲得成功。

區間主導星座巨蟹座賦予你想像力和心靈上的力量，這一影響表示了你具有深沉的感情和自發的、充滿活力的表現力；你充滿理想、性格堅強，能夠認清形勢，一邊享受創造力的發揮，一邊創造價值，但你要避免挑剔和思想僵化。

積極的思維以及正規或自發的學習對你的進步幫助很大；雖然性格多疑，但有時你會發現培養哲學感悟以及悟性能夠增強你的判斷力；你善於為他人提供建議；對聰明、有趣的人著迷的你喜歡與志同道合的人交往。

6歲到35歲這段期間，太陽星座位於射手座，此時的你想要冒險和拓展生活，你會表現得樂觀，並透過學習和旅行來開闊視野；36歲之後，太陽星座進入摩羯座，此時你開始變得更加務實、有條理、對待生活更加務實；66歲之後，太陽星座進入水瓶座，你的觀察力開始增強，也更加獨立、仁愛，以及更具有群體意識。

■真實的自我

內心極度敏感脆弱的你外表自信剛強有感染力；你會意識到責任感和勤奮是獲得成功的關鍵，願意為自己的目標或他人做出犧牲；對和諧以及簡潔的深深渴望幫助你在美術、音樂領域有所表現；在你心中，家庭的地位是很重要的。

平靜的渴望與追求變化、開闊新局面的渴望相制衡；求知欲和睿智會使你傾向學習、旅行或新的冒險；你要避免在浮躁和墨守成規之間搖擺不定，保持生活的平衡和平和的心態以及內省對你來說是最重要的。

■工作和職業

務實、精明的你天生具備商業頭腦；優秀的組織能力和責任感讓你總能得到上司的賞識，這對從事管理工作的你有所幫助；獨立的你喜歡按自己的方式工作或者傾向自我創業，同時你也深知合作的優勢並與他人建立合作關係；你的敏捷思維會吸引你選擇研究、教育、法律或諮詢工作；這一天出生的一些人會對哲學、心理學或玄學產生興趣；從事銷售、代理或推銷工作能為你帶來巨大獲益；你善於制定長遠計畫，喜歡為一項事業積極奮鬥。

與你同天出生的名人包括女演員波‧德瑞克、作曲家威廉‧亨迪、喜劇演員格里夫‧里斯‧瓊斯、男演員伯吉斯‧馬里帝斯、科學家威納‧馮‧布勞恩、以及作家奇努亞‧亞奇貝。

■數字命理學

誕生日數字16賦予你豐富的思想、細膩的情感和友善性格；分析力強的你會憑著感覺對生活和他人做出判斷；這一天出生的你容易出現內心的緊張感，一方面來自於自我表達的需要，一方面來自對他人的責任感；誕生日數字是16的人特別關注世界局勢，能進入跨國性公司或傳媒界工作；如果具有創造力，記下稍縱即逝的靈感，能在寫作方面展示出天賦；這一天出生的你需要學會平衡性格中的兩個極端，也就是自負、懷疑和不安感。出生月11月表示你雖然接受能力強、想像力豐富、感情強烈，但不夠坦率，會刻意擺出鎮定和冷漠的姿態來掩飾你的真實情感；你喜歡將情感理智化，但又會感情反應過度或陷入感情波動；實現自我價值的強烈渴望會使你尋求理想或某項事業；對他人期望很高的你會因為缺乏同情心或過於挑剔，而打亂你的長期計畫。

■愛情和人際關係

儘管你很務實、充滿智慧，但具有理想和有個性的你會著迷於不尋常的人際關係以及來自異國的人；你喜歡能夠使你思維活躍的人，一旦付出感情，你會表現出溫柔、忠誠，給予對方支持；追求完美的你要避免將自己的理想和信念強加給別人身上，這樣會讓對方對你的專橫十分反感；你在人際交往中會表現出活力和調皮的個性，這使你對任何事不會過分嚴肅。

優點：	博學、對家庭有責任感、正直、洞察力敏銳、愛好交際、善於合作、有遠見
缺點：	焦慮、不易滿足、不負責任、自誇、獨斷、多疑、刻薄、易怒

■你生命中的特殊之人

在尋找伴侶的你，應該注意誕生日為以下日期的人。

◎愛情和友誼：

1月3、4、14、17、20、24、25日、2月1、2、12、18、22日、3月10、13、16、20、29、30、31日、4月8、14、18、27、28日、5月6、12、16、25、26、31日、6月4、10、14、23、24、29日、7月2、8、12、21、22、27日、8月6、10、19、20、25日、9月4、8、17、18、23日、10月2、6、15、16、21、30日、11月4、13、14、19、28、30日、12月2、11、12、17、26、28、30日

◎幸運貴人：

1月4、8、21日、2月1、2、6、19日、3月4、17、28日、4月2、15、16日、5月13、24日、6月11、22日、7月9、20日、8月7、18、31日、9月5、16、29日、10月3、14、27日、11月1、12、日、12月10、23日

◎強烈吸引你的人：

1月3日、5月12、13、14、15、31日、6月29日、7月27日、8月25日、9月23日、10月21日、11月19日、12月11、17日

◎砥礪者：

1月7、10、15、31日、2月5、8、13、29日、3月3、6、11、27日、4月1、4、9、25日、5月2、7、23日、6月5、21日、7月3、19日、8月1、17日、9月15日、10月13日、11月11日、12月9日

◎靈魂伴侶：

3月31日、4月29日、5月27日、6月25日、7月23日、8月21日、9月19日、10月17、29日、11月15、27日、12月13、25日

太陽星座：天蠍座
區間：巨蟹座／月亮
角度：天蠍座24º30´-25º30´
類型：固定星座
元素：水
恆星：馬腹一

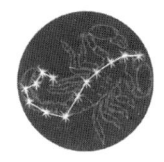

11月17日

SCORPIO

思維活躍、熱忱你敏感而務實，具備將天賦轉化爲財富的能力；機智、適應能力強的你懂得內省，這讓你表現得謙恭、含蓄。

受區間主導星座巨蟹座的影響，你的想像力豐富、接受能力強、具有探索精神；聰慧的你在認清眞正天賦之前會嘗試不同選擇；你雖然多才多藝、好奇心強，但要避免廣泛的興趣和愛好分散了你的精力；自律和目標明確能夠激發你的忍耐力和堅持，這樣你就能夠面對挑戰並將看似不切實際的夢想化爲現實；你具備長期奮鬥而不計回報的耐心，充分彰顯了你的天賦和專注力。

對人性的準確判斷證明了你是個優秀能夠把握細節的戰略家；完美主義者的你總是力求做到最好，但不要讓這一特質變成吹毛求疵；具有開創進取精神的你也有著強烈的求生本能；只要學會信任你的直覺，就能夠使你克服不安感和懷疑。

5歲到34歲的期間；太陽星座位於射手座，你將較爲關注人生的拓展和機遇；35歲時，太陽星座推進到摩羯座，此時的你變得更加自律、堅定，對目標的實現更加積極，也懷有遠大抱負；65歲之後，太陽星座落在水瓶座，此時你會將更多的注意力轉向友誼、獨立性、人道精神以及群體意識上。

■眞實的自我

你天性驕傲、情緒豐富、具有商業頭腦、強烈渴望表達自我；具有創意和鮮明個性的你會發現完成與眾不同工作，能使你獲得滿足感；對人的觀察細微，以及天生對價值的判斷力能使你提供建議或領導他人；焦慮、猶豫以及沮喪情緒有可能阻礙你追求成功；一旦投入了，你會表現得堅定、專注地努力實現理想。

渴望變化、內心不安分的你需要找到能使你變得活躍的興趣並堅持下去，否則你極易產生厭倦感，這也暗示多樣性、冒險以及旅行對你的人生是十分重要的；富有野心的你有可能會遭遇經濟的不穩定，因此建議你未雨綢繆，事先做長遠打算；你也必須避免奢侈和衝動行爲。

■工作和職業

你的魅力和社交能力能夠幫助你在任何需要與人溝通的工作中獲得成功；你會用創造性的方法做事，並青睞能夠發揮你在交談和文字方面天賦的工作，因而能夠勝任寫作、演講、傳媒或銷售工作；多才多藝的你渴望變化和靈活的職業，因此你要避免從事

單調的職業；性格中極具表現力的你能夠在商業演出、政治方面得到發揮，你也熱衷於為你感興趣的事業積極奮鬥；渴望洞悉他人潛在動機的你適合從事心理學相關的職業；天生的商業頭腦能夠為你帶來財富。

與你同天出生的名人包括導演馬丁‧史柯西斯、男演員丹尼‧德‧維托和洛克‧哈德森，電視節目主持人喬納森‧羅斯、方法演技演員兼導演李‧斯特拉斯伯格、棒球運動員湯姆‧西佛、設計師大衛‧伊曼紐爾、奧林匹克運動員鮑伯‧馬賽斯、陸軍元帥蒙哥馬利、以及女演員蘿倫‧赫頓和瑪麗‧伊莉莎白‧馬斯特托尼奧。

■數字命理學

誕生日數字17代表你處事精明、性格靦腆、分析能力強；具備獨立思考能力的你能夠從教育以及技能的培養中獲益；專業知識能夠幫助你在所專注的領域獲得巨大的利益以及顯赫的地位；內斂、淡泊的你對事實和形象的興趣濃厚，在他人面前總能表現得從容、深謀遠慮；透過對社交能力的培養，你將會發現自身更多與眾不同之處。出生月11月表示你的洞察力敏銳，而且具有心靈上的；好奇心強的你喜歡挖掘事實真相；具有多方面的天賦、野心勃勃的你極具感染力和魅力；但儘管你的見解獨到、富有創意，但你需要堅持不懈和專注力，才能使潛能得到最大開發。

■愛情和人際關係

你有魅力、生性浪漫、感情深沉，但不滿足和不安的傾向會讓你變得挑剔、對自己產生疑惑；忠誠、富有奉獻精神的你能夠為愛做出犧牲；你要避免冷淡和過於嚴肅的傾向；你欣賞的對象要具備寬大的胸懷，不僅要對你十分寬容，還要能夠給予你所需要的自由。

優點：深思熟慮、具專業知識、計畫周密、具有商業頭腦、有財運、有主見、刻苦精神、準確、講求策略、有科學精神
缺點：注意力不集中、固執、粗心、情緒化、心胸狹隘、挑剔、焦慮、多疑

■你生命中的特殊之人

在尋求情感的滿足和生命中特殊之人的你，需要注意誕生日為以下日期的人。

◎愛情和友誼：

1月11、18、21、25日、2月19、23日、3月7、14、17、21、30日、4月15、19、28、29日、5月13、17、26、27日、6月11、15、24、25、30日、7月9、13、22、23、28日、8月7、11、20、21、26、30日、9月5、9、18、19、24、28日、10月3、7、16、17、22、26、29日、11月1、5、14、15、20、24、27日、12月3、12、13、18、22、25、27、29日

◎幸運貴人：

1月5、13、16、22、28日、2月3、11、14、20、26日、3月1、9、12、18、24、29日、4月7、10、16、22、27日、5月5、8、14、20、25日、6月3、6、12、18、23日、7月1、4、10、16、21日、8月2、8、14、19日、9月6、12、17日、10月4、10、15日、11月2、8、13日、12月6、11日

◎強烈吸引你的人：

5月13、14、15、16日、6月30日、7月28日、8月26日、9月24、10月22日、11月20日、12月18日

◎砥礪者：

1月2、23、30日、2月21、28日、3月19、26、28日、4月17、24、26日、5月15、22、24日、6月13、20、22日、7月11、18、20日、8月16、18、19日、9月7、14、16日、10月5、12、14日、11月3、10、12日、12月1、8、10日

◎靈魂伴侶：

1月14、22日、2月12、20日、3月10、18日、4月8、16日、5月6、14日、6月4、12日、7月2、10日、8月8日、9月6日、10月4日、11月2日

太陽星座：	天蠍座
區間：	巨蟹座／月亮
角度：	天蠍座25°30´-26°30´
類型：	固定星座
元素：	水
恆星：	馬腹一

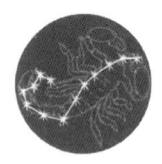

11月18日

SCORPIO

富有野心、堅強的你能夠用自信感染他人，而且有魅力、為人慷慨；自信的你從不會被困難打倒，也很少承認失敗；你的機敏和社交天賦使你成為天生的心理學家，能夠揣摩人心、洞察他人動機；社交廣泛的你喜歡單獨交往的人際關係，使你感覺到受重視或與他人不同。

受區間主導星座巨蟹座的影響，你的洞察力敏銳、想像力豐富、感情方面的直覺強烈；幽默感使你富有機智、風趣，但有時話語犀利、充滿諷刺；充滿競爭意識的你喜歡挑戰智商，與他人比較智力。

你的意志堅定、有毅力、喜歡擔任領導者並能實踐想法；絕佳的口才及務實的態度使你思維敏捷，在與人辯論時能夠讓人信服；放鬆狀態下的你能夠輕鬆表達想法並說服他人接受你的觀點；但被激怒時，要克制憤世嫉俗和遷怒的傾向。

4歲到33歲之間，太陽星座位於射手座，此時你重視自由、冒險以及生活的拓展，渴望透過學習、旅行或對真理的追求來擴大視野；34歲時，太陽星座推進到摩羯座，你開始承擔更多的責任，並追求準確、工作勤奮、尋求秩序感；64歲之後，太陽星座進入水瓶座，你的觀察力變得更敏銳，更加獨立、自由、具有仁愛之心。

■真實的自我

你的性格具有極端傾向，你有時熱心、友善、喜歡幫助他人，但有時又會比較憂鬱；為了避免你如蠍子般的攻擊性會帶來後悔的結果，你需要運用探索精神認識自己的力量和動機；追求自我認同的你能夠以精明和直覺判斷幫助許多人。

你的性格具有感染力，因此你需要人氣並追求積極的社交生活；自豪感會幫助你取得更大的成就，但也可能使你變得傲慢、固執，為了避免這一傾向，你需要不斷尋找新的挑戰，使你內心力量得到宣洩，這也證明了專注、勤奮的你能夠成就任何事業。

■工作和職業

你的決心堅定、有毅力，一旦投入工作就會十分賣力，這些特質對你從事任何職業都有所幫助；必要時你能夠展現個人魅力，加上你能迅速摸清人的性格，因而十分適合需要與人溝通的工作；具備領導、組織以及戰略部署能力的你非常適合進入商界，也能夠在接受挑戰的同時獲得愉悅；性格獨立的你期望以自己的方式做事，因此適合自行創業；敏銳思維和智慧使你對教學、演講或政治產生興趣；同時，自我表達的需求以及表

現欲將吸引你投身藝術或娛樂事業。

與你同天出生的名人包括太空人亞倫·謝巴德、歌手金·王爾德，男演員大衛·海明斯，歌劇演唱家艾梅利塔·加利庫爾奇、男演員馬塞洛·馬斯楚安尼、民意測驗分析家喬治·蓋洛普、以及女演員琳達·伊凡斯。

■數字命理學

誕生日數字18代表了決心、自信以及野心；你處事積極，也渴望挑戰，喜歡忙碌，會從事冒險性的事業；個人能力強、勤奮、有責任心的你能夠擔任領導者；天生的商業頭腦和組織才能使你能在商界一展所長；但你要避免過度勞累，應當學習自我調節、放慢生活節奏；這一天出生的你能夠運用個人的力量撫慰他人，也會給予他人建議或幫助他人解決問題；出生月11月表示你具有強大的意志和不屈不撓的精神；有主見、對自己十分自信的你魅力十足並能感染周圍的人；不過對自由懷有強烈渴望的你需要避免自私和不受秩序控制的傾向；你具有多方面的天賦，加上果敢、富有創意，並且有決心將其變為物質財富。

■愛情和人際關係

你總能保持年輕的心態，喜歡追求樂趣，為人風趣幽默，是個不錯的朋友；你喜歡給他人留下深刻印象，而且為人慷慨，但有時需要避免自私的傾向或不負責任；愛情和友誼對你十分重要，因此你經常運用外交手腕來維持人際關係的和諧；你外向、驕傲、堅強、剛柔相濟，但不要過於情緒化。

■你生命中的特殊之人

注意以下誕生日期，你就能找到理解你的細膩感情和對愛的需要的理想伴侶。

◎愛情和友誼：

1月6,16,18,22,26日、2月4,14,20,24,25日、3月2,12,14,18,22日、4月10,16,20,30日、5月8,14,18,28日、6月6,12,16,26日、7月4,10,14,24,31日、8月2,8,12,22,29日、9月6,10,20,27日、10月4,8,18,25日、11月2,6,16,23,30日、12月4,14,21,28,30日

◎幸運貴人：

1月6,17,23,31日、2月4,15,21,29日、3月2,13,19,27,30日、4月11,17,25,28日、5月9,15,23,26日、6月7,13,21,24日、7月5,11,19,22日、8月3,9,17,20日、9月1,7,15,18,30日、10月5,13,16,28日、11月3,11,14,26日、12月1,9,12,24日

◎強烈吸引你的人：

5月13,14,15,16日

◎砥礪者：

1月24日、2月22日、3月20,29日、4月18,27,29日、5月6,16,25,27,30日、6月14,22,25,28日、7月12,21,23,26日、8月10,19,21,24日、9月8,17,19,22日、10月6,15,17,20日、11月4,13,15,18日、12月2,11,13,16日

◎靈魂伴侶：

1月13日、2月11日、3月9日、4月7日、5月5日、6月3,30日、7月1,28日、8月26日、9月24日、10月22日、11月20日、12月18日

優點：思想進步、自信、直覺敏銳、勇氣十足、堅定、治癒的力量、有效率、善諫

缺點：感情衝動、懶惰、缺少秩序感、自私、冷酷、不能善始善終

太陽星座：天蠍座
區間：巨蟹座／月亮
角度：天蠍座26°30´-27°30´
類型：固定星座
元素：水
恆星：無

11月19日

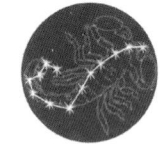

SCORPIO

你性格的迷人之處在於創造性和細膩的感情；充滿理想、堅強、具有研究精神的你熱愛知識，這使你表現果敢、見解獨到；你的想法進步、具有創新性，對社會和教育方面的改革感興趣，並經常尋求新的、令人激動的思想理念。

受區間主導星座巨蟹座的影響，你的想像力豐富、有好奇心、接受能力強；聰明、多才多藝的你在找到真實天賦之前會嘗試不同的選擇；誕生日帶來的思想的不安分使你在缺乏靈感時極易產生厭倦感，因此會將精力浪費在瑣事上。

你的藝術天賦以及對知識的渴望使你能夠蒐集資訊，並培養良好的溝通技巧，其中包括寫作技能；務實和睿智的你很有自信，對人及其動機的分析能力強；在交往中你能夠讓對方感到受重視或與眾不同；親切、具有外交手腕的你待人友善，是能夠給予對方鼓勵的伴侶，雖然情緒化的你有時會表現得冷漠、缺乏興趣。

3歲到32歲時，太陽星座位於射手座，此時的你重視積極的理想、生活的拓展和機遇，這一時期適合學習、旅行，並對自由有了大概認識；33歲時，太陽星座推進到摩羯座，你開始變得自律、有條理、處世務實；63歲之後，太陽星座進入水瓶座，你會將重心轉向人道主義理想、獨立性以及友誼。

■真實的自我

對愛和平靜的潛在渴望使你熱衷尋求單純的愛或理想化的事業，但要經常把平等放在心上，這點對你很重要；看似獨立的你要明白你不能凡事靠自己，因為團隊合作在你人生中的作用十分重要；除非你能做到在人際交往時不會過分遷就對方，否則將會遭遇失望和情緒低落。

強烈而細膩的感情使你需要平衡性格中的極端特質；有活力和感染力的你會發現人們將為你的智慧著迷，具有敏銳思維的你熱情、溫柔、善解人意，這能使你成為領導者，或為他人提供建議或保護他人。

■工作和職業

你的領導能力、社交能力以及聰明才智使你能夠勝任任何職業；勤奮、對金錢問題感興趣的你適合從商，因為你比較喜歡大型專案及依照自己的方式工作；旅行或多樣性是你選擇職業考量的因素；喜歡為某項事業奮鬥的你會對社會改革產生興趣或成為優秀的推銷員和發言人；你的說服力強、善於表達，因此適合從事傳播媒體、政治或法律工

作；你也能夠勝任銷售、公共關係或諮詢工作；分享知識和技能的渴望能幫助使你成為演講家或顧問。

與你同天出生的名人包括設計師凱文・克萊、女演員茱蒂・福斯特和梅格・萊恩、印度總理英迪拉・甘地、媒體大亨泰德・透納，以及太空人亞倫。

■數字命理學

充滿活力、有野心、具有人道精神是誕生日數字19賦予你的特質；你果斷、隨機應變、富有遠見，另一方面又充滿理想、具有同情心和創造力；儘管內心敏感，但對成功的渴望會激勵你不斷前進，並讓你成為眾人關注的焦點；想要成為與眾不同的人，首先要能讓自己承受來自群體的壓力；在他人面前表現得自信、積極、充滿機智，但內心的緊張感會導致情感的不穩定；具有藝術氣質和個人魅力的你會發現這個世界有許多新奇的事物等待著你去探索；受出生月11月的影響，你的洞察力敏銳、感情強烈；你具有遠見，但要學會以開放的方式與人分享你的想法和感情；具有多方面天賦的你推理能力強，但要避免浮躁和焦慮；而在獲得平靜和和諧之前，你需要先突破限制、面對挑戰。

■愛情和人際關係

務實、具有個人魅力的你迷人、友善；憑藉外交手腕，你能夠緩解緊張局勢，維持人際關係和諧；你渴望積極的人生，並十分清楚成功是來自於勤奮；感情強烈的你要避免強勢或占有欲太強；你會用努力來維持人際關係的成功，對朋友和伴侶十分忠誠。

■你生命中的特殊之人

尋求安全感、靈感和愛的你需要不妨注意一下誕生日為以下日期的人。

◎愛情和友誼：

1月1、4、20、27、29日、2月2、25、27日、3月23、25日、4月21、23日、5月19、21、29日、6月17、19、27日、7月15、17、25日、8月13、15、23日、9月11、13、21日、10月9、11、19日、11月7、9、17日、12月5、7、15日

◎幸運貴人：

1月3、10、15、18日、2月1、8、13、16日、3月6、11、14、29、31日、4月4、9、12、27、29日、5月2、7、10、25、27日、6月5、8、23、25日、7月3、6、21、23日、8月1、4、9、21日、9月2、17、19日、10月15、17日、11月13、15日、12月11、13日

◎強烈吸引你的人：

4月30、5月14、15、16、17、28日、6月26日、7月24日、8月22日、9月20日、10月18日、11月16日、12月14日

◎砥礪者：

1月9、14、16、25日、2月7、12、14、23日、3月5、10、12、21、28、30日、4月3、8、10、19、26、28日、5月1、6、8、17、24、26日、6月4、6、15、22、24日、7月2、4、13、20、22日、8月2、11、18、20日、9月9、16、18日、10月7、14、16日、11月5、12、14日、12月3、10、12日

◎靈魂伴侶：

1月30日、2月28日、7月18日、12月29日

優點：富有活力、注意力集中、有創造力、領導才能、幸運、進步、樂觀、信念堅定、有競爭意識、獨立、合群

缺點：自我中心、沮喪、焦慮、害怕被拒絕、不穩定、物質主義、自大、缺乏耐心

太陽星座：	天蠍座
區間：	巨蟹座／月亮
角度：	天蠍座27°30´-28°30´
類型：	固定星座
元素：	水
恆星：	南門二

11月20日

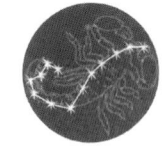

SCORPIO

這一天出生的你具有個人魅力、洞察力敏銳、待人友善，總是帶著勝利的微笑，而且情感強烈；雖然你的個性剛強、充滿活力、善良、大氣，但卻時常表現得過於謙卑；你需要克服過於壓抑的個性，學會自由宣洩壓抑的感情；你富有野心和表現力、敏感、反應迅速，具備創造方面的超凡潛能。

區間主導星座巨蟹座使你的想像力豐富，渴望高品質和奢華的生活；合群、喜歡追求樂趣的你如果產生興趣，就會展現出外交手腕；敏感的你儘管會受感情左右，但務實和勤奮的性格也使你意識到自制力對你充分發揮多方面潛能的重要性。

受到鼓舞的你渴望以具有創造性的方式表達自我，並透過戲劇、美術、音樂或娛樂表演獲得他人的認同；雖說成功來自於決心和勤奮，不過你還需改善浮躁、控制欲和過於強勢的缺點，並且充分發揮你的戰略部署能力；而合作能夠使你貢獻出最大力量。

31歲之前，太陽星座位於射手座，促使你勇往直前、樂觀對待生活並尋找機會；你富有冒險精神、善於抓住機會，對教育或異國風土人情感興趣；32歲時，太陽星座推進到摩羯座，你會變得更加務實、有野心，對待生活的態度也更務實，同時渴望秩序感；62歲之後，太陽星座進入水瓶座，你的觀察力會增強，而且更富有經驗及獨立也具有群體意識。

■真實的自我

你既慷慨又自私，既勤奮又放縱，既頑強又敏感，是個有趣的矛盾體，幸好你的自我分析能力和幽默感幫助你平衡了這些極端的特質；你愛好交際、善於人際交往，你的魅力和精明的判斷能夠幫助你應付各種狀況；孤單會讓你失去快樂，因此有人陪伴對你而言十分重要；你願意做出讓步以求得平靜，不過，你要注意感官享受和貪圖安逸會阻礙你潛力發展。

敏銳的直覺對你的生活幫助很大，也會增強你的同情心和人道關懷精神，正確的引導能讓你變得淡然、自信，不會陷入挫折感和失望的情緒中。

■工作和職業

領導能力加上細膩感情使你能夠自然地掌握權力；超凡的魅力社交手腕使你在人際交往活動中獲得成功；具有交際能力的你可以從事教師、演講人、作家或銷售員工作；你也適合從事商業活動，加上將天賦轉化為物質財富的能力，你會表現得更加出色；

天生的感染力能幫助你在政治、娛樂界或藝術領域獲得成功；另一方面，人道精神會促使你投身社會改革或爲理想事業而奮鬥。

與你同天出生的名人包括政治家羅伯特・甘迺迪、電視新聞記者亞利斯泰爾・庫克，吉他樂手杜恩・阿爾曼、喜劇大師迪克・史莫勒，以及作家那丹・戈迪默。

■數字命理學

誕生日數字20代表你的洞察力敏銳、敏感、適應力強、善解人意、有強烈的歸屬感；你十分重視，因爲你在與他人交流的過程中，能夠分享經歷並相互學習；你具有個人魅力、親切，能運用外交手腕和社交能力輕鬆地融入任何社會圈子，但要培養自信，不要對周圍人的行爲以及評論太過敏感或過分依賴他人；你十分擅長營造和諧的氣氛；出生月11月的影響使你經常表現得自信、務實，但其實你的內心感情深沉、高度敏感；心地善良、謙和的你爲人慷慨、可靠，但有時也會出現固執、懷疑的傾向；只要學會平衡性格中的極端特質，你就能夠創造穩定和秩序。

■愛情和人際關係

愛好交際、合群的你心地善良、友情堅定；但是當你缺乏安全感時，你就會表現出占有欲和自私的個性；你頑強、固執、有強烈的責任感，對朋友很有義氣，不會棄他人於不顧；感情深而強烈的你對自己的真實情感總是不夠坦白；溫柔、有同情心的你意志堅定、富有感染力。

■你生命中的特殊之人

注意誕生日爲以下日期的人，你將找到生命中的特殊之人，並獲得情感上的滿足。

◎愛情和人際關係：

1月2.5.14.28日、2月26日、3月1.10.24日、4月22日、5月20.29.30日、6月18.27.28日、7月16.25.26日、8月14.23.24日、9月12.21.22日、10月10.19.20.29.31日、11月8.17.18.27.29日、12月6.15.16.25.27日

◎幸運貴人：

1月2.10.13.16日、2月8.11.14日、3月6.9.12日、4月4.7.10日、5月2.5.8日、6月3.6日、7月1.4.30日、8月2.28.30日、9月26.28日、10月24.26日、11月22.24日、12月20.22.30日

◎強烈吸引你的人：

5月16.17.18.19日、10月31日、11月29日、12月27日

◎砥礪者：

1月3.9.10日、2月1.7.8日、3月5.6.31日、4月3.4.29日、5月1.2.27日、6月25日、7月23日、8月2.21.31日、9月19.29日、10月17.27日、11月15.25日、12月13.23日

◎靈魂伴侶：

1月5日、2月3日、3月1日、5月30日、6月28日、7月26日、8月24日、9月22日、10月20日、11月18日、12月16日

優點：善於合作、和善、有策略、接受能力強、洞察力敏銳、深思熟慮、易相處、和藹親切

缺點：多疑、缺乏自信、過於敏感、情緒化、自私、容易受傷、不誠實

太陽星座：	天蠍座和射手座交界處
區間：	巨蟹座／月亮
角度：	天蠍座28°30´-29°30´
類型：	固定星座
元素：	水
恆星：	南門二

11月21日

SCORPIO

出生在兩個星座的交接期，受到來自天蠍座和射手座的雙重影響，你優雅、愛好交際、有進取心、富有魅力，能夠展現自信的一面；感情豐富、敏感、充滿想像力的你外表平靜、讓人難以捉摸，但富有同情心的你則極為堅定、有感染力。

受區間主導星座巨蟹座的影響，你的洞察力敏銳、果敢、具有強烈預感；你的直覺能幫助你精準判斷外在環境和經歷，加上你的豐富感情，包括非凡的創造力、自我表達能力以及同情心和善解人意，這些特質都能為你贏得尋求已久的愛情和他人的尊重；另一方面，受到壓抑的你可能會表現得激動或情緒化。

你具有野心、熱情、憧憬未來，而且專注又勤奮；思想受到啟發的你會不斷尋求自我表達的機會，凡事都勇於爭先的你十分適合發號施令的角色，而不應處於服從地位；充滿理想、忠誠的你有著強烈的責任感，總是把承擔責任擺在第一位；敏感絲毫不會影響你敏銳的商業直覺，以及在物質上的判斷力，你的這一特質表現得十分堅定、不易動搖。

30歲之前，太陽星座位於射手座，此時你較為關注於理想、生活的拓展和機遇，這一階段適合學習、旅行或追求真理和積極的處世哲學；31歲開始，太陽星座進入摩羯座，你開始表現出自律的決定及務實的生活態度，堅定、對待生活態度現實；61歲之後，太陽星座落在水瓶座，你將開始注意個人自由、渴望彰顯個性，對慈善事業、友誼以及群體意識等問題也會更加重視。

■真實的自我

競爭意識強烈、以成功為目標的你不斷尋求提升自我和改善周圍環境的機會；在工作中充分發揮你的活力和熱忱能使你產生目標感，並讓你對內在力量產生更深刻的認識；為了完成你的遠大理想並滿足你創造永恆價值的渴望，你需要十分專注並具備高度自制力。

發展你的人道精神能幫助你克服個人的不滿足感或對他人的失望；你的成就大多來自於不斷充實知識和不斷增強理解力；客觀及平和的心態能夠使你擺脫困境並運用創造性的思維解決問題；有吸引力、喜好社交的你能以溫柔和鼓勵性話語安撫他人情緒。

■工作和職業

你勤奮、可靠，天生具有威嚴感，能夠獲得權力；魅力和熱心使你的人際關係良

好，但你也具有原則性；你做事有效率，會考慮大局，在廣告、出版或傳播媒體工作中如果能夠充分發揮規畫能力，你就會達到最佳狀態；充滿理想的你在社會運動中具有影響力，能為了某項事業無私奉獻，因而你適合從事政治、慈善或治療性職業；你在文字方面具有天賦，加上喜歡與人分享所學，你能夠成為優秀的教師或作家；敏感和想像力在藝術領域也能得到創造性的發揮。

與你同天出生的名人包括女演員戈蒂·霍恩和茱麗葉·米爾斯，哲學家和作家伏爾泰、作家瑪麗蓮·法蘭奇和貝瑞爾·班布里奇、畫家芮妮·瑪格麗特、棒球運動員斯坦·穆西爾，以及《紐約時報》編輯蒂娜·布朗。

■數字命理學

誕生日數字21代表著充滿熱情和外向的個性；你愛好社交、興趣廣泛、運氣好；對他人友善、合群；你的洞察力敏銳、具有獨立精神、富有創造力，而且眼光獨到；這一天出生的你喜歡追求樂趣、有魅力、氣質迷人，但當你與關係親密的人相處時，你卻表現得靦腆，渴望建立自信；你在生活中有很多機會能展示你的天賦和領導能力；你喜歡合作，並且渴望能力和天賦能得到對方的認同。出生月數字11表示你並且充滿靈感、接受能力強；對環境的迅速判斷證明你直覺強烈、思維敏銳；不要讓懷疑破壞了你的自信；只要培養耐心，你就能充分發揮創意並避免魯莽的行為。

■愛情和人際關係

你充滿理想、熱情，有著強烈的情感和欲望；富有感染力和表現力的你善良、喜歡幫助別人，對待朋友忠誠、慷慨；安全意識強烈的你希望周圍的人能有富足的生活；要建立和諧的人際關係，你需要避免消極的思想和專橫的態度。

■你生命中的特殊之人

注意誕生日為以下日期的人，你將能夠獲得幸福和人際關係的穩定。

◎愛情和友誼：

1月3、22、25、29、30日、2月1、20、23、27、28日、3月18、21、25、26日、4月16、19、23、24、28日、5月14、17、21、22、24、26、31日、6月12、15、19、20、24、29日、7月10、13、18、22日、8月8、11、15、16、20、27、29、30日、9月6、9、13、14、18、23、27、28日、10月4、7、11、12、16、21、25、26日、11月2、5、9、10、14、19、23、24日、12月3、7、8、12、17、21、22日

◎幸運貴人：

1月17日、2月15日、3月13日、4月11日、5月9、29日、6月7、27日、7月5、25日、8月3、23日、9月1、21日、10月19、29日、11月17、27、30日、12月15、25、28日

◎強烈吸引你的人：

5月18、19、20、21、31日、6月29日、7月27日、8月25、30日、9月23、28日、10月21、26日、11月19、24日、12月17、22日

◎砥礪者：

1月20、23日、2月18、21日、3月16、19日、4月14、17日、5月12、15日、6月10、13日、7月8、11日、8月6、9日、9月4、7日、10月2、5日、11月2日、12月1日

◎靈魂伴侶：

1月4、31日、2月2、29日、3月27日、4月25日、5月23日、6月21日、7月19日、8月17日、9月15日、10月13日、11月11日、12月9日

優點：充滿靈感、有創造力、有合作意識、堅定的友誼
缺點：依賴、焦慮、情緒失控、目光短淺、懼怕變化

射手座
Sagittarius

11.22～12.21

太陽星座：天蠍座和射手座交界處
區間：射手座／木星
角度：天蠍座29°30´-射手座0°30´
類型：變動星座
元素：火
恆星：南門二

11月22日

SAGITTARIUS

出生於星座交接期的你在天蠍座和射手座的雙重影響下獲益；受天蠍座的影響你堅毅、敏感、洞察力敏銳；你的灑脫、活力和生活的愉悅感展示出你輕鬆、富有同情心的一面，也暗示處於射手座的影響下的你充滿理想、心胸寬闊。

受區間主導星座射手座的影響，你會在旅行、自然以及崇高目標中獲得啟發，也對哲學和神學感興趣；你的樂觀、敏銳的直覺以及隨和的性格會讓他人著迷；你風趣、能夠用內涵感染他人，因此總能受到他人歡迎；對新事物和新思想比較有興趣的你很容易產生厭倦感；友善、善於合作的你時常表現得過度熱情；學會更加內斂能夠中和你的急躁個性。

感情和物質方面都很慷慨的你時常會沉迷於奢侈及自我放縱，一味逃避、拒絕成長的你應當學會承擔責任並成熟地看待問題；不過，當你找到感興趣的工作，你就會十分勤奮、專注和堅持，這能夠使你最終獲得成功。

29歲之前，你渴望透過風險性的事業、學習或旅行擴展視野、尋求機遇；30歲開始，太陽星座進入摩羯座，你開始變得更加務實，目標也更明確；另一轉捩點出現在60歲，此時太陽星座落在水瓶座，你對自由、新觀念以及表現自我的需要隨之增強。

■真實的自我

感情細膩的你很有主見，並且渴望靈感；你會發現最大的快樂來自於對他人的奉獻；體貼的你要學會淡然的處世態度避免受到傷害或後悔；良好的接受能力使你對形狀有極強的感知力，因此你對美術和音樂有很好的鑑賞力，這有望成為治癒的力量並落實應用；不管做任何事，最重要的是保持活躍，才能發揮你最大的潛能。

富有創造力、迷人的你是個很好的傾聽者，需要他人陪伴、渴望友誼，不喜歡孤獨；富有表現力、內心高貴、熱情的你希望受到他人關注並努力想要帶給他人歡樂；儘管愛好交際，但自我放縱以及奢侈的生活會使你逐漸遠離遠大理想。

■工作和職業

出色的交際能力、商業方面的天賦以及充滿理想的性格能使你勝任一切需要與他人合作的工作；你的魅力、溝通能力以及天生的外交手腕使你適合銷售、推銷、代理或公共關係工作；在傳播媒體、出版或政治領域你也能夠有所發揮；喜歡社交和愉悅他人的你會對商業演出或音樂產業產生興趣；你也希望在教育領域與他人分享你的想法；你天

生具備理解他人問題的能力，因而能夠充當他人顧問或從事護理和治療性工作；開朗和競爭性使你在體育界能夠有所作為並獲得巨大收益。

與你同天出生的名人包括女演員傑美‧李‧寇蒂絲、作家艾略特、網球運動員比利‧珍‧金和伯里斯‧貝克、導演泰瑞‧吉列姆、作曲家班傑明‧布里頓、歌曲創作者霍奇‧卡邁克、以及法國前總統戴高樂。

■數字命理學

出生在22日的你驕傲、務實、洞察力敏銳；你的靈活性較強，兼具誕生日數字22和4的特質；通常你誠實、勤奮、具備天生的領導才能、有個人魅力，並且能夠準確理解他人及其動機；不事張揚的你體貼、關心他人幸福、現實的立場從不動搖；你的品味高雅但容易相處，因而有許多朋友和崇拜者；如果競爭意識較強，你能夠獲得他人的幫助和鼓勵並最終獲得成功和財富；許多這一天出生的人與兄弟姊妹都能保持親密關係並給予他們鼓勵和幫助。出生月11月表示你的決心堅定、洞察力敏銳、感情較深、目標遠大；你通常比較敏感，但你總是如同戴著面具，時常表現得冷漠、麻木；如果目標過高，你會產生不滿或變得挑剔、缺乏同情心。

■愛情和人際關係

你友善風趣，但敏感、感情強烈；為人熱情、渴望愛和欣賞會使你有機會邂逅幾段浪漫感情，雖然有時這段感情並不適合你且不值得付出；你具有年輕心態、充滿理想對伴侶十分依賴，為避免不必要的傷心，你需要克制過於強烈的感情；你的寬廣胸襟使你對所愛的人慷慨且充滿同情心。

■你生命中的特殊之人

渴望尋找理想伴侶的你不妨注意一下誕生日為以下日期的人。

◎愛情和友誼：

1月5.9.10.18.19.26.30日、2月3.8.16.17.24.28日、3月1.6.14.15.22.26.31日、4月4.11.12.13.20.24日、5月2.10.11.18.22日、6月8.9.16.20.30日、7月6.7.14.18.28日、8月3.4.5.12.16.26.30日、9月2.3.10.14.28日、10月1.8.12.22.26日、11月6.10.20.24日、12月4.8.18.22.30日

◎幸運貴人：

1月13日、2月11日、3月9日、4月7日、5月5日、6月3.30日、7月1.28日、8月26日、9月24日、10月22日、11月20日、12月18日

◎強烈吸引你的人：

5月20.21.22.23日

◎砥礪者：

1月14.24日、2月12.22日、3月10.20日、4月8.18日、5月6.16日、6月4.14日、7月2.12日、8月10日、9月8日、10月6日、11月4日、12月2日

◎靈魂伴侶：

1月13日、2月11日、4月7日、7月30日、8月28日、9月26日、10月24日、11月22日、12月20日

優點：多才多藝、有領導能力、洞察力敏銳、務實、靈巧、講求技巧、有開創精神、組織能力、務實、善於處理問題、有毅力

缺點：急功近利、神經質、專橫、自卑、物質主義、目光短淺、懶惰、自大、自誇

太陽星座：射手座
區間：射手座／木星
角度：射手座0°30´-1°30´
類型：變動星座
元素：火
恆星：南門二

11月23日

SAGITTARIUS

　　這一天出生的你容易相處、熱情，具有射手座的進取精神；有魅力，誠實的你能夠交到很多朋友並給他留下深刻印象；你具有冒險精神與積極態度，雖然每天都很忙碌，但你也很享受這種生活。

　　區間主導星座射手座的影響，你的不安分會促使你抓住機會、擴展視野；思想豐富、充滿理想的你喜歡追求奇思妙想，也喜歡道聽塗說；缺乏堅持的你需要學會自我反省和承擔責任從而更加勤奮；你也要避免因為目標太多而分散精力；受到鼓舞的你可能行事衝動、缺乏計畫就盲目轉向新目標；你需要學會自我約束，以達成美好初衷。

　　富有創造力、有競爭意識的你具有奮鬥精神，你也渴望在感情和物質上能夠經歷得轟轟烈烈；你的管理能力和敏捷思維使你多才多藝、極具天賦；你說話坦率、沒有保留，因此聽起來比較刻薄，因此讓人覺得你不近人情、缺乏策略；不過你的同情心和熱心會彌補言語失當。

　　28歲之前，你主要關注於自由以及期望透過旅行、學習或對人生的感悟使視野開闊；39歲時，太陽星座進入摩羯座，此時的你變得更加務實、生活有條不紊、充滿秩序感，對主要目標也更加關注；另一變化出現在59歲，此時太陽星座落在水瓶座，你開始表現出對獨立性、進步思想以及個性的需要。

■真實的自我

　　聰明及熱忱的你熱衷學習並能十分迅速地掌握知識，因為你充分認識到知識的力量，因此會不斷地累積知識使你變得睿智、理解力強及自信；充滿理想、驕傲的你有著堅定的信念，並渴望利用文字和口語表達的天賦與他人分享；你的熱情和強大的個人魅力能夠給他人鼓舞並留下深刻印象。

　　誕生日決定了你渴望多樣性、充滿熱情和冒險的生活，任何可能出現的不安分和浮躁都可以正面引導，促使你不斷提升自我；積極的態度加上豐富的感情和敏感度使你的性格具有多面性，使在你實現遠大目標時，能夠幫助你處於有利地位。

■工作和職業

　　你的迷人外表和與人交往的能力使你能自然地位居領導地位；你希望在工作中有足夠的自由，更喜歡為自己工作；有野心、多才多藝的你需要多樣性和變化來維持興趣；你的機敏和口才幫助身為人道主義者的你成功地推動改革；你也能夠在教育、法律、科

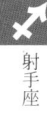

學、寫作或政治領域獲得成功；感情細膩的你天生善解人意，適合護理或幫助他人的工作；進取心使你能在商業領域大顯身手；想像力、創造力以及迷人的氣質能使你在娛樂界，尤其是音樂上獲得成功。

與你同天出生的名人包括歌手布魯斯‧宏斯比、男演員波利斯‧卡洛夫與哈潑‧馬克斯和麥斯維爾‧考菲爾德、以及藝術家艾爾泰。

■數字命理學

感情細膩、富有創造力是誕生日數字23賦予你的兩大特質；你經常表現出多才多藝、思維敏捷，同時也具備專業知識和創意；這一天出生的你能迅速掌握新知識，並將其落實於實務中；你喜愛旅遊、冒險以及結交新朋友，天性中的不安分因子促使你去嘗試不同的經歷，並幫助你最大限度地利用環境；出生月11月表示你講求方法、依賴常識；雖然你善於接納他人意見，但仍比較有主見；信念和天生的魅力使你能夠表達強烈的感情，並用寬容鼓舞周圍的人；當你受到啟發時，會使你富有感染力和創造力。

■愛情和人際關係

具有魅力和有散播溫暖能力的你喜歡結交不同生活背景的朋友；渴望安全感和穩定的你懂得謀畫未來；你十分欣賞意志堅定、目標明確的人；喜歡交際的你能夠扮演好款待賓客的主人角色，你也會十分關切他人的困難。

優點：忠誠、有責任心、旅行、善於交際、直覺敏銳、富有創造力、多才多藝、值得信賴、有名望

缺點：自私、缺乏安全感、固執、不讓步、挑剔、遲鈍、孤僻、有偏見

■你生命中的特殊之人

注意誕生日為以下日期的人，你獲得幸福和愛的伴侶的機會將增加。

◎愛情和友誼：

1月2、3、6、9、10、11、21、25、27、31日、2月1、4、7、8、9、25、29日、3月2、5、7、17、23、27日、4月3、4、5、15、21、25日、5月1、3、13、19、23、30日、6月1、11、17、21、28日、7月9、15、19、26、29日、8月7、13、17、24、27日、9月5、11、15、22、25日、10月3、9、13、20、23日、11月1、7、11、18、21、30日、12月5、9、16、19、28日

◎幸運貴人：

1月11、16、30日、2月9、24、28日、3月7、22、26日、4月5、20、24日、5月3、18、22、31日、6月1、16、20、29日、7月14、18、27日、8月12、16、25日、9月10、14、23日、10月8、12、21日、11月6、10、19、27日、12月4、8、17、25日

◎強烈吸引你的人：

5月22、23、24、25日

◎砥礪者：

1月15日、2月13日、3月11日、4月9日、5月7、30日、6月5、28日、7月3、26日、8月1、24日、9月22日、10月20、30日、11月18、28日、12月16、26日

◎靈魂伴侶：

1月9、29日、2月7、27日、3月5、25日、4月3、23日、5月1、21日、6月19日、7月17日、8月15日、9月13日、10月11日、11月9日、12月7日

太陽星座：射手座
區間：射手座／木星
角度：射手座1°30´-2°30´
類型：變動星座
元素：火
恆星：南門二、房宿三、房宿四、天市右垣九

11月24日

SAGITTARIUS

表現力強、感情深沉的你天性浪漫、溫柔、極具創造力；儘管聰明、對人的觀察力強，但你敏感、易受外在環境影響，因此在交友時需要謹慎；性格中嚴肅的一面會表現出勤奮、務實，因此你看待問題實際、責任感強烈；你待人忠誠常常到了自我犧牲的地步，處事極度專注、內心充滿矛盾渴望。

受區間主導星座射手座的影響，你樂觀、充滿熱情；你時常表現得非常直接，說話不經過大腦；靈感被激發的你能夠獲得極深的領悟並能夠發揮創造潛力；你渴望透過旅行和把握機會來獲得感情的滿足；對心靈成長和道德準則的追求表示你能在精神性及哲學問題上獲得回報和成就，這也能使你處世更加明達，因為凡事不是只有對與錯，承認中間地帶的存在會使你看待事物的角度更宏觀。

你的人格高尚、待人真誠，對人十分感興趣；理想主義者的你擁有極佳的說服力、敢於為理想而奮鬥；友善、慷慨的你能夠吸引許多人，但感情的糾葛會使你偏離正常的軌道，進而使你產生失望。

27歲之前，你渴望透過冒險性事業、學習或旅行擴展眼界、需求機遇；28歲開始，太陽星座進入摩羯座，此時你會變得更加務實、目標堅定，獲取成功的方法也更加實際，你也渴望生活更有秩序感；另一轉捩點出現在58歲，當太陽星座推進到水瓶座時，你對自由、新思想以及表現個性變得更加關注。

■真實的自我

性格中的極端特質使你一方面表現得具有人道精神、富有同情心、體貼他人，一方面又顯得冷酷、過於嚴肅；你需要學會平衡工作和人情之間的關係；對待生活積極、不願受到束縛的你會發現自信心的增加是來自對個人能力的更多信任。

對愛和欣賞的表現對你十分重要，如果為了讓他人快樂而過度犧牲自己，你將變得孤僻、冷漠；當你再度明白自己和他人的感受同樣重要時，你會重新變得關心他人但不會過度投入感情。

■工作和職業

有野心、勤奮、想像力豐富的你是一個務實的理想主義者，具有獨到的見解和宏偉的計畫；你的智慧和良好的交際能力對你從事任何工作都有所幫助；敏感但性格堅強、富有魅力，這也能幫助你取得事業的成功；人道關懷的天性讓你能在護理工作或社會改

革中獲得滿足，而對人的關注可以使你成為優秀的顧問；天生思辨的性格使你渴望透過教學或寫作來表達思想；創造天賦會使你傾向音樂人、演員或娛樂行業工作者；你將有出差的機會或駐外工作。

　　與你同天出生的名人包括藝術家亨利・托洛斯羅特克、喜劇演員比利・康諾利、鋼琴家史考特・喬普林、女演員喬拉汀・費茲傑拉德、哲學家斯賓諾莎，以及作家威廉・F・巴克利和法蘭西斯・霍森・伯納。

■數字命理學

　　誕生日數字24的你不喜歡墨守成規，不過，你工作勤奮，有實際能力，判斷全面；這一天出生的你感情細膩、渴望穩定和秩序；忠誠、公平的你不善表達，但堅信實際行動勝過一切言語；注重實效的生活態度幫助你培養良好的商業敏感度以及克服困難的能力；誕生日數字24也表示你需要克服執拗和思維成見。受出生月11月的影響，你充滿理想、樂觀；自我表達的強烈渴望使你在感情和物質方面都能豐收；富有野心、安全意識強烈的你有物質主義的傾向，因此生活品味高雅；如果你能夠克服緊張情緒對人際關係的影響，那麼家庭也就會更和諧和穩定。

■愛情和人際關係

　　敏感、不安分的你渴望不落俗套或不平凡的人際關係；冒險或與伴侶的短暫分開能使你獲益；感情的不穩定表示你需要在人際關係方面投入較多精力；慷慨、充滿理想的你在發展一段關係的初期時總是充滿激情，但過一陣子之後你可能就會失去興趣；缺乏資金而導致的沮喪會影響你的人際關係產生許多變化。

優點：體力充沛、充滿理想、實用技能、信心堅定、誠實、坦率、公平、慷慨、愛家、有活力

缺點：物質主義、不穩定、無情、懶惰、不忠實、強勢、固執、記仇

■你生命中的特殊之人

渴望尋找與眾不同的伴侶的你，不妨注意誕生日為以下日期的人，你將會找到可以激發你的靈感的夥伴和完美伴侶。

◎愛情和友誼：

1月2、9、11、12、22、25日、2月7、10、20、23、26日、3月5、8、18、21日、4月3、5、6、16、19日、5月1、4、14、17、20、24、29日、6月2、12、15、27日、7月10、13、16、20、23、25、30日、8月9、15、24、26日、9月7、13、22、24日、10月4、7、10、14、19、24、28、29日、11月2、5、8、12、17、22、26、27日、12月3、6、10、11、15、20、24、25日

◎幸運貴人：

1月12、23、29日、2月10、21、27日、3月22、26日、4月6、17、23日、5月4、15、21日、6月2、13、19、28、30日、7月11、17、26、28日、8月9、15、24、26日、9月7、13、22、24日、10月5、11、20、22日、11月3、9、18、20、30日、12月1、7、16、18、28日

◎強烈吸引你的人：

5月21、22、23、24日、7月29日、8月27日、9月25日、10月23日、11月21日、12月19日

◎砥礪者：

1月1、4、26、30日、2月2、24、28、3月22、26日、4月20、24日、5月18、22、31日、6月16、20、29日、7月14、18、27日、8月12、16、25、30日、9月10、14、23、28日、10月8、12、21、26日、11月6、10、19、24日、12月4、8、17、22日

◎靈魂伴侶：

1月20日、2月18日、3月16日、4月14日、5月12日、6月10日、7月8日、8月6日、9月4日、10月2日

太陽星座：射手座
區間：射手座／木星
角度：射手座2°30´-3°30´
類型：變動星座
元素：火
恆星：房宿三、房宿四、天市右垣九

11月25日

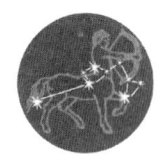

SAGITTARIUS

出生於這一天的你洞察力敏銳、充滿理想、富有感染力、感情強烈、活力四射、積極進取；你通常比較務實，但樂觀和懷疑並存表示你需要平衡過度熱情和挑剔兩者之間的矛盾。

受主導星木星的雙重影響，你會透過旅行和變化尋求人生的拓展；渴望感情的滿足感讓你懷有宗教、精神以及道德方面的期許；因為有著強烈的渴望和崇高的目標，你在感情上顯得不安分；愛好交際、慷慨的你渴望被他人欣賞，展現魅力的你則極具吸引力；容易厭倦和情緒化的你在感情上可能比較脆弱，特別是當他人無法達到你的極高期望時。

你的思想進步，渴望知識並追求能夠使你保持思維活躍的事物；榮譽感很強、直率的你具有批評和判斷力；喜歡表達看法的你時常表現得非常直率，尤其是在立場強烈時；不過，善良、善解人意的你總能對你在意的人提出合理建議。

26歲之前，你主要關注於自由以及如何獲得更多機會，這可以透過對機會的把握、教育或旅行來實現；27歲開始，太陽星座進入摩羯座，你將更加務實、生活有條理、充滿秩序感，另一轉捩點出現在57歲，太陽星座進入水瓶座，此時的你對獨立、友誼以及新穎見解的需要增強，你可能會更加渴望自由，對團體事務的興趣也更加濃厚。

■真實的自我

敏感、洞察力敏銳的你一旦變得積極就會散發光彩、展示出溫暖的力量；富熱忱、奮鬥精神的你需要避免、懷疑自我和他人的傾向；你容易被捲入人際關係的權術遊戲中；為了避免孤僻和被孤立的感覺，你需要堅定積極的想法，並對自己充滿信心，要相信崇高的理想是能夠成真的；在實現理想的路程上，只要每走出一步，都會為你帶來滿足感和回報。

思想富有創造性的你需要對生活有明確的目標，因此工作和努力對你十分重要；有時你會感覺目前的地位和你的天賦不相稱時，你會遭遇理想與現實之間的矛盾衝突；憧憬加上毅力和自制力，最終能使你達成你的願望。

■工作和職業

你的個人魅力和活力對你從事任何職業都有正面的影響；愛好交際、待人友善的你能結合工作和娛樂，使你在銷售、推銷或傳播媒體領域發揮出色；對大眾趨勢的敏銳感

覺加上管理方面的才能會使你在商界十分成功；仁愛、充滿理想的你傾向支持公益活動或從事護理工作；對教育、法律或大型專案感興趣的你可以從寫作、音樂、美術或娛樂界找到自我表達的方式。

　　與你同天出生的名人包括歌手蒂娜‧透納、雜誌出版商小約翰‧F‧甘迺迪，音樂人貝夫‧貝凡、慈善家安德魯‧卡耐基、棒球運動員喬‧迪馬吉歐、作曲家和作家維吉爾‧湯普森，以及男演員里卡多‧蒙特班。

■數字命理學

　　你的思維敏捷，充滿活力，洞察力敏銳，思想有深度。出生在25日的你渴望透過不同的經歷展示自我，這些經歷包括新奇、令人激動的念頭，以及遇到的人和去過的不同地方；對完美的追求促使你勤奮工作並富有成果；不過，當事情不是按計畫發展時，你要克制焦躁和挑剔。誕生日數字25的你思想活躍，一旦集中注意力就能洞悉全局並比他人更快地做出判斷；相信直覺、培養堅持和耐心，這樣成功和幸福就會與你不期而遇。出生於11月的影響使你充滿理想，渴望更加開闊的視野和廣博的見識；受到某項事業或理想鼓舞時，你會變成信念堅定的鬥士；富有個人魅力、直接的你喜歡成為團體中的一分子或與大家一起工作的感覺。

■愛情和人際關係

　　待人友善、愛好交際的你具有奉獻精神，在找到理想伴侶之前，你可能會有幾段傷心的感情經歷；你需要安全感，否則容易有焦慮傾向；你尊敬和崇拜勤奮、專注、忠誠的人；你具有責任心，即使在壓力之下也能與同伴協調工作；對某人產生信念時，你會表現出忠誠和支持；儘管家庭觀念強烈，但你經常想要去遠方旅行。

優點：洞察力敏銳、追求完美、悟性高、有創造力、善於處理人際關係

缺點：衝動、浮躁、不負責任、感情用事、妒忌、不坦率、不穩定、挑剔、情緒化

■你生命中的特殊之人

注意誕生日為以下日期的人能使你獲得持久的關係和穩定感。

◎愛情和友誼：

1月8.11.12.29日、2月6.9.27、3月4.7.25.29日、4月2.5.6.23.27日、5月3.21.25日、6月1.19.23日、7月17.21日、8月15.19.29日、9月13.17.27日、10月11.15.25.29.30日、11月9.13.23.27.28日、12月7.11.21.25.26日

◎幸運貴人：

1月13.30日、2月11.28日、3月9.26日、4月7.24.30日、5月5.22.28日、6月3.20.26日、7月1.18.24.29日、8月16.22.25日、9月14.20.25日、10月12.18.23日、11月10.16.21日、12月8.14.19日

◎強烈吸引你的人：

5月23.24.25.26日、10月30日、11月28日、12月26日

◎砥礪者：

1月5.19日、2月3.17日、3月1.15日、4月13日、5月11日、6月9.30日、7月7.28.30日、8月5.26.28日、9月3.24.26日、10月1.22.24日、11月20.22日、12月18.20日

◎靈魂伴侶：

1月7日、2月5日、3月3日、4月1日、9月30日、10月28日、11月26日、12月24日

太陽星座：射手座
區間：射手座/木星
角度：射手座3º30´-4º30´
類型：變動星座
元素：火
恆星：房宿三、房宿四、天市右垣九

11月26日

SAGITTARIUS

這一天出生的你洞察力敏銳、敏感、感情強烈、充滿理想、有著堅定的信念；當你達到自我的較高期望或實現理想時，你就會獲得快樂和滿足感。

受主導星木星的雙重影響，你樂觀、榮譽感強，但充滿熱忱的你需要克服多疑的性格，因為這會導致你對自己和他人失去信任。

你容易有極端的性格，因此追求完美的你可能比較有批判性，講話也比較直接；但富有人道精神的你也很體貼善良，胸襟寬廣；處於積極狀態下，你會表現得充滿理想、忠誠，但當你受到傷害時，則會展現出性格中冷酷、麻木的一面；個性中的不安分因子使你極易產生厭倦感，除非能夠獲得靈感和啟發，因此追求精神的感悟，如宗教及道德方面的期許，以及眼界的擴展能使你獲益甚多。

如果能夠合理引導創造潛力和情感歷練，你將能夠以特殊的藝術潛力給他人啟發和鼓舞；想像力豐富、分析力強的你需要能夠給予你支持並形成獨立、有個性的生活哲學。

25歲之前，你會渴望進行冒險和尋求機會，這能藉由風險性事業、學習或旅行來滿足；26歲開始，太陽星座進入摩羯座，此時你會變得更加務實、目標堅定、追求成就的方法更加實際；另一轉捩點出現在56歲，此時太陽星座進入水瓶座，你對獨立性、群體意識以及表達個性的需求開始增強。

■真實的自我

你所展現出的魅力能幫助你獲得勝利或鼓舞、影響他人；內心情感強烈的你會逐漸意識到積極人生觀的重要性；持續的消極會使你情緒不穩定或感到孤獨；當你對某人產生感情時，你會表現出熱情和溫暖。你對金錢問題興趣濃厚，你也十分重視愛的表達和崇高理想的實現。

你對開拓新專案有強烈的渴望，保持積極的工作態度和發揮創造力對你十分重要，因為這能避免你變得過於嚴肅；敏感、洞察力敏銳的你渴望更深層次、能夠激發自我分析和個人認識的體悟。

■工作和職業

良好的判斷力和豐富的想像力使你的思想富有創造性；你能將解決問題的能力運用到商業或教育、哲學和寫作領域；操作能力強的你可能會選擇電腦或工程相關的工作，

如果能夠加上創造性思維，如從事電腦遊戲開發，你會表現得更加出色；敏感、天生具有外交手腕的你可能更擅長與他人溝通的工作；務實、洞察力敏銳的你具有管理方面的潛力，不過進取精神會使你傾向自我創業；對顏色和形狀的敏銳感覺則使你對藝術產生興趣。

與你同天出生的名人包括音樂人約翰・麥克維、喜劇演員瑞奇・利特、男演員羅伯特・顧雷特和希瑞爾・庫薩克，漫畫家查理斯・舒爾茲，以及劇作家尤金・艾里斯柯。

■數字命理學

誕生日數字26賦予你對人生務實的態度、管理才能以及敏銳的商業頭腦；你有責任感、審美觀強、熱愛家庭，並且渴望為自己營造和諧的環境及尋求穩定感；你會在親朋好友需要幫助時伸出援手；你要克服物慾的傾向以及對環境和他人的控制欲。受出生月11月的影響，你樂觀、洞察力強；積極進取、具有野心的你有機會展現你的責任心和獨特見解；當你下定了決心，你會表現得固執，只接受自己的意見；你充滿理想、具有冒險精神，想像力能夠給予你極大的鼓舞並引導你去往遙遠、振奮人心的地方；你會想要取得更多的成就，來滿足自己渴望拓展和探索的欲望；保持專注和堅持的你需要適當的激勵，否則你會失去信心或輕易放棄。

■愛情和人際關係

愛好交際、待人友善的你風趣、好客；你的強烈感情渴望積極的表達和宣洩方式，否則你可能會變得情緒化或產生厭倦；不安分、懷有熱切希望的你擁有許多改變的機會可以滿足你冒險的精神；環境時常變化迅速會使你和伴侶產生不安感，尤其是當變化在毫無預兆的情況下發生時；儘管你固執、執著於理想，但陷入愛情的你充滿責任感和奉獻精神，會為了伴侶犧牲一切。

■你生命中的特殊之人

尋求安全感、靈感和愛的你需要注意誕生日為以下日期的人。

◎愛情和友誼：

1月9,13,30日、2月7,9,28日、3月5,26,30日、4月3,5,24,28日、5月1,22,26日、6月20,24日、7月18,22,31日、8月16,20,29,30日、9月14,18,27,28日、10月12,16,25,26,31日、11月10,14,23,24,29日、12月8,12,21,22,27日

◎幸運貴人：

1月15,22,31日、2月13,20,29日、3月11,18,27日、4月9,16,25日、5月7,14,23,30日、6月5,12,21,28日、7月3,10,19,26,30日、8月1,8,17,24,28日、9月6,15,22,26日、10月4,13,20,24日、11月2,11,18,22日、12月9,16,20日

◎強烈吸引你的人：

1月11日、2月9日、3月7日、4月5日、5月3,24,25,26,27日、6月1日、10月31日、11月29日、12月27日

◎砥礪者：

1月5,8,16,21日、2月3,6,14,19日、3月1,4,12,17日、4月2,10,15日、5月8,13日、6月6,11日、7月4,9,29日、8月2,7,27日、9月5,25日、10月3,23日、11月1,21日、12月19日

◎靈魂伴侶：

1月13日、2月11日、3月9日、4月7日、5月5日、6月3日、7月1日、8月31日、9月29日、10月27日、11月25日、12月23日

優點：有創造力、務實、體貼、有責任心、對家庭有自豪感、熱忱、有勇氣
缺點：固執、叛逆、友誼不穩固、不熱情、缺乏毅力

太陽星座：射手座
區間：射手座／木星
角度：射手座4°30´-5°30´
類型：變動星座
元素：火
恆星：房宿四

11月27日

SAGITTARIUS

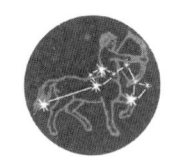

　　這一天出生的你充滿理想、心地善良、富有創造力，善用個人魅力和勝利的微笑征服他人；你忠誠、可靠，但靦腆、敏感，不僅興趣廣泛，還具有多方面的天賦；總是透過自我感覺來判斷生活的你具有出色的溝通技巧和豐富的想像力；充滿熱情、樂觀的你身邊會有許多朋友，你也喜歡拉攏他人參與你的計畫或行動，不過，若你要獲得心靈的成長和更強的自我意識，你需要定期的獨處以培養清晰的思維和處世哲學。

　　受主導星木星的雙重影響，你會努力實現精神上的誠信和道德期望；心胸寬廣的你渴望透過旅行和把握機會來開闊眼界；你的見解獨到，需要多種途徑表達豐富的感情；迷人的你時常表現得坦白直率，不過你要注意挑剔或無意的冒犯行為。

　　你有著豐富的常識和實際技能，但也有愛幻想的一面；思想不安分的你喜歡冒險但需要安全感；熱忱、樂觀的你傾向概括性強的計畫；如果能將天賦運用於更小的細節，你將更加具有宏觀思想和遠見。

　　24歲之前的你樂觀、富有冒險精神、積極尋求機遇，這會促使你把握機會，並透過旅行或學習來滿足渴望；25歲時，太陽星座進入摩羯座，此時的你變得更加實際、具有秩序感，對於實現遠大的抱負持更加現實的態度；另一轉捩點出現在55歲，此時太陽星座落在水瓶座，你對獨立性、群體意識和進步思想的渴望變得更加強烈。

■真實的自我

　　充滿理想、思維縝密的你在工作得到成果或充實知識時會感覺格外幸福；你總是對他人坦誠，也試圖給合務實的態度和敏銳的直覺；富有建設性思想的你在風險性事業中能夠獲得成功，特別是當你對要達成的目標有積極的規畫時；不過你需要培養耐心和容忍力，尤其是與感覺遲鈍的人相處時。

　　具有極高創造天賦的你強烈渴望透過社交活動、音樂、美術、戲劇或寫作來表達自我；思想新穎的你時常有著驚奇的靈感，也由於你的想法總是特別前衛，因而讓他人覺得你很叛逆；機敏的你十分享受且樂意帶給他人歡樂，但要注意焦慮和猶豫的傾向，特別是在處理金錢問題上。

■工作和職業

　　儘管你表現得友善、迷人，但敏捷的思維使你經常會產生新奇、獨到的想法並能夠在工作中得到應用；因為你有樂觀和進取精神，不管從事何種職業的你都會制定出宏偉

的計畫；你可能會對寫作、玄學或哲學產生興趣；而對和諧、顏色以及形狀的強烈感知力使你很適合從事音樂或藝術工作；性格中的某些因素使你想要維持現狀以獲得平靜，但對旅行的熱愛、對激動的渴望以及強烈的責任感會促使你採取行動；團隊合作的工作方式會使你獲益良多。

與你同天出生的名人包括音樂人吉米·亨德里克斯、律師卡洛琳·甘迺迪·施洛斯伯格、戲劇製片人大衛·米瑞克、電視節目主持人布法羅·鮑伯·史密斯、武打明星李小龍。

■數字命理學

誕生日數字27代表你富有理想、敏感；他人對你的洞察力、分析力以及充滿創意的頭腦留下深刻的印象；雖然你有時表現得不坦誠、理智，好像置身事外，但你其實是為了掩飾內心的緊張情緒；培養良好的社交能力能幫助你克服表達深層情感時的障礙；誕生日數字是27的你十分重視教育，而培養深度思想能夠讓你更加有耐心和自律。受出生月11月的影響，你的洞察力敏銳、具有心靈的力量及對玄學的悟性；你充滿理想、敏感、有著美好憧憬和想像力，可以透過寫作和教育找到自我表達的途徑；雖然你具有人道精神、豁達，但當你缺乏信念或為之奮鬥的處世哲學時，就會陷入懷疑及情感波動；你需要獨處的時間，但要避免自我孤立；只要透過營造周圍環境的和諧，就能達到內心的平和。

■愛情和人際關係

儘管你溫柔、充滿理想，但你並不輕易涉足愛情，也很少受感情左右；豁達、隨和的你很容易交到朋友；因為你在經濟上需要安全感，因此在選擇對象時，你會將對方的經濟能力列入考慮範圍；你喜歡與積極、有創造力、勤奮的人交往並且總是能夠獲得朋友的支持；合作能力較強的你適合團體工作而不是單打獨鬥。

優點：多才多藝、充滿想像力、有創造力、信念堅定、勇敢、理解力強、思維能力強、超越世俗、創新、信念強大
缺點：不隨和、好爭辯、心胸狹隘、不安分、焦慮、不信任、情緒化、精神緊張

■你生命中的特殊之人

為了保持對長久關係的興趣、你需要注意誕生日為以下日期的人。

◎愛情和友誼：

1月12.14.15.25.28日、2月10.12.13.23.26日、3月8.11.21.24.31日、4月6.9.19.22.29日、5月4.7.17.20.27.28日、6月2.4.5.15.18.25日、7月3.13.16.23.24日、8月1.11.14.21.31日、9月9.12.19.29日、10月7.10.17.27日、11月5.8.15.25日、12月3.6.13.23日

◎幸運貴人：

1月12.23.26日、2月10.21.24日、3月8.19.22.28日、4月6.17.20.26日、5月4.15.18.24日、6月2.13.16.22日、7月11.14.20.31日、8月9.12.18.29日、9月7.10.16.27日、10月5.8.14.25日、11月3.6.12.23日、12月1.4.10.21日

◎強烈吸引你的人：

5月25.26.27.28日、11月30日、12月28日

◎砥礪者：

1月17.18.21日、2月15.16.19日、3月13.14.17.29日、4月11.12.15.27日、5月9.10.13.25日、6月7.8.11.23日、7月5.6.9.21.30日、8月3.4.7.19.28日、9月1.2.5.17.26日、10月3.15.24日、11月1.13.22日、12月11.20日

◎靈魂伴侶：

1月24日、2月22日、3月20日、4月18.20日、5月16.28日、6月14.26日、7月12.24日、8月10.22日、9月8.20日、10月6.18日、11月4.16日、12月2.14日

太陽星座：射手座
區間：射手座／木星
角度：射手座5°30´-6°30´
類型：變動星座
元素：火
恆星：無

11月28日

SAGITTARIUS

這一天出生的你具有活潑的浪漫氣質、興趣廣泛、富有冒險精神、充滿希望、野心勃勃、有魅力；受到知識鼓舞的你只要堅定決心、確立目標就能克服對平淡生活的不滿足感；你渴望變化的性格顯示了一些不確定性，但也表示你能擁有多采多姿但較穩定的生活。

受主導星木星的雙重影響，你富有機智、性格和善；熱情、樂觀的你坦率、直接；你充滿理想、信念堅定，會為了追求誠信而不計一切；主導星的影響也促使你在追求創造性的自我表達，以及宗教和道德期許時能夠把握自己的感覺。

對全局思想感興趣的你富有遠見和哲學觀點；不過容易忽視細節的你需要培養耐心，避免過於浮躁；你應當要專注於某一特定目標好讓自己的天賦得到發揮，而不是在一個又一個的領域淺嘗輒止。

23歲之前，你主要關注在自由以及視野擴展的問題，這可以透過把握機會、對人生的感悟、學習以及旅行來實現；另一個轉捩點出現在24歲，此時太陽星座進入摩羯座，使你變得更加務實、更有條理，並充滿秩序感，你也對自己將承擔的責任以及為了達成目標所需的工作有更清楚的認識；到了54歲，太陽星座落在水瓶座，此時你開始將注意力轉移到友誼、群體意識以及獨立性等問題上。

■真實的自我

充滿理想、想像力豐富的你在運用你的創造力或幫助他人時，會覺得你的天賦沒有浪費；因為你同時具有務實態度並崇尚秩序，這一有力的組合能使你具有立足現實的洞察力；工作對你的生活很重要，只要堅持不懈的努力，你就能為自己創造穩固、經濟狀況良好的環境。

你總是不斷尋求新的、刺激的興趣以保持思想活躍；內心的不安分有時會使你變得不滿足或選擇逃避，因此保持對某一積極目標的關注，對你而言很重要；對人和變化的興趣會促使你透過教育和旅行來尋求多樣性和智商的挑戰。

■工作和職業

對多樣性的渴望使你不斷探索新的領域，但你能逐漸放棄見異思遷的想法；當你能找到有成果又不侷限你自由精神的工作時，你就會對當前狀況產生滿足感；富有野心的你目標遠大，具有領導才能；雖然你性格獨立，但團隊合作能讓你獲益；如果是能滿足

你的旅行渴望的工作，那將最合你意；不管你選擇的職業是什麼，只要能夠施展溫暖人心的氣質，並積極地發揮人際交往能力，你就能獲得幸福感。

　　與你同天出生的名人包括歌曲創作者藍迪·紐曼、詩人和藝術家威廉·布雷克，作家南茜·米特福特、費瑞德李奇·恩格斯和麗塔·梅·布朗，以及樂隊指揮保羅·沙佛。

■數字命理學

　　這一天出生的你性格獨立、充滿理想、堅定、務實、自我約束力強；與誕生日數字是1的人相似，你有野心、處事積極、有進取心；誕生日數字28的你存在著矛盾心理，一方面又渴望獨立，一方面渴望成為團隊一員；充滿幹勁和冒險精神的你總能積極面對生活中的挑戰，你的熱情也極易感染他人，即使不能與你並肩作戰也會助你一臂之力；誕生日數字28還賦予你領導才能以及可靠的常識、邏輯和清晰的思路；你能夠承擔責任，但要避免過於熱情、浮躁以及心胸狹小。出生月數字11表示你富有靈感、內心不安分，並渴望尋求感情的滿足感；雖然你渴望成功和穩定，但具有冒險精神和熱情的你也時常把握機遇以獲得更多收穫。

■愛情和人際關係

　　喜歡多樣性和行動的你性格外向、對美和風格具有鑑賞力；你時常會變得冷漠或對自我感覺不確定；你富有冒險精神、樂觀，但多變的環境可能使你覺得要維持長久的關係比較困難；不喜歡單調乏味的你在找到理想伴侶之前會經歷幾段短暫的感情；你崇拜有創造力、勤奮、目標明確的人。

優點：	同情心、思想進步、魄力、藝術氣質、有創造力、充滿理想、抱負遠大、勤奮、家庭穩定、意志強大
缺點：	空想、動力不足、缺乏同情心、不切實際、專橫、缺乏判斷力、咄咄逼人、不自信、太過依賴他人、驕傲

■你生命中的特殊之人

渴望尋找與眾不同的伴侶的你不妨注意一下誕生日爲以下日期的人，你將能找到可以激發靈感的夥伴和完美伴侶。

◎愛情和友誼：

1月6,7,10,11,14日、2月4,9,12日、3月2,7,10,28日、4月1,4,5,8,26,30日、5月3,6,24,28日、6月1,4,22,26日、7月2,20,24日、8月18,22日、9月16,20,30日、10月14,18,28日、11月12,16,26日、12月10,14,24日

◎幸運貴人：

1月20,24日、2月18,22日、3月16,20,29日、4月14,18,27日、5月12,16,25日、6月10,14,23,29日、7月8,12,21,25日、8月6,10,19,25,30日、9月4,8,17,23,28日、10月2,6,15,21,26日、11月4,13,19,24日、12月2,11,17,22日

◎強烈吸引你的人：

5月25,26,27,28日、8月31日、9月29日、10月27日、11月25日、12月23日

◎砥礪者：

1月22,23,27日、2月20,21,25日、3月18,19,23日、4月16,17,21日、5月14,15,19日、6月12,13,17日、7月10,11,15,31日、8月8,9,13,29日、9月6,7,11,27日、10月4,5,9,25日、11月2,3,7,23日、12月1,5,21日

◎靈魂伴侶：

1月23日、2月21日、3月19日、4月17,29日、5月15,27日、6月13,25日、7月11,23日、8月9,21日、9月7,19日、10月5,17日、11月3,15日、12月1,13日

太陽星座：射手座
區間：射手座／木星
角度：射手座6°30´-7°30´
類型：變動星座
元素：火
恆星：無

11月29日

SAGITTARIUS

你的接受能力強，懂得隨機應變，富有活力和積極的進取。富有同情心的你渴望穩定的感情；你的敏銳洞察力使你能夠理解他人及其動機，你需要確立個人立場，才能在情感方面獲得安全感；你充滿理想，具有野心和強烈的務實態度，只要你能夠腳踏實地，就能變得剛強、有效率。

受主導星木星的雙重影響，你具有榮譽感和幻想，願意不惜一切代價爭取誠信；熱情、樂觀的你，具有宗教和道德期許，富有遠見的你可能會對哲學產生興趣；對生活拓展的渴望和探索精神表示你可能為了尋求真理和啟發而遊歷遠方；但當你批評世界不公平的同時，你要避免嚴厲、刻板的傾向。

真誠、坦率的你信念堅定、有主見，傾向直率乾脆的處事方式；你忠誠、具有榮譽感、信守承諾；勤奮和專注表示他人會依賴你履行義務；儘管你積極、慷慨，但要以大方的態度平衡對公平的渴求；自我滿足和成就感能夠透過感情和現實需要相聯繫而達成。

22歲之前，你生性樂觀、渴望透過風險性事業、學習或旅行尋找更多的機會，23歲時，太陽星座進入摩羯座，此時的你變得更加務實、目標明確，獲得成就的方法也更加實際，你對生活中秩序的需要也更加強烈；另一轉捩點出現在53歲，此時太陽星座推進到水瓶座，表示你對自由、新思想以及表現個性的渴望更加強烈。

■真實的自我

務實、堅定的你富有創造力、機智、風趣，對美和生活中的美好事物有鑑賞力，因此品味高雅、崇尚奢華；你通常友善，喜歡幫助他人，但有時自以為是和傲慢的態度會導致你和他人的對立；你很少會遭遇經濟上的困難，且具有對機會的高度敏感度和精明的務實態度。

尋求更高理想的你以成功為終極目標，因此工作前景光明；機靈、睿智的你一旦對目標產生興趣就會變得十分積極；儘管你偏好大型專案，但不要忽視了作為整體一部分的細節；你能夠成為富有啟發性的思想家，並透過工作和創造性的表達奉獻他人。

■工作和職業

對真理和公正的強烈渴望以及人道主義精神會使你為某一項事業而奮鬥，或是對法律、政治和社會改革工作產生興趣；你希望將這些天賦與想像力和細膩情感相結合，以

成為作家或從事護理工作；具備良好策畫和組織能力的你傾向追求成果，能夠將天賦發揮在商業和管理領域；你具有仁善之心，是稱職的家長，並希望透過慈善工作或募集資金來幫助他人。

與你同天出生的名人包括作家露易莎‧梅‧奧科特和C‧S‧路易士、爵士樂音樂人恰克‧曼吉歐尼、電影導演布斯比‧伯克利。

■數字命理學

誕生日數字是29的你有著強烈的性格和超凡的天賦；你的洞察力敏銳、敏感、感情豐富；靈感是你獲取成功的重要元素，缺少靈感的你可能會喪失目標；你一不折不扣的夢想家，但要小心性格中的極端傾向會導致情緒化；相信你的感覺，並試著向他人敞開心扉，你就能克服焦慮並使你的內心變得堅；你的創意能夠給予他人靈感或幫助他人；出生於11月的你富有人道精神和理想，促使你尋求感情的滿足感；渴望探索發現新理念的你享受研究和冒險的過程；你樂觀、信念堅定，但需要保持務實的態度，在開創新事業時要發揮你的判斷力；透過學習獲得的啟發和精神感悟能夠幫助增強信念並擴大視野。

■愛情和人際關係

你好客、迷人、合群、愛好交際；你喜歡有人陪伴，因此時常參與合作性工作；群體意識強也意味著你害怕孤獨；不過，你要注意控制欲和對他人的過度依賴性；家庭對你非常重要，你喜歡營造出溫暖、舒適的家庭環境。

■你生命中的特殊之人

在尋求愛情和知己的你與出生在以下某一天的人相處時能夠獲得幸福。

◎愛情和友誼：

1月1、7、12、15、19日、2月5、10、13日、3月3、8、11、29日、4月1、6、9、27日、5月4、7、25、29日、6月2、5、23、27日、7月3、21、25日、8月1、5、19、23日、9月17、21、10月15、19、29日、11月13、17、27日、12月11、15、18、25日

◎幸運貴人：

1月21、25日、2月19、23日、3月17、21、30、4月15、19、28日、5月13、17、26日、6月11、15、24、30日、7月9、13、22、28日、8月7、11、20、26、31日、9月5、9、18、24、29日、10月3、7、16、22、29日、11月1、5、14、20、25日、12月3、12、18、23日

◎強烈吸引你的人：

5月28、29、30、31日

◎砥礪者：

1月5、8、28日、2月3、6、26日、3月1、4、24日、4月2、22日、5月20日、6月18日、7月16日、8月14、30日、9月12、28、30日、10月10、26、28日、11月8、24、26日、12月6、22、24日

◎靈魂伴侶：

1月4、10日、2月2、8日、3月6日、4月4、7日、5月2日

優點：有靈感、平衡能力、內心平靜、慷慨、成功、有創造力、有洞察力、神祕氣質、理想遠大、善於處世、信念堅定

缺點：注意力不集中、缺乏安全感、焦慮、自私、虛榮、情緒化、難相處、極端、不體諒他人、孤僻、神經質

太陽星座：射手座
區間：射手座／木星
角度：射手座7°30´-8°30´
類型：變動星座
元素：火
恆星：心宿二

11月30日

SAGITTARIUS

這一天出生的你富有創造力、多才多藝、具備良好的交際能力、天資聰穎、想像力豐富、性格活潑；你的適應力很強、具有多面性、充滿熱忱和探索精神；人際交往中的確定感能夠幫助你維持穩定的感情；良好的自我表達能力使你表述清晰、反應敏捷；儘管你有魅力、雄辯、風趣，但有時會變得好爭論、說話過於直接，或用刻薄的話語表達感情；富有冒險精神和浪漫氣質的你喜歡打破常規，但有時容易被情緒左右或過於自我放縱。

受主導星木星的雙重影響，你經常表現得樂觀、充滿理想、具有人道精神，你的某種不安分特質以及容易厭倦的傾向暗示你享受挑戰帶來的快感，並渴望擁有激動或不同以往的經歷；富有創造力的你在文學和寫作方面具有天賦，尋找思想和感情的自我表達方式能夠使你獲益。

你具有進取心和冒險精神、渴望旅行和變化，忠於感情的你有時可能會產生懷疑和不安感；具有高度洞察力的你傾向相信直覺，不過，透過對耐心的培養，你會意識到魯莽行為是不明智的。

21歲之前，你主要關注於透過旅行、學習或對人生的感悟滿足你對自由的渴望和視野的擴展；到了22歲，太陽星座推進到摩羯座，此時你更加務實、生活有條理、充滿秩序感；52歲時你又再經歷一次人生變化，此時太陽星座進入水瓶座，這時你會更加關注友誼、群體意識和獨立性。

■真實的自我

你的感情深沉，對愛情和自我表達的強烈需求在你的外表看來不是很明顯；你的敏感能在追求藝術和幫助他人時發揮作用，但你必須避免情緒化和沉迷自我；相信心靈的強大直覺比起理性對你更有幫助；總之，你的強大意志、對令人印象深刻事物的感知，和有說服力的言辭，使你有能力獲得非凡的成功。

你的直覺強烈、判斷力良好、智商超群；睿智和邏輯思維的組合會幫助你獲得權威地位；愛好交際、具有感染力、智商敏銳、心懷高遠的你很享受與他人分享資訊時帶來的快樂；你善於引導人，但當他人干涉你時，你要避免出現的固執的態度。

■工作和職業

富有野心、愛好交際、思維敏捷的你具備良好的溝通技巧，這是你最大的財富；你會傾向發揮這些天賦而成為一名作家或投身行銷、政治或娛樂工作；一旦克服選職擇業

時可能出現的猶豫不決，你就能將天賦應用於所選的職業上；有幹勁的你渴望充滿多樣性和旅行；不管是正式的還是自發性的學習，都能幫助你在成功的道路上發揮重要的作用；充滿活力、友善的你具有文字方面的天賦，這能夠幫助你在工作中取得進步或提升你的整體人氣。

與你同天出生的名人包括：歌手比利‧艾多爾和瓊恩‧波音特、前英國首相邱吉爾、政治運動家艾比‧霍夫曼，以及作家喬納森‧斯威夫特、馬克‧吐溫和大衛‧馬默特。

■數字命理學

富有創造力、待人友善、社交能力強是誕生日數字30賦予你的特質；雄心壯志、有創造天賦的你能夠抓住靈感並以自己的風格將其發揮；這一天出生的你欣賞美好生活、極具個人魅力、性格外向，而且擁有強烈的情感，渴望愛和滿足感；你在追求幸福的過程中要堅定信念、克服懶惰並避免自我放縱，因為浮躁和妒忌會導致你的感情變得不穩定；許多這一天出生的人都能獲得重視和名氣，尤其是身為音樂家，演員或是娛樂工作者。出生月11月的你非常敏感，也懷有很高的理想和期望，雖然有能力實現內心的渴望，但當達成目標時你會開始思考這是不是自己真正想要的；不安或浮躁的傾向會破壞你的定力和決心；儘管你的天分很高，但焦躁和猶豫會導致你對自我能力產生懷疑；受到鼓舞的你能夠充分發揮創造力並展現出你的天賦和專注。

■愛情和人際關係

樂觀的你享受融入群體及受人關注所帶來的快樂；雖然你富有個人魅力，但你時常有著滿腹心事又喜歡空想，加上你需要多樣性與靈感，因此導致你可能對長期的付出產生不確定感或猶豫；陷入懷疑情緒的你要避免一味地犧牲或將時間和精力浪費在不適合的人身上；你通常會著迷於友善、知識豐富，及受過良好教育的人；出生於這天的男女都會認為女性能給予他們很大的幫助和支持。

優點：有情趣、忠誠、友善、綜合能力強、具有文字天賦、富有創造力、運氣好

缺點：懶惰、固執、乖僻、浮躁、缺乏安全感、冷漠、精力分散

■你生命中的特殊之人

渴望尋求愛和靈感的你不妨注意一下誕生日為以下日期的人。

◎愛情和友誼：

1月2、8、19、28日、2月6、26日、3月4、24、30日、4月2、22、28日、5月20、26、30日、6月18、24、28日、7月16、22、26日、8月5、14、20、24日、9月12、18、22日、10月1、10、16、20、30日、11月8、14、18、28日、12月6、12、16、26日

◎幸運貴人：

1月18、21、22日、2月16、19、20、3月14、17、18、31日、4月12、15、16、29日、5月10、13、14、27日、6月8、11、12、25日、7月6、9、10、23日、8月4、7、8、21、30日、9月2、5、6、19、28、30日、10月3、4、17、26、28日、11月1、2、15、24、26日、12月13、22、24日

◎強烈吸引你的人：

5月27、28、29、30日、10月29日、11月27、12月25日

◎砥礪者：

1月29日、2月27日、3月25日、4月23日、5月21日、6月19日、7月17日、8月15、30日、9月13、28日、10月11、26日、11月9、24日、12月7、22日

◎靈魂伴侶：

1月24、27、28日、2月22、25、26日、3月20、23、24日、4月18、21、22日、5月16、19、20日、6月14、17、18、30日、7月12、15、16、28日、8月10、13、14、26日、9月8、11、12、24日、10月6、9、10、22日、11月4、7、8、20日、12月2、5、6、18、30日

太陽星座：射手座
區間：射手座／木星
角度：射手座8°30´-9°30´
類型：變動星座
元素：火
恆星：心宿二、天市右垣十一

12月1日

SAGITTARIUS

這一天出生的你性格獨立、有野心、意志堅定、充滿理想的抱負；你需要自由來表達自我及達成目標與興趣，同時也愛好交際、性格迷人；熱情、樂觀的你喜歡充滿機會和冒險的選擇，而保持專注能使你發揮出色。

受主導星木星的雙重影響，你重視整體的規畫而非枝微末節，是一個優秀的組織者；雖然你會關注平凡瑣事，但同時你也尋求實用的處世哲學使自己獲得自信與安全感，以滿足對精神感悟的需要；誕生日賦予你的活力和不安分表明上天對你格外眷顧；你做事高效率，但要避免過度熱情和浮躁。

彷徨在理想和物質主義之間會分散你的精力或削減你的鬥志；詳細規畫既定的目標可以幫助你克服壓力或浮躁的情緒；勤奮、務實的你能夠發揮天生的判斷力和直覺使思維更加準確、迅速；你時常表現得直率、有主見、有魄力，並願意為誠信付出一切代價。

20歲之前，你樂觀、富有冒險精神，強烈渴望有更多的機會，這能夠透過對機會的把握、學習或旅行來實現；到了21歲，太陽星座進入摩羯座，此時的你較務實、生活有條理、充滿秩序感，對如何實現目標的認知也更加強烈；另一轉捩點出現在51歲，此時太陽星座落在水瓶座，你對友誼、群體意識以及獨立性的問題會有更多關注，也會想要與他人分享你的進步思想。

■真實的自我

你豐富的情感和敏感使你能夠憑藉自我感覺對環境迅速做出判斷；直覺敏銳的你對人的第一印象的判斷通常比較準確；感情多變的你有時表現得溫柔、謙和、充滿同情心，有時又表現得強硬、堅決；儘管你時常會產生焦躁和不耐煩的情緒，一旦目標明確，你就會要求完美，並表現出堅持不懈的態度。

你是魅力、組織能力以及豐富想像力的有趣組合，工作可以幫助你發揮精力和天賦；你必須勤奮和專注，才能發揮超凡天賦，幸好你的努力能夠給予你經濟上的保障；對前景的認知以及對價值的重視能使你給予他人正面的影響。

■工作和職業

性格獨立、意志堅強的你天生具備領導才能，因此能夠保證你在所從事的領域中取得成功，而你只需培養必要的自我約束力；你務實、誠信、處事直接，這些特質讓他人

對你產生極大的信任；你的組織才能表現出你在管理方面具有的天賦，但這並無法為你帶來足夠的滿足感，除非你的工作涉及人際交往和具備靈活性；你的獨到見解能夠使你充分享受開拓新專案或努力改善現有體系所帶來的快樂。

與你同天出生的名人包括喜劇演員兼導演伍迪・艾倫，喜劇演員理查・普瑞爾、音樂人雅可・帕斯托瑞斯、芭蕾舞女演員艾莉西亞・瑪柯娃、歌手兼演員貝蒂・米勒，以及高爾夫球運動員李・特維諾。

■數字命理學

你對「第一名」懷有強烈渴望，而且性格獨立；誕生日數字是1的你有創新精神、勇氣十足、精力充沛；你強烈渴望建立聲望和樹立自信，而你擁有的開拓精神可以幫助你闖出一片天地；自發的力量促使你發掘管理和領導方面的才能；而滿懷熱情、見解獨到的你能夠擔任領導者的角色；誕生日數字1還表示你需要學會懂得謙虛，並克服自我中心或獨裁的傾向。出生於12月的你友善、慷慨，雖然充滿理想、性格果敢、樂觀，但你仍希望腳踏實地、運用良好的判斷力；你能夠輕鬆地說服或吸引他人，但需要學會什麼時候應當領導他人，而什麼時候應該接受變化及做出讓步。

■愛情和人際關係

充滿理想、喜歡交際的你總是尋求感情的穩定和安全感；富有個人魅力的你身邊不乏朋友和崇拜者；崇尚和諧、善良的你願意為人際關係的和諧做出努力，你也不會放棄愛的伴侶；雖然你能夠表達愛和欣賞，但過於壓抑感情會讓你變得不顧及他人感受或任性。

■你生命中的特殊之人

尋求持久的幸福和安全感的你不妨留意誕生日為以下日期的人。

◎愛情和友誼：

1月1,7,11,12,22,27日、2月5,9,20日、3月3,7,18,26,31日、4月1,5,16,29日、5月3,14,27,29日、6月1,12,25,27日、7月10,23,25日、8月5,16,21,23,31日、9月6,19,21,29日、10月4,17,19,27,30日、11月2,15,17,25,28日、12月13,15,23,26日

◎幸運貴人：

1月8,14,19日、2月6,12,17日、3月4,10,15日、4月2,8,13日、5月6,11日、6月4,9日、7月2,7日、8月5日、9月3日、10月1,29日、11月27日、12月25,29日

◎強烈吸引你的人：

5月30,31日、6月1,2日

◎砥礪者：

1月9,18,20日、2月7,16,18日、3月5,14,16日、4月3,12,14日、5月1,10,12日、6月8,10日、7月6,8,29日、8月4,6,27日、9月2,4,25日、10月2,23日、11月21日、12月19日

◎靈魂伴侶：

1月9日、2月7日、3月5日、4月3日、5月1日、10月30日、11月28日、12月26日

優點：有領導能力、具創造力、思想進步、剛強、樂觀、雄辯、有競爭意識、獨立、合群
缺點：傲慢、妒忌、自我中心、驕傲、咄咄逼人、缺乏自制力、自私、反覆無常、缺乏耐心

太陽星座：射手座
區間：射手座／木星
角度：射手座9°30´-10°30´
類型：變動星座
元素：火
恆星：心宿二、天市右垣十一

12月2日

SAGITTARIUS

　　你多才多藝、喜好交際、洞察力敏銳、有進取精神；充滿理想、敏感的你性格中不安分因子使你渴望多樣化；足智多謀、勇氣十足的你喜歡尋找機會和充滿快感的冒險；具有熱情和美好想法的你富有創造力和靈感。

　　受區間主導星座射手座的影響，你重視整體的規畫而不是枝微末節；你表現得樂觀、具有人道精神，而富有遠見的你對縱覽全局更感興趣；你的自信使你充滿競爭意識和冒險精神，儘管如此，合作能為你帶來更多好處；文學和寫作方面的天賦能使你獲益，並滿足表達你對思想和感情的渴望；熱情會激勵你勇於面對生活的挑戰，不過，你需要改正錯誤觀念，也就是新的開始能夠解決所有問題，因為這將導致你決策不慎。

　　你具有獨到的見解和優秀的管理才能，是天生的戰略家，能夠找到解決問題之道並具有極高效率；儘管你依賴自我判斷，但獨立和不按牌理出牌的處事方法賦予你全面性地觀察各種環境的能力；對耐心的培養能使你避免將精力浪費在焦慮和懷疑中；勤奮、講求方法的你處事靈活、務實，這表示你直率，而且通常能夠直擊問題要害。

　　19歲以前的你渴望透過風險性事業、學習或旅行來擴展視野和尋求機會；20歲開始，太陽星座推進到摩羯座，此時你開始變得務實、目標性強，獲得成功的方法更加實際，同時對生活秩序的渴望增強；另一轉捩點出現在50歲，此時太陽星座進入水瓶座，你對自由和獨立有更多需要以及表達個性的渴望，並且更加具有人道精神和群體意識，對生活方式也更有實驗精神。

■真實的自我

　　你的自信外表通常掩蓋了你內心的敏感；善於解決問題的你渴望在生活上獲得更深的體悟，你也能感受到他人的困難並給予幫助；有責任感、強烈渴望愛和欣賞的你願意為了營造和諧環境做出努力，即便是到了必須為犧牲的地步；對他人的過分關心，即使是出於好意，也會使你看起來強勢、好管閒事；愛的力量使你能夠克服困難、寬恕他人並獲得你一直尋求的和諧。

　　富有表現力、驕傲、意志堅強的你不喜歡處於從屬地位；對價值的敏銳感度和天生的商業頭腦使你能夠推動局勢朝有利的方向發展，前提是你不能被物慾控制；儘管你的性格迷人，但需要時常注意過於直接和刻薄的言辭；不過，具有內心的力量和個人魅力的你只需培養必要的自我約束力就能獲得非凡成就。

■工作和職業

你的機敏才智和出眾的溝通技巧使你具備獲得成功的潛力，但你必須要卸下包袱並克服自我懷疑；充滿叛逆精神的你能夠成為社會或教育改革的先驅者；不斷更新想法的你可能會轉換職業或至少改善工作方法；愛好交際且具有商業頭腦的你適合可以同時發揮這兩種特質的職業，例如銷售、出版或傳播媒體工作；你渴望透過寫作或藝術使極具創意的生活方式得以表現；哲學和人道主義的傾向能夠透過慈善工作、宗教或成為慈善家來獲得滿足；藉由旅行或與他人合作能夠使你獲益。

與你同天出生的名人包括網球運動員莫尼卡・塞勒斯，印象派畫家喬治・修拉、歌劇明星瑪莉亞・卡拉斯、設計師凡賽斯，以及作家尼克斯・卡贊查基斯。

■數字命理學

敏感且團隊意識強烈是誕生日數字2賦予你的特質。你享受合作帶來的快樂，因為這能使你與他人交流；你會試圖取悅喜歡的人，不過，這會使你過於依賴他人；培養自信可以幫助你克服容易被他人的批評和行為刺傷的脆弱性格。出生月數字12表示你洞察力及思維敏銳、友善、適應能力強；對靈感的需要以及不安分的性格表示自我約束力和堅持不懈的態度能夠使你獲益；你還需要培養社交技巧，使你的口語表達更加婉轉、溫和；自我約束力和耐力的培養也能使你學會信任自己的直覺。

■愛情和人際關係

充滿理想、誠實的你要慎選伴侶，否則對方會很難達到你的極高期望；儘管友善使你擁有許多朋友，但性格的兩面性也表示你可能會表現得反覆無常，時而樂觀、積極、溫柔，時而冷漠、孤僻；他人會因為你的情緒不穩定而覺得困惑；渴望尋找精神寄託的你能夠竭盡所能地幫助你所愛的人。

■你生命中的特殊之人

尋求友誼和愛情的你能夠在誕生日為以下日期的人當中，找到可以激發你靈感的伴侶。

◎愛情和友誼：

1月4、8、13、22、26日、2月6、20、24日、3月4、18、22日、4月2、7、16、20、30日、5月14、18、28、30日、6月12、16、26、28日、7月10、14、23、24、26日、8月8、12、22、24日、9月6、10、20、22、30日、10月4、8、18、20、28日、11月2、6、16、18、26日、12月4、14、16、24日

◎幸運貴人：

1月9、20日、2月7、18日、3月5、16、29日、4月3、14、27日、5月1、12、25日、6月10、23日、7月8、21日、8月6、19日、9月4、17日、10月2、15、30日、11月13、28日、12月11、26日

◎強烈吸引你的人：

1月27日、2月25日、3月23日、4月21日、5月19、30、31日、6月1、2、17日、7月15日、8月13日、9月11日、10月9日、11月7日、12月5日

◎砥礪者：

1月2、10、19日、2月8、17日、3月6、15日、4月4、13日、5月2、11日、6月9日、7月7、30日、8月5、28日、9月3、26日、10月1、24日、11月22、12月20、30日

◎靈魂伴侶：

1月15日、2月13日、3月11日、4月9日、5月7日、6月5日、7月3日、8月1日、10月29日、11月27日、12月25日

優點：有合作精神、有風度、行事靈活、接受能力強、洞察力敏銳、考慮周到、性格平和、好相處、親善

缺點：多疑、缺乏自信、過於謙卑、神經質、欺騙、自私、情緒化、容易受傷

太陽星座：射手座
區間：牡羊座／火星
角度：射手座10º30´-11º30´
類型：變動星座
元素：火
恆星：心宿二、天培三、天市右垣十一

12月3日

SAGITTARIUS

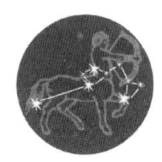

你富有創造力、多才多藝、善於與人相處，而且有魅力、待人友善、務實；願意讓步和與他人合作的性格使你能夠在合資的工作中獲得成功，而這也能為你和同伴帶來豐厚回報；你的運氣較好，但仍需克服注意力容易分散的缺點，你應該要學會將幹勁集中在最重要的問題上。

受區間主導星座牡羊座的影響，你富有活力、積極樂觀；體力充沛、決心堅定的你能克服困難，這也促使你尋求冒險和擴展視野的機會；機警且具備優秀管理才能的你，享受冒險為你帶來的好運和刺激；你的奮鬥精神和創造性思維表示你需要自我表達的空間，而且你也喜歡高效率的辦事方法。

智商高、直覺敏銳的你具有人道精神，喜歡腦力勞動，因為這可以觸發你的想像力和有理想的信念，促使你對玄學和宗教問題產生興趣；雖然你有很多賺錢的奇思妙想，但理想和現實的矛盾表示你對達成目標的態度應該更務實，否則你可能會遭遇資金不足，或生活起伏不定，有時出現高潮，有時陷入低潮。

18歲之前的你樂觀、富有冒險精神、強烈渴望更多的機會，這能夠透過把握機遇、學習或旅行來實現；到了19歲，太陽星座進入摩羯座，你變得更加務實、生活有條理、充滿秩序感，也對如何實現自我目標有更清楚的認識；另一轉捩點出現在59歲，此時太陽星座落在水瓶座，你開始重視友誼、群體意識以及獨立性等問題。

■真實的自我

外表積極、強烈需要名望的你，內心其實對和平和寧靜也懷有渴望，這會激勵你追求在藝術和創造方面的發展以及強調家庭的重要性；透過平衡你的活力、野心和對簡單生活的渴望，你就能夠避免極端或沉迷於自我。你的敏銳直覺在現實中能夠有所發揮，而在投入某項工作之前，你總能夠對環境有概括性的認識。

追求物質成功的你傾向開拓大有可為的新計畫；決心堅定的你在向目標邁進時有著不可阻擋的力量；你內心對物質、權力和名望的強烈需求，與崇高的理想有趣地結合，受到啟發並在直覺的引導下，你能夠做到最好；合理地引導你的力量，你就能成為鼓舞他人的動力。

■工作和職業

雖然你的性格獨立，而且具備領導才能，但你同樣意識到合作的重要性，這會促使

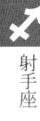

你投身團體共同完成工作；你的熱情和活力使你尤其適合銷售或推銷產品和理念的工作；你的交際能力能保證你在需要與人溝通的職業中出色發揮，如成為公共關係專家、顧問、調解人和代理人；聰明、有創造力的你也可以投身音樂、文學、美術或戲劇領域；充滿理想且務實的你在幫助他人的工作中能夠獲得特別的快樂。

與你同天出生的名人包括電影導演高達、作家康拉德，歌手奧茲‧奧斯本，心理學家安娜‧佛洛德、歌手安迪‧威廉斯，以及花式滑冰運動員卡塔琳娜‧維特。

■數字命理學

誕生日數字3的你敏感、渴望創造力和情感的表達；富有情趣的你是一名好伴侶，喜愛交友，興趣廣泛；多才多藝、富有表現力的你渴望擁有與眾不同、刺激的經歷，但容易厭倦的傾向會使你變得猶豫不決或過度分散你的注意力；這一天出生的你通常具有藝術氣質、個性迷人、富有幽默感，但你還需培養自我認同感，才能避免焦慮及感情上缺乏安全感。出生月數字12表示你崇尚自由、充滿理想、處事直接，且具有極強的信念並對前景持樂觀態度；你的社交活動頻繁，你也喜歡受人注目；積極進取的需要表示你喜歡成為團隊或大家庭的一分子；渴望冒險的你追求多變，否則你會變得浮躁、不安分。

■愛情和人際關係

友善、充滿理想的你會被智慧、剛強、信念堅定的人吸引；總是給人溫暖、充滿柔情的你十分喜好社交，因此朋友圈極廣；雖然你對所愛的人十分慷慨，但由於你的個人渴望和野心仍然十分強烈，有時會導致你工於心計；你願意為友誼做出犧牲，但需要保持一定的個人自由；在工作上，朋友有時能給予你幫助。

優點：幽默、樂觀、友善、富有成果、有創造力、藝術氣質、願望力量、熱愛自由、具有文字天賦

缺點：容易厭倦、虛榮、空想、浮誇、賣弄、奢侈、自我放縱、懶惰、虛偽

■你生命中的特殊之人

在誕生日為以下日期的人當中，你能夠找到理解你的敏感和對愛的需要的伴侶。

◎愛情和友誼：

1月3、6、23日、2月11、21日、3月9、19、28、31日、4月7、11、17、26、29日、5月5、15、24、27、29、31日、6月3、13、22、25、27、29日、7月1、11、20、23、25、27、29日、8月3、9、18、21、23、25、27日、9月7、16、19、21、23、25日、10月5、14、17、19、21、23日、11月3、12、15、17、19、21日、12月1、10、13、15、17、19日

◎幸運貴人：

1月3、4、10、21日、2月1、2、8、19日、3月6、17、30日、4月4、15、28日、5月2、13、26日、6月11、24日、7月9、22日、8月7、20日、9月5、18日、10月3、16、31日、11月1、14、29日、12月12、27日

◎強烈吸引你的人：

1月22、28日、2月20、26日、3月18、24日、4月16、22日、5月14、20、30日、6月1、2、3、12、18日、7月10、16日、8月8、14日、9月6、12日、10月4、10日、11月2、8日、12月6日

◎砥礪者：

1月11、20日、2月9、18日、3月7、16日、4月5、14日、5月3、12、30日、6月1、10、28日、7月8、26、31日、8月6、24、29日、9月4、22、27日、10月2、20、25日、11月18、23日、12月16、21日

◎靈魂伴侶：

1月26日、2月24日、3月22、30日、4月20、28日、5月18、26日、6月16、24日、7月14、22日、8月12、20日、9月10、18日、10月8、16日、11月6、14日、12月4、12日

太陽星座：射手座
區間：牡羊座 / 火星
角度：射手座11º30´-12º30´
類型：變動星座
元素：火
恆星：心宿二、天培三

12月4日

SAGITTARIUS

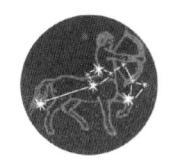

你樂觀、有野心、有活力、務實、決心堅定；對金錢的強烈渴望和執著追求表示具有勇氣和專注力的你能夠實現目標和理想；你的意志堅定、個性鮮明、渴望自由、追求新的開端和機遇以擴大視野。

受區間主導星座牡羊座的影響，你具有自信，渴望追求冒險和獨立；具有競爭意識和進取精神的你積極、機警、果敢；具備出色管理才能的你享受冒險帶來的挑戰，也喜歡高效率的辦事方法。

充滿理想、具有商業頭腦的你總是能產生有價值的想法並付諸實現；你的遠見和理解力表示你對新趨勢和新環境十分敏感，並且喜歡開拓新專案或處於新思想的前端；你充滿機智、勇氣十足，會固執地堅持自我，這也表示你需要改變強勢的性格，及學會適時讓步。

17歲以前，你主要關注在自由、冒險和機遇的問題；18歲開始，太陽星座推進到摩羯座，此時你會變得更務實、目標更明確，實現成功的方法也更實際，這也意味著你的生活需要更多的秩序感；另一轉振點出現在48歲，此時太陽進入水瓶座，你對自由、新思想以及表現個性的需要增強，你可能會更加關注群體努力或友誼的重要性。

■真實的自我

儘管性格獨立，但你善於與人相處；人際關係對你格外重要，因而你能夠體認團隊合作的重要性；充滿理想、具備商業敏銳度的你態度務實，擅長宣揚理念和事業；儘管有時會對金錢問題產生莫名的恐懼，但說服力和出色的談判技巧幫助你獲得巨大的成功。

意志堅定、心胸寬廣的你強烈渴望愛和自我表達，這種渴望加上天生的人道精神使你成為幫助他人的積極力量；充滿熱情的你有著宏偉的計畫，但需要按自己的方式行事；當你在理想和野心、愛和金錢以及同情心和權力之間找到平衡時，你將能給予他人鼓舞。

■工作和職業

積極進取、有野心、勤奮的你具有強大的意志力，有能力把握機會邁向成功；領導能力和決心的組合使你能以積極靈活的方式與他人合作；具備掌握局勢能力和出色談判技巧的你有望成為企業家或在大型公司及管理部門工作；你的說服技巧使你傾向從商，

如成為仲裁人、代理人或投資顧問；你的熱情會促使你推行有利可圖的想法、產品和人，但理想主義的你也會宣傳某一理想性事業；你也希望能在藝術領域發揮創造潛力。

與你同天出生的名人包括藝術家瓦西里‧康丁斯基、電視節目主持人溫克‧馬丁戴爾、詩人賴納‧馬利亞‧里爾克、男演員傑夫‧布里吉斯，以及生物學家R‧R‧曼恩。

■數字命理學

誕生日數字4代表著強健體魄和有條不紊的性格，因此你渴望穩定、崇尚秩序；這一天出生的你被賦予充沛的體力、實用技能以及堅定的決心，你可以透過勤奮努力獲得成功；安全意識使你渴望為家庭和自己建立穩固的經濟基礎；對生活的現實態度使你具備商業敏感度以及在物質方面獲得成功的能力；誕生日數字4的人通常誠實、坦率、公正，但你要克服不穩定以及經濟上的不安感；受出生月12月的影響，雖然你友善、愛好交際，但你行事直接、說話直率；具有探索和懷疑精神的你喜歡用不同的挑戰考驗自我競爭力和智商；思想自由的你一旦下定決心就會表現得十分執著、專注；儘管動力十足，但你仍需要穩定和耐心，才能使自己的精神投入在有意義的事業當中。

■愛情和人際關係

充滿活力、思想豐富的你需要個人自由和積極的社交生活；感情多變的你即使在確定終身伴侶的前一秒，都有可能改變主意；與親密朋友相處時，你的強烈感情起伏不定，有時充滿輕鬆和樂觀，有時十分現實；渴望獨立的你會要求伴侶給你可以你感到幸福的自由空間。

■你生命中的特殊之人

在尋求心目中理想伴侶的你，不妨關意誕生日為以下日期的人。

◎愛情和友誼：

1月6、14、21、24、31日、2月4、12、19、22、29日、3月10、20、27日、4月8、18、25日、5月6、16、23、30日、6月4、14、21、28、30日、7月2、12、19、26、28、30日、8月10、17、24、26、28日、9月8、15、22、24、26日、10月6、13、20、22、24、30日、11月4、11、18、20、22、28日、12月2、9、16、18、20、26、29日

◎幸運貴人：

1月5、22、30日、2月3、20、28日、3月1、18、26日、4月16、24日、5月14、22日、6月12、20日、7月10、18、29日、8月8、16、27、31日、9月6、14、25、29日、10月4、12、23、27日、11月2、10、21、25日、12月9、19、23日

◎強烈吸引你的人：

1月12、2月10、3月8、4月6、5月4、6月1、2、3、4、5日

◎砥礪者：

1月16、21日、2月14、19日、3月12、17、30日、4月10、15、28日、5月8、13、26日、6月6、11、24日、7月4、9、22日、8月2、7、20日、9月5、18日、10月3、16日、11月1、14日、12月12日

◎靈魂伴侶：

1月25日、2月23日、3月21日、4月19日、5月17日、6月15日、7月13日、8月11日、9月9日、10月7日、11月5日、12月3、30日

優點：有條理、自律、堅定、勤奮、手藝佳、務實、可靠、精確
缺點：不穩定、破壞行為、不善交流、壓抑自我、刻板、懶惰、感情遲鈍、做事拖泥帶水、太過精打細算、專橫、掩飾感情、記仇、刻薄

太陽星座：射手座
區間：牡羊座／火星
角度：射手座12°30´-13°30´
類型：變動星座
元素：火
恆星：心宿二、天培三

12月5日

SAGITTARIUS

　　這一天出生的你聰明、堅定、多才多藝，但不安分，你的知識、成熟心智和明確的判斷力確保了成功的可能；你的樂觀和對積極生活的渴望表明你需要自由來表達情感和思想。

　　受區間主導星座牡羊座的影響，你具有自信、冒險精神、性格獨立；雖然你總是能夠展示出自信的姿態，並在別人面前表現出色的管理能力，但你的懷疑和不安感會破壞你的自信，使你不確定自己真正的渴望。

　　透過對目標的執著追求，你能夠培養達成長期目標的耐心和堅持不懈的毅力；說話直接坦白的你能夠對改革提出獨到見解，這表示你的知識豐富，並具有權威；這一天出生的女性思想堅定，能夠掌控局勢。

　　精明、拘謹和叛逆相結合的你比較直接坦率，但從不讓人覺得厭煩；你的理性思維使你能夠認清知識的力量，而你通常能夠支配這種力量；如果將熱情投入在不正當的事業，又會浪費精力，或在事後懊悔自己當初的決定。

　　16歲之前的你樂觀、富有冒險精神、強烈渴望有更多的機會，這能夠透過把握機遇、學習或旅行來實現；17歲開始，太陽星座進入摩羯座，此時你更加務實、生活有條理、充滿秩序感，並對如何實現自我目標有更清楚的認識，也有更強烈的安全意識；47歲時，太陽星座落在水瓶座，此時你開始轉而關注獨立性以及新奇思想的表達，對自由的渴望更加強烈，對群體意識以及人道主義的認識更加深刻。

■真實的自我

　　性格堅強的你目標明確、有野心、具責任感、頑強不屈，你喜歡享受權力、控制一切的感覺；反應迅速的你總是表現出堅定的立場，並享受少許和平競爭和辯論帶來的快樂；會為了實現目標勤奮、堅持，展現出不可動搖的決心。

　　你的個性十分獨立，是天生的領導者，但你也了解團隊合作的重要性；人際以及夥伴關係在你的人生中占有十分重要的地位，如何在自我需求和他人需要之間找到平衡，對你來說是重要課題；克服感情緊張和傲慢，你就能夠出色地發揮天生的外交手腕；不過，驕傲的你會用外表掩飾內心的敏感、理想主義和心靈力量。

■工作和人際關係

　　你的勤奮和責任感使你天生適合權威地位；機敏聰慧和新奇的想法使你傾向諸如教

育、哲學或科學研究的職業；心胸開闊、善良的你尤其擅長人際交往，時常能夠發現機會；不喜歡受人支配的你會尋求管理方面的工作或自我創業，因為你更喜歡按自己的方式工作；人道精神和心靈的希望會使你對娛樂界產生興趣。

　　與你同天出生的名人包括歌手荷西・卡列拉斯、美國前總統馬丁・凡・布倫，電影導演費里茲・朗和奧圖・普雷明傑、歌手兼歌曲創作者J・J・卡爾和小理查、占星家羅伯特・漢德、詩人克莉絲蒂娜・羅塞蒂、動畫設計華德・迪士尼，以及作家瓊安・狄迪恩。

■數字命理學

　　誕生日數字5代表著強烈的直覺、冒險的天性以及對自由的渴望；渴望嘗試新事物以及積極熱情的態度表示你的生活豐富而充實；意料之外的旅行以及可以帶來變化的機遇會使你的人生觀或信念發生改變；這一天出生的你不妨嘗試感受這個世界的絢麗多姿，不過你必須培養責任感，才能避免不可預知的悲觀、放縱以及焦躁情緒；誕生日數字5賦予你順應時勢以及淡然的處世原則。受出生於12月的影響，你的洞察力敏銳、有創造力、具備實用技能和說服力；聰明、豁達的你有時也會變得浮躁、緊張，特別是事情進展較緩慢時；你渴望個人自由，經常向不公挑戰。

■愛情和人際關係

　　聰明、知識淵博的你表現出威嚴，能吸引眾多擁護者；責任心強、思想豐富的你誠實、直率；對某人信任的你會給予對方支持和鼓勵；儘管你很關心他人，但你喜歡掌控全局，時常變得自負、強勢，因此最好只是給予他人建議或讓他們自己做決定；你崇拜那些情感達到平衡、知足、快樂的人；在你心中，擁有穩定的生活基礎是很重要的，因而你更加體認到婚姻的重要性，而單身的你會特別重視穩定的家庭基礎。

優點：多才多藝、適應能力強、思想進步、直覺強烈、有魅力、幸運、有魄力、崇尚自由、機智敏捷、好奇心強、神祕主義、愛交際
缺點：不可靠、反覆無常、優柔寡斷、矛盾、自負、剛愎自用

■你生命中的特殊之人

你能夠在誕生日為以下日期的人當中，找到使你幸運倍增的理想伴侶。

◎愛情和友誼：

1月7,11,13,15,17,25日、2月5,9,11,13,15,23日、3月7,9,11,13,21日、4月1,5,7,9,11,19日、5月3,5,7,9,17,31日、6月1,3,5,7,15,29日、7月1,3,5,27,29,31日、8月1,3,11,25,27,29日、9月1,9,23,25,27日、10月7,21,23,25日、11月5,19,21,23日、12月3,17,19,21,30日

◎幸運貴人：

1月1,5,20日、2月3,18日、3月1,16日、4月14日、5月12日、6月10日、7月8日、8月6日、9月4日、10月2日

◎強烈吸引你的人：

6月2,3,4,5日

◎砥礪者：

1月6,22,24日、2月4,20,22日、3月2,18,20日、4月16,18日、5月14,16日、6月12,14日、7月10,12日、8月8,10,31日、9月6,8,29日、10月4,6,27日、11月2,4,25,30日、12月2,23,28日

◎靈魂伴侶：

1月6,12日、2月4,10日、3月2,8日、4月6日、5月4日、6月2日

太陽星座：射手座
區間：牡羊座／火星
角度：射手座13º30´-14º30´
類型：變動星座
元素：火
恆星：天培三

12月6日

SAGITTARIUS

你具備能夠自由運用的智慧和良好的判斷力，而且悟性高、感情強烈、目標遠大；透過對直覺和洞察力的培養，你將學會運用積極思維的力量來消除焦慮和感情的不安感。

受區間主導星座牡羊座的影響，你具有活力、富有冒險精神、個性獨立；但要在這個紛擾複雜的社會實現自我目標，你還需要毅力和樂觀的態度；你在多方面都展現出天賦並充滿熱情，也渴望自己表現的與眾不同，但要注意細節，更專注於自己的目標。

你是個有主見的人，對他人的干涉不會過分在意，而且處事靈活；不論你的理想是什麼，對真理和智慧的追求以及心靈的感悟都會對你有所幫助；完美主義者的你具備出色的管理能力，能夠負責大型專案，而且非常投入且勤奮；你友善、喜愛社交、富有同情心和人道精神，且交友廣闊、性格外向；儘管你很迷人、慷慨、仁慈，但有時也會表現出氣量狹小和無知，這種情況下你要保持耐心，才不會受人愚弄。

16歲到25歲這段時間，太陽星座將通過摩羯座，此時的你較為關注實際問題，並渴望生活中有秩序感；另一轉捩點出現在46歲，太陽星座進入水瓶座，此時的你強烈渴望更多的獨立性、群體意識和進步的思想，也更具實驗精神；76歲時，太陽星座進入雙魚座，這使你更加強調情感的包容性、想像力以及心靈感悟。

■真實的自我

自我表達的能力能夠幫助你排解感情的迷惘和防止你過度敏感，同時也激發出生活的快樂元素，使你感到幸福、富有創造力；具有創新精神、思維敏銳、想像力豐富的你會發現靈感是幫助你成功的有力因素，透過社交生活以及發揮在美術、音樂、戲劇和寫作方面的天賦，能幫助你獲得靈感；焦慮和猶豫，特別是感情問題，可能會打亂你有條理的思維。

以成功為目標、野心勃勃、勇氣十足的你運氣好、樂觀、具有商業敏感度和整體規畫；你經常會認為穩定的經濟基礎能夠解決任何問題，因此只重視經濟利益的你無法了解什麼才是生命中最有價值的東西；幸運的是你具備獲得更高知識的天賦，這能為你帶來個人的幸福和成就感，尤其是為他人服務時。

■工作和職業

你的機敏才智和進取心使你享受挑戰所帶來的快樂，並促使你不斷更新知識；你不喜歡受制於人，因此適合能獲得控制權和權威地位的職業；對真理和理想的追求使你對

法律、諮商或社會改革運動產生興趣，特別是能為他人爭取權力的工作；天資聰穎的你能在教育、科學研究、玄學或哲學領域獲得滿足感；性格中現實面會使你傾向從商，而你的組織能力、具說服力的演說以及多方面的天賦能幫助你取得很大的成就；對和諧的深層需求會使你投身音樂或藝術事業。

與你同天出生的名人包括歌曲創作者艾拉·傑西溫、女演員艾格尼絲·莫爾赫德、爵士樂作曲家戴夫·布魯貝克，游泳運動員艾莉諾·霍姆、職業拳擊推廣人唐·金，以及攝影記者艾爾佛瑞德·艾森斯塔德。

■數字命理學

充滿理想、富有創造力和同情心是誕生日數字6賦予你的特質；數字6代表你追求完美，交友廣泛，而具有人道精神的你有強烈的責任感，給予他人愛和支持；這一天出生的你通常有極強的家庭觀念，是稱職的家長；你性格中的敏感因素需要找到富有創意的表達方式，因此你會對娛樂或美術和設計產生興趣；你需要建立更強的自信心，但要避免多管閒事、焦慮以及氾濫的同情心。出生月數字12表示你想像力豐富、仁善；儘管對前景抱持樂觀態度、充滿智慧，但你需要學會相信直覺與強大的心靈力量；豁達、見解獨到的你會尋求更高層次的學習，對玄學和哲學的研究使你獲益甚大；對他人的需要給予關注並承擔自己的責任，你就能夠獲得心靈的平靜並克服焦慮。

■愛情和人際關係

友善、包容的你喜歡與智慧、堅強的人為伴，因為他們能夠與你進行有趣的談話，進而激發你的思維；你具有親和力和同情心，因此他人在需要時，會尋求你的指引和幫助；充滿理想、有野心的你外表堅強，但內心的敏感使你時常焦躁不安、喪失熱情；對國外風土民情感興趣的你仍然需要來自家庭的安全感。

優點：容易相處、博愛、有同情心、可依賴、善解人意、富有理想、顧家、仁愛、沉穩、藝術氣質

缺點：不滿足、焦慮、害羞、不講道理、固執、口無遮攔、太過追求完美、強勢、缺乏責任感、多疑、自我中心

■你生命中的特殊之人

在尋找愛、安全感和穩定關係的你可以留意誕生日為以下日期的人。

◎愛情和友誼：

1月4.9.12.16.25.30日、2月10.14.23.24日、3月8.12.22.31日、4月3.6.10.20.29日、5月4.8.18.27日、6月2.6.16.25.30日、7月4.14.23.28日、8月2.12.16.21.26.30日、9月10.19.24.28日、10月8.17.22.26日、11月6.15.20.24.30日、12月4.13.18.22.28日

◎幸運貴人：

1月2.13.22.24日、2月11.17.20.22日、3月9.15.18.20.28日、4月7.13.16.18.26日、5月5.11.16.18.26日、6月3.9.12.14.22日、7月1.7.10.12.20日、8月5.8.10.18日、9月3.6.8.16日、10月1.4.6.14日、11月2.4.12日、12月2.10日

◎強烈吸引你的人：

1月25日、2月23日、3月21日、4月19日、5月17日、6月2.3.4.5.6.15日、7月13日、8月11日、9月9日、10月7日、11月5日、12月3日

◎砥礪者：

1月7.23日、2月5.21日、3月3.19.29日、4月1.17.27日、5月15.25日、6月13.23日、7月11.21.31日、8月9.19.29日、9月7.17.27.30日、11月3.13.23.26日、12月1.11.21.24日

◎靈魂伴侶：

1月17日、2月15日、3月13日、4月11日、5月9日、6月7日、7月5日、8月3日、9月1日、11月30日、12月28日

太陽星座：射手座
區間：牡羊座／火星
角度：射手座14º30´-15º30´
類型：變動星座
元素：火
恆星：無

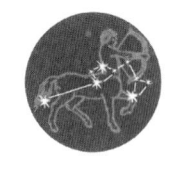

12月7日

SAGITTARIUS

你的決心堅定、洞察力敏銳、充滿智慧、渴望尋求啟發和更深的體悟；聰明的你熱情、能夠迅速理解資訊，而你的獨創思維能夠透過對智力和創造力的追求得到發揮。

受區間主導星座牡羊座的影響，你有野心，活力充沛；具有探索精神的你享受冒險帶來的快感和新機遇；富有創造力的你喜歡收集資訊，並會透過知識的積累建立自信；你的天資聰穎，具有文字和口語表達的天賦，也擁有年輕的心態、個人魅力和積極的態度；你能與他人交流想法且十分容易給他人留下好印象。

儘管你喜好交際，但與眾不同的處世哲學和自立的態度表示你更喜歡獨立思考，並且不會屈服於群體壓力，這也使你的個性更加鮮明、具有懷疑精神和需要創造性的自我表達；充滿理想的你願意與不公正抗爭，如果你的理念脫離了常規，你會表現得衝動、叛逆。

15歲到44歲這段時期，太陽星座位於摩羯座，此時你需要務實的處事方法以達成人生的目標；45歲時，太陽星座進入水瓶座，你將渴望更多的獨立性和個性的表達方式，你也會特別關注自由、群體意識以及人道主義的議題；75歲開始，太陽星座進入雙魚座，你將更重視感情的包容、想像力或內在精神世界。

■真實的自我

你富有魅力和野心、熱心；喜歡交際、為人慷慨的你尤其擅長人際交往；個性獨立、以成功為目標的你懷有積極的態度和高遠的目標；你的信念堅定和服務他人的渴望會使你傾向支持某一理念或發起可以造福他人的社會運動；儘管你同情他人，但強烈的感情也意味著你需要避免走極端或衝動的行為。

誠實、直率的你喜歡與他人分享，是一位不錯的夥伴；除卻性格中富於理想的一面，你的物質傾向使你十分重視生活的安全感，不過你要避免為了獲得經濟保障而過度委屈自己；總而言之，你的年輕活力、鮮明的個性和機敏的思維使你能夠運用豐富的知識給予他人啟發和歡樂。

■工作和職業

機智和出色的分析、交際技能使你能夠勝任作家、發言人或教育工作；你能夠讓他人理解你的想法，因此適合從事法律、學術或政治領域；積極的態度、掌握全局的能力以及個人魅力使身處大型公司的你可以獲得成功或晉升至負責人；你也會對從商產生

興趣，並在銷售、推銷或談判工作上發揮你的口才；自我表達的需要表示你的創造天賦可能會使你投身音樂、美術或戲劇領域。

與你同天出生的名人包括：語言學家諾曼・喬姆斯基、歌手及作曲家哈瑞薛平和湯姆威茲、籃球員賴瑞柏德、女演員艾倫鮑絲汀、作家維拉・凱瑟，以及棒球員強尼・班奇。

■數字命理學

誕生日數字是7的你善於分析、有思想法，具有批判性，但經常陷入自我陶醉；你擁有強烈的自我意識，喜歡收集資訊，對讀、寫以及精神性的事物感興趣；精明的你可能會過於理性或是對細節過分執著而迷失方向；你的神祕氣質通常使你覺得不被人理解；喜歡追求知識的你能夠從教育或對玄學、哲學和法律的研究中獲益。出生月12月表示你的洞察力敏銳、想像力豐富；而個性獨立、能力強的你總是有宏偉計畫、見解獨到；樂觀、無憂無慮的你喜歡自己做決定；你對他人的感覺非常遲鈍，經常大腦思考就貿然表達想法，不過，也多虧了你的單純、坦誠和孩子般的冒失，才能使你獲得他人的諒解；學會合作和培養外交技能能使你克服固執己見、懷疑以及咄咄逼人的缺點。

■愛情和人際關係

充滿理想和神祕氣質的你渴望尋求有意義的人際關係；你有時會表現得積極、熱情，有時又會受到深沉性格的影響，而表現得孤僻、冷漠；感到沮喪失望的你可以用誠實和敞開的心扉重新建立與他人溝通的橋樑，否則，懷疑以及不信任引發的問題會破壞你的人際關係和友誼；要避免祕密戀情的發生或被不適合的人吸引，他有可能會成為你日後的負擔；你需要的，是能夠跟上你的快速思維和對知識不斷追求的腳步的智慧伴侶。

■你生命中的特殊之人

尋求真正幸福的你在誕生日為以下日期的人當中，能夠找到帶給你靈感的伴侶。

◎愛情和友誼：

1月2.7.10.17.27.31日、2月5.8.15.25日、3月3.6.13.23日、4月1.4.11.21.27日、5月2.9.19日、6月7.17日、7月5.15.29.31日、8月3.13.27.29.31日、9月1.11.25.27.29、10月9.23.25.27日、11月7.21.23.25日、12月5.19.21.23

◎幸運貴人：

1月3.5.20.25.27日、2月1.3.18.23.25日、3月1.16.21.23日、4月14.19.21日、5月12.17.19日、6月10.15.17日、7月8.13.15日、8月6.11.13日、9月4.9.11日、10月2.7.9日、11月5.7日、12月3.5日

◎強烈吸引你的人：

1月13日、2月11日、3月9日、4月7日、5月5日、6月3.4.5.6.7日、7月1日

◎砥礪者：

1月16.24日、2月14.22日、3月12.20日、4月10.18日、5月8.16.31日、6月6.14.29日、7月4.12.27日、8月2.10.25日、9月8.23日、10月6.21日、11月4.19日、12月2.17日

◎靈魂伴侶：

1月16日、2月14日、3月12日、4月10日、5月8日、6月6日、7月4.31日、8月2.29日、9月27日、10月25日、11月23日、12月21日

優點：有涵養、可信賴、謹慎、充滿理想、誠實、脫俗、科學精神、理性、深思熟慮
缺點：不坦率、欺騙、不和善、不大方、多疑、懷有惡意、冷漠

太陽星座：射手座
區間：牡羊座／火星
角度：射手座15º30´-16º30´
類型：變動星座
元素：火
恆星：天市左垣十一

12月8日

SAGITTARIUS

智慧、有靈感、活潑的性格表現出你的堅強和野心；儘管表現得機智、勇敢，但敏感和強烈的感情也讓你時常陷入自我懷疑和缺乏安全感的漩渦中；學會展現你的慷慨和同情心，你就能避免情感方面的強勢和控制慾。

受區間主導星座牡羊座的影響，你具有活力、決心堅定、自信，使你能夠獨立思考；雖然你時常表現得比較謹慎，但冒險精神會讓你喜歡嘗試風險，這能為你帶來變化和刺激；具備出色管理才能的你喜歡掌控局勢，而你的進取精神和自由表達自我的需求表示你不喜歡受到束縛。

智慧和敏銳直覺的結合使你富有創造力並能達到物質上的富足；充滿理想、堅持己見的你時常表現得不安分和浮躁，不願執行命令的你會變得好爭辯、態度強硬；自律、樂觀、熱情以及對知識的熱愛，使你時常獲得靈感推動改革、激發創新精神以及開拓性的新理念。

14歲到43歲這段期間，太陽星座經過摩羯座，你將較為關注實際的問題，並渴望生活中有更多的秩序感；到了44歲，太陽星座進入水瓶座，此時的你強烈渴望更多的獨立性、群體意識以及進步的思想，你會想要追求自由，並且更具實驗精神；另一轉捩點出現在74歲，此時太陽星座進入雙魚座，這會使你的情感更加敏感，並具有同情心和想像力，而你的藝術潛力、創造力或悟性在這一時期將得到進一步的發展。

■真實的自我

具有年輕心態的你同時也能獨立思考，且對他人的動機有精準的理解力；洞察力敏銳的你有很強的第六感，因此信任內心的感覺對你很有幫助；儘管你在遇到挑戰時會富有冒險精神，但要避免做出取巧的選擇；培養堅毅和負責的態度能使你獲得非凡的成就。

務實的態度和天生的商業頭腦能幫助你迅速地解決財務問題；你的運氣會帶給你機遇並使你獲得成就感；而成功是來自於發自內心的熱情，這是你無法刻意偽裝的；當你擁有對誠實的渴望、充沛的活力以及樂觀的決心之後，你就能取得不凡的成績。

■工作和職業

你具備解決問題的能力和良好的組織及管理能力，因此適合進入大型公司服務；你不喜歡受他人支配，因此，你適合位居權威地位或自行創業；結合對戲劇的強烈感覺與

對自我表達的需要，能確保你在音樂、寫作、藝術和娛樂事業獲得成功；許多出生在這天的人會對玄學或積極思維感興趣；而你的奮鬥精神能幫助你克服在工作中遇到的任何障礙。

與你同天出生的名人包括歌手辛妮‧歐康諾和吉姆‧莫里森、女演員金貝辛格、藝術家狄亞哥‧里維拉、作曲家珍‧西貝柳斯、男演員大衛‧卡拉丁和馬克斯米利安‧歐爾，以及娛樂明星小沙米‧戴維斯。

■數字命理學

誕生日數字8代表著你具有良好的價值觀和全面性的判斷力，同時你也懷有對個人成就的渴望以及強烈的抱負；這天出生的人會表現出控制欲，對安全感和物質上有著強烈渴望；你天生具有商業頭腦，只要發掘在組織和管理方面的天賦，就會使你獲益匪淺；而對安全感以及成就的強烈渴望會促使你做出長遠的規畫和投資。受出生月12月的影響，你樂觀、有個人魅力；你通常比較剛強、充滿活力、意志堅定，因此自己的意見能否受到他人認同，對你而言非常重要；受到啟發的你能夠清晰地表達自我並十分具有說服力；雖然你有著強烈的物質傾向，但這並不影響你對哲學和知識的追求；渴望受人青睞的你有著堅定的決心和積極的態度，能夠使周圍環境達到和諧和統一的狀態。

■愛情和人際關係

你對能夠給予你靈感的人著迷，經常尋求與眾不同、性格獨立的人；你崇拜那些具有知識和智慧、善良的人，他們對你的幫助很大，能夠給你許多明智的建議；儘管你的外表自信，但在樂觀與悲觀之間遊移不定的你可能會對自我感覺產生懷疑；感到威脅時，你會竭力想要控制他人；勤奮、專注於事業的你要記得為朋友、愛人和社交活動空出時間。

■你生命中的特殊之人

注意誕生日為以下日期的人，你找到生命中特殊之人的可能性將大大增加。

◎愛情和友誼：

1月1、13、14、22、28、29、31日、2月12、26、29日、3月10、24、27日、4月8、16、22、25日、5月6、20、23日、6月4、18、21日、7月2、16、19、30日、8月14、17、28、30日、9月12、15、26、28、30日、10月10、13、24、26、28日、11月8、11、22、24、26日、12月6、9、20、22、24日

◎幸運貴人：

1月26日、2月24日、3月22日、4月20日、5月18日、6月16日、7月14日、8月12日、9月10日、10月8日、11月6日、12月4日

◎強烈吸引你的人：

6月5、6、7、8日

◎砥礪者：

1月3、25日、2月1、23日、3月21日、4月19日、5月17日、6月15日、7月13日、8月11日、9月9日、10月7日、11月5日、12月3日

◎靈魂伴侶：

1月3、10日、2月1、8日、3月6日、4月4日、5月2日、8月31日

優點：具領導才能、考慮周全、勤奮、權威、有保護欲、治癒的力量、對價值的準確判斷

缺點：缺乏耐心、浪費、心胸狹隘、過度勞累、控制欲、容易喪失信心、缺少計畫、專斷

太陽星座：射手座
區間：牡羊座 / 火星
角度：射手座16°30´-17°30´
類型：變動星座
元素：火
恆星：天市左垣十一

12月9日

SAGITTARIUS

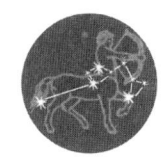

　　思維創新、細膩和積極的態度是你取得成功的重要關鍵；愛好交際、待人友善的你樂觀、充滿活力；機會和挑戰是並存的，因此你需要學會平衡熱情和挫折感；從容應對生活的你會明白毅力、耐心和決心能幫助你克服困難。

　　受區間主導星座牡羊座的影響，你更加具有自信、創造力和冒險精神；精明、直覺敏銳、理解力強的你，可以將困境轉化成有利於自己的條件；具有人道精神的你思想開放、進步，以及有很強的信念。

　　具有積極、高效率思維的你創意無限；你可能會投入刺激、可以獲得感情滿足的活動，這使你能在思維和感情上自由地表達自我；不過不安分的你也有可能會出現情緒上的波動，有時積極、富有創造力，有時焦慮、悲觀；學會有始有終、保持冷靜就能避免衝動；儘管具備優秀的管理能力，但批判的性格會使你對自己或他人的要求過於嚴苛，你應當展示出一貫的慷慨和愛的本性，而不應表現出不滿足。

　　19歲到42歲的期間，太陽星座位於摩羯座，此時你對達成人生目標的態度更加務實；到了43歲，太陽星座推進到水瓶座，你將會表現出對更多的獨立性以及個性表達的渴望，你可能會投入到關於自由、群體意識以及人道主義有關的問題中；另一轉捩點出現在73歲，此時太陽星座進入雙魚座，你會更加強調感情的包容、想像力或同情心。

■真實的自我

　　在你的自信外表下，暗藏著敏感的內心；強烈的感情和對戲劇的感覺一旦得到積極的引導，就能使你受到他人青睞，尤其是當你展現個人魅力時；富有想像力、有主見的你需要表達創造力和思想，如果這一需求得不到滿足，你會產生極度的挫敗感或失望，尤其是當他人達不到你的期望時；不斷地充實自我能使你建立自信並促使你發揮最大的潛能。

　　有責任感的你願意承擔責任，也比較不會有大筆債務；對安全感和和睦環境的需求表明家庭在你人生的總體規畫中地位十分重要；你對和諧的需要可以透過對美術、戲劇、寫作或音樂的鑑賞力和天賦表現出來。

■工作和職業

　　對知識的熱愛和表達自我思想的需要會使你對寫作、科學或教育職業產生興趣；你欣賞有趣的辯論，而你的鬥志和溝通技巧使你適合成為律師、改革家或政治家；組織和

管理方面的能力以及對金錢的敏銳度能使你在商業領域發揮，或在所選擇的職業中成為領導者；你的人道精神也使你傾向護理工作或理想性的事業；對戲劇的感覺使你能夠透過娛樂界滿足自我表達的需要。

與你同天出生的名人包括男演員寇克‧道格拉斯和博‧布里奇斯、女演員茱蒂‧丹契，演員兼導演約翰‧馬科維奇和約翰‧卡薩維茲，以及歌手瓊艾瑪崔汀。

■數字命理學

誕生日數字9賦予你仁慈、縝密思維和細膩感情；寬容、善良的你表現得慷慨、開明；敏銳的直覺以及心靈的力量使你具有極強的接受能力，只要加以正確引導就會使你獲得精神的感悟；誕生日數字也表明你需要面對挑戰，克服因為過度敏感而導致的情感波動；環遊世界以及與各個階層人群的接觸對你的幫助很大，但要避免不切實際的空想以及逃避傾向。受出生月12月的影響，你具有人道精神、充滿理想、樂觀；你需要探索自由以及嘗試不同的經歷，才能滿足你的多樣性和天賦的需要，因此你要培養獨立的思考並尋找發揮多方面天賦的途徑；儘管你富有創造力、有魅力，但脾氣比較急躁；頭腦靈活的你透過學習和對耐心及寬容的培養開闊視野，這會使你獲益匪淺。

■愛情和人際關係

愛好交際、考慮周到的你喜歡有人陪伴、排斥孤單一人；敏感、充滿理想的你對感情的安全感有強烈的需要，渴望尋求投入、溫柔的伴侶；儘管你忠貞、充滿柔情、慷慨，但你同時渴望旅行或嘗試不同經歷的自由；不喜歡被束縛的你可能需要尋找不會給你過多限制和負擔的伴侶；善良、仁愛的你會為所愛的人做出犧牲，但要避免過度依賴對方。

■你生命中的特殊之人

在誕生日為以下日期的人當中，你能找到愛的伴侶。

◎愛情和友誼：

1月1、5、9、15、26、29、30日、2月13、24、27、28日、3月11、22、25、26日、4月3、9、19、20、23、24日、5月7、18、21、22日、6月5、16、19、20日、7月3、14、17、18、31日、8月1、12、15、16、29、31日、9月10、13、14、27、29日、10月8、11、12、25、27日、11月6、9、10、23、25日、12月4、7、8、21、23、29日

◎幸運貴人：

1月1、2、10、12、27日、2月8、10、25日、3月6、23日、4月4、8、21日、5月2、6、19、30日、6月4、17、28日、7月2、15、26日、8月13、24日、9月11、22日、10月9、20日、11月7、18日、12月5、16日

◎強烈吸引你的人：

6月8、9、10、11日

◎砥礪者：

1月17、26日、2月15、24日、3月13、22日、4月11、20日、5月9、18日、6月7、16日、7月5、14、8月3、12、30日、9月1、10、28日、10月8、26、29日、11月6、24、27日、12月4、22、25日

◎靈魂伴侶：

1月21日、2月19日、3月17日、4月15日、5月13日、6月11日、7月9、29日、8月7、27日、9月5、25日、10月3、23日、11月1、21日、12月19日

優點：充滿理想、仁愛、有創造力、感情細膩、慷慨、有魅力、感性、慈善、奉獻、公正、運氣好、有人緣

缺點：挫折感、緊張、缺乏整體觀念、沒有自信、自私、不切實際、道德觀念淡薄、容易被誘導、自卑情緒、焦慮、孤僻

太陽星座：射手座
區間：牡羊座／火星
角度：射手座17°30´-18°30´
類型：變動星座
元素：火
恆星：天市左垣十一

12月10日

SAGITTARIUS

　　富有野心、個性獨立的你充滿智慧、想像力豐富、有靈感；積極、探索的頭腦促使你透過創新而獲得成功；雖然你有魄力和冒險精神，但敏銳的觀察力和務實態度會讓你想要自由地掌握思維和情感力量；你的商業敏感度和進取心能夠幫助你獲得利益。

　　受區間主導星座牡羊座的影響，有進取心的你會更加堅毅、有鬥志；渴望不同經歷的你富有冒險精神，喜歡不同的計畫和想法；主導星座的影響也表示你具有競爭意識、渴望有所行動，並享受奉獻所帶來的快感；你比較適合擔任領導者角色，不喜歡從屬於他人或受人支配；個性獨立、具有管理才能的你喜歡組織和協調較大的工程。

　　思維敏銳的你經常對學習和獲取資訊及知識懷有強烈的渴望；你也對哲學、心理學的學習以及宗教思想感興趣；儘管你的力量強大，但需要愉悅的環境使你得到放鬆並充分享受和諧的氛圍。

　　12歲到41歲這段期間，太陽星座將穿過摩羯座，此時你對實際的問題較爲關注，並渴望生活中有秩序感；22歲時，太陽星座推進到水瓶座，此時的你對更多的獨立性、團隊意識以及進步思想的需要增強，你可能渴望自由或變得更具實驗精神；另一轉捩點出現在72歲，此時太陽星座進入水瓶座，這會使你更加敏感、富有同情心和想像力。

■真實的自我

　　洞察力敏銳、容易緊張的你十分敏感，因此能夠洞悉他人的感情和動機；你有卓越的遠見，因此渴望將潛力發揮在藝術以及創造上；擁有智慧是你的最大天賦，但你要避免浪費天賦在對他人的控制或比賽智力上。

　　你很聰明、善於把握機會，但經常過於依賴天生的運氣，會使你變得懶惰而不願透過發掘必須的自制力和責任心，使所有的潛能得到發揮；受歡迎的你有積極的社交生活；但不要讓逃避傾向阻礙你取得更高的成就；你對知識的力量有清楚的認識，會爲自己和他人尋求靈感，在實現理想時如果能夠發揮潛能，會讓你表現得更加出色。

■工作和職業

　　你的態度積極、有魅力、具有天生的商業頭腦，而天生與人交際的能力能使你在處理公共事務的工作中取得成功；你的敏銳思維和文字天賦使你能夠勝任作家、教師、律師或銷售員的工作；敏感的你是天生的心理專家，需要與人接觸的職業如治療或保健性工作會使你有所成就；不喜歡受人支配的性格表示你更適合管理職位或自我創業；具有

超凡的想像力的你也希望能夠在美術、電影、戲劇或建築領域發揮天賦。

與你同天出生的名人包括男演員肯尼斯・布萊納、女演員桃樂絲・蘭莫和蘇珊・戴伊；作家艾蜜莉・迪克遜，以及實驗電影製作人邁克・斯諾。

■數字命理學

與誕生日數字1的人相似，你會為了成就而努力奮鬥；不過，你必須克服重重阻礙才能達成目標；體力充沛、富有創意的你能夠堅定自己的信念，儘管這使你顯得與世俗格格不入；做事積極主動、富有開創精神的你會向更高目標不斷邁進，並且一路劈荊斬棘；你需要學習懂得謙虛，避免自私和獨裁；誕生日數字10的人十分重視成功和成就，並且能夠不斷創造事業巔峰。出生月為12月的你樂觀、有進取心、在多方面具有天賦；雖然友善、充滿理想、具有人道精神，但你不喜歡自己的權威和意見受到質疑或挑戰；富有創造力的你能夠運用遠見和智謀掌控全局。

■愛情和人際關係

有魅力、友善、喜好交際的你身邊不乏朋友和崇拜者；善良的你對伴侶體貼、感情細膩，但為了要維持長久的關係，你需要能夠使你的思維保持活躍、賦予你靈感的伴侶；你可能會充滿理想，並且有自己的道德標準，因此有時會表現得比較固執；行事直接的你喜歡與另一半真誠相待，但有時必須要有策略。

■你生命中的特殊之人

尋求伴侶的你能夠在誕生日為以下日期的人當中有所獲現。

1月8.10.13.20.30日、2月1.8.11.18.28日、3月6.9.16.26日、4月4.7.14.24日、5月2.5.12.22日、6月3.10.20日、7月1.8.18日、8月6.16.30日、9月4.14.28.30日、10月2.12.26.28.30日、11月10.24.26.28日、12月8.22.24.26日

◎幸運貴人：

1月12.16.17.28日、2月10.14.15.26日、3月8.12.13.24日、4月6.10.11.22日、5月4.8.9.20.29日、6月2.6.7.18.27日、7月4.5.16.25日、8月2.3.14.23日、9月1.12.21日、10月10.19日、11月8.17日、12月6.15日

◎強烈吸引你的人：

3月31日、4月29日、5月27日、6月7.8.9.10.11.25日、7月23日、8月21日、9月19日、10月17日、11月15日、12月17日

◎砥礪者：

1月6.18.22.27日、2月4.16.20.25日、3月2.14.18.23.28日、4月12.16.21日、5月6.10.14.19日、6月4.8.12.17日、7月6.10.15日、8月4.8.13日、9月2.6.11日、10月4.9日、11月2.7日、12月5日

◎靈魂伴侶：

3月28日、4月26日、5月24日、6月22日、7月20日、8月18日、9月16日、10月14日、11月12日、12月10日

優點：是領導能力、有創造力、思想進步、堅強、樂觀、信念堅定、競爭意識、獨立、合群

缺點：專橫、妒忌、自我中心、驕傲、對抗性、自私、軟弱、優柔寡斷、缺乏耐心

太陽星座：射手座
區間：牡羊座／火星
角度：射手座18°30´-19°30´
類型：變動星座
元素：火
恆星：天市左垣十一

12月11日

SAGITTARIUS

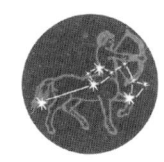

這天出生的你熱情、有冒險精神、性格隨和、精明、樂觀；充滿活力、積極、合群的你如果能夠避免焦慮和自我懷疑，你獲得成功的機會將更大；敏銳、警覺的你需要結合智慧與預感的力量，並學會相信自己的感覺。

受區間主導星座牡羊座的影響，你的鬥志更加強烈，並表現出積極進取；不管生活中遇到什麼困難，你都堅信自己具有擺脫困境獲得成功的力量；受到火星的影響，你會在冒險中獲得快樂，而對環境判斷迅速的你要避免急功近利的計畫。

儘管你充滿理想、敏感，但對物質安逸的追求會促使你勤奮工作、尋求致富的機會；儘管你的反應迅速，但需要避免反應過激、沮喪或對金錢的過度擔憂；憤世嫉俗和天真的結合表示為了獲得機智的頭腦和內心的信念，你需要承擔責任。

11歲到40歲之間，太陽星座將經過摩羯座，此時你會渴望找到達成目標的實際方法；41歲時，太陽星座進入水瓶座，你將渴望更多的獨立性和個性的表達，因此你會關心與自由、群體意識或人道主義相關的問題；另一轉捩點出現在71歲，當太陽星座進入雙魚座，你會更重視內心的感情世界、包容性和敏感。

■真實的自我

你的動力來自於對安全感和力量的需要，以及對物質成功和名望的渴望；雖然你天生具備對價值的敏銳感知以及富有成效的工作方法，但你還需培養自制力並克服控制欲、無情或過於物質主義；當你對某項事業產生信心或受到啟發時，你會努力工作以實現目標，並有能力取得非凡的成績。

你具有充沛的活力和進取心，而通過努力得到的成就在你人生中的地位也愈來愈重要；靈感被激發的你會為了實現理想而努力奮鬥；定期的獨處來達到內省和積蓄能量，你就能夠正視內心的直覺並且避免懷疑和孤僻的傾向。

■工作和職業

積極、熱情加上宏觀視野，你適合從事商業、辯論、法律或研究工作；對某一事業產生信念或受到啟發時，你會努力奮鬥以實現理想；你的聰明才智能使你成為優秀的教師，你也可能期望在寫作方面發揮天賦；對機械感興趣的你可能會從事與電腦或工程相關的工作；此外，你能在自然科學領域鍛鍊思維能力並獲得滿足感；無論你選擇什麼職業，天生的管理能力會使你進入權力核心；對價值以及分享所學知識的渴望會使你的工

作態度積極、富有成效。

　　與你同天出生的名人包括作家索忍尼辛、女繼承人克莉絲蒂娜・歐納西斯、歌手傑梅因・傑克遜、作曲家海克特・勃立歐茲、電影導演卡羅・龐帝、電影導演蘇珊・塞德曼。

■數字命理學

　　受誕生日數字11的強烈影響，理想、靈感以及變革對你來說十分重要；自卑與自信情緒的並存會激勵你努力學習物質及精神上的自我掌控；增加歷練可以幫助你學會協調性格中的不同特質，再加上信任你的直覺，就能使你避免出現極端態度；你的感情強烈、充滿活力，但要提防過度緊張的情緒以及不切實際的想法。受出生月12月影響，你的體力充沛、洞察力敏銳、積極進取、崇尚自由；你不僅友善、隨和、有個人魅力，也富有野心、堅決以及有控制傾向；缺乏安全感時，你會變得懷疑、焦躁、緊張；熱情、果敢的你渴望擺脫束縛，因此經常希望能夠抓住機遇來改善處境。

■愛情和人際關係

　　洞察力敏銳、敏感且喜好交際、性格隨和的你有時會表達得不夠坦率，不願讓他人知道你的真實想法；墜入愛情的你需要時間來適應和接受伴侶；焦慮和懷疑的傾向表示你可能會遭遇壓力和緊張；你通常崇拜有野心、勤奮、務實、性格獨立、對信念有足夠信心的人。

■你生命中的特殊之人

對愛人忠誠、奉獻、溫柔的你能夠在誕生日為以下日期的人當中找到持久、穩定的關係。

◎愛情和友誼：

1月11、21、25、28、31日、2月9、19、26、29日、3月17、21、24、27日、4月5、15、22、25日、5月13、20、23日、6月11、18、21日、7月9、16、19日、8月7、11、14、17、31日、9月5、12、15、29日、10月3、10、13、27、29、31日、11月1、8、11、25、27、29日、12月6、9、23、25、27日

◎幸運貴人：

1月9、12、18、24、29日、2月7、10、16、22、27日、3月5、8、14、20、25日、4月3、6、12、18、23日、5月1、10、16、21、31日、6月2、8、14、19、29日、7月6、12、17、27日、8月4、10、15、25日、9月2、8、13、23日、10月6、11、21日、11月4、9、19、12月2、7、17日

◎強烈吸引你的人：

5月28日、6月6、7、8、9、10、11、12、26日、7月24日、9月20日

◎砥礪者：

1月7、8、28日、2月5、6、26日、3月3、4、24日、4月1、2、22日、5月20日、6月18日、7月16日、8月14日、9月12日、10月10日、11月8日、12月6日

◎靈魂伴侶：

1月3、19日、2月1、17日、3月15日、4月13日、5月11日、6月9日、7月7日、8月5日、9月3日、10月1日

優點：專注、客觀、熱忱、充滿靈感、脫俗、洞察力敏銳、睿智、外向、有創造力、藝術氣質、服務他人、治癒的力量、人道精神、心靈的力量

缺點：優越感、焦慮、缺乏目標、感情用事、容易受傷、過度緊張、自私、彷徨、吝嗇

太陽星座：射手座
區間：牡羊座／火星
角度：射手座19º30´-20º30´
類型：變動星座
元素：火
恆星：無

12月12日

SAGITTARIUS

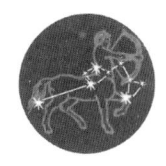

愛好交際、友善的你充滿理想、熱愛知識、第六感強烈；務實、有責任感的你具備優秀的商業直覺和良好的時間觀念，而且具有遠見；儘管你有野心，但焦慮的傾向會影響你的樂觀態度；同時具有進取心和惰性表明你需要尋找能夠激發靈感、獨特的視野，並與他人分享。

受區間主導星座牡羊座的影響，你勇敢、富有活力和鬥志；人道主義者的你會遭遇理想和物質追求的矛盾，因此你需要培養明達的處事哲學；而當你受到某項事業的鼓舞時，就會表現得勤奮並發揮潛力。

因為你懂得將工作和娛樂相結合，並使他人覺得放鬆，因此你能夠獲得物質上的成功和有影響力的職位；富有創造力、聰明的你需要透過對知識的追求展現抱負和超凡的悟性，如此才不會貪圖安逸和物質享受。

10歲到39歲這段期間，太陽星座將穿過摩羯座，此時你比較重視實際的問題，並渴望生活中充滿秩序感；到了40歲，太陽星座推進到水瓶座，你開始逐漸關注於更多的獨立性、群體意識和進步的思想，你可能會渴望自由，也更具實驗精神；到了70歲，太陽星落在雙魚座，你的感情會更加敏感，但富有同情心和想像力。你在藝術、創造或精神方面的天賦在這段時期將得到發展。

■真實的自我

具有敏銳感知力和堅定毅力的你一旦下定決心就會為目標不斷奮鬥；因為你具有野心、渴望成果，因此工作在你整個人生中的地位十分重要，所以你需要具備明確的目標和行動的計畫，進而使自己的天賦和能力的價值得到充分的發揮。

儘管你具備與人交往和明智擇友的能力，但在人際交往中不要過於依賴他人，這點對你很重要，否則你的占有欲將變得極為強烈；你要在對他人的需要和獨立性之間找到平衡點，這樣你才能夠最大限度地發揮天賦；雖然你對金錢問題會產生恐懼，但這都是杞人憂天；夥伴關係和合作能使你的運氣大增。

■工作和職業

你能在充分發揮智力潛能的職業中獲得成功，例如在教學、寫作或政治領域；你的說服力和積極的觀點能使你在廣告、傳播媒體或出版領域獲得成功；富有野心的你懷有高遠的目標而你在實現目標的過程中也能保持堅定的決心；此外，與生俱來的創造力和

對戲劇的感覺會使你對戲劇或藝術產生興趣；善解人意的你可能傾向需要與人溝通或為他人提供建議的工作。

與你同天出生的名人包括音樂人法蘭克・辛納特拉、時尚設計師賈斯伯・康藍、劇作家約翰・奧斯本、歌手狄昂・華薇克、作家格斯達夫・福勞伯特、音樂人小葛羅佛・華盛頓、男演員愛德華・G・羅賓遜。

■數字命理學

你的洞察力敏銳、樂於幫助他人、友善，且具有良好的推斷力；渴望與眾不同的你極富改革精神；善解人意、感情細膩的你善於運用策略與合作的方式達成目標；當自我表達的需要以及幫助他人的願望達成平衡時，你會獲得心靈的平靜和個人的滿足，不過你需要有足夠的勇氣堅持立場、培養自信心，不要因為外界的影響而失去信心；受出生月12月的影響，你充滿理想、富有野心；通常你能夠清晰地表達自我，而極強的接受能力能使你對人和環境做出準確的評論；具有競爭意識的你需要對達成目標有信心才能獲得成功；你能夠做出公平、公正的決定，這會營造和諧的氣氛並使他人團結、有安全感；陷入懷疑情緒的你會表現得浮躁、焦慮，因而增加了緊張感和不和諧感。

■愛情和人際關係

愛好交際、慷慨的你喜歡令人印象深刻的事物；你通常會對富有創造力和表現力、有幹勁、熱情的人著迷；細膩的你感情豐富、欲望強烈；雖然你忠誠、有活力，但要避免在對待感情問題時過於嚴肅，特別是當事情沒有按照你的計畫發展時。

■你生命中的特殊之人

在誕生日為以下日期的人當中你能找到忠誠、可靠的愛人和伴侶。

◎愛情和友誼：

1月11,12,18,22日、2月16,20日、3月14,18,28日、4月5,6,12,16,26日、5月10,14,24日、6月8,12,22日、7月6,10,20,29日、8月4,8,18,27,30日、9月2,6,16,25,28日、10月4,14,23,26,30日、11月2,12,21,24,28日、12月10,19,22,26,28日

◎幸運貴人：

1月6,10,25,30日、2月4,8,23,28日、3月2,6,21,26日、4月4,19,24日、5月2,17,22日、6月15,20,30日、7月13,18,28日、8月11,16,26日、9月9,14,24日、10月7,12,22日、11月5,10,20日、12月3,8,18日

◎強烈吸引你的人：

5月29日、6月10,11,12,13,27日、7月25日、8月23日、9月21日、10月19日、11月17日、12月15日

◎砥礪者：

1月13,29,31日、2月11,27,29日、3月9,25,27日、4月7,23,25日、5月5,21,23日、6月3,19,21日、7月1,17,19日、8月15,17日、9月13,15日、10月11,13日、11月9,11日、12月7,9日

◎靈魂伴侶：

1月6,25日、2月4,23日、3月2,21日、4月19日、5月17日、6月15日、7月13日、8月11日、9月9日、10月7日、11月5日、12月3日

優點：有創造力、魅力、有開創精神、有原則性、推銷自我或他人的能力

缺點：孤僻、行為怪異、不善合作、過於敏感、缺乏自我認同

太陽星座：射手座
區間：獅子座 / 太陽
角度：射手座20°30´-21°30´
類型：變動星座
元素：火
恆星：侯

12月13日

SAGITTARIUS

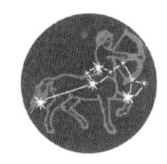

　　熱情、有創造力的你具有多方面的天賦，而且機敏、樂觀；你的人生計畫可能包括許多的冒險和前往世界各地的旅行；有靈感、有野心的你要專注於達成目標，並勇於克服困難，這樣才能實現目標；對穩定的渴望表示你同樣需要培養務實、實際的態度。

　　區間主導星座獅子座賦予你自信；充滿進取心和希望的你總能享受幸運的機會；但自以為是的缺點會使你固執己見、太過自我中心；你是充滿理想的人道主義者，高貴、遠大的思想能夠擴展你的事業；思維敏捷、機警的你充滿智慧、直覺強烈，這能使你透過更深刻、明達的人生感悟而獲得成長。

　　你能用科學方法處理事情，而且極為理性，這表示你善於處理問題；渴望多樣性的你需要很多的行動和靈感，否則你會感到厭倦和不滿；儘管幽默感使你風趣、機智，但你不會甘願被他人愚弄，時常直言不諱、表達直接。

　　9歲到38歲這段期間，太陽星座將穿過摩羯座，此時的你需要實際的處事方法才能達成目標；到了39歲，太陽星座推進到水瓶座，你會渴望更多的獨立性和個性的表現，因此你會專注在與自由、群體意識或人道主義有關的問題上；另一變化出現在69歲，當太陽星座進入水瓶座，此時的你可能會把較多的注意力放在感情的敏感、心靈的感悟以及想像力上。

■真實的自我

　　你的強烈感覺時常受到矛盾的衝擊，因為你一方面渴望不斷地變化，另一方面又需要安全感；若你在感到厭倦時仍努力堅持、不輕易放棄，你將能獲得輝煌的成績；你應該專精於對一、兩個領域進行深入研究，而不是設定過多的目標。

　　敏感的你具備優秀的組織能力和創造力；你的直覺和熱心使你具備與人交際的能力；儘管你有魅力，但不安分會阻礙你表達熱情與愛，而這正好是你性格中的重要因素；積極地朝著目標努力、保持活躍的思考力，你就能夠給予他人鼓舞，並成就轟轟烈烈的事業。

■工作和職業

　　能夠迅速獲得資訊的你喜歡具有變化和智力挑戰的職業；與旅行相關的工作或任何能夠保持思維活躍的工作都能使你獲益良多；與任何階層的人溝通的能力以及富有成效的交往會對你從事的任何活動都有所幫助；有野心、不安分、崇尚自由的你在最終確定

適合自己積極性格的職業之前，會有許多不同的經歷。

與你同天出生的名人包括演員羅伯特・琳賽和迪克・凡・戴克和克里斯多夫・普拉莫、喜劇演員吉姆・戴文森、吉他演奏家卡洛斯・蒙托亞；作家勞倫斯。

■數字命理學

誕生日數字13代表感情細膩，活力十足、富有靈感；勤奮、有抱負的你能夠透過創造性的表達獲得成功；只要培養務實的態度，你就能將創造性的潛力轉化為實際價值；你獨特、創新的處事方法能夠激發新的、令人激動的想法並使之付諸實踐，進而吸引眾人矚目；這一天出生的你真誠、浪漫、迷人、有情趣，專注和耐心能夠使你獲得物質生活的富足。受出生月12月的影響，你對自己想要的會難以抉擇；你時常擔心忽略某事而努力做到面面俱到，反而因此分散了精力；雖然你友善、樂觀、渴望夥伴關係，但你也喜歡獨立、自主、不受束縛；充滿智慧但不安分的你應該培養務實的人生觀並運用判斷力來追求全面、更高層次的知識，這會使你獲益良多。

■愛情和人際關係

渴望新開端和新機遇的你需要有能夠激發你的思維的人相伴左右，他們富有冒險精神、充滿理想、積極進取，否則你會感到厭倦、焦躁；不坦率的性格暗示你更喜歡保留自己的想法，因此你很少公開表達真實的感覺；學會耐心和明辨能使你的愛情關係更進一步；而你要避免將個人交情與工作混為一談；陷入懷疑的你會因為無法全心全意的投入而使友誼受到影響；受到他人鼓舞時，你需要注意不受對方計畫的牽制或脫離正軌。

■你生命中的特殊之人

在以下誕生日當中找到理想伴侶的你會變得更加幸福。

◎愛情和友誼：

1月13、19、23、28日、2月11、17、21日、3月9、15、19、24、28、29、30日、4月7、13、17、26、27日、5月5、11、15、24、25、26日、6月3、9、13、22、23、24日、7月1、7、11、20、21、22日、8月5、9、14、18、19、20日、9月3、7、16、17、18日、10月1、5、14、15、16、29、31日、11月3、12、13、14、27、29日、12月1、10、11、12、25、27、29日

◎幸運貴人：

1月7、15、20、31日、2月5、13、18、29日、3月3、11、16、27日、4月1、9、14、25日、5月7、12、23日、6月5、10、21日、7月3、8、19日、8月1、6、17、30日、9月4、15、28日、10月2、13、26日、11月11、24日、12月9、22日

◎強烈吸引你的人：

6月10、11、12、13日

◎砥礪者：

1月6、14、30日、2月4、12、28日、3月2、10、26日、4月8、24日、5月6、22日、6月4、20日、7月2、18日、8月16日、9月14日、10月12日、11月10日、12月8日

◎靈魂伴侶：

4月30日、5月28日、6月26日、7月24日、8月22日、9月20日、10月18、30日、11月16、28日、12月14、26日

優點：有抱負、具創造力、愛好自由、自我表達能力強、有開創精神

缺點：衝動、猶豫不決、專橫、冷漠、叛逆

太陽星座：射手座
區間：獅子座／太陽
角度：射手座21°30´-22°30´
類型：變動星座
元素：火
恆星：侯

12月14日

SAGITTARIUS

雖然你不安分、充滿理想，也渴望冒險、旅行和刺激，但理智以及對穩定和安全感的需要表示你精明、觀察敏銳；對多樣性和變化的渴望讓你不會沉醉於已擁有的成就，並會力爭做到最好。

區間主導星座獅子座賦予你自信、樂觀和熱情的態度，你也具有許多崇高的理想；直言不諱的你擁有堅定的信念、渴望表達觀點；你的個性積極且具備良好的組織能力，專注於工作比在瑣事上浪費精力更讓你感到快樂；習慣做好基礎工作的你會為了堅持理想而長期奮鬥，這將使你獲益。

有智慧、洞察力敏銳的你懂得如何自由運用資訊；受到智慧和求知慾鼓舞的你會投身教育領域以避免產生厭倦，哲學及精神領域的探索將使你獲益；不管你是自發性地學習還是正式進修，你都熱衷於任何形式的精神追求以擴大視野。

8歲到37歲這段期間，太陽星座將經過摩羯座，這會使你渴望生活中更有秩序感，你也將逐漸確立目標及更有責任感；到了38歲，太陽進入水瓶座，此時你對獨立性、進步思想以及表達個性的渴望開始增強；另一變化出現在68歲，此時太陽星座落在水瓶座，你開始重視諸如細膩的情感、想像力以及心靈感悟得問題。

■真實的自我

你的外表充滿自信，但是內心卻充滿矛盾，因為你一方面尋求新的、刺激的經歷，一方面又對內心平靜懷有渴望；你的不安分性格會激勵你獲得成功，但也會導致你產生不滿，使你陷入逃避或自我放縱，因此尋求平衡的生活對你十分重要；內省和平和的心態使能你培養耐心和內心的寧靜。

你的敏銳直覺和敏感使你具有強烈的洞察力，如果能發揮這些潛能你將變得有遠見、睿智並能影響和鼓舞他人；你樂於幫助他人，但要注意不能過於挑剔、強勢；充滿理想、期望改善世界的你在奉獻某項事業和幫助他人時最感到幸福。

■工作和職業

進取心和良好的組織能力使你懷有高遠的目標；敏捷、精明的頭腦充滿著賺錢的念頭，使你能在商界獲得成功，尤其是在銷售、代理工作和推銷領域；性格獨立的你喜歡按照自己的方式行事，但你也清楚知道合作所帶來的好處，這也使你傾向團隊合作並使你的工作富有成果；你的果斷和個人處世哲學能使你為他人提供建議並對心理學研究以

及精神的感悟產生興趣;清晰表達想法的能力、對知識的熱愛和智慧會使你傾向從事寫作、廣告或出版工作;許多這一天出生的人會投身體育界。

與你同天出生的名人包括女演員珍‧柏金和佩蒂‧杜克和李‧雷米克,樂隊指揮史拜克‧瓊斯、網球運動員史坦‧史密斯、作家雪莉‧傑克遜。

■數字命理學

智力方面的潛能、務實的態度和堅定的決心是誕生日數字14賦予你的特質;這一天出生的你總是把工作放在首位,並透過成就的大小衡量自己與他人的價值;你一方面渴望穩定,一方面內心的不安分又促使你不斷進步,並迎接新的挑戰來證明自己的能力;躁動和時常出現的不滿足感使你渴望人生出現更多的變化,特別是當你對當前工作環境和經濟狀況感到不滿時;你的悟性能使你夠迅速對問題做出回應並十分享受解決問題的過程。出生在12月的你充滿理想、富有野心和冒險精神;雖然你具有務實的處事態度和理智,但你仍渴望刺激的經歷,並願意用冒險來證明自己的智慧;不過你要避免可能導致負債的商業決策;意識到知識就是力量的你能夠從無邊無際的幻想中成長並不斷擴展視野。

■愛情和人際關係

具有研究精神、思維敏捷的你喜歡與積極進取的人交往,因為他們能激發你的靈感並給予你鼓舞;雖然你充滿理想、浪漫,但不善於表達更親密的感情;一旦選定伴侶,你會表現得忠誠、溫柔;渴望安全感和舒適生活的你會將金錢和財務上的安全感視為人際關係中的重要因素,而你經常會被聰明、與眾不同且相當自信的人吸引;要避免對伴侶太過專橫。

■你生命中的特殊之人

在誕生日為以下日期的人當中,你能找到可以激發靈感的伴侶。

◎愛情和友誼:

1月3,4,14,17,20,24日、2月1,2,12,18,22日、3月10,16,20,29,30日、4月8,11,14,18,27,28日、5月6,12,16,25,26,31日、6月4,10,14,23,24,29日、7月2,8,12,21,22,27日、8月3,6,10,19,20,25日、9月4,8,17,18,23日、10月2,6,15,16,21,30日、11月4,13,14,19,28,30日、12月2,11,12,17,26,28,30日

◎幸運貴人:

1月4,8,21日、2月1,2,6,19日、3月4,17,28日、4月2,15,16日、5月13,24日、6月11,22日、7月9,20日、8月7,8,31日、9月5,16,29日、10月3,14,27日、11月1,12,25日、12月10,23日

◎強烈吸引你的人:

5月31日、6月11,12,13,14,15,29日、7月27日、8月25日、9月23日、10月21日、11月19日、12月11,17日

◎砥礪者:

1月7,10,15,31日、2月5,8,13,29日、3月3,6,11,27日、4月1,4,9,25日、5月2,7,23日、6月5,21日、7月3,19日、8月1,17日、9月15日、10月13日、11月11日、12月9日

◎靈魂伴侶:

3月31日、4月29日、5月27日、6月25日、7月23日、8月21日、9月19日、10月17,29日、11月15,27日、12月13,25日

優點:果斷、勤奮、幸運、有創造力強、務實、想像力豐富、勤奮
缺點:過於謹慎或衝動、不穩定、考慮不周、固執

太陽星座：射手座
區間：獅子座／太陽
角度：射手座22°30´-23°30´
類型：變動星座
元素：火
恆星：侯、尾宿八

12月15日

SAGITTARIUS

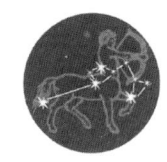

　　富有創造力和想像力的你在多方面表現出天賦，而且個性活潑、興趣廣泛；聰明、愛好交際的你追求積極的生活，而你的樂觀十分迷人、讓人容易接近；天資聰穎的你堅定、務實，也大大增加了成功的機會。

　　區間主導星座獅子座使你更加樂觀、自信，也表現了你天性驕傲、有進取心；你會不斷地尋求能帶來靈感和變化的理想環境以滿足對安全感的需要；你的才智促使你投身許多領域的研究，雖然目標過多可能會讓你感到彷徨；而不滿足感是你面臨的主要挑戰，如果遭遇財務問題，你會變得憤世嫉俗或焦慮；儘管有時你會表現得猶豫不決，但只要確立了目標，你會變得堅定、專注以實現目標。

　　你的思維敏捷、機智、對人的觀察深入，對任何事物和人都具有好奇心；你喜歡與他人合作，但時常會表現得難以捉摸及行事衝動，這將導致緊張和誤解；幸好你的敏感和洞察力能預先感受到緊張氣氛，並能在適當時機十分巧妙地化解尷尬。

　　7歲到36歲期間，太陽星座將經過摩羯座，此時你對目標、野心的認識加深，也強調務實的處事方法；到了37歲，太陽進入水瓶座，你對獨立性、進步思想以及個性表達的需要增強；67歲開始，太陽星座進入雙魚座，此時的你會將更多的注意力放在對感情的敏感、想像力和直覺上。

■真實的自我

　　你深諳談話技巧和社交禮儀，對人性有深刻認識，能夠與各階層的人相處融洽；天生的商業直覺和對價值的感知力賦予你領導才能以及迅速判斷他人動機的能力；具有創新精神和鮮明個性的你會發現，人生最大的滿足是來自於發展仁慈之心和表現自己的與眾不同。

　　誕生日將你迅速、敏感的氣質與你的美好憧憬和多才多藝完美地結合在一起；驕傲的你十分注重個人形象，喜歡與有智慧的人相處；壓制內心的焦躁，你需要尋求多樣性和付諸行動，並要有明確的目標及培養自我認同感；而財務問題是你產生不確定感的主因，因此你要避免過度奢侈，對可能出現的財務不穩定要有充分準備。

■工作和職業

　　能夠迅速熟悉環境的你十分容易產生厭倦感，不喜歡循規蹈矩，因此你需要充滿變化的職業並不斷地改善處境；當你預知到機會出現時不要懼怕，要把握機會或向未知領

域開拓，因為這通常對你有利；具有魅力和社交技巧的你適合需要與人溝通的職業；你令人信服的作風和對文字的靈活運用能使你成為作家、教師或勝任銷售工作；在商業領域，你會使用創新的處事方法，也比較喜歡大型專案；此外，你的性格中戲劇性的一面可以透過表演和音樂獲得滿足，你的獨到見解和處事方法也將因此得到自由發揮。

與你同天出生的名人包括男演員唐・詹森、女演員麗芙・鄔曼和史蒂芬妮・勞倫斯，作家艾德娜・歐伯蓮，以及工程師亞歷山大・艾菲爾。

■數字命理學

多才多藝、熱忱和內心的不安分是誕生日數字15賦予你的特質；通常你機敏、具有個人魅力；你最大的優勢在於擁有強烈的直覺，以及將理論與實踐融合產生出極強的學習能力；許多時候你都能一面學習新技術，一面利用其創造價值；機會到來時你能夠憑藉精準洞察力牢牢把握；無憂無慮、堅強不屈的你總能直接面對突發的狀況，也喜歡嘗試冒險；富有冒險精神的你也需要可以依靠的穩固基礎和家庭。受出生月12月的影響，你充滿理想、樂觀、具有心靈的力量；受到某一理念或他人鼓舞的你會變得積極、富有熱情，但你可能會很快地失去興趣並感到厭倦；在多方面表現出天賦、興趣廣泛的你喜歡學習和旅行帶來的思想深化和成長；雖然你可能會遭遇財務上的不穩定，但你具備賺錢能力，因此能夠得到他人的幫助和支持。

■愛情和人際關係

合群、有魅力的你能夠輕易地交到朋友和與他人交流；你在社交活動中總是表現得慷慨，並使周圍人感到輕鬆；財務窘迫的你會產生焦慮和不安感，並使人際關係變得緊張，因此，你需要學會積極的思維和堅定的信念；迷人的你會吸引許多異性，一旦墜入愛河就會充滿同情心、體貼、包容，並將對方的需要放在首位；但情緒化的你雖然經常表現得熱心、溫順，但感到危險時你就會變得十分冷漠、麻木。

優點：	積極、慷慨、有責任感、善良、合作精神、有鑑賞力、有創意
缺點：	干擾性、不負責任、自我中心、害怕改變、焦慮、猶豫、物質主義

■你生命中的特殊之人

在誕生日為以下日期的人當中，你能找到可以激發靈感的伴侶。

◎愛情和友誼：

1月11.21.25日、2月19.23日、3月17.21.30日、4月5.15.19.28.29日、5月13.17.26.27日、6月11.15.24.25.30日、7月9.13.22.23.28日、8月7.11.20.21.26.30日、9月5.9.18.19.24.28日、10月3.7.16.17.22.26.29日、11月1.5.14.15.20.24.27日、12月3.12.13.18.22.25.27.29日

◎幸運貴人：

1月5.13.16.22.28日、2月3.11.14.20.26日、3月1.9.12.18.24.29日、4月7.10.16.22.27日、5月5.8.14.20.25日、6月3.6.12.18.23日、7月1.4.10.16.21日、8月2.8.14.19日、9月6.12.17日、10月4.10.15日、11月2.8.13日、12月6.11日

◎強烈吸引你的人：

6月13.14.15.16.30日、7月28日、8月26日、9月24日、10月22日、11月20日、12月18日

◎砥礪者：

1月2.23.30日、2月21.28日、3月19.26.28日、4月17.24.26日、5月15.22.24日、6月13.20.22日、7月11.18.20日、8月16.18.19日、9月7.14.16日、10月5.12.14日、11月3.10.12日、12月1.8.10日

◎靈魂伴侶：

1月14.22日、2月12.20日、3月10.18日、4月8.16日、5月6.14日、6月4.12日、7月2.10日、8月8日、9月6日、10月4日、11月2日

太陽星座：射手座
區間：獅子座／太陽
角度：射手座23°30´-24°30´
類型：變動星座
元素：火
恆星：侯、尾宿八

12月16日

SAGITTARIUS

你的交際能力強、充滿理想、有野心、心胸廣闊，而且喜歡社交活動；驕傲、迷人的你能夠運用魅力和友善得到他人的認同；身為人道主義者，你能夠展現愛和欣賞做為宣洩強烈感情的途徑，但太過關注自己的利益會使你變得自負。

區間主導星座獅子座賦予你自信、希望和樂觀，使你時常產生崇高的理想；儘管你表現出慷慨和善良，但徘徊於責任和欲望之間的兩難讓你時常不確定自己的忠誠將歸於何處；當你的感情產生不滿足時，你會藉由揮霍以吸引他人的注意；而你的敏感代表明你具有同情心；透過培養更加明達的處世態度，你能夠平衡性格中的極端特質。

智慧和敏銳的思維使你具備出色的溝通技巧，也很享受學習、辯論和討論帶來的滿足；機智、有幽默感的你善於與人相處，而且具有魅力、風趣；當你情緒起伏時，你要避免變得刻薄或因為言辭尖銳而導致的緊張和手吵。

6歲到35歲之間，太陽星座將經過摩羯座，此時你需要可以達成目標的實際方法，到了36歲，太陽星座推進到水瓶座，你渴望能夠擺脫責任來獲得更多自由、獨立性以及表達個性，因此你會比較關注在通靈、群體意識以及人道主義等相關問題；另一轉捩點出現在66歲，此時太陽星座進入雙魚座，這使你開始將重心放在內心情感世界、敏感和想像力上。

■真實的自我

意志堅強、合群、有情趣的你只要找到興趣所在，就會變成處世圓滑的人，這些特質再加上你性格中戲劇性的一面，會讓人們為你的自信外表而傾倒；感情力量賦予你的鮮明個性會使你表現出魅力、慷慨及天生的領導才能；受到啟發的你渴望創造性地表達自我並透過戲劇、美術、音樂或寫作尋求名望；勤奮的你通常有頻繁的社交活動，這也是你的優勢之一；不要小看自制力的重要性，因為它能幫助你發揮最大的潛能。

你的敏銳思維和直擊問題要害的能力使你善於解決問題，尤其特別傾向開拓新專案；你的敏感會幫助你認識自我和生活的深層意義，並避免可能出現的挫折和沮喪；你對生活的矛盾和荒謬有清楚認識，因此能保持幽默感和心理平衡；你需要保持忙碌的工作狀態或積極專注於某項事業，才能使潛能創造出非凡的成就。

■工作和職業

敏銳、迅速的思維是你的最大財富，對你成為作家、講師或政治家有極大的幫助；

具有進取心、決心和積極態度的你一旦投入某項工作,一定能夠有所建樹;領導才能、組織能力以及戰略部署能力使你適合從事商業活動,你也很享受挑戰大型專案帶來的快感;崇尚自由的你喜歡按照自己的方式行事或是傾向自我創業;此外,自我表達的需要以及對感染力事物的熱愛會使你投入音樂、美術或表演領域;天生是心理學家的你可能希望從事能夠發揮對人性的理解力的職業。

與你同天出生的名人包括作家珍・奧斯汀、人類學家瑪格麗特・米德、作曲家貝多芬、劇作家和作曲家諾爾・克華德,以及作家亞瑟・C・克拉克與菲力普大・迪克。

■數字命理學

誕生日數字16賦予你豐富的思想、細膩的情感和友善的性格;分析力強的你總能憑直覺對生活和他人做出判斷;這一天出生的你有可能出現內心的緊張,一方面來自於自我表達的需要,一方面則來自對他人的責任感;你關心世界局勢,因此能進入跨國性公司或傳播媒體界工作;具有創造力的你能夠記下稍縱即逝的靈感,進而在寫作方面展現出天賦;你還需要學會平衡性格中的兩個極端,也就是自負與懷疑和不安感。出生月12月表示你樂觀、果敢、渴望人生拓展和成長;洞察力敏銳、善於分析的你是精明的心理專家,能夠洞悉他人內心;你能夠給予適當的激勵,並將興趣融入到工作中,也喜歡展示自我;儘管善良、友善,但要注意傲慢、自私和自誇的傾向。

■愛情和人際關係

你能夠與不同階層的人群相處融洽;友善、隨和、有幽默感的你愛好交際、有情趣;年輕的心態和熱情使你渴望嘗試不同類型的人際關係,但要避免過早安於生活;你通常對具有藝術天賦和能在工作中創新的人著迷;自我意識強烈的你喜歡以乖巧的形象示人並給他人留下深刻印象,你通常表現出博大的胸襟和仁善之心;你熱情好客、廣交朋友、十分風趣。

優點:	博學、對家庭有責任感、正直、洞察力敏銳、愛好交際、善於合作、有遠見
缺點:	焦慮、不易滿足、不負責任、固執己見、多疑、刻薄、易怒、缺乏同情心

■你生命中的特殊之人

尋求安全感、愛和靈感的你不妨留意一下誕生日為以下日期的人。

◎愛情和友誼:

1月6、16、18、22、26日、2月4、14、20、24日、3月2、12、18、22日、4月10、12、16、20、30日、5月8、14、18、28日、6月6、12、16、26日、7月4、10、14、24、31日、8月2、4、8、12、22、29日、9月6、10、20、27日、10月4、8、18、25日、11月2、6、16、23、30日、12月4、14、21、28、30日

◎幸運貴人:

1月6、17、23、31日、2月4、15、21、29日、3月2、13、19、27、30日、4月11、17、25、28日、5月9、15、23、26日、6月7、13、21、24、7月5、11、19、22日、8月3、9、17、20日、9月1、7、15、18、30日、10月5、13、16、28日、11月3、11、14、26日、12月1、9、12、24日

◎強烈吸引你的人:

6月14、15、16、17日

◎砥礪者:

1月24日、2月22日、3月20、29日、4月18、27、29日、5月6、16、25、27、30日、6月14、22、25、28日、7月12、21、23、26日、8月10、19、21、24日、9月8、17、19、22日、10月6、15、17、20日、11月4、13、15、18日、12月2、11、13、16日

◎靈魂伴侶:

1月13日、2月11日、3月9日、4月7日、5月5日、6月3、30日、7月1、28日、8月26日、9月24日、10月22日、11月20日、12月18日

太陽星座：射手座
區間：獅子座／太陽
角度：射手座24º30´-25º30´
類型：變動星座
元素：火
恆星：尾宿八、天蠍座疏散星團M6

12月17日

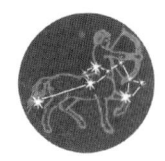

SAGITTARIUS

具有探索精神和野心的你個性活潑，對知識懷有極度的渴望；樂觀、富有創造力的你想像力豐富，並且渴望把握機會；雖然你有野心、欲望強烈，但要避免專橫和將意志強加於人的傾向；你的敏銳理解力和創新想法表示你需要不斷尋求新的、刺激的想法以保持思維的活躍。

區間主導星座獅子座賦予了你活力和自信；你的意志強大，而且具有進取心和出色的實用技能，因此你能夠將崇高的理想轉化為實際價值；無論是在幕前還是在幕後，有了你的參與，結果都會變得大不相同。

明辨、講求方法的你具有掌握全局的能力和積極的思維，因此你想要改善現有體制，但你要避免對瑣事的挑剔和焦慮；對高深學問的興趣使你傾向哲學和精神性問題，而能夠準確、堅定表達自我思想的你適合投入學術研究領域；對語言的熱愛則賦予了你寫作的天賦。

5歲到34歲之間，太陽星座將經過摩羯座，此時你的注意力集中在實際問題和對生活秩序的需要上；到了35歲，太陽星座進入水瓶座，你將對更多的獨立性、群體意識以及進步思想表現出渴望，也期望自由並更具實驗精神；另一轉捩點出現在65歲，當太陽星座進入雙魚座，你變得更加包容、感情細膩、富有同情心和想像力，藝術、創造力以及精神方面的天賦在這段時期將得到發展。

■真實的自我

有魅力的你是一位親切、能夠激發靈感的夥伴，具有與人相處的天賦；良好的溝通技巧、和善的態度和優雅的舉止使你成為出色的外交家；重視外表的你極力想要吸引他人注意，但你要避免虛榮、欺騙的傾向。

儘管你溫柔、體貼、需要有人陪伴，但在人際交往中要保持獨立性，這點對你很重要；崇高的理想和活躍的想像力使你的想法充滿創意，但看法比較實際；你可能會運用這些能力培養在物質方面的感覺，或傾向培養創造力；雖然對金錢問題比較敏感，但你也會推崇某一理想或事業，並努力工作達成目標。

■工作和職業

悟性、領導能力以及對知識的熱愛使你傾向教學工作，不管是在學校還是在公司部門的培訓機構；你也能夠在寫作、科學或研究領域取得成功，因為敏銳的思維將因此得

到發揮；你的出色的人際交往技巧會幫助你在商業、銷售、公共關係或推銷工作中獲得成功；儘管個性獨立，但你深知團隊和合作的重要性；如果能夠發掘更多的藝術潛力，你在音樂以及創造方面也能夠有所建樹。

與你同天出生的名人包括作家歐斯金・考德威爾、醫生兼煉金師菲力普・帕拉塞爾蘇斯、科學家韓法理・大衛、物理學家約瑟夫・亨利、詩人約翰・格林里夫・懷帝爾、記者威廉・薩菲爾，以及作家福特・馬多克斯・福特。

■數字命理學

誕生日數字17代表著你處事精明、性格靦腆、分析力強；具備獨立思考能力的你能夠在教育以及技能的培養中獲益；專業知識會幫助你在所專注的領域獲得巨大的利益及顯赫地位；內斂、淡泊的你對事實和形象的興趣濃厚，會在他人面前表現得嚴肅、深謀遠慮、從容不迫；透過對交際技巧的培養，你就能發現自身更多與眾不同之處。出生月12月的你洞察力敏銳，且在多方面具有天賦；靈感被激發時你會表現得積極、有活力，以及渴望表現自我；通常你直接、坦率、很有主見，但可能會表現出浮躁和不安分；陷入猶豫或焦慮的你可能會在感情和經濟方面反覆無常；培養毅力和圓融的處世態度，並對人際交往有信心，你就能從團隊以及搭檔合作中受益。

■愛情和人際關係

具有探索精神、思想不安分的你喜歡與智慧、創造力和進取心的人為伴，因為他們能夠透過天賦和勤奮工作取得成功；你經常會將自己視為是團體中的一分子，因為富有迷人魅力，因而身邊不乏朋友和崇拜者；你的思維具有獨立性，但時常產生感情上的不安，特別是當你無法從伴侶那裡獲得認同時；通常你信任長期的人際關係，因此會尋求可以託付並使你獲得安定的可靠伴侶。

■你生命中的特殊之人

與誕生日為以下日期的人相處，你將變得更加幸運。

◎愛情和友誼：

1月1、4、20、27、29日、2月2、25、27日、3月23、25日、4月4、21、23日、5月19、21、29日、6月17、19、27日、7月15、17、25日、8月6、13、15、23日、9月11、13、21日、10月9、11、19日、11月7、9、17日、12月5、7、15日

◎幸運貴人：

1月3、10、15、18日、2月1、8、13、16日、3月6、11、14、29、31日、4月4、9、12、27、29日、5月2、7、10、25、27日、6月5、8、23、25日、7月3、6、21、23日、8月1、4、19、21日、9月2、17、19日、10月15、17日、11月13、15日、12月11、13日

◎強烈吸引你的人：

4月30日、5月28日、6月15、16、17、18、26日、7月24日、8月22日、9月20日、10月18日、11月16日、12月14日

◎砥礪者：

1月9、14、16、25日、2月7、12、14、23日、3月5、10、12、21、28、30日、4月3、8、10、19、26、28日、5月1、6、8、17、24、26日、6月4、6、15、22、24日、7月2、4、13、20、22日、8月2、11、18、20日、9月9、16、18、10月7、14、16日、11月5、12、14日、12月3、10、12日

◎靈魂伴侶：

12月29日

優點：深思熟慮、具專業知識、計畫周全、有商業頭腦、有財運、有主見、刻苦精神、準確、講求策略、科學精神

缺點：注意力不集中、固執、情緒化、敏感、心胸狹隘、挑剔、焦慮、多疑

太陽星座：射手座
區間：獅子座／太陽
角度：射手座25°30´-26°30´
類型：變動星座
元素：火
恆星：尾宿八、天蠍座疏散星團M6

12月18日

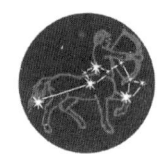

SAGITTARIUS

出生在這天的你迷人、有野心、感情強烈、敏感、具有仁慈之心、決心堅定；心胸寬廣、友善的你渴望尋求聲望和情感的滿足；只要找到合適的管道宣洩極具戲劇性的性格就能使你獲得成功和感情的穩定；運用外交手腕及培養合作意識，你就會發現團隊合作能夠創造出碩大的成果。

區間主導星座獅子座賦予你自信、希望和創造力；樂觀的你會透過旅行和新的機會擴大視野；固執、驕傲的你有著強烈的正義感和道德標準，充分展現出親和力的你慷慨、熱心。

儘管穩重、善解人意，但如果你過於堅持按照自己的方式行事，就會變得刻薄、挑剔；喜歡被奢華、高品質的事物包圍的你渴望擁有奢侈的生活方式，因此你會努力工作來滿足渴望；但是你必須避免對感官享受的追求和自我放縱會破壞自我約束力，而使你的潛能發揮受到阻礙。

4歲到33歲，太陽星座位於摩羯座，此時你需要務實的處事方式才能達成目標；到了34歲，太陽星座進入水瓶座，你將渴望更多的獨立性和個性表達，你可能會關注有關自由、群體意識或人道主義相關的問題；另一轉振點出現在64歲，當太陽星座進入雙魚座，你會開始注意感情的包容、想像力或精神感悟。

■真實的自我

你富有魅力、愛好交際、善於人際相處，能夠洞悉他人的動機，這能夠幫助你應付各種環境和狀況；敏銳的頭腦和心理技巧讓你的幽默感能夠表達獨特的見解，言辭尖酸又風趣；有時充滿挑釁的你樂於接受智力的挑戰，更喜歡在競爭中考驗自己的才智，不過，你需要有人陪伴，因此經常會為了和平的氣氛做出讓步。

一旦目標確定，你會展現出極度的專注和勤奮；面對挫折時，你會有極大的忍耐力，能夠做出巨大的犧牲；你需要學會平衡性格中的極端特質，因為當你的感情起伏波動較大時，你時而仁善、富有同情心，但又時而冷漠、沮喪、有挫折感；自我分析和相信內心直覺能夠使你最大限度地發揮潛能。

■工作和職業

有野心、具有個人魅力、性格獨立的你能夠輕鬆地獲得權力並發揮天生的領導才能；具有魅力和出色交際手腕的你能夠在與人交往中獲得成功；工作勤奮的你憑藉著

進取心、自信的外表和競爭意識，能夠在商業領域有所成就，除此之外，你還有貴人相助；你的溝通天賦能在寫作、銷售、出版或教學方面得到發揮；此外，你的人道精神能夠在慈善工作、社會改革或募集資金工作中得到滿足。

與你同天出生的名人包括男演員布萊德・彼特、電影導演史蒂芬・史匹柏、音樂人凱斯・理查茲，藝術家保羅・克利，以及女演員貝蒂・格拉布。

■數字命理學

誕生日數字18代表著決心、自信以及野心；你處事積極、渴望挑戰，喜歡忙碌的狀態，因此會從事冒險性的事業；個人能力強、勤奮、有責任心的你適合擔任領導者；天生的商業頭腦和組織才能使你能在商界一展所長，但要避免過度勞累，及學會自我調適，放慢生活的節奏；這一天出生的你可以運用個人的力量撫慰他人、給予他人建議或幫助他人解決問題；出生月12月表示著你誠實、充滿理想、感情強烈；你在多方面表現出天賦及多才多藝，但如果無法表現自我，你會變得焦躁不安；雖然你慷慨、友善，但最好要避免刻薄和將意志強加於他人的傾向。

■愛情和人際關係

有活力、被感情主導的你會對性格強烈的人著迷；慷慨、有同情心的你充滿自信，喜歡在他人心中留下好印象；儘管你忠誠、體貼，但時常夢想破滅或情感受到壓抑，因此你會發現表達自己的真實感情十分困難；積極尋求人際關係安寧與和諧的你抗拒變化，因此會表現得固執、專橫；你具有耐心，並願意為了維持關係而做出犧牲，可是你也該學會在無計可施時適時放手。

■你生命中的特殊之人

渴望一段可以激發靈感的人際關係的你，需要注意誕生日為以下日期的人。

◎愛情和友誼：

1月2.28日、2月26日、3月24日、4月22日、5月20.29.30日、6月18.27.28日、7月16.25.26日、8月14.23.24日、9月12.21.22日、10月10.19.20.29.31日、11月8.17.18.27.29日、12月6.15.16.25.27日

◎幸運貴人：

1月2.10.13.16日、2月8.11.14日、3月6.9.12日、4月4.7.10日、5月2.5.8日、6月3.6日、7月1.4.30日、8月2.28.30日、9月26.28日、10月24.26日、11月22.24日、12月20.22.30日

◎強烈吸引你的人：

10月31日、11月29日、12月27日

◎砥礪者：

1月3.9.10日、2月1.7.8日、3月5.6.31日、4月3.4.29日、5月1.2.27日、6月25日、7月23日、8月2.21.31日、9月19.29日、10月17.27日、11月15.25日、12月13.23日

◎靈魂伴侶：

1月5日、2月3日、3月1日、5月30日、6月28日、7月26日、8月24日、9月22日、10月20日、11月18日、12月16日

優點：思想進步、自信、直覺敏銳、勇氣十足、堅定、治癒的力量、有效率、善諫

缺點：過度敏感、感情壓抑、懶惰、缺少秩序感、自私

太陽星座：射手座
區間：獅子座 / 太陽
角度：射手座26°30´-27°30´
類型：變動星座
元素：火
恆星：天培四、天蠍座疏散星團M6

12月19日

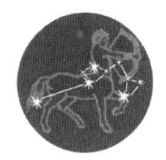

SAGITTARIUS

愛好交際、多才多藝的你敏感、感情強烈、富有創造天賦；儘管你在多方面擁有天賦，也具有富感染力的能力和智慧，但你還是比較務實，對結構有超凡的感知力；積極地善用富有活力的感情，你就能夠獲得成功，但當事情進展過慢或沒有按照你的計畫進行時，你必須避免產生不滿足感或浮躁；渴望成就的你需要了解唯有透過勤奮努力和堅持，才能真正獲得成功。

區間主導星座獅子座賦予了你自信；希望和樂觀能夠擴大你的視野；你的天性驕傲、堅定，喜歡領導他人而不是處於從屬地位

雖然你理智、充滿智慧，但感情的波動較大，因而你會根據感覺做出判斷；一旦對某事產生興趣，你就會全心地全意投入；強烈的責任感表現出你的忠誠，促使你勤奮工作、專注、願意做出犧牲；但當責任感時常占據你的心靈時，你將產生挫敗感或陷入情感的焦躁。

3歲到32歲之間，你的太陽星座位於摩羯座，此時你較為關注實際的問題，並渴望生活中有更多的秩序感；到了33歲，太陽星座進入水瓶座，你將對更多的自由、團體意識以及人道主義理念產生渴望，也希望更加獨立及更具有實驗精神；另一轉捩點出現在66歲，此時你會變得更包容、感情細膩、富有同情心和想像力，你在藝術、創造或精神方面的天賦將在這段時期得到發揮。

■真實的自我

友善、智慧的你喜歡與人交流想法和分享知識；你具有人道主義精神、心胸寬廣、淡然，喜歡直接、誠實的處事方式；你的心地善良，對愛人慷慨，但你必須避免消極想法和挑剔、固執己見；積極的思維使你能夠鍛鍊心智以克服苦難，最終獲得成功。

渴望成功的你勤奮、有野心，因此你需要更明確的目標，一旦對想要達成的目標有完整的事先規畫，你就會表現得更加出色，同時你會產生豐富的想像力和堅決毅力並克服感情的不滿足感。

■工作和職業

樂觀的態度和敏感的領導力能使你在人際關係中獲得成功；有智慧、思想豐富的你希望透過教學和寫作與他人分享你的知識；你的創造力和天賦能夠滿足你在音樂和藝術方面的表現渴望；你能將興趣融入到工作中；也能夠將藝術商業化，同時你的強烈表演

欲會使你在表演和娛樂工作中大顯身手；控制欲會促使你追求權威，為某一事業和理想奮鬥時，你會達到最佳狀態；視覺上的敏銳度使你對傳播媒體、廣告或出版工作產生興趣；此外你的同情心會在治療、康復或公共服務行業獲得滿足。

與你同天出生的名人包括歌手伊蒂絲‧琵雅芙、男演員羅夫‧理查森、女演員西西莉‧泰森、製片人大衛‧薩斯坎德、歌手兼音樂人毛利斯‧懷特，作家尚‧惹內，以及人類學家理查‧利基。

■數字命理學

誕生日數字19的人充滿著野心和人道精神；你果斷、懂得隨機應變、有遠見，另一方面，你也充滿理想、具有同情心和創造力；雖然內心敏感，但對成功的渴望激勵你不斷前進，顯示出表現欲並時刻成為眾人關注的焦點；強烈渴望與眾不同的你必須能夠承受來自群體的壓力；你在他人面前表現得自信、積極、充滿機智，但內心的緊張感卻可能導致你的感情的不穩定；具有藝術氣質和個人魅力的你會發現這個世界還有許多新奇的事物在等著你法探索；受出生月12月的影響，你懷有遠見和榮譽感，而且感情強烈；擁有實用技能和威嚴感的你喜歡掌控局勢，渴望能夠無拘無束地表達自我；保持積極的態度和處事哲學，你就能夠應付挑戰，也不會在遇到困難和障礙時產生挫折感。

■愛情和人際關係

你表達愛意的方式強烈，因此你會對性格堅強、有表現力的人著迷；你天性浪漫、敏感，需要穩定和安全感，因此你在交友方面要慎重選擇；情感的滿足是來自於潛能的發揮，所以你要克制焦慮、消極的思維、懷疑或極端；你對感情十分投入，能夠給予朋友和伴侶支持並保護他們；學會耐心和容忍，當事情沒有按照你的計畫發展時，你就能克服思想上的挫折感。

優點：有活力、注意力集中、有創造力、具領導才能、幸運、進步、樂觀、信念堅定、有競爭意識、獨立、合群
缺點：自我中心、焦慮、害怕被拒絕、不穩定、物質主義、自大、缺乏耐心

■你生命中的特殊之人

在誕生日為以下日期的人當中，你能找到長久的關係和穩定感。

◎愛情和友誼：
1月3.8.22.25.29.30日、2月1.6.20.23.27.28日、3月18.21.25.26.30日、4月16.19.23.24.28日、5月14.17.20.22.26.31日、6月12.15.19.20.24.29日、7月10.13.18.22日、8月8.11.15.16.20.27.29.30日、9月6.9.13.14.18.23.27.28日、10月4.7.11.12.16.21.25.26日、11月2.5.9.10.14.19.23.24日、12月3.7.8.12.17.21.22日

◎幸運貴人：
1月17日、2月15日、3月13日、4月11日、5月9.29日、6月7.27日、7月5.25日、8月3.23日、9月1.21日、10月19.29日、11月17.27.30日、12月15.25.28日

◎強烈吸引你的人：
5月31日、6月17.18.19.20.29日、7月27日、8月25.30日、9月23.28日、10月21.26日、11月19.24日、12月17.22日

◎砥礪者：
1月20.23日、2月18.21日、3月16.19日、4月14.17日、5月12.15日、6月10.13日、7月8.11日、8月6.9日、9月4.7日、10月2.5日、11月2日、12月1日

◎靈魂伴侶：
1月4.31日、2月2.29日、3月27日、4月25日、5月23日、6月21日、7月19日、8月17日、9月15日、10月13日、11月11日、12月9日

太陽星座：射手座
區間：獅子座／太陽
角度：射手座27°30´-28°30´
類型：變動星座
元素：火
恆星：天培四、天蠍座疏散星團M6

12月20日

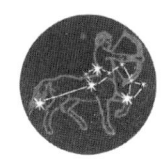

SAGITTARIUS

你的接受能力強、有魅力、氣質優雅動人；有合作精神的你在團隊中能夠有所建樹，你也能夠給予朋友支持與鼓勵；身為理想主義者的你有很強的人道精神，會為了某一事業奉獻自我；儘管你富有想像力和崇高的理想，但生性驕傲，可能會變得奢侈和自我放縱。

區間主導星座獅子座賦予你自信心；希望和樂觀能擴大你的視野；你的思維敏銳、決心堅定，耐心和處世哲學能夠讓你的思想和心靈更加堅強。

你的浪漫情懷令人印象深刻，你的深沉感情能成為靈感的泉源，但也可能成為挫折感的來源，尤其是當你無法達成較高期望時；你傾向選擇輕鬆愉快而不是自己應該承擔的責任和義務，這表示你需要培養自制力而非沉迷於一時的滿足和衝動。

懷有仁善之心的你渴望尋求和諧的人際關係，因而喜歡和各種類型的人交往；當你發現感興趣並能激發靈感的事物時，你就會表現得投入且十分勤奮。

31歲之前，太陽星座位於摩羯座，這時你會需要達成目標的實際方法；到了32歲，太陽星座進入水瓶座，你會渴望更多的獨立性和個性的表達，因此會關注在關於自由、群體意識或人道主義的問題；另一轉捩點出現在62歲，此時你的太陽星座進入雙魚座，這時的你開始較為重視情感的包容性、想像力或內心的精神世界。

■真實的自我

喜好交際的你渴望有人陪伴、合群、友善、寬容；你渴望尋求和諧共處並且能夠激發同情心的人際關係，因此你是一位非常貼心的朋友和夥伴；驕傲、有表現力的你喜歡掌控一切的感覺，因而你很少表露極度的敏感，但當受到傷害時，你要避免以此博取同情或陷入自怨自艾當中；敏感的性格使你具有高度的洞察力，這能幫助你獲得關於存在的深層、玄妙意義。

永遠充滿活力的狀態加上對純真心靈的渴望，因而你能在美術、音樂、寫作或戲劇方面有所發揮或為他人帶來歡樂；你的豐富想像力、多變的感情和天生的同情心能使你鼓舞他人並真正體會生活的快樂。

■工作和職業

你的熱心和令人無法抗拒的魅力能使你在人際交往的職業中獲得成功；你尤其擅長涉及社交的商業活動，如公共關係、推銷、銷售或成為他人的經紀人；天生的心靈感應

能力也會使你適合從事諮商、治療或幫助他人的工作；精明的商業頭腦幫助你在選擇的任何職業中無往不利，但你可以按自己的方式行事的工作；此外，具有創造力的你也會對寫作、音樂、藝術或娛樂工作產生興趣；天生追逐樂趣的性格能讓你在體育界得到發揮。

與你同天出生的名人包括特異功能大師烏利‧蓋勒、哲學家西德尼‧胡克和蘇珊‧朗格、男演員基佛‧蘇德蘭、棒球隊經理布蘭奇‧瑞基、作家馬克‧勒納。

■數字命理學

誕生日數字20代表著你洞察力敏銳、敏感、適應力強、善解人意、有強烈的歸屬感；你十分享受合作的過程，因為能與他人交流、分享經歷並相互學習；你非常具有個人魅力，為人親切，只要運用出色的外交手腕和社交技能就能使你輕鬆地融入任何社交圈子，但你需要培養自信，不須太在意周圍人的行為以及評論或是過分依賴他人；你也十分擅長營造和諧的氣氛；受出生月12月的影響，你機敏、接受能力強，但性格不安分；你善於洞悉他人及其動機，因而相信強大的直覺可以使你獲益；雖然你有野心，且決心堅定，但對理想主義的憧憬會使你在提升個人和為共同利益犧牲個人願望之間搖擺不定。

■愛情和人際關係

你需要情感方面的鼓勵來展現強烈的感情；不安分又極度敏感的你充滿理想，因此你會嘗試不同的人際關係；你會為了所愛的人做出犧牲，所以你要謹慎選擇伴侶；充滿活力、熱情的你積極主動，但被對方深深吸引時，你可能會表現得過於嚴肅，這將帶給你不必要的傷心。

■你生命中的特殊之人

在誕生日為以下日期的人當中、你能夠找到理解你的敏感和對愛的需要的伴侶。

◎愛情和友誼：

1月5、10、18、19、20、26、30日、2月3、8、16、17、24、28日、3月1、6、14、15、22、26日、4月4、12、13、20、24、30日、5月2、10、11、12、18、22日、6月8、9、16、20、30日、7月6、7、14、18、28日、8月4、5、12、16、26、30日、9月2、3、10、14、28日、10月1、8、12、22、26日、11月6、10、20、24、12月4、8、18、22、30日

◎幸運貴人：

1月13日、2月11日、3月9日、4月7日、5月5日、6月3、30日、7月1、28日、8月26日、9月24日、10月22日、11月20日、12月18日

◎強烈吸引你的人：

6月16、17、18、19、20日

◎砥礪者：

1月14、24日、2月12、22日、3月10、20日、4月8、18日、5月6、16日、6月4、14日、7月2、12日、8月10日、9月8日、10月6日、11月4日、12月2日

◎靈魂伴侶：

7月30日、8月28日、9月26日、10月24日、11月22、23日、12月20、21日

優點：善於合作、謙和、有策略、接受能力強、洞察力敏銳、深思熟慮、易相處、和藹親切

缺點：多疑、缺乏自信、過於敏感、自私

太陽星座：	射手座和摩羯座交界處
區間：	獅子座／太陽
角度：	射手座28°30´-29°30´
類型：	變動星座
元素：	火
恆星：	天培四、天蠍座疏散星團 M7、天市左垣九、三裂星雲

12月21日

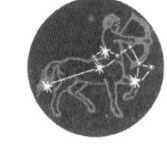

SAGITTARIUS

出生於射手座和摩羯座交接期的你既具備木星的樂觀精神，又具備土星的務實態度；有個人魅力、多才多藝的你個性活潑，渴望創造非凡的成就；強烈的情感是你的主要動力來源，你也渴望發揮創造潛能使理想變為現實；你很積極、動力十足，但卻可能過於興奮或衝動，因而缺乏周密的計畫，這會導致你與最好的機會失之交臂；盡量克制浮躁情緒，並減少目標，你會變得更有責任感收穫也會更豐碩。

區間主導獅子座和土星的影響，你具有自信和堅定的意志；你有創意、充滿理想和崇高的信念；親切、善良的你總能夠生動地表達感情，而你坦率的處事方式也表現出你的誠實和友善；充滿活力的你能夠用熱情和進取的精神激勵他人。

你的態度優雅、和善，喜歡與各行各業的人交往，天生具有外交手腕，並且能夠使他人感到輕鬆；仁慈及成長和拓展的欲望表示你能夠憑藉自己的力量取得成就；不過，誕生日賦予你的潛能只有在合作中才能真正實現，並帶給你和他人更多好處。

30歲之前，太陽星座位於摩羯座，你主要關注在實際的問題，並渴望生活中有更多的秩序感；到了31歲，太陽星座推進到水瓶座，這一變化使你對更多的獨立性和獨到、先進的思想表現出渴望，你也會更需要自由，並想在團隊找到適合自己的位置；到了61歲，太陽星座落在雙魚座，這使你的感情變得更加細膩、富有同情心和想像力，你在藝術、創造力以及精神層面的天賦在這一時期將得到發揮。

■真實的自我

對知識無止境的追求使你享受活到老學到老的快樂；天生的魅力和熱情表示富有活力的你兼具氣質和個性；知識豐富、在多方面展現天賦的你如果能夠保持充分的自信，就同樣對他人具有說服力；充滿熱情和智慧的你能夠十分迅速地掌握思想和資訊並將其應用於生活；你需要注意驕傲和情緒起伏的傾向會讓你一開始很興奮，但最後變得沮喪失望。

崇尚多樣性並充滿個人魅力的你能夠影響和激勵他人；對行動和變化的渴望會轉變成不安分和浮躁，但只要靈感被激發時，這一渴望能夠鼓勵你去探索新的、令人激動的領域。

■工作和職業

你的野心、睿智使你一旦下定決心就能在任何領域取得非凡的成就；天生的領導

才能使你需要能以自我方式行事的自由,因此你適合管理方面的工作或自我創業;個人魅力和迷人的氣質尤使你適合公共關係、娛樂或政治工作;組織能力、務實的態度和進取心能夠幫助你在商業中得到發揮;你會面臨個人野心和為人道理想奮鬥的矛盾;敏銳的心智能夠使你在科學和教育領嶄露頭角,但你可能更傾向能夠發揮創造力的美術、戲劇或音樂領域。

與你同天出生的名人包括音樂人法蘭克・紮帕、女演員珍芳達、網球運動員克莉絲・艾弗特、運動員佛羅倫斯・格里菲斯・喬伊納,以及電視主持人菲爾・唐納修。

■數字命理學

誕生日數字21代表著充沛的活力和外向的個性;你愛好社交、興趣廣泛、運氣較好,而且對他人友善合群;你的洞察力敏銳、具有獨立精神、富有創造力、眼光獨到;這一天出生的你有情趣、有魅力、氣質迷人;你有許多與他人合作的機會,並能藉此取得成功;儘管傾向於合作型的關係,但你渴望自身的能力和天賦能夠得到對方的認同。出生月數字12代表著你樂觀、富有創意,而且充滿想像力和崇高的理想;身為完美主義者的你需要保持實際的態度才能避免失望;你具有創造和諧氣氛的能力,因此能夠讓他人感到輕鬆;具有說服力和魅力的你能夠影響他人。

■愛情和人際關係

能夠與不同階層的人相處的能力使你充滿愛心和同情心;富有魅力、活潑、態度負責的你崇尚秩序和計畫;你通常傾向能給你帶來持久安全感和穩定的人際關係;你比較崇拜勤奮、有野心、有權力、地位權威、喜歡追求挑戰的人;雖然你善解人意、具有人道精神,但你更希望找到真實的情感滿足,不願屈居人下。

■你生命中的特殊之人

在尋求穩定、可激發靈感的同伴和完美伴侶的你不妨留意一下誕生日為以下日期的人。

◎愛情和友誼:

1月2、3、6、9、10、11、21、27、29、31日、2月1、4、7、9、25、29日、3月2、5、7、17、23、25、27日、4月3、4、5、15、21、25日、5月1、3、13、19、23、30日、6月1、11、17、21、28日、7月9、15、19、26、29日、8月7、13、17、24、27日、9月5、11、15、22、25日、10月3、9、13、20、23日、11月1、7、11、18、21、30日、12月5、9、16、19、28日

◎幸運貴人:

1月11、16、30日、2月9、24、28日、3月7、22、26日、4月5、20、24日、5月3、18、22、31日、6月1、16、20、29日、7月14、18、27日、8月12、16、25日、9月10、14、23日、10月8、12、21、29日、11月6、10、19、27日、12月4、8、17、25日

◎強烈吸引你的人:

7月19、20、21、22日

◎砥礪者:

1月15日、2月13日、3月11日、4月9日、5月7、30日、6月5、28日、7月3、26日、8月1、24日、9月22日、10月20、30日、11月18、28日、12月16、26日

◎靈魂伴侶:

1月9、29日、2月7、27日、3月5、25日、4月3、23日、5月1、21日、6月19日、7月17日、8月15日、9月13日、10月11日、11月9日、12月7日。

優點:靈感、有創造力、喜歡結盟、友誼穩固
缺點:依賴、焦慮、情緒失控、目光短淺、失望、懼怕變化

摩羯座
Capricorn

12.22～1.20

太陽星座：摩羯座和射手座交界處
區間：摩羯座／土星
角度：摩羯座29°30´-0°30´
類型：本位星座
元素：土
恆星：天市左垣九

12月22日
CAPRICORN

　　你富有迷人魅力，工作勤奮，擁有取得非凡成就的潛力，前提是培養必要的自我約束力；出生在兩個星座交接期的你既具備摩羯座的務實態度，也具備了射手座發現機遇的能力；這些特質能夠幫助你獲得領導職位，加上良好的社交能力和細膩的感情，你總能在人際交往中無往不利。

　　受區間主導星座摩羯座的影響，你富有野心，並強烈需要責任感；身為完美主義者的你一旦接手工作就想要圓滿地完成；對結構有良好感知力的你擁有出色的商業能力並能完善地規畫目標；財務問題會吸引你的注意力，你也具備將天賦商業化的能力，不過，你要小心別因追求物質和名望分散了你對崇高理想的專注力；事實上，你的挑戰來自於面對工作和娛樂時的態度，唯有使兩者得到平衡，你的生活才不會太過艱辛。

　　體貼、善良的你感情深沉，會讓他人感到放鬆；對人的興趣表示你具有強烈的人道精神，這也促使你為了理想性事業而奮鬥；友善和說服力使你具備優秀的談話技巧，是人際交往的專家；對美和藝術的感覺能夠幫助你在音樂、美術或戲劇方面得到發揮，或滿足你被奢華和有風格的事物包圍的渴望。

　　29歲之前，你的目標明確，處事方法實際；30歲開始，太陽星座推進到水瓶座，此時的你對自由、新思想和個性表達的需要開始增強；另一轉捩點出現在60歲，當太陽星座落在雙魚座，你會開始關注感情的包容性、想像力和精神感悟。

■真實的自我

　　雖然你慷慨、熱心、積極，但也具有剛強、負責的性格，這有時會產生感情和工作之間的衝突；具有極度敏感和強烈感情的你如果想法消極或無法忘記過去，就會陷入沮喪和挫折感；積極的你要學會更加淡然、寬容，相信你會在適當時機得到想要的一切。

　　你在成長的過程中可能會壓抑愛情或努力達到某人的期望；你要對自己的能力有信心，這樣你才能給予他人無微不至的關懷。

■工作和職業

　　雖然你敏感、富有創造力，但個性務實；你可能會投身商界並成為優秀的經濟學家、分析師或股票經紀人，此外，你也能成為顧問或會計；善於與人相處的你適合談判員或交易員的工作；你也可能對研究、自然科學或為人服務的工作產生興趣；而你的創造力和多方面的天賦使你傾向從事設計、戲劇或音樂工作。

與你同天出生的名人包括歌手莫利斯和羅賓‧吉布，棒球運動員史蒂夫‧卡爾頓、電視節目主持人諾爾‧艾德蒙茲、歌劇作曲家普契尼，以及女演員佩琪‧艾希克羅夫特。

■數字命理學

在22日出生的你務實、自律、洞察力敏銳；這一天出生的人靈活性強，兼具誕生日數字22和4的特質；通常你誠實、勤奮，且具有領導才能，加上你充滿個人魅力，並對人有深刻的理解；不事張揚的你體貼，也很關心他人的幸福，而你的務實立場從不動搖。出生月12月表示你有野心、充滿理想；你同時擁有樂觀和懷疑的態度，而你的判斷主要來自於智力的建構；積極的心態能使你將想法轉化為極大的價值，但你必須避免沮喪和焦慮；你的預感強烈，但如果對自己產生懷疑，就會產生焦慮；對創造和諧、平靜環境的需要更能使你達到內心的平和安寧。

■愛情和人際關係

你的直覺和理解力使你能夠輕鬆地與人交往；友善、親切的你需要他人陪伴和友誼；通常你都表現得慷慨、體貼，但有時會變得過度敏感、孤僻而表現得冷酷，這時你需要重新尋求心理的平衡；變化、旅行或鍛鍊身體能幫助你恢復以往的好情緒；浪漫、敏感的仁善之心和普世原則使你喜歡與他人分享經歷，且對朋友和伴侶忠誠、支持。

優點：多才多藝、見解獨到、洞察力敏銳、務實、靈巧、講求技巧、有開創精神、優秀的組織能力、現實主義、善於處理問題、有毅力

缺點：急功近利、自卑情結、專橫、物質主義、懶惰、自大

■你生命中的特殊之人

尋找愛情和持久關係的你需要不妨注意一下誕生日為以下日期的人。

◎愛情和友誼：

1月2、7、9、11、12、22、25日、2月7、10、20、23、26日、3月5、8、18、21日、4月3、6、16、19日、5月1、3、4、14、17、20、24、29日、6月2、12、15、27日、7月10、13、16、20、25、30日、8月9、15、24、26日、9月7、13、22、24日、10月4、7、10、14、19、24、28、29、30日、11月2、5、8、12、17、22、26、27、28日、12月3、6、10、15、20、24、25日

◎幸運貴人：

1月12、23、29日、2月10、21、27日、3月22、26日、4月6、17、23日、5月4、15、21日、6月2、13、19、28、30日、7月11、17、26、28日、8月9、15、24、26日、9月7、13、22、24日、10月5、11、20、22日、11月3、9、18、20、30日、12月1、7、16、18、28日

◎強烈吸引你的人：

6月20、21、22、23日、7月29日、8月27日、9月25日、10月23日、11月21日、12月19日

◎砥礪者：

1月1、4、26、30日、2月2、24、28日、3月22、26日、4月20、24日、5月18、22、31日、6月16、20、29日、7月14、18、27日、8月12、16、25、30日、9月10、14、23、28日、10月8、12、21、26日、11月6、10、19、24日、12月4、8、17、22日

◎靈魂伴侶：

1月20日、2月18日、3月16日、4月14日、5月12日、6月10日、7月8日、8月6日、9月4日、10月2日

太陽星座	摩羯座
區間	摩羯座／土星
角度	摩羯座0°30´-1°30´
類型	本位星座
元素	土
恆星	斗宿三

12月23日
CAPRICORN

你務實、想像力豐富、堅強、渴望行動；雖然你具備獲得生活富足的動力和決心，但只有發揮感情的力量影響周圍的人時，你才會獲得真正的滿足。

受區間主導星座摩羯座的影響，你富有野心、勤奮，而堅持不懈的你也具備達成目標的體力；你經常表現得禮貌、友好，但對感情的壓抑有時會使你變得冷酷、含蓄；不過，你活潑的個性和帶給他人樂趣的能力能在他人心中留下熱心、慷慨的印象。

能夠結合工作與娛樂的你具有獲得物質成功和地位的動力；通常你的感情豐富，而且懷有偉大的夢想，只要付出必要的努力，敏銳的心智和出眾的想像力就能夠助你攀上事業的巔峰；儘管你多才多藝，但需要抒解可能出現的焦躁情緒，並對積極的變化給予足夠的關注和渴望。

28歲之前，你可能會關注在自己的職業和責任的實際問題；29歲開始，你的太陽星座推進到水瓶座，你將會渴望更多的獨立性和表達自己的獨特見解；到了39歲，太陽星座落在雙魚座，此時你開始將注意力轉向細膩的感情，你也會對自己的創造欲望更加敏感。

■真實的自我

驕傲、個性獨立的你需要宣洩強大的感情力量；腳踏實地的你能夠以自己的理想和積極的態度激勵他人；對他人十分敏感的你無私、具有人道精神，因此能夠在人際交往活動中表現出色。

性格中的不同特質有時會讓他人對你捉摸不透；雖然你愛好交際、堅強，但自我孤立的傾向有時會讓你感到孤獨；陷入孤僻的你可能會產生固執的想法，這可能會對你的人際關係產生負面影響，幸好想要擺脫平庸的渴望能使你克服這些負面情緒，並鼓勵你與他人分享你的慷慨、遠見和同情心。

■工作和職業

機智、堅強的你天生具有商業頭腦，能夠勝任任何人際交往相關的工作；多才多藝、充滿責任感的你勤奮、專注；因為具備優秀的管理能力，你有機會晉升到管理職位。

魅力、令人信服的態度以及溝通技巧會使你在銷售、推銷或談判工作中取得成功；富有創造力的你適合從事攝影、寫作、美術、音樂或戲劇相關的工作；不論你選擇的職

業什麼，只要願意為實現目標而勤奮努力，就能將天賦轉化為財富。

與你同天出生的名人包括日本明仁天皇、摩門教創始人約瑟夫·史密斯、作家羅伯特·伯萊。

■數字命理學

直覺、細膩的感情和創造力是誕生日數字23賦予你的特質；你通常表現得多才多藝、熱情、思維敏捷，而且具備專業態度並創意無限；這一天出生的你可以迅速掌握新知識，偏愛實踐勝於理論；你喜愛旅遊、冒險以及結交新朋友，個性中的不安分因子促使你嘗試不同的經歷並幫助你善用環境；一般來說，你友善、有情趣、勇敢、活力十足，因此需要積極的生活以發揮潛力。出生月12月的你需要清晰地表達感情，儘管一開始會遭遇重重困難，但你仍然堅持不懈；你要避免感情的波動，並在受到壓抑時發揮自我約束力，才能避免情緒的爆發；給予和索取的藝術能使你學會保持客觀。

■愛情和人際關係

雖然你積極、不安分，但渴望感情的平靜；渴望和諧的你會不斷尋求並努力維持和平，所以同伴關係和家庭對你十分重要；強烈的感情表示你需要積極的自我表達，否則壓抑的感情會引來更多的問題；你的活潑個性能為你輕鬆贏得他人的信任並吸引大批崇拜者；你懷有強烈的愛，但在持久的感情關係中，你會希望對方能為你提供物質方面的穩定和安全感。

優點：忠誠、有同情心、有責任感、喜好旅行、善於交際、直覺敏銳、有創造力、多才多藝、值得信賴
缺點：自私、缺乏安全感、固執、不肯讓步、挑剔

■你生命中的特殊之人

在尋找生命中特殊之人的你，需要留意誕生日為以下日期的人。

◎愛情和友誼：

1月8.11.12.29日、2月6.9.27日、3月4.7.25.29日、4月2.5.23.27日、5月3.4.21.25日、6月1.19.23日、7月17.21日、8月15.19.29日、9月13.17.27日、10月11.15.25.29.30日、11月9.13.23.27.28日、12月7.11.21.25.26日

◎幸運貴人：

1月13.30日、2月11.28日、3月9.26日、4月7.24.30日、5月5.22.28日、6月3.20.26日、7月1.18.24.29日、8月16.22.25日、9月14.20.25日、10月12.18.23日、11月10.16.21日、12月8.14.19日

◎強烈吸引你的人：

6月21.22.23日、10月30日、11月28日、12月26日

◎砥礪者：

1月5.19日、2月3.17日、3月1.15日、4月13日、5月11日、6月9.30日、7月7.28.30日、8月5.26.28日、9月3.24.26日、10月1.22.24日、11月20.22日、12月18.20日

◎靈魂伴侶：

1月7日、2月5日、3月3日、4月1日、9月30日、10月28日、11月26日、12月24日

太陽星座：摩羯座
區間：摩羯座／土星
角度：摩羯座1°30´-2°30´
類型：本位星座
元素：土
恆星：斗宿三

12月24日

CAPRICORN

具有務實態度和強烈情感目標的你優雅、思維細膩；洞察力敏銳且理性的你能夠專業地運用批判能力為自我分析，不過，你要避免懷疑的傾向可能會導致你刻意忽視各種的可能性和機遇。

受區間主導星座摩羯座的影響，你具有野心，對自己的責任有強烈意識；堅持不懈的你能夠克服重重困難邁向目標；你傾向體系化的工作，而且為人可靠、能夠嚴肅對待工作；你需要避免自我抑制的個性轉變為猶豫或使你變得固執、冷漠。

你對生活的態度實際，而且迷人、天分高；你的創造性思維能在寫作、演講或各種形式的交流活動中有所展現；外交手腕、迷人的聲音及和善的態度使你能夠結交許多朋友並具有足夠的影響力；當你產生不安感，你會害怕孤單或被人拋棄；你需要定期的獨處才能達到內省。

27歲之前的你渴望生活的秩序感，也十分重視實際性的問題；28歲開始，你的太陽星座進入水瓶座，此時的你會更需要獨立性和自主，因此你會表現得更外向、群體意識更強烈，並渴望表現自己的與眾不同；到了58歲，太陽星座落在雙魚座，你的注意力將開始轉向包容性、想像力以及心靈和思想的感悟。

■真實的自我

你具有強大的感情力量，能夠吸引他人或給予他人鼓勵和靈感；豐富的想像力和精明的態度使你有實際的想法，但你要避免產生不切實際的幻想或自我逃避；積極專注的你能夠表現強烈的愛和決心，並確保你獲得成功。

儘管你的魅力和領導才能可以幫助你攀上事業巔峰，但身為完美主義者的你對他人有著太高的期望，這反而會產生誤會或無法進行交流；具有敏銳思維的你需要保持忙碌狀態才能使潛能得到最大的發揮；發掘你的直覺能使你更加理解自我並避免過於嚴肅和產生沮喪的情緒；保持幽默感並享受新工作帶給你的快樂，你就能夠保持充足的創造力。

■工作和職業

堅定、獨立的你洞察力敏銳、充滿智慧、有野心、充滿動力；機敏的你擅長利用商業的敏銳直覺，而且富有進取心；你也具有解決問題的能力、良好的組織和管理能力；受到啟發的你會想要提升寫作能力；此外你還能在職場中發揮優秀的管理能力；對公共

生活感興趣的你會投身教育、政治、表演或演藝界；儘管你比較實際，但也會對哲學、玄學或神祕學產生興趣；崇尚多樣性和對積極、獨立的需求會促使你選擇自我創業。

與你同天出生的名人包括天文學家泰谷·布拉赫、藍調歌手里德貝利、舞蹈指導羅伯特·喬佛利、富翁霍華德·休斯、預言家諾斯特拉達姆，以及女演員伊娃·加德納。

■數字命理學

誕生日數字24代表著你擁有細膩的情感，因此你渴望尋求平衡與和諧；你對形式和結構的敏感度高，能夠輕鬆構建複雜但有效的體系；儘管你充滿理想、忠誠、公正，但個性內斂，堅信實際行動勝過一切言語；對誕生日數24的人來說，主要的挑戰在於學習與不同階層的人交往、克服懷疑的個性，以及建立有安全感的家庭。受出生月12月的影響，你的悟性高、野心勃勃；友善、喜好交際的你會因為懷有太多心事而時常陷入煩躁或受到傷害；在自信、獨立和脆弱、自我懷疑之間搖擺不定的你，需要尋求人際關係的平衡和和諧；保持寬廣的胸懷和開明的思想，你的眼界將會更加開闊；你嚴肅、高效率、勤奮、值得信賴。

■愛情和人際關係

對真理和美的熱愛使你誠實、直接；對愛充滿憧憬的你渴望擁有能鼓舞你的朋友和伴侶；天生的魅力拉近了你與他人的距離並幫助你贏得高人氣；你期待在人際交往中經歷不同的感情變化，因此你需要具有多方面的才藝和極佳的適應性，不要表現得刻板；敏感的你十分重視愛和欣賞的表達，因為這能幫助你克服感情的焦躁；對家庭溫暖和安全感的需要能幫助你最終安定下來。

■你生命中的特殊之人

在誕生日為以下日期的人當中，你能夠找到讓你感興趣的同伴。

◎愛情和友誼：

1月9、13、30日、2月7、28日、3月5、26、30日、4月3、24、28日、5月1、5、22、26日、6月3、20、24日、7月18、22、31日、8月16、20、29、30日、9月14、18、27、28日、10月12、16、25、26、31日、11月10、14、23、24、29日、12月8、12、21、22、27日

◎幸運貴人：

1月15、22、31日、2月13、20、29日、3月11、18、27日、4月9、16、25日、5月7、14、23、30日、6月5、12、21、28日、7月3、10、19、26、30日、8月1、8、17、24、28日、9月6、15、22、26日、10月4、13、20、24日、11月2、11、18、22日、12月9、16、20日

◎強烈吸引你的人：

1月11、2月9日、3月7、4月5日、5月3日、6月1、22、23、24、25日、10月31、11月29日、12月27日

◎砥礪者：

1月5、8、16、21日、2月3、6、14、19日、3月1、4、12、17日、4月2、10、15日、5月8、13日、6月6、11日、7月4、9、29日、8月2、7、27日、9月5、25日、10月3、23日、11月1、21日、12月19日

◎靈魂伴侶：

1月13、2月11日、3月9日、4月7、5月5日、6月3、7月1、8月31日、9月29日、10月27、11月25、12月23日

優點：體力充沛、充滿理想、有實用技能、決心堅定、寬容、坦率、公平、慷慨、愛家、有活力

缺點：物質主義、妒忌、無情、不循常規、懶惰、不忠實、固執

| 太陽星座：摩羯座 |
| 區間：摩羯座／土星 |
| 角度：摩羯座2°30´-3°30´ |
| 類型：本位星座 |
| 元素：土 |
| 恆星：斗宿三 |

12月25日

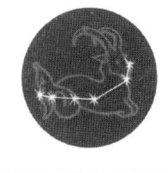

CAPRICORN

受誕生日的影響，你的個性務實、溫柔，對和諧有強烈的渴望；魅力是你的財富之一，與人交際的能力能助你取得成功；你具有親和力，懂得掌握溝通技巧，你的獨特思維和創新性不會被時代所限制；儘管你精明、獨立，但對他人的關懷會促使你為理想事業而奮鬥。

受區間主導星座摩羯座的影響，你的責任感強烈而且可靠；有安全感的家庭對你十分重要，你也會為所愛的人而努力奮鬥；負責的你會把工作做到最好，並願意為達成目標做出犧牲；你會對目標做出完善的規畫，同時也具備敏銳的商業頭腦。

你嚮往高品質生活，但這絲毫不影響你內心的人道精神和仁愛本性；渴望幫助他人的你會給予他人建議或幫忙解決問題，但你有時會表現出過多的控制欲、挑剔、強勢和愛管閒事；你經常想要保持平靜的環境，而且心胸寬闊、值得信賴。

26歲之前的你態度務實、方法實際、目標明確；27歲開始，太陽星座進入水瓶座，此時的你對更多的自由和獨立性表現出渴望，因此你希望理解不同的想法，並結交新朋友或加入團體中；到了57歲，太陽星座落在雙子座，你的敏感度和感覺變得更強，也更加有同情心，此時你可能會投身藝術或神祕事物的追求。

■真實的自我

機敏的才智、美好的憧憬以及天生的哲學觀使你在積極生活和充實知識的過程中獲得幸福；不管是自發性還是正式的學習，都會成為你獲得成功和進步的重要因素；誠實、直率的你對周圍環境以及他人的動機有敏銳的洞察力；出色的戰略技巧以及高瞻遠矚的能力能使你保持樂觀和靈感，這會使你保有魄力，並且不斷進步。

快速的學習能力使你對生活充滿創意，渴望自我表達；你需要有人陪伴，而內心的不安分會促使你投身各種社會活動；對許多領域興趣濃厚的你要保持足夠的專注力，才能避免分散了精力；謙虛、對他人的需要保持敏感，你會表現得更寬容並獲得情感上的滿足感。

■工作和職業

有進取心、充滿理想的你具有人道精神；你的個性迷人、包容，而且善於與人相處；與公共事務相關的職業非常適合你的個性，而投身政治、醫療工作或公共組織，你會獲得成功以及他人的尊敬；對知識的熱愛以及對玄學的興趣會促使你學習或教授歷

史、哲學或占星等學科；此外在機械方面的天賦以及對數學的興趣會促使你學習自然科學、天文學、化學或生物學科；具有創造力，且渴望自我表達的你也可以從事寫作或發揮藝術方面的天賦。

與你同天出生的名人包括女演員西西‧史派克、音樂人諾爾‧雷汀，歌手安妮‧藍諾克絲、化妝品大亨赫蓮娜‧魯賓斯坦、作家卡洛斯‧卡斯塔尼達。

■數字命理學

你的洞察力敏銳、思想豐富，同時思維敏捷、體力充沛，誕生日數字25日的你渴望透過不同的經歷展示自我；對完美的追求促使你工作勤奮並富有成果；你通常表現得機敏、直覺強烈，凡事都親力而為使你獲得更多的知識；良好的判斷力和對細節的關注確保你能夠獲得成就，不過，你需要避免多疑的性格，並克服反覆無常以及衝動的決定；你的思想活躍，一旦集中注意力就能夠洞悉全局並比他人更快地做出評斷。受出生月12月的影響，你樂意幫助他人、待人友善、具有迷人魅力；堅定的信念和獨立的思維表示你充滿智慧、態度務實；雖然你很忠誠、可靠，但挑剔或干涉他人的傾向表示你需要保持豁達和謙虛。

■愛情和人際關係

對愛和欣賞的強烈需求會促使你尋求浪漫的愛情；友善的你喜歡與人交往的活動，但你需要仍注意在社交方面的放縱行為；儘管你的魅力會吸引眾多崇拜者，但你要謹慎選擇伴侶以避免發生不幸的感情糾葛；維持感情的平衡，不要過於依賴對方；你對和諧和內心的平靜有強烈的需要，而安全的家庭環境是影響你做出判斷的重要因素。

優點：洞察力敏銳、追求完美、悟性高、有創造潛能、善於處理人際關係

缺點：衝動、浮躁、不負責任、感情用事、妒忌、不坦率、情緒化、焦慮

■你生命中的特殊之人

在尋求愛和穩定的人際關係的你不妨注意一下誕生日為以下日期的人。

◎愛情和友誼：

1月9、14、15、25、28日、2月10、13、23、26日、3月8、11、21、24、31日、4月6、9、19、22、29日、5月4、6、7、17、20、27日、6月2、5、15、18、25日、7月3、13、16、23日、8月1、11、14、21、31日、9月9、12、19、29、10月7、10、17、27日、11月5、8、15、25日、12月3、6、13、23日

◎幸運貴人：

1月12、23、26日、2月10、21、24日、3月8、19、22、28日、4月6、17、20、26日、5月4、15、18、24日、6月2、13、16、22日、7月11、14、20、31日、8月9、12、18、29日、9月7、10、16、27日、10月5、8、14、25日、11月3、6、12、23日、12月1、4、10、21日

◎強烈吸引你的人：

6月23、24、25、26日、11月30日、12月28日

◎砥礪者：

1月17、18、21日、2月15、16、19日、3月13、14、17、29日、4月11、12、15、27日、5月9、10、13、25日、6月7、8、11、23日、7月5、6、9、21、30日、8月3、4、7、19、28日、9月1、2、5、17、26日、10月3、15、24日、11月1、13、22日、12月11、20日

◎靈魂伴侶：

1月24日、2月22日、3月20日、4月18、30日、5月16、28日、6月14、26日、7月12、24日、8月10、22日、9月8、20日、10月6、18日、11月4、16日、12月2、14日

太陽星座：摩羯座
區間：摩羯座／土星
角度：摩羯座3°30´-4°30´
類型：本位星座
元素：土
恆星：斗宿三

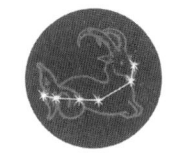

12月26日
CAPRICORN

　　這一天出生的你充滿熱情、直覺敏銳、熱心，具有良好的交際能力；摩羯座主導下的你務實，會為了實現理想積極奮鬥；有魅力的你也具有良好的組織能力和創造性思維，不過你內心的不安分可能會阻礙你發揮潛力。

　　受區間主導星座摩羯座的影響，你值得信賴、有強烈的責任感；忠誠的你強烈渴望幫助他人；一旦對某一工作產生興趣，就能表現出充分的注意力，但你仍需要培養耐心才能避免過快地產生厭倦感。

　　你懷有偉大計畫，並渴望行動、自由和冒險，需要生活充滿繽紛色彩；但財務問題有時可能會阻礙你表達內心的渴望，滿足感看似唾手可得，但總是無法獲得；學會承擔責任及對過去放手，你就能夠克服感情的不安感。

　　25歲之前，你渴望生活中的秩序感，也比較重視現實考慮；26歲開始，太陽星座推進到水瓶座，此時你對獨立性以及擺脫平庸的需要不斷增強，你將會表現得更外向、群體意識強烈，並渴望顯示個性；另一轉捩點出現在56歲，當太陽星座進入雙魚座，你會更加關注感情的包容性、想像力或心靈和思想的感悟。

■真實的自我

　　雖然你比較務實，但內心極度敏感，而且直覺強烈；崇高的理想以及對愛的渴望促使你投身人道主義事業、藝術表達以及在精神領域尋求真理；你強烈渴望生活中的穩定秩序，這使你比較重視工作，因為工作能提供物質方面的保障；憑藉豐富的想像力以及對價值的敏銳直覺，只要你夠堅持、專注，就能將構想變為現實。

　　你懷有積極的進取心，因此當你對行動和冒險的渴望受到壓抑時，就會表現出焦躁、缺乏耐心，時而充滿惰性；為了克服逃避主義或空想的傾向，你需要對富有創意、充滿刺激的工作保持專注力；樂觀、充滿熱情的你能夠激勵他人並取得亮眼成績。

■工作和職業

　　你充滿智慧、目標明確、決心堅定、動力十足，適合進入大型企業或從事靈活性較大的工作；獨立的你希望透過勤奮努力獲得成功；雖然你崇尚商業和物質方面的成功，你也渴望從事出版、廣告和推銷工作；文字方面的天賦以及表達思想的能力表示你能夠成為優秀的作家或在傳播媒體、戲劇及電影界有所建樹；務實、具備優秀組織能力的你工作有效率、有權威；不管你選擇的職業是什麼，你都需要挑戰和變化來克服厭倦。

與你同天出生的名人包括毛澤東、印度神祕學之母米拉、音樂製作人菲爾·斯佩克特、作家亨利·米勒、男演員理查·韋德馬克，以及演藝明星史蒂夫·艾倫。

■數字命理學

誕生日數字26代表著你的謹慎性格、良好的價值觀和全面性的判斷力；對家庭的熱愛會促使你建立穩固的基礎並尋求經濟的穩定感；你會在親朋好友需要幫助時伸出援助之手；不過，你需要避免物質主義的傾向以及對環境和他人的控制欲。受出生月12月的影響，你合群、有親和力及進取心；洞察力敏銳、充滿智慧、具備管理能力的你總能產生有創意的想法並能將其變為現實，進而獲得商業利益；你通常懂得如何善用新環境；對現狀不滿的你會產生內心的不安感；你需要建立平衡與和諧才能滿足你對平靜的需要。

■愛情和人際關係

充滿個人魅力的你能夠輕易吸引他人目光；喜好交際的你會發現自己經常被有創造力、勤奮的人吸引，因為他們能夠激發你潛在的性質；對愛的強烈需要讓你很難選擇朋友，除非你學會擁有超然的心態；有創造力、不願循規蹈矩的你在找到理想伴侶之前可能會經歷幾段短暫的感情；一旦找到真愛，你會表現得忠誠且充滿柔情。

優點：有創造力、務實、體貼、細心、充滿理想、誠實、有責任感、對家庭有自豪感、熱忱、勇敢
缺點：固執、叛逆、不友善、缺乏毅力、不穩定

■你生命中的特殊之人

在誕生日為以下日期的人當中，你能找到可以理解你的敏感和對安穩生活渴望的特殊之人。

◎愛情和友誼：

1月6、11、14、26日、2月4、9、12日、3月2、7、10、28日、4月5、8、20、26、30日、5月3、6、24、28日、6月1、4、22、26日、7月2、20、24日、8月18、22日、9月10、16、20、30日、10月14、18、28日、11月12、16、26日、12月10、14、24日

◎幸運貴人：

1月20、24日、2月18、22日、3月16、20、29日、4月14、18、27日、5月12、16、25日、6月10、14、23、29日、7月8、12、21、27日、8月6、10、19、25、30日、9月4、8、17、23、28日、10月2、6、15、21、26日、11月4、13、19、24日、12月2、11、17、22日

◎強烈吸引你的人：

6月24、25、26、27日、8月31日、9月29日、10月27、11月25、12月23

◎砥礪者：

1月22、23、27日、2月20、21、25日、3月18、19、23日、4月16、17、21日、5月14、15、19日、6月12、13、17日、7月10、11、15、31日、8月8、9、13、29日、9月6、7、11、27日、10月4、5、9、25日、11月2、3、7、23日、12月1、5、21日

◎靈魂伴侶：

1月23日、2月21日、3月19日、4月17、29日、5月15、27日、6月13、25日、7月11、23日、8月9、21日、9月7、19日、10月5、17日、11月3、15日、12月1、13日

太陽星座：摩羯座
區間：摩羯座／土星
角度：摩羯座4°30´-5°30´
類型：本位星座
元素：土
恆星：斗宿二

12月27日
CAPRICORN

你的感情強烈、態度務實，總是想要弄清自己的立場，不管是對人還是對這個世界；摩羯座主宰下的你需要穩固的生活基礎，這能與誠實、直率的性格完美地結合；儘管你充滿理想，但野心使你積極進取、勤奮工作；迷人的氣質以及外交手腕能幫助你在需要與人溝通的工作中獲得成功。

受區間主導星座摩羯座的影響，你堅持不懈、目標明確；機敏的才智和辨別力賦予你良好的判斷力和理性；你是個優秀的戰略家和決策者，享受成果帶來的快樂，但要避免自負或被成就沖昏頭腦。

敏感、洞察力敏銳的你往往擁有準確的直覺，信任你的直覺能讓你獲益；風趣的你懂得如何將工作與社交生活完美結合而不產生衝突；不過，你要注意自我放縱可能會導致你的情緒失控。

24歲之前，你的處事態度實際，並對自己的渴望十分明確；25歲開始，太陽星座推進到水瓶座，你對自由和獨立性的表達需要不斷增強，因此你會希望嘗試不同的理念、結交新朋友或者投身人道慈善事業或團體活動。另一轉捩點出現在55歲，當太陽星座進入雙魚座，此時你會更重視強烈的細膩情感和感覺，對他人更加包容、富有同情心；任由想像力自由馳騁，你會對藝術以及神祕事物方面的興趣也會更加濃厚。

■真實的自我

雖然你的外表淡泊，但內心幹勁十足、目標明確，特別是當你對行動有所計畫時；心胸寬廣的你可能會對旅行或對哲學或精神方面的學習感興趣，但這不會影響你的精明和務實的個性，也你能夠把握機會並做出正確投資。

敏捷的思維和尖銳的評論使你表現得機智、風趣；對自己的觀點十分自信的你必須要注意草率或傲慢的傾向；第六感（尤其是關於物質方面的）為你提供了經濟方面的保障和對人的迅速理解力；只要對目標付出足夠的心力，你就能創造奇蹟並獲得成功。

■工作和職業

你充滿野心、勤奮、善於與人相處、具有治癒的力量，因此適合可以發揮隨和性格能力的工作；善解人意的你善於傾聽他人的心聲，能夠從事諮商和顧問工作；對社會改革的渴望能使你勝任教育和研究工作；你具有優秀的組織能力，渴望建立完善的體制，並可能會投身慈善事業；此外，自我表達的渴望會使你投身寫作、文學或表演藝術領

域；對玄學和操作技術感興趣的你也渴望深入研究天文學和占星學。

與你同天出生的名人包括女演員瑪蓮·德烈治、天文學家和占星家約翰納斯·開普勒、化學家路易士·巴斯德，以及男演員傑哈德·巴狄厄。

■數字命理學

你的洞察力敏銳、具有探索精神，透過培養耐心和自制力，你的思想會更加有深度；你的性格堅強、決心堅定、觀察細緻、重視細節；充滿理想、敏感、想像力豐富的你擁有獨到的見解，總能給人留下深刻的印象；良好的溝通能力會幫助你克服表達深沉感情時的障礙；教育對這一天出生的你十分重要，具備良好資質的你能在寫作、研究或大型組織中獲得成功。出生月12月的你天分高、有野心；安全意識強烈的你雖然目標遠大，但你能很實際地考慮問題；學會信任自己的直覺，你會變得溫和、理智，對全局的掌握能幫助你克服困難，你將得到放鬆並在他人面前表現出自信。

■愛情和人際關係

渴望有人陪伴的你十分看重愛情和人際關係；熱心的你擁有許多朋友並能在團隊合作中表現出色；對愛和家庭的強烈渴望表示穩定的生活是你人生規畫中的重要部分；你不喜歡孤獨，但要注意不要對感情過分依賴；強烈的感情使你十分投入、忠誠、體貼，但要避免強勢的性格。

■你生命中的特殊之人

注意以下誕生日，你將獲得感情的滿足並找到生命中的特殊之人。

◎愛情和友誼：

1月7.12.15.27日、2月5.10.13日、3月3.8.11.29日、4月1.6.9.19.27日、5月4.7.25.29日、6月2.5.23.27日、7月3.21.25日、8月1.19.23日、9月11.17.21日、10月15.19.29日、11月13.17.27日、12月11.15.18.25日

◎幸運貴人：

1月21.25日、2月19.23日、3月17.21.30日、4月15.19.28日、5月13.17.26日、6月11.15.24.30日、7月9.13.22.28日、8月7.11.20.26.31日、9月5.9.18.24.29日、10月3.7.16.22.29日、11月1.5.14.20.25日、12月3.12.18.23日

◎強烈吸引你的人：

6月26.27.28日

◎砥礪者：

1月5.8.28日、2月3.6.26日、3月1.4.24日、4月2.22日、5月20日、6月18日、7月16日、8月14.30日、9月12.28.30日、10月10.26.28日、11月8.24.26日、12月6.22.24日

◎靈魂伴侶：

1月4.10日、2月2.8日、3月6日、4月4日、5月2日

優點：有領導才能、考慮周全、勤奮、傳統、權威、有保護欲、治癒的力量、對價值的判斷力強

缺點：心胸狹隘、吝嗇、不安分、過度勞累、強勢、容易喪失信心、缺乏計畫

太陽星座：摩羯座
區間：摩羯座／土星
角度：摩羯座5º30´-6º30´
類型：本位星座
元素：土
恆星：斗宿二

12月28日

CAPRICORN

受誕生日的影響，你富有魅力、充滿智慧、敏感、感性又勤奮；你的知識豐富、充滿熱情，教育在你的人生中占有重要的地位；雖然你思維敏捷、機智、喜好交際，但猶豫或焦慮可能會破壞你的條理性。

受區間主導星座摩羯座的影響，你只要克服嚴肅和靦腆的性格，就能滿足自我表達的需要；身為理想主義者的你具有領導和管理才能，這些天賦促使你能夠為他人創造更好的條件；你深知組織和體系的重要性，並且能夠運用常識和理想激發靈感及團結他人，特別是當雙方擁有共同利益時。

機敏、討厭乏味的你會不斷追求新領域的知識來保持全神貫注，但要避免產生焦慮、懷疑或感情的不滿足；有野心、堅持、務實的你能夠適應各種困難環境，但一旦超過你的忍耐極限，你會變得十分固執；誕生日也賦予了你敏銳的直覺和精神力量，隨著年齡的增長，你會變得更加睿智。

24歲之後，太陽星座運行到水瓶座，此時的你不易被外表迷惑，而且個性獨立，也對自己有自信，會對獨特的學科、團體事務或人道主義事業產生興趣；另一轉捩點出現在54歲，當太陽星座進入雙魚座，這時的你會比較關注在理想和感情的需要，你也會變得更敏感、想像力更豐富。

■真實的自我

感情深沉、敏感的你善於隱藏內心對愛和欣賞的渴望；你要相信自己的直覺，不要過於理性或攻於心計；感情含蓄但強烈的你能透過某些創造性的追求來避免憂鬱和自私的傾向，特別是音樂能幫助你表達強烈的情感。

智慧、富有個人魅力的你具有強烈的個體意識；進取心會使你的野心轉化為實際行動並幫助你順利完成計畫；你仍需要避免產生叛逆或固執的性格，因為這可能會破壞你的自制力，進而阻礙你發揮潛力，幸好對知識的深層感悟能力能使你透過服務他人獲得幸福感和成就。

■工作和職業

你的說服力強、魅力迷人、具備組織能力、野心勃勃，而且在多方面表現出天賦；對知識以及溝通的興趣會促使你從事教育、出版、市場調查、傳播媒體或寫作工作；此外你能夠在商界、政治、慈善機構以及行政部門展現出管理能力；積極進取的你重視工

作中的人際關係和變化性，因而嘗試不同工作；掌控全局的能力以及對獨立性的強烈意識使你傾向成為自由工作者或自我創業。

與你同天出生的名人包括美國前總統威爾遜、女演員瑪姬・史密斯、男演員丹佐・華盛頓，以及小提琴家尼格爾・甘迺迪。

■數字命理學

與誕生日數字1的人相似，你具有野心、處事直接、有進取心；你隨時都在準備行動和投入新的冒險，並能勇敢面對生活的挑戰；你的熱情極易感染他人，即使他們不能與你並肩作戰，也會助你一臂之力；儘管你渴求成功、決心堅定，但家庭對你也十分重要。受出生月12月的影響，你充滿理想，在許多方面表現出天賦，而且強烈需要自我表達；對某事產生信念的你堅定、不可動搖；雖然你抗拒改變，不過你會未雨綢繆、提前規畫；感情細膩、洞察力敏銳的你，希望能實際地發揮創造性天賦；能夠掌控全局的你應該自由發揮想像力，如此才能展現你的才智和獨到見解。

■愛情和人際關係

天生的魅力及和善的性格為你帶來堅定的友誼；如果能夠克服靦腆和極度的敏感，你會是一個機智、風趣的伴侶；在人際交往中，你容易被富有創造力、智慧、堅強的人吸引，並經常會與這些人產生思想共鳴；懷疑或不確定會導致猶豫不決並對人際關係造成負面的影響；保持積極的心態和專注的創造力，你就能夠以輕鬆的心情，克服焦慮。

■你生命中的特殊之人

在誕生日為以下日期的人當中，你能獲得持久的人際關係。

◎愛情和友誼：

1月1、2、8、19、28日、2月6、26日、3月4、24、30日、4月2、22、28日、5月11、20、26、30日、6月18、24、28日、7月16、22、26日、8月14、20、24日、9月3、12、18、22日、10月10、16、20、30日、11月8、14、18、28日、12月6、12、16、26日

◎幸運貴人：

1月18、21、22日、2月16、19、20日、3月14、17、18、31日、4月12、15、16、29日、5月10、13、14、27日、6月8、11、12、25日、7月6、9、10、23日、8月4、7、8、21、30日、9月2、5、6、19、28、30日、10月3、4、17、26、28日、11月1、2、15、24、26日、12月13、22、24日

◎強烈吸引你的人：

6月26、27、28、29日、10月29、11月27、12月25日

◎砥礪者：

1月29日、2月27日、3月25日、4月23、5月21、6月19日、7月17、8月15、30日、9月13、28日、10月11、26日、11月9、24日、12月7、22日

◎靈魂伴侶：

1月24、27、28日、2月22、25、26日、3月20、23、24日、4月18、21、22日、5月16、19、20日、6月14、17、18、30日、7月12、15、16、28日、8月10、13、14、26日、9月8、11、12、24日、10月6、9、10、22日、11月4、7、8、20日、12月2、5、6、18、30日

優點：思想進步、有魄力、藝術氣質、有創造力、同情心、充滿理想、有野心、勤奮、家庭穩定、意志堅強

缺點：空想、缺乏動力、沒有同情心、不切實際、專橫、判斷力差、缺乏自信、依賴、驕傲

太陽星座：摩羯座
區間：摩羯座／土星
角度：摩羯座6°30´-7°30´
類型：本位星座
元素：土
恆星：斗宿二

12月29日
CAPRICORN

　　你敏感、善於與人相處、有魅力和創造力；優秀的溝通技巧、和善的態度以及優雅的氣質使你成為彬彬有禮的外交家；儘管你懷有崇高的理想，但務實的你會勤奮努力以達成目標。

　　受區間主導星座摩羯座的影響，一旦你對某一事業或工作產生信念，就會表現得專注、謹慎；身為實用主義和優秀策畫者的你，對如何推銷產品和理念有著精明的理解力；對金錢的莫名恐懼感會使你對這方面極為關注，但優秀的人際交往能力和奉獻精神保障了你有能自由支配的資金。

　　洞察力敏銳的你具有創新的思想和勤奮的態度，這些特質可以使你在商業方面有所發展；此外，你潛在的藝術及精神上的天賦可能會被激發；聲音愉悅、重視外表的你對他人十分有吸引力；喜歡追求奢華事物的你需要注意虛榮和揮霍的傾向。

　　23歲之後，太陽星座進入水瓶座，此時的你不太容易受規則和傳統左右，不要一直掛念過去發生過的事，你就能更加獨立，並且對自己的獨特見解更有自信，此時你也會對團體事務、人道主義事業或個性的表達產生興趣；另一轉捩點出現在53歲，此時太陽星座落在雙魚座，你將會更加關注感情生活，而對人際關係的理解力會促使你不斷反思自我。

■真實的自我

　　雖然愛對你十分重要，但對知識的追求以及感悟的加深也是你獲得情感滿足的重要因素；不管是自發性還是正式的教育，都能激發你對知識的渴望，並使你變得更有智慧。

　　探索新領域的渴望使你的思維保持活躍，你也會隨著自我意識的增強以及與他人分享你的發現而獲得滿足感；當你能結合知識和自制力結合時，你會發現自己能夠給予他人建議並具備領導才能；天生的理想主義和博愛的胸懷能使你避免產生悲觀及消極的思維。

■工作和職業

　　你具有迷人氣質及豐富思想；優秀的溝通能力表示你能勝任銷售和推銷工作；對知識感興趣的你傾向投身教育事業成為教師或講師；具備操作技能的你會對資訊或通信事業產生興趣；對資訊的接受和應用能力使你精通多國語言，能因此進入跨國性公司擔任

翻譯；此外，你也希望從事政治或公共服務相關的工作；你也能發揮對藝術的興趣以及寫作方面的天賦來創作歌曲、詩歌或演奏樂器上。

與你同天出生的名人包括男演員喬恩・沃伊特和泰德・丹森、大提琴家帕布羅・卡薩爾斯、女演員瑪麗・泰勒・摩爾，以及歌手瑪莉・費斯佛。

■數字命理學

誕生日數字是29的你洞察力敏銳、敏感、情緒化；你的同情心和善解人意激發出你的人道精神，你會鼓勵他人實現理想和抱負；雖然你充滿各種幻想，但性格中擁有極端特質的你必須注意情緒的波動；這一天出生的你渴望受到他人的青睞，你也會對關心你的人報以關懷。出生月數字12表示你喜好交際、友善，雖然你總是表現得靦腆、矜持；務實的態度和為富足生活奮鬥的願望表示儘管你具有安全意識，但仍需克服對金錢的焦慮；你渴望獨立和自由，學會分享和信任能使你在與親密伴侶相處時或在團體合作中獲益匪淺。

■愛情和人際關係

對同伴的強烈需要突顯人際關係對你的重要，儘管你不斷在尋找理想的愛情，但受到成功、富有創造力的人的啟發，你更傾向與擁有財富、地位和藝術能力的人交往；一旦投入感情，你會努力維持平靜、和諧的環境，即使犧牲自我也在所不惜；分享共同的創造潛力和精神上的愛好能幫助你結交朋友並獲得快樂。

■你生命中的特殊之人

在尋求理想伴侶的你不妨關注一下誕生日為以下日期的人。

◎愛情和友誼：

1月5、6、14、16、31日、2月12、14日、3月1、2、10、12、31日、4月8、10、25、29日、5月6、8、27日、6月4、6、25日、7月2、4、23、29日、8月2、21、27日、9月15、19、25日、10月17、23、31日、11月15、21、29日、12月13、19、27日

◎幸運貴人：

1月19、22、30日、2月17、20、28日、3月15、18、26日、4月13、16、24、30日、5月11、14、22、28日、6月9、12、20、26日、7月7、10、18、24日、8月5、8、16、22日、9月3、6、14、20日、10月1、4、12、18、29日、11月2、10、16、27日、12月8、14、25日

◎強烈吸引你的人：

6月27、28、29、30日

◎砥礪者：

1月11、25、26日、2月9、23、24日、3月7、21、22日、4月5、19、20日、5月3、17、18、29日、6月1、15、16日、7月13、14、25日、8月11、12、23日、9月9、10、21、30日、10月7、8、19、28日、11月5、6、17、26日、12月3、4、15、24日

◎靈魂伴侶：

5月31日、6月29日、7月27日、8月25日、9月23日、10月21日、11月19日、12月17日

優點：有靈感、平衡、成功、神祕氣質、有創造力、洞察力敏銳、對細節的注意力、有信念

缺點：注意力不集中、情緒化、不易相處、極端、不顧及他人、過度敏感

太陽星座：摩羯座
區間：摩羯座／土星
角度：摩羯座7°30´-8°30´
類型：本位星座
元素：土
恆星：球狀星雲

12月30日

CAPRICORN

具有良好溝通能力和獨特人生觀的你務實、機敏、風趣；你對生活充滿創意，而且友善、愛好交際，並強烈渴望愛和自我表達，不過，你要避免產生焦慮和猶豫不決的傾向，因為這會阻礙你發揮潛能。

受區間主導星座摩羯座的影響，你十分清楚成功是來自於努力；意志堅強的你一旦對某項工作產生興趣，就會變得非常專注、勤奮；興趣廣泛、渴望多樣性的你會去嘗試不同的經歷，不過，你必須小心別因此分散了注意力。

聰明、敏感的你非常需要有人陪伴，而且對各種想法的接受和包容力很強；儘管敏感的性格對你在藝術方面的追求有所裨益並能夠幫助他人，但你必須避免情感過於激動和產生自私的想法；容易受周圍環境影響的你需要和諧的氣氛，這能幫助你加深內心的感悟，以及對待感情更超然，才能不會對他人感到失望。

20歲之前的你對待生活謹慎、實際；22歲以後，太陽星座推進到水瓶座，此時的你較不易受他人意見的影響、性格更獨立，也渴望表達個性，而朋友、團體事務以及人道主義問題在生活中的地位更加重要；52歲開始，太陽星座落在雙魚座，從這時起，你的注意力會轉向更加強烈的敏感和感覺，你會變得更包容、富有想像力，或者你會渴望發掘或體會藝術方面的天賦。

■真實的自我

你充滿柔情，而內心對物質成功的強烈渴望會激發你勇於行動；你對金錢和地位的需要時常與脆弱的理想產生衝突，因此你會徘徊在這兩個極端之間，但當某項事業或信念讓你獲得物質上的回報時，你就會達到最佳狀態；天生具備領導才能的你最好避免對人刻薄。

受到鼓舞的你會將幸福感傳遞給周圍的人；有智慧、知識豐富的你不喜歡乏味，因此會不斷尋求新的、獨特的事業以保持思維活躍；對情感的不確定或對現狀的不滿會耗盡你的熱情，因此，為天賦找到創造性的表達方式對你十分重要；隨著年齡的增長，你會逐漸體認到智慧的重要性，這將幫助你發揮直覺和天賦。

■工作和職業

具有創造力、外向的你性格迷人，為人腳踏實地；天生的外交手腕使你傾向從事合作的工作，而能夠將工作和娛樂相結合的你總能享受愜意；對某一理念或工作產生信念

時，你會表現得專注且熱情；性格獨立、天生具備領導才能的你喜歡分派工作而不願受他人指揮命令，這也會促使你積極爭取管理職位或自行創業；對行動的渴望以及鼓舞他人的能力使你在不斷開拓事業和接受挑戰的過程中成長；不管是職業還是平日的休閒活動，美術、音樂或寫作都對你極有吸引力。

與你同天出生的名人包括作家吉卜齡、藍調吉他手波‧迪德利、歌手佩蒂‧史密斯、喜劇演員崔西‧鄔曼，以及棒球運動員桑迪‧柯菲。

■數字命理學

這一天出生的人通常富有藝術氣質、待人友善、愛好交際；你喜歡追求美好的生活、個性外向、具有非凡的魅力，而且對人忠誠、友善、合群；品味高、對風格和外形具有鑑賞力的你能夠在任何與美術、設計和音樂相關的工作中獲得成功；同時，自我表達的需要以及在文字方面的天賦促使你在寫作、演講或歌唱領域有所建樹；你的感情強烈，因此需要愛情和滿足感；追求幸福的你要避免懶惰和自我放縱；許多這一天出生的人都能獲得重視和名氣，尤其是身為音樂家、演員或是娛樂工作者。出生月12月表示你充滿理想，能夠吸引他人的目光；具有審美眼光、氣質獨特的你喜歡注意細節，但過於吹毛求疵的你有時也需要克制批判力；對概念的綜合和擴展能力能夠幫助你開拓新事業，或賦予舊思想新的意義，而使其煥發生機。

■愛情和人際關係

機智、活潑的你具有迷人的魅力；友善、愛好交際的你能夠獲得你需要的愛情和他人的欣賞；你總是十分幸運地能得到某位女性的幫助；你尤其喜歡和富有表現力和創造力的人相處，因為他們能夠促使你表現得更合群、富有表明力；不過，時常出現的懷疑和猶豫會影響你與親密伴侶之間的關係，進而導致你對安全感產生憂慮。

■你生命中的特殊之人

留意以下的誕生日期，你找到幸福和愛的伴侶的機會將會大大增加。

◎愛情和友誼：

1月5、6、7、15、17日、2月3、5、13、15日、3月1、2、3、11、13日、4月1、9、11、27、30日、5月7、9、28日、6月5、7、26日、7月3、5、24、30日、8月1、3、22、28日、9月1、17、20、26日、10月18、24日、11月16、22、30、12月14、20、28日

◎幸運貴人：

1月8、20、31日、2月6、18、29日、3月4、16、27日、4月2、14、25日、5月12、23、29日、6月10、21、27日、7月8、19、25日、8月6、17、23日、9月4、15、21日、10月2、3、13、19、30日、11月11、17、28日、12月9、15、26日

◎強烈吸引你的人：

6月28、29、30日、7月1日

◎砥礪者：

1月11、12、27日、2月9、10、25日、3月7、8、23日、4月5、6、21日、5月3、4、19、30日、6月1、2、17、28日、7月15、26日、8月13、24日、9月11、22日、10月9、20、29日、11月7、18、27日、12月5、16、25日

◎靈魂伴侶：

1月26日、2月24日、3月22日、4月20日、5月18日、6月16日、7月14日、8月12日、9月10日、10月8日、11月6、30日、12月4、28日

優點：有情趣、忠誠、友善、善於與人溝通、富有創造力、幸運
缺點：懶惰、固執、脾氣古怪、缺乏耐心、情緒化、妒忌、缺乏安全感、冷漠

太陽星座：摩羯座
區間：摩羯座／土星
角度：摩羯座8°30´-9°30´
類型：本位星座
元素：土
恆星：球狀星雲

12月31日

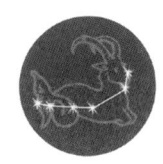

CAPRICORN

　　你表現得嚴肅但具魅力，強烈的存在感和個性使你看起來格外與眾不同；具有冒險精神的你喜歡追求被別人關注的感覺，會為了達成目標而表現得十分固執；你有時顯得憂鬱、悲觀，但自我意識強烈的你能夠腳踏實地規畫生活，並在任何環境中都力求達到利益最大化；自律能使你最大限度地發揮潛能。

　　受區間主導星座摩羯座的影響，你對時機的把握以及結構的敏感度極高；遭遇變化和不穩定時，你會表現出極度的焦慮；擁有強烈控制欲的你希望他人能完全地依靠你；務實以及對物質的現實考慮有時會使你搖擺不定，時而唯利是圖，時而具有遠見。

　　渴望獨立的你十分在意形象和第一印象；勤奮、做事有條理、專注於事業的你總能展現顯著成果；富有表現力、彰顯個性、有主見的你會尋求各種形式的自我表達，你也將因此獲得渴望已久的尊重；你十分幸運地被賦予了敏銳的直覺和克服困難的能力，並且能不斷創新。

　　20歲之前，你表現出對實際生活中秩序感的需要；21歲開始，太陽星座進入水瓶座，此時的你不易受傳統慣例影響，性格也更獨立，而讓你表現獨特見解的機會促使你對團體事務或人道主義事業產生興趣；另一個轉捩點出現在51歲，當太陽星座進入雙魚座，你會將注意力轉向培養敏感、想像力以及強烈的內心感悟，這在你的憧憬、夢想和感情目標等方面將有所體現。

■真實的自我

　　純真的你總能保持年輕心態，這也使你富有想像與創造力；儘管你樂觀、積極，但時常會陷入焦慮和自我虛構的恐懼之中。

　　你通常表現得堅強、謙遜，而你的慈悲心讓你願意犧牲自我、幫助他人或為他人提供建議；自私、張揚或極度的敏感是你發揮潛力的最大障礙，這會使你將每一次的失敗都誇大為一場悲劇；雖然你會對年輕時的一些行為感到後悔，但隨著年齡增長和心智的健全，你會發現這些經歷反而使你獲益良多；為了成就和幸福，你需要加強自制力。

■工作和職業

　　你富有進取心，在多方面展現出天賦，因而你的職業選擇面較廣；你的野心勃勃、目標明確，而且具出色的商業能力，當你被某項工作鼓舞或對某一特殊領域產生興趣時，你會表現得非常勤奮；想要獲得非凡成就感的你需要的是一份事業而不僅僅是工

作，這樣的觀念能幫助你達到人生的巔峰；性格獨立、務實、具備管理能力的你喜歡組織大型活動；富有表現力、敏感、有創意的你十分適合與戲劇和歌劇相關工作；文字方面的天賦以及寫作能力促使你以此為業；動人的聲音和談話技巧能使你成為出色的演說家、教師或講師。

與你同天出生的名人包括藝術家亨利·馬蒂斯、美容產業品牌創始人伊莉莎白·雅頓、占星家諾爾·提爾、歌手約翰·丹佛和唐娜·桑瑪和奧黛塔、男演員班·金斯利和安東尼·霍普金斯。

■數字命理學

堅強的意志、決心以及對自我表達的渴望是誕生日數字31賦予你的特質；你通常不會疲倦，堅定，並渴望物質生活獲得改善；不過你必須學會接受生活的不如意並建立堅實的基礎；好運和機遇能使你成功地將平日的娛樂活動變成有利可圖的事業；對於勤奮的你來說，興趣也是十分重要的；而你需要避免自私以及過度樂觀。出生月12月的你富有創意，總是在多方面展現出天賦；儘管愛好交際、待人友善，但你具有獨立的思維，很有自己的原則；富有冒險精神和進取心的你會透過自我表達而獲得滿足感；能夠克服困難和接受挑戰的你，心智會變得更加成熟；渴望睿智的你只需要從追逐利益的工作中跳脫，就能擺脫物質世界對你的束縛。

■愛情和人際關係

你具有魅力和天生的表現力，身邊不乏朋友和崇拜者；對你愛的人和想要呵護的人充滿保護欲，但對他們的要求也比較嚴苛；熱情、專注的你時常給予他人充分的關懷；雖然時常會遭遇情緒低落，不過你仍然是熱心、有責任感、溫柔的伴侶和忠實的朋友。

優點：	幸運、有創造力、見解獨到、有開創精神、富有成果、堅持不懈、務實、溝通技巧性、有責任感
缺點：	缺乏安全感、浮躁、懷疑、容易失去信心、缺乏野心、自私、固執

■你生命中的特殊之人

在誕生日為以下日期的人當中，你能獲得情感的滿足並找到對你有特殊意義的人。

◎愛情和友誼：

1月2、4、5、6、10、15、18、19日、2月7、28、29日、3月1、2、4、6、11、13日、4月21、24、25日、5月2、7、9、19、22日、6月21、27、28、29日、7月3、5、18、19日、8月23、24、25日、9月1、11、14、15、21、22、23日、10月31日、11月7、10、11、17、18、19日、12月8、16、17、27、28、29日

◎幸運貴人：

1月20、31日、2月6、18、29日、3月4、16、27日、4月2、14、25日、5月12、23、29日、6月10、21、27日、7月8、19、25日、8月6、17、23日、9月4、15、21日、10月2、3、13、19、30日、11月11、17、28日、12月9、15、26日

◎強烈吸引你的人：

7月1、2、3、4日

◎砥礪者：

1月12、25、27日、2月9、10、23、25日、3月7、8、23日、4月5、6、21日、5月3、4、19、30日、6月1、2、17、28日、7月15、26日、8月13、24日、9月11、22日、10月9、20、29日、11月7、18、27日、12月5、16、25日

◎靈魂伴侶：

1月25、26日、2月23、24日、3月22日、4月20日、5月18日、6月16日、7月14日、8月12日、9月10日、10月8日、11月5、6、30日、12月4、28、30日

太陽星座：摩羯座
區間：金牛座／金星
角度：摩羯座9°至11°
類型：本位星座
元素：土
恆星：斗宿四

1月1日

CAPRICORN

　　你富有野心、腳踏實地、喜歡追求權力；自我掌控力以及強烈的目標感是你獲得成功和幸福的重要因素，如果缺少了這些特質你會變得焦躁、不滿；你能夠成為鼓舞他人的領導者，前提是你需要勇於承擔責任。

　　受區間主導星座金牛座的影響，一旦你下定決心，就會表現出達成目標的強大力量；務實的你具有很強的忍耐力，只要對某項工作產生興趣，就會十分表現得十分勤奮；忠實、專注的你能夠為自己的渴望做出犧牲；你具有鑑賞力以及在音樂和戲劇方面的天賦，因此當你透過這些休閒活動獲得樂趣和放鬆的同時，你在這方面的潛能也能得到發揮；不過，你需要避免專橫和自私，因為這將驅散你的好運。

　　你的多才多藝和對變化的渴望會使你對許多領域產生興趣；聰明、有求知欲的你會對充滿智慧的人著迷；你從年輕時就比較獨立，這種特質會跟隨著你一輩子；不善接受他人建議的你有些時候會表現得很固執；你需要克服被瑣碎的感情影響，你可以透過服務他人表達理想的愛。

　　19歲之前的你對待生活的態度較為嚴肅；20歲開始，太陽星座進入水瓶座，此時的你不易受他人意見的影響，表現得更獨立，也熱切期望表現個性，而友誼、團體事務以及人道主義事業對你愈發重要；中年時期，你會具有明確的目標並擺脫挫折感和浮躁情緒；到了50歲，你的太陽星座進入雙魚座，從這時起你的注意力將轉向增強的敏感和感覺，你會變得更包容及充滿想像，也渴望創造潛能能得到發揮；相信你的直覺，你就能夠培養自我認同感並具有清晰的構想。

■真實的自我

　　儘管內心明澈、品質高尚、驕傲，但總是對自己不滿意的你一直渴望新的成績；缺乏自信心的你會努力想要控制環境和他人；你期待受到他人的認同和青睞，儘管這會造成一些尷尬；一次次的奮鬥會增強你的自信；你的力量來自於對天賦和侷限的準確評價以及對自我潛能的認識。

　　年輕的你總是全副武裝，但隨著年齡的增長，你的心態會逐漸鬆放鬆；痛苦的教訓增加了你的威嚴，也使你變得更加自立、堅毅。

■工作和職業

　　權威、獨立、具備管理能力的你喜歡擔任領導者角色；洞察力敏銳、精明的你能夠

洞悉他人及其動機；商業的能力和積極的態度使你傾向自我創業，或者成為發起人、政治家或製片人；即使受雇於人，你也總是處於主管、經理的位子；總是在任何創造性活動中表現出色並具魄力的你尤其適合進入大型公司或政府部門工作，因為你的領導才能將能夠得到充分施展；你期望追求知識的專業化而不只是單純地工作；勤奮、專注的你需要學會考慮到他人的需要。

與你同天出生的名人包括前美國聯邦調查局局長胡佛、作家沙林傑。

■數字命理學

你對「第一名」懷有強烈的渴望，而且自主性很強；誕生日數字1的你個性十足、有創新精神、勇敢、精力充沛；具有開創精神使你傾向自行做決定或靠自己的力量闖出一片天地；滿懷熱情、見解獨到的你能夠擔任領導者的角色；誕生日數字是1還代表著你學習謙虛，並克服自我中心及獨裁的傾向。你富有創造力、洞察力敏銳、悟性高、有理想，而且靈感豐富、堅忍不拔、性格強烈；通常你喜歡主導他人，善於發號施令而不是接受命令；如果發現表達感情有困難時，你會表現得冷漠、不關心；你要學會相信自己的強烈直覺，不要受消極思想的控制；你也需要學會讓步的藝術從而避免刻板或執拗的傾向。

■愛情和人際關係

充滿智慧、理解力強的你極易產生厭倦感，因此你的社交生活需要多變和刺激；你會對機智的人著迷，是忠實的朋友和同伴；個性堅強的你不願受人愚弄，而且個性十分迷人；對知識、秩序以及安全感的需要使你成為稱職的家長，但要避免對伴侶太過專橫；你對現實問題的考慮仍比你對愛的需要來得重要；當你對他人表現出愈多的欣賞，你就會表現得愈出色。

■你生命中的特殊之人

在誕生日為以下日期的人當中，你能找到可以激發靈感的伴侶並獲得幸福。

◎愛情和友誼：

1月9、30日、2月7、28日、3月5、26日、4月3、24日、5月1、22、30、31日、6月20、28、29日、7月18、26、27日、8月16、24、25日、9月14、22、23日、10月12、20、21日、11月10、18、19日、12月8、16、17、29日

◎幸運貴人：

1月4、6、8、21日、2月2、4、19日、3月2、17日、4月15日、5月13日、6月11日、7月9日、8月7日、9月5日、10月3日、11月1日

◎強烈吸引你的人：

7月1、2、3、4、5日

◎砥礪者：

1月25日、2月23日、3月21、31日、4月19、29日、5月17、27日、6月15、25日、7月13、23日、8月11、21日、9月9、19日、10月7、17日、11月5、15日、12月3、13日

◎靈魂伴侶：

1月2、13日、2月11日、3月9日、4月17日、5月5日、11月21日

優點：具領導能力、有創造力、思想進步、剛強、樂觀、信念堅定、有競爭意識、獨立、合群

缺點：妒忌、自我中心、咄咄逼人、缺乏自制力、浮躁

太陽星座：摩羯座
區間：金牛座 / 金星
角度：摩羯座10º至12º
類型：本位星座
元素：土
恆星：斗宿四

1月2日

CAPRICORN

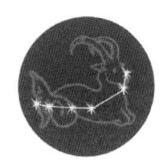

　　你富有野心、有恆心、嚴肅、勤奮；腳踏實地的態度和敏捷的思維使你具有極強的學習能力，而教育對你發揮潛能有很大的幫助；你主要面臨的問題是需要對金錢和人際關係保持樂觀心態。

　　受區間主導星座金牛座的影響，你強烈渴望愛、欣賞以及和諧的工作關係；崇尚美和藝術的你具有創造力，並且喜歡運用天賦解決實際問題；具備對價值的敏銳感知和現實的態度使你能夠善用環境；而喜歡追求高品質和奢華生活的你可能會經常入不敷出。

　　獨到的見解和對人性的精準判斷力表示你擁有獲得成功的機遇；而你需要一定的努力和自律才能實現目標；幸運的是，天生的耐力能幫助你實現抱負，不過你需要避免人際關係產生緊張感，否則你會發現你的才能缺乏施展的空間。

　　18歲以前，你強烈渴望生活中充滿秩序感；19歲開始，太陽星座推進到水瓶座，此時的你渴望更多的獨立性和自由，而友誼在你生命中的地位愈發重要；另一個轉捩點出現在49歲，當太陽星座進入雙魚座，這時的你將更加地關注敏感和強大的內心世界，你也能在你的憧憬、夢境以及感情理想等方面得到體現。

■真實的自我

　　成功是來自於完成你認為有價值的工作，但你卻會將此誤解為是將任何工作商業化；你具備創造財富的能力，但只追求利益的你即使獲得成功，內心仍然無法獲得滿足，因此你需要將賺錢的能力運用到有意義的事業當中，這能使你獲得更多的幸福感。

　　決心堅定的你有著宏偉的目標；你崇尚力量，會對具體的目標付出極大的專注；缺乏自制力的你容易產生不安感、固執或極端的情緒，時而激情，時而冷漠；不過，你的敏感內心和直覺會幫助你和他人解決許多生活中的難題。

■工作和職業

　　你富有野心和創造力，對成功有準備充分，在工作中與他人合作；通常你的洞察力敏銳、具有智慧，再加上敏感，因此你能勝任治療、教學或科學研究等工作；有權威性、工作勤奮的你能夠從事傳播媒體、公共關係、仲裁或經理人的職業；天生是心理學家的你具有寫作天賦，這能夠在日後得到發揮；此外，你可能在美術、攝影、音樂或戲劇中，進一步發掘自己的創造力；你需要表達自我、渴望智慧，因而從長遠來看，你並不適合從商，而教育是你的理想職業，或者你也可以成為社會工作者和教育家來為人服

務。

與你同天出生的名人包括作家艾薩克·艾西莫夫、女高音歌唱家瑞娜塔·泰巴爾迪、舞蹈家薇拉·佐麗娜、小德蘭聖女，以及攝影師大衛·貝利。

■數字命理學

敏感且團隊意識強烈是誕生日數字2賦予你的特質；通常你具有很強的適應力、善解人意、喜歡合作工作；對和諧的熱愛以及與他人交往的渴望促使你擔任調解人或和平維護者的角色；試圖取悅他人會使你變得過度依賴。出生在1月的你傾向自己做決定或另外開創新天地；你的個性獨立、富有創新精神、勇敢、精力充沛；通常你的心胸開闊、思想開明，雖然有時會出現固執的思維；渴望探索生活神祕面的你會投身研究或教授玄學和哲學；你要避免草率、感情化以及對環境產生極端的反應；為公眾服務、推動改革或啟發他人能帶給你幸福感。

■愛情和人際關係

感性、具有迷人魅力的你渴望愛和欣賞；你希望有人陪伴，並認為友誼應當蘊涵於愛情之中，這點對你很重要；你必須避免在日常事務中過於注重細節，否則你的鬥志會被消磨殆盡，你也會對人際關係產生不滿；通常你對伴侶十分忠實，並會給予對方支持；你對所愛的人十分慷慨，儘管有時人際關係與圍繞金錢問題的婚姻會產生衝突；而在你往後的生活中，會有人向你尋求意見和指導。

■你生命中的特殊之人

在尋找生命中特殊之人的你，需要注意誕生日為以下日期的人。

◎愛情和友誼：

1月4、8、21、31日、2月2、16、19、29日、3月14、17、27日、4月12、15、25、27日、5月10、13、23、25日、6月8、11、21日、7月6、9、19、31日、8月4、7、17、29日、9月2、15、17、27、30日、10月3、13、25、28日、11月1、11、13、23日、12月9、21、24、30日

◎幸運貴人：

1月6日、2月4日、3月2日、5月30日、6月28日、7月26日、8月24日、9月22、30日、10月20、28日、11月18、26日、12月16、24日

◎強烈吸引你的人：

6月30日、7月3、4、5、6、28日、8月26日、9月24日、10月22日、11月20日、12月18日

◎砥礪者：

1月27日、2月25日、3月23日、4月21日、5月19日、6月17日、7月15日、8月13日、9月11日、10月9日、11月7日、12月5日

◎靈魂伴侶：

1月17、19日、2月15、17日、3月13、15日、4月11、13日、5月9、11日、6月7、9日、7月5、7日、8月3、5日、9月1、3日、10月1日

優點：考慮周到、良好的夥伴、有風度、講求策略、接受能力強、洞察力敏銳、性格平和、好相處，友善

缺點：多疑、缺乏自信、過於謙卑、神經質、自私、容易受傷、欺騙

太陽星座：	摩羯座
區間：	金牛座／金星
角度：	摩羯座11º至13º
類型：	本位星座
元素：	土
恆星：	斗宿四

1月3日

CAPRICORN

你充滿活力、富有創造力、思維敏銳；當你一旦對某一項工作或思想產生興趣時，就會表現得野心勃勃、勤奮；通常你的思維獨立，面對挑戰時更具有創新精神，但你必須注意惰性會阻礙你發揮所有的潛能；儘管你具有年輕心態，但唯有培養毅力和負責的態度，你才能夠取得成就。

受區間主導星座金牛座的影響，你極具魅力，尤其是當興趣被激發時；你十分注重外表，對風格和美的事物具有敏銳的感知力；你在音樂和戲劇方面的鑑賞力和天賦使你想要在這些領域有所發展；商業方面的能力以及強烈的求生本能使你能夠積累財富並充分利用周圍環境；教育、計畫以及專注、講求方法的處事方式是你能否獲得成功和成就的關鍵因素。

為了實現渴望你需要在自律和操縱命運之間做出選擇；避免消極的想法和焦慮的態度對你是明智的選擇；想法積極的你透過對自我使命感的認識，會逐漸獲得自尊，但你仍然很謙虛，並渴望做到盡善盡美；儘管可能會陷入懷疑，但你可以培養獨立、自由的思考方式。

17歲之前，你對生活的態度極為小心翼翼；18歲開始，太陽星座進入水瓶座，此時的你更獨立，不受傳統和他人的意見影響，對表達個性懷有強烈的渴望，而友誼、團體事務以及人道主義事業在你生命中的地位也愈發重要；中年時，你開始意識到不可能有絕對的自由，而唯有投入時間和精力，你才能獲得成功；48歲開始，太陽星座進入雙魚座，你會開始關注逐漸增強的敏感和感覺，同時你也會變得更加包容、充滿想像力、同情他人，並對精神領域產生興趣。

■真實的自我

你的經歷和熱情會為你帶來成功；鬥志總是賦予你堅定的信念，使你能夠勇往直前而獲得非凡的成績；在追求成就的過程中，你需要保持活躍的思維；陷入懷疑的你可能會變得刻薄及憤世嫉俗；而懷有信心的你會充滿魄力、勇往直前，善意的競爭能夠使你發揮得更加出色。

你喜歡流行、刺激的理念和活動，你會開拓新事業並鼓勵他人勇於冒險；為人道主義事業奮鬥、推行改革的你能夠促使他人付諸行動；而對未來的規畫能力能使你獲得非凡的成就；晚年的你會因為懂得愛的價值而獲得更深層的感悟。

■工作和職業

積極進取、充滿理想、具有管理能力的你總是扮演著領導者和問題解決者的角色；

強烈的直覺和敏捷的思維讓你渴望保持積極的心態，並會把任何事情都弄得清清楚楚；你為人友善、喜歡幫助他人，而且能在工作中找到樂趣，你需要有足夠的信念和遠見才能在工作中獲得成功；初生之犢的你有衝勁、思想獨到，但仍然不能完全擺脫常規慣例；你的勇氣和理想會促使你為了社會正義而戰；領導和組織能力使你能夠掌控局勢；和善的處事方式能夠讓你勝任銷售和推銷工作；身為人道主義和社會改革者的你也能成為出色的教師，而寫作方面的潛力也能幫助你獲得成功。

與你同天出生的名人包括男演員梅爾‧吉勃遜、音樂人史蒂芬‧史蒂爾斯、女演員維多利亞‧普林斯帕爾，作家托爾金、唱片製作人喬治‧馬丁，以及電影導演沙吉奧‧李昂。

■數字命理學

誕生日數字3的你對創造力有強烈的需求；富有情趣的你是個不錯的伴侶，你也享受社交活動帶來的快樂；強烈渴望自我表達的你如果擁有積極的心態，將能散播生活的歡樂；不過，你容易厭倦，這會導致你猶豫不決或分散了注意力；你具有藝術氣質、有魅力、幽默感十足；你在文字方面的天賦能在演講、寫作以及歌唱上有所體現。受出生月1月的影響，你自主性強、個性獨立；充滿熱情、見解獨到的你能為他人指引方向；嚴肅、勤奮的你能將想法付諸實際行動；具有創新精神、勇敢的你能坦率地說出自己的想法，並以愉悅的方式讓他人接受；積極的進取心會促使你嘗試不同的理念，並使你傾向自己做決定或對外開創新天地。

■愛情和人際關係

對獨立的渴望使你需要強有力和穩定的家庭支持；這一天出生的女性通常會被有魄力和有開創精神的異性吸引；你具有年輕、輕鬆的心態，但一旦安定下來，你就會很有責任感，對朋友和伴侶十分忠誠；不過，有時你會在人際關係上產生疏遠感；不管怎樣，愛好交際、有魅力的你能夠吸引他人的目光，為人也十分風趣。

■你生命中的特殊之人

與誕生日為以下日期的人建立長久的關係，你將獲得更多的動力。

◎愛情和友誼：
1月4、5、6、11、21、24日、2月2、3、4、9、19、22日、3月7、17、20日、4月5、15、18、30日、5月1、13、16、28日、6月11、14、26日、7月9、12、24日、8月7、10、22日、9月5、8、20日、10月3、6、18日、11月1、4、16日、12月2、14日

◎幸運貴人：
1月23、27日、2月21、25日、3月19、23日、4月17、21日、5月15、19日、6月13、17日、7月11、15、31日、8月9、13、29日、9月5、7、11、27日、10月9、25日、11月3、7、23日、12月1、5、21日

◎強烈吸引你的人：
7月3、4、5、6日

◎砥礪者：
1月17日、2月15日、3月13日、4月11日、5月9日、6月7日、7月5日、8月3日、9月1日

◎靈魂伴侶：
1月30日、2月28日、3月26、29日、4月24、27日、5月22、25日、6月20、23日、7月18、21日、8月16、19日、9月14、17日、10月12、15日、11月10、13日、12月8、11日

優點：有幽默感、無憂無慮、友善、工作有成效、有創造力、藝術氣質、談話技巧、願望的力量、崇尚自由

缺點：容易厭倦、虛榮、浮誇、奢侈、自我放縱、懶惰、懷疑

太陽星座：摩羯座
區間：金牛座／金星
角度：摩羯座12º至14º
類型：本位星座
元素：土
恆星：織女星

1月4日

CAPRICORN

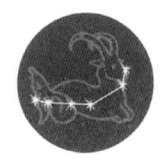

以成功為目標的你坦率、誠實，願意為了達成目標而努力工作；具有野心和競爭意識的你思維敏捷、判斷力強，只要培養足夠的自制力，你能夠克服一切困難阻礙；不過，如果你逃避命運賦予你的責任，就無法滿足創造持久價值渴望。

受區間主導星座金牛座的積極影響，你在工作和娛樂方面都展現出藝術和創造的天賦；金星賦予你魅力和機智、風趣、愛好交際的性格；開放的視野和對多樣性的熱愛使你傾向旅行或哲學、精神領域的學習，但這並不會影響你的精明和務實，你總是能夠做出明智的投資並充分利用周圍環境。

雖然你對自己的看法十分有自信，而且反應敏捷，但你在與他人相處時有時會表現得傲慢、缺乏耐心；對生活的態度務實、具備累積財富能力的你會發現人生最大的樂趣是來自於對神祕自然的關注。

17歲開始，太陽星座進入水瓶座，此時你的群體意識更加強烈，想法也不再那麼保守，並且更加崇尚自由；中年時，你的付出將有所回報，前提是你需要保持勤奮和專注；尋求新發展方向的你需要謹慎以避免突然的變化以及由於厭倦而做出的不明智的決策；47歲開始，太陽星座推進到雙魚座，此時你的感情更加敏感，並具有更強烈的內心世界，這在你的憧憬、夢想以及理想中能夠得到體現；晚年時，你會重新獲得年輕積極的人生觀。

■真實的自我

你堅強、自信的外表時常掩飾了內心強烈的情感和敏感；想像力豐富、接受能力強的你看法實際，能夠同群體緊密聯繫；同情心使你的天賦能夠造福他人；你富有表現力、驕傲，如果無法將這些天賦付諸於實際，或是敏感得不到積極的引導以及無法充分認識工作對人生的重要意義，你將會陷入逃避傾向，造成思維混亂和情緒搖擺不定。

通常你的態度和善、興趣廣泛，特別是對教育、哲學、法律、宗教、旅行和政治領域；處於最佳狀態時，你是一位富有靈感的思想家和令人振奮的談話對象，你也總是對自己感興趣的話題滔滔不絕。

■工作和職業

愛好交際、友善的你具備良好的交際技巧，善於與他人溝通；你渴望職業多變和靈活性，需要不斷的實際行動以避免做事拖泥帶水；投身商界的你能夠獲得成功，成為優

秀的經理或策畫者；你也適合進入政府機構，如公共服務、治安工作以及地方政府部門；對知識的熱愛能幫助你成為優秀的教師和培訓師；你的想像力、機智以及詼諧的個性使你能夠融合工作和社交活動，或者是投身演藝圈。

　　與你同天出生的名人包括：女演員戴安・坎諾、科學家牛頓、童話作家格林、速記發明者艾薩克・彼特曼，以及盲人書寫系統發明者路易士・布萊爾。\

■數字命理學

　　誕生日數字4代表著強健的體魄和有條不紊的性格，因此你渴望穩定，崇尚秩序；這一天出生的你對形狀和構造極度敏感；安全意識使你渴望為家庭和自己建立穩固的經濟基礎；現實的生活態度使你具有敏銳的商業直覺以及在物質方面獲得成功的能力；誠實、公正、忠誠的你不善於表現，因此你需要學會如何表達自己的情感；這一天出生的你要努力克服不穩定以及經濟上的不安感；受出生月1月的影響，你富有野心、積極進取、見解獨到；具有創新和研究精神的你精力充沛，通常比較勤奮、嚴肅，並且渴望獲得成就；思維敏銳、洞察力強的你傾向於自己做決定或另外開創新天地；與生俱來的威嚴感使你更喜歡發號施令而不是居於從屬地位；思想獨到的你經常會扮演領導者的角色。

■愛情和人際關係

　　充滿活力、機智的你十分具有魅力；你的個性合群、善良，因此擁有許多朋友，社交生活也很豐富；因為你喜歡輕鬆和創造性，因此當你與他人分享這些特質時，是你最幸福的時刻；不過，你常在需要做出選擇時猶豫不決，此時你必須充分注意可能影響人際關係的金錢問題；生性浪漫的你儘管時常表現得冷漠，但卻隱藏著敏感、富有同情心的靈魂。

■你生命中的特殊之人

心靈總是無法找到歸宿的你，在與誕生日為以下日期的人相處時能夠展現出溫柔的一面。

◎愛情和友誼：

1月3.14.24.28日、2月1.12.22.26日、3月10.20日、4月8.18日、5月6.16.20.31日、6月4.14.29日、7月2.12.27日、8月10.25.31日、9月8.12.23.29日、10月6.21.27日、11月4.19.25日、12月2.17.23日

◎幸運貴人：

1月1.11日、2月9日、3月7.28日、4月5.26.30日、5月3.24.28日、6月1.22.26日、7月20.24日、8月18.22日、9月16.20.30日、10月14.18.28日、11月12.16.26日、12月10.14.24日

◎強烈吸引你的人：

6月4.5.6.7日

◎砥礪者：

1月17.20日、2月15.18日、3月13.16日、4月11.14日、5月9.12日、6月7.10日、7月5.8日、8月3.6日、9月1.4日、10月2日

◎靈魂伴侶：

7月29日、8月27日、9月25日、10月23.31日、11月21.29日、12月19.27日

優點：有條理、自律、堅定、勤奮、手藝佳、務實、可靠、精確
缺點：不善溝通、壓抑自我、懶惰、做事拖泥帶水、太過精打細算、專橫、記仇

太陽星座：摩羯座
區間：金牛座／金星
角度：摩羯座13º至15º
類型：本位星座
元素：土
恆星：織女星

1月5日

CAPRICORN

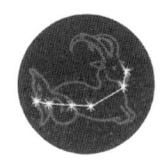

摩羯座的你具有個人魅力、忠誠、勤奮，而且懷有偉大的目標；腳踏實地的態度讓你在面對挫折時能表現出強大的忍耐力、堅持不懈，並且做出巨大的犧牲；誕生日也賦予你非凡的潛能，但你的性格中藏有極端的特質，多才多藝的你同時也很冷漠、壓抑自我情感、過於嚴肅。

受區間主導星座金牛座的積極影響，你的個性迷人、有創造力；優秀的社交能力確保你能與周圍的人輕鬆相處；渴望追求美好事物的你喜歡身處和諧、奢華的環境中；不願墨守成規、對形象感知力強的你穿著得體，具有自己的風格。

具備良好組織能力的你如果能保持積極的心態，並提前制定行動的計畫，就能表現得更加出色；長期的投資能使你獲益，但你需要放棄急功近利的想法；你強烈渴望冒險和旅行的你可能會遠離自己的家鄉。

16歲開始，太陽星座運行至水瓶座，此時的你不再拘泥於傳統，個性更加獨立，表達自己的渴望也變得強烈，而且友誼、團體事務及人道主義事業在你人生中的地位也益發重要。另一轉捩點出現在46歲，此時太陽星座進入雙魚座，從這時起，你逐漸關注愈來愈強烈的敏感和感情；在你內心深處，你會想要尋求精神和超自然的關聯，但平凡的現實可能會導致你感到彷徨和幻想；你在這段時期會變得更加包容、富有想像力，並想要發掘和欣賞自己的創造天賦。

■真實的自我

如果能夠駕馭強烈的感情並結合明確的方向感，你將會成為藝術、娛樂、政治或精神領域的領袖；強烈的自我意志如果能夠被合理地宣洩，你就能夠創造奇蹟並獲得極大的同情；如果產生消極的想法，你會變得獨裁、無情或陷入挫折感和失望當中；你需要學會淡然但不冷漠，如此將在不久的將來，你就能獲得心靈上的自由，並對深層玄妙的自然產生求知欲。

對和諧的熱愛會激勵你尋求和平；敏感和不甘平凡的你具有對光、色彩、形狀以及聲音的高度敏感，這能夠幫助你在藝術、音樂或精神領域得到發揮；對他人強烈的責任感使你渴望尋求充滿智慧和理想的世界。

■工作和職業

友善、慷慨，但有野心、勤奮的你需要和諧的工作關係和環境；善於與人相處的能

力表示你能勝任調解人、經理或代理人的工作；因爲對全體的理想有深刻的理解，因此你通常對公眾的需要有高度的敏感；雖然你經常希望在商界獲得成功，但其實透過教育和服務他人的事業更能發揮你的天賦；寫作、戲劇和音樂方面的天賦表示你強烈渴望感情能夠自由宣洩。

與你同天出生的名人包括靈性導師帕拉宏撒·迦南達，女演員黛安·基頓、吉他手吉米·佩吉、男演員羅伯特·杜瓦爾，以及舞蹈指導艾爾文·艾利。

■數字命理學

誕生日數字5代表著強烈的直覺，冒險的天性以及對自由的渴望；意料之外的旅行以及帶來變化的機遇可能使你的人生觀或信念發生改變；你的生活豐富多彩，但你需要培養耐心和對細節的注意力，同時避免不成熟和投機的行爲，你才能獲得成功；誕生日數字5賦予你順應時勢以及淡然的處世原則。受出生於1月的影響，你驕傲、有野心、獨立；敏感、有洞察力的你也富有同情心，而且樂善好施；堅定的信念表示你傾向自己做決定或另外開創新天地；雖然你時常情緒高漲，但在培養毅力的過程中，你會產生挫折感，此時你會出現魯莽、浮躁的表現。

■愛情和人際關係

人們總是著迷於你的個人魅力，因此你十分容易結交到朋友；你對愛情的表達熾烈，且渴望自由，時常會經歷不同以往的人際關係，十分珍視友誼，總是表現出仁善和博愛；你需要有人陪伴，此外，對愛的需要使你較爲欣賞有智慧的人；一旦找到真愛，你會表現得十分忠貞。

■你生命中的特殊之人

尋求溫暖、親切的人際關係的你需要不妨關注誕生日爲以下日期的人。

◎愛情和友誼：

1月5.17.19日、2月3.15.17日、3月13.15日、4月11.13日、5月9.11日、6月7.9.30日、7月5.7.28.30日、8月3.5.26.28日、9月1.3.24.26日、10月1.22.24日、11月20.22日、12月18.20.30日

◎幸運貴人：

1月20.29日、2月18.27日、3月16.25日、4月14.23日、5月12.21日、6月10.19日、7月8.17日、8月6.15日、9月4.13日、10月2.11.29日、11月9.27日、12月7.25日

◎強烈吸引你的人：

3月29日、4月27日、5月25日、6月23日、7月5.6.7.8.21日、8月19日、9月17日、10月15日、11月13日、12月11日

◎砥礪者：

1月14.27日、2月12.25日、3月10.23日、4月8.21日、5月6.19日、6月4.17日、7月2.15日、8月13日、9月11日、10月9日、11月7日、12月5日

◎靈魂伴侶：

6月30日、7月28日、8月26日、9月24日、10月22.29日、11月20.27日、12月18.25日

優點：多才多藝、適應能力強、思想進步、有魅力、果敢、崇尚自由、機智敏捷、好奇心強、神祕主義、愛好交際
缺點：不可靠、優柔寡斷、矛盾、自負、抗拒改變

太陽星座：摩羯座
區間：金牛座／金星
角度：摩羯座14º至16º
類型：本位星座
元素：土
恆星：織女星

1月6日

CAPRICORN

　　剛毅、堅定，但充滿迷人魅力的你是極端元素的有趣結合；你的看法實際，能透過勤奮努力達到自己的目標；你的充沛精力是成就事業的有利因素；對權力、金錢和名望的渴望能使你攀上成功的階梯；你具備機敏的智慧，同時人道精神使你對人有更深的理解，並能使你獲得更大的成就。

　　受區間主導星座金牛座的影響，你熱愛美術和美的事物，也善於累積財富；具有高度創造力的你傾向將天賦運用於實際，並能夠為達成目標做出犧牲；不過，你對待生活的態度可以不用這麼嚴肅，因為這會使你產生挫折感和失望情緒；有時候你極富同情心、心態平和、充滿博愛。

　　個性堅強的你目標意識強、有野心、堅韌不拔、本身具責任感；思想豁達的你能夠透過先前遇到的困難汲取經驗。

　　15歲之後，太陽星座進入水瓶座，此時你受到傳統的影響開始變小，個性更獨立，也對自己獨特的觀點相當有信心，而你可能開始對群體事務以及人道主義事業產生興趣；另一轉捩點出現在45歲，此時你開始關注敏感和豐富的內心世界，這將透過你的憧憬、夢想和感情理想得到體現。到了晚年，你會發現感情的滿足感其實是來自於向他人表達愛的個人體驗，而金錢和權力並非是所有問題的答案。

■真實的自我

　　對知識的渴求是你獲得成功的重要因素，而教育能夠幫助你發揮潛力；內心的驕傲會讓你停止懷疑和猶豫，並使你獲得領導地位而不是從屬於他人；渴望人生與眾不同的你總有具新意的言論或想法；任性的你有時會表現得焦躁，但堅持和講求策略的性格能使你在長期的工作中獲得成績；但要避免讓自己陷入權力遊戲中，因為這會耗盡你的精力。

　　對認同感懷有強烈渴望的你十分難以接受被忽略；有強烈責任感的你必須要平衡職責和理想的關係；而洞察力敏銳的你如果能夠在行動之前對環境做出判斷，就能表現得更加出色。

■工作和職業

　　個性堅強、決心堅定的你外表隱藏了內心的懷疑和不安感，而這能在處理人際關係方面助你一臂之力；你適合從事醫療職業，能夠成為出色的醫生或非傳統療法的實

踐者；商業技能以及幫助人的性格使你能夠勝任顧問、心理學家、指導、談判人或商人的工作；充滿靈感和智慧的你可能投身宗教和精神領域；有遠見的你也可能進入電影行業或將構思出售給公司；儘管你的成就感是來自工作和富有成果的活動，但別讓自己變成了工作狂。

與你同天出生的名人包括詩人紀伯倫和卡爾・桑德堡、美國政治家班傑明・富蘭克林、高爾夫球運動員南茜・洛佩茲、作家亞倫・華茲和E・L・多克特羅、作曲家亞歷山大・斯克里亞賓，以及畫家古斯塔夫・多雷。

■數字命理學

同情心、充滿理想和體貼的性格是誕生日數字6賦予你的特質；你的家庭觀念通常較強，會是稱職的家長；強烈的感情和對和諧的渴望會促使你為了自己的信念而努力奮鬥；你性格中的敏感特質需要找到富有創意的表達方式，因此你會對娛樂或美術和設計產生興趣；這一天出生的你應當培養更加謙虛的態度，對朋友和鄰居展現出關懷，並學著更加有責任感。出生於1月的你富有野心、驕傲、個性鮮明；雖然你具備敏銳的商業直覺和出色的管理能力，但需要克服物質主義傾向；自主性強、驕傲、務實的你洞察力敏銳，具備強烈的價值觀和直覺；寬廣的胸襟和開明的思想能幫助你克服過度挑剔或強勢的性格。

■愛情和人際關係

充滿活力、務實、保護欲強的你會為了所愛的人努力奮鬥，但必須注意不要干涉他人或表現出專橫；你對友誼和浪漫的期許可能與你的職業和野心緊密聯繫，因此你會對性格堅強、有地位、交友廣闊的人著迷；儘管你忠誠、有責任心，但要注意可能出現的猶豫不決和情緒化，這會使你變得沮喪。

■你生命中的特殊之人

與誕生日為以下日期的人相處，你在人際關係的處理方面將會更加成功。

◎愛情和友誼：

1月9.16.18.26.31日、2月7.14.16.24.29日、3月5.12.14.22.27日、4月3.10.12.20.25日、5月1.8.10.18.23日、6月6.8.16.21日、7月4.6.14.19.31日、8月2.4.12.17.29日、9月2.10.15.27日、10月8.13.25日、11月6.11.23日、12月4.9.21.30日

◎幸運貴人：

1月1.21日、2月19日、3月17日、4月15日、5月13日、6月11日、7月9日、8月7日、9月5日、10月3.30日、11月1.28日、12月26日

◎強烈吸引你的人：

7月6.7.8.9.10日

◎砥礪者：

3月29日、4月27日、5月25日、6月23日、7月21日、8月19日、9月17日、10月15日、11月13日、12月11日

◎靈魂伴侶：

1月27日、2月25日、3月23.30日、4月21.28日、5月19.26日、6月17.24日、7月15.22日、8月13.20日、9月11.18日、10月9.16日、11月7.14日、12月5.12日

優點：容易相處、博愛、友善、有同情心、可依賴、善解人意、富有理想、沉穩、藝術氣質、心態平和

缺點：害羞、不講道理、固執、口無遮攔、強勢、缺乏責任感、自私、憤世嫉俗、自我中心

太陽星座：摩羯座
區間：金牛座／金星
角度：摩羯座15º至17º
類型：本位星座
元素：土
恆星：織女星

1月7日

CAPRICORN

　　你聰明、洞察力敏銳、勤奮，而且擁有機敏的智慧，這是你獲得成功的重要關鍵；雖然態度務實，但你的理想和衝勁能夠鼓舞他人；你對人的感覺十分敏銳，無私和人道精神使你能夠勝任需要交際技讓的工作。

　　受區間主導星座金牛座的積極影響，你強烈的專注力以及在美術、音樂、文學或其他創造性活動中的成功將被放大強調；你能夠將工作和社交結合在一起，具有遠大的計畫，不過，你需要注意固執的性格以及害怕困難的個性。

　　雖然你愛好交際，但有時可能會自我孤立，因此你時常會產生孤獨感；你需要平衡性格中的不同特質，特別是對於物質的野心、理想以及精神方面的感悟；你可能會產生頓悟或者經歷意外的好運和收穫，這種情況特別容易發生在團隊合作或旅行的途中。

　　14歲到43歲這段時期，太陽星座將經過水瓶座，此時你的群體意識會更強烈，受傳統的影響變小，心態更放鬆，也更崇尚自由，你可能會產生一些與眾不同的興趣並對自我表達懷有強烈的渴望；44歲之後，太陽星座進入雙魚座，此時你的感情會更細膩，內在精神世界更豐富，而這將在你的憧憬、夢想以及理想中得到體現；74歲時，你將經歷又一次的人生轉折，此時太陽星座進入牡羊座，你的關注將轉向開拓新事業的需要，對人際關係的處理會更加勇敢、直率。

■真實的自我

　　對自我內心力量的認識以及學會拒絕與實際能力不相稱的職位，是你面臨的主要挑戰；你時常會為那些遠不如你的人工作，因此對自己的天賦和潛力有信心，對你而言是很重要的；善於接受新思想，對自由和改革有興趣的你富有創新精神、思想進步，因而渴望表達獨到的見解；獨立的思考也使你具有對抗性，但如果能將爭辯轉化為辯論和溝通技巧，你將表現得更加出眾；你可能不愛出風頭，但天生具備了某種形式的領導力。

　　敏感的你時常出現情緒的波動，這會使你變得孤僻、冷漠，不過這也會使你的直覺更加敏銳，並使你產生對人和環境的第六感；如果你能夠完全信任自己的直覺和遠見，你將變得積極、睿智，這也會使你散發出溫暖的關懷和強烈的愛，進而使他人為你著迷。

■工作和職業

　　雖然你具有敏銳的商業直覺，但你可能更喜歡能結合你的領導和管理能力與超凡的

想像力和創造天賦的工作，而這將體現在寫作、戲劇或藝術領域上；良好的組織能力、理想主義和仁善之心會促使你為大型或公共機構貢獻力量；擇業明智的你同時強調智力和創造力，因此你可能傾向成為教師、顧問或社工人員，從商的你則可能會成為代理人、談判員或處理他人財務糾紛的調解人；你願意從事幕後工作，因此能夠成為製片人或推銷員；你也不要浪費了自己所擁有的極高天賦；具有人道精神的你渴望為了社會改革來貢獻自己的力量。

與你同天出生的名人包括：男演員尼可拉斯凱吉、歌手兼歌曲創作者肯尼羅根斯、長笛演奏者尚‧皮耶‧朗帕爾。

■數字命理學

誕生日數字7的你善於分析、思想豐富、具有批判性、追求完美，且經常陷入自我陶醉；你喜歡自己做決定，而個人的經歷對你來說是最好的學習；你的求知欲會促使你進入學術領域或提升知識；你對他人的批評十分敏感並會覺得被誤解了；探索精神和神祕氣質有助你培養對深奧問題的回答藝術而不會被他人察覺你的真實想法。出生月數字1表示你悟性高、精明、果斷；而你對第一名和自主性同時懷有強烈渴望。雖然你的洞察力敏銳，但多疑的個性讓你可能會對自己的決定產生懷疑和焦慮；務實的你渴望自己的想法能創造實際價值，而你通常會成為某一特殊領域的專家；謹慎、勤奮的你經常會選擇從事學術工作或在研究、寫作及管理領域獲得不凡的成績。

■愛情和人際關係

生性浪漫的你能夠運用個人魅力吸引許多朋友和崇拜者；你對充滿智慧的人著迷，如果能夠和與你一樣富有遠見的人相處，你的境遇就會得到改善；不過，當你在與關係親密的人相處時，你要克服專橫的性格；充滿耐心的你一旦投入到感情之中，就會十分忠誠；你的智慧力量以及特殊興趣，表示你的友誼可能來自於工作和能夠獲得啟發的社會活動。

優點：有涵養、可信賴、謹慎、充滿理想、誠實、脫俗、具科學精神、理性、深思熟慮
缺點：不坦率、懷疑、困惑、嘮叨、懷有惡意、冷漠

■你生命中的特殊之人

與誕生日為以下日期的人相處，你會獲得巨大的回報。

◎愛情和友誼：

1月21、28、31日、2月19、26、29日、3月17、24、27日、4月15、22、25日、5月13、20、23日、6月11、18、21日、7月9、16、19日、8月7、14、17、31日、9月5、15、16、29日、10月3、10、13、27、29、31日、11月1、8、11、25、27、29日、12月6、9、23、25、27日

◎幸運貴人：

1月9、12、18、24、29日、2月7、10、16、22、27日、3月5、8、14、20、25日、4月3、6、12、18、23日、5月1、4、10、16、21、31日、6月2、8、14、19、29日、7月6、12、17、27日、8月4、10、15、25日、9月2、8、13、23日、10月6、11、21日、11月4、9、19日、12月2、7、17日

◎強烈吸引你的人：

1月3日、2月1日、7月7、8、9、10、11日

◎砥礪者：

1月7、8、19、28日、2月5、6、17、26日、3月3、4、15、24日、4月1、2、13、22日、5月11、20日、6月9、18日、7月7、16日、8月5、14日、9月3、12日、10月1、10日、11月8日、12月6日

◎靈魂伴侶：

1月3、19日、2月1、17日、3月15、4月13日、5月11日、6月9日、7月7日、8月5日、9月3日、10月1日

太陽星座：	摩羯座
區間：	金牛座／金星
角度：	摩羯座16º至18º
類型：	本位星座
元素：	土
恆星：	織女星

1月8日

CAPRICORN

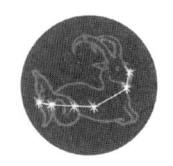

身為摩羯座的你堅強、專注且具有野心，但內心細膩、謙遜、優雅；你的決心堅定，而且有競爭意識；工作勤奮的你同時也具有想像力、敏感，並富有個人魅力；態度務實的你千萬不要放棄誕生日賦予你的敏銳直覺和遠見。

受區間主導星座金牛座的影響，你在音樂、藝術以及與金錢相關的領域有天賦，並能獲得成功；與他人交往時你會展現出優秀的人際交往技巧和天賦；對美、魅力以及美好的生活具有欣賞能力的你喜歡和諧，甚至是奢侈的環境；你能讓他人為你傾倒，因為他們無法看到在你果敢的背後，隱藏著內心的迷茫和懷疑。

就實現崇高理想而言，你會產生一絲惰性，但對物質成功的渴望會促使你付諸實際行動；你的意志堅強、聰明，對感興趣的知識具備很強的吸收能力；你對喜愛的事業充滿熱情，這能幫助你克服內心的焦慮和不滿，並且避免你陷入自我毀滅的放縱行為，如吸毒和酗酒；而你對風格的強烈感知力再加上表演天賦，使你能從眾人之中脫穎而出。

一位堅強的女性會在你年輕時給予你極大的影響；從13歲到42歲的期間，太陽星座將經過水瓶座，此時傳統的影響減少，更加崇尚自由，群體意識也更加強烈，你可能會產生一些與眾不同的興趣或對表達自我產生強烈的渴望；43歲時，太陽星座進入雙魚座，此時你的細膩感情和直覺更加明顯，你也會更加關注自己的夢想、理想或精神和心理意識；73歲時有一個人生轉折，此時太陽星座進入牡羊座，你渴望對個人事務採取直接行動而不是被動接受。

■真實的自我

被激發的意識和自制力的培養使你能夠認清自己的潛能；你的人生教訓多半都來自於工作，幸運的是，你深知與他人合作的優勢，以及夥伴關係為你帶來的好處；不過你要注意不要產生依賴心理，因為這會讓你變得膽怯或過於嚴肅。

你需要學會保持內心的平和，雖然你可能要到晚年才能體會這一境界；當你理解這個道理時，你將能獲得更多心靈上的自由，並對人道精神或深奧事物的本質產生渴望；洞察力敏銳的你想要擺脫平凡的生活，這將激勵你工作富有創意或促使你接觸國外事物。

■工作和職業

具有野心、務實、具備交際技巧的你需要與他人聯繫或合作；勤奮和細心的個性表

示你能夠成為出色的科學家、宗教工作者、講師或教育家；投身商界的你能成功地為大眾服務或為改革貢獻力量；你具有迷人氣質、有個性、聲音動人，並且渴望自我表達，因此會對商業和娛樂界產生興趣；在政治、精神性或哲學領域，你也能發揮溝通、教育或激勵他人的能力；此外，你的敏感及對和諧的感知使你傾向投身藝術和音樂領域。

與你同天出生的名人包括貓王艾維斯‧普里斯萊、大衛‧鮑伊和雪莉‧芭塞，喜劇演員索皮‧塞爾斯，以及科學家史蒂芬‧霍金。

■數字命理學

誕生日數字8代表著你具有良好的價值觀和全面性的判斷力，你渴望擁有控制力、安全感和富足的物質生活；出生於這一天的你天生具有商業頭腦，只要發掘組織和管理方面的天賦，就能使你獲益匪淺；不過，你需要學會公平地運用和約束自己的權威；對安全感以及成就的強烈渴望會促使你做出長遠的規畫和投資。受出生月1月的影響，你有進取心、明辨、有效率；你的創造力激勵你表現自我及奮力前進；富有想像力和創新性、態度務實的你講求方法，並能利用所學知識來達成目標；雖然你堅定、積極，但你仍需培養耐力並避免性格強勢。

■愛情和人際關係

雖然你的挫敗經驗主要來自於人際關係的處理，但你的迷人魅力使你在社交活動中綻放光彩；你會對成功且思維活躍的人著迷，而當你沉迷於某段關係時，你會甘願放棄一切；你是一位充滿熱情的伴侶，不過有點情緒化；家庭在你心目中十分重要，是你能夠暫時逃離世俗的避難所。

優點：有領導才能、考慮周全、勤奮、權威、有保護欲、治癒的力量、對價值的準確判斷

缺點：缺乏耐心、浪費、心胸狹隘、強勢、容易喪失信心、缺少計畫

■你生命中的特殊之人

在誕生日為以下日期的人當中，你能夠找到忠誠、可靠的愛人和同伴。

◎愛情和友誼：

1月6、20、22、24、30日、2月4、18、20、22、28日、3月2、16、18、20、26、29日、4月14、16、18、24、27日、5月12、14、16、22、25日、6月10、12、14、20、23日、7月8、10、12、18、21日、8月6、8、10、16、19日、9月4、6、8、14、17日、10月2、4、6、12、15日、11月2、4、10、13日、12月2、8、11日

◎幸運貴人：

1月1、3、4、14日、2月1、2、12日、3月10、28日、4月8、26、30日、5月6、24、28日、6月4、22、26日、7月2、20、24日、8月18、22日、9月16、20日、10月14、18日、11月12、16日、12月10、14日

◎強烈吸引你的人：

1月11、2月9日、3月7日、4月5日、5月3日、6月1日、7月8、9、10、11、12日

◎砥礪者：

1月3、5日、2月1、3日、3月1日、7月31日、8月29日、9月27、30日、10月25、28日、11月23、26、30日、12月21、24、28日

◎靈魂伴侶：

1月5、12日、2月3、10日、3月1、8日、4月6日、5月4日、6月2日

太陽星座	摩羯座
區間	金牛座／金星
角度	摩羯座17°至19°
類型	本位星座
元素	土
恆星	天津四

1月9日

CAPRICORN

你務實、勤奮、有毅力；安全意識強烈的你喜歡持久的成就；當你一旦對某個人或某項工作投入感情，你就會表現得忠誠、有責任感；思維的包容性會轉化為你對他人的關懷；不過，你要避免消極思維，因為這可能會導致你產生挫折感和浮躁，並因此阻礙理想和願望的達成。

受區間主導星座金牛座的影響，你具有創造天賦，你也希望透過藝術使這些天賦得到發揮，進而展現想像力和細膩的情感；而在人際交往中，你總是能夠施展個人魅力和發揮天賦；對愛和欣賞的渴望使你需要他人的認同，這也突顯了人際關係在你生命中的重要地位。

對美和美好生活的嚮往使你渴望被和諧和奢華的事物包圍，而對不和諧的抗拒會導致你採取逃避政策來規避必須的對峙和衝突；雖然你需要經常面對阻礙和失望，但不要讓悲觀占據了你的心靈；淡然而靈活的處事方式是你解決問題的關鍵；幸運的是，毅力和智慧，再加上堅定的決心，能夠助你獲得成功。

21歲開始，太陽星座進入水瓶座，你將變得更獨立，不過你仍十分珍視友誼，此時你會對獨特的事物和人道主義事業產生興趣，或產生強烈自我表達的渴望；42歲以後，太陽星座進入雙魚座，你的感情變得更細膩，內心世界也更加豐富，這將透過你的憧憬、夢境和理想得到體現；中年的你會經歷許多變化，並希望透過合作關係有所收穫；72歲時，太陽星座推進到牡羊座，此時你的注意力開始轉向開拓新領域，對人際關係的處理也會更勇敢、直接；這一時期也預示著新的開始。

■真實的自我

你的熱情渴望得到積極的宣洩，否則你將會被他人的生活吸引；樂於助人的天性使你感到更加充實並能結交到許多朋友；自我認同感能使你展現出愛的力量並讓他人為你的個人魅力而傾倒。

務實但想像力豐富的你崇尚秩序、有遠見；你需要計畫和強烈的目標感，否則焦躁的情緒會導致你選擇自我放縱來做為逃避的方式；你渴望自我提升，也很重視工作，因此你能夠發揮勤奮和專注力，使潛能得到真正的發揮；不過，你會發現只要勤奮工作，你在經濟方面就不會有後顧之憂。

■工作和職業

具有進取心和想像力的你渴望隨心所欲的自由以及具有獨立性；喜歡多樣性和變化的你適合需要旅行的工作；渴望行動和進步的你會嘗試不同的職業，而不論你從事什麼工作，都要避免枯燥、僵化的工作內容，因為這會讓你覺得無法進步及缺少熱情；充滿理想、有創造力、感性的你會對美術和音樂著迷；對商業和社會改革感興趣的你可以嘗試行銷、經濟、推銷和政治工作；敏捷的思維和迷人的魅力代表著你適合成為旅遊經營者、旅遊代理人或銷售員。

與你同天出生的名人包括美國前總統尼克森、歌手瓊・拜雅和克莉絲朵・蓋爾、作家西蒙波娃。

■數字命理學

誕生日數字9賦予你仁慈、同情心和細膩的感情；你被公認為有智慧、洞察力強；心靈的力量使你具有包容性；你總覺得生活的模式已經被固定住，而你所能發揮的空間十分有限，因此要學會保持客觀冷靜，同時培養理解力、容忍力和耐心；環遊世界和與不同的階層的人相處能使你獲益良多，但你要避免不切實際的空想以及逃避的傾向。出生月1月賦予你洞察力和接受力；有野心、決心堅定的你能夠堅持不懈，具有威嚴；你的洞察力和直覺使你富有遠見，而充滿想像力的你要學會相信自己的直覺；強烈渴望勝利和自主性的你正視生活的無奈，並了解沒有真正的公平和完美；你時常需要被迫放棄個人計畫，不過你也需明白自己不是世界的中心。

■愛情和人際關係

你期望能找到完美的伴侶，如果無法找到符合你的極高標準伴侶，你甚至會陷入柏拉圖式的關係當中；避免失望和挫折感並和具有人道精神的伴侶相處，你將變得更加幸運；許多在這天出生的人會選擇受人崇拜或受人歡迎的人做為朋友，因此你交友一定要十分慎重；一旦投入感情，你會表現地十分忠誠。

優點：充滿理想、仁愛、有創造力、感情細膩、慷慨、有魅力、感性、慈善、奉獻、公正、運氣好、有人緣

缺點：挫折感、緊張、缺乏整體觀念、自私、不切實際、容易被誘導、焦慮

■你生命中的特殊之人

你可能會十分幸運地與誕生日為以下日期的人墜入愛河。

◎愛情和友誼：

1月1,7,21,23,31日、2月5,19,21,29日、3月3,17,19,27日、4月1,15,17,25日、5月13,15,23日、6月11,13,21日、7月9,11,19日、8月7,9,17,19日、9月5,7,15日、10月3,5,13日、11月1,3,11日、12月1,9日

◎幸運貴人：

1月5,16,18日、2月3,14,16日、3月1,12,14,29日、4月10,12,27日、5月8,10,25,29日、6月6,8,23,27日、7月4,6,21,25日、8月2,4,19,23日、9月2,17,21日、10月15,19日、11月13,17日、12月11,15,29日

◎強烈吸引你的人：

1月6,30日、2月4,28日、3月2,26日、4月24日、5月22日、6月20日、7月9,10,11,12,13,18日、8月16日、9月14日、10月12日、11月10日、12月8日

◎砥礪者：

1月4日、2月2日、5月29,31日、6月27,29,30日、7月25,27,28日、8月23,25,26,30日、9月21,23,24,28日、10月19,21,22,26日、11月17,19,20,24日、12月15,17,22,28日

◎靈魂伴侶：

1月23日、2月21日、3月19日、4月17日、5月15日、6月13日、7月11,31日、8月9,29日、9月7,27日、10月5,25日、11月3,23日、12月1,21日

太陽星座：摩羯座
區間：金牛座 / 金星
角度：摩羯座18°至20°
類型：本位星座
元素：土
恆星：天津四

1月10日

CAPRICORN

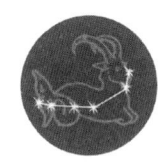

身為摩羯座的你務實、友善、有決心、意志堅強；物質方面的直覺，賦予你對價值的敏銳感知力和對人的迅速理解力；直覺加上對目標的專注力讓你表現得堅忍不拔；具有野心的你只需培養必要的自制力，就能獲得成功。

受區間主導星座金牛座的積極影響，你的個人魅力能夠幫助你在社交及其他方面無往不利；你渴望被美、風格以及奢華的事物包圍；雖然物質方面的安全感、地位和名望對你十分重要，但一旦你對某一領域產生興趣，就會努力做出成績；你崇尚美好生活並懂得如何享受生活，但要警惕自我放縱和太過物質的傾向。

你的熱情和魅力使你成為社交寵兒；你總在尋求與他人的和諧相處，並對周圍的環境十分敏感；你渴望安全感，並會為了達成目標而事先建立基礎；工作勤奮、態度積極的你有愚公移山的毅力，而你的知識和成績總是令他人留下深刻的印象。

11歲到40歲之間，太陽星座位於水瓶座，此時你對獨立的渴望不斷增強，對友誼以及群體意識的興趣也更濃厚，你渴望表達自己的獨特思想，也渴望富有實驗精神；41歲之後，太陽星座進入雙魚座，你的感情會更加細膩，你也更具有遠見；71歲時，太陽星座進入牡羊座，你會渴望在處理個人事務上更加自主和積極。

■真實的自我

你以成功為目標、思想獨立，並且能夠充分認識到知識和技能的力量；思維敏銳、務實的你善於處理問題；你的敏感和直覺使你的腦中充滿靈感並讓你在寫作、美術、哲學、宗教或玄學領域產生興趣；同時，你的熱情能夠給鼓勵他人，這一特質能夠讓你位居領導地位，不過你要避免固執和任性的傾向。

慷慨、善良的你時常表現得體貼；你的財務狀況通常比較穩定，因此煩惱大多是來自於感情方面，尤其是對他人感到失望；幸運的是，你懂得把握機遇，而這將是你的可靠支持，並能幫助你改善處境。

■工作和職業

勤奮、有野心、態度務實、思考獨立的你能成為企業家、製片人或推銷員；靈巧的雙手和對穩固基礎的渴望會促使你投身商界；你也可能對建築、工程產生興趣，或扮演領導者和問題解決者的角色；對藝術著迷的你希望獲得經濟利益，因而能勝任廣告、促銷或製造業和管理方面的工作；儘管你具備出色的商業能力，但可能會對哲學、宗教或

玄學產生興趣；具有好奇心和創新精神的你非常想要探索未知的領域，有初生之犢不畏虎的衝勁。

與你同天出生的名人包括歌手洛・史都華、畫家詹姆士・麥克尼爾・惠斯勒、歌手派特・班奈特，男演員索爾・邁洛、宗教改革者約翰・卡爾文、音樂人麥克斯・羅奇，舞蹈家雷・波爾傑，以及拳擊手喬治・富爾曼。

■數字命理學

與誕生日數字1的人相似，你具有進取心、個性獨立；雖然你會遭遇許多挑戰，但憑藉決心，你就能夠達成自己的目標；開創精神會促使你到遠方旅行或開闢新的人生道路；出生於這一天的你深知堅持就能使你獲得極大成就，但你需要避免過於以自我中心或強勢的性格。出生月1月表示你充滿動力，且懷有很高的期望；你通常富有創造力、有權威性和管理能力；充滿智慧的你喜歡領導人而不是受他人支配；你喜歡尋求挑戰來考驗自己的才智；你要堅定自己的立場才可以培養自信，而具有自我認同感的你非常勤奮、有野心；雖然你渴望尋求平衡和穩定，但也可能會產生感情的挫折感或無法表達自己的情感；對成功懷有強烈渴望的你需要培養外交手腕並懂得適時讓步。

■愛情和人際關係

你具備高雅的品味和對風格的感知力，並渴望擁有溫馨的住所能讓你招待朋友聚會；你富有野心，而且喜歡與有智慧或成功的人相處，因此你不喜歡在失敗者身上浪費時間；你有熱忱，但仍具備務實的觀點；通常你會對所愛的人豁達、慷慨，但有時則會出奇得節儉；驕傲、擁有迷人魅力的你能夠輕鬆吸引他人目光，但要注意不要讓物質的考量成為擇友的重要因素。

優點：	有領導能力、有創造力、思想進步、堅強、樂觀、信念堅定、競爭意識、獨立、合群
缺點：	專橫、妒忌、自我中心、對抗性、自私、優柔寡斷、缺乏耐心

■你生命中的特殊之人

尋求生命中特殊之人的你不妨注意一下以下誕生日期的人。

◎愛情和友誼：

1月8.12.17.20.22.24日、2月6.15.18.20.22日、3月4.13.16.18.20.28日、4月2.11.14.16.18.26日、5月9.12.14.16日、6月7.10.12.14日、7月5.8.10.12.30日、8月3.6.8.10.28日、9月1.4.6.8.16.26日、10月2.4.6.24日、11月2.4.22日、12月2.20日

◎幸運貴人：

1月6.23日、2月4.21日、3月2.19.30日、4月17.28日、5月15.26.30日、6月13.24.28日、7月11.22.26日、8月9.20.24日、9月7.18.22日、10月5.16.20日、11月3.14.18日、12月1.12.16.30日

◎強烈吸引你的人：

1月7日、2月5日、3月3日、4月1日、7月10.11.12.13.14日

◎砥礪者：

1月5.26.29日、2月3.24.27日、3月1.22.25日、4月20.23日、5月18.21日、6月16.19.30日、7月14.17.28日、8月12.15.26.31日、9月10.13.24.29日、10月8.11.22.27日、11月6.9.20.25日、12月4.7.18.23日

◎靈魂伴侶：

1月30日、2月28日、3月26日、4月24日、5月22日、6月20日、7月18日、8月16日、9月14日、10月12.31日、11月10.29日、12月8.27日

太陽星座：摩羯座
區間：處女座／水星
角度：摩羯座19°至21°
類型：本位星座
元素：土
恆星：天津四

1月11日

CAPRICORN

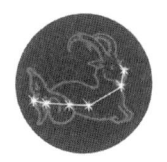

誕生日暗示你工作勤奮、充滿理想，有創新精神的你嚴肅、有野心，但也具有極度的魅力和熱心，並善於與人交往；你的個人意識較強，注重外表，穿著得體，具有自己的風格；儘管你意志堅強、有決心，但你時常在信念和懷疑之間搖擺不定，這會導致你產生焦慮和遲疑。

受區間主導星座處女座的影響，你的思維敏捷、機警，具有極強的集中能力；精明、目標明確的你善於處理問題，能夠洞悉事物並做出最後結論；務實的你是出色的戰略家，傾向將天賦應用於實際，一旦決定有所行動，只要付出必要的努力就能夠達成目標；不過，你對待生活要避免過於嚴肅，因爲這會使你產生感情的挫折感或失望；強烈的感情能夠表現爲同情心和包容的態度。

你的興趣廣泛，渴望行動，喜歡旅行和冒險；對美的鑑賞力和對時尚以及美好生活的渴望使你十分幸運地具有累積財富的商業潛力；女性在你生命中會給予你巨大的幫助。

10歲到39歲時，太陽星座進入水瓶座，此時你對自由和獨立性的需求會較強烈，也更加關注友誼和群體意識，並渴望表達自己的與眾不同；40歲之後，太陽星座進入雙魚座，你細膩的情感將得到進一步的強化，你會變得更有遠見，這會促使你尋求理想或精神目標；中年時的你傾向旅行和變化，這對你的人生具有積極的影響。70歲時，你的人生出現另一轉折，此時太陽星座進入牡羊座，你渴望直接、積極地處理個人事務和人際關係。

■真實的自我

你的態度端正，能夠用理想和想像力激勵他人，不過要避免將感情的力量浪費在瑣碎小事上，這會使你偏離積極的生活目標；集中創造潛力，你就能夠獲得巨大成果；關注你的飲食和健康並學會時常放鬆自我，這能使你活力煥發。

儘管你能夠讓他人爲你著迷，但他們無法看到隱藏在果敢外表之下的內心彷徨；晚年的你在經歷感悟、理解力以及神祕氣質的不斷深化之後，智慧將達到巔峰；你也需要避免衝動、揮霍或急功近利的行爲。

■工作和職業

自我表達、自由和思維的啟發性構成了你的職業基礎；你不喜歡受他人支配，因此傾向自我創業；通常你比較自律、充滿活力、有進取心；博愛和獨立的個性使你傾向從

事教學、諮商或心理學的工作；對宗教、哲學或玄學的興趣也表現出你在占星方面的天賦；女性對你的事業進步有非常積極的正面影響；對文字的把握力、想像力以及溝通技巧表示你在寫作、音樂或藝術方面具有天分；充滿理想的你希望為改革貢獻力量或與對抗不公，因而適合教會、政治或公務員的工作。

與你同天出生的名人包括美國政治家亞歷山大・漢密爾頓、音樂人克拉倫斯・克萊蒙斯、歌手娜歐蜜・茱德，以及心理學家威廉・詹姆斯。

■數字命理學

受誕生日數字11的強烈影響，理想、靈感以及變革對你來說十分重要；自卑與自信的並存會激勵你努力獲得掌控自我的能力，不論是物質上還是精神上的；通常你的感情強烈、充滿活力，但要注意過度緊張的情緒以及不切實際的想法。受出生月1月的影響，你的個性獨立、有進取心，需要創造性地表達自我；儘管友善、外向，但你不喜歡被束縛，喜歡隨心所欲的表現，並且有自主性；培養外交手腕並學會讓步，能夠幫助你找到適合的中立立場，讓你不會變得太自私；富有創新精神、精力充沛的你在多方面展現出天賦，而且興趣廣泛；你直言不諱但風趣，因此與你相處時絕對不會感到厭煩；雖然你的洞察力敏銳、決心堅定，但你需要明確的目標使你保持專注，而不是在許多方面分散精力。

■愛情和人際關係

具有迷人魅力的你能夠吸引他人目光；通常你對能夠啟發你的思維並激發你的靈感的人感興趣；與他人分享共同的興趣和目標對你十分有利；對於敏感、感情強烈的你，定期的獨處對你有很大的幫助，這能使你準確感知人際關係的處理，並且知道什麼才是正確的，也可幫助你在獨立和對他人的需要之間找到平衡；你要對自己有足夠的信心，並對善意的競爭保持謹慎的態度，這能使你發揮得更加出色。

■你生命中的特殊之人

與誕生日為以下日期的人相處，你將變得更加幸運

◎愛情和友誼：

1月9、13、23、25、27、2月7、21、23、25、3月5、19、21、23、29、4月3、17、19、21、27、30、5月1、5、15、17、19、25、28、6月13、15、17、23、26、7月11、13、15、21、24、8月9、11、13、19、22、9月7、9、11、17、20、10月5、7、9、15、18、11月3、5、7、13、16、12月1、3、5、11、14日

◎幸運貴人：

1月2、4、7、2月2、5、3月3、4月1、5月31、6月29、7月27、31、8月25、29、9月23、27、10月21、25、11月19、23、12月17、21日

◎強烈吸引你的人：

1月8、14、2月6、12、3月4、10、4月2、8、5月6、6月4、7月2、11、12、13、14、15日

◎砥礪者：

1月6、19、29、2月4、17、27、3月2、15、25、4月13、23、5月11、21、6月9、19、7月7、17、8月5、15、9月3、13、30、10月1、11、28、11月9、26、12月7、24、29日

◎靈魂伴侶：

1月16、21、2月14、19、3月12、17、4月10、15、5月8、13、6月6、11、7月4、9、8月2、7、9月5、10月3、11月1日

優點：有平衡感、專注、客觀、激忱、有靈感、脫俗、充滿理想、洞察力敏銳、治癒的力量、人道主義、心靈的力量

缺點：優越感、缺乏目標、感情用事、容易受傷、自私、表達不清晰、強勢

太陽星座	摩羯座
區間	處女座／水星
角度	摩羯座20º至22º
類型	本位星座
元素	土
恆星	天津四

1月12日

CAPRICORN

你友善、勤奮、務實,而且有著無法抗拒的魅力;雖然你的個性獨立,但天生的外交能力表示你善於團隊合作;你處事腳踏實地,同時也具有極為豐富的想像力和強烈的憧憬。

受區間主導星座處女座的影響,你充滿責任感、目標明確、悟性高;講求方法的你對工作懷有極高的自豪感,一旦決定付諸行動,你會不計時間地投入,最終達成目標;你很重視工作,同時你也必須避免對興趣過度執著以至於忽略周圍環境。

你具有對商業的現實感知力以及細膩的感情,因此生活的平衡對你十分重要,這能幫助你克服莫名的恐懼和潛在的、會導致你產生逃避和不穩定的緊張情緒;你對物質世界具有極強的理解能力,但對人道主義以及神祕事物感興趣的你可能會投身精神或超自然的研究;結合敏感、創新思想和敏銳洞察力能使你洞悉人性;而積極的你願意為周圍的人服務,成為顧問或專家。

9歲到38歲這段期間,太陽星座將經過水瓶座,此時你不容易被傳統觀念影響,因此性格更獨立,對自己的獨特視野充滿信心,因此你可能會對群體或人道主義事業產生興趣,同時強烈渴望友誼;另一轉捩點出現在39歲,太陽星座進入雙魚座,這時的你開始逐漸關注感情生活,這將透過你的憧憬、夢想和感情理想得到體現,同時這也會促使你尋求精神和理想化的目標;69歲時,太陽星座進入牡羊座,此時你會更加渴望以積極、直接的方式對待人和環境。

■真實的自我

將靈感和崇高的理想付諸於行動,這是你將面臨的挑戰;思維敏捷、高尚的你會發現自己經常扮演領導者的角色;雖然你聰明、有天分,但也會時常產生自我懷疑和自卑感;認清知識的力量並發掘敏銳直覺,你將能夠不斷地開拓新事業,並實現理想。

雖然你可能會比較喜歡待在家裡放鬆自我,但與生俱來的責任感卻促使你投入行動;內心對和諧的渴望可能會表現為對音樂、美術或平和環境的熱愛;雖然你有時表現得焦慮,但處於最佳狀態的你能夠以同情心和內心的力量吸引他人。

■工作和職業

友善、處世圓融的你喜歡各種需要與他人合作;擅長遣詞造句的你具備寫作天賦,而聽覺靈敏的你善於作曲和演奏,你也對繪畫感興趣;具有競爭意識、富有野心的你

也適合戲劇或體育運動；自我創業的你能夠成為出色的採購、商人或代理人和談判員；此外你可能會選擇公共關係或諮商工作；投身公共事業的你適合外交官和商務工作；對視覺藝術，如攝影、設計的興趣會激發你的創作潛能；你勇於嘗試新事物，會對資訊技術以及相關產業產生興趣。

與你同天出生的名人包括藝術家約翰‧辛格‧薩金特、靈性導師斯韋維卡難陀、作家傑克‧倫敦，以及女演員克莉絲汀‧艾莉。

■數字命理學

你的洞察力敏銳、友善、具有良好的推斷力；誕生日數字12表示你渴望表現出與眾不同；具有創新精神、敏感的你十分善於運用策略和合作的方式達成目標；在他人面前的你表現得十分有自信，儘管自我懷疑會使你的隨和性格和積極人生觀受到影響；自我表達的需求以及幫助他人的願望達成平衡時，你將獲得心靈的平靜和個人的滿足。受出生月1月的影響，你富有野心、勤奮、具有實用技能；充滿智慧、勇敢、有自主性的你勇於創新，而且具備管理能力；你渴望勝利，也能奮力向前，但與他人合作會讓你獲益良多；熱情、與眾不同的你喜歡成為領導者，不願追隨他人的腳步。

■愛情和人際關係

雖然你的外表活潑，但內心可能比較靦腆矜持；婚姻和穩定的人際關係對你十分重要，因此你對家庭極為熱愛；你通常表現得忠誠，願意為人際關係的和諧做出犧牲；不過，你需要避免陷入陳規或因為缺乏交流而變得冷漠；雖然你十分重視人際關係，但你需要在保持獨立和積極投入社交活動兩者尋求平衡。

■你生命中的特殊之人

在誕生日為以下日期的人當中，你能獲得愛情並找到忠誠的伴侶。

◎愛情和友誼：

1月10.14.26.27.28日、2月8.12.24.26日、3月6.22.24.30日、4月4.20.22.28日、5月2.6.18.19.20.26.29日、6月16.18.24.27日、7月14.16.22.25日、8月12.14.20.23.30日、9月10.11.12.18.21.28日、10月8.10.16.19.26日、11月6.8.14.17.24日、12月4.6.12.15.22日

◎幸運貴人：

1月8日、2月6日、3月4.28日、4月2.26日、5月24日、6月22.30日、7月20.28.29日、8月18.26.27.30日、9月16.24.25.28日、10月14.22.23.26.29日、11月12.20.21.24.27日、12月10.18.19.22.25日

◎強烈吸引你的人：

1月15日、2月13日、3月11日、4月9日、5月7日、6月5日、7月3.12.13.14.15.16日、8月1日

◎砥礪者：

1月7.9.30日、2月5.7.28日、3月3.5.26日、4月1.3.24日、5月1.22日、6月20日、7月18日、8月16日、9月14日、10月12.29日、11月10.27日、12月8.25.30日

◎靈魂伴侶：

1月8.27日、2月6.25日、3月4.23日、4月2.21日、5月19日、6月17日、7月15日、8月13日、9月11日、10月9日、11月7日、12月5日

優點：有創造力、有魅力、有開創精神、有原則性、自信
缺點：孤僻、行為怪異、不合作、過於敏感、缺乏自我認同

太陽星座：摩羯座
區間：處女座／水星
角度：摩羯座21º至23º
類型：本位星座
元素：土
恆星：無

1月13日

CAPRICORN

　　誕生日賦予你堅強的意志和敏銳的思維；意志堅定的你喜歡忙碌的工作狀態或專注於某項工作以發揮最大的潛能；培養敏銳的直覺能使加深你對自己和生活的了解，並避免可能出現的挫折感；迷人的魅力和領導才能會幫助你達到事業的巔峰。

　　受區間主導星座處女座的影響，你思維敏銳、機警、注意力集中；你具備直擊問題要害的能力，而且想法務實、態度直率，因此能夠全面性地判斷問題；你特別享受開拓新事業和解決問題帶來的快樂；一旦你下定決心，就會非常踏實、自律，為了實現目標而努力；時常的放鬆和保持幽默感能使你不會過於嚴肅。

　　雖然你態度務實，但內心的敏感、豐富的想像力和充滿靈感的思維表示你也是個理想主義者；當你全心投入某項工作或觸及心靈深處時，是你覺得最幸福的時刻；固執、不讓步、強硬的態度是你發揮潛力的主要障礙。

　　8歲到37歲時，太陽星座進入水瓶座，此時你對自由和獨立性的需要逐漸增強，對友誼或群體意識的興趣也更強烈，並且需要自我表達；38歲之後，太陽星座進入雙魚座，此時你的細膩感情被強化，更加富有遠見，這也促使你尋求精神或理想化的目標；到了68歲，你的人生出現另一次轉折，此時太陽星座位於牡羊座，你開始渴望更加直接、積極的處事方式和人際交往，也可能會領導或激勵他人。

■真實的自我

　　極度敏感的你擁有強烈的直覺和獲得智慧的潛力；只要相信自己對人和環境的直覺，你就能清楚知道內心的力量和自發的認知能力，這也使你了解不需要強迫他人也能認同你個人的崇高理想，而為了實現理想，你需要忍受寂寞；具有藝術潛力、氣質高雅的你富有遠見和創造力，這促使你在寫作或神祕學領域有所追求；追求完美的你具備分析和批判能力，對自己的工作表現得謙卑、投入。

■工作和職業

　　勤奮、專注的你具有創造力和領導能力；如果選擇為他人工作，憑著負責的態度、開闊的視野以及獨到的見解，你一定能夠得到賞識；自律的你在面對危機時總能表現沉穩；直覺敏銳的你具備解決問題的能力，在所從事的領域能夠為他人提供建議或成為專家；對歷史、哲學以及精神性事物的興趣促使你深入研究玄學；對教育的興趣會促使你選擇教師或作家的工作；此外，你也適合諮商或管理工作

與你同天出生的人包括歌手蘇菲・塔克、哲學家喬治・哥傑夫、占星家傑佛瑞・柯尼立厄斯，以及演員羅伯特・斯塔克。

■數字命理學

誕生日數字13代表你感情細膩、活力十足、富有靈感；勤奮、有抱負的你能夠憑藉決心和創造性的表達獲得成功；你需要培養務實的態度，才能將創造性的潛能轉化為實際價值；專注的你能夠獲得物質的豐富和聲望；這一天出生的你有魅力、有情趣、喜好社交；與大多數這一天出生的人相同，旅行的經歷讓你們收穫頗豐，或者你會渴望轉換環境以改善生活。出生月1月的你充滿智慧、直覺強烈、積極進取、靈感豐富；追求知識和智慧的你會將目光投向物質世界以尋求精神的啟蒙；你勇敢、精力充沛，而且具有自主性和創新精神；開創精神會促使你向新的目標、領域或理念邁進；你通常具有主見而且喜歡與眾不同；充滿熱情、見解獨到的你能為他人指引前進的方向。

■愛情和人際關係

狀態較好時，你能夠展現出魅力和寬容，因而身邊總是不乏朋友和崇拜者；你渴望愛，但有時矜持和害羞會妨礙你與他人的交流，當愛與責任和工作之間發生衝突時，這種情況會更加嚴重；不過，一旦你投入感情，就會變得極為忠誠，並對安全感表現出強烈需求；當你愈寬容，對生活的態度就愈輕鬆，進而能夠避免產生失望情緒；你的理想伴侶應該能夠與你一起分享興趣、希望和抱負。

■你生命中的特殊之人

與誕生日為以下日期的人相處，你將變得幸運。

◎愛情和友誼：

1月11、20、24、25、27、29日、2月9、18、23、25、27日、3月7、16、21、23、25日、4月5、14、19、21、23日、5月3、12、16、17、19、21日、6月1、10、15、17、19日、7月8、13、15日、8月6、11、13、15日、9月4、8、9、11、13日、10月2、7、9、11日、11月5、7、9日、12月3、5、7日

◎幸運貴人：

1月9、26日、2月7、24日、3月5、22日、4月3、20日、5月1、18、29日、6月16、27日、7月14、25、29、30日、8月12、23、27、28、31日、9月10、21、25、26、29日、10月8、19、23、24、27日、11月6、17、21、22、25日、12月4、15、19、20、23日

◎強烈吸引你的人：

1月16、2月14、3月12、4月10、5月8、6月6、7月4、13、14、15、16、17日、8月2日

◎砥礪者：

1月8、29、31日、2月6、27、29日、3月4、25、27、28日、4月2、23、25、26日、5月21、23、24日、6月19、21、22日、7月17、19、20、8月15、17、18日、9月13、15、16、10月11、13、14、30日、11月9、11、12、28日、12月7、9、10、26日

◎靈魂伴侶：

5月30日、6月28日、7月26日、8月24日、9月22、30日、10月20、28日、11月18、26日、12月16、24日

優點：有抱負、見解獨到、有創造力、熱愛自由、自我表達能力強、有開創精神

缺點：衝動、猶豫不決、專橫、冷漠、叛逆

太陽星座：摩羯座
區間：處女座 / 水星
角度：摩羯座22º至24º
類型：本位星座
元素：土
恆星：無

1月14日

CAPRICORN

友善、務實、勤奮的你洞察力敏銳、想像力豐富、判斷全面；這天出生的你富有個人魅力，這在人際交往中為你加分不少，同時你還具有天生的領導才能；具有邏輯思維和創造天賦的你崇拜有知識的人並渴望充實自我；聰明、有野心、性格獨立的這些特質能助你獲得成功，不過你需要避免消極的想法。

受區間主導星座處女座的影響，你講求方法、工作認真、關注細節；儘管矜持、內向，但你具有良好的溝通技巧和直擊問題要害的能力；你有些許完美主義的傾向，因此觀察力細緻、準確，但你要注意避免過度謹慎和嚴肅。

你對新思想的接受能力強，具有創新精神和進步意識，渴望表現出與眾不同；你熱愛自由和改革，因此時常對束縛表現出抗拒，這反而會使你變得固執或有對抗性；態度積極的你思維敏捷，因此你需要多樣性和新的經歷以避免產生厭倦感；你要避免因為內心的躁動而行事衝動草率。

7歲到36歲之間，太陽星座位於水瓶座，此時你對獨立性的渴望增強，而且對友誼和群體意識的興趣也愈濃厚，你也想要表達自己的新奇觀點，同時具有實驗精神；37歲時，太陽星座進入雙魚座，你會更加敏感，對感情的需要也更加強烈，而對未來的憧憬促使你尋求理想或精神的目標；67歲時，你的人生會出現另一轉折，此時太陽星座進入牡羊座，你渴望提升自我，對待生活也更加具有開創精神。

■真實的自我

你的外表充滿自信，但有時也會陷入焦慮和猶豫，所以你的內心其實比外表看起來的更加微妙複雜；自我表達的需要能夠使你的創造天賦透過在音樂、美術或戲劇領域得到體現；如果你能夠約束自我、深化思想，就能成就轟轟烈烈的事業；渴望得到他人青睞的你十分重視他人對你的認同；只要發現興趣所在，你就能夠抑制浮躁的性格；受具體案例啟發的你會變得具有遠見和人道精神，進而為崇高的事業和理想而奮鬥。

對任何人和事都感興趣的你顯得精力過度充沛；為自己定期留下獨處及內省的空間，這對你獲得內心的平靜十分有幫助；當你投身熱愛的事業，你能夠做出最好的成績，此時此刻你會覺得自己充滿著力量；強烈的目標感以及對自己和生活的信念能使你創造奇蹟。

■工作和職業

富有創造力、務實的你對人和價值有著精確的判斷力；多才多藝的你在許多方面都表現出天賦，如果能夠投入時間和精力，你一定能有所成就；你具有野心和競爭意識，能夠自由運用繪畫及烹飪方面的技能；良好的管理能力能幫助你得到領導和管理職位；友善、善於交際的你會對教學、傳播媒體或公共關係領域產生興趣；如果想要從事商業活動，你可能會傾向在銀行或證券交易所工作；具有說服力和威嚴的你憑著理智和同情心，能在需要與人溝通工作中取得成功。

與你同天出生的名人包括女演員費·唐納薇、歌手艾爾酷傑、人道主義者亞伯特·史威澤、攝影師塞西爾·比頓，以及作家三島由紀夫和約翰·多斯·帕索斯。

■數字命理學

聰明的才智、務實的態度和堅定的決心是誕生日數字14賦予你的特質，你強烈渴望建立穩固的基礎並透過勤奮工作獲得成功；與許多在這一天出生的人一樣，你能夠達到事業的巔峰；悟性使你對問題的反應迅速，你也很享受解決問題帶來的快樂；在這天出生的你喜歡追求冒險和放手一搏，而且十分幸運地能夠獲得意外的收穫。出生月1月的你思維具有獨創性、充滿理想，但比較八卦、固執，及堅持自我；對勝利的強烈渴望和自主性使你的創造性天賦能得到發掘，你能夠迅速占領有影響力的位子；實驗精神促使你可以獨立做出判斷並奮力向前；如果能夠發揮創新精神和激忱，你就能夠為推動改革和新思想扮演領導者的角色。

■愛情和人際關係

你在人際交往中表現得慷慨、友善，是出色的外交家，喜歡有人陪伴；期望自我提升的你會對聰明、不斷進步的人著迷；熱愛知識的你喜歡融入團體以獲得新的資訊和技能；雖然你總是能夠誠實、直接地表達自我想法，但在人際關係中有時你又會難以表達感情，或者變得過於強勢；具有相同的興趣或能夠在某一工作中積極配合的夥伴關係能使你表現得極為出色。

優點：果斷、勤奮、幸運、有創造力、務實、想像力豐富、勤奮
缺點：過於謹慎或衝動、不穩定、考感不周、固執

■你生命中的特殊之人

你在尋求愛的過程中會有不同的嘗試、但如果要找到生命中的特殊之人、你不妨注意以下出生日期。

◎愛情和友誼：
1月4.10.11.12.26.28.30.31日、2月2.9.10.24.26.28日、3月7.8.22.24.26日、4月5.6.20.22.24.30日、5月3.4.18.20.22.28.31日、6月1.2.16.18.20.26.29日、7月14.16.18.24.27日、8月12.14.16.22.25日、9月10.12.14.20.23日、10月8.10.12.18.21日、11月6.8.10.16.19日、12月4.6.8.14.17日

◎幸運貴人：
1月3.10.29日、2月1.8.27日、3月6.25日、4月4.23.25日、5月2.21.23日、6月19日、7月17.30日、8月15.28日、9月13.15.26日、10月11.24日、11月9.22日、12月7.20日

◎強烈吸引你的人：
1月11日、2月9日、3月7日、4月5日、5月3日、6月1日、7月14.15.16.17.18日

◎砥礪者：
1月9日、2月7日、3月5.28日、4月3.26日、5月1.24日、6月22日、7月20日、8月18日、9月16日、10月14.30.31日、11月12.28.29日、12月10.26.27日

◎靈魂伴侶：
1月7日、2月5日、3月3日、4月1日、5月29日、6月27日、7月25日、8月23日、9月21日、10月19日、11月17日、12月15日

太陽星座：摩羯座
區間：處女座／水星
角度：摩羯座23º至25º
類型：本位星座
元素：土
恆星：狗國四

1月15日

CAPRICORN

　　你富有野心、堅定，並對價值有極強的感知力；你富有表現力，而且具備天生領導才能，對目標的毅力和專注能幫助你晉升到很高的職位；態度務實、注重實效的你說話直接，而天生的交際能力讓你能夠輕鬆地與人相處；對物質方面的過分關注可能會阻礙你實現偉大的抱負。

　　受區間主導星座處女座的影響，你具備出色的溝通技巧和對細節的關注；邏輯性強、思考透徹的你注意力集中、思想有深度；不過，你要避免因為天生的批判力而讓觀察變得過於嚴苛；追求明確定義的你能夠輕鬆解決問題，並幫助你的商業頭腦更加敏銳。

　　性格鮮明的你能夠結合創造力和進取精神；具備良好判斷力的你善於評估人和環境，會為他人挺身而出或為人權而奮鬥；個性獨立、自我意志強烈、充滿活力的你具有良好的組織能力和激勵他人的能力。

　　6歲到35歲的期間，太陽星座將經過水瓶座，此時你的群體意識增強，心態變得放鬆，也更加崇尚自由，你可能會培養獨特的興趣或對表達個性懷有強烈的渴望；36歲之後，太陽星座進入雙魚座，你的感情會更加細膩，內心感悟加深，這會在你的憧憬、夢想和理想中得到體現；66歲時會出現另一轉振點，當太陽星座推進到牡羊座，你的關注會開始轉向開拓性以及對人際關係處理的方式會更直接。

■真實的自我

　　人道精神和平和的心態使你對待自己的時間和金錢都十分慷慨；你對支持的事業和項目表現出充沛精力，並能夠用實際行動激勵他人；停留於過去會使你產生挫折感和失望情緒；你要培養對經濟的敏感度，才能避免在過度小心和極端揮霍之間的搖擺不定。

　　細膩內心會激勵你向更高的目標前進，並促使你尋找自我表達的實際方式，你在這些時候你會表現得輕鬆、外向，以及表達出生活的樂趣；如果對過多的領域投入精力，你會對自己的選擇產生焦慮和猶豫；渴望進步的你總是能夠產生具有創意的機智想法雖然有時太過刻薄，但又十分風趣。

■工作和職業

　　你充滿理想、堅持不懈，具有點石成金的能力，能在教育、研究和自然科學領域獲得成功；對結構具有敏銳感覺的你適合從事建築業或投入大型工程中，不管成為建

築師、經理或是公務員，你都會表現得豁達、充滿表現力；獲得成功後的你會成為慈善家來救濟他人；富有創造力、行動力強、具有開創精神的你，能夠成為藝術商人、博物館館長或藝術總監；口才好、風趣的你會對戲劇、歌劇或音樂產生興趣；此外，你也適合做為工會領袖或人權運動推動者，為人道主義事業而奮鬥。

與你同天出生的人包括民權運動領馬丁・袖路德・金恩、劇作家莫里哀，鼓手吉恩・克魯帕、大亨亞里斯多德・歐納西斯、物理學家愛德華・特勒。

■數字命理學

你的思維敏捷、充滿熱情、富有個人魅力；你最大的優勢在於擁有強烈的直覺，以及將理論與實踐融合產生出的強大學習能力；許多時候，你都能一面學習新技術，一面利用其創造價值；你總是能夠憑藉洞察力牢牢把握機會；這一天出生的你具備累積財富的能力或者得到他人的幫助和支持；如果能夠結合實用技能與創意的想法，並克服焦躁不滿的情緒，你在事業上獲得成功的機會將會大增；受出生月1月的影響，你的個人意識強烈、有創新精神、堅持、精力充沛；因而你總能抓住機遇，尤其是當你被某思想或工作機會激發時；機敏、自主性強的你傾向開拓新的領域並為他人指引前進的方向。

■愛情和人際關係

友善、強烈渴望自我表達的你擁有豐富的社交生活；許多在這天出生的女性都會被喜歡追求冒險生活的男性吸引；你富有創意、見解獨到，傾向與聰明、能夠激發你的思維的人交往；不過，你對親密關係總是抱持懷疑和猶豫的態度，這是你產生焦慮和失望的原因，因此你要學著保持負責但輕鬆的態度。

■你生命中的特殊之人

尋求長久的幸福、安全感和愛的你不妨注意誕生日為以下日期的人。

◎愛情和友誼：

1月13,26.29日、2月11.27.29、3月9.25.27日、4月7,23.25日、5月5,18.21.23.29日、6月3,19.21.27.30日、7月1,17.19.25.28日、8月15.17.23.26日、9月10.13.15.21.24日、10月11.13.19.22.29、11月9.11.17.20.27日、12月4.7.9.15.18.25日

◎幸運貴人：

1月11日、2月9日、3月7.31日、4月5.29日、5月3.27.31日、6月1.25.29日、7月23.27.31日、8月21.25.29.30日、9月19.23.27.28日、10月17.21.25.26日、11月15.19.23.24.30日、12月13.17.21.22.28日

◎強烈吸引你的人：

1月12日、2月10日、3月8日、4月6日、5月4日、6月2日、7月15.16.17.18.19日

◎砥礪者：

1月10日、2月8日、3月6.29日、4月4.27日、5月2.25日、6月23日、7月21日、8月19日、9月17日、10月15.31日、11月13.29.30日、12月11.27.28日

◎靈魂伴侶：

1月18.24日、2月16.22日、3月14.20日、4月12.18日、5月10.16日、6月8.14日、7月6.12日、8月4.10日、9月2.8日、10月6日、11月4日、12月2日

優點：積極、慷慨、有責任心、善良、有合作精神、鑑賞力、有創意

缺點：干擾性、焦躁、不負責任、自我中心、缺乏信念、焦慮

太陽星座：摩羯座
區間：處女座 / 水星
角度：摩羯座24°至26°
類型：本位星座
元素：土
恆星：狗國四

1月16日

CAPRICORN

你喜好交際、氣質迷人、態度務實，對價值有強烈的感知力；個人魅力和對任何環境的快速判斷力能夠幫助你改善生活；你對個體的獨立性有很強的意識，對形象事物也比較敏感，而且穿著得體；具有安全意識的你傾向提前規畫並對目標鍥而不捨。

受區間主導星座處女座的影響，你喜歡有秩序感，而且能夠照章辦事或提前做準備；思維敏捷、表述準確的你是優秀的批評家，喜歡誠實、直接的處事方式；雖然你有些靦腆、矜持，但你喜歡社交，也具備良好的交際技巧；渴望被他人認同的你通常具有野心、決心堅定，但你時常會產生懷疑或不敢前進；與生俱來的商業頭腦使你一旦投身某一領域，就會表現得十分忠實及有責任感。

你具備與不同階層的人交際的能力；剛毅、實際的你也充滿著理想和渴望，因此你是物質主義加上熱忱的有趣組合；對美和優質生活的嚮往表示你喜歡被和諧和奢侈的事物包圍，也喜歡充滿誘惑力的事物。

5歲到34歲這段時期，太陽星座位於水瓶座，此時的你關注於個性、對自由的渴望和群體意識上；到了35歲，太陽星座推進到雙魚座，你會需要更多的感情，也會變得更富遠見；另一轉捩點出現在65歲，當太陽星座進入牡羊座，此時你對自我認同的渴望增強，更加期望行動和新的開始。

■真實的自我

自尊心強、有創造力的你所具備的表達能力使你興趣廣泛，並能得到許多機會；個人魅力和對多樣性的需求會為你的生活帶來新經歷，你很可能會有與國外接觸的需要，而這也為你的抉擇增加難度，因此，你要避免焦慮和消極的想法，因為這將使你無法實現理想；而堅定信念能幫助你更加自在地發揮卓越潛能。

智慧和快速的學習能力使你充分認識到知識的價值；你的氣質獨特，能夠審時度勢並接受超越時代的想法；你的外表嚴肅，但內心玩世不恭的氣質會增加你的魅力；不過，你需要注意過於自我中心會破壞了你的人際關係；幸好你能以一種啟發性的、令人輕鬆的方式讓自己的想法得到大家的認同，同時也會讓他人為你著迷或激勵他人。

■工作和職業

你的個性和溝通技巧幫助你在銷售、教學、娛樂或政治領域發揮積極的作用；務實、有野心、勤奮的你若投身商界，能利用魅力成為你推銷自我、產品或信念的利器；

同時，充滿活動力的你能在出版或廣告界獲得成功；你具有正確的價值觀和良好的管理能力，因此可以從事管理或法律工作；此外，對生活充滿創意的你能夠透過音樂、寫作或藝術領域獲得情感的宣洩；不管你選擇什麼職業，你都能夠享受到成功的人際關係所帶來的幸福感。

　　與你同天出生的名人包括歌手薩德、演員兼歌手艾索爾‧摩曼、棒球運動員迪奇‧迪恩、作家蘇珊‧桑塔格、模特凱特‧摩斯，以及自然主義者黛安‧法西。

■數字命理學

　　誕生日數字16代表你富有野心但敏感；外向、喜好交際的你友善、思想豐富；雖然你具有很強的分析能力，但你喜歡憑感覺對生活和他人做出判斷；直覺敏銳的你有遠見、個性體貼；這一天出生的你會關注世界局勢，因此能進入跨國性公司或傳媒界工作；具有創造力的你能夠錄下稍縱即逝的靈感，在寫作方面展現出天賦；而你要學會平衡性格中自負與自我懷疑的兩個極端特質。出生於1月的你自立、機智；具有進取心的你喜歡擔當領導者角色或開關新專案；悟性高、有創造力的你能夠產生新的理念並向他人展現與眾不同的觀點；你在工作上具有高效率，而且態度務實，有長期規畫的能力。

■愛情和人際關係

　　喜好交際的你能夠輕鬆地交到朋友；你珍視友誼，對關心的人十分忠誠；你渴望在經濟上擁有安全感，因而現實的考慮是你選擇伴侶的重要因素；對愛和欣賞的渴望更加突顯了人際關係在你生命中的重要，有時你會表現得拒人於千里之外或給人錯誤的印象；你需要學會平衡對親密關係的需要以及對自由的渴望之間的關係。

■你生命中的特殊之人

與誕生日為以下日期的人相處，你會變得幸運。

◎愛情和友誼：

1月2、6、8、14、23、26、27、28日、2月4、10、12、21、24、26日、3月2、10、12、19、22、24日、4月8、14、17、20、22日、5月6、15、16、18、19、20、30日、6月4、13、16、18日、7月2、11、14、16、20日、8月9、12、14、22日、9月7、10、11、12、24日、10月5、8、10、26日、11月3、6、8、28日、12月1、4、6、30日

◎幸運貴人：

1月9、12、18日、2月7、10日、3月5、8日、4月3、6日、5月1、4、10日、6月2、30日、7月28日、8月26、30、31日、9月24、28、29日、10月22、26、27日、11月20、24、25日、12月18、22、23、29日

◎強烈吸引你的人：

7月16、17、18、19日

◎砥礪者：

1月11、13、29日、2月9、11日、3月7、9、30日、4月5、7、28日、5月3、5、26、31日、6月1、3、24、29日、7月1、22、27日、8月20、25日、9月18、23、30日、10月16、21、28日、11月14、19、26日、12月12、17、24日

◎靈魂伴侶：

1月12、29日、2月10、27日、3月8、25日、4月6、23日、5月4、21日、6月2、19日、7月17日、8月15日、9月13日、10月11日、11月9日、12月7日

優點：博學、對家庭有責任感、正直、洞察力敏銳、愛好交際、善於合作、有遠見

缺點：焦慮、不易滿足、不負責任、固執己見、多疑、自私、缺乏同情心

太陽星座：摩羯座
區間：處女座 / 水星
角度：摩羯座25º至27º
類型：本位星座
元素：土
恆星：狗國四

1月17日

CAPRICORN

　　你有決心、務實，充滿活力、行事直接；個性獨立、以成功為目標的你需要變化和冒險來保持自己的興趣，才不會產生不安分和浮躁的情緒；自信的你在面對挑戰時總能保持樂觀，因而能夠發揮最佳水準，這也促使你投入行動，一旦確立目標，你會為了實現而努力奮鬥。

　　受區間主導星座處女座的影響，你的思維敏捷、反應迅速，並且能夠很快地對環境做出判斷；注意力和理智幫助你能夠全面性地看待問題，並且深入思考；但要避免因為你的高標準和競爭性的工作方式，而對他人和自己過於嚴苛。

　　天生具有商業頭腦的你擅長用自己的能力創造財富，當機會來臨時，你總能好好把握；富有野心的你目標遠大，追求權力和影響力；你的積極情緒能夠感染他人，因而你會是一名出色的組織者和天生的領導者。

　　你的慷慨和自信會令許多人著迷並增加你的好運；有時情緒的變化會讓你產生緊張和焦慮，因此，你需要保持平和的心態以及健康的身體。

　　從4歲到33歲這段期間，太陽星座將經過水瓶座，此時你開始對自由和獨立性有所感知，而群體意識萌發，產生不同尋常的興趣或強烈需要表達與眾不同；34歲之後，太陽推進到雙魚座，此時你的感情變得更加細膩，內心世界也更加豐富，這可以透過你的夢想和理想得到體現；64歲時會出現另一轉折，此時太陽星座進入牡羊座，你對開拓性的需要增強，而處理人際關係的方式也會更直接勇敢。

■真實的自我

　　驕傲、有表現力的你喜歡從事社交活動和擔任領導者的角色；好奇心和創造性思維使你的想法總是走在時代尖端；你甚至會對改革產生興趣，因而對社會的態度會不斷變化；如果能做到自律和勤奮，你就擁有累積財富的能力，但你最後會發現更多的滿足感是來自於無私行動；培養敏銳的自覺能使你獲得更多的好處和回報。

　　掌控自我的渴望以及探索精神促使你不斷探尋新領域；如果你不相信自己的天賦，你將無法發揮自己該有的能力；幸運的是，你的毅力最終能夠幫助你達成目標；不過，你不妨試著傾聽他人的意見，避免固執的傾向；你的直覺、溝通技巧和自我表達的需要使你能夠走向成功。

■工作和職業

充滿活力、洞察力敏銳的你有野心，會透過努力獲得成功；充滿智慧、務實的你擁有高遠的目標；具有管理能力的你能夠勝任分派任務和監督者的工作；通常你會對法律、政治或公共服務感興趣；如果對金錢事務感興趣，你也可以在銀行或大型保險公司工作；對服務業的興趣能讓你從事飯店或賓館工作；接受良好教育並且在寫作方面有天賦的你可以成為教師、作家或顧問；財力雄厚的你會支持公益事業，成為贊助人或慈善家；如果過於以追求金錢和物質，你會陷入對財富的追逐並變得急功近利。

與你同天出生的名人包括男演員金凱瑞和大衛·洛依·喬治、拳擊手喬·佛雷澤、髮型師維達·沙宣，以及拳擊手穆罕默德·阿里。

■數字命理學

誕生日數字17代表你處事精明、分析力強；專業知識會幫助你在所專注的領域中獲得龐大利益和顯赫地位，進而成為這一領域的專家；內斂、淡泊的你對事實和形象的興趣濃厚，在他人面前表現得嚴肅、深謀遠慮，喜歡從容不迫；你具有能維持長時間的注意力和忍耐力，而經驗是你最好的老師；不過，唯有克服懷疑的本性，你才能學習得更快。出生於1月的你洞察力敏銳、有野心；渴望與眾不同、有創新精神的你會是出色的分析家和策畫人；你的個性獨立、有勇氣、體力充沛，而冒險精神能夠使你高瞻遠矚並奮力向前；熱情和創意使你適合擔任領導者的角色。

■愛情和人際關係

你通常對所愛的人忠誠、慷慨；友善、喜好交際的你渴望得到他人的尊敬；強烈的感情使你表出富有熱情和表現力的本性，同時仍然對現實問題給予關注；對愛和欣賞的需要以及對自由的渴望表示你會去追求具備足夠獨立空間的人際關係；你對堅強、樂觀或有影響力的人著迷，因為他們能使你產生新的想法並為你帶來機遇。

優點：深思熟慮、專業知識強、計畫周密、具有商業頭腦、有財運、刻苦耐勞、準確、有科學精神
缺點：冷漠、固執、馬虎、情緒化、心胸狹隘、挑剔、焦慮、多疑

■你生命中的特殊之人

你能夠在以下出生日期找到適當的人選。

◎愛情和友誼：

1月5、6、10、11、15、29、31日、2月4、13、27、29、3月2、6、11、25、27日、4月9、23、25、5月2、3、7、21、23日、6月5、19、21日、7月3、17、19、30日、8月1、15、17、28日、9月13、15、26日、10月11、13、24日、11月9、11、22、12月7、9、20日

◎幸運貴人：

1月13、15、19日、2月11、13、17日、3月9、11、15日、4月7、9、13、24日、5月5、7、11日、6月3、5、9日、7月1、3、7、29日、8月1、5、27、31日、9月3、16、25、29日、10月1、23、27日、11月21、25、12月19、23日

◎強烈吸引你的人：

5月30日、6月28日、7月17、18、19、20、26日、8月24日、9月22日、10月20日、11月18日、12月16日

◎砥礪者：

1月12、2月10日、3月8日、4月6日、5月4日、6月2日、8月31日、9月29日、10月27、29、30日、11月25、27、28日、12月23、25、26、30日

◎靈魂伴侶：

1月2、28日、2月26日、3月24日、4月22日、5月20日、6月18日、7月16日、8月14日、9月12日、10月10日、11月8日、12月6日

太陽星座：摩羯座
區間：處女座 / 水星
角度：摩羯座26º至28º
類型：本位星座
元素：土
恆星：無

1月18日
CAPRICORN

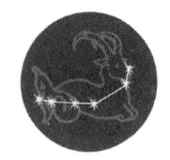

這一天出生的你機敏、精明、有魅力，獲得成功的能力更勝他人；有野心、心胸寬闊、具有出色領導潛力的你喜歡發號施令，不過要小心不要表現出專橫；具有人道出色精神的你喜歡幫助他人。

受區間主導星座處女座的影響，你具有敏銳的智慧和良好的交際技巧；天生具備商業頭腦的你，願意為了獲得成功付出努力；務實、悟性高的你細心入微，但你要避免過於挑剔；具有理性和專注力的你能夠深入思考，讓工作富有成效。

喜好交際、友善的你在放鬆狀態下，能夠展現出獨特幽默感和諷刺性；陷入失望或挫折感時，你會變得十分消極；保持平和的心態和遠見對你十分重要；心胸寬闊的你對他人慷慨、熱情、寬容、富有奉獻精神；具有創新思想的你能夠以熱情和偉大的計畫激起他人的鬥志。

3歲到32歲時，太陽星座將經過水瓶座，此時你會關注個體性、友誼以及群體意識；33歲時，太陽星座推進到雙魚座，你將強調敏感、想像力的重要性，並渴望更多的感情觸動；另一轉捩點出現在63歲，當太陽星座進入牡羊座，你的自我肯定將會得到強化，你也會渴望更多的行動和新的開始。

■真實的自我

對商業和對金錢的直覺使你具備良好的評判力，進而使你對環境產生良好判斷，並與開明的思想相結合；天生的威嚴使你感到有責任將知識傳授給他人，因此會為了某項事業和理想而奮鬥；不過你要避免物質傾向會阻礙你實現遠大的目標。

尋求冒險和變化的你渴望生活充滿多樣性從而避免產生厭倦感；囿於結構和責任的你會變得焦躁、缺乏耐心；保持平和的心態，能使你避免產生極端性格，或藉由物質的放縱以彌補感情的不滿足感；富於變化的敏感性格如果能夠得到表達，你的神祕氣質將會讓他人為你著迷，加上你的快速反應能力，你能夠帶給他人歡樂和鼓舞。

■工作和職業

個人能力強、有創造力的你熱衷於將天賦與實用技能相結合；具備優秀的形象策畫能力的你適合從事廣告、時尚或媒體工作；充滿理想、思想進步的你對教學、培訓或慈善工作比較感興趣；從事商業的你能夠憑藉強烈的直覺在銀行、投資和證券交易領域獲得成功；此外，同情心使你傾向從事治療職業，或投身自然科學和技術領域成為研究人

員；富有表現力的一面會激發你寫作的靈感，促使你投身電影和戲劇行業而成為演員、製片人或發行商。

與你同天出生的名人包括男演員凱文・科斯納和卡萊・葛倫和丹尼・凱、自然資源保護主義者大衛・貝拉米、作家米恩，以及電影導演約翰・布爾曼。

■數字命理學

誕生日數字18代表著決心、自信以及野心；充滿活力、態度積極的你時常渴望擁有權力，因此需要不斷的挑戰；你時常會表現得挑剔、難以取悅或傾向有爭議的問題；這一天出生的你能夠運用個人的力量幫助他人、給予他人建議或為他人排憂解難；同時，敏感的商業直覺和組織能力使你適合進入商界。受出生月1月的影響，你的見解獨到，並在多方面表現出天賦；充滿理想、創意無限的你需要找到發揮創造性自我表達和自主性的途徑；做為出色的決策者，你能夠將建設性的思想轉化為實際產品；對勝利的強烈渴望和創新精神會促使你奮力向前；你的自信、充沛精力、魅力和熱情能夠鼓舞他人給予你支持；雖然你的運氣好，但需要學會保持謙虛的態度。

■愛情和人際關係

保持人際關係中的平衡感，對你來說十分重要；你時常表現得冷漠但有時又很熱心、體貼；找到能使你保持思維活躍的朋友和伴侶是你人生的重要課題，否則，你會變得強勢、好爭辯；過度勞累或沒有留足夠的時間陪伴朋友會導致一些問題的出現，因此，你的朋友最好是比較獨立的；不過，你是一個忠誠、溫柔，並會給予對方支持的朋友和伴侶。

■你生命中的特殊之人

注意以下日期，找到對你具有特殊意義的那個人的機會將增加。

◎愛情和友誼：

1月2,6,7,11,16日、2月4,14日、3月2,12,28,30日、4月10,26,28日、5月3,8,24,26,30日、6月6,22,24,28日、7月4,20,22,26,31日、8月2,18,20,24,29日、9月16,18,22,27日、10月14,16,20,25、11月12,14,18,23日、12月10,12,16,21日

◎幸運貴人：

1月9,14,16日、2月7,12,14日、3月5,10,12日、4月3,8,10、5月1,6,8日、6月4,6日、7月2,4日、8月2日、9月30日、10月28日、11月26,30日、12月24,28,29日

◎強烈吸引你的人：

1月21日、2月19日、3月17日、4月15日、5月13日、6月11日、7月9,18,19,20,21,22日、8月7日、9月5日、10月3日、11月1日

◎砥礪者：

1月4,13,28日、2月2,11,26日、3月9,24日、4月7,22日、5月5,20日、6月3,18日、7月1,16日、8月14日、9月12日、10月10,31日、11月8,29日、12月6,27日

◎靈魂伴侶：

1月15,22日、2月13,20日、3月11,28日、4月9,16日、5月7,14日、6月5,12日、7月3,10日、8月1,8日、9月6日、10月4日、11月2日

優點：思想進步、自信、直覺敏銳、勇氣十足、堅定、有效率、善諫

缺點：感情難以駕馭、懶惰、缺少秩序感、自私、不能善始善終、被人誤解

太陽星座：摩羯座
區間：處女座／水星
角度：摩羯座27°至29°
類型：本位星座
元素：土
恆星：無

1月19日

CAPRICORN

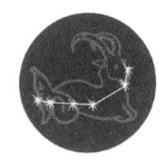

　　堅強的意志和堅定的決心是誕生日賦予你的特質；機敏、務實、渴望獲得聲望的你不喜歡被人輕視；天生的商業頭腦以及領導能力使你表現得積極，工作富有成果；你喜歡掌控自己命運，而工作勤奮的你能夠獲得耀眼的成就。

　　受區間主導星座處女座的影響，你做事有條理、有效率，具備良好的交際能力；你在寫作或演講方面具有天賦，並能夠將其運用到工作當中；你的抱負遠大，而且享受權力帶來的快感；對安全感以及物質成功的強烈需要會激勵你追求成績；傲慢、專橫及自我中心的傾向表示你對他人的批評表現得不夠大方，這會使你的人際關係受到影響；培養外交手腕、學會合作，你就能擴大你的影響力。

　　機智、天資聰穎的你具備出色的組織能力，但你必須避免浮躁和任性的傾向；幸好這種固執的個性也能幫助你克服困難，使你獲得非凡的成就。

　　2歲到31歲這段期間，太陽星座將經過水瓶座，此時的你對獨立更加渴望，並且對友誼或群體意識的興趣愈加強烈；你會想要表達自己的獨特思想，也具有實驗精神；32歲以後，你的氣質提升，你將更加具有遠見，這會促使你尋求精神方面的理想目標；62歲時，太陽星座進入牡羊座，此時你對新的開始和積極的自我認同的渴望更加強烈。

■真實的自我

　　驕傲、機敏的你崇尚實際經驗和勤奮工作而獲得的智慧，對純粹的理論不感興趣；渴望掌控自我的神祕力量賦予你心靈深處的滿足感，而不僅只是物質上的；相信你的直覺以及堅定意志，你就能在所從事的領域成為權威。

　　刻薄、冷漠或懷疑的個性會成為你獲得成功的阻礙；內心的信念能使你變得更加果敢、積極主動，是你重拾自信的重要因素；競爭意識和熱情如果得到正面發展，能使你累積財富並獲得知識。

■工作和職業

　　富有野心和競爭意識的你渴望擁有權力並能夠發揮影響力；在商業領域，你能夠承擔責任、工作勤奮，因而會獲得管理職位；你是優秀的組織者和監督者，而且工作有效率、對細節關注；不喜歡受人支配的你可能傾向自行創業或成為專業人才、顧問或指導；你也可能對法律、公共服務或大型企業產生興趣；具有個體意識、見解獨到的你也希望在寫作、繪畫、音樂或戲劇方面展現自己的創造力；積極的態度讓你熱衷體育，因

此能夠成為出色的運動員。

與你同天出生的名人包括作家可倫坡、藝術家保羅‧塞尚、歌手珍妮絲‧裘普琳和桃莉‧巴頓和菲爾‧艾佛、男演員麥克‧克勞福、網球運動員史特凡‧埃德柏格，以及攝影師辛蒂‧雪爾曼。

■數字命理學

誕生日數字19日的你性格開朗、有野心、充滿活力，但愛幻想、敏感；堅定、機智的你能從深度的觀點來看待問題，同時，理想的一面會表現為同情心和善感；渴望成功的你極富表現欲並時刻成為眾人關注的焦點；你在他人面前表現得自信、積極，但內心的緊張感可能導致情感的不穩定；雖然你時常表現得驕傲，但也必須學習謙虛。出生月1月的你悟性極高、有野心；儘管你能夠展現熱情地開始一項工作，但記得要善始善終；講求公正的你對平衡和公平特別關心；保持冷靜能夠使你克服對環境的反應過度；自主性、充滿理想的你個人意識強烈、有創新精神、勇敢、精力充沛；開拓的力量會促使你自己做決定及奮力前進；身為領導者的你能夠為他人指引方向。

■愛情和人際關係

喜好交際、強烈需要感情表達的你喜歡有人陪伴，儘管你忠誠，但時常會對有關心靈的問題產生焦慮和猶豫不決；理想伴侶方面可能有很多選擇；你需要輕鬆、浪漫來中和性格中嚴肅、深沉的一面；不過，魅力是你的重要財富，能夠給他人帶來歡樂並幫助你成功扮演主人的角色。

■你生命中的特殊之人

在以下誕生日中，你能夠找到可以理解你的敏感和對愛的需要的伴侶。

◎愛情和友誼：

1月1、7、12、17、20、21日、2月5、15、18日、3月3、13、16、29、31日、4月1、11、14、27、29日、5月9、12、13、25、27日、6月7、10、23、25日、7月5、8、21、23日、8月3、6、19、21日、9月1、4、5、17、19日、10月2、15、17日、11月13、15、30日、12月11、13、28日

◎幸運貴人：

1月15、17、28日、2月13、15、26日、3月11、13、24日、4月9、11、22、28日、5月7、9、20日、6月5、7、18日、7月3、5、16日、8月1、3、14日、9月1、12、18日、10月10、29日、11月8、27日、12月6、25日

◎強烈吸引你的人：

1月5日、2月3日、3月1日、7月19、20、21、22、23日

◎砥礪者：

1月4、5、14日、2月2、3、12日、3月1、10日、4月8、30日、5月6、28日、6月4、26日、7月2、24日、8月22、9月20日、10月18日、11月16、12月14日

◎靈魂伴侶：

1月2日、3月29日、4月27日、5月25日、6月23日、7月21日、8月19日、9月17日、10月15日、11月13日、12月11日

優點：有活力、注意力集中、有創造力、有領導才能、進步、樂觀、信念堅定、有競爭意識、獨立、合群

缺點：自我中心、焦慮、害怕被拒絕、物質主義、自大、缺乏耐心

太陽星座：摩羯座和水瓶座交界處
區間：處女座／水星
角度：摩羯座28º至水瓶座0º
類型：本位星座
元素：土
恆星：牛郎星

1月20日

CAPRICORN

具有說服力和迷人的氣質，態度務實、勤奮但敏感；出生在兩星座交接期的你，也具有水瓶座對人的興趣，以及對人際關係的敏銳理解力；善於與他人合作的能力能使你獲得全面的勝利；你對生活的態度務實，而且十分忠誠、有毅力；你主要面臨的挑戰是如何平衡履行責任的願望以及對自由、自發性和樂趣的需要之間的關係。

區間主導星座處女座的你講求方法、工作認真、關注細節；雖然有些靦腆、矜持，但你具備良好的溝通技能和直擊問題要害的能力；有些完美主義的傾向、具備批判能力的你總是要求圓滿地完成工作；觀察力細微準確、責任感和控制欲使你表現得可靠，但壓抑感情會導致你變得嚴肅、刻板或固執。

熱愛美的事物、對形狀具有良好感知力的你希望透過藝術、音樂或寫作發掘創造天賦；因為你的品味高雅，而且喜歡追求奢華，因此你的家可能會布置得十分溫暖、令人嚮往；雖然金錢對你十分重要，但你更希望透過勤奮來獲得，以及依賴長期的計畫獲得安全感。

30歲以前，太陽星座位於水瓶座，這段時期的你較為關注個體性、對自由的渴望和群體意識，你會想要表達獨立性，並十分重視友誼；31歲開始，太陽星座進入雙魚座，這一變化使你更有遠見，對感情的需求也增強；另一轉捩點出現在61歲，此時太陽星座推進到牡羊座，你將渴望自我認同，以及更多的行動和新的開始，這會促使你成為領導者的角色。

■真實的自我

剛毅的外表掩蓋了你內心的敏感；愛情和人際關係對你極其重要，你總能為他人帶來歡樂，這也可以詮釋為你具有人文關懷或你對他人感情的理解；不過，你時常會因為無法放鬆或放不下包袱而陷入挫折感和失望的情緒；早年你可能會經歷有附加條件的愛情，因為要獲得對方的愛和欣賞，你必須達到對方的期望；尋求愛情的你不應過於退讓或用孤僻、冷漠、猶豫來武裝自己。

渴望平靜及和諧的你經常希望透過勤奮努力來克服障礙，而透過這一途徑，你能夠清楚知道自我價值並相信自我感覺。

■工作和職業

喜好交際、能夠結合工作和娛樂，與他人的合作能使你獲得更大的成就；通常你懂

得運用交流技巧和外交手腕說服他人接受你的想法；富有想像力、風趣、見解獨到的你能在商場施展個人的幽默感和魅力；機敏、體貼的你能夠在醫藥界或治療職業上獲得成就；對健康和商業直覺的堅定立場表示你能夠從事教師、顧問或指導工作；此外，具有多方面天賦的你渴望發揮創造潛能，因此能夠在寫作、繪畫以及作曲和電影導演方面有所建樹。

與你同天出生的名人包括電影導演大衛·林區和費里尼、女演員派翠西亞·尼爾，以及男演員喬治·伯恩斯。

■數字命理學

誕生日數字20代表你洞察力敏銳、敏感、適應力強、善解人意；合作活動使你有機會與他人交流、分享經歷、相互學習，因而對你的幫助很大；你具有個人魅力、親切，只要運用出色的外交手腕和社交技巧，你就能夠輕鬆地融入任何社交圈子，不過，你不必太在意對周圍人的行為以及評論；你需要避免犧牲自我、自我懷疑以及自私的傾向。出生月1月的你富有野心、決心堅定、剛強；有個性和創新精神、創造力強的你一旦受到激勵就會表現出勇敢、精力充沛；友善、迷人的你還需要學習謙虛；在處理人際關係問題方面，你要平衡個人願望以及他人的需要；學會信任內心並對自我能力充分信任，你就能將藝術潛力轉化為實質財富。

■愛情和人際關係

天生的魅力和社交天賦表示你擁有許多朋友，與他們相處時，你總表現得慷慨、富有奉獻精神；充滿理想、浪漫的你強烈需要愛，因此你十分在意他人的認同；你具有苦行僧般的毅力、對朋友忠誠、對家人充滿保護欲，你願意為所愛的人做出犧牲，但不要因此而過於委屈自己；出生在這天的有些人會與不同年齡的人建立親密的關係。

優點：善於合作、謙和、有策略、接受能力強、深思熟慮、易相處、和藹親切

缺點：多疑、缺乏自信、膽怯、過於敏感、自私、狡黠

■你生命中的特殊之人

與誕生日為以下日期的人相處，你能夠獲得人際關係的穩定感。

◎愛情和友誼：

1月4,8,9,13,18,19,23日、2月2,6,16,17,21日、3月4,14,15,19,28,30日、4月2,12,13,17,26,28,30日、5月1,5,10,11,15,24,26,28日、6月8,9,13,22,24,26日、7月6,7,11,20,22,24,30日、8月4,5,9,18,20,22,28日、9月2,3,7,16,18,20,26日、10月1,5,14,16,18,24日、11月3,12,14,16,22日、12月1,10,12,14,20日

◎幸運貴人：

1月5,16,27日、2月3,14,25日、3月1,12,23日、4月10,21,29日、5月8,19日、6月6,17日、7月4,15日、8月2,13日、9月11,19日、10月9,30日、11月7,28日、12月5,26,30日

◎強烈吸引你的人：

1月17日、2月15日、3月13日、4月11日、5月9日、6月7日、7月5,20,21,22,23,24日、8月3日、9月1日

◎砥礪者：

1月1,10,15日、2月8,13日、3月6,11日、4月4,9日、5月2,7日、6月5日、7月3,29日、8月1,27日、9月25日、10月23日、11月21日、12月19,29日

◎靈魂伴侶：

8月30日、9月28日、10月26日、11月24日、12月22日

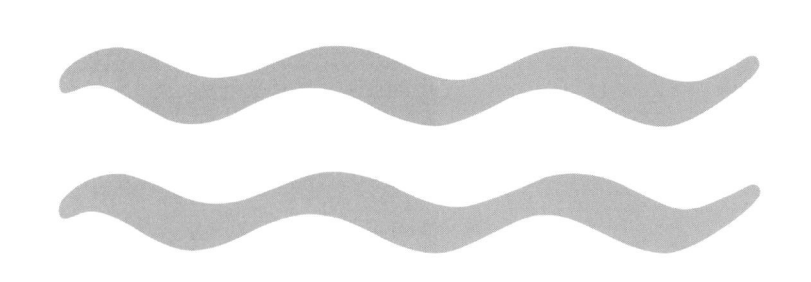

水瓶座
Aquarius

1.21〜2.19

太陽星座：	水瓶座和摩羯座交界處
區間：	水瓶座／天王星
角度：	摩羯座29°30´-水瓶座1°30´
類型：	固定星座
元素：	風
恆星：	牛郎星

1月21日

AQUARIUS

　　出生在水瓶座和摩羯座交接期的你友善、富有魅力，但又精明、實際；坦率、誠實、信念堅定、機智的你喜歡直接、坦白地表達想法；你在處事上具有獨創性，而且熱衷學習，謹慎、明辨；雖然你的個性隨和，但你仍需要克服易怒的傾向，因為這將使你與他人疏遠。

　　受太陽星座在水瓶座和處女座運行的影響持續增強，你是個富有靈感的思想家，擁有準確判斷力，特別是對人；你具有良好的注意力，因此對待工作時態度嚴肅；你解決問題的方法十分富有技巧；而具有完美主義傾向的你要避免過度挑剔的性格；心胸寬廣、具有人道精神的你思想自由，願意對抗不公並且為他人的權力奮鬥；你的見解獨到、思想進步，具有極強的創新性，但需要避免太過直接而引起他人的不安。

　　儘管你期望平靜與安詳，但對優質生活的渴望會促使你為了成就而努力；受到某個理想或事業激勵時你會加倍勤奮；自信、體貼的你經常是他人尋求幫助和建議的對象。

　　29歲以前，太陽位於水瓶座，這一時期的你主要將注意力放在自由、獨立性的問題上，且需要表達自己的個性；30歲以後，太陽星座進入雙魚座，此時的你會變得比較敏感，而對感情問題的意識增強，你也將更加具有遠見、更加深入自己的內心世界；60歲時你的人生出現另一轉折，此時太陽落在牡羊座，你的自我取向會增強，你也會感到更加自信，這一影響也會促使你邁向新的工作。

■真實的自我

　　你總是有許多新奇的想法，你也渴望發揮這一潛力並透過某些形式來表達自我，如藝術、音樂、寫作或戲劇方面，此外，你也會運用自我魅力和社交技巧在人際關係上獲得成功；但要避免精力分散或猶豫不決，因此你需要培養毅力和強烈的目標感。

　　儘管你具有平和、包容的心態，但時常會陷入挫折感；對他人感到失望時你會變得心胸狹隘、叛逆；拋開過去並將智慧力量集中於積極的目標上，你就能夠避免精力的分散；相信你的直覺能使你獲益良多。

■工作和職業

　　出生在星座交接期的你具有摩羯座特有的實際和商業直覺，這使你渴望獲得聲望，同時也具有水瓶座特有的洞察力，這使你能夠結合工作與社交生活；充滿活力、多才多藝的你個性迷人，能夠推銷自己的想法，這使你尤其適合銷售、推銷或公共關係工

作；此外，強烈的正義感使你傾向透過法律或政治保護弱勢團體利益；同樣地，渴望擴充知識的你也會對教育、哲學或科學產生興趣；富有創造力、天分高的你也可能會投身諸如設計、藝術、表演或音樂的職業。

與你同天出生的名人包括設計師克莉絲汀・迪奧、演員保羅・斯柯菲爾德和特利・薩瓦萊斯和吉娜・戴維斯、作曲家傑洛米・肯恩，以及男高音多明哥。

■數字命理學

誕生日數字21代表充沛的活力和外向的個性；你愛好社交、興趣廣泛；對他人友善、合群；洞察力敏銳、具有獨立精神、富有創造力、眼光獨到；這一天出生的你富有情趣、有魅力、氣質優雅動人；你也有害羞矜持的一面，因此你需要培養自信心，特別是在與親密的人相處時；儘管傾向於合作關係，但你仍渴望能力和天賦能得到對方的認同。出生於1月的你有進取心、思想獨立，而且具有觀察力和創新精神、精力充沛，雖然你有雄心壯志，但仍必須勤奮工作才能獲得名望和成功；你時常表現得固執，喜歡自己做決定。

■愛情和人際關係

具有個人魅力、充滿理想的你對人際關係懷有很高的期望；善於交際的你能夠與他人相處融洽；身為人道主義者的你對所愛的人會十分呵護；如果不想迷失目標，就需要避免被他人利用你的熱心；剛強的性格加上熱情和魅力使你極富吸引力。

■你生命中的特殊之人

注意以下誕生日，你能更容易地找到合適的伴侶。

◎愛情和友誼：

1月5、9、18、19、23日、2月3、7、16、17日、3月1、5、14、15、31日、4月3、12、13、29日、5月1、10、11、15、27、29日、6月8、9、25、27日、7月6、7、23、25、31日、8月4、5、21、23、29日、9月2、3、7、19、21、27、30日、10月1、17、19、25、28日、12月13、15、21、24日

◎幸運貴人：

1月1、6、17日、2月4、15、3月2、13日、4月11、30日、5月9、28日、6月7日、7月5日、8月3、22日、9月1日、10月31日、11月29日、12月27日

◎強烈吸引你的人：

7月22、23、24、25日

◎砥礪者：

1月2、16日、2月14日、3月12日、4月10日、5月8日、6月6日、7月4日、8月2日、12月30日

◎靈魂伴侶：

1月11、31日、2月9、29日、3月7、27日、4月5、25日、5月3、23日、6月1、21日、7月19日、8月17日、9月15日、10月13日、11月11日、12月9日

優點：有靈感、有創造力、喜歡結盟、堅定的友誼
缺點：依賴、焦慮、目光短淺、懼怕變化

太陽星座：水瓶座
區間：水瓶座／天王星
角度：水瓶座1°至2°
類型：固定星座
元素：風
恆星：牛郎星、輦道增一

1月22日

AQUARIUS

這一天出生的你聰明、直覺敏銳，積極但敏感，並且渴望改變；你不喜歡被規範束縛，因此多樣性和旅行是你生活中的重要部分，會有在國外工作和生活的機會；誠實、直率的你具有精明的商業直覺和憧憬能力；認為印象很重要的你十分希望給他人留下好印象；但你需要關注並培養耐心和毅力，才能抑制內心的不安。

受太陽星座在水瓶座運行的影響持續增強，你友善、外向、人本觀念強烈；同時，你的個性也可能會有古怪的一面；客觀、富有創新精神的你展現出天才的特質並能夠對他人迅速做出判斷；個人觀念強烈的你總是將自己擺在最重要的位置，如果這一傾向太過明顯，你就會表現得咄咄逼人、叛逆和固執。

身為具備務實精神的理想主義者，你具有勤奮工作的能力和自我約束力，因而能將夢想變為現實；你有時會選擇快樂的回報而不為長遠打算；若要避免經濟狀況的不穩定，你可以儲蓄或考慮進行長期的投資。

28歲之前，太陽星座位於水瓶座，此時的你關注個人自由、友誼以及表達個性的問題；29歲時你的太陽星座進入雙魚座，此時你對感情的意識更強烈、見解更加深刻，因此能更接近真實的內心世界；59歲時，太陽星座落在牡羊座，這一影響使你變得更有自信和富有野心，你也可能會開拓新的事業和活動。

■真實的自我

你是學習能力快的人，需要尋找方法發揮你內在的創造力。透過表現自我及堅持你的決定，你能學會如何減輕生活上的煩惱及自我懷疑。當你決定了明確的目標時，你的多才多藝和適應力，能讓你成為關注的焦點。你有強烈的實際體悟，也擁有敏感的遠見，能幫助你成就遠大的目標。

你擁有慷慨及寬廣的心胸，並具有宏觀的視野。你個性友好，很容易吸引人且受歡迎，這能增強你的領導能力，但意味著你不喜歡屈居人下。雖然你擁有與生俱來的商業頭腦，但要避免過於關注物質需求，而限制了潛在的人道主義。

■工作和職業

雖然你勤奮、富有野心，但對多樣性的熱愛使你傾向從事充滿變化和不拘泥於規則的工作，與旅行有關的工作尤其適合你的冒險精神；你需要既實際又能滿足理想的工作；從事商業的你能夠發揮憧憬未來的能力或將自己的理念推銷給他人；不管你選擇的

職業是什麼，你都能投入行動；此外，你渴望想像力和敏感在藝術或治療領域得到發揮。

與你同天出生的名人包括詩人拜倫、歌手邁克‧赫崔斯和山姆‧庫克、哲學家培根、男演員約翰‧赫特，以及電影導演大衛格雷菲斯。

■數字命理學

誕生日數字22代表著靈活性強，兼具誕生日數字22和4的特質；通常你誠實、勤奮、具有領導才能、有個人魅力、對人有深刻的理解，並且能夠給予他人鼓勵；不喜歡張揚的你很體貼，會關心他人的幸福，但立場從不動搖；通常你的氣質高雅、易相處，因此擁有許多朋友和崇拜者；具有競爭意識的你總是能夠得到他人的幫助和支持，並獲得成功和好運；出生於1月的你富有野心和進取心，而且思想獨立；雖然你渴望建立穩定和安全感，但內心不安分的你需要在尋找機會時擁有不受限制的自由；思維敏捷、洞察力強的你傾向自己做決定或另創事業；你具有人道精神和務實的態度，能在他人遇到困難時給予支持。

■愛情和人際關係

出色的社交能巧使你身邊不乏朋友和崇拜者；你的接受能力強、友善、需要智力上的刺激，因此會尋求有智慧的夥伴；為了獲得平靜及和諧，你會願意做出讓步或犧牲；友誼對你來說十分重要，而你喜歡與能激發你的冒險精神，並使你盡興的人相處；為愛的人帶來歡樂，你將能得到回報。

■你生命中的特殊之人

尋求愛和幸福的你與誕生日為以下日期的人相處能夠更加成功。

◎愛情和友誼：

1月6、10、20、24、29日、2月4、8、18、27日、3月2、6、16、25、28、30日、4月4、14、23、26、27、28、30日、5月2、12、21、24、26、28、30日、6月10、19、22、24、26、28日、7月8、17、20、22、24、26日、8月6、15、18、20、22、24、30日、9月4、13、16、17、18、20、22日、10月2、11、14、16、18、20日、11月9、12、14、16、18日、12月7、10、12、14、16日

◎幸運貴人：

1月7、13、18、28日、2月5、11、16、26日、3月3、9、14、24日、4月1、7、12、22日、5月5、10、20日、6月3、8、18日、7月1、6、16日、8月4、14日、9月2、12、30日、10月10、28日、11月8、26、30日、12月6、24、28日

◎強烈吸引你的人：

1月25日、2月23日、3月21日、4月19日、5月17日、6月15日、7月13、22、23、24、25、26日、8月11日、9月9日、10月7日、11月5日、12月3日

◎砥礪者：

1月3、17日、2月1、15日、3月13日、4月11日、5月9、30日、6月7、28日、7月5、26、29日、8月3、24、27日、9月1、22、25日、10月20、23日、11月18、21日、12月16、19日

◎靈魂伴侶：

1月18日、2月16日、3月14日、4月12日、5月10、29日、6月8、27日、7月6、25日、8月4、23日、9月2、21日、10月19日、11月17日、12月15日

優點：多才多藝、有領導能力、洞察力敏銳、務實、靈巧、手藝佳、有開創精神、組織能力、善於處理問題、成績顯著
缺點：急功近利、自卑、專橫、物質主義、短視、懶惰、自大

太陽星座：水瓶座
區間：水瓶座／天王星
角度：水瓶座2°至3°
類型：固定星座
元素：風
恆星：牛郎星、輦道增一、牛宿一、牛宿二

1月23日

AQUARIUS

你的直覺強烈且態度務實、勤奮、對人有敏銳的洞察力；講求方法、做事有條理的你在做任何事之前都希望建立穩固的基礎；雖然你很注重實際，但也具有豐富的想像力。

受區間主導星座水瓶座的影響持續增強，你具有創意，特別是在需要解決問題時；喜好交際、待人友善的你希望有人陪伴並在他人心中留下好印象；你具有對人及其動機的敏銳洞察力，這使你傾向人道主義；強大的智商潛力使你能夠產生靈感與直覺，但你需要避免固執的傾向。

誠實、直率的你具有迷人魅力，這一特質能夠幫助你度過難關並吸引周圍的人；雖然你喜歡從事社交活動，但有些矜持的個性使你偶爾會壓抑或隱藏自己的感情；你通常勤儉節約，而且十分重視工作；你是一個務實的理想主義者，只需勤奮和專注，你就能發揮特殊的潛力。

27歲以前，太陽星座位於水瓶座，這一時期你主要關注在個人自由、友誼或個性的表達上；28歲開始，太陽星座進入雙魚座，此時你的感情會更加細膩、更加包容，且對他人的精神感知加深；48歲會出現另一轉折，此時太陽星座進入牡羊座，受到這一影響，你的自我取向將增強，更自信的你會渴望新的活動。

■真實的自我

儘管你勤奮、負責，但也渴望生活的多彩和變化，否則，你會失去耐心或變得焦躁；尋求秩序和安全感的你崇尚自由，不喜歡被束縛；性格中的對立特質表示你需要定期短暫地脫離原來的生活軌道，去尋求一些刺激，這能激發你的活力，使你的工作更富有成果。

你擁有崇高的理想和強大的感情力量，內心強烈需要愛、欣賞和自我表達，如果這一願望受到阻礙，你會變得情緒化或產生逃避行為；耐心能使你在積極尋求內心和諧的過程中獲得快樂；富有遠見的你能夠利用遠見和敏銳的理解力為他人服務。

■工作和職業

你充滿有創意的頭腦需要不斷地刺激，而人際交往的技巧能使你在與公眾溝通的工作中感到快樂；現實的一面會促使你從商，同時，你的人道精神則會促使你對諮商或社會改革產生興趣；你務實、負責的處事方式使你能夠受到上級的重視和尊重；雖然你工

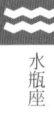

作講求方法、有條理，但你排斥枯燥的工作；擁有靈巧雙手的你能從事需要實際操作的工作；如果能夠發掘創造天賦，你一定能夠以一種充滿新意、獨特的方式展現自我。

與你同天出生的名人包括畫家莫內、男演員韓福瑞·波加特、摩洛哥公主卡洛琳、法國女演員讓娜·莫羅、歌手安妮塔·波因特、演藝明星齊塔·裡瓦拉，以及俄國電影導演謝爾蓋·愛森斯坦。

■數字命理學

直覺、細膩的感情和創造力是誕生日數字23賦予你的特質；你表現得多才多藝、熱忱、思維敏捷，而且具備專業的態度和無限的創意；這一天出生的你能迅速掌握新知識，而且重視實踐勝於理論；你喜愛旅遊、冒險以及結交新朋友，天性中的不安分因子會促使你嘗試不同的經歷並幫助你善用環境；一般來說，你友善、有情趣、勇敢、動力十足，需要積極的生活來發揮眞實潛力。出生月1月表示你的自主性強、充滿熱情、見解獨到；雖然你具有獨立、進步的思想，但與他人的合作能使你獲益良多；你可以透過創造和諧的氣氛來放鬆自我並達到內心的平靜；不過，你需要克服對感情問題的固執和刻板。

■愛情和人際關係

友善、包容的你是一位人道主義者，對人的理解力強；能夠保持你的思維活躍以及思想進步的人，才能滿足你對多樣性的需要和個性中的不安分；感情熾烈的你能夠在懂得欣賞你細膩性格的人身上獲益；對自我表達的需要能激發你的創造力，避免因爲情緒的波動而變得鬱悶、難相處；雖然你對人際關係十分忠誠，但仍需要個人的自由空間。

■你生命中的特殊之人

尋求愛、忠誠和幸福的你與誕生日爲以下日期的人相處將能夠達成願望。

◎愛情和友誼：

1月7.11.12.22.25日、2月5.9.20日、3月3.7.18.31日、4月1.5.16.29日、5月3.4.14.17.27.29日、6月1.12.25.日、7月10.23.25日、8月8.21.23.31日、9月6.9.19.21.29日、10月4.17.19.27.30日、11月2.15.17.25.28日、12月13.15.23.26日

◎幸運貴人：

1月8.14.19.30日、2月6.12.17日、3月4.10.15日、4月2.8.13.24日、5月6.11日、6月4.9日、7月2.7日、8月5日、9月3日、10月1.29日、11月27日、12月25.29日

◎強烈吸引你的人：

7月24.25.26.27日

◎砥礪者：

1月9.18.20日、2月7.16.18日、3月5.14.16日、4月3.12.14日、5月1.10.12日、6月8.10日、7月6.8.29日、8月4.6.27日、9月2.4.25日、10月2.23日、11月21日、12月19日

◎靈魂伴侶：

1月9日、2月7日、3月5日、4月3日、5月1日、10月30日、11月28日、12月26日

優點：忠誠、責任感、喜好旅行、善於交際、直覺敏銳、富有創造力、多才多藝、值得信賴、名望

缺點：自私、缺乏安全感、固執、挑剔、孤僻、有偏見

太陽星座：	水瓶座
區間：	水瓶座／天王星
角度：	水瓶座3°至4°
類型：	固定星座
元素：	風
恆星：	牛郎星、牛宿一、牛宿二、牛宿四

1月24日

AQUARIUS

你友善、富有創造力、個性隨和、對待生活充滿新意；有野心、機智的你具備天生的商業直覺，並渴望和諧；你對人比較感興趣而且天生仁愛，因此能夠輕鬆地融入任何社交圈；而廣泛的興趣有時會使你難以取捨；富有靈感的大腦以及客觀的思維能幫助你克服焦慮的傾向，特別是經濟方面的；你的智力潛能和自我表達的渴望會幫助你獲得巨大的成就。

受太陽星座在水瓶座運行的影響持續增強，你和善、外向、關懷人群；外表開朗、和善的你同時具有、嚴肅一一面，這會使你對哲學產生興趣並表現出機智和風趣；性格獨立的你十分重視自由，但要避免任性和與他人作對的傾向。

通常你勤奮、具有良好的判斷力和務實的態度；你喜歡與人討價還價；而直言不諱的你具備直擊問題要害的能力，能夠運用出色的溝通技巧攀上成功巔峰。

26歲以前，太陽星座位於水瓶座，這段時期你主要關注在自由、友誼和獨立問題上；27歲以後，太陽星座進入雙魚座，你會變得較為敏感，對感情問題的意識更加強烈；57歲時，你的人生會出現另一轉折，此時太陽星座進入牡羊座，你會更自信、果敢、渴望生活的新開端。

■真實的自我

你內心對愛、欣賞以及和諧的渴望表現為追求的生活中的創造性和對家庭強烈的愛；你對周圍的人充滿保護欲，這會導致你表現得熱心，將他人的困難當成是自己的困難；雖然你的初衷很好，但你要小心不要過度干涉他人生活，而應該讓他們處理自己的問題；同情心和仁愛的個性使你決定尋求生活的更深層意義，並幫助他人以及投身理想事業。

在多方面展現天賦的你擁有的特質和智慧令他人留下深刻印象；雖然你渴望尋求表達自我，但對金錢和安全感的關注也透露出物質主義的意味，這會阻礙你把握人生的機遇；天生的領導才能和奮鬥精神讓你不願長時間地委身於不滿意的環境。

■工作和職業

你有著獨到的見解、機敏的智慧和創意的生活方式，能夠在任何職業獲得成功，特別是與溝通相關的工作；你會不斷改進你的工作方式，而精明的你在商業領域會比較成功；銳利的思維能夠讓你在研究或解決問題的領域上有所發揮；對自我表達的強烈渴望

能使你在寫作、音樂和娛樂界獲得成功；雖然你對與公眾溝通的職業比較感興趣，但你的思想深刻，因此對哲學、宗教或法律也比較喜愛；充實和分享所學知識的渴望會使你對社會或教育改革產生興趣。

與你同天出生的名人包括歌手尼爾戴蒙、女演員娜塔莎‧金斯基、作家伊蒂絲‧華頓，以及男演員約翰‧貝魯西。

■數字命理學

誕生日數字為24的你不喜歡墨守成規，不過，你勤奮、態度務實、判斷力強；這一天出生的你感情細膩，因此你需要建立穩定和秩序；忠誠、公平的你有時不喜歡表達，因為你相信行動會勝過一切；務實的生活態度使你具有敏銳的商業直覺和克服困難的能力；不過你必須要克服固執和思維僵化。出生於1月的你個性獨立、充滿理想；嚴肅的你喜歡將想像力運用到實際生活當中；思想進步的你會對人道問題產生興趣或傾向公共生活或改革，特別是有關教育和政治的；創新、勇敢的你能夠坦率地且以一種令人愉悅的方式表達自己的想法；進取心會促使你嘗試不同的理念，也讓你傾向自己做決定或另創新天地。

■愛情和人際關係

有個性、敏感的你需要個人的時間和空間；身為理想主義者的你期望很高，有時他人會難以達到；雖然你個性溫柔、自主性強，但也會在他人面前示現出冷酷、漠不關心的一面；你為人慷慨，具有奉獻精神，但要注意不要過度犧牲以免後悔；友善的你能夠讓他人為你著迷，因此你特別能夠適應團體生活。

■你生命中的特殊之人

注意一下誕生日為以下日期的人，你將能夠獲得感情的滿足並找到生命中的特殊之人。

◎愛情和友誼：

1月4、8、13、22、26日、2月2、6、20、24日、3月4、18、22日、4月2、16、20、30日、5月5、14、18、28、30日、6月3、12、16、26、28日、7月10、14、24、26日、8月8、12、22、24日、9月6、10、20、22、30日、10月4、8、18、20、28日、11月2、6、16、18、26日、12月4、14、16、24日

◎幸運貴人：

1月9、20日、2月7、18日、3月5、16、29日、4月3、14、27日、5月1、12、25、31日、6月10、23日、7月8、21日、8月6、19、25日、9月4、17、23日、10月2、15、30日、11月13、28日、12月11、26、30日

◎強烈吸引你的人：

1月27日、2月25日、3月23日、4月21日、5月19日、6月17日、7月15、24、25、26、27、28日、8月13日、9月11日、10月9日、11月7日、12月5日

◎砥礪者：

1月2、10、19日、2月8、17日、3月6、15日、4月4、13日、5月2、11日、6月9日、7月7、30日、8月5、28日、9月3、26日、10月1、24日、11月22日、12月20、30日

◎靈魂伴侶：

1月15日、2月13日、3月11日、4月9日、5月7日、6月5日、7月3日、8月1日、10月29日、11月17日、12月25日

優點：有活力、理想主義、實用技能、強烈決心、誠實、坦白、公平、慷慨、愛家、主動、精力旺盛。

缺點：物質主義、太功利、厭惡例行公事、懶惰、不忠實、跋扈的、頑固的

太陽星座：水瓶座
區間：水瓶座／天王星
角度：水瓶座4°至5°
類型：固定星座
元素：風
恆星：牛宿一、牛宿四、牛宿六

1月25日

AQUARIUS

這一天出生的你友善、慷慨、積極、充滿智慧，對成功具有堅定信念；同時你敏銳、意識強烈、勤奮、自律；有決心和策略的你能夠集中精神並向目標不斷邁進；天生的商業頭腦能使你將天賦轉化為實際財富；而理想主義會促使你投身助人的工作和活動中。

受區間主導星座水瓶座的影響持續增強，你對人的判斷敏銳，能夠洞悉他人動機；你的心胸寬闊、具有人道精神、思想自由、有創新性；友誼對你十分重要，而友善、親和力強的你也善於結交新朋友；快速的反應能力和強烈的個人意識使你不會感到厭倦，但你需要避免焦慮和魯莽。

性格中的兩個極端既能讓你表現得強硬、公事公辦、自信，又能讓你表現得富有同情心、敏感、充滿憧憬；保持這些特質的平衡，你就能夠發揮潛能實現夢想和目標。

25歲以前，太陽星座位於水瓶座，這時期的你關注個人自由、友誼和個性的表達；26歲時，太陽星座進入雙魚座，你將變得更細膩、感性，也開始重視情感問題，此時你可能會觸及自己的夢想和內心世界；56歲開始，太陽星座進入牡羊座，這一變化使你更有自信，領導地位會更鞏固，也具有更強的自我導向性，這會促使你尋求新的開始。

■真實的自我

誕生日賦予你對行動以及個人成就的渴望，因此你是意志堅定、充滿野心的人；你具有強烈的求生本能和毅力，但需要避免固執和浮躁；雖然有時會沉迷於物質世界，並對金錢產生不必要的焦慮，但你的想法總是能夠創造財富並能夠與他人分享，這是你成功的重要關鍵。

你的理想和積極的想像力會表現在對藝術、音樂、宗教、和精神性事物的興趣；你的理想遠大、有動力和決心，但有時也會產生惰性；你的包容力能夠幫助你維持生活的和諧，以及激發出你的同情心並促使你無私奉獻。

■工作和職業

創新精神和敏銳的判斷對你從事任何工作都有幫助，特別是寫作和諮商工作；友善的你能夠很好地與他人合作，因此天生與人融洽相處的能力能幫助你達成人生計畫；洞察力敏銳、充滿理想的你雖然個性獨立、喜歡自己做決定，但仍傾向與他人合作；你十分善於推銷或宣傳某一想法或產品；商業的敏銳直覺、組織能力以及與人相處的能力確

保你能夠勝任財務顧問或談判工作；敏感且追求完美的你希望能在一些專業要求很高的工作中發揮創造力，如音樂、寫作或藝術領域。

與你同天出生的名人包括作家毛姆和維吉尼亞‧吳爾芙、大提琴家賈桂琳‧杜普蕾、詩人羅伯特‧博思斯、指揮家威爾漢‧福特華格勒、歌手伊塔‧詹姆士。

■數字命理學

你的思維敏捷、體力充沛，而且洞察力敏銳、思想豐富，渴望透過不同的經歷表達自我，這包括追求新的、令人激動的想法、結識新的朋友或進入新的環境；你對完美的追求會促使你工作勤奮並富有成果，不過，當事情沒有按照計畫發展時，你需要避免多疑和挑剔；誕生日數字為25的你在智商方面的潛力很大，這能夠幫助你比他人更迅速地認清事實並得出結論；學著相信自己的直覺並培養毅力和耐心，成功和幸福就會和你不期而遇。出生於1月的你具有強烈的直覺和野心；具有自我認同感的你會表現出極大的熱情和與他人合作的意願；不過，如果陷入了懷疑，你就會變得不信任、不合作；富有創意、勇敢的你能夠直率地表達自己的想法，而你通常也會運用大家都能夠接受的方式；渴望安全感的你需要穩定來保持平和、放鬆的心態。

■愛情和人際關係

合群、具有團體意識的你善於協調人際關係，而且喜歡與不同的人接觸和交往；通常你的社交生活很豐富，且能夠將工作與娛樂相結合；人際關係對你十分重要，因此你會花費許多精力與朋友保持聯繫；你喜歡與有智慧、堅強的人相處；不過，你需要注意不要對他人表現出控制欲；雖然你常常計較金錢問題，但你對所愛的人表現得十分大方。

優點：	洞察力敏銳、追求完美、悟性高、有創造力、善於處理人際關係
缺點：	浮躁、不負責任、感情用事、妒忌、不坦率、環境多變、挑剔、情緒化

■你生命中的特殊之人

要增加獲得愛和幸福的機率、你需要注意下誕生日為以下日期的人。

◎愛情和友誼：

1月3.6.23.28日、2月11.21日、3月9.19.28.31日、4月7.17.26.29日、5月5.15.24.27.29.31日、6月3.13.18.22.25.27.29日、7月1.11.20.23.25.27.29日、8月9.18.21.23.25.27日、9月7.16.19.21.23.25日、10月5.10.14.17.19.21.23日、11月3.12.15.17.19.21日、12月1.10.13.15.17.19日

◎幸運貴人：

1月3.4.10.21日、2月1.2.8.19日、3月6.17.30日、4月4.15.28日、5月2.13.26日、6月11.24日、7月9.22日、8月7.20日、9月5.18.22日、10月3.16.31日、11月1.14.29日、12月12.27日

◎強烈吸引你的人：

1月22.28日、2月20.26日、3月18.24日、4月16.22日、5月14.20日、6月12.18日、7月10.16.26.27.28.29日、8月8.14日、9月6.12日、10月4.10日、11月2.8日、12月6日

◎砥礪者：

1月11.20日、2月9.18日、3月7.16日、4月5.14日、5月3.12.30日、6月1.10.28日、7月8.26.31日、8月6.24.29日、9月4.22.27日、10月2.20.25日、11月18.23日、12月16.21日

◎靈魂伴侶：

1月26日、2月24日、3月22.30日、4月20.28日、5月18.26日、6月16.24日、7月14.22日、8月12.20日、9月10.18日、10月8.16日、11月6.14日、12月4.12日

太陽星座：水瓶座
區間：水瓶座／天王星
角度：水瓶座5°至6°
類型：固定星座
元素：風
恆星：牛宿一、牛宿四、牛宿六

1月26日

AQUARIUS

你的意志堅強，喜歡站在潮流和思想的前端；具有個人魅力、決心堅定的你具有領導意識，並能夠結合工作與娛樂；這一天出生的你渴望行動和個人成就，因此你富有野心，對成功懷有堅定的決心；對局勢的敏銳感知力使你表現得誠實、直率；你具備了旺盛的進取心，因此能夠實現偉大的夢想。

受太陽星座在水瓶座運行的影響持續增強，你的心胸寬廣，具有人道精神，但有一些叛逆的傾向；在積極思想主導下，你能夠成為新領域的開拓者；你不喜歡個人自由受到限制，但可能會因為想要按照自己的方式行事而表現出專橫；直率、對價值的感知力強，通常會以自信、友好的形象示人。

你具備出色的交際能力，但缺乏耐心，這會導致你時而表現出焦躁，時而表現得慷慨；能夠洞悉他人的動機，這是你的優勢；結合理想和腳踏實地的態度，你就能夠獲得成功和物質富足。

24歲以前，太陽星座位於水瓶座，此時你會關注在自由和獨立的問題，對友誼以及群體意識逐漸產生興趣，也渴望表達自己的與眾不同；25歲開始，太陽星座推進到雙魚座，你將更加具有遠見，也能夠更加接近自我的心靈世界；55歲時會出現另一轉捩點，此時太陽星座進入牡羊座，這時的你開始變得更加自信、有魄力，同時會展開新的計畫和活動。

■真實的自我

你擁有表現出對生活期望的能力，因此你必須十分明白自己真正的渴望，這對你十分重要；你在他人面前有時會表現得冷漠，但內心其實懷有強烈的感情和渴望，這種感情需要以得到認同或透過積極的方式被釋放；如果能夠因此而發展成無私的愛並幫助他人，那麼你的性格和崇高的理想將成為積極的推動力。

你具有結合工作與交際的天賦，會不斷評估自我價值以及所處局勢的優勢，喜歡與人討價還價，具有創造奇蹟的能力；表現出色的你總是懷有對金錢不足的恐懼；若你能與強大的心靈建立聯繫，你所獲得的將比期望的更多。

■工作和職業

結合了理想主義和務實態度的你天生具備領導能力；投身商業領域的你具有十分良好的金錢觀念，但要避免陷入權力戰爭或對他人過於挑剔；你總是尋求新的開始和挑

戰，因此時常會發現機會；具說服力的話語使你能夠推薦、宣傳產品或人；勇氣、認真和管理能力使你渴望成為談判員、代理人或財務顧問；此外，你的個性和對待生活的獨特方式可以在創造性領域得到表現機會。

　　與你同天出生的名人包括男演員保羅・紐曼、軍事領袖道格拉斯・麥克阿瑟、歌手伊薩・基特和艾迪・凡・海倫和安妮塔・貝克、政治運動家安吉拉・大衛、小提琴家史蒂芬・格拉佩里、電影導演羅傑・華丁姆。

■數字命理學

　　誕生日數字是26的你有現實的生活態度、具備管理能力和敏銳的商業直覺；你有責任感、具有天生的審美觀、熱愛家庭、渴望建立穩固的基礎或獲得真正的穩定感；你會給予親朋好友極大的支援，在他們需要幫助時伸出援手；但你要避免物質主義的傾向以及對環境和他人有過多的控制欲。受出生月1月的影響，你的洞察力敏銳、性格獨立、具有進取精神；機會到來時，你需要把握和利用機會；心胸寬廣、務實的你能夠預見局勢的發展；充滿熱情、見解獨到的你能夠為他人指引方向；嚴肅、勤奮的你能夠獲得真正的進步，通常會將想像力運用於實際生活；雖然你透過努力能夠獲得許多成績，但其實與他人合作才能獲得真正的成功。

■愛情和人際關係

　　心靈方面的問題可能會使你產生情緒上的變化，因此你需要培養耐心來認清事物的本質，不要草率行事，然後在事後感到後悔；你渴望追求積極的生活、結識新的朋友，以及經歷不同的環境；你的理想伴侶應該要能夠讓你保持興趣和高度的敏感，同時要個性溫柔、善解人意；個性獨立的你即便陷入了愛情，你也需要能夠按自己的方式行事的自由。

優點：有創造力、務實、體貼、負責、對家庭有自豪感、熱情、勇敢

缺點：固執、叛逆、人際關係不穩定、缺乏熱忱、缺乏堅持

■你生命中的特殊之人

尋求安全感、愛和靈感的你需要注意誕生日為以下日期的人。

◎愛情和友誼：

1月6、14、22、24、31日、2月4、12、22、29日、3月10、20、27、4月8、18、25日、5月6、16、23、25、30日、6月4、14、21、28、30日、7月2、12、19、26、28、30日、8月10、17、24、26、28、9月8、15、22、24、26日、10月4、6、13、15、20、22、24、30日、11月4、11、18、20、22、28、12月2、9、16、18、20、26、29日

◎幸運貴人：

1月5、22、30日、2月3、20、28日、3月1、18、26日、4月16、24、5月14、22日、6月12、20、7月10、18、29日、8月8、16、27、31日、9月6、14、25、27、29日、10月4、12、23、27日、11月2、10、21、23、25日、12月9、19、23日

◎強烈吸引你的人：

1月12、2月10、3月8日、4月6、5月4、6月2日、7月28、29、30、31日

◎砥礪者：

1月16、21日、2月14、19日、3月12、17、30日、4月10、15、28、5月8、13、26日、6月6、11、24、7月4、9、22日、8月2、7、20、9月5、18日、10月3、16、11月1、14、12月12日

◎靈魂伴侶：

1月25日、2月23、3月21日、4月19、5月17、6月15日、7月13、8月11、9月9日、10月7、11月5、12月3、30日

太陽星座：水瓶座
區間：水瓶座／天王星
角度：水瓶座6°至7°
類型：固定星座
元素：風
恆星：無

1月27日

AQUARIUS

這一天出生的你聰明、洞察力敏銳、知識豐富、悟性高；身為水瓶座的你個性獨立、有領導能力，因此你傾向獲得支配權而不是任由他人差遣；具有卓越的智商和直覺的你只需培養必要的自律，就能發揮巨大的潛力。

受太陽星座在水瓶座運行的影響持續增強，你友善、外向、關懷人群；你在處理問題的方式獨特，並能夠給予他人實用的建議和解決辦法；你的個性可能還具有古怪的一面；你的想法總是較前衛，有時這會讓你表現得固執、叛逆。

對計畫的不懈追求讓你逐漸培養出能達成長期目標的耐心和堅持；客觀、創新的想法使你嶄露出天才的光芒，並賦予你對人的正確理解力；你對人的判斷力準確，說話與做事直接坦率；獨特的觀點能夠促使你致力於改革或更新過時體制的工作；這一天出生的女性很有主見，能夠掌控局勢而非被動的旁觀者。

23歲以前，太陽星座位於水瓶座，這段時期的你較關注在個人自由、友誼和個性的表達上；24歲開始，你的太陽星座推進到雙魚座，此時你的感情較為細膩，會更加具有遠見或接近自我的內心世界；54歲時會出現另一轉折，此時太陽星座進入牡羊座，這一影響使你變得更有自信、有野心，你可能會拓展或領導新的活動。

■真實的自我

如果能夠設下明確的目標，你會表現出堅定的決心，這也能幫助你克服生活中的困難並獲得成就；熱衷權力的你喜歡控制的感覺，但要避免心機過重或陷入勾心鬥角的惡性競爭；你的強烈責任感和對物質成功的渴望表示你能夠嚴肅地對待自己的工作和責任。

儘管個性獨立，你能夠在團體環境或合作關係中表現出色；身為團隊中出色的一員，你十分清楚在工作關係中妥協的藝術；你不甘心被他人愚弄，不過天生的外交手腕能讓你獲得比期望的還要多；與人交往時，你需要讓對方感到自己是與眾不同的。

■工作和職業

機敏的智慧是影響你選擇職業的重要因素；需要能夠保持思維活躍的工作，聰明、有責任感、勤奮的你；得到機會的你能夠迅速獲得權威職位；天生的人道精神使你傾向社會或教育改革，同時你也會投注心力在人權運動上；組織能力和溝通技巧是你從事商業或法律的優勢；獨立性強的你傾向自由的職業或自我創業；對人性的理解能夠幫助你

從事諮商或醫藥工作；對創造力和個性表達的渴望會促使你投身藝術、戲劇和音樂領域。

與你同天出生的名人包括作曲家莫札特、女演員碧姬·芳達、鋼琴家約翰·奧登、作家路易斯·卡羅，以及出版家小威廉·藍道夫·赫斯特。

■數字命理學

誕生日數字27代表著你充滿理想、敏感；你的洞察力敏銳、分析力強、具有豐富的創造力，你的想法總讓他人留下深刻的印象；你時常表現得不夠坦白，而且過於理智、冷漠，實際上你是在掩飾內心的緊張；培養良好的溝通技巧，你就能夠克服在表達深層感情時會出現的障礙；教育對這一天出生的你格外重要，而培養深入的思考會讓你更有耐心、自律。出生月1月的你天分高、想像力豐富，具有強烈的直覺和心靈力量；傾向獨立思考的你自主性強、有自信、視野開闊；充滿熱情、見解獨到的你思想進步，因此你經常擔任領導者的角色；雖然充滿理想，但嚴肅、勤奮的你喜歡將想法落實；富有創新精神、勇敢的你會毫不猶豫地說出內心的想法或嘗試不同的理念；你也通常傾向自己出決定。

■愛情和人際關係

具有人道精神且思想進步的你渴望有人陪伴，這表示人際關係對你十分重要；你對感情誠實、勤奮，你的能力和理性思維能得到他人的崇拜；渴望穩定和安全感的你會將家庭和生活穩定的基礎做為規畫人生的重要部分；強烈的感情會使你投入、忠誠、體貼，但你要注意時常出現的強勢性格。

■你生命中的特殊之人

為了尋找對你生命具有特殊意義的伴侶，你需要注意以下出生時間。

◎愛情和友誼：

1月7、8、11、13、15、17、25日、2月5、7、9、11、13、15、23日、3月7、9、11、13、21日、4月2、5、7、9、11、19日、5月3、5、7、9、17、31日、6月1、3、5、7、15、29日、7月1、3、5、7、27、29、31日、8月1、3、11、25、27、29日、9月1、9、23、25、27日、10月7、21、23、25日、11月5、19、21、23日、12月3、17、19、21、30日

◎幸運貴人：

1月1、5、20、29日、2月3、18日、3月1、16日、4月14日、5月12、6月10、17日、7月8日、8月6日、9月4日、10月2、9日

◎強烈吸引你的人：

7月28、29、30、31日

◎砥礪者：

1月6、22、24日、2月4、20、22日、3月2、18、20日、4月16、18日、5月14、16日、6月12、14日、7月10、12日、8月8、10、31日、9月6、8、29日、10月4、6、27日、11月2、4、25、30日、12月2、23、28日

◎靈魂伴侶：

1月6、12日、2月4、10日、3月2、8日、4月6日、5月4日、6月2日

優點：多才多藝、富有想像力、有創造力、勇敢、理解能力強、智力潛能、脫俗、富有創新精神
缺點：心胸狹隘、好爭辯、不安分、缺乏信任、情緒化、緊張

太陽星座：水瓶座
區間：水瓶座／天王星
角度：水瓶座7º至8º
類型：固定星座
元素：風
恆星：無

1月28日

AQUARIUS

這一天出生的你富有野心、聰明，具有水瓶座的敏捷思維和天生的直覺；迷人的你在他人面前表現得很有自信；慷慨、和善、具有良好交際技巧的你總能受到大家的喜愛；天資聰穎、判斷力強的你能在追求知識的過程中獲得安全感，你也傾向獨立思考；你的迅速反應力和強烈的個人意識讓你不常產生厭倦感，但你必須要注意浮躁的傾向。

受太陽星座在水瓶座運行的影響持續增強，你見解獨到、心胸寬闊、具有人道主義精神但有些許叛逆；如果這些特質得到正向的發展，你會成為新思想或運動的先驅；你是一名出色的心理學家，具有對人的性格和動機的敏銳洞察力，這能幫助你攀上事業的巔峰。

友誼是你培養感情過程中不可或缺的部分；熱心、喜好交際的你具有出色的聯絡能力，善於結交新朋友；你不喜歡被他人干涉或自由受到限制，但有時你也會表現得固執和跋扈；富有創意的你機敏、自信、追求精準，喜歡充滿機智、諷刺以及巧妙的問答；當你感到被威脅時，你會表現出競爭意識，且在言語上具有不令人覺得粗魯的攻擊力；雖然你是個出色的批評家，但千萬不要太過火，因為做為武器的文字也會傷害他人。

22歲之前，太陽星座位於水瓶座，這段時期的你會關注在個人自由、友誼和個性的表達；23歲時，太陽星座推進到雙魚座，你對感情的意識將更加強烈及包容，並且重視夢想和天生的直覺；53歲開始，太陽星座進入牡羊座，受此影響，你的自我導向性會更加強烈，你也會更加自信、果敢。

■真實的自我

富有表現力、創造力、敏感的你強烈需要自我表達；雖然你表現得很樂觀，但對感情的不滿和猶豫不決是你需要面臨的挑戰；理想主義是你的靈感來源，不過你不喜歡枯燥，因此會不斷尋求新的、獨特的想法來保持大腦的專注和高昂的情緒；天生的洞察力和心靈方面的天賦會不斷加深你對更深領悟的理解。

以成功為目標的你具有宏觀的視野，而且計畫遠大、有進取心；你有野心、勇敢、運氣好、具有敏銳的商業直覺；不過，經濟上的安全感並不能解決所有的問題，因而你需要增強對價值、名望和自尊的感知力。

■工作和職業

你精明、有魅力、機智，且具有文字方面的天賦，因此能夠勝任與溝通相關的工作，尤其是寫作、傳播媒體或維護他人權益的工作；渴望充實知識的你也會對教育、自

然科學、文學或法律產生興趣；能力強以及在多方面展現出天賦的你既是具有人道精神的理想主義者，也是一位目標高遠的野心家；性格中的某些特質使你在從事諮商、社區工作或為社會及政治事業奮鬥時感到從容自如；你具有天生的領導才能、心懷高遠，能在大型企業發揮管理能力或在商界獲得成功；此外，創造性表達的需要使你對藝術或娛樂業產生興趣，尤其是音樂或戲劇領域。

與你同天出生的名人包括鋼琴家魯賓斯坦、小說家柯萊特、芭蕾舞演員米哈伊·貝瑞什尼科夫、男演員艾倫·艾爾達，以及畫家傑克遜·波洛克。

■數字命理學

你的個性獨立、充滿理想，而且有決心、務實，通常比較自立，也有自我約束力；與誕生日數字是1的人相似，你有野心、處事直率、有進取心；你會產生渴望獨立以及成為團隊一員的矛盾心理；你總是時刻準備行動和投入新的冒險，並能勇敢地面對生活挑戰，因而他人容易地被你的熱情感染，即使不能同你並肩作戰至少會助你一臂之力；誕生日數字是28的你具有領導能力、依賴常識、思維邏輯有條理；儘管你具有責任感，但要避免過度熱情、浮躁或心胸狹隘。受出生月1月的影響，你充滿熱情，且有創新精神；精明、洞察力敏銳的你渴望行動和智力方面的挑戰，這表示你能夠得到好成績並能在年輕時就獲得成功；儘管你務實，但自身的價值會因為不同的經歷而改變，你也會用不同的方式表達自我；透過尋求內心的平靜，你將創造和諧的氣氛和充滿關懷的環境。

■愛情和人際關係

充滿智慧、有決心的你喜歡與聰明、思維活躍、富有冒險精神的人相處；容易厭倦的你對積極的人也很有好感；你可能會對親密的關係產生懷疑，因而能夠與你分享共同興趣的柏拉圖式關係會讓你感到更加安心；當你為某人付出感情時，你會表現得忠誠、溫柔，並給予對方支持。

優點：有同情心、思想進步、充滿理想、有魄力、藝術氣質、有創造力、有野心、勤奮、家庭穩定、意志堅強
缺點：空想、缺乏動力、沒有同情心、不切實際、專橫、判斷錯誤

■你生命中的特殊之人

你是否在尋找可以使你保持興趣並懂得欣賞你的細膩的朋友和愛人，那麼不妨注意誕生日為以下日期的人。

◎愛情和友誼：
1月9、12、16、25、30日、2月7、10、14、23、24日、3月5、8、12、22、31日、4月6、10、20、29日、5月4、8、18、22、27日、6月2、6、16、25、30日、7月4、14、23、28日、8月2、12、21、26、30日、9月10、19、24、28日、10月8、12、17、22、26日、11月6、15、20、24、30日、12月4、13、18、22、28日

◎幸運貴人：
1月2、13、19、22、24日、2月11、17、20、22日、3月9、15、18、20、28日、4月7、13、16、18、26日、5月5、11、16、18、26日、6月3、9、12、14、22日、7月1、7、10、12、20日、8月5、8、10、18日、9月3、6、8、16日、10月1、4、6、14日、11月2、4、12日、12月2、10日

◎強烈吸引你的人：
1月25日、2月23日、3月21日、4月19日、5月17日、6月15日、7月13、30、31日、8月1、2、11日、9月9日、10月7日、11月5日、12月3日

◎砥礪者：
1月7、23日、2月5、21日、3月3、19、29日、4月1、17、27日、5月15、25日、6月13、23日、7月11、21、31日、8月9、19、29日、9月7、17、27、30日、10月3、13、23、26日、11月1、11、21、24日

◎靈魂伴侶：
1月17日、2月15日、3月13日、4月11日、5月9日、6月7日、7月5日、8月3日、9月1日、11月30日、12月28日

太陽星座：水瓶座
區間：水瓶座／天王星
角度：水瓶座8º至9º
類型：固定星座
元素：風
恆星：無

1月29日

AQUARIUS

意志堅強、充滿智慧的你具備水瓶座應有的優秀溝通技巧；天生的叛逆性格使你會為他人爭取權力；知識淵博的你適合擔任調解人的角色；你的個人魅力和創造天賦會吸引人們聚集在你的周圍，你也能夠輕鬆地與各個階層的人相處；你通常富有靈感、個性強烈，喜歡在愉悅他人的同時傳遞資訊。

受太陽星座在水瓶座運行的影響持續增強，你的創新思想經常走在時代前端；獨立、崇尚自由的你傾向以自己的方式行事；喜好交際的你十分重視友誼，在處理人際關係問題時會展現出博愛和寬容的態度；忠實自己的感情，當找到喜愛的人或事業時，你會充滿熱情，渴望馬上行動；但你要避免把所有責任都攬在自己身上，以及改善難以捉摸的個性。

充滿理想、信念堅定的你對文字和語言駕馭能力較強，這使你在寫作方面具有天賦並具有教學和演講的才能；儘管你務實、組織能力強，但有時被樂觀和進取心左右；你說話直率、充滿活力，而且熱衷行動，會去追求轟轟烈烈的事業；儘管你天分高、有決心，但不要因為驕傲而變得固執。

21歲以前太陽星座位於水瓶座，這段時期的你關注自由、獨立性以及需要表達自己的與眾不同；22歲開始，太陽星座進入雙魚座，你將更加敏感，對感情問題的意識更強烈，而且富有遠見，能夠更接近內心世界；52歲時會出現另一轉捩點，此時太陽進入牡羊座，隨著自信的增強，你的自我導向性得到強化，因此你會更加渴望拓展新的興趣。

■真實的自我

富有說服力的你是物質和理想主義的有趣結合；雖然你對金錢問題以及物質的安全感會產生過度的焦慮，但誕生日為你提供了經濟方面的保障，因為你付出的一切都將有所回報；對美和優質生活的鑑賞力表示你喜好奢華、具誘惑力的事物；你對藝術和創造性的表達方式充滿新意，渴望追求趣味和與眾不同。

有魅力、熱心的你情感強烈，內在的迷人氣質使你充滿愛和積極性，因而你強烈渴望自我表達；感情強烈的你要避免鑽牛角尖或衝動的行為；性格與不同性別的組合會使你表現出獨立性、有決心或充滿同情心、敏感。

■工作和職業

你的機敏智慧為你提供許多職業上的選擇；溝通交流的能力使你對演講、教學或

寫作產生興趣；積極的態度和隨和的個性使你能夠在需要與人溝通的工作上獲得成功及晉升的機會；你也會傾向從商並在銷售、推銷或談判領域發揮你的說服力；此外，自我表達的需要會促使你投身傳播媒體或娛樂業。

與你同天出生的名人包括電視主持人歐普拉、女權主義者傑曼‧格里爾、男演員湯姆‧塞萊克和費爾得斯、政治改革家湯瑪斯‧潘恩，以及劇作家安東尼‧契訶夫。

■數字命理學

誕生日數字29的你具有強烈的個性和卓越的潛力，而且洞察力敏銳、敏感、情緒化；靈感是你獲得成功的關鍵，缺少靈感時你會喪失目標；雖然你充滿各種幻想，但個性中的極端特質表示你必須注意情緒的波動；相信心靈深處的感覺，並向他人敞開心扉，你就能克服焦慮並改變善於偽裝的自己；運用創造思維激勵或服務他人，能使你獲得與眾不同的成就感。受出生月1月的影響，你的洞察力敏銳、接受能力強，具有人道精神；富有創造力、充滿智慧的你對於需要具有個性和敏捷思維的活動表現出色；進取精神會促使你嘗試不同的理念，或自己做決定及奮力向前；開明、充滿熱情的你喜歡探索新思想，經常會對科技資訊或新發明的應用感興趣；富有想像力和創新精神的你會將想法付諸於實踐。

■愛情和人際關係

通常你誠實、直率，喜歡與他人分享你的廣泛愛好，會是一個不錯的朋友；積極性高、充滿理想的你渴望伴侶之間能夠互相激勵；不過，害怕被拋棄和孤獨的你有時會表現得孤僻、冷漠，或者沉迷於不適合自己的感情對象；你必須注意不要表現得事不關己和過於孤僻，因為這樣會讓你的伴侶覺得你並不需要他；聰明、洞察力敏銳的你喜歡與富有創造力的人為伴，而且對朋友慷慨、忠誠。

優點：有靈感、平衡、內心平和、慷慨、成功、神祕、有創造力、有洞察力、強烈的憧憬、易相處、信念

缺點：注意力不集中、缺乏安全感、情緒化、不易相處、極端、不顧他人、過度敏感

■你生命中的特殊之人

在以下誕生日當中，你能夠找到心儀的人。

◎愛情和友誼：

1月2、7、10、17、22、27、31日、2月5、8、15、25日、3月3、6、13、23日、4月1、4、11、16、21日、5月2、9、19、23日、6月7、12、17、23日、7月5、15、29、31日、8月3、13、27、29、31日、9月1、11、25、27、29日、10月4、9、13、23、25、27日、11月7、21、23、25日、12月5、19、21、23日

◎幸運貴人：

1月3、5、20、25、27日、2月1、3、18、23、25日、3月1、16、21、23日、4月14、19、21日、5月12、17、19日、6月10、15、17日、7月8、13、15日、8月6、11、13日、9月4、9、11、28日、10月2、7、9日、11月5、7、24日、12月3、5日

◎強烈吸引你的人：

1月13日、2月11日、3月9日、4月7日、5月5日、6月3日、7月1、31日、8月1、2日

◎砥礪者：

1月16、24日、2月14、22日、3月12、20日、4月10、18日、5月8、16、31日、6月6、14、29日、7月4、12、27日、8月2、10、25日、9月8、23日、10月6、21日、11月4、19日、12月2、17日

◎靈魂伴侶：

1月16日、2月14日、3月12日、4月10日、5月8日、6月6日、7月4、31日、8月2、29日、9月27日、10月25日、11月23日、12月21日

太陽星座：水瓶座
區間：水瓶座／天王星
角度：水瓶座9°至10°
類型：固定星座
元素：風
恆星：無

1月30日

AQUARIUS

你友善、充滿熱情、對成功的信念堅定，而且崇尚自由、理想遠大；自信、充滿活力的你對人熱情，能夠輕鬆應付任何社交場合；機智、理性的你熱愛知識，在你變得睿智的同時，你也將獲得滿足感。

受太陽星座在水瓶座運行的影響持續增強，你的心胸寬闊，具有人道精神和叛逆性；你的思維客觀、有創新精神，創意的想法能給予你經濟上的回報；你具有精明的洞察力，能迅速判斷他人的性格；遠見和進步的思想會使你超越所處的時代，儘管有時可能會讓你顯得與世俗格格不入或固執、憤世嫉俗。

你能夠迅速地認清潮流或新理念，你也喜歡表達自己的想法；雖然你自信、信念堅定，但時常產生焦慮和衝動的行為；你渴望獲得他人的認同或綻放魅力，因此你喜歡在公眾面前展現自我；當發現真正興趣所在時，你會變得激動、生氣勃勃，並且你能夠運用說服力向他人宣傳。

20歲以前，太陽星座位於水瓶座，這段時期的你較關注於個人自由、友誼和個性表達的問題上；21歲開始，太陽星座進入雙魚座，此時你的感情會更加細膩，為夢想而努力的信念更加強烈，並且能夠更接近你的內心世界；51歲時會出現另一轉折，此時太陽星座進入牡羊座，受此影響，你會更有自信、充滿活力，且對自己的理解更加深刻。

■真實的自我

洞察力敏銳的你需要傾聽並信任自我心靈的指引，這能幫助你平衡夢想和現實生活；一旦對目標制定出計畫，無論遇到什麼困難你都要堅定地踐行；將工作做到最好的強烈渴望會讓你保持謙虛和榮譽感；獲得成功的決心也會幫助你取得最後的勝利。

富有野心的你不喜歡受人支配，因此適合權威職位；能夠迅速認清機會的你具有很強的實踐性和組織能力；雖然你友善、頭腦精明，但你不是一個很好的傾聽者，極易喪失耐心或變得浮躁；你具備獲得成功的潛力，唯有積極的心態才能幫助你克服巨大的困難。

■工作和職業

對人性的敏銳理解力、魅力以及組織能力幫助你在人際交往活動中發揮出色，不管是在商業、教育或政府部門；個性獨立、自信、友善的你擁有的天生的領導才能可使你獲得管理職位或選擇自行創業；當找到感興趣的領域時，你會投入許多的精力以迅速提

升自我；你的創造力和創意使你成為出色的溝通者、作家或談判員；同時你也能夠在娛樂界獲得成功。

與你同天出生的名人包括女演員凡妮莎・雷德格瑞芙、蒸汽機發明者詹姆士・瓦特、美國總統前富蘭克林・羅斯福、男演員吉恩・哈克曼，以及歌手裘蒂・華特立。

■數字命理學

誕生日數字30的你富有藝術氣質、待人友善、愛好交際；你喜歡追求美好生活、外向、具有非凡的魅力，而且對人忠誠、友善；合群、品味高、對風格和外形具有鑑賞力的你能在任何與美術、設計和音樂相關的工作中獲得成功；同時，自我表達的需要以及對文字的天賦會使你在寫作、演講或歌唱領域有所建樹；你的感情強烈，因此需要愛情和滿足感；渴望追求幸福的你需要避免懶惰和自我放縱；許多這一天出生的人都能獲得重視和名氣，尤其是身為音樂家，演員或是娛樂業工作者。出生於1月的你富有野心、充滿理想，且有創造性思維；你能夠將舊觀念運用於新的生活，進而使其重新煥發生機，這表示你能對理念進行綜合和拓展；儘管你友善、包容，但如果想要他人欣賞你的機智和外向的個性，你要學會讓步，避免固執和專橫。

■愛情和人際關係

個性鮮明、獨立的你興趣廣泛，會從事許多活動；通常你會想要與有權力、成功、自主性較強的人建立關係；因為你有時會不確定真實的感情，因此夥伴關係讓你覺得十分棘手；你需要勤奮且能夠讓你仰視和依賴的同伴，這樣你才會發現工作的有趣，同時對成功和勤奮工作變得更加渴望；你尤其喜歡和聰明、創造力強的人交往，因為他們能夠激發你的智力。

■你生命中的特殊之人

在誕生日為以下日期的人當中，你能夠找到理想的伴侶和穩定的愛情。

◎愛情和友誼：

1月1、8、14、23、28、31日、2月12、26、29日、3月10、24、27、4月2、8、22、25日、5月6、20、23日、6月4、13、18、31日、7月2、16、19、30日、8月14、17、28、30日、9月12、15、26、28、30日、10月10、13、24、26、28日、11月8、11、22、24、26、12月6、9、20、22、24日

◎幸運貴人：

1月26日、2月24日、3月22日、4月20日、5月18日、6月16日、7月14日、8月12日、9月10、29日、10月8日、11月6日、12月4、22日

◎強烈吸引你的人：

8月1、2、3、4日

◎砥礪者：

：1月3、25日、2月1、23日、3月21日、4月19日、5月17日、6月15日、7月13日、8月11日、9月9日、10月7日、11月5日、12月3日

◎靈魂伴侶：

1月3、10日、2月1、8日、3月6日、4月4日、5月2日

優點：風趣、忠誠、友善、好的談話者、有創造力、幸運

缺點：懶惰、頑固的、缺乏耐心、喜怒無常、妒忌的、冷淡的、散亂的

太陽星座：水瓶座
區間：雙子座／水星
角度：水瓶座10º至11º
類型：固定星座
元素：風
恆星：無

1月31日

AQUARIUS

你的思維敏捷、創新，而且合群、富有創造力、友善；你崇尚自由、個性獨立、思想開放、具有人道精神；充滿智慧的你覺得生活有無限的可能，這會促使你在旅行和學習中不斷地獲得知識。

受太陽星座在雙子座運行的影響，你是一位有吸引力且很有技巧的溝通者，不論是在口語還是在寫作方面；思維活躍、好奇心強的你能保持客觀，並從多方面整合資訊，以獨特的方式呈現出來；儘管你的想法比較進步，但要避免叛逆和固執。

你是一個十分出色的思想家，總是展現出天才特質，而且充滿靈感，有時情緒會十分激昂；對人的觀察力幫助你對他人做出準確而深刻的判斷；不過，浮躁的傾向會使你極易產生厭倦感，並使你無法堅持或發揮特殊的潛力。

19歲以前，太陽星座位於水瓶座，這段時期你的較為關注自由、獨立性的問題，而且渴望表達自己的與眾不同；20歲開始，太陽星座推進到雙魚座，你的接受能力增強，對自己的感覺比較敏銳，也更加注重形象，你也能夠更加接近自己的潛意識；50歲時，太陽星座進入牡羊座，此時的你重視奮鬥精神和領導地位，同時會更有自信、有野心，渴望脫離過去的生活並開拓新的事業。

■真實的自我

你具有豐富的想像力和創造力，開發這些力量為你提供了發揮創意的自由空間；信任自己的直覺以及內心的指引，你所做的決定將會改變生活；不要因為擔心安全受到威脅而選擇向不公妥協；富有表現力的你強烈渴望表達感情並與他人分享你的想法；如果這些願望不能達成，你將產生挫折感或陷入憂鬱的情緒中；你對許多領域都很感興趣，尤其是哲學、宗教、旅行和政治；你也是一位富有靈感的思想家和鼓舞人心的談話對象。

透過學習新技術來約束思想，你將獲益良多；不管你的本質是叛逆還是傳統，知識都能幫助你獲得成功；培養耐心和容忍、確立信念，你就能夠保持積極的心態並排除萬難而得到出色的成績。

■工作和職業

天生對商業的興趣加上出色的組織和管理能力對你從事任何職業都有所幫助；喜歡收集資訊、善於溝通的你能夠勝任教學、自然科學或寫作方面的工作；同時，你也能夠

成為出色的演說家或律師；人道精神使你善解人意並對諮商或社會改革產生興趣；需要與公眾或國外聯繫的工作能滿足你對多樣性的需求並避免你產生厭倦感；富有創造力、知識豐富的你會選擇演藝圈來發揮自己在藝術和音樂方面的天賦。

與你同天出生的名人包括歌手和音樂人菲爾‧柯林斯、作曲家舒伯特和菲力浦‧葛拉斯、作家諾曼‧梅勒、喜劇女演員卡羅‧強尼、歌手約翰‧諾頓，以及棒球投手諾蘭‧瑞恩。

■數字命理學

堅強的意志、決心以及對自我表達的渴望是誕生日數字31賦予你的特質；通常你不會覺得疲倦，而且堅定、渴望獲得物質生活的改善；不過，你必須學會接受生活的不如意並進而建立堅實的基礎；好運和機遇能使你成功地將休閒活動變成有利可圖的事業；對於勤奮的你，樂趣也很重要；你需要避免自私以及過度樂觀的傾向。受出生月1月的影響，你的洞察力敏銳、天分高、有進取心；雖然你精明、具有創造性思維、強烈渴望安全感，但你有時也會表現得焦躁缺乏耐心；保持積極和樂觀的心態並懂得順應局勢，你就能夠學會保持耐心和關心細節；具有創新性和探索精神的你通常有野心，希望透過勤奮工作來獲得名望和成功；靈感被激發時，你會產生奇妙的想法和特殊的觀點。

■愛情和人際關係

友善、外向的你積極、喜好交際，能夠吸引他人的注意；如果缺乏安全感，你會變得充滿控制欲；你富有創造力，而且個性很戲劇化，你喜歡思維的挑戰以及見解獨到、喜歡表現自我的人；雖然你很專一、溫柔，但不喜歡孤獨的你需要避免對伴侶過度依賴；聰明、有主見的你尤其熱衷具有熱烈辯論的社交場合。

優點：幸運、有創造力、見解獨到、開創精神、富有成果、堅持不懈、務實、有談話技巧、有責任感

缺點：缺乏安全感、浮躁、懷疑、容易喪失信心、缺乏野心、自私、固執

■你生命中的特殊之人

與誕生日為以下日期的人相處，你獲得幸福和愛情的機率將會大增。

◎愛情和友誼：

1月1、5、9、15、26、29、30日、2月13、24、27、28日、3月11、22、25、26日、4月9、20、23、24日、5月7、18、21、22日、6月5、16、19、20日、7月3、14、17、18、31日、8月1、12、15、16、29、31日、9月10、13、14、27、29日、10月8、11、12、25、27日、11月6、9、10、23、25日、12月4、7、8、21、23、29日

◎幸運貴人：

1月1、2、10、14、27日、2月8、12、25日、3月6、10、23日、4月4、8、21日、5月2、6、19、30日、6月4、17、28日、7月2、15、26日、8月13、24日、9月11、22、30日、10月9、20日、11月7、18日、12月5、16日

◎強烈吸引你的人：

8月2、3、4、5日

◎砥礪者：

1月17、26日、2月15、24日、3月13、22日、4月11、20日、5月9、18日、6月7、16日、7月5、14日、8月3、12、30日、9月1、10、28日、10月8、26、29日、11月6、24、27日、12月4、22、25日

◎靈魂伴侶：

1月21日、2月19日、3月17日、4月15日、5月13日、6月11日、7月9、29日、8月7、27日、9月5、25日、10月3、23日、11月1、21日、12月19日

太陽星座：	水瓶座
區間：	雙子座／水星
角度：	水瓶座11°至12°
類型：	固定星座
元素：	風
恆星：	周一

2月1日

AQUARIUS

你的個性鮮明、具有創造性思維，敏捷的頭腦和迅速的反應讓你喜歡思維的挑戰；工作能使你獲得權力並建立穩固的基礎，你也會變得決心堅定、自律；同時具有洞察力和務實態度的你只需付出小小的努力就能立即獲得回報。

受到太陽星座在雙子座運行的影響持續增強，你時常有新的靈感，思維變得更加活躍；富有好奇心的你會不斷地累積和更新知識，以具有啟發性和說服力的方式表達自己的想法；如果這些潛力無法積極地發揮，你會變得反覆無常且容易激動。

安靜但極富表現力的你渴望積極的生活方式並成就事業，因此你會積極地投入行動；你對自己的成就充滿自豪，也喜歡鼓勵人們投入充滿刺激和挑戰的工作或採取積極的行動；富有野心和競爭意識的你會為了人道主義事業或某項改革而奮鬥；但你要避免出於權宜考慮而放棄自己認為正確的選擇。

18歲以前，太陽星座位於水瓶座，這段時期的你較為關注個人自由、友誼以及個性的表達；19歲開始，太陽星座推進到雙魚座，你的夢想和憧憬會變得更清晰，你的感情也更具有包容性；49歲時你的人生會出現另一轉折，此時太陽星座進入牡羊座，你會更有自信且個人意識更加強烈，這會促使你開拓新的事業。

■真實的自我

你熱衷新的、與眾不同的事物，排斥傳統以及狹隘的思想；儘管你有時比較固執，但你在面對挑戰時會十分有創意；你對人的行為具有特殊的理解力，而與知識豐富的人交往會使你獲益匪淺，同時你也希望能夠激發他人的靈感。

你的思維活躍、行動迅速、果斷，而且能夠擺脫困境；不喜歡被束縛的你必須克服可能會引起麻煩的暴怒或固執的性格；時常傾聽內心的聲音會使你變得更有魄力、積極主動、信念堅定，這能使你最終獲得勝利或取得亮眼的成績，但這種熱忱是無法偽裝的，因而你需要將精力集中於你感興趣的事物上。

■工作和職業

你具有魅力、善於與人合作；在商業中，你喜歡分工明確的工作，因而能夠獲得管理職位；友善、富有說服力的你能夠勝任銷售和推銷工作；你傾向於要求行動和敏捷思維的職業；勇氣使你願意為他人的利益挺身而出，或者與社會不公抗爭；需要多樣性的你會抗拒循規蹈矩的工作；創新思維會使你投身研究領域或新的發明，因為這能充分展現

出你的與眾不同。

與你同天出生的名人包括男演員克拉克・蓋博、俄羅斯總統葉爾欽、導演約翰・福特、物理學家佛里特喬夫・卡普拉、女演員雪琳・芬、以及歌手瑞克・詹姆士和唐・艾弗利。

■數字命理學

誕生日數字1的你個性鮮明、有創新精神、勇氣十足、精力充沛；你強烈渴望建立聲望和樹立自信；具有開創精神的你可以成就一番事業；而上進心會促使你發掘管理和領導方面的才能；滿懷熱情，見解獨到的你能夠擔任領導者的角色；你還必須學會謙虛，克服自我中心或獨裁的傾向。出生於2月表示你的接受能力強、洞察力敏銳；雖然你友善、喜好交際，但性格比較剛強，而隨著年齡的增長，你會逐漸認清自己的特質並變得更加自信和自立；身為人道主義者的你多才多藝、思想進步，會傾向社會改革和正義的事業；當你缺乏信念或對自我認識不夠透徹時，你會產生不安全感和猶豫不決；不過，富有遠見、機智的你能夠啟發他人，特別是當你發揮創造力並獲得獨特的見解時。

■愛情和人際關係

雖然你的思想進步、個性獨立，但你仍渴望穩定的基礎和家庭；通常你會對性格強烈且有主見的人著迷；只要你擁有自由可以做自己喜歡的事，你就會是個十分忠誠的朋友和伴侶；喜好交際、迷人的你能夠吸引人們聚集在你的周圍，你也會表現得十分風趣。

■你生命中的特殊之人

在誕生日為以下日期的人當中，你能夠找到使你對長期關係保持興趣的那個人。

◎愛情和友誼：

1月1、4、5、11、21、24日、2月2、3、9、19、22日、3月1、7、17、20日、4月5、15、18、30日、5月1、13、16、28日、6月11、14、26日、7月9、12、24日、8月7、10、22日、9月5、8、20日、10月3、6、18日、11月1、4、16日、12月2、14日

◎幸運貴人：

1月14、23、27日、2月12、21、25日、3月19、23日、4月17、21日、5月15、19日、6月13、17日、7月11、15、31日、8月9、13、29日、9月7、11、27日、10月9、25日、11月3、7、23日、12月1、5、21日

◎強烈吸引你的人：

8月4、5、6、7日

◎砥礪者：

1月17日、2月15日、3月13日、4月11日、5月9日、6月7日、7月5日、8月3日、9月1日

◎靈魂伴侶：

1月30日、2月28日、3月26、29日、4月24、27日、5月22、25日、6月20、23日、7月18、21日、8月16、19日、9月14、17日、10月12、15日、11月10、13日、12月8、11日

優點：有領導能力、有創造力、思想進步、剛強、樂觀、信念堅定、有競爭意識、獨立、合群

缺點：妒忌、自我中心、咄咄逼人、缺乏自制力、自私、不穩定、反覆無常、缺乏耐心

太陽星座：水瓶座
區間：雙子座／水星
角度：水瓶座12º至13º
類型：固定星座
元素：風
恆星：秦一、周一

2月2日

AQUARIUS

　　你的個性獨立、對成功的信念堅定、堅強；視野開闊、想像力豐富的你能夠獨立思考且富有靈感；友善、喜好交際的你對人的性格有深刻的理解力，是一個敏感的人道主義者；敏銳的思維會促使你尋求多樣性以及對不斷探索知識，而你需要避免浮躁或容易厭倦的傾向。

　　受太陽在雙子座運行的影響持續增強，你會對最新的思想和創新產生興趣，並能以獨特的方式表達出自己的想法；機智、幽默的你是一個聰明的談話對象，且對語言以及文字的駕馭能力強；雖然個性獨立、意志堅強，但你十分清楚與他人合作的好處，一旦對某項工作產生信念，你就會成為團隊中出色的一員；客觀的你與他人相處時坦率、誠實，不過你必須要注意淡然的態度會令他人覺得你很冷漠。

　　富有野心、積極進取的你通常願意勤奮工作來達成目標；事業的成功對你十分重要，因此你的生活通常充滿著各種職業活動，同時你也會渴望；堅持和自律能夠使你獲得渴望已久的成功。

　　17歲之前，太陽星座位於水瓶座，這段時期的你主要關注於自由、獨立性以及表達個性需要的問題上；18歲開始，太陽星座進入雙魚座，你會變得更加敏感、包容，對感情問題的意識增強；47歲時太陽進入牡羊座，這一轉折強調你渴望脫離過去，同時你也會表現得更加果敢、自信；78歲時，太陽星座落在金牛座，你會強烈需要穩定和現實的安全感。

■真實的自我

　　你的外表自信，但內心卻極度敏感；你富有表現力、驕傲，當你發現自己的獨特之處時，你也會意識到你具有為他人服務的能力；充滿憧憬、感性的你對顏色和聲音具有鑑賞力，透過對創造性的追求，如音樂、美術或寫作，你能讓他人為你著迷；此外，遠大的理想和同情心會使你對哲學或神祕學感興趣；如果你無法為細膩感情找到積極的宣洩方式，那麼你可能會變得情緒化或陷入逃避。

　　對誠實的強烈渴望是行動的保障；你十分期望為自己、伴侶以及整個世界謀畫更美好的未來，因此你在跨出下一步時，會確保基礎是堅固的。

■工作和職業

　　你的魅力能幫助你在任何需要與人溝通的職業中獲得成功；對人的好奇心可能使你

傾向如哲學、社會或政治學研究；個性獨立的你喜歡自我主宰並在工作中獲得很大的自由空間；敏捷的思維和溝通技巧會促使你投身寫作或教育領域；此外，敏感的你也會對音樂、藝術或治療職業產生興趣；因為你極易產生厭倦，你最好選擇靈活性強、旅行機會較多的工作。

與你同天出生的名人包括作家詹姆士‧喬伊絲和安‧蘭德、心理學家哈夫洛克‧艾里斯、小提琴家海飛茲、歌手格拉漢‧納許，以及女演員法拉‧佛西和荷莉‧韓特。

■數字命理學

敏感且團隊意識強烈是誕生日數字2賦予你的特質；適應力強、善解人意的你喜歡與人合作，因為這樣可以與他人進行交流；試圖取悅他人會使你變得過度依賴；而培養自信能使你克服被他人的行為或批評所傷害。受出生月2月的影響，你的接受能力強、洞察力敏銳；身為人道主義者的你思想開明、進步，對人、改革以及正義事業感興趣；善於合作、能夠給予他人支援的你需要穩定感，因此你會傾向建立秩序；你對安全感的意識強烈，因而能夠對長期的工程提前計畫並十分堅持；儘管你充滿理想，但對生活務實的態度賦予你敏銳的商業直覺以及獲得物質成功的能力；你的視覺強烈，對人的感知通常比較準確，因此你最好學會信任自己的感覺。

■愛情和人際關係

喜好交際、待人友善的你喜歡參與團體活動以及結識新朋友；富有野心、勤奮的你需要擁有安全感，因此你總是表現忠誠、充滿保護欲；不過，猶豫不決和焦慮會導致你對真實的感覺以及對終身伴侶的選擇產生懷疑；如果過於關心經濟問題，你就會容易忽視人際關係；雖然你很感性，但有時也會變得冷漠或過於現實。

■你生命中的特殊之人

在尋求生命中特殊之人的你與誕生日為以下日期的人相處會更加幸運。

◎愛情和友誼：

1月3、14、24、28日、2月1、12、22日、3月10、20日、4月8、18日、5月6、16、31日、6月4、14、18、29日、7月2、12、27日、8月10、25、31日、9月8、23、29日、10月6、10、21、27日、11月4、19、25、12月2、17、23日

◎幸運貴人：

1月1、11日、2月9日、3月7、28日、4月5、26、30日、5月3、24、28日、6月1、22、26日、7月20、24日、8月18、22日、9月16、20、30日、10月14、18、28日、11月12、16、26日、12月10、14、24日

◎強烈吸引你的人：

8月4、5、6、7日

◎砥礪者：

1月17、20日、2月15、18日、3月13、16日、4月11、14日、5月9、12日、6月7、10日、7月5、8日、8月3、6日、9月1、4日、10月2日

◎靈魂伴侶：

7月29日、8月27日、9月25日、10月23、31日、11月21、29日、12月19、27日

優點：良好的夥伴關係、有風度、講求策略、接受能力強、洞察力敏銳、靈活、考慮周全、好相處、和藹親切

缺點：多疑、缺乏自信、神經質、自私、欺騙

太陽星座：水瓶座
區間：雙子座／水星
角度：水瓶座13°至14°
類型：固定星座
元素：風
恆星：秦一、周一

2月3日

AQUARIUS

你的個性獨立，且具備出色的社交能力；富有創意、友善的你天生具有對人的理解力，而對人的興趣會促使你與不同的社會團體接觸從而獲得創造性靈感以及自我認識；善感的你對形象的感知力強，喜歡有魅力的事物；雖然你個性活潑、容易讓人著迷，但你仍需要學會釋放自我，避免陷入挫折感或失望的情緒中，因為這會導致你受到傷害或使你變得太過嚴肅。

受太陽星座在雙子座運行的影響逐漸增強，時常出現的靈感會使你的思維能力增強；優秀的溝通技巧表示你的話語具有說服力，對文字的駕馭能力強；你的思維敏銳，對新思想的接受能力強，因而你總是走在時代的潮流尖端；客觀的你渴望不斷的學習。

具有個人魅力的你處處展現出與眾不同；友誼對你的生命具有重要的意義，而你通常對人際關係的處理方式充滿新意和仁愛之心；感情細膩、渴望擺脫平庸的你對光、顏色、形象以及聲音的具備較高悟性，這會激發你對藝術、音樂以及精神性事物方面的追求。

年輕時的你受父親的影響和約束較大；17歲到46歲這段期間，太陽星座位於雙魚座，此時的你會表現得較敏感、富有想像力，對內心憧憬的感知也更加強烈，並能夠更近你的內心世界；47歲時，太陽星座進入牡羊座，此時你會更加有自信、有野心，可能會開拓新的事業；77歲時，太陽星座進入金牛座，你對安全感和穩定的需要將更加強烈。

■真實的自我

如果強烈的自我意志能夠得到積極導引，你就能夠克服重重的困難並創造出亮麗的成績；具有領導能力的你能夠運用強大的感情力量獲得具有影響力和權威的地位；易感的你需要穩定的家庭基礎以及安寧、和諧的環境。

積極的心態使你勤奮、有責任感；多才多藝且心態平和的你熱衷於實現理想和服務他人，這能夠幫助你克服可能出現的不穩定和迷茫；雖然有時你表現得孤僻以保護自我不受傷害，但面對關心的人，你也會表現得熱情、充滿同情心。

■工作和職業

擁有新穎和想法和獨特的觀點是你最大的資產；友善的你會想要與身邊的人建立良好的工作關係，因此具備與他人交往的能力，這能幫助你從事銷售或公共關係工作，特

別是當你能夠敏銳地感知公眾的需要時；在文字方面的天賦能使你成為出色的作家和講師，或使你熱衷於創造性的追求；不管是在自然科學、創造性或商業方面，你都能獲得成功，特別是當你對從事的工作產生信念時；此外，對人性的理解力會使你傾向從事有關兒童、諮商或社會福利的工作。

與你同天出生的名人包括作家格特魯德・斯坦因和詹姆士・米薛納、女演員摩根・費爾釵、藝術家諾曼・洛克威爾，以及音樂人戴夫・戴衛斯。

■數字命理學

誕生日數字3的你敏感，渴望創造力和感情的表達；你富有情趣，是一個不錯的伴侶，喜愛充滿友好氣氛的社交活動，興趣廣泛；儘管你多才多藝、富有表現力，並且渴望與眾不同、刺激的經歷，但容易厭倦的傾向會使你猶豫不決或分散了你的注意力；這一天出生的你通常具有藝術氣質、性格迷人、有幽默感，但你還要培養自尊，才能避免焦慮和在感情上缺乏安全感。出生月數字2表示你的接受能力強、充滿理想、容易與人相處；富有野心但性格迷人的你懂得如何施展外交手腕和展現友善的個性；當你找到目標時，就會變得有表現力、充滿活力；雖然你慷慨、善良，但時常會變得沮喪、浮躁，這可能會導致你反應過度或行事衝動，最終陷入揮霍和自我放縱之中。

■愛情和人際關係

感情熾烈的你強烈渴望愛情以及獨立性和自由；你的個人魅力賦予你從容的態度；注重形象的你總是在他人面前表現出最好的一面，讓他人留下良好的印象；你喜歡積極主動，時常會太過衝動；人們總是被你的魅力和性格而傾倒；出生在這天的男性會對個性獨立、堅強的女性特別著迷。

■你生命中的特殊之人

你可以更容易地與誕生日為以下日期的人建立幸福的人際關係。

◎愛情和友誼：

1月8,17,19日、2月15,17日、3月13,15日、4月11,13日、5月9,11日、6月7,9,30日、7月5,7,28,30日、8月3,5,26,28日、9月1,3,24,26日、10月1,22,24日、11月20,22日、12月18,20,30日

◎幸運貴人：

1月20,29日、2月18,27日、3月16,25日、4月14,23日、5月12,21日、6月10,19日、7月8,17日、8月6,15日、9月4,13日、10月2,11,29日、11月9,27日、12月7,25日

◎強烈吸引你的人：

3月29日、4月27日、5月25日、6月23日、7月21日、8月5,6,7,8,19日、9月17日、10月15日、11月13日、12月11日

◎砥礪者：

1月14,20,27日、2月12,25日、3月10,23日、4月8,21日、5月6,19日、6月4,10,17日、7月2,15日、8月13日、9月11日、10月2,9日、11月7日、12月5日

◎靈魂伴侶：

6月30日、7月28日、8月26日、9月24日、10月22,29日、11月20,27日、12月18,25日

優點：幽默、快樂、友善、富有成果、有創造力、藝術氣質、熱愛自由、具有文字方面的天賦

缺點：容易厭倦，誇張、揮霍、自我放縱、懶惰、虛偽

太陽星座：水瓶座
區間：雙子座 / 水星
角度：水瓶座14º至15º
類型：固定星座
元素：風
恆星：秦一

2月4日

AQUARIUS

你友善、決心堅定、富有野心、想法獨特；意志堅強、勤奮工作的你會遭遇物質主義和個人理想之間的衝突，幸好強烈的感情以及敏銳的商業直覺會幫助你克服這種衝突，並使你成為務實的理想主義者。

受太陽星座在雙子座運行的影響持續增強，你聰明、富有創新精神、能夠快速把握資訊、機智、判斷和推理能力強；個性獨立的你不喜歡受到限制，但你會為了以自己的方式行事而表現得強勢。

決心、進取心以及組織能力使你能夠勝任任何工作，不過，你要避免由於承擔過多工作而使你疲於應付；直率、自我價值意識強烈的你，通常會表現得堅韌不屈又可愛迷人；當你對權力、金錢以及聲望的渴望與強烈的人道精神達成平衡時，你對人以及整個社會的洞察力會變得十分敏銳。

16歲到45歲這段時期，太陽星座將經過雙魚座，此時的你會更敏銳、包容，且對感情問題的意識也會更強烈，此外，你的想像力和憧憬將得到進一步的強化。46歲時，太陽星座進入牡羊座，你會開始展現出擺脫過去的需要，並且變得更有魄力、自信；中年時期的你行動會更加堅定、果斷；在76歲時，太陽星座進入金牛座，你將更需要安全感以及穩定。

■真實的自我

自信的外表經常掩蓋了你的不安感和對愛的需要；透過表達你的創造性天賦，無論是對生活、藝術方面的追求，還是人際關係的處理，你都能夠避免猶豫和焦慮；天生富有表現力的你適合擔任領導者，而且熱衷於行動；充滿智慧的你不會被人輕易愚弄；而驕傲賦予了你高尚感，但如果你過於固執、任性，這一個性可能會對你產生不利。

知識對你的生活影響深遠，並對你的內心探索十分重要；耐力、對名望的需要以及強烈的責任感促使你為了實現夢想而堅持不懈；如果在實際問題上能夠運用你超凡的敏銳直覺，你就有機會實現理想；你誠實、直率、目標明確、有耐心和毅力，最終能夠獲得成功。

■工作和職業

你的決心以及對力量和結構的感知賦予你天生的商業頭腦；獨特新奇的想法能使你在生活的許多領域上獲得成功；出色的溝通技巧會使你適合從事寫作、教育、出版或傳

播媒體工作；舞台和政治對你也極有吸引力；天生具備對人的理解力對你從事任何職業都有所幫助，例如商業，或者是治療師及顧問；身爲人道主義者的你會對社會運動產生興趣，而需要與人溝通交流的工作會在你的生活中占有十分重要的地位。

與你同天出生的名人包括搖滾樂明星艾利斯・庫柏、民權運動先驅羅莎・帕克斯、阿根廷前總統伊莎貝爾・斐隆、飛行員查爾斯・林德柏格、女權主義者貝蒂・佛里丹，以及女演員艾達・盧皮諾。

■數字命理學

誕生日數字4代表著強健體魄和有條不紊的性格，因而你渴望穩定、崇尚秩序；這一天出生的你被賦予充沛的體力、實用技能以及堅定的決心，因此你可以透過勤奮努力而獲得成功；安全意識使你渴望爲家庭和自己建立穩固的經濟基礎；務實的生活態度使你具有敏銳的商業直覺以及在物質上獲得成功的能力；誕生日數字是4的人通常誠實、坦率、公正；而你要盡量克服不穩定以及經濟上的不安；出生於2月的你接受能力強、充滿理想；你通常很重視家庭；你能從房地產以及資產中獲益；你慷慨和體貼的性格會表現得過於極端，這會讓他人誤認爲干涉過多；不過，你是一個忠誠、能夠給予鼓勵的伴侶和家長。

■愛情和人際關係

隨和、親切，重視友誼和期待感情的你，在工作上同時也具有強烈的野心，但你仍然要注意專橫、強勢的傾向；通常你會著迷於領導者或有權勢、人面廣的人；忠誠、有責任感的你會成爲周圍的人的支持力量。

■你生命中的特殊之人

渴望獲得感情豐收的你與誕生日爲以下日期的人相處時，實現願望的機會將大大增加。

◎愛情和友誼：

1月4、8、9、16、18、26、31日、2月2、7、14、16、24、29日、3月4、5、12、14、22、27日、4月3、10、12、20、25日、5月1、8、10、18、23日、6月6、8、16、21日、7月4、6、14、19、31日、8月2、4、12、17、29日、9月2、10、15、27日、10月8、13、25日、11月6、11、23日、12月4、9、21、30日

◎幸運貴人：

1月1、21日、2月19日、3月17日、4月15日、5月13日、6月10、11日、7月9日、8月7日、9月5日、10月2、3、30日、11月1、28日、12月26日

◎強烈吸引你的人：

8月7、8、9、10日

◎砥礪者：

3月29日、4月27日、5月25日、6月23日、7月21日、8月19日、9月17日、10月15日、11月13日、12月11日

◎靈魂伴侶：

1月27日、2月25日、3月23、30日、4月21、28日、5月19、26日、6月17、24日、7月15、22日、8月13、20日、9月11、18日、10月9、16日、11月7、14日、12月5、12日

優點：有條理、自律、堅定、勤奮、手藝佳、務實、可靠、精確
缺點：不穩定、破壞行爲、不善溝、壓抑自我、懶惰、感情遲鈍、做事拖泥帶水、太過精打細算、專橫

太陽星座：水瓶座
區間：雙子座／水星
角度：水瓶座15º至16º
類型：固定星座
元素：風
恆星：無

2月5日

AQUARIUS

　　個性客觀、洞察力敏銳、個性鮮明、思想獨特，而且聰明、富有靈感；對變化和多樣性的渴望，會讓你對生活和人的好奇心變得更加強烈，這會幫助你培養出獨特的思維；不過，不要因為內心的不安分以及情緒的搖擺不定而阻礙你潛能發揮。

　　受區間主導星座雙子座的影響，你的反應敏捷，能夠瞬間做出決定；而你對新思想的接受能力強，因此你的想法總是很前衛；渴望不斷學習的你也具備出色的溝通技巧和在寫作方面的天賦；客觀的你要避免他人把你的冷靜誤解為是冷漠；你具有人道精神和獨立的思維，同時你也深知與他人合作的好處，你會是團隊中出色的一員。

　　你對生活的見解超然，崇尚知識和自由，而且關注社會改革；強調自主的你時常充滿對抗性，如果你能夠將好爭論的個性轉變為辯論技巧，你會變得十分出色；雖然你可能會對宗教以及精神性事物產生興趣，但你仍有著自己的信念；而你有天才般的瘋狂特質，但要小心浮躁、固執以及情緒化的行為；體力活動對你的神經系統有治療的作用，並能幫助你，讓你和個性更和藹放鬆。

　　年輕時的你學習能力強、反應敏捷；15歲到44歲之間，太陽星座位於雙魚座，你的細膩感情會被關注，想像力也能得到培養，這會促使你尋求理想的、有創造性的目標；45歲開始，太陽星座推進到牡羊座，此時的你渴望在處理日常事務時更加自信、積極、明確，因此你可能開拓新的事業；75歲時會出現另一轉折，此時太陽星座進入金牛座，你對穩定和安全感的需要會更加強烈。

■真實的自我

　　在多方面展現出天賦的你對生活有著獨特的見解；有時你在與跟你不同階層的人相處時會產生許多爭執，因而你需要保持耐心；你也需要自我約束並對自己的能力有信心，這樣你才能最大限度地發揮你的天賦和創造價值的潛力；天生對價值的感知力使你能夠站在他人的角度評論局勢，並給予心理或物質方面。

　　敏感、具有高度統一的神經系統的你需要安靜的獨處，才能獲得內省並重新恢復力量，這段時間你會對藝術、音樂、戲劇產生靈感，或對更神祕的領域產生興趣；避免對金錢產生焦慮以及因為經濟能力的限制而產生挫折感，只有這樣你才能享受到感情的力量為你帶來的快樂，你的體力和慷慨能夠吸引他人，並給他人留下深刻的印象。

■工作和職業

具備優秀組織能力的你能夠獲得升遷的機會；重視智力以及溝通能力的你能夠成為出色的教師、顧問、心理學家或社會改革者；雖然你具有敏銳的商業直覺並能夠成功地處理金錢事務，但你更適合需要創造力和想像力的職業，如寫作、戲劇或藝術工作，此外對自由的熱愛以及智力考驗的渴望會使你選擇自我創業；而身為人道主義者的你會選擇在公共機構工作。

與你同天出生的名人包括女演員夏洛特·蘭普琳和芭芭拉·赫希、棒球運動員漢克·阿倫、演藝明星巴比·布朗，以及作家威廉·巴羅斯。

■ 數字命理學

誕生日數字5代表著強烈的直覺、冒險的天性以及對自由的渴望；渴望嘗試新事物以及積極熱情的態度表示你的生活豐富而充實；意料之外的旅行以及帶來變化的機遇可能使你的人生觀或信念發生改變；這一天出生的你不妨嘗試著體驗這個世界的絢麗多姿，不過你必須培養責任感，才能避免不可預知的悲觀、放縱以及焦躁的情緒；誕生日數字5的人具有順應時勢的天賦並懂得適時放手；受出生於12月的影響，你處事圓融、友善、喜好交際；雖然擅長與人相處，但時常會表現得矜持、不信任；不過，你喜歡與人合作，尤其是具有樂趣的工作；洞察力敏銳、適應能力強的你有禮貌，且對他人的感覺敏感；他人的鼓勵會激勵你成功，因此你在精神方面需要有所寄託。

■ 愛情和人際關係

你的魅力、機智以及鼓舞他人的能力使你擁有許多朋友，而且社交生活豐富多彩；你對聰明、性格堅強的人比較著迷；渴望尋求精神鼓舞和浪漫愛情的你，友誼和愛情可能存在於工作或充滿機智的社交活動中；對有權力、充滿智慧的人有好感的你要避免對同伴過於專橫。

■ 你生命中的特殊之人

與誕生日為以下日期的人相處，你能更容易地獲得愛情和友誼。

◎ 愛情和友誼：

1月21、28、29、31日、2月19、26、29日、3月17、27日、4月3、15、22、25日、5月13、20、23日、6月11、18、19、21日、7月9、19日、8月7、14、17、31日、9月5、12、15、29日、10月3、10、11、13、27、29、31日、11月1、8、11、25、27、29日、12月9、16、23、25、27日

◎ 幸運貴人：

1月9、12、18、24、29日、2月7、10、16、22、27日、3月5、8、14、20、25日、4月3、6、12、18、23日、5月1、4、10、16、21、31日、6月1、2、8、14、19、29日、7月6、12、17、27日、8月4、10、15、25日、9月2、8、13、23日、10月6、11、21日、11月4、9、19日、12月2、7、17日

◎ 強烈吸引你的人：

1月3日、2月1日、8月7、8、9、10日

◎ 砥礪者：

1月7、8、19、28日、2月5、6、17、26日、3月3、4、15、24日、4月1、2、13、22日、5月11、20、6月9、18日、7月7、16、8月5、14日、9月3、12、10月1、10、11月8、12月6日

◎ 靈魂伴侶：

1月3、19日、2月1、17日、3月15日、4月13日、5月11日、6月9日、7月7日、8月5日、9月3日、10月1日

優點：多才多藝、適應力強、思想進步、直覺強烈、有魅力、幸運、有魄力、崇尚自由、機智敏捷、好奇心強、神祕主義、喜好交際

缺點：不可靠、優柔寡斷、、矛盾、自負

太陽星座：水瓶座
區間：雙子座／水星
角度：水瓶座16°至17°
類型：固定星座
元素：風
恆星：無

2月6日

AQUARIUS

　　你富有魅力、待人友善、充滿理想，是天生的外交家；儘管個性外向、喜好交際，但你其實很矜持、有責任心、態度嚴肅；你有著強烈的世俗感，不過不要失去對未來的憧憬和遠見，這對你十分重要；學習能使你變得自律，進而發揮出超凡的潛力。

　　受區間主導星座雙子座的影響，你很聰明，具備良好的交際能力；思維獨立、客觀的你時常會直言不諱；思想獨到、有創新性的你也具備良好的判斷和推理能力；具有說服力的表達方式和實用的技能可以助你登上成功的巔峰。

　　你富有責任感、勤奮，因而經常會被委以重任或幫助他人；對平靜及和諧的強烈渴望有時會使你想要維持事物的原本狀態；你比較不喜歡變化，傾向墨守成規；幸好渴望物質上成功的願望會促使你付諸行動。

　　14歲到43歲之間，太陽星座將經過雙魚座，此時你的細膩情感將得到強化，這使你的想像力更加豐富、接受能力更強，你會渴望豐富的社交生活以及對未來的憧憬，也對發掘創造潛能產生興趣。44歲時，太陽星座進入牡羊座，你的野心會更加明顯、決心更加堅定，並表現得更有自信，因此你可能會投身新領域以及開拓和探索新思想；另一轉捩點出現在74歲，此時太陽星座進入金牛座，此時你會更加渴望穩定、安全感以及感情上的穩定。

■真實的自我

　　對社會改革感興趣的你具有人道精神，並能夠與他人進行合作；你充分了解為進步的團體理想而奮鬥的優勢，但是比較任性，因此你需要學會區分固執和堅持的區別；保持平和的心態和寬廣的胸襟，你能夠避免看來冷酷和漠不關心；學會等待時機，你才不會產生挫折感和感到失望；不過，具有責任感的你能夠鼓舞他人並讓他人為你著迷；而你渴望尋求理想的世界和真正的智慧。

　　許多人生經驗都來自於工作；友誼在你的生活中占有十分重要的地位；你通常善於與他人進行一對一的交流；為了避免恐懼或過於嚴肅，你應當在與他人合作以及保持個體獨立性兩者之間找到平衡點。

■工作和職業

　　強烈的正義感促使你尋求平等的權利並為自己和他人爭取良好的工作環境，這將使你投身政治或社會事務；不管你選擇職業是什麼，你都應該讓自己良好溝通技巧得到

發揮；你具有溝通、教學以及鼓舞他人的能力，因此你會對教育、研究或社會改革產生興趣；如果你在人道關懷和政治方面的天賦沒有得到發揮，那麼你吸引觀眾的能力將會使你投身娛樂界。

與你同天出生的名人包括美國前總統雷根、女演員莎莎‧嘉寶、歌手艾克索‧羅斯和鮑勃‧馬雷和娜塔莉‧柯爾、棒球運動員貝比‧魯斯、男演員利普‧托恩，以及電影導演楚浮。

■數字命理學

富有同情心、充滿理想、個性體貼是誕生日數字6賦予你的特質；你喜歡追求完美、交友廣泛、而且具有責任感，會給予他人關懷和支持；這一天出生的你具有極強的家庭觀念，會是個稱職的家長；你的敏感個性需要找到富有創意的表達方式，因此你會對娛樂或美術和設計方面產生興趣；你需要建立更強的自信心，避免多管閒事、過度焦慮以及太過氾濫的同情心。出生月數字2表示你的洞察力敏銳、有禮貌、充滿理想；接受和適應能力強的你為人體貼、思想開明，而且通常熱衷於新的理念和改革，且具有仁愛之心；當與他人合作時，你會表現得勤奮、務實，並樂於分享你的好運和富有價值的遠見。

■愛情和人際關係

你通常會對能夠追趕上你的想法、欣賞你的熱忱，同時具有創新精神、憑藉自己的能力獲得成功的人感到著迷；當找到真愛時，你會充滿渴望，並願意為這段關係付出努力；你的個人魅力讓你擁有許多朋友和社交活動；婚姻和生活在你的生命中占據重要的地位。

優點：	容易相處、博愛、友善、有同情心、可依賴、善解人意、充滿理想、顧家、有人道精神、沉穩、藝術氣質、心態平和
缺點：	不滿足、害羞、不講道理、固執、口無遮攔、不易相處、過於追求完美、強勢、缺乏責任感、多疑、憤世嫉俗、自我中心、好管閒事

■你生命中的特殊之人

與誕生日為以下日期的人相處，你將能獲得幸福和友誼。

◎愛情和友誼：

1月6,20,22,24,28,30日、2月4,18,20,22,28日、3月2,16,18,20,26,29日、4月14,16,18,24,27日、5月12,14,16,22,25日、6月10,12,14,18,20,23日、7月8,10,12,18,21日、8月6,8,10,16,19日、9月4,6,8,14,17,29日、10月2,4,6,12,15日、11月2,4,10,13,25日、12月2,8,11日

◎幸運貴人：

1月1,3,4,14,23日、2月1,2,12日、3月10,28日、4月8,17,26,30日、5月6,24,28日、6月4,22,26日、7月2,20,24日、8月18,22日、9月16,20日、10月14,18日、11月12,16日、12月10,14日

◎強烈吸引你的人：

1月11日、2月9日、3月7日、4月5日、5月3日、6月1日、7月8,9,10,11日

◎砥礪者：

1月3,5日、2月1,3日、3月1日、7月31日、8月29日、9月27,30日、10月25,28日、11月23,26,30日、12月21,24,28日

◎靈魂伴侶：

1月5,12日、2月3,10日、3月1,8日、4月6日、5月4日、6月2日

太陽星座	水瓶座
區間	雙子座／水星
角度	水瓶座17º至18º
類型	固定星座
元素	風
恆星	無

2月7日

AQUARIUS

你的見解獨到、思想進步，且具有敏銳的思維能力；充滿熱情、有創新性、富有人道精神、熱愛自由的你能夠在尋求多樣性或感興趣的領域時獲益良多；不過，別讓神經緊張而阻礙了你發揮良好天賦。

受區間主導星座雙子座的影響，你的好奇心強、思維客觀，而且善於科學研究；你是個充滿技巧且迷人的溝通對象，對人有敏銳的觀察力；對人生拓展的渴望會促使你透過旅行和學習來滿足永不停息的求知慾；好奇心則會引導你以令人信服的方式展現自己探索的結果，因而你會成為一位故事傳述者或作家；容易產生厭倦的你缺乏堅持到底的決心，因而難以發揮你超凡的潛力。

淡然以及包容的態度是你解決許多問題的關鍵因素；不過，你需要避免刻板以及挫折感和浮躁情緒，因為這會摧毀你實現目標和抱負的決心；目標的達成更仰賴於豐富的想像力和理想與智力相結合。

13歲到42歲的期間，太陽星座將經過雙魚座，此時你細膩的感情會得到強化，內心世界更加豐富，這能夠透過你的憧憬、夢想、理想以及社交生活有所體現；43歲開始，太陽星座進入牡羊座，此時你對開拓性的需要更加強烈，也渴望處理人際關係方面的問題更加勇敢、直接，此外，你的人際交往技巧也會更加進步；另一轉捩點出現在73歲，此時太陽星座進入金牛座，你對現實生活的態度以及經濟上安全感的需要更加強烈。

■真實的自我

強烈的感情和熱心表示你喜歡與他人分享經驗；有禮貌、待人友善的你天生具有外交手腕，能夠讓人感到放鬆；內在的氣質使你表現出愛和積極的心態，這也突顯了自我表達對你的重要性；感情強烈的你必須讓心理得到平衡，才能避免因反應過度而出現極端情緒。

誠實、直率的你是一位不錯的伴侶，喜歡幫助他人；迷人的你也具有野心和進取心；儘管這些特質會促使你尋求機遇並保持積極的心態，但你也需要安全感以及穩定的基礎；為了達到目標，你必須做好計畫並發揮組織方面的才能。

■工作和職業

喜歡變化和充滿熱情的你要避免枯燥的工作；靈活性較大，或者與旅行相關的職業比較適合你的冒險性格；你是一位出色的銷售員，能夠推銷和宣傳理念、人或產品；你

具有豐富的想像力和自我表達的需要，因此能夠透過寫作、戲劇或藝術來約束內心的躁動；此外，自然科學和研究能夠結合你的接受與分析能力；強烈的人道精神會使你熱衷與社會改革有關的職業，如政治或教育；而天生的同情心會讓你對醫療保健或治療職業產生興趣。

　　與你同天出生的名人包括心理學家阿德勒、作家蘿拉‧英格斯‧懷爾德和狄更斯和辛克萊‧路易斯，以及女演員茱麗葉‧格雷柯。

■數字命理學

　　誕生日數字7的你善於分析、思想豐富，具有批判性，且經常陷入自我陶醉；你渴望不斷增強自我意識，因此喜歡收集資訊，對讀、寫以及精神性事物感興趣；精明的你可能會因為過於理性或是對細節過分執著而迷失方向；而你的神祕氣質通常使你覺得不被他人理解；能夠獨立思考的你喜歡自己做決定甚至是擁有犯錯的自由。出生在2月的你洞察力敏銳、敏感；不喜歡單調的你時常會表現得浮躁或感到神經緊張；感情不安分的你喜歡追求刺激，及渴望更多的行動；思想開明、進步的你對人比較感興趣，通常會參與合作；他人的鼓勵能夠讓你表現出色，因此你需要身邊有人給予你鼓勵，使你能夠堅持下去，或者在你需要幫助時伸出援手；要小心損友會阻礙了你發揮能力，但在做決定之前，要聽取他人的意見。

■愛情和人際關係

　　對心靈問題比較敏感的你在人際關係方面要謹慎，切忌衝動；墜入愛河的你用情很深，即使是要經歷困難和犧牲，你也會十分忠貞；對人際交往懷有極高期望的你有時會因為他人無法達成你的理想而陷入失望；學會保持平和的心態，就能避免可能出現的挫折感；你對聰明的人比較著迷，但你的伴侶最好是仁愛、胸襟寬闊的人。

■你生命中的特殊之人

與誕生日為以下時間的某個人相戀，你會變得幸運。

◎愛情和友誼：

1月1、7、11、21、23、31日、2月5、19、21、29日、3月3、17、19、27、4月1、15、17、25日、5月13、15、23日、6月11、13、21日、7月9、11、19、8月7、9、17、9月5、7、15日、10月3、5、13日、11月1、3、11、27、12月1、9、24日

◎幸運貴人：

1月5、16、18日、2月3、14、16日、3月1、12、14、29日、4月10、12、27日、5月8、10、25、29日、6月6、8、23、27日、7月4、6、21、25日、8月2、4、19、23日、9月2、17、21、10月15、19日、11月13、17日、12月11、15、29日

◎強烈吸引你的人：

1月6、30日、2月4、28日、3月2、26日、4月24日、5月22、6月20日、7月18日、8月9、10、11、12、16日、9月14、10月12、11月10、12月8日

◎砥礪者：

1月4日、2月2、5月29、31日、6月27、29、30日、7月25、27、28日、8月23、25、26、30日、9月21、23、24、28日、10月19、21、22、26日、11月17、19、20、24日、12月15、17、18、22日

◎靈魂伴侶：

1月23日、2月21日、3月19日、4月17日、5月15日、6月13日、7月11、31日、8月9、29日、9月7、27日、10月5、25日、11月3、23日、12月1、21日

優點：有涵養、可信賴、謹慎、充滿理想、誠實、脫俗、有科學精神、理性、深思熟慮

缺點：欺騙、不友好、不大方、多疑、迷茫、冷漠

太陽星座：	水瓶座
區間：	雙子座／水星
角度：	水瓶座18°至19°30´
類型：	固定星座
元素：	風
恆星：	壘壁陣二

2月8日

AQUARIUS

喜好交際、待人友善的你意志堅定，這會使你魅力四射且立場堅定，因此你總是十分出眾；慷慨、直率的你渴望有人陪伴，而且喜歡追求美好生活；能夠迅速發現機會的你具有務實的態度和組織能力，再加上衝勁和決心，你距離成功只有一步之遙。

受區間主導星座雙子座的影響，你喜歡溝通，不管是文字上還是談話方式；思想進步的你能夠從多種途徑獲得資訊和知識，並以獨特、有趣的方式表達自己的想法；想法前衛的你具有創新精神、思想進步；你的外表和生活方式都彰顯出叛逆的性格，這可能會變成麻煩，尤其是當你太過特立獨行或固執的時候。

自信和友善使你在人際交往中比較順利；敏銳的思維能幫助你迅速掌握技能，而容易厭倦的你可能因為沒有耐心傾聽對方想法而與他人產生誤會。不過，渴望尋求與他人和諧關係的你具有對人和周圍環境的敏銳直覺。

12歲到41歲之間，太陽星座經過雙魚座，此時的你感情細膩，對生活懷有憧憬，這會促使你尋求理想的、藝術的或精神的目標；42歲開始，太陽星座推進到牡羊座，你會渴望以更自信、積極、直接的方式處理日常事務，因此可能會開拓新的事業；72歲時會出現另一轉折，此時太陽星座位於金牛座，這使你對經濟的穩定和安全感的需要更加強烈。

■真實的自我

知識的充實並增加了你的力量讓你更加出色；機靈及具備管理能力的你一旦找到感興趣的工作和領域，你會表現得富有野心和熱忱；你具有獲得成就的能力，只要保持積極的心態，再大的困難也能克服，不過你需要學習謙虛，避免傲慢和專橫；在創作上的潛能促使你投身音樂、美術、寫作或戲劇領域，並讓你有所建樹。

熱情、慷慨、理智的你能夠給予他人實際的幫助和支持；你希望為成就事業打下穩固基礎，而且願意為了實現目標而勤奮工作；不過，你必須注意在優渥的生活中放縱自我的傾向，因為這會分散你對遠大理想和目標的注意力。

■工作和職業

進取心、活力和人際交往能力使你能夠十分輕鬆地為自己謀得職業；個性獨立的你不喜歡受人支配，因此適合自我創業或自由空間較大的職業；態度務實、組織能力強的你喜歡為了達成成就而事先打下穩固的基礎，這能使你勝任企業家、經理或投身建築

業，良好的交際技巧對你從事銷售、廣告或傳播媒體工作有所幫助；此外，喜歡具表現力的事物的你會對娛樂界產生興趣並成為成功的演員、導演或作家。

與你同天出生的名人包括女演員拉娜‧透納，男演員詹姆士‧狄恩和傑克‧萊蒙和尼克‧諾特、占星家伊凡傑琳‧亞當斯、作家朱勒斯‧凡爾納、哲學家艾曼紐‧斯威登格格、電影導演金‧維多、作曲家約翰‧威廉斯，以及哲學家馬丁‧布伯。

■數字命理學

你具有良好的價值觀和全面性的判斷力，而且懷有對個人成就的渴望以及強烈的野心；這一天出生的你充滿控制欲，渴望擁有安全感和富足的物質生活；你天生具有商業頭腦，若能發掘組織和管理方面的天賦，會使你獲益匪淺；對安全感以及成就的強烈渴望會促使你做出長遠規畫和投資。受出生月2月的影響，你的接受能力強、洞察力敏銳；友善的你喜好交際，善於與人相處，但你通常表現出自信、獨立；不過，你對他人的感情敏感、考慮周到，因此你通常很有禮貌且具有浪漫氣質；洞察力敏銳、思想獨特的你富有野心和創造力，強烈需要表達感情；雖然許多時候你的理智都告訴自己是正確的，但仍要避免傲慢或過於挑剔的傾向。

■愛情和人際關係

務實、明辨的你熱愛生活中的美好事物，而且懂得如何愉悅自己和他人；通常你喜歡與有野心、勤奮、對成功信心十足的人交往；你驕傲、安全意識強烈，因而名望和金錢是影響你處理人際關係的重要因素；你的品味高雅，熱愛美好的事物，對高品質的事物較為欣賞；你對有好感的人表現得極為慷慨，因此你是個非常值得交往的朋友。

優點：有領導才能、考慮周全、勤奮、傳統、權威、有保護欲、治癒的力量、對價值的判斷準確

缺點：缺乏耐心、浪費、心胸狹隘、吝嗇、焦躁、過度勞累、容易喪失信心、欠缺計畫、強勢

■你生命中的特殊之人

渴望尋求長久關係的你與誕生日為以下日期的人相處能夠幫助你達成願望。

◎愛情和友誼：

1月8、14、17、20、22、24日、2月6、15、18、20、22日、3月4、13、16、18、20日、4月2、8、11、14、16、18日、5月9、12、14、16、6月4、7、10、12、13、14日、7月5、8、10、12、30日、8月3、6、8、10、28日、9月1、4、6、8、26日、10月2、4、6、24日、11月2、4、22日、12月2、20日

◎幸運貴人：

1月6、23日、2月4、21日、3月2、19、30日、4月17、28日、5月15、26、30日、6月13、24、28日、7月11、22、26日、8月9、20、24日、9月7、18、22日、10月5、16、20日、11月3、14、18日、12月1、12、16、30日

◎強烈吸引你的人：

1月7日、2月5日、3月3日、4月1日、8月10、11、12、13日

◎砥礪者：

1月5、26、29日、2月3、24、27日、3月1、22、25日、4月20、23日、5月18、21日、6月16、19、30日、7月14、17、28日、8月12、15、26、31日、9月10、13、24、29日、10月8、11、22、27日、11月6、9、20、25日、12月4、7、18、23日

◎靈魂伴侶：

1月30日、2月28日、3月26日、4月24日、5月22日、6月20日、7月18日、8月16日、9月14日、10月12、31日、11月10、29日、12月8、27日

太陽星座：水瓶座
區間：雙子座／水星
角度：水瓶座19º30´-20º30´
類型：固定星座
元素：風
恆星：壘壁陣二

2月9日

AQUARIUS

富有創造力、思想獨特的你友善、獨立；你的思維敏捷、接受能力強、具有說服力、魅力四射；你的直覺和人道精神賦予你對生活的獨特見解，你也喜好交際，對人的行為有很強的觀察力；在多方面展示出天賦、總是面臨許多抉擇的你最好克服焦慮和猶豫不決，否則你將失去信心和活力。

受區間主導星座雙子座的影響，你處理問題的方法具有創新性；你的胸襟寬闊，不會墨守成規，而且時常出現靈感；渴望自由的你有時表現出的淡然會讓他人誤解為冷酷和缺乏興趣。

你喜歡革新過時理念，而你自己的思想也常常走在時代尖端；雖然靈感可以把你推向相當的高度，但你需要思維的約束以避免滑入谷底；包容一切的理解力加上天生的精神潛力會使你對自己和他人的生活充滿見地。

個人魅力和渴望不斷變化的需要，表示你在生活中將接觸和經歷不同的環境，可能會有出國的機會；雖然你的興趣廣泛，但這也會使你分散精力，一旦投入某個領域或工作，你會表現得專注且勤奮。

11歲到40歲之間，太陽星座將經過雙魚座，這段時期的你情感細膩，想像力得到強化，這會使你更加感性，或對自己的社交生活、夢想以及創造性和精神性目標意識更強烈；41歲開始，太陽星座進入牡羊座，此時的你渴望在處理個人事務時充滿開創精神，因此你可能會開創新的事業或投身於進步的思想，另一轉振點出現在71歲，當太陽星座進入金牛座時，此時你強烈需要穩定以及對生活務實的態度。

■真實的自我

內心對和諧的強烈渴望會表現為你對家庭的熱愛；你時常會對身邊的人充滿保護欲，幫助他們解決困難；雖然完全是出於好意，但你需要學會不過多干涉他人生活，而是讓他們在處理問題的過程中學習；進步來自於果敢的行動，因此你需要有明確的目標感來面對更大的挑戰，並勇於承擔責任，只有這樣你才能真正發揮自己的潛能。

充滿活力、無憂無慮的性格會影響你一生；你比較在意形象，而且渴望表達獨特的風格，因此你能夠透過追求藝術發掘創造力；雖然你渴望和諧並懷有烏托邦式的理想，但透過承擔責任，獲得長久的回報。

■工作和職業

富有同情心、思考獨立的你傾向教學、寫作、諮商、心理學或社會改革的工作；多才多藝的你會想要透過工作的完成獲得更多的滿足感，而不單單只是經濟方面的回報；旅行和變化在你的工作和生活中占據重要的地位；你如果決定投身公共服務業，可能會適合管理、法律、政治或者成為公務員；你能夠準確把握大眾的夢想，或是一個時代的人的渴望，因而希望透過藝術、戲劇或設計和科技領域使創造力得以發揮。

與你同天出生的名人包括作家愛麗絲‧華兒珂和布藍登‧貝罕、歌手米亞‧法羅、男演員喬‧派西，以及生物學家雅克‧莫諾。

■數字命理學

誕生日數字9賦予你仁慈、縝密思維和細膩感情；寬容、善良的你表現得慷慨、開明；敏銳的直覺以及心靈的力量使你具有極強的接受能力，只要朝正確的方向發展，就會使你獲得精神的感悟；你需要面對挑戰，克服因為過度敏感而導致的情緒波動；旅行以及與各個階層的人群接觸對你的幫助很大，但要避免不切實際的空想以及逃避的行為。受出生月2月的影響，你敏感、包容；反覆無常的你需要學習保持心態的平和；為了獲得成功，你需要先找到能夠真正激發你的天賦的事業；多才多藝的你興趣廣泛，而獨立的個性表示你需要自由的空間來發揮主動性和創造力。

■愛情和人際關係

友善、喜好交際的你能夠結交到許多類型的朋友；因為你時而極度慷慨、表達豐富，又時而冷淡，因此你需要建立人際關係的平衡與和諧；你對有智慧的人著迷，因此與伴侶一起分享益智性活動或培養共同的興趣會使你受益；思想前衛的你喜歡獨特的人際關係，對待人際關係的態度另類。

■你生命中的特殊之人

與誕生日為以下日期的人相處，你的的生活將充滿樂趣並且變得更加幸運。

◎愛情和友誼：

1月7、9、23、25、27日、2月5、7、21、23、25日、3月5、19、21、23、29日、4月3、17、19、21、27、30日、5月1、15、17、19、25、28日、6月3、13、15、17、23、26日、7月11、13、15、21、24、8月9、11、13、19、22日、9月7、9、11、17、20日、10月5、7、9、15、18日、11月3、5、7、13、16、28日、12月1、3、5、11、14日

◎幸運貴人：

1月2、4、7、26日、2月2、5、3月3日、4月1日、5月31日、6月16、29日、7月27、31日、8月25、29日、9月23、27日、10月21、25日、11月19、23日、12月17、21

◎強烈吸引你的人：

1月8、14日、2月6、12日、3月4、10日、4月2、8日、5月6日、6月4日、7月2日、8月11、12、13、14日

◎砥礪者：

1月6、19、29日、2月4、17、27日、3月2、15、25日、4月13、23、5月11、21日、6月9、19、7月7、17日、8月5、15日、9月3、13、30日、10月1、11、28日、11月9、26、12月7、24、29日

◎靈魂伴侶：

1月16、21日、2月14、19、3月12、17日、4月10、15日、5月8、13日、6月6、11日、7月4、9日、8月2、7日、9月5日、10月3日、11月1日

優點：	充滿理想、仁愛、有創造力、感情細膩、慷慨、有魅力、感性、慈善、奉獻、公正、運氣好、人緣好
缺點：	挫折感、緊張、自私、不切實際、容易被誘導、自卑、焦慮、孤僻

太陽星座：水瓶座
區間：天秤座 / 金星
角度：水瓶座20°至21°30´
類型：固定星座
元素：風
恆星：壘壁陣三、壘壁陣二

2月10日

AQUARIUS

天性善良、勤奮的你意志堅定、判斷全面；你的魅力和與人相處的能力表示你天生處事圓融，適合團隊合作的環境；儘管務實且喜歡忙碌的狀態，但你也比較敏感，而且想像力豐富。

受區間主導星座天秤座的影響，你個性迷人，而且對人有敏銳的洞察力；你善於觀察人的性格，並會隨著年齡的增長而會不斷加深領悟；雖然獨立，但你仍需要與人交往，並在為他人服務的過程中獲得滿足感；自主性強的你需要自由空間，不喜歡被束縛；具有創新意識的你悟性高，擅長處理問題。

雖然你時常易怒、固執，但有時又會因為敏感、體貼和同情心而讓他人為你著迷；積極、踏實的態度使你具備崇高的理想和強烈的憧憬；你對自己渴望達成的願望十分明確，這也促使你付諸於行動；為了達到巔峰狀態，你需要定期地審視自己的人生計畫；保持生活的平衡感，你就能避免陷入被束縛的境地或利用自我放縱來逃避現實。

10歲到39歲之間，太陽星座位於雙魚座的你較關注於這段時期，細膩的感情及對感情的處理形成特有的方式，你會努力去追求夢想。40歲以後，太陽星座推進到牡羊座，此時的你需要更自信、積極、直接地處理個人事務，你也可能會開創新的事業。70歲的你會有一轉折，此時太陽星座進入金牛座，你將渴望更多的物質穩定和安全感，對自然的興趣增加。

■真實的自我

你親切、具有外交手腕同時具有力量和決心；你有責任感、組織能力強、內心懷有高貴感和驕傲，因此你通常會身居要職或支配他人；你具有敏捷的思維、充滿智慧、處事誠實且直接，在他人眼中充滿自信；洞察力敏銳的你如果能相信對人和環境的第一印象，就能發揮最佳狀態。

你的責任感在家庭方面會有所體現，這對你的人生意義重大；內心對寧靜與和諧的強烈渴望有時會導致你壓抑憤怒或墨守成規，這會使你產生精神緊張、情緒化或陷入對未知的恐懼；學會正視自己的感情和焦慮，你能夠將自己帶入全新的領域並充滿活力；擴大視野能讓你平衡在運用專業知識幫助他人與享受新的、有趣的追求所帶來的快樂之間的關係。

■工作和職業

獨立、聰明的你希望擁有做自己想做的事的自由；你不喜歡被人告知應該做什麼、什麼是最好的，因此你適合經理的工作；洞察力敏銳的你對人具有良好的判斷力，而

商業上的敏銳直覺使你能夠在價格上得到好處；擅長買賣的你適合談判員或代理人工作；善於處理人際關係的你能成為成功的政治家或成為公務員為公眾工作；幫助他人的願望使你對慈善事業產生興趣，會從事宗教或精神領域的工作，或者選擇幫助弱勢團體；富有創造力的你傾向在戲劇、體育，或音樂、藝術、攝影領域發揮天賦；創新精神會激發你投身研究或研發新技術。

與你同天出生的名人包括男演員吉米・杜蘭特和羅伯特・瓦格納、作家巴斯特納克和貝爾托特・布萊希特，以及歌手羅伯特・佛萊克和里昂泰茵・普萊斯。

■數字命理學

與誕生日數字1的人相似，你會為了成就而努力奮鬥；不過，你必須衝破重重阻礙才能達成目標；體力充沛、富有創意的你能夠堅定自己的信念，儘管這使你顯得與世俗格格不入；開創精神會促使你一路劈荊斬棘，向更高的目標不斷邁進；你也需要學習懂得謙虛，避免自私和獨裁；誕生日數字是10的你十分重視成功和成就，並且能夠不斷地創造事業巔峰。出生月為2月的你洞察力敏銳、適應能力強、友善；你時常會面臨許多的選擇，不知道應該做何選擇的你會產生迷茫；你處世圓融、喜好交際、善於與人相處，而與他人的合作能使你獲益良多；儘管你富有野心，但依賴他人的傾向會使你變得不夠堅決；總是為他人著想，且對他人需要比較敏感的你具有寬大的包容性。

■愛情和人際關係

待人友善的你喜歡參與社交活動和與他人合作，特別是當你覺得付出比較值得時；合作關係會讓你受益，因此學習協商和談判的藝術對你十分重要；喜歡舒適的你可能會為了要有安全感而選擇安定下來；不過，你需要靈感並且不斷尋求具有智慧或挑戰性的人際關係；如果你過度敏感，可能會陷入情緒化或因為與他人缺乏交流而產生誤會；通常你是一個忠誠的伴侶，會給予對方愛和支持。

優點：有領導能力、有創造力、思想進步、堅強、樂觀、信念堅定、競爭意識、獨立、合群

缺點：專橫、妒忌、自我中心、對抗性、缺乏自制力、自私、反覆無常、軟弱、缺乏耐心

■你生命中的特殊之人

在尋求感情的滿足感和生命中特殊之人的你不妨注意一下誕生日為以下日期的人。

◎愛情和友誼：

1月10、14、26、28日、2月8、24、26日、3月6、22、24、30日、4月4、8、20、22、28日、5月2、18、20、26、29日、6月4、16、18、24、27日、7月4、16、22、25日、8月12、14、20、23、30日、9月10、12、18、21、28日、10月8、10、16、19、26日、11月6、8、14、17、24、12月4、6、12、15、22日

◎幸運貴人：

1月8日、2月6日、3月4、28日、4月2、26日、5月24日、6月22、30日、7月20、28、29日、8月18、26、27、30日、9月16、24、25、28日、10月14、22、23、26、29日、11月12、20、21、24、27日、12月10、18、19、22、25日

◎強烈吸引你的人：

1月15日、2月13日、3月11日、4月9日、5月7日、6月5日、7月3日、8月1、12、13、14、15日

◎砥礪者：

1月7、9、30日、2月5、7、28日、3月3、5、26日、4月1、3、24日、5月1、22日、6月20日、7月18日、8月16日、9月14日、10月12、29日、11月10、27日、12月8、25、30日

◎靈魂伴侶：

1月8、27日、2月6、25日、3月4、23日、4月2、21日、5月19日、6月17日、7月15日、8月13日、9月11日、10月9日、11月7日、12月5日

太陽星座：水瓶座
區間：天秤座/金星
角度：水瓶座21°至22°30´
類型：固定星座
元素：風
恆星：虛宿一、壘壁陣四、壘壁陣三

2月11日

AQUARIUS

意志堅強、見解獨到的你具有水瓶座的堅定決心和創造性，能夠洞悉人性；富有想像力並渴望站在潮流前端的你喜歡尋求新的、刺激的活動來保持思維活躍和專注；充沛的體力和衝勁能使你克服重重的困難和挫折，但前提是你必須保持積極的心態。

受區間主導星座天秤座的影響，你的個性友善、溫柔，而且需要社會交際；你可能具有創造方面的天賦，對人際關係的處理充滿新意；能夠與各種類型的人相處融洽的你有著明顯的人道主義精神；天生具有叛逆思想的你能夠為陳舊的體制帶來改革；不過，你最好避免固執和任性，因為這會引起反作用。

你的敏感和強烈情感使你成為理想主義者，通常當你付出很多努力在工作和事業時，你會感到最幸福；機敏、接受能力強的你能夠十分迅速地認清環境；保持創造力的專注和積極的態度，你就能避免產生厭倦並發揮巨大的潛力。

9歲到38歲期間，太陽星座位於雙魚座，此時你的細膩感情將得到強化，想像力也更加豐富，這會在你的夢想、理想以及社交生活中有所體現；39歲開始，太陽星座進入牡羊座，此時的你渴望擁有開拓性或能勇敢、直接地處理人際關係，你也可能投入新領域的探索中；另一轉折出現在69歲，此時太陽星座進入金牛座，你會更加需要務實的現實生活和經濟方面的安全感。

■真實的自我

你的洞察力敏銳，而且具有精神方面的天賦，若能好好發展此一天賦，你能夠獲益良多；自我分析和定期的內省能使你與敏感的心靈和自發性建立聯繫，享受生活給予你的豐富多彩機會，能夠幫助你放鬆自我並避免可能出現的懷疑或孤僻傾向；如果你的期望過高，會讓他人覺得要達到你近乎完美的理想十分困難。

富有機智的你能夠輕鬆面對充滿諷刺的生活；你喜歡取悅他人，但表達方式比較刻薄；喜歡智力挑戰的你會藉此考驗自己的智慧和才智是否超越他人；雖然你非常獨立，但喜歡與他人保持聯繫的你更喜歡參與社交活動，並在團隊合作中有所表現；決心和領導能力使你獲益並使你有能力在生活的各個領域有所進步。

■工作和職業

你的敏銳洞察力和強烈的直覺使你充滿活力、接受能力強、具備管理才能；具有人道精神的你熱衷與人共同工作，如心理學家或顧問；富有創新精神、進步思想、對研究

和資訊技術感興趣的你會追求新型產業；你總是非常勤奮、投入，因此主管會欣賞你的自律和對新的想法的包容；面對危機時表現沉穩的你喜歡追求解決問題和獲得答案時的快樂；通常你能夠勝任指導或專業人員工作，或者是自我創業；對教育感興趣的你能夠成為出色的教師或作家；此外，你也會選擇研究哲學、精神性或玄學。

與你同天出生的名人包括 發明家愛迪生、設計師瑪麗·奎恩特、女演員珍妮佛·安妮斯頓和蒂娜·路易斯、作家杜思妥耶夫斯基，以及男演員伯特·雷諾茲。

■數字命理學

受誕生日數字11的影響，理想、靈感以及變革對你十分重要；自卑與自信的並存會激勵你努力獲得物質及精神上的自我掌控能力；增加不同的經歷能使你學會協調性格中的不同特質，而信任自己的感覺能使你避免出現極端的態度；你的感情強烈、充滿活力，要提防過度緊張的情緒以及不切實際的想法。受出生月2月影響，你的洞察力敏銳、接受能力強；敏感的你具有良好的外交手腕，喜好交際，具有人道精神；與他人合作會使你獲益良多，尤其是當身邊的人能夠給予你鼓勵和支持時；雖然你的適應能力強，但時常會因為恐懼或對他人的不信任而喪失信心；你具有創新精神，而且天分高，如果對某一領域產生興趣時，你要跟隨心靈的指引，不受他人影響而讓自信心受損，如果你能夠開拓新的局面或嘗試新的理念，你將會發揮得更加出色。

■愛情和人際關係

充滿理想的你不喜歡墨守成規，你熱衷進步的理念，喜歡與前衛、接受新思想的人交往；你時而敏感、謙遜、體貼，時而固執、自私；你可能會遭遇崇高理想與現實考慮之間的衝突；雖然你渴望親密關係，但時常會較為拘謹，無法表達強烈的感情；不過，整體來說，你是一個不錯的朋友和夥伴，能夠發揮強大的意志力幫助和支持你愛的人。

優點：	平衡、專注，客觀，充滿熱情、有靈感、脫俗、充滿理想、洞察力敏銳、睿智，外向，有創造力、藝術氣質、服務他人、治癒的力量、有人道精神、有信念、心靈的力量
缺點：	優越感、缺乏目標、感情用事、容易受傷、自私、表述不清晰、強勢

■你生命中的特殊之人

注意以下的誕生日期，你將找到能夠分享你崇高的理想和抱負的那個人。

◎愛情和友誼：

1月11、15、20、25、27、28、29日、2月9、18、23、25、27日、3月7、16、21、23、25日、4月5、9、14、19、21、23日、5月3、12、17、19、21日、6月1、5、10、15、17、18、19日、7月8、13、15、17日、8月6、11、13、15日、9月4、9、11、13日、10月2、7、9、11日、11月5、7、9日、12月3、5、7日

◎幸運貴人：

1月9、26日、2月7、24日、3月5、22日、4月3、20日、5月1、18、29日、6月7、16、27日、7月14、25、29、30日、8月12、23、27、28、31日、9月10、21、25、26、29日、10月8、19、23、24、27日、11月6、17、21、22、25日、12月4、15、19、20、23日

◎強烈吸引你的人：

1月16日、2月14日、3月12日、4月10日、5月8日、6月6日、7月4日、8月2、13、14、15、16日

◎砥礪者：

1月8、29、31日、2月6、27、29日、3月4、25、27、28日、4月2、23、25、26日、5月21、23、24、6月19、21、22日、7月17、19、20日、8月15、17、18日、9月13、15、16日、10月11、13、14、30日、11月9、11、12、28日、12月7、9、10、26日

◎靈魂伴侶：

5月30日、6月28日、7月26日、8月24日、9月22、30日、10月20、28日、11月18、26日、12月16、24日

太陽星座：水瓶座
區間：天秤座 / 金星
角度：水瓶座22°至23°30´
類型：固定星座
元素：風
恆星：虛宿一、壘壁陣四、壘壁陣三

2月12日

AQUARIUS

你的見解獨到、充滿智慧、富有想像力，有著隨和的性格和良好的社交能力；你具備領導才能和縝密、客觀的思維，能夠掌握全局；多才多藝的你需要注意別將精力浪費在過多的方面。

受區間主導星座天秤座的影響，你富有魅力、喜好交際，而且能夠同各個階層的人相處；雖然有時你表現得散漫、無所謂，其實你渴望被欣賞以及關係融洽的友誼；你的性格中擁有許多對立的特質，富有人道精神的你很喜歡和人討價還價；天生的外交手腕、與人輕鬆相處和善於推銷思想的能力能幫助你獲得成功。

在你冷酷、淡然的外表之下隱藏著極為複雜的感情；如果能夠克制內心的焦躁及培養約束力，你就能將充滿理想的想法化為現實；天生對價值的感知力能使你以宏觀的角度來看待事情；不過，你要避免讓領導能力變成了專橫和固執；處於良好狀態的你表現得獨立、充滿熱情、富有活力和創新性，具有獨特的個人風格。

8歲到37歲之間，太陽星座位於雙魚座，此時你的細膩情感得到強化，你的想像力會更加豐富、接受能力更強，對社交生活的意識也變得強烈，你可能更富有遠見或對創造力和精神天賦的培養更有興趣。另一轉捩點出現在38歲，此時太陽推進到牡羊座，你的野心和決心更為明顯，你也開始真正地認識自我，因此你可能會投身新的領域或探索新的思想；到了68歲，你的太陽星座落在金牛座，你對穩定、安全感和情感穩固的需要更為強烈。

■真實的自我

藝術天賦和敏捷的頭腦表示你擁有許多不為人知才能；機智和自我表達的需要能滿足你的冒險性格；不過，你要避免將寶貴的精力和時間浪費在自我懷疑、猶豫不決或焦慮上；培養內心的信念和自律，並相信直覺，你就能夠獲得巨大的成功，這也包括拒絕那些與你的天賦和能力不相稱的職位。

具有高度創造力的你富有衝勁，這促使你向更高遠的目標邁進；敏感、容易緊張的你能透過冥想及定期的獨處來獲得內心的平靜。

■工作和職業

具有敏銳的商業頭腦的你能夠憑藉溝通技巧和管理能力與他人進行成功的談判；你會傾向進入政府部門工作；對教育和學習感興趣的你會選擇成為教師或講師；熱心公共

事務的你會投身政治或選擇成為顧問或指導；具有權威和能力的你也適合進入商界或進入製造、會計、出版或廣告領域；此外，獨立的性格和創新精神會引導你投身寫作、表演或藝術行業；天生是人道主義者和慈善家的你會對所選擇的事業做出積極貢獻；探索精神使你一旦對某一文化產生興趣，就會成為考古學家或人類學家。

與你同天出生的名人包括美國總統林肯、生物學家達爾文、音樂人雷·曼查萊克、電視節目主持人阿塞尼奧·霍爾，以及導演法蘭柯·塞佛瑞里。

■數字命理學

誕生日數字12的人通常洞察力敏銳、友善；渴望與眾不同的你具有出色的推理能力，也富有創新性；善解人意、感情細膩的你十分善於利用策略和合作的方式來達成目標；自我表達的需要與渴望幫助他人的願望達到平衡時，你會獲得感情的滿足和個人的成就感；不過，你需要足夠的勇氣來堅持立場及培養自信心，不要因為外界的影響而輕易喪失信心；受出生月2月的影響，你的接受能力強、具有外交手腕、善於與人相處；你富有人道精神，對他人的感情考慮周到且十分敏感；不過，你必須學會不讓繁忙的社交生活和工作與責任產生抵觸；雖然你的洞察力敏銳、適應能力強，但不安分的性格讓你時常會表現得浮躁或強勢；對學習和改革懷有興趣的你熱衷進步的思想和社會問題，特別是關於教育和政治方面的。

■愛情和人際關係

友善、喜好交際、富有情趣的你能夠十分輕鬆地與各種類型的人交往；通常你喜歡思維活躍的人以及有著共同愛好、可以相互學習的社交圈子；順應時勢，且有強烈的自我意識，並喜歡擁有相同想法及關注自我提升的人；思想進步的你在尋求愛的過程中充滿實驗精神；而在你淡然的外表之下，其實懷有著深沉的感情。

優點：有創造力、充滿魅力、有開創精神、有原則性、推銷自我或他人的能力

缺點：孤僻、行為怪異、不善合作、過於敏感、缺少自尊

■你生命中的特殊之人

與誕生日為以下日期的人相處，你會變得幸運。

◎愛情和友誼：

1月4.11.12.26.28.30日、2月2.9.10.24.26.28日、3月7.8.22.24.26日、4月5.6.10.20.22.24.30日、5月3.4.18.20.22.28.31日、6月1.2.6.16.18.20.26.29日、7月14.16.18.24.27日、8月12.14.16.22.25日、9月10.12.14.20.23日、10月8.10.12.13.18.21日、11月6.8.10.16.19日、12月4.6.8.14.17日

◎幸運貴人：

1月3.10.29.31日、2月1.8.27日、3月6.25日、4月4.23日、5月2.21.23日、6月19日、7月17.30日、8月15.28日、9月13.26日、10月11.24日、11月9.22日、12月7.20日

◎強烈吸引你的人：

1月11日、2月9日、3月7日、4月5日、5月3日、6月1日、8月14.15.16.17日

◎砥礪者：

1月9日、2月7日、3月5.28日、4月3.26日、5月1.24日、6月22日、7月20日、8月18日、9月16日、10月14.30.31日、11月12.28.29日、12月10.26.27日

◎靈魂伴侶：

1月7日、2月5日、3月3日、4月1日、5月29日、6月27日、7月25日、8月23日、9月21日、10月19日、11月17日、12月15日

太陽星座：水瓶座
區間：天秤座／金星
角度：水瓶座23°30´-24°30´
類型：固定星座
元素：風
恆星：虛宿一、壘壁陣四、壘壁陣三

2月13日

AQUARIUS

這一天出生的你具備出色的交際能力和創意，而且思想獨特、有天分，且對富有感染力的事物具有敏銳直覺；個性鮮明的你對工作懷有自豪感，但不喜歡處於從屬地位；勤奮、可靠、充滿創造性的你傾向成為團體中的一員，這樣一來你就有機會擔任領導角色。

受區間主導星座天秤座的影響，你喜好交際、性格迷人，能與不同社交圈的人交往；天生的外交手腕以及對價值的良好感知力能幫助你取得勝利，因為它賦予你出色的討價還價的技巧；處事方法獨特、重視形象、熱愛美的你希望透過對文學和藝術的追求來表現出自己的與眾不同；你強烈需要愛和欣賞，因此十分重視人際關係。

機敏、目光銳利的你擁有準確的思維，因而能深入地分析問題；天生的叛逆性格和人道精神使你能為了他人的權益挺身而出，並且對理想性的事業給予支持；雖然你喜歡較為直接的人際交往方式，但必須避免專橫和言語上過於犀利。

7歲到36歲之間，太陽星座將經過雙魚座，此時你的細膩感情會得到強化，你會更富有遠見，同時你的感情會促使你尋求理想的、富有創造性或精神性的目標；37歲之後，太陽星座推進到牡羊座，你會渴望更加自信、積極、直接地處理個人日常事務，可能會拓展新的事業；67歲時會出現另一轉折，此時太陽星座進入金牛座，這使你對經濟穩定以及安全感的需求更加強烈，同時也對自然表現出熱愛。

■真實的自我

雖然你具有野心以及敏銳的商業直覺，但卻時常對金錢和物質環境產生焦慮和猶豫不決，這可能會妨礙你充分認識自己的創造潛能；積極的想法以及減少不必要的物質需求能使你保持輕鬆的心態，並能夠使生活簡單化。勇敢、具有自由精神的你充滿靈感，如果結合創意與自律，你就能夠獲得成功。

慷慨、胸襟寬闊的你具有包容力，這能使你領導他人；喜歡尋找刺激的你善於鼓勵他人並推動改革和變化；你有時表現得比較固執，但對生活的淡然態度能使你避免許多挫折和失望；敏感的你需要定期的休養和放鬆使自己重新煥發光采。

■工作和職業

你擁有智慧和實用技能，而且思維創新、獨到；富有創造力、多才多藝的你渴望多樣性，希望透過不同的方式來表達自我；雖然你傾向大型專案和與他人合作，但處於

從屬地位的你會感到被束縛；你渴望擁有充分的自主權或是控制力和具有權威的職位；敏銳的洞察力的你適合科學研究、教育、玄學或哲學領域；此外，體貼的個性能使你在諮商、社會工作或維護他人權益的工作中找到適當的位置；你在多方面展現出天賦，對美術、音樂和戲劇的鑑賞力強，這會促使你投身藝術、傳播媒體或娛樂事業；推動改革的能力會使你對人道主義事業或公共服務事業產生興趣。

與你同天出生的名人包括歌手彼得·蓋布瑞爾和厄尼·福特、女演員金·諾瓦克和斯托卡德·強尼，以及男演員奧利佛·瑞德和喬治·西格爾。

■數字命理學

誕生日數字13代表你感情細膩、活力十足、充滿靈感；勤奮、有抱負的你能夠透過創造性的自我表達獲得成功；你需要培養務實的態度，才能將創造性的潛能轉化為實際價值；獨特、創新的處事方法能激發你產生新的、令人激動的想法並付諸實踐；這一天出生的你真誠、浪漫、迷人、有情趣，你的專注和耐心能使你獲得物質生活的富足。受出生月2月的影響，你的接受能力強、充滿理想、善於與人相處；富有野心但性格迷人的你懂得利用外交手腕並展現友善的性格，從而在經濟和社交方面獲得成功；富有表現力的你渴望展現天賦，一旦找到目標你會表現得充滿衝勁；雖然你總是很慷慨、善良，但有時也會表現得過於激動、揮霍或陷入自我放縱；你能夠在合作的過程中獲益，但你仍傾向領導地位及主導他人。

■愛情和人際關係

喜好交際、友善、機智、風趣的你，身邊總是圍繞著許多朋友；你對充滿智慧和創造力、能夠激發你表達自我的人較感興趣；你需要愛和欣賞，但猶豫和不確定的態度可能會導致你對長期的關係感到迷惘；學會保持平和的心態和創造力，你就能避免對生活感到焦慮；友誼在你的生命中占有重要的地位。

優點：有抱負、有創造力、愛好自由、自我表達能力強、有開創精神
缺點：衝動、猶豫不決、專橫、冷漠、叛逆、自我中心

■你生命中的特殊之人

與誕生日為以下日期的人相處，你找到生命中特殊之人的機會將增加。

◎愛情和友誼：

1月13.17.29日、2月11.27.29日、3月9.25.27日、4月7.11.23.25日、5月5.21.23.29日、6月3.7.19.21.27.30日、7月1.17.19.25.28日、8月15.17.23.26日、9月13.15.21.14日、10月11.13.19.22.29日、11月9.11.17.20.27、12月7.9.15.18.25日

◎幸運貴人：

1月11日、2月9日、3月7.31日、4月5.29日、5月3.27.31日、6月1.9.25.29日、7月23.27.31日、8月21.25.29.30日、9月19.23.27.28日、10月1.17.21.25.26日、11月15.19.23.24.30日、12月13.17.21.22.28日

◎強烈吸引你的人：

1月12日、2月10日、3月8日、4月6日、5月4日、6月2日、8月15.16.17.18日

◎砥礪者：

1月10日、2月8日、3月6.29日、4月4.27日、5月2.25日、6月23日、7月21日、8月19日、9月17日、10月15.31日、11月13.29.30日、12月11.27.28日

◎靈魂伴侶：

1月18.24日、2月16.22日、3月14.20日、4月12.18日、5月10.16日、6月8.14日、7月6.12日、8月4.10日、9月2.8日、10月6日、11月4日、12月2日

太陽星座：水瓶座
區間：天秤座／金星
角度：水瓶座24º至25º30´
類型：固定星座
元素：風
恆星：虛宿一、壘壁陣四

2月14日

AQUARIUS

你待人友善、性格迷人、充滿智慧、充滿熱心；優雅的舉止使你與眾不同，具有良好的社交手腕，能夠幫助你獲得成功；豐富的想像力和對形象的感知力使你富有創造力，能夠在他人心中留下好印象。

受太陽星座在天秤座運行的影響持續增強，你的態度親切、隨和，需要被欣賞以及和諧的人際關係；熱愛美、藝術和音樂的你具有創造方面的天賦；你渴望擁有自我約束力並使之發展為強烈的自我表達形式；你喜歡追求奢侈和具有風格的事物，並對生活能夠給予你的最美好事物著迷。

你待人直率、誠實，喜歡簡單的生活；你對人的動機有著敏銳的洞察力，是出色的心理學家和天生的人道主義者；你有時會表現出無謂的態度來保護自己不受傷害，但要注意別讓他人誤解了你，認為你並不在乎他們；年輕、充滿活力的心態會陪伴你一生，並使你具有迷人的氣質和風趣的性格。

6歲到35歲的期間，太陽星座位於雙魚座，此時你的細膩情感和想像力得到強化，這在你的憧憬、夢想以及社交生活方面都會有所體現；36歲開始，太陽星座推進到牡羊座，此時的你需要開拓性和自信心，較關注於領導地位和創新思想，同時希望處理人際關係方式能更加直接；另一轉折出現在66歲，此時太陽星座進入金牛座，你對務實的生活態度以及經濟上安全感的需要增強。

■真實的自我

廣泛的興趣和多方面的渴望會使你有時難以抉擇，或是遭遇理想和平庸現實之間的矛盾；不過，開朗的性格和表達能力能夠幫助你保持正確的人生觀；不要因為對物質安全感的需要而讓創造性的機會從你身邊溜走。

雖然你的個性務實，但你仍具有心靈的力量和強烈的直覺，這使你的自我意識變得強烈，並產生幫助他人的渴望；雖然你總是無憂無慮，但要學習承擔責任，因為這能幫助你獲得生活的穩定並增加成功的機會；富有表現力、想法積極的你需要透過創造性的追求來宣洩活力和內心的不安；對知識的不斷渴望能夠使你保持熱情、年輕的心態。

■工作和職業

有個性、堅定的你迷人、充滿活力；你能夠憑藉個人魅力在工作中推銷自我並抓住可以進步的機遇；你通常勤奮、具有實用技能和管理能力，能夠在商業和銷售領域獲得

成功,或者透過建立良好的形象來推銷商品;善於與人相處的你能夠勝任公務員或公關人員的工作;此外,你也可能從事傳播媒體或出版工作;銀行、金融或證券交易的職業對你也具有很大的吸引力;你也可能選擇自我創業;渴望充滿刺激和變化的你也可能選擇商業演出的職業。

與你同天出生的名人包括導演艾倫·派克、工會運動家詹姆士·霍法、喜劇演員傑克·班尼,以及舞蹈指導葛列格里·海恩斯。

■數字命理學

聰明的才智、務實的態度和堅定的決心是誕生日數字14賦予你的特質;這一天出生的你總是把工作放在首位,並透過成就的大小來衡量自己和他人的價值;你一方面渴望穩定,一方面內心的不安分又促使你不斷進取,並接受新的挑戰以改善當前處境;躁動和時常出現的不滿足感會使你渴望人生出現更多的變化,特別是當你對當前的工作環境和經濟狀況感到不滿時;悟性使你能夠迅速對問題有所回應並享受解決問題帶來的快樂;出生在2月的你洞察力敏銳,且具有辨別能力;時常挑剔和自我陶醉的你是一個完美主義者,會試圖將懷疑的態度合理化;儘管你接受能力強、直覺強烈,但可能會產生焦躁和缺乏信念;你喜歡自己做決定,而個人的經驗是你最好的老師。

■愛情和人際關係

迷人、有個性的你懂得善用一切有利於你的機會;你總是能輕易地交到朋友,因而你有許多的社交機會;你的許多機會都來自於你認識的人;雖然你務實、理智,但在交友方面要謹慎,否則你會覺得受到限制或喪失興趣;直率、誠實的你對務實但富有想像力、敏感的人十分感興趣;雖然你很看重友誼,但也渴望有自己的自由空間。

■你生命中的特殊之人

與誕生日為以下日期的人相處,你獲得愛的終身伴侶的機會將會增大。

◎愛情和友誼:

1月6.8.14.18.23.26.28日、2月4.10.12.21.24.26日、3月2.10.12.19.22.24日、4月8.12.14.17.20.22日、5月6.15.16.18.20.22日、6月4.13.16.18.20日、7月2.11.14.16.20日、8月4.9.12.14.22、9月7.10.12.24日、10月5.8.10.12.26日、11月3.6.8.28日、12月1.4.6.30日

◎幸運貴人:

1月9.12.17日、2月7.10、3月5.8、4月3.6、5月1.4日、6月2.7.30日、7月28日、8月26.30.31日、9月24.28.29、10月22.26.27、11月20.24.25、12月18.22.23.29日

◎強烈吸引你的人:

8月16.17.18.19日

◎砥礪者:

1月11.13.29日、2月9.11日、3月7.9.30日、4月5.7.28日、5月3.5.26.31日、6月1.3.24.29日、7月1.22.27日、8月20.25日、9月18.23.30日、10月16.21.28日、11月14.19.26日、12月12.17.24日

◎靈魂伴侶:

1月12.29日、2月10.27日、3月8.25日、4月6.23日、5月4.21日、6月2.19日、7月17日、8月15日、9月13日、10月11日、11月9日、12月7日

優點:果斷、勤奮、幸運、有創造力、務實、想像力豐富

缺點:過於謹慎或衝動、不穩定、考慮不周、固執

太陽星座：水瓶座
區間：天秤座 / 金星
角度：水瓶座25°至26°30´
類型：固定星座
元素：風
恆星：無

2月15日

AQUARIUS

　　出生在這天的你思維獨特、敏捷、慷慨、善良，且對價值具有強烈的感知力；友善、充滿熱忱的你具有很強的學習能力，這能幫助你獲得人生中需要的許多能力；你是一個具有魅力的溝通者，具備天生的商業頭腦，時常能夠發現機遇並能夠利用天賦創造財富。

　　受太陽星座在天秤座運行的影響持續增強，你能夠和各種類型的人交往，進而用創意思維影響他們；迷人、溫柔、渴望社交生活的你具有人道精神；只要結合你的外交手腕和推銷的能力，你獲得成功的機會將大增；對美、具有風格以及奢華事物的鑑賞力使你的品味高雅。

　　憧憬與掌控全局的能力使你具有預見性，是一位優秀的組織者；渴望受人尊重的你如果有積極的目標，就能表現得極為出色；雖然你的叛逆性格可能會為生活帶來積極的變化，但如果太過火就會變得固執；你的天分很高，並且能夠對環境做出迅速的評價，因此你總是能把夢想變為現實；不過，在追求夢想的過程中，你不應對物質過分關注。

　　5歲到34歲之間，太陽星座經過雙魚座，此時的你對微妙的感知力增強，因此感情會更細膩，你可能會尋求理想化、有創造性的目標；35歲時，太陽星座進入牡羊座，你會渴望更自信、積極、直接地處理日常事務，也可能會開拓新的事業；65歲時會出現另一轉折，此時太陽星座進入金牛座，你會更加需要經濟方面的穩定、安全感和務實的生活態度。

■真實的自我

　　富有表現力、驕傲的你外表充滿自信，能夠獲得權威地位；你具有良好的溝通能力，能夠與不同社會圈子的人建立關係並在幫助他人的過程中獲得滿足感；對優雅的感知以及藝術鑑賞力會促使你發掘創造方面的天賦，成為你放鬆自我的休閒活動；你能夠十分輕鬆地應對經濟問題，但內心的理想和睿智的獲得能使你獲得更大的回報。

　　你的忍耐力能夠幫助你達成目標；如果發現自己所處的職位無法施展能力，你可能無法發現更大的潛能；積極地面對工作並培養自我約束力，能使你把握成功的絕佳機遇。

■工作和職業

　　你善於分派工作，對公共事物感興趣，因此你能夠勝任政府官員和公務員的職務；

你具有敏銳的商業直覺、溝通技巧以及管理能力，因此在談判方面比較占優勢，適合諮商和顧問工作；對教育和學習的興趣會使你傾向教學和寫作的工作；對科技領域比較感興趣的你可能會從事與電腦或工程相關的工作；投身商業的你可能會對銀行或服務業產生興趣；充滿創造力的你會對富有創意的藝術品產生靈感；天生的人道精神也會使你為公益事業做出積極貢獻；這一天出生且有一定經濟基礎，你通常能夠成為慈善家或藝術資助人。

與你同天出生的名人包括女演員珍・賽摩爾和克萊兒・布盧姆和瑪里莎・貝倫森、天文學家伽利略、歌手梅莉莎・曼徹斯特、男演員約翰・巴瑞摩爾，以及珠寶商查爾斯・蒂芬尼。

■數字命理學

多才多藝、充滿熱忱和內心的不安分是誕生日數字15賦予你的特質；你最大的優勢在於強烈的直覺以及將理論與實踐融合產生出的強大學習能力；當機會到來時，你通常能夠憑藉洞察力將其牢牢把握；你具有創造財富的能力或者能獲得他人的幫助和支持；無憂無慮、堅強不屈的你能夠面對突發的情況，喜歡嘗試冒險。出生月2月的影響表明你接受能力強、思維活躍、幹勁十足、富有野心，但要避免過度勞累或陷入貪婪以及奢侈和放縱；機警、敏捷的你需要透過充滿責任感和創造性的規畫來展現自己的活力；熱情、樂觀的你能夠在合作的過程中獲益，但前提是你需要有從失敗處重新站起來的勇氣。

■愛情和人際關係

人緣好、性格隨和的你喜歡結交許多朋友；你是一個忠誠的伴侶，對朋友和愛人可以慷慨付出；你的魅力能夠帶給你許多社交和感情方面的機遇；充滿智慧和活力的你喜歡與堅強、有魅力的人相處；雖然你的感情強烈、渴望愛和欣賞，但有時會不知道該選擇誰為終生伴侶；友善和魅力確保了你在社交方面的成功。

優點：	積極、慷慨、有責任心、善良、有合作精神、鑑賞力佳、有創意、進取
缺點：	焦躁、不負責任、自我中心、害怕改變、喪失信念、焦慮、猶豫、物質主義

■你生命中的特殊之人

在尋求生命中特殊之人的你，與誕生日為以下日期的人相處就會變得更加幸運。

◎愛情和友誼：

1月6、15、18、29、31日、2月4、13、27、29日、3月2、11、25、27、4月9、12、23、25日、5月7、21、23日、6月1、5、19、21日、7月3、17、19、30日、8月1、15、17、28日、9月13、15、26日、10月1、11、13、24日、11月9、11、22日、12月7、9、20日

◎幸運貴人：

1月13、15、19日、2月11、13、17、19日、3月9、11、15日、4月7、9、13日、5月5、7、11日、6月3、5、9、11日、7月1、3、7、29日、8月1、5、27、31日、9月3、25、29日、10月1、3、23、27日、11月21、25日、12月19、23日

◎強烈吸引你的人：

5月30日、6月28日、7月26日、8月17、18、19、20、24日、9月22日、10月20日、11月18日、12月16日

◎砥礪者：

1月12日、2月10日、3月8日、4月6日、5月4日、6月2日、8月31日、9月29日、10月27、29、30日、11月25、27、28日、12月23、25、26、30日

◎靈魂伴侶：

1月2、28日、2月26日、3月24日、4月22日、5月20日、6月18日、7月16日、8月14日、9月12日、10月10日、11月8日、12月6日

| 太陽星座：水瓶座 |
| 區間：天秤座 / 金星 |
| 角度：水瓶座26°至27°30´ |
| 類型：固定星座 |
| 元素：風 |
| 恆星：無 |

2月16日

AQUARIUS

　　這一天出生的你充滿智慧、具有包容性、友善、性格獨立；雖然你通常慷慨、善良、心胸寬闊，但有時也會表現得內省、挑剔；對領導地位的強烈渴望表示你不喜歡處於從屬地位，而且你善於對價值做出判斷。

　　受太陽星座在天秤座運行的影響持續增強，你具有良好的社交和溝通技巧；渴望有人陪伴、被愛以及被欣賞的你，會非常看重人際關係在你生命中的地位；機智、氣質高雅的你反應敏捷、具有人道主義的觀點；雖然你的個性獨立，但良好的交際能力幫助你成為團體中出色的一員；令人難以捉摸的你極易產生厭倦感；而語言上的修飾可以幫助你傾聽對方想法及與他人交流。

　　你會追求積極的態度，因此工作富有成效，懂得隨機應變；你具有一些天才也都具備的瘋狂特質；你充滿創意和與眾不同的想法，同時具有超凡的思維和出色的綜合能力，喜歡向他人學習和分享所學知識；只考慮自我想法的你可能無法完全專注，因而顯得心不在焉；雖然你心態平和，但有時產生的失望或挫折感會破壞你的積極計畫；拋棄過去的一切能使你更加幸福地活在當下。

　　4歲到33歲之間，太陽星座將經過雙魚座，此時的你感情會更細膩、想像力更豐富、接受能力更強，並對社交生活的意識較為強烈，你也會更有遠見或對發掘創造方面的天賦產生興趣；34歲時，太陽星座進入牡羊座，你的野心和決心會更加明顯並開始真正認識自我；另一轉折出現在64歲，太陽星座推進到金牛座，這一影響使你更加現實，且渴望穩定、安全感和感情的穩定。

■真實的自我

　　你能夠迅速判斷某一思想或工程的價值，加上天生的心理學技巧，你能夠洞悉人的性格和其動機，這能夠幫助你邁向領導地位；對物質方面的安全感需要時常影響你的決定，不過，你要注意不要因此而妨礙了心靈的成長；幸運的是，你的無厘頭會幫助你保持看待問題的平衡感。

　　將多變的元素注入到生活中，你內心的不安分和浮躁就能夠透過變化、冒險、旅行或鍛鍊身體得到宣洩；你也必須接受經濟狀況的變化，這能使你避免在揮霍和節儉之間反覆無常；堅持和長遠的計畫能夠幫助你克服物質生活上的不滿足。

■工作和職業

獨立、思想進步的你能夠透過寫作和言談來表達自我，這也促使你投身教育界成為教師或講師；充滿理想、說話坦率的你總能觀察細緻、表述清晰、關注細節，這表示你傾向運用分析能力來審視、糾正他人的工作或進入傳播媒體界；此外，你的管理能力和商業直覺會使你傾向商業、銀行或證券交易工作；另一方面，你也希望發掘創造力，這將促使你投身體育、藝術領域或從事商業演出工作；具有人道精神、充滿活力的你能夠在涉及政治事務和社會改革的慈善事業中發揮實用技能。

與你同天出生的名人包括網球明星約翰·麥肯羅、導演約翰·史勒辛格、歌手和政治家索尼·波諾、男演員勒瓦爾·波頓，以及政治學家喬治·肯南。

■數字命理學

誕生日數字16代表著你思想豐富、感情細膩、待人友善；雖然你具有極強的分析能力，但你仍然會憑感覺對生活和他人做出判斷；這一天出生的你可能會出現內心的緊張，一方面是來自於自我表達的需要，一方面是來自於對他人的責任感；關注世界局勢的你能進入跨國性公司或傳媒界工作；具有創造力的你在寫作方面展現出天賦，能夠記下稍縱即逝的靈感；你還需要學會平衡性格中的自負、懷疑與不安感。出生於2月的你渴望尋求內心和諧，而且你通常具有敏銳洞察力及高度的理想；身為人道主義者，你為人體貼、善良，並渴望為你信任的事業付出最大的努力；雖然你對他人較為敏感，但懷疑和情緒化有時會讓你搖擺不定，時而慷慨、熱情，時而又缺乏安全感、優柔寡斷；你需要克服不安和浮躁的性格。

■愛情和人際關係

他人相伴的快樂能使你獲得極大的滿足感，這包括與思維活躍的人或與你有共同愛好的人交往；避免過度嚴肅和好爭辯的性格，你就能夠保持平和的心態及看待問題的平衡感；充滿智慧、精明的你在人際關係中透過運用心理學技巧，就能夠創造和諧氣氛，並獲得長久的滿足感。

優點：博學、對家庭有責任感、正直、洞察力敏銳、喜好交際、善於合作、有遠見

缺點：焦慮、不滿足、不負責任、自誇、固執己見、多疑

■你生命中的特殊之人

為了保持對長久關係的興趣、你需要關注誕生日為以下日期的人。

◎愛情和友誼：

1月6.11.16、2月4.14日、3月2.12.28.30日、4月10.26.28日、5月8.24.26.30日、6月1.6.22.24.28日、7月4.20.22.26.31日、8月2.18.20.24.29日、9月16.18.22.27.28日、10月14.16.20.25、11月12.14.18.23日、12月10.12.16.21

◎幸運貴人：

1月9.14.16日、2月7.12.14日、3月5.10.12日、4月3.8.10日、5月1.6.8日、6月4.6.12日、7月2.4日、8月2日、9月30日、10月4.28日、11月26.30日、12月24.28.29日

◎強烈吸引你的人：

1月21日、2月19日、3月17日、4月15日、5月13日、6月11日、7月9日、8月7.19.20.21.22.23日、9月5日、10月3日、11月1日

◎砥礪者：

1月4.13.28日、2月2.11.26日、3月9.24日、4月7.22日、5月5.20日、6月3.18日、7月1.16日、8月14日、9月12日、10月10.31日、11月8.29日、12月6.27日

◎靈魂伴侶：

1月15.22日、2月13.20日、3月11.18日、4月9.16日、5月7.14日、6月5.12日、7月3.10日、8月1.8日、9月6日、10月4日、11月2日

太陽星座：水瓶座
區間：天秤座 / 金星
角度：水瓶座27°至28°30´
類型：固定星座
元素：風
恆星：無

2月17日

AQUARIUS

你的意志堅強、決心堅定、務實、思維活躍；有野心、有毅力的你十分有風度，具備良好的組織能力，渴望在物質及社會上不斷地自我提升；積極、工作有成效的你天生具有領導力量，只要培養耐心，就能避免強勢的性格進而獲益；你具備克服困難的能力，因此能夠獲得非凡的成績。

隨著太陽星座在天秤座運行的影響持續增強，你喜好交際、風趣，且具有藝術感知力和創造方面的鑑賞力；你很可能會從女性友人那裡有所收穫，有許多給予你關懷的朋友；必要時，你會展現自我魅力，能夠結合工作與娛樂。

創新精神和分析能力使你經常擁有一些獨到且有價值的觀念；你的固執和叛逆性格可能阻礙你獲得成就，如果繼續放任這種情況，則可能會導致自我毀滅。

32歲以前，太陽星座位於雙魚座，此時的你豐富的內心世界逐漸形成，感情變得細膩，這會在你的憧憬、夢想、理想以及社交生活中都有所體現；33歲時，太陽星座進入牡羊座，此時的你渴望更加積極、具有開創精神和進步的理念，或者更勇敢、直接地處理人際關係；另一轉捩點出現在63歲，此時太陽星座進入金牛座，你對穩定和現實的生活態度的需要更加強烈。

■真實的自我

勤奮的你有耐力、精力充沛、勇敢；驕傲、富有表現力的你要避免擺出屈就的姿態，或在緊張時顯得暴躁；加強自制力能讓你獲得深層的滿足，你還可以利用直接、踏實的性格以及親身經歷來給予他人意見。

喜歡智力競爭的你具有閃電般的敏捷評斷力；內心的信念會使你果敢、積極，這能幫助你克服懷疑的傾向；對知識的熱愛、敏銳的洞察力與天生的商業敏銳直覺可以幫助你在生活中得到好的成績。

■工作和職業

勤奮、富有創造力、性格獨立的你具有特殊的天賦和管理能力；具備良好推理能力的你能夠深入調查問題，抓住事物的本質，因此你傾向偵探或律師的工作；務實的你能運用組織能力來處理大宗事務；此外，你的記錄能力和想像力使你傾向寫作、教育或技能培訓的工作；崇尚獨立的你不喜歡受人支配，喜歡處於權威地位，因此能成為優秀的經理或監督員。

與你同天出生的名人包括：籃球運動員麥克・喬丹、作家露絲・藍黛兒和伊莎貝爾・艾伯哈德，女演員貝瑞・韓佛理斯，以及男演員艾倫・貝茲。

■數字命理學

誕生日數字17的你精明、矜持，具備出色的分析能力和寫作技巧；富有探索精神、思想獨特的你能夠獨立思考，對知識和技能的學習能夠使你獲益；專業知識會幫助你在所專注的領域中獲得豐厚的利益和顯赫的地位；內斂、淡泊的你對事實和外形具有濃厚的興趣；你總是在他人面前表現得嚴肅、深謀遠慮，而且喜歡從容不迫；透過培養交往技巧，你會發現更多自身的與眾不同之處。出生於2月的你接受能力強、洞察力敏銳；你總是待人友善、愛好交際，但獨立的個性也讓你具有獨特的思維和觀點；如果對自己的潛能缺乏信心，你可能會產生自我懷疑或猶豫；身爲人道主義者的你多才多藝、思想進步，喜歡爲社會改革和正義事業貢獻力量。

■愛情和人際關係

喜好交際、性格開朗的你喜歡與有趣或與眾不同的人相處，也能夠輕鬆地與不同背景的人交往；不過你時常會對自己的愛和長期的感情感到不確定或猶豫不決；你通常會被有權力且富有創造力的人吸引，你非常需要愛、親密關係和理解，這與你強勢且自信的外表形成巨大的反差；陷入愛情的你需要避免過於委屈自己或表現得喜怒無常；你喜歡追求自己的風格，對人忠誠、體貼。

■你生命中的特殊之人

在以下誕生日中，你能夠找到可以理解你的敏感和對愛的需要的伴侶。

◎愛情和友誼：

1月7,17,20,21日、2月5,15,18日、3月3,13,16,29,31日、4月1,11,14,15,27,29日、5月9,12,25,27日、6月7,10,11,23,25日、7月5,8,21,23日、8月3,6,19,21日、9月1,4,17,19日、10月2,3,15,17日、11月13,15,30日、12月11,13,28日

◎幸運貴人：

1月15,17,24,28日、2月13,15,22,26日、3月11,13,24日、4月9,11,22日、5月7,9,20日、6月5,7,14,18日、7月3,5,16日、8月1,3,14日、9月1,12日、10月6,10,29日、11月8,27日、12月6,25日

◎強烈吸引你的人：

1月5日、2月3日、3月1日、8月21,22,23日

◎砥礪者：

1月4,5,14日、2月2,3,12日、3月1,10日、4月8,30日、5月6,28日、6月4,26日、7月2,24日、8月22日、9月20日、10月18日、11月16日、12月14日

◎靈魂伴侶：

1月2日、3月29日、4月27日、5月25日、6月23日、7月21日、8月19日、9月17日、10月15日、11月13日、12月11日

優點：深思熟慮、具有專業知識、計畫周全、具有商業頭腦、有財運、有主見、刻苦耐勞、準確，講求策略、有科學精神

缺點：注意力不集中、固執、漫不經心、情緒化、心胸狹隘、挑剔、焦慮、多疑

太陽星座：水瓶座
區間：天秤座／金星
角度：水瓶座28°至29°30´
類型：固定星座
元素：風
恆星：無

2月18日

AQUARIUS

出生於這天的你充滿活力、具有說服力、有個性；你並存著對物質的欲望和人道精神；你喜好社交、性格迷人但靦腆，崇尚權力和開拓新領域；你需要面對的挑戰是保持工作與親密關係之間的平衡。

受太陽星座在天秤座運行的影響持續增強，你對美和藝術的感覺靈敏，具有審美感；天生富有表現力的你總是具有新奇的想法並能夠透過音樂、寫作或戲劇得到表達；性格獨立的你十分重視人際關係，也深知團隊合作的優勢；對人比較感興趣的你喜歡處於領導地位，但必須避免挑剔和控制欲。

雖然你比較脆弱，但性格強烈，他人通常對你這個愛和原則的組合體感到難以捉摸；經濟方面的問題可能會占據你的大部分的注意，但敏銳的商業直覺和堅定的決心能使你利用天賦創造財富；堅持且專注的你一旦有了明確的目標，就能開創與眾不同的事業；信念堅定的你通常能夠得償所願。陷入懷疑的你會因執著於過去而喪失許多良好的機會；你能夠聰明地將自律轉變為積極的投資而不是一種約束。

31歲以前，太陽位於雙魚座，此時的你會產生更強烈的憧憬，細膩的感情也會得到強化，這會促使你尋求理想的、藝術的或精神方面的目標；32歲開始，太陽星座進入牡羊座，你需要更自信、積極、直接地處理個人事務，此時你可能會開闢事業的新領域；62歲以後，太陽星座落在金牛座，這一轉折促使你對更多現實方面的穩定和安全感產生需要。

水瓶座

■真實的自我

你的內心極度敏感，特別是在愛和感情的表達上；你可能會遭遇愈來愈棘手的困難，那就是對感情的表達，這會導致你時常陷入懷疑和孤僻；如果能夠充分地信任並敞開心胸，你就會表現得十分慷慨及充滿同情心，這種包容力甚至會激發你對神祕或精神體悟的興趣；不要太過執著並接受生活的現狀，你就能夠獲得更平和的心態，並以略帶譏諷的幽默感來看待生活。

你的感情深沉且具有人道精神，這促使你會為了理想和事業而不斷努力；洞察力敏銳的你如果相信並跟隨自己的直覺，就能達到最佳狀態。

■工作和職業

勤奮、有責任感的你願意做出犧牲，但需要學會在責任和放鬆之間尋求平衡；個性

獨立的你渴望有足夠的自由來表達自己的獨特；鼓勵和來自團隊其他成員的積極回應能使你發揮得更加出色；你喜歡與他人合作，對社會改革十分支持；洞察力敏銳、充滿智慧的你也適合管理工作，這能使你發揮批判和分析能力給予他人建議；友善、處世圓融的你善於將工作與樂趣相結合；你需要注意不要對他人的言行太過在意並將其當成是對自己的冒犯。

與你同天出生的名人包括藝術家大野洋子、男演員約翰‧屈伏塔和馬特‧狄龍、女演員斯碧爾‧雪波德、小提琴家尼帕格尼尼、吉他手安德列斯‧塞戈維亞、神祕學家拉瑪克里斯納、雜誌出版商海倫‧格莉‧布朗，以及作家東尼‧莫莉森。

■數字命理學

決心、自信以及野心是誕生日數字18賦予你的特質；你處事積極、渴望挑戰、喜歡忙碌的狀態，因此經常會投入冒險事業；個人能力強、勤奮、有責任心的你能夠擔任領導者角色；此外，天生的商業頭腦和組織才能能使你在商界一展所長；不過要避免過度勞累，並學會自我調節及放慢生活的節奏；這一天出生的你能夠運用個人的力量撫慰他人，並給予他人建議或幫助他人解決問題；出生月2月的你洞察力敏銳、富有創造力、充滿靈感、思想獨到；雖然你的接受能力強、待人友善，但不喜歡被約束和承擔責任表示你不願被規則限制；充滿理想但具備出色的實用技能和獨到思想的你需要學會保持平衡感，才能達到內心的寧靜。

■愛情和人際關係

洞察力敏銳、敏感的你需要表達深沉感情的自由；友善、聰明的你喜歡與具有創造力、能夠自我愉悅的人相處；而你通常想要擁有具有意義和嚴肅的人際關係；積極的你會跟隨心靈的指引並十分衝動地與朋友和伴侶投入到行動之中；你願意為所愛的人做出犧牲，因此你需要具備一定的判斷力；友誼在你的人際關係中十分重要。

優點：思想進步、自信、直覺敏銳、勇氣十足、堅定、治癒的力量、有效率、善諫
缺點：感情不受控制、懶惰、缺少秩序感、自私、不能善始善終

■你生命中的特殊之人

尋求真愛和幸福的你與誕生日為以下日期的人相處，就能達成你的願望。

◎愛情和友誼：

1月4、8、18、19、23日、2月2、6、16、17、21日、3月4、14、15、19、28、30日、4月2、12、13、17、26、28、30日、5月10、11、15、24、26、28日、6月8、9、12、13、22、24、26日、7月6、7、11、20、22、24、30日、8月4、5、9、18、20、22、28日、9月2、3、7、16、18、20、26日、10月1、4、5、14、16、18、24日、11月3、12、14、16、22日、12月1、10、12、14、20日

◎幸運貴人：

1月5、6、27日、2月3、14、25日、3月1、12、23日、4月10、21日、5月8、19日、6月6、17日、7月4、15日、8月2、13日、9月11日、10月9、30日、11月7、28日、12月5、26、30日

◎強烈吸引你的人：

1月17日、2月15日、3月13日、4月11日、5月9日、6月7日、7月5日、8月3、21、22、23、24日、9月1日

◎砥礪者：

1月1、10、15日、2月8、13日、3月6、11日、4月4、9日、5月2、7日、6月5日、7月3、29日、8月1、27日、9月25日、10月23日、11月21日、12月19、29日

◎靈魂伴侶：

8月30日、9月28日、10月26日、11月24日、12月22日

太陽星座：水瓶座和雙魚座交界處
區間：天秤座／金星
角度：水瓶座29°30´-雙魚座0°30´
類型：固定／變動星座
元素：風／水
恆星：北落師門、危宿一

2月19日

AQUARIUS

　　出生在水瓶和雙魚座交接期的你具有創新性的思維，敏感且充滿理想；說話直接、坦率的你喜歡對他人誠實；友善、熱心、外向的你善於與人相處，不過你必須克服易怒和暴躁的性格，因為這會有損你的迷人形象並讓你與他人疏遠。

　　受太陽星座在天秤和雙魚座運行的影響逐漸增強，你浪漫、富有創造力和憧憬，具有敏銳的直覺；合群的你喜歡有人陪伴，因此社交生活豐富；你十分重視個人形象和地位，因此在他人面前總是表現得有尊嚴；不過，性格中獨特和特立獨行的一面會表現為充滿創意的、獨到的思想，這能使你超越所處時代。

　　敏銳的行業直覺能夠幫助你發現機遇；容易喪失信心的你會逃避艱難的工作，缺乏達成目標所需的堅持和決心；積極、樂觀的你富有創意、決心堅定；正義感和同情心使你具有堅定的信念，能夠堅持自己的理想並為他人挺身而出。

　　30歲以前，太陽星座將經過雙魚座，這段時期你的細膩情感會得到強化，使你更富想像力、接受能力更強，而你對與你地位相當的群體意識也更加強烈，你會變得充滿憧憬或對創造和精神天賦的開發產生興趣；31歲開始，太陽星座進入牡羊座，此時你的野心和決心會更加明顯，並開始真正地了解自我，你可能會投身新的工作或產生新的想法；61歲開始，太陽星座進入金牛座，此時的你更加渴望經濟的穩定、安全感和感情的穩定。

■真實的自我

　　你的內心懷有自我表達的渴望，可能會對寫作、美術、音樂或戲劇產生興趣，不管是做為職業還是視為休閒活動；處理問題輕鬆、富有創意的方式能幫助你克服焦慮和猶豫；優勢和機會總是會突然出現但看來微不足道，你總是在事後才發現自己錯過了重要的機會。

　　心胸寬廣、具有人道精神的你通常能夠以具有包容性的角度來看待生活；雖然你時常會因為對環境和他人失望而產生無意識的不滿足感，當感到這種挫折感時，你更不能輕易放棄或尋找輕鬆的出路；冷靜的態度和堅持能夠使你建立信心並獲得非凡的成功。

■工作和職業

　　你的個人魅力和與人相處的天賦表示你喜歡需要與人溝通的工作；富有說服力、在意自我形象的你能夠從事銷售、推銷或廣告工作；此外，你渴望藉由設計和時尚潮流，

或者是表演、舞蹈和歌唱來表達自我；機智、有幽默感的你風趣，因此能夠將諸如俱樂部等場所經營得很好；出色的溝通技巧幫助你在大型機構中發揮出色，你渴望提升並達到事業巔峰的願望也會因此得到滿足；為了獲得成就，你需要勤奮工作、善始善終，切忌半途而廢。

與你同天出生的名人包括天文學家哥白尼、歌手斯莫奇‧羅賓遜、作家譚恩美、女演員莫爾‧歐伯倫、男演員李‧馬文、英國皇室成員安德魯王子，以及名模辛蒂‧克勞馥。

■數字命理學

誕生日數字19代表著陽光的性格、野心和人道精神；你果斷、隨機應變、富有遠見，另一方面，你還充滿理想、富有同情心和創造力；雖然你的內心敏感，但對成功的渴望會激勵你不斷進取、勇於表現並時時刻刻成為眾人關注的焦點；強烈渴望與眾不同的你需要讓自己能夠承受來自群體的壓力；你在他人面前總能表現得自信、積極、充滿機智，但其實內心的緊張感可能會導致感情的不穩定。受出生月2月的影響，你待人友善、喜好交際、善於與人相處，但時常出現的情緒波動和焦躁卻表露出你的脆弱；適應能力強的你不要讓他人影響你做出決定。

■愛情和人際關係

有情趣、性格合群的你人緣好，因此身邊不乏崇拜者；你需要具備堅定的決心，不要對那些不值得付出的人傾注熱情和奉獻；體貼、富有同情心、外表自信的你時常會有人向你尋求建議和支持，但這對你並非都是有益的，因此你需要考慮將誰納入你的密友範圍；你對所愛的人慷慨，且有奉獻精神，寬闊的心胸和魅力是你在人際關係上的優勢。

■你生命中的特殊之人

與誕生日為以下日期的人相處，你更有希望獲得完美的愛情和友誼。

◎愛情和友誼：

1月5、9、18、19、23日、2月3、7、16、17、21日、3月1、5、14、15、31日、4月3、12、13、29日、5月1、10、11、27、29日、6月4、8、9、25、27日、7月6、7、23、25、31日、8月4、5、21、23、29日、9月2、3、19、21、27、30日、10月1、17、19、25、28日、12月13、15、21、24日

◎幸運貴人：

1月1、6、17日、2月4、15日、3月2、13日、4月11日、5月9日、6月7日、7月5日、8月3日、9月1日、10月31日、11月29日、12月27日

◎強烈吸引你的人：

8月22、23、24、25日

◎砥礪者：

1月2、16日、2月14日、3月12日、4月10日、5月8日、6月6日、7月4日、8月2日、12月30日

◎靈魂伴侶：

1月11、31日、2月9、29日、3月7、27日、4月5、25日、5月3、23日、6月1、21日、7月19日、8月17日、9月15日、10月13日、11月11日、12月9日

優點：有活力、注意力集中、有創造力、具領導才能、幸運、進步、樂觀、信念堅定、有競爭意識、獨立、合群、有約束力

缺點：自我中心、焦慮、害怕被拒絕、不穩定、物質主義、自大、缺乏耐心

雙魚座
Pisces

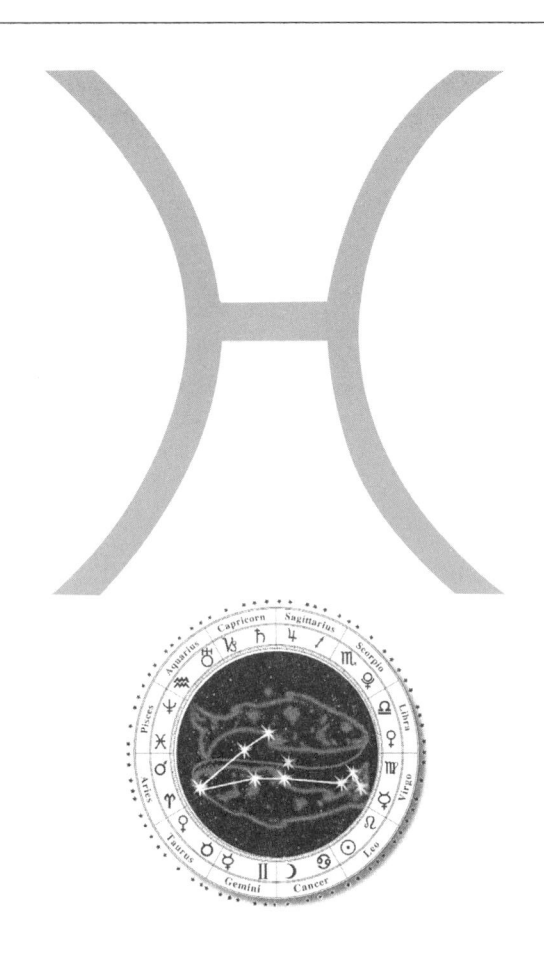

2.20～3.20

太陽星座：雙魚座
區間：雙魚座／海王星
角度：雙魚座0°至1°30´
類型：變動星座
元素：水
恆星：北落師門、危宿一

2月20日

PISCES

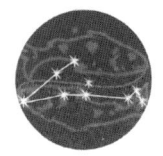

這一天出生的你性格迷人、喜好交際、接受能力強、友善；你擁有隨和、敏感的個性，善於與各個階層的人相處；雖然富有創造力、多才多藝，但你可能難以確定真正的目標；你具有野心但不露聲色，決心堅定且渴望必要的變化，你會藉由遊歷遠方產生自我認識。

受太陽星座在雙魚座運行的影響持續增強，你的直覺敏銳、富有憧憬和想像力，具有理想化且有深度的思想；信任自己的直覺，你將能夠逐漸認清自己以及他人的力量和不足；年輕、積極的人生觀是你最大的優勢，決心和勤奮能夠幫助你克服邁向成功的障礙；適應能力強的你能夠輕鬆地融入新環境，但不喜歡規則以及不安分的性格也表示你十分容易對當前處境產生不滿。

你比較在意形象，且懷有強烈憧憬和具有豐富的創意；你會主動尋求能為你提供靈感和多樣性的理想環境。

29歲以前，太陽星座經過雙魚座，此時你的敏感和感情會得到強化，你會尋找理想的環境和人際關係，或者是生活中具有奇蹟的一面；30歲開始，太陽星座進入牡羊座，你會更有自信、更富有野心，可能會展開新的事業或尋求人際關係的突破；60歲以後將出現另一轉折，此時太陽星座落在金牛座，從這時起，你會放慢生活節奏，且對更多的穩定和經濟安全感有強烈的需要。

■真實的自我

思維敏捷、聰明的你通常在許多方面具有天賦，因此你需要明確、務實地決斷，才能避免迷茫並實現自我目標；一旦決定投入行動，你會十分堅定且專注。

天生是心理學家的你對人具有敏銳的洞察力以及求知欲；喜好交際、機靈的你喜歡積極的生活，總是表現出友善、機智、迷人；不過，你時常會陷入對財務狀況的挫折感，這可能會導致你偶爾出現揮霍行為；包容和人道的觀點使你對物質環境更加淡然和放鬆；天生有遠見的你如果能夠在行動之前找到對環境的感覺，將能發揮得更加出色；保持專注並培養自我意識，你的目標將更切合實際並且能夠衝破限制，進而發揮巨大的潛力。

■工作和職業

勤奮、有野心的你渴望一個能夠讓你自由發展的職業；頭腦敏捷的你通常渴望積極

活躍的生活，如變化和旅行；敏感的你需要融洽的氣氛，這是工作的前提，因此如果你和你的主管或同事相處不好，你很可能會放棄這份工作再到別處尋覓；多才多藝的你能夠十分迅速地掌握新技能並適應新環境；對外形和顏色的感知力強表示你對美術和設計感興趣；同樣的，節奏感強的你可以從事音樂、舞蹈或者健康和治療工作；喜好交際、性格隨和的你能在與公共關係相關的工作中獲得成功；此外，與體育相關的職業能夠激發你的競爭意識或教學的渴望；通常你需要一份不會被單調限制住且能夠激發想像力的工作。

與你同天出生的名人包括男演員凱爾西・葛瑞馬和西德尼・波提爾，社交名人伊凡娜・崔普、歌手柯特・柯班和芭菲・聖瑪莉、攝影家安塞爾・亞當斯，以及電影導演勞勃・阿特曼。

■數字命理學

誕生日數字20代表著你洞察力敏銳、敏感、善解人意，總是將自己視為團體中的一員；你十分享受合作的過程，因為這使你能夠與他人交流，分享經歷並相互學習；具有魅力、親切及擁有出色的外交手腕和社交技巧能使你輕鬆地融入任何社交圈子，但你需要培養自信，才能避免被他人的行為和批評輕易傷害或過度依賴他人；你十分擅長營造和諧的氣氛；受出生月2月的影響，你的適應能力強、務實；感到紛亂時，你會極需穩定；對環境的敏感以及對和諧的熱愛會促使你擔任調解人或和平維護者；培養耐心並學會相信自己的直覺，你就能夠克服自我懷疑並建立強大的自信心。

■愛情和人際關係

友善、喜好交際的你會為人際關係的和睦與平靜而努力；友誼對你十分重要，你喜歡與能夠激發你活躍思維並且能使你感到愉悅的人相處；通常你是個開心果，機智的你能讓大家開懷一笑，特別是與所愛的人相處時；雖然你會為了某個人穩定下來，但對變化和多樣性的需要仍會促使你旅行或擴大社交圈。

優點：深思熟慮、善於合作、謙和、有策略、接受能力強、洞察力敏銳、易相處、和藹親切
缺點：多疑、缺乏自信、過於敏感、情緒化、自私、容易受傷

■你生命中的特殊之人

尋求安全感、靈感和愛情的你不妨注意一下誕生日為以下日期的人。

◎愛情和友誼：
1月6、10、20、24、29日、2月4、8、18、27日、3月2、6、16、25、28、30日、4月4、14、23、26、28、30日、5月2、12、21、24、26、28、30日、6月10、19、22、24、26、28日、7月8、12、17、20、22、24、26日、8月6、15、18、20、22、24日、9月4、13、16、18、20、22日、10月2、11、14、16、18、20日、11月4、9、12、14、16、18日、12月7、10、12、14、16日

◎幸運貴人：
1月7、13、18、28日、2月5、11、16、26日、3月3、9、14、24日、4月1、7、12、22日、5月5、10、20日、6月3、8、18日、7月1、6、16日、8月4、14日、9月2、12、30日、10月10、28日、11月8、26、30日、12月6、24、28日

◎強烈吸引你的人：
1月25日、2月23日、3月21日、4月19日、5月17日、6月15日、7月13日、8月11、23、24、25、26日、9月9日、10月7日、11月5日、12月3日

◎砥礪者：
1月3、17日、2月1、15日、3月13日、4月11日、5月9、30日、6月7、28日、7月5、26、29日、8月3、24、27日、9月1、22、25日、10月20、23日、11月18、21日、12月16、19日

◎靈魂伴侶：
1月18日、2月16日、3月14日、4月12日、5月10、29日、6月8、27日、7月6、25日、8月4、23日、9月2、21日、10月19日、11月17日、12月15日

太陽星座：雙魚座
區間：雙魚座 / 海王星
角度：雙魚座1°30´-2°30´
類型：變動星座
元素：水
恆星：北落師門、危宿一

2月21日

PISCES

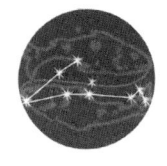

　　這一天出生的你務實、想像力豐富、敏感，而且強烈需要自我表達；多才多藝、富有創造力的你對某個人或思想著迷時，會很容易受到影響並充滿熱情；看待問題明智的你通常會選擇為自己建立穩固的基礎；受到限制的生活或日復一日的單調方式會使善變的你更加焦躁；雖然你不喜歡被束縛，但如果有需要，你會表現出極強的適應能力。

　　受太陽星座在雙魚座運行的影響持續增強，你的直覺敏銳、接受能力強，且具有通靈的力量，你總是能把握潮流走向；有節奏感的你對音樂很敏感，在舞蹈方面也擁有天賦；如果沒有明確的方向，你會受到來自群體壓力的影響，這時你就會放棄自己的立場，選擇追隨眾人或選擇逃避來使自己活得輕鬆一些。

　　在財務方面你通常不需煩惱，因為專注於工作的你能夠透過勤奮和與他人的合作使自己的地位穩固、收入可觀；通常你忠誠、處事冷靜，並會負責地承擔責任；一旦擔負重任，你就會努力做到最好並對充滿自豪感。

　　28歲以前，太陽星座位於雙魚座，這段時期你較為關注情感的成長、對未來的憧憬以及敏感的性格；29歲到58歲之間，太陽星座在牡羊座運行，受這一影響，你會更加自信，傾向積極和冒險的生活；59歲以後，太陽星座進入金牛座，你會變得較為平靜、穩定，對自然的興趣更加濃厚，這也會使你對名望的渴望更加強烈，因而藉此感到安全。

■真實的自我

　　儘管你務實，且對穩定和安全感懷有渴望，但你仍需要專注和努力來克服內心的浮躁，如果情緒失去控制，你就會選擇逃避或變得情緒化；當豐富的想像力被引導轉化為創造性活動時，你會取得很大的成就。

　　具有迷人氣質的你總是很熱心；對行動、自由和冒險的渴望會讓你的生活充滿變化；你相信滿足會與你不期而遇，因而對你來說，最重要的是活在當下、享受生活；你具有崇高的理想和美好的憧憬，會透過創造性的追求或幫助他人來表達自己的夢想以及對愛的渴望；此外，具有責任感、追求完美的你會對所從事的工作充滿自豪感。

■工作和職業

　　雖然你的態度務實、理智，但你不喜歡受到規則或單調的束縛；敏感、想像力豐富的你充滿理想但仍很理智；雖然你渴望擁有規則，但你其實不是很清楚自己真正的需要；投身商業的你能夠發揮組織能力而獲得良好的成績；而幸運的你只要能夠付出努力

就能發現成功的機會；喜好交際、外向的你擅長各種與公共關係相關的工作，特別是音樂、時尚以及美術和設計產業；節奏感強的你能夠在音樂或舞蹈界取得成功；有著靈巧雙手的你對親手製造或建造的活動也比較感興趣。

與你同天出生的名人包括歌手妮娜·西蒙、時尚設計師紀梵希、作家安娜伊絲·寧，愛爾蘭詩人奧登，以及電影導演山姆·畢金柏。

■數字命理學

誕生日數字21代表著充沛的活力和外向的性格；你愛好交際、興趣廣泛、運氣好；你總是對他人友善、性格合群，而且洞察力敏銳、具有獨立精神、極富創造力、眼光獨到；這一天出生的你有情趣、有魅力，在社交活動中的人氣很高；不過，你有時也會表現得害羞、矜持，因此你需要培養自信，尤其是與關係親密的人相處時；渴望合作關係和婚姻的你同時也希望自己的能力和天賦能夠得到對方的認同。出生於2月的你意志堅強、固執、接受能力強，但容易受到環境和同伴的影響；陷入自我懷疑時的你可能會分散了精力，這使你無法充分把握眼前的機會；對行動的需要表示你必須找到自我表達的途徑；穩定但刺激的職業會在感情和精神上給予你啟發。

■愛情和人際關係

喜好交際、待人友善的你總是在社交活動或朋友聚會上顯得耀眼；強烈的感情和敏感的內心表示你十分渴望表達情感，如果無法滿足這個渴望，你會變得情緒化或抑鬱；你必須學會冷靜才能確定自己究竟應該選擇和誰在一起；既不要對你認為應該幫助的人承擔責任，也不要扮演受害者的角色；尋求幸福的你需要那些充滿熱情且慷慨的人，因為他們能夠提供你需要的穩定感。

■你生命中的特殊之人

在誕生日為以下日期的人當中，你能夠找到有情趣且理解你愛的力量的伴侶。

◎愛情和友誼：

1月7、11、16、22日、2月5、9、20日、3月3、7、18、31日、4月1、5、16、29日、5月3、14、16、27、29日、6月1、6、12、25、27日、7月4、10、13、23、25日、8月8、21、23、31日、9月6、19、21、29日、10月4、17、19、27、30日、11月2、5、15、17、25、28日、12月13、15、23、26日

◎幸運貴人：

1月8、14、19日、2月6、12、17日、3月4、10、15日、4月2、8、13日、5月6、11日、6月4、9、28日、7月2、7日、8月5日、9月3日、10月1、29日、11月18、27日、12月25、29日

◎強烈吸引你的人：

8月24、25、26、27日

◎砥礪者：

1月9、18、20日、2月7、16、18日、3月5、14、16日、4月3、12、14日、5月1、10、12日、6月8、10日、7月6、8、29日、8月4、6、27日、9月2、4、25日、10月2、23日、11月21日、12月19日

◎靈魂伴侶：

1月9日、2月7日、3月5日、4月3日、5月1日、10月30日、11月28日、12月26日

優點：充滿靈感、有創造力、喜歡結盟、穩固的友誼
缺點：依賴、情緒失控、目光短淺、失望、懼怕變化

太陽星座：雙魚座
區間：雙魚座/海王星
角度：雙魚座2°30´-3°30´
類型：變動星座
元素：水
恆星：北落師門、危宿一、天津四

2月22日

PISCES

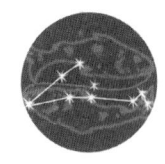

　　你的洞察力敏銳、適應能力強，對生活有獨到的見解；富有想像力、接受能力強的你在解決問題時會表現出創造力，這表示你是個如天才般的實用主義者。

　　受太陽星座在雙魚座運行的影響持續增強，敏感的你在精神方面的意識強烈，因此能夠感受到周圍人的情緒變化以及社會潮流；你喜歡沉思，而且想法比較前衛，因此有時會與他人產生爭執；如果缺乏方向感，你會受到群體壓力的影響，這時你會放棄自己的立場，選擇追隨眾人或選擇逃避來使自己活得輕鬆一些。

　　你有時表現得閃躲、讓人捉摸不透，但敏捷的思維和創造天賦會使你具有吸引力；多才多藝的你興趣廣泛，有許多獨特的愛好；如果無法表達自我，你會陷入焦慮或猶豫不決，這將分散你的精力；雖然你總是保持樂觀、友善的心態，但在討論經濟問題時，你也會展現出嚴肅的一面。

　　27歲之前，太陽星座將經過雙魚座，這段時期的你主要關注於易感的個性以及與他人的感情交流；28歲到57歲之間，太陽星座會經過牡羊座，這表示你將邁入新的人生階段，此時你會變得更堅定、充滿活力，也使你對新的冒險產生強烈的渴望；58歲以後，太陽星座進入金牛座，你會渴望名望，安全感逐漸增強，同時渴望更多的平靜以及穩定的感情。

■真實的自我

　　有責任感、熱愛家庭的你需要內心平靜；通常你會願意犧牲自我來幫助周圍的人；具有深沉感情的你卻很少被感情左右；如果你承擔了過多的責任，你就會產生焦慮的情緒；崇高的理想與對和諧的渴望會激發你表達自我，不管是在社交、創造的追求上或是為某項事業而奮鬥。

　　具有天生的商業直覺和領導能力的你很少會屈居人下；敏銳的觀察力和遠見使你對價值具有良好的感知力，因此經常能夠隨機應變；雖然你善於討價還價，但不要為了要有安全感而犧牲了理想；驕傲、富有表現力的你具有很強的學習能力，並且能夠很快地將興趣和創造力變為成功的商業活動。

■工作和職業

　　富有創造力、充滿智慧的你頭腦敏捷、想像力豐富、具有出色的組織能力；友善、處世圓融的你能夠在與人交往的職業中獲益；良好的交際能力表示你的成功會來自於寫

作或公共關係相關的職業；天生的商業直覺會幫助你在商業領域獲得成功；當你的靈感被激發時，你會表現得非常出色，因此你需要不斷地對評估工作以保持興趣；對哲學的興趣或樂於助人的個性使你傾向與教會、社會改革、政治或健康相關的工作；此外，節奏感強的你在音樂和舞蹈方面具有天賦；自我表達的強烈渴望能夠使你在音樂和戲劇領域獲得成功。

與你同天出生的名人包括女演員珠兒·芭莉摩、賽車手尼基·勞達、電影導演路易斯·布紐爾、男演員凱爾·麥克拉克倫、童子軍創立者羅伯特·巴登·鮑威爾、作曲家蕭邦、美國參議員愛德華·甘迺迪、美國前總統喬治·華盛頓，以及籃球運動員朱利斯·厄文。

■數字命理學

誕生日數字22代表著你驕傲、務實、洞察力敏銳；你的靈活性強，兼具誕生日數字22和4的特質；通常你誠實、勤奮、具有領導才能、有個人魅力，且對人有深刻的理解；個性體貼的你時常關心他人的幸福。出生於2月的你是一個完美主義者和人道主義者，但你仍需要實際的目標；不要為了不值得的人付出並且委屈自己；當你感到猶豫或脆弱時，你會在周圍築起防禦的牆；如果想要與所愛的人相處得更好，你需要避免反應過度或挑剔的行為；對和諧的熱愛以及對內心平靜的渴望表示你富有同情心且充滿理想。

■愛情和人際關係

如果過於理想化，你會對愛的崇高理念過於迷信，而你的伴侶會很難達到你的期望；富有同情心、善良的你會為你愛的人做出犧牲；儘管你積極主動、具有奉獻精神，但你太在乎自我需要，時常會表現得冷淡和漠不關心，因此，你需要保持平和、積極的心態，而不是反應過度，這對你十分重要；富有表現力、多才多藝的你喜歡社交活動所帶來的快樂，你甚至於將工作和娛樂相結合；你對朋友和伴侶忠誠，會給予對方支援。

優點：	多才多藝、有領導能力、洞察力敏銳、務實、靈巧、講求技巧、有開創精神、具組織能力、現實主義、善於處理問題、有毅力
缺點：	急功近利、自卑、專橫、物質主義、短視、懶惰、自大

■你生命中的特殊之人

留意一下誕生日為以下日期的人，也許你就能發現那個可以賦予你靈感的伴侶。

◎愛情和友誼：

1月4.8.22.26日、2月6.20.24、3月4.18.22日、4月2.16.20.30日、5月14.18.28.30、6月12.16.26.28.29日、7月10.14.24.26日、8月8.12.22.24日、9月6.10.20.22.30日、10月4.8.18.20.21.28日、11月2.6.16.18.26日、12月4.14.16.24日

◎幸運貴人：

1月9.20日、2月7.18日、3月5.16.29日、4月3.14.27日、5月1.12.25日、6月10.23日、7月8.21日、8月6.19日、9月4.17日、10月2.15.30日、11月13.28日、12月11.26.30日

◎強烈吸引你的人：

1月27日、2月25日、3月23日、4月21日、5月19日、6月17日、7月15日、8月13.25.26.27日、9月11日、10月9日、11月7日、12月5日

◎砥礪者：

1月2.10.19日、2月8.17日、3月6.15日、4月4.13日、5月2.11日、6月9日、7月7.30日、8月5.28日、9月3.26日、10月1.24日、11月22日、12月20.30日

◎靈魂伴侶：

1月15日、2月13日、3月11日、4月9日、5月7日、6月5日、7月3日、8月1日、10月29日、11月27日、12月25日

太陽星座：雙魚座
區間：雙魚座／海王星
角度：雙魚座3°30´-4°30´
類型：變動星座
元素：水
恆星：北落師門、天津四

2月23日

PISCES

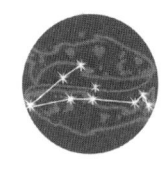

　　你的接受能力強、充滿活力、待人友善，與他人合作會為你帶來成功；你的內心充滿著不安，因此生活總是圍繞著社交，並透過交往經驗的累積逐漸成長。

　　受太陽星座在雙魚座運行的影響持續增強，你具有極強的接受能力和直覺，能夠十分敏銳地感知周圍的人的情緒變化；雖然你敏感、想像力豐富，但商業的敏銳直覺和創意能為你帶來經濟方面的回報；節奏感強的你對音樂和舞蹈具有天賦；缺乏方向感的你會受到群體壓力的影響，這時你會放棄自己的立場，選擇追隨眾人或逃避來使自己活得輕鬆一些。

　　有野心、多才多藝的你能夠結合工作和娛樂，你會是個出色的公關人員，能夠與各行各業的人相處融洽；你具有堅定的決心，當受到某一目標或想法鼓舞時，你會顯示出強大的力量；雖然你強烈渴望獲得成功，但敏感、想像力以及理想主義的性格表示你需要尋求生活的平衡，並克服對資金匱乏的莫名恐懼感。

　　26歲以前，太陽星座位於雙魚座，此時的你較強調敏感的個性和感覺，你會一直尋求理想的環境和關係，或是生活中具有奇蹟的一面；27歲開始，太陽星座推進到牡羊座，你開始變得更加自信、更有野心，你可能會開展新的事業或積極開拓交際生活圈；57歲時會出現另一轉折，此時太陽星座進入金牛座，從這時開始，你會放慢生活節奏，且更需要生活中的穩定和經濟上的安全。

■真實的自我

　　你懷有美好憧憬及理想，但仍渴望金錢、權力和名望，並且有野心、衝勁十足；雖然你勤奮、做事有方法，但容易產生厭倦的你如果缺少物質刺激或迅速的回報，你就會放棄計畫並尋求更好的出路；對因果規律的敏銳直覺使你十分清楚沒有付出努力將不會獲得回報。

　　具有領導能力和對名望的需要能讓你全面性地考慮問題；概念明確的你對和諧懷有絕對的渴望，且喜歡新開始帶來的快樂，但要避免焦慮和不安分；慷慨、多才多藝的你寬容，懂得隨機應變，需要實際的目標；揮霍的個性讓你時常會過度消費，但對金錢和安全感的需要也會使你富有進取心，以及抓住新的機會。

■工作和職業

　　富有想像力但決心堅定的你待人友善，這能夠幫助你在與人際關係相關的職業中獲

得成功；對名望的渴望會使你成為所專注領域中的佼佼者；你對所信仰的理念和事業具有出色的推銷能力，因此能夠在推銷或商業談判中獲得成功；你擅長需要與國外交流的工作，如進出口業或旅遊業；雖然你較喜歡自我創業，但也能夠成為團隊中出色的一員；具有天生的商業直覺，以及對顏色、聲音和形狀的感知力，這使你傾向藝術、戲劇或音樂方面的自我表達；一旦投入到某項工作，你會表現出堅定的決心；而敏銳的商業直覺和組織能力能夠幫助你在任何所選擇的職業中獲得成功。

與你同天出生的名人包括男演員彼得・方達和安頓・莫西曼、女演員茱麗・華特斯，作家山穆・佩皮斯、吉他手約翰尼・溫特。

■數字命理學

你的直覺強烈、感情細膩、富有創造力，你也通常表現出多才多藝、充滿熱情、思維敏捷、具備專業態度；誕生日數字是23的你具有豐富的創意，在多方面都表現出天賦；你也喜愛旅遊、冒險以及結交新朋友；而你的不安分會促使你嘗試不同的經歷並能夠輕鬆地適應環境；你待人友善、有情趣的你勇敢、動力十足，需要藉由積極的生活來發揮潛力。出生於2月的你喜歡合作關係，但仍需要保持獨立性和可以自己做決定的權力；對不同領域的探索以及對能力的自信能使你的視野擴大，這會使你獲益良多；對和諧的熱愛以及對和平環境的需要促使你表達獨特的思想和天賦。

■愛情和人際關係

你的社交生活豐富、朋友眾多；人際關係對你來說十分重要，你也會付出努力來維持良好的關係；原則性很強的你需要一位能夠給予你支持並能接受你強硬性格的伴侶；你友善、隨和，喜歡智商挑戰和辯論；雖然你對精神力量和強勢的人感興趣，但要避免在精神上控制他人或被他人控制；不管怎樣，善良、理解能力強的你對在意的人十分慷慨，也會為所愛的人竭盡所能。

優點：忠誠、有責任感、喜好旅行、善於交際、直覺敏銳、有創造力、多才多藝、值得信賴、聲望
缺點：自私、缺乏安全感、固執、不讓步、挑剔、有偏見

■你生命中的特殊之人

尋求安全感、靈感和愛情的你不妨注意一下誕生日為以下日期的人。

◎愛情和友誼：

1月3.23日、2月11.21.25日、3月9.19.28.31日、4月7.17.26.29日、5月5.15.24.27.29.31日、6月3.13.22.25.27.29日、7月1.11.15.20.23.25.27.29日、8月9.18.21.23.25.27日、9月7.16.19.21.23.25日、10月5.14.17.19.21.23日、11月3.7.12.15.17.19.21日、12月1.10.13.15.17.19日

◎幸運貴人：

1月3.4.10.21日、2月1.2.8.19日、3月6.17.30日、4月4.15.28日、5月2.13.26日、6月11.24日、7月9.22日、8月7.20日、9月5.18.24日、10月3.16.22.31日、11月1.14.29日、12月12.27日

◎強烈吸引你的人：

1月22.28日、2月20.26日、3月18.24日、4月16.22日、5月14.20日、6月12.18日、7月10.16日、8月8.14.26.27.28.29日、9月6.12日、10月4.10日、11月2.8日、12月6日

◎砥礪者：

1月11.20日、2月9.18日、3月7.16日、4月5.14日、5月3.12.30日、6月1.10.28日、7月8.26.31日、8月6.24.29日、9月4.22.27日、10月2.20.25日、11月18.23日、12月16.21日

◎靈魂伴侶：

1月26日、2月24日、3月22.30日、4月20.28日、5月18.26日、6月16.24日、7月14.22日、8月12.20日、9月10.18日、10月8.16日、11月6.14日、12月4.12日

太陽星座：雙魚座
區間：雙魚座／海王星
角度：雙魚座4°30´-5°30´
類型：變動星座
元素：水
恆星：北落師門、天津四

2月24日

PISCES

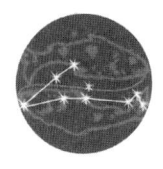

你的態度積極向上、富有想像力，而且接受能力強、個性獨立；充滿理想、感情深沉、努力工作的你對所愛的人十分慷慨、充滿保護欲；儘管你親切、和藹、態度務實，但崇高理想與對金錢和奢侈生活的渴望會讓你在兩個極端之間搖擺不定；既能激發靈感，又能提供物質激勵的事業能夠使你不被強烈感情左右。

受太陽星座在雙魚座運行的影響持續增強，你的洞察力更強，儘管有時會陷入情緒化和不安分的狀態中；你的思維敏捷、對新潮流和思想具有包容性，也對社會改革充滿渴望；雖然你的想像力豐富、善於思考，但不安分的個性有時會導致你與他人發生爭執；缺乏方向感的你會受到群體壓力的影響，這時你會放棄自己的立場，選擇追隨眾人或逃避來讓自己活得輕鬆一些。

渴望新開始的你可能會成為一個開拓者，這也表示你要避免陷入成規或浮躁的情緒；只要你對自己有足夠的信心，大膽果敢的處事風格、獨到的見解和直覺是你成功的保證。

25歲之前，太陽星座位於雙魚座，這一時期的你主要集中於情感的發展、敏感的個性以及對未來的夢想；26歲到55歲之間，你的太陽星座將經過牡羊座，這會使你更加自信、積極、富有冒險精神，此時也是你拓展事業的絕佳時機，包括取得領導地位或學會更直接地處理人際關係；56歲以後，你的太陽進入金牛座，此時的你會更平靜、堅定，對自然的興趣更濃厚，這一時期你對名望的需要會增強，並獲得安全感。

■真實的自我

你的個性迷人、善於合作、喜歡社交、具有魅力；你是天生的公關人員，能夠正確地選擇交際對象並結合工作與娛樂；富有想像力、思想獨到的你會是一個優秀的決策者且具備管理能力；當你為新的事業或想法而變得情緒高漲時，好動的性格會使你充滿活力和決心；洞察力和敏銳的商業直覺能夠使你更快地發現機遇；你通常對賺錢有著新奇創意。

儘管你時常比較專橫，但與他人合作的能力表示你懂得如何運用策略或透過談判來讓分歧的意見達成一致；你十分在乎個人交情，因為這既是你自我意識的投射，也是你表達強烈情感和愛的途徑。

■工作和職業

強烈的渴望和衝勁表示你充滿理想，雖然有點物質主義；洞察力敏銳、接受能力強的你具備與人相處的天賦，能夠成為財務顧問、調解員或談判員；新的開始和挑戰會使你充滿熱情；而投身商業的你十分善於發現機會和有天分的人；想像力豐富、對顏色和形狀敏感的你可以從事內部裝修或設計工作來滿足表達自我的渴望；此外，冒險精神使你尋求財富，這包括藉由到遠方旅行來嘗試不同的生活方式；另一個符合你的天賦和個性的選擇是發揮創造力成為作家、演員或畫家。

與你同天出生的名人包括畫家溫斯洛·荷馬、童話作家威廉·格林、音樂人尼基·霍普金斯，以及演員詹姆士·范倫鐵諾和愛德華·詹姆士·奧摩斯和阿貝·維高達。

■數字命理學

誕生日數字24賦予你細膩的感情，而你需要建立和諧和秩序；你通常誠實、讓人信賴，且有較強的安全意識；你需要伴侶的愛和支持，因此傾向為自己和家庭建立穩固的基礎；對生活的務實態度使你具備敏銳的商業直覺和獲得物質方面成功的能力；誕生日數字為24的你要避免不穩定以及固執或思維僵化的傾向。出生於2月的你適合擔任公關人員，因為你渴望與他人接觸，而且善於合作或從事協調工作；工作有效率的你有決心，而且具備良好的組織能力；你對他人的判斷力總是很準確，因此要相信自己的直覺；如果缺乏動力，你會變得焦躁且注意力無法集中。

■愛情和人際關係

迷人、友善的你通常喜歡積極的生活和結識新的朋友；你需要找到一位能夠令你保持思維活躍和興趣的人，才能改善你容易厭倦的傾向；你的理想伴侶應該是個性堅強，且和你一樣勤奮的人；對愛和欣賞的強烈渴望會使你選擇來全心全意地投入；如果在交友和擇偶問題上多花些時間考慮，你就不會對愛情和人際關係表現得那麼衝動。

優點：體力充沛、充滿理想、具有實用技能、決心堅定、誠實、坦率、公平、慷慨、愛家、有活力

缺點：物質主義、吝嗇、不穩定、不循常規、懶惰、不忠實、強勢、固執、記仇

■你生命中的特殊之人

尋求心靈伴侶、愛情和朋友的你不妨從以下誕生日的人尋找。

◎愛情和友誼：

1月14、24、31日、2月12、22、29日、3月10、20、27日、4月8、18、25日、5月6、16、23、30日、6月4、14、18、21、28、30日、7月2、12、16、19、26、28、30日、8月10、17、24、26、28日、9月8、15、22、24、26日、10月6、13、20、22、24、30日、11月4、8、11、18、20、22、28日、12月2、19、16、18、20、26、29日

◎幸運貴人：

1月5、22、30日、2月3、20、28日、3月1、18、26日、4月16、24日、5月14、22日、6月12、20日、7月10、18、29日、8月8、16、27、31日、9月6、14、25、29日、10月4、12、23、27日、11月2、10、21、25日、12月9、19、23日

◎強烈吸引你的人：

1月12、2月10、3月8、4月6日、5月4日、6月2日、8月27、28、29、30日

◎砥礪者：

1月16、21日、2月14、19日、3月12、17、30日、4月10、15、28日、5月8、13、26日、6月6、11、24日、7月4、9、22日、8月2、7、20日、9月5、18日、10月3、16日、11月1、14日、12月12日

◎靈魂伴侶：

1月25日、2月23日、3月21、30日、4月19日、5月17日、6月15日、7月13日、8月11日、9月9日、10月7日、11月5日、12月3、30日

太陽星座：雙魚座
區間：雙魚座／海王星
角度：雙魚座5°至6°30´
類型：變動星座
元素：水
恆星：北落師門、天津四

2月25日

PISCES

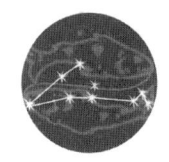

敏感的個性和聰明的才智顯示出你的與眾不同；富有靈感、想像力豐富的你表達清晰、勤奮，喜歡獨立和掌控一切；洞察力敏銳、理性的你能夠認清知識的力量並發揮與生俱來的洞察力，這使你能充份地開發智商，雖然你的天賦可能無法完全開發；認真、謹慎的你喜歡挑戰世俗，且在他人面前表現得具有自信。

受太陽星座在雙魚座運行的影響持續增強，你具有某種超自然的力量和有深度的思想，這使你具有更強的分析能力並賦予你感受周圍的人的情緒變化以及把握社會潮流的能力；儘管這一影響會使你對人和環境產生特有的洞察力，但也會導致你時常產生迷惘和自我懷疑。

缺乏方向感的你會受到群體壓力的影響，這時你會放棄自己的立場，選擇追隨眾人或逃避來讓自己活得輕鬆一些；目標明確的你有時會對自己過於挑剔和嚴苛；學會相信你的直覺能夠幫助你應付任何挑戰，進而形成獨到的見解；不管是正式的還是自發性的教育，都是你能否發揮潛能的重要關鍵。

24歲以前，太陽星座位於雙魚座，這一時期的你較關注於敏感的個性以及與他人的情感交流；25歲到54歲的這段時間，太陽星座將經過牡羊座，你會進入全新的人生階段，並表現得更自信、堅定、充滿活力，這會促使你對新的冒險產生強烈的渴望；55歲以後，太陽星座進入金牛座，你會更需要成就和物質上的安全感，同時渴望生活更平靜、更穩定。

■真實的自我

你堅強、有決心，而且具有迷人魅力；你充滿智慧、觀察力強、思維敏捷、言辭尖銳，並對他人有敏銳的洞察力；充滿理想、勤奮的你會為了不公而進行對抗；不管怎樣，對權力、金錢和名望的渴望會促使你獲得成就。

雖然你的個性獨立，但你也深知與人分享和合作的價值，因為這能使你獲得最好的成果；有時你能在某種環境中十分堅持，其決心堅定得讓人驚訝；你最好要避免處於從屬地位，因為你會對權勢人士的權力遊戲產生強烈的反感；你正直善良、渴望幫助他人，但要確保自己不會因為承擔過多責任而產生緊張情緒。

■工作和職業

充滿智慧、接受能力強的你有著堅強的性格和領導能力；你的上級會欣賞你負責和勤奮的態度，因而你有升職機會；從事商業的你能夠將知識轉化為實際的價值；此外，你也會希望從事教育工作；如果你想要發掘創造力，你可以培養寫作能力，盡量讓自己

從事的活動有意識地受到引導；對組織及體系的改善能力使你適合管理工作，如此你就能指揮他人並分配人力；身爲人道主義者的你對改革或對改善工作環境比較感興趣；充滿靈性的你能夠深入探索哲學或對宗教產生興趣。

　　與你同天出生的名人包括音樂人喬治·哈里森、作曲家韓德爾、作曲家梅赫爾·巴巴、法國畫家奧古斯特·雷諾瓦、英國電影導演大衛·普特南、營養學家艾德爾·大衛斯、喜劇演員澤珀·馬克斯，以及男演員湯姆·康特奈。

■數字命理學

　　誕生日數字25的你思維敏捷、體力充沛，而且洞察力敏銳、思想豐富；你渴望藉由不同的經歷來表達自我，這包括追求新的、令人激動的想法，以及結識新的朋友或進入新環境；你對完美的追求促使你工作勤奮並富有成果，不過，當事情沒有按照計畫發展時，你要避免多疑和挑剔的個性；你在智商方面潛力無限，這使你總是比他人更加迅速地認清事實並得出結論；學著相信直覺並培養毅力和耐心，成功和幸福就會和你不期而遇；受出生於2月的影響，你敏感且具有智慧；人際關係的處理可以使你得到學習和成長；保持積極的心態，不要讓內心的恐懼阻礙創造力的發揮，這樣你的洞察力和精神力量將會得到強化；你是個務實的人道主義者，能夠爲你所在的團體和機構做出巨大的貢獻。

■愛情和人際關係

　　雖然你的感情細膩，但個性直率的你說話直接；你崇拜積極、誠實且處事直接的人，你具有責任感且充滿理想，驕傲的個性使你在人際關係中喜歡位居上風；態度消極時，你必須要克制強勢的性格，或將挫折和不滿投射到家庭其他成員身上；忠誠、安全意識強的你對所愛的人充滿奉獻精神和保護欲；家庭就是你的城堡，在這裡你可以暫時擺脫工作的緊張和外界壓力；你通常會是一個熱情、體貼的主人，享受愉悅他人帶來的快樂。

優點：洞察力敏銳、追求完美、悟性高、有創造力、善於處理人際關係

缺點：衝動、浮躁、不負責任、妒忌、不坦率、環境多變、挑剔、情緒化、焦慮

■你生命中的特殊之人

與誕生日爲以下日期的人相處，你能夠獲得愛情和幸福。

◎愛情和友誼：

1月11、13、15、17、25日、2月9、11、13、15、23日、3月7、9、11、13、21日、4月5、7、9、11、19日、5月3、5、7、9、17、31日、6月1、3、5、7、15、29日、7月1、3、5、17、27、29、31日、8月1、3、11、25、27、29日、9月1、9、23、25、27日、10月7、21、23、25日、11月5、9、19、21、23日、12月3、17、19、21、30日

◎幸運貴人：

1月1、5、20日、2月3、18日、3月1、16日、4月14日、5月12日、6月10日、7月8日、8月6日、9月4日、10月2日

◎強烈吸引你的人：

8月28、29、30、31日

◎砥礪者：

1月6、22、24日、2月4、20、22日、3月2、18、20日、4月16、18日、5月14、16日、6月12、14日、7月10、12日、8月8、10、31日、9月6、8、29日、10月4、6、27日、11月2、4、25、30日、12月2、23、28日

◎靈魂伴侶：

1月6、12日、2月4、10日、3月2、8日、4月6日、5月4日、6月2日

太陽星座：雙魚座
區間：雙魚座／海王星
角度：雙魚座6°30´-7°30´
類型：變動星座
元素：水
恆星：天津四

2月26日

PISCES

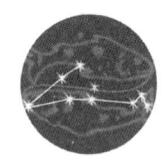

　　這一天出生的你喜好交際、洞察力敏銳、充滿理想且具備實用能力，而且接受能力強；你的天資聰穎、多才多藝，生活總是忙碌充實，你也期望藉由表現自己的與眾不同來使自己獲得滿足感；儘管思想上有些不安分，但勤奮工作和為自己及所愛的人建立穩固基礎，能使你獲得感情上的安全感和平靜的心；對你來說，身為領導者比接受他人命令更具吸引力；想要同時完成許多事的你可能會給自己帶來難以承受的負擔而最終一事無成。

　　受太陽星座在雙魚座運行的影響持續增強，你具有全面性的判斷力，而且富有想像力和精神力量，這使你能夠充分結合智慧與邏輯思維；學會相信直覺，你會因為充實知識獲得安全感並表現出自信和果敢。

　　身為完美主義者的你會十分認真地看待自己的責任；但你需要克服精神上的緊張，因為這會導致你浮躁或挑別；思維敏銳、明辨的你能夠直接、誠實地表達內心想法，因此你能夠與他人溝通想法，有時直接明瞭，有時充滿機智巧妙。

　　23歲以前，太陽星座運行到雙魚座，這一時期的你主要關注於敏感的個性和感情，你也一直在尋求理想的環境和關係，或是生活中具有奇蹟的一面。24歲開始太陽星座進入牡羊座，此時的你會變得更有自信、有野心，同時你可能會展開新的事業或擔任領導角色。54歲時是另一轉捩點，此時太陽星座進入金牛座，在這段時期，你會放慢生活節奏，並且需要更多的穩定以及經濟方面的安全感。

■真實的自我

　　儘管你十分聰明，但也非常敏感、洞察力敏銳，強烈需要表達自我；機智、友善的你要克服對個人深層感覺的不確定，特別是在對待親密關係上；你通常難以做選擇和決定，因為這可能會導致你的理性思維變得混亂；通常你對玄學或精神性領域的問題較感興趣，而培養直覺或傾聽心靈的聲音會讓你有所收穫。

　　強烈的實際感表示你有野心，而且精明，能夠迅速地對人和環境做出判斷；不過，經濟方面的安全感並不能為你找到所有問題的答案；你的自我要求很高，因此你有著明確的目標以及對成就的渴望，通常將成功做為終極目標；積極的行動表示你通常已經有所計畫，而獨立思考的能力使你具備負責大型專案的能力和宏觀視野；你總是能夠向那些抱有懷疑態度的人證明他們是錯誤的，並以此來回應局勢的限制和他人的批判。

■工作和職業

富有想像力、務實的你通常會尋求能夠充實知識和技能的職業，你懷有強烈的憧憬和天生的遠見，因此傾向富有創造力，且能夠使思維活躍的工作；在文字方面的天賦幫助你能夠在交流方面獲得成功，特別是寫作、文學、教育或傳播媒體領域；具有科學精神的你也適合從事化學和工程的工作；此外，你對金融或法律也比較感興趣；做事有條理、有威嚴感的你無論從事什麼職業都能發揮得很出色；如果對改革有興趣，你也會投身為他人爭取權益的工作，如工會或政治領域；同時，人道精神會引導你為某項事業而奮鬥，或者透過諮商與社會福利工作幫助他人；藉由美術設計、音樂或戲劇，你對藝術表達的需要能夠獲得滿足。

與你同天出生的名人包括作家雨果、音樂人法茲‧多明諾和約翰尼‧凱許，實業家詹姆士‧戈德史密斯爵士、馬戲團表演者布法羅‧比爾‧柯迪，以及傑基‧格利森。

■數字命理學

誕生日數字是26的你對生活的態度務實，具備管理能力和敏銳的商業直覺；你通常具有責任感及天生的審美感，而且熱愛家庭，渴望建立穩固的基礎或找到真正的穩定感；你能給予親朋好友極大的支援，在他們需要幫助時伸出援手；不過，你要避免物質主義的傾向以及對環境和他人的控制慾。受出生月2月的影響，你的洞察力敏銳，有著強烈的直覺以及實用技能；努力迎合他人會使你喪失獨立性；對成功的渴望促使你不斷上進並全面思考問題；雖然你善於接受他人的意見，但討厭他人介入你的事情；個性堅強的你需要可以自我決策的自由。

■愛情和人際關係

洞察力敏銳而思想不安分的你喜歡有智慧、對成就懷有渴望的人；雖然你敏感而且富有同情心，但環境的變化總是影響了你的人際關係，因而你時常會產生不安的感覺；新的機會或結識令你激動的人都可能會影響你的計畫；你需要具有智慧並能和你一樣崇尚知識的伴侶。

優點：有創造力、務實、體貼、負責、對家庭有自豪感、充滿熱忱、勇敢

缺點：固執、叛逆、人際關係不穩定、沒有鬥志、缺乏堅持

■你生命中的特殊之人

尋求生命中特殊之人和朋友的你，可以留意誕生日為以下日期的人。

◎愛情和友誼：

1月12、16、25日、2月10、14、23、24日、3月8、12、22、31日、4月6、10、20、29、5月4、8、18、27日、6月2、6、16、25、30日、7月4、14、18、23、28日、8月2、12、21、26、30日、9月10、19、24、28日、10月8、17、22、26、11月6、10、15、20、24、30日、12月4、13、18、22、28日

◎幸運貴人：

1月2、13、22、24日、2月11、17、20、22日、3月9、15、18、20、28日、4月7、13、16、18、26日、5月5、11、16、18、26日、6月3、9、12、14、22日、7月1、7、10、12、20日、8月5、8、10、18日、9月3、6、8、16日、10月1、4、6、14日、11月2、4、12日、12月2、10日

◎強烈吸引你的人：

1月25日、2月23日、3月21日、4月19、5月17日、6月15日、7月13日、8月11、30、31日、9月1、9日、10月7日、11月5日、12月3日

◎砥礪者：

1月7、23日、2月5、21日、3月3、19、29日、4月1、17、27日、5月15、25日、6月13、23日、7月11、21、31日、8月9、19、29日、9月7、17、27、30日、11月3、13、23、26日、12月1、11、21、24日

◎靈魂伴侶：

1月17日、2月15日、3月13日、4月11日、5月9日、6月7日、7月5日、8月3日、9月1日、11月30日、12月28日

太陽星座：雙魚座
區間：雙魚座／海王星
角度：雙魚座7°30´-8°30´
類型：變動星座
元素：水
恆星：天津四

2月27日
PISCES

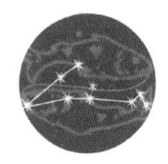

這一天出生的你充滿智慧、接受能力強、富有理想，雖然敏感但有著高遠的理想；懷著美好憧憬的你有朝氣，而且兼具剛柔兩種氣質，這表示你對生活的觀點充滿新意但內心浮躁，因此，你需要具備負責且成熟的態度才能發揮潛能；具有進取心的你要避免感情壓抑或過度興奮而導致的緊張。

受太陽星座在雙魚座運行的影響持續增強，你的洞察力敏銳、充滿想像力，且在多方面顯現出天賦並富有創意；儘管你富有同情心且性格迷人，舉手投足之間都散發出魅力，但到受情緒的左右，你會表現得神祕兮兮，不與他人交流。

雖然你喜好交際，但對生活有獨特的看法；受到某一事業或思想鼓舞時，你會變得躍躍欲試，不過，渴望成就的你要避免態度專橫；你是一位富有創造力的思想家，崇尚知識，而且興趣廣泛；教育以及對知識的追求能使你發掘在言談和寫作方面的天賦，並使你的商業直覺更加敏銳；對藝術和美的欣賞賦予你高雅的品味和對奢華、舒適生活的嚮往。

22歲之前，太陽星座運行在雙魚座，這段時期你的注意力主要集中在感情的發展和直覺上；23歲到52歲之間，太陽星座位於牡羊座，這一影響使你建立自信，及追求積極、冒險的生活；53歲以後，太陽星座進入金牛座，此時的你更富有創造力，對自然、奢華和優質生活的興趣增強，同時你對成就以及安全感的需要更加強烈。

■真實的自我

迷人、風趣的你精力充沛，具有年輕的心態；對成功的渴望表示你是物質和理想主義的有趣結合；雖然懷有野心，但淡泊的態度能使你一直保持樂觀和熱忱，並使你散發出讓人著迷的氣質；你待人友善、性格隨和，而人際交往的技能能幫助你登上成功的巔峰。儘管外在形象和物質方面的安全感對你十分重要，但你時常產生莫名的恐懼或對金錢過於關注；不管怎樣，你都能夠保持對成功的專注，而且思維活躍、富有想像力；活力與強烈的感情和同情心相結合，你就能以熱情和樂觀鼓舞他人。

■工作和職業

充滿智慧、機敏的你在言談舉止上能讓人信服，並具有出色的推銷力；投身商業的你能夠從事廣告和銷售工作；迷人的個性和積極的心態，你適合任何需要與公眾溝通的職業；對新的思想感興趣、熱衷學習的你會投身教育領域；充滿熱忱的你能夠成為出色

的教師或講師；身為人道主義者，你也能成為優秀的律師、政治家或為正義事業而戰的演說家；具有管理能力和進取精神的你能夠開創自己的事業，成為核心人物或擔任公司及部門的主管；只要能認真面對自己的責任，你就能憑藉熱情和決心得到良好的成績；你能夠迅速掌控局勢，而教育對你提升生活的作用重大；對新技能的不斷學習能使你保持活力和高昂的鬥志。

與你同天出生的名人包括女演員伊莉莎白・泰勒和瓊安娜・伍德沃德、消費者運動宣導者羅夫・納德、詩人H・W・朗費羅、哲學家魯道夫・史代納、歌手邁克・波頓，以及作家約翰・史坦貝克。

■數字命理學

洞察力敏銳、善於分析的你透過對耐心和自制力的培養，能夠大幅度地深化思想；誕生日數字27代表你決心堅定、觀察細緻且十分關注細節；雖然你時常表現得神祕、理性、淡然，其實你是在掩飾內心的緊張；良好的溝通技巧能使你克服表達深層感情時會出現的障礙。出生於2月的你敏感，強烈渴望成為團體中的一員；你的適應能力強、善解人意，渴望追求合作帶來的快樂；接受能力強且具有探索精神的你需要學會相信直覺，你才能有效地表達想法並獲得更多的感悟；學會保持平衡以及平和的心態，你就能在與人交往的同時保持獨立性；在遭遇反對時你要克制緊張和焦慮的情緒；向他人展示你的愛心能使你的人道精神得到升華；過於自信的你會被勝利沖昏了頭。

■愛情和人際關係

迷人、充滿智慧、有朝氣的你喜好交際，而且人緣好；緊張、敏感的你容易情緒不穩定，時而積極、善良，時而冷酷、孤僻；你一直在尋求關係緊密的理想愛情；你時常會因為對他人的責任而耽擱了你的計畫，或使你的人際關係受到影響；有魅力的你擁有許多朋友和夥伴，但你卻經常會感到孤獨或被拋棄，你同時也必須學會讓步或遷就別人；得到理想的愛情時，你會成為一個忠誠的朋友和溫柔的伴侶。

優點：多才多藝、有想像力、有創造力、堅毅、勇敢、具理解能力、有智力潛能、脫俗、有創新精神、精神力量
缺點：好爭辯、不安分、緊張、缺乏信任、情緒化

■你生命中的特殊之人

尋求生命中特殊之人的你可以留意一下誕生日為以下日期的人。

◎愛情和友誼：

1月7.10.17.27日、2月5.8.15.25日、3月3.6.13.23日、4月1.4.11.21日、5月2.9.19、6月7.17、7月5.15.19.29.31日、8月3.13.27.29.31日、9月1.11.25.27.29日、10月9.23.25.27日、11月7.11.21.23.25日、12月5.19.21.23日

◎幸運貴人：

1月3.5.20.25.27日、2月1.3.18.23.25日、3月1.16.21.23日、4月14.19.21日、5月12.17.19、6月10.15.17.23日、7月8.13.15日、8月6.11.13日、9月4.9.11日、10月2.7.9.26日、11月5.7.13日、12月3.5日

◎強烈吸引你的人：

1月13日、2月11日、3月9日、4月7日、5月5日、6月3日、7月1日、8月31日、9月1.2日

◎砥礪者：

1月16.24日、2月14.22日、3月12.20日、4月10.18日、5月8.16.31日、6月6.14.29、7月4.12.27日、8月2.10.25日、9月8.23日、10月6.21日、11月4.19日、12月2.17日

◎靈魂伴侶：

1月16日、2月14日、3月12日、4月10日、5月8日、6月6日、7月4.31日、8月2.29日、9月27日、10月25日、11月23日、12月21日

太陽星座：雙魚座
區間：雙魚座／海王星
角度：雙魚座8°30´-9°30´
類型：變動星座
元素：水
恆星：羽林軍二十六

2月28日

PISCES

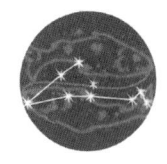

雖然你友善、機智、親切和藹，但雙魚座讓你具有競爭意識、勤奮、充滿智慧；敏感和直覺是你的重要優勢，你具有很高的期望和宏偉的理想；你在多方面都具有天賦，但如果缺乏自我約束、堅持和決心，你將很難發揮潛能；善於與人相處的你能夠透過合作來獲得成功。

受太陽星座在雙魚座運行的影響，富有創造力、接受能力強的你有著美好的憧憬和想像力；雖然你的外表具有藝術氣質、易感，有著人道主義的理想，但其實你的內心精明，而且具有敏銳的商業直覺。

你的思想豐富、充滿智慧、渴求知識，具有活力和說服力；教育能讓你達到成功的機率更大；富有靈感、務實的你喜歡精神方面的挑戰，但對自我能力和智慧進行的考驗會讓你變得好爭論、固執、咄咄逼人；你富有進取心、信念堅定，具有獨立的觀點和出色的推理能力。

21歲以前，太陽星座位於雙魚座，此時你的注意力主要集中於敏感以及與他人的情感交流，而年輕時的你可能會受一位性格堅強的男性影響甚多，22歲到51歲之間，太陽星座在牡羊座運行，這一新的人生階段使你變得更加堅定、自信、有活力，這也會促使你對新的冒險產生強烈的渴望；52歲以後，太陽星座進入金牛座，此時你對物質方面的成就以及安全感的需要將會增加，這也使你渴望擁有更多的寧靜和情感上的穩定。

■真實的自我

你具有說服力，而且洞察力敏銳，具有強烈的意識；你可以藉由接受智慧引導、提升個人境界來達成願望，或者是藉由控制他人得到你想要的；你在行動時會愈有責任感且愈正直，因此獲得提升的機會就愈大；強烈的尊嚴是來自對道德以及對幻想的認識，而你需要避免自私和自我放縱。

你有敏銳的直覺，同時具有極強的理智和敏捷的思維，這通常能使你保持機敏並促使你在逆境中努力；迷人、慷慨、善良、受歡迎的你要了解過度的傲慢會導致他人疏遠；儘管你擁有輕鬆的心態，但唯有堅持和令人信賴的性格才能使你完全地發揮潛力。

■工作和職業

敏銳的思維和出色的社交能力能使你在生活的各個領域獲得成功；對感興趣的事物擁有強烈的求知欲的你會傾向教育、自然科學、研究或哲學領域；同時，機敏的頭腦能

幫助你解決任何問題；雖然你喜愛旅行，但不安分的性格可能會讓你失去工作機會；喜歡擔任領導角色的你更適合管理職位或自我創業；高超的組織能力和進取心能為投身商業的你提供極大的幫助；隨著年齡的增長，你想要幫助他人的渴望會愈發強烈；自我表達的需要和對富有戲劇性事物的熱愛會吸引你從事寫作、藝術或娛樂工作。

與你同天出生的名人包括舞蹈家瓦斯拉夫‧尼金斯基、化學家萊納斯‧鮑林、音樂人布萊恩瓊斯，以及建築師法蘭克‧蓋里。

■數字命理學

個性獨立、充滿理想的你、務實、有決心及很強的原則性；與誕生日數字是1的人相似，你有野心、處事直接、有進取心；你會在渴望獨立和成為團隊一員之間的產生矛盾；你隨時都在準備行動和投入新的冒險，並能夠勇敢面對生活的挑戰；你的熱情極易感染他人，即使他們不能同你並肩作戰，也會助你一臂之力；誕生日數字是28的你具有領導能力，喜歡依賴常識，有邏輯性強和清晰的思維；雖然你具有責任感，但要避免過度熱情、浮躁或心胸狹隘。受出生月2月的影響，你的接受能力強，能夠十分準確地洞悉他人的動機；與不同的人接觸能使你獲益；雖然你對他人比較挑剔，但有時你也需要仔細審視自己的缺點；對平衡的渴望表示你如果能夠掌握付出和索取的藝術，就能有所收穫。

■愛情和人際關係

你的許多行動以及對獨立的渴望都和人際關係有關；通常你崇拜具備良好的實用知識、智慧、善良、熱心，有許多不錯建議的人；雖然你具有強大的思想，但其實你需要一個能夠理解你脆弱本性的伴侶；適時展露敏感的性格可為你贏得更具溫情、更加親密的人際關係。

優點：有同情心、思想進步、有魄力、藝術氣質、有創造力、充滿理想、有野心、勤奮、穩定的家庭生活、意志堅強

缺點：空想、缺乏動力、沒有同情心、不切實際、專橫、判斷失誤、咄咄逼人、缺乏自信、太依賴他人、驕傲

■你生命中的特殊之人

你是否在尋求可以與你共度一生，並且對你生命具有特殊意義的人、那麼不妨留意一下誕生日為以下日期的人。

◎愛情和友誼：

1月1.8.14.28.31日、2月12.26.29日、3月10.24.27日、4月8.22.25日、5月6.20.23日、6月4.18.21日、7月2.16.19.20.30日、8月14.17.28.30、9月12.15.26.28.30、10月10.13.24.26.28日、11月8.11.12.22.24.26日、12月6.9.20.22.24日

◎幸運貴人：

1月26日、2月24日、3月22日、4月20、5月18日、6月16.24日、7月14日、8月12日、9月10日、10月8日、11月6.14日、12月4.29日

◎強烈吸引你的人：

8月31、9月1.2.3日

◎砥礪者：

1月3.25日、2月1.23日、3月21日、4月19日、5月17日、6月15日、7月13日、8月11日、9月9日、10月7日、11月5日、12月3日

◎靈魂伴侶：

1月3.10日、2月1.8日、3月6日、4月4日、5月2日

太陽星座：雙魚座
區間：雙魚座/海王星
角度：雙魚座9°至10°
類型：變動星座
元素：水
恆星：羽林軍二十六

2月29日
PISCES

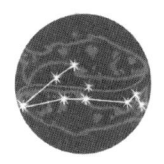

雙魚座賦予了你決心、想像力以及創造性的自我表達；充滿理想、富有同情心的你十分善解人意、待人熱情；你有許多的創意想法，但焦慮的傾向會動搖你的決心，使你的自信受挫。

受太陽星座在雙魚座運行的影響持續增強，你易感而且具有強烈的直覺；個性迷人的你，因為有著美好的憧憬和理想而使他人為你著迷；想像力和積極的心態是你獲得成功和幸福的關鍵；你對聲音的理解能力很強，也有著出色的節奏感，因此能夠將音樂當做自我放鬆的方式。

你需要發掘真實潛能的動力，因此你可以接受教育或加深自我認識；只要將任何事都當成是學習的經歷，就能夠克服挫折感和浮躁的性格；你的寬闊胸襟和寬容使你在人際關係上可以盡情善用。

20歲以前，太陽星座位於雙魚座，這一時期的你較關注於敏感和感情，你也一直在尋求理想的環境和關係，或者是生活中充滿奇蹟的一面。21歲時，太陽星座進入牡羊座，此時你變得更加自信、有野心，因此你會開拓新的事業或對待人際關係更加直接；31歲以後，太陽星座推進到金牛座，你將會放慢生活節奏，渴望更多的穩定和經濟方面的安全感。

■真實的自我

多變的情緒代表著你富有表現力和創造力，且強烈渴望自我表達；如果無法表達自己的感情和想法，你會對他人失望、沮喪；為了發揮誕生日賦予你的巨大潛能，你需要積極的處世哲學，這包括培養耐心和堅持；天資聰穎的你能夠在藝術、音樂或戲劇領域發揮創造力，或者至少能成為出色的鑑賞家。

你擁有強烈的責任感，但有時會對自己和他人比較嚴苛；你時常表現得慷慨、充滿理想，而且熱心，同時你也具有強烈使命感和忠誠；教育是你獲得成功的關鍵，因此你需要不斷地更新知識並保持足夠的專注力。

■工作和職業

對知識的熱愛以及交際能力，使你能在教育或自然科學領域表現出色；天生對商業的興趣以及出色的組織和管理能力，對你從事任何工作都會有所幫助；在顏色和聲音方面的天賦會使你對美術和設計、詩歌、音樂或舞蹈產生興趣；同時，你也會對文學或富

有想像力的故事創作感興趣；天生的同情心使你傾向宗教領域或支持弱勢團體的工作；此外，你的表現力能夠幫助你在商業演出領域獲得成功。

與你同天出生的名人包括作曲家羅西尼、樂隊指揮吉米·達西、男演員詹姆士·米歇爾，以及歌手和女演員黛娜·蕭。

■數字命理學

你充滿理想化的憧憬、活力充沛、個性堅強，誕生日數字29的你具有強烈的個性和超凡的潛力；靈感是你獲得成功的關鍵，若缺少靈感，你就會喪失目標；雖然你充滿各種幻想，但必須注意情緒波動，因為你會時而友善熱情，時而又冷酷無情，時而樂觀，時而悲觀；觀察細緻的你必須盡量避免刻薄、多疑，並要多加考慮周圍的人的感受。出生於2月的你觀察力強、敏感、感情強烈；對交流和自我表達的渴望表示你需要與他人接觸；在多方面具有天賦的你能夠將思想轉化為實際並因此獲益；試圖取悅他人的你會發現並非你的所有好意都會受到歡迎。

■愛情和人際關係

雖然人際關係對你十分重要，但不要對朋友產生依賴；你需要培養獨立的思維，並找到能夠發揮天賦的途徑；忠誠的你渴望尋求忠誠、溫柔，並且能夠一直陪在身邊的伴侶；善於表達感情的你期望與某個人建立長久的關係；熱情的你喜好交際，身邊總有許多朋友陪伴，你也總是表現得十分風趣。

優點：	有靈感、平衡感、内心平和、慷慨、有創造力、有洞察力、神祕、強烈的憧憬、信念、容易相處、成功
缺點：	注意力不集中、情緒化、難相處、極端、不考慮他人、過度敏感

■你生命中的特殊之人

渴望尋求安全感、強烈的感情維繫以及愛情的你與誕生日為以下日期的人相處會變得更加幸運。

◎愛情和友誼：

1月1、15、26、29、30日、2月13、24、27、28日、3月11、22、25、26日、4月9、20、23、24日、5月7、18、21、22日、6月5、16、19、20、23日、7月3、14、17、18、31日、8月1、12、15、16、29、31日、9月10、13、14、27、29日、10月8、11、12、25、27日、11月6、9、10、13、23、25日、12月4、7、8、21、23、29日

◎幸運貴人：

1月1、2、10、14、27日、2月8、25日、3月6、23日、4月4、21日、5月2、6、19、30日、6月4、17、28日、7月2、15、26日、8月13、24日、9月11、22日、10月9、20日、11月7、18日、12月5、16日

◎強烈吸引你的人：

8月31日、9月1、2、3、4日

◎砥礪者：

1月17、26日、2月15、24日、3月13、22日、4月11、20日、5月9、18日、6月7、16日、7月5、14日、8月3、12、30日、9月1、10、28日、10月8、26、29日、11月6、24、27日、12月4、22、25日

◎靈魂伴侶：

1月21日、2月19日、3月17日、4月15日、5月13日、6月11日、7月9、29日、8月7、27日、9月5、25日、10月3、23日、11月1、21日、12月19日

太陽星座：雙魚座
區間：雙魚座/海王星
角度：雙魚座9°30´-10°30´
類型：變動星座
元素：水
恆星：無

3月1日

PISCES

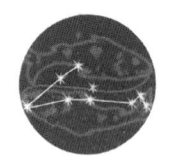

　　你充滿理想、勤奮、有目標感、決心堅定且專注；創造力和實用技能的結合使你與眾不同；保持平和的心態，對待生活不要過於嚴肅，這樣對你有好處；雖然你時常面臨挫折和逆境，但你的堅持和富有感染力的熱情能夠讓你獲得他人的幫助。

　　受太陽星座在雙魚座運行的影響持續增強，細膩、易感的你懷有強烈的憧憬；富有同情心的你擅長理解他人的感情，但要注意情緒的波動或焦慮的情緒；積極的想法及和諧的環境能讓你獲益；你天生具有強大的精神力量，與出色的社交能力相結合，能使你善於與人相處；如果感到不高興，你要避免逃避或自怨自艾。

　　有野心的你具備出色的交際和領導能力；具有出色組織能力的你如果對未來有所計畫，將會表現得更加出色；長期的投資能夠讓你獲得豐厚的收益，不過你要避免忽視細節、急於求成的想法。

　　19歲以前，太陽星座位於雙魚座，此時的你較關注於敏感、對周圍環境的接受能力以及情感的需要；20歲到49歲之間，太陽星座將經過牡羊座，你將邁向新的人生階段並且變得更有自信、果敢、充滿活力，這會促使你尋求新的冒險；50歲時，太陽星座推進到牡羊座，此時的你對成就以及物質方面安全感的需要增強，同時渴望更加平靜的生活。

■真實的自我

　　感情力量使你具有個人魅力、富有同情心、慷慨；強烈的自我意志如果得到積極的發揮，你就能夠憑藉決心和堅定的信念創造奇蹟；如果想法消極，你會變得極度固執，因而導致你傷心、沮喪；當你能夠表達真實情感時，你就會感到更加平和，不再冷酷和無情，並且獲得心靈的自由。

　　對神祕自然的強烈求知欲表示你熱愛和諧及寧靜；你對顏色、光和聲音的感覺強烈，因此渴望透過美術、音樂以及精神領域的追求來發掘這方面的天賦；無私及對生活的普世態度使你能夠獲得真正的幸福和滿足感。

■工作和職業

　　友善但具有野心的你擁有開拓新事業和與人聯繫的能力；能夠與人輕鬆相處的天賦對你從事任何工作都有幫助，但敏感的個性表示你需要和諧的工作關係才能獲得快樂；雖然你具備管理能力，能夠在商業上取得成功，但想像力以及創意的發揮更能讓你感到

精神上的充實；從事行銷行業的你總是能與客戶成為朋友，並且對公眾需求具備敏銳的感知；為他人服務能夠讓你獲得更深層次的成就感；你渴望發掘對寫作、戲劇或音樂方面的天賦來表達感情；性格獨立的你比較適合自我創業。

與你同天出生的名人包括男演員大衛・尼文、畫家波提切利、歌手兼演員哈利・貝拉凡特、以色列前總理拉賓、樂隊指揮葛蘭・米勒，以及歌手羅傑・達爾特利。

■數字命理學

誕生日數字1的你個性鮮明、有創新精神、勇氣十足、精力充沛；你強烈渴望建立聲望和培養自信；開創精神使你能夠奮力向前；上進心會促使你發掘管理和領導方面的才能；滿懷熱情、見解獨到的你能夠擔任領導者的角色；誕生日數字1的你還需要，並克服自我中心或獨裁的傾向。出生於3月的你需要學習表達自我感覺；人際關係、友誼對你的情感成長十分重要；學會專注於具體目標，你就能避免喪失方向感；總之，對拓展生活和深入探索的需求表示你會投入旅行甚至在異國定居。

■愛情和人際關係

迷人、有魅力的你個性隨和、友善；你喜歡性格強烈的人；對感情表達的需要代表社交活動能讓你散發活力；慷慨、善良的你願意為所愛的人竭盡所能；你崇拜思維敏捷、處事果斷的人；不受拘束的你總是表現得風趣、機智；你可能會經歷幾次與不同類型的人交往，而你也渴望極大的自由和個人空間。

■你生命中的特殊之人

在誕生日為以下日期的人當中，你能夠找到可以理解你的敏感、強烈的感情以及對愛的需要的伴侶。

◎愛情和友誼：

1月7、8、17、19日、2月15、17日、3月3、13、15日、4月11、13日、5月9、11日、6月7、9、30日、7月5、7、28、30日、8月3、5、26、28日、9月1、3、24、26日、10月1、22、24日、11月20、22日、12月18、20、30日

◎幸運貴人：

1月20、29日、2月18、27日、3月16、25日、4月14、23日、5月12、21日、6月10、19日、7月8、17日、8月6、15日、9月4、13日、10月2、11、29日、11月9、27日、12月7、25日

◎強烈吸引你的人：

3月29日、4月27日、5月25日、6月23日、7月21日、8月19日、9月1、2、3、4、17日、10月15日、11月13日、12月11日

◎砥礪者：

1月14、27日、2月12、25日、3月10、23日、4月8、21日、5月6、19日、6月4、17日、7月2、15日、8月13日、9月11日、10月9日、11月7日、12月5日

◎靈魂伴侶：

6月30日、7月28日、8月26日、9月24日、10月22、29日、11月20、27日、12月18、25日

優點：有領導能力、有創造力、思想進步、剛強、樂觀、信念堅定、有競爭意識、獨立、合群

缺點：專橫、妒忌、自我中心、驕傲、對立性、缺乏自制力、自私、不穩定、缺乏耐心

太陽星座：雙魚座
區間：巨蟹座/月亮
角度：雙魚座10°30´-11°30´
類型：變動星座
元素：水
恆星：無

3月2日

PISCES

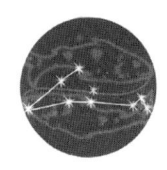

　　你充滿理想但務實，而且易感、充滿智慧、決心堅定；迷人、隨和的你具有剛強的個性，看待問題客觀、充滿進取心；合作關係能夠使你受益，但你要避免強勢或與同伴陷入權力鬥爭，特別是當他們沒有採納你的建議或忽視你的權威地位時。

　　受太陽星座在巨蟹座運行的影響持續增強，你的想像力豐富、洞察力敏銳、接受能力強；身為人道主義者，你能夠運用所學知識幫助他人；富有同情心的你對他人的需要具有極強的感受能力，但你要保持平和的心態，才能避免情緒的波動，這對你有所幫助；如果感到不快樂，你要避免將危險行為做為逃避的方式。

　　18歲以前，你的太陽星座位於雙魚座，此時的你最關注於敏感、情感的成長以及對未來的夢想；19歲到48歲之間，太陽星座位於牡羊座，此時的你你將逐漸培養自信心，並享受積極和冒險所帶來的快樂，此時也是你發揮開創精神並學會處事更加直接的絕佳時機；49歲時，太陽星座推進到金牛座，此時的你感情更加穩定、實際，你會更需要成就和經濟上的安全感，並渴望美和自然提供給你精神滋養。

■真實的自我

　　雖然你的外表和藹，但活潑好動的個性表現出你內心的高尚、智慧和堅定的決心；對學習的熱愛以及充實自我的需要對你的內心追求有重要作用，因此教育能夠使你的潛能得到開發；具有哲學思維的你能夠豁然接受來自於生活中的磨難；通常你的思想進步，內心有著強烈的感覺，認為自己有些值得表述的事情。

　　當你陷入焦慮時，驕傲的性格會使你停止懷疑和猶豫，這也使你能處於領導地位而不會從屬於他人；具有強烈責任感的你要保持責任和理想之間的平衡；身為完美主義者，你應該將注意力轉向幫助他人，才能克服批評或要求過高的傾向；強烈渴望被人認同的你不能容忍被他人輕視；要小心別陷入了權力遊戲，因為這將耗盡你的精力。

■工作和職業

　　決心堅定、思想進步的你喜歡將新的思想和方法運用於實踐；充滿智慧且敏感的你覺得需要與人溝通的職業十分有趣；對你來說，舞台和政治對你同樣具有吸引力；你能夠以某種方式讓他人看見你的成功；具有獨到、創新性思維的你對教育、寫作或社會改革會產生興趣；充滿力量、具有敏銳的商業直覺的你能夠獲得良好的成績，但如果能夠將你的憧憬納入計畫中，你會感到更加幸福；雖然你的個人成就是來自於工作和富有成

果的活動，但你要避免承擔太多責任；醫學和治療職業也能夠讓你發揮天賦；而通常團隊合作能夠使你發揮得更出色。

與你同天出生的名人包括前蘇聯政治家戈巴契夫、歌手盧・瑞德和凱倫・卡本特和邦喬飛、作曲家庫爾特・威爾、女演員珍妮佛・瓊斯，以及演藝明星迪西・阿納茲。

■數字命理學

敏感且團隊意識強是誕生日數字2賦予你的特質；適應能力強、善解人意的你喜歡合作工作，因為這樣你可以與他人進行交流；試圖取悅他人會使你變得過度依賴，培養自信能使你克服被他人的行為或批評所傷害；而受出生月3月的影響，你的個人能力強、具有敏銳的洞察力和聰明的才智，因此你需要找到目標或能讓你專心投入的工作；你在人際交往上可能會有許多變化，也可能獲得許多旅行的機會；當缺乏安全感時，你會變得焦躁、情緒化，這會導致你的人際關係惡化；但有著愛和理解力的你能夠透過說服力重新修復人際關係；但你要避免人際關係中牽涉權力遊戲或控制性的策略。

■愛情和人際關係

你的力量和魅力能夠吸引許多的朋友和崇拜者；雖然你充滿保護欲、態度溫柔，但必須克服控制他人或專橫的傾向；友誼和對感情的期望會與你的職業和野心聯繫在一起；你會著迷於那些有權力且交友圈廣泛的人；忠誠、有責任感的你會為了所愛的人努力工作；你對愛的追求會受到現實的考驗以及對安全感的需要的影響。

■你生命中的特殊之人

與誕生日為以下日期的人相處，你獲得成功的機率將會增加。

◎愛情和友誼：

1月9、16、18、26、31日、2月7、14、16、24、29日、3月5、12、14、22、27日、4月3、10、12、20、25日、5月1、8、10、12、23日、6月6、8、16、21日、7月4、6、8、14、19、31日、8月2、4、12、17、29日、9月2、10、15、27日、10月8、13、25日、11月6、11、23日、12月4、9、21、30日

◎幸運貴人：

1月1、21日、2月19日、3月17日、4月15日、5月13日、6月11、7月9日、8月7日、9月5日、10月3、30、11月1、28日、12月26日

◎強烈吸引你的人：

9月2、3、4、5日

◎砥礪者：

3月29日、4月27日、5月25日、6月23日、7月21日、8月19日、9月17日、10月15日、11月13日、12月11日

◎靈魂伴侶：

1月27日、2月25日、3月23、30日、4月21、28日、5月19、26日、6月17、24日、7月15、22日、8月13、20日、9月11、18日、10月9、16日、11月7、14日、12月5、12日

優點：良好的夥伴關係、有風度、講求策略、接受能力強、洞察力敏銳、靈活、考慮周全、好相處、和藹親切

缺點：多疑、缺乏自信、神經質、自私、容易受傷

太陽星座：雙魚座
區間：巨蟹座／月亮
角度：雙魚座11°30´-12°30´
類型：變動星座
元素：水
恆星：水委一

3月3日

PISCES

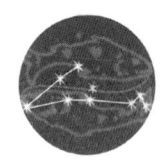

雙魚座的你多才多藝、想像力豐富、敏感、悟性高；富有創造力的你能夠從許多管道的自我表達來滿足你對強烈感情和自由的需要；高尚的心靈和驕傲的個性表示你有著偉大的夢想，但你要避免沉迷於不切實際的幻想；充滿理想、生性浪漫的你富有同情心。

受太陽星座在巨蟹座運行的影響持續增強，你易感且接受能力強；通常你具有強烈的直覺和預感；而感情豐富的你充滿保護欲、個性體貼；你對自己所從事的工作要有信念，這對你十分重要；如果失去了希望，你會從樂觀開朗變得冷酷孤僻；不過，目標明確、決心堅定的你通常能夠迅速地調整情緒。

能將工作和娛樂相結合的你喜好交際、待人友善，而團隊工作能使你獲益；聰明、機敏的你做事積極主動、十分風趣；雖然你對人的感覺靈敏，但要避免表現出刻薄以及爭吵和妒忌的行為。

18歲到47歲之間，太陽星座運行到牡羊座，受這一影響，你表現得更自信、積極和勇敢；48歲以後，太陽星座進入金牛座，此時的你對務實、穩定和經濟上的安全感的需要逐漸增強，而你會變得更安靜、情感方面比較穩定，並會對自然產生興趣；78歲時會出現另一轉折，此時太陽星座進入雙子座，你的好奇心變得愈發強烈，並開始轉換思考方式，同時，這一變化也表現出你對交流的興趣和對新領域的學習。

■真實的自我

驕傲、敏感的你對價值有極強的感知力，你可能無法認知內心的力量，且當回報與付出不成正比時，你會感到難以滿足，這將是你要面臨的主要挑戰；如果過於重視金錢，或缺乏自尊心及懷疑自己的能力，你會覺得自己所從事的工作與崇高的使命感極不相稱；對人的敏銳理解能力使你成為出色的人類行為觀察家，同時也會成為崇尚自由的個人主義者。

富有創新性、思想進步的你需要表達獨特的想法和天賦；雖然敏感的性格有時會導致情緒化，但靈感迸發的你能夠給他人帶來歡樂和鼓舞，而對美術、音樂、戲劇或神祕性事物的愛好更能夠激發你的靈感；擁有積極心態的你能夠表現出魅力、熱情和慷慨。

■工作和職業

敏銳的商業直覺與你的想像力相結合時，會促使你成為改革者；文字方面的天賦以

及獨特的想像力能幫助你在寫作、戲劇或藝術領域得到創造性的發揮；此外，管理和領導能力以及出色的組織能力能使你幫助他人處理事務；對自由的渴望和挑戰智力的需要促使你選擇自我創業；充滿理想、具有人道精神的你會投身慈善或社會服務機構；你也能夠成為明智的顧問和教師。

與你同天出生的名人包括女演員珍・哈洛、奧運運動員傑基・喬伊納・柯西、插畫家兼漫畫家羅納德・賽爾。

■數字命理學

對愛的需要、有創造力以及敏感的個性是誕生日數字3賦予你的特質；性格隨和的你會是一個不錯的夥伴，喜歡氣氛融洽的社交活動，而且興趣廣泛；多才多藝和對自我表達的需要促使你會去尋求不同的經歷；容易厭倦的性格會導致你變得猶豫不決或分散精力；雖然你充滿熱情、個性迷人，也具有強烈的幽默感，但仍必須培養自我認同感才能克服焦慮；人際關係以及充滿愛的環境對你尤其重要，這能給予你希望和靈感。出生於3月的你需要將充滿想像、有創意的想法變為現實，否則仍將流於空想；驕傲、充滿理想的你要避免不完美或準備不周的感覺，這樣你才能對自己的能力有信心；樂觀時的你會閃耀愛、慷慨和創造力的光芒，消極時的你會陷入感情的過度緊張。

■愛情和人際關係

你的魅力和富有情趣的個性為你輕鬆贏得許多朋友和崇拜者；充滿智慧的你能夠透過個人努力獲得成功；你的友誼通常與工作和充滿智慧的社交活動緊密聯繫；合群、主動的你在心情較好時會成為聚會的焦點人物；你對充滿智慧的人著迷，並且喜歡與他們辯論或交流想法；避免過於專橫以及過強的占有欲，因為這會暴露你的不安感和焦慮。

■你生命中的特殊之人

與誕生日為以下時間的人相處，你將能夠獲得愛情、思想的激勵和無微不至的照顧。

◎愛情和友誼：

1月21.28.31日、2月19.26.27.29日、3月17.24.27日、4月15.22.23.25日、5月13.20.23日、6月11.18.21日、7月9.16.17.19日、8月7.14.17.31日、9月5.12.15.19日、10月3.10.13.27.29.31日、11月1.8.9.11.25.27.29日、12月6.9.23.25.27日

◎幸運貴人：

1月9.12.18.24.29日、2月7.10.16.22.27日、3月5.8.14.20.25日、4月3.6.12.18.23日、5月1.4.10.16.21.31日、6月2.8.14.19.29日、7月6.12.17.27日、8月4.10.15.25日、9月2.8.13.23日、10月6.11.21日、11月4.9.19日、12月2.7.17日

◎強烈吸引你的人：

1月3日、2月1日、9月3.4.5.6日

◎砥礪者：

1月7.8.19.28日、2月5.6.17.26日、3月3.4.15.24日、4月1.2.13.22日、5月11.20日、6月9.18日、7月7.16日、8月5.14日、9月3.12日、10月1.10日、11月8日、12月6日

◎靈魂伴侶：

1月3.19日、2月1.17日、3月15日、4月13日、5月11日、6月9日、7月7日、8月5日、9月3日、10月1日

優點：幽默、快樂、友善、富有成果、有創造力、藝術氣質、熱愛自由、具有文字方面的天賦

缺點：容易厭倦、妒忌、虛榮、誇張、揮霍、自我放縱、懶惰、占有欲強、任性

太陽星座：雙魚座
區間：巨蟹座／月亮
角度：雙魚座12°30´-14°
類型：變動星座
元素：水
恆星：水委一

3月4日

PISCES

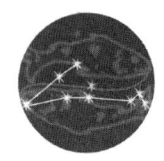

　　雙魚座賦予你務實和專注的性格，而且有野心、決心堅定，但情感細膩、溫文儒雅；雖然你勤奮且具有競爭意識，但也充滿理想、敏感、有魅力；你也擁有強烈的直覺和遠見。

　　受太陽星座在巨蟹座運行的影響持續增強，你容易受周圍環境的影響，而且接受能力強；儘管你有著很高的目標，但欠缺動力的你需要物質方面的刺激來促使你邁進成就；你富有同情心，且對他人的感情充滿包容，但需要小心情緒的波動或焦慮；你能夠感知他人的深層感情，這表示你天生就具有靈性；感到難過的時候，你要避免放縱的行為或沉迷於自憐之中。

　　意志堅強、性格開朗的你如果被激發了靈感和興趣，就能夠迅速地吸收知識；雖然你需要穩定和安全感，但要避免單調的活動，因為這會讓你感到焦慮；對安全感和感情上滿足感的需要表示朋友和伴侶對你十分重要；雖然你天生善於合作，但學著承擔責任並培養自我約束力會讓你更富有開創精神及自信。

　　16歲以前，你的太陽星座位於雙魚座，這一時期的你敏感、對環境具有包容性，且比較關注情感的需要；17歲到46歲之間，太陽星座將經過牡羊座，你將邁向新的人生階段，也會變得更自信、果敢、充滿活力，這會促使你追求新的冒險；47歲以後，太陽星座推進到金牛座，此時的你對成就和經濟上安全感的需要將逐漸增強，同時渴望感情更加穩定；77歲以後，太陽星座落在雙子座，你開始表現出更強的好奇心和對不同方式的交流的興趣，也可能會沉迷於新的興趣。

■真實的自我

　　友善、外向的你喜歡團隊合作，因為你深知合作為你帶來的好處；如果你有焦慮的傾向或沉迷於過去，就必須學會保持冷靜，並且不能對某事或某人產生依賴，因為這會導致你變得過分嚴肅；學習寬容，你就能夠獲得更強烈的個人自由，並能夠與宇宙更深層的本質建立聯繫。

　　天生的外交手腕能使你輕鬆應對各種社交場合；你多數的人生經驗都來自於工作，而人際關係對你獲得幸福也具有十分重要的作用；你願意為所愛的人做出犧牲，但不要過於犧牲了自己；確保人際關係各方面的平衡以及培養自我約束力，你就能夠釋放自我潛能。

■工作和職業

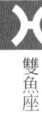

良好的社交技巧能使你在人際交往相關的職業中表現出色；洞察力敏銳、富有想像力的你傾向藉由創造性的追求，如美術、美髮、舞蹈、音樂或表演方面發揮天賦；你也會對寫作產生興趣；同時，敏感和同情心會使你傾向諮商、教學或為公眾服務的工作；勤奮、具商業直覺的你會因為對生活中美好事物的渴望而產生動力；你在追求和諧環境的過程中要避免墨守成規。

與你同天出生的名人包括作曲家維瓦第、作家亞倫·西利托、女演員寶拉·普倫蒂絲、心理學家漢斯·艾森克，以及男演員約翰·嘉菲爾。

■數字命理學

這一天出生的你被賦予充沛的體力、實用技能以及堅定的決心，你可以透過勤奮努力而獲得成功；你對形狀和結構具有強烈的敏感，能夠創造出實用的體系；安全意識使你渴望為自己和家庭建立穩固的基礎；務實的生活態度使你具有敏銳的商業直覺以及在物質上獲得成功的能力；你誠實、坦率、公正，不過。你需要學會更加圓融的處事方式，並且避免固執和缺乏靈活性。出生於3月的你多才多藝、富有創造力，但要專注在較少的目標；通常你是一個迷人、風趣的朋友，但對感情缺乏安全感時，你會表現得矜持；你具備出色的分析能力，只要培養自信心，就能讓他人重視你的看法。

■愛情和人際關係

你的魅力確保了你有許多朋友和穩定的社交對象；雖然在親密的友誼上可能存在著不確定性，但你喜歡與智慧、自信、思維活躍的人相處；你崇拜勤奮、面對生活的挑戰顯得沉著堅定的人；對知識的熱愛和對智者的崇拜，表明你對各種教育課程以及與他人合作感興趣；對某段關係充滿熱情的你會不惜投入時間和金錢。

優點：有條理、自律、堅定、勤奮、手藝佳、務實、可靠、精確
缺點：不穩定、不善溝通、壓抑自我、懶惰、做事拖泥帶水、太過精打細算、專橫、掩飾感情、記仇

■你生命中的特殊之人

與誕生日為以下日期的人相處，你就能夠獲得愛情和幸福。

◎愛情和友誼：
1月6,20,22,24,27,30日、2月4,18,20,22,28日、3月2,16,18,20,26,29日、4月14,16,18,24,27日、5月2,12,14,16,22,25日、6月10,12,14,20,23日、7月8,10,12,15,16,18,21日、8月6,8,10,16,19日、9月4,6,8,14,17日、10月2,4,6,12,15日、11月2,4,10,13,17日、12月2,8,11日

◎幸運貴人：
1月1,3,4,12,14日、2月1,2,12日、3月10,28日、4月8,26,30日、5月6,24,28日、6月4,22,26日、7月2,11,20,24日、8月18,22日、9月16,20日、10月14,18日、11月3,12,16日、12月10,14日

◎強烈吸引你的人：
1月11日、2月9日、3月7日、4月5日、5月3日、6月1日、9月4,5,6,7,8日

◎砥礪者：
1月3,5日、2月1,3日、3月1日、7月31日、8月29日、9月27,30日、10月25,28日、11月23,26,30日、12月21,24,28日

◎靈魂伴侶：
1月5,12日、2月3,10日、3月1,8日、4月6日、5月4日、6月2日

太陽星座：雙魚座
區間：巨蟹座／月亮
角度：雙魚座13°30´-15°
類型：變動星座
元素：水
恆星：水委一

3月5日

PISCES

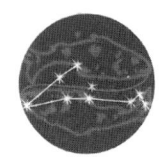

這一天出生的你充滿活力、富有理想，是一個有野心、不安分的夢想家；敏感、洞察力敏銳的你可以透過創造性和富有成果的工作來發揮豐富的想像力；你需要不斷地尋求不同的、刺激的方式來表達個人感情，如此才能滿足你對多樣性的需要；有些衝動的你在熱情被點燃時會表現得積極主動。

受太陽星座在巨蟹座運行的影響持續增強，你具有強烈的直覺，且渴望家庭和朋友的支持；易感、包容的你能夠輕易感受他人的情感，因此具有天生的靈性；富有愛心、體貼的你不要總是將別人的問題攬在自己身上；雖然你勤奮、務實，但強烈的感情時常會導致你過於緊張。

天生具有同情心的你通常對他人懷有很高的期望，你也願意為所愛的人付出犧牲；在面對困難和失望時，不要讓悲觀和物質主義掌控你的意志；感到難過時，要避免逃避或沉迷於自憐之中；學會相信自己的強烈直覺，你就能夠把握生活中的轉機；天生的商業直覺以及對旅行和變化的熱愛會促使你嘗試不同的活動和職業。

15歲以前，太陽星座位於雙魚座，此時的你充滿理想、溫柔、多才多藝，但過於情緒化會導致你極易感到厭倦；16歲到45歲之間，太陽星座將經過牡羊座，你將逐漸變得有自信、有野心，可能會展開新的事業或藉由合作有所收穫；76歲以後，太陽星座推進到雙子座，此時的你對思想的交流表現出濃厚的興趣。

■真實的自我

強烈的感情和敏感的個性表示你能夠憑藉愛的力量來獲得成功；如果強烈的感情得不到發揮，你會時常因為過度情緒化而處於不利的地位；若感情得到正面的引導，你就會富有表現力、充滿活力及具有創造力，尤其是在表演方面。

你喜好交際、充滿理想且富有靈感，既有務實的一面也有理想的一面；想要發揮潛力，你必須對自己想要達到的目標和方法有清晰的展望；幸好你具備對價值的敏感度並且能夠藉由勤奮工作而獲得經濟上的保障；對工作的執著表示勤奮和專注能使你將遙遠的夢想化為現實。

■工作和職業

你敏感、富有想像力、渴望變化和刺激、靈活性較大，對能夠獲得旅行機會的工作比較感興趣；天生的活力會幫助你在商業領域獲得成功；體貼的個性讓你對社會改革、

治療以及兒童健康相關的工作感興趣；許多這一天出生的人能夠透過美術、設計、電影和時尚產業發揮自己的視覺感知力；此外，你也希望表現出個性中較具戲劇性的一面，因而娛樂界或政治領域都會是不錯的選擇；不管你選擇的職業是什麼，都要避免單調乏味；能夠發現商機的你適合銷售、推銷或與國外有業務往來的工作。

與你同天出生的名人包括中國總理周恩來、英國音樂巨星伊蓮‧佩姬、男演員迪恩‧史塔克威爾和雷克斯‧哈里森、女演員莎曼莎‧艾加，以及電影導演帕索里尼。

■數字命理學

你富熱情的處事態度和嘗試新事物的勇氣讓你的生活豐富充實；意料之外的旅行以及帶來變化的機遇可能使你的人生觀或信念發生改變；這一天出生的你不妨試著體會這個世界的絢麗多姿，但你必須培養責任感，避免不可預知的悲觀和焦躁的情緒；誕生日數字是5的人具有順應時勢的能力並能夠保持平和心態。受出生於3月的影響，你喜好交際、個性外向；雖然你需要穩定和安全感，但容易厭倦的性格表示你渴望多樣性，你也需要培養耐心和忍耐力；強烈渴望自我表達、有著積極心態的你能夠將生活的快樂傳遞給周圍的人；你需要學會如何運用豐富創造力才能發揮在文字方面的天賦；面對挑戰和遭遇阻礙時，你要學會忍耐，這樣才能掌握控制權。

■愛情和人際關係

生性浪漫的你對人際關係充滿理想，因為很難找到符合你的高標準的伴侶，所以你時常選擇柏拉圖式的關係；你崇拜富有想像力或是具有人道精神、充滿理想的人；陷入愛情時，你會投入許多感情，即便是遭遇困難也會表現得忠貞；雖然你體貼、願意給予對方支持，但要避免反應過度或過分委屈自己，因此你需要保持實際、冷靜的態度。

優點：	多才多藝、適應能力強、思想進步、直覺強烈、有魅力、幸運、有魄力、崇尚自由、機智敏捷、好奇心強、神祕主義、喜好交際
缺點：	不可靠、優柔寡斷、矛盾、自負

■你生命中的特殊之人

與誕生日為以下日期的人建立長久的友誼或愛情，能夠使你變得更加幸運。

◎愛情和友誼：

1月1、7、21、23、31日、2月5、19、21、29日、3月3、7、17、19、27日、4月1、15、17、25日、5月3、13、15、23日、6月11、13、21日、7月9、11、18、19日、8月7、9、17日、9月5、7、15日、10月3、5、13日、11月1、3、10、11日、12月1、9日

◎幸運貴人：

1月5、16、18日、2月3、14、16日、3月1、12、14、29日、4月10、12、27日、5月8、10、25、29日、6月6、8、23、27日、7月4、6、21、25日、8月2、4、19、23日、9月2、17、21日、10月15、19、11月13、17日、12月11、15、29日

◎強烈吸引你的人：

1月6、30日、2月4、28日、3月2、26日、4月24日、5月22日、6月20日、7月18日、8月16日、9月5、6、7、8、9、14日、10月12日、11月10日、12月8日

◎砥礪者：

1月4日、2月2日、5月29、31日、6月27、29、30日、7月25、27、28日、8月23、25、26、30日、9月21、23、24、28日、10月19、21、22、26日、11月17、19、20、24日、12月15、17、18、22日

◎靈魂伴侶：

1月23日、2月21日、3月19日、4月17日、5月15日、6月13日、7月11、31日、8月9、29日、9月7、27日、10月5、25日、11月3、23日、12月1、21日

太陽星座：雙魚座
區間：巨蟹座／月亮
角度：雙魚座14º30´-15º30´
類型：變動星座
元素：水
恆星：水委一

3月6日

PISCES

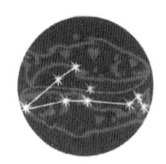

　　雙魚座的你充滿理想、具有極強的價值感知和實用技能；待人友好、善良、充滿活力和衝勁的你意志堅強、處事直接、坦率；洞察力敏銳，特別是在經濟事務方面，並且能夠把握絕佳的工作機會；當你致力於某個理想和事業時，你會表現得專注且堅定。

　　受太陽星座在巨蟹座運行的影響持續增強，你在判斷他人的直覺上比較準確；你的眼光獨特，能夠識別物美價廉的東西，因而能夠抓住許多機會；富有同情心的你能包容他人的感情，但要注意情緒的波動；天生的領導能力使你善於發號命令而不是受人支配；你必須培養必要的自我約束力才能獲得成功。

　　身體健康的你享受、崇尚優質生活，不過你要避免放縱或過於物質主義的傾向；保持謙虛、溫和的態度能使你避免專橫和傲慢；如果缺乏自律，你會對自己的價值和信念產生懷疑，而只要態度端正，無論天大的困難你都能夠克服，同時你的知識和能力也會令他人留下深刻的印象。

　　14歲以前，太陽星座運行在雙魚座，此時的你主要關注於情感的發展；15歲到44歲之間，太陽星座位於牡羊座，此時的你較有自信，會追求積極和冒險為你帶來的快樂；45歲以後，太陽星座推進到金牛座，此時你的感情會更穩定，你看待看問題的態度會更現實，同時你對成就以及經濟上的安全感的需要逐漸增強，並渴望美和自然提供給你精神滋養；75歲以後，太陽星座進入雙子座，此時你會將注意力轉向交流以及對學習、談話的渴望。

■真實的自我

　　熱愛知識的你如果能夠獲得充實的智力以及解決問題的能力，就會感到格外幸福；強大的意志力如果被合理運用，你將具有獨立性和建設性的思維；你通常聰明、堅定、關心細節，且富有探索及創新精神；靈活性的工作能幫助你克服容易厭倦的個性並使你發揮得出色，而你對新的興趣總是充滿熱情。

　　一旦興趣被激發時，你會變得十分勤奮，而且學得很快；熱心、有創造力的你具有優雅的社交禮儀，與人交往時總是表現得很大方；不過，自我放縱的傾向會為你的愛情關係帶來緊張氣氛；展現魅力使你更加迷人，能夠幫助你贏得很高的人氣。

■工作和職業

　　美好的憧憬和務實、進取的精神使你適合領導大型專案；具有良好組織能力的你對

形式有很強的感知力，而且你通常會勤奮地工作；對和諧和自我表達的需求使你追求藝術和創造性，對舞蹈、音樂、戲劇或寫作產生興趣；出色的社交能力使你在需要與公眾溝通的工作中獲得成功；你能夠將精明的商業理解力與天生的創造力和社交技巧相結合，這能夠幫助你達到金融領域的巔峰；此外，幫助他人的渴望會使你傾向從事護理、治療或醫藥相關的工作。

與你同天出生的名人包括畫家和雕塑家米開朗基羅、詩人伊莉莎白·芭雷特·伯朗寧、喜劇演員盧·卡斯楚、歌手奇里·特·卡納娃和瑪麗·威爾遜、奧運運動員迪克·福斯貝里、作家賈西亞，以及男演員湯姆·阿諾。

■數字命理學

同情心、理想主義和體貼的個性是誕生日數字6賦予你的特質；你通常充滿憧憬、富有人道精神、有責任感、溫柔，且具有支持的力量；雖然你處世圓融，而且總是以事業為重，但其實你也是一個顧家、充滿奉獻精神的家長；敏感的你需要找到某種創造性的表達方式，因而你對娛樂界或藝術、設計領域比較感興趣；這一天出生的你需要面對的挑戰包括建立自信以及克服強勢的性格。出生於3月的你敏感，且有強烈的直覺；你富有情趣，是一位不錯的伴侶，喜歡充滿和諧氣氛的社交活動，而且興趣廣泛；多才多藝的你需要有不同的、可以激動人心的經歷；容易產生厭倦的性格會導致你變得猶豫或分散精力；對生命更深層意涵的探索能滿足你的好奇心和充實你的精神面。

■愛情和人際關係

個性迷人、脾氣溫和的你喜歡結交成功、有名望的人；崇尚奢華和高品質的你對生活有極高的品味；金錢和光明的前景是你在人際關係中會考慮的重要因素；你懂得如何享受生活並帶給他人快樂，而且喜歡與有潛力的人交往；胸襟寬闊、善良的你喜歡慷慨的人，但要避免過度放縱。

優點：	容易相處、友善、有同情心、可依賴、充滿理想、顧家、有人道精神、沉穩、藝術氣質、心態平和
缺點：	不滿足、焦慮、害羞、不講理、固執、口無遮攔、強勢、缺乏責任感、多疑、憤世嫉俗、自我中心

■你生命中的特殊之人

在尋求安全感、和諧、財富和幸福的你與誕生日為以下時間的人相處時，會使你變得更幸運。

◎愛情和友誼：

1月7、8、17、20、22、24日、2月6、15、18、20、22日、3月4、13、16、18、20日、4月1、2、11、14、16、18、26日、5月9、12、14、16日、6月7、10、12、14、7月5、8、10、12、20、30日、8月3、6、8、10、28日、9月1、4、6、8、26日、10月2、4、6、24日、11月2、4、12、22、12月2、20日

◎幸運貴人：

1月6、23日、2月4、21日、3月2、19、30日、4月17、28日、5月15、26、30日、6月13、24、28日、7月11、22、26日、8月9、20、24日、9月7、18、22日、10月5、16、20日、11月3、14、18日、12月1、12、16、30日

◎強烈吸引你的人：

1月7日、2月5日、3月3日、4月1日、9月6、7、8、9日

◎砥礪者：

1月5、26、29日、2月3、24、27日、3月1、22、25日、4月20、23日、5月18、21日、6月16、19、30日、7月14、17、28日、8月12、15、26、31日、9月10、13、24、29日、10月8、11、22、27日、11月6、9、20、25日、12月4、7、18、23日

◎靈魂伴侶：

1月30日、2月28日、3月26日、4月24日、5月22日、6月20、7月18日、8月16日、9月14日、10月12、31日、11月10、29日、12月8、27日

太陽星座：雙魚座
區間：巨蟹座／月亮
角度：雙魚座15°30´-16°30´
類型：變動星座
元素：水
恆星：水委一

3月7日
PISCES

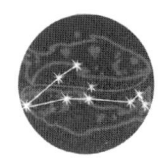

這一天出生的你思想和想像力豐富、充滿理想，具有無限的創意；雖然你的內心世界十分精彩，但要獲得成功和物質生活的富足，需要為各種新奇想法找到實現的方法。

受太陽星座在巨蟹座運行的影響持續增強，你的洞察力敏銳，能深刻地把握團體潛意識；你通常感情豐富、敏感、心地善良；處於樂觀和積極狀態時，你會表現得體貼、富有愛心，不論在任何環境你都能夠帶來光明和希望；儘管你能包容他人的感情，但要避免情緒波動；如果覺得不開心，要避免陷入焦慮和幻想之中；相信強大的直覺能讓你更加靈敏。

雖然你在他人面前總是表現得開朗、自信，但你其實掩飾了個性中嚴肅、深沉的一面；多才多藝、在多方面表現出天賦的你覺得選擇是一件很困難的事情；進步是來自於果敢的行動，因此你要杜絕焦慮和猶疑；你應該將精力投注在長期的計畫或是建立穩固的基礎上，而不是寄希望於短期的回報；雖然你有偉大的理想，但要學會耐心並傾聽他人的建議；保持冷靜及寬容的態度，你就能避免時常出現的挫折感或失望。

14歲到43歲之間，太陽星座將經過牡羊座，此時的你將會漸建立自信並享受積極和自信帶來的快樂；44歲之後，太陽星座進入金牛座，此時你對穩定和經濟上的安全感的需要會更強烈，你的感情也會更穩定，對自然的興趣也更濃厚；74歲時，太陽星座推進到雙子座，你的好奇心將會增強，並開始轉變思考方式，這一改變也使你開始重視交流和新領域的學習。

■真實的自我

雖然你充滿理想、洞察力敏銳，但可能在信念與懷疑之間搖擺不定；害怕冒險的你可能會產生對自己和他人的挫折感和不滿；能夠直接面對懷疑和恐懼的你才能夠真實地感覺到信念並發現生活對你的恩賜；保持積極的心態，你就能夠憑藉理想和想像力為他人帶來靈感；你需要學會專注於真正目標，不要因為瑣碎的細節而分散了你的注意力。

雖然你喜歡被和諧和美的事物所包圍，但你需要注意內心深處對金錢以及物質方面的態度；你可能比較難以接受更具挑戰性的責任；專注於創造力可以幫助你獲得超乎尋常、成果顯著的結果；注意你的飲食和健康並學會放鬆自我，你就能重新充滿力量。

■工作和職業

敏感但分析能力強的你強烈需要自我表達，這若與你的想像力和憧憬相結合，可

以使你在攝影、美術或電影領域有所發揮，或者在音樂和舞蹈領域發揮你的細膩感情；此外你也會對照顧他人的工作產生興趣，如醫藥、教學、社會福利、慈善或志工的工作；你對國外的事物感興趣，有前往國外工作的機會；工作環境的多變也表示這你對職業的不確定；不管對工作的選擇是什麼，你的智慧和直覺能夠幫助你很快地學習。

與你同天出生的名人包括作曲家拉威爾、荷蘭畫家彼耶·蒙德里安、園藝家路德·伯班克、網球運動員伊凡·倫德爾、攝影師洛德·斯諾登，以及女演員安娜·曼南妮。

■數字命理學

誕生日數字是7的你善於分析、思想豐富、具有批判性，但經常陷入自我陶醉；你渴望自我意識的不斷增強，因此喜歡收集資訊，對讀、寫以及精神性的事物感興趣；精明的你可能會因為過於理性或是對細節過分執著而迷失了方向；你的神祕氣質通常使你覺得不被他人理解。出生於3月的你敏感、充滿理想，需要親密的友誼，雖然你喜歡獨處；分析能力強、具有探索精神的你對玄妙的問題感興趣，但卻不讓他人知道你的真實想法；懷疑和驕傲的傾向表示你需要培養溝通技巧才能避免產生誤會；充實知識和擴展視野是你覺得最幸福的事情，對各種形式知識的追求能使你獲益；尋求智慧的你可以藉由對玄學、哲學或醫術的學習來獲得靈感。

■愛情和友誼

你喜歡結交各種類型的人，但在擇友方面要有判斷力；在感情上獲得平衡你才不會表現得反覆無常，時而熱情，時而冷酷、孤僻；對伴侶要坦誠，這點對你十分重要；通常你會對有智慧、有能夠與你分享某種益智性活動的人著迷；迷人、友善的你能夠輕鬆地交到朋友或找到伴侶；謙和的態度和對生活的創意使你十分具有吸引力。

■你生命中的特殊之人

與誕生日為以下日期的人相處，你會變得更幸運。

◎愛情和友誼：

1月9,23,25,27日、2月7,21,23,25日、3月5,19,21,23,29、4月3,17,19,21,27,30、5月1,15,17,19,25,28日、6月13,15,17,23,26,27日、7月11,13,15,21,24、8月9,11,13,19,22、9月7,9,11,17,20日、10月5,7,9,15,18,30日、11月3,5,7,13,16,17、12月1,3,5,11,14,26日

◎幸運貴人：

1月2,4,7,26日、2月2,5日、3月3日、4月1日、5月31日、6月29日、7月14,27,31日、8月25,29日、9月23,27日、10月21,25日、11月6,19,23日、12月17,21日

◎強烈吸引你的人：

1月8,14日、2月6,12日、3月4,10日、4月2,8日、5月6日、6月4日、7月2日、9月7,8,9,10日

◎砥礪者：

1月6,19,29日、2月4,17,27日、3月2,15,25日、4月13,23、5月11,21、6月9,19、7月7,17日、8月5,15、9月3,13,30日、10月1,11,28、11月9,26日、12月7,24,29日

◎靈魂伴侶：

1月16,21日、2月14,19、3月12,17日、4月10,15日、5月8,13日、6月6,11日、7月4,9日、8月2,7日、9月5、10月3、11月1日

優點：有涵養、可信賴、謹慎、充滿理想、誠實、有靈性、具科學精神、理性、深思熟慮
缺點：欺騙、不友好、不大方、多疑、迷茫、冷漠

太陽星座：雙魚座
區間：巨蟹座／月亮
角度：雙魚座16°30´-17°30´
類型：變動星座
元素：水
恆星：水委一

3月8日

PISCES

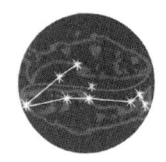

誕生日表明你勤奮、務實、友善、有魅力，你做事直率，同時富有靈感且想像力豐富；通常你自立、有強烈的目標感，天生的外交技巧表示你喜歡與他人合作但必須成為團隊的領導者，不過，你要避免陷入權力鬥爭或控制性的策略。

受太陽星座在巨蟹座運行的影響持續增強，你的接受能力強、敏感；你通常具有敏銳的思維並能夠洞悉他人的潛意識，因此能夠了解他人的動機；體貼的你能夠包容他人的感情，但需要避免情緒的波動；缺乏安全感的你要避免因為懼怕困難而陷入與他人的爭論，同時，逃避和自憐對你也毫無幫助。雖然你具有野心和敏銳的商業直覺，但由於你思想上的不安分，你需要不斷尋找生活的平衡感；和諧的氣氛能夠使你克服內心的緊張和無法解釋的焦慮；對超自然問題的興趣，會促使你投入精神性或哲學領域的研究；受到某一事業或思想的鼓舞時，你能夠透徹地學習，並且提供自己的想法。

13歲到42歲之間，太陽星座將經過牡羊座，你將逐漸變得自信、富有野心，此時的你會位居領導地位或開創新的事業；43歲開始，太陽星座推進到金牛座，你會放慢生活節奏，並渴望生活中有更多的穩定和物質上的安全感；73歲以後，太陽星座進入雙子座，此時的你對交流和思想溝通的興趣更加濃厚。

■真實的自我

充滿智慧、富有想像力的你將學會重視智慧和理解力；對知識的渴望和進取精神是你前進的動力；雖然性格中的某些特質會使你傾向在家放鬆或固守平淡、安逸的生活，但你的決心和鬥志經常會促使你投入實際行動，將美好的理想變為現實；你天生具有對領導地位的感知力和驕傲的性格，唯有啟動思維，你才能開發真實的潛能。

敏銳的洞察力和想像力的需要可以刺激你獨立思考；通常你具有獨到、進步的見解，但需要創造性自我表達的途徑；擁有平衡的生活是你獲得幸福的關鍵；你要避免焦慮，尤其是在工作方面，因而你需要擺脫單調的生活並發掘新的興趣或外出旅行。

■工作和職業

友善、善於合作的你在與合作相關的工作中可發揮出色；敏銳的商業直覺能使你在商業、金融或風險投資領域獲得成功，只要你能夠充分發揮人際交往技巧或創造力；良好的組織能力對你從事任何形式的管理工作都有所幫助；外交手腕在許多領域都能給予你幫助，如公共關係和談判工作；同時，你的直覺力量通常也賦予你對工作機會的敏感

度；對藝術的興趣以及視覺理念會激發你在攝影和設計領域的創造行為，或使你對寫作、音樂、戲劇或舞蹈領域產生興趣；敏感、渴望創造力的你能夠將想法落實於實際。

與你同天出生的名人包括女演員琳恩・瑞德葛芙、作家肯尼斯・葛瑞漢、畫家安塞姆・基佛、芭蕾舞蹈家琳恩・賽摩爾、歌手兼演員米奇・多倫茲、歌手卡羅・拜爾・塞傑爾、男演員艾丹・奎因。

■數字命理學

你具有良好的價值觀和全面性的判斷力；誕生日數字8的你懷有對個人成就的渴望以及強烈的野心；這一天出生的人也表現出控制欲，並對安全感和物質有強烈渴望；你天生具有商業頭腦，若能發揮組織和管理方面的天賦，會使你獲益匪淺；對安全感以及成就的強烈渴望會促使你做出長遠的規畫和投資。受出生月3月的影響，你在多方面具有潛能，而且想像力豐富；敏感的你渴望創造力能以實際的方式發揮你的想法；你是天生的機會主義者，不要同時嘗試太多事物，而要專注於某幾個項目，培養自我約束力和耐心，這能使你最終獲得成功；為了要達成目標，你需要發揮說服的力量給予他人支持和鼓勵，而不是企圖控制他人或所愛的人。

■愛情和人際關係

雖然穩定和家庭生活對你十分重要，但你必須找到自我表達的方式，才能避免對充滿愛的生活產生厭倦；當你在責任和休閒之間找到平衡時，一切將會進行得更加順利；雖然和諧、安全感以及穩定的人際關係對你十分重要，但如果感到不滿足或產生依賴心理，你會對所愛的人表現得情緒化；幸運的是，當你對他人展現友善的魅力，以及對他人的敏感表示理解時，你總能讓對方感到自己在你心中具有特殊的地位；天生的外交手腕能為你的人際關係帶來和平與和諧。

優點：有領導才能、考慮周全、勤奮、權威、有保護欲、治癒的力量、對價值的準確判斷

缺點：缺乏耐心、心胸狹隘、焦躁、過度勞累、強勢、容易喪失信心、缺少計畫

■你生命中的特殊之人

在誕生日為以下日期的人當中，你能夠獲得友誼以及忠誠的愛人或伴侶。

◎愛情和友誼：

1月10、26、28日、2月8、21、24、26日、3月6、22、24、30日、4月4、20、22、28日、5月2、18、20、26、29日、6月16、18、24、27日、7月11、14、16、22、25日、8月12、14、20、23、30日、9月10、12、18、21、28日、10月8、10、16、19、26日、11月3、6、8、14、17、24日、12月4、6、12、15、22日

◎幸運貴人：

1月8日、2月6日、3月4、28日、4月2、26日、5月24日、6月22、30日、7月20、28、29日、8月18、26、27、30日、9月16、24、25、28日、10月14、22、23、26、29日、11月12、20、21、24、27日、12月10、18、19、22、25日

◎強烈吸引你的人：

1月15日、2月13日、3月11日、4月9日、5月7日、6月5日、7月3日、8月1日、9月8、9、10、11日

◎砥礪者：

1月7、9、30日、2月5、7、28日、3月3、5、26日、4月1、3、24日、5月1、22日、6月20、7月18日、8月16日、9月14日、10月12、29日、11月10、27日、12月8、25、30日

◎靈魂伴侶：

1月8、27日、2月6、25日、3月4、23日、4月2、21日、5月19日、6月17日、7月15日、8月13日、9月11日、10月9日、11月7日、12月5日

太陽星座：雙魚座
區間：巨蟹座／月亮
角度：雙魚座17°30´-18°30´
類型：變動星座
元素：水
恆星：無

3月9日
PISCES

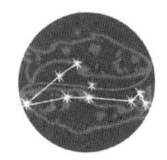

這一天出生的你直覺準確、敏感、矜持，但觀察細微、暗藏力量且決心堅定；思維敏銳的你喜歡開拓新的事業或處於領導地位；富有理想、感情深沉的你期待挑戰能帶來你尋求已久的改變，從而使自己的真實性格逐漸顯露。

受太陽星座巨蟹座運行的影響持續增強，你具有豐富的想像力；通常你的感情豐富、性格細膩、體貼；當你對他人的感情產生同情或共鳴時，你會表現得十分忠誠並給予對方支持，但要避免對別人的問題負起全責；你能夠深刻地把握團體潛意識，這表示你能理解情緒的變化，但需要避免自己感情的波動；如果感到不滿時，你要避免逃避、焦慮或沉迷於自憐之中。你在多方面具有天賦，因此你需要對工作專注並透過創造性的方式表達自我；誕生日賦予你的固執和任性是你面臨的主要挑戰；培養包容性會使你開始逐漸認清自我，並對生活有了更深層的感悟；你在專注於某項懷有堅定信念的工作時會表現得自信、充滿希望。

11歲以前，太陽星座位於雙魚座，這段時期的你敏感，極易受到周圍環境的影響，較為關注情感的需要；12歲到41歲之間，太陽星座將經過牡羊座，你會逐漸變得自信、果敢、充滿活力，這會促使你對新的冒險產生強烈的渴望；42歲以後，太陽星座進入進入金牛座，此時的你對成就和經濟上的安全感需要增強，同時也渴望更加平靜的生活和感情上的穩定；72歲時，太陽星座進入雙子座，此時的你會更加具有同情心，並對不同形式的交流產生濃厚的興趣，可能會有新的興趣及愛好。

■真實的自我

雖然你具備出色的溝通能力，但時常會在表達真實情感時具有困難；不過，對友誼和親密關係的需要是你獲得幸福的關鍵因素；學會保持平和的心態、對他人不要期望過高，以及堅持自己的立場，你將能夠獲得一直渴望的自信；謹慎、整潔的你關心細節，並希望培養批判和分析能力。

你的領導能力、決心和勤奮表示一旦你下定決心，就能在任何領域有所成就；完美主義者的你具有崇高的理想和浪漫的情懷，而且強烈渴望創造性的潛能能得到發揮；只要找到有意義的事業，你就能將崇高的理想付諸於行動；洞察力敏銳、富有同情心的你也樂於幫助他人。

■工作和職業

心胸寬闊、勤奮的你一旦對某項事業產生興趣，就會表現得十分專注；對理念的理

解能力再加上負責的態度，你時常能夠得到上級的賞識；天生具有領導能力的你能夠影響周圍的人；而在面對危機時，你會保持得沉著；洞察力敏銳、充滿想像力的你具有遠見，這對你在處理問題、制定計畫或在視覺藝術領域都有所幫助；你也可能對音樂和舞蹈產生興趣；此外，你會選擇成為顧問或行政官員；對教育的興趣表示你能夠成為出色的教師或作家；這一天出生的一些人會對宗教、精神性事物產生強烈的興趣，並傾向透過護理工作或無私的行動幫助他人。

與你同天出生的名人包括國際象棋選手鮑比‧費雪、爵士音樂人歐耐特‧柯爾曼、歌手傑基‧威爾遜、吉他手羅賓‧崔威爾，以及作家米基‧史畢蘭。

■數字命理學

誕生日數字9賦予你仁慈、縝密思維和細膩感情；寬容、善良的你表現得慷慨、開明；敏銳的直覺以及心靈的力量使你具有極強的接受力，加以正確引導會使你獲得精神上的感悟；你需要面對挑戰如過度敏感和感情的起伏不定；遊歷各地以及與不同階層的人群接觸對你的幫助很大，但要避免不切實際的空想以及逃避的行為。受出生月3月的影響，你充滿理想、富有創造力和想像力；通常你具有很高的悟性，而且個性隨和、友善；天生的理解力和同情心使你知道該如何運用策略和合作的方式來達成自己的目標；充滿智慧的你也具有出色的推理能力；你渴望真正的與眾不同，因此通常具有創新精神；你需要培養自我約束力和決心才能克服困難。

■愛情和人際關係

敏感、接受能力強的你需要一位能夠信任並能分享你深沉感情的伴侶；要避免過於專注於自己的興趣，因為這會導致與他人的疏遠，同時避免懷疑的態度，並學著拋棄害羞的個性；能夠分享你的崇高理想和野心的人會更適合你；高昂的鬥志以及開拓新事業的力量會為你贏得他人的尊重。

優點：	充滿理想、仁愛、有創造力、感情細膩、慷慨、有魅力、感性、心態平和、運氣好、人緣好
缺點：	挫折感、緊張、自私、不切實際、容易被誘導、自卑、焦慮、孤僻

■你生命中的特殊之人

注意誕生日為以下日期的人，你能夠更容易地找到理想伴侶。

◎愛情和友誼：

1月11,20,25,27,29日、2月9,18,23,25,27日、3月7,16,21,23,25日、4月5,14,19,21,23,29日、5月3,12,17,19,21日、6月1,10,15,17,19,25日、7月8,13,15,17日、8月6,11,13,15日、9月4,9,11,13日、10月2,7,9,11日、11月5,7,9,15日、12月3,5,7日

◎幸運貴人：

1月9,26日、2月7,24日、3月5,22日、4月3,20日、5月1,18,29日、6月16,27日、7月14,25,29,30日、8月12,23,27,28,31日、9月10,21,25,26,29日、10月8,19,23,24,27日、11月6,17,21,22,25日、12月4,15,19,20,23日

◎強烈吸引你的人：

1月16日、2月14日、3月12日、4月10日、5月8日、6月6日、7月4日、8月2日、9月8,9,10,11,12日

◎砥礪者：

1月8,29,31日、2月6,27,29日、3月4,25,27,28日、4月2,23,25,26日、5月21,23,24日、6月19,21,22日、7月17,19,20日、8月15,17,18日、9月13,15,16日、10月11,13,14,30日、11月9,11,12,28日、12月7,9,10,26日

◎靈魂伴侶：

5月30日、6月28日、7月26日、8月24日、9月22,30日、10月20,28日、11月18,26日、12月16,24日

太陽星座：雙魚座
區間：巨蟹座／月亮
角度：雙魚座18°30´-19°30´
類型：變動星座
元素：水
恆星：無

3月10日

PISCES

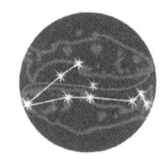

擁有野心的你也是理想主義者，悟性高且具有務實的態度；天資聰穎、多才多藝的你一旦受到鼓舞，就能擔負起領導者的角色，並向他人展現你的獨創性和管理能力。

受太陽星座在巨蟹座運行的影響持續增強，你具有敏銳的洞察力和豐富的想像力；雖然你個性獨立，但強烈渴望安全感，因此家庭對你尤其重要；被賦予靈性和敏銳感覺的你要相信內心直覺；一旦產生預感，事情就會如你想像般地那樣發生；儘管你熱情、富有同情心、待人寬容，但你的驕傲和敏感也表示著你容易受傷，因此情緒可能會起伏不定。

你勤奮且具有敏銳的商業直覺，因此需要藉由完成富有創造性的事來表現自我；你對新思想和經歷的接受能力強，渴望擁有能自由支配的空間；雖然你對物質上的意識強烈，但你不喜歡循規蹈矩；渴望自由的你會因為隨和、熱心、友善的個性而獲得很高的人氣；細膩、善於運用外交手腕的你處事直率但不會冒犯他人；對美的熱愛表示你有著自己的風格而且十分喜歡具有創造性的藝術品。

10歲以前，太陽星座位於雙魚座，這時的你較關注於細膩的感情和對未來的憧憬；11歲到40歲之間的這段期間，你逐漸培養自信，同時渴望更加積極、充滿冒險的生活，這也是你開拓新領域並學會更直接的處事方式的最好時機；41歲開始，太陽星座推進至金牛座，這時你進入新的人生階段，對穩固的基礎以及經濟上的安全感的需要增強，並渴望心靈被美和自然所滋養；71歲時，太陽星座進入雙子座，你會開始重視交流，並對新的興趣產生渴望。

■真實的自我

天生富有表現力、喜好交際的你通常表現得很有自信；如果你對自己缺乏自信，就不能完全發揮能力和天賦；雖然你興趣廣泛，但你需要專注於一個具體的思想或事務，這樣你才能完全表現出超凡的創造力。

開朗、適應能力強的你對人的理解迅速，這種能力會幫助你在生活中有所成就，同時確保你在社交活動中取得成功；慷慨、善解人意的你會試圖施展外交手腕和天生的魅力來維持和平的環境；雖然你待人友善，但從不會在他人面前展現真實的自我；而你需要定期的獨處、沉思以獲得平和的內心；強烈的直覺使你對自己的能力有足夠的自信，並且能夠避免焦慮和猶豫。

■工作和職業

　　從事與人交往的職業能使你獲得最大的滿足；清楚理解人性的你適合從事銷售、廣告或諮商工作；雖然你在團隊工作中能與他人合作且發揮出色，但你不喜歡受人支配，因此你最好處於領導地位或自我創業；你天生對戲劇的感覺以及豐富的想像力能夠在音樂、美術、舞蹈或戲劇方面得到發揮；寫作也是你表達創造性的積極途徑；富有同情心、洞察力敏銳的你會傾向護理工作；你喜歡旅行，因此也可能會從事與國外有業務往來的工作；你的獨創思想會幫助你在工作中得到他人的欣賞。

　　與你同天出生的名人包括女演員莎朗・史東、爵士樂作曲家彼克斯・彼德貝克、男演員查克・諾里斯以及英國皇室成員愛德華王子。

■數字命理學

　　與誕生日數字為1的人相似，你具有野心、個性獨立；雖然你必須克服重重挑戰才能達成目標，但堅定的決心能使你如願；進取精神時常會鼓勵你到遠方旅行或開創新局面；你需要學習謙虛的態度，才能避免強勢的性格。受出生月3月的影響，你需要找到自我表現的途徑；性格和藹、友善的你喜歡社交活動，興趣廣泛；多才多藝、內心不安分的你極易產生厭倦感或精力分散，除非你具備自我約束力；雖然你充滿熱情、富有幽默感，但你必須培養自尊以避免出現焦慮情緒；你在人際交往中要克服專橫、過於挑剔的個性；充滿溫情的環境對你尤其重要，因為這能為你帶來希望和靈感。

■愛情和人際關係

　　你的友善性格能幫助你吸引許多朋友和崇拜者，你也需要積極、充滿樂趣的社交活動；你喜歡與有智慧、能為你帶來新思想的人相處，或者你會傾向能夠獲得資訊並學到實用技能的社交圈；對平衡與和諧的需要表示你能透過培養外交手腕和人際交往技巧獲得更大的成績，但注意不要過於固執己見。

■你生命中的特殊之人

在尋找安全感、靈感和愛情的你不妨留意一下誕生日為以下日期的人。

◎愛情和友誼：

1月4.11.12.16.26.28日、2月2.9.10.24.26.28日、3月7.8.22.24.26日、4月5.6.20.22.24.30日、5月3.4.8.18.20.22.28.31日、6月1.2.16.18.20.26.29日、7月4.14.16.18.24.27日、8月12.14.16.22.25日、9月10.12.14.20.23日、10月8.10.12.18.21日、11月6.8.10.16.19日、12月4.6.8.14.17日

◎幸運貴人：

1月3.10.29.31日、2月1.8.27.29日、3月6.25.27日、4月4.23.25日、5月2.21.23日、6月19.21日、7月17.19.30日、8月15.17.28日、9月13.15.26日、10月11.13.24日、11月9.11.22日、12月7.9.20日

◎強烈吸引你的人：

1月11日、2月9日、3月7日、4月5日、5月3日、6月1日、9月10.11.12.13日

◎砥礪者：

1月9日、2月7日、3月5.28日、4月3.26日、5月1.24日、6月22日、7月20日、8月18日、9月16日、10月14.30.31日、11月12.28.29日、12月10.26.27日

◎靈魂伴侶：

1月7日、2月5日、3月3日、4月1日、5月29日、6月27日、7月25日、8月23日、9月21日、10月19日、11月17日、12月15日

優點：有領導能力、有創造力、思想進步、堅強、樂觀、信念堅
　　　定、競爭意識、獨立、合群
缺點：專橫、妒忌、自我中心、驕傲、自私、缺乏耐心

太陽星座：	雙魚座
區間：	巨蟹座／月亮
角度：	雙魚座19º30´-20º30´
類型：	變動星座
元素：	水
恆星：	無

3月11日

PISCES

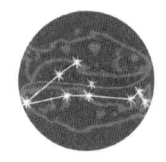

　　富有靈感、充滿理想的你活潑且充滿熱情，且有創造財富的能力；你被賦予內心的力量和悟性，喜歡處於領導地位或負責新的、有創新性的工作；對物質的重視以及對經濟上的安全感的需求表示你喜歡將創造力和想像天賦運用於商業活動上；渴望美好生活的你要避免過度放縱或揮霍的傾向。

　　受太陽星座在天蠍座運行的影響持續增強，你具有強烈的直覺；豐富的想像力使你懷有憧憬、富有遠見；實用技能和良好的判斷力是你最明顯的特徵，同時，對集體潛意識的洞察力使你對大眾潮流有十分敏銳的感覺。

　　你是一個有決心、信念堅定的人道主義者，具有理想化的見解；堅持、勤奮的你如果能夠避免過於物質主義的傾向，就能夠獲得成功；雖然你的反應迅速、洞察力敏銳，但要學會保持冷靜，及避免衝動或反覆無常，這樣你就能克服浮躁和強勢的性格。

　　10歲到39歲這段期間，太陽在牡羊座運行，你會逐漸變得有自信，同時會追求積極、勇敢的處事態度；40歲以後，太陽星座推進到金牛座，此時的你對穩定和經濟上的安全感的需要會更強烈，而且你的心態放鬆、決心堅定，但對改變的遲疑態度會表露出你的固執性格；70歲以後，太陽星座落在雙子座，你的好奇心會增強，並開始改變思考方式，同時你也會對交流和學習新領域產生興趣。

■真實的自我

　　你時常在經濟上出現猶豫不決的態度，這將有損你出色的創造力；靈感被激發時，你的處事態度會充滿新意且思想會更有深度；勇氣和獨立的精神會促使你尋求個人自由並使你對環境能有快速的反應；雖然你的表達能力強，但要避免因為興趣過多而分散了精力；自我約束力能使你的潛能完全地發揮。

　　你在積極時會表現得慷慨，但在消極時則會充滿挫折感；心態愈平和，你就愈能夠克制失望的情緒；敏銳的思維和憧憬幫助你能夠掌控全局；具有組織能力和奮鬥精神的你能夠利用常識和知識獲得好成績或者致力於某一有意義的事業。

■工作和職業

　　你是一位優秀的經理或管理者，處於權威地位的你通常能夠發揮得更加出色；天生對金錢和價值的理解力會促使你投身商業，結合實用技能、想像力以及創造力，你將在這一領域遊刃有餘；推行某種改革的能力會吸引你在諸如工會或維護他人權力的機構中

擔任領導者；做為一個出色的發言人，你也可能會投身政治傳遞自己的信念；如果不能成為追求自由的鬥士，你會對教育或其他形式的公益事業產生興趣；個性和創造力表達的需要會使你投身藝術、音樂、舞蹈領域或娛樂界。

與你同天出生的名人包括媒體大亨魯伯特・莫多克、英國前首相哈洛德・威爾遜、科幻小說家道格拉斯・亞當斯、默片女演員桃樂絲・吉許，以及歌手鮑比・麥克費林。

■數字命理學

受誕生日數字11的影響，理想、靈感以及變革對你十分重要；自卑與自信並存，會激勵你努力獲得物質或精神上的自我控制的能力；增加經歷能使你學會協調個性中的不同特質，而信任自己的感覺能讓你避免出現極端的態度；你的感情強烈、充滿活力，要提防過度緊張的情緒以及不切實際的想法。受出生月3月的影響，你敏感、富有想像力，而且思想活躍、反應迅速；充滿熱情、富有進取心的你希望能夠把握機會並重新開始；性格獨立的你決不是那種飽食終日無所事事的人，因為你渴望多樣性和行動；你對自己的渴望有清楚的認識，同時你也知道該如何以最快的方式達成理想；你具有靈巧的雙手，能夠從事需要技術和準確性的操作工作；喜好交際、驕傲的你十分注重自己的形象和外表。

■愛情和人際關係

外向、喜好交際的你在與人交往的過程中能夠獲得快樂，同時期望令他人留下好印象；通常你渴望有樂觀、務實、能夠為你提供明智建議或排憂解難的人陪伴在身邊；活潑、富有表現力的你不要對你的伴侶和朋友過於專橫；與思維活躍的人交往，或者融入使你能發揮創造性表達能力的社交圈，都會讓你獲益良多。

優點：平衡感、專注、客觀、充滿熱忱、富有靈感、脫俗、充滿理想、洞察力敏銳、睿智、外向，有創造力、藝術氣質、治癒的力量、有人道精神、有信念
缺點：優越感、不誠實、缺乏目標、感情用事，容易受傷、自私、強勢

■你生命中的特殊之人

在尋找合適伴侶的過程中，你不妨考慮誕生日為以下日期的人。

◎愛情和友誼：

1月8.13.27.29日、2月11.27.29日、3月9.25.27日、4月2.7.23.25日、5月5.21.23.29日、6月3.19.21.27.30日、7月1.15.17.19.25日、8月15.17.23.26日、9月13.15.21.24日、10月11.13.19.22.29日、11月7.9.11.17.20.27日、12月7.9.15.18.25日

◎幸運貴人：

1月11日、2月9日、3月7.31日、4月5.29日、5月3.27.31日、6月1.25.29日、7月23.27.31日、8月21.25.29.30日、9月19.23.27.28日、10月17.21.25.26日、11月15.19.23.24.30日、12月13.17.21.22.28日

◎強烈吸引你的人：

1月12日、2月10日、3月8日、4月6日、5月4日、6月2日、9月11.12.13.14日

◎砥礪者：

1月10日、2月8日、3月6.29日、4月4.27日、5月2.25日、6月23日、7月21日、8月19日、9月17日、10月15.31日、11月13.29.30日、12月11.27.28日

◎靈魂伴侶：

1月18.24日、2月16.22日、3月14.20日、4月12.18日、5月10.16日、6月8.14日、7月6.12日、8月4.10日、9月2.8日、10月6日、11月4日、12月2日

太陽星座：雙魚座
區間：天蠍座／冥王星
角度：雙魚座20°30´-21°30´
類型：變動星座
元素：水
恆星：室宿一

3月12日
PISCES

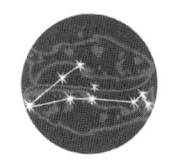

這一天出生的你性格和藹、迷人、有朝氣、待人友善、充滿熱情；鬥志高昂、富有理想的你時常能保持年輕的心態；同時具有物質和理想主義的你決心堅定、野心勃勃、有商業頭腦，同時喜歡追求刺激，在意自己的形象，這也表示你會熱衷尋找能為你提供優質生活的資金；學習能力強的能夠從新技能的學習以及對其創造性的應用來獲得成功。

受太陽星座在天蠍座運行的影響持續增強，你有先見之明，天生富有靈性；對心理學、通靈術和透視力的研究會使你產生超自然的頓悟；擁有超凡悟性和深沉情感的你能憑藉鑽研精神來認識事物的本質並因此獲得快樂；獲得真正的靈感時，你願意為之努力並獲得物質的富足和聲望。

心地善良、適應能力強、喜好交際的你總是表現得機智、風趣，而且渴望得到他人的認同和青睞；在意形象的你會追求良好的心態和整潔的外表，因此你會將金錢投入在衣服和奢侈品上；雖然你喜歡獨立，但合作和共同的努力能為你帶來利益和成功；負責的你會為自己的團隊做出突出的貢獻。

9歲到38歲之間，太陽星座將經過牡羊座，此時的你逐漸變得自信、具有野心，且隨著自信的增強，你會開拓新的領域、事業或在人際關係中掌握更多的主動權；39歲時會出現另一轉折，此時太陽星座推進到金牛座，你會放慢生活節奏，同時對更多的穩定和經濟上的需要增加；69歲以後，太陽星座進入雙子座，此時的你對語言和思想的交流會表現出更多的興趣。

■真實的自我

雖然你的天分高、技術熟練，但缺少努力和決心，你仍然無法完全發揮天賦；開朗的性格和朝氣的表現表示你充滿理想和活力；你的興趣廣泛、社交活動豐富，因此你最好確立目標並學會集中注意力。

充滿智慧、有野心的你有時會在理想與商業利益之間難以抉擇，一方面你會被安逸、奢華的生活所吸引，一方面對理想的渴望會促使你勤奮努力來實現理想；學會做出正確的選擇並堅持下去，這對你獲得富足的生活十分重要；愉悅他人並讓他人為你著迷的能力將會伴隨你一生。

■工作和職業

具有個人魅力和社交技巧的你，在從事任何與人際交往相關的工作上都能獲得極大的滿足感；你的個人魅力、領導以及組織能力能幫助你在所從事的工作領域中創造巔峰；投身商業的你能夠將與人輕鬆交往的能力應用於銷售、推銷、出版或傳播媒體工作；在文字方面的天賦能使你成為出色的作家或講師；你渴望自我表達及追求富有表現力的事物，這會使你對美術、音樂或娛樂界產生興趣；充滿新意、天分高、對價值有著強烈意識的你能夠結合商業直覺與對人的迅速洞察力，並最終獲得物質上的成功。

與你同天出生的名人包括演藝明星麗莎‧明妮莉、作家傑克‧凱魯亞克，音樂人兼歌曲創作者詹姆士‧泰勒和保羅‧肯特納、爵士樂歌手艾爾‧賈諾，以及劇作家愛德華‧艾爾比。

■數字命理學

你的洞察力敏銳、樂於助人、友善，且具備出色的推理能力；渴望與眾不同的你富有創新精神；善解人意、感情細膩的你善於運用策略和合作的方式來達成目標；當自我表達的需要與幫助他人的願望達成平衡時，你會獲得感情的滿足和個人的成就感；不過，你需要足夠的勇氣堅持立場、培養自信心，不要因為外界的影響而輕易失去信心。受出生月3月的影響，你在多方面表現出天賦，而且性格敏感；友善的你喜歡社交活動，擁有廣泛的興趣；對自我表達的需要促使你尋求不同的經歷；充滿理想、追求完美的你需要和諧的氣氛，如此才能讓你避免焦慮和嚴苛；充滿溫情的環境以及友誼對你來說十分重要，因為這些能夠賦予你希望和靈感。

■愛情和人際關係

能夠輕鬆結交朋友的你個性隨和、喜好交際；你的興趣廣泛，喜歡結合工作與娛樂；你崇拜在創造力或是經濟上都很傑出的人；具有交際技巧的你能夠從朋友那裡獲益；在交友方面你要慎重，這樣才能維持長久的關係；你的熱情和富有創意的想法能鼓舞他人，但你必須學會表達自我需求。

優點：有創造力、魅力、有開創精神、有原則性、自我推銷的能力
缺點：孤僻、行為怪異、不善於合作、過於敏感、缺少自尊

■你生命中的特殊之人

尋找長久人際關係和愛的你在誕生日為以下日期的人當中，能夠找到令你感到興奮的伴侶。

◎愛情和友誼：

1月6,8,14,23,26,28日、2月4,10,12,21,24,26日、3月2,10,12,19,22,24日、4月8,14,17,20,22日、5月6,15,16,18,20日、6月4,13,16,18,28日、7月2,11,14,16,20、8月9,12,14,22日、9月7,10,12,24日、10月5,8,10,23,26日、11月3,6,8,15,28日、12月1,4,6,30日

◎幸運貴人：

1月9,12日、2月7,10日、3月5,8日、4月3,6日、5月1,4日、6月2,30日、7月28日、8月26,30,31日、9月24,28,29日、10月22,26,27日、11月20,24,25日、12月18,22,23,29日

◎強烈吸引你的人：

9月12,13,14,15,16日

◎砥礪者：

1月11,13,29日、2月9,11日、3月7,9,30日、4月5,7,28日、5月3,5,26,31日、6月1,3,24,29日、7月1,22,27日、8月20,25日、9月18,23,30日、10月16,21,28日、11月14,19,26日、12月12,17,24日

◎靈魂伴侶：

1月12,29日、2月10,27日、3月8,25日、4月6,23日、5月4,21日、6月2,19日、7月17日、8月15日、9月13日、10月11日、11月9日、12月7日

太陽星座：雙魚座
區間：天蠍座／冥王星
角度：雙魚座21°30´-22°30´
類型：變動星座
元素：水
恆星：室宿一

3月13日

PISCES

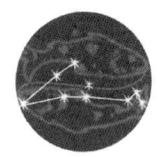

　　雙魚座的你在多方面具有天賦、悟性高、樂觀，對成功懷有強烈的渴望；你需要在創造力和實用方面展現自我，但缺乏耐心和堅持會使你失去展現創意的機會。

　　受太陽星座在天蠍座運行的影響持續增強，你的感情豐富、細膩，且具有敏銳的直覺；你是務實的理想主義者，具備領導才能，同時也是一個出色的策畫者和代理人；具有先見之明和強烈感情有能力改變你的生活的方式；當靈感被激發時，能將全部的熱情傾注於目標上；對超自然領域的興趣是你能夠發掘自己的心靈感應與通靈能力。

　　你具備敏銳的商業直覺，在商業活動中是聰明的競爭者，有機會參與大型工作或風險事業；重視物質的你可能熱衷追求奢侈，而財富會成為你衡量自我價值的重要標準；執著賺錢的你必須反省在追求成功的過程中是否失去了什麼；慷慨、樂觀的你不甘於平凡和渺小，喜歡回報較大的工作。

　　7歲以前，太陽星座位於雙魚座，你會關注敏感的個性、對周圍環境的包容以及情感的需要；8歲到37歲這段期間，太陽星座會經過牡羊座，你將逐漸變得堅定、果敢、充滿活力，這也會促使你展開新的工作，自信心也會增強；38歲以後，太陽星座進入金牛座，此時的你對成就和安全感的需要增強，同時渴望更多的平靜和感情的穩定；68歲以後，太陽星座落在雙子座，你開始對不同形式的交流更加關注，因此可能會發現新的興趣。

■真實的自我

　　洞察力敏銳、富有野心的你敏感、充滿智慧，能夠迅速地對人和環境做出判斷和估計；你具備出色的組織和掌控局勢的能力，也喜歡忙碌的狀態；內心的尊嚴和驕傲表示你不喜歡約束性過強的任務或是缺乏智力挑戰的工作；精力充沛、具有探索精神的你將逐漸了解知識的價值；你的思想具有獨創性，經常超越所處的時代，並需要自我表達的自由。

　　慷慨、善良、具有說服力的你如果居於領導地位將能發揮的更加出色；交友廣泛的你是天生的公關人員；你勤奮、富有想像力和創新精神，能夠把握拓展事業的機會；你也具有累積財富的能力，但你會發現更多的滿足感其實來自於幫助他人或從事慈善工作；當你對某一事業充滿熱情和信念時，你有能力將其規畫並呈現給眾人，以帶動他人的積極性；與某些女性的聯繫能夠讓你獲益，尤其是在教育和工作領域上。

■工作和職業

你具有豐富的想像力、敏銳的思維以及天生的商業直覺，能夠將許多天賦轉化為實際價值；與他人輕鬆相處的能力以及出色的溝通技巧對從事銷售、出版工作是一大優勢；此外，這一天出生的某些人會從事自然科學或研究工作；你在商業方面具有天賦，但無論從事任何職業，你都能夠表現出規畫和組織能力；喜歡旅行的你也能夠勝任與海外有業務往來的工作；教學、演講或寫作的職業也能提供你以自我方式行事的自由。

與你同天出生的名人包括天文學家帕西瓦・羅威爾、歌手尼爾・沙達卡、演藝明星泰西・歐希、音樂人迪克・卡茲，以及出版商華特・安納伯格。

■數字命理學

誕生日數字13代表著你感情細膩、充滿熱情、富有靈感；勤奮、有抱負的你能夠透過創造性的自我表達來取得亮麗的成績；你需要培養務實的態度，才能將創造性潛能轉化為實際價值；獨特、創新的處事方法能夠激發你新的、令人激動的想法並付諸實踐；這一天出生的你真誠、浪漫、迷人、有情趣，而專注力能使你獲得物質生活的富足。受出生月3月的影響，你富有創造力和想像力；充滿智慧、敏感的你有著創意的想法和遠大的計畫；你的個性隨和，是不錯的伴侶，喜歡氣氛友好的社交活動；多才多藝以及自我表達的需要會促使你尋求不同的經歷；容易產生厭倦的傾向會導致你猶豫或分散了精力；懷疑的態度會使你在感情上缺乏安全感，因此你需要堅定信念並相信自己的直覺。

■愛情和人際關係

喜好交際、待人友善的你渴望受人青睞，喜歡追求新的感情經歷；容易產生厭倦的你需要找到能夠使你保持熱情和活力的人；你的感情豐富，崇拜具有個人魅力、性格堅強的人；富有表現力的你總是表現得很寬容，並會在他人需要幫助時伸出援手；感情強烈、渴望得到他人欣賞的你是一位處處為他人考慮的忠誠朋友。

優點：有抱負、有創造力、愛好自由、自我表達能力強、有開創精神
缺點：衝動、猶疑不決、專橫、冷漠、叛逆、自我中心

■你生命中的特殊之人

富有個人魅力的你具有很多社交和邂逅浪漫的機會，但若要找到生命中的特殊之人，你就要關注以下的誕生日期。

◎愛情和友誼：

1月6、10、15、29、31日、2月4、13、27、29日、3月2、11、25、27日、4月9、23、25日、5月2、7、21、23日、6月5、19、21日、7月3、7、17、19、30日、8月1、15、17、28日、9月13、15、26日、10月1、11、13、24日、11月9、11、22日、12月7、9、20日

◎幸運貴人：

1月13、15、19日、2月11、13、17日、3月9、11、15日、4月7、9、13日、5月5、7、11日、6月3、5、9日、7月1、3、7、29日、8月1、5、27、31日、9月3、25、29日、10月1、23、27日、11月21、25日、12月19、23日

◎強烈吸引你的人：

5月30日、6月28日、7月26日、8月24日、9月13、14、15、16、22日、10月20日、11月18日、12月16日

◎砥礪者：

1月12日、2月10日、3月8日、4月6日、5月4日、6月2日、8月31日、9月29日、10月27、29、30日、11月25、27、28日、12月23、25、26、30日

◎靈魂伴侶：

1月2、28日、2月26日、3月24日、4月22日、5月20日、6月18日、7月16日、8月14日、9月12日、10月10日、11月8日、12月6日

太陽星座：雙魚座
區間：天蠍座／冥王星
角度：雙魚座22°30´-23°30´
類型：變動星座
元素：水
恆星：室宿一

3月14日

PISCES

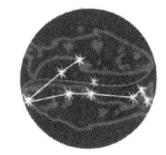

雖然你的接受能力強、敏感，但活力和不安分使你一直都在尋找各種能夠被利用的可能性；智慧、多才多藝以及獨立的個性使你具備獲得成功的潛力；慷慨、開明的你十分具有吸引力，相當受人歡迎；包容的態度使你對待生活充滿仁愛之心，同時也激發出你的幽默感。

受太陽星座在天蠍座運行的影響持續增強，你的個性中充滿各種極端的特質；你富有理想和想像力，但注重實效，且對物質方面的問題有強烈的意識；你通常具有魅力、有辨別能力、預感強烈、思想有深度、充滿靈性；你通常表現得冷靜，但挫折和失望感會促使你透過刻薄的言詞宣洩內心的緊張；你在多方面具有天賦、有野心，具有出色的評估能力，因此有能力實現遠大的目標。

個性獨立的你不喜歡受人支配，因此你不喜歡處於從屬地位，能夠發揮領導潛力的工作會讓你表現更加出色；如何處理自己的財產是你時常考慮的問題，特別是你總是間歇性地出現奢侈的欲望；倉促或是一時衝動所做出的決定會讓你的經濟狀況出現危機；權衡利弊之後，你會放手一搏，而善於把握時機的，你通常會比別人幸運。

7歲到36歲之間，太陽星座將經過牡羊座，你將逐漸變得更加自信、堅定，這會使你具有更強的自我導向性和進取精神；37歲以後，太陽星座推進到金牛座，此時的你對成就和經濟上的安全感的需要增強，同時渴望生活中有更多的實踐機會；67歲時，太陽星座進入雙子座，此時的你會開始關注於交流，並對精神方面的鼓舞或新的興趣產生需要。

■真實的自我

天生的威嚴來自於你內心的驕傲和戲劇性的個性，這使你會處於承擔責任的位置並因此發揮許多方面的天賦；與生俱來的浮躁和不安分讓你千方百計地想要擺脫身上的束縛和限制；如果所處的環境無法為你提供新的、能夠進步的機會，你將會傾向旅行或尋找前景更光明的環境。

你具備對價值的敏銳度以及處理經濟事務的能力；你會為某一事業或理想付出積極的努力和奮鬥；經濟狀況的不穩定有時會阻礙你施展抱負，因此你需要事先做出預算或計畫未來，而不要冀望快速的回報；盡量保持冷靜，不要對安全問題過於敏感，你將能夠憑著包容的心態獲得亮麗的成績。

■工作和職業

能夠發揮敏銳的思維和溝通技巧的工作，如科學家、律師、教師或作家的職業會為你帶來成功；你具有崇高的理想和人道精神，希望為某一理想性的事業付出貢獻；豐富的想像力以及靈活的頭腦使你喜歡開發新思想並探索新知識，這會讓你的工作充滿成果；此外，你富有創造靈感，能夠透過美術、音樂或娛樂界來表達自己；同情心的一面會促使你投身治療行業或社會福利工作。

與你同天出生的名人包括物理學家愛因斯坦、作曲家泰勒曼和昆西‧瓊斯、男演員邁克爾‧凱恩和比利‧克里斯托、免疫學家保羅‧艾利希，以及女演員麗塔‧塔辛漢。

■數字命理學

聰明才智、務實態度和堅定決心是誕生日數字14賦予你的特質；這一天出生的你總是把工作放在首位並會透過成就的大小來衡量自己和他人的價值；一方面你渴望穩定，一方面內心的不安分又會促使你不斷進取，接受新的挑戰以改善當前處境；躁動和時常出現的不滿足感使你渴望人生會出現更多的變化，特別是當你對當前的工作環境和經濟狀況感到不滿時；悟性能使你迅速對問題做出回應，並享受解決問題時所帶來的快樂。出生於3月的你敏感、感情強烈；你充滿理想、富有創造力，而野心使你的工作富有成效；充沛的體力可以幫助你表現得更加出色，但這也可能會導致你猶豫不決或分散了你的精力；積極的環境對你十分重要，因為靈感和熱情會讓你發揮更好。

■愛情和人際關係

隨和的個性表現出你的熱心；當你與可以引導你思考的人相處時，你會感到非常的幸福，因為你能與他們一同分享各種挑戰智商和創造力的活動；儘管你善於溝通，但需要保持淡然的心態，才能避免因為潛在的不安感而變得過於嚴肅；幸好洞察力敏銳、有情趣的你可以用幽默感改善緊張的氣氛。

優點：果斷、勤奮、幸運、有創造力、務實、想像力豐富
缺點：過於謹慎或衝動、不穩定、考慮不周、固執

■你生命中的特殊之人

尋求安全感、靈感和愛情的你不妨留意一下誕生日為以下日期的人。

◎愛情和友誼：
1月6、11、16日、2月4、14日、3月2、12、28、30日、4月10、26、28日、5月3、8、24、36、30日、6月1、6、22、24、28日、7月4、20、22、26、31日、8月2、18、20、24、29日、9月16、18、22、27日、10月14、16、20、25日、11月12、14、18、23日、12月10、12、16、21日

◎幸運貴人：
1月9、14、16日、2月7、12、14日、3月5、10、12日、4月3、8、10日、5月1、6、8日、6月4、6日、7月2、4日、8月2日、9月30日、10月28日、11月26、30日、12月24、28、29日

◎強烈吸引你的人：
1月21日、2月19日、3月17日、4月15日、5月13日、6月11日、7月9日、8月7日、9月5、14、15、16、17日、10月3日、11月1日

◎砥礪者：
1月4、13、28日、2月2、11、26日、3月9、24日、4月7、22日、5月5、20日、6月3、18日、7月1、16日、8月14日、9月12日、10月10、31日、11月8、29日、12月6、27日

◎靈魂伴侶：
1月15、22日、2月13、20日、3月11、18日、4月9、16日、5月7、14日、6月5、12日、7月3、10日、8月1、8日、9月6日、10月4日、11月2日

太陽星座：雙魚座
區間：天蠍座／冥王星
角度：雙魚座23º30´-24º30´
類型：變動星座
元素：水
恆星：室宿一

3月15日

PISCES

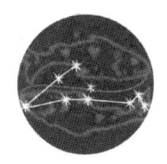

想像力豐富、洞察力敏銳的你尋求安全感及和諧；和藹、謙虛的你因為友善、迷人的性格而吸引了大批的崇拜者；你有許多在物質和社交方面獲得成功的機會；你對價值有敏銳的感知力，因此經濟上的安全感在你人生中的地位十分重要；雖然你衝勁十足，渴望獲得權力和名望，但因為興趣過多而導致的精力分散反而會使你的決心動搖。

受太陽星座在天蠍座運行的影響持續增強，你具有研究精神；對未知領域感興趣的你會嘗試探索新的理念或找出真相；你的成長以及力量主要來自於克服困難；當受到某項事業或想法的鼓舞時，你會產生靈感和創造力，這能幫助你取得非凡的成就。

你通常會在不信任和希望的兩種感覺之間搖擺不定，有時表現得焦躁或自我懷疑，有時又表現得獨立、自信，甚至強勢，這時常會導致你與他人發生爭吵或衝突，並引起環境的不穩定；學會放鬆自我並且避免易怒或咄咄逼人的個性，你將能重新找回和平的環境。

6歲到35歲之間，太陽星座將經過牡羊座，你將逐漸建立自信和堅定的信念；36歲開始，太陽星座進入金牛座，此時的你對穩定和經濟上的安全感的需要增強，而你的心態會更加放鬆、決心更加堅定，但對改變的遲疑態度也顯示出了你的固執；66歲時會出現另一轉折，此時太陽星座推進到雙子座，你的好奇心會逐漸增強，同時開始改變思考方式，這可能使你對新的領域產生興趣。

■真實的自我

你驕傲、富有表現力、不喜歡失敗，做你認為正確的事同時保持自尊感，這種感覺對你很重要；天生的睿智使你會對他人保持一定的神祕感，這會表現為你對獨處的渴望以及對生命神祕性的體悟；不過，有時你也會顯得浮躁、固執或迷惘，此時的你需要培養耐心或傾聽他人的建議；明澈的內心使你能夠克服任何困難並以意志鼓勵他人；如果對自己或自我能力失去信心，你將陷入孤立而且變得不坦率，這也會導致你產生不信任感和懷疑；洞察力敏銳的你同時也是一個悟性很高的觀察家，具有迅速的理解能力；信任自己的直覺並做出回應，你將能夠真正關注現在，而不會沉湎於過去或冀望未來。

■工作和職業

敏感、決心堅定的你工作勤奮，這能夠幫助你在所從事的領域取得輝煌成就；你喜歡追求力量和效率，因此能夠在商業或政府部門獲得成功，尤其是做為行政管理人、

監督人或經理；你也能夠勝任廣告、法律、自然科學或金融工作；從事銷售、談判或與調查相關的工作能使你獲得成就；個性獨立的你不願服從於他人，因此適合自我創業；如果能夠發揮更多的創造潛力，你將在音樂領域有突出的表現。

與你同天出生的名人包括歌手泰倫斯·崔特·達比和邁克·拉佛、音樂人菲爾·萊許、科學家亞歷山大·波波夫，歌手兼歌曲創作者斯萊·史東和萊汀·霍普金斯和雷·庫德，以及美國前總統傑克遜。

■數字命理學

多才多藝、充滿熱情和內心的不安分是誕生日數字15賦予你的特質；你最大的優勢在於強烈的直覺以及融合理論與實踐產生的強大學習能力；當機會到來時，你能夠憑藉洞察力牢牢把握；你具有創造財富的能力或者能獲得他人的幫助和支持；無憂無慮、個性堅強的你能夠直接面對突發的情況，而且喜歡嘗試冒險。受出生月3月的影響，你的接受能力強、多才多藝；個性迷人、友善的你需要藉由不同的經歷和實踐來找到自我表達的方式；容易產生厭倦的傾向會導致你產生焦躁和分散了你的精力；雖然你充滿熱情、風趣，有幽默感，但你必須培養自尊才能避免焦慮或在感情上缺乏安全感；友誼和充滿溫情的氣氛對你十分重要，因為這能夠為你帶來希望和靈感。

■愛情和人際關係

喜好交際、待人友善的你敏感、充滿理想，渴望與他人進行情感的交流；陷入愛情的你會變得具有奉獻精神且想法豐富；陷入懷疑或猶豫不決的你會對愛情產生不確定感，從而引發焦慮和彷徨；一旦下定決心，你會表現得忠誠投入；通常你渴望能夠與你分享創意的想法和活動的人際關係。

■你生命中的特殊之人

在誕生日為以下日期的人當中，你能夠找到可以理解你的敏感和對愛的需要的伴侶。

◎愛情和友誼：

1月7、13、17、20日、2月5、15、18日、3月3、13、16、29、31日、4月1、11、14、27、29日、5月5、9、12、25、27日、6月7、10、23、25日、7月1、5、8、21、23、8月3、6、19、21日、9月1、4、17、19日、10月2、15、17日、11月13、15、30日、12月11、13、28日

◎幸運貴人：

1月15、17、28日、2月13、15、26日、3月11、13、24日、4月9、11、22日、5月7、9、20日、6月5、7、18日、7月3、5、11、16日、8月1、3、14日、9月1、12日、10月10、29日、11月3、8、27日、12月6、25日

◎強烈吸引你的人：

1月5日、2月3日、3月1日、9月15、16、17、18日

◎砥礪者：

1月4、5、14日、2月2、3、12日、3月1、10日、4月8、30日、5月6、28日、6月4、26日、7月2、24日、8月22日、9月20日、10月18日、11月16日、12月14日

◎靈魂伴侶：

1月2日、3月29日、4月27日、5月25日、6月23日、7月21日、8月19日、9月17日、10月15日、11月13日、12月11日

優點：積極、慷慨、有責任心、善良、有合作精神、有鑑賞力、有悟性、熱情、有創意

缺點：焦躁、不負責任、自我中心、害怕改變、焦慮、猶豫、物質主義、濫用權力

太陽星座：雙魚座
區間：天蠍座／冥王星
角度：雙魚座24º30´-25º30´
類型：變動星座
元素：水
恆星：室宿一、室宿二

3月16日

PISCES

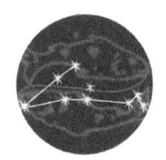

　　待人友善、喜好交際的你富於幻想、個性隨和、迷人；你的外表冷靜，同時注重精神和物質方向；一方面你充滿憧憬和實用技能，能夠投身商界成為具有說服力的實業家或商人，另一方面，你的慈善個性會促使你積極追求人道事業，從而表現出更加仁愛的特質。

　　受太陽星座在天蠍座運行的影響持續增強，你的悟性高、充滿智慧；雖然你渴望擁有更強的理解能力，但性格細膩；擁有治癒力量的你能夠改變自我並重新開始；儘管你能夠洞悉萬物，是出色的調查員，但你不喜歡洩露自己的隱私。

　　你能在寫作或其他創造性領域釋放自己的想像力，藉此表達自我；你對周圍的環境比較敏感，而你的幸福主要來自於內心的和諧和平靜；用專注代替懷疑，並對自己的能力有足夠的信心，你就能夠不斷增強自信。

　　5歲到34歲之間，太陽星座將經過牡羊座，這段時期的你會逐漸變得自信、堅定、有野心，你將會展開新的工作或學會更直接的人際交往方式；35歲時，太陽星座進入金牛座，從這時起，你會放慢生活節奏，同時渴望生活中更多的永恆和經濟方面的保障；65歲以後，太陽星座進入雙魚座，此時你的興趣集中於語言和思想的交流。

■真實的自我

　　愛情和友誼對你十分重要，你渴望能夠帶給他人快樂，這會表現為富有愛心的體貼行為或熱心慷慨的個性；敏感的你對周圍環境有包容力，但如果受到束縛，你會無法產生鬥志或公開地表達自己的情感；經濟上的安全感以及自我價值感對你獲得富足的生活意義重大，有時你可能會在責任和個人渴望之間徘徊；隨著經歷的增加，你會逐漸意識到愛的力量。

　　為了獲得需要和應得的回報，你能夠做出多大的讓步，這是充滿理想的你需要面對的考驗；在堅持自己的權力和體貼、細膩的情感之間找到平衡點，這對你十分重要。

■工作和職業

　　迷人的你富有想像力，對顏色和風格具有強烈的敏感度，因此你能夠成為成功的設計師或形象創造人；雖然你喜好交際、合群，但會嚴肅地看待經濟方面的問題，並善於結合工作與娛樂；需要自我表達的你即使缺乏創造力，也傾向被美的事物圍繞，你通常會從事與美術或古董相關的工作；此外，你富有想像力和新奇的想法，能夠在寫作、

新聞或媒體和出版領域有所發揮；你是個對人感興趣的公關人員，具有治癒和安慰他人的神奇力量。

與你同天出生的名人包括喜劇演員傑瑞・路易士，女演員伊莎貝爾・哈佩特、導演貝托魯奇、男演員哈迪・克魯格，以及歌曲創作者南茜・威爾遜。

■數字命理學

誕生日數字16代表著你的思想豐富、感情細膩、待人友善；雖然分析能力強，但你仍然會憑感覺對生活和他人做出判斷；這一天出生的你有可能會出現內心的緊張，一方面是來自於自我表達的需要，一方面則是來自於對他人的責任感；你非常關心世界局勢，因此能進入跨國性公司或傳播媒體界；具有創造力的你會在寫作方面展現天賦，同時你總能記下稍縱即逝的靈感；這一天出生的你需要學會平衡個性中的自負、懷疑和不安感。出生於3月的你充滿理想、富有創造力、想法新奇；雖然你隨和、友善，但喜歡自己做決定，具有很強的自主性，洞察力敏銳、敏感的你需要對自己的能力有信心，才能避免對工作產生焦慮；你可能認為金錢能夠解決一切的問題，但感情上的不安其實和金錢完全無關；靈感被激發時，你會充滿感激和活力，並能夠用力量鼓舞他人，而不會只專注於自己的意願。

■愛情和人際關係

你充滿理想，有著一顆年輕的心，你會為了愛情和人際關係的融洽做出犧牲；生性浪漫的你相信愛情和忠誠能克服一切困難，但要注意不要為了不值得的人過於委屈自己；你或許會選擇與一位年齡和背景完全不同的人共度一生；慷慨、溫柔的你會對伴侶極為體貼、充滿保護欲；你的個性謙和，在人際關係中傾向相互坦誠，並且有著強烈的責任感。

優點：博學、對家庭有責任感、正直、洞察力敏銳、愛好交際、善於合作、有遠見
缺點：焦慮、不負責任、自誇、固執己見、多疑、挑剔、易怒、自私

■你生命中的特殊之人

尋找知己或理想關係的你不妨關注以下的誕生日，你可能會因此遇上好運。

◎愛情和友誼：
1月4.8.9.18.19.23日、2月2.6.16.17.21日、3月4.14.15.19.28.30日、4月2.12.13.17.26.28.30日、5月1.10.11.15.24.26.28日、6月8.9.13.22.24.26日、7月6.7.11.20.22.24.30日、8月4.5.9.18.20.22.28日、9月2.3.7.16.18.20.26日、10月1.5.14.16.18.24日、11月3.12.14.16.22日、12月1.10.12.14.20日

◎幸運貴人：
1月5.16.27日、2月3.14.25日、3月1.12.23日、4月10.21日、5月8.19日、6月6.17日、7月4.15日、8月2.13日、9月11日、10月9.30日、11月7.28日、12月5.26.30日

◎強烈吸引你的人：
1月17日、2月15日、3月13日、4月11日、5月9日、6月7日、7月5日、8月3日、9月1.16.17.18.19日

◎砥礪者：
1月1.10.15日、2月8.13日、3月6.11日、4月4.9日、5月2.7日、6月5日、7月3.29日、8月1.27日、9月25日、10月23日、11月21日、12月19.29日

◎靈魂伴侶：
8月30日、9月28日、10月26日、11月24日、12月22日

太陽星座：雙魚座
區間：天蠍座／冥王星
角度：雙魚座25º30´-26º30´
類型：變動星座
元素：水
恆星：室宿二

3月17日

PISCES

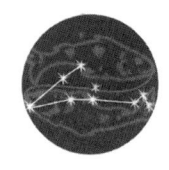

雙魚座的你洞察力敏銳、分析能力強、敏感、態度務實；雖然你具有崇高的抱負和理想，但心靈可能會被物質方面的問題所占據；你具有個人魅力、創造天賦，而且想像力豐富、接受能力強；如何透過自我表達來創造和諧的氣氛是你的主要挑戰；當情感被壓抑時，你會陷入焦慮、懷疑或悲觀的想法；成功通常來自於勤奮和專注，要想有所收穫，你首先要完成你的任務和擔負責任。

受太陽星座在天蠍座運行的影響持續增強，你具有先見之明及敏銳的洞察力；你具有強大的悟性和深沉的感情，而研究精神會使你探尋事實的本質。

你富有同情心、坦誠，因此他人總會在困難時尋求你的幫助，你也樂於給予弱勢團體支援；你具有理智和出色的組織能力，因此能夠全面性地考慮問題；心態樂觀的你是一位充滿靈感的思想家，或是能夠鼓舞人心的談話對象；你富有見地，但有時對自己和他人的不滿會使你過於挑剔；旅行可以滿足你藉由充實知識來提升自我的渴望，因此對你十分有益。

4歲到33歲之間，太陽星座將經過牡羊座，你將逐漸變得堅定、果敢、充滿活力，這促使你對新的事業產生強烈的渴望；34歲以後，太陽星座推進到金牛座，你對成就和安全感的需要增強，同時渴望更加平靜的生活和穩定的感情；64歲以後，太陽星座落在雙子座，此時的你開始關注不同形式的交流，可能會因此發現新的興趣。

■真實的自我

接受能力強、仁慈的你喜歡不做作、直率的人；體貼的你樂於幫助他人或給予對方建議；雖然你的外表充滿自信而且目標堅定，但也需要面對挫折和失望情緒的挑戰；培養耐心和堅持，你就能夠保持積極的心態並獲得利潤豐厚的成功；對思想的理解能力表示教育和知識對你建立自信十分重要。

富有個人魅力、頭腦機敏的你具有創造性思維，強烈渴望表達自我；你也會對哲學、宗教或玄學的學習產生興趣，這能夠幫助你避免產生消極的想法；在你尋求和諧的過程中，家庭具有重要的作用，它能夠滿足你對和平及安全感的需要。

■工作和職業

雖然你具有敏銳的商業直覺和樂觀的態度，但也需要明白凡事都要付出代價的道理；天分高、個性活潑的你對許多事物都感興趣，但需要堅持和勤奮；臨時抱佛腳或者

做事不能善始善終的態度會導致你產生挫折感和焦慮；如果能夠勤奮工作並且關注細節，你就能夠獲得顯赫的職位；你擅長銷售和推銷的工作；你能夠將藝術大眾化並將天賦轉化為商業方面的成功；你的成就主要來自於教育、旅行、公共服務或政治；善於人際交往的你會傾向進入法律、哲學或宗教領域；富有創造力的你也能透過舞蹈、美術、音樂或戲劇來表達強烈的感情。

與你同天出生的名人包括芭蕾舞蹈家紐瑞耶夫、男演員羅伯‧洛、派翠克‧達菲和庫爾特‧羅素、兒童圖書插畫家凱特‧格林威、歌手約翰‧塞巴斯坦和納京高。

■數字命理學

誕生日數字17的你精明、矜持，具備出色的分析能力和寫作技能；你具備獨立的思維，能夠從知識和技能的學習中獲益；專業知識會幫助你在所專注的領域獲得巨大利益和顯赫地位；內斂、淡泊的你對事實和形式具有濃厚的興趣，在他人面前表現得嚴肅、深謀遠慮、從容不迫；透過對交往技巧的培養，你能發現自己更多與眾不同之處。出生於3月的你接受能力強，且有強烈的直覺和預感；靈感被激發時，你會產生許多奇妙、富有想像力的想法；心地善良、充滿理想的你對那些需要鼓勵和肯定的人十分具有吸引力；你是個隨和的夥伴，喜歡氣氛和諧的社交活動，而且興趣廣泛；多才多藝以及對自我表達的需要會促使你尋求各種形式的創造性經歷；人際關係和充滿溫情的氣氛對你十分重要，並能夠賦予你希望和靈感。

■愛情和人際關係

富有表現力、個性溫柔的你身邊有許多崇拜者；運氣好的你喜歡與各種類型的人交往；你對人極具吸引力，但你要學會區分什麼是真正的朋友，什麼是勢利的朋友，否則你會因為他們而浪費自己的時間或分散你對目標的注意力；雖然你懷有強烈的愛等待與人分享，但要避免在表達真實情感時過於激動；慷慨、富有同情心的你對朋友和夥伴體貼，能夠給予支持。

優點：思想豐富、專業知識豐富、計畫周密、具有商業頭腦、有財運、有主見、刻苦耐勞、準確、講求策略、有科學精神
缺點：固執、漫不經心、情緒化、敏感、思維僵化、挑剔、焦慮、多疑

■你生命中的特殊之人

在誕生日為以下日期的人當中，你能夠找到可以理解你的敏感、強烈的感情以及對愛的需要的伴侶。

◎愛情和友誼：
1月3、5、9、18、19日、2月1、3、7、16、17日、3月1、5、14、15、31日、4月3、12、13、29日、5月1、10、11、27、29日、6月9、25、27日、7月6、7、11、23、25、31日、8月4、5、21、23、29日、9月2、3、19、21、27、30日、10月1、17、19、25、28日、11月3、12月13、15、21、24日

◎幸運貴人：
1月1、6、17日、2月4、15日、3月2、13日、4月11日、5月9日、6月7日、7月5日、8月3日、9月1日、10月31日、11月29日、12月27日

◎強烈吸引你的人：
9月17、18、19、20、21日

◎砥礪者：
1月2、16日、2月14日、3月12日、4月10日、5月8日、6月6日、7月4日、8月2日、12月30日

◎靈魂伴侶：
1月11、31日、2月9、29日、3月7、27日、4月5、25日、5月3、23日、6月1、21日、7月19日、8月17日、9月15日、10月13日、11月11日、12月9日

太陽星座：雙魚座
區間：天蠍座 / 冥王星
角度：雙魚座26º30´-27º30´
類型：變動星座
元素：水
恆星：室宿二

3月18日
PISCES

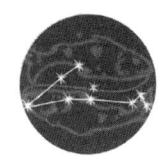

這一天出生的你敏感、內心不安分，渴望藉由旅行和改變來跳脫生活的侷限；洞察力敏銳、個性積極的你富有想像力，擁有一顆年輕的心；懷有憧憬、在多方面具有天賦的你需要找到某種創造性的自我表達；而你所面對的唯一挑戰是缺乏自信或渴望自己的努力能夠得到迅速的經濟回報。

受區間主導星座天蠍座的影響，你的決心堅定，渴望改變並改善自我；困難和磨練能使你認識自己的真正力量，並透過對問題的認識以及把握時機來獲得力量。

多變的環境以及揮霍的性格表示你渴望奢侈的生活方式，因此你需要培養耐心和自我約束力，才能量入為出；沉穩的心態和充分的準備能使你更有效地把握機會，從而獲得成功，懂得這個道理，你就能得到想要的生活方式。

3歲到32歲之間，你的太陽星座將經過牡羊座，你將變得更加自信、堅定，進而開創新事業並具有自我取向；33歲之後，太陽星座進入金牛座，此時的你對成就和安全感的需要增強，同時希望生活中有更多的實踐機會；63歲時，太陽星座推進到雙子座，此時的你開始更加關注交流，並渴望更多的精神鼓舞。

■真實的自我

慷慨、胸襟寬闊的你充滿智慧，能夠隨機應變，喜歡忙碌的狀態；你的內心深處時常會因為自我懷疑或缺乏安全感而使創造力的發揮受到影響，進而導致你對生活中的選擇感到不確定；人道精神能夠幫助你合理地看待問題並克服焦慮；學會放鬆自我，你就能夠充分地表現天賦同時享受生活。

機智、風趣的你善於處理人際關係，喜歡充滿和諧氣氛的社交活動；雖然你有些揮霍的行為，但金錢和安全感通常會成為你發奮的動力；對人的強烈興趣以及觀察入微的能力表示你的直覺通常比較準確，這能夠幫助你快速地對他人做出評價；保持淡然的心態，你就能夠克服個人的挫折感和失望情緒。

■工作和職業

工作勤奮的你需要避免缺乏靈活性以及發展空間較小的單調工作；多變且充滿挑戰的工作氣氛能讓你的興趣濃厚、思維活躍；與旅行相關或需要與他人溝通的工作比較適合你的不安分性格；年輕時的你因為渴望冒險，因此會有許多經歷，之後才會逐漸收斂並安於穩定的環境；你的想像力、憧憬和結構感使你對設計師、藝術家、建築師或電影

製作人的職業感興趣；同時，強烈的節奏感會使你對音樂或舞蹈感領域興趣；此外，敏銳的商業直覺和組織能力會使你投身商界。

與你同天出生的名人包括預言家愛德格・凱西、鄉村歌手查理・普萊德、英國前首相張伯倫、靈歌歌手威爾森・彼克、作曲家林姆斯基高沙可夫、作家約翰・厄普戴克和喬治・普林波頓，以及美國前總統格羅佛・克里夫蘭。

■數字命理學

決心、自信以及野心是誕生日數字18賦予你的特質；你處事積極、渴望挑戰，喜歡忙碌的狀態，並經常會投入冒險事業；個人能力強、勤奮、有責任心的你能夠擔任領導者角色；因為可能會出現過度勞累，你要學會自我調節並放慢生活的節奏；這一天出生的你能夠運用個人的力量撫慰他人，並給予他人建議或幫助他人解決問題；出生於3月的你充滿理想、敏感；個性隨和的你是個不錯的伴侶，喜歡氣氛和諧的社交活動，而且有廣泛的興趣；人道精神會促使你加入大型機構並致力於改進和改革的工作；容易厭倦的你可以選擇旅行，但要避免分散了精力；你充滿熱情、個性迷人，有著強烈的幽默感，但你需要培養自尊並學會保持平和的心態。

■愛情和人際關係

雖然你的接受能力強、敏感，但思想獨立；友善、喜好交際的你對能夠激發你的思維和想像力的人感到著迷；你充滿智慧，但內心不安分，比較重視人際關係，且喜歡與不同類型的人交往；天生的幽默感使你在所愛的人面前表現得十分風趣；與充滿智慧的人或是能夠與你分享興趣的人相處時，你會表現得更加出色。

優點：思想進步、自信、直覺敏銳、勇氣十足、堅定、治癒的力量、有效率、善諫

缺點：感情不受控制、懶惰、缺少秩序感、自私、不能有始有終

■你生命中的特殊之人

正在尋找生命中特殊之人的你，能夠從誕生日為以下日期的人當中找到充滿熱情的伴侶。

◎愛情和友誼：

1月6、10、20、29日、2月4、8、18、27日、3月2、6、16、20、25、28、30日、4月4、14、23、26、28、30日、5月2、12、16、21、24、26、28、30日、6月10、19、22、24、26、28日、7月8、12、17、20、22、24、26日、8月6、15、18、20、22、24日、9月4、13、16、18、20、22日、10月2、11、14、16、18、20日、11月4、9、12、14、16、18日、12月7、10、12、14、16日

◎幸運貴人：

1月7、13、18、28日、2月5、11、16、26日、3月3、9、14、24日、4月1、7、12、22日、5月5、10、20、6月3、8、18日、7月1、6、16日、8月4、14日、9月2、12、30日、10月10、28日、11月8、26、30日、12月6、24、28日

◎強烈吸引你的人：

1月25日、2月23日、3月21日、4月19日、5月17日、6月15日、7月13日、8月11日、9月9、19、20、21日、10月7日、11月5日、12月3日

◎砥礪者：

1月3、17日、2月1、15日、3月13日、4月11日、5月9、30日、6月7、28日、7月5、26、29日、8月3、24、27日、9月1、22、25日、10月20、23日、11月18、21日、12月16、19日

◎靈魂伴侶：

1月18日、2月16日、3月14日、4月12日、5月10、29日、6月8、27日、7月6、25日、8月4、23日、9月2、21日、10月19日、11月17日、12月15日

太陽星座：雙魚座
區間：天蠍座／冥王星
角度：雙魚座27°30´-28°30´
類型：變動星座
元素：水
恆星：室宿二

3月19日

PISCES

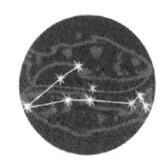

　　決心堅定、洞察力敏銳的你具有極強的接受能力，而且衝勁十足；你具有務實的態度和豐富的想像力，雖然渴望穩定和安全感，但多樣性和行動能夠激發你的鬥志；工作在你的生活中占有很重要的地位，而專注和勤奮能使你獲得穩固、成功的地位。

　　受太陽星座在天蠍座運行的影響持續增強，你的觀察細緻、辨別能力強；雖然你的思維具有穿透性，會是個出色的調查員，但你不喜歡洩露自己的隱私；藉由自我掌控來增強理解力的你會發現擔任領導者或充滿進取心能幫助你找到自我表達的方式；具有治癒力量的你能夠改變自我或重新開始；組織能力與強烈的直覺可以幫助你讓局勢朝有利於自己的方向發展，或者將靈感轉化為實際的產品。

　　充滿理想的你對工作懷有自豪感，通常願意為某一事業或理想而奉獻自我；雖然你在經濟方面沒有後顧之憂，但你的成功來自於對目標的堅持和專注；忠誠的你會嚴肅地對待自己的責任，但偶爾放鬆自我能夠使你的處事態度更加和善。

　　31歲以前，太陽星座將經過牡羊座，你會逐漸變得堅定並渴望積極、勇敢的處事方式；32歲時，太陽星座推進到金牛座，此時的你對穩定和經濟上的安全感的需要增強，而你的心態會更加放鬆、決心更加堅定，但對改變的遲疑也表現出你的固執；62歲時會出現另一轉折，此時太陽星座進入雙子座，你的好奇心會增強，並開始轉變思考方式，這一影響也會使你對交流和新事物的學習更加感興趣。

■真實的自我

　　你的精力充沛、直覺強烈，但需要感情和思想方面的鼓舞；渴望行動和刺激的你熱衷於探索新思想或開拓富有新意的工作；缺乏行動或變化會使你產生不安，同時變得煩躁且沒有耐心，此時的你要避免陷入逃避的行為。

　　你一方面渴望變化和冒險，一方面尋求穩定和安全感，因此你需要一個平衡的環境，才能使你既有提升的機會又有對未來的清晰規畫；對變化和改革比較感興趣的你能夠鼓舞他人投入行動；你的個性迷人、喜好交際，而且需要感情的滿足感以及內心的平靜；你應該傾聽內心的渴望，不要立下過多的目標，這樣才能讓你的生活更輕鬆穩定。

■工作和職業

　　你在工作方面會有許多機會，但你可能會難以決定自己真正想要的是什麼；務實的態度和出色的組織能力代表你能夠擔任管理或具有權威性的職位；雖然你能在商業領域

獲得成功，但對創造性的需求表示你不會僅僅滿足於物質上的獲益，除非你在精神方面也能獲得滿足感，否則你將會喪失興趣或去尋求新的機會和挑戰；你通常能夠在為你提供機會的大型機構表現出色；你熱愛旅行和多樣性，因此你會對不同的經歷感興趣，並且熱衷於新的工作環境。

與你同天出生的名人包括女演員葛蘭·克洛斯和烏蘇拉·安德絲、作家菲利浦·羅斯和歐文·華勒斯、男演員布魯斯威利。

■數字命理學

誕生日數字19的你具有野心、個性活潑，同時富有創造力、充滿理想、敏感；果斷的你能夠隨機應變，而且富有遠見，而理想化的性格也使你富有同情心、易感；對成功的渴望會激勵你不斷進取、富於表現力並時時刻刻成為眾人關注的焦點；你在他人面前總是表現得自信、積極，但內心的緊張和懷疑可能會導致感情的不穩定；如果要求過高，你會變得過分嚴肅或對自己和他人過分挑剔。受出生月3月的影響，你具有極高的悟性；堅定、在多方面具有天賦的你能夠創造穩定的環境從而使自己的精力得到積極的發揮，你也將因此獲得成功；專注於某事的你能夠憑著多方面的才藝和天賦，為工作帶來新氣象並改善工作環境；雖然你比較重視物質方面的成功，但對自我控制和變化的渴望表示智慧和感情表達的融合對你才是最好的回報。

■愛情和人際關係

有魅力、待人友善的你喜歡與不同類型的人相處；陷入愛情的你會十分投入，而且感情深沉；雖然你能夠建立長久的友誼並與他人有著穩定的關係，但你不喜歡被太多的規則和責任束縛；對穩定和安全感的需要表示你尋求能夠帶給你激情，同時值得信賴的伴侶；生活環境的多變表示你在投入一段長期關係之前，態度一定要謹慎。

> 優點：有活力、注意力集中、有創造力、有領導才能、進步、樂觀、信念堅定、有競爭意識、獨立、合群、有約束力
> 缺點：自我中心、焦慮、害怕被拒絕、物質主義、自大、缺乏耐心、逃避

■你生命中的特殊之人

在誕生日為以下日期的人當中，你能夠找到忠誠、可信賴並且能夠欣賞你的伴侶。

◎愛情和友誼：

1月7,11,22,25日、2月5,9,20日、3月3,7,18,31日、4月1,5,16,29日、5月3,14,17,27,29日、6月1,12,25,27日、7月10,13,23,25日、8月8,21,23,31日、9月6,19,21,29日、10月4,17,19,27,30日、11月2,5,15,17,25,28日、12月13,15,23,26日

◎幸運貴人：

1月8,14,19日、2月6,12,17日、3月4,10,15日、4月2,8,13日、5月6,11日、6月4,9日、7月2,7日、8月5日、9月3日、10月1,29日、11月27日、12月25,29日

◎強烈吸引你的人：

9月20,21,22,23,24日

◎砥礪者：

1月9,18,20日、2月7,16,18日、3月5,14,16日、4月3,12,14日、5月1,10,12日、6月8,10日、7月6,8,29日、8月4,6,27日、9月2,4,25日、10月2,23日、11月21日、12月19日

◎靈魂伴侶：

1月9日、2月7日、3月5日、4月3日、5月1日、10月30日、11月28日、12月26日

太陽星座：	雙魚座和牡羊座交界處
區間：	天蠍座／冥王星，牡羊座／火星
角度：	雙魚座28°30´-29°30´
類型：	變動星座
元素：	水
恆星：	室宿二

3月20日

PISCES

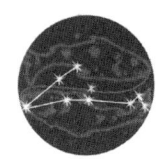

出生在雙魚座和牡羊座交接期的你會受到兩者的共同影響；充滿理想、目標明確的你能夠將想像力運用於實踐；敏感、有野心、在多方面具有天賦的你有著很高的追求目標；你機敏、接受能力強，而且你對自我表達具有強烈渴望，也有直擊問題要害的能力；懷疑和焦慮的情緒可能會影響；為了實現夢想，無論遇到什麼樣的經濟困難，你都要相信自己的選擇。

受太陽星座在天蠍座和牡羊座運行的影響持續增強，你能十分迅速地洞察潛藏的動機，並渴望認識事物的本質；心態積極的你會表現得自信、果敢、鬥志高昂，且具有許多新奇的創意；雖然你總是表現得開朗、合群，但隨著瞭解的深入，你個性中嚴肅的一面將會展現出來，並對獨特的、哲學或思想上的問題感興趣。

誕生日賦予你的特質能使你獲得巨大的成就，但你要學會施展你的魅力和外交手腕，這樣獲得成功的機率將更大；你的人道精神表現在你對人的興趣上；合作關係或成為團隊中的一員對你提升自我有重要的作用。

30歲以前，太陽星座將經過牡羊座，此時的你隨著自信的增強，將產生雄心壯志的人生規畫，因此你渴望開拓或體驗新的追求。31歲時，你會遇到另一轉捩點，此時太陽星座進入金牛座，你將變得更加務實、安全意識更為加強，且強烈渴望奢華和美的事物；61歲時，太陽星座推進到雙子座，此時你對語言和思想交流逐漸產生興趣。

■真實的自我

充滿理想、態度務實的你喜歡積極進取並為有價值的事業而奮鬥；雖然你對物質方面的安全感懷有強烈的渴望，但你並不願意因此而犧牲心靈守護的事物；你絕不僅僅是幫助他人或為他人提供建議的角色；鼓勵能讓你變得更積極，而對和諧和平靜的熱愛表示你會盡最大的努力為緊張的局勢重新帶來平衡感。

如果對某一事業產生信念，你將會全力地支持或說服他人對其產生信仰；你願意與他人分享知識，並對團隊做出極大的貢獻；浪漫、富有理想的你渴望真愛和受人欣賞，但是現實中的你務實、有安全意識，很少會被感情左右；而你也會逐漸認識什麼是干涉他人的生活，而什麼是在需要時給予他人幫助。

■工作和職業

具有競爭意識的你渴望獲得成功和具有創造力；你會對體育、音樂或戲劇領域產生興趣；而具有說服力的你擅長推銷自己的理念；你能夠勝任銷售和需要與人溝通的工

作；能力強、做事講求方法的你可能會對大型工作感興趣，你也能藉此展現出你的管理能力；不論選擇什麼職業，你都能表現出創新性和多才多藝，而且你喜歡有所變化、改善或在工作中推行改革；充滿智慧、表達能力強的你在教學、寫作或交流方面能夠取得成就；頭腦精明的你也能在商業中獲得成功，你的敏銳思維也能在研究或解決問題方面有所發揮。

與你同天出生的名人包括男演員威廉·赫特和邁克·雷德格雷夫爵士、劇作家易卜生、鋼琴家斯維亞托斯拉夫·里奇特、導演史派克·李、女演員荷莉·杭特，以及電視明星佛瑞德·羅傑斯。

■數字命理學

誕生日數字20代表著你的洞察力敏銳、敏感、適應能力強、善解人意，而你會將自己視為團體中的一分子；你十分享受合作的過程，因為這樣你能夠與他人交流、分享經歷並相互學習；你具有個人魅力、親切，而出色的外交手腕和社交技巧使你能夠輕鬆地融入任何社交圈子，但你需要培養自信，才能避免過度依賴或是被他人的行為和批評輕易傷害；你十分擅長營造和諧的氣氛。受出生月3月的影響，你富有創造力、敏感；個性隨和的你是個不錯的伴侶，喜歡充滿和諧氣氛的社交活動，而且興趣廣泛；多才多藝和對自我表達的需要會促使你尋求不同的經歷；容易產生厭倦的傾向會導致你變得猶豫不決或分散了你的精力；雖然你充滿熱情、個性迷人、有幽默感，但仍需要培養自尊避免產生焦慮或感情上的不安感；希望和靈感能讓你表現得更加出色。

■愛情和人際關係

敏感、接受能力強、洞察力敏銳、積極主動；雖然你願意為所愛的人付出，但有時也會表現得冷漠、焦躁；你的內心比外表來得更加敏感，你需要為自己創造和諧的環境，才能獲得放鬆，這對你十分重要；如果看待愛情過於理想化，那麼對方將很難達到你的高期望；思想豐富、心地善良的你渴望穩定，因此會十分忠誠於你選擇的伴侶。

優點：善於合作、謙和、有策略、接受能力強、洞察力敏銳、體貼、易相處、和藹親切

缺點：多疑、缺乏自信、過於敏感、自私、容易受傷、狡黠

■你生命中的特殊之人

在尋求有活力但感情細膩的伴侶的你，能夠與誕生日為以下日期的某個人建立長久的關係。

◎愛情和友誼：

1月4、8、13、22、26日、2月6、20、24日、3月4、18、22日、4月2、16、20、30日、5月14、18、28、30日、6月12、16、26、28日、7月1、10、14、24、26日、8月8、12、22、24日、9月6、10、20、22、30日、10月4、8、18、20、28日、11月2、6、16、18、26日、12月4、14、16、24日

◎幸運貴人：

1月9、20日、2月7、18日、3月5、16、29日、4月3、14、27日、5月1、12、25日、6月10、23日、7月8、21日、8月6、19日、9月4、17、22、23、24日、10月2、15、30日、11月13、28日、12月11、26、30日

◎強烈吸引你的人：

1月27日、2月25日、3月23日、4月21日、5月19日、6月17日、7月15日、8月13日、9月11日、10月9日、11月7日、12月5日

◎砥礪者：

1月2、10、19日、2月8、17日、3月6、15日、4月4、13日、5月2、11日、6月9日、7月7、30日、8月5、28日、9月3、26日、10月1、24日、11月22日、12月20、30日

◎靈魂伴侶：

1月15日、2月13日、3月11日、4月9日、5月7日、6月5日、7月3日、8月1日、10月29日、11月27日、12月25日

恆星附錄

■恆星：誕生日解釋的基礎

在一年中，太陽穿過360º黃道帶。每個黃道座占黃道帶的30º，而恆星只占1º但它們的軌道或影響範圍要占好幾度。恆星的影響力由星等決定。為了確定恆星的持續時間和強度，我們必須計算它的範圍和潛力。當太陽或行星運行在一個恆星的軌道上時，這顆恆星的影響力相當明顯，並在兩者重合時達到最強；而當太陽或行星退出其軌道時，其作用力將減弱。

■星等

恆星的強度用星等來判斷，可劃分為5至-1等，最高星等為0至-1。

一等星：軌道是2º30´
二等星：軌道是2º10´
三等星：軌道是1º40´
四等星：軌道是1º30´
五等星、星團、星雲：軌道低於1º

這本書介紹了這些恆星對個人誕生日的積極和消極影響。我們不僅試圖提供最標準的解釋，並以用現代心理學來闡述它們的作用。

我們根據星等來確定每個恆星的力量等級。-1等星是最強大的，它的強度相當於10顆星。5等星是最弱的，它只相當於2顆星。

■主要的恆星

【牡羊座】

土司空★★★★★★★★　　天倉四★★★★★
壁宿一★★★★★★　　　　右更二★★★★★
壁宿二★★★★★★★　　　宿命點★★★★★

【金牛座】

奎宿九★★★★★★★★　　天囷一★★★★★★
芻蒿增二★★★★★　　　　天苑四★★★★★★
婁宿一★★★★★★★　　　M34疏散星團★★★★
婁宿三★★★★★★★★　　大陵五★★★★★★
王良四★★★★★★★★　　昴宿六★★★★★★
天大將軍一★★★★★★★★

【雙子座】

昴宿六★★★★★★　　　　參宿三★★★★★★★
畢宿四★★★★　　　　　　五車五★★★★
畢宿一★★★★　　　　　　獵戶座大星雲★★★
畢宿五★★★★★★★★★　參宿二★★★★★★★
參宿七★★★★★★★★★　長沙★★★★★★★
參宿五★★★★★★★★　　勾陳一★★★★★★★
五車二★★★★★★★★★　參宿四★★★★★★★★★
丈人一★★★★★★★　　　五車三★★★★★★★

【巨蟹座】

鉞★★★★★★　　　　　　五諸侯三★★★★
井宿一★★★★★★★　　　北河二★★★★★★★★
井宿三★★★★★★★★★　北河三★★★★★★★★★
天狼星★★★★★★★★★★　南河三★★★★★★★★★
老人星★★★★★★★★★★　柳宿增十★★★★★★
天樽二★★★★

【獅子座】

柳宿增十★★★★★　　　天璇★★★★★★★★
鬼星團（積屍氣）★★　　氐宿一★★★★★★
鬼宿三★★★★★　　　　星宿一★★★★★★★
鬼宿四★★★★　　　　　軒轅十一★★★★★★
帝星★★★★★★★　　　軒轅十三★★★★★★
柳宿增三★★★★　　　　軒轅十四★★★★★★★★★
北斗一★★★★★★★　　天璣★★★★★★

【處女座】

天璣★★★★★★　　　　獵犬座旋渦星雲★★★★
玉衡★★★★★★★★　　翼宿七★★★★
太微右垣五★★★★★★★　右執法★★★★★
開陽★★★★★★★　　　瑤光★★★★★★★
五帝座一★★★★★★★★　弧矢六★★★★★★★

【天秤座】

左執法★★★★　　　　　招搖星★★★★★★
太微左垣四★★★★★★　海山二★★★★
太微左垣二★★★★★★　角宿一★★★★★★★★★
軫宿三★★★★★★　　　大角星★★★★★★★★★★

【天蠍座】

七公七★★★★★　　　　天倉一★★★★★★★
亢宿四★★★★　　　　　天市右垣七★★★★★★★
十字架二★★★★★★★★★★　馬腹一★★★★★★★★★
貫索四★★★★★★★　　南門二★★★★★★★★★
軒轅九★★★★★

【射手座】

天市右垣九★★★★★　　　侯★★★★★★★
房宿三★★★★★★★　　　尾宿八★★★★★★
房宿四★★★★★　　　　　天蠍座疏散星團M6★★
天市右垣十一★★★★★★★　天培四★★★★★
心宿二★★★★★★★★★　天蠍座疏散星團M7★★★
天培三★★★★★★　　　　天市左垣九★★★★★★
天市左垣十一★★★★★★★

【摩羯座】

三裂星雲★★　　　　　　　斗宿六★★★★★★
斗宿三★★★★　　　　　　建二★★★★
斗宿二★★★★★　　　　　織女星★★★★★★★★★
球狀星雲★★　　　　　　　天津四★★★★★★
斗宿四★★★★★★★　　　狗國四★★

【水瓶座】

輦道增七★★★★★★　　　周一★★
牛郎星★★★★★★★★★　秦一★★★★
牛宿二★★★★　　　　　　壘壁陣二★★★★★
牛宿一★★★★★★　　　　壘壁陣三★★★★★
牛宿四★★　　　　　　　　虛宿一★★★★★★
牛宿六★★　　　　　　　　壘壁陣四★★★★★★

【雙魚座】

危宿一★★★★★★　　　　水委一★★★★★★★★★★
北落師門★★★★★★★★★★室宿一★★★★★★★★
天津四★★★★★★★★★　室宿二★★★★★★★★
羽林軍二十六★★★★

恆星詳細解析

下面是關於恆星及其特性的完整介紹，以便那些生日受到多顆恆星影響的人作為參考。你也可以結合專業的占星圖來看附錄，更多地了解這些天體的作用。

■牡羊座　ARIES

土司空　Deneb Kaitos

星名：土司空（Deneb Kaitos）
區間位置：位於牡羊1º32´和2º27´之間
視星等：2
力量指數：★★★★★★★
視差：2º10´
星座：鯨魚座β星
可視時間：3月21．22．23．24．25．26日
星球特質：土星
相關描述：位於鯨魚座尾巴上的一顆黃橙亮星

土司空表示生性拘謹，具有充滿決心前進的能力。它還賦予人天生的不安定性格，致使活力突然迸發但隨後又平靜下來。這顆星警示人們勿濫用力量，暗示你應樂觀地看問題以便放鬆頭腦；你還可能需要獨處。

受太陽星座度數的影響，這顆星賦予你組織才能，強調責任和義務。透過約束和控制自己能獲得許多成就。這顆星還警示人們避免變得沮喪。

・優點：堅持不懈，決心堅定
・缺點：壓抑或沮喪，衝動行事，不經思考做出改變

壁宿一　Algenib

星名：壁宿一（Algenib、the Carrier、the Wing）
區間位置：位於牡羊8º10´和9º4´之間
視星等：3
力量指數：★★★★★★
視差：2º

星座：飛馬座α星
可視時間：3月29、30、31日、4月1、2日
星球特質：火星／水星
相關描述：位於飛馬座側面翅膀上的一顆藍白色小恆星

　　壁宿一賦予人思考能力，以及能透過觀點和行動取得巨大成就的樂觀積極的思想。這顆星表示堅定、決心和熱情，以及好競爭的性格。它還增加一個人心理過程的速度，賦予人自信以合適的舉止和令人難忘的言語去報復別人。這顆星還警示人們勿急躁或衝動。

　　受你的太陽星座度數的影響，這顆星賦予人良好的生意技能、對學習的熱愛、對宗教事物的興趣和創作天賦。壁宿一還暗示你需要隱私和獨處時間。它表示在處理公共關係方面成功。

・優點：果斷，有進取精神，意志堅定，有奮鬥精神，巧辯
・缺點：挑剔，好譏諷，剛愎自用，易消沉，好爭論

壁宿二　Sirrah

星名：壁宿二（Sirrah、Alpheratz、Caput Andromeda）
區間位置：位於牡羊13°11´和14°13´之間
視星等：2
力量指數：★★★★★★★★
視差：2°10´
星座：仙女座α星
可視時間：4月2、3、4、5、6、7日
星球特質：木星／金星
相關描述：位於仙女座頭部的藍白色略帶紫色的雙星

　　壁宿二表示人際關係好和受人歡迎，它賦予人和諧的性格，使人受益於好的人際關係。這顆星還帶給人榮譽和財富，快樂，樂觀，多才多藝，和準確的判斷力。但它警示人們不要太直率或者認為受人喜歡是理所當然。

　　受太陽星座度數的影響，這顆星表示只要目標明確你就能實現心中的願望。有時在你得到想要的東西後，就不知道接下來該做什麼。但由於你的一個天性是在合適的時間認識合適的人或者在合適的地點，所以這種狀況不會持續太久。

・優點：熱心，快樂，受人歡迎，有魅力
・缺點：自負，無節制

天倉四　Baten Kaitos

星名：天倉四（Baten Kaitos、Zeta Ceti）
區間位置：位於牡羊20º57´和21º49´之間
視星等：3.5-4
力量指數：★★★★★
視差：1º30´
星座：鯨魚座ζ星
可視時間：4月10、11、12、13日
星球特質：土星
相關描述：位於鯨魚之腹的一顆黃星

　　天倉四賦予人謹慎嚴肅的態度和真誠。它暗示著責任感，直率的態度和戰勝巨大困難的能力。它表示你更喜歡獨自工作，而且受到約束可能會變得不耐煩。
　　受你的太陽星座度數的影響，這顆星表示你需要學會適應變化了的環境，因為你的命運和生活方式很可能會改變。就在你認為塵埃落定時，動亂就發生了。不過，你擁有很好的旅行機會或因工作而改變住處。

・優點：考慮周到，謙虛，有奉獻精神，勤奮，有耐力
・缺點：憂鬱，自私，變化無常

右更二　Al Perg

星名：右更二（Al Perg、Kullat Nuti、Piscium）
區間位置：位於牡羊25º50´和26º46´之間
視星等：3.5—4
力量指數：★★★★★
視差：1º30´
星座：雙魚座ε星
可視時間：4月15、16、17、18日
星球特質：土星和木星
相關描述：位於北魚尾巴附近繩子上的雙星

　　右更二賦予人決心去實現自己的目標。你的成功需要耐心和堅定，但也得依靠奮鬥。成就和認可的取得需要堅持不懈和獻身精神。這顆星還暗示你對自己和他人不滿，會導致脾氣暴躁。
　　受太陽星座度數的影響，這顆星象徵成就，表示你將緩慢平穩地升至權力地位，

並且你比較喜歡政府工作和政治事務。
- 優點：喜歡獨處，有責任感，直爽，誠實
- 缺點：反覆無常，不滿，情緒多變，神經緊張，目標易變

宿命點　Vertex

　　星名：宿命點（Vertex、Great Nebulae）
　　區間位置：位於牡羊26º51´和27º47´之間
　　視星等：3.5-4
　　力量指數：★★★★★
　　視差：1º
　　星座：仙女座M31星雲
　　可視時間：4月16．17．18．19日
　　星球特質：火星／月亮
　　相關描述：位於仙女座頭部北側的大星雲

　　宿命點使人擁有雄心壯志而且渴望表現優秀。你天生渴望獨占鰲頭，具有奮鬥精神。這顆星賦予人強烈的緊張心情，會導致你衝動行事。
　　受你太陽星座度數的影響，這顆星表示你喜歡處理公共事務。領導特質，理想主義和渴望為正義而奮鬥是宿命點具有的部分特徵。但是也可能發生騷亂。
- 優點：有競爭意識，充滿熱情，有活力而且熱情，顯得有魄力
- 缺點：不安分，情緒易變，急躁

奎宿九　Mirach

　　星名：奎宿九（Mirach、Anclromeda's）
　　區間位置：位於牡羊29º17´和金牛0º24´間
　　視星等：2
　　力量指數：★★★★★★★★
　　視差：2º10´
　　星座：仙女座β星
　　可視時間：4月18．19．20．21．22．23日
　　星球特質：海王星和金星
　　相關描述：位於安德魯美達（即仙女座）腰帶一側的一顆紅黃亮星

　　奎宿九的人生性敏感，愛幻想，品位高雅。通常你愛好交際，有個人魅力，追求幸福，喜歡有人陪伴。主星的積極影響使你充滿想像力，富有靈感，富於藝術創新並

825

有自己的想法。你有折中的傾向，喜歡做白日夢。你很勇敢，也很熱心，有遠見。你能激勵別人，很容易交到朋友。在生活中你也常得到別人幫助。

由於受太陽度數的影響，這顆星的人有創作或音樂天賦。你的目標是從理想中創造真實。這顆星的影響也意味著你的古怪性格可能和缺乏自信有關。

- 優點：有助於別人，思想聰慧，喜歡神祕，理想主義，品位高，有藝術天賦，興趣廣泛
- 缺點：有搞神祕的壞毛病，思想浪漫，過於理想化，愛幻想

■金牛座　TAURUS

芻藁增二　Mira

　　星名：芻藁增二（Mira、Stella Mira）
　　區間位置：位於金牛0º33´和1º32´之間
　　視星等：2-10
　　力量指數：★★★★★
　　視差：1º30´
　　星座：鯨魚座 o 星
　　可視時間：4月20、21、22、23日
　　星球特質：土星／木星
　　相關描述：位於鯨魚座尾巴上的一顆紅巨星

芻藁增二使人能夠堅持不懈，有公正意識、責任感和透過忍耐戰勝困難的能力。但是，這顆星警示人們不能一味追求物質享樂。你對自己和他人都不滿意，這會導致你困惑或失望而且變化不定。因此你有必要培養耐心。不過芻藁增二也賦予人條理清楚和足智多謀的頭腦，使你具有創新思維。

受你太陽星座度數的影響，這顆星使你有志於並且偏愛法律事務、政府工作和處理公共事務。

- 優點：勤奮，有責任感，直率，真誠
- 缺點：變化不定，脾氣暴躁，易沮喪

婁宿一　El Scheratain

　　星名：婁宿一（El Scheratain、Sharatan）
　　區間位置：位於金牛2º58´和3º58´間
　　視星等：2.5-3
　　力量指數：★★★★★★★

視差：2º
星座：牡羊座β星
可視時間：4月22、23、24、25日
星球特質：火星／土星
相關描述：位於牡羊座北側羊角上的一顆白色亮星

婁宿一賦予人耐力、抵抗困難的力量，以及充沛的精力。這顆星還暗示著你可以憑藉決心增強自己的領導能力並獲得榮譽和好運。這顆星的影響還表明你在感覺急躁憤怒時需要多忍耐。受這顆星影響的人需要避免沮喪失望或猶豫不決，因為這會削弱他們的力量。

受太陽度數的影響，這顆星使人更喜歡需要耐力和良好體力的工作。你在自己從事的領域會表現優秀。但是，婁宿一也有負面影響，這暗示著你可能會控制形勢從而導致問題。

・優點：堅持不懈，不畏艱難
・缺點：有破壞力，固執，缺乏幹勁，缺乏活力

婁宿三　Hamal

星名：婁宿三（Hamal、the Sheep）
區間位置：位於金牛6º43´和7º38´間
視星等：2
力量指數：★★★★★★★★
視差：2º10´
星座：牡羊座α星
可視時間：4月25、26、27、28、29、30日
特質：受火星和土星的綜合影響
相關描述：位於牡羊座額頭上的一顆黃橙亮星

婁宿三使你生來情緒不定並具有超越的欲望和叛逆的性格。這顆星暗示著你的競爭意識和對成功的渴望有時會使你利用不正當手段來達到目標。

受太陽度數的影響，這顆星使你能夠以你的專心致志和堅持不懈克服困難，但它也警示你避免不為別人著想或強迫按照你的方式行事。只有具備耐心，你才能增強技能、才幹和能力。婁宿三還暗示著你把錢放在首要是很危險的。

・優點：耐心，有自製力，勤勞，注意力集中，有領導能力
・缺點：使用暴力，不講道德，保持不合適的夥伴關係

王良四　Schedir

星名：王良四（Schedir、Sader）
區間位置：位於金牛6º51´和7º57´之間
視星等：2.5
力量指數：★★★★★★★
視差：2º
星座：仙后座α星
可視時間：4月26、27、28、29、30日
星球特質：土星
相關描述：位於仙后座α的主要藍色變星群

在王良四作用下，你能夠得到有勢力的人幫助。王良四賦予人神祕的性格，雖然這些人外表看起來很嚴肅，但他們喜歡或渴望優裕的生活。

受太陽星座度數影響，這顆星賦予人創作天賦和成功解決公眾問題的能力。

・優點：能得到他人的幫助，決心堅定，始終如一
・缺點：喜歡追求物質享樂，過於嚴肅

天大將軍一　Alamak

星名：天大將軍一（Alamak、Almach）
區間位置：位於金牛13º15´和14º20´之間
視星等：2
力量指數：★★★★★★★
視差：2º10´
星座：仙女座γ星
可視時間：5月2、3、4、5、6、7日
星球特質：金星
相關描述：位於仙女座左腳上的橙色，綠色和藍色的雙星

天大將軍一賦予人藝術和音樂才能、優美的嗓音和社會名望。這顆星還賦予人好運和成功，你可以獲得榮譽或意外收穫。如果你勤奮而且有耐心，你能獲得成功，就像你在家庭事務中得到愛、浪漫和幸福一樣。

受太陽星座度數的影響，這顆星還賦予人創作和創造性工作方面的名望，成功處理任何大眾問題的能力，公共事務方面的成就，尤其是法律事務方面，天大將軍一還表示你能夠獲得聲望。

- 優點：有創造才能，熱愛自然、能夠獲得物質財富
- 缺點：自私、放縱，揮霍無度

天囷一　Menkar

　　星名：天囷一（Menkar）
　　區間位置：位於金牛13°20´和14°14´之間
　　視星等：2.5
　　力量指數：★★★★★★
　　視差：1°40´
　　星座：鯨魚α星
　　可視時間：5月3、4、5、6日
　　星球特質：土星
　　相關描述：位於鯨魚座尾巴上的一顆橙紅色亮星

　　天囷一能預言很多困難和堅持不懈的必要性。通常你很忠實，有同情心，能夠表露出自己的同情；幾十有時你的家庭出現問題，你也會充滿自豪而且決心堅定地盡到自己的那份責任。
　　受到你太陽星座度數的影響，這顆星意味著你只要有耐心和責任感就能夠取得成功，但它警示人們遺產與家庭爭端息息相關。天囷一還賦予人一副好嗓子，但是要謹防喉部的疾病。
- 優點：專注、體貼，富有同情心
- 缺點：容易放棄、不滿，不負責，自憐

天苑一　Zanrak

　　星名：天苑一（Zanrak）
　　區間位置：位於金牛22°33´和23°32´之間
　　視星等：3
　　力量指數：★★★★★
　　視差：1°40´
　　星座：波江座γ星
　　可視時間：5月13、14、15、16日
　　星球特質：土星
　　相關描述：位於波江座河的黃紅色星

　　天苑一賦予人認真務實的態度，以及對待生活過於認真的傾向。受這顆星的影響，你對他人的看法過度敏感而且心態消極。

受到你太陽星座度數的影響，這顆星使人喜愛創作、經商和處理公共事務。天苑一還警示你會變得孤僻或遇到困難，它還表明你受到周邊環境的強烈影響，需要其他家庭或成員的幫助。
- 優點：務實、認真、負責、敏感
- 缺點：過於嚴肅或憂鬱

英仙座M34疏散星團　Capulus

星名：英仙座M34疏散星團（Capulus、Gyrus）
區間位置：位於金牛23º15´和24º27´之間
視星等：4
力量指數：★★★★
視差：1º30´
星座：英仙座M34疏散星團
可視時間：5月13，14，15日
星球特質：火星／水星
相關描述：位於英仙座揮劍的手中的雙星團

英仙座M34賦予人思考能力、敏捷的思維和現實想法；計畫的能力。它還表示你有抱負或競爭意識，有時會導致你行事衝動、優柔寡斷和出爾反爾。這顆星還表明你喜歡討論和辯論，它能賦予你感人的演說能力和敏捷的應答能力。英仙座M34警示人們勿利用自己的能力來搞破壞，嘲諷別人和與人爭執。

受太陽星座度數的影響，這顆星賦予人恆心、耐力、決心和集中精力的能力。受英仙座M34的影響，你能夠在你從事的領域取得顯著的地位，而且還可以從事哲學、占星或玄學。又或者，這顆星表明你能夠成功處理任何公共問題。
- 優點：有抱負，幽默
- 缺點：好挖苦人，挑剔，太好鬥，破壞力強。

大陵五　Algol

星名：大陵五（Algol、Caput Medusae）
區間位置：位於金牛25º13´和26º21´之間
視星等：2.5
力量指數：★★★★★★★
視差：2º
星座：英仙座β星
可視時間：5月15，16，17，18，19日

星球特質：土星／木星
相關描述：位於英仙座手舉的美杜莎的頭部的一顆白色變動雙星

這顆星具有雙重意義：一方面，它賦予人高尚的價值觀念，另一方面，他意味著不幸和缺乏滿足感或信仰。你在積極樂觀時具有憑藉成就成為領導人和傑出人物的潛力，或為社團謀福利。這顆星暗示喪親會對一個人的人生產生巨大的影響，而且對於那些安慰死者親人的人尤為顯著。

受你的太陽星座度數影響，大陵五使人能夠透過奮鬥取得勝利，或在爭執中贏過別人，但它也警示你不要分散精力以免變得思維混亂。這顆星暗示，保持正確的行為舉止很重要，所以要避免法律糾紛和不合適的伴侶，這可能會引起仇恨、家庭爭端或暴力衝突。

- 優點：高尚的價值觀念和正確的行為舉止
- 缺點：不幸，沒有耐心，行為不端，保持不合適的夥伴關係

昴宿六　Alcyone

星名：昴宿六（Alcyone）
區間位置：位於金牛29º13´和雙子0º6´之間
視星等：3
力量指數：★★★★★
視差：1º40´
星座：金牛座 η 星
可視時間：5月19、20、21、22日
星球特質：月亮／火星
相關描述：位於金牛肩部昴星團的黃綠色主星(是昴星團最亮的星)

昴宿六使人直爽坦率，誠實而且真誠。這顆星還與變化不定和行事衝動有關。你天生有魄力、有目標，但是你在覺得緊張時可能會衝動行事，這可能引起騷亂或改變形勢。這顆星還警示人們要注意發燒和眼疾。

受你太陽星座度數的影響，昴宿六賦予人愛情、成就和領導才能。這顆星表示可以在法律和公共事務方面成功或利用你的創新思維來增強你的寫作能力。

- 優點：創新思維、誠實、熱情
- 缺點：脾氣不好，情緒易變，喜怒無常

■雙子座　GEMINI

畢宿四　Prima Hyadum

星名：畢宿四（Prima Hyadum）
區間位置：位於雙子4º41´和5º46´之間
視星等：4
力量指數：★★★★
視差：1º30´
星座：金牛座 γ 星
可視時間：5月24、25、26、27、28日
星球特質：變星：土星／水星，或火星／海王星
相關描述：位於金牛的北面的眼部，是包含132顆星的畢宿星團的橙紅色主星。

　　畢宿四使人精力充沛，充滿抱負而且渴望聲望。這將使你取得成就或巨大成功。這顆星暗示你需要學習和接受教育，以便形成清晰的思維方式。不過，在這顆星的作用下，命運或動亂時期會出現矛盾衝突。
　　受太陽星座度數的影響，這顆星賦予人創作、商業、運動、占星才能，以及在公共事務方面成功。你還有可能獲得名望和好運，並且可能受人歡迎或臭名昭著。畢宿四警示人們勿貪婪或剝削別人，並且暗示人們不要做出草率的決定，以免引起動亂。
・優點：有創作能力，有教養，善於交流
・缺點：不安分，知識貧乏，貪婪

畢宿一　Ain

星名：畢宿一（Ain）
區間位置：位於雙子7º30´和8º26´之間
視星等：4
力量指數：★★★★
視差：1º30´
星座：金牛座 ε 星
可視時間：5月27、28、29日
星球特質：水星／火星
相關描述：位於北面的牛眼的橙紅色星

　　畢宿一使人思維敏捷，喜歡討論，有判斷力和敏捷的應答能力，你精力充沛，行事果斷，具有用清楚的語言表達進行報復的能力，但這顆星警示人們要誠實，不要涉

及法律問題。

受你的太陽星座度數的影響，這顆星突出了你對學習，寫作和深入學習的喜愛，包括神祕的事物和占星學。在這顆星的影響下，你擁有精力和決心去在生活得到你想要的事物。你在你從事的工作中能夠成功，而且能夠做出深遠的貢獻，畢宿一的影響還表明，有時成功之後會失敗，警示人們勿捲入法律案件，這會成爲災難性的錯誤行爲。

・優點：有思考能力，應答敏捷，有判斷力
・缺點：不安分，急躁，知識貧乏，好爭辯

畢宿五　Aldebaran

星名：畢宿五（Aldebaran、Al Dabbaran、the Follower）
區間位置：位於雙子8°48´和9°45´之間
視星等：1
力量指數：★★★★★★★★★★
視差：2°30´
星座：金牛座α星
可視時間：5月28．29．30．31日、6月1．2日
星球特質：火星／水星／木星
相關描述：位於金牛左眼的一顆巨大紅星

畢宿五是天空中的四顆皇冠星或守護星之一，因此被認爲非常重要，他能夠賦予人們崇高的目標，榮譽，勤奮，口才，和正直，你常很勇敢，能夠獲得管理職位和好運，但在很多情況下，成功是短暫的。這顆星能賦予人機智感人的演說能力，和討論說辯能力，他還是人具有好爭論和自我毀滅的傾向，這顆星還警示人們不要招人嫉妒或者結下仇恨，和注意眼部的傷害。

受到你的太陽星座的影響，這顆星賦予人超常的精神力量，使人能夠適應生活，並依靠令人欽佩的決心和耐力獲得成就。畢宿五還代表成功，尤其是處理公共事務方面。這顆星使人具有宏圖大志，並且承擔或專注於大事業上，畢宿五的一個重要警示是：名譽或成功的獲得是有代價的。這顆星有力影響是你會非常喜愛學習，寫作和教育改革。

・優點：有神學天賦，喜愛解釋學，善於表達，受人歡迎
・缺點：惡名昭彰，沒有重點，焦慮不安

詳細解析

參宿七　Rigel

星名：參宿七（Rigel）
區間位置：位於雙子15º50´和16º40´之間
視星等：1
力量指數：★★★★★★★★★
視差：2º30´
星座：獵戶座β星
可視時間：6月3、4、5、6、7、8、9日
星球特質：火星／木星或土星／木星
相關描述：位於獵戶座左腳上的一顆明亮的藍白色的雙星

參宿七代表在生活中迅速崛起的能力，能賦予人頑強的意志力和雄心壯志，激勵人們去獲得更廣泛的知識，你樂於行動而且運氣好，這能夠激發你的競爭力。開發科學思維，甚至創造力的能力與這顆星有關。參宿七可以帶來榮譽、物質財富和持續成功。

與你的太陽星座度數有關，這顆星暗示你勇敢、外表高大瀟灑。你還是勤奮的，有良好的商業思維，有政治和公共事務方面的才能。對天文學、研究與高等教育的強烈的偏好同樣也和參宿七有關。這顆星顯示透過自我肯定和勇往直前可以得到成功，但是警告不能過於直率。

- 優點：大公司創立者，自由，教育好，有常識
- 缺點：脾氣暴躁、傲慢無禮、挑剔的、不安

參宿五　Bellatrix

星名：參宿五（Bellatrix、the Female Warrior）
區間位置：位於雙子19º58´和20º54´之間
視星等：2.5
力量指數：★★★★★★★★
視差：2º10´
星座：獵戶座γ星
可視時間：6月9、10、11、12、13日
星球特質：火星／水星
相關描述：位於獵戶星左肩上一顆蒼白巨大的黃白色星

參宿五的影響賦予思想、常識及迅速評估情況的能力。這顆星同樣暗示健康和良

好的社交能力。參宿五代表口才、聰慧、反應敏捷。你可能雄辯，有一個強大的極好的口頭表達能力及對權力的喜愛。對女性來說，這顆星經常賦予一種男性的精神物質。參宿五代表權威、雄心壯志、力量和對文明或政治榮譽的欲望。

與你的太陽星座度數相關，這顆星表示變化的環境；財富或可能不會持久的榮譽。同樣還有對研究、機械能力和科學方面的傾向。

・優點：有常識、智慧的、交際好、口才好
・缺點：躊躇、急躁、魯莽、商業上的猶豫，必須學會聆聽他人意見，事件突發和障礙

五車二　Capella

星名：五車二（Capella、Little She-Goat and Amalthea）
區間位置：位於雙子20º52´和21º48´之間
視星等：1
力量指數：★★★★★★★★★★
視差：2º30´
星座：御夫座α星
可視時間：6月9、10、11、12、13、14日
星球特質：水星／火星
相關描述：位於御夫座α星肩膀上羊身上一顆明亮巨大的白色星

五車二賦予精力充沛、熱愛學習。這顆星鼓勵研究和新創造的興趣。賦予榮譽和信任的顯著地位。你還可以獲得健康和成功。

與你的太陽星座度數相關，這顆星顯示冗長並暗指你應避免太過多言。建議你多傾聽他人，以避免誤解。

・優點：值得信任、忠誠、探究、理解性強
・缺點：愛爭論、猶豫、不安、無興趣，浪費精力

丈人一　Phact

星名：丈人一（Phact）
區間位置：位於雙子21º08´和21º46´之間
視星等：2.5-3
力量指數：★★★★★★
視差：1º40´
星座：天鴿座α星
可視時間：6月11、12、13、14日
星球特質：水星／受天王星影響的金星

相關描述：位於鴿子右翼下一顆明亮微小的雙星

丈人一賦予藝術家才華和智慧，還有旋律感。它揭露了創造性思維和對數學、音樂或教育的才華。你是友好、可愛，好運的。

與你的太陽星座度數有關，這顆星代表了受歡迎和社交能力強，尤其是與年青人打交道時。丈人一的影響指出在與藝術有關的職業上能獲得機會和成功。你可以成為一個好的溝通者或者思考家和與公眾打交道。丈人一同樣給予原創的魔術般的能力。

- 優點：充滿希望、有魅力、有創造性才能
- 缺點：多言、猜忌、沒有安全感

參宿三　　Mintaka

星名：參宿三（Mintaka、Cingula Orionis）
區間位置：位於雙子21º30´和22º16´之間
視星等：2.5-3
力量指數：★★★★★★★
視差：1º40´
星座：獵戶座o星
可視時間：6月12、13、14、15日
星球特質：水星／土星／木星
相關描述：位於參宿二星旁邊的獵戶星帶上一顆燦爛的白色和淡紫色的雙星

這顆星賦予人財富和好運和尊嚴。積極思考你可以最好地利用任何情況。參宿三給予勇氣，勤奮，和守時觀。這顆星還寓示執行和管理才能及持續的快樂。

受太陽星座度數影響，這顆星有銳利和敏銳的頭腦，好的判斷力及記憶力。你可能是生來謹慎小心，如有耐心則可以向好的方向發展。你有良好的守時觀，且天生能夠利用環境。這顆星對教育有很強的偏好。

- 優點：機遇好，良好的判斷力，管理才能
- 缺點：多變，沮喪，不能堅持，缺乏耐心

五車五　　El Nath

星名：五車五（El Nath）
區間位置：位於雙子21º36和22º41´之間
視星等：2
力量指數：★★★★★★★
視差：2º10´

星座：天鴿座β星
可視時間：6月11，12，13，14，15，16日
星球特質：火星／水星
相關描述：位於公牛北角尖上一顆燦爛巨大的白色和淡灰色雙星

　　五車五這顆星賦予人雄心、意志和商業上的成功。還賦予好運、好評。這顆星的影響使你擁有智慧、和迅速掌握情況的能力。透過研究和科學工作或對哲學、理論或歷史的學習，你可以獲得榮譽。
　　受你的太陽星座度數影響的度數，這顆星使你擁有好頭腦、自信及知識面廣。還透過勸服，在法律系統和政府部門工作獲得成功。
・優點：教育好、口才好、對想法和計畫能加以實現、出色的成就
・缺點：任性、挑剔、矛盾，頑固

獵戶座大星雲　Ensis

星名：獵戶座大星雲（Ensis）
區間位置：位於雙子22º2´和22º57´之間
視星等：4.5
力量指數：★★★
視差：1º
星座：天龍座M42
可視時間：6月13，14，15日
星球特質：火星／月亮
相關描述：位於獵戶座劍鞘的大星雲

　　這顆星賦予你反叛、雄心和不斷向前的欲望。還警告你不要不安、匆忙行事，導致不必要的動盪。
　　受你的太陽星座度數影響，這顆星能賦予你巨大的能量、動機和意志力。暗示你有巨大的勇氣，透過以巨大的熱情去執行專案。這顆星的不利影響在於使你不安和不耐煩、，可能導致情緒多變和情感上的爆發。
・優點：雄心壯志、勇敢、領導力、能力、精力充沛、欲望強
・缺點：不耐煩、不安、容易生氣、情緒化、愛爭執

參宿二　Alnilam

星名：參宿二（Alnilam、the String of Pearls）
區間位置：位於雙子22º29´和23º22´之間

視星等：2

力量指數：★★★★★★★

視差：2°10´

星座：獵戶座ε星

可視時間：6月12、13、14、15、16、17日

星球特質：木星／土星和水星／土星

相關描述：位於獵戶星腰帶中間一顆明亮白色的星

　　這顆星使人擁有名氣、健康和公眾榮譽。但是其影響可能會持續較短時間。這顆星還使你擁有敏銳、勇敢的個性，但是警告你不能過於鹵莽、匆忙或沒有合適的計畫就改變方向。

　　根據你的太陽星座的星度數，這顆星使人有個性、精力充沛及意志堅定。合你擔當商業上的大項目，儘管還暗示你必須思考之後再開口。通常透過避免頑固和沮喪，你可以利用你巨大的積極能量朝積極有價值的方向發展。

・優點：勇敢、精力充沛、雄心壯志、有收穫和成功

・缺點：急躁、不安定、自私易變

長沙　Al Hecka

星名：長沙（Al Hecka）

區間位置：位於雙子23°48´和24°25´之間

視星等：2

力量指數：★★★★★★★

視差：1°40´

星座：金牛座ζ星

可視時間：6月14、15、16、17日

星球特質：火星／土星／水星

相關描述：位於公牛南邊或以下部分的一顆藍色星

　　這顆星賦予天生驕傲、自信，對權力喜歡。你可以擁有領導才能，並有決心獲得財富和名譽。這顆星還暗示有悲觀傾向，警告不要與多疑性格接觸。

　　受你的太陽星座度數影響，這顆星使你擁有保留但是商業化精神。你的組織才能，相伴著勤奮。這顆星還賦予探究及實用主義及執行才能，這在與公眾打交道時有益。還警告你遠離猜疑和因欺騙，他人帶來的危險。

・優點：實用、勤奮、有決心

・缺點：質疑萬物

勾陳一　Polaris

　　星名：勾陳一（Polaris、Al Rukkabah、the Pole Star）
　　區間位置：位於雙子27º35´和28º33´之間
　　視星等：2
　　力量指數：★★★★★★★
　　視差：2º10´
　　星座：小熊座α星
　　可視時間：6月17．18．19．20．21．22日
　　星球特質：土星／金星
　　相關描述：位於小熊尾巴上一顆黃色蒼白的雙星

　　這顆星賦予一種精神力量，小心謹慎，有清晰的目標。你可以贏得他人的尊重，追求自己的目標。這顆星暗示延誤及困難後贏得認可。透過不斷努力和立刻行動的態度，你可以贏得獎賞。遺產經常伴隨誤解和爭執。
　　受你的太陽星座度數影響，這顆星顯示對精神、宗教和哲學的傾向。還可能賦予你與公眾打交道的才能。經常暗指你在不可預見的事情發生後，財富上發生變化。
・優點：有負責心、直覺強、目標清晰、有界限
・缺點：冷漠，過於嚴肅，感情不易外露

參宿四　Betelguze

　　星名：參宿四（Betelguze）
　　區間位置：位於雙子27º46´和28º42´之間
　　視星等：1
　　力量指數：★★★★★★★★★
　　視差：2º30´
　　星座：獵戶星α星
　　可視時間：6月18．19．20．21．22．23日
　　星球特質：火星／水星
　　相關描述：位於獵戶星右肩上一顆桔紅色的星

　　這顆星賦予人判斷力、樂觀和敏捷的頭腦，及富有競爭力。並使你透過決心和意志，獲得幸運和成功。你可能因傑出成就獲得榮譽，還可能獲得物質財富。
　　受太陽星座度數影響，這顆星賦予哲學、形上學的才能。運動和法律事務上能成功，在人際交往方面也有好的影響力。儘管可獲得榮譽和財富，但可能不會長久，因為有驟變的風險。

- 優點：判斷力強、解決問題能力強、行動與思想協調一致
- 缺點：頑固、好爭辯、好對抗

五車三　Menkalinan

　　星名：五車三（Menkalinan、Shoulder of the Rein-Holder）
　　區間位置：位於雙子28°56´和29°54´之間
　　視星等：2
　　力量指數：★★★★★★★
　　視差：2°10´
　　星座：御夫座β星
　　可視時間：6月19、20、21、22、23日
　　星球特質：受火星／水星／金星影響的天王星
　　相關描述：位於御夫座右肩上一顆明亮黃色星

　　五車三這顆星賦予人精力充沛、自信、富有競爭力及敏銳、積極頭腦。還使人有快速行動能力，不安。他給人帶來成功、榮譽及歡迎，但是還警告可能有突變、過於匆忙行為或毀壞。
　　受太陽星座度數影響，如果你能不斷前進而且避免造成不必要的麻煩，這顆星確保了成就和成功。這顆星還暗示你應該三思而後行，避免過於匆忙的行為。
- 優點：有決心、頭腦敏捷、自信、好爭執、有報復心，口才好
- 缺點：不安、急躁、好爭辯，鹵莽、頑固、挑剔

■巨蟹座　CANCER

鉞　Tejat

　　星名：鉞（Tejat、Tejat Prior）
　　區間位置：位於巨蟹2°27´和3°26´之間
　　視星等：3
　　力量指數：★★★★★★
　　視差：1°40´
　　星座：雙子座ε星
　　可視時間：6月23、24、25、26日
　　星球特質：水星／金星
　　相關描述：位於北方雙胞胎左腳處一顆橙紅色的變動雙星

這個星賦予人自信、自豪、尊嚴和優雅。這顆星的影響給人豐富的感覺、對美的感覺與欣賞，及有藝術文學氣質。還賦予人樂觀、幽默、及團體精神。透過合作、集思廣益、有說服力的談判技巧而有所收穫。但這些天分也可能帶給你負面影響，狡猾、過於自信與無法穩定發揮所長，甚至會有法律上的糾紛。

受你的太陽星座度數影響，這顆星賦予人對美的欣賞、藝術才能、文學技能及不同尋常的興趣愛好。生天樂觀、但是可能會缺乏動力及毅力。這顆星使你會經歷一些不穩定或變化因素。

・優點：對愛的思考、藝術感覺、團結、寫作才能
・缺點：奢侈、過於輕鬆的生活、虛榮、自負

井宿二　Dirah

星名：井宿二（Dirah、Nuhaiti）

區間位置：位於巨蟹4º19´和5º17´之間

視星等：3

力量指數：★★★★★

視差：1º40´

星座：雙子座μ星

可視時間：6月25、26、27、28日

星球特質：水星／金星

相關描述：位於雙胞胎左腳上的一顆黃藍色雙星

這顆星賦予人良好的頭腦及創造性想法。擅長幽默、有說服力的演講。是很好的交流者，你喜歡討論、辯論、和受團體歡迎的感覺。同樣地你喜歡音樂和秩序，並能讓事物更完美。你在寫作上也有才能，如果發展起來，將會帶來榮譽和財富。

受太陽星座度數影響，這顆星還賦予人給人良好的第一印象的能力，而且贏得廣泛的好感。這顆星的影響暗示在公共事務、學術研究、寫作還有教育、文學出版及政治上能有所成就。你在體育上表現出色，還喜歡學習占星學和深奧的題材。

・優點：有創造力、聰慧、溝通能力、有技巧、喜歡藝術和美麗
・缺點：虛榮、自負、奢侈、不成熟

井宿三　Alhena

星名：井宿三（Alhena、the Bright Foot of Gemini）

區間位置：位於巨蟹8º7´和9º7´之間

視星等：2

力量指數：★★★★★★★

視差：2°10´
星座：雙子座γ星
可視時間：6月28、29、30日、7月1、2日
星球特質：水星／金星或月亮／金星和木星
相關描述：位於南面雙胞胎左腳上的一顆明亮的白星

井宿三予人優雅、可愛、平易近人的形象，且容易在藝術領域上取得成就。對精神或藝術、科學感興趣。不論成就大小，都能自豪。還暗示你喜歡悠閒和奢華。

受你的太陽星座度數影響，這顆星賦予藝術傾向，對科學的興趣及在占星學與形上學的成就。你的個性很有魅力，透過社交及與公眾打資產可以成功。你受快樂及奢侈的欲望所驅動。這顆星還警告你可能受到足部的傷痛。

- 優點：有技巧、生活的喜愛、好社交、時髦有電影明星的氣質
- 缺點：懶惰、過於放縱、浪費、自負、驕傲

天狼星　Sirius

星名：天狼星（Sirius）
區間位置：位於巨蟹13°6´和14°2´之間
視星等：1
力量指數：★★★★★★★★★
視差：2°30´
星座：半人馬α星
可視時間：7月3、4、5、6、7、8日
星球特質：月亮／木星／火星
相關描述：位於大狗嘴裡一顆燦爛的黃白色雙星；與埃及的神地獄判官有關

天狼星賦予人樂觀、心胸廣闊、重視忠誠的朋友。在該星影響下，你可以享受成功，成為保護者或擁有監護人的地位。通常不用太多努力，你就能獲得年長者的青睞。這顆星還可能代表榮譽、健康、及有權力和充當領導人角色的機會。小心不要衝動行事，可能遭受背叛或面臨危險。

受太陽星座度數影響，這顆星暗示在商業上會成功、家庭幸福、偏好藝術、占星學、哲學或高等教育。如果榮譽來得過早，你可能還沒準備好，不能處理成功。你通常表現忠誠，能在社交活動中如魚得水。這顆星還顯示你值得別人信任，可以作為其他人財產的監護人。

- 優點：忠誠、有重要的責任感、對生活的熱愛、喜歡商業、成功、有創造力
- 缺點：為自由不惜一切代價、對權力和信任的濫用

老人星　Canopus

星名：老人星（Canopus）
區間位置：位於巨蟹13º58´和15º之間
視星等：1
力量指數：★★★★★★★★★
視差：2º30´
星座：船底座α星
可視時間：7月4、5、6、7、8、9、10日
星球特質：土星／木星和月亮／火星
相關描述：位於南船座一顆黃白色的星

傳說這顆星原來是一位舵手，因而有旅行和長時間航行的意義。使人天生善良、善談、精明，且透過教育和學術成就會獲得成功。你有獲得廣泛知識的能力，不定期可以為社區服務。但是可能與家庭、親戚關係不睦。

受太陽星座度數影響，這顆星賦予人在公共事務上的成功和透過努力實現目標。甚至於聲名遠播，但不能持久。與家庭、朋友或親戚關係上可能會有小問題，不過在最需要幫助的時候有貴人相助。

・優點：真誠、守諾言、喜歡旅行、堅持不懈、在法律上成功
・缺點：沮喪、不滿意、自己行為造成的苦果、有法律糾紛

天樽二　Al Wasat

星名：天樽二（Al Wasat）
區間位置：位於巨蟹17º32´和18º34´之間
視星等：4
力量指數：★★★★
視差：1º30´
星座：雙子座δ星
可視時間：7月9、10、11、12、13日
星球特質：土星
相關描述：位於雙星腰上一顆黃藍色雙星

該星賦予人智慧、毅力、和實用主義。使人能清晰一語中地表達自己，在公務事務或管理上能夠成功。小心別努力過度而筋疲力盡。這顆星還提醒你必須避免過於衝動，造成不必要的壓力，和不安情況，以致後悔。

根據太陽星座度數，這顆星賦予你耐性、常識和有決心朝前的內在動力。還暗示你應該避免自己壓力過度，應學會把能量放在值得的事情上。
- 優點：因努力得到獎賞、有決心
- 缺點：過於匆忙、挑釁、悲觀、有毀壞性

五諸侯三　Propus

星名：五諸侯三（Propus）
區間位置：位於巨蟹17º59´和19º3´之間
視星等：4
力量指數：★★★★
視差：1º30´
星座：雙子座Z星
可視時間：7月10, 11, 12, 13日
星球特質：水星／金星
相關描述：位於雙胞胎肩部的一顆微小的雙星

這顆星賦予人敏銳的思想和自我表達的口才。愛社交、和藹可親、機敏，喜歡透過藝術追求和與社交獲得成功。喜歡悠閒、奢侈的生活。

受太陽星座度數影響，這顆星將你導向追求藝術。你天生有占星、寫作和公眾演講方面的才能。該星還幫助你在想法或擔當創造性工作時開發有力的方法。
- 優點：聲音動聽、發言有力、喜愛音樂、創造性才能
- 缺點：過度敏感、好的發言人、傲慢、缺乏實現目標的動力

北河二　Castor

星名：北河二（Castor）
區間位置：位於巨蟹19º16´和20º13´之間
視星等：2
力量指數：★★★★★★★
視差：2º10´
星座：雙子座α星
可視時間：7月10, 11, 12, 13, 14, 15日
星球特質：受水星，金星，火星，和木星的影響
相關描述：位於北面雙胞胎頭部的一顆明亮的白色雙星

這顆星賦予人頭腦敏捷與敏銳的知識。顯示付出與收穫之間的波動情況，財富

易上下起伏不定。

根據太陽星座度數，這顆星賦予人精力充沛、有機敏和諷刺才能，並有憤世的傾向。這顆星使人擁有寫作的才能和良好的溝通技能。你可能對公眾事務感興趣，還可能選擇媒體工作。這顆星還給予人在外交事務上的機會，及研究形上學的直覺和才能。

- 優點：財富上有劇增的可能；有創造性
- 缺點：以高昂代價記得名聲，自我犧牲

北河三　Pollux

　　星名：北河三（Pollux、the Boxing Twin、Hercules）
　　區間位置：位於巨蟹22º15´和23º11´之間
　　視星等：1
　　力量指數：★★★★★★★★★★
　　視差：2º30´
　　星座：雙子座β星
　　可視時間：7月13、14、15、16、17、18日
　　星球特質：火星／月亮／天王星
　　相關描述：位於南面雙胞胎頭部的一顆明亮橙色星

　　這顆星影響你有一點自我依賴、有精力、勇敢。它賦予人喜愛運動競賽。這顆星的負面影響在於過於匆忙和過於敏感，可能會造成沮喪、爭執和不愉快。
　　根據太陽星座度數，這顆星具有對冒險的熱愛和運動才能。你可能會透過努力獨自行動或嘗試。還有體能上的能力及追求個人理想和目標的勇氣。這顆星的影響還帶來在高等教育和哲學上的興趣。

- 優點：有競爭力、微妙、過於敏感，有控制力
- 缺點：狡詐、急躁、挑釁、自私、情緒多變

南河三　Procyon

　　星名：南河三（Procyon）
　　區間位置：位於巨蟹24º48´和25º43´之間
　　視星等：1
　　力量指數：★★★★★★★★★★
　　視差：2º30´
　　星座：小犬座α星
　　可視時間：7月16、17、18、19、20、21日

星球特質：水星／火星或者木星／天王星
相關描述：位於小狗星身體上一顆黃白色雙星

這顆星賦予人意志力、動力和執行計畫的能力。還暗示活動多，與不同尋常的興趣和職位。這顆星賦予健康成功、好運的機會。還經常預示著突然帶來聲望、惡名還有收穫或損失的可能。而且你可能需要學會忍耐，花時間計畫成功的結果。這顆星在古代的解釋包含可能被狗咬。

根據太陽星座的度數，這顆星給予勇氣、原創、不同尋常的才能和輕快的天性。你可能有許多忠誠的朋友，當你最需要他們的時候來到你身邊。這顆星還預示著透過禮物或繼承一夕之間爆富。

・優點：健康、好運、有公職、自豪、有尊嚴，有宗教才能
・缺點：勢利、不關心人、笨拙、狡猾、欺騙性

柳宿增十　Altarf

星名：柳宿增十（Altarf、the End）
區間位置：位於巨蟹30°和獅子1°之間
視星等：3.5
力量指數：★★★★
視差：1°40´
星座：巨蟹座β星
可視時間：7月21、22日
星球特質：火星
相關描述：位於巨蟹南面後腿足尖上的一顆橙色巨星

這顆星影響賦予人意志、耐性、透過努力使生活變好。透過毅力和頑抗，你能夠戰勝困難和危險。這顆星還警告衝動或者過度壓抑。

受太陽星座度數影響，這個星賦予勇氣、決心和積極參與的欲望，自我肯定及熱情，熱愛商業。

・優點：積極、富有生產力、勇敢、自我肯定
・缺點：浪費精力、衝動、賭博的危險

■獅子座　LEO

鬼星團　Praesepe

　　星名：鬼星團（積屍氣、Praesepe、Praesaepe）
　　區間位置：位於獅子座6º16´和7º16´之間
　　視星等：5
　　力量指數：★★
　　視差：1º
　　星座：巨蟹M44
　　可視時間：7月30,31日、8月1日
　　星球特質：火星／月亮
　　相關描述：位於巨蟹頭上的四十多顆星組成的星群

　　鬼星團賦予人冒險、勤奮的天性，有良好的商業嗅覺。還暗示有好運、可以成立大公司。負面影響則是容易衝動不安，或因為太過於傲慢造成不必要的麻煩。這顆星還預示可能送入訴訟糾紛和冒險交易。
　　受太陽星座度數影響，這顆星賦予能量和內在自豪感，及有極大的決心專注於目標的能力。你一旦下定決心，決不放棄，筆直地朝最終目標前進。這顆星的影響能吸引朋友，使你受歡迎，獲得曝光率高的職位，甚至聲望。小心情緒波動，猜疑，恐懼，可能與別人產生誤解，導致自我毀滅行為。
・優點：熱情，進取精神、意志力強、開放、坦率
・缺點：無目標、挑釁、不相容、誤解、隱居

鬼宿三　North Asellus

　　星名：鬼宿三（North Asellus）
　　區間位置：位於獅子座6º34´和7º35´之間
　　視星等：5
　　力量指數：★★
　　視差：1º
　　星座：巨蟹座γ星
　　可視時間：7月30,31日、8月1日
　　星球特質：火星／太陽
　　相關描述：位於巨蟹身體上的一顆蒼白黃白色的雙星

這顆星賦予人活力、創造性才能、對藝術的喜愛，有出人意料的收穫。鬼宿三和四都有關懷的天性，鬼宿三具有能力實現仁慈與慷慨的目標。這顆星也提醒小氣和挑釁的態度不能取得想要的結果。

受太陽星座度數影響，這顆星賦予你社交的才能，能夠結交處於重要職位的朋友。偏好教育，尤其是哲學和宗教領域，可以在商業和大公司取得成功。

・優點：無畏、有競爭力、有耐心等到行動決定
・缺點：急躁、頑固、不安

鬼宿四　South Asellus

星名：鬼宿四（South Asellus）
區間位置：位於獅子座7°44´和8°44´之間
視星等：4
力量指數：★★★★
視差：1°30´
星座：巨蟹座δ星
可視時間：7月30, 31日、8月1, 2, 3日
星球特質：火星／太陽
相關描述：位於巨蟹身體上的一顆蒼黃色的雙星

這顆星顯示你努力成為有責任感的人，尤其是做行政工作。這顆星提醒你不要輕易冒險，使生命處於危險境地。鬼宿四也警告誹謗性的評議可能會聲敗名裂或造成家庭問題。

根據太陽星座的度數，這顆星與其他行星位置能給人帶來慈善、慷慨等正面力量，偏好商業。鬼宿四還賦予人精力和決心，但是社交能力不如鬼宿三。這顆星還暗示謹慎行事可幫助社會聯繫和處於重要職位的朋友，因為一些錯誤可能導致誤會，失去信任或帶來麻煩。

・優點：體貼、關心、小心
・缺點：直率，馬虎、衝撞

帝星　Lpchab

星名：帝星（北極二、Lpchab）
區間位置：位於獅子座11°56´和12°45´之間
視星等：2
力量指數：★★★★★★★★

視差：2º10´
星座：小熊座β星
可視時間：8月4、5、6、7日
星球特質：土星／水星
相關描述：位於小熊上的一顆巨大桔黃色的星，也稱做小北斗七星

　　這顆星的影響賦予人邏輯、專注力、一針見血的能力。通常你愛整潔、良好的組織能力。有上升到權威職位的機會。
　　根據太陽星座的度數，這顆星暗示透過決心可以獲得巨大成功。你有精力和決心戰鬥到底，擁有從不放棄的態度。這顆星還警告不要過於自負、兇惡或祕密活動。
・優點：決心、容忍、戰勝困難的勇氣
・缺點：急躁、淘氣、悲觀

柳宿增三　Acubens

星名：柳宿增三（Acubens、Sertan）
區間位置：位於獅子座12º40´和13º36´之間
視星等：4
力量指數：★★★★
視差：1º30´
星座：巨蟹座α星
可視時間：8月5、6、7、8日
星球特質：土星／水星
相關描述：位於巨蟹蟹螯南部白色和紅色的雙星

　　柳宿增三賦予人邏輯和理性，堅持不懈，崇高的理想。你以有力的姿態出現，十分直率。這顆星賦予人思考的深度和組織才能，有控制傾向。
　　根據太陽星座度數，這顆星賦予你良好的結構和執行能力。還有潛力對擅長的領域做出巨大貢獻。偏愛教育，包括對占星和科學的研究，有寫作的才能。這顆星原來與違法的人、藏匿的地方、和避難所有所關聯，警告不要與政府作對。
・優點：實用、耐心、有決心
・缺點：投機者、叛逆、不安、濫用知識

天樞　Dubhe

星名：天樞（北斗一、Dubhe）
區間位置：位於獅子座14º9´和15º2´之間
視星等：2
力量指數：★★★★★★★
視差：2º20´
星座：大熊座α星
可視時間：8月6、7、8、9、10日
星球特質：水星／金星或火星
相關描述：位於大熊背上一顆黃色雙星

　　天樞賦予人理想主義、自信，勇氣和自豪。這顆星蘊含智慧、口才及說服別人的能力。儘管秉持冒險主義，有時你可能因猜疑和不信任的想法感覺不安。

　　根據太陽星座度數，天樞賦予人成功的決心和想要成功的欲望，驅使你學習更多。有占星、法律、軍事、寫作和哲學的才能。警告不要過於物質主義，把你的能力朝積極方向發展，避免成為毀壞性力量。

- 優點：教育程度更高，有藝術才能，聲音動聽
- 缺點：著急、不安全、缺乏想像力、傾向於物質主義

天璇　Merak

星名：天璇（北斗二、Merak）
區間位置：位於獅子座18º29´和19º34´之間
視星等：2
力量指數：★★★★★★★
視差：2º10´
星座：大熊座α星
可視時間：8月10、11、12、13、14日
星球特質：火星
相關描述：位於大熊旁邊一顆巨大白色的星

　　天璇星賦予人喜歡命令和領導的能力，有控制慾過強的傾向。你的決心意味著你可能在其他人會失敗的地方獲得成功。

　　受你的太陽星座度數影響，這賦予人勇氣自信和熱血的活力。這顆星蘊含的實踐力使你的生活精彩豐富，將帶來機會或榮譽。

・優點：熱愛生活、積極、有創造力、雄心壯志、勇敢
・缺點：急躁、頑固、過於壓抑

氐宿一　Al Genubi

星名：氐宿一（Al Genubi、Asad Australis）
區間位置：位於獅子座19º44´和20º43´之間
視星等：3
力量指數：★★★★★
視差：1º40´
星座：獅子座ε星
可視時間：8月12,13,14,15日
星球特質：土星／火星
相關描述：位於獅子嘴巴上的一顆黃色星

在這顆星的影響下，賦予人的是耐心、藝術才能和表達能力。還暗示你擁有勇敢的個性。

根據太陽星座度數，這顆星賦予人決心、富有生產力的需要，自然的執行能力。你良好的組織能力通常使你贏得權威的職位。你對自我表達和創造力的需要驅使你朝藝術和更吸引你的領域。這顆星警告你如果不能以建設性的方法表達你自己，可能會有毀壞性的行為。

・優點：鎮定、有創造力、藝術、有活力，有個人魅力
・缺點：控制欲強、驕傲、傲慢、殘酷

星宿一　Alphard

星名：星宿一（Alphard）
區間位置：位於獅子座26º17´和27º8´之間
視星等：2
力量指數：★★★★★★★
視差：2º10´星座：長蛇座α星
可視時間：8月19,20,21,22日
星球特質：土星／金星和太陽／木星
相關描述：位於冥衛三脖子上的一顆巨大桔黃色星

在星宿一的影響下，賦予人自然的智慧和對人性的深度理解。你欣賞藝術，有雄心和敏感的天性。但警告別過於放縱、暴躁、缺乏自制力。這顆星暗示有動盪和劇變。還警告避免各種毒物和感染。

根據太陽星座度數，這顆星賦予執行能力、權威職位和進取的好機遇。你傾向於尋找顯赫的職位，生活在聚光燈下。然而你必須公正，否則其他人將把你推出局。這同樣暗示著工作和關係，儘管你時常試著掩飾，妒忌卻悄悄來臨。

- 優點：自信、贏得名聲、有名
- 缺點：有法律糾紛、失控、妒忌

軒轅十一　Adhafera

星名：軒轅十一（Adhafera、Al-Serpha）
區間位置：位於獅子座26º35´和27º34´之間
視星等：3.5-4
力量指數：★★★★★
視差：1º30´
星座：獅子座ζ星
可視時間：8月19.20.21.22日
星球特質：土星／水星
相關描述：位於獅子鬃毛的一顆黃色雙星

軒轅十一這顆星賦予人思考的深度、熱愛秩序、擁有實用的技能、解決問題的能力。你勤奮，而且能夠處理重大專案。警告你不要使用非正派的方法和要避免反對政府活動。

受你的太陽星座度數影響，這顆星賦予敏捷的頭腦與熱愛學習、重視實用的個性，還有決心、耐心和解決問題的高超技能。

- 優點：有實用技能、能集中精力、注意力
- 缺點：頑固、不服輸、悲觀

軒轅九　Al Jabhah

星名：軒轅九（Al Jabhah、the Forehead）
區間位置：位於獅子座26º55´和27º52´之間
視星等：3.5
力量指數：★★★★★
視差：1º40´
星座：獅子座ε星
可視時間：8月19.20.21.22日
星球特質：水星／土星
相關描述：位於獅子鬃毛的一顆星

這顆星賦予人雄心和事業上成功的巨大潛能。你經常擁有好的判斷力和獲得財富與成功的決心。這顆星警告你如果自我追求，投機取巧，可能會變得焦慮不安。

受你的太陽星座度數影響，這顆星賦予你競爭力、執行力和透過某種方法集中注意力於創造性專案上的能力。警告你不要過於自信，或行為叛逆，將來可能會後悔。

- 優點：有耐心、有決心、好的結構感、有創造力
- 缺點：愚勇、衝動、匆忙作決定

軒轅十四　Regulus

星名：軒轅十四（Regulus、the Lion's Heart）
區間位置：位於獅子座28º51´和29º48´之間
視星等：1
力量指數：★★★★★★★★★
視差：2º30´
星座：獅子座 α 星
可視時間：8月21, 22, 23, 24, 25, 26日
星球特質：火星／木星
相關描述：位於獅子身上的一顆燦爛的藍白色三星

這是一顆忠誠的心，在無限的星河裡扮演著領導的角色，也是四顆皇冠恆星之一。軒轅十四賦予人高貴、榮耀、魅力和尊嚴。天生就能快速做出決定，處理高要求的情況，還暗示對權力的欲望和領導其他人的能力。你有堅強的意志力和對商業的喜愛，因而能夠自由和獨立。小心這些好處可能不會持久。

受太陽星座度數影響，這顆星賦予野心、權力和權威，榮升至政府和大企業高職位的機遇。如果沒有顯赫的職位，你可能有重要影響力的朋友。也就是說在你順遂時應善待他人，否則當你走下坡時將沒有人願意伸出援手。

- 優點：有精神、直率、勇敢、榮耀、富裕、重要職位、權威
- 缺點：頑固、蠻橫、控制欲強、失敗慘烈（尤指不誠實）、短暫的成功及聲望

天璣　Phecda

星名：天璣星（北斗三、Phecda）
區間位置：位於獅子座29º41´和處女座0º9´之間
視星等：3
力量指數：★★★★★★
視差：2º

星座：大熊座γ星
可視時間：8月22．23．24．25日
星球特質：變星：火星／木星或金星
相關描述：大熊第三大星

　　天璣星賦予人進取精神、對奢侈品的喜愛和性格魅力。這顆星常與熱情、物慾高及創造力聯繫起來。預示野心和快速做出決定的能力。還暗示對美好生活的喜愛，但是警告不要懶惰和自我放縱。

　　根據太陽星座度數，這顆星能賦予你受歡迎的個性、良好的社交能力。常常暗示有創造才能和寫作潛力。因追求奢華的生活，而激發你在商業上成功。

- 優點：社交能力強、受歡迎、有影響力的朋友、進取精神
- 缺點：誇張、傲慢、機會主義、虛榮、自豪、過度自信

■處女座　VIRGO

玉衡　Alioth

星名：玉衡（北斗五、Alioth）
區間位置：位於處女座7º52´和處女座8º52´之間
視星等：2
力量指數：★★★★★★★
視差：2º10´
星座：大熊座ε星
可視時間：8月29．30．31日、9月1．2．3日
星球特質：火星
相關描述：大熊星尾巴上一顆藍白色星

　　玉衡賦予人好的判斷力與對生活的熱情，喜歡悠閒舒適的生活。通常你知識面廣、傾向於自由的生活。你有贏得勝利的野心和富有競爭的天性，熱愛活動你有批判的才能，可用於積極方面。

　　受你的太陽星座度數影響，在這顆星的影響下，你有商業、運動、擔任政府職位、社交的才能。這顆星還促使你可以透徹地看待問題，了解一切情況，但是不可過於暴躁和挑剔。

- 優點：真實、坦率、可戰勝失望的耐心
- 缺點：無情、自我、毀壞性、頑固、過於挑剔

太微右垣五　Zosma

　　星名：太微右垣五（西上相、Zosma）
　　區間位置：位於處女座10º19´和處女座11º14´之間
　　視星等：2.5
　　力量指數：★★★★★★
　　視差：2º10´
　　星座：獅子座δ星
　　可視時間：9月2、3、4、5、6日
　　星球特質：土星／金星
　　相關描述：位於獅子星背後一顆白色、淡黃色、藍紫色三色星

　　太微右垣五賦予人嚴肅、負責的天性，而且頭腦警覺，但是不可過於嚴厲或自私。你可能會經歷動盪，儘量避免恐懼不安。從好的方面來看，這顆星賦予人自由的態度、迷人而且口才不錯、會有出人意料的成功和進步。
　　受太陽星座度數影響，這顆星能夠幫助你獲得權力，說服別人聽從你的意見。你能夠成為重要人物，在社會上獲得地位，因為這顆星給予人友好和受歡迎的物質。儘管你看起來外向並且愛好社交，但其實性格保守。這顆星還警告你只有遇患難才能見真情。

- 優點：忠誠、負責、有深度
- 缺點：無恥、自我、結交虛假的朋友、過於嚴肅

開陽　Mizar

　　星名：開陽（北斗六、Mizar）
　　區間位置：位於處女座14º36´和處女座15º37´之間
　　視星等：2.5
　　力量指數：★★★★★★
　　視差：2º10´
　　星座：大熊座ζ星
　　可視時間：9月6、7、8、9、10、11日
　　星球特質：火星和土星／金星
　　相關描述：大熊星尾巴上一顆蒼白翡翠星

　　開陽星賦予人野心、注重實用、創造力和藝術才能。然後也預示不協調和捲入矛盾中。

受太陽星座度數影響，這顆星顯示有寫作和商業的才華。在與普通大眾打交道時獲得成功。這顆星警告你不要過於挑剔，要創造性地、積極地使用你的智慧。

・優點：嚴肅、負責、有創造力
・缺點：叛逆、不協調、自私

五帝座一　Denebola

星名：五帝座一
區間位置：位於處女座20º38´和處女座21º31´之間
視星等：2
力量指數：★★★★★★★
視差：2º10´
星座：獅子座β星
可視時間：9月12、13、14、15、16日
星球特質：土星／金星／火星和火星
相關描述：獅子星尾巴上一顆藍色星

　　五帝座一賦予人良好的判斷力、勇氣和高貴慷慨的天性。這顆星的影響能夠帶來激動的事情和進步的機遇。你可能擁有思路清晰的才能和好的價值，還伴隨著敏捷的動作。同樣預示著你將有責任感、在代表別人時很積極。然後，這顆星還提醒著這些好處可能不會久。警告不要易怒或焦急，這會破壞關係。
　　受你的太陽星座度數影響，這顆星賦予原創和獲得特殊技能的決心。透過工作可獲得獎賞和榮譽。你可能會在你選擇的領域成為著名的專家。通常收穫和成功會在社區和大眾責任的工作中得到。五帝座一還警告你別躁動不安，匆忙下決心，某則可能會後悔。

・優點：自制、慷慨、有創造力、負責、有榮譽感
・缺點：急躁、缺乏責任心、無耐心

獵犬座旋渦星雲　Copula

星名：獵犬座旋渦星雲
區間位置：位於處女座24º4´和處女座24º47´之間
視星等：4
力量指數：★★★★
視差：1º
星座：獵犬座M51
可視時間：9月16、17、18日

星球特質：金星／月亮
相關描述：大熊星尾巴上的漩渦星雲

這顆星賦予人熱情、深沉的感情、敏感。你通常體貼、富有同情心、善良。對音樂和藝術有欣賞力，可幫助你找到自我表達的方法。建議你應保護好視力。

受你的太陽星座度數影響，這顆星賦予社交的才能，你可能會在公眾領域找工作或者參與法律事務和與法律與關的事務。這顆星警告你要保持鎮定，有耐心會給你帶來好處。

・優點：和諧、快樂、輕快、會克服小困難
・缺點：急躁、情緒多變、陷入愛的矛盾

翼宿七　Labrum

星名：翼宿七（Labrum、the Holy Grail）
區間位置：位於處女座25º41´和處女座26º21´之間
視星等：4
力量指數：★★★★
視差：1º30´
星座：巨爵座δ星
可視時間：9月17.18.19日
星球特質：金星／水星
相關描述：聖杯上一顆微小黃色星

這顆星賦予人創造力，直覺和生理力量。還暗示你擁有宇宙觀，開明的觀點，有擔任神職的傾向。你時常對歷史、哲學、或宗教感興趣，能夠發展天生的寫作才能，也能取得榮譽和財富。

受太陽星座數影響，這顆星賦予決心和社交時成功的機會。你可能會透過有創造力的追求來表達自己，比如表演藝術、寫作演講、溝通和媒體。還暗示你喜愛舒適和歡快，但是警告你不要過於放縱和逃避責任。

・優點：有創造力、教育好、藝術上成功、寫作
・缺點：虛榮、自負、缺乏動力、放縱

太微右垣一　Zavijava

星名：太微右垣一（右執法Zavijava、Al Araph）
區間位置：位於處女座26º10´和處女座27º4´之間
視星等：3.5
力量指數：★★★★★

視差：1°30´
星座：處女座β星
可視時間：9月18、19、20、21日
星球特質：火星／火星
相關描述：處女座頭上一顆蒼黃色星

太微右垣一賦予人強大、充滿活力的個性。你聰慧、傾向於教育和科學研究或法律領域。或者說出版新聞、媒體行業也能吸引你。你能戰勝困難前進。

受太陽星座度數影響，這顆星賦予你好頭腦。有能力集中注意力於細小的事情。你偏好專業性工作，可能在你的領域成為領導人。你可能成為研究人員、調查研究人員、系統處理資料分析員、工程師或電腦專家。

・優點：行動迅速、有技巧、堅定、直率、口才好、迅速，巧妙
・缺點：衝動、挑剔、好爭執

瑤光　Al Kaid

星名：瑤光（北斗七、Al Kaid、Benetnash）
區間位置：位於處女座25°51´和處女座26°50´之間
視星等：2
力量指數：★★★★★★★
視差：2°10´
星座：大熊座ε星
可視時間：9月18、19、20、21、22日
星球特質：月亮／水星
相關描述：大熊星上一顆藍色星

這顆星賦予人活躍的思維、對創造性表達的需要、直覺敏銳。喜歡多變的想法但也極易改變自己的想法。這顆星暗示對商業和權力的喜愛，可能會有得到成功、好運和財富的機會。

受太陽星座度數影響，這顆星賦予人商業才能，在與普通大眾打交道時能取得成功。你擅長與資料、研究或需要注意細節的精確工作。這顆星還暗示你很容易不安、具有野心，甚至會為了向上爬而變得慘忍。你還有批判的才能，應將它運用在正向積極的方面。

・優點：思維活躍、能抓住機遇和想法、有同情心、善良、擅於與兒童打交道
・缺點：愛批判、焦急、敏感、神經質、愛撒謊、不耐煩、情緒多變、過於挑剔

弧矢六　Markeb

　　星名：弧矢六（Markeb）
　　區間位置：位於處女座27º53´和處女座28º25´之間
　　視星等：2.5
　　力量指數：★★★★★★
　　視差：1º40´
　　星座：船尾座K1
　　可視時間：9月19．20．21．22日
　　星球特質：木星／土星
　　相關描述：船尾一顆微小的星

　　弧矢六賦予人奉獻精神、對知識的熱愛、獲得廣闊知識的能力。弧矢六對教育有需要和興趣，還有對哲學的天賦。為獲得成功還需耐心。在這顆星影響下，可能長時間旅行和在外國工作。

　　受太陽星座度數的影響，弧矢六賦予你寫作、商業和具體研究工作的才能。如果你受這顆星影響，將會很有學問。

・優點：敏銳的頭腦、注意力集中、注意細節
・缺點：收集無用的資訊、對瑣碎事情過度關心

■天秤座　LIBRA

太微左垣一　Zaniah

　　星名：太微左垣一（左執法、Zaniah）
　　區間位置：位於天秤座3º51´和4º43´之間
　　視星等：4
　　力量指數：★★★★
　　視差：1º30´
　　星：處女座ζ星
　　可視時間：9月26．27．28．29日
　　星球特質：火星／金星
　　相關描述：位於處女座南翼上一顆多變白色星

　　太微左垣一賦予人優雅、喜歡和和協秩序。你擁有善良的天性、迷人的個性，可能有許多朋友。太微左垣一還使你受歡迎、獲得榮譽、透過社交獲得成功。

詳細解析

受太陽星座度數影響，這顆星喜好教育、知識學習和對研究及文學的天賦。在太微左垣一的幫助下，你可能成為感興趣之領域的領導者。你喜歡良好的工作關係、協調的婚姻。左執法暗示你天性隨和，除非被激怒。

・優點：有遠見、敏銳、優雅、能處理具體事務
・缺點：虛榮、自負、缺乏動力、奢侈、愛走捷徑

太微左垣四　Vindemiatirx

星名：太微左垣四（東次相、Vindemiatirx、Vindemiator、the Grapes Gatherer）
區間位置：位於天秤座8º57´和9º57´之間
視星等：3
力量指數：★★★★★
視差：1º40´
星：處女座 ε 星
可視時間：10月1,2,3,4日
星球特質：水星／土星和土星／金星／水星
相關描述：位於處女座右翼上一顆明亮黃色星

　　太微左垣四賦予人敏捷的頭腦。你時常會衝動或馬虎行事。你能集中精力、有邏輯、有直中要害的能力。你趨向於用方法來解決問題，堅持到底直到你解決問題。然後，太微左垣四還暗示你可能會過於頑固或不會妥協。

　　受你的太陽星座度數影響，東次相有領導才能、自豪、有成功和被認可的動力。你常常隱藏你的聰慧，趨向於發表不重要的意見。太微左垣四還預示透過努力可獲得成功，在不應該的地方失敗。

・優點：有所保留、聰明、能堅持、有耐心、有方法
・缺點：沮喪、焦急、如不注意金錢上的事情可能會遭受損失

太微左垣二　Caphir

星名：太微左垣四（東上相、Caphir、Porrima）
區間位置：位於天秤座9º9´和10º3´之間
視星等：3
力量指數：★★★★★★
視差：1º40´
星座：處女座 γ 星
可視時間：10月1,2,3,4日
星球特質：水星／金星和金星／火星

相關描述：位於處女座左肩上一顆多變黃白色雙星

這顆星賦予人受喜愛、可愛的個性。有理想、高雅情趣、有技巧有禮貌的教養。這顆星可提升受歡迎的程度，提供透過社交進步的機會。

受太陽星座度數影響，這顆星賦予人寫作、占星、社會科學、哲學方面的才能。有強烈與別人交流的需求使你希望與大眾來往。內在對成功的認可，使你最終得到你想要的。這顆星暗示你應相信你的直覺，要有自信。
・優點：有教養、直覺強、優雅、有口味、有創造力、友好
・缺點：易陷入受質疑的境地、好猜疑

軫宿三　Algorab

星名：軫宿三（Algorab、Al Ghirab、the Crow）
區間位置：位於天秤座12°28´和13°22´之間
視星等：3
力量指數：★★★★★★
視差：1°30´
星座：烏鴉座δ星
可視時間：10月5.6.7.8日
星球特質：火星／土星
相關描述：位於烏鴉座右翼上一顆蒼黃白色和紫色雙星

軫宿三賦予人經商的才能。有決心和力量從容地去戰勝挑戰。軫宿三顯示保守、勤奮的天性有對知名度和成功的野心。還警告不要被人欺騙。

受太陽星座度數影響，這顆星可以給人留下好印象，社交時能獲得成功，也能得到別人的支持或提拔。如果在公共領域，你能獲得名聲、且廣受歡迎，但要小心誹謗可能使你失業。
・優點：堅持不懈、大企業、受歡迎、軍事上榮耀
・缺點：思想怪異、與政府作對

招搖　Seginus

星名：招搖（Seginus）
區間位置：位於天秤座16°38´和17°20´之間
視星等：3
力量指數：★★★★★★
視差：1°40´
星座：牧夫座γ星

861

可視時間：10月9,10,11,12日
星球特質：火星／土星
相關描述：位於牧夫座左肩上一顆微小黃白色星

這顆星賦予人迅速、敏銳的頭腦，有許多朋友，廣受歡迎，多才多藝，學習能力強，但是有不能堅持目標和突然改變的傾向。

受太陽星座度數影響，這顆星能經商成功，對占星學的和哲學有天生的才能，傾向於不同尋常的愛好。你愛社交、友好，因此當你需要時，你的朋友會幫助你。

・優點：有合作精神、廣受歡迎、多才多藝
・缺點：友誼和夥伴關係帶來損失

海山二　Foramen

星名：海山二（Foramen）
區間位置：位於天秤座21º12´和22º18´之間
視星等：4
力量指數：★★★★
視差：1º30´
星座：船底座 ε 星
可視時間：10月14,15,16,17日
星球特質：土星／木星
相關描述：位於南船座船尾上一顆多變紅色星，被小星雲包圍

這顆星賦予人很強的直覺、迷人、開明，有領導才能。你友好、謙遜，但個性不強。擁有尊嚴、奉獻精神，你便可取得成功和財富。

受太陽星座度數影響，你有交際才能，天性隨和、有同情心，很合群。你能夠同時看到兩點甚至更多方面。你很適合成爲糾紛的仲裁人。

・優點：合群、有理解力、隨和、有耐心
・缺點：猶豫不決、缺乏方向、易被愚弄

角宿一　Spica

星名：角宿一（Spica、Ishtar、Arista）
區間位置：位於天秤座22º51´和23º46´之間
視星等：1
力量指數：★★★★★★★★★
視差：2º30´

星座：處女座α星
可視時間：10月14、15、16、17、18日
星球特質：金星／火星或金星／土星／水星
相關描述：位於處女座頭上一顆燦爛白色雙星

　　角宿一在天空中處於優勢，而且十分重要。他賦予人好的判斷力、出人意料地好運。還暗示優雅、對科學的興趣、喜歡文學和藝術。完成學業後，能夠增加榮譽和財富。這顆星還帶來在國外工作、長期旅行、在進出口方面的工作成功。

　　受太陽星座度數影響，角宿一提供十分顯赫，良好的社交、在商業上取得成功、有能力獲得新觀點和創新。你能集中精力、有很強的直覺、有生理上的能力。如果工作與知識和大機構相關則能取得成功。你喜歡社交，能夠獲得巨大的財富，尤其在商業界。

・優點：節約、有實用的目標
・缺點：過於奢侈、目標多變、想法不定

大角星　Arcturus

星名：大角星（Arcturus、the Bear Watcher、Alchameth）
區間位置：位於天秤座23°15´和24°2´之間
視星等：1
力量指數：★★★★★★★★★★
視差：2°30´
星座：牧夫座α星
可視時間：10月16、17、18、19、20日
星球特質：火星／土星和金星／土星
相關描述：位於牧夫座左膝上一顆金黃色星

　　大角星賦予人藝術才能和藝術方面的成果，使人成功、有名望、富裕，還可以到國外長期旅行。這顆星警告你不安和焦急可能會造成你生活中的不穩定。

　　受太陽星座度數影響，大角星賦予人財富、好名譽。歷經挫折、磨練精神與能力後將會成功。建議走法律領域或公共事務。或者你可以發現對哲學、精神、或宗教題材上寫作的興趣。大角星暗示你應避免過於同情、學會冷靜接受生活的起伏和保持距離帶來的不快樂。

・優點：與宗教有關、判斷力好、有長期旅行的可能、有魅力
・缺點：過度放縱、過度熱情、懶惰、粗心大意

■天蠍座　SCORPIO

七公七　Princeps

星名：七公七（Princeps、Tsieh Kung）
區間位置：位於天蠍座2°8´和2°50´之間
視星等：3.5
力量指數：★★★★★
視差：1°30´
星座：牧夫座δ星
可視時間：10月26、27、28、29日
星球特質：水星／木星
相關描述：位於牧夫座長矛上一顆蒼黃色巨大星

　　這顆星賦予人敏銳的精神和勤奮有深度的頭腦，對研究有很好的理解力。這顆星賦予決心、足智多謀和保守思想。
　　受太陽星座度數影響，這顆星在教育、科學、法律和政府事務上有才能。你天生有競爭力，而且很勇敢。你奧妙的自信和足智多謀幫助你在新的或未嘗試過的領域上成功。你天生保守，不會付出承諾，除非你確定你的立場。當你對事實感到肯定時，你會變得直率，不擔心過於直接，堅持自己的立場，因為你喜歡處於控制地位。

・優點：仁慈、有堅強意志力、努力、雄心壯志
・缺點：頑固、想法怪異、自找麻煩、控制欲太強

亢宿四　Khambalia

星名：亢宿四（Khambalia、Khamblia）
區間位置：位於天蠍座5°53´和6°49´之間
視星等：4
力量指數：★★★★
視差：1°30´
星座：處女座λ星
可視時間：10月30、31日、11月1日
星球特質：水星／火星
相關描述：位於處女星左腳上一顆小的白色星

這顆星賦予人敏銳的頭腦和高超辯論技巧。代表環境可能有所變化，包括意外的收穫。這顆星暗示你有實用觀念和傾向高等教育的工作。你很友好，但常常看起來沒個性。

受太陽星座度數影響，這顆星幫助你在商業或政治及公共事務上取得成功。你可能在自己選擇的領域成為專家，擁有獨特的能力。這顆星有時還賦予人一些不同尋常的傑出才能，可能帶來工作上的變化。

・優點：有奉獻精神、教育程度高、邏輯強、思維有力
・缺點：好爭執、不安、不可依賴

南十字二　Acrux

星名：南十字二（Acrux）
區間位置：位於天蠍座10º54´和11º50´之間
視星等：1
力量指數：★★★★★★★★
視差：2º30´
星座：十字座α星
可視時間：11月2、3、4、5、6、7日
星球特質：木星
相關描述：位於十字南方最亮的一顆明亮的藍白色三合星

南十字二賦予人對知識的熱愛、合諧、公正。還對哲學、形而上學和占星、體能有興趣。你有探究精神，可能對書孜孜不倦，有旅行的欲望。將領導你走向研究和教育、社會科學、哲學和宗教。

受太陽星座度數影響，這顆星暗示你天生敏感。你有廣闊的人文信仰。你可能追求公正。你可能成為感興趣的領域的領導者，在與人文有關的事情上能獲得成功。

・優點：公正、關愛同胞、有同情心
・缺點：報復心強、不公正、無情

貫索四　Alphecca

星名：貫索四（Alphecca）
區間位置：位於天蠍座11º16´和12º0´之間
視星等：2.5
力量指數：★★★★★★

視差：2º10´
星座：北冕座α座
可視時間：11月4.5.6.7日
星球特質：金星／水星和火星／水星
相關描述：位於帶子結上一顆明亮白星

　　貫索四星賦予人尊嚴、領導能力、治療性能力和對神祕題材，比如占星學的學習能力。貫索四星還賦予人藝術能力、音樂和詩歌才華。你決斷力強，能夠獲得權威職位。可能會獲得遺產。

　　受太陽星座度數影響，貫索四星預示你思維活躍，有很好的知識，寫作才能，社交的才能。如果你的太陽與這顆星有關，你可能會投身表演藝術，並且成為公眾人物。如果遇到困難，也不會影響你的地位。透過教育，你能夠鞏固你積極、有創造力的頭腦。

・優點：聰明有創造力、有寫作才能、有教育、有知識
・缺點：猶豫不決、狼狽、不走運

軒轅九　　Al Genubi

星名：軒轅九（Al Genubi、South Scale、the South Claw）
區間位置：位於天蠍座14º6´和15º4´之間
視星等：3
力量指數：★★★★★★
視差：1º40´
星座：天秤座α星
可視時間：11月6.7.8.9日
星球特質：土星／火星／木星／金星
相關描述：位於天秤座南方一顆蒼黃色和蒼白色雙星

　　這顆星暗示生活中你可能會遇見變化和不穩定。並警告你要遵守傳統或依循正道。透過學會戰勝困難，你可以獲得成功。

　　受太陽星座度數影響，這顆星使人能集中注意力於目標，從而戰勝困難和失望。你要明白有付出才有收穫，不要太過急切。

・優點：學會寬容、有耐心、堅持不懈
・缺點：不寬容、會出現討厭的人、會出現法律方面的問題

天倉一　Al Schemali

　　星名：天倉一（Al Schemali、North Scale、the North Claw）
　　區間位置：位於天蠍18º23´和19º19´之間
　　視星等：2.5
　　力量指數：★★★★★★
　　視差：1º30´
　　星座：天秤座β星
　　可視時間：11月11、12、13日
　　星球特質：水星／木星和木星／火星
　　相關描述：位於天秤座北面的一顆藍白色星，有時呈淡淡的祖母綠色

　　天倉一能夠帶來好運。你擁有完好的智慧，在科學與神祕的事物上有一定的天資，你的直覺與超自然能力能得到高度發揮。這顆星承載著榮譽、財富和長久的幸福。

　　受太陽度數的影響，這顆星使你擁有強烈的性格、領導的能力和實作的技巧。天倉一的有利影響使你在職場上得到拔擢，在克服最初的困難後獲得成功。

　　這顆星提醒你要避免法律上的糾紛與可疑的情況。另外，這些煩惱不會持續很長時間，在做出正確的選擇後，好運就會回來。

・優點：具備豐富的常識，創意十足，積極，組織能力強
・缺點：誇張，驕傲自大，傲慢

天市右垣七　Unukalhai

　　星名：天市右垣七（蜀、Unukalhai）
　　區間位置：位於天蠍21º3´和21º54´之間
　　視星等：2.5
　　力量指數：★★★★★
　　視差：1º40´
　　星座：巨蛇座α星
　　可視時間：11月13、14、15、16日
　　星球特質：土星／火星
　　相關描述：位於巨蛇座頭上的一顆淡淡地橘黃色亮星

　　受太陽度數的影響，這顆星使你能夠在寫作、政治、公共事務方面有所成就。這顆星帶來良好的結構感，以及遭遇障礙時的決心。受這顆星的影響也意味著家庭事務

需要處理，被捲入長期的爭鬥，以及法律糾紛。
- 優點：決心、忍耐力、毅力持久、克服困難
- 缺點：叛逆、爭執、違法、挑戰權威

馬腹一　Agena

　　星名：馬腹一（Agena）
　　區間位置：位於天蠍22º48´和23º45´之間
　　視星等：1
　　力量指數：★★★★★★★★★
　　視差：2º30´
　　星座：射手座β星
　　可視時間：11月14、15、16、17、18日
　　星球特質：金星／木星或火星／水星
　　相關描述：位於射手座右前腿的一顆小的白色亮星

　　馬腹一能夠帶來成就與晉升。這顆星還能使你充滿活力，身體健康。你通常優雅，道德高尚，這為你帶來友誼、成功、榮譽。
　　受太陽度數的影響，馬腹一能為你帶來野心與成功。你可能善於交際，擁有優秀的朋友與同事。這顆星為你帶來良好的交際技巧，使你吸引大眾，從而得到許多機會。馬腹一鼓勵智力活動，使你擁有快速直率的反應能力，但是這也意味著輕率的言論會讓你付出代價。
- 優點：剛毅自信、聰穎、耐力持久、受歡迎、道德良好
- 缺點：魯莽、猶豫不決、缺乏榮譽感

南門二　Bungula

　　星名：南門二（Bungula、Tolliman）
　　區間位置：位於天蠍28º36´和29º35´之間
　　視星等：1
　　力量指數：★★★★★★★★
　　視差：2º30´
　　星座：射手座α星
　　可視時間：11月20、21、22、23、24日
　　星球特質：金星／木星
　　相關描述：位於射手座左蹄的白亮與黃色的雙星

南門二能夠帶來激情，高雅的天性與有益的社交。如果你需要幫助，這顆星可以保證你的朋友會竭盡全力的幫助你。這顆星還會使你擁有機會，得到權力與榮譽。南門二提醒你避免激烈的行為和認命的態度。

　　受太陽度數影響，這顆星使你有野心，有始有終，並有決心完成一項計畫。它也發出關於衝突、嫉妒、和自我中心的警告。

・優點：自力更生、懂得分享、慷慨大方、受歡迎
・缺點：過分敏感、易與人發生爭執，孤僻

■射手座　SAGITTARIOS

天市右垣九　Yed Prior

　　星名：天市右垣九（梁、Yed Prior）
　　區間位置：位於人馬1°19´和2°13´之間
　　視星等：3
　　力量指數：★★★★★
　　視差：1°40´
　　星座：蛇夫座δ星
　　可視時間：11月23、24、25、26日
　　星球特質：土星／金星
　　相關描述：位於蛇夫座左手的一顆深黃色亮星

　　在天市右垣九的影響下，你擁有直率坦蕩的個性，和認真嚴肅的態度。你雄心壯志，並有很好的社交技巧。

　　受太陽度數的影響，這顆星會帶來有魅力的個性、遠見、成功。天市右垣九也會為你帶來寫作、教育和學業深造的成功，對星象學、神祕學以及宗教的興趣。另一方面，你的職業可能與法律事務或政治有關，並受到同事和下屬的喜歡與尊敬。

・優點：受歡迎，注意力持久
・缺點：囉嗦，不道德，不知羞恥，叛逆

房宿三　Isidis

　　星名：房宿三（Isidis、Dshubba）
　　區間位置：位於射手1°33´和2°29´之間
　　視星等：2.5

力量指數：★★★★★★
視差：1°40´
星座：天蠍座δ星
可視時間：11月24、25、26日
星球特質：火星／土星
相關描述：位於靠近天蠍座右螯的一顆亮星

房宿三能使你擁有自由的心態、自尊和遠大目標。你好競爭，具有勇敢而創新的觀念。它也提醒你改善不耐煩的心態，並建議你不要結交不可信賴的夥伴。

受太陽度數影響，這顆星會使你追求良好的教育，喜愛深造學習，尤其是在法律、政治、哲學、宗教、玄學以及星象學方面。你開朗外向，受人歡迎，交友廣泛，並擁有長期的合作夥伴。你需要學會謹慎處事。

・優點：直言坦率，教養良好，精於處世
・缺點：輕率，投機，過分樂觀

房宿四　Graffias

星名：房宿四（Graffias、Acrab、Frons Scorpi）
區間位置：位於人馬2°12´和3°13´之間
視星等：3
力量指數：★★★★★★
視差：1°40´
星座：天蠍座β星
可視時間：11月24、25、26、27日
星球特質：土星／火星
相關描述：位於天蠍座頭部的一顆淡紫色三角星

房宿四會使你擁有良好的生意頭腦，財富，物質權利。這顆星通常會使人頭腦靈活，敢於冒險。它還表示歷經困難後的成功，因此毅力與決心是你通往成功的祕訣。這顆星提醒你成功不一定要長久地持續，太多的活動會導致壓力以及健康受損。

受太陽度數影響，房宿四會使你在政治和重要的教育領域，宗教以及公共事務上取得成功。這顆星意味著高尚的榮譽往往來源於努力地工作。你可能會擁有權力，並心想事成，但並不總是能充分的享受你辛苦得來的勝利果實。

・優點：耐力，工作努力，奉獻精神
・缺點：多變波動，物質主義

天市右垣十一　　Han

　　星名：天市右垣十一（韓、Han）
　　區間位置：位於射手8º15´和9º13´之間
　　視星等：3
　　力量指數：★★★★★
　　視差：1º40´
　　星座：蛇夫座ζ星
　　可視時間：11月30日、12月1.2.3日
　　星球特質：土星／金星
　　相關描述：位於蛇夫座左膝的一顆小的藍白色星

　　天市右垣十一能為你帶來成功的機會，幸運，以及榮譽。不過，它也提醒你避免自我毀滅，以及不當的行為。

　　受太陽度數影響，天市右垣十一使你擁有感召力，並能夠給人良好的第一印象。你常得到他人的幫助，並能很快地晉升，有時你付出的不多卻有所收穫。這顆星還會使你在寫作和公共事務方面取得成功，也提醒你避免捲入可疑的情形中，那可能會給你帶來不必要的焦慮與壓力。

・優點：誠信，負責，認真
・缺點：過於理性，否定

心宿二　　Antares

　　星名：心宿二（Antares、Anti Aries、the Rival of Mars）
　　區間位置：位於射手8º48´和9º49´之間
　　視星等：1
　　力量指數：★★★★★★★★★
　　視差：2º30´
　　星座：天蠍座α星
　　可視時間：11月30日、12月1.2.3.4.5日
　　星球特質：火星／木星，和木星／金星
　　相關描述：位於天蠍座身體的一對雙子星，一顆呈鮮紅色，一顆呈翠綠色

　　心宿一是四顆皇冠恆星之一，因此非常重要。這顆星可以使你擁有愛冒險的天性，熱情，見解開闊，並且態度寬容。它也表示意外的事件，幸運，大量去國外旅行的機會。心宿一會帶來勇氣，堅定的信念，無畏的性格。不過，它也提醒你避免魯

莽，毀滅性行為，因執，以及報復行為。

受太陽度數影響，心宿一會使你對教育、政治、公共事務感興趣。你可能會理想主義，積極，勇於追求。心宿一也會帶給你寫作天賦，以及宗教觀念，並願意尋求知識與智慧。儘管心宿一代表著榮譽與財富，但它不會長久的存在。在它的影響下，不可預知的情況會使現狀變好或變壞。

・優點：勇氣，精於處世，出國旅行，深造學習
・缺點：脾氣急躁，言語直接，叛逆，毀滅性行為

天培三　Rastaban

　　星名：天培三（Rastaban）
　　區間位置：位於射手座10º49´和11º42´之間
　　視星等：2.5
　　力量指數：★★★★★★★
　　視差：1º40´
　　星座：天龍座β星
　　可視時間：12月3、4、5、6日
　　星球特質：土星／火星
　　相關描述：位於天龍座頭上的一對不規則的雙星，一顆是巨紅星，一顆是藍黃色星

天培三能使人具有強烈的信念，並在公共事務上取得成功。這顆星也表示會有特殊發現與發明的機會，或始料未及的運氣變化。天培三能給人帶來勇氣，以及遠見野心。你通常能夠透過別人的幫助，得到權力和名聲。

受你的太陽角度影響，天培三可以帶給你執行能力、遠見和堅持。這會使你在職場上得到晉升，並在教育、宗教、科學、以及創新研究中得到成功。

這顆星也與馬有關，從事相關工作將會成功。

・優點：耐力，耐心，注重實效
・缺點：叛逆，反對權威，缺乏動力

天市左垣十一　Sabik

　　星名：天市左垣十一（宋、Sabik）
　　區間位置：位於射手座16º58´和17º49´之間
　　視星等：2.5

力量指數：★★★★★★
視差：1º40´
星座：蛇夫座 η 星
可視時間：12月8、9、10、11日
星球特質：土星／金星和木星／金星
相關描述：位於蛇夫座左膝上的一顆淡黃色星

　　天市左垣十一代表誠實和道義勇氣。這顆星會促使你坦然面對自己的本性，避免不誠實和浪費。它也暗示你必須運用判斷力，避免不正當交易，不論這些交易看起來是多麼有利可圖。
　　受太陽星座度數的影響，天市左垣十一賦予你真誠、令人可敬的行為和對正義的熱愛。你可能會尋求智慧，喜歡哲學以及非傳統或備受爭議的主題。這顆星賦予你好運，而困境會帶來轉機。他還表示無論狀況如何，憑藉良好的道德和信念，你會順利度過難關。
・優點：有道德，有勇氣，能戰勝困難
・缺點：浪費，不誠實，狡詐，缺乏道德觀念

侯　Rasalhague

星名：侯（Rasalhague、the Serpent Charmer）
區間位置：位於射手座21º28´和22º26´之間
視星等：3
力量指數：★★★★★★★
視差：2º10´
星座：蛇夫座 α 星
可視時間：12月13、14、15、16日
星球特質：土星／金星
相關描述：位於蛇夫座頭部的一顆明亮白色和寶藍色星

　　這顆星暗示你對知識、教育和人文主義的渴望。你知識廣闊、觀點開明。你還可能對哲學、宗教感興趣；對視覺藝術有天賦。
　　受太陽星座度數的影響，這顆星使人保守但擁有優秀的洞察力。預示著透過專精於大項目或全球性眼光有可能經商成功。甚至於你個人的巨大成功將超前於時代。你可能性格猜疑，學著信任別人可能會使你更受歡迎，擴大朋友圈。
・優點：與大企業有關、運動、收入高
・缺點：猜疑、精力分散、過於嚴肅

尾宿八　　Lesuth

　　星名：尾宿八（Lesuth、the Sting）
　　區間位置：位於射手座23°2´和24°0´之間
　　視星等：3
　　力量指數：★★★★★
　　視差：1°40´
　　星座：天蠍座λ星
　　可視時間：12月13、14、15、16日
　　星球特質：水星／火星
　　相關描述：位於天蠍座尾刺上的被星雲包圍的四合星系統

　　尾宿八賦予你敏銳的頭腦、自信和自我激勵的能力。你可能雄心壯志，有準確的判斷力，善於交際。這顆星賦予你創造力、發明的才能和從事新發現或享受意外收穫和好運的機會。

　　受你的太陽星座的度數影響，尾宿八代表公共事務方面的成功、創作天賦或教育和深造的傾向。你可能善於發明創造而且好追根究柢，並且透過自己的發現為社會作貢獻。由於你思維敏捷活躍，所以你可以成為一名優秀的偵探。你很直率，勤奮，充滿活力，行動迅速。不過，你必須學會將你的精力用於有意義的事業，避免參與會帶來危險或法律糾紛的活動。

- 優點：敏銳，有創造力，有決心，有基本常識
- 缺點：有誇張的傾向，狂暴

天蠍座疏散星團M6　　Aculeus

　　星名：天蠍座疏散星團M6（蝴蝶星團、Aculeus）
　　區間位置：位於射手座24°49´和25°57´之間
　　視星等：4.5
　　力量指數：★★★
　　視差：1°
　　星座：天蠍座M6
　　可視時間：12月17、18、19日
　　星球特質：火星／月亮
　　相關描述：位於天蠍座尾刺偏上一點的一顆星，和托勒密星團星被包裹在星雲中

天蠍座疏散星團M6賦予你充足的精力，決心，領導能力和管理能力。你很活躍，難以靜下來，情緒易變。這暗示培養耐心會增加成功的機會。

受太陽星座的度數影響，蝴蝶星團賦予你在公共事務方面的成功，只要你願意吃苦耐勞投身於手頭的工作。這顆星警示人們要注意保護眼睛。

- 優點：思維敏捷，直覺力強，果斷，有志向
- 缺點：沒有耐心，急躁，情緒波動起伏

天培四　Etamin

　　星名：天培四（Etamin）
　　區間位置：位於射手座26º55´和27º57´之間
　　視星等：2.5-3
　　力量指數：★★★★★★
　　視差：1º40´
　　星座：天龍座 γ 星
　　可視時間：12月19、20、21日
　　星球特質：火星／月亮
　　相關描述：位於天龍座龍眼部位的紅色巨型雙星

天培四賦予人敏銳的頭腦，熱情，個性和開創精神。通常你很自信，但有時也會自信過頭，導致草率行事從而失去自己的地位。

受太陽星座的度數影響，這顆星會激勵你在高等教育、寫作、出版或法律行業謀求一份工作。通常天培四賦予人行事果斷和決心堅定的性格以及在不同尋常的學科、思想和問題上的興趣。

- 優點：意志堅強，有奮鬥精神，有志向，真誠
- 缺點:行事衝動，好爭吵，急躁，喜怒無常

天蠍座疏散星團M7　Acumen

　　星名：天蠍座疏散星團M7（托勒密星團、Acumen）
　　區間位置：位於射手座27º45´和28º54´之間
　　視星等：4.5
　　力量指數：★★★
　　視差：1º
　　星座：天蠍座M7
　　可視時間：12月20、21、22日

星球特質：火星／月亮

相關描述：位於天蠍座尾刺正上方和天蠍座疏散星團M7一起的疏散星團

　　天蠍座疏散星團M7賦予你領導能力，活力，自信和好勝心。它還暗示意志力頑強，內心緊張和衝動的傾向。通常，這些過於強烈的感情會導致誤解甚至爭吵。天蠍座疏散星團M7代表商業方面的成功和對鄉村生活和大家庭的熱愛。

　　受太陽星座度數的影響，這顆星賦予人熱情和積極行動的態度。你希望證明自己的能力，勝利是你的主要目標。托勒密星團賦予人活力，所以你經常宣導某種思想、積極進取或從事公益活動。但是，你需要家人的支援和關愛。托勒密星團還警示人們要保護視力。

・優點：獨立，情感豐富，受人歡迎，有志向
・缺點：過於敏感，情緒起伏不定，沒有耐心，內心緊張

天市左垣九　Sinistra

星名：天市左垣九（燕、Sinistra）

區間位置：位於射手座28°46´和29°44´之間

視星等：3

力量指數：★★★★★★

視差：1°40´

星座：蛇夫座λ星

可視時間：12月21,22,23日

星球特質：金星／土星

相關描述：位於蛇夫左手的一顆橙矮星

　　天市左垣九賦予人商業方面的成功，優秀的行政能力，領導潛力和獨立或與眾不同的性格。但這顆星也代表不安分，需要不斷地變化，這會導致情況變化不定。通常你追求有權優勢的地位。

　　受太陽星座的度數影響，天市左垣九賦予人很崇高的期望、勇敢和有創造力但好爭吵的性格。受這顆星的影響，你可以取得商業成就，從事法律行業，政府工作或處理公共事務。或者，你願意繼續深造、研究宗教和哲學。你還可能顯姓揚名，享有盛譽或惡名昭彰。

・優點：社會地位高
・缺點：專制，無情，過於嚴肅

三裂星雲　Spiculum

星名：三裂星雲（Spiculum、Trifid Nebulae）
區間位置：位於射手座29°41´和摩羯座0°39´之間
視星等：5
力量指數：★★
視差：1°
星座：射手座20M，21M
可視時間：12月21．22．23日
星球特質：月亮 / 火星
相關描述：位於射手座箭頭上的兩個星系和一團星雲

　　三裂星雲賦予人宏圖大志，自信，極大的勇氣和堅定的信念。這顆星表示你好交際、喜歡聚會，但容易發怒和不安，很可能做出出人意料的決定或古怪的行為。

　　受太陽星座的度數的影響，三裂星雲代表緊張的情緒，渴望，抱負，勇氣和堅定的信念。這顆星還表示你很合群，喜歡社交活動，有很多朋友，尤其是女性朋友。三裂星雲還警示人們草率行事往往導致令人遺憾的結果。

・優點：意志堅強，有奮鬥精神，充滿活力
・缺點：喜怒無常，急躁，不安分，好爭吵，做出令人遺憾的事情

■摩羯座　CAPRICORN

斗宿三　Polis

星名：斗宿三（Polis）
區間位置：位於摩羯座2°15´和3°14´之間
視星等：4
力量指數：★★★★
視差：1°30´
星座：射手座μ星
可視時間：12月23．24．25．26日
星球特質：土星 / 火星
相關描述：位於射手座弓箭上端的一顆藍白色三合星

　　斗宿三賦予人敏銳的洞察力和專注於特定目標的能力。這顆星會激勵你尋求成功和好運，給你高升的決心。你具備能快速做出正確決定的領導能力。這顆星還警示你

要避免叛逆和專制。

受太陽星座的度數影響，斗宿三賦予人開創精神和勇敢的性格，你擁有很多機會，忍耐力和崇高的理想。你很驕傲，希望能顯姓揚名，不論是享有盛譽還是臭名昭著。這顆星還賦予你在高等教育中成功以及對宗教的特別愛好。斗宿三還警示人們要避免掌控形勢和領導別人，除非你是事業的創始人。

- 優點：專注，有競爭力
- 缺點：叛逆，變化不定，缺乏耐力，過於樂觀

斗宿二　Kaus Borealis

星名：斗宿二（Kaus Borealis）
區間位置：位於摩羯座14º6´和15º4´之間
視星等：3
力量指數：★★★★★★
視差：1º40´
星座：射手座λ星
可視時間：12月27.28.29日
星球特質：水星／火星
相關描述：位於射手座弓箭北面的一顆橙色巨星

斗宿二賦予人智慧，敏銳的頭腦，活力，令人難忘的演說，和優秀的溝通能力。這顆星表示你愛討論和辯論，甚至爭論。通常這顆星賦予人巧妙應答的能力和人道、理想主義的性格和強烈的正義感。這顆星還強迫你發生改變，要求你不能固執己見。

受太陽星座的度數的影響，斗宿二賦予人堅定的性格和獲得權勢的內在驅動力。你的領導能力和聰明才智往往會得到他人的認可並且促使你獲得成功和晉升。不過，你內心的焦躁不安和不斷前進的渴望意味著你永不滿足。

- 優點：多才多藝，決心堅定，有學識，直率
- 缺點：缺乏滿足感，極端，固執己見

球狀星雲　Facies

星名：球狀星雲（Facies）
區間位置：位於摩羯座14º6´和15º4´之間
視星等：5
力量指數：★★
視差：1º
星座：射手座M22

可視時間：12月29、30、31日
星球特質：太陽／火星
相關描述：位於射手座弓箭上的一個鬆散的亮球狀星團和星雲

　　球狀星雲賦予自信，奮鬥精神和無所畏懼的性格。你充滿活力，希望展現權力和具備必要的領導能力。球狀星雲賦予你快速做出決定的能力，而且你會是個善於謀略的人，喜歡比賽和能取得勝利。
　　受太陽星座的度數的影響，這顆星賦予人商業方面和處理公共事務方面的成功以及堅強的意志力，內在驅動力和競爭精神。這顆星還警示人們執著於第一名可能會帶來風險，需避開不正當交易和危險的處境。
・優點：求生意志，活躍的生活，成功的能力，果斷
・缺點：過度緊張，固執，好爭吵

斗宿四　Pelagus

星名：斗宿四（Pelagus、Nunki）
區間位置：位於摩羯座11º6´和12º21´之間
視星等：2
力量指數：★★★★★★★★
視差：2º10´
星座：人馬座σ星
可視時間：1月1、2、3、4、5日
星球特質：水星／土星
相關描述：位於射手手上的箭翎上的一顆星

　　斗宿四賦予人對真理的熱愛，堅強的性格和直率果斷的舉止。這顆星賦予人取得成功的決心和準確的常識。斗宿四促使人朝著教育和繼續深造的方向前進，尤其是在科學、哲學、歷史和宗教。這顆星還代表直率的性格和堅定的信念。
　　受太陽星座的度數的影響，斗宿四賦予人創造力和豐富的觀點，權勢地位和愉悅的家庭狀況。你可以顯姓揚名，即使有時你陷入複雜的境地，你也會毫髮無損地走出困境。
・優點：學習水準高，準確的常識，熱愛真理
・缺點：好爭吵，由於不誠實而失敗

斗宿六　Ascella

　　星名：斗宿六（Ascella）
　　區間位置：位於摩羯座12º39´和13º37´之間
　　視星等：3
　　力量指數：★★★★★★
　　視差：1º40´
　　星座：射手座ζ星
　　可視時間：12月13、14、15、16日
　　星球特質：土星／水星
　　相關描述：位於射手腋下的一顆雙星

　　斗宿六賦予人豐富的觀點，準確的判斷力和對宗教和哲學的偏愛。這顆星表示透過積極進取和結合你的宏圖大志及務實性格，你會取得財富和好運。
　　受太陽星座的度數的影響，斗宿六賦予人雄心壯志，道德勇氣和準確的判斷力。你可能會有堅定的信仰或信念。這顆星還暗示在你最需要幫助時，有權勢的朋友和雇主會助你一臂之力。斗宿六的影響還暗示你的行政能力結合你善於交際的性格會給你提供很多機會，好運和幸福。
・優點：合群，善於交際，友善，信念堅定
・缺點：難以相處，好爭論

建二　Manubrium

　　星名：建二（Manubrium）
　　區間位置：位於摩羯座14º01´和15º03´之間
　　視星等：4
　　力量指數：★★★★
　　視差：1º30´
　　星座：射手座ο星
　　可視時間：1月5、6、7日
　　星球特質：太陽／火星
　　相關描述：位於射手臉部的星團的一顆星或一部分

　　受建二影響，你具有勇敢和活躍的性格。這顆星還暗示你能夠做出英勇事蹟或反抗行為。你可能脾氣火爆而且沒有耐心。

受太陽星座的度數的影響，這顆星賦予人活力和對領導職位的強烈欲望。建二暗示你很驕傲，有開創精神，喜歡運動和比賽。它還表示你渴望掌控形勢。

・優點：充滿活力，有成功的能力，勇敢，有志向
・缺點：固執，變化不定，好爭吵

織女星　Wega

　　星名：織女星（Wega、Vulture）
　　區間位置：位於摩羯座14º6´和15º4´之間
　　視星等：1
　　力量指數：★★★★★★★★★
　　視差：2º30´
　　星座：天琴座α星
　　可視時間：1月4、5、6、7、8日
　　星球特質：金星／水星，木星／土星
　　相關描述：位於天琴座下半部分的明亮藍白色星

　　織女星賦予人領導能力和善於交際和外向的性格。通常你具有理想主義和樂觀的態度，有創造力和寫作天賦。這顆星也暗示變化不定的形勢會帶來成功的可能，並表示只有憑藉決心，才能獲得安定感。

　　受太陽星座的度數的影響，織女星賦予人成功和晉升要職的機會。這顆星會促使你和有影響力的人接觸，從而獲得榮譽和聲望。織女星還表示變化不定的形勢會導致成功的機會一瞬即逝。你可能喜歡政府工作或者處理公共事務。這顆星還是警示人們不要過於挑剔或魯莽。

・優點：希望，優雅，認真，負責
・缺點：誤用力量，吹毛求疵，魯莽，潛在的敵人

天津四　Deneb

　　星名：天津四（Deneb、Al Danab）
　　區間位置：位於摩羯座18º49´和19º55´之間
　　視星等：3
　　力量指數：★★★★★★
　　視差：1º40´
　　星座：天鷹座ζ星
　　可視時間：1月9、10、11、12日
　　星球特質：火星／木星

相關描述：位於天鷹眼部的綠星

天津四賦予人領導能力、開明的態度和心胸開闊的性格。你很樂觀、積極進取、勇敢、熱情、有志向、有準確的常識和行事果斷的能力。

受太陽星座的度數的影響，這顆星賦予人在公共事務方面的成功和對商業、法律的喜愛。你可能具有領導能力、行政能力、堅強的意志和指揮別人的能力。這顆星賦予人獨立活躍的性格或真正的個性，這會使你能夠依靠勇氣和熱情進步。

- 優點：有進取精神，有競爭力，有志向
- 缺點：草率，沒有耐心，不誠實，粗心

狗國四　Terebellum

星名：狗國四（Terebellum）
區間位置：位於摩羯座24º52´和25º55´之間
視星等：5
力量指數：★★
視差：1º
星座：射手座 o 星
可視時間：1月15，16，17日
星球特質：金星／土星
相關描述：位於射手座尾部的四角人物中的一顆橙紅色星

狗國四賦予人明確務實的態度，雄心壯志，和堅定的性格。通常你在克服困難之後會取得成功。這顆星還暗示你很負責，能夠忍受苦難和艱苦奮鬥。這顆星還意味著你會懷疑自己並夾在個人慾望和責任的衝突中。

- 優點：有志向，有奉獻精神，多愁善感，聰明
- 缺點：唯利是圖，無情，狡詐，利己主義

■水瓶座　AQUARIUS

輦道增七　Albireo

星名：輦道增七（Albireo）
區間位置：位於水瓶座0º17´和1º16´之間
視星等：3
力量指數：★★★★★★
視差：2º10´
星座：天鵝座 β 星

可視時間：1月20、21、22、23日
星球特質：水星／金星
相關描述：位於天鵝座頭部的一顆黃色和藍色雙星

輦道增七賦予人優雅溫柔的性格和俊美的外表。這顆星還暗示你喜歡整潔，性格可愛，喜歡討人喜歡。如果你向他人尋求幫助，你總是能即時得到回應。

受太陽星座的度數的影響，這顆星賦予人善於交際，招人喜歡和隨和的性格，這會促使你很容易交到朋友並在公共事務方面成功。輦道增七會賦予人寫作的天賦，尤其是關於人道主義或社會主題。這顆星還表示你很可能選擇不同尋常的工作和擁有一些古怪的習慣，並警示人們不要過於激進或極端。

- 優點：善於交流，開明，有創新理念，善於發明創造
- 缺點：叛逆，過於激進，古怪，不友善

牛郎星　Altair

星名：牛郎星（河鼓二、Altair、Al Tair、the Eagle）
區間位置：位於水瓶座0º47´和1º43´之間
視星等：1
力量指數：★★★★★★★★★
視差：2º30´
星座：蛇夫座α星
可視時間：1月20、21、22、23、24日
星球特質：火星／土星／，天王星，水星
相關描述：位於天鷹座頭部的一顆白黃色星

牛郎星賦予人強烈的欲望，自信，理想和開明的態度，以及不屈不撓的性格。這顆星還表示雖然你很激進叛逆，總是製造麻煩，但你的創造力、古怪行為和聰明才智會彌補你的無禮行為。牛郎星還使你依靠新發明突發橫財或成功，但是要謹防變化不定的形勢會威脅你的權威地位。

受太陽星座的度數的影響，這顆星還賦予人創造力、聲望和喜愛冒險的傾向。牛郎星促使你尋求知識，並展示寫作和教育才能。你有志向，勇敢，希望人生改觀，喜歡得到意想不到的收穫或其他利益。你樂於成為群體的一部分，能夠接交到有影響力的人。

- 優點：有創見，善於發明創造，有個性，人道主義，有創造力
- 缺點：叛逆，有對抗情緒，出人意料

牛宿二　Giedi

星名:牛宿二（Giedi、Al Jady）
區間位置：位於水瓶座2º50´和3º48´之間
視星等：4
力量指數：★★★★
視差：1º40´
星座：水瓶座α星
可視時間：1月23．24．25日
星球特質：金星／火星，金星／水星
相關描述：位於山羊南面羊角的黃色和淡紫色的雙星

　　牛宿增六賦予人充滿意外事件、波折的生活，或突然的好運和成功，以及不同尋常的關係。它還意味著你將經歷不穩定和形勢多變的時期，雖然你現在運氣很好，但是牛宿增六建議你應該學會預料不能預料的事情。
　　受太陽星座的度數的影響，牛宿增六賦予你精力，活力和活躍的性格。依靠創造才能，包括寫作，這顆星會給你帶來成功和聲望。你可能有具影響力的朋友，他們可以支援你並幫助你。牛宿增六還警告人們不要挑剔，建議避免不正當的交易。
・優點：有創造力，受人歡迎，關係不尋常，得到他人幫助
・缺點：不穩定，古怪，挑剔

牛宿一　Dabih

星名：牛宿一（Dabih）
區間位置：位於水瓶座3º4´和4º3´之間
視星等：3
力量指數：★★★★★★
視差：1º40´
星座：摩羯座β星
可視時間：1月23．24．25．26日
星球特質：土星／金星，土星／天王星
相關描述：位於山羊左眼的一顆橘黃和藍色雙星

　　牛宿一給予你信任和威信，並賦予你負責的性格，使你得到公眾的認可。牛宿一還暗示你可能性格內向，而且不信任別人。他警示人們避開令人討厭的關係或朋友帶來的損失。

受太陽星座的度數影響，這顆星賦予人決心和透過逐漸進步和刻苦努力得來的成功。牛宿一還暗示你應該謹慎、踏實地前進以取得升遷的機會。
- 優點：吃苦耐勞，有獻身事業的精神，堅持不懈
- 缺點：過於多疑，不信任別人

牛宿四　Oculus

　　星名：牛宿四（Oculus）
　　區間位置：位於水瓶座3º44´和4º44´之間
　　視星等：5
　　力量指數：★★
　　視差：1º
　　星座：摩羯座 π 星
　　可視時間：1月24、25、26日
　　星球特質：金星／土星
　　相關描述：位於山羊右眼的一顆黃白色小星

　　牛宿四賦予人敏銳的智慧，責任感和務實的態度。雖然你有很好的社交能力和人脈，但你憂鬱的性格會給人孤僻的印象。但是這顆星會給你帶來忠誠的朋友，他們會協助你並幫助你獲得成功。

　　受太陽星座的度數的影響，這顆星賦予你魅力和友善的性格。牛宿四還能協助你在處理公共事務方面獲得聲望和成功。
- 優點：善於交際，友善，熱愛群體
- 缺點：孤僻，不夠體貼，過於嚴肅

牛宿六　Bos

　　星名：牛宿六（Bos）
　　區間位置：位於水瓶座4º11´和5º1´之間
　　視星等：5
　　力量指數：★★
　　視差：1º
　　星座：摩羯座 ρ 星
　　可視時間：1月25、26日
　　星球特質：金星／土星
　　相關描述：位於山羊臉部的一顆白色小星

牛宿六賦予人辨別力，藝術才能和諷刺的智慧。它還賦予你強烈的責任感，促使你勤奮用功。當你有決心和堅定的信念時，這顆星會給你帶來成功和好運。

受太陽星座的度數的影響，這顆星賦予人堅強的性格和信念，個性和使命感。牛宿六還表示你有怪癖，應該避免過於激進或極端。

- 優點：頭腦好，有自製力，有志向，能透過勤奮獲得成功
- 缺點：過於嚴肅，自虐，孤僻

周一　Armus

星名：周一（Armus）
區間位置：位於水瓶座11º45´和12º45´之間
視星等：5
力量指數：★★
視差：1º
星座：摩羯座 η 星
可視時間：2月1、2、3日
星球特質：火星／水星
相關描述：位於山羊頭部的一顆橘紅色小星

周一賦予人創造力，發明的才能和好爭吵的性格，以及敏捷的思維和吸引別人的能力。周一給予你特殊的言語天賦和敏捷的應答能力。這顆星也警告人們不要好爭論或難以相處，避免內心焦躁不安以至於情緒不穩定。

受太陽星座的度數影響，這顆星賦予人獨立的性格、迅速的行動力和警覺的頭腦。你可能好交際，能夠在處理公共事務取得成功。

- 優點：有豐富的常識，有判斷力，有技能，令人影響深刻的言語
- 缺點：急躁，神經緊張，焦慮，好爭吵

秦一　Dorsum

星名：秦一（Dorsum）
區間位置：位於水瓶座12º51´和13º50´之間
視星等：4
力量指數：★★★★
視差：1º30´
星座：摩羯座 θ 星
可視時間：2月2、3、4日
星球特質：木星／土星

相關描述：位於山羊背部的一顆藍白色小星

秦一賦予人依靠堅持和耐心實現長遠目標的能力。通常你很勤奮，能夠在公共事務方面取得成功。

受你的太陽星座的度數的影響，這顆星使你緩慢但是平穩地進步，而且進步往往源於你的責任感。秦一鼓勵你發掘和發揮你的寫作才能。
- 優點：有責任感，處事老練，樂意為他人服務
- 缺點：緊張，不滿，缺乏耐心

壘壁陣二　Castra

星名：壘壁陣二（Castra）
區間位置：位於水瓶座19º30´和20º12´之間
視星等：4
力量指數：★★★★
視差：1º30´
星座：摩羯座 ε 星
可視時間：2月8、9、10日
星球特質：木星／土星
相關描述：位於山羊腹部的一顆橘黃色小星

壘壁陣二賦予人領導能力，自信和在公共事務中的顯著地位。這顆星還暗示依靠耐心和勤奮可以取得成功，但破壞性行為也會導致失敗。

受太陽星座的度數的影響，壘壁陣二使你在創作上獲得榮譽和在高等教育中取得成就。你會對哲學或占星學感興趣。它可能還給予你直覺和超能力。
- 優點：堅持不懈，有志向，富有哲理
- 缺點：缺乏自信，消極

壁壘陣三　Nashira

星名：壁壘陣三（Nashira、the Bringer of Good Tidings）
區間位置：位於水瓶座20º48´和21º45´之間
視星等：4
力量指數：★★★★
視差：1º30´
星座：摩羯座 γ 座
可視時間：2月10、11、12、13日

星球特質：土星／木星
相關描述：位於山羊尾巴上的一顆小星

　　壁壘陣三賦予人成功和克服挫折和其他困難的能力。通常這顆星賦予人謹慎的性格，並意味著在克服困難取得成功時，你的耐心也得到了回報。
　　受太陽星座的度數的影響，壁壘陣三會賦予你寫作能力，管理能力和在處理公共事務方面成功。雖然這顆星代表奮鬥，但是你一旦成功，這種成功就會是持久的，而且你可能在以後的生活中獲得顯著的地位。
・優點：有耐力，耐心，謹慎
・缺點：情緒緊張，不滿，急躁

虛宿一　　Sad Al Suud

星名：虛宿一（Sad Al Suud）
區間位置：位於水瓶座22°24´和23°20´之間
視星等：3
力量指數：★★★★★★
視差：1°30´
星座：水瓶座β星
可視時間：2月11、12、13、14日
星球特質：水星／土星和太陽／天王星
相關描述：位於水瓶座左肩上的一顆淡黃色星

　　虛宿一賦予人創造力，想像力，直覺力和超能力。你可能對占星學和玄學的感興趣。通常你很顧家，而且熱愛家庭。這顆星還會給你帶來幸福的家庭生活和婚姻。
　　受太陽星座度數的影響，這顆星表示創造力，在處理公共事務方面的成功，和對占星學、哲學或宗教的興趣。你可能有競爭力，有創見和發明的才能。這顆星還暗示一些奇怪或意外的事情會發生。
・優點：有創見，富於創新，有利的變化，新的機遇
・缺點：醜聞，草率行動結果適得其反

壘壁陣四　　Deneb Algedi

星名：壘壁陣四（Deneb Algedi）
區間位置：位於水瓶座22°23´和23°39´之間
視星等：3
力量指數：★★★★★★
視差：1°40´

星座：摩羯座δ星
可視時間：2月11、12、13、14日
星球特質：木星／土星
相關描述：位於山羊尾巴上的一顆小星

壘壁陣四賦予人成功，名望，財富和把困難或無利可圖的形勢轉變為成功的能力。良好的生意頭腦和果斷堅定的性格促使你身居領導或管理地位。通常你善於謀略並野心勃勃。受壘壁陣四影響，你會晉升高位，不過你得學會如何慎重挑選夥伴。

受太陽星座度數的影響，這顆星使你非常喜歡法律或政府工作，並且緩慢而穩步地前進。這顆星還表示你可能會因向待解決的問題而不耐煩或急躁。
•優點：有說服力，富有洞察力，有志向，精明
•缺點：破壞行為，錯失良機

■雙魚座　PISCES

危宿一　Sad Al Melik

星名：危宿一（Sad Al Melik）
區間位置：位於雙魚座2°21´和3°16´之間
視星等：3
力量指數：★★★★★★
視差：1°30´
星座：水瓶座α星
可視時間：2月19、20、21、23日
星球特質：土星／水星和土星／木星
相關描述：位於水瓶座右肩上的淡黃色巨星

危宿一賦予你想像力和健談的性格。它還使你具有超能力，對玄學和占星學感興趣。

受太陽星座度數的影響，這顆星給你在大企業工作和透過合作獲得成功的機會。它還暗示你可能很貪婪，勤奮和物質主義。危宿一表明失敗乃成功之母，而且成功大部分都取決於你付出的有多少。
•優點：務實，有耐心，敏感，勤奮
•缺點；不信任別人，不切實際，思維混亂

詳細解析

北落師門　Fom Al Haut

星名：北落師門（Fom Al Haut）
區間位置：位於雙魚座2º51´和3º51´之間
視星等：1
力量指數：★★★★★★★★
視差：2º30´
星座：南魚座α星
可視時間：2月19,20,21,23,24,25日
星球特質：金星／水星
相關描述：位於南魚嘴部的一紅白色星

　　北落師門是四顆主要恆星之一，它標誌著冬至日。北落師門是特別強大的一顆恆星，會帶來好運，成功和敏銳的頭腦。這顆星還表示你看問題的視角需要從物質角度轉向更精神的層面。
　　受太陽星座度數的影響，這顆星會使你具有很好的節奏，接受力和順應形勢的傾向。你很容易受環境的影響，自私，需要尋找獨特的自我表現方式。這顆星還暗示你會得到大筆遺產，但是要謹防浪費或揮霍。
・優點：學會預算開支，理想主義，想像力豐富，有創造力
・缺點：費錢的法律糾紛，缺乏洞察力，粗心

天津四　Deneb Adige

星名：天津四（Deneb Adige、Al Dhanab）
區間位置：位於雙魚座4º19´和4º55´之間
視星等：1
力量指數：★★★★★★★★
視差：2º30´
星座：天鵝座α星
可視時間：2月22,23,24,25,26,27日
星球特質：金星／水星
相關描述：位於天鵝尾部的一顆明亮的白星

　　天津四賦予你智慧和快速掌握資訊的能力。這顆星還使你多才多藝、理想主義而且具有超能力。你很友善，招人喜愛，需要謹慎選擇朋友。
　　受太陽星座度數影響，這顆星使你具有創作的才能，熱愛文學而且可能對占星學

產生興趣。天津四會在處理公共事務方面給你帶來名望和成功。這顆星還表示你在童年時會遇到一些困難，這些困難會產生強烈的影響。
- 優點：善於表達，想像力豐富，精明，聰慧
- 缺點：缺乏策略，關係破壞

羽林軍二十六　Skat

　　星名：羽林軍二十六（Skat）
　　區間位置：位於雙魚座7º51´和8º40´之間
　　視星等：3.5-4
　　力量指數：★★★★
　　視差：1º30´
　　星座：寶瓶座δ星
　　可視時間：2月26、27、28、29日
　　星球特質：土星／木星或天王星／金星／水星
　　相關描述：位於水瓶座右腳上的一顆小星

　　羽林軍二十六賦予你理想、藝術天賦和接受力強的頭腦。這顆星表示你生性浪漫，運氣好，成功，能獲得持久的幸福。
　　受你的太陽星座度數的影響，這顆星賦予你細膩的情感，理想主義性格和超能力，以及在處理公共事務方面獲得成功。你可能很受人歡迎，能在需要時得到朋友的幫助。但是，這顆星警告人們要避免過於感情用事，暗示你需要克制情緒，別對批評反映過度。
- 優點：有創造力，有節奏，敏感，有耐心
- 缺點：反覆無常，喜怒無常，神經緊張

水委一　Achernar

　　星名：水委一（Achernar）
　　區間位置：位於雙魚座14º17´和15º11´之間
　　視星等：1
　　力量指數：★★★★★★★★★★
　　視差：2º30´
　　星座：波江座α星
　　可視時間：3月3、4、5、6、7、8日

星球特質：木星
相關描述：位於波江座河口的藍白色亮星

水委一激勵你拓展視野並全面地看問題。你具有樂觀的態度，熱愛正義，而且有崇高的理想。這顆星賦予你成功和處理公共事務的天賦。水委一還可能引導你向哲學和宗教方面發展。

受太陽星座的度數的影響，這顆星賦予你慷慨，耐心和樂觀的性格。這顆星強調高等教育的重要，給予你創作的天賦。它還表示你會因為傑出的工作而得到回報。水委一暗示你可以在商業和公共事務方面取得成功。一旦你得到聲望，這種聲望將會是持久的。

- 優點：公正，有社會意識，有抱負
- 缺點：易受影響，逃避現實，喜歡冒險，相互誤解

室宿一　Markab

星名：室宿一（Markab）
區間位置：位於雙魚座22°29´和23°22´之間
視星等：2.5-3
力量指數：★★★★★★★★
視差：1°40´
星座：飛馬座 α 星
可視時間：3月12、13、14、15、16日
星球特質：火星／水星
相關描述：位於飛馬座一翼上的明亮白星

室宿一賦予你進取精神，分辨能力和堅定的決心。這顆星使你喜歡討論或爭論，有很好的判斷力和實踐能力，而且機敏，能快速巧妙地做出回答。你能夠以你令人難忘的言語進行合適的報復，而且可以使形勢有利於自己。

受太陽星座的度數影響，室宿一使你喜歡旅行，有創造力和藝術才能，並在處理公共事務方面取得成功。這顆星會給你帶來商業才能和物質收入，這種收入是依靠快速憑直覺思考和行為的能力來獲得的。你希望在高等教育、宗教、哲學或寫作方面發展興趣。室宿一還警告人們避免自滿或缺乏熱情，這可能也是你需要克服的問題。

- 優點：精力充沛，有創造力，積極進取
- 缺點：愛找碴，任性，急躁，魯莽行事

室宿二　Scheat

　　星名：室宿二（Scheat）
　　區間位置：位於雙魚座28º14´和29º6´之間
　　視星等：2
　　力量指數：★★★★★★★
　　視差：2º10´
　　星座：飛馬座β星
　　可視時間：3月16、17、18、19、20、21日
　　星球特質：火星／水星或土星／水星
　　相關描述：位於飛馬座左腿上的一顆明顯的橙黃色巨星

　　室宿二賦予你決心，但同時使你很固執。這顆星暗示你是個空想家和理想主義者，有進取精神。你有很多朋友，過著活躍的社交生活，在這種生活中，你能得到歸屬感。

　　受太陽星座度數的影響，室宿二使你在處理公共事務中取得成功，並具有研究玄學、占星學和深奧的學科的潛力。。你可能具有超能力或直覺力和豐富的想像力。這顆星還表示成功不一定是持久的，暗示你結交朋友或同事時要學會謹慎。

・優點：堅決，有足夠的常識，喜歡討論，積極進取，決心堅定
・缺點：小心水，魯莽，固執

國家圖書館出版品預行編目資料

誕生日大全：生日‧星座‧數字的力量：人格參考指南專書：以最簡單的方式迅速了解身邊的每一個人 / 莎菲‧克勞馥(Saffi Crawford), 潔若汀‧蘇利文(Geraldine Sollivan)合著；李紅紅, 鄭崢合譯. -三版. --台中市：晨星出版有限公司, 2024.12 面；公分. (勁草叢書；565)
譯自：The power of birthdays, stars & numbers : the complete personology reference guide

ISBN 78-626-320-990-9(平裝)

1.CST: 占星術

292.22　　　　　　　　　　　　　　　　　　113016573

| 勁草叢書 565 | **誕生日大全【最新修訂版】**
生日、星座、數字的力量
人格參考指南專書：
以最簡單的方式，迅速了解身邊的每一個人 |

作者	莎菲‧克勞馥 & 潔若汀‧蘇利文
翻譯	李 紅 紅 & 鄭 崢
主編	莊 雅 琦
編輯助理	劉 容 瑄 、 張 雅 棋
網路行銷	林 宛 靜
內頁排版	王 大 可

創辦人	陳銘民
發行所	晨星出版有限公司 407 台中市西屯區工業 30 路 1 號 1 樓 TEL：04-23595820　FAX：04-23550581 E-mail：service-taipei@morningstar.com.tw http://star.morningstar.com.tw 行政院新聞局局版台業字第 2500 號
法律顧問	陳思成律師
初版	西元2009年4月30日
三版	西元2024年12月01日

讀者服務專線	TEL：02-23672044 ／ 04-23595819#212
讀者傳真專線	FAX：02-23635741 ／ 04-23595493
讀者專用信箱	service@morningstar.com.tw
網路書店	http://www.morningstar.com.tw
郵政劃撥	15060393（知己圖書股份有限公司）
印刷	上好印刷

定價799元
ISBN 978-626-320-990-9

THE POWER OF BIRTHDAYS, STARS & NUMBERS: THE COMPLETE PERSONOLOGY
REFERENCE GUIDE by SAFFI CRAWFORD , GERALDINE SULLIVAN
Copyright:©1998 by FI CRAWFORD , GERALDINE SULLIVAN
This edition arranged with Ballantine Books, a division of Penguin Random House LLC
through Big Apple Agency, Inc., Labuan, Malaysia.
Traditional Chinese edition copyright: 2024 MORNING STAR PUBLISHING INC.

All rights reserved including the right of reproduction in whole or in part in any form.
This edition published by arrangement with Ballantine Books, an imprint of Random House, a
division of Penguin Random House LLC

All rights reserved. Printed in Taiwan
版權所有，翻譯必究